2022 年度安徽省教育厅质量工程项目——省级一流教材：数字经济学（2022jcjs003）；2021 年国家社会科学一般项目：新发展阶段数字经济和实体经济深度融合发展研究（21BJY157）资助。

数字经济学

刘　越　编著

中国财经出版传媒集团
中国财政经济出版社
·北京·

图书在版编目（CIP）数据

数字经济学 / 刘越编著. -- 北京：中国财政经济出版社，2024. 8. -- ISBN 978-7-5223-3254-3

Ⅰ. F062. 5

中国国家版本馆 CIP 数据核字第 2024YG8116 号

责任编辑：彭　波　　责任印制：史大鹏

封面设计：孙俪铭　　责任校对：胡永立

数字经济学

SHUZI JINGJIXUE

中国财政经济出版社 出版

URL：http：//www. cfeph. cn

E-mail：cfeph@ cfeph. cn

社址：北京市海淀区阜成路甲 28 号　邮政编码：100142

营销中心电话：010-88191522

天猫网店：中国财政经济出版社旗舰店

网址：https：//zgczjjcbs. tmall. com

北京中兴印刷有限公司印刷　各地新华书店经销

成品尺寸：210mm×285mm　16 开　38.75 印张　1 072 000 字

2024 年 8 月第 1 版　2024 年 8 月北京第 1 次印刷

定价：118. 00 元

ISBN 978-7-5223-3254-3

（图书出现印装问题，本社负责调换，电话：010-88190548）

本社图书质量投诉电话：010-88190744

打击盗版举报热线：010-88191661　QQ：2242791300

编　委　会

序　言

新时代背景下，互联网和现代通信技术的发展使经济运行方式出现了较大变化，新业态不断涌现，数字经济就是其中之一。但目前《数字经济学》教材非常少，满足不了教育部新批的高校数字经济专业教材需求。

安徽财经大学经济学院刘越副教授最近完稿的《数字经济学》教材，该教材共有两篇十九章内容。第一章至第八章是第一篇，微观部分；第九章至第十九章是第二篇，宏观部分。微观部分：第一章为导论介绍了数字经济学研究对象，科学界定了数字经济内涵与特征，探讨了数字经济体系框架，总结了数字经济研究方法。第二章为数字经济理论基础部分，介绍了生产要素论：生产要素构成演变，生产函数与生产要素构成演变规律，数据要素论；分析了数字经济理论基础：数字经济政治经济学基础、数字经济经济学基础；深入分析了数字经济理论创新与数字经济运行机理。第三章为数字经济发展技术支撑部分，系统介绍数字经济七大核心技术：数据中心、互联网、云计算、大数据、人工智能、区块链、物联网。第四章为数字资源定价部分，分析了数字资源与传统实物产品，数字资源产权分析，数字资源成本分析，数字资源定价策略。第五章为平台经济，全面分析了平台经济内涵与特征、平台经济给传统经济带来的机遇与挑战、平台经济结构与竞争、平台竞争的“触媒效应”、平台垄断与治理等。第六章为企业数字化转型，详细分析了企业数字化、企业数字化转型外在压力与内在动力、企业数字化转型面临的问题与风险、企业数字化管理。第七章为数据资产定价，详细分析了数据要素价值、数据资产、数据确权、数据交易、数据价值链、数据资产定价等。第八章为数字经济垄断与治理，从数字经济竞争与垄断、数字经济垄断与效率、数字经济垄断影响因素与测度方法、数字经济反垄断等方面来阐释数字经济垄断与治理。

宏观部分：第九章为数字经济统计与核算部分，涉及数字经济核心产业分类、数字经济核算的新特点与挑战、数字经济总量核算方法、数字技术应用价值估计、我国数字经济发展测度与评价。第十章为产业数字化，详细分析了新数字产业、产业数字化转型、数字技术影响产业结构、数字技术影响商业模式等内容。第十一章为数字金融，从数字金融内涵与特征、数字金融影响经济增长的理论与实证、数字金融风险与监管等方面来分析数字金融。第十二章是数字贸易，从数字贸易概述、数字贸易提升经济发展质量与数字贸易发展路径、风险与策略等方面分析数字贸易。第十三章是数字货币，系统分析了数字货币内涵与特征、私人数字货币定价、风险与监管、央行数字货币运行与传导机制、央行数字货币影响宏观经济发展。第十四章是数字经济和经济增长与发展，从数字经济促进经济增长与发展的机理分析、数字化与企业生产率、数字资本、电子商务与企业生产率微观分析、数字化影响企业技术创新效率宏观分析、数字经济促进经济高质量发展路径设计等方面，通过构建经济模型实证分析了数字经济的微观、宏观效应。第十五章为数字经济与就业，详细分析了数字与就业、数字经济背景下的内生技术进步、人工智能与就业、数字经济背景下劳动者保护与政府政策选择等。第十六章是数字经济安全，从数字经济安全风险维度识别与评价指标体系构建、数字经济下网络安全、数字经济下消费者保护、国外数字经济安全立法研究等方面来分析数字经济发展过程中面临的安全问题及应对措施。第十七章为数字经济应用部分，包括企业数字化、公共服务数字化、金融业数字化、城市治理数字化等。第十八章为数字经济治理部分，包括社会治理数字化、政府智慧治理、企业治理数字化、社会组织治理数字化等。第十九章为数字经济政策部分，主要介绍了各国（美国、欧盟、俄罗斯、英国、德国、日本、中国）数字经济相关政策。

该教材紧跟全球数字经济发展前沿，既有扎实的理论基础，又有最新的实证分析。学生通过学习，知晓数字经济学的一般原理、运行方式和管理理念，可以为社会培养具有互联网、大数据思维的数字经济管理专业人才。

另外，该教材主题鲜明、结构合理、体系完整、资料翔实、论述规范，值得关注和研究数字经济的读者和专家研读。

在这里，我借此机会发表关于数字经济学方面的三个问题：

第一个问题，数据产权问题。

2016年年底，华为推出一款可根据微信聊天内容自动加载地址、天气等信息的手机。对此，华为认为没有侵犯用户隐私权。在给《华尔街日报》声明中，华为认为用户只有通过设置后，公司才能收集到相关数据，即主张数据属于用户，公司对数据收集是经过用户同意。但腾讯指出，华为不仅在获取腾讯数据，还侵犯了用户隐私权。

这次“华为—腾讯事件”从侧面反映了当前数据产权不清晰问题。

数字经济时代，政府、部分企业都掌握大量数据资源，但充分利用得比较少，并没有发挥出数据的潜在价值，而有些数据需求方获取渠道受限。其中重要原因之一就是数据产权问题。一般而言，数据产权涉及以下核心问题：数据归谁所有？谁在用数据？数据收益如何分配？当前学界业界都没有准确答案，由此引发的问题也数不胜数。

数据归谁所有？目前国内外专家学者就数据产权归属问题仍没有达成一致意见。数据产权归数据个人，还是记录数据企业？当政府部门收集数据时，数据产权归政府，还是提供者个人？

谁可以用数据？事实上，当前大规模使用数据主体有两个：政府和企业。

数据收益如何分配？运用数据获取一定收益，这个收益是如何进行分配的呢？是分配给数据生产者个人，还是数据收集、加工处理的政府或企业呢？而从当前判决实践看，数据收益归二次开发利用数据的收集者、创造者、实际控制者，也就是企业。事实上，在今后数据经济治理时，需要在理论和立法上考虑让政务数据采集者的政府和数据生产者的个人能够合法合理地享有数据收益权。

当前现实情况是，数据治理过程中数据产权问题还处于摸索时期。立法上，数据产权具体法律法规政策还没有，亟待制定专门的数据产权保护法，数据产权保护立法欠缺直接引发司法实践面对数据权属争议时，而不能有效保护数据产权者合法权益，不利于数字经济发展。另外，如何科学界定数据权属问题，学术界还没有达成共识。

随着数字经济的快速发展，为有效应对全球数字化转型，我国也在加快传统产业数字化转型，数据资产在日常生产生活中的作用愈加凸显，因而加快数据产权立法就显得十分迫切。数据产权立法要突破以往封闭体系，科学构建一个开放、包容、发展的体系。原因在于数据产权立法体系是由数据本身特性决定的，其本身具有虚拟性、可复制性、不确定性，而承载数据技术手段又时时刻刻可能发生翻天覆地的变化。根据现有研究成果，我国数据产权立法模式是从《民法总则》构建数据产权单行法，其核心内容是构建数据所有权、使用权、收益权。数据所有权方面："三权分离"：原生数据归个人，衍生数据归企业，数据归属权归政府。数据使用权方面：个人使用数据聚焦行使、保护人格权；企业使用数据要有机结合用权与限权，科学界定完全数据产权与限定数据产权；政府使用数据要兼顾提升公共服务水平与促进经济发展质量。数据收益权方面：应赋予企业数据收益权，个人参与分享数据红利，以及政府数据收益权。

第二个问题，数字劳动问题。

在工业经济时代，工业劳动指的是机器工业时代劳动。马克思研究的劳动主要是工业劳动，将劳动者劳动分为必要劳动与剩余劳动两部分，进而计算出剩余价值率，反映资本家对无产阶级剥削程度，深刻揭示资本主义生产关系本质。数字经济时代，依然广泛存在大量工业劳动。

数字经济时代，数字劳动具有其独特特征，它在一定程度上模糊了劳动与休息、工作与娱乐界限。目前学术界关于数字劳动内涵还未达成共识，涉及数字劳动属性观点大致有两种：非物质劳动与物质劳动。

主张数字劳动是非物质劳动的观点是目前学术界的主流观点。特拉诺瓦（Tiziana Terranova，2000）最早在其论文《免费劳动：为数字经济生产文化》中提出"数字劳动"，这一研究路径是基于后结构主义者文化研究路径。他认为在资本主义社会数字劳动非常普遍，在发达资本主义国家数字劳动是一种"free labor"，并指出在互联网时代，人们浏览网页、网上聊天、回复评论、写博客、建网站等提供的免费劳动，就是数字劳动。而欧洲议会将数字劳动界定为人们在互联网或移动终端上利用自身时间、脑力与体力来表达或组织管理人们知识、信息、经验、情绪等内容，能为资本带来一定利润的免费劳动。因此，这类观点基于劳动产品与劳动对象的非物质性来界定数字劳动是非物质劳动。

主张数字劳动是物质劳动的典型学者是福克斯（Christian Funks）。2014 年，福克斯在其专著——《数字劳动与卡尔·马克思》中，详细分析了资本主义社会中大量出现的数字劳动，指出资本主义社会中的数字劳动是物质劳动。福克斯运用马克思政治经济学理论深入分析资本主义社会数字劳动，提出资本主义社会中大量消费知识文化的生产性活动是数字劳动，涉及硬件生产、信息生产、软件生产等，也包括文化劳动。福克斯提出资本主义社会中的数字劳动是异化劳动，即数字劳动与自身、工具、劳动对象、劳动产品等异化，并得出资本主义媒体行业中依然存在大量剥削的结论。

其实，互联网企业的数字平台属于不变资本，用于获取和处理数据的应用软件才是劳动资料，数据只是劳动对象。“数字资本主义”除了一般的资本主义剥削即对企业雇员的剥削以外，还存在其他剥削形式和剥夺方式（余斌，2021）。[①] 马克思在《资本论》中指出，简单商品经济下个体生产者生产劳动是直接作用于劳动对象上的，而随着生产力发展，劳动过程分工和协作深化，许多工人劳动结合成一个整体，总体工人劳动出现。为了进行商品生产，劳动者并不一定都直接作用于劳动对象，只要作为总体工人的某一个器官，执行物质生产过程中的某一个职能即可。[②] 数字经济时代，数字劳动渗透到各行各业，逐渐成为“社会总体劳动”的一部分，成为能够创造商品并进行交换的商品生产劳动，可以是创造价值的生产性劳动。

数字劳动是用户以现代化信息与通信技术、互联网及虚拟数据为载体，以虚拟网络世界及社交媒介为中介，生产数字化商品的信息内容与创造文化内容的劳动。用户在互联网活动中畅所欲言，无意间向全互联网公开自己的知识、信息、思想和行为等，形成虚拟数据，网络上浏览到其他各用户虚拟数据的受众用户无形中发挥了流通和数据传播角色，再生产出更多数据，为企业所用，进行价值增值，赚取经济利益。

数字劳动也可以是创新型物质劳动，数字劳动生产仍然基于物质基础之上。从工人对计算机芯片所需矿物质的开采，到计算机、移动端的生产，再到用户在传播信息时的媒介。数字劳动的生产、流通、传播、增值均以物质作为基础的载体，传统的物质生产仍是数字劳动价值生产的重要组成部分。通过物质生产，数字劳动才能依靠人的脑力劳动进行再生产。数字经济时代，数字劳动与传统物质劳动生产方式的结合推动各个传统行业的转型升级，为传统物质生产行业的发展拓展新空间，数字劳动与传统行业的结合证明其可以属于创新型物质劳动。例如，随着“互联网+”的发展，加快数字经济与实体经济深度融合，已成为新发展阶段我国经济转型升级的新动能，是构建现代化经济体系的一个基石。

第三个问题，平台经济反垄断问题。

随着平台经济的快速发展，平台企业滥用市场地位、排除限制竞争、资本无序扩张等问题日益凸显。2020年11月3日发布《中共中央关于制定国民经济第十四个五年规划和二〇三五年远景目标的建议》提出要加强反垄断和反不正当竞争执法司法，提升市场综合监管能力。2020年11月10日，国家市场监管总局发布《关于平台经济领域的反垄断指南（征求意见稿）》提出要对平台企业垄断和资本无序扩张进行强规制，平台企

① 余斌．“数字劳动”与“数字资本”的政治经济学分析［J］．马克思主义研究，2021（5）：77－86，152.

② 马克思，恩格斯．马克思恩格斯文集（第5卷）［M］．北京：人民出版社，2010：582.

业新型数字技术垄断问题引发持续关注。

反中外私人企业垄断、反不正当竞争、提倡私有资本合理有序扩张，有助于进一步完善社会主义市场经济体制、助推经济高质量发展。平台经济反垄断监管能够有效推动行业创新、促进共治，营造公平竞争市场环境，切实维护消费者权益，有利于我国在反垄断领域与国际接轨，促使平台企业在国际化过程中增强国际竞争力。因此，有必要从根源上探析平台经济形成垄断的根源和治理之道。从产权视角探究平台经济领域垄断产生的根本原因，在于大数据和平台企业私人占有。平台经济领域反垄断治理应摒弃新自由主义思维，坚持公有制主体和按劳分配主体及其共同富裕的原则，实现平台企业产权国有和平台财富全民共享（侯晓东和程恩富，2021）①，以真正体现以人民为中心的发展思想。

程恩富

2023 年 8 月于北京

（注：程恩富系著名经济学家，现任中国社会科学院学部委员、学部主席团成员，中国社会科学院大学学术委员会副主任、首席教授，全球学术团体——世界政治经济学学会会长、中华外国经济学说研究会会长、全国人大教科文卫委员会委员）

① 侯晓东，程恩富．基于产权视角的平台经济反垄断治理研究［J］．管理学刊，2021，34（2）：10－20.

前　言

进入21世纪以来，全球经济先后经历了金融危机、逆全球化、公共卫生疫情的巨大冲击，经济增速明显下滑。而以大数据、云计算、人工智能、区块链、物联网等数字技术驱动的新一轮技术革命和产业变革，为全球经济复苏与增长提供了新引擎。数字经济是目前发展最为迅速、创新最为活跃、影响极其广泛的经济活动，有助于加快经济高质量发展、助推传统产业转型升级、提升社会治理水平、改善民生福祉。在全球经济下行压力增大、国际形势错综复杂的背景下，各国都在积极发展数字经济。为了进一步促进我国数字经济健康快速发展，2021年3月，《中华人民共和国国民经济和社会发展第十四个五年规划和2035年远景目标纲要》把“加快数字化发展，建设数字中国”单独成篇，首次提出“数字经济核心产业增加值占国内生产总值的比值”这一新经济指标，明确提出该项指标从2020年的7.8%提高到2025年的10%。因此，积极打造我国数字经济新优势、加快发展数字经济、提高政府数字化水平、积极营造良好数字生态，是我国推进“十四五”规划、实现2035年远景目标的重要举措。

根据2023年4月27日中国信通院发布的《中国数字经济发展研究报告（2023年）》提供的数据，2022年，我国数字经济规模达到50.2万亿元，数字经济占GDP比重达到41.5%；我国数字产业化规模与产业数字化规模分别达到9.2万亿元和41万亿元，占数字经济比重分别为18.3%和81.7%，目前位居世界第二。数字经济在国民经济中的地位进一步凸显。

2021年5月14日，中国社科院数量经济与技术经济研究所、社会科学文献出版社共同发布了《数字经济蓝皮书：中国数字经济前沿（2021）》。蓝皮书构建了模型来估算预测了“十四五”期间数字经济规模，测算结果表明，2020年中国数字经济增加值达到19.14万亿元。1993~2020年，中国数字经济平均增速为16.3%，数字经济快速增长势头强劲，已成为经济增长的重要引擎。

上述我国数字经济发展数据，由于统计口径差异，测算数字经济发展数据也就不同，但是两者均表明，数字经济已经成为助推我国国民经济高质量发展的重要引擎。

一般来说，工业经济也称资源经济，其发展经济主要依靠占有自然资源、经济资源并对资源进行优化配置。第三次工业革命的出现以电脑和软件大规模应用为标志，孕育了数字经济。1995年，唐·塔普斯科特（Don Tapscott）在其专著——《数字经济：网络智能时代的希望和危险》最早提出数字经济概念，数字经济术语逐渐流行。2021年5

月27日，国家统计局发布了《数字经济及其核心产业统计分类（2021）》文件，将数字经济定义为“以数据资源作为关键生产要素、以现代信息网络作为重要载体、以信息通信技术的有效使用作为效率提升和经济结构优化的重要推动力的一系列经济活动。”

数字经济是信息经济发展的高级阶段，是在信息和通信技术的迅速发展中诞生的一种新的经济形态。20世纪90年代，随着IT（Information Technology）革命在发达国家兴起并逐步扩散、渗透到各个领域，数字经济这一术语开始流行起来。1998年，美国商务部发布的研究报告——《浮现中的数字经济》描述了人类从传统工业经济时代必将走向数字经济时代，标志全球经济进入了数字经济1.0时代。进入21世纪，全球数字经济发展比较迅速，尤其是随着大数据、云计算、人工智能（Artificial Intelligence，AI）、区块链、物联网等数字技术的兴起与快速发展并渗透到传统领域，数字经济已超越单纯的信息通信技术（Information and Communication Technology，ICT）等数字技术产业范畴，升级到以数据为重要生产要素、以互联网与数字平台为重要载体，不断驱动传统产业数字化、平台化、普惠化发展的数字经济2.0时代。

当前，数字经济正成为推动全球经济发展的重要动力和主要内容，未来大数据、云计算、AI、区块链、物联网等新一代数字技术革命将波及全球，并迅速渗透到人类社会的方方面面，进一步催生以数字经济为代表的新一轮产业变革，这必将推动全球产业乃至人类社会加快数字化转型，数字经济也必将成为全球经济社会发展的主线与新动能。

新时代背景下，互联网和现代通信技术的发展使经济运行方式出现了较大变化，新业态不断涌现，数字经济就是其中之一。但目前《数字经济学》教材非常少，满足不了教育部新批的高校数字经济专业教材需求。为了进一步增强人们认识和把握数字经济的运行规律，让读者理解与灵活应用数字经济学，鉴于此，我们积极编著了这本新教材《数字经济学》，本教材包括两篇十九章：第一篇为微观部分，包括第一章至第八章，分别为导论、数字经济理论基础、数字经济发展技术支撑、数字资源定价、平台经济、企业数字化转型、数据资产定价、数字经济垄断与治理。第二篇为宏观部分，包括第九章至第十九章，分别为数字经济统计与核算、产业数字化、数字金融、数字贸易、数字货币、数字经济和经济增长与发展、数字经济与就业、数字经济安全、数字经济应用、数字经济治理、数字经济政策。

第一章，导论，从数字经济学研究对象、数字经济内涵与特征、数字经济体系框架、数字经济学研究方法等方面阐述了该教材框架。

第二章系统分析了数字经济理论基础，涉及生产要素论、数字经济理论基础、数字经济理论创新、数字经济运行机理。

第三章系统介绍数字经济七大核心技术：数据中心、互联网、云计算、大数据、人工智能、区块链、物联网。

第四章，数字资源定价，详细分析数字资源与传统实物产品、数字资源产权分析、数字资源成本分析、数字资源定价策略等。

第五章，平台经济，从平台经济内涵与特征、平台经济给传统经济带来的机遇与挑战、平台经济结构与竞争、平台竞争的“触媒效应”、平台垄断与治理等方面系统阐述平台经济等。

第六章，企业数字化转型，详细分析了企业数字化、企业数字化转型外在压力与内在动力、企业数字化转型面临的问题与风险、企业数字化管理等。

第七章，数据资产定价，详细分析了数据要素价值、数据资产、数据确权、数据交易、数据价值链、数据资产定价等。

第八章，数字经济垄断与治理，从数字经济时代的竞争与垄断、数字经济时代垄断与效率、数字经济时代垄断影响因素与测度方法、数字经济反垄断等方面来阐释数字经济垄断与治理。

第九章，数字经济统计与核算，从数字经济核心产业分类、数字经济核算的新特点与挑战、数字经济总量核算方法、数字技术应用价值估计、我国数字经济发展测度与评价，系统介绍了国内外数字经济规模测算方法、数字技术应用价值估计方法及各自优势与不足，并测度与评价了我国数字经济发展。

第十章，产业数字化，详细分析了新数字产业、产业数字化转型、数字技术影响产业结构、数字技术影响商业模式等内容。

第十一章，数字金融，从数字金融内涵与特征、数字金融影响经济增长的理论与实证、数字金融风险与监管等三个方面来分析数字金融。

第十二章，数字贸易，从数字贸易概述、数字贸易理论基础与测度、数字贸易提升经济发展质量、数字贸易发展路径、风险与策略五个方面分析数字贸易。

第十三章，数字货币，系统分析了数字货币内涵与特征、私人数字货币定价、风险与监管、央行数字货币运行与传导机制、央行数字货币影响宏观经济发展等。

第十四章，数字经济和经济增长与发展，从数字经济促进经济增长与发展的机理分析、数字化与企业生产率、数字资本、电子商务与企业生产率微观分析、数字化影响企业技术创新效率宏观分析、数字经济促进经济高质量发展路径设计等方面，通过构建经济模型实证分析了数字经济的微观、宏观效应。

第十五章，数字经济与就业，详细分析了数字经济与就业总体分析、数字化与就业、数字经济背景下的内生技术进步、人工智能与就业、数字经济背景下劳动者保护与政府政策选择等。

第十六章，数字经济安全，从数字经济安全风险维度识别与评价指标体系构建、数字经济下的网络安全、数字经济下的消费者保护、国外数字经济安全立法研究等方面来分析数字经济发展过程中面临的安全问题及应对措施。

第十七章，数字经济应用，从企业数字化、公共服务数字化、金融业数字化、城市治理数字化等方面系统分析了数字经济应用情况及面临的问题。

第十八章，数字经济治理，从社会治理数字化、数字经济下政府智慧治理、政府智慧治理实现路径和保障措施、数字经济下企业治理、数字经济下社会组织治理，从政府、企业、社会组织三个层次系统分析数字经济治理以便促进数字经济健康、快速发展。

第十九章，数字经济政策，系统分析了美国、欧盟、俄罗斯、英国、德国、日本、中国的数字经济政策，从中借鉴国外各国数字经济政策先进经验以促进我国数字经济发展。

本教材在以下方面有所突破：

（1）系统分析了数字经济与传统经济的异同，从生产要素论、数字经济政治经济学基础、数字经济经济学基础、数字经济理论创新、数字经济运行机理等多视角分析数字经济理论基础，力求在系统性与理论性上有所突破。

（2）数字经济理论与实证有机结合，追踪当前数字经济前沿理论及其最新实证研究方法，力求在实证分析上有所突破，如数字资源定价、数字经济统计与核算、数字经济效应等。

（3）从政府、企业、社会组织 3 个层面，多视角分析数字经济治理，以便促进我国数字经济健康、快速发展，力求在数字经济治理上有所突破。

（4）系统梳理了全球典型国家的数字经济政策，有助于提升对推动我国数字全球化制定的相关政策措施的认知，也有利于了解我国在全球数字经济发展格局中的位置与战略地位。

目　录

第一篇　微观部分

第一篇

微观部分

微观部分涉及本教材的第一章到第八章的内容，第一章，导论，阐释了数字经济学研究对象、数字经济内涵与特征、数字经济体系框架、数字经济学研究方法。第二章到第八章，从微观视角分析数字经济运行规律，揭示数字资源的优化配置。

第一章　导　论

任务分析

1. 理解数字经济的内涵与特征。
2. 理解数字经济学研究对象。
3. 掌握数字经济学研究框架。
4. 了解数字经济学研究方法。
5. 了解数字经济学的发展演变。
6. 掌握数字经济学与传统经济学研究假设的异同。

案例导入

人民日报经济形势理性看：数字经济引领创新发展

数字经济的“前世今生”

“数字经济”并不是今天才有的概念。早在20世纪90年代中期，入选全球最具影响力50位思想家的唐·塔普斯科特就出版了一本名为《数字经济》的著作。20世纪90年代是数字技术发展的高潮，随着曼纽尔·卡斯特的《信息时代：经济、社会与文化》、尼葛洛庞帝的《数字化生存》等著作的出版和畅销，数字经济理念在全世界流行开来。由于互联网的普及，大量资金投入互联网企业，纳斯达克股指曾疯涨到5000多点。美国政府也在不断宣传以数字经济为特征的新经济神话，美国信息产业1990~2000年平均增长率达到6.47%，是其GDP增速的2倍。但到了2001年，新经济神话突然破灭，纳斯达克股指跌到1000多点，许多互联网公司倒闭。当时很多经济学家争论数字经济究竟有没有提高生产率、互联网经济是不是泡沫。国内一些学者也发表文章论述中国处在工业化时期，重化工阶段不可逾越。在这种情况下，我国的数字经济和信息化推进速度有所下降。

数字经济成为经济发展主导力量

经过几十年的发展，数字经济已在经济发展中起到引领和主导作用，但由于传统的经济统计方法不能全面反映信息技术的作用，有学者一直在质疑数字经济的巨大影响。理解信息技术对经济社会的影响，需要承认技术进步不是以线性方式而是以指数方式发展的历史事实。

根据麦肯锡公司发布的技术预测，到2025年可能形成5万亿~10万亿美元产值的还是移动互联网、云计算和物联网等信息产业，生物领域只有下一代基因组产业可做到1万多亿美元的规模，其他生物产业都没有上榜。2030年左右开始的第六次长波有可能还是靠信息技术驱动，其特征是智能化。现在看来，21世纪上半叶仍将是数字经济唱主角。

埃森哲公司预测，行业数字化带来的社会效益可以远远超过其创造的行业价值。到2025年，各个行业的数字化转型有望带来100万亿美元的社会及商业潜在价值。其中，仅汽车、消费品、电力、物流四大行业的数字化转型就将为社会和行业带来超过 20 万亿美元的潜在累积价值。数字化已成为经济发展的主要动力，发展数字经济是使世界经济焕发新活力的良方，将在世界经济发展史上留下浓重的一笔。

资料来源：李国杰．人民日报经济形势理性看：数字经济引领创新发展［N］．人民日报，2016－12－16.

知识介绍

第一节　数字经济学研究对象

随着全球信息通信技术（Information and Communications Technology，ICT）的快速发展，全球数字经济发展如火如荼，对国民经济的影响越来越大。人类正从信息技术（Information Technology，IT）时代走向数据处理技术（Data Technology，DT）时代，数据已成为国家基础性战略资源和重要的生产要素，被视为 21 世纪的“钻石矿”和“新石油”。而传统经济理论在一定程度上不能很好解释数字经济发展过程中涌现的新现象以及科学阐释数字经济发展过程中出现的一系列新问题。而要揭示数字经济发展过程中出现的大量不同现象蕴涵的内在联系和背后隐藏的客观规律，就要透过众多数字经济现象和问题总结数字经济发展规律，揭示数字经济范畴和本质，并科学构建数字经济理论体系框架。

随着社会的快速发展，经济转型发展已经列入国家发展战略。推动实体经济和数字经济融合发展，推动互联网、大数据、AI 同实体经济深度融合，继续做好信息化和工业化深度融合这篇大文章，推动制造业加速向数字化、网络化、智能化发展。数字经济已发展成为中国落实国家重大战略关键力量，对实施供给侧结构性改革、创新驱动发展战略具有重要意义。近年来，数字经济在国民经济中的地位稳步提升，已经成为中国经济提质增效、实现高质量发展的新动能。

数字经济专业在此背景下应运而生，成为数字经济快速发展催生的新兴专业。本专业以经济学为根基，数字技术为手段，融合管理科学、数学、计算机科学等交叉学科与技术，研究数字经济的运行规律，测度数字经济的规模，规划数字经济的发展，促进数字产业化与产业数字化发展，实现数字技术与工业、农业、服务业等行业的深度融合。

一、数字经济学产生基础

近年来，随着数字经济飞速发展，国际国内出版了一些研究数字经济的著作，例如，徐晨等 2017 年在经济日报出版社出版的《数字经济：新经济　新治理　新发展》、北京大学数字金融研究中心等 2018 年在中国人民大学出版社出版的《数字金融的力量：为实体经济赋能》、朱发仓 2019 年在经济科学出版社出版的《数字经济统计测度研究：理论与应用》、赵立斌等 2020 年在科学出版社出版的《数字经济下价值链重构与产能利用效率提升——基于异质性企业的理论与实证》等。另外，从 2018 年开始教育部陆续审批了一些高等院校的一门新专业：数字经济。在《网络经济学》研究基础之上，许多专家学者和研究机构就提出尽快出版一批高质量的《数字经济学》或《数字经济概论》教材以满足市场需求。目前国内出版了一些研究数字经济的教材，例如，赵立斌等 2020 年在科学出版社出版的《数字经济概论》、刘越等 2021 年在吉林大学出版社出版的《数字经济概论》、任保平 2022 年在科学出版社出版的《数字经济学导论》、戚聿东等 2022 年在中国人民大学出版社出版的《数字经济概论》、刘志毅 2022 年在清华大学出版社出版的《数字经济学：智能时代的创新理论》、李涛等 2022 年在高等教育出版社出版的《数字经济学导论》、卢福财 2022 年在高等教育出版社出版的《数字经济学》、孙毅2023年在机械工业出版社出版的《数字经济学》等。因此，数字经济学的产生，既有其必然性，也有其必要性。

（一）全球网民数

全球网络市场前景广阔，数字经济已经成为全球经济发展的趋势与潮流。北京时间2021年1月27日晚间新闻，据最新一份报告显示，截至2021年1月，全球手机用户数量为52.2亿人，相当于世界总人口的66.6%，互联网用户数量为46.6亿人，而社交媒体用户数量为42亿人。自2020年1月以来，手机用户数量增长了1.8%（9300万），而移动连接总数（一人拥有多部设备）增长了0.9%（7200万），达到80.2亿（2021年1月）。

2021年1月，全球使用互联网的人数达到了46.6亿，比2020年同期增加了3.16亿人，增长了7.3%。目前，全球互联网普及率为59.5%。但新冠疫情对互联网用户数量的报告产生了重大影响，因此实际数字可能会更高。

社交媒体普及率激增。社交媒体用户数量在过去一年里增加了13%以上，到2021年年初，全球新增用户近5亿，使全球用户总数达到近42亿。

手机已成为我们的“第一屏”。App Annie数据显示，目前全球安卓用户每天使用手机的时间超过4小时。总体而言，这意味着安卓用户在过去12个月中累计使用手机的时间超过3.5万亿小时。

上网时间增加。总体而言，互联网用户平均每天在所有设备上使用互联网的时间接近7小时，相当于每周上网时间超过48小时，也就是每7天中有2天是上网时间。

在线搜索习惯正在改变。98%的受访者表示，他们每月都会使用搜索引擎。而超过70%的受访者还表示，他们现在每月至少使用一种工具，而不是基于文本的搜索引擎来在线查找信息。

多设备策略仍然必不可少。如今，手机占全球上网时间的53%，但其他设备在我们的互联生活中仍扮演着重要角色。

网上售货与电子商务兴起。全球范围内，在16~64岁的网民中，有近77%的人表示他们每月都会在网上购物。

截至2022年12月，全球网民人数是49.5亿。相关公开信息显示，截至2022年12月，全球总人口数量达到78亿，全球互联网用户数量达到49.5亿人，同比增长4%，互联网用户占总人口的62.5%，每个互联网用户平均每天使用互联网时间是6小时58分钟，通过手机访问互联网的用户占了92.1%。

（二）电子政务

自20世纪90年代电子政务（Electronic Government）产生以来，随着实践发展而不断更新其定义。联合国经济社会理事会认为电子政务是政府通过信息通信技术手段的密集性和战略性应用组织公共管理的方式，旨在提高效率、增强政府透明度、改善财政约束、改进公共政策质量和决策科学性，建立良好政府之间、政府与社会、社区以及政府与公民之间关系，提高公共服务质量，赢得广泛社会参与度。世界银行认为电子政府主要关注政府机构使用信息技术，赋予政府部门以独特的能力，转变其与公民、企业、政府部门之间关系。这些技术可以服务于不同目的：向公民提供更加有效政府服务、改进政府与企业和产业界关系、通过利用信息更好地履行公民权，以及增加政府管理效能。因此而产生的收益可以减少腐败、提供透明度、促进政府服务更加便利化、增加政府收益或减少政府运行成本。

因此，一般认为电子政务是国家机关在政务活动中，全面应用现代信息技术、网络技术以及办公自动化技术等进行办公、管理和为社会提供公共服务的一种全新管理模式。广义电子政务应包括所有国家机构在内；而狭义电子政务主要包括直接承担管理国家公共事务、社会事务的各级行政机关。

随着现代信息通信技术的飞速发展，我国电子政务发展相当快，市场规模持续扩大。数据显示，2006年，我国电子政务市场规模达到550亿元，同比增长16.4%，2010年，其市场规模突破1000亿元，2012年，其市场规模达到1390亿元，同比增长17.3%。2020年7月，《2020联合国电子政务调查报告》发布，数据显示，中国电子政务发展指数从2018年的0.6811提高到2020年的0.7948，排名比2018年提升了20位，升至全球第45位，取得历史新高。

据统计，2022年我国电子政务市场规模4100亿元。其中，硬件占比为32%，网络设备占比为14%，软件占比为24%，服务占比为30%。2022年我国电子政务平台市场主要竞争企业为浪潮、太极、中国软件、神州信息等，Top5企业累计市场份额达55%。其中，浪潮以14.30%的市场份额居第一位。预计2023年我国电子政务市场规模将超4500亿元。未来几年，中国电子政务行业将呈现出以下发展趋势：以用户为中心，提供更加便捷、智能和个性化在线服务；以数据为驱动，实现跨部门、跨地区、跨层级信息共享和资源整合；以创新为引领，探索更多应用场景和解决方案，并与社会力量合作共建共享；以安全为保障，加强网络安全防护体系建设，并提升数据治理水平。

（三）移动支付

中国支付清算协会2021年1月13日发布的《2020年移动支付用户问卷调查报告》显示，2020年有74.0%的用户每天使用移动支付，较2019年提高4.4%。调查显示，当前我国移动支付小额特征日益显著，用户单笔支付金额以100元以下为主，500元以上移动支付占比下降。2020年，有38.4%的用户单笔支付金额在100元以下，较2019年提高23.3%，16.4%的用户单笔支付金额在500～1000元，较2019年下降18.9%。

移动支付小额特征日渐显著，说明移动支付在便利用户、促进消费等方面发挥着越来越重要的作用。移动支付主要定位于零售、小额、便民支付，单笔100元以下支付比例大幅度上升，表明随着公交、地铁、百货等生活场景普及移动支付设施，用户在日常消费中使用移动支付的频率会越来越高。

安全隐患依旧是移动支付用户担心的首要问题。2020年，用户对移动支付比较担心的问题排名第一位的是存在安全隐患，占比为63.4%。调查显示，个人信息被泄露、手机扫描到伪假条码和账户资金被盗用是用户最担心遇到的安全问题。

iiMedia Research（艾媒咨询）数据显示，2022年中国移动支付平台用户主要付款账户类型调查中，76%消费者表示会选择钱包余额，46.9%消费者表示会选择货币基金产品，33.9%消费者表示会选择消费信贷产品，28.7%消费者表示会选择银行储蓄卡，11.5%消费者表示会选择银行信用卡。

随着一系列法律法规陆续出台，相关方应加强对信息外泄或被非法使用的风险防控，有效保护消费者权益。随着大数据、人工智能等新技术在支付领域的深入应用，风控的系统、技术和模型等都在不断更新迭代，未来移动支付应尽力让广大商户、用户享受到更安心、便捷的支付服务。

（四）普惠金融

1995年10月，美国诞生了全球第一家虚拟银行：安全第一网络银行。之后，随着信息通信技术的发展，借助数字技术，网络金融、数字金融等快速发展。由于进入壁垒降低，小银行生存空间也越来越大，银行与客户的距离逐步缩小，之前只有小部分群体受惠的金融系统惠及人数逐渐增加，呈现出普惠化的趋势。世界银行2018年4月发布的《全球金融包容性指数》数据库显示，普惠金融呈上升趋势但差距犹存。

另外，根据《2020年中国普惠金融行业分析报告——行业竞争格局与发展动向预测》提供的数据，2020年，农业银行加大普惠领域精准投放，支持先进制造业、现代服务业、消费升级、绿色金融、脱贫攻坚项目、疫情防控、小微企业复工复产等重点领域，支持国家自主创新示范区、双创示范基地、自贸区、“三区三州”等重点区域，支持供应链上下游、产业集群、政府采购、政府增信、科创小微等重点客户群体。

在监管政策和数字技术的双重驱动下，普惠金融得以高效地渗透至目标人群。2017～2019年上半年我国小微企业金融服务实现平衡稳定发展，截至2019年6月末，全国小微企业贷款余额35.63万亿元，同比增长6.39%；其中普惠型小微企业贷款余额10.7万亿元。普惠型小微企业贷款在快速增长的同时，贷款利率及不良率也处于下降通道。2019年上半年，全国普惠型小微企业贷款不良率为3.75%，较年初下降0.43个百分点。

截至2022年年末，人民币普惠金融领域贷款余额32.14万亿元，同比增长21.2%，比各项贷款高10.1%，比上年末低2%；全年增加5.64万亿元，同比增长6250亿元。2022年年末，我国普惠小微贷款余额23.8万亿元，较2021年增加4.57万亿元，同比增长23.8%，增速比上年末低3.5%；全年增加4.59万亿元，同比增长4549亿元。2022年年末，我国农户生产经营贷款余额7.83万亿元，较2021年增加0.99万亿元，同比增长14.5%；创业担保贷款余额2679亿元，较上年增加0.04万亿元，同比增长14%；助学贷款余额1785亿元，较上年增加0.03万亿元，同比增长21.6%。2022年年末，全国脱贫人口贷款余额1.03万亿元，同比增长13.1%，全年增加1195亿元。

（五）工业互联网平台

工业互联网作为新一代信息技术与制造业深度融合的产物，通过实现人、机、物的全面互联，构建起全要素、全产业链、全价值链全面连接的新型工业生产制造和服务体系，成为支撑第四次工业革命的基础设施，对未来工业发展产生全方位、深层次、革命性影响。近年来，全球工业互联网平台市场持续保持活跃创新发展态势，工业互联网平台对制造业数字化转型的驱动能力正逐渐显现，无论是大企业依托平台开展工业大数据分析以实现更高层次价值挖掘，还是中小企业应用平台云化工具以较低成本实现信息化与数字化普及，或者是基于平台的制造资源优化配置和产融对接等应用模式创新，都正在推动制造业向更高发展水平迈进。加快发展工业互联网不仅是各国顺应产业发展大势，抢占产业未来制高点的战略选择，也是我国推动制造业质量变革、效率变革和动力变革，实现高质量发展的客观要求。

Markets和Markets的统计数据显示，2017年全球工业互联网平台市场规模达到25.7亿美元，预计2023年将增长至138.2亿美元，预期年均复合增长率达33.4%。美国、欧洲和亚太地区是当前工业互联网平台发展的焦点地区。随着GE、微软、亚马逊、PTC、罗克韦尔、思科、艾默生、霍尼韦尔等诸多巨头企业积极布局工业互联网平台，以及各类初创企业持续带动前沿平台技术创新，美国当前平台发展具有显著的集团优势，并预计在一段时间内保持其市场主导地位。而紧随其后的是西门子、ABB、博世、施耐德、SAP等欧洲工业巨头，立足自身领先制造业基础优势，持续加大工业互联网平台的投入力度，欧洲平台领域进展迅速，成为美国之外主要的竞争力量。中国、印度等新兴经济体工业化需求持续促进亚太地区工业互联网平台发展，亚洲市场增速最快且未来有望成为最大市场。尤其值得一提的是，以日立、东芝、三菱、NEC等为代表的日本企业也一直低调务实地开展平台研发与应用探索并取得显著成效。

近几年，我国工业互联网平台应用水平得到明显提升，多层次系统化平台体系初步形成。一是涌现出更多新的知名工业互联网平台。全国各类型平台数量总计已有数百家之多，具有一定区域、行业影响力的平台数量也超过了50多家。既有航天云网、海尔、宝信、石化盈科等传统工业技术解决方案企业面向转型发展需求构建平台；也有树根互联、徐工、TCL、中联重科等大型制造企业孵化独立运营公司专注平台运营；还有优也、昆仑数据、黑湖科技等各类创新企业依托自身特色打造平台。二是形成一批创新解决方案和应用模式。例如，在研发设计方面，涌现出数码大方设计与生产集成打通、索为研发设计与产品运维一体化以及安世亚太基于工业知识生态的先进设计等平台服务。在生产制造方面，形成了富士康ICT治具智能维护、航天云网精密电器智能化生产等一批平台解决方案。在企业管理方面，用友、金蝶等平台提供云ERP、云MES、云CRM等服务。在应用模式创新方面，树根互联、天正、生意帮等企业探索出“平台+保险”“平台+金融”“平台+订单”等新模式新业态。

2023年3月28日，工信部发布了“2022工业互联网平台发展指数”。指数显示，我国工业互联网平台发展水平全面提升。工业互联网平台发展指数参考上证指数，以2018年为基期，用工业设备、工业模型和工业App，开发者和服务企业做关键指标测算得出。数据显示，2022年工业互联网平台发展指数达到251，同比增长17%，连续四年保持超过15%的增幅。这次发布数据覆盖31个省区市，41个工业大类。专家指出，快速增长的指数既反映了近年工业互联网蓬勃的生命力，也折射出工业经济发展新趋势。

二、已有研究为建立数字经济学提供理论基础

随着数字技术快速发展，全球数字经济也在飞速发展，学界、业界也把研究视角从信息经济学、网络经济、互联网经济学拓展到数字经济领域，将数字经济发展过程出现的一系列新现象、新问题、新模式、新理论等纳入主要研究范围。数字经济在一定程度上可以说是信息经济的另一种称谓，旨在突出支撑信息经济的信息技术二进制的数字特征，是一种互联网经济。例如，美国复合技术联盟主席D. 塔帕斯科特1995年出版的《数字经济：网络智能时代的希望和危险》一书指出，信息技术的数字革命使数字经济成为基于人类智力联网的新经济。1998年4月15日，美国商务部公布了以《浮现中的数字经济》命名的第一份研究报告，着重分析信息这一核心资源对宏观经济和微观经济的决定性作用。之后，这样的研究报告又按年连续出了多本。这些报告均以分析信息产业、电子商务、网络经济等有关信息经济的发展为内容。数字经济发展是与信息技术尤其是互联网技术广泛应用分不开的，也是与传统经济逐步数字化、网络化、智能化发展分不开的。与此同时，国内关于信息经济、网络经济、数字经济的论文、研究报告等大量涌现，比较有影响的研究机构如中国信息通信研究院、阿里研究院、腾讯研究院等均对数字经济相关方面进行了研究。目前，国内外专家学者研究数字经济视角从数字经济活动、数字经济现象、数字经济发展过程中出现的问题转向深入研究数字技术、数字经济运行规律、数字经济本质、数字经济发展的理论机理、数字经济建模与实证等，这些都有助于科学构建数字经济学的主要内容与框架。

三、数字经济学研究对象

数字经济学是传统经济学的一门新兴分支学科，数字经济学与其他学科区分的标志应该在于数字经济学有其独特的研究领域与研究对象。传统西方经济学一般分为微观经济学与宏观经济学，数字经济学也可以分为微观数字经济学与宏观数字经济学，其研究对象与领域主要就是数字经济条件下的资源优化配置与充分利用问题。

从狭义上说，数字经济可能指的就是信息通信技术（ICT）相关产业。而本书的研究范畴是广义的数字经济。数字经济通过不断升级网络基础设施与智能机等信息工具，互联网—云计算—区块链—物联网等信息技术，人类处理大数据的数量、质量和速度能力不断增强，推动人类经济形态从工业经

济向信息经济—知识经济—智慧经济形态转化，极大地降低社会交易成本，提高资源优化配置效率，提高产品、企业、产业附加值，推动社会生产力快速发展，同时为落后国家后来居上实现超越性发展提供了技术基础。某种意义上，数字经济也称智能经济，是工业4.0或后工业经济的本质特征，是信息经济—知识经济—智慧经济的核心要素。此外，数字经济也可理解为一个经济系统，在这个系统中，数字技术被广泛使用并由此带来了整个经济环境和经济活动的根本变化。数字经济也是一个信息和商务活动都数字化的全新社会政治和经济系统。企业、消费者和政府之间通过网络进行交易迅速增长。数字经济主要研究生产、分销和销售都依赖数字技术的商品和服务。因此，数字经济不仅研究ICT产业，ICT产业只是数字经济的基础部分，研究更多的则是利用数字技术来改造传统产业以实现传统产业的数字化，才是数字经济研究的主要内容与领域。

本书主要分析数字经济的基本知识和相关理论，并为数字经济领域的相关问题提供分析方法。本书主要培养学生从经济学视角，运用经济学、统计学、计量经济学等相关学科的理论与工具，能够客观、全面、系统地分析解释数字经济问题，其内容包括数字经济学理论基础、数字经济发展技术支撑、数字资源成本与定价、平台经济、企业数字化转型、数据资产定价、数字经济垄断与治理、数字经济统计与核算、产业数字化、数字金融、数字贸易、数字货币、数字经济和经济增长与发展、数字经济与就业、数字经济安全、数字经济的应用、数字经济治理和数字经济政策等。

第二节 数字经济内涵与特征

随着数字经济的快速发展，迫切需要科学界定数字经济的内涵。与此同时，也要阐明数字经济的特征。

一、数字经济演变进程

随着互联网、大数据、云计算、人工智能等数字技术的创新、扩散、成熟到大规模运用，数字经济获得迅速发展。到目前为止，数字经济大致经历了5个发展阶段：数字经济发端、数字经济浮现、数字经济兴起、数字经济1.0阶段、数字经济2.0阶段，这5个阶段并不是截然分开的，实际演变过程是自然演进、相互促进、相互融合的关系。

（一）数字经济发端（1946~1960年）

这一阶段是以信息网络为主的数字化阶段。1946年，世界上第一台电子计算机在美国宾夕法尼亚大学诞生，从此人类就逐步步入信息时代，数字化开始出现。这一时期主流商业模式是芯片等硬件的设计、生产与制造，操作系统及其他软件的研发，其典型代表包括微软（Microsoft）、英特尔（Intel）、IBM、Del等。数字经济起步阶段，语言、文字、音视频等大量信息都被转化为计算机可以识别、储存、加工和传输的二进制代码，即“0”和“1”代码。之后，随着信息通信技术、网络技术的发展，计算机从个人计算机发展到超级计算机、网络计算机、量子计算机等，科技应用于我们日常生产、生活的方方面面。

（二）数字经济显现（1960~1990年）

这一阶段是以IT与ICT为主的网络化阶段。随着现代技术，尤其是信息技术（Information Technology，IT）的快速发展与应用，以及1969年11月，美国国防部高级研究计划管理局（Advanced

Research Projects Agency，ARPA）开始建立一个命名为ARPAnet的网络，即阿帕（ARPA）网的诞生标志着数字经济进入了网络化萌芽阶段。通过现代网络通信技术可以实现了人与人、人与物、物与物之间实时连接，缩短了人们的地理距离，大大提升了人类工作、生活效率。这一时期，伴随着IT技术与网络技术大量应用于传统行业，也带动信息产业的软件开发和硬件制造迅速发展，这些也带动ICT产业快速发展。随着互联网的兴起并应用于各行各业，降低了企业运行成本，极大提升了企业效率与效益。

（三）数字经济兴起（1990～2000年）

这一阶段学者们提出数字经济的概念，数字经济兴起。数字经济（Digital Economy）最早出现于1994年。根据牛津英语词典记录，1994年3月1日在报纸“*The San Diego Union – Tribune*”的一篇报道中，数字经济出现下面句子中：This new technology [cryptography] also provides digital signatures to authenticate transactions and messages，and allows for digital money，with all the implications that has for an electronic digital economy。之后，随着日益成熟的互联网等数字技术快速发展，并广泛运用于实践，数字经济概念引起了众多专家学者、政府官员的广泛关注，而且数字化应用渗透到方方面面，企业数字化程度开始提高，数字经济进入兴起阶段。

1995年，数字经济概念首次进入行业文献。加拿大学者唐·泰普斯科特（Don Tapscott）于1995年出版的《数字经济：网络智能时代的希望和危险》（*The Digital Economy：Promise and Peril in the Age of Networked Intelligence*）一书中正式提出数字经济概念，书中详细论述了数字经济发展概况及互联网等数字技术对经济社会的影响。之后，不同学者基于不同的研究视角提出了各自的数字经济概念，到目前为止，全球还没有形成关于数字经济统一的内涵，但Don Tapscott被认为是最早提出“数字经济”概念的人之一，被公认为“数字经济之父”。

1996年12月30日，美国《商业周刊》首次提出“新经济”概念。1997年2月，美国前总统克林顿以官方语言确认了新经济和知识经济概念。一般认为新经济是在经济全球化和信息技术革命的推动下，以生命科学技术、新能源技术、新材料技术、空间技术、海洋技术、环境技术和管理技术7大高科技产业为龙头的经济，其核心是观念创新、运行模式创新和技术创新等。

20世纪90年代，全球经济表现平平，而美国经济却实现了123个月的持续增长。美国经济进入巅峰状态之际，新经济潮流势不可挡，美国经济发展模式出现以下新特征：高经济增长率、低失业率、低通货膨胀率并存的“一高两低”高质量发展特征。1990～1998年的8年时间里，美国GDP增长了26.7%，其间，电子和电力装备产业产值增加了224%，机械工业增加了107%，商业服务、通信、流通和交通产业产值的增幅亦均在42%～68%。2000年，美国GDP达到99657亿美元，在世界经济总量中的比重上升到31.54%。这一现象，多数人将其主要归功于信息技术的应用。1998年，美国商务部发布《浮现中的数字经济》（*The Emerging Digital Economy*），从政府角度判断数字经济，并开始设计测量指标、搜集数据，将数字经济纳入官方统计中。此后，美国又陆续发布了《新兴的数字经济》《数字经济2000》《再度崛起的数字经济》等多本数字经济年度报告。另外，1997年，曼纽尔·卡斯特（Manuel Castells）出版了《信息时代三部曲：经济、社会与文化》（*The Information Age Trilogy：Economy，Society and Culture*）与尼古拉斯·尼葛洛庞帝（Nicholas Negroponte）出版的《数字化生存》（*Bing Digital*）等著作，学术界、产业界更加关注快速发展的数字经济。

（四）数字经济1.0（2000～2015年）

这一阶段显著特征是数据驱动的数据化。人类迈入21世纪，随着人工智能、大数据、云计算、区块链、物联网、3D 打印等现代数字技术的快速发展，数据在经济社会发展的重要性愈发凸显，数据资源成为经济社会发展的重要核心资源，数据成为新的生产要素，这一时期，人类社会进入数据驱动的 1.0 时代。

2000 年 6 月 5 日，美国商务部发布了题为《数字经济 2000》的年度报告，这是美国商务部自 1998 年 5 月、1999 年 6 月分别出版的《新兴的数字经济》报告之后，发布的第三份有关信息技术革命对美国经济影响的报告。该年报告显示，自 1995 年以来，美国经济增长中约 30% 来自信息技术产业的贡献，信息技术产业已成为美国经济增长的第一大推动力。美国官方第一次提出人类已经进入数字经济时代，并设计数字经济相关测量指标大量收集数据信息，官方正式将数字经济纳入统计范畴。自此，数字经济概念和数字技术被广泛使用，成为人们关注的焦点，各主要国家政府也将数字经济发展提上重要议事日程，希望通过发展数字经济来加快经济转型升级实现经济高质量发展。

随着美国数字经济的迅速发展，国际组织、国际研究机构及其他各国也纷纷出台相关战略与政策框架来促进数字经济发展。2002 年，世界经济论坛首次发布的《全球信息技术报告》中提及数字经济，之后，连续发布多份《全球信息技术报告》，这些研究报告比较全面地阐述全球数字经济的发展情况。进入 21 世纪以来，OECD 出版发布了大量与数字经济相关的研究报告和工作论文，推动了数字经济发展。2008 年美国金融危机以来，全球经济恢复乏力，世界贸易组织（World Trade Organization，WTO）、世界银行（WB）、联合国贸易和发展会议、亚太经合组织（Asia - Pacific Economic Cooperation，APEC）、国际货币基金组织（IMF）等与世界各国结合本国经济发展实际制定出适合本国国情的数字经济发展战略与发展政策，希望大力发展数字经济提升本国经济实力与竞争力。2010 年，欧盟公布了数字经济议程。2014 年，法国颁布了数字法国计划，并将其视为能否稳固法国未来世界经济地位的重要事项。2015 年，美国商务部发布了数字经济议程，将发展重点放在 4 个方面：促进全球自由、开放网络建设；推进网络诚信；确保工人、家庭和公司的宽带入网；通过灵活知识产权规则和新技术促进创新。

我国也非常重视信息技术、网络技术、数字技术对传统经济的促进作用，而在名称上我国较多采用信息化与工业化“两化融合”等提法。2015 年 5 月，国务院印发的《中国制造 2025》部署全面推进实施制造强国，这是中国实施制造强国战略第一个十年的行动纲领。2015 年 7 月 4 日，国务院发布《国务院关于积极推进“互联网 +”行动的指导意见》，意味着国家“互联网 +”战略具体成型，并进入部署实施阶段。这对于加快中国经济形成新动能，对于传统产业和互联网行业融合创新、共同腾飞有着重要而深远的意义。《中国制造 2025》与“互联网 +”战略大力发展互联网等数字技术和高技术战略新兴产业，进一步加快了我国经济结构转型升级与实现经济高质量发展。

（五）数字经济 2.0（2015 年至今）

这一阶段是以人工智能（Artificial Intelligence，AI）为核心的智能化阶段。2016 年 8 月 1 日，全球市值最高的五家公司首次全部花落互联网平台公司：苹果、谷歌、Facebook、微软和亚马逊，全球 15 大互联网科技公司（均为平台公司）和有上百年积累的工业时代标志性公司市值相当，均超过 3 万亿美元，全球平台经济发展由此成为主导性经济形态。特别需要强调的是，互联网平台依托新信息基础设施（云 + 网 + 端）和新生产要素（数据），开启了为企业和个人提供大规模协作平台和配套服务的 DT 时代，激发了全社会的创新创业活力。未来，新一代信息技术将加快向零售、制造、教育、医疗、文化等行业深入渗透，互联网平台将进入蓬勃发展的黄金阶段。在此背景下，数字技术将逐渐渗透到农业、制造业、服务业等传统行业以加快传统行业的数字化进程。随着智慧农业、智能制造、智慧物流、互联网金融等新兴产业的飞速发展，全球数字经济进入智能化的 2.0 阶段。

2015年3月6日，《政府工作报告》首次提出要制订“互联网+”行动计划，2015年“互联网+”行动计划将为互联网与医疗、教育、物流、金融等传统行业融合发展提供更大空间，将培育更多新兴产业和新兴业态。之后“数字经济”这一提法进入政府工作报告，并被各类官方文件与重大会议所采用，数字经济发展战略及相关政策制定也提上了我国各部委及各级政府议事日程。2016年世界互联网大会与G20杭州峰会等重大国际会议、中央政治局网络强国战略集体学习、党的十九大报告等都出现了“数字经济”字眼。2015~2017年“互联网+”、共享经济、数字经济分别进入《政府工作报告》，2018年政府工作报告又多次提到数字经济，指出我国要通过发展“互联网+”、智能制造等加快经济转型升级步伐。

2015年以来，随着谷歌、苹果、NVIDIA、阿里巴巴、百度、科大讯飞等企业在语音与图像识别、自动驾驶、数字医疗等AI领域获得重大突破，我国人工智能研究也迎头赶上，取得不菲成绩，我国数字经济也进入了以智能化为核心的数字经济2.0阶段。但目前我国数字经济智能化主要集中在单一弱人工智能应用上，人工智能相关核心技术还亟待攻关，我国智能化技术发展空间非常大。这些核心技术的突破必将推动我国数字经济发展、生产生活方式变革。根据WeAreSocial和Hootsuite发布的最新统计，2021年1月全球网民数量已经达到46.6亿人。当今全球有52.2亿人正在使用手机，相当于世界总人口的66.6%。自2020年1月以来，独立手机用户数量增长了1.8%（达到9300万人）；而移动连接总数则增加了7200万个（增长0.9%），到2021年初达到80.2亿个。App Annie的数据显示，安卓手机用户每天花至少4小时看手机。2021年1月，全球有46.6亿人使用互联网，比2020年同期增加了3.16亿人，增长7.3%。全球互联网普及率目前为59.5%。到2021年，全球社交媒体用户总共将在社交媒体上花费3.7万亿小时，相当于超过人类存在的4.2亿年的总和。随着互联网迅速发展，物联网也在快速增长，与此同时，数字经济快速发展过程中也暴露出一些亟待解决的突出问题，如数据纷争、数据安全、数据产权、“数字鸿沟”、数字经济治理等问题。

二、数字经济内涵

1995年，加拿大学者唐·泰普斯科特（Don Tapscott）于1995出版的《数字经济：网络智能时代的希望和危险》（*The Digital Economy*：*Promise and Peril in the Age of Networked Intelligence*）一书中正式提出数字经济概念。MIT媒体实验室创立者尼古拉斯·尼葛洛庞帝（Nicholas Negroponte）提出的数字经济概念是早期定义中较有影响力的，他将数字经济描述为“利用比特而非原子”的经济。这一定义蕴含了数字经济基于网络的本质。之后各国政府开始关注数字经济概念，各国为了加快数字经济发展，开始界定数字经济概念。

（一）各国政府定义的数字经济概念

1997年5月，日本通产省将数字经济定义为具有以下四种特征的经济形态：没有人员、物体和资金的物理移动的经济是可能的；合同签订、价值转移和资产积累可用电子手段完成；作为经济基础的信息技术将高速发展；电子商务将广泛拓展，数字化将渗透人类生活的各个方面。

1999年6月，美国商务部发表了《新兴数字经济》报告，把电子商务以及使电子商务成为可能的信息技术产业看成是数字经济的两个方面。1999年10月，美国统计局在此基础上提出了数字经济的具体范围：网络网际、电子商务、电子化企业及网络交易，并相应给出了具体定义（见表1-1）。

表 1-1 美国统计局界定的数字经济内涵

	电子化企业基础建设	电子化企业	电子商务	计算机网络
定义	电子化企业流程和电子商务交易运作基础	企业或组织通过计算机网络所进行的任何工作流程	通过计算机网络进行的货品或服务交易	由可经由计算机操控的电子设备所组成的网络
范畴	硬件、软件、通信网络、支持服务及人力资本	生产、顾客及内部管理方面的企业流程	在特定电子化企业流程如销售中发生的教育	包括所使用的硬件、软件及使用者发出的操控命令

资料来源：何枭吟. 美国数字经济研究 [D]. 吉林大学，2005.

美国人口普查局将数字经济分为三大组成部分：基础设施、电子商务流程和电子商务贸易。这一定义则更为规范。之后，其他国家与美国政府定义较为一致，如牛津数字经济协作小组和英国计算机学会界定的数字经济内涵与美国官方定义类似，均将数字经济界定为电子商务与 IT 产业。

快速发展的数字技术使得数字经济外延迅速变化。从表 1-2 与表 1-3 可以看出，美国商务部公布的数字产业分类标准 4 年间数字经济涉及的 20 多项产业发生了十几处变化。光纤、软件出版、软件复制、编程服务、设备管理、电缆、人造卫星通信等行业纷纷加入数字经济行业。

表 1-2 1998 年美国商务部数字产业分类标准

数字产业	产业内容	数字产业	产业内容
硬件制造业	计算机及计算机设备 计算机批发及零售贸易办公用计算设备 光录和磁录设备 * ★ 电子管 印刷电路板 半导体相关设备 无源电子元件 a★ 工业测量仪器 电流测量仪器 实验室分析仪器	软件及计算机服务业	计算机编程服务 预装软件※ 软件批发及零售贸易 计算机系统设计 计算机数据处理 信息检索服务※ 计算机服务管理※ 计算机租赁及维修 其他计算机相关服务
通信设备制造业	家用音像设备 a★ 电话设备 广播和电视通信设备	通信服务业	电话通信 广播业※ 电视业※ 有线电视及其他付费电视服务※

注：★代表新增产业，a 为产业名称变化，* 为产业归类变化，※代表被删除的产业。
资料来源：Margherio，Lynn，et al. The emerging digital economy [R]. Washington，DC：US Department of Commerce，1998.

表 1-3 2002 年美国商务部数字产业分类标准

数字产业	产业内容	数字产业	产业内容
硬件制造业	计算机及计算机设备 办公用计算设备 计算机批发及零售贸易 电子管 印刷电路板 半导体相关设备 各种电子元件 a★ 工业测量仪器 电流测量仪器 实验室分析仪器	软件及计算机服务业	软件出版商★ 因特网服务提供商★ 软件批发及零售贸易 计算机编程服务★ 计算机系统设计 计算机数据处理 计算机设备管理★ 计算机租赁及维修 办公计算设备租赁及维修★ 其他计算机相关服务

续表

数字产业	产业内容	数字产业	产业内容
通信设备制造业	视听设备 a★ 电话设备 广播和电视通信设备光纤★ 软件复制★ 光录和磁录设备＊★	通信服务业	有线电信运营商 蜂窝和其他无线运营商★ 电信和转售商 电缆和其他系统销售★ 人造卫星和其他通信★ 通信设备修理和维护★

注：★代表新增产业，a 为产业名称变化，＊为产业归类变化，※代表被删除的产业。

资料来源：Digital economy 2002 [R]. Washington, DC: US Department of Commerce, 2002.

如此变化也将按产业标准来界定数字经济内涵难度加大。首先，以博客为代表的社会化媒体出现，用户掌握了一定主动权，而由此诞生的新经济模式按照传统行业标准就变得不是很清晰，而微信等即时通信软件的出现使互联网经济更趋于多样化。其次，搜索引擎快速发展大大提升了查询的全面性与准确性，个性化、定制化搜索结果也大大提升了用户体验。搜索引擎发展助力电子商务，其应用边界更加模糊。最后，快速发展的移动互联网、以共享经济为代表的新经济形态进一步扩充了数字经济范围。

总之，近年来各国界定的数字经济内涵有所差异，大致可分为四类：（1）中国、俄罗斯与韩国将数字经济视为一种经济活动，但侧重点有差异。2016 年，中国在《G20 数字经济发展与合作倡议》提出，“数字经济是指以使用数字化的知识和信息作为关键生产要素、以现代信息网络作为重要载体、以信息通信技术的有效使用作为效率提升和经济结构优化的重要推动力的一系列经济活动。”2017 年 1 月 23 日，俄罗斯联邦政府下属专家委员会将数字经济定义为以保障俄联邦国家利益为目的在生产、管理、行政等过程中普遍使用数字或信息技术的经济活动。韩国将数字经济定义为以互联网在内的信息通信产业为基础进行的所有经济活动。（2）美国、法国与经合组织（OECD）着眼点于数字经济测量。2016 年 11 月 18 日，美国经济分析局咨询委员会在《测量数字经济》报告中指出测量数字经济除应包括电子商务外，还应测量新的数字服务，如共同乘坐等共享经济和广告支持下的免费互联网服务。法国数字经济协会认为数字经济包括电信行业、视听行业、软件行业、互联网行业，以及那些需要运用电信、视听、软件、互联网技术来支持自身活动的行业。OECD 将数字经济定义为通过电子商务实现和进行的商品和服务贸易。（3）英国从产出视角理解数字经济。英国研究委员会认为数字经济是通过人、过程和技术发生复杂关系而创造社会经济效益。英国经济社会研究院认为数字经济是各类数字化投入带来的全部经济产出。数字化投入包括数字技能、数字设备以及用于生产环节的数字化中间品和服务。（4）澳大利亚将数字经济理解为一种社会进程。《澳大利亚的数字经济：未来的方向》报告中指出数字经济是通过互联网、移动电话和传感器网络等信息和通信技术实现经济和社会的全球性网络化。

从前面可以看出，各国高度重视数字经济的扩张和影响。美国作为全球商业模式创新的重要发源地，在分享经济、互联网金融、电子商务等诸多互联网商业模式创新方面都在引领全球风潮（李灿强，2016；钟春平等，2017）；俄罗斯政府将数字经济作为未来十年经济重点发展方向之一，2017 年 7 月，俄罗斯政府正式批准了《俄罗斯联邦数字经济规划》，为俄罗斯在国际竞争中发挥新优势提供强大保障（张冬杨，2018）；英国将发展大数据视为具有重大意义的战略规划，以数字政府、电子商务、智慧城市、云计算为重点发展方向，并以此确保在数字经济发展中成为世界领导者（逄健等，2013；张亚菲，2013；丁声一等，2016；郑安琪，2016；王蔚，2017）；OECD 国家数字经济战略根本目标是提升国家竞争力、促进经济增长和社会发展；日本于 2009 年 7 月 6 日制定了

《2015 年 i－Japan 战略》通过数字技术和信息在社会经济中的渗透扩散打造全新的日本（逄健等，2013）；新加坡在 2006 年 6 月 19 日宣布启动“智慧国 2015”（iN2015）计划（逄健等，2013）。各国数字经济战略的政策范围覆盖商业创造、生产率提高、公共治理、居民就业、教育医疗等各领域（陈璋等，2017）。澳大利亚政府将数字经济视为促进生产、提高国际竞争地位、改善社会福利的必然选择（逄健等，2013）；巴西、印度、南非等金砖国家均将发展互联网技术与数字经济提高到国家战略层面（中国互联网协会，2017）；中国当前正在实施“网络强国”战略，意在推进“数字中国”建设（张新红，2016）。近几年我国数字经济飞速发展，专家学者研究了全国（王运宝，2017；王萌，2018）、上海（张懿，2018）、贵州（黄娴，2017；管弦等，2017；吕慎等，2018）、浙江（王萌，2018）、福建（王萌，2018）等数字经济情况，数字经济发展优势及面临的问题。熊一舟（2017）指出全球数字经济呈指数级扩张、面临发展不平衡的挑战及如何提供有力的政策支持；张晓（2017）指出全球数字经济呈现出产业融合化、技术革命化、投资成熟化、服务精细化、市场全球化、治理现代化六大趋势；赵西三（2017）指出中国数字经济发展站到了世界前沿，呈现出由消费互联网向产业互联网转型的趋势。

（二）专家学者定义的数字经济概念

数字经济作为世界创新和包容性增长的动力，已经成为世界主要发达国家政府的共识，而数字经济战略的制定往往会使得这些国家在数字信息革命浪潮下占据国际制高点，衡量数字经济主要是基础技术设施、IT 和通信部门投资、电子商务和宽带普及率等（Jorgenson et al.，2010）。当前我国经济发展正面临速度换挡、结构调整、动力转换“三期叠加”时期，大力发展数字经济，成为当前发展中国经济的新动能、引领国家创新战略的重要力量（张新红，2016）。无论是 2016 年 G20 峰会还是 2018 年全国两会期间，都提出将数字经济作为未来经济发展的新动能。中国信息通信研究院测算表明，2017 年我国数字经济总量达到 27.2 万亿元，同比名义增长超过 20.3%，显著高于 GDP 增速（鲁春丛，2018）；2019 年达到 35.8 万亿元，占 GDP 比重为 36.2%，按可比口径计算，同比名义增长 15.6%，远高于 GDP 增速。据中国信息通信研究院发布的《中国数字经济发展研究报告（2023 年）》提供的数据，2022 年，我国数字经济规模达到 50.2 万亿元，同比名义增长 10.3%，已连续 11 年显著高于同期 GDP 名义增速，数字经济占 GDP 比重相当于第二产业占国民经济的比重，达到 41.5%。显然，数字经济目前已成为中国经济的重要组成部分。

数字经济实践日益深入，前景被广泛看好，但理论研究还相对滞后。现代技术特别是网络技术的发展，正在改变服务业基本性质，对传统服务经济理论提出了根本挑战，理论需要创新发展（江小涓，2017）。数字经济的概念最早产生于 20 世纪 90 年代中期。Don Tapscott（1995）在其著作《数字经济：网络智能时代的希望和危险》中提出了数字经济具有数字化、知识化、虚拟化、分子化、互联互通、消费者也是生产者等多个显著特征，Don Tapscott（1998，2014）仍然只是描述数字经济，同样没有对其做出明确的定义。尼古拉斯・尼葛洛庞帝（1996）将数字经济描述为利用比特而非原子的经济。之后，世界各国政府、学者、研究机构从各自角度对数字经济进行了研究，但至今全球范围内仍没有形成统一的数字经济内涵。Coyle（1999）分析了失重世界下数字经济的管理战略。Kling 和 Lamb（1999）认为数字经济包括电子商务、信息技术、信息通信技术（ICT）基础设施、IT 行业、商品和服务的数字传输。Zimmerman（2000）指出数字化信息和 ICT 基础设施组成了数字经济。Miller 和 Wilsdon（2001）认为数字经济不应局限在技术融合及电子商务层面，将其理解为一场技术革命、一种新的经济形态。Hemphill（2002）围绕电子商务和消费者隐私分析了美国数字经济的在线信任；Brynjolfsson 等（2003）以在线书商为例探讨了数字经济的消费者剩余问题。Carlsson（2004）提出新数字经济活动焦点在于新产品，Turcan 等（2014）认为数字经济重要资源是信息，数字化信息能为新经济提升价值。Greenan 等（2005）分析了数字经济的效率与不公平问题。之后，各国学者从各自角度研究数字经济，但至今仍没有形成统一数字经济内涵（Moulton，2017）。目前研究的共性认为数字经济是数字技术、信息化带来的一种经济形态（赵玉鹏等，2003；何枭吟，2011；逄健等，2013；赵星，2016；裴长洪等，2018；樊轶侠，2020）。2016 年 9 月 4 日，G20 杭州峰会《二十国集团数字经济发展与合作倡议》将数字经济定义为：数字经济是以使用数字化的知识和信息作为关键生产要素、以现代信息网络作为重要载体、以信息通信技术的有效使用作为效率提升和经济结构优化的重要推动力的一系列经济活动。2017 年 7 月 13 日发布的《中国数字经济发展白皮书(2017)》将数字经济定义为：以数据作为关键生产要素、以信息网络作为重要载体，通过网络和信息技术的有效应用，推动各领域数字转型，实现价值增值和效率提升。以上两种关于数字经济定义的核心均在于将数据作为“关键生产要素”。李长江（2017）认为已有数字经济内涵研究成果共性在于认同数字经济是信息技术、信息化所带来的经济形态。张亮亮等（2018）认为数字经济以数字化信息为核心生产要素，以信息技术为支撑，以现代信息网络为主要载体，以数字化技术提供产品或服务，是技术融合、产业融合、生产者与消费者融合的新型经济形态，具有数字化、效率性、普惠性、融合性四大特征。张鹏（2019）论述了数字经济本质及内在逻辑。王伟玲等（2019）认为数字经济主要有创新性、规模性和革命性等特征。李晓华（2019）认为数字经济具有以下特征：不断出现的颠覆性变化、平台经济和超速增长、网络效应和“赢家通吃”，“蒲公英效应”与生态竞争。

数字经济时代，互联网、大数据、人工智能等数字技术与实体经济深度融合。而物联网、云计算、大数据、人工智能、区块链等新一代信息技术渗透力、融合力强，可以覆盖到经济社会各领域、各行业、各层面，形成新经济形态，其增量即“数字经济”。数字经济不是划分行业的标准，而是新时代新经济的显著特征。

从本质上讲，数字经济是数字时代生产力和生产关系的重构。互联网、物联网、通信网（5G、6G）等是自然环境，云计算是生产工具，大数据是生产资料，人工智能是生产力，区块链是生产关系。软件、算法定义是生产方式。

数字经济也是人类世界从过去二元世界（物质世界、人类世界）走向三元世界（物质世界、虚拟世界、人类世界）的新经济形态，是在这三个世界中形成的一种融合化的新的经济形态，它用以 0 和 1 比特构成信息网络的空间，用它的比特价值网络驱动和优化现实物理世界中由原子构成的货物交易、运输带来的实体经济，所以它是信息网络空间和实体空间，包括与人需求相结合的一种新的经济形态。

从数字经济概念维度上可以看到，我们现在做的很多事情都可以在整个数字经济战略六个维度中找到它的位置，包括技术的发展维度、基础设施的维度、产业转型的维度、对社会智慧城市和乡村的治理维度等各个方面的相关工作。

综合以上的研究成果，本书将数字经济界定为：作为经济学概念的数字经济是人类通过大数据（数字化的知识与信息）的识别、选择、过滤、存储、使用，引导、实现资源的快速优化配置与再生、实现经济高质量发展的一种经济形态。作为一个内涵比较宽泛的概念，凡是直接或间接利用数据来引导资源发挥作用，推动生产力发展的经济形态都可以纳入数字经济的范畴。数字经济技术层面，包括大数据、云计算、物联网、区块链、人工智能、5G 通信等新兴技术。数字经济应用层面，“新零售”“新制造”等都是其典型代表。

三、数字经济与传统工业经济的比较

工业经济时代以工业制造业为主导产业，资本是社会生产的核心要素，企业是最基本的生产单位。工业经济时代的资源配置以企业组织形态为基本单元，在企业内部实现资本和劳动要素的有机结合，并且通过市场机制对整个社会资源在不同领域进行有效配置。一方面，工业经济瓦解了农业经济时代的静态社会，生产技术的创新深化了社会分工，逐渐提高了生产专业化程度，社会产品和生产要素的大规模流动成为工业经济时代经济社会运行的基本特征；另一方面，随着市场经济体制的不断完善，企业和个人成为市场的主体，拥有独立财产权利，通过市场交换参与社会产品的分配。总体而言，工业经济时代的基本特征主要体现在以下四个方面：（1）商业模式以企业对消费者（B2C）为主，即生产组织形式以企业为主，将消费者的需求简化为标准化、统一化、可大量生产的产品，在此基础上，进一步形成上下游企业之间相互协作的产业链和供应链；（2）资本和技术是核心生产要素，在社会价值分配中居于主导地位；（3）经济结构以产业结构为核心，工业经济时代的产业结构划分相对明晰，分为农业、工业和服务业三大类，其中以工业为主导，各类产业也可以进一步细分，产业之间尚未实现深度融合；（4）资源配置以企业组织为基本单位，市场通过价格机制对供求进行反映，进而对社会资源进行有效配置，企业则在内部对生产要素进行有机组合，实现资源高效利用。

随着工业经济时代向数字经济时代的转变，经济社会特征也随之发生变化。数字经济时代的经济特征主要表现在以下六个方面：（1）数据成为一种新的生产要素，并且是数字经济时代的核心要素，成为价值创造的新来源；（2）数字经济时代的主要商业模式为消费者对企业（C2B），即以消费者为中心，颠覆了传统工业经济时代以厂商为中心的生产和营销模式，导致了生产者和消费者界线消失，个人可以深度参与经济社会活动；（3）数字经济使得市场分工可以跨越企业边界，打破了工业经济时代以企业为基本组织形式的经济组织方式，生产者可以通过数字平台组织生产过程，生产组织方式可以同时向线上线下延伸，产品和服务从集聚式生产转向“无接触”生产；（4）数字经济时代，大数据等现代信息技术在生产交易环节的应用显著降低了供给和需求之间的信息不对称，资源配置得以优化，效率得以提升；（5）资产专用性在很大程度上可以通过数字技术加以消除，数字平台使工业经济时代的企业生产方式逐渐被瓦解，社会分工合作更加社会化和实时化，在产业数字化和消费数字化的驱动下，产业界线逐渐模糊，促进了产业深度融合；（6）数字经济时代的经济波动明显加剧。数字技术的快速更新导致数字经济升级换代频率高，加剧了经济的波动性和不确定性，对政府治理能力提出了更高要求（见表1－4）。

表1－4　传统工业经济与数字经济的比较

维度	传统工业经济	数字经济
价值分布	微笑曲线（中间和两端）	网络效应（指数级增长）
基本形态	链式经济	平台经济
价值形态	价值链	价值网（协作经济、共同体经济）
价值来源	规模经济为主，范围经济为辅	规模经济、范围经济、网络外部经济都很重要
产业关联	一体化（横向和纵向）	产业生态圈
产业边界	相对清楚	相对模糊
产业结构	硬化（生产重、厚、长、大的重型化的“硬”产品）	软化（高效、智能化知识和信息服务活动为主的软件化经济结构）
垄断形态	垄断（高集中度，垄断价格）	也有“垄断”（高集中度，但并非垄断价格）

续表

维度	传统工业经济	数字经济
竞争优势	企业竞争力	企业网络竞争力
边际成本	显著高于0	接近0（但工业企业仍显著高于0）
成长动力	侧重内部管理协调	侧重自组织和网络（威廉姆森所谓的“混合组织”）
市场主导	卖方势力较强	买方势力较强
企业形态	“U”形、“M”形、“H”形等	更加去中心化、扁平化、网络化（团队型组织、虚拟型组织、民主型组织、战略联盟组织等）
生产方式	流程化，相对集中	智能化，相对分散
关键要素	实物资本及人力资本	数据、人力资本及社会资本
营销策略	广告	免费（尽管也有广告）
收入结构	制造为主（实物消费）	制造+服务（内容消费），服务为主

四、数字经济特征

数字经济受到以下三大定律支配：（1）梅特卡夫法则。互联网价值等于它节点数的平方。网络上计算机数量多少，直接决定了每台计算机价值。随着计算机使用量的增加，每台计算机价值以指数形式增加。（2）摩尔定律。每过十八个月，计算机硅芯片处理能力就可增加1倍，而硅芯片价格也将下降一半。（3）达维多定律。第一代产品在流入市场时，可以自动取得一半的市场份额，因此在同一产业之中，首先淘汰某个企业产品的必须是它自己。事实上，这一定律与数字经济里的马太效应有十分密切的联系。基于这3大定律，数字经济具有以下特征。

（一）数据信息资源逐渐成为新的关键要素资源

放眼寰球，数据要素、数字经济已成为各国竞相发展的新高地。2022年4月9日发布的《中共中央国务院关于构建更加完善的要素市场化配置体制机制的意见》首次在国家政策层面将数据作为一种新型生产要素予以肯定，并强调要加快培育数据要素市场。

在政策加持之下，以数据要素为主要驱动的“新基建”项目也在各地陆续展开。与传统上利用后发优势的学习模仿不同，新基建已经踏上了“少有人走的路”，缺少能够用来摸着过河的石头，更多的则是自己的大胆假设、小心求证，需要思想市场的贡献指引。

随着互联网—数字科技及相应商业模式的快速发展，数据信息逐渐成为关键生产要素，算法和算力是加工数据的生产力工具，区块链和隐私计算则为既有数据增加了信任维度，又提高了流转效率，基于新兴数字科技打造更加可信的数据流动和协作网络，则可能重构相关行业乃至整个经济领域的生产关系。

区别于自然要素和工业要素，数据对于某些特定发展条件和市场环境具有较强的亲和力。因此，数据要素、数据产业理应超越自发生长状态，而与其他产业系统、与城市其他子系统进行匹配，并且这种匹配不应是单方向的，而应兼顾多方主体的利益平衡。如果没有主体利益诉求的聚合和平衡，就不会产生可持续的要素流动和主体互动，而不尊重相关主体利益诉求，中断产业要素的流动和主体互动，带来的将是产业系统的紊乱。

从现实看来，数据除了扮演生产要素外，往往还在具体场景中发挥“标识”作用。特别在现阶段，数据的“标识”身份在生产组织、企业经营中的作用甚至更大。在复杂的社会经济系统中，不同主体之间、主体与环境之间的相互影响和作用是系统演变和进化的主要动力，而这种有选择的互动正需要“标识”作为引导性机制来发挥作用。

（二）数字技术创新是数字经济持续发展的源动力

要加快数字中国建设、继续发挥数字经济在稳增长促转型的重要引擎作用，关键还在于数字技术领域持续创新。

首先，要认识创新的关键点、着力点。《数字中国发展报告（2022 年）》提出，今后要培育壮大工业互联网、区块链、人工智能等数字产业，打造具有国际竞争力的数字产业集群；要加快传统产业数字化转型，深入实施智能制造工程，大力推进工业数字化转型，持续深化金融、贸易、教育、医疗、交通、能源等领域数字技术创新应用。

其次，要持续加强各类资金对创新的投入。对数字领域创新来说，投入巨大，需要各方努力。我国已经实现了 5G 在技术、产业、网络、应用的全面领先，6G 也正在加快研发布局，这都离不开国家整体投入。同时，市场经营主体也成为投入的重要力量，2022 年我国市值排名前 100 的互联网企业总研发投入达3384 亿元，同比增长9. 1%。今后，在融资渠道上将会为数字技术创新企业提供更多便利。当前，在科创板、创业板已上市的战略性新兴产业企业中，数字领域相关企业占比分别接近 40% 和 35%。

最后，数字技术创新必须与产业发展充分融合。通过数字技术创新可以催生出新产品、新产业、新模式、新业态。工业互联网、智能制造、车联网、平台经济等就是其表现形式。但还有许多数字技术创新没有充分“施展拳脚”，如数字孪生、量子计算等还未完全实现商业化价值。数字技术创新是推动产业发展的动力源泉，数字技术创新落实到产业才会有数字技术进步更坚实的前进基础，两者相辅相成。

到 2025 年，数据要素价值要有效释放、数字经济发展质量效益大幅增强。其中最关键的因素是数字技术不断创新，要充分体现数字技术创新是数字中国建设的核心动力这一关键因素。为此，就要目标明确，加大投入，发动社会各方面力量，并更多以市场驱动形成促进数字技术创新合力。

（三）平台化是数字经济主要产业组织形态

平台的核心价值在于汇集信息、精确匹配供给和需求，使双方能够实现低成本沟通，实现信息高效流动，同时还将使市场这一资源配置机制更好地发挥作用。

依托“云、网、端”等新基础设施，互联网平台创造了全新商业环境。信息流不再被供应链中的巨头所阻隔，供应商和消费者的距离大大缩短，直接支撑了大规模协作形成。信息透明使得各种类型、各种行业的中小企业通过接入平台获得了直接服务消费者的机会。

平台企业是构建产业生态圈的重要载体。一方面，平台是产业生态圈的组织者。平台能够有效整合制造商、供应商、服务商等离散要素资源，形成以数据为核心要素、网络协同、共创分享的产业分工模式，有效提升产业的资源配置能力、协同发展能力和服务支撑能力，形成携手上下游行业伙伴共创价值的产业生态。平台为生态圈内的企业提供了发展空间，突破了单个企业仅依托自身资源而发展能力受限的束缚，降低了中小企业的采购和管理成本，在推动传统企业数字化转型、制造业与服务业融合、数字经济和实体经济深度融合的进程中发挥着重要的带动作用。另一方面，平台能有效解决供需适配性问题。平台不仅集合了商流、物流、资金流、数据流等要素，而且通过大数据实现供给侧和需求侧的精准对接匹配，提升了供需两侧的信息对称性及产品和服务的适配性。制造业企业可依据平台数据精准判断市场、合理安排产能，准确挖掘新的消费需求，并研发设计出具有市场前景的新产品和服务，准确掌握用户信用情况，从而构建高效运行的供应链体系，促进上下游产业融合发展。同时，平台还能创造推动消费增长的“长尾市场”，使众多中小微企业和销路不畅的产品在细分市场中找到空间。

平台企业是构建创新生态的重要引领者。平台具有孕育新的通用技术的能力，是构建产业创新链的核心组织。一般来说，开放平台能聚合大量研发者和服务提供者，并不断释放出技术开发、运营维护等市场需求，从而推动形成技术创新生态圈，为新技术的规模化成长提供了土壤。同时，平台企业还能有效实现制造商与研发设计机构协同创新，平台大数据也能为制造业企业发掘新的市场需求、提升新产品开发能力提供重要依托。

平台企业是创造普惠贸易的重要支撑。例如，跨境电商平台的快速发展就降低了国际贸易门槛，使高频次、小金额的跨境贸易迅速增长，推动国际贸易由大企业主导、大宗货物贸易模式向中小企业广泛参与、海量品种以及碎片化交易的新模式转变，成为拉动外贸增长的重要引擎。尤其是新一代跨境电商形成了货物贸易与服务贸易相融合的全链条发展模式，不仅提供跨境商品贸易，而且提供相关的物流、金融、信息、征信等一揽子外贸综合服务，形成了“一站式”跨境供应链服务，有效解决了中小外贸企业发展的“痛点”，打通了内外贸一体化的“堵点”。

平台企业是就业机会和公共产品服务的重要提供者。一些平台企业具有开放、共享和个性化等特点，就业门槛较低、层次丰富，吸纳就业的能力强，能为不同文化程度、技能禀赋的劳动者提供大量就业机会，在促进就业方面发挥着重要作用。此外，一些超大规模平台企业已经具有了数字基础设施的公共产品属性，能为社会提供较为丰富的公共服务。

（四）产业融合是数字经济主要表现形式

数字经济是信息化、网络化、智能化发展到一定阶段的必然产物，是继农业经济、工业经济之后的更高级经济形态。如果说土地和劳动是农业经济时代重要的生产要素，资本、技术和管理是工业经济时代重要的生产要素，那么数据就是数字经济时代的新型和关键生产要素。数字经济的主体形态是融合型的，不是一大单独的经济门类，体现在与三次产业的融合渗透之中。

数字经济的“四化”内涵，即数据价值化、数字产业化、产业数字化和数字化治理。

“数据价值化”包括但不限于数据采集、数据标准、数据确权、数据标注、数据定价、数据交易、数据流转、数据保护等，强调了数据作为新型关键生产要素，与技术、资本、劳动力、土地等传统生产要素发生深刻变革与优化重组，催生出人工智能等“新技术”、金融科技等“新资本”、智能机器人等“新劳动力”、数字孪生等“新土地”、区块链等“新思想”。

“数字产业化”主要是电子信息制造业、电信业、软件和信息技术服务业、互联网和相关服务业四大类，包括但不限于5G、软件、大数据、云计算、区块链、互联网、智能硬件、集成电路和人工智能等。

“产业数字化”是指传统产业应用数字技术所带来的产出增加和效率提升部分，它全面覆盖三次产业，包括但不限于工业互联网、“两化”融合、智慧农业、智能制造、车联网、平台经济、共享经济等融合型新产业新模式新业态。

“数字化治理”是数字经济持续发展的保障和数字成果普惠共享的途径，包括但不限于数字新基建、数字政府、智慧城市、数字乡村、数字医院等。

数字经济正成为信息产业中最具活力的细分市场。以互联网、大数据等为代表的数字经济已融入我国经济社会中的各个领域，成为推动经济发展质量变革的重要驱动力。三次产业之间的跨界融合实践不断推陈出新，应用领域不断扩大。

由于数字经济具有虚拟性、高附加性的特点，使其能够提高同一产业不同环节、不同经营实体之间的关联性，并加快信息要素在不同经营主体和不同行业之间的流动。而大数据、5G 产业和新一代信息技术的不断升级，也为产业跨界融合提供了更加便利的条件。

数字经济发展对产业跨界融合具有强大推动力。从现实看，数字经济的跨界融合拥有超万亿级的巨大市场。最近研究显示，“数字经济 +”“人工智能 +”等模式，将存在于每一个产品、每一项服务和每一个经济活动中并不断进行业态升级，可以说是无所不在。未来经济结构将不再是独立的行业相加组成，随着数字经济加入，产业边界会越来越模糊甚至消失，彼此将无缝衔接，真正做到你中有我、我中有你。同时，未来的产业会呈现多元化、立体化、开放化、标准化的趋势，企业可能是一个平台化、订单化和虚拟化的载体，数字经济助推产业跨界融合将成为新常态。

（五）多元共治是数字经济时代必然的治理要求

在数字经济基础上形成的数字社会具有跨域连接与全时共在、行动自主与深入互动、智能操控与高效协作、数据共享与资源整合等特征。数字经济发展加快了社会结构扁平化发展，在这个新的社会结构中探索多元共治成为时代的必然趋势。《“十四五”数字经济发展规划》专门提出多元共治新格局的发展要求，对于互联网平台企业、行业自律组织、中小微企业和平台内经营者、消费者和群众等主体都做出了相互协作的定位，这些主体将构成政府职能的必要补充。

强化平台治理是数字经济治理的关键抓手。互联网平台重塑了现代社会的行为方式、社会关系和全球经济，在现代商业、社会和政治生活以及思想传播中占据中心地位。互联网平台不仅本身具备大量的员工、资产和雄厚的技术能力，同时辐射了数量巨大和范围广泛的客户群体，会与几乎所有的个人和组织产生直接联系，互联网平台治理也成为近年来国内外的焦点问题。《“十四五”数字经济发展规划》提出，科学界定平台责任与义务，引导平台经营者加强内部管理和安全保障，强化平台在数据安全和隐私保护、商品质量保障食品安全保障、劳动保护等方面的责任，研究制定相关措施，有效防止潜在的技术、经济和社会风险。面向未来，需要针对平台与平台、平台与商户、平台与消费者、平台与劳动者、平台与政府部门、平台与区域经济、平台与全社会的不同关系分别设立相关的制度要求。

加强行业自律是数字经济治理的必要补充。行业自律组织是现代社会治理中逐步形成的组织形式，是行业不断走向成熟的产物。《“十四五”数字经济发展规划》提出，积极支持和引导行业协会等社会组织参与数字经济治理，鼓励出台行业标准规范、自律公约，并依法依规参与纠纷处理，规范行业企业经营行为。面对“十四五”数字经济的发展需要，行业协会可以在团体标准、行业自律公约等领域开展制度建设，同时对这些协商一致的规则加强执行监督，探索出行业自律的有效方法。

保护中小微企业、平台内经营者和消费者的权益是数字经济治理的重要要求。数字经济发展形成了新的经济参与模式，数字经济的高质量发展需要我们特别关注中小微企业、平台内经营者和消费者的权益状况。《“十四五”数字经济发展规划》提出，保护数字经济领域内各类市场主体，尤其是中小微企业和平台内经营者、从业人员的合法权益、发展机会和创新活力，拓宽消费者和群众参与治理的渠道，完善社会举报监督机制，合理引导预期。面对这些要求，“十四五”时期，将继续在《反垄断法》《反不正当竞争法》《电子商务法》《个人信息保护法》等法律框架下保护中小微企业、平台内经营者、消费者的权益。

面对数字经济的继续繁荣发展，完善法律制度体系，构建协同高效的监管机制，引入监管科技以增强政府数字化治理能力，推进完善多元共治新格局是需要不断推进的工作要求。为了适应数字经济的新格局，要更加注重法律规则的完善和法律科技的利用，从而有效、全面地回应国家治理体系和治理能力现代化的发展目标。

（六）网络空间成为驱动实体世界变革的关键力量

网络空间（Cyberspace）是人类探索的新边疆。网络空间是指通过运用电子设备和电磁频谱构建的相互依赖网络，凭借信息交流技术产生的全球信息领域。在网络技术发展和大数据时代背景下，网络空间发展既存在着大量机会，也伴随着危机和挑战。一方面，互联网已成为管理公共利益方面的全球性资源，推动世界各国可持续发展能力的建设进程；另一方面，不平等的互联网治理制度导致治理“失灵”，使得人类社会面临前所未有的网络安全困境和难题。实现全球网络空间治理与维护网络空间安全，是世界各国面临的重大挑战，也是全球治理领域亟待解决的重要课题。如何推进网络空间法治化和网络空间的“共享共治”是包括新兴国家在内的国际社会共同面临的难题。因此，网络空间成为驱动实体世界变革的关键力量。

第三节　数字经济体系框架

党的十八大推动数字经济上升为国家战略。2013 年国务院出台政策将宽带网络作为国家战略性基础设施，之后国家为了促进我国数字经济发展出台了多项政策措施。在 2017 年中共中央政治局第二次集体学习时，习近平总书记强调：“要构建以数据为关键要素的数字经济。”2022 年《求是》杂志发表了习近平总书记的文章《不断做强做优做大我国数字经济》，文章强调“数字经济发展速度之快、辐射范围之广、影响程度之深前所未有，正在成为重组全球要素资源、重塑全球经济结构、改变全球竞争格局的关键力量。”

快速发展的数字经济带来了许多新变化。从生产力看，数字化生产能有效实现生产过程智能互联，实现与消费链、供应链智能互联，实现消费者与服务者平台智能互联，社会资源智能匹配。从产业发展看，数字化联网后，一个行业中的客户、生产厂商、零部件供应商、原材料供应商、研发等信息通过网络连接，智能化连接可形成新的供求关系，根据供求关系快速组织生产能力，及时满足社会需求。从消费看，数字化消费创造了新消费，在人工智能、区块链等数字技术加持下，消费互联网发生了质的变化，从之前连接信息转变为连接行为、活动等，形成新型消费。从经济形态看，数字经济是经济形态从生产力变革到生产关系变革的新变化，生产力的变化体现在数据成为新的生产要素，数字技术、经济范式正在加速形成。生产关系新变化体现在新型组织模式、新型市场形态、新型治理模式等发展。因此，数字经济是农业经济、工业经济之后更高级的经济形态。

从经济学说史发展历程看，每一次技术变革、新技术的出现，都会带来经济形态的转变。而经济形态转变过程中出现的新现象，就会冲击当时的经济学理论。随着数字经济的快速发展，也将不断挑战传统经济学理论，数字经济将给现代经济学带来一场数字化革命。因此，需要新的经济学理论来科学阐释数字经济发展带来的诸多新经济现象。近年来，保罗·梅森的《新经济的逻辑》、杰里米·里夫金的《第三次工业革命》、克劳斯·施瓦布的《第四次工业革命》等著作开始探讨数字经济理论。国内也发表了大量关于数字经济方面的文章，出版了一些数字经济方面的专著与教材，国内有些高校也开设了数字经济专业，但缺乏一本比较系统的数字经济学教材。

数字技术催生了以跨界融合为特征的经济形态，社会亟需知识复合、学科融合、实践能力强的新型人才。面向国家战略和产业发展的人才新需求，2018 年，国家在相关文件中提出了“新文科”建设重要部署，目的在于适应新时代哲学社会科学发展的新要求，积极推进哲学社会科学与新一轮技术革命和产业变革交叉融合，大力培养适应经济社会发展亟需的高素质、复合型人才。作为“新文科”

建设重要组成部分，经济学教育改革十分迫切，“数字经济”专业应运而生。针对快速发展的数字经济涌现出的新产业、新模式、新业态，如何让学生系统、完整地建立与数字经济相关的经济学知识体系，培养学生科学准确把握数字经济运行规律的能力，成为国内经济学教育领域面临的崭新课题。

到目前为止，专家学者就数字经济体系框架尚未达成共识，本教材借鉴已有研究成果构建了以下数字经济体系框架。

一、数字经济构成

数字经济是以数字化的知识和信息作为关键生产要素，一般认为数字经济主要由四部分组成：数字产业化、产业数字化、数据价值化和数字化治理。

数字产业化，也称数字经济基础部分，即信息产业，具体业态包括电子信息制造业、信息通信业、软件服务业等。

产业数字化，也称数字经济融合部分，包括传统产业由于应用数字技术所带来的生产数量和生产效率提升，其新增产出构成数字经济的重要组成部分。

数据价值化，数字经济作为一种新的经济形态，其核心引擎是数据要素。“数据二十条”提出加快构建数据产权、流通交易、收益分配、安全治理等制度，有利于充分激活数据要素价值，推动数字经济高质量发展。数据要素价值化的本质是通过一系列技术和经济活动，实现数据要素的商业化，主要涉及数据要素资源化、数据要素产品化、数据要素市场化和数据要素价值化。

数字化治理，数字经济是以数字化的知识和信息作为关键生产要素，以数字技术为核心驱动力量，以现代信息网络为重要载体，通过数字技术与实体经济深度融合，不断提高经济社会的数字化、网络化、智能化水平，加速重构经济发展与治理模式的新型经济形态。数字化治理是数字经济重要组成部分，包括但不限于多元治理，以“数字技术＋治理”为典型特征的技管结合，以及数字化公共服务等。

根据中国通信研究院公布的研究数据，从表1－5可以看出2016～2022年我国数字经济构成变化情况，2016～2019年，我国数字产业化规模与产业数字化规模均呈逐年上升趋势，但产业数字化规模增速快于数字产业化规模增速。

表1－5　　2005～2019年我国数字经济总体规模变化情况　　单位：万亿元

年份	数字经济总规模	数字产业化规模	产业数字化规模
2016	22.6	5.2	17.39
2017	27.2	6.15	21.02
2018	31.3	6.41	24.88
2019	35.8	7.1	28.8
2020	39.2	7.5	31.7
2021	45.5	8.4	37.2
2022	50.2	9.2	41

数据来源：中国通信研究院。

同样，根据中国通信研究院公布的研究数据，从表1－6可以看出2005～2019年我国数字经济内部构成变化情况：2005年，我国数字产业化与产业数字化持平，各占一半；而之后，数字产业化比重上升比较缓慢，而产业数字化比重上升比较迅速；到2019年，我国数字经济总体规模中，产业数字化规模达28.8万亿元，占比为80.2%，而数字产业化规模达7.1万亿元，占比为20.4%。而到了

2022 年，我国产业数字化规模达 41 万亿元，占比为 81.7%，而数字产业化规模达 9.2 万亿元，占比为 18.3%。总体而言，产业数字化占比呈上升趋势，而数字产业化占比呈下降趋势。

表 1-6　　2005~2019 年我国数字经济内部结构　　单位：%

年份	数字产业化比例	产业数字化比例
2005	50	50
2016	23	77
2017	22.6	77.4
2018	20.4	79.6
2019	19.8	80.2
2020	19.1	80.9
2021	18.4	81.6
2022	18.3	81.7

数据来源：中国通信研究院。

目前，数字经济已上升为我国国家战略。2017 年 3 月，“数字经济”首次写入政府工作报告。数字经济成为拉动我国经济增长的重要引擎和产业升级的重大突破口。中共中央明确提出，要构建以数据为关键要素的数字经济，推动数字经济与实体经济深度融合发展。

国家发改委提出要从以下四个方面来促进我国数字经济健康快速发展：建立健全数字经济发展政策体系，积极营造数字经济良好发展环境；加强数字经济领域的数据基础设施建设，推动数据资源整合和开放共享；发挥数据基础资源作用和创新引擎作用，形成以创新为主要引领和支撑的数字经济；促进保障和改善民生，推动产业发展优化公共服务，让数字经济的红利惠及全员人口。

此外，有学者研究指出，从数字经济的发展范畴来看，数字经济包括以下 6 个方面：数字生产力、数字基础设施、数字化转型、数字技术、数字化公共服务、数字化治理。

二、数字经济体系构建

（一）构建数字经济体系的关键：完善新型基础设施

构建数字经济体系的关键是要完善新型基础设施，新型基础设施是未来产业布局的载体，包括以下 3 类：信息基础设施、融合基础设施、创新基础设施。目前，我国正在进行的新基建建设为进一步推动我国数字经济发展提供了坚实的基础设施。而技术创新是新基建的核心所在。目前，我国技术应用取得了不菲业绩，但某些核心技术、关键技术还比较薄弱，要充分发挥政府、企业、高校、研究机构的积极性，鼓励多方主体开展合作攻关，提升自主创新能力。

（二）构建数字经济体系的前提：数据要素确权

数字经济运用现代数字技术能有效畅通信息搜集，实现信息互联互通，突破数据、信息传输时空限制，实现数据、信息使用的规模报酬递增而不是递减，做到数据资源共享，在某种程度上可以有效解决数据资源供求双方信息非对称。但是要真正实现数字经济这个功能，其前提要对数据要素进行确权。科学进行数据要素确权有助于拓宽数据流动范围、拓展数据应用空间，充分发挥数据要素所有者、传输者、使用者比较优势，促进数字经济高质量发展。所以要根据我国国情完善数据产权理论，从微、中、宏观加快数据要素确权。

（三）构建数字经济体系的核心：完善数据交易市场体系

加快我国数字经济发展要进一步深化数字要素市场化改革，完善数据交易市场体系。为此，要建立完善数据产品与数据服务价格形成机制、价格公示与动态监测预警机制、价格波动调节机制、价格反垄断机制、数据产权交易与行业自律机制，构建包括价格评估、产权交易、担保、保险等综合服务体系。

（四）构建数字经济体系的推手：加快数字市场开放合作

当前全球超过50%服务贸易实现了数字化，发展数字经济有助于一个国家产业链从全球供应链低端迈向中高端，实现资源全球化配置，提升经济发展质量。因此，我国首先要有效提升国内数据市场调控能力，其次结合本国国情加快构建数据主权、数据交流与跨境流动、数据竞争、数字贸易税、反数据垄断、网络安全等法律法规，加快数字市场开放合作，缩小与发达国家间的“数字鸿沟”。

（五）构建数字经济体系的保障：实现数据共享及安全监管

数字经济时代，数据要素资源具有共享性、非消耗性等特征，数据资源采集与运用有助于产业集聚，发挥规模经济效益，提升要素配置质量，但也要实现数据共享并加强数据安全监管。首先，国家要建立完善数据收益补偿机制，实现数据资源共享，兼顾数字使用的公平性和效率性。其次，国家要逐步完善数据安全监管制度。健全数据存取法规，完善数据访问标准，增强数据使用透明度。

三、数字经济层级体系

一般而言，数字经济包括以下四个基本层级：技术层、要素层、产业层、治理层。

（一）技术层

数字经济的技术层涉及数字基础设施和数字技术。其中，数字基础设施包括数据中心、云计算中心、移动智能终端等；数字技术包括大数据、云计算、物联网、人工智能、区块链等现代技术。通过数字基础设施与数字技术融合运用，为获取数据要素、发展产业和科学治理数字经济提供支撑。

（二）要素层

数字经济时代，除了传统生产要素外，最核心的要素是数据。数据资源在技术层的支撑下从各类智能终端收集，经过网络传输到数据平台，再进行存储、整理、筛选、加工、分析和共享。再经过人工智能、数据挖掘、深度学习等转换为知识与智慧，指导实践，发挥数据资源的潜在价值。

（三）产业层

产业层建立在技术层与要素层之上形成的经济数字化趋势，包括数字产业化与产业数字化，尤其是数字技术与传统产业的深度融合，进一步激发传统产业活力与竞争力，以及数字经济下催生出的新产业、新业态、新模式等。

（四）治理层

发展数字经济一方面促进了生产力发展；另一方面，也会出现一些新问题。这些出现的新问题，传统经济治理体系并不能有效应对。数字经济下企业间的关系发生了很大变化：不再是零和博弈而更多的是协同合作、互利共赢。所以数字经济治理将由集中统一监管转向协同监管、治理领域将转向更新更重要的治理领域、治理方式要适应数字经济普惠、共享、协同等特征的普惠治理原则、共享治理原则、基于数据协同的大众治理方式。

四、本书的思路与框架

新发展阶段下，互联网和现代通信技术的发展使得经济运行方式出现了较大变化，新业态不断涌现，数字经济就是其中之一。随着我国数字经济的快速发展，国内一些高等院校开设了一门新专业：数字经济。但目前《数字经济学》或《数字经济学概论》教材比较缺乏，即使出版了《数字经济学》或《数字经济学概论》相关教材，但内容也并不是很全面，满足不了教育部新批的高校数字经济专业教材需求，还有进一步优化的空间。鉴于此，我们积极编著了《数字经济学》这本书。

本教材的编著沿着“理论构建—问题阐释—多维剖析—策略设计”的逻辑思路展开。该教材包括两篇、十九章内容。

第一篇，微观部分，包括第一章至第八章：第一章导论。首先是数字经济学的研究对象，包括从全球网民数、电子政务、移动支付、普惠金融、工业互联网平台 5 个方面阐述数字经济学产生基础、已有研究为建立数字经济学提供理论基础、数字经济学的研究对象。其次是数字经济内涵与特征，包括全面分析总结数字经济演变进程、借鉴目前各国政府与专家学者定义的数字经济概念基础之上重新界定数字经济内涵、比较传统工业经济与数字经济、系统总结数字经济 6 大特征。再次是数字经济学体系框架，包括数字经济构成、构建数字经济 5 大体系、数字经济 4 个层级体系和本书的思路与框架。最后是数字经济学研究方法。第二章是数字经济理论基础。首先是生产要素论，包括生产要素构成演变、生产函数与生产要素构成演变规律、新时期生产要素构成特征、数据要素论等。其次是数字经济理论基础，包括数字经济微观主体、数字经济的政治经济学基础、数字经济经济学基础。再次是数字经济理论创新，包括数字经济与传统经济的理论差异、数字经济与传统经济发展规律的差异、数字经济发展特征、数字经济发展优势、数字经济本质、数字经济发展趋势。最后是数字经济运行机理，包括数字经济是发展新动能、数字经济是推动经济发展的新引擎两部分。第三章是数字经济发展技术支撑。本章系统介绍数字经济七大核心技术：数据中心、互联网、云计算、大数据、人工智能、区块链、物联网。第四章是数字资源定价。首先是数字资源与传统实物产品，包括数字资源的基本内涵、数字资源与传统实物产品的联系、数字资源与传统实物产品的区别。其次是数字资源产权分析，包括数字资源法律主客体界定、数字资源产权归属。再次是数字资源的成本分析，包括数字资源的生产成本、数字资源的保存成本、数字资源的销售成本三个部分。最后是数字资源的定价策略，包括数字资源对平台的影响、传统定价方法不适用于数字资源的原因、数字资源的定价策略。第五章是平台经济。首先是平台经济内涵与特征，包括我国平台经济发展现状、平台经济内涵、平台经济分类平台经济特征。其次是平台经济给传统经济带来的机遇与挑战，包括平台经济贡献、平台经济给传统经济带来的变化、平台经济带来的挑战、我国对平台经济的监管。再次是平台经济结构与竞争，包括平台竞争的基本模型、重合性平台竞争、交叉性平台竞争。最后是平台竞争的“触媒效应”，包括“触媒效应”内涵、“触媒效应”临界规模、“触媒效应”协调。另外是平台垄断与治理，包括平台垄断内涵、平台垄断特征、平台反垄断、平台反垄断的创新激励。第六章是企业数字化转型。首先是企业数字化，包括数字化转型、企业数字化转型内涵与特征。其次是企业数字化转型外在压力与内在动力，包括企业数字化转型外在压力、企业数字化转型内在动力。再次是企业数字化转型面临的问题与风险，包括企业数字化转型面临的问题、企业数字化转型面临的风险。最后是企业数字化管理，包括业务数字化、人才数字化、组织数字化。第七章是数据资产定价，首先是数据要素价值，包括数据要素内涵、数据要素按贡献参与分配的价值基础、数据要素参与价值创造机理、数据要素参与分配的机制与形式。其次是数据资产、数据确权、数据交易，包括数据资产、数据确权、数据交易。再次是数据价值链，包括数据价值链的创造链条、数据价值链的实体链条、数据价值链、数据资产价值的影响因素。最后是数据资产定价，包括基于市场价格的定价方法、基于成本的定价方法、基于收益的定价方法、基于组织资本的定价方法。第八章是数字经济垄断与治理。首先是数字经济时代的竞争与垄断，包括数字经济竞争、数字经济垄断。其次是数字经济时代垄断与效率，包括传统经济中市场结构与效率、数字经济市场效率特征、数字市场效率度量方法。再次是数字经济时代垄断影响因素与测度方法，包括数字市场垄断影响因素、数字市场垄断的测度、数字市场垄断的影响。最后是数字经济反垄断，包括数字经济反垄断管制的必要性、数字经济反垄断思路。

第二篇，宏观部分，包括第九章至第十九章：第九章是数字经济统计与核算。首先是数字经济核心产业分类，包括数字经济核心产业的分类原则、数字经济核心产业分类的定义、数字经济核心产业具体分类。其次是数字经济核算的新特点与挑战。再次是数字经济总量核算方法，包括数字经济核算研究需满足的要求、数字经济统计方法、数字经济规模测算方法比较、数字经济核算方法测度困境与建议。最后是数字技术应用价值估计，包括基于支出法的数字技术应用价值估计、基于增长核算框架的数字技术应用价值估计两个部分。另外是我国数字经济发展测度与评价，包括中国数字经济发展现状、中国数字经济发展水平测度分析、促进我国数字经济发展的建议。第十章是产业数字化。首先是新数字产业，包括数字产业演变、数字产业内涵、数字产业特征、数字产业与传统产业的区别。其次是产业数字化转型，包括产业数字化内涵、产业数字化的特征、产业数字化的内容、产业数字化带来的风险与对策。再次是数字技术影响产业结构，包括数字经济与产业结构内涵、数字技术影响产业结构的机理、数字技术影响产业结构的模式以及路径。最后是数字技术影响商业模式，包括数字技术影响商业模式的机制分析、数字技术催生出的新商业模式、数字技术催生新商业模式的路径。第十一章为数字金融。首先是数字金融内涵与特征，包括数字金融发展现状、数字金融内涵、数字金融特征、数字金融理论基础。其次是数字金融影响经济增长的理论与实证，包括理论分析框架、实证研究。最后是数字金融风险与监管，包括数字金融面临的问题、数字金融发展存在的风险、数字金融风险防范与监管。第十二章是数字贸易。首先是数字贸易概述，包括数字贸易发展现状、数字贸易内涵、数字贸易特征、数字贸易理论基础、数字贸易模式。其次是数字贸易包括数字贸易提升经济发展质量的机理分析、数字贸易提升经济发展质量的指标选择与模型构建、数字贸易提升经济发展质量的实证分析。另外是数字贸易发展路径、风险与策略，包括数字贸易发展路径、数字贸易发展风险、数字贸易发展策略。第十三章是数字货币。首先是数字货币内涵与特征，包括数字货币内涵与特征、数字货币类型及特点。其次是私人数字货币定价、风险与监管，包括加密数字货币的定价、私人数字货币的风险和监管。再次是央行数字货币运行与传导机制，包括央行数字货币的运行、央行数字货币的传导机制。最后是央行数字货币影响宏观经济发展，包括央行发行数字货币对宏观经济的影响、央行数字货币发行带来的风险和挑战。第十四章是数字经济和经济增长与发展。首先是数字经济促进经济增长与发展的机理分析，包括数字经济影响经济发展的机理、数据生产要素的概念及对经济发展的作用。其次是数字化与企业生产率，包括基于 CDM 模型的数字化模型框架、数据来源与分析、R&D 和 ICT 的创新投入方程与创新产出方程、劳动生产率方程。再次是数字资本、电子商务与企业生产率微观分析，包括模型构建、数字资本、R&D 影响企业生产率分析、数字资本溢出效应和 R&D 外部性影响生产率分析、数字资本和 R&D 的交互作用对生产率的影响四部分。最后是数字化影响企业技术创新效率宏观分析，包括数字化水平评价方法、地区数字化水平计算、随机前沿模型的实证分析 3 个方面的内容。另外是数字经济促进经济高质量发展路径设计，包括传统增长理论的局限性、数字经济发展的经济学内涵、数字经济促进经济高质量发展的具体路径。第十五章为数字经济与就业。首先是数字经济与就业总体分析。其次是数字化与就业，包括技术进步与就业的关联、数字技术的替代效应：工作任务模型、数字技术的补偿效应1——新任务的创造、数字技术的补偿效应2——鲍莫尔成本病机制。再次是数字经济背景下的内生技术进步，包括数字经济背景下的内生技术进步、数字化与企业创新的微观机制。最后是人工智能与就业，包括AI引发奇点的理论分析、阻挡AI统治世界的因素。另外是数字经济背景下劳动者保护与政府政策选择，包括数字经济对劳动者的影响、数字经济下劳动者陷入权益困境的原因、数字经济下政府就业政策的目标和工具。第十六章是数字经济安全。首先是数字经济安全风险维度识别与评价指标体系构建。其次是数字经济下的网络安全，包括网络系统安全体系、网络安全威胁、网络安全标准、网络安全治理。最后是数字经济下消费者保护，包括数字经济时代消费者侵权行为、数字经济的消费者保护措施。最后是国外数字经济安全立法研究，包括美国推动数字产业安全发展、欧盟规范数字技术安全应用、英国强化信息基础设施安全、日本落实数据资源安全保护、国外数字经济安全立法要点、我国数字经济安全立法建议。第十七章是数字经济应用。首先是企业数字化，包括制造业是数字经济的主战场、互联网促进制造业数字化转型、国际工业巨头引领发展、我国“互联网+”制造业成功案例、我国制造业数字化转型的成效与挑战5个方面内容。其次是公共服务数字化，包括数字教育、数字医疗、数字交通。再次是金融业数字化，包括数字普惠金融内涵与发展、数字金融行业对经济的影响、数字金融风险隐患及其监管启示。最后是城市治理数字化，包括智慧城市内涵、数字经济下城市治理面临的机遇与挑战、数字经济下城市治理数字化。第十八章是数字经济治理。首先是社会治理数字化，包括数字经济改变社会治理方式、数字经济治理的原则、数字经济治理面临的挑战、治理方式选择。其次是数字经济下政府智慧治理，包括政府治理走向智慧治理、政府智慧治理的重点任务两部分内容。再次是政府智慧治理实现路径和保障措施，包括政府智慧治理实现路径、保障措施两部分内容。最后是数字经济下企业治理，包括数字经济下企业治理面临的机遇、数字经济下企业治理面临的挑战、数字经济下企业治理原则、数字经济下企业治理路径选择等四部分内容。另外是数字经济下社会组织治理，包括数字经济下社会组织治理面临的机遇、数字经济下社会组织治理面临的挑战、数字经济下社会治理原则、数字经济下社会组织治理路径选择等四方面内容。第十九章是数字经济政策。本章主要系统分析了美国、欧盟、俄罗斯、英国、德国、日本、中国的数字经济政策。

第四节　数字经济学研究方法

从经济学说史看，对经济学冲击比较大的研究方法创新涉及微积分带来的边际革命、经济计量学、动态优化方法、博弈论等。边际主义学派基于“理性经济人”假设，运用效用价值论来构建自身的经济学分析框架。随着科技不断进步，尤其是微积分的发现与广泛运用，从边际学派开始，西方经济学家找到了一个很好的经济分析工具，以这种工具的客观性来掩盖经济学分析的主观性，助推经济学家追求纯粹经济学的理想。随着博弈论方法的引入，改写了产业组织理论的内容。随着数字经济的飞速发展，大数据、人工智能可能变革现有经济学研究方法。

从前面分析可知，数字经济学是一门比较新的学科，而且是综合性的学科，涉及政治经济学、西方经济学、管理学、统计学、信息经济学等诸多学科。因此，数字经济学研究方法是多元的。

一、归纳与演绎

归纳法是由个别到一般的思维方法，由若干个别事例推出一个一般性结论，或用若干个别判断作论据来论证一个论点或命题，从事实材料中探究事物的一般本质或规律。研究数字经济要基于数字经济发展的大量事实，通过数字经济现象和经典案例来分析其背后蕴藏的规律，进而归纳新的经济理论。演绎法是由一般到个别的思维方法，用已知的理论作为论据来佐证个别性的观点。数字经济学运用演绎法就是以已有经济学理论为依据，解释数字经济现象，进而形成新的理论阐释。

二、理论研究与实践应用研究相结合

本书将《信息经济学》《微观经济学》《宏观经济学》《政治经济学》等学科有机结合起来，通过理论研究建立科学、完整的数字经济理论，进一步提升学生、一般读者对数字经济的认知，并运用于实践指导数字经济发展。

三、规范分析法与实证分析法相结合

实证分析体现在数字资源定价、数字经济统计与核算、数字经济的经济效应等方面。规范分析法主要涉及数字经济理论基础、数字经济发展技术支撑、数字经济应用、数字经济治理、数字经济政策等方面。

四、比较研究法

比较最近几年我国东、中、西部地区数字经济发展差异，另外，本书还系统比较了美国、欧盟、俄罗斯、英国、德国、日本、中国的数字经济政策差异等。

五、调查研究法

调查研究法包括座谈、访谈、问卷调查等。对我国数字经济发展现状、存在的突出问题及制约因素、面临的机遇与挑战等进行实地调查，搜集分析相关资料等。

六、案例分析法

案例分析法也称为个案分析方法或典型分析方法，对有代表性的事物或现象进行深入研究进而获得总体认知的一种科学分析方法。数字经济作为一种新的经济形态有许多典型案例。以我国“互联网+”制造业成功案例——宝山钢铁数字化转型：从企业信息化到全面数字化转型；青岛海尔数字化转型：商业模式变革等为例说明我国数字经济发展现状及存在的突出问题，我国制造业数字化转型的成效与挑战等。分析、总结这些典型案例，从而形成新的理论认知。

七、大数据分析方法

大数据分析是运用适当的统计分析方法来分析收集到的大量数据，挖掘有用信息和形成结论，对数据进行深入研究和概况总结的过程。大数据具有“5V”特征：数据量大（Volume）、速度快（Velocity）、数据多样性（Variety）、数据真实性（Veracity）和数据价值（Value）。常用大数据分析包括描述性分析、诊断型分析、预测型分析、指令型分析等。

总结与回顾

1. 数字经济以互联网、大数据等数字化基础设施为载体，运用数据生产要素进行数字商品和服务的生产与销售，将数字技术运用于传统产业进行优化升级，分别从需求端和供给端对其进行数字化改造，通过数字化治理来影响国民生活的经济活动总和。

2. 数字经济学（Digital Economics）是以数字经济条件下的资源优化配置与充分利用为研究对象，梳理数字经济发展规律，基于现代经济学理论框架为理论基础，对数字经济不断发展出现的新情况、新问题、新经验等进行理论总结，构建数字经济理论体系的经济学分支体系。

3. 数字经济学也可以分为微观数字经济学与宏观数字经济学，其研究对象与领域主要就是数字经济条件下的资源优化配置与充分利用问题。

4. 数字经济学的研究方法应该是多元的，传统经济学与管理学的研究方法可以为研究数字经济所用。

复习思考

一、名词解释

数字经济；数字经济学

二、简答题

1. 如何理解数字经济学研究对象？
2. 简述数字经济演变进程。
3. 简述数字经济内涵与特征。

三、论述题

结合实际谈谈你对数字经济体系构建的理解。

能力拓展

加快发展数字经济 推动经济高质量发展

数字经济契合新发展理念的要求

创新发展方面，数字经济发展速度之快、辐射范围之广、影响程度之深前所未有，正在成为重组全球要素资源、重塑全球经济结构、改变全球竞争格局的关键力量，加快发展数字经济有助于“开辟发展新领域新赛道，不断塑造发展新动能新优势”。创新发展注重的是解决发展动力问题，实现高质量发展，必须坚持创新在我国现代化建设全局中的核心地位，坚持创新是第一动力，集聚力量进行原创性引领性科技攻关，打赢关键核心技术攻坚战，形成世界创新高地。

协调发展方面，当前数字经济发展方兴未艾，数字技术正在持续打破空间限制、引导各类要素充分流动，这为形成强大数字经济新动能、推动区域协调发展提供了难得的契机。特别是在区域协调发展方面，数字经济为后发地区、企业提供了“变道超车”的新机遇。例如，数字金融的普惠性、可及性有助于解决欠发达地区中小企业和农户的“融资难”问题，各类数字金融产品便利了小微企业、脱贫农户、返乡农民工的多元化金融需求。

绿色发展方面，数字经济的“去物质化”“轻资产”特点有助于减少社会经济活动的物质消耗量，进而减少生产这些物质的能源消耗。推动数字经济与实体经济深度融合是推动生产方式绿色化的重要路径，会带来更大的节能减排效果，这有助于在实现生产效率和节能减排“双提升”的过程中，实现各种资源要素在不同行业、不同企业间的融通和共享，进一步提升资源配置效率，从而更好地促进绿色发展，助力于实现经济高质量发展。

开放发展方面，数字企业能够通过开放式创新、数据开放等方式，从技术层面构建更为开放的创新生态。以数字技术为支撑的各类平台企业，为促进更为广泛的国际贸易提供了重要支撑。例如，全天候跨空间的平台经济便利了商品与服务的出口与进口，使得跨境电商与数字贸易成为国际贸易的新模式，目前中国已申请加入《数字经济伙伴关系协定》（DEPA），这有助于在数字经济领域构建更大范围、更宽领域和更深层次的开放格局。

共享发展方面，共享单车、共享汽车、共享房屋、共享办公等共享经济的发展都是数字经济体现共享发展的缩影，在提高社会资源利用效率的同时，也从节能减排角度促进了经济发展的绿色化。数字经济还通过促进公平竞争、降低交易成本、减少信息不对称等促进共享发展。

数字经济助力高质量发展的途径

首先，以数字经济引领产业发展，助力建设现代化产业体系。数字经济是以数据资源为关键要素，以现代信息网络为主要载体，以信息通信技术融合应用、全要素数字化转型为重要推动力，促进公平与效率更加统一的新经济形态。

其次，发挥数字经济赋能作用，全面推进乡村振兴。数字乡村、数字农业是实现农业农村现代化的必由之路。我国 2019 年制定的《数字乡村发展战略纲要》提出，“到 2025 年，数字乡村建设取得重要进展”。

再次，发展数字经济能够有效促进区域协调发展。一是在数字基础设施建设方面，通过网络连接设施、新型感知基础设施、新型算力设施、前沿信息基础设施的超前布局，带动中西部和东北地区的经济发展。二是在工业互联网建设方面，工业互联网正在代替消费互联网成为数字经济新的“风口”。

最后，在构建高水平社会主义市场经济体制和推进高水平对外开放方面，数字经济能够发挥重要作用。社会主义市场经济体制的“高水平”，体现在市场主体、市场体系、市场机制、市场监管等多个维度。构建高水平社会主义市场经济体制，需要充分发挥市场在资源配置中的决定性作用，更好发挥政府作用，实现“有效市场”与“有为政府”的有机结合。

资料来源：戚聿东，杜博．加快发展数字经济推动经济高质量发展［N］．光明日报，2022 - 11 - 15（11 版）．

第二章　数字经济理论基础

任务分析

1. 了解生产要素的演变与演变规律。
2. 掌握“三要素论”“四要素论”“六要素论”以及数据要素论。
3. 理解数字经济理论。
4. 分析数字经济的理论创新。
5. 深刻理解数字经济运行机理。

案例导入

起步于数字化和智能化的深层次融合，逐步发展为以互联网为核心的信息经济，继而大数据、人工智能层出不穷，数字经济的浪潮正推动浙江经济快速发展。

一、数字经济多点均衡发展

浙江的数字产业以民营经济形态存在，其优势即为全面综合发展。以淘宝、天猫和阿里巴巴等为代表，浙江的电子商务产业在世界范围内都具有相当高的知名度。大数据、电子商务、云计算、物联网都在飞速发展，进而形成了相当完善的数字经济产业链，成为具有最完备的电商产业链的地区之一。

二、以创新驱动数字经济发展

创新是数字经济发展的驱动力量，发展数字经济需要在投入、环境、动力等方面全方位创新，进而推动生产技术和产品的创新。首先，浙江对创新活动进行大力扶持，给予降税、提供场地等很多优惠条件。同时吸引名校培养出的优秀人才，引进海外的高素质人才，且大力培养数字经济领域的高技术人才。

三、基础设施建设是平台，信息消费是支撑，互联网发展是引擎

截至目前，浙江互联网的普及程度在全国首屈一指，在这种前提下，扩大信息消费就有了相当程度的支撑。浙江已开始实施了数十个智慧城市试点项目，这些项目涉及智慧医疗、智慧交通、智慧休闲等各个领域。坐落于转塘的云计算生态小镇，在全国范围内最早出现，已成功吸引阿里云等百来家互联网相关企业来此发展，且引进云商基金等数十家创投机构。

四、区域协调发展，数字经济深入农村

浙江数字经济发展直接影响其县域经济发展状况。以浙江金华为例，电子商务是其一号产业，电子商务交易额十分庞大。金华曾连续数年被誉为中国电子商务十强城市，在此榜单之中，只有金华是地级城市。如今，金华所拥有的数字经济企业有万余家，数字交易平台数家，且有数万淘宝卖家居住

于此。近年来，浙江省遂昌县也在着力加快农村电子商务发展，农民将生产的农副产品通过互联网销往全国甚至世界各地。在数年前的首届中国县域经济与电子商务峰会上，阿里巴巴正式宣布实施千县万村计划，浙江省则是第一个与其开展合作的省份。

知识介绍

第一节 生产要素论

一般来说，生产要素（Factors of Production）是指人类进行物质生产所必需的一切要素及其环境条件，它包括人的要素、物的要素及其结合因素。而劳动者与生产资料是物质资料生产的最基本要素，因为任何社会生产都离不开这两个要素，其中劳动者是生产的人的条件，是最具主观能动性的要素，而生产资料是生产的物质条件。当劳动者与生产资料处于分离状态时，它们只是可能意义上的生产要素；两者要成为实际意义上的生产要素就需要进行结合。生产过程中，劳动者运用生产资料来加工劳动对象，最终生产出符合社会需要的产品或服务。

学者们从不同视角来界定生产要素，但一般认为生产要素是可用于社会生产的各种资源，如劳动、资本、土地、企业家才能等。马洪等（1985）认为生产要素是“物质资料生产所必须具备的基本因素或条件”。《简明不列颠百科全书》（1986）将生产要素界定为“用于商品和劳务生产的经济资源”。张志武（2000）总结生产要素具有以下特征：用于生产、产权明晰、各生产要素组合运用、范围不断拓展、使用增殖等。吴声功（2002）提出生产要素是“进入生产过程并最终发挥作用的各种资源”。孙玉甫等（2009）认为生产要素是“构成生产经营活动的必要组成部分”。

一、生产要素构成演变

在人类社会经济发展过程中，由于生产力的发展，科技进步，生产要素内涵与外延也日益丰富。随着新生产要素的加入，生产要素范围也在拓展，现代科学、技术、管理、信息、数据、资源等融入生产当中，它们分工明确，发挥各自最大潜能。随着新生产要素的加入，其组合方式、结构方式也发生很大变化，重要性也更加凸显。从生产要素论诞生到现在，生产要素种类经历了要素一元论、要素二元论、要素三元论、要素四元论、要素五元论、要素六元论、要素七元论等。

（一）要素一元论

比埃尔·勒·庇逊德·布阿吉尔贝尔（P Pierre Le Pesant，sieur de Boisguillebert，1646～1714）是法国古典政治经济学创始人，重农学派先驱。布阿吉尔贝尔提出了劳动价值论，他认为商品价值来自一般劳动时间。他提倡自由竞争，反对重商主义的国家干预政策。他提出社会财富来自农业生产，来自土地的耕种，农业才是一国财富的真正源泉。他说：“只有衣食等物品才应当称为财富”“一切财富来源于土地的耕种”“耕种者繁荣昌盛是一切其他等级财富的必要基础”。

重农学派形成于18世纪中叶，弗朗斯瓦·魁奈（Francois Quesnay，1694～1774）是其创始人和主要代表，米拉波、杜尔哥也是其重要代表。重农学派认为价值的唯一源泉是土地。他们认为社会财富是从土地上生产出来的农产品，农业是社会财富真正源泉。只有农业才是国家致富的源泉，才是一个国家繁荣富强的根本。

魁奈认为财富是由土地生产出来的农产品，财富的真正源泉来自农业。只有农业才生产“纯产品”，其他经济部门不生产“纯产品”。魁奈提出只有“纯产品”是新增财富，其余则是补偿生产耗费。

（二）要素二元论

1. 配第的要素二元论。

英国经济学家、古典经济学、统计学创始人、英国皇家学会创始人之一的威廉·配第（William Petty，1623～1687）将经济学研究对象从流通领域转到生产领域，最先提出了劳动价值论的一些根本命题，并运用统计和数学方法来分析经济现象，主张增加生产性支出，减少非生产性支出。马克思曾称威廉·配第是“政治经济学之父，在某种程度上也可以说是统计学的创始人”，而且称赞他是“最有天才的和最有创见的经济研究家”。

威廉·配第在其著作《赋税论》（1662）中最早提出劳动价值论，认为劳动是商品价值的基础，但他同时也指出：“土地是财富之母，劳动则为财富之父和能动要素。”也就是说，土地、劳动都创造财富和价值，所以在威廉·配第那生产要素是二元的：劳动与土地。

威廉·配第最重要的功绩在于他第一次有意识地把商品价值源泉归于劳动，奠定了科学劳动价值论基础。威廉·配第研究地租问题时阐述了其劳动价值理论基本原理。他讨论了商品价值量和劳动生产率之间的关系：商品价值量与劳动时间成正比，与劳动生产率成反比。

2. 坎蒂隆的要素二元论。

理查德·坎蒂隆（Richard Cantillon，1680～1734）是17世纪末18世纪初资产阶级古典政治经济学产生时期的经济学家。在1730～1734年，坎蒂隆创作了《商业性质概论》。这本书被认为是亚当·斯密的《国民财富的性质和原因的研究》之前最早的、最系统的现代经济学著作。有人甚至将坎蒂隆推举为现代经济学之父，《商业性质概论》对法国重农学派的影响非常大。1755年，米拉波出资出版了《商业性质概论》法文版。1881年，杰文斯发表了《理查德坎蒂隆和政治经济学的国籍》一文，文中写道：“此书一直被认为是法国学派的各种主要思想的源泉。”英国经济史学家埃里克罗尔认为《商业性质概论》是《国民财富的性质和原因的研究》出版以前关于经济原理的最系统著作。

《商业性质概论》虽然篇幅不大，但内容却博大精深。米拉波侯爵曾说《商业性质概论》“包括除税收外有关这个课题的一切内容”。这本书包括三部分：实物经济、货币经济、国际贸易。

坎蒂隆继承了威廉·配第关于劳动与土地共同创造财富的观点，又使用了布阿吉尔贝尔关于财富就是使用价值的观点，他说：“土地是所有财富得以产生的源泉或质料，人的劳动是生产它的形式：财富自身不是别的，只是维持生活、方便生活和使生活富裕的资料。”坎蒂隆的财富观集中体现了其理论体系重农主义思想特点。坎蒂隆指出，任何物品的价值由土地和劳动共同决定，他还探讨了内在价值和市场价格的关系：由于受到市场供求关系影响，内在价值和市场价格并不总是相等。这表明坎蒂隆已经初步认识到价值规律作用。

（三）要素三元论

1. 亚当·斯密的要素三元论。

亚当·斯密（Adam Smith，1723～1790）强调劳动分工、自由市场、自由贸易，被誉为“古典经济学之父”。亚当·斯密将资本加入生产要素行列。1776年，在其著作《国民财富的性质和原因的研究》中提出：“一国国民每年的劳动，本来就是供给他们每年消费的一切生活必需品和便利品的源泉”“只有劳动才是价值的普遍尺度，同时又认为无论是什么社会，商品的价格归根到底都分解成为劳动、资本和土地三个部分或其中之一。”这样，亚当·斯密从劳动价值论转向生产费用论，这就是经济学说史上有名的“斯密教条”，形成了生产要素三元论。

在经济学说史上，亚当·斯密的《国民财富的性质和原因的研究》具有非常重要的地位，将资产阶级经济学发展成一个完整体系。之后，无论是古典派还是庸俗派都能从《国富论》中寻找到智慧的灵光。

《国民财富的性质和原因的研究》的研究对象是国民财富，认为政治经济学研究目的在于如何增进国民财富。但《国富论》中也存在许多相互矛盾的概念和理论，在价值、工资、利润、地租等分析上常常出现双重或多重阐述与观点，这就是亚当·斯密理论的二重性。

2. 萨伊的要素三元论。

让·巴蒂斯特·萨伊（Jean - Baptiste Say，1767 ~ 1832），法国经济学家，古典自由主义者。1803 年，萨伊在其著作——《政治经济学概论》提出“价值是劳动或人类勤劳的作用，自然所提供的各种要素的作用和资本的作用联合产生的成果”，提出劳动、资本和土地是最基本的三种生产要素。

萨伊认为资本就是生产工具，指出劳动、资本、土地是一切社会生产必备的三个要素。萨伊认为生产是创造效用，不是创造物质产品，商品效用大小决定商品价值。萨伊提出劳动、资本、土地不仅创造商品使用价值，而且也创造商品价值。萨伊基于生产三要素创造了各种效用，提出“效用论”，进而提出三种要素收入决定价值的“生产费用论”。马克思认为萨伊混淆了商品价值和使用价值、创造价值要素和创造使用价值要素的目的在于否定价值来自劳动，用生产费用论代替古典政治经济学的劳动价值论。

萨伊基于其生产三要素论，提出了“三位一体”分配公式。他认为生产三要素都创造价值，各生产要素所有者可以根据各自提供的生产性服务，取得相应的收入：劳动者获得工资；资本获得利息（萨伊将利润分为资本的利息和企业家的工资两部分）；土地所有者获得地租。马克思认为萨伊把原本由劳动创造的三种收入说成是三要素都创造价值，否认了资本家和土地所有者对劳动者的剥削和社会各阶级之间的对立关系。马克思将萨伊的劳动创造工资、资本创造利息、土地创造地租的分配论，讥讽为“三位一体公式”。

3. 马克思的生产力三要素论。

马克思在《资本论》中既界定了生产力内涵，也说明了决定生产力发展的简单要素和发展要素。马克思认为“生产力，即生产能力及其要素的发展”。马克思认为劳动过程简单要素是劳动资料、劳动对象和劳动者。而且生产力要素发展推动生产力发展。生产力要素发展包括两重含义：原有生产要素更新；新生产要素加入和发展。马克思生产力三要素论认为生产要素包括劳动者、劳动资料和劳动对象：劳动者是指正在或能够在生产力系统运行过程中发挥劳动的人；劳动资料包括生产工具、能源设施和基础设施；劳动对象包括天然存在的和经过人类加工过的，个体包括自然物（如土地）、原料和材料等。

基于研究、思考古典经济学生产力理论，马克思将生产力与社会发展规律相结合，提出劳动过程简单要素包括有目的的活动或劳动本身、劳动对象和劳动资料；生产力是具有劳动能力的人和生产资料有机结合继而形成的一种改造自然的能力。马克思还提出了“物质生产力”与“精神生产力”：对于任何机器，它们是人类的手创造出来的人类头脑的器官，是物化的知识力量。

因此，马克思提出了自己的三种生产要素论及其价格理论框架。该理论框架就是，劳动力报酬是工资、土地报酬是地租、生产资料报酬是生产资料价格。

（四）要素四元论

阿尔弗雷德·马歇尔（Alfred Marshall，1842 ~ 1924），近代英国最著名的经济学家，新古典学派创始人，剑桥大学经济学教授。

1890 年，马歇尔出版了《经济学原理》，这部书中将“组织”（即管理或企业家才能）引入生产要素范畴，强调管理对企业的重要作用，将“组织”作为第四生产要素，与劳动、资本、土地一起构成“生产要素四元论”。这是马歇尔的独创。他运用均衡分析法依次研究各个生产要素，分配理论成为四个生产要素的均衡价格决定理论，均衡价格主要由工资、利息、地租、正常利润来决定。

（五）要素五元论

随着生产力的发展、技术的进步及知识进步，知识、技术在生产中的作用愈发凸显，经济学家将知识、技术引入生产要素范畴，进一步拓展了生产要素范围，将“生产素四元论”提升到“生产素五元论”。

创新经济学理论奠基人约瑟夫·熊彼特（Joseph Alois Schumpeter，1883 ~ 1950）（1934）进一步区分了劳动要素：作为领导的劳动要素与作为被领导的劳动要素。

西蒙·史密斯·库兹涅茨（Simon Smith Kuznets，1901 ~ 1985）俄裔美国著名经济学家，1971 年诺贝尔经济学奖获得者。1971 年，库兹涅茨出版了《各国的经济增长》，他运用统计分析方法，对各国经济增长进行分析比较后认为，一国经济增长能力“基于改进技术，以及它要求的制度的和意识形态的调整……先进技术是经济增长的一个允许的来源”。

罗伯特·索洛（Robert Merton Solow，1924—），美国经济学家，以其新古典经济增长理论著称，1987 年诺贝尔经济学奖获得者。索洛研究表明，“技术发展是经济增长后面的长期的主要因素。”

内生经济增长理论代表人物保罗·罗默（Paul M. Romer，1986）将“知识”引入经济增长模型，将索洛的技术外生经济增长模型转变技术内生经济增长模型。迈克尔·波特（Michael E. Porter，1990）区分、界定了初级生产要素和高级生产要素、一般生产要素和专业生产要素。波特认为初级生产要素包括天然资源、地理位置以及非技术劳动力等，而高级生产要素涉及基础设施、高级人才以及科研院所等。

张鹏侠等（2012）提出生产要素包括劳动者、劳动资料、劳动对象、制度和知识等。吴星泽（2017）基于现代企业价值创造视角提出生产要素包括劳动力、财务资本、人力资本、公共环境和信息资源等。周黎安（2018）认为在传统四个要素：劳动、资金、土地、技术基础上，还应加入了第五个要素：大数据。

2020 年 3 月，中央政府发布了《中共中央　国务院关于构建更加完善的要素市场化配置体制机制的意见》，提出了劳动、资本、土地、技术、数据五个要素领域的改革方向。

（六）要素六元论

随着科技进步、知识经济兴起和信息高速公路迅速普及，生产中信息发挥了重要作用，人们将信息引入生产范畴，要素论由五元升级到六元。

徐寿波（1984）认为生产要素由劳动人员、劳动资料、劳动对象、劳动空间、劳动时间和劳动环境六要素构成。罗福凯（2001）提出生产要素涉及机器设备和原材料、人力资源、财务资源、技术、信息和知识六大要素。此外，还有一些学者将生产六要素归为劳动、资本、土地、组织、技术、信息等。

（七）要素七元论

丹尼森（E. F. Denison，1915—），美国经济学家。1962 年，丹尼森出版了《美国经济增长因素和我们面临的选择》，他在这部书中用因素分析法分析美国 1929～1957 年经济增长情况，计算了包括教育在内的各因素在经济增长中的作用。丹尼森将经济增长因素分为两大类：生产要素投入量和生产要素生产率。生产要素投入量包括劳动力数量增加、质量提高和资本量增加；生产要素生产率包括资源配置改善、市场范围和规模扩大、知识进展和在生产上的应用。他将影响经济增长的因素归纳为七大要素。

在中共十九届四中全会通过的《中共中央关于坚持和完善中国特色社会主义制度、推进国家治理体系和治理能力现代化若干重大问题的决定》中，有许多关于生产要素的重要提法和要求。"推进要素市场制度建设，实现要素价格市场决定、流动自主有序、配置高效公平""健全劳动、资本、土地、知识、技术、管理、数据等生产要素由市场评价贡献、按贡献决定报酬的机制"等。首次将数据确认为第七种生产要素。

这样，从第一次工业革命总结的生产要素：土地、劳动、资本，到第二次工业革命吸收的新生产要素：技术、管理，再到第三次工业革命融入的新生产要素：知识，生产要素内涵拓展轨迹非常清晰。从中也可看出随着全球加快经济活动数字化转型，数据在生产中作用更加凸显，必将成为最具时代特征的新生产要素。

二、生产函数与生产要素构成演变规律

从某种意义上说，研究生产要素就要研究生产函数（Production Function）。所谓生产函数就是每个时期各种投入要素的使用量与利用这些投入所能生产某种商品的最大数量之间的关系，它表明厂商生产所受到的技术约束。生产函数包括微观生产函数（体现劳动和资本要素与产量关系的厂商生产函数）和宏观生产函数（如经济增长模型），但两者原理是相通的。

（一）生产函数一般形式

一般来说，生产函数可以写成：

$Q=f(L, K, La, M, Kn, T, D, \cdots)$

或 $Q=f(L, K, La, E, Kn, T, D, \cdots)$　　(2-1)

其中，Q 为因变量，表示产出；L、K、La、$M(E)$、Kn、T、D 等为自变量，分别代表各个生产要素：劳动、资本、土地、管理（企业家才能）、知识、技术、数据等；f 为对应法则，表示产出与各类生产要素投入之间的函数关系。

从本质上说，生产函数是反映各类生产要素投入与产出关系的经济模型。其具体形式有多种，可以是线性生产函数、非线性生产函数或超越对数生产函数等，也可以是特殊类型，如 L 型生产函数（Leontief function，列昂惕夫生产函数，固定投入比例生产函数）、C-D 生产函数（Cobb-Douglas function，柯布—道格拉斯生产函数）或 CES 生产函数（Constant Elasticity of Substitution function，常替代弹性生产函数）等。从规范与实证视角来划分，生产函数经济模型可分为以下两类：侧重优化方法的数理经济模型；以统计学为基础的经济计量模型。

（二）从一元到多元生产要素论

生产函数可以用一个或多个生产要素作为自变量来阐明各自对因变量（产出）的关系。从生产要素构成演变来看，生产要素论有以下几类：（1）要素一元论，尤其强调劳动（L）的作用。其生产函数可表示为 $Q=f(L)$。（2）要素二元论，重视劳动（L）与资本（K）的结合，相关模型研究与实证研究比较多。其生产函数可以表示为 $Q=f(L, K)$。C-D 函数就属于这类。（3）要素三元论，在

强调劳动（L）与资本（K）的同时，再加上土地（La）或技术（T）。其生产函数可表示为 $Q=f(L, K, La)$ 或 $Q=f(L, K, T)$。许多经济增长模型可归入此类。（4）要素四元论，在要素三元论基础上，再加上企业家才能（E）或管理（M）。其生产函数可表示为 $Q=f(L, K, La, E)$ 或$Q=f(L, K, La, M)$。（5）要素五元论，在要素四元论基础上，再加上技术（T）或数据（D），其生产函数可表示为 $Q=f(L, K, La, E, D)$ 或 $Q=f(L, K, La, E, T)$。（6）要素六元论，在要素五元论基础上，再加信息（I），其生产函数可表示为 $Q=f(L, K, La, E, D, I)$ 或 $Q=f(L, K, La, E, T, I)$。（7）要素七元论，在要素六元论基础上，再加上知识（Kn），其生产函数可表示为 $Q=f(L, K, La, M, Kn, T, D)$ 或$Q=f(L, K, La, E, Kn, T, D)$。

（三）生产要素重要性演变

随着生产力的发展与社会进步，不同经济形态或不同经济发展阶段，生产要素构成在不断拓展，生产中投入要素重要性也在变化。表2－1列出了在不同经济形态下生产要素重要性的变化趋势。

表2－1　　不同经济形态生产要素重要性变化

	生产要素				
	第一要素	第二要素	第三要素	第四要素	其他要素
农业经济	土地	劳动			……
工业经济	资本	劳动	土地		……
数字经济	数据	技术	资本	劳动	……

数据来源：作者根据已有知识整理。

从人类经济形态演变看，到目前经历过3类经济形态：农业经济、工业经济、数字经济。从横向看，目前各国经济中，一般会有农业经济、工业经济和数字经济等经济部门，不同经济部门中投入生产要素与生产要素重要性差异比较大；从纵向看，人类已经经历三次“产业革命”，生产过程中投入的生产要素种类与生产要素重要性也呈现一定的规律性：首先，传统农业经济，第一生产要素是土地，第二要素是劳动，其他要素发挥作用有限。但是随着现代科技的发展，发展现代农业需要发挥资本、技术、信息、数据的作用，呈现出农业工业化趋势。其次，工业经济，第一生产要素是资本，资本积累与招商引资是发展工业头等大事，劳动与土地紧随其后。而发展现代工业经济，知识、技术创新和管理创新就愈发重要。最后，数字经济，第一生产要素是数据，数据重要性非常明显。在数字经济时代，并不是说其他生产要素不重要，而且数据要发挥作用，必须与技术、资本、劳动等其他生产要素有机结合，实现完美匹配、协同发挥作用。

三、新时期生产要素构成特征

（一）构成内涵广义化

从前面生产要素构成演变可以清楚看出，生产要素构成是一个动态发展的历史范畴。传统要素禀赋论认为生产要素是静态，而随着社会生产力快速发展，生产要素内涵与外延也在不断拓展，促进经济社会发展的生产要素种类日益增多、要素质量逐渐提高。细分高效的知识、多元化技术、制度创新、瞬息万变信息、海量数据等加入生产要素范畴，这些新加入生产要素在经济社会发展与财富创造中发挥了巨大作用。而且随着市场经济的发展，社会分工更加细密，生产要素配置结构与组合方式也在动态进行调整，不断提升生产经营效率与效益，有助于加快产业转型升级。

（二）构成内容动态化

在人类历史长河中，不同历史阶段生产力发展水平差异非常大，而起决定性作用的是生产要素、各种生产要素之间结构关系及要素组合演进。例如，早期生产要素组合中（土地、劳动）发挥了重要作用的生产要素，随着生产函数不断调整逐渐失去了其原有决定性主导地位。此外，一些生产要素早期依附于或包含在其他生产要素中，但随着经济社会的发展，其独立性逐渐增强、创造的价值性更高，逐渐从原来生产要素组合中分离出来，渐渐成长为具有显著影响力的生产要素，如各种制度安排、核心知识与技术、大数据等。生产过程中，尽管生产要素种类、数量和质量非常重要，但更为关键的是各种生产要素要科学配置与合理组合。现代市场经济下，生产要素组合日益呈现出传统、初级生产要素比重不断降低，而现代、高级生产要素比重日益提升的趋势。而且各级政府公共要素也在社会生产和资源配置中发挥着越来越重要的作用和影响。

（三）供给主体多元化

随着日益提高的经济全球化水平，生产要素供给主体多元化趋势非常明显。如土地、劳动、资本、技术及企业家才能等生产要素来自私人个体；而基础研发、公共管理和基础设施等则来自政府和科研院所等非营利机构。随着不断融入经济全球化进程，一些生产要素则来自全球其他国家或地区。市场机制将不再是配置要素资源的唯一方式。还有很多生产要素主体，如政府并没有进入生产要素市场，不是通过市场行为提供生产要素。还有很多其他要素主体并不是基于利润驱动来提供生产要素，如产学研合作模式下的相关高校及科研院所。

（四）稀缺程度差异化

传统生产要素一般具有先天稀缺性，如土地、劳动、资本等，这使得传统经济发展对这类要素的依赖性很大，要素制约性非常明显。而随着经济社会发展和科技进步，开始涌现很多“非稀缺”生产要素，如知识、技术、信息、大数据等。目前，学者达成共识，“大数据作为崭新生产要素所引发的社会经济变革必将是全方位、多层面的。”从表面上看，知识、数据信息等要素并非稀缺资源，但其配置和利用却取决于主体具备的相关能力。此外，一些知识属于企业拥有的“默许知识”，这些知识难以标准化、教授、复制或逾越企业的边界进行传递，要靠企业学习和吸收。因此，生产要素稀缺程度差异化往往伴随着要素利用能力非均衡化。

四、数据要素论

2020 年 3 月 30 日，中共中央、国务院发布的《关于构建更加完善的要素市场化配置体制机制的意见》提出要加快培育数据要素市场。党的十九届四中全会通过的《中共中央关于坚持和完善中国特色社会主义制度　推进国家治理体系和治理能力现代化若干重大问题的决定》中指出：“要鼓励勤劳致富，健全劳动、资本、土地、知识、技术、管理和数据等生产要素按贡献参与分配的机制。”这是中央文件首次将数据纳入生产要素，并提出按其贡献分配的制度。

数字经济时代，其核心生产要素是数据，与传统生产要素相比，数据以其自身生产要素禀赋深刻影响经济社会发展。充分发挥数据生产要素的创新引擎作用，加快构建以数据为关键要素的数字经济，有助于推动经济发展质量变革、效率变革、动力变革，助推我国经济高质量发展。

（一）数据生产要素的作用

1. 助推资源优化配置。

数据与传统各产业融合发展有效提升了经济社会各领域资源的优化配置，降低了经济社会运行成本，提高经济效率与效益。以数据流带动技术流、资金流、人才流和物资流，物流、资金、人才、技术等领域依托网络信息系统，以网络空间数据试错验证取代物理空间实物试错，有效降低实体经济试错成本，促进资源优化配置，提高全要素生产率（Total Factor Productivity，TFP）的效率。

2. 社会治理更加精细。

数据应用将加快数字政府建设。财政、金融、税收、投资、消费、出口等经济调节领域数据汇聚、开发和挖掘，助推政府调节经济更加深入、精准和高效，加快经济结构调整和优化升级，有效应对各类重大经济风险隐患。商贸流通、市场价格、生产制造、安全生产等市场监管领域的数据汇聚、开发和利用，提升了政府市场监管能力，实现市场监管的事前、事中和事后的全链条监管。流动人口、市政管理、交通运输、应急救灾等社会管理领域以及教育、医疗、养老、社区等民生服务领域数据的汇聚、开发和利用，促进政府社会管理和服务更加精准、高效和深入。

3. 助推创新创业。

数据与产业融合发展成为加快产业发展的重要创新因素，发展基于数据的新业态有助于传统产业转型升级和经济新动能培育。基于大数据的精准营销、就近服务、网络征信、服务质量评价等服务，有效实现了供求信息对接、市场优胜劣汰、服务质量提升。基于客户需求反馈的大数据研发设计，企业研发设计更具针对性、人性化、个性化，真正实现企业按需定产。此外，发展数字经济有助于大众创业、万众创新。

（二）数据发挥作用要注意的问题

1. 数据产权界定。

目前，全球数据产权界定都是一个亟待解决的重要问题，争议比较大，还未达成共识。国内对个人数据、网络平台与用户交互数据、设备终端与用户交互数据等的范围、归属、使用权责等还没有明确的法律法规做出规定。这不利于数字经济发展，导致相关经济主体在采集和使用相关数据时，频繁发生侵犯个人权益等事情。数据权属难以界定引发了大量数据使用纠纷，特别在企业数据流通过程中，企业为了自身利益，阻碍数据共享利用，给用户带来了极大不便。

2. 数据价值有待金融化。

目前，国内数据价值金融化进程比较缓慢，不利于拥有大量数据资源的数字科技企业资产价值实现，影响了其与体制内相关的资产评估、资产交易、投融资、重组兼并等行为。另外，数据定价机制不完善，数据价值不能有效衡量与估算，不利于数据流通和交易，不能有效激发数据的潜在价值。

3. 数据交易流通不畅。

经济发展、社会治理、民生服务等领域迫切要求政府数据开放共享，但是目前缺乏必要的制度设计和可靠技术保障，并没有充分利用数字经济潜能。大企业围绕打造产业生态圈向合作伙伴开放数据，暴露出众多影响市场公平竞争问题。此外，由于缺乏合规可控的社会化数据交易平台，大量拥有数据但没有能力开放数据的政府部门、公共机构和企事业单位，不敢将数据拿出来交易流通，阻碍了数据价值的全面释放。

4. 数据治理体系还未建立。

完善的数据治理法律法规体系还未建立，国家层面缺乏一部统筹促进各领域数据流通交易、开发利用和安全保障的法律法规，《网络安全法》《数据安全管理办法》等法律法规仅对利用网络开展数据收集、存储、传输、处理、使用等活动的安全保障做了约束性规定，与网络无关数据活动缺乏相应的法律来规范。此外，受政府运作模式以及治理手段限制，目前，国家层面缺乏有效的手段，对经济社会发展各领域数据的开发利用和流通交易等活动实现全面监管，个人数据滥采滥用和违法交易等活动十分猖獗。

第二节 数字经济理论基础

随着全球数字经济快速发展以及专家学者对数字经济研究的逐步深入，人们对数字经济的认知也逐步加深，数字经济理论研究也取得了许多有价值的研究成果。本书借鉴已有研究成果，比较系统地梳理了数字经济理论基础。

一、数字经济微观主体

与传统经济学一样，研究数字经济，数字经济微观主体是其重要内容之一。一般而言，数字经济微观主体涉及平台企业、非平台生产企业、网络运营商、消费者等，这些分别是生产者与消费者。

（一）平台企业

随着互联网技术及相关技术的快速发展，现代企业组织运营方式与技术创新模式也发生了很大变化，以即时通信、影音视频、移动支付等为代表的互联网平台企业日益成为数字经济时代最重要的市场主体，它们是主导新世纪经济的关键力量之一。根据 2021 年 2 月 7 日国务院反垄断委员会印发的《国务院反垄断委员会关于平台经济领域的反垄断指南》（国反垄发〔2021〕1 号），互联网平台是指通过网络信息技术，使相互依赖的双边或者多边主体在特定载体提供的规则下交互，以此共同创造价值的商业组织形态。因此，平台企业模式是将买卖双方或多方联通与交换从而创造价值的一种新型商业模式，这种模式有助于去除价值链中无效环节，有效对接买卖双方，降低交易成本，极大提升了交易效率与效益。除传统搜索、社交、电商、移动支付等领域外，平台企业正加快与交通、旅游、金融、医疗、教育等业务进行深度融合。

首先，平台企业具有双边市场特征。所谓双边市场是指两组参与者通过平台进行交易，一组加入该平台参与者收益取决于加入该平台的另一组参与者数量的市场，实际上平台为买卖双方提供了一个交易场所，也就是平台。如谷歌、百度等搜索引擎，一方面向网络用户免费提供信息搜索服务；另一方面收取广告商费用，这个费用一般根据广告浏览次数或点击次数来确定，所以，平台收益高低关键在于使用搜索引擎用户数量。

其次，平台企业具有交叉网络外部性特征。Armstrong（2006）将外部性分为两大类：单边网络外部性与交叉网络外部性。前者是指平台交易中一边用户影响该边其他用户产生的网络效应，如某顾客影响其他顾客、某供应商影响其他供应商产生的效应；后者是指平台交易中的一边用户影响另一边用户产生的网络效应，如顾客影响供应商、供应商影响顾客产生的效应。例如应用商店：开发商效用决定于应用商店使用者数量，也就是说，应用商店用户越多，其潜在购买者也就越多，开发商收益就越高；同样，应用商店中应用软件越多，用户选择权就越多，对用户也就越有利。

最后，平台企业具有“免费定价”特征。互联网平台企业大量存在“免费定价”商品，如腾讯QQ、微信等免费通信工具，谷歌、百度等免费搜索引擎。根据目的不同，可以将互联网平台企业的

“免费定价”分为两大类：完全免费定价与部分免费定价。前者是指互联网平台企业将其提供的网络产品或服务的全部环节都是免费的，借此来提高用户关注度，溢价收取广告商费用；后者是指互联网平台企业将其提供的网络产品或服务的部分环节是免费的，平台用户免费体验部分网络产品或服务后，再根据自身需求决定是否继续付费以获取全部产品和服务，所以免费的目的意在收费。

（二）非平台企业

数字经济时代，除了互联网平台企业外，还有大量的非平台企业，它们大致可分为两大类：数字化有形实物商品企业与无形数字资源企业。

随着经济全球化及我国经济发展进入新时代，顾客消费理念、消费方式发生了很大变化，消费个性化趋势非常明显，而传统生产企业大批量、标准化流水线生产模式与消费者个性化需求不相匹配。根据麦肯锡一份调研报告提供的数据，1970 年以前市场需求平均预测准确率能达 90% 以上，到了 20 世纪 80 年代只有 60% ~80%，而到 20 世纪 90 年代末及进入 21 世纪，市场预测准确率降到 40% ~60%，也就是企业所生产出来的一半产品并不是消费者真正需要的，而与此同时消费者真正想要的很多需求又没有及时得到满足。互联网普及前，受限于产销消三者之间互动效率低下，任何企业都不能有效满足消费者的个性化需求。

而在数字经济时代，以消费者为中心的 C2B 模式能够真正实现消费者的需求个性化。以厂商为中心的消费者驱动的商业模式是 B2C，而数字经济时代以消费者为中心的商业模式是 C2B，以客制化（消费者可参与整个生产过程的某些环节，独创体验价值）等方式创造独特价值；网络化的大规模协作，基于 IT 技术发展起来的线性供应链，能够实现大规模、实时化、社会化的网状协作；基于互联网和云计算平台的商业基础设施。因此，个性化营销、柔性化生产、社会化供应链的深度融合、协同互动，助推 C2B 模式快速发展。因此，在数字经济时代，传统生产企业为了顺应时代发展也在进行经济转型：一方面将大企业转变为中小企业，将非核心业务外包，集中精力从事专业化生产；另一方面，与平台企业合作，向产业数字化转型，利用大数据动态了解用户消费信息，实现精益生产，提高交易效率。

无形数字资源企业是数字经济内容提供商。它们为数字内容服务商提供基本素材，涉及文化、娱乐、教育、艺术等相关领域，包括音乐、小说、动画、影视视频、出版物、创意等初始版权内容。内容产品提供商非常广泛，包括个人（如陈忠实、阿来、鲁迅等文学小说作者）、创作团队（如德云社、开心麻花等）、企业（如万达影业、华策影视等电影制作公司）等。在数字产业中内容提供商的地位非常重要，它是整个数字产业链的源头，具有很强的主导权力，其盈利水平也非常高。近年来我国加大了知识产权保护力度，相继出台了一系列法律、法规、政策来有效保护内容创作版权，并加大处罚力度来严惩盗版、侵权等侵犯版权行为，这些都极大地提高了数字内容产品提供商的创作积极性与创新力。

（三）消费者

数字经济时代，消费者被赋予了新的内涵：“产消者”（Prosumer），即参与生产活动的消费者。Alvin Toffler（阿尔文·托夫勒，1980）在畅销书《第三次浪潮（未来三部曲）》中第一次提出这个概念。

数字经济时代，用户一方面通过互联网平台购买大量的产品或服务；另一方面，平台企业通过网络平台可以实时记录用户的使用痕迹并快速形成有效数据，再将这些数据出售给生产企业或目标广告商。所以消费者在消费过程中实际上深度参与了产品生产，在某种程度上主导了企业生产何种产品，因此数字经济时代消费者发生了很大变化：既是消费者又带有具备生产者的某些特征，即“产消者”。消费者参与生产过程如图 2－1 所示。

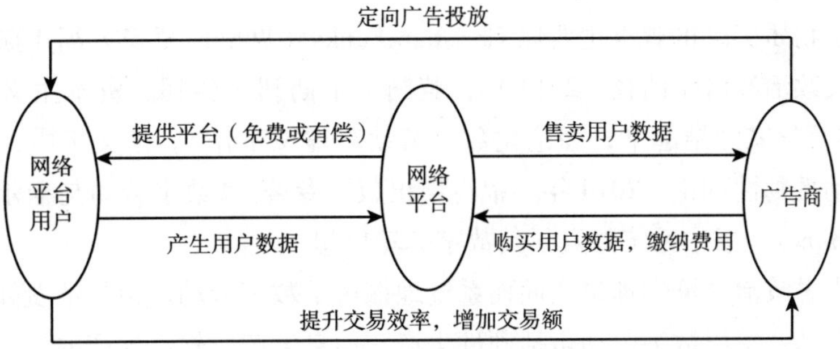

图 2－1 消费者参与生产过程

二、数字经济政治经济学基础

进入 21 世纪以来，数字经济逐渐成为世界经济发展的大潮，大数据、云服务、物联网、人工智能、区块链等成为人们关注的焦点，与互联网、信息（数据）有关的行业和劳动形态不断涌现。疫情暴发以来，数字经济凸显出其独特优势。信息时代的来临大大丰富了劳动内涵，并且在一定程度上打破和颠覆了传统劳动模式，社会经济结构被重构。为此，数字经济背景下辩证认识数字劳动就显得尤为重要。2016 年习近平总书记在哲学社会科学工作会议上指出：“马克思的整个世界观不是教义，而是方法。它提供的不是现成的教条，而是进一步研究的出发点和供这种研究使用的方法。”数字经济条件下，劳动的内容和范围都发生了变化，劳动雇佣方式和生产组织方式也与工业时代有了较大不同，数字经济时代的劳动形态呈现出新的时代特点。探究数字劳动内涵、数字劳动是否超越了马克思劳动价值论所指的劳动内涵、数字劳动如何创造价值以及资本如何对劳动者进行剥削等一系列问题，是对劳动价值论在新的历史条件下变化和发展情况的有益探索。

（一）数字劳动

数字劳动是目前数字经济时代一种新的劳动形式，也是研究数字经济政治经济学最基本概念。数字经济时代，人类劳动可以分为两大类：工业劳动、数字劳动。工业劳动指的是机器工业时代劳动，马克思研究的劳动主要是工业劳动，将劳动者的劳动分为必要劳动与剩余劳动两部分，进而计算出剩余价值率，反映资本家对无产阶级的剥削程度，深刻揭示资本主义生产关系本质。数字经济时代，依然广泛存在大量工业劳动。数字经济时代，数字劳动具有其独特特征，它逐渐模糊了劳动与休息、工作与娱乐的界限。目前学术界关于数字劳动内涵还未达成共识，涉及数字劳动属性的观点大致有两种：非物质劳动与物质劳动。

主张数字劳动是非物质劳动的观点是目前学术界的主流观点，这一观点是研究数字劳动的理论起点。意大利学者 Tiziana Terranova（蒂齐亚纳·泰拉诺瓦，2000）在《免费劳动：为数字经济生产文化》中最早提出“数字劳动”一词，这一研究路径是基于后结构主义者的文化研究路径，Tiziana Terranova 将数字劳动归结为网奴，认为数字劳动普遍存在于资本主义社会中，是发达资本主义国家“免费劳动”的一种具体表现，而“免费劳动”被定义为一种由知识文化消费而转化出的额外的生产性活动，此种活动被愉快接纳的同时却又被无情地剥削。Tiziana Terranova 指出在互联网时代，人们浏览网页、网上聊天、回复评论、写博客、建网站等提供的免费劳动，就是数字劳动。而欧洲议会将数字劳动界定为人们在互联网或移动终端上利用自身的时间、脑力与体力来表达或组织管理人们的知识、信息、经验、情绪等内容，能为资本带来一定利润的免费劳动。因此，这类观点基于劳动产品与劳动对象的非物质性来界定数字劳动是非物质劳动。

主张数字劳动是物质劳动的观点主要以 Christian Funks（克里斯蒂安·福克斯）为代表，这一研究路径是马克思主义政治经济学路径。2014 年，英国学术期刊《传播、资本主义和批判》组织刊发了论文集：《全世界哲学家团结起来，理论化数字劳动和虚拟工作》。论文集中，福克斯阐释了西方马克思主义数字劳动批判性理论。2014 年，福克斯出版了专著：《数字劳动与卡尔·马克思》（*Digital Labour and Karl Marx*），书中系统阐发了其数字劳动思想。

福克斯运用马克思政治经济学理论全面而系统地探讨了数字劳动。他将消费知识文化转化成的生产性活动称为数字劳动，指出数字劳动包括硬件生产、信息生产、软件生产的生产性劳动，是关于文化系统中文化产业劳动的子系统，涉及了体力生产和生产性消费的文化劳动。而且福克斯指出数字劳动是异化劳动：数字劳动与自身、工具、劳动对象、劳动产品等异化。这表明在资本主义媒体行业中依然存在大量的剥削。

马克思（1867）在《资本论》中指出，“在简单商品经济的条件下，个体生产者的生产劳动是直接作用于劳动对象上的劳动，但是随着社会生产力发展，劳动过程中分工和协作的细化，许多工人的劳动结合成为一个整体，称为总体工人的劳动。为了进行商品生产，商品生产的劳动者并不一定都要直接作用于劳动对象，只要作为总体工人的某一个器官，执行物质生产过程中的某一个职能即可，不管他是直接的劳动，还是间接的劳动，都是生产过程中的重要组成部分。”数字经济时代，数字劳动渗透到各行各业，逐渐成为“社会总体劳动”的一部分，成为能够创造商品并进行交换的商品生产劳动，是创造价值的生产性劳动。

数字劳动是用户以现代化信息与通信技术（ICT）、互联网及虚拟数据为载体，以虚拟网络世界及社交媒介为中介，生产数字化商品的信息内容与创造文化内容的劳动。用户在互联网活动中畅所欲言，无意间向全互联网公开自己的知识、信息、思想及行为等，形成虚拟数据，网络上浏览到其他各用户虚拟数据的受众用户无形中发挥了流通和数据传播角色，再生产出更多数据，为资本家所用，进行价值增值，赚取经济利益。这个过程中，数字劳动是非物质劳动在数字经济时代的呈现方式。

数字劳动本质上是创新型物质劳动，数字劳动生产仍然基于物质基础之上。从工人对计算机芯片所需矿物质的开采，到计算机、移动端的生产，再到用户在传播信息时的媒介，数字劳动的生产、流通、传播、增殖均以物质作为基础的载体，传统的物质生产仍是数字劳动价值生产的重要组成部分。通过物质生产，数字劳动才能依靠人的脑力劳动进行再生产。数字经济时代，数字劳动与传统物质劳动生产方式的结合推动各个传统行业转型升级，为传统物质生产行业发展拓展新空间，数字劳动与传统行业结合证明了其从本质上讲是创新型的物质劳动。例如，随着“互联网 +”的发展，以数字劳动为基础的数字经济和实体经济深度融合已成为经济转型升级的新动力，是构建现代化经济体系的基石。

因此，尽管目前学术界界定的数字劳动属性上有差异，但一致认可数字劳动是生产性劳动，可以生产商品并创造剩余价值，资本对数字劳动的剥削依然存在。

（二）数字劳动二重性分析

1. 数字劳动与具体劳动。

根据马克思劳动二重性理论，数字劳动一方面是具体劳动，另一方面数字劳动则反映的是网络用户消耗在互联网社交网站上的创造性劳动。相比较而言，数字劳动充满了时代感、科技性与创新性。

其劳动场所更加灵活，劳动者可以是使用互联网媒介的任何年龄层次群体，他们可以随时随地在互联网社交网站中进行文化创造性的劳动，而传统具体劳动只是为了某种特定生产目的而进行的与之相关生产活动。数字劳动劳动对象可以是任何使用互联网媒介社交网站的大量用户，劳动工具可以是互联网社交网站、各种移动终端，如手机等；而具体劳动的劳动对象是依靠传统劳动者使用的从事某一生产性劳动所使用的特定劳动工具。

就创造价值而言，数字劳动不再像传统具体劳动那样单一地创造使用价值。数字劳动过程中，从事互联网媒介的个体在社交网站消耗其时间与精力进行知识文化创造性劳动，数字劳动使用价值体现在用户点击互联网社交网站的点击量多少或转载率高低。数字劳动者在互联网从事的创造性劳动，其实质是劳动者在消费知识文化过程中转化成额外的生产活动过程，这一劳动过程为广大互联网媒介生产商及后台应用服务商提供了“价值创造”源泉。

2. 数字劳动与抽象劳动。

数字经济时代，劳动具体形式发生了很大变化，耗费脑力的无形劳动（如知识劳动、技术劳动、信息劳动等）在劳动中的占比越来越大，而复杂创新性劳动在经济社会中的作用更加凸显。不管人类具体劳动形式如何变化，都离不开人类劳动的耗费，这就是人类无差别劳动的凝结，也就是抽象劳动。马克思的抽象劳动创造价值的理论依然适用，数字劳动的“劳动”与马克思劳动价值论中的“劳动”具有内在一致性。

数字劳动实质上是带有数字经济时代特点的抽象劳动。互联网用户通过手、大脑、眼睛、耳朵、言语及思维在互联网媒介社交网站上进行有关文化知识性的创造性劳动，耗费其时间与精力，互联网后台商和应用服务商利用用户产品和创造数据形成海量数据。从本质上说这一过程仍然是抽象劳动创造价值。例如，在哔哩哔哩、抖音等视频网站上发布自己创作的视频，不但拍摄、制作视频是劳动过程，在社交网站上传视频也是劳动，因为使用价值产生了，浏览视频的人类精神被满足，其价值也显现出来。

另外，数字劳动从事者趋于被动化，虽然数据流来自各个用户，但创造价值多少决定权在于互联网后台服务商对用户的剥削程度。从事抽象劳动的劳动者或企业家则趋于主动化。他们根据所需调整社会必要劳动时间，将用户的创造性产品变为商品进行增殖。抽象劳动和数字劳动在内在逻辑层面上存在一致性，但数字劳动又不同于一般抽象劳动。数字抽象劳动所产生的价值隐匿性更加明显，揭露出数字资本主义社会中典型的“剥削”现象。数字劳动揭露出了数字资本主义社会中互联网产消者的典型矛盾，并最终凸显了“剩余价值就是剥削的来源”这一资本主义永恒不变的定律。

3. 数字劳动二重性。

马克思的劳动二重性学说“是理解政治经济学的枢纽”。所谓劳动二重性是指任何人类劳动都是具体劳动与抽象劳动有机统一。具体劳动创造商品的使用价值，抽象劳动创造商品的价值，同一个劳动过程包括具体劳动和抽象劳动，两者是对立统一的。就本质而言，数字劳动属于物质劳动中的复杂劳动，因此它也包含劳动的二重性。数字劳动作为具体劳动所生产的使用价值包含着交换价值与使用价值双重属性；数字劳动作为抽象劳动仍然是撇开具体形式的无差别的人类劳动，形成商品价值。

首先，使用互联网虚拟空间公共平台的用户在互联网虚拟空间公共平台上进行信息与知识的分享和传递，展现着人际间的情感表达与社会政治、经济文化交流等行为，在共同搭建网络数字化虚拟空间的同时也在一定程度上满足了互联网虚拟空间公共平台的用户的信息文化层次方面需要，这种使用价值可称为社会精神文化层面的价值。

其次，数字劳动使用价值最大受益主体莫过于掌握所有在互联网虚拟空间公共平台数据的企业。每天都有人通过无数封电子邮件或社交软件产生无数数据，处理这些数据，再通过更多电子邮件、社交软件浏览痕迹传回新的数据。人们无暇顾及数据流从何而来又往何处去，但是这些数据确实是无差别人类劳动，互联网虚拟空间平台商利用这些看似为人们提高效率数据，在下一次服务中贴心地提出私人定制专属服务，每个人在互联网中留下的痕迹都成为互联网系统的一部分，自己劳动产生了价值，这些劳动产生的价值却不仅服务于个人，而更多商业价值却用于互联网系统内部营销大数据资料管理与商业精准的营销策略之中。

互联网所有用户丰富了互联网系统内部所有数据，大家共同构建和使用互联网媒体公共平台。通过对用户提供免费服务，吸引更多用户注册并使用该平台。平台则进一步对用户的隐藏数据信息进行肆意收集和记录并最终占有，将用户数据出售给广告商，为了获取高额利润不惜运用各种手段挖掘在线用户交换价值。

科学的劳动价值论是马克思主义政治经济学的出发点。数字劳动二重性理论以马克思劳动二重性理论为视角，以数字经济时代为背景，数字劳动形成数字商品价值，从而揭示商品与劳动之间人与人关系的本质，为辩证分析数字经济时代数字劳动，探究其时代价值与实践意义奠定了基础。

三、数字经济经济学基础

理解数字经济离不开经济学理论的支撑，但也无须完全颠覆原有经济学理论，只是大量数字技术的运用，而数字技术呈现信息的介质是比特而不是原子，可以大大降低数据的存储、计算和传输成本。Goldfarb 和 Tucker（2019）综合以往研究认为数字技术可以有效降低经济成本，包括降低搜寻成本（search cost）、复制成本（replication cost）、运输成本（transportation cost）、追踪成本（tracking cost）和验证成本（verification cost）五大类。而经济成本是驱动人类经济行为的重要因素，所以数字经济时代传统经济理论模型也发生了某些变化。

（一）数字经济搜寻成本

所谓搜寻成本是人们搜索信息时产生的相关成本，任何一项搜集信息的活动都会产生搜寻成本。George Joseph Stigler（乔治·斯蒂格勒，1961）在其一篇文章：*The Theory of Price* 中首次提出搜寻成本理论，Stigler 在文中最早提出了 The Fixed Sample Size Model（固定样本模型）来解释消费者的搜索行为，是信息经济学的重要代表作之一。Stigler（1961）研究发现搜寻边际效益固定、搜索成本不固定时，最优搜寻次数是搜索成本及价格离散程度的函数；搜索成本提高，搜索次数会减少；价格离散程度高或商品价值高时，搜索边际收益会提高，搜索次数会增加。反过来，若搜寻边际效益不固定，而搜索边际成本固定，消费者一次性、单件购买搜寻收益低，搜索次数少于大量、反复购买者搜寻次数。Oliver Williamson（奥利弗·威廉姆森，1975）提出搜索成本是交易成本的一种，认为搜寻成本是经济主体搜集商品资讯与交易对象资讯产生的成本。而数字经济时代，数字经济基本理念是通过互联网等现代技术搜寻和比较潜在经济交易的信息更方便、更快捷，极大降低了搜寻成本。

对消费者而言，搜寻成本越低越有利于其比较价格，导致同类产品价格下行压力增加，这将促使厂商降低产品线上价格。Brynjolfsson 等（2000）分析研究了 4 家互联网零售商、4 家线下零售商与 4 家两者兼有的零售商（有网络商店又有线下实体商店）销售的书籍与 CD 价格，他们选取的样本是 20 本书与 20 张 CD：50% 是畅销书与 CD，50% 是随机从线下实体店比较畅销的书和 CD。他们的研究结果显示，同一类型商品，线下价格明显高于线上价格，也就是线上价格比较低。此后，其他学者选取了不同样本，如保险、服装、化妆品、航空运输、铁路运输等，研究结果均表明网上价格相对较低。

众所周知，在传统市场，价格不集中而是离散的，这不利于消费者进行价格比较，无形中增加消费者搜寻次数，所以消费者信息搜寻的一个关键动因在于价格离散，这增加了消费者搜寻成本。例如，在网上购物时，消费者出于自身利益的考虑在购买之前都要做些比较，如在线上购买运动鞋时，一般都要比较运动鞋价格，尽管运动鞋可能是一样的，但不同零售商提供的质量、运输政策、购物体验等不同，质量比较好的零售商在竞争中可能会逐渐形成独具竞争力的品牌，制定相对高的价格；另外，零售商在一定程度上可影响搜索过程，当消费者搜索信息时会自动留下搜索痕迹，零售商根据这些信息从多个维度来评估这些信息，而零售商可以改变搜索界面的信息来影响消费者搜索。所以线上购物虽然搜索成本比较低，但厂商可以操纵搜索过程来维持商品的高价并获取更高利润，价格离散仍然存在，并将持续。

一般而言，搜寻成本比较低可提升消费产品的多样性。传统线下购物，一般遵循“二八定律”，即商家主要销售比较畅销的少数主流商品，消费者购买时也主要聚焦于这些少数主流商品，也就是大约80%产品销量来自20%种类的产品。商品按照不同的标准，可以对其进行分类：将生产量和消费量排在前几位的少数畅销产品划为明星产品，而将消费种类多但销售面比较窄的产品划为利基产品。而在数字经济时代，搜寻成本比较低可能影响消费者购买行为，网络销售呈现两大新现象：明星效应与长尾效应。所谓“明星效应”是指线上购物时消费者更偏向于某些热门与流行的商品或劳务。线上购物的低搜寻成本优势一方面使消费者获取的商品信息更精确、更快捷；另一方面，有助于形成消费者购买行为的同化效应。所谓“长尾效应”是指原来较冷门、销量不高的商品或服务可能受到更多消费者青睐。数字经济的低搜寻成本优势有效缩小了明星产品与利基产品间搜索成本差距，使得传统冷门商品变得不再冷门。

搜寻成本比较低有助于科学匹配买卖双方信息，降低交易成本，提高交易效率。通过大型数字平台，可有效匹配市场交易双方参与搜索。一方面，低搜寻成本增加了交易双方匹配数量，如服装购买者可通过互联网、移动终端方便快捷地搜索他们想要的服装，旅客可通过互联网、移动终端方便匹配到他们想要的交通出行方式，等等。另一方面，低搜寻成本也提升了交易双方匹配质量。通过线上交易，消费者不受时空限制可以及时购买到称心满意的产品或服务；在要素市场，厂商能够及时雇佣到令其满意的雇员，而要素所有者也能实现要素资源的合理优化配置。

另外，中观上，低搜寻成本也将影响产业组织形式，有助于催生新的产业组织模式。例如，快速发展的P2P平台有助于供需双方科学匹配，平台将大量数据转化成有价值的交易信息，减少供需缺口，提高匹配效率。例如，腾讯提供平台将广告商、企业、消费者聚集在一起，Airbnb提供平台来科学匹配租客与房东，淘宝为买卖双方提供平台，滴滴提供平台来有效匹配乘客与车主等，发展数字经济在某种意义上可盘活大量闲置资源，以低搜索成本来开发、拓展闲置空间。

（二）数字经济复制成本

相对传统产品来说，数字产品的一个重要特征在于其复制成本比较低，其边际成本几乎为零。数字产品的低复制成本赋予了其一个重要特质：非竞争性。也就是说，产权保护制度不严格或没有相应技术限制数字产品复制时，厂商、消费者可以复制数字产品，成本几乎可以忽略不计，而且初始产品质量也不会下降。所以，数字产品具有的低复制成本、非竞争性将挑战传统经济学相关理论。因为传统产品定价的一个重要依据是边际成本，而数字产品其边际成本几乎为零，传统产品定价原则并不适合数字产品。所以数字产品的零复制成本就驱使探索一套新的定价原则来对数字产品进行合理定价。

此外，数字产品非竞争性有助于政府提供大量优质的数字公共产品。信息的开放性有助于资源供给更充分与分配更公平，如数字经济时代发展中国家与发达国家的消费者有机会获得相同质量的信息，如教育领域，由于现代通信、信息技术的运用，在线教育可以大大提高发展中国家教育水平。同样，本国落后地区也可获得与发达地区相同的优质资源，将大大降低乡村与城镇之间教育资源的差距，数字教育更有助于实现教育资源公平分配，增进全民福祉。但政府提供大量优质数字产品在某种程度上也会带来一些负面效应，如授权数字产品免费复制将降低数字产品提供者的激励；政府授权开放数据可能引发数据泄露（或隐私泄露），不利于个人福利。因此，数据公共产品一方面会提高消费者福利，但另一方面也可能会带来数据安全问题，各级政府要做到既能提供大量优质数字公共产品又能逐步完善严格的产权制度与网络安全配套设施。

（三）数字经济运输成本

根据中国物流与采购联合会发布的数据，2009～2019 年我国物流费用占 GDP 的比重不断下降，2009 年占比为 17.4%，2019 年占比降为 14.7%，整体而言，近年来我国物流行业运行效率有所提高，但目前我国物流费用占 GDP 的比重仍然远高于欧美国家 10% 以下的水平。因此，从某种意义上说，空间距离引发的运输成本不利于生产力发展。除了运输成本过高外，传统产品运输还受到自然条件和基础设施完善程度的限制，可能导致大宗货物企业运输成本偏高，库存增加，不利于资本循环与流通，企业投资积极性下降，这些都不利于地方经济发展。

而数字经济时代，数字产品的存在形式是比特，通过互联网、移动终端等可以快速传输且成本可忽略不计，即数字商品的分销成本非常低，几乎为零，而且近距离通信成本也可忽略不计。即使是实物商品，数字采购技术的运用也大大降低了运输成本：消费者网上购物能享受免费送货上门，降低运输成本；同一家物流企业可以将不同的产品同一时间运送到邻近区域不同消费者手中，实现了范围经济，极大降低了商家运输成本。

这种数字产品低运输成本将在一定程度上冲击市场经济。信息传输成本降低意味着数字资源配送零成本，而且近距离和远距离通信成本差异可忽略不计，这表明数字经济低运输成本弱化了空间距离重要性。这有助于知识在全球范围内传播与配置，消费者与厂商可进入全球市场进行交易，实现全球化。数字经济时代，消费者除了消费数字产品外，仍要消费实物产品，还会受到空间距离的影响。

（四）数字经济追踪成本

由于数字产品以比特形式存在，其交易活动易于记录和存储，比较容易追踪数字活动。低追踪成本有助于构建个性化与一对一市场，有利于创新由于非对称信息存在差异化产品的经济模式。

低追踪成本的数字经济有助于厂商进行数字价格歧视。市场经济中，价格歧视是很正常的经济现象，《新帕尔格雷夫经济学大辞典》将价格歧视（price discrimination）界定为：任何时候，一个商品的两个品种（由同一卖者）以不同净价格卖给两个买者，就存在价格歧视。庇古（Arthur Cecil Pigou，1920）将价格歧视分为三种形式：（1）一级价格歧视（perfect discrimination）。一级价格歧视又叫完全价格歧视，卖方可根据每个消费者意愿为每单位付出的最高价格来制定每单位商品销售价格。在一级价格歧视下，每位消费者可根据自己的偏好购买到称心如意的商品或服务，卖方可以获取全部消费者剩余，产量达到社会最优水平，可以实现资源的优化配置。但一级价格歧视理论上可行，实际经济运行中实现难度却很大。（2）二级价格歧视（second - degree price discrimination）。二级价格歧视又称非线性价格定价，垄断厂商将产品分组，按组制定不同价格。在二级价格歧视下，消费者购买量不同，其支付的价格也各不相同。（3）三级价格歧视（third - degree price discrimination）又称作信号选择（selection by indicators）。三级价格歧视是指垄断厂商将其面临的市场分成若干个不同分市场，对同一产品按照边际收益等于边际成本的原则对不同分市场进行差异定价。一般来说，分市场的价格需求弹性越大，同一产品价格定得就越低；反之，则越高。

基于此，数字产品定价可采用差别定价，参照价格歧视的三种形式可将数字产品定价分为个人化定价、版本划分定价和群体定价。个人化定价是指向每位用户出售数字产品时收取不同的价格，即一级价格歧视；版本划分定价是指对同一个产品系列通过提供质量各异的版本，用户根据自己的需要选择最适合版本，即二级价格歧视；群体定价是指对不同消费者群体制定差异价格，即三级价格歧视。

此外，垄断厂商实施价格歧视目的在于获得超额利润，要使价格歧视切实可行，要具备一些基本条件：第一，拥有一定市场力量，能以合理成本进行市场细分，将价格定在边际成本之上获利；第二，能有效阻止不同购买集团之间贱买贵卖的转卖行为，防止套利行为发生；第三，厂商要知道不同的购买集团对产品需求价格弹性各不相同。结合以上条件，数字经济的低追踪成本有助于对数字产品实施价格歧视。

低追踪成本既有利于厂商实施个性化定价，也有利于厂商实现精准营销。数字经济时代的在线定位技术有助于广告商针对特定消费者发布更精准的在线广告，实现精准营销。互联网、大数据、移动终端等运用，用户上网过程会留下踪迹，这些踪迹可以快速转化为用户数据，厂商利用现代信息技术来分析统计这些数据，探寻用户的消费行为与规律，以此预判用户消费趋势，向用户精准推送相关广告，提升广告效果。因此，数字经济的低追踪成本有助于厂商及时推出个性化广告，真正实现“不同人看不同广告”，助推厂商精准营销。

（五）数字经济验证成本

数字经济除了可降低追踪成本外，数字技术运用可以更容易进行身份验证并创造数字声誉，与此同时，数字经济还降低了与身份、名誉验证的相关成本。

在数字技术运用之前，企业通过打造品牌来建立声誉。而数字市场有众多消费者参与，需要构建品牌声誉替代机制，这种机制在声誉经济模型基础上探索在质量与可信度信息非对称情形下充分利用以往买卖双方经验来快速达成交易。

数字经济时代最常见的品牌声誉替代机制是在线评级机制，这种在线评级系统由之前的买卖双方评级，为未来的市场参与者提供参考。例如，Ebay 建立了一个评级系统，目的在于解决线上购物新参与者的信任危机，并实时进行调整和改进。在市场中该评级系统发挥了数字声誉效应：评级较高的卖家价格更高，收入更高；而评级低的卖家最后会退出 Ebay 平台。

此外，改进个人在线验证程序有助于个人更安全方便地进行支付。随着移动支付的快速发展，移动支付更加方便快捷，提升经济运行效率。而且验证系统更方便用户存款和取款，大大降低了抢劫风险，也减少了犯罪（Doleac，2017）。随着现代数字、通信、信息技术的快速发展，验证会变得更加方便高效，尤其是区块链技术将进一步降低验证成本。

（六）数字经济市场

1. 数字经济市场内涵。

随着数字经济的快速发展，市场诞生了一种新的交易方式：数字经济市场。数字经济市场是指数字产品买卖双方通过同一数字网络平台进行数字化信息储存、处理、传递与控制的商品（或服务）交易过程。数字经济市场核心是信息处理数字化与信息传递网络化等数字化手段进行市场交易，交易对象既可以是数字资源产品，也可以是传统实物商品。数字经济市场微观基础主要是 B2B、B2C、P2P 等商业平台模式。

2. 数字经济市场运行机制。

一般来说，传统经济市场是信息流、资金流与物流综合作用的过程。而数字经济市场基础是数字化平台，也就是说，数字化市场中任何市场参与者进行交易就必须通过数字市场平台才能交易。数字经济市场中，各类交易平台是消费者、厂商、社会组织进入数字化市场的代理者，数字市场平台是数字市场交易的基本单元，这也导致数字市场运行机制发生了相应变化。若数字市场交易的是非数字产品，在数字市场交易过程中消费者交易信息流则被完全数字化，信息流数字化可有效降低消费者搜寻成本，为众多消费者提供一个降低信息搜寻费用的机制，线上消费者可以以比较低价格购买到所需的产品（或服务），价值链中一些中介（如批发商）将消失，资金流从离线支付转变为在线支付，当然，物流还是通过传统方式运输。若数字市场中交易的是数字产品，数字市场交易过程中消费者能实现信息流、资金流和物流的数字化，这类市场运行机制有助于实现买卖双方有机融合，有效降低订购、销售、发送、付款等相关环节的交易成本，具体如图 2－2 所示。

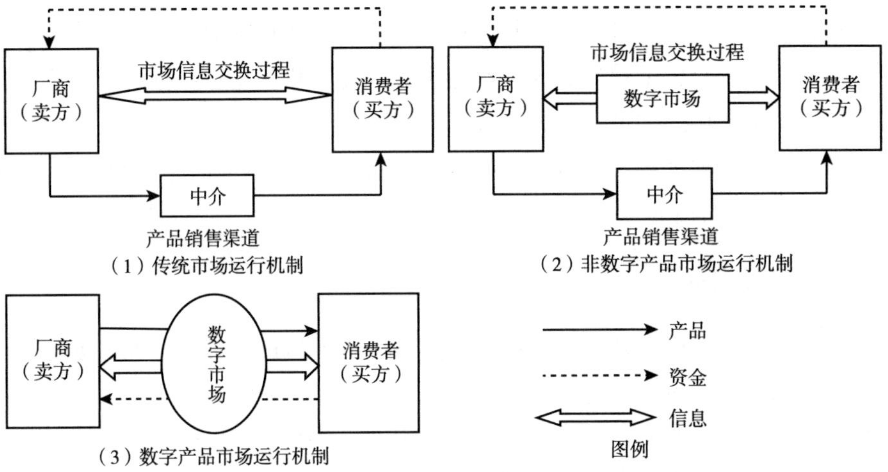

图 2－2　传统市场与数字经济市场运行机制比较

因此，数字经济市场运行机制有助于将传统市场中厂商与消费者之间诸多环节的“迂回经济”转变为相对高效的“直接经济”。这种经济运行机制下，一切经济形式则更为直接，尤其是交易活动、企业组织结构、生产、运营、管理等更为直接、高效。

3. 数字产品网络外部性。

与传统经济主要探讨厂商生产行为带来的如环境污染引发的负外部性不同，数字经济外部性主要探讨虚拟网络外部性。虚拟网络外部性是指连接到互联网的价值主要取决于已经连接到该网络的其他人数的多少。也就是说，当某数字产品购买者增加时，用户获取更多共享信息机会增加，不断提升该数字产品价值，产生正外部性，即数字产品网络外部性。因此，数字经济时代，当消费者在购物前或供给数字产品时，既要考虑该产品本身带来的效用，更要考虑未来可能使用相同数字产品的用户数。正是数字产品存在网络外部性，用户更愿意购买那些被广泛使用的产品（或服务）。

一般来说，数字产品网络外部性可分为直接网络外部性与间接网络外部性两大类。前者是指由于消费某一产品用户增加而直接提升数字产品的网络价值。直接网络外部性形成原因关键在于用户产品需求的互补性，消费者消费产品（或服务）效用是随着购买使用相同产品的其他用户数量的增加而增加。而梅特卡夫法则表明网络成本随着网络规模呈直线型扩张，而网络价值却以用户数量平方的速度增加。后者是指因某一产品（或服务）用户数量增加，该产品（或服务）的互补品数量增多、价格降低而产生的价值变化。间接网络互补性产生的关键在于产品（或服务）自身的互补性。

数字产品网络外部性的存在将挑战传统产品（或服务）的价值确定，数字产品价值已不再局限于产品本身的价值，而外延至整个产品（或服务）网络，这将在不同程度上影响数字经济的需求、供给、均衡、数字产品定价等诸多方面。

4. 数字产品供求与均衡。

（1）数字产品需求分析。

传统经济学中，个人需求曲线是指单个消费者对某一商品的需求量与商品自身价格之间关系的轨迹，两者一般负相关，个人需求曲线一般向下方倾斜。而数字产品本身具有一个重要特性：不可破坏，即一旦数字产品制造出来，它可长久存在，不管使用多长时间，质量不会下降，并且数字产品复制成本几乎为零。所以单个消费者购买一次数字产品就能满足需求，因此分析数字产品价格与其数量之间的关系没有多大价值。但数字产品的个人需求曲线还是存在的，只是其价格变化与数量无关，与需求强度有关。如此一来，将传统经济学中需求曲线的需求量变为需求强度，就可以画出数字产品个人需求曲线（曹萍，2005），如图2－3所示，数字产品价格与单个消费者需求强度呈负相关：价格越低，单个消费者需求强度越大；价格越高，单个消费者需求强度越小。

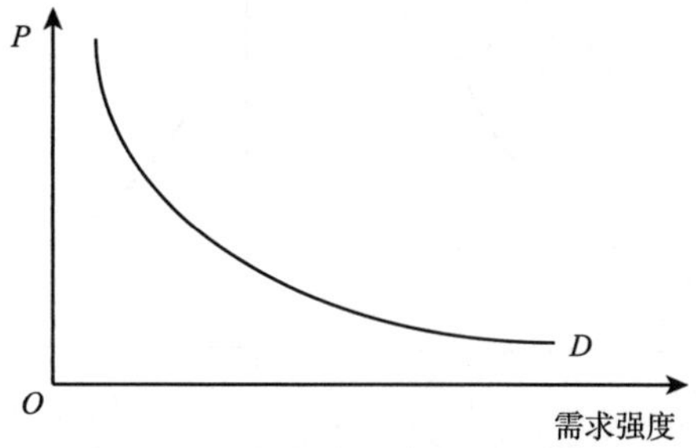

图2－3　数字产品个人需求曲线

另外，在整个数字产品市场，由于数字产品网络外部性的存在，而且网络外部性的影响不是外生的，而是内生的。也就是说，数字产品市场随着用户数量的增加，消费者的效用是递增的，而且某个消费者的消费引发的其他消费者效用的增加弥补了该消费者边际效用递减。因此，整个数字经济市场边际效用是递增的，而不是递减的，数字经济市场需求曲线不能像传统市场需求曲线由单个需求曲线简单相加（这种情况只适合完全竞争市场）得到。边际效用决定需求价格，随着用户数量的增加，消费者愿意支付的价格也会相应提高，因此数字产品市场需求曲线不再是一条向右下方倾斜的曲线，有可能变成向右上方倾斜的曲线。考虑预期因素，消费者购买数字产品前，一般会根据该数字产品现有用户数量进行理性预测：若当前用户数量比较少，该数字产品还未成为社会主流产品时，消费者不会因为用户数量增加而愿意支付更高价格。即数字经济市场存在一个需求量临界值，达到临界值之前，消费者消费数字产品的边际效用递减，需求曲线向右下方倾斜；超过该临界值，数字产品市场开始发挥网络外部性作用，消费者消费数字产品的边际效用递增，数字经济市场需求曲线向右上方倾斜，如图2－4所示。

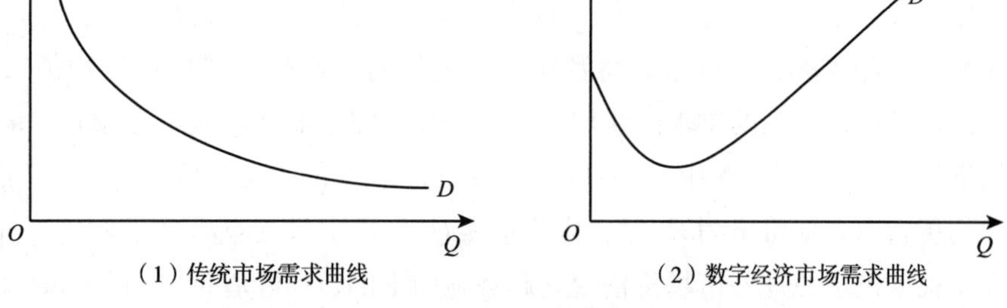

图2－4　传统市场和数字经济市场需求曲线比较

（2）数字产品供给分析。

与传统市场商品供给曲线相比，数字产品供给曲线也比较特殊。西方主流经济学认为一般情况下由于边际成本递增的作用，供给曲线一般向右上方倾斜，即一般商品供给量与其价格呈同向；而数字经济市场中，由于数字产品成本结构的特殊性：高固定成本、低边际成本，再加上数字产品的可复制性与低复制成本，表明当数字产品供给量趋向于无穷大时，其平均成本就趋向于零。所以数字产品价格影响厂商愿意供给数字产品数量比较有限，即使数字产品价格比较低，厂商销售量非常大，厂商同样可以获利。与传统市场商品价格决定机制不同，数字经济市场不是价格决定数字产品供给量，而是数字产品市场规模决定数字产品价格。由于数字产品比较特殊的成本结构，随着数字产品供给量的增加，数字产品价格会越来越低，如图 2－5 所示。

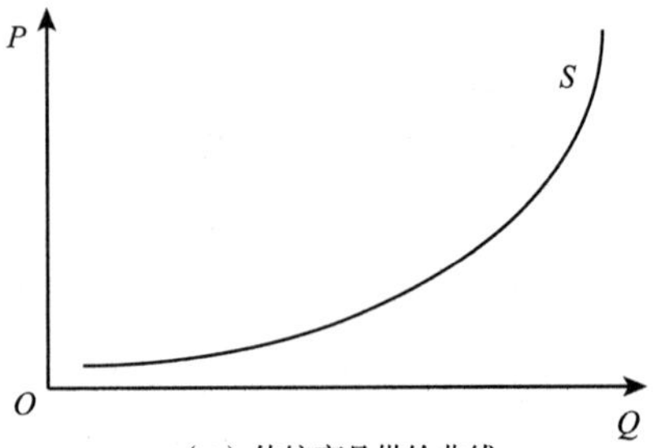

（1）传统商品供给曲线

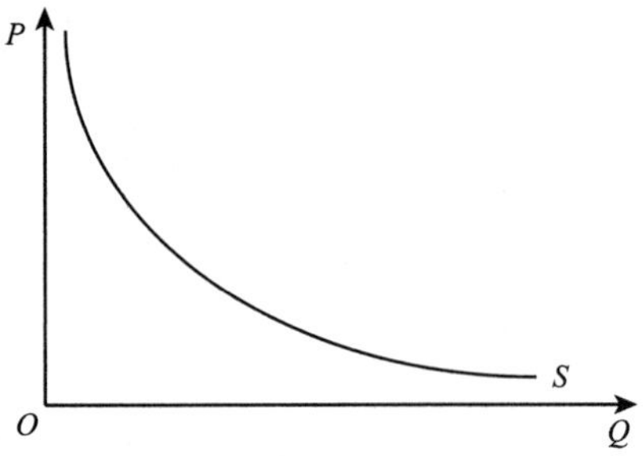

（2）数字商品供给曲线

图 2－5　传统商品和数字产品供给曲线比较

（3）数字经济市场均衡分析。

均衡分析是传统经济学的基本分析方法之一，它是由马歇尔引入的，均衡分析包括局部均衡分析与一般均衡分析两大类。传统经济均衡分析中，由于假定消费者消费商品边际效用递减，由此推出需求曲线一般向右下方倾斜，又由于假定厂商的边际成本递增，得出供给曲线一般向右上方倾斜，市场需求曲线与市场供给曲线相交，就形成了商品的均衡价格。但是，与传统经济不同，数字经济市场中起主导作用的机制是正反馈机制：数字经济市场中占主流地位的是规模报酬递增而不是规模报酬递减。而且规模报酬递增来自供求双方，需求方更多。需求方面，数字产品网络性有助于消费者边际收益递增，形成需求方规模经济；供给方面，数字产品自身具有固定成本高与边际成本低的特性使数字经济厂商规模经济效应不会像传统经济在达到最优生产规模时就发挥完；相反，数字经济中厂商规模经济效应可以向不同市场进行延伸。数字产品市场由于数字产品供需双方规模经济作用下形成了超强的正反馈效应，所以数字产业和市场超过其临界点以后其增长将是爆炸式的。

从前面的数字产品供求分析可以看出，数字产品价格是由数字产品供给与需求综合决定的，数字产品供给与价格呈负相关，数字产品需求与价格呈正相关。即数字产品的供给、需求与价格的关系与传统经济正好相反，这就是数字产品市场的正反馈现象。因此，传统商品市场供求原理（负反馈条件）已不适用于数字产品市场，一些学者将数字产品市场的均衡称为“反市场均衡”，如图 2－6 所示。由于数字经济市场数字产品的供求曲线均发生了变化：需求曲线向右上方倾斜，供给曲线向右下方倾斜。基于均衡理论，在图 2－6 中，一旦需求曲线 D 与供给曲线 S 相较于 E，E 点即为均衡点。如果市场处于非均衡状态，如价格为 P_1 时，供给量为 Q_{s1}，需求量为 Q_{d1}，$Q_{s1} > Q_{d1}$，数字产品供给大于数字产品需求，根据供求原理，市场价格变化趋势是向下的，而随着价格的下降数字产品供给增加而数字产品需求减少，市场价格偏离均衡点 E 将会更远；同理，如果市场的初始价格为 P_2，供给量为 Q_{s2}，需求量为 Q_{d2}，$Q_{s2} < Q_{d2}$，数字产品供给小于数字产品需求，根据供求原理，市场价格变化趋

势是向上的，而随着价格的上升数字产品供给减少而数字产品需求增加，市场价格偏离均衡点 E 将会更远。

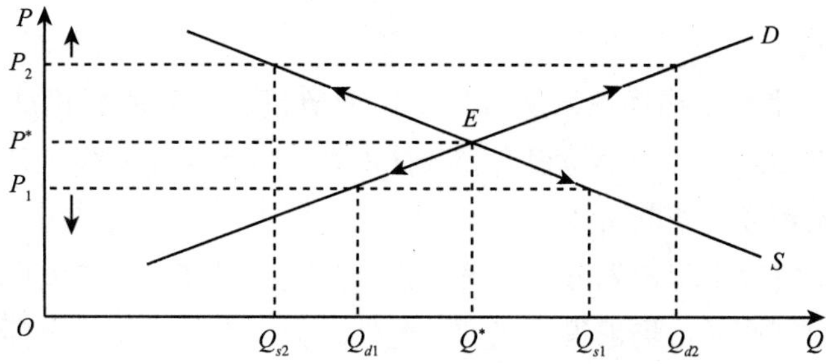

图 2－6　数字经济市场中的反市场均衡

从前面分析可知，与传统经济均衡分析不同，数字经济市场均衡遵循的是正反馈机制，而不是一般的供求规律，呈现一种动态非均衡状态。如图 2－7 所示，Q 为数字产品数量，P 为数字产品价格，D 为数字产品需求曲线，S 为数字产品供给曲线，供给曲线 S 与需求曲线 D 相交就实现了均衡。当市场规模比较小，$Q<Q_1$ 时，消费者可以接受的最高价格小于厂商可以接受的最低价格，这种情况下厂商顺利销售产品，就要接受消费者愿意接受的最高价，很明显厂商不但不盈利还要亏损。而随着市场规模的不断拓展，由于网络外部性的作用消费者消费该数字产品的效用会快速增加，其愿意接受的最高价格也就越来越高。由于边际成本递减，厂商可接受的最低价格也将越来越低。当市场规模到达临界点 Q_1 时，消费者愿意接受的最高价格和厂商愿意接受的最低价格相等，两曲线交于 E_1。可是 E_1 点并不是传统经济学均衡分析的均衡点，因为不断有新的消费者加入，市场规模不断扩大，消费者愿意接受的最高价格也会不断提高，厂商利用大数据等现代技术可以及时捕捉到消费者购买意愿的变化，厂商就按照消费者愿意接受的最高价格来定价，随着网络规模的不断扩大，从而偏离 E 点。当市场规模越过临界点 Q_1 后，消费者愿意接受的最高价格远大于企业愿意接受的最低价格，此时 Q_1 就被称为临界规模点。若数字产品市场竞争不激烈，厂商仍会按照消费者愿意接受的最高价格进行定价，厂商将会向市场提供更多的产品，市场规模不断扩大，直到市场饱和。市场达到饱和，就意味着新技术引发的新数字产品加入市场，开始竞争，消费者对原有数字产品支付意愿开始下降，此时数字产品网络外部性不再发挥效用，市场发挥作用的是传统经济学的供求规律，负反馈机制作用下市场实现均衡，均衡点为 E_2。因此，可将图 2－7 中的 Q_3 所代表的饱和规模线称为技术分界线：Q_3 之前该数字产品是新技术产品，Q_3 之后就成为成熟技术产品。一般而言，一类数字产品演变为成熟产品后，其市场均衡价格会低于临界规模时的价格。因此，数字产品市场均衡与传统经济下商品市场均衡不同，传统经济下商品市场均衡由商品供给与商品需求在供求机制作用下会自动实现，其实质上就是

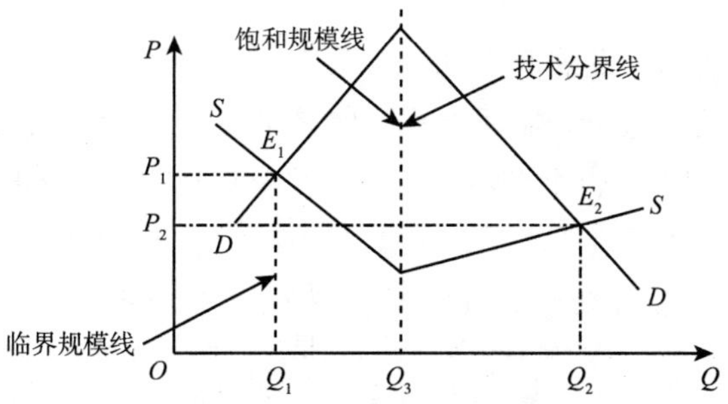

图 2－7　数字产品市场均衡

资料来源：韩耀，刘宁，庄尚文．网络经济背景下的市场均衡［J］．产业经济研究，2007（4）：55.

亚当·斯密所说的“看不见的手”的作用，而数字产品市场均衡要先后经历正反馈与负反馈过程。其中非常关键的是正反馈过程，一旦数字产品生产不能快速突破临界规模，厂商将长期处于亏损状态。任何市场规模长期低于 Q_1 以下的厂商，其存在时间不会太长，该数字产品很快会被市场淘汰。

4. 数字产品市场结构。

根据《微观经济学》市场结构理论，从市场上厂商数量、厂商所提供产品差异程度、厂商对价格控制程度以及进入与退出这个市场难易程度等条件来划分，市场结构包括四类，分别为完全竞争市场、垄断竞争市场、寡头市场和垄断市场。

数字经济市场中，传统经济理论划分的市场结构仍具有指导意义。而实际经济运行中，完全竞争市场结构在传统市场与数字产品市场都很难找到。此外，数字产品市场中垄断市场结构也很少见。因此，数字产品市场可以排除完全竞争与垄断这两种市场结构。

数字产品市场中垄断竞争是存在的。由于数字产品自身比较特殊的成本构成及数字经济市场中的网络外部性等特性决定了数字经济发展过程中会出现垄断现象。根据前面分析，可知消费者数字产品需求曲线的特殊性决定了消费者更倾向于购买使用量比较大的、标准化的数字产品，而标准化数字产品一般只能容忍一种技术的存在，这对先期进入或占有技术优势的强者更有利，在一定程度上将潜在进入者排除在竞争之外，助推垄断的形成。另外，数字经济市场开放度比较高，进入或退出都比较容易，也就是进入或退出壁垒比较低，竞争机制得到充分发挥，只要新产品的技术优势明显且市场接受度高，就会迅速淘汰其他技术与产品，迅速占领整个市场。

另外，数字产品市场中寡头市场也是比较常见的市场结构。在数字经济实际运行过程中，数字产品市场不但没有消除竞争，反而在某些时候，竞争非常激烈。垄断竞争市场结构常常存在的时间比较短，就可能转化为寡头市场，少数几个大企业或企业集团就会控制整个行业。在数字经济垄断竞争市场结构中，竞争的结果必然会发展为垄断，但某种技术的垄断并不是竞争的最后结果，而是新一轮更激烈竞争的开始。因此，数字经济市场中“竞争—垄断—竞争”的不断循环，使得数字产业发展过程中厂商取得、丧失垄断地位的速率变得越来越快。

第三节　数字经济理论创新

目前全球数字经济发展参差不齐，国际上还未形成公认的理论体系。但是数字经济实践对传统经济学形成重大冲击，显示出与传统经济比较系统的理论差异，这为制订数字经济政策提供了重要依据。

一、数字经济与传统经济的理论差异

数字经济是在传统经济基础上发展起来的，多数西方经济学理论仍然适用于数字经济，如“经济人”假设、产权理论、契约理论、分配理论等。但是数字经济也给传统经济学带来了冲击：有些是对传统经济理论的补充和拓展，如网络理论在过去分工基础上更加强调协作；作为重要技术分支的数字技术，通过数字化赋能改变其他资源要素组合的禀赋，形成内生增长机制等；有些则是对传统经济理论的突破，甚至形成质变，如市场理论、边际理论、垄断理论、企业边界理论等。具体差异如下。

1. 市场调控理论不同。

传统经济中市场主体只有自发调节而没有主动调控功能。数字经济条件下，市场主体从过去的生

产方、消费方，又增加了网络平台第三方。网络平台具有“看不见的手”“看得见的手”两种功能。在这里“看得见的手”的主体不再完全是政府，或者说政府的调控职能部分让渡给平台。作为“看得见的手”，平台掌握市场供求等资源配置的信息，能够通过大数据对市场进行准确分析和预测，用大数据分析结果引导社会生产，增进全社会资源配置规划的科学性。平台也具有资源配置手段，既可以通过开辟新领域和强化资源定向配置，也能通过技术手段（如算法和排序）引导资源配置方向，从而使平台具有部分宏观调控功能。

2. 边际理论不同。

传统经济由于边际成本先减后增、边际收益先增后减，综合成本呈现前后两端高、中间低的“U”形曲线。数字经济中固定成本虽然较高但比较稳定；边际成本较低并且始终是下降的，当达到一定规模时几乎为零。例如，从网络上下载软件、电影、歌曲等数字产品，基本不需要新增加成本，但企业边际收益和社会总收益却是上升的。

3. 供求理论不同。

传统经济中，市场价格由供需双方形成，产品因稀缺而增值，产品越多越贬值。而大数据产业则相反，数据作为重要资产可以进行交易和分配，单一的数据并不值钱，数据越多越有价值，数据个体和总量都会越多越增值。此外，平台经济中，供需不能面对面协商形成均衡价格。一部分产品由供方根据供需调整价格，这与传统经济相似；还有一部分产品不根据供需调整价格，甚至宁肯赠送也不调整价格，如一些专家的网络慕课。它既不能根据供需判断价格，也无法随时调整价格，因为它不像传统经济那样可以讨价还价和一对一降价，如果在信息公开状态下调整价格会引起纠纷，因而数字经济与传统经济价格形成机制是不同的。

4. 交换理论不同。

在传统经济中，厂商通过出售商品或服务获得收益，而消费者只有付费购买才可消费该商品或服务，也就是说，所有权和使用权始终是统一的；与此不同，共享经济中的所有权和使用权可以说是分离的。且共享经济与租赁经济也有较大的区别，这种区别在于租赁者虽然没有物品所有权，但有使用权和控制权；共享经济中缴纳租金和押金后仅获得了使用权，而没有所有权与控制权。以共享单车为例，使用者通过交押金和租金获得了使用权，但使用过程是在所有者控制之中，一旦超出边界其使用权就会受到限制。

5. 企业价值理论不同。

传统经济下企业价值的表现形式是办公楼、厂房、设备、技术；而数字经济企业价值除体现在技术方面外，在很大程度上体现在资本市场对其成长性的预估中，如阿里巴巴、科大讯飞等“独角兽”的市值。虽然科大讯飞实际盈利情况并不乐观，但出于对其技术市场前景的预判，资本市场估值一直比较高。传统产业不具备高成长特性，虽然可能有较高市值，但往往因不具备高成长性而没有更高估值。

6. 商业模式理论不同。

传统经济盈利点在于核心产品和主营业务；而数字经济中主要产品、主营业务相当一部分是免费的，从附带产品、附加业务中赚钱，盈利点是产品和服务收入来源之外的伴生利润。在此之中，使用者不需付出任何费用就能够享受到网络企业生产出的产品和服务，而对网络公司来说，其获得的利润来自广告收入，其利润大小通常由网络企业服务人群的数量来决定。此外，传统经济盈利不分先后；而数字经济的服务平台，都是先引起足够客户关注，然后再利用客户规模盈利。有些平台甚至倒贴资金吸引注意，客户达到一定规模才能盈利，如起步阶段的滴滴出行等。

7. 竞争理论不同。

竞争理论在经济学中占据核心地位。经过长期发展演变，无论是古典竞争理论，还是现代竞争理论，“竞争主体”至少是清晰和对等的，或者是企业的对等竞争，或者是商品的对等竞争，或者是环境、政策的竞争。但在数字经济中，“竞争主体”不一定是参与竞争的主体，如“跟谁学”与“钉钉课堂”两个慕课平台的竞争，人们优先考虑的不是慕课本身的功能，而是捆绑软件的附带功能，即“非竞争主体”功能。不少学校正是因为看重“钉钉”软件的钉盘、钉邮、打卡、通讯录、电话会议等“非主体功能”而确定选择“钉钉课堂”这一“主体功能”。因此，在数字产品竞争中数字产品生态体系成为优先选择，而主体功能倒降为其次。

8. 垄断理论不同。

传统经济下的垄断相对容易认定。而在数字经济条件下，垄断往往是平台经济的存在形式，由于创新，先入市场者自动获得50%以上的份额和市场支配地位，并且优势一旦出现就会不断自我强化，形成“赢家通吃”的局面。由于平台经济的特性，其后出现的竞争者往往与先进入市场者共同形成寡头垄断局面。传统经济中市场一家独大或寡占时会降低资源配置效率，而平台经济的寡头现象是网络效应下规模经济的客观要求。因为平台越大，资源配置效率越高，对社会越有价值，而不会出现传统产业中寡头垄断造成资源浪费等损害市场的现象。

9. 企业边界理论不同。

企业规模大小存在边界。传统经济中，企业规模取决于内部管理费用与外部市场交易费用的平衡，外部成本大于内部成本时企业规模就能扩大，内部成本大于外部成本时企业就需要拆分。平台经济中，由于外部交易成本小，反而使企业始终处于扩张状态，数字平台控制的最优边界是“全域”。

这是因为依靠数字技术水平的逐渐提高，经济活动外部交易成本被持续减少，管理幅度可以无限增大，直到信息和服务覆盖的“全域”边界。

10. 货币理论不同。

货币是一种契约，在这种契约之下所有者实施交换行为，传统经济的货币虽然与贵金属脱钩，但仍由发行机构进行信用背书。比特币等数字货币在货币职能方面与传统货币相同，但数字货币过去发行不依赖任何央行和政府，没有资产作支撑，也没有任何机构组织作信用担保。当然，数字货币的缺点并不是不可改变的。中国正在创新设计的以人民币为支撑的数字货币，兼顾了传统货币与数字货币的优点，未来发行后将在国际数字货币体系中占据重要位置。如果中国数字货币首先发行，将对美元流通监管霸权形成冲击。

11. 信用理论不同。

数字经济与传统经济都存在信息不对称的状况，尽管数字经济信息不对称性较弱，因此都注重加强社会信用建设。但传统社会信用主要来自权威机构，信用注重中心化、中介化，即信用是超大型机构建立的，需要中介服务行业在使用中强化信用。而数字经济的信用系统有去中心化、去中介化特征，特别是区块链技术，完全靠分散化信用支撑。或者说，数字社会更信任机器算法，如果算法的公正性出现问题，则会丧失社会信用基础。韩家平（2020）认为，数字经济条件下的信用关系降低了交易摩擦系数，反而实现了更高效率的资源配置。

二、数字经济与传统经济发展规律的差异

1. 规划侧重不同。

传统经济中，政府对产业的规划原则：一是优化，二是平衡。选择若干重点产业、关键技术给予支持，支持方式以要素保障为主。数字经济中所有行业都应该发展，但数字经济可复制特性，需要重点规划能突破、可示范的领域。以广东省为例，其以构建系统和谐的业务架构、共建共享的技术架构为工作重点。又如贵州省，其依靠自身优势做出了创建数字经济示范区、创新新高地的定位。福建省

则侧重打造让群众“不跑腿”或“少跑腿”的网络服务平台。在具体措施上，几个数字经济大省都注重建设试点和示范工程，无论是大数据、物联网、云计算、智能制造等数字产业项目，还是智慧城市、智慧医疗、智慧停车、智慧井盖等数字技术应用项目，只要试点成功，就可以低成本大规模推广，这也是与传统经济的不同点。

2. 布局规律不同。

传统经济按照经济地理学进行布局，讲究区位因子，把原料、燃料、劳动力、市场等区位因子作为布局考虑的主要因素，在空间布局上注重发挥集聚效益。数字经济按照新空间经济学进行布局，虽然同样考虑区位因子，只不过它的区位因子主要是人才，所以数字企业一般选择在人才比较集中的地方进行布局。同时，数字经济不太追求物理空间上的集中，而是讲求虚拟空间集中。即使是智能制造，也是在分散与集中相结合、虚实相结合、人机相结合的网络空间。因此，追求物理空间与虚拟空间集中结合是数字经济布局的特殊规律。

3. 建设规律不同。

传统经济条件下，政府要为企业创造良好发展环境，包括建设“九通一平”基础设施及学校医院等公共设施。数字经济条件下，社会既需要为企业服务的产业互联网、数据中心和企业云等专业信息基础设施，也需要为群众服务的电子证照系统、社会信用平台、数据共享平台以及政务云等公共服务平台。这些信息基础公共设施，比传统基础公共设施更需要讲究科学性、专业性、统一性以及操作便利性。因此，决策科学性极为关键，需要做到各种信息设施博采众长、标准对接，同时成本和价格又具有竞争力，这对数字经济公共设施建设提出了更高要求。

4. 技术发展规律不同。

传统经济和数字经济都非常注重关键核心技术，强调自主知识产权的重要性。但传统经济主要构成是硬科技，而数字经济多是硬科技和软创意的有机结合。数字技术可以由架构师把技术分为若干单元，安排全球最有优势的人才群体进行开发，然后集成为一项新技术。某一片段程序并没有价值，或者开发者不知其实用价值，只有系统集成后才具有价值。正因为如此，华为公司在全世界数个国家成立了研究所，把不同技术单元安排在不同地区开发。也就是说，利用网状人才组织开发技术后进行系统集成，是数字技术不同于传统技术的特征，它为数字技术在更大范围内柔性研发提供了可能。

5. 企业培育规律不同。

传统企业发展“瓶颈”通常是资金、技术、人才、场地等，政府通过给有市场前景的企业以帮助，促其快速做大做强。数字软科技企业的产生多来源于信息硬科技基础上的一种独特创意，发展得益于对经营模式的创新；或者说，数字企业的产生得益于企业家的相互启发、切磋、真传，如杭州在出现了阿里巴巴后，又出现了蚂蚁金服、点我达、数梦工场等 20 多家数字“独角兽”企业。企业能否成长壮大，关键看它的创意和模式是否能够挖掘社会的潜在需求，政府对此力不从心，只能为创意者创造相互启发的发展环境。

6. 监管规律不同。

在传统市场只有生产方、消费方两方的情况下，政府只需要加强对生产方的监管就可以，监管内容包括产品质量、能耗排放、纳税、信用等方面。数字经济条件下市场增加了平台方，平台具有半企业、半公共机构性质。因此，需要增加政府监管平台、平台监管企业、政府与平台合作监管企业三种新模式。政府对平台的监管，侧重于对公平、安全、债务、权益等方面的监管，以使平台更好发挥公共服务作用。

三、数字经济发展特征

数字经济是一种全新的经济形态，也具有不同于过去传统工业的独特特征。这些特征主要体现在以下方面。

1. 数据成为驱动经济发展的关键生产要素。

当今世界，互联网与物联网以超快的速度发展，人与物的互相联通越来越密切，数据总量也随时间迅速增长。与摩尔定律基本相符，全世界数据总量在每两年左右增加一倍。数据总量如此庞大，其应用需求自然相当可观，大数据这一概念应运而生，数据在战略资产中也占据了越来越重要的地位。无论是对于企业还是国家，数据这一资源都会是其实力的关键表现，也是极其重要的优势来源。美国政府就曾将数据视为未来的货币和新石油，直言大数据是除海陆空权之外的代表国家核心实力的核心资产。

如同农业时代的土地和劳动力、工业时代的技术和资本一样，在数字经济时代，数据已经成为具有极其重要地位的关键生产要素。而如今的创新也正由数据驱动，渗透进经济社会各个领域，可以说数据是经济社会发展的关键“指明灯”。

2. 数字基础设施成为新的基础设施。

工业经济时代，公路、铁路和机场等是最具代表性的基础设施，工业经济时代的经济活动也在这些物质基础设施上开展。而数字经济出现后，互联网和大数据逐渐变为必不可少的信息基础设施。随着数字经济的快速发展，数字经济时代基础设施具有了越来越广泛的内涵，既包括无线网等信息基础设施，也包括数字化技术对传统基础设施进行了数字化转型升级的基础设施。这两种数字基础设施共同发力，为数字经济发展奠定了坚实的基础。砖、水泥等工业时代的基础设施，正在快速转变为芯片等数字经济时代的基础设施。

3. 数字素养对经济活动参与者提出新要求。

农业经济时代、工业经济时代，没有要求经济活动参与者具有多高的文化素养，尤其是对消费者可以说是毫无要求，而对劳动者的一点要求还仅局限在一小部分的岗位。而在数字经济时代，所有参与经济活动的人们都需要具备一定程度的数字素养，这也是数字经济时代经济活动参与者的重要能力。

数字技术逐渐向经济社会各领域渗透，也决定了劳动者不仅需要具备专业技能，更需要习得数字技能。截至目前，各个国家仍然为数字技能优质人才的缺乏伤透脑筋，全世界将近一半的公司认为其急需的数字技能专业人才供给量不足。因此，劳动者要在就业过程中脱颖而出，离不开足够的数字素养，而消费者如果缺乏这种数字素养，就无法在这个数字经济时代高效地使用数字化产品，可能被称为数字经济时代的“文盲”。这也表明，类似于听、说、读、写等是劳动者极其重要的基本能力，数字素养则代表数字经济时代经济活动参与者的能力高低。提高经济活动参与者的数字素养，不仅可以促进数字消费，也将提高数字生产效率，是实现数字经济高质量发展的关键。

4. 供需界限逐渐模糊。

传统经济活动中，供给与需求按照相关标准都进行了严格划分，经济活动中的供给方与需求方存在十分明显的界限。然而，随着数字时代的到来和数字经济发展，供求两侧的界限逐渐被削弱，共同转变为融合之后的“产消者”。

一方面，供给侧的相当多行业不断创新技术，在生产产品、提供产品、进行服务时越来越关注消费者的需求，这种趋势不仅创造了全新的供给方式，也在很大程度上转变了整个行业的价值观念。比如说，现如今许多企业都充分采用数字技术发现消费者的消费需求，进而为不同的消费者设计具有针对性的产品或作品，利用3D打印技术甚至可以针对某个消费者进行独一无二的生产。政府在提供公共服务时，也可以掌握到更多的经济社会相关数据，更加广泛地听取民众意见，针对不同的需求进行精准施策。同时，数字经济时代增加了每个人的透明度，消费者也在越来越深层次地参与经济活动，消费的全新模式正在不断涌现，也使供给者必须对以往的生产和服务方式做出改变。

5. 社会、网络、物理世界融合发展。

过去很多人认为网络世界只是一种虚拟映象，然而随着数字技术的高速发展，网络世界逐渐转变成为人类社会发展的新天地，拓宽了人类的生存空间。数字技术对物理世界发挥的巨大作用也大大加快了现实世界发展速度，使得人类现实物理世界发展速度迅速增长。网络与物理世界的日益融合有赖于信息物理系统，这种系统是物理系统与信息系统的融合结果。该系统结合了计算装置和自动装置的联合控制系统，如环境感知、互联网通信、互联网控制等随处可见的系统工程，这种系统赋予了我们常见的各种物体的远程操控、互联通信、精确计算等许多功能，将计算功能和物理世界牢牢联系在一起。

在此基础之上，随着AI、虚拟现实等数字技术的快速发展，“人机物”三者结合的信息物理生物系统应运而生。其在很大程度上更新了我们与现实物理世界的联通方式，更加关注人机的高效协作。这一系统逐渐弱化了人类社会、网络世界、现实物理世界的界限，加快建立一个紧密联系在一起的新世界。

6. 信息通信技术进步是数字经济发展的动力源。

产业革命一向通过技术更新来实现。就如工业革命由蒸汽机等技术带来，信息技术推动了如今的信息革命，使数字经济得到了持续发展。过去数年以来，大数据、人工智能、物联网、区块链等信息通信技术进行了深层次的交流融合，并取得了长足进步，这些信息技术的进步使数字经济得到了高效发展。

移动互联网扩充了可供网络应用的情景，推动了移动类应用的推陈出新。从3G发展到4G，又从4G成长为如今的5G以及未来的6G，移动互联网的更新演进从未停止。而如今出现的5G，其关注点是互联网针对物联网相关领域的交流融合，进而充分满足未来飞速增长的流量需求和数量庞大的机器联网需求。

云计算技术在如今的应用范围越来越广，使信息基础设施的建设、运行和维护方式持续更新，信息技术设施的建设、运行和维护耗费的成本也在一步步降低，且信息技术设施的建设所需时间逐渐减少，信息技术设施的承载能力也越来越高。云计算技术的普及、移动互联网的发展和传感器制造成本的减少共同提升了物联网的发展速度。目前，互联网已有数百亿台设备互相联通，而在以后，连接到物联网的设备数量会飞速增加，且物联网所能容纳的数据总量也在大约每两年后实现一倍的增加。

要实现对物联网相关数据的高效使用，大数据技术必不可少。随着计算能力的增强和相关成本的逐渐降低，加之数据分析和处理成本不断下降，大数据技术得到了高效快速发展。这种技术进步使物联网朝着越来越健康的趋势发展，使物联网逐渐成为高效的数据收集、处理和共享的平台，其应用能力和开展业务的能力也随之提高。

人工智能技术的逐渐精进在很大程度上使大数据实现越来越高效的分析。如果没有人工智能技术，就算拥有数量巨大的数据总量，也没办法对其实现采集和处理，更无法在此之中发现全新的意义、创造全新的价值。这种技术可以读出视频、音频等蕴含的意义，通过对物联网里数量庞大的但不够系统的数据进行分析，进而发现其中的发展规律，实现更加高效智能决策。不同的物联网设备具有与之对应的不同通信协议，彼此之间并不兼容，而人工智能技术的进步有望解决这一问题。总之，人工智能及大数据等越来越普及可助力物联网高效发展，使其加快量变，完成质变。

物联网逐渐削弱了人类社会、网络世界和现实物理世界三者所存的界限，有了虚拟现实这一技术平台有力支持，人机物融合逐渐得以实现。在计算机、智能手机的出现以后，虚拟现实成为又一个广泛应用的技术平台，更是突出技术的一次深层次变革。如可在计算机和手机屏幕上观看的只有二维图像，但虚拟现实却能向我们展示三维图像，这一技术的出现改变了人类认识和改造世界的方式。然而，要使虚拟现实与真实现实做到高效配合，离不开精湛的计算、处理和传输等技术。

区块链是一种分布式数据库，它利用相关加密技术实现对网络数据透明、安全采集、共享和处理，区块链的出现和利用使业务开展越来越简化，信用成本得到显著减少，互联网交易越来越高效，进而完善经济社会管理模式。正因为如此，区块链技术被认为是未来商务基础设施。以往数年间，资本市场展现出对区块链的十足重视，这一技术也快速渗透到经济社会各个领域，且有很多国家和地区出台了关于区块链各项政策。从本质上看，这一技术是记录、共享和管理网络中数据的一种全新方法，而这项工作也需要大数据、物联网和人工智能技术支持。

而在未来，高级机器人、量子技术、3D 打印等技术也许会占据越来越重要的地位，且它们或与上述大数据、物联网等技术逐渐结合，实现数项技术共同以指数级速度向前发展，进而使数字经济在这种创新势头下实现长足发展。

四、数字经济发展优势

20 世纪 90 年代至今，美国紧紧把握住数字革命这一难得机遇，成功实现了数十年经济繁荣。而在美国之后，欧洲和亚洲地区数个国家也紧随其后，大力发展数字经济并取得了丰硕成就。相比于发达国家，数字革命更是发展中国家实现高速发展的宝贵机遇。数字经济时代，发展中国家可以借助数字经济的数项优势紧追发达国家步伐，减小实力差距。例如，印度抓住数字经济发展优势，提高了信息技术实力，进而实现了经济快速发展。

1. 边际报酬递增的后发性优势。

根据数字经济特征，在创新知识时期，知识得到应用的广泛程度、建立联系的客户数量都直接决定了知识创造价值的多少。知识扩散时期，受到时效性的影响，其在发达国家具有边际报酬降低的特征。但是由于这些知识对发展中国家来说仍具有很高的时间价值，因此其可以持续拥有相当高的边际报酬。21 世纪以来，信息技术迈向了普及扩散阶段，发展中国家的信息化发展速度也在这种趋势之下得以迅速提高。

2. 工业化方面的后发性优势。

渡过了时间跨度很长的工业化阶段，西方国家才步入了信息化发展阶段。自 21 世纪以来，发达国家逐渐加大了向发展中国家转移生产的力度，这种做法使其产业结构得到有效优化，数字经济相关产业得到高速发展。而对发展中国家而言，也会带来如下益处。

首先，能够借鉴发达国家在技术等方面的工业化成就，加快其工业化发展速度，进而推动本国经济社会发展；其次，能够将工业与信息化有机融合，通过应用信息技术和现代科技来加快其工业化进程，加快传统产业转型升级，提高本国竞争优势；最后，能够广泛利用信息技术，降低经济社会各领域的生产和交易成本，同时创造出高效运转的物流和信息流，保障市场经济持续繁荣。

3. 客户资源方面的后发性优势。

一般来说，发展中国家拥有数量庞大的人口，经济以相当高的速度持续增长，客户数量相当可观，发展中国家拥有远超发达国家的市场发展潜力，这种发展潜力造就了发展中国家的互联网比较优势。从发展趋势来说，可以说绝大多数发展中国家市场都有相当大的开发空间。

发展中国家人口优势与发达国家互联网资源优势深入融合，将对全球经济发展起到巨大促进作用。受到发展中国家庞大市场的吸引，发达国家资本与高科技逐渐渗入发展中国家，这种结合推动了发展中国家产业结构优化升级和高新技术快速提高，为削弱各国数字发展差距、提高世界各国生产效率做出巨大贡献。

4. 知识能力方面的后发性优势。

很多发展中国家，教育和科技受到越来越多关注，两者快速发展提高了知识禀赋，增强了习得和应用知识能力，由此创造出发展中国家另一项互联网比较优势，也使其在国际分工过程中获得了重要地位，实现该国数字经济的大幅度发展。

5. 信息技术方面的后发性优势。

首先，信息化的特点。相比于工业化，发展中国家与发达国家信息化差距更容易削弱，这主要是因为信息化所具有的如下特点：第一，信息化设备的制造所耗成本较低；第二，有赖于日趋成熟的技术，信息化学习成本逐渐下降；第三，信息化知识具有可共享和向外延伸等性质。

其次，信息技术的潜力。信息技术蕴藏着数不尽的机遇，这种巨大发展潜力为发展中国家经济社会发展提供了强有力助力。发展中国家信息技术虽然尚不精进，却也为其带来相当小的转换成本，使其更容易利用高新技术完成跨越式发展。同时，借助于全球已经存在的大量技术，发展中国家能够将更多精力放在突破性技术研发之上。而这类技术一旦得到突破，就可能极大改变一国经济社会格局，使其经济发展速度得到显著提升，甚至引发一场全新产业革命。数字经济时代，计算机和信息通信技术能够渗透到经济社会各个方面，提高其生产工作效率。加快学习、充分利用信息技术，可使发展中国家逐渐削弱数字经济发展差距，进而提升其生产效率和综合竞争力。

五、数字经济本质

信息化是一种社会经济新形式，它是由计算机和网络等生产工具的应用带来的，在此作用之下工业经济逐渐转变为信息经济。而信息化即为数字经济的本质。展开来说，传统产业、设施建设和生活工作方式的信息化，以及信息技术的产业化，都属于信息化内容。信息产业化代表着信息的制造，产业信息化代表着信息的处理利用，这两项内容是信息化的关键。在信息生产应用的过程中，信息技术和信息产业的进步必不可少，这些技术和产业既包括电子产品、通信设施、互联网设备的生产，还包括数据的记录、应用和存储。信息技术在逐步渗透到农业、工业和服务业等，其在经济社会领域逐渐实现了有效应用。

近年来，人类社会正在发生相当快速而又深刻的变化。以信息通信技术为首，众多高新技术发展迅猛，在如今的综合国力判断标准之中，信息化水平所占比重逐渐上升。由于信息化在很大程度上推动了经济社会的发展，各国和各地区对其表现出越来越高的关注度。目前，发达国家与发展中国家都愈加重视信息化，将全力发展信息化列入其经济社会发展的重要任务。毫无疑问，由数字革命带来的信息产业属于战略性新兴产业。

不管是生产活动，还是服务活动，抑或是两种活动同时从事，信息产业都可胜任。而在信息化同时从事生产和服务两种活动时，有另一个名字“液态混合体”。1995 年及以后几年，世界经济每年以百分之三的增长率逐渐发展，而在其中，信息产业以经济增长速度的数倍高速发展。在发达国家信息技术及相关产业已跃居为国民经济首位产业。可以看出，信息通信技术与信息化的出现和应用是推动数字经济发展不可或缺的动力。

六、数字经济发展趋势

1. 速度成为关键竞争要素。

当今世界，消费者的消费需求逐渐改变，市场中的竞争也逐渐激烈，产品和服务以越来越快的速度更新换代。这种现状使企业以越来越快的速度对市场出现的众多状况做出反应，以最快的速度制定战略和调整战略。

而这种快速反应需要企业建设高效的数字平台，未来，绝大多数企业都会拥有属于自己的数字信息共享平台。

2. 跨企业合作是发展趋势。

对反应速度的高要求使企业不得不选择与他人合作，进而优化资源配置并充分发挥自身优势。此外，由于规模经济的存在和产品研发所背负的巨大风险，企业只能通过合作来降低风险，如有必要，应与竞争者达成长期合作关系。

随着信息通信技术尤其是互联网技术的日益进步，企业之间开展合作的信息成本逐渐降低，有助于形成更广泛且低成本的合作。利用信息平台，建立合作关系的数个企业可以形成虚拟企业。这种企业具有充足的发展资源，也有足够的灵活性，在竞争过程中具有独一无二的优势。

3. 行业断层引发价值链重构。

伴随着信息通信技术的不断提高，不少行业发生了断层，产业运作方式在变化，竞争对手日益广泛，新供应商无时无刻不在产生。此种行业断层每分每秒都对行业中的老成员提出新要求，同时也为进入行业的新成员创造了机会，赋予了每个行业重构秩序的机会。这种情况下，不少产业的中间环节时刻面临着被剪除的风险，这让它们不得不创造更多的价值。同时，为数不少的企业逐渐参与到价值链上下游等其余环节，制造业也进行了重新定位，且逐渐向服务业发展转型。不管是主动还是被动，不管是为了抓牢客户还是提高供应商的质量，企业都在通过数字技术应用来应对价值链重构。

4. 大规模量身定制成为可能。

对于传统经济来说，生产出的商品或提供服务的多样性和使用范围在很大程度上是无法兼得的。这表现为，面向大众的商品缺乏特色，而针对不同的人定制的商品只可供极少数人使用。

数字技术的出现使这种情况得以改变。依靠数字技术，企业如今有能力在成本极低的前提下得到众多客户的偏好和需要，实现更加灵活的量身定制。目前，许多行业已经涌现了不少成功例子。这种有系统的量身定制方式使针对不同客户生产个性化产品得以实现，这也对企业反应速度提出了更高要求。

第四节　数字经济运行机理

随着数字技术的迭代升级，全球数字经济发展非常迅速。相对传统经济而言，数字经济运行机理也发生了相应变化。

一、数字经济是经济发展新动能

（一）数据成为新的关键生产要素

相对传统经济来说，数字经济时代重要特征是数据成为新的关键生产要素，而且是核心要素。首先，数字经济时代数据渗透到人们日常生产生活的方方面面。不同于传统的信号，数字时代数字信号助力信息的创造、分享和利用，依托于数字基础设施所起到的联接作用，社会各界越来越深层次地参与经济活动中，在此之中创造数据、利用数据。这些经济行为和其生产出的商品和服务等成果具有了越来越明显的数字化特征，并渗透到经济社会各个领域，购物平台、云货币等由此而生。其次，数据逐渐成为助力经济发展的关键生产要素。数据所具有的智能化等独特能力，使其能够轻易地被复制和被分享，因此其供给量十分庞大，增长势头也相当迅猛。没有了传统生产要素供给条件束缚，数据逐渐成为经济发展的战略资源，助力经济社会的可持续高质量发展。

早在 20 世纪 90 年代中期，经济合作与发展组织已经分析了数字经济在未来可能会如何发展，其认为随着互联网技术的持续发展，经济社会发展将不再是原子加工，而是信息搜集和处理的过程。21 世纪以来，数字信息通信技术迅速渗透到经济社会中，并得到广泛应用，数字经济在此过程中形成且在较短的时间内得到长足发展。随着 AI、大数据、云计算、物联网、区块链等数字信息通信技术的迅速发展，以获得和利用数据为基础的新业态、新模式不断出现。而数据是继劳动、资本、土地等生产要素之后成为新的关键生产要素。

而在我国，数字经济相关产业所占比例连年上升，产业数字化程度也在持续加深。其具体表现为，信息技术产业在我国国民经济中占据越来越重要的地位，网络消费的无限潜力被逐渐激发，用于互联互通的数字信息平台数量激增，传统产业数字化改造进程日渐加快。不管是促进经济增长，还是改造传统产业，数字经济都是其强大的动力源泉。

数字经济在数字革命和制度完善的基础上持续发展，进一步创造出众多新技术和新业态，在支撑技术、组织结构等层面具有着独特优势。尤其是疫情暴发以后，数字经济表现出相当强抗压的能力，在刺激消费和稳定经济等方面作出了巨大贡献。互联网平台对科学抗疫起到强大的推动作用，保障了务工人员的高效复工。网络消费持续增长，在很大程度上减小了疫情对经济增长的负面影响。

作为新的关键生产要素，数据被广泛应用且具有极强的渗透能力，逐渐实现了与经济社会各行业的交流融合，进而持续推动经济发展。此外，数据在交通、养老等社会治理方面也起到了相当重要的作用。要实现数字经济的高效发展，提高数据这一关键生产要素的配置效率是重中之重。数字经济在经济社会发展中起到的作用可以从此次疫情中得以窥见。正是由于医疗机构利用了互联网和大数据等数字信息技术，才能做到精准监测疫情、高效管理社区；正是由于研发人员借助了 AI 和 5G 等技术，才使检测时间逐渐缩短，疫苗研发持续取得突破；正是由于视频会议、网上购物等形式的存在，我们才得以安心居家隔离和生活。

然而，随着数字经济的不断发展，数据的共享和管理等方面缺乏一套治理规则，其价格体系也尚未形成。因此，针对数据这一生产要素的机制改革迫切需要提上日程。数字技术已经融入经济活动的各个领域，数字经济具有的提高综合实力、增强竞争优势等作用越来越受到各个国家的关注。近年来，我国数字经济发展势头迅猛，企业从数字经济中获得可观的收益，人们也因其提高了生活水平，在不少领域已经取得了世界领先成就。数据在我国各个领域的高效利用，使我国生产效率得以大幅提升，生产和服务方式得以重新塑造，为我国经济社会各领域高效发展作出了巨大贡献。

（二）数字经济极大促进新时代经济增长

人类社会经历了农业经济、工业经济之后，随着现代信息通信技术的快速发展，正逐步进入一个新的时代：数字经济时代。放眼全世界，数字经济凭借着开放性、交互性、无限性等突出特性，以从未有过的高速度持续改变着人类生产生活方式。

习近平总书记一直以来都对数字经济持有相当高的关注度，多年来数次作出重要指示，要求加快利用数字经济等新动能推动经济发展。数年间，我国数字经济获得了突飞猛进的发展，数字经济渗透到人们生产生活的方方面面，不仅方便了人们生产生活，还大大提升了经济发展质量。到目前为止，我国数字经济总量规模已经达到数十万亿元，占据了生产总值将近一半的比重，数字经济总量和发展速度在全球名列前茅。数字经济既是当下国民经济中增速最快、最具活力的新动能，也代表着未来产业发展方向，数字经济发展速度和水平将影响未来世界各国经济地位和产业话语权。据2020年世界经济论坛发布的《全球竞争力报告》提供的数据，经过分析得出部分经济体因其发达的数字经济、比较健全的社会保障体系等因素的综合作用下在疫情中经济发展仍然保持了比较强的韧性的结论。而根据最新相关研究报告提供的数据，分析结果表明数字经济助力抗疫并展现出抗击“逆全球化”的韧性。

数字经济催生了各种新经济业态和新经营模式，正引领着就业结构和职业发展的新趋势。在拓展就业新渠道、创造灵活就业、催生新职业方面，数字经济表现极为亮眼：依托数字化技术而兴起的新个体经济突破了传统用工模式，实现自我就业新模式，成为稳就业的重要渠道。形式各异的新职业也正在成为中国数字经济的重要组成部分，为社会各行各业赋能……就业是最大的民生，数字技术对于就业发挥着促进效应和替代效应两种作用，数字技术在促进创新和发展经济、扩大就业的同时，也可能在短期内带来技术型失业的潜在风险。对此，以未雨绸缪的姿态缓解新旧经济形态转换过程中的就业“阵痛”，确保数字经济始终发挥保民生和稳就业的重要支撑作用。

（三）数字经济助推我国供给侧结构性改革

结构性矛盾在我国经济社会发展中仍然存在，这就使供需兼顾、改善供给侧结构、实现高水平的供需平衡愈加重要。近年来，数字技术快速发展且数字经济加快创新，同时逐渐渗透到经济社会各个领域，直接影响全球经济发展方式。

1. 数字经济提升有效供给能力。

（1）数字经济提高了传统产业生产动力与生产效率。数字技术具有广泛存在、快速融合等优势，数字经济发展成果越来越深入渗透到传统产业，这种深度融合极大提升了传统产业协调发展能力，优化了企业资源配置，且使其逐渐实现个性化定制，提高了分工水平和产品生产效率。除此之外，数字经济逐渐削弱了产业之间界限，重塑了传统产业发展格局，通过数字技术有效应用创造出新产业与新业态，如商业、存储、流通等相关部门，经过不断融合重组形成了如今的物流行业。

（2）数字经济为传统产业供给过剩提供对策。数字技术所具有的实时沟通能力可以不断减少经济活动中间环节，使产品交易平台日趋扁平化，使企业不再盲目跟风生产，有效减少了供需情况和价格决定等方面信息不对称现象，进而在经济活动各个环节做到更加高效预防、引导和监管。此外，通过数字技术收集、整理和利用企业相关生产数据，不仅可以提高其生产效率和资产利用率，还可优化其资源配置。

（3）数字经济助力传统产业生产成本降低。传统企业可以通过数字技术建设网络交流平台，借此搜集客户产品偏好和需求信息，进而逐渐升级以往生产过程和生产线，将个性化需求和规模化生产同时兼顾。并且，大数据等数字技术可做到高效收集用户相关数据，以此为基础进行分析，把握自己市场定位，使企业成本得到大幅度降低。

（4）数字经济提高了各行各业创新能力。随着新一代数字信息技术的快速发展，大数据、AI等技术逐渐实现了高端存储和高效计算，技术能力也在大幅提升。这些先进技术的产生和广泛应用促使新产业和新业态持续出现，产业技术得以快速提高，新兴产业的出现极大开拓了市场，创新了供给方式，提高了供给能力。

2. 数字经济适度扩大总需求。

（1）数字经济延伸了传统经济市场和需求空间。数字技术的不断进步使传统需求存在的门槛被加快消除，经济社会各领域的市场得到充分拓展，传统个性化需求也逐渐被满足，更专业和方便的产品和服务得以向用户提供。以互联网金融为例，其利用数字经济大力发掘小微客户的巨大市场，从而争取到了数量庞大、额度不高、针对性强的长尾市场。

（2）数字经济不断释放新兴需求。数字经济出现和迅猛发展使创业创新活动持续涌现，人工智能、智慧生态等全新需求持续增加。这些新型需求为产品和服务的生产应用带来了相当大发展空间，使人们各种各样需求得到满足，进而实现社会的数字化和智能化跨越式发展。

（3）数字经济创新升级传统产业需求。充分发挥数字技术优势，将数字技术深层次渗透进入传统行业，推动大数据和人工智能等数字信息技术进入生产环节，助力客户个性化需求发现和满足。与此同时，充分利用数字平台，为传统产业增加产品及服务生产和提供方式，加快针对传统需求理念的改革创新，进一步发掘传统需求市场所蕴含的巨大潜力。

（四）数字经济将进一步提升经济发展质量

从数字经济特征来看，其高成长性、经济带动性和节约交易费用等特性使数字经济具有促进经济高质量发展的内在动能。一是数字经济具有内在的高成长性。由于信息通信技术行业具有较高规模门槛，因此为实现行业扩张就必须进行大量投资，也就意味着数字经济的发展同时拉动了经济增长。二是数字经济发展的带动效应。数字经济是新时代比较新的一种经济形态，数字经济快速发展离不开传统经济发展，两者只有融合发展才能发挥各自优势，这是新时代经济发展的重要逻辑。在将数字经济产品和服务运用于传统经济发展过程中，需要对传统行业进行升级改造和再投资，而这种投资将进一步通过扩散效应带动整个社会总需求，增加了经济增长动能。三是数字经济能够降低经济运行交易费用，提高资源配置效率。例如，网络多媒体和移动互联网等现代信息技术在复杂产业链网络组织中的运用，便可使得相关交易费用如信息成本、谈判成本及时间成本等大幅减少，甚至可以提高运输效率和减少运输成本，以实现资源配置效率提升。

从外在表现和作用机制来看，数字经济可以通过推动产业优化升级和技术创新进而助推经济高质量发展。数字经济通过降低搜寻、复制、运输、跟踪和真实成本等从而节省交易成本，并且进一步延展了分工边界，因而促进制造业发展和产业结构转型升级。

随着数字技术对传统产业的逐渐渗透，数字信息通信技术应用使传统产业得到了全方位升级改造，使得传统产业做大做强，产业链得到延伸，同时数字产业投资规模和配置效率也得到了提升。数字化程度的增强，将有力促进经济发展和社会进步。同时，数字经济通过本身信息技术优势可以促进区域创新能力从而实现经济高质量发展。数字经济发展中产生的各种资源使经济社会各领域的创新能力都得以提升，并且通过快速扩散，推动传统产业吸收利用新技术，提高其创新水平，并形成了创新激励和产业间良性互动。

从约束机制来看，数字经济对经济高质量发展的助推作用，可能还受到环境规制强度和城市化水平的约束。从环境规制角度看，当环境规制强度较低时，数字经济可能会有利于粗放式经济发展模式。虽然可以通过节省各种交易费用和加强分工协作促进经济规模扩大，但同时导致能源消耗增加及环境污染，因而对于高质量发展的影响较弱，或者不利于可持续发展和经济增长质量提高。当环境规制强度提高时，数字经济通过规模、结构和技术效应正向影响经济增长质量，影响水平显著提高。城市化战略是我国推进经济社会转型和高质量发展的重要举措，数字经济发展更多的是依托于城市经济发展平台。城市化不断推进为数字经济发展和助推作用提供更大空间。因此，当城市化水平较低时，数字经济对于高质量发展的影响力度比较弱，而当城市化处于较高水平时，数字经济将能更好地发挥规模经济效应。

因此，数字经济推动了高质量发展。一方面，从作用机制来看，数字经济可以通过推动产业优化升级和技术创新进而助推经济高质量发展；另一方面，从约束机制来看，数字经济对经济高质量发展的助推作用，可能还受到环境规制强度和城市化水平约束。

（五）数字经济增加就业，增进民众福祉

数字经济快速发展为培育就业新机、开创就业新局提供了强大新动能。数字经济对就业的积极作用主要体现在以下五个方面：一是吸纳就业能力强，信息通信技术应用和数字经济发展带来了数量可观的新产业和新业态，这些开展经济活动的新模式使就业机会迅速增加；二是促进新消费，数字经济不仅带来消费的增长，而且围绕新消费产生了大量工作岗位；三是提升就业效能，数字经济带来了工作空间巨大变化，为劳动力要素市场化配置、高效率配置提供了新动能；四是改善了工作方式与环境，更好地保护了劳动者安全和健康，如采用无人机施肥施药，不仅可以避免重复喷洒，效率比人工提高近 70 倍，而且确保了人员安全；五是开创了“新就业模式”，借助数字经济赋能可以更有效地解决就业难题。

数字经济为稳就业提供了大量新机会和强大新动能，同时，“新就业模式”的出现不可避免地带来一系列新挑战。有效应对挑战，需要积极心态、长远眼光，科学系统分析，更需要全面的配套措施。

二、数字经济是新时代助推经济发展的新引擎

（一）发展数字经济优势明显

近年来，凭借着独一无二的自身优势，我国数字经济发展非常迅速，在经济社会许多领域逐渐实现了与发达国家并跑甚至领跑，而在以后，必将在更加广泛的领域实现领先发展。

1. 我国网民总量快速增加，互联网应用率持续提高，身为网民大国优势逐渐显现。从 2008 年开始，中国就一跃成为全球第一网民大国，数量巨大的网民数量为我国经济带来极大发展潜力。这就可以解释，以互联网为基础的应用软件产生之后在短时间内就可收获数千万甚至数亿用户，仅有数人建立的互联网企业在短时间内就成为优质企业。中国互联网企业在全球的出色表现，已经表明中国实现了从人口红利向网民红利的巨大转变。

2. 随着数字信息通信技术的快速发展和数字产品的广泛应用，数字技术赋能效应迅速展现，这种效应为经济发展拓宽了创新空间。数字经济在相当大程度上改善了信息不对称现象，使身处偏远地区和条件较差群体利用互联网更多地习得新知识和市场信息，赋予他们全新发展道路。此外，数字经济的分享特性使数量庞大碎片知识、碎片时间等资源成功整合，多种多样用户需求得到满足，经济活动各个环节、资源配置得以优化。当互联网中每个用户消费和创新等能力得到更大提高时，数字经济会得到更高效和高质量发展。

3. 不同于以往技术创新驱动，数字经济已经越来越靠向应用创业驱动，在此前提下我国网民规模优势就更为重要。互联网和手机数量巨大用户，使我国数字经济在相当多经济领域都能排于世界之首。阿里巴巴、腾讯等企业在全世界互联网公司之中名列前茅，为刚进入市场互联网公司提供了许多宝贵经验。一批分享型企业在迅速崛起，领先企业的成功为数字经济全面发展提供了强大示范效应。

当今正处于信息技术社会发展转型期，这一时期同样是信息技术、信息产品和信息服务的快速涌现时期，必将引起全球数字经济迅猛发展。而我国如今网络普及率、智能手机普及率、计算机普及率等仍然位于全世界中等水平，意味着我国数字经济拥有巨大发展空间，在今后数年必然会以较快的速度持续增长。

（二）后发优势助推数字经济跨越式发展

1. 基于边际报酬递增规律的后发性优势。数字经济所具有的特性显示，在创新知识时期，知识得到越广泛应用，用户使用量越多，其所创造的价值也就越多。在普及和应用知识过程中，受到时效性的影响，发达国家与发展中国家所处发展阶段不同，知识边际报酬差异也比较大：发达国家呈现知识边际报酬逐渐下降，而发展中国家却存在知识边际报酬递增。对发展中国家而言，很多知识仍是最前沿的和相当具有时间价值的。在信息技术普及阶段，信息技术逐渐向发展中国家扩散，使其信息化速度实现了大幅提高。

2. 工业化后发性优势。经历了时间跨度相当长的工业化阶段，西方发达国家逐渐进入信息化发展时期。如今，越来越多发达国家将自己的制造业转移到发展中国家进行生产，这种做法使发达国家产业结构得到了优化升级。而对于发展中国家而言，也会带来数项利益。首先是其能够充分利用已经存在技术和制度等方面工业化成就，使自身工业化进程加快，进而推动本国经济社会的发展。其次是发展中国家能够促进工业化和信息化的融合发展，借助信息技术推动工业化发展，实现其传统产业提档升级，提高自身综合竞争优势。最后是发展中国家能够借助信息技术降低经济活动各个环节所耗费成本，提升物流水平，加快资金流通。

3. 来源于丰富客户资源的后发性优势。不少发展中国家拥有数量庞大人口和迅猛增长的经济，意味着相当可观的客户资源以及远超发达国家的市场潜力。仅就发展趋势而言，可以说绝大多数发展中国家都具有极大市场发展潜力。其所拥有的巨量客户资源能与发达国家已经存在的前沿知识和技术进行融合，这种结合将在很大程度上促进世界经济更高速度发展。受到发展中国家丰富市场资源的吸引，发达国家先进技术和大量资本逐渐进入发展中国家市场，推动其技术水平和产业结构持续升级，进而削弱发展中国家与发达国家的数字差距，使发展中国家生产效率和生活质量得到大幅提升。

4. 知识和技术方面的后发性优势。不少发展中国家对教育和技术的关注度越来越高，这就使知识禀赋逐渐升高，习得、分享和应用知识的能力得以迅速提升，这也使发展中国家拥有了更强的比较优势，在国际分工中所占地位越来越高，本国经济发展速度也将持续加快。

5. 信息通信技术的后发性优势。首先，信息化特点。发展中国家之所以在工业化方面能以更快速度实现追赶，是由于信息化比制造业发展所需成本更少，其技术已经相当成熟，知识学习所耗成本逐渐降低，且知识存在相当强的共享性。其次，信息技术存在的潜力。发展中国家虽然目前信息技术和设施建设并不先进，但这也造就了其比发达国家有更少的转换成本，使其更有可能把握前沿技术实现跨越发展。此外，由于信息技术蕴藏着巨大潜力，发展中国家能够利用许多现存技术，也可以将关注重点更多地放在更具突破性的技术研发上。而这种技术一旦取得突破，就可能使经济发展格局得到改变，进而推动一国经济快速发展。

（三）制度优势为数字经济发展提供了强有力保障

我国发展数字经济具有显著的制度优势，主要表现为坚实的政治保障、科学的政策体系和高效的组织动员。这些政策优势为我国发展数字经济提供了优越环境，我国数字经济发展速度也因此逐渐加快。

1. 组织领导体系基本健全提供了政治保障。2014 年，我国政府就成立了网络安全和信息化领导小组，代表着我国信息化建设工程已经成为所有工作的重中之重，在此之后，信息化领导机制逐渐被完善。加快互联网建设和数字经济发展已经成为我国全体人民共同努力的方向。此外，各级政府对信息化越来越高的重视程度也为数字经济发展奠定了坚实基础。

2. 信息化战略决策详细指导数字经济发展。2016 年，《国家信息化发展战略纲要》正式发布，根据纲要的指示，从 2016 年到 21 世纪中期，我国信息化将按照“三步走”的战略目标持续发展，同时指出了我国在信息化能力、信息化发展水平和信息化发展环境等方面数十项重点任务。可以说，我国信息化发展战略对信息化发展做出了科学且详细的指导。

3. 制定形成了较为完整的政策体系。过去数年间，针对信息化和数字经济发展，我国陆续发布了许多政策报告，如中国制造 2025、智慧城市等政策。与此同时，各级政府也出台了不少战略计划和相关政策。中国信息化政策体系在全球也可以称得上是最健全的，也体现出国家对发展数字经济的决心之大、信心之足和期望之高。更为重要的是，我国对于数字经济的强大制度优势将全国人民紧紧凝聚，共同推动政策落实，合力加快我国数字经济的发展。

（四）数字经济引领创新战略

习近平总书记在不同场合多次指出全球数字化转型是未来世界经济发展的一大趋势，数字革命在此过程中将极大改变人类社会，提出应对战略性新兴产业进行加快布局，着力发展数字产业和数字经济。数字技术变革正在重塑创新生态，推动创新主体多元化、创新要素数据化、创新组织网络化、创新方式开放化。

1. 数字经济推动新发展。

当今世界，大数据、云计算、AI 等数字技术迅猛发展，无处不在的网络互联和持续提高的信息处理速度正在加速人类生产方式和生活方式的变革，数字化、网络化和智能化成为产业变革的主旋律。数字经济逐渐打破了时空和产业的界限，不再囿于传统的企业界限和商业模式，快速渗透到经济社会各个领域，成为经济社会发展的全新动力。

数年间，我国数字技术迅速发展，并且在生产和生活各领域广泛应用，数字经济迅速发展为减弱经济下行压力、加快产业结构升级做出了巨大贡献。我国目前数字技术投资已在全球名列前茅，AI 和大数据等数字技术的风投规模高于全球绝大多数国家，全球 30%“独角兽”企业是中国创办，其数量仅次于美国。根据相关统计，2019 年全年，我国数字经济实现了 35.8 万亿元的增加值，占当年 GDP 总量的比重超过 1/3，对我国经济发展所作出的贡献显而易见。尤其是在疫情期间，以数字技术为基础的线上办公、网络消费、线上教育发挥了巨大作用，在此过程中数字信息技术也在加快普及和创新发展，这有助于我国产业结构转型升级。

（1）制造业数字化转型持续加快。制造业尤其是中小企业，在此次疫情中遭到剧烈冲击，而这种冲击也使企业不得不加快数字化转型速度。目前，我国各地都在大力开展工业互联网建设工作，加快企业研发、生产、销售和服务各个环节数字化转型，实现供给和需求精准高效对接，提高制造业数字技术应用率。

（2）数字技术在服务业的应用日益广泛。疫情暴发以后，无接触服务等新的商业模式大量涌现，学习、工作和生活等线下场景逐渐转移至线上，数字技术向服务业的渗透速度迅速加快。目前商品的线上交易额已经占据了社会实物销售总额的 1/4 左右，且网络服务等商业模式以相当强的势头持续增长，同时加快线上销售和服务所有流程的数字化转型，为服务业创新发展开辟新路径。

（3）金融业数字化转型日趋成熟。近年来，微众银行、网商银行等面向量大面广的中小企业，开创了一系列全新的金融服务方式。目前，互联网企业等新兴企业代表实现了越来越合理的金融科技布局，在相当多的领域引领着社会发展。同时，传统金融机构也加快了数字信息技术应用，着力实现借贷和理财等工作的数字化转型，有效提升金融服务效率。

（4）社会治理数字化转型快速发展。疫情期间，数字信息技术持续提高着物流运输、信息追踪、智慧城市等领域的数字化应用程度。目前，我国各地都在加快数字技术渗透进社会治理的速度，着力建设智慧城市和数字社区，加快实现一网通，为公众提供越来越高效和智能的公共服务。

与此同时，我国大数据和人工智能等数字基础设施建设越来越快，数据的搜集、存储、共享和应用能力也逐渐提高，这些都为我国数字经济发展提供了相当强大的助力。

后疫情时期，新一轮创新潮流在世界范围内蔓延开来，借助于数字化转型，世界各国和地区的产业分工被重新定义，形成了前所未有的创新活力。在这个浪潮之下，我们应当紧紧把握住数字化转型的宝贵机遇，通过加快产业数字化提高综合竞争力，在这个数字经济时代占据全球数字经济制高点，从而大幅增加国内需求，加快产业变革，实现经济发展的巨大增长。

（5）数字经济发展将使生产可能性边界得到延伸。目前，我国整体上已经步入工业化中后期，经济发展表现出结构性减速的特征。数字经济迅速发展、数字技术加快应用和产业数字化转型，都在逐渐提升我国生产可能性边界在全球范围内的水平，从而突破产业结构服务化带来的结构性减速，加速释放市场潜能，助力经济快速高质量发展。

（6）数字经济持续发展将对我国传统产业转型发挥重大作用。当前，我国正处于优化经济结构、创新发展动力的重要时期，必须抓紧时间找到经济转型突破口。而数字经济发展一方面能够改造传统产业，提高传统产业生产效率；另一方面可以加速信息技术渗入经济活动各个环节，为新产业和新商业模式出现奠定基础。

（7）数字技术的应用将实现经济高质量发展。近年来，经济增长速度逐渐减慢，经济活动所耗成本持续提高，在此情况下，数字技术应用将加快创新活动，剪除中间环节，削弱经济活动成本持续上升的趋势，使企业生产效率得到持续提高，同时减小经济活动对生态环境造成压力，推动经济发展质量变革、效率变革、动力变革，提高要素投入产出效率和全要素生产率，为高质量发展注入新动能。

2. 数字化转型重塑创新生态。

数字经济时代，互联网等数字技术推动更多主体参与到创新过程，数据成为创新关键要素，基于网络的创新平台催生新的创新模式，创新过程更加开放，这些变化将重塑创新生态。

（1）创新主体多元化。数字技术重塑企业与企业、企业与用户、用户与用户之间的关系，将用户参与提高到前所未有的高度，推动创新主体多元化，生产者主导的创新活动转向用户广泛参与的创新过程，在增加创新成果来源的同时，大大降低了创新成本，自下而上的创新活动占比明显增加，研发活动产学研融合不断深化，多元创新主体共同参与成为新的创新模式。

（2）创新要素数据化。数字技术广泛使用，提升了创新主体数据采集、存储、加工和应用能力，为创新主体全面获取各种数据提供了技术支撑，使得数据资源日益成为创新关键要素，大数据深度分析持续创造新的价值。网络技术的发展，提升了数据要素流动性，数据规模、数据加工和数据处理能力成为决定创新效率的关键，推动创新组织和分工进一步细化深化。

（3）创新组织平台化。基于网络创新平台为创新主体提供了公平交流、共同创造和分享价值的环境。数字化平台功能已从单纯提供连接或匹配，升级到了集聚整合创新资源并重构价值链。从梅特卡夫定律中我们得知，网络价值与用户数平方成正比。也就是说，互联网用户越多，集聚数字资源越多，网络效应和网络价值就越大。创新网络示范效应会吸引更多用户参与，不断强化平台创新功能。

（4）创新方式开放化。传统封闭式创新模式，在市场需求趋同、信息相对有限的情况下具有优势，但在响应个性化、多样化需求，以及应对不确定性方面明显不足。关于数字化创新，传统创新模式以技术提高为基础，由科研人员在实验室中完成，而要推动这种传统模式转变为以用户为基础、多元主体参与、更大范围合作为特点的开放式创新，产生了平台创新、协同创新、参与式创新等创新模式，推动创新方式更加开放。

3. 抓住数字化转型机遇培育创新型经济。

当今世界，新一轮科技和产业革命不断取得新成就，技术创新为经济发展贡献了越来越多的力量，创新活力日益成为经济发展的主要标志，人力资本、知识和创新能力日益成为经济核心功能，生成和扩散新知识能力日益成为经济核心竞争力。

（1）加快更新创新理念。理念是行动先导。在数字经济迅猛发展和数字化转型加快背景下，要由传统创新理念向数字化背景下创新理念转变。创新主体上，从大企业主导向大中小企业共同参与转变；要素配置上，从重视资金投入向资金、技术、数据、人才融合配置转变；技术来源上，由引进技术、节点创新向原始创新、系统创新转变；创新重点上，由产品设计、功能提升向基础研究、底层技术研发转变；创新管理上，由“自上而下”的政策补贴型创新向“自下而上”的市场主体协同创新转变。

（2）培育数字化创新生态。新型基础设施是建设数字化创新生态的支撑。因此，推动物联网和5G等信息基础设施建设、加快经济各领域数字化转型尤为重要。同时，以互联网、人工智能等信息技术为基础创建网络创新平台，加快智能教育、智能医疗和智能政务等应用，助力企业尤其是中小企业数字化水平提升。

（3）增强创新策源能力。我国应当勇当世界科技创新领导者，为全球供给更多更好科学技术。要建立针对“卡脖子”技术跨学科攻关机制，完善项目遴选和动态竞争机制，针对高端芯片、基础材料等重要领域开展技术攻关，同时加快人工智能等高新技术战略布局，在关键和核心技术领域取得突破。

（4）加快产业数字化转型。产业是经济竞争力核心载体。要加强顶层设计，加快发展工业互联网，使信息技术以更深程度地渗入制造业之中，使数字化制造和机器人等在整个社会中广泛应用，进而加快实现人机共融的经济活动开展模式，加快制造业数字化转型。发挥消费互联网领先优势，提升服务业数字化水平。

（5）发展新型研发机构。发展创新型经济，需要打破线性研发流程，形成系统性创新模式。为此，应当激励科研机构、企业和政府等多方主体联合建立新型研发机构，使政府、企业和市场共同进行高效配合运作。支持处于行业领先地位的大企业建立企业研究院，支持龙头企业通过供应链关联协作，吸引上下游配套企业和社会化资源协同推进研发创新，实现创新产品共创。

（6）吸引用好顶尖人才。人才是创新第一要素。探索创建符合国际惯例的人才引进机制，吸引高端领军人才及其团队，形成人才、技术、项目和产业联动机制。建立海外人才创新创业“特区”机制。推进“产学研用 + 金融”协同创新机制。创新政府科技财政管理，设立财政支持海外人才创新创业的专项资金。

（7）优化创新政策环境。技术进步并不具有完全的确定性，需要鼓励市场主体在试错中探索创新方向。因此要创新相关政策，以企业综合能力为标准，而不是仅将规模和数量作为政策制定标准，构建以竞争中性为原则的政策环境，进而削弱政策之中的挤出效应，使其做到更加公平。同时尽可能给予研发人员其研发成果的长时间使用权，利用成果产权充分激发其研发动力和创新潜力。

总结与回顾

1. 生产要素是随着经济社会不断发展，尤其是经济发展所遇到的瓶颈与资源约束而动态变化的。数字经济时代，数据成为关键生产要素。

2. 数字经济理论基础涉及数字经济微观主体、数字经济政治经济学基础、数字经济经济学基础，数字经济理论基础是多元的。

3. 相对传统经济来说，国际上还未形成公认的数字经济理论体系，但数字经济理论创新凸显，亟待深入探讨。

4. 数字经济运行机理涉及数字经济是经济发展新动能、数字经济是新时代助推经济发展的新引擎，但不局限于此，还需深入挖掘。

复习思考

一、名词解释

萨伊“三要素论”；马歇尔“四要素论”；数据要素论

二、简答题

1. 为什么说数据是重要生产要素？
2. 简述数据生产要素作用。
3. 简述数字经济微观主体。

三、论述题

1. 试述数字经济政治经济学基础与经济学基础。
2. 试述数字经济与传统经济的理论差异。
3. 试述数字经济与传统经济发展规律的差异。
4. 试述数字经济发展特征。
5. 如何理解数字经济是经济发展新动能？
6. 如何理解数字经济是新时代助推经济发展的新引擎？

能力拓展

近年来，我国经济发展呈现出愈加明显的数字化特点，数字经济为经济社会各个领域注入了越来越强的发展动力。

立足于数字产业化等发展目标，浙江省致力于培育数字经济相关产业。在浙江省的经济增长中，数字经济占据了越来越高的地位，为其新旧动能转换提供了强大动力。

在全国性的创新活动之中，浙江省贡献了城市数据大脑等数量可观的数字经济新技术，受到了全国上下极大的关注。

除此之外，浙江省以数字信息技术为基础，成功建成了“万亩千亿”等全新的产业网络平台。而这些产业平台针对的是具有巨大发展潜力的未来产业，致力于建成颇具竞争力的高质量数字产业集群。

而在全国数字经济发展水平中名列前茅的杭州，具有更加迅猛的数字经济发展势头。数字产业化和产业数字化，已经为浙江省经济发展注入了相当强大的源动力，而在未来，这种动力将会日趋增强。

试想城市如何紧抓数字经济的发展机遇？

第三章 数字经济发展技术支撑

任务分析

1. 掌握数字经济发展的相关技术的定义以及运行机制。
2. 分析比较不同数字技术之间的区别与联系。
3. 了解数字技术的发展历程。

案例导入

不同数字技术之间的关系

近年来，大力投入互联网、大数据、云计算、物联网、人工智能等数字技术，广泛应用到各个行业。不同数字技术之间突破与融合，也是推动数字经济繁荣与发展的不竭动力。从3G、4G、5G及未来6G的演进，移动互联网发展从根本上突破了固定互联网限制和束缚，不断从移动互联网扩展到物联网、终端设备和传感器领域，它极大地促进了访问次数的增加。云计算技术广泛应用正在不断改变数字基础设施投资、建设、运营和维护模式。基础架构开发周期已大大缩短，维护成本已大大降低，数字基础架构负载能力，终端设备访问和放置以及速度都得到了显著提高。移动互联网、云计算和低成本传感器的发展也推动了单网络的进一步发展，将接入设备的互联网连接终端数量增加了数百倍，并推动了单网络的数量。容量也在成倍增加，但是处理这些数据需要大数据技术，并且正在推动大数据技术进一步发展。特别是，需要减少数据收集、传输、存储、组织、分析成本，并需要进一步提高计算能力。重要数据收集和数据共享平台正在扩大业务范围。若没有上述人工智能技术，即使有大量数据，也无法收集、处理、分析大量数据。无法从中找到新的含义，也无法创造新的价值。的确，人工智能技术已大大提高了自我分析大量数据能力。可以通过阅读视频、音频甚至人类自然语言和计算机语言来进行交流，通过计算机语言分析物联网中大量小块非结构化数据可以汇总其中的隐式规则，并支持更明智决策。

知识介绍

第一节 数据中心

数据中心是数字经济协作的特定设备网络，用来在互联网络基础设施上传递、加速、展示、计算、存储数据信息。数据中心大部分电子元件都是由低直流电源驱动运行的。数据中心使人们的认识从定量、结构的世界进入不确定和非结构的世界中，它将与交通、网络通信一样逐渐成为现代社会基础设施的一部分，进而对很多产业都产生了积极影响。

一、数据中心内涵

数据中心也称互联网数据中心，其主要是为了让电子信息设备可以集中放置并达到充分利用而提供运行环境场所的电子信息系统机房，涉及主机房、辅助区、支持区和行政管理区等。最近几年云计算数据中心的叫法逐渐流行起来。美国2014年标准认为数据中心主要包括高端服务器和存储产品的计算机房及其支持区域。2016年颁布的国际标准定义为：专门为ICT设备的集中安置和相关系统运行提供数据存储、处理和传输服务，并为保证其快速恢复和安全运行提供可靠保障的配电与环境控制基础设施。

从20世纪60年代开始，数据中心功能也在不断增加和完善：从最初进行数据存储和管理的数据存储中心阶段到进行核心计算的数据处理中心阶段，再到提供业务支撑与单向信息资源服务的数据应用中心阶段，最后到目前既可进行数据存储、处理和备份，也可提供服务运营支撑与信息资源服务等诸多功能的数据运营服务中心阶段。目前数据中心不仅包括计算机及与之相配套的监控、环境控制以及各种安全装置等硬件设备，还包括为数据的连接、存储、加工与传输提供服务的软件系统。数字经济时代，数据中心已经从原本数据存储转变为面向服务和应用的技术中心，成为包含更多存储资源、计算资源、通信带宽，能够支持大规模云计算应用的资源池与服务平台。

二、数据中心核心技术

（一）虚拟交换技术

虚拟交换技术可在同一台终端运行多种交换功能。虚拟交换技术运用的目的在于保证网络核心层网络设备的可靠性、故障自愈性，将多个物理网络设备整合成一台逻辑设备，从而提高网络可靠性及转发性，提高其处理性能。

（二）大二层技术

1. 数据中心内二层技术。为了有效避免各层级的冗余，数据中心内大二层技术在核心、汇聚层一般部署多台交换机。核心层之间、核心与汇聚层之间的链路互联，必然导致“口”字型环路产生，大二层网络中主要有两类技术用于消除上述环路：虚拟交换技术和隧道技术。

2. 数据中心间二层技术。多数据中心之间连接是经路由联通，其是一个三层网络。而要实现通过三层网络连接两个二层网络互通，就必须实现“L2overL3”。常见L2overL3技术有VPLS技术、Cisco、OTV、H3C EVI技术、VMware的VXLAN和微软的NVGRE。可扩展虚拟局域网（Virtual eXtensible LAN）是一种overlay网络技术，是由IETF定义的NVO3（Network Virtualization over Layer 3）标准技术之一。

（三）大交换技术

大交换技术主要是数据中心交换机内部实现，服务器可以实现一虚多、多虚一、多虚多等虚拟化技术。大交换技术比较有名的如下：CISCO的VSS和VDC，华为的CSS，中兴的VSC，H3C的IRF，这些技术实现的都是设备虚拟化。大交换技术是数据中心网络设备的标准配置，不支持大交换的网络设备已经无法进入数据中心。

三、数据中心发展历程

近年来，科学技术在不断进步，大数据、云计算等数字技术迅速发展起来。按照功能来划分，数据中心发展历程可以被划分为以下四个阶段。

第一阶段，数据存储中心阶段。这一阶段，数据中心主要承担的功能是数据存储与数据管理。仅用于数据集中存储与管理，以及极少数数据的应用，其功能比较单薄，且利用率与使用率不高，其需求性也比较低。

第二阶段，数据处理中心阶段。随着广域网、局域网技术的不断发展，数据中心开始承担核心计算功能。比较注重计算效率与运营效率，数据中心也安排了专业人员来进行维持与修护。这个阶段，数据中心整体可用性仍然较低。

第三阶段，数据应用中心阶段。这一阶段，数据得到广泛应用。数据中心主要功能是核心计算、核心运营支撑。对信息的获取与处理也被称为“信息中心”。这个阶段，数字中整体的可用性有了很大提升，人们对其也有了更高要求。

第四阶段，数据服务中心阶段。这一阶段，数据中心承担了更多的功能，主要包括数储存与备份、核心计算、核心运营支撑以及信息资源服务等。除了核心支撑外，数据运营对其服务也有了一定要求，必须提供可靠服务。这一阶段，数据中心被要求必须具有高可用性。

四、数据中心分类

（一）按数据中心规模分类

数据中心按规模划分，可以分为大型、中型和小型数据中心。这只是一个相对的概念，没有严格的量化标准。例如在中国，由规模较大的省级、部门或更高（或同等级别）的公司和机构建立的数据中心通常被属于大型数据中心；省级（或同等级别）公司和机构建立的数据中心通常属于中型数据中心；由县级（或同等级别）的公司和机构以及小型企业建立的数据中心通常被称为小型数据中心。

（二）按数据中心服务目标分类

根据数据中心服务范围，数据中心可分为企业数据中心和 Internet 数据中心。

1. 企业数据中心（CDC）。企业数据中心指的是企业或者机构拥有的数据中心。它主要是为合作伙伴、业务合伙伙伴和组织提供数据处理和访问。企业的 IT 部门负责数据中心设备的操作和维护。

2. Internet 数据中心（IDC）。服务提供商拥有的数据中心，可向多个客户端提供付费数据互联网服务（如 Web 服务、VPN 服务等）。Internet 数据中心是使用电信设备为用户提供专门和标准化数据存储服务以及其他相关服务的中心。

五、我国数据中心发展情况

2023 年 10 月 22 日，我国工信部部长在中非数字能力建设合作论坛上透露，我国加强数字和信息通信网络基础设施建设，已建成了全球规模最大、技术领先的光纤和移动通信网络。其中，数据中心规模近五年年均增速达到近 30%。

“东数西算”工程启动以来，全国 8 个算力网络国家枢纽节点（京津冀、长三角、粤港澳大湾区、成渝、内蒙古、贵州、甘肃、宁夏）已开始建设国家算力枢纽节点，并规划了 10 个国家数据中心集群。

互联网数据中心（Internet Data Center，IDC），2023 年 8 月发布了《中国数据中心服务市场（2022 年）跟踪》报告。报告显示，2022 年，中国数据中心服务市场同比增长 12.7%，市场规模达 1293.5 亿元人民币。

IDC 预计，未来五年，中国数据中心服务市场将以 18.9% 的复合增速持续增长，预计 2027 年市场规模达 3075 亿元人民币。

第二节 互联网

Internet 其意思是互联网，又称网际网络，是网络与网络之间所串联成的庞大网络。Internet 使用一种专门计算机语言（协议），以保证数据安全、可靠地到达指定的目的地，这种协议分两部分：传输控制协议（Transmission Control Protocol，TCP）和网间协议（Internet Protocol，IP）。这个网络中有交换机、路由器等网络设备、各种不同连接链路、众多服务器和计算机、终端。互联网可以将信息瞬间发送到千里之外的人手中，它是信息社会的基础，是数字经济发展的重要技术支撑。

一、互联网内涵及发展历程

（一）互联网内涵

互联网，也称为国际网络，是指网络之间通过通用协议连接形成的大型国际网络。互联网始于1969 年的美国，它通常是指 Internet。这种将计算机网络相互连接的方法可以称为“Internet 连接”。互联网是基于超文本彼此链接而创建的全局系统，并且是可以在互联网上提供的服务之一。

（二）互联网发展历程

在我国，互联网发展可追溯到 1994 年，接入国际互联网后，我国互联网发展非常迅速。纵观我国互联网发展历程，可以分为萌芽、发展、成熟三个阶段。

1. 萌芽阶段（1994～2008 年）：以 PC 为主。

1994 年，我国通信设备主要是传呼机、有线电话等。随后，第二代移动通信设备 GSM 手机开始使用，但我国与外界连接仍然不够。14 年里，中国互联网发展迅猛，但局限于 PC 来实现信息与资源的共享与互动，主要还是 PC 互联网阶段，人与人之间的互联比较弱。

2. 发展阶段（2008～2016 年）：以移动互联网为主。

2007 年，苹果发布了首款智能手机，是全球移动互联网开启的最具有标志性事件。2008 年中国互联网进入一个新的发展阶段，中国互联网用户数量首次超过美国，成为全球网民数第一的大国。借助智能手机，人与人之间连接将成为 Internet 的新动力和主题。

3. 成熟阶段（2016 年至今）：以智能便捷为主。

随着互联网的迅速发展，我国网民数量不断增加，互联网普及率也逐年提高，增进了人与人之间交流，整个社会连接成一个整体。新时代下，我国在 5G、大数据、区块链、云计算、人工智能等技术取得突破，以及数字技术不断应用到生产、生活中去，社会生产率提高，人民生活更加智能便捷。

二、互联网核心技术

（一）传感技术

传感技术是能自动探测外界因素变化，并将其转化为电子信号的技术。国家标准 GB/T 7665—2005 界定的传感器是：“能感受被测量并按照一定规律转换成可用输出信号的器件或装置，内部通常由敏感元件或转换元件组成。”

（二）通信技术

电信技术指的是利用电和磁的相互作用来实现通信的目的。电信技术部分是利用电磁产生的电磁波作为信息传递介质，部分则是利用电缆等实体物质。一般而言，可将通信分为两大类：有线通信、无线通信。有线通信主要是运用光纤进行信息传播。而无线通信技术传播方式是依靠微波和卫星：微波是无线电波，卫星是空中的中继站，通过和其他地面基站互联，实现信息交换。

（三）计算机技术

计算机技术是基于计算机而产生的一门学科，数学和物理学共同推动了计算机技术发展。计算机技术涉及系统技术、器件技术、部件技术及组装技术等，每一技术又包括多种不同子技术集。

1. 系统技术。计算机包括软硬件系统。系统技术使计算机拥有良好处理问题能力和高效处理效率。
2. 器件技术。器件技术是计算机系统基础，这些电子器件决定了计算机性能。
3. 部件技术。计算机部件主要包括中央处理器、显卡、声卡、网卡、硬盘、主板及电源。
4. 组装技术。计算机组装技术是计算机生产和维护过程中非常重要的一环。

三、我国互联网发展现状

（一）我国网民规模庞大

当前，互联网发展盛行，网民规模庞大，消费市场发展潜力大。5G 时代的到来，网速提高，网络覆盖面更加全面，包括偏远或欠发达地区。互联网的发展不仅提高了生产效率，也给人们生活带来了便捷。网购已经成为人们生活方式，网购带动了电商企业、物流行业等快速发展。小红书“种草”、淘宝直播、抖音推广等，这种新模式下的促销手段，极大释放了消费市场潜力。数字消费扩大内需，促进我国消费市场蓬勃发展，为数字经济发展奠定了基础。

（二）5G、区块链、人工智能等数字技术增强

区块链技术是我国创新与发展的重要动力之一。2019 年，中国各省区市相继公布了促进区块链技术发展的区块链技术发展指导意见或相关政策。我国于 2019 年正式推出 5G 商业。到 2020 年 2 月，随着 5G 基站开放，建设规模将达到 16.4 万。在芯片测试、低频和高频技术研究方面分别完成了 4 个芯片和 6 个系统的室内和室外环境网络测试。同时，我们完成了 3.5GHz/4.9GHz 和 2.6GHz 频段以及 26GHz 频段的 5G 基站射频空中下载技术测试。中国拥有 4000 多家人工智能公司，排名世界第二。我国公司在智能制造和汽车互联网等应用领域具有巨大优势。人工智能基本技术日趋成熟。

随着我国不断提升区块链、5G、AI、大数据、互联网等数字技术自主创新能力，产业融合加速推进，引领各行业数字化改革，有助于加快推进我国产业数字化与数字产业化进程。

（三）网络环境不断优化，互联网助力脱贫

2019 年，我国已经建立了世界上最大通信网络。农村地区互联网普及率达到 46.2%，比 2018 年提高了 7.8%。到 2019 年，中国贫困村庄宽带普及率达到 99%，网络使人民受益，并帮助他们摆脱贫困。

四、“互联网+”助推产业转型升级

（一）“互联网+工业”：生产制造智能高效

我国互联网和工业相结合以改变传统生产模式，工业正朝着智能化、产品个性化和物流智能化的方向发展。工业互联网已经上升为国家战略。互联网正从消费领域向生产领域、从虚拟经济到实体经济飞速发展，工业互联网已经成为促进工业快速发展的一种重要工具，大数据、人工智能和实体经济一体化发展加快。

（二）“互联网+农业”：我国农业走上品牌化道路

“互联网+农业”蕴含着无穷潜力：利用信息技术可显著提升农业生产效率；促使农业生产与市场需求无缝衔接；互联网与农业的有效融合推动了“新农业”诞生。如何才能让农产品更具识别度？需要不断提升品牌意识，如柳传志的“柳桃”、褚时健的“褚橙”、丁磊的“丁家猪”等。此外，专注于农业电商品牌打造也是不错选择，如三只松鼠等，这些都是成功的新兴电商品牌。

（三）“互联网+教育”：在线教育大爆发

近年来，在线教育市场规模不断扩大，其原因在于在线教育明显戳中了传统教育的痛点，可为用户提供个性化服务。以网易旗下的有道词典为例，借助大数据技术，有道词典发现其在英语应用领域拥有4亿余位用户，存在极大的碎片化学习英语需求。

（四）“互联网+医疗”：移动医疗垂直化发展

互联网技术在医疗领域得到应用，促使医疗资源得以合理分配，就医信息更加透明，有效解决了传统医疗遗留的诸多问题。例如，用户可以借助丁香园、春雨医生等，面向专家医师咨询健康问题，规避“就诊难”问题。医院官网设置挂号服务，用户通过网上预约，规避挂号排队、缴费排队、看病等待等问题。

近年来，移动医疗也不断向垂直方向延伸。垂直化产品层出不穷，智能手表、智能血糖检测仪等可穿戴检测设备越来越多。以 ActivitePop 智能手表为例，Withings 厂商推出这款小型手表，不仅可以追踪用户睡眠，还自带震动提醒记录每天运动情况。再如 iHealt 推出的 Align 智能血糖检测仪，一端与手机耳机插孔对接，一端接入血糖检测试纸，检测结果便可呈现在手机显示屏上，检测便捷，且可随时随地使用。

（五）“互联网+金融”：金融服务更加完善

进入互联网时代后，传统金融正在向“互联网+金融”转型，进而促进了小额贷款、P2P 等业务发展，促使金融行业更加服务于民、惠及于民。互联网背景下，金融交易门槛更低、流动性更强，让更多投资者有机会、有条件投资理财，普通大众将获得更多互联网金融服务，社会征信也由此建立，这将为行业创建更肥沃的生长环境。

（六）“互联网+出行”：充分调动闲置资源

互联网与交通融合，有助于交通资源共享，方便人们出行，缓解交通拥堵。而对交通领域的从业者而言，互联网交通也为他们创造了更多财富。互联网交通应用软件比比皆是，如可以实时查询公交信息的微步、车来了等实时公交应用，滴滴出行等叫车软件，易到用车、天天用车和 PP 租车等汽车资源共享软件。此外，旅游行业互联网化现象也日趋明显，传统的旅游模式面临颠覆性变革，携程、去哪儿网等在线旅游服务应用明显增多，自助游有待成为主流旅游形式。

（七）"互联网 + 文化"：创意经济获得发展

"互联网 + 文化"明显推动了创客文化与创意经济发展，为文化产业转型与升级创造无限机遇，同时掀起了一场全民创新浪潮。互联网可促进资源共享，可将极具特色区域文化产品推向更大的市场；对于 TV 电商或者视频电商而言，将面临更多发展机遇，促进了内容及相关衍生品与电商平台进行对接；互联网与文化高度融合，推动了以兴趣为基础的社群经济，以及明星粉丝经济。

（八）"互联网 + 家电/家居"：智能家居时代到来

互联网与家电或家居融合，将带来一场新的生态系统的竞争。2015 年 3 月，美的发布智慧家居白皮书，并指出集团将构架更加广义的家居生态圈，美的构建的 M – Smart 系统会增设更多的连接方案，如 PLC、BLE、Thread 等，并建立更加智能的家庭控制中心，同时 M – Smart 系统也会向着机器人、医疗健康、娱乐等多个品类扩展。2016 年，海尔发布了七大生态圈，包括用水、空气、洗护、娱乐、健康、安全、美食 7 款产品。海尔依托互联工厂 COSMO 系统，以及优家 App2. 0，借由"海尔 + 智慧生活"平台，有效地将旗下产品贯穿起来。

（九）"互联网 + 生活服务"：O2O 模式发展前景广阔

互联网与服务业高度融合，其实是一个去中介化的过程。通过移动互联网实时连接，让进行服务的员工直接与消费者进行对接，没有中介机构的存在。可以通过线上预定来为消费者提供线下服务。此外，在线评分、评价机制，对参与手艺人起到明显激励作用，有助于他们不断完善自己，更利于服务体验不断提升。

（十）"互联网 + 媒体"：一种新兴业态的诞生

互联网时代的来临，也对传统媒体产生重大的影响，既让媒体的传播渠道发生明显变化，改变了媒体传播形式与界面。未来，"互联网 + 媒体"将朝着精选化、交互化、实时化、人格化等多个方面发展。例如，今日头条就是媒体朝着精选化方向发展的典型，这一新闻资讯客户端借助大数据筛选，每日向民众推出有价值的、个性化的信息；再如，央视春晚的微信抢红包活动，很好地体现了媒体实时化与交互化，让受众在观看节目的同时参与互动。

第三节　云计算

云计算（Cloud Computing）是分布式计算的一种，通过网络"云"将巨大数据计算处理程序分解成无数个小程序，然后，通过多部服务器组成的系统进行处理和分析这些小程序得到结果并返回给用户。云计算又称为网格计算。通过这项技术，可以在很短时间内处理数以万计的数据。而随着技术的进一步发展，目前云服务已经不再是一种分布式计算，而是分布式计算、效用计算、负载均衡、并行计算、网络存储、热备份冗杂和虚拟化等计算机技术混合演进并跃升的结果。

一、云计算内涵与分类

（一）云计算内涵

2006 年，谷歌发布一项名为“谷歌 101”的计划，第一次提出了云计算概念。所谓云计算是分布式计算的一种，将海量数据计算处理程序经互联网络“云”分解为众多小模块，然后通过多个服务器进行计算处理，分析这些分割后的小模块，然后再选择用户。初期阶段云计算是简单分散计算，解决任务分散，将计算结果整合。利用这项技术，提供非常强大的计算服务。

“云”是具备硬件（服务器、存储器、CPU 等）和软件（应用、综合开发环境等）的 Internet 服务器集群上的资源，并需要互联网本地计算机。几千台计算机只需要向用户提供必要的资源，向本地计算机发送信息就可以返回结果。不是本地计算机或远程服务器，而是通过计算机分发给多个分散计算机，用户（公司或个人）数据执行就像互联网一样。几乎所有处理都有云计算的集群来执行，本地计算机几乎不需要运行。

云计算环境中，使用的想法发生了巨大变化，因为用户面对的是终极服务，而不是复杂硬件和软件。用户不需要具有可见且可触摸的硬件设备，无须支付机房中的电力供应、空调制冷、专门维护等费用、较长供应周期、较长时间（如项目实施）等待，仅支付适当金额以获得所需服务。

数据中心分散在各个核心城市，是提供云计算基本支持的数字基础设施。云计算是基于数据中心，提供包含基本服务和增值服务的计算模型，可以利用相关软件的空闲资源及硬件。云计算需要依赖数据中心来实现其价值，云计算功能进一步发展和改善促进了数据中心持续增长，数据中心持续增长是云计算的基础。云计算和数据中心是相互依存、相互促进的关系。

（二）云计算分类

1. 按照运营和使用者分类。

根据使用对象不同，云计算可分为私有云、公有云、混合云 3 大类。私有云是企业个体自身运营并投入商业运营的云计算；公有云是指企业个体使用其他的云计算；混合云指在企业使用的云服务由内部云和外部云构成。目前，亚马逊向外部提供数量可观的公有云服务，脸书、雅虎、谷歌、百度、腾讯、淘宝等互联网公司都在积极建造私有云，以便享受更便捷的云服务和降低成本。

2. 按照提供服务类型分类。

根据服务类型差异，云计算可分为基础设施即服务（LaaS）、平台即服务（PaaS）、软件即服务（SaaS）3 大类。LaaS 是指以服务形式提供虚拟基本资源；PaaS 是指提供一种应用服务引擎，用户可以建立诸如互联网应用程序、编程接口和操作平台的应用程序；SaaS 用户可以通过互联网根据需要选择租借软件。

二、云计算核心技术

云计算核心技术涉及虚拟化技术、分布式数据存储技术、编程模式、大规模数据管理技术、信息安全、绿色节能技术等。

（一）虚拟化技术

虚拟化技术为云计算服务提供最基本的基础架构，是 ICT 服务快速走向云计算的最主要驱动力。早在 IBM VM/370 投入使用，就出现研究虚拟化技术，它解决新研发系统对二进制遗留代码的支持问题。虚拟化技术可以实现在一台物理计算机上同时运行多个虚拟机，每个虚拟机运行不同的操作系统。虚拟化技术旨在合理调配计算机资源，提供服务质量更好。虚拟化应用模式可分两种：将一台性能强大服务器虚拟成多个独立小服务器，服务不同用户；将多个服务器虚拟成一个强大服务器，完成特定功能。

（二）分布式数据存储技术

分布式数据存储技术是将数据存储在不同物理设备中以提高数据的安全、可靠。分布式网络存储系统采用可扩展系统结构，利用多台存储服务器分担存储负荷，利用位置服务器定位存储信息，可提高系统的可靠性、可用性与存取效率，主要有 Google 的 GFS、Hadoop 开发的开源系统 HDFS 等。GFS（Google File System）技术：谷歌云计算平台满足大量用户需求，并行地为大量用户提供服务。HDFS（Hadoop Distributed File System）技术：大部分 ICT 厂商，包括 Yahoo、Intel 的“云”计划采用的都是 HDFS 数据存储技术。HDFS 是基于 Java 的分布式文件系统，允许用户在 Hadoop 集群里跨多个节点（node）存储大的数据。

（三）编程模式

云计算项目中运用最多的是分布式并行编程模式，它创立的目的在于更高效利用软、硬件资源，让用户更快速、更简单使用应用或服务。MapReduce 是当前云计算主流并行编程模式之一。MapReduce 模式把任务自动分成多个子任务，通过 Map 和 Reduce 两步实现任务快速分配。MapReduce 是 Google 开发的 Java、Python、C ++ 编程模型，用于大规模数据集并行运算。

（四）大规模数据管理

目前比较典型的大规模数据管理技术有 Google 的 BT（Big Table）数据管理技术和 Hadoop 团队开发的开源数据管理模块 HBase。BT 数据管理技术是非关系数据库，是一个分布式、持久化存储的多维度排序 Map。开源数据管理模块 HBase 是 Apache 的 Hadoop 项目的子项目，定位于分布式、面向列的开源数据库。

（五）信息安全

Amazon 数据中心的 7 小时终止服务问题、Google 账户的 24 小时中断问题、Flex – iSale 的 18 小时当机问题，都提示人们云计算安全问题非常重要。云计算体系中，安全主要有网络安全、服务器安全、软件安全、系统安全等。例如，Bowers 等实现了一个分布式高和完整性的系统；Oracle 等大型数据库厂商提供对 Amazon 的 EC2 提供支持；Mowbray 等提出了一个基于用户端隐私管理器；Pearson 等评估了面向云计算环境的软件设计中的隐私问题等。

（六）绿色节能技术

随着云计算和虚拟化技术的运用，数据中心可以将计算任务进行优化集中到少数服务器上，提高单个服务器利用率并减少数据中心总耗电量。Liu 等（2015）提出的 Green Cloud 体系结构通过在线监控、虚拟机迁移并优化放置等方式有效降低数据中心能源消耗。节能环保是全球关注的话题。云计算以低成本、高效率著称。云计算规模经济效益非常明显，不但提高了资源利用效率，而且节省了大量能源。

三、云计算发展现状

2009 年，云计算概念和结构开始受到人们关注，中国也在积极布局云计算市场。2010 年，云计算概念登陆中国，大量云计算解决方案、技术和标准开始逐渐普及。互联网和 IT 行业已成为第一批云计算技术的焦点。自 2013 年以来，世界各国云计算快速发展，美国、加拿大、智利、新西兰和其他国家也为相关国家制定了战略和行动计划。纵观我国云计算 10 年产业发展，经过初期积累，我国云计算产业发展动能已经得到了充分释放，产业规模高速增长。在《推动企业上云实施指南（2018 ~ 2020 年）》带动下，地方政府积极响应，以上海、浙江、福建、江苏为代表的 20 多个省区市出台了相应推动政策，为我国云计算发展提供了较好市场环境。

四、云计算发展趋势分析

21 世纪初，Google 公司最早将云计算技术应用到生产、生活中去，但是到目前为止，云计算技术仍然处于初级研究阶段。Google 公司认为云计算应用就是未来数据跟着用户走。此外，借助云计算技术，未来互联网终端用户能够享有与计算机用户相同的便利。微软将互联网用户与云计算有效连接是云计算发展的下一个方向。目前，微软已开始根据战略目标调整云计算开发路径。首先，软件组合变更为服务类型，发表了 PC 软件网络版。然后，建立完整的移动数据中心，为各个用户提供技术支持，为拥有众多员工的大企业提供服务，最终达到实现用户个性化服务的目标。

云计算技术与网络计算技术相比是先进的技术模型，在工业发展日新月异的环境下，云计算会有更多的发展方向，将为用户提供更多的更具个性化的服务。在云计算技术的支持下，一般的计算机用户可以实现计算机的便利性，大大提高工作效率。

五、我国云计算发展情况

近年来，中国云计算产业发展迅速，保持年均增长率 30% 以上，是全球增速最快的市场之一，云计算应用领域正向制造、政务、金融、医疗、教育等企业级市场延伸拓展。

据中国信息通信研究院提供的数据，2022 年我国云计算市场规模达 4550 亿元，较 2021 年增长 40.91%。其中，公有云市场规模增长 49.3% 至 3256 亿元，私有云市场增长 25.3% 至 1294 亿元。相比于全球 19% 的增速，我国云计算市场仍处于快速发展期，在全球经济颓势下依旧保持较高抗风险能力，预计 2025 年我国云计算整体市场规模将突破万亿元。

云计算技术不断推陈出新，满足多样性场景需求助力产业升级。模式层面，应用现代化赋能全场景应用，加速产业数字化升级；架构层面，一云多芯既可以贴合多元算力新需求，又能够支撑业务场景多形态；流程层面，平台工程以产品化、自助式的开发者平台，满足多场景下应用研发需求；管理层面，FinOps 理念逐步落地，云成本优化技术满足多样化场景需求；稳定性层面，云上系统稳定性挑战持续存在，系统稳定性保障体系不断完善、技术不断创新；安全层面，云原生革新云上软件架构与应用模式，加速云安全向云原生安全演进。

第四节　大数据

大数据（Big Data）是所涉及的资料量规模巨大到无法透过主流软件工具在合理时间内达到撷取、管理、处理并整理成为帮助企业经营决策具有更积极目的的资讯。维克托・迈尔—舍恩伯格、肯尼斯·库克耶（2012）编写的《大数据时代》中将大数据界定为不用随机分析法（抽样调查），而采用所有数据进行分析处理。IBM 提出大数据具有以下 5V 特点：Volume（大量）、Velocity（高速）、Variety（多样）、Value（低价值密度）、Veracity（真实性）。大数据是数字经济发展的又一重要技术支撑。

一、大数据内涵

美国知名研究机构 Gartner 认为，大数据是将结构化数据和非结构化数据形成的数据集合综合起来，用来分析发现数据背后相关关系的信息资产，是需要新的处理模式才能充分发挥更强决策力、洞察力和流程优化能力的海量、高增长率和多样化信息资产。麦肯锡全球研究所给出的定义如下：在信息获取、保存、管理、分析等方面，突破了传统数据库局限，大数据具有数据规模海量、数据流转快速、数据类型多样、价值密度低四个方面特征。大数据重要意义在于专门处理数据，而不是拥有庞大数据。将大数据与行业相比较，这个行业收益性关键在于提高数据“处理能力”以提升数据“附加价值”。

与传统数据相对比，主要有三点差异：第一，数据规模大。数据集的容量就是区分两者的关键要素，大数据的数据规模大；第二，大数据可快速分析处理非结构化数据，而传统数据主要在关系数据库中进行分析。最后，由于数据量大以及非结构化数据的两个元素，因此在分析大数据时不再可能将所有数据用于分析。因此，在分析过程中会基于多个标签提取大数据。大数据处理过程中，与常规数据相比，增加了一个处理流程。在写入数据，标记数据然后使用大数据时，数据将通过标签提取。

二、大数据核心技术

一般大数据处理框架，主要包括数据采集与预处理、数据存储、数据清洗、数据查询分析和数据可视化等。

（一）数据采集与预处理

数据采集包括文件日志采集、数据库日志采集、关系型数据库接入和应用程序接入等。作为实时日志收集系统 Flume NG，支持在日志系统中定制各类数据发送方，用于收集数据，同时，对数据进行简单处理，并写到各种数据接收方。Flume NG 采用三层架构：Agent 层，Collector 层和 Store 层。Logstash 是开源服务器端数据处理管道，能够同时从多个来源采集数据、转换数据，然后将数据发送到您最喜欢的“存储库”中。Sqoop 用来将关系型数据库和 Hadoop 中数据进行相互转移工具，可以将一个关系型数据库数据导入 Hadoop 中，也可以将 Hadoop 数据导入关系型数据库中。

（二）数据存储

大数据背景下，目前普遍采用的技术是分布式文件系统、分布式数据库以及访问接口和查询语言。Hadoop 作为一个开源框架，专为离线和大规模数据分析而设计，HDFS 作为其核心存储引擎，已被广泛用于数据存储。HBase 是一个分布式、面向列的开源数据库，可以认为是 hdfs 的封装，本质上是数据存储、NoSQL 数据库。Phoenix 相当于一个 Java 中间件，帮助开发工程师能够像使用 JDBC 访问关系型数据库一样访问 NoSQL 数据库 HBase。

（三）数据清洗

随着数据量的增多，需要进行训练和清洗数据，因而需要任务调度系统，如 Oozie 或 Azkaban，对关键任务进行调度和监控。Oozie 是用于 Hadoop 平台的一种工作流调度引擎，提供了 RESTful API 接口来接受用户提交请求（提交工作流作业），当提交了 workflow 后，由工作流引擎负责 workflow 的执行以及状态的转换。Azkaban 也是一种工作流控制引擎，可以用来解决有多个 hadoop 或者 spark 等离线计算任务之间的依赖关系问题。Azkaban 由 Relational Database、Azkaban Web Server 和 Azkaban Executor Server 构成。

（四）数据查询分析

Hive 的核心工作就是把 SQL 语句翻译成 MR 程序，可以将结构化的数据映射为一张数据库表，并提供 HQL（Hive SQL）查询功能。Hive 本身不存储和计算数据，它完全依赖于 HDFS 和 MapReduce。Nutch 是一个开源 Java 实现的搜索引擎。它包括全文搜索和 Web 爬虫。Solr 是用 Java 编写、运行在 Servlet 容器（如 Apache Tomcat 或 Jetty）一个独立企业级搜索应用全文搜索服务器。Elasticsearch 是一个开源全文搜索引擎，基于 Lucene 的搜索服务器，可以快速储存、搜索和分析海量的数据。

（五）数据可视化

大数据时代数据数量和复杂度的提高带来了对数据探索、分析和理解的巨大挑战。数据分析是大数据处理的核心，但是用户更关心结果展示。目前常用方法是可视化技术和人机交互技术。常见可视化技术有原位分析（In Situ Analysis）、标签云（Tag Cloud）、历史流（History Flow）、空间信息流（Spatial Information Flow）、不确定性分析等。另外，以人为中心的人机交互技术也是解决大数据分析结果的一种重要技术。

三、大数据发展历史

从结绳记事到文以载道、数据建模，数据随社会的发展而变化。自从以计算机为代表的现代信息技术出现以来，提供了自动数据处理的方法和手段，人类在质上有了飞一般进步，拥有了捕捉数据处理的能力。将其应用于信息技术、经济、社会开发（信息化），能促进数据（信息）开发，成为继物质和能源之后的重要战略资源。

大数据诞生于计算领域，拓展到商业应用。1998 年，美国科学家约翰·马什（John Mash）在一次国际会议报告中表示，“数据量正在迅速增加，总会有四个挑战：数据将难以理解、难以获取、难以处理以及难以组织。”2007 年，Jim Gray 指出，大数据是解决人类触摸、理解现实复杂系统以及实验观察、理论推导和以下三种科学研究公式的有效途径：通过模拟，得出了“数据探索”的第四个公式，之后的学者将其概括为“数据密集型科学发现”。2012 年，Victor Meyer 在伯格最畅销的《大数据：将改变我们生活，工作和思维方式的革命》中，指出数据分析传统上是“随机抽样”“准确的分辨率”和“强调因果关系”。大数据时代，“整体数据”“近似解决方案”和“无论通过看关系的因果关系”，引起众多学者开始思考大数据方法。

大数据的研究在 2012 ~ 2013 年达到了热潮。2014 年以后，逐渐形成了一个概念系统，并且对其认知也变得合理。人们基本形成有关大数据的基本共识，各种产品不断应运而生，标准不断发展、大数据生态系统逐渐形成。大数据现象是由于广泛应用信息技术和不断削减互联网及其扩大带来的信息技术成本。大数据是指使用以往的信息技术、软件、硬件工具在允许时间内获取、管理、处理不了的大规模数据集。

大数据内在价值为分析复杂系统提供了新途径。从理论上讲，可以将现实世界数字化，并在足够小的时空范围内构建现实世界数字虚拟图像。假设有足够计算能力和有效数据分析方法，则对数字虚拟图像这种深度分析可以理解和发现现实世界中复杂系统的行为、状态和规则。大数据为人类发现新的思维方式和客观规律、重塑自然和社会提供了新的手段，这是经济和社会变革的本质，也是造成这种变化的原因。

四、大数据与数字技术

大数据分析背后离不开支撑其的数据中心部署和运营的虚拟化技术等关键技术。大数据的重要意义不是收集信息，而是通过对海量数据的过滤、筛选，进行专业化加工与精确分析处理，提升数据的增值与服务能力，进而上升为信息、知识，用于指导科学决策。

技术层面，独立的计算机终端并不能处理大数据，要依靠云计算的分布式处理。随着整个社会存储数据量越来越大，很多规模小或资金实力不足的公司不可能都拥有这么多机器资源去处理海量数据，或者自身购置大量机器设备资源一次用完后又会导致大量资源长时间闲置。此时就可用到云计算服务，需要什么样的服务、需要多少服务、什么时候需要相关服务都可以随时有偿获取，这就是云计算，云计算将服务器、存储设备、网络、信息化应用系统等软硬件资源打包成一朵资源池的云，其就是一种可以为客户提供按需服务并按用量收费的服务模式，大数据与云计算形影相随，两者相互依存，大数据依赖云计算服务，云计算依赖于大数据的分布式计算方法与技术。

五、大数据带来的安全挑战

大数据一方面可带来巨大收益，另一方面则可能带来安全问题。

（一）大数据中的用户隐私保护

许多事实表明，处理大量数据时，可能会侵犯用户隐私。销售商可能会利用大数据预测用户行为。社交网络分析研究指出，可以通过用户相关信息来进行区分，了解用户属性。例如，分析用户微博使用信息，可以了解用户消费习惯、喜欢的歌手等。短视频软件也能通过你观看视频类型，给你推荐相似视频。淘宝等软件也能通过你的浏览记录来推测你喜欢的商品类型并进行推荐宣传等。

企业通常认为，在匿名处理之后，该信息不包括用户的标识符，而是公开可用的。但是，仅匿名保护仍无法实现隐私保护的目的。尽管国家/地区会仔细处理可识别个人身份的信息，但有些记录事项仍然可以精确地确定到特定个人。影视公司 Netflix 发布了约 500000 个用户信息，并悬赏 100 万美元，来求得一种应用算法，以提高电影推荐系统的准确性。目前用户数据的收集、存储、管理和使用都缺乏监督和管理，并且主要依靠公司自己掌控，用户不清楚自己信息被如何使用。而在商业环境中，用户对自己隐私数据应有决定权。

（二）大数据的可信性

伪造或有意产生的数据是对大量数据可靠性的重要威胁，而错误数据通常会导致错误结论。由于错误信息隐藏在许多信息中，因此人们无法识别真相并做出错误决定。例如，来自某些评论站点的虚假评论可能与真实评论混合在一起，对用户来说是无法区分的，从而误导用户选择某些不良产品或服务。大量数据可靠性的第二个威胁是数据在传播中逐渐失真。数据失真可能导致结果的准确程度，数据失真还可能改变数据版本。

数据源真实性、数据传播路径、数据处理过程等各项可信的数据，是大数据准确使用的基础，以防分析得出的结果没有意义或者是错误的。为此，可以使用诸如加密中的数字签名和消息识别代码之类的技术来验证数据完整性，但是在应用于大数据完整性时会遇到很大困难，主要原因是数据的粒度不同。

（三）如何实现大数据访问控制

访问控制是实现数据控制共享的有效手段。访问控制需求非常高，因为在各种情况下都可能使用大量数据。不同类型的大数据可能有不同的访问要求。例如，Web2.0 用户个人数据具有基于历史纪录的访问控制、地理/地图数据具有居于规模和数据准确性的访问控制、数据处理具有对数据时间间隔的访问控制等。同样，不同类型的大数据可能具有不同的访问控制需求。如何以统一的方式描述和表达访问控制要求也是一个具有挑战性的问题。

六、我国大数据发展情况

据北京大数据研究院联合多家单位发布的《中国大数据产业发展指数报告（2023 版）》提供的数据，2022 年，我国大数据产业整体发展态势良好，呈现以东部沿海地区为引领、中西部地区加速追赶的格局。指数评价结果显示，我国大数据产业近年来从小范围、小场景应用加速走向大范围、深层次建设；不仅头部城市发展能级量级不断提升，而且中西部地区、二三线城市的大数据产业发展也持续加速。

从省级行政区看，北京、广东、江苏、浙江、上海等持续领跑全国，占据前 5 位；山东、安徽、四川、河南、福建等紧随其后，列第 6 位至第 10 位；湖北、辽宁、重庆、天津、贵州等排名第 11 位至第 15 位。与 2021 年相比，安徽、河南的名次有较大提升，而贵州则成功跻身前 15 位。

从区域经济圈看，大数据产业发展呈现出以中心城市为极核、周边城市梯度发展的整体格局。京津冀城市群以北京为中心，科教资源集聚，技术创新优势明显；长三角和珠三角城市群着力支持大数据产业生态构建，产业政策、产业组织等走在前列；成渝城市群在产业水平、产业创新和产业环境方面发展较为均衡，但总体上相较于其他三个地区仍有提升空间。

从产业水平看，北京依托大数据产业集群优势与超前技术研发布局，推进数字产业化和产业数字化，大数据产业投资热度较高，产业发展水平指数位居第一；上海、杭州、深圳、广州市紧随其后，与总指数排名基本一致，大数据企业规模和质量与大数据产业整体发展水平关联程度较高。此外，合肥、武汉、长沙等中部城市及成都、重庆等西部城市也紧跟领先城市发展步伐，东中西部大数据产业均衡发展格局正在形成。

在数据交易所建设方面，目前全国共有 29 个城市已经建立或正在建立数据交易场所，已建成的包括北京国际大数据交易所、北方大数据交易中心（天津）、上海数据交易所、贵阳大数据交易所等一批数据交易平台，有效促进数据要素资源市场化流通配置。武汉、杭州等城市落地了不止一个数据交易所；还有城市根据地缘特点深入细分领域，如青岛提出建立青岛国际航运大数据交易中心。

伴随我国数据基础制度体系的日益建立健全，数据要素将更加开放流通，数据价值将进一步释放，推动大数据产业持续规范化、规模化发展。报告建议，加强数据和算力基础设施布局，支撑大数据新应用，深入推进全国一体化算力网络建设，高质量打造大数据中心集群；健全数据基础制度体系，推进数据要素市场化配置，建立完善所有权、使用权、经营权相适配的数据产权结构性分置制度，推进数据分类分级确权授权使用和市场化流通交易；推动算力服务和数据服务融合，推动算力服务业、大数据服务业、云计算服务业融合发展。

此外，培育大模型、元宇宙等新业态、新赛道，紧跟全球数字科技创新前沿焦点，加快在大模型、元宇宙、AI for Science 等新领域布局发展，抢抓产业变革先机。同时，健全区域协同发展机制，形成优势互补的发展格局，依托国家“东数西算”战略，以算力资源带动数据资源协调发展，加强区域间人才、项目合作。

第五节 人工智能

人工智能（Artificial Intelligence，AI）是研究、开发用于模拟、延伸和扩展人的智能的理论、方法、技术及应用系统的一门新的技术科学。它是新一轮科技革命和产业变革的重要驱动力量。

人工智能领域研究包括机器人、语言识别、图像识别、自然语言处理和专家系统等。人工智能是一门极富挑战性的科学，它由不同领域组成，如机器学习、计算机视觉等。人工智能研究的一个主要目标是使机器能够胜任一些通常需要人类智能才能完成的复杂工作。它是数字经济发展的又一重要技术支撑。

一、人工智能内涵

1956 年，约翰·麦卡锡（John McCathy）首次在 Datmas 夏季人工智能研究会议上提出了人工智能概念。他说："所有关于智力的定义都必须建立在人类智力之上。" Linda Gottfdson 将智力定义为能够抽象思考、理解复杂思想并能够执行诸如快速学习和从经验中学习、提出问题、分析问题和解决问题的操作。一般而言，AI 是研发用于模拟、延伸和扩展人类智能的理论、方法、技术及应用系统的一门新的技术科学。

根据 AI 的能力，人工智能大致可分为三种类型：弱人工智能，指仅在一个方向上优越的人工智能；一般性的人工智能，可以在各个方面达到人类水平并可以参与脑力劳动，就像人类一样；超级人工智能，其在科技创新、社会生活等领域远远超越人脑。

二、人工智能关键技术

（一）机器学习

机器学习（Machine Learning）是一门涉及概率论、统计学、逼近论、神经网络、凸分析、算法复杂度理论、优化理论、脑科学等多领域交叉学科，研究计算机如何模拟或实现人类学习行为，以获取新的知识或技能，重新组织已有的知识结构使之不断改善自身的性能，机器学习是人工智能技术的核心。

（二）知识图谱

知识图谱是结构化语义知识库，是一种由节点和边组成的图数据结构，以符号形式描述物理世界中的概念及其相互关系，其基本组成单位是"实体—关系—实体"。不同实体之间通过关系相互联结，构成网状知识结构。在知识图谱中，每个节点表示现实世界的"实体"，每条边为实体与实体之间的"关系"。

（三）自然语言处理

自然语言处理是计算机科学领域与 AI 领域一个重要方向，研究能实现人与计算机之间用自然语言进行有效通信的各种理论和方法，包括机器翻译、机器阅读理解和问答系统等。

（四）人机交互

人机交互主要研究人与计算机之间的信息交换，涉及人到计算机与计算机到人两部分信息交换，是 AI 领域重要外围技术。人机交互技术除了传统基本交互和图形交互外，还包括语音交互、情感交互、体感交互及脑机交互等技术。

（五）计算机视觉

计算机视觉是使用计算机模仿人类视觉系统的科学，让计算机拥有类似人类提取、处理、理解和分析图像以及图像序列的能力。自动驾驶、机器人、智能医疗等领域均需要通过计算机视觉技术从视觉信号中提取并处理信息。根据解决的问题，计算机视觉包括计算成像学、图像理解、三维视觉、动态视觉和视频编解码五大类。

（六）生物特征识别

生物特征识别技术是指通过个体生理特征或行为特征对个体身份进行识别认证的技术。从应用流程看，生物特征识别通常分为注册和识别两个阶段；从应用任务看，生物特征识别一般分为辨认与确认。生物特征识别技术主要涉及指纹、掌纹、人脸、虹膜、指静脉、声纹、步态等多种生物特征，其识别过程涉及图像处理、计算机视觉、语音识别、机器学习等多项技术。

（七）虚拟现实/增强现实

虚拟现实（VR）/增强现实（AR）是以计算机为核心的新型视听技术。虚拟现实/增强现实，从技术特征角度，按照不同处理阶段，可以分为获取与建模技术、分析与利用技术、交换与分发技术、展示与交互技术以及技术标准与评价体系五个方面。目前虚拟现实/增强现实面临的挑战主要体现在智能获取、普适设备、自由交互和感知融合四个方面。在硬件平台与装置、核心芯片与器件、软件平台与工具、相关标准与规范等方面存在一系列科学技术问题。

三、人工智能发展历程与趋势

（一）人工智能发展历程

1. 基于符号逻辑的推理证明阶段。

一些科学工作者认为机器可进行推理，并能够证明数学定理。但是，问题在于它是适用的，几乎没有可以解决的问题。早期，相关人工智能理论还不够完整，目标是捕获认知，这显然是不现实的。由于没有达到期望，对人工智能的热情已经减弱，但是技术进步仍在进步。

2. 基于人工规则的专家系统阶段。

1977 年，人工智能进入了第二阶段。这一阶段，逻辑推理进不到专家系统、知识工程，并且专家可以手动建立规则或采用某些功能解决相应问题。没有法定规则，因此专家预先设置了规则，却出现了问题。专家无法估计任何规则或结构所需的所有功能和数据。直到 20 世纪末和 21 世纪初，人工智能是一个否定词，意味着无能为力。

3. 大数据驱动的深度神经网络阶段。

2006 年，人工智能进入一个新的阶段：大数据驱动的深度神经网络平台。算法、计算能力和大数据的联合促进感知智能巨大进步，如语音识别、图像识别和语言处理等。深度学习可以从大量显示的数据中学习一些规则和特征。基于深度学习的 AI 技术现在无法解决所有问题。通用人工智能还有很长的路要走，但是如果没有足够的数据，人工智能仍然不能达到预期目标。

（二）人工智能发展趋势

1. 智力水平上，感知智力日趋成熟，认知智力不断突破。

语音识别、人脸识别精度已超越了人类平均水平，中国视觉科学技术（Face +++）人脸识别准确度达到了99.5%，认知智力方面不断取得进展，如图像内容理解、含义理解和情感计算。IBM的“沃森”认知系统整合了许多医疗保健专业人员经验和知识，以提供有针对性的准确实践。阅读比赛中，谷歌BERT模式已超越人类阅读水平。

2. 技术过程中，数据智能将成为主流。

“大数据+深度学习”是主流智能计算模型，已经在每个行业中发挥了重要作用，但距离人工智能还有很长的路要走。应该如何解决？当今人工智能硬件基础是经典计算机，但计算能力仍然有限。机器学习算法尚未突破基于数学统计框架。它可能会给强者智力带来新的机会。第一条可能技术路线图是分类大脑计算，并进一步研究人脑工作方式；第二条可能技术路线图是量子计算机，所有这些都需要在新的机器学习算法中取得突破。

3. 以智能形式，人机融合成为重要方向。

人工智能正在朝着与人类更多融合和对话的方向发展。第一种类型，大数据智能，将从当前大型数据驱动器转向数据和知识联合驱动器。第二种类型，跨媒体推断，媒体当前主要是关于内容，但就情报而言，如何合并来自不同来源的信息呢？是否通过跨视觉、听觉和文字等各种媒体的认知、学习和推理来处理单个数据以执行智能处理？这是一个很大的方向。第三种类型，人机混合智能。第四种类型，集体智慧。通过集中个人情报研究基于Internet的情报。第五种类型，无人系统，将研究更智能的自主系统，如自动驾驶等。

4. 人工智能的社会属性面临风险与挑战。

安全和隐私问题是最严峻的挑战。一份报告显示，AI成为一种战略威胁。英国机构Cambridge Analysis通过发送自定义信息来控制公众的看法和判断，控制美国大选并干预英国退欧。黑客还可以通过“自动转过车”来侵入智能机器人。

最直接的影响是就业结构。简单、重复和危险的工作将被逐渐取代，新的就业机会也会陆续出现。世界经济论坛的一项研究表明，未来智能机器将取代0.75亿个岗位，与此同时，也会创造1.33亿个新岗位。这可能对工人素质和能力提出更高要求，并形成新的社会分化效果。

另外，影响最深的是社会道德。随着智能设备快速发展和广泛应用，人机混合渗透将深刻影响传统人际关系、家庭哲学、道德观念等。

四、我国人工智能发展情况

人工智能主要覆盖三大核心环节，包括基础层、技术层和应用层。基础层主要包括数据采集、大数据、云计算和智能芯片等产业；技术层主要包括自然语言处理、语音识别、计算机视觉等；应用层主要包括智能安防、智慧城市、智能医疗、智能物流、智能家居、智能金融、智能交通、智能机器人等产业。

近年来，我国人工智能在数据、算力、算法和应用领域等方面均取得了较大进展，人工智能行业竞争力进入全球第一方阵。2022年，全国一体化大数据中心体系总体完成布局设计，“东数西算”工程正式全面启动，AI基础设施加快建设。

从应用领域看，目前我国AI在城市管理及运营、工业、金融、互联网、零售、医疗、教育等领域都有不同程度的应用。我国AI在城市管理及运营应用领域占比较大，达到49%，成为AI产业发展重要领域。互联网和金融行业在应用领域中占比分别为18%、12%。其中，占比最小的为教育领域，仅2%。

从我国AI产业集群形成及区域布局看，我国AI产业发展主要集聚在京津冀、长三角、珠三角、西部地区的成渝和西安、中部地区的武汉和长沙等地。其中，京津冀、长三角和珠三角城市群AI企业比较集中，超过全国AI企业总数的80%，产业集群效应也比较明显，是我国最有可能建设成具有全球竞争力的AI产业集群地区。

珠三角形成以深圳—广州为中心AI产业聚集区。珠三角主要包括广州、深圳、佛山、肇庆、东莞、惠州、珠海、中山、江门九个城市，近年来，随着AI快速发展，珠三角地区产业集聚效应明显。超过80%的AI产业园区位于深圳、广州两地。

长三角着力打造AI世界级产业群。上海引领长三角AI产业发展，AI产业数占长三角总量的49%；浙江和江苏紧随其后，AI企业占比分别为27%、20%；安徽AI企业最少，占4%。目前，长三角地区正在加快打造AI世界级产业群。

京津冀协同建设具有全球竞争力的AI产业集群。相关数据显示，京津冀地区AI企业数据最多，占据全国AI企业总数的31%，形成以北京为核心的AI产业发展最迅速、集群发展最密集的区域。目前京津冀地区加快建设创新型国家战略，深化京津冀协同，共同建设最具国际竞争力的AI产业集群。

第六节　区块链

近年来，区块链（Block Chain）技术处于高速发展期，区块链产业发展逐渐呈现跨行业、跨领域、与新一代信息技术融合发展趋势。区块链凭借其数据公开证明、自证其信及点对点传输无须数据中心的特点，逐渐成为有效解决传统信息技术，如大数据、云计算等技术难点的手段，形成可规模化应用解决方案。

一、区块链内涵

2008年11月1日，中本聪（Satoshi Nakamoto）在metzdowd. com网站密码学邮件列表中发表了一篇文章“*Bitcoin：A Peer - to - Peer Electronic Cash System*”，即《比特币：一种点对点的电子现金系统》，被称为“比特币白皮书”。在该白皮书中，区块链是指一个分布在全球各地、能够协同运转的分布式核算、记录数据存储系统，由于交易记录在此记账系统中分区块存储，每一块只记录一部分，同时每个区块都会记录前一区块的ID（identity，身份标识号码），按交易时间先后形成一个链状结构，故称区块链。2016年10月18日，工信部发布的《中国区块链技术和应用发展白皮书（2016）》中，界定的区块链是指为分布式数据存储、点对点传输、共识机制、加密算法等计算机技术新型应用模式。区块链本质上是一个数据库，通过安全散列算法（secure hash algorithm，SHA）、非对称加密等密码学原理、共识机制等一系列技术巧妙配合所形成的技术集合。

区块链具有以下特征：（1）集中化。区块链技术不需要中央服务器，也没有集中式硬件或第三方管理机制，通过分布式计算和存储一起并共同拥有，区块链节点不存在隶属关系，是平等的，数据块由具有整个系统维护功能的节点共同维护，该记录的读/写权限仅掌握一家公司的特征或一个集中的人手，减少了很多摩擦和时间成本。（2）透明度。区块链上所有数据均公开，除了业务合作伙伴私人信息以外，任何人都可以通过公共界面检查区块链数据。（3）安全。区块链技术支持的交易网络中所有交易均采用加密技术，使数据验证独立于中央服务器，大大增加了网络攻击成本以及信息篡改难度，以保证数据安全性和准确性。

二、区块链相关技术

区块链是链式数据结构、点对点去中心化网络技术、加密算法、共识算法、智能合约、公链、主链、侧链、跨链等技术融合创新的全新技术方案，这些技术几十年前就已经兴起，但最近几年才开始被广泛使用。

1. 链式数据结构。

区块链把多个收支与交易记录通过大量计算打包为一个数据块，每个数据块都附加有版本号、时间戳、随机数等常规信息以及前一个数据块的标记值，所有数据块都通过这种链状的结构连接起来，存储所有交易记录信息。

2. 点对点去中心化网络技术。

不同于传统服务器到客户端服务方式，区块链所有节点都处于对等地位，每一个节点既是服务器也是客户端，且拥有所有交易记录数据，任何接入区块链的节点都有权获取所有交易记录信息。

3. 加密算法：hash 函数、椭圆曲线密码。

hash 函数涉及消息摘要算法和安全散列算法，将任意长度输入数据，经过不可逆处理过程，转换为固定有限长度的输出内容。而椭圆曲线密码与传统 RSA 非对称加密算法相比，所占用的存储空间与计算量更小，安全性更高，所以椭圆曲线算法对于记录完整交易信息的每个节点与整个区块链都是极其重要的。

4. 共识算法。

共识算法是指通过计算机工作量，计算节点算力占全网算力的比例，证明其无差别劳动价值。工作量证明机制共识算法下，挖矿、矿机及矿池等社会资源才成为整个数字货币产业链条中不可或缺的重要成分。

5. 智能合约。

智能合约是一套以数字形式定义的限定合约参与方执行相关协议的承诺，其本质为运行在可复制、可共享的分散式记账本上的一段计算机程序，在此程序下合约各方既可以维持自己现有状态、控制自己资产，也可对接收到的外界信息或者资产进行处理、储存甚至再发送。智能合约主要有两个系统：一个是使用 solidity 编写智能合约的以太坊；另一个是起源于 counter party（合约币）项目的 symbiont，正在建立一个拥有比以太坊更加安全的代码库智能合约系统，可以有效保证电子货币在不同情境下安全流通。

6. 公链、主链、侧链、跨链等技术。

公链是公有链的简称，即全网公开，任何人不需要任何受制，都能随时加入与退出、都可读取、都能发送交易且交易都能获得有效确认的“完全去中心化”区块链。主链是有支链或侧链结构的链中链节数最多的链。侧链主要用于解决公链交易吞吐量不足和交易速度限制问题，起到进一步对公链拓展的功效，本质上是一种可以让数字资产在主链与其他区块链之间实现安全双向转移的协议。跨链则是为解决两个或多个不同链上的数字资产功能状态互相交换、传递和转移等难题的协议。跨链不仅能进一步提升区块链可拓展性，也可进一步增强其可操作性，使不同公链之间因数字资产交易困难导致的“数据孤岛”问题得以有效化解。总之，包括移动宽带、云计算、大数据、物联网、人工智能、区块链、3D 打印等在内的数字技术的发展日新月异，必将对未来数字经济的发展进程及走向产生深远影响，只有深入研究与了解这些技术的发展趋势，并进行适时控制与调节，使其向有利于人类发展方向发展，才能让技术更好地服务于广大民众。

三、区块链应用

1. 真正的共享经济。

共享经济利用信息技术为社会提供服务，通过共享和重复使用资源来扩大效用。共享经济释放了私营部门生产能力，对某些行业产生了很大影响。而真正共享经济也可能是一层外衣。Uber 实际上是一家在线“出租车”公司，是一个日程安排中心。Uber 和其他人已经实现了集中式共享经济，但它们本质上是经纪公司，并且经纪公司经常遇到诸如个人隐私泄露和经纪成本增加的问题。

通过采用基于区块链的安全和防篡改系统，将提高双方客户使用的便利性和安全性。区块链将通过建立身份和“信用管理”系统来促进共享经济快速发展，允许用户通过验证其身份和过去的行为来进行自我验证。

2. 跨境支付。

相对传统跨境支付方式来说，区块链技术减少了不必要的操作，使结算速度更快，资金使用效率更高。通过运用区块链技术，可以直接在开设两个跨境支付的账户的银行之间直接进行支付、结算和清算，并且无须经历中间机制即可在全天候支付。时间、便利的兑现和无隐性成本，有效避免中继过程产生的费用。

3. 供应链。

供应链由物流、信息流和资金流组成，不同实体之间存在大量互动与合作，整个供应链运作过程中产生的各种信息都存储在每个环的系统中。在发生争执的情况下，难以证明和跟踪物流环区域的大跨度以及较长时间跨度使得难以完全消除假冒和劣质产品的问题。区块链技术使数据对业务伙伴的每一方透明，允许参与者对形成的完整信息流进行监督。此外，供应链的整体效率管理可以得到改善。经常引入区块链的数据篡改和时间戳特征来解决供应链系统中每个参与者之间的纠纷，提供证明和谴责，可以降低成本，提高效率。

4. 物联网。

传统的单声道网络负责收集通过集中式数据中心连接的每个设备上信息，但是这种方法在成本和信息安全性方面存在严重缺陷，信息安全问题仍未解决。如果特定智能房间处于危险状态，个人隐私受到危险，政府安全部门可能会对未经许可保存在中央服务器上的数据内容进行审查。企业为了商业利益也可以向广告公司销售个人数据。区块链提供了解决这些问题的好方法。分布式物联网中，区块链有助于事务处理和交互设备之间的协调。

5. 存款证明。

伪证行为出现后，很难证明您的身份。但是在很多情况下，要完成这样的证明，必须依靠一个强大的、不可伪造且不可使用的证据链，否则伪造成本会很高，而区块链技术的变化就是这样，可用来证明。麻省理工学院开发了使用区块链技术的教育背景认证系统。

6. 云内存。

当今的云存储主要是集中式的，具有高安全风险和高成本。中心云的内存包括不可避免的固定成本，如人工成本、法律成本和租金，并且中心云服务的价格很高。集中式系统可以更快、更低成本地将文件存储在云中，解决传统的云安全性和隐私问题，控制用户上传的资源并存储文件，主机将无法查看保存的文件。同样，即使系统出现大面积瘫痪，文件也不会损坏。

7. 公众利益。

在过去的几年中，一些公共工程慈善机构发生了“黑天鹅”事件，严重损害了人们对公共工程的信任。社会舆论强烈怀疑有关公共利益机构和公共利益行业的信息不清楚，而区块链则可解决公用事业的“最后一公里”的问题。2016 年，支付宝爱心捐赠平台建立第一个基于区块链的公共利益项目，从技术上保证公共利益数据的真实性，并节省信息公开成本。

8. 知识产权。

在现代经济环境下，知识产权保护力度不够，在线著作权诉讼纠纷频繁，且难以证明，维权成本高。区块链技术可保证版权交易透明和有效，并且音乐家可以直接从其作品的销售中受益。此外，音乐家可以自愿在发行商和发行商之间的区块链平台上发布和传播他们的作品。他们不仅可以更好地进行创作工作，而且不必担心侵权问题。

四、我国区块链发展情况

近年来，随着我国加快构建区块链产业生态，推动区块链和 AI、大数据、物联网等前沿信息技术的深度融合，国内区块链市场发展迅速，区块链技术应用创新落地提速。根据中商产业研究院发布的《2022～2027 年中国区块链产业发展前景及投融资策略研究报告》提供的数据，2022 年中国区块链产业市场规模达 67 亿元，近三年年均复合增长率达 15.76%。中商产业研究院分析师预测，中国区块链市场将继续高速增长，2023 年市场规模将达到 78 亿元。

2022 年，中国政府行业区块链软件市场集中度较高，前六位企业市场份额接近 70%，其中腾讯云凭借 18.7% 的市场份额排名第一。其次分别为蚂蚁集团、华为云、联通数科、浪潮、趣链科技，占比分别为 14.3%、9.0%、8.8%、8.2%、7.5%。

第七节　物联网

物联网（Internet of Things，IoT）起源于传媒领域，是信息科技产业的第三次革命。物联网是指通过信息传感设备，按约定的协议，将任何物体与网络相连接，物体通过信息传播媒介进行信息交换和通信，以实现智能化识别、定位、跟踪、监管等功能。物联网应用中有三项关键，分别是感知层、网络传输层和应用层。它是数字经济发展的又一重要技术支撑。

一、物联网内涵

一般而言，物联网（Internet of Things）是通过信息传感设备，把物品与互联网连接起来，进行信息交换，来使用相应功能。进入数字经济时代，社会生活发生极大变化，更方便快捷、更灵活智能的数字工具、数字技术与数字基础设施已经成为人类经济社会运行不可或缺的重要部分。而基础设施在数字经济时代的一个重要目标就是适应和满足万物互联的需要，即通过物联网把人与人、人与物、物与物连接起来，引领我们走向更加美好的新时代。

二、物联网的技术体系

物联网技术与多个领域相关联，这些技术通常在各个行业都有各种各样的应用要求和形式。物联网技术构造主要包含 4 个系统：传感及标注技术、网络和通信技术、计算和服务技术、管理和支持技术。

（一）传感及标注技术

感知和认识的技术包括传感器、RFID、2D 代码等开发成熟度大不相同的各种技术。

1. 传感技术。传感技术依赖于使用传感器、敏感的机械装置、敏感的材料、处理装置、测量技术，与在传感和收集范围内执行传感的信息传感器技术合作网络有着高度技术和综合性的技术合作。

2. 识别技术。识别技术涉及物体识别、位置识别、地理识别。物体识别系统是单一网络重要技术点，从应用要求角度来看，识别技术首先需要解决目标和网络研究资料的全球标记问题。标准化的物体识别系统将各种现有传感器和识别方法进一步整合，以支持现有与未来的识别战略。

（二）网络及通信技术

1. 接入和网络配置。单网络技术是通过以互联网协议版本 6（IPv6）为中心的下一代网络，为单网络开发创造优秀的基本网络条件。外围网络（如传感器网络）面临与扩展应用的骨干网络连接问题，其网络技术和要求与骨干网络一致。

2. 通信及频率管理。为了网络工作，需要整合各种有线和无线通信技术。近距离无线通信技术将成为研究物体互联网的焦点。IoT 终端使用工业化学（ISM）频带进行通信。ISM 频带除了多个互联网设备外，还包括现有的 Wi－Fi、超宽带（UWB）和 Zig。Bee 和 Bluetooth 等设备在光谱空间中非常拥挤，由于大规模应用程序中的实际互联网连接限制，提高了频谱资源的使用率，因此可以通过 E 多主体网络操作来实现空间共存。

（三）计算及服务技术

大量传感器信息的计算和处理是单个网络的核心支持服务和应用，体现了单个网络的最终价值。

1. 信息的计算。大规模传感信息的计算和处理技术是 IoT 应用在大规模开发后面临的重要问题之一，如数据融合、高效存储、大规模传感信息的语义等。因此需要学习发现和数据挖掘等重要技术。云计算技术实现信息存储资源和计算功能的分散共享，支持大量信息有效利用。

2. 服务的计算。当开发面临巨大挑战、继续应用传统技术加载时，物联网应用创新必须适应未来应用环境的变化和服务模式的变化。物联网、一般行业应用要求、精炼行业常用或需要核心一般支持技术、各种应用要求标准化、一般服务系统结构和应用支持环境从开始，那个是必要的。

（四）管理及支持技术

1. 测量和分析。随着网络复杂性的增加、新服务的不断出现，有效的网络测量需要研究重要的分析方法和建立网络、测定服务的识别机制和方法。

2. 网络管理。物的互联网连接有“自律性、开放性、多样化”的自然特征。这些自然特性与网络运用的基本需求不一致。为了确保网络系统的正常高效运用，需要研究新的 IoT 管理模式和必要的技术。

3. 安全性。安全性对网络的运用非常重要，对网络的正常运用来说是重要保证。物联网的开放性、综合性、匿名性也必然决定了潜在信息安全风险的存在。

三、物联网与数字技术

随着互联网信息传送与数字技术服务网络的新兴业务和应用范围越来越广，物联网因其广泛的信息获取、高效的数据传输、有效的数据与信息运用等功能，大多应用于长距离、低密度、低速率、低功耗、多终端的通信应用场景，其对于数字基础设施中互联网、大数据等均提出特殊要求，也必将对互联网、大数据产生重要影响。同时，由于物联网应用场景大多较为分散，未来也将出现更加复杂化与多样化的智能终端设备，这又必将对云计算的计算能力产生重大影响。

物联网与互联网两者相互依存，物联网与云计算也是如此。物联网的发展对云计算有着重大影响，而云计算能力的极大提高，又可支持与满足更先进、更复杂物联网应用场景下企业计算机、智能终端设备等硬软件的有效运行、数据采集与分析等功能需求。

四、物联网发展现状

我国物联网连接数持续增长和产业发展壮大，是市场需求和技术进步的共同结果。其带来海量数据为大数据、人工智能提供了丰富资源，正有力推动我国数字经济发展。

（一）终端用户高速增长，连接底座持续夯实

物联网能力底座不断夯实，得益于我国高水平5G基础设施持续领跑。截至2023年11月末，我国5G基站总数达到328.2万个，5G行业应用在广度和深度上双管齐下，目前已覆盖97个国民经济大类中的67个。

2021年9月10日，工信部等八部门印发《物联网新型基础设施建设三年行动计划（2021～2023年）》提出，到2023年年底，国内主要城市初步建成物联网新型基础设施，社会现代化治理、产业数字化转型和民生消费升级基础更加稳固。

2023年我国在物联网新型基础设施建设、业务发展等方面取得了显著成效。工业和信息化部最新统计数据显示，1～11月我国蜂窝物联网用户较快增长，三家基础电信企业发展蜂窝物联网终端用户23.12亿户，比2022年年末净增46772万户，占移动网终端连接数（包括移动电话用户和蜂窝物联网终端用户）比重达57.3%。物联网业务收入同比增长22.7%，成为拉动通信行业增长生力军。

（二）应用赋能作用凸显，激活数字经济神经末梢

水稻田中，一台台竖立在田埂上传感器，让种植户不用看天气预报也能知道田里温度，不用守在田里也能知道哪片作物要发生病虫害。连过去种水稻最怕的暴雨洪涝灾害，如今也不需要担惊受怕。田里传感器可以感知稻田水位，高了会自动开阀排水，旱了会提醒种植户浇水……

随着经济社会加快向数字化、智能化转型升级，在生产生活各个领域，物联网应用赋能随处可见，万物互联场景愈发清晰。

以物联网和未来通信为代表的新一代信息技术已成为促进传统产业转型升级和推动经济高质量发展的重要支撑。随着网络基础设施的逐步完善和技术水平的日益提高，终端、芯片、模组价格不断降低，物联网应用范围不断拓展。物联网已广泛应用于工业制造、农业生产、交通车联、健康医疗、电力能源、环境保护等领域。

工信部数据显示，截至2023年8月末，应用于公共服务、车联网、智慧零售、智慧家居的物联网终端规模已分别达7亿、4.4亿、3.2亿、2.4亿户。另据市场研究机构IoT Analytics统计数据，中国物联网行业应用中制造业/工业占比为22%，排在首位；其次是交通/车联网，占比为15%；智慧能源、智慧零售、智慧城市、智慧医疗和智能物流分别占比为14%、12%、12%、9%和7%。

（三）新技术新业态涌现，未来发展值得期待

移动设备生物特征识别标准创新和实施应用、Wi－Fi网联无源RFID分布式读写系统及应用、家居物联网边端智能解决方案、小蜘蛛低轨卫星互联网星座及宽带物联网应用、广义确定性智融标识网络系统及核心设备、异构自适应的边缘协同智能计算技术与应用、近零功耗软件定义物联网关键技术与核心芯片……2023年中国物联网大会上，物联网领域重要科技进展获得业界广泛关注。

其中不少应用已经落地，正在悄然改变着生产生活。例如，家居物联网边端智能解决方案，通过自主研发包括芯片、模组和 AI 算法边端部署工具链 Aidget 等在内的全栈解决方案，实现了 IoT 边端智能技术在智能家居领域创新突破。

高速发展的物联网产业，见证了数字技术影响力，重塑千行百业，驱动社会经济变革。而即将到来的 6G 时代，更给人们带来无限期待。

工信部 6G 推进组日前披露，我国将加快推进 6G 技术研发与创新，2030 年左右实现商用，这将为从“万物互联”走向“万物智联”提供技术路径。

总结与回顾

本章系统介绍了数字经济发展的七大支撑技术：数据中心、云计算、大数据、人工智能、区块链、物联网。

复习思考

一、名词解释

数据中心；云计算；大数据；人工智能；区块链；物联网

二、简答题

1. 简述互联网影响农业的实践路径。
2. 列举常用的数据分析方法。
3. 简述云计算与数据中心的关系。
4. 简述大数据与云计算的关系。
5. 简述物联网与云计算的关系。

三、论述题

1. 讨论人工智能的应用价值及相关风险预防。
2. 试分析数字技术对生产过程的变革。

能力拓展

发挥 5G、数据中心、人工智能等新一代数字技术支撑作用

新基建新在哪儿

新基建是一种新的基础架构，主要以 5G、数据中心、人工智能、工业互联网和物联网为代表。它实质上是信息数字化的基本体系结构。

铁路和高速公路是工业时代的基础设施，在信息时代，更多的基础设施功能（如计算能力和使数据成为重要元素的算法）得到了体现。北京点信息科技有限公司董事长兼首席执行官苏萌先生表示，如果数据元素是“石油”，那么新的基础设施就是“油井和输油管道”，数据智能化就是“炼油技术装备”。数据智能将资源处理成可用的、高价值的产品和服务。

新的基础设施将先进的智能科学技术与产业深度相结合，将加速金融、制造和能源等智能传统产业的转型。

使用大数据技术建立流行病传播模型，以快速评估和预测病毒感染源、传播速率、传播途径、传播风险等。人工智能远程面试、辅助诊断、视频分析，有效降低医务人员近距离接触感染的风险，大

大提高了诊断效率。这有助于缩短科研机构的研发周期，如新药的研发。

在能源工业中，用于风力发电的风场广泛分布在偏远地区。工程师团队驻扎在长途研发中心。由于大型风电场内部结构复杂，本地管理人员通常无法预测故障和维护，设备维护成本仍然很高，运营成本不太可能下降。联想集团副总裁 Takashi Ken 表示："工业互联网可以通过将云计算和单网络技术相结合来解决这些挑战，并降低运营和维护成本。"

在太空飞行领域，工业互联网在促进数字化转型方面也起着重要作用。中国航天科工集团有限公司已经以贵州航电公司为平台，实现了从销售合同到生产展位的发展。"我们已经实现了从供应链和制造到付款和售后服务的全过程的自动化和智能化，解决快速响应市场多样性需求的问题。目前，该公司每年收到 100000 个订单，每天可以处理多达 2000 个订单，以满足小批量生产各种个性化产品的需求，同时提高效率、质量和利润。"高光说。

您为什么此时按下"快速键"?

它不仅是满足对下行经济压力的客观需求的战略选择，而且是对全球科学技术和产业转型趋势的深刻见解和理解。

在过去的几年中，日本一直致力于抓住新的科学技术革命的机会。它极大地发展了数字经济，并正在推动行业优化和升级。新基础设施的计划布局已经部署，为什么选择这次并按"快进"?

专家认为，这一政策决定是对下行经济压力客观需求的回应，是一项对全球科学技术和产业转型的主要趋势有深刻洞察和了解的战略，这是典型的。

加速新的基础架构，价值不只是摆在我们面前。5G、数据中心和工业互联网等领域具有一定的领先优势。联想董事长兼首席执行官杨元庆先生表示，新基金会是对科技经济新硬核基础上的基础建设浪潮，并为中国的经济转型和发展注入了强大的"数字力量"。

"从长远来看，新的基础设施是一个坚实的基础，是长期的战略，开拓性的总体项目，不仅具有长期目标，而且是不可逆转的。"中国科学院科学技术战略咨询研究所研究员 Manrikinami 说。

Koubei 说："参与新基础架构的公司还需要具备能力、决心、耐心的专业匹配，从长远来看，要保证新基础架构的速度和质量。"

请根据上述材料回答下面两个问题：

1. 试着阐述"新基建"的内涵，以及与传统基础设施相比所呈现出的特征。

2. 在新时代背景下，促进"新基建"高质量发展的对策建议?

第四章　数字资源定价

任务分析

1. 了解数字资源以及其与实物资源的区别。
2. 掌握数字资源的产权分析和成本分析。
3. 了解数字资源的市场运作以及不同的定价模式。

案例导入

走进柴达木盆地首个城市书房

“这个城市书房实在是太好了，藏书丰富，而且是24小时开放，可以说给我们这座戈壁新城增添了一抹浓郁的文化色彩。”格尔木市民张诚兴奋地告诉记者，作为文学爱好者，自己带孩子已经来过好几次书房了。

8月27日，24小时全天候不打烊的城市书房在青海省海西蒙古族藏族自治州格尔木市正式启用，这也是柴达木盆地首个城市书房。

“格尔木市首家24小时城市书房是浙江省温州市对口援建项目，总面积240平方米，阅览座有60个，馆内藏书8970册，涵盖文学、教育、经济等领域。”格尔木市副市长张菊介绍，城市书房全面向所有市民开放、24小时不打烊的自助式公共图书馆，对丰富市民精神文化生活、推广全民阅读、提升城市阅读品位和文化形象具有重要作用。开馆当天，记者在格尔木城市书房看到，学生们在书房中三三两两“抱团”读书，温州图书馆的两位老师还与学生们分享了《马背上的女图书信员》和《牧羊少年奇幻之旅》，朗读沙龙、绘本阅读、送宫大冒险等板块更是深受小读者们欢迎。

“2014年首家城市书房在温州落地生根，之后在全国遍地开花，点亮了城市阅读之灯，也给城市带来了温暖。现在，我们从浙江温州来到格尔木，共同见证格尔木首家城市书房的落地，意义非凡。”浙江省温州市文化广电旅游局局长朱云华介绍，从2010年起，温州对口援建格尔木市，两地文化交流不断掀起高潮，投入1200万元装修新建的援青项目格尔木市图书馆散发知识光芒。

“格尔木市24小时城市书房的建成，融合了纸质资源与数字资源，阅读服务与便民服务，是传统阅读阵地的现代延伸和有益补充。全天候开放、低成本运营、与总馆通借通还，打造‘城市名片’和市民10分钟文化生活圈，不仅让市民在家门口就能享受到图书馆的服务，而且也使城市书房成为格尔木市的文化地标和市民的精神家园。”张菊介绍，近年来，格尔木市建立起以市图书馆为中心，乡镇文化站、社区综合服务中心、农牧家书屋、流动图书站为基层公共阅读服务点的四级公共阅读服务网络。

知识介绍

第一节　数字资源与传统实物产品

数字资源（Digital Resources）是文献信息的表现形式之一，是将计算机技术、通信技术及多媒体技术相互融合而形成的以数字形式发布、存取、利用的信息资源总和。

从资源提供者看，可分为商业化数字资源和非商业化数字资源。前者包括数据库商、出版商和其他机构以商业化方式提供的各种电子资源，如 Elsevier 公司的 SDOS、EBSCO 公司的 Academic Source Premier、中国期刊网等数据库，图书馆需要支付一定的费用后再提供给一定的读者群，或者读者个人通过读书卡和其他方式购买数据库的使用权。后者主要指机构自建的特色资源库、开放获取资源、机构典藏和其他免费的网络资源，这些资源或者由图书馆自行建设，或者可以从网络上免费获取。当然，图书馆特色资源库在建成之后也可以以商业化方式进行运作，此时，对其他图书馆而言，也可以称为商业化数字资源。

一、数字资源基本内涵

（一）数字资源概念

数据含义非常广泛，不仅是指没有经过组织的数字，也包括没有经过组织的文字、语音、视频等，而信息是对数据进行加工和相关处理后所得到的另一种数据。人类正处于一个信息大爆炸时代，那些大量碎片化数据并不都具有利用价值，因此需要对这些数据进行相关处理，如收集、存储、清洗、加工、挖掘、检索和分析，而常规软件所能处理的范围还远远达不到这些要求。因此需要一定计算资源底层，从而可以在大数据分析和挖掘大量数据时提供前期支撑，计算资源底层一般由以下 3 部分组成：云计算虚拟化技术、分布式数据存储技术与管理平台，搜集到的数据经过处理后就变成了数字信息产品，成为重要的数字资源。根据现有理论，在网络中以比特流方式传输的产品或服务或者以数字格式进行信息传输，这些都被称为数字信息产品，它的存在以网络和终端设备为载体。数字资源含义比较广泛，它是多种技术融合形成的以数字形式共享、访问和使用的信息资源的总和。本质上看，数字资源属于非物质形态产品，颠覆了传统物质形态产品的内涵，正成为当前经济形态下必不可少的投入品、中间产品和最终消费品。

（二）数字资源分类

数字资源可以从不同视角对其分类，本书主要用目前比较公认的两类分类方法来划分数字资源：从存在形式与用途两个视角。

Son - Yong Choi（2000）最早对“数字产品”进行了分类，他认为数字资源载体是比特流，数字资源消除了物理界限外，在某种程度上可以更好地优化配置资源，提升资源利用效率与效益，他将数字产品分为三个类别，具体内容如表 4 - 1 所示。

表 4－1 数字产品分类及主要内容

类别	内容
信息和娱乐产品	纸类信息产品：图书、报纸 产品信息：产品使用说明书、产品规格信息、上岗培训手册 图形图像：日历、相片、卡牌、地图 音频产品：歌曲、语音 视频产品：短视频、电视剧
象征、符号和概念	购票：景点、航班、宾馆、演唱会 金融工具：股票、电子货币、金融期货、有价证券
过程和服务	政府服务：表格、福利金支付 电子传送：电子邮件、传真、电话 商业价值创造过程：订购、记账、盘亏、签约 拍卖和电子化市场 数字咖啡和交互式娱乐

谢康（2003）基于数字资源用途视角来划分数字资源，将数字资源分为 3 大类型，具体内容如下。

1. 内容性产品。内容性产品表达出了一定的内容，这类产品主要包括短视频、书籍（含报纸）、新闻和音乐等，按载体形式可将内容性产品进一步分类，如表 4－2 所示。

表 4－2 内容性产品的分类及主要内容

载体形式	内容举例
数据、文字	各类数值数据，如统计年鉴等
图像、动画	各类图片、图表、地图、海报、网络广告等
音频、视频	各类数字广播、数字电视、视频会议、电影、网络电视、网络直播等

2. 交换工具。交换工具也是一种数字化产品，这种数字化产品代表了某种约定，如数字化门票、网上支付工具（指分包、微信以及云闪付等）、数字化预订等。在网络发展不足时，人们使用的交换工具主要是纸质货币，但随着网络迅速发展，计算机编码程序可以将传统货币以及金融工具转换成数字化产品。今天，数字交换工具可以降低社交交易成本并提高社交交易的效率，因为大多数金融信息以数字形式通过互联网分发或以数字方式存储在计算机硬盘上，随着网络银行终端、互联网、个人电脑的迅速普及，在现代金融体系中，数字交换工具的作用越来越重要。数字门票和数字订票是可以用于身份识别的数字产品，是一种非常重要的兑换工具，这是因为这两款数字产品具有某种约定的性质。近年来，我国经济管理水平不断提升，电影院、公园、汽车站、游泳馆、展览馆、景区等各种公共场所门票已实现电子化管理。服务业很多领域都开始涉足数字预订，如西餐厅座位预订，酒店、宾馆、饭店预订，汽车、轮船、火车、飞机票预订，医院门诊挂号、手术预约等，人们可以通过数字化预订获得便利，而数字化预订也可进一步提升相关部门服务水平和质量。

3. 数字化过程和服务。数字化过程是指数字化交互行为，它必须由软件控制，这也是区分数字流程与内容产品的主要方面。另一个区别是数字流程比内容产品更具优势，更高的交互性能。随着个人电脑普及与互联网使用，越来越多的组织正在成为互联网、数字流程和服务业务的平台。数字流程和基于内容的数字产品之间的第一个区别是必须首先基于软件。例如，当顾客用暴风影音播放器观看视频时，必须先启动暴风影音，启动过程即是数字化过程。区分数字化过程和内容性产品的第二个视角是数字流程是交互式的，通常不能仅靠软件来完成，还需要人的参与。例如，发送和接收电子邮件、参与在线拍卖、参与远程学习都需要个人参与。软件只是启动数字流程的工具，这个数字化过程有不同程度的人参与，在线服务往往与数字化过程和人的参与相结合。目前很多数字产品通过 Internet 交付，如数据库、印刷媒体的数字版本（包括书籍、杂志、报纸和杂志），甚至还可以上网。互动数码产品是指远程诊断、远程学习、互动游戏等产品或服务。交互是服务器和客户端之间的简单通信，如搜索查询，通过发送信息和接收响应过程。这种环境下，双方之间交流是互动的。互动产品基本上是个性化产品，只对固定人群具有消费价值。随着线上消费的不断增加，消费者也越来越多，越来越注重个性化消费，产品互动性也越来越强。

二、数字资源与传统实物产品联系

市场经济条件下，数字资源与传统实物产品都是作为经济商品而存在的，其需求与供给机制有很多共同之处，供求关系存在于市场的每一个角落：一方面，生产商品的动力来自需求，商品存在的价值也能够通过需求体现出来，而供给就是为了满足用户需求，商品价值只能够通过供给来实现，也就是说供给是唯一途径；另一方面，用户是被动地对商品产生需求，用户对产品需求能够通过有效供给释放出来，而用户对产品需求则会被无效供给弱化。因此，商品进行交易的基本前提是需求与供给达到平衡。传统工业经济中，生产者与消费者都遵循“经济人”假设，即企业希望通过最小成本实现利润最大化，消费者希望通过最少支出获得效用最大化。同样，在数字经济中，数字资源提供者会对数字资源进行商业化操作，这一操作基础就是资源成本和收益，他们最终目的就是实现产品最大价值，但同时保持最低成本，而数字资源消费者也希望以合适的价格消费数字资源满足自身需求，实现最大效用。

根据经济学中信息非对称理论，传统市场中，交易双方可能存在信息不对称，如此一来可能会导致“逆向选择”的出现，而“逆向选择”会降低市场运行效率。交易双方在交易过程中，卖方对产品质量以及运行情况会比买家了解得更多，也就是说卖方知道的信息更多，而买方则处于信息劣势。以旧车市场为例，假设市场中有一批旧车要卖，市场中有好车也有坏车，同时也有一批要买旧车的买主。只有卖家知道车辆的好坏与否，假设较好的车售价为 500 元，较旧的车售价为 200 元，买家对于较好的车愿意出 550 元，对于较旧的车愿意出 150 元，如果双方信息是完全的，那么较好的车成交价在 500～550 元，较旧的车成交价在 150～200 元。而由于买方不能够分辨出车辆的较新与较旧，一部分车主以次充好，买家只知道市场中有较好的车也有较旧的车，但由于分辨不清楚，他们出的价格会取平均，这个均价低于较好的车价格，较好的车车主就不会出售，一部分较好的车就会退出市场，从而买家出价更低，较好的车继续退出市场，最终市场中只剩下较旧的车。这种情况下，就出现了“逆向选择”问题。数字经济时代，数字资源市场与传统市场一样，也会存在信息非对称，最终出现“逆向选择”。究其原因，主要体现在以下三个方面：第一，与传统产品相比，数字资源具有不同的特性：易复制性、共享性、网络外部性等使得商家无法提供数字资源全部内容，而有限信息使消费者无法准确对数字资源质量和价格进行相应测度和判断；第二，与传统产品相比，生产者提供数字资源产品也是为了获得最大利润，由于数字资源具有广泛性以及网络具有虚拟性，生产者或者提供者就会对数字资源产品一些不利于本身的信息进行隐藏，这一行为会导致交易双方在交易过程中产生信息非对称，从而导致数字资源产品消费者做出非理性决策；第三，消费者理性是有限的。互联网具有丰富资源信息，消费者可以在互联网中查到自己感兴趣产品相关信息，但他们处理信息能力是有限的，消费者不可能看完产品所有信息并且比较一遍所有备选方案，因此相对于生产或提供数字资源厂商来说，消费者仍然是处于信息劣势。综上所述，相对传统产品市场来说，由于网络具有虚拟性以及数字资源产品交易模式特殊性和数字资源产品特性，交易双方信息非对称问题可能更加严重。

三、数字资源与传统实物产品区别

（一）数字资源物理特征

1. 数字资源具有不可破坏性。数字资源以比特形式存在，是虚拟产品，一旦生产出来，只要操作正确且物理载体没发生故障，其存在形式就会永不发生改变，永久保持，与之相比，传统有形产品存在形式会发生改变，发生改变的原因与产品使用频率和使用时间有关。由于数字资源具有不可破坏性，因此数字资源产品质量具有较高稳定性，同时也使数字产品成了传统意义上的“耐用品”。数字资源产品销量增加较为困难，这是因为数字资源产品与实物消费物品不同，消费者不会经常去购买，因此，生产数字资源生产商只有对数字资源产品进行升级换代，这一途径就是通过不断扩充数字资源产品信息量和提高数字资源产品性能，同时由于竞争越来越激烈，导致生产商推出新产品步伐越来越快。

2. 数字资源具有可改变性。数字资源内容可以改变，根据这一特性，数字资源生产厂商可以根据需求方不同需求来个性化定制数字资源。一些管理系统供应商为了适应不同用户具体业务需要，可以对管理系统增加部分特殊功能。网络上数字化电影和音乐也可以通过专用软件进行格式化和更改，消费者可以根据自己需要改变这些产品风格。正是由于数字资源可改变性，数字产品差异化程度远高于传统实物产品，数字产品的出现也更好地适应了消费者个性化需求。

3. 数字资源易于复制和高速传播。与传统实物产品相比，数字资源具有速度优势，基于网络，虚拟数字资源可以在非常短时间内在不同消费者以及不同地区之间进行交换和共享，如电子邮件，只要具备互联网和电子设备，数字资源可以在极短时间内被传送。同时，消费者可以在线上购买数字产品，当消费者购买产品后，通过网络，数字资源产品在极短时间内到达消费者手中，大大缩短了消费者拿到产品的时间。

（二）数字资源经济特征

数字资源作为可消费产品，从经济学角度分析，在以下几个方面与传统实物产品有很大区别。

1. 数字资源个人偏好依赖性更强。传统实物产品被消费的是实物本身，而数字资源被消费的是其所代表的思想和用处。任何产品需求都随消费者个人喜好差异而改变，而消费者对数字资源的需求差异化更加凸显出来。因此，数字资源销售相较传统实物产品更加依赖于消费者掌握的相关信息，消费者可以按照不同偏好进行分类。由于数字资产用途和价值相对不同，产品定制和差异化定价应该基于客户类型和其他身份。对于差异化数字资产，应该基于估计的消费者意见或边际支付意愿，而不是用边际成本来确定产品价格。

2. 数字资源具有特殊成本结构。这个特殊成本结构如下：当生产第一个数字资源产品时，所需要花费的成本非常高，但是一旦第一个产品生产出来后，后面对第一个产品进行复制成本却非常低。也就是说，只要第一个产品出来后，后面复制该产品的成本几乎就可以忽略不计。数字资源固定成本非常高，但可变成本（复制成本）却很低。其中，数字资源沉没成本占总成本的比重非常大。一旦停产，上一财年投入的固定成本将不予报销。而且制作大量数字资源副本不会增加另一个副本，即数字产品边际成本接近于零。这种特殊的成本结构创造了巨大规模经济。也就是说，产量越高，数字资源产品平均总成本越低。

3. 数字资源产量不易受生产能力限制。根据经济学中规模报酬递减规律，产品生产规模会对传统实物产品生产产生影响。而数字资源易于复制且复制成本很低，除了计算机病毒干扰或网络服务器崩溃等特殊情况外，它的生产能力基本不会受到影响。

4. 时效性。数字资源具有很强时效性，这一特性在内容性产品上表现得最为明显，如新闻和股票信息等。消费者可以通过付费方式在互联网上获取实时信息，实时信息费用较高，但是对于一些相对滞后信息，消费者需要支付的价格较低，甚至不需要支付费用就可得到信息。例如，一个新闻产品，消费者可以付费 10 元也可以付费 5 元，付费 10 元可以获得新闻实时推送，而付费 5 元则会延迟 20 分钟才能够得到推送的新闻，即部分数字资源价值体现在时效性上，该特性也成为影响数字资源定价的一个重要因素。

5. 先验性。数字资源是一种经验产品，这就是数字资源具有先验性的原因。经验产品是指消费者一开始并不知道产品好坏与否，只有在尝试之后才知道产品哪方面是好的哪方面是差的，然后才能对其进行评价，判断其价值。也就是说，对于一种新数字资源，在消费之前，用户很难判断其真正价值，因此往往不愿支付较高价格。对于数字产品来说，它每次被消费时都是经验产品。一方面，数字资源价值和载体相独立，它的真正价值并不能够根据外观直接判断出来；另一方面，数字资源价值通常体现在用户消费后，其知识结构增加和变化，对用户具有导向作用。数字资源对用户产生或正或负的效果需要一定时间，其经验性更为明显。例如，网上银行服务，用户只有使用它才能够真正了解该服务。

数字资源产品这种特性带来了许多经济学问题，其中最重要的是消费者对数字资源产品的偏好。消费者需要提前使用，然后才能比较其效用从而做出决定，消费者可以确定自己价值，谨慎消费。对数字产品供应商来说，生产者主动采用多种途径来降低产品质量信息不确定性和信息非对称性，帮助消费者了解产品效用，只有自己才可以判断自己的购买偏好。例如，厂商可以在网上提供测试版本，让消费者免费试用，这正是数字资源意义所在。

正是由于数字资源特殊的物理属性与经济属性，其生产、交换与消费也与传统实物产品呈现很大差别。从产业资本来看，传统产品主要靠固定资本投入，数字信息产品生产则主要靠 ICT 无形资本来实现。从交换环节来看，农业、工业时代传统产品包括有形商品和无形服务，无论是商品还是服务交换都无法突破时空的限制，也即必须在有形市场进行。而数字信息产品是以比特形式存储并可作为比特流在网络上传输，这种产品本身是看不见、摸不着的，不能被感知，只能通过终端设备识别。因此，只要具备了相关基础设施以及互联网环境，数字信息产品交换市场是一个无形的、非固定的虚拟市场，交换双方就可随时随地进行交换，有效突破时空限制。从消费环节看，传统产品，消费者一旦消费，即获取该产品所有权，其他人无法再对该商品进行消费，而对于数字资源产品，不同消费者可以突破时空限制使用同一产品。例如，用户可以同时观看一部电影、阅读同一本电子小说、玩同一款电子游戏等，互不影响，这就是数字资源消费的非独占性。

第二节　数字资源产权分析

数字资源产权分析是数字资源分析的重要内容，明晰数字资源产权是数字资源进行交易非常重要的一步。

一、数字资源法律主客体界定

（一）数字资源法律主体界定

一般来说，数字资源主体包括两大类：数字资源生产者（主要有作者、研究资助机构等）、数字资源传播者（涉及出版商、网络服务商、数据使用者等）。

1. 数字资源生产者。一般而言，数字资源生产者涉及两大主体：信息生产者和信息资源开发组织者。我国《著作权法》规定，作品创作者对自己创作行为依法享有版权，而且作者所在机构对职务作品依法享有著作权。对此，大陆法系与英美法系对其称谓不同：大陆法系称其为国家职务作品，而英美法系称其为雇佣作品。

研究资助机构也称信息资源开发组织者，其利用掌握的大量基金为作品创作者即作者提供资金支持与便利。一是鼓励作者充分利用信息开放获取创造素材进行创作，为学术研究人员获取学术信息资源提供最大便利，加快传播学术知识；二是开放获取有助于受资助研究成果更加公开、影响力更广、被引用的频率更高，从而进一步提升研究机构影响力。因此，研究资助机构也是机构库的重要权利人，依法享有对机构库的著作权。

2. 出版商与网络服务商。出版商凭借自身专业资质与社会资源定期向市场提供各类图书、杂志、期刊、音像制品等。版权转让是版权所有者将其版权中的财产权利转让给他人享有。此处的版权转让是版权所有者将其版权中的财产权利转让给出版商享有。版权转让方式有继承、赠与和有偿转让等，而版权有偿转让是版权交易的基本内容。而复制和分发权是一项基本权利，出版商从中可以获取很大收益。

经营性互联网服务提供商（Internet Service Provider，ISP）是向广大用户提供互联网接入与相关服务的企业，是拥有网络信息服务许可证与营业执照的网络服务经营主体。ISP 一般可分为两大类：（1）网络接入服务提供者（Internet Access Provider，IAP），其仅向用户提供拨号入网服务，没有自身骨干网络和信息源，提供有限的信息服务；（2）网络内容服务提供商（Internet Content Provider，ICP），如腾讯、百度等大型互联网公司运营其网站的一些服务，如发布新闻、发布评论、作品，以及允许用户浏览、访问、下载、阅读等提供有关信息等。ICP 为广大用户提供大量网络信息服务，拥有自身特色信息源，是信息的直接发布者，也就是说，在网络信息传播中网络内容服务提供商就像出版社、电视台等信息主体一样具有信息发布功能，也承担信息在著作权法中的法律责任。

3. 数据使用者。数字资源开放存取的最大受益者是众多的数据使用者。经权利人同意，数据使用者有权使用数字资源。数据用户是所有需要数字资源服务并满足信息资源开发和利用客观要求的社会部门和相关成员。

（二）数字资源法律客体界定

一般来说，数字资源法律客体是有著作权意义的以二进制数字编码形式表达的数字作品。虽然目前著作权保护国际公约及国内著作权保护法没有相关条款来界定数字作品，但从著作权保护作品相关法律规定看，数字资源法律客体包含数字作品。世界上第一部保护版权的国际公约《伯尔尼公约》第 2 条第 1 款规定：“文学和艺术作品”一词包括文学、科学和艺术领域内的一切成果，无论其表现形式或方式如何。我国《著作权法》对作品的规定为“文学、艺术和科学领域内，具有独创性并能以某种形式复制的智力创作成果”。所以传统纸质作品和数字作品都是著作权意义的作品。

数字作品形式多样，在著作权规定范围内，既可以是文本文件，也可以是数字多媒体文件。我国《互联网出版管理暂行规定》第五条规定，互联网出版指的是：“互联网信息服务提供者将自己创作或他人创作的作品经过选择和编辑加工，登载在互联网上或者通过互联网发送到用户端，供公众浏览、阅读、使用或者下载的在线传播行为。其作品主要包括：一是已正式出版的图书、报纸、期刊、音像制品、电子出版物等出版物内容或者在其他媒体上公开发表的作品；经过编辑加工的文学、艺术和自然科学、社会科学、工程技术等方面的作品。”

通过网络获取数字资源包括学科知识库、机构知识库、个人主页、博客、专业论文、Wiki、博客、BBS、文字作品、数字影像音频资料等。

1. 学科知识库。学科知识库顾名思义是与学科相关的知识库，其记录、收集、整理、描述、组织、索引各学科数字资源，经过长期保存与广泛传播，实现各类学科知识资源共享与科学高效利用。国外比较有名的学科知识库有美国国家生物技术信息中心开发设计的公共医学中心（Plumbed Central，PMC）、国际分子多样性保护组织等。国内比较有名的学科知识库有中国科技论文在线、中国预印本服务系统和奇迹文库等。

2. 机构知识库。机构知识库是由一个机构创建的，依托网络，以收集、整理、保存、检索、提供利用为目的，以本机构成员在工作过程中所创建的各种数字化产品为内容的知识库。中科院国家科学图书馆界定的机构知识库：机构知识库是研究机构实施知识管理的工具，是机构有效管理其知识资产的工具，也是机构知识能力建设的重要机制。机构知识库应该是把机构内各种系统、各个团队、各个成员散存的各类知识成果的记录、集成、再组织、展现，展现机构成果，盘活机构知识资产，为成员、团队提供学习、科研服务支持。

3. 博客。博客（Blogger），其正式名称是网络日记，是使用特定软件，在网络上出版、发表和张贴个人文章的人，或者是一种通常由个人管理、不定期张贴新的文章的网站。博客是继 MSN、BBS、ICQ 之后出现第 4 种网络交流方式，它代表着新的生活、工作和学习方式。大部分博客内容以文字为主，但也有一些博客专注在艺术、摄影、视频、音乐等主题。博文可以自己创作，也可转载他人作品，转载时不能侵犯他人著作权，要标注原始来源。

二、数字资源产权归属

产权（Property Right）是指合法财产所有权，表现为对财产的占有权、使用权、收益权、处分权等权利集合。其权利集合一般依附于产品或服务上。所以达成市场交易是交换两个权利集合的结果。权利价值决定了所交换的产品或服务价值。

一般而言，数字资源产权构成有三部分：数字资源产权主体、产权客体、产权内容等。产权具有可分解性，经济主体不同，其可能拥有部分数字资源产权。根据数字资源产权主体性质不同，数字资源产权主体包括政府、企业、单个个体。按照数字资源产生或持有主体，数字资源产权客体涉及个人数字资源、企业数字资源、公众数字资源、政府数字资源等。与数字资源产权客体对应，数字资源产权内容包括个人数字资源权、企业数字资源权、公众数字资源权、政府数字资源权。另外，产权是一束权利集合，可以进一步分解为两部分：所有权与使用权。因此，数字资源产权可分解为两部分：数字资源所有权、数字资源使用权。由于数字资源使用具有非竞争性，即同一数字资源可同时用于多种用途。因此，特定数字资源使用权，可继续分解为多种使用类型。数字资源各项权利之间的关联如图 4－1 所示。

从图 4－1 可知，数字资源所有权核心是权利人主导控制数字资源。数字资源所有权权能范围涉及：（1）知情权，知悉数字资源收集者身份、数字资源流转途径等；（2）控制权，有权许可或禁止数字资源收集或利用等；（3）选择权，有权选择将数字资源提供给特定使用人、使用范围、限定使用方式等；（4）维护权，有权查阅数字资源，有权更正、封存或删除其数字资源，其数字资源被侵权使用时，有权提出赔偿。同样，数字资源所有权也限定了数字资源使用者义务。数字资源使用者履行的义务主要包括告知义务、限制义务、合理使用义务、保护数据安全义务、敏感数字资源的特殊保护义务等。

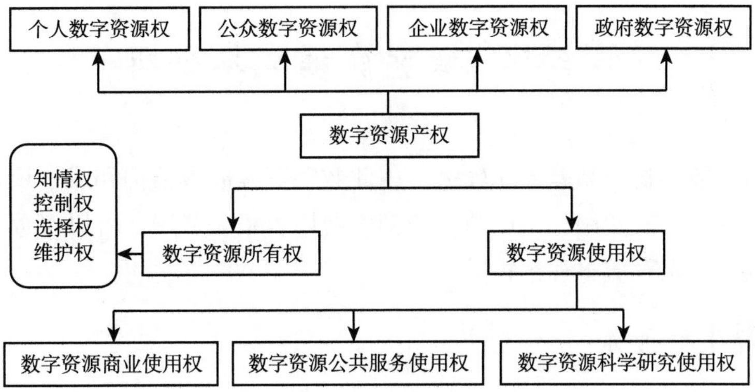

图 4-1　数字资源产权内容

根据数字资源经济属性差异，数字资源可分为以下三类：私人性数字资源、公共性数字资源、介于私人性与公共性之间俱乐部数字资源或准公共数字资源。

一般来说，优化配置私人性数字资源大致有两条路径：市场机制与组织内部协调机制，具体选择哪条路径取决于比较市场交易成本与企业管理成本大小。利用市场机制需要清晰的产权安排与有效的法律制度；利用组织内部协调机制需要激励相容的组织产权结构、科学高效的监督机制，才能降低道德风险与内部偷懒，提升组织内部协调效率。对于具有私人物品属性数字资源，私人产权可能是把市场交易费用降到最低的最佳选择，因此，单纯市场交易的基础是产权私人所有。

而公共性数字资源由于“外部性”和“搭便车”的存在，其实现私有产权比较难。即由于私有产权履行与保护成本比较高，根据数字资源配置的帕累托原则，公共产品理论认为公共性数字资源的公共产权安排是比较有效率的。而且，具有非竞争性数字资源，使用者使用的边际成本可以忽略不计，因此，为了充分利用公共性数字资源，应将其设置为公共产权。

另外，数字资源不是免费的，而是需要成本的，数字资源类型是多种多样的，数字资源可以是有形的，也可是无形的，而且数字资源同时具有非竞争性和排他性。自然垄断理论认为无形知识产权应由政府赋予特许权或专利权，将无形资产界定为私有财产，并予以法律保护。

从以上分析可以看出，根据限定条件的不同，数字资源可以是私人数字资源、俱乐部数字资源、准公共数字资源、纯公共数字资源。所以数字资源产权可以是公共数字资源产权、私人数字资源产权、俱乐部数字资源产权、准公共数字资源产权等。

公共数字资源产权是指在特定国家或区域范围内所有居民都可以享有的数字资源产权。公共数字资源产权没有排他性与竞争性，由政府或其委托机构对其进行管理。事实上，不同居民数字资源使用需求与成本有差异，不是全部居民都会使用公共数字资源，更不可能同时使用公共数字资源。如此一来，为节约建设成本，赋予公共数字资源产权的数字资源访问容量一般设有上限。一旦用户访问量超过该上限，公共数字资源就表现出准公共数字资源特征。

私人数字资源产权是由单独个人或企业所拥有的数字资源产权。私人数字资源产权可以具有排他性与竞争性。由于非竞争性是数字资源自然属性，数字资源通常是非竞争的。而且非公开数字资源具有天然排他性，但公开数字资源排他就不是很容易。所以只有特定类型或特定范围内的数字资源，同时兼有排他性与竞争性。

俱乐部数字资源产权是满足特定条件的经济个体所形成的俱乐部拥有数字资源的产权，俱乐部成员协商，确定每个成员的使用权利。俱乐部数字资源产权一般不允许非成员使用俱乐部数字资源，而满足其成员合理使用俱乐部数字资源。

第三节　数字资源成本分析

由于数字资源与一般实物产品差异比较大，因此数字资源成本结构和成本核算与一般实物产品不同。全面分析数字资源的研发费用、生产费用与销售费用等相关费用，可以将数字资源成本归纳为以下 3 类成本：生产成本、保存成本和销售成本。

一、数字资源生产成本

数字资源生产内容非常广泛，涉及小说、音乐、文学、短视频等内容的生产，其研究范围涵盖众多领域，如教育和文化、艺术以及娱乐等。

根据微观经济学成本理论，商品短期生产成本由两部分构成：短期固定成本（Short - term Fixed Cost，SFC）和短期可变成本（Short - term Variable Cost，SVC），由于存在边际报酬递减规律，在这一规律作用下，形成了“S”形的短期总成本（Short - term Total Cost，STC）曲线，如图 4 - 2（a）所示。而数字资源自身具有独特的属性：易于复制且复制成本几乎为零，因此数字资源生产即便存在短期可变成本（SVC），也很少，所以数字资源短期生产成本主要是其短期固定成本。

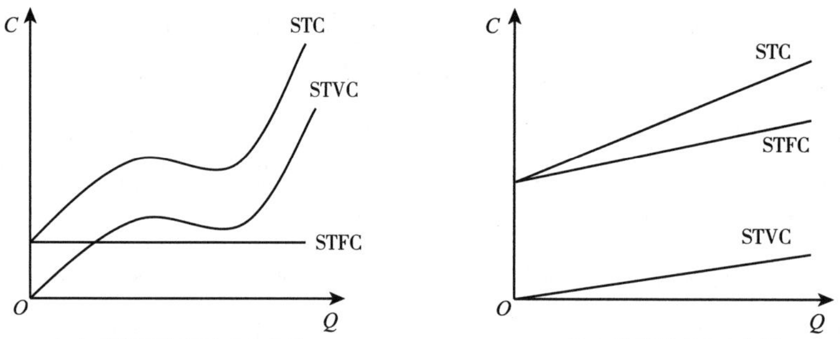

（a）传统实物产品成本曲线　　（b）数字产品成本曲线

图 4 - 2　传统商品与数字产品的短期成本曲线

数字资源短期固定成本主要由两部分构成：前期 R&D 成本、数字资源短期生产过程中产生的费用。前者是指从数字资源开发之日起到取得技术可行性之日止所产生的全部支出，主要涉及规划成本、产品设计成本、详细程序设计成本、数字产品技术可行性成本、数字产品测试成本、技术前期编译成本等。数字资源短期生产成本是指数字产品在技术上可行后生产的总成本，包括在技术上可行后发生的编译与调试成本。与传统商品短期生产成本相比，数字资源短期生产成本结构比较特殊，其材料成本占比很低，主要是加工成本。

虽然生产数字产品第一件成本可能不低，但是一旦第一件产品制造出来以后就可以对第一个产品进行无限复制，并且复制成本几乎可以忽略不计。与传统商品生产成本相比，数字产品的固定成本更高而其可变成本非常低，因此，数字产品短期总成本曲线大致是一条向右上方倾斜不是很陡的直线，如图 4 - 2（b）所示。图 4 - 2（b）中，STC 为数字资源短期总成本，STFC 为数字资源短期总固定成本，STVC 为数字资源短期总可变成本。STFC = R&D 费用 + 设备购置费 + 维护费 + 升级新增固定成本费，因此 STFC 曲线向右上方倾斜。STVC = 数字产品材料费 + 数字产品产权费 + 管理费 + 操作费，规模经济下数字资源短期总可变成本很少，STVC 是一条比较平缓向右上方倾斜的直线。另外，传统商品短期生产成本受生产规模限制，其短期平均成本、短期平均可变成本、短期边际成本都是一条

"U"形曲线，如图4-3（a）所示；而数字资源产品由于自身的特殊性，其短期边际成本基本不变而且比较低，如图4-3（b）所示。因此，数字资源由于其规模经济效应凸显，数字资源产量越大，其短期平均成本就越低。

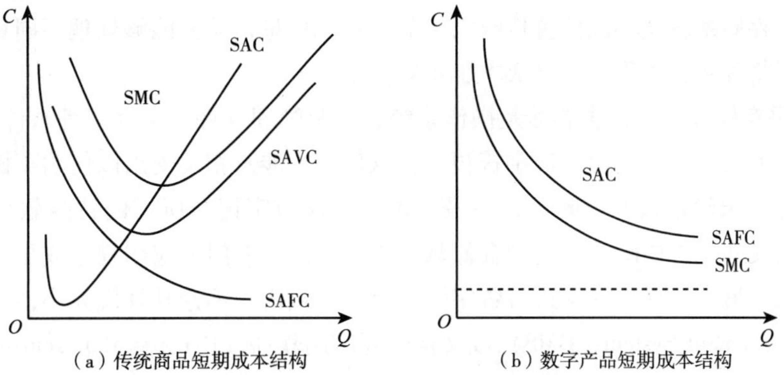

图4-3　传统商品与数字产品短期成本结构

从图4-3可以看出，数字资源成本结构比较特殊，因此数字经济一个重要焦点问题便是知识产权管理。由于数字资源固定成本非常高，是典型的沉没成本，这就激励数字资源生产者不断改进版本进一步更新他们的知识，以降低其沉没成本，从而加速技术更新和进步。因此，数字资源生产者运用知识产权来保护新技术与产品，在某种程度上知识产权保护从制度上可有效保证支付信息成本的交易者能够得到合适的报酬，进而促进技术进步。它还鼓励企业自觉提高知识产权保护意识，尽可能确保其合法权益不受侵犯。数字产品极低的边际成本使企业能够批量生产产品，实现规模经济，降低数字资源短期平均成本。由于互联网应用的激增和网络经济的出现，快速方便的分销与传播数字产品成为可能。因此，科学高效的知识产权管理有助于激励数字资源创新。另外，数字资源特殊成本结构也会引发一些问题。数字资源短期固定成本高昂无形中增加了进入该行业的门槛壁垒，中小企业进入数字资源行业非常困难。同时，低边际成本与盗版问题是直接相关的，数字资源市场中，存在原创者和多个盗版者并存的市场格局，数字资源盗版问题屡禁不止，很难根除。知识产权侵权纠纷案件中，数字盗版损失最为严重的是电影与音乐行业，原因在于在网络上用户可以随意发布受版权保护的数字资源商品，而发布的一个受版权保护项目可能使很多人受益，更严重的是，还可能取代销售。这样，大量消费者"搭便车"便可获得所需资源，使得数字资源生产者销售收入大大降低，挫伤了其创新积极性与创新动力。

二、数字资源保存成本

保存数字资源是为了方便广大用户对各种数字资源与相关信息进行检索、获取、浏览、科学利用等。数字资源保存中，主要保存以下内容：数字资源及相关信息、相关技术、方法和工具，涉及数字资源比特流、数字资源格式与处理信息、数字资源信息处理环境、数字资源信息验证、数字资源管理机制、数字资源信息组织与利用环境等。很明显，这是需要长期大量投资的系统工程。

一般来说，数字资源保存成本主要包括4方面成本：数字资源空间成本、硬件成本、软件成本、人工成本。

1. 数字资源保存空间成本。是指用于安放服务器和相关设备的空间及其他安全防护设施，如安装必要的防静电地板、加装防火防盗装置、安装空调制冷系统等。数字资源防护成本是不可或缺的，这项成本需要根据相关设备在特定的空间内进行，对环境条件要求不低。单独安装各种设备进行开发、测试、生产等，可以降低风险，提高效率，但也相应增加了存储成本。

2. 数字资源保存硬件成本。主要涉及用于存储数字资源信息的服务器，磁盘、U 盘、移动硬盘或其他存储介质，相关备份设备及网络通信支出等。数字资源存储需要相关硬件设备，大致了解所需存储数字资源规模后，运用相关理论与模型可以科学评估所需购买的存储介质成本，以便科学预算购买相关存储设备。存储系统从不同位置接收大量数字资源信息，需要能够处理不同负载的快速或灵活的线路。因此，网络设备也很重要，其成本也不容忽视。

3. 数字资源保存软件成本。主要涉及操作系统、安全管理软件、文档管理软件、相关应用软件、通信软件、数据库使用许可等支出。数字资源保存软件成本涉及相关支出以便购买操作系统、系统保护软件（防止病毒、未经授权的访问等）以及获取和存储数字记录所需的特殊软件等。存储系统必须允许访问存储的文档，需要除了常规的存储软件外，还需要专门的应用程序或显示软件供用户查看或使用存储的记录。另外，任何一家进行数字资源保存的机构，不论其规模大小，都要有文档管理系统（Document Management System，DMS）或文档管理应用软件（Records Management Application）。

4. 数字资源保存人员成本。是保护数字资源成本中最重要的部分。人工成本是影响数字资源保存成本的一个很重要因素。相关研究表明，数字资源保存人工成本占其总成本的 80% 左右。数字资源保存过程需要工作人员的全程参与。相应的工作人员必须承担相应的工作任务。整个数字资源存储不仅需要专业人员，还需要管理人员、信息技术人员与服务人员等。

三、数字资源销售成本

数字资源交易成本结构与传统商品交易基本相同，主要包括以下销售成本：寻找数字资源交易伙伴成本、谈判费用、签订交易合同费用、保证交易执行费用、违约费用等。根据数字资源属性，可把交易过程分为三个主要阶段：交易前准备、交易谈判与签订合同、履行合同。每个阶段都会产生相应费用。

（一）交易前成本

数字资源交易之前，进行数字资源交易的双方都需要对相应的交易信息进行全面搜索，从而找到最适合进行交易的对象。随着全球一体化深入发展、世界市场的形成，企业竞争日益激烈，交易前成本占企业总交易成本的比重越来越高。传统商品交易中，一般来说，买卖双方直接进行交易的并不多，交易双方间交流需要经过很多媒介，无形中增加了双方精准匹配的难度。而数字经济下，互联网为很多企业和客户提供了精准交易平台，任何公司或客户都可以通过相关专业交易平台或在线搜索引擎快速方便地收集对方的信息并从中选择合适的交易对象进行交易。所以数字经济有效降低了买卖双方信息搜索成本，进一步缩短了搜索时间，助推买卖双方快速达成交易。

（二）交易中成本

完成交易匹配后，数字资源交易双方开始正式接触，进入交易谈判环节，积极协商相关交易条款，最终签订交易合同。合同签订后，数字资源交易双方必须履行各自的职责，买方划拨资金，卖方按时提供合约商品或服务。传统商品交易，整个交易过程手续比较繁杂且很难突破时空限制，无形中增加了签约过程成本。而数字资源交易就可以使用互联网实时协商相关条款，直接在互联网上达成交易。此外，互联网使数字资源的快速交付和资金的直接划拨成为可能，大大降低了数字资源厂商销售成本和时间成本，提升了交易效率。

但是数字资源在线交易面临的最重要的问题是数字资源传输的安全性和隐秘性。数字资源交易通过网络发送信息，并就交易条款达成共识。交易方便快捷，但网络信息传输的安全性不足会导致个人信息被盗、滥用或信用卡被盗用，使消费者在进行网上交易时处于不利地位。

（三）交易后成本

与传统实物商品交付不同，数字资源最明显的特点是可以运用现代网络通信技术实现直接传输，买方可以直接通过网络传输取货，大大降低了运输成本。

传统商品交易，消费者取货后，还有验货成本。一方面，若消费者不满意所购买的商品，而且商家承诺在一定时间内无条件退货、换货或退款，就极大降低了消费者购买传统商品的风险；另一方面，卖方承担了相应的验货成本。而数字资源交易，由于数字资源比较特殊的性质，一般来说，消费者不享有退换货权利，在一定程度上降低了数字资源卖方的验货成本。

另外，传统实物商品交易，若商品使用寿命长、需要定期维护并且可能在使用寿命内出现故障，消费者就需要卖方提供售后服务。售后服务的好坏会影响消费者满意度，购买时，商品保修和售后服务等相关规定可以帮助客户减少疑虑，决定购买该商品。优质的售后服务可视为品牌经济的产物。现代经济中，消费者不断增强了维权意识，消费观念也不断变化，消费者不再仅关注商品质量本身，同类产品在类似情况下消费者更倾向于选择提供优质售后服务的厂商。因此，企业售后服务是售后最重要的环节，也是企业保持或增加市场份额的重要因素。同时商家在售后服务上投入的成本也会有所增加。同样，数字资源交易也会产生大量售后交易成本，包括维护与支持成本。数字资源维护与支持成本是指从数字资源销售给用户开始到数字资源全部过程结束期间所发生的全部相关费用，涉及数字资源维护费用与数字资源支持费用。为了保持数字资产的先进性，提升数字资源企业的竞争力，企业就要进行市场调查研究，掌握市场最新动态，积极拓展数字资源功能，及时升级 R&D 工具。

第四节　数字资源定价策略

数字经济市场环境与传统市场环境差异比较大，由于数字资源的特殊性和网络环境的变化，传统商品或服务定价方法不再适用数字资源定价。一方面，数字资源自身成本结构特性以及厂商比较容易了解消费者个人偏好，给数字资源卖方选择合适的定价策略提供了更广阔空间；另一方面，传统商品或服务定价方法的失效增加了数字资源定价难度。

一、数字资源影响平台企业分析

数字资源自身特殊性将影响数字经济中的平台企业经营管理。

（一）平台企业盈利模式发生变化

工业经济中，传统企业利润来自传统商品销售，其影响因素主要有产品本身价格、相关商品价格、企业成本、销售数量、国家政策、国际国内市场环境等。而数字经济下平台企业利润并不局限于数字资源本身，因为许多平台企业提供的数字资源是免费的，广告经济却是平台企业利润一个主要来源。尽管用户可以免费享受互联网平台企业提供的数字资源，但平台企业一般把将数字资源与广告捆绑销售，平台企业依靠收取广告费获取利润，发布广告厂商是通过售卖相关产品或服务获取企业利润。2021 年 1 月 12 日发布的《2020 中国互联网广告数据报告》显示，2020 年网络广告延伸至营销服务的倾向凸显，互联网营销市场总规模达到 10457 亿元。其中非广告营销服务收入达到 5485 亿元，已超过互联网广告总收入，互联网广告全年收入4971.61亿元，比2019年度增长13.85%。2020年视频平台增速最快，较上年增长了64.91%，达903.53亿元。其中短视频广告最为抢眼，增幅达106%，远超长视频广告25%的增幅。2020年，电商平台互联网广告增加17.26%，较上年提升37%。2020年，电商直播带货营销已经成为零售数字化、电商突围的重要渠道。仅上半年电商直播场次超过1000万场，活跃主播人数超过40万人，观看人数超过500亿人次，上架商品数超过2000万件。2020年，疫情推动人们对在线教育与医药健康的需求，这两个行业的广告增幅最为显著，分别达57.1%和40.28%。通常情况下，在市场规模没有形成之前平台企业盈利比较难。因此，平台企业首次参与竞争时，关注的重点不是利润，而是市场规模。只有当它们占有足够大的市场份额时，它们才能盈利。这也给数字资源定价带来了更多挑战。

（二）平台企业发展主要动力在于追求市场垄断

传统经济中，产商实现市场垄断的重要途径是提升其市场占有率。一旦一家厂商率先形成规模经济，就会抢占市场先机，形成垄断。但随着国际国内经济环境变化，消费者的消费需求日益呈现个性化、多样化、差异化趋势，因此，传统经济下后来者仍能通过产品差异化在某些市场领域分得一杯羹。而数字经济下，数字资源自身固定成本较高、边际成本极低、初始投入大、复制成本非常低，若不依赖平台企业市场垄断，数字资源厂商可能会因为数字资源产品定价过低而不能补偿过高的初始投资。数字资源生产厂商常常需要通过具有大量用户的平台企业收集更多消费者信息，以便实现精准生产、定向营销与差异化定价。因此，平台企业发展主要动力在于追求市场垄断权。数字经济背景下，平台企业要想打破其他平台的市场垄断，就要不断加大研发投入，进行科技创新。

（三）平台企业获取竞争优势的重要途径是一体化并购

数字经济时代，中国互联网产业发展格局存在非常明显的特征："赢者通吃"。这一格局下，市场领导者占有该类产品销售额的绝大部分，占有绝对优势，而追随者由于其产品还未达到主流产品地位，也没有留住消费者，他们所得到的收入不能够补充他们的投资。纵观整个互联网行业：一是整个市场格局基本形成且相对稳定，搜索引擎、移动支付、电商、短视频、内容资讯等细分领域，均有各自的"巨无霸"平台企业抢占先机占据头部矩阵，它们也并不是无懈可击的，其各种发展"瓶颈"频频出现，它们勇敢面对挑战，加大研发投入，积极寻找新的增长点以保持其绝对优势；二是市场不断涌现新的"独角兽"企业，瞄准下沉市场，创新获取用户信息的方式方法，影响现有市场格局。因此，互联平台是否有相同的细分，它们都有一个共同的资产：用户数据，尤其是用户关系链。

为了在激烈的市场竞争环境中占有优势，企业会千方百计利用各种可利用的资源来扩大其市场规模。近年来，国内互联网巨头在加快推进行业一体化并购。彭博统计数据显示，2015年国内互联网企业并购规模上涨了近4倍，并购总额达到556亿美元。而BAT（百度、阿里巴巴、腾讯）行业巨头参与的交易量达到并购总量的40%。近年来，阿里巴巴收购了以下企业。如电商物流：星辰急便、百世物流、深圳一达通、普洛斯、酷武物流；电商软件：擎天科技、Vendio和Auctiva；电商周边：上海宝尊、淘淘搜、万网、口碑网；其他网站：人人网、名鞋库、美团网、雅虎中国、地图供应商易图通、流量统计服务商CNZZ、饿了么等。腾讯收购了以下企业。如游戏方面：热酷、Riot、网域、游戏谷、动视暴雪、Gopets、Vina Games、Eyedentity Games、Eyedentity Games；电子商务：同程网、好乐买、柯兰钻石、高朋、易讯、艺龙、京东、拼多多；移动互联：创新工场、A-fund、乐蛙科技、买卖宝科技、快手、斗鱼、虎牙、映客；其他方面：金山软件、华谊兄弟、Discuz、财新传媒、阅文集团等。因此，国内各互联网平台间不管其关系如何：是竞争、合作还是互补，它们保持或扩大市场规模、新竞争优势的一个重要途径就是一体化并购。

二、传统定价方法不适用于数字资源定价

（一）数字资源价格不能依据价值量大小确定

根据马克思《资本论》中劳动价值理论，商品价值决定商品价格，而且商品价格受供求关系的影响围绕商品价值上下波动：供大于求，商品价格低于其价值；供小于求，商品价格高于其价值。劳动创造价值，其他要素只是转移旧价值，商品的价值量由生产该商品的社会必要劳动时间决定，而不是个别劳动时间。虽然数字资源研发、生产投入了大量生产要素，包括物化劳动和活劳动，而且其很多活劳动还是复杂劳动，从理论上说，创造价值量应更高，但数字资源有其自身比较独特特点：一旦数字资源研发成功，复制成本极低，前期投入的劳动支出占企业总成本的比重比较低，只有市场有需求，才可以无限量生产，很难确定数字资源单位产品价值量。另外，将研发时企业投入的所有劳动作为数字资源定价基础也不合适，研发成功后复制的产品也按这个价格销售，会导致数字资源价格可能比较高，高于消费者预期，用户很少，没有市场。由于难以确定数字资源单位商品价值量，因此以价值量为基础商品定价模式不适用数字资源定价。

（二）数字资源不能以边际成本来定价

根据西方经济学理论，厂商的目标假定是追求利润最大化，商品的价格决定于厂商的边际成本。根据市场结构理论，西方经济学市场结构一般分为四种类型：完全竞争市场、垄断竞争市场、寡头市场、垄断市场。在不同的市场结构下，企业实现利润最大化的必要条件都是边际收益等于边际成本（MR = MC），以此来确定不同市场结构的短期均衡和长期均衡，最终确定不同市场结构下厂商的均衡产量与均衡价格。就数字资源而言，西方经济学的价格取决于边际成本的定价模式显然不适合数字资源定价，原因在于数字资源自身具有高固定成本、低可变成本的属性，其边际成本几乎为零，所以数字资源定价不能按照其边际成本来确定。

（三）数字资源定价也不能用成本加成定价法

成本加成定价法是按厂商产品单位成本加上一定比例利润来确定产品价格的一种定价方法，即商品价格等于产品成本加上一部分利润。很多厂商按照成本利润率来计算其利润，商品价格 = 单位成本 + 单位成本 × 成本利润率 = 单位成本（1 + 成本利润率）。一般来说，企业运用最多的定价方法是完全成本加成定价法，但从数字资源产品来说，用成本加成定价法来定价数字资源也不准确。若要运用成本加成定价法来定价数字资源就必须能比较准确地判断单位产品成本，而数字资源复制成本几乎为零且可无限复制。尽管数字资源固定成本可知，但其单位成本是不可计算的，这一点与传统物质产品的生产不同。当传统物质产品生产结束时，产量是既定的，而数字资源产量很难确定，所以很难按产量来分摊成本以对其定价。数字资源销售量即为其产量，因此，数字资源产量就是对其销售量的预期。数字资源开发成本既定条件下，对数字资源市场需求量的预期就成了影响数字资源价格的一个非常重要因素。因此，数字资源价格基础是其开发成本，并受市场需求影响。而其定价合理与否取决于厂商对其产品市场需求预期的科学性、合理性，而这又取决于厂商获取用户信息的完全性及其采取的预期方法、个人学识、心理因素等。这种预期与实际情况或多或少地存在着差异，因此，在某种程度上成本加成定价法并不准确。

三、数字资源定价策略

（一）影响数字资源定价因素

根据前面分析可知，数字资源定价需要考虑因素很多，其价格决策复杂烦琐。

1. 影响数字资源定价的内部因素。

数字资源生产成本是决定其定价的关键内部因素，是企业定价的最低标准，否则，生产厂商就会亏损。数字资源价格除了补偿厂商生产成本、销售成本等成本外，还要获得一定的利润。在实际的生产经营过程中，厂商可根据自身情况采取相应的定价策略，如一些企业通过低成本生产来参与竞争，采取低价战略占据市场就比较合适；而一些企业选择生产独特产品，其参与市场竞争主要关注产品质量与提供优质售后服务，其理想定价策略就是高价战略。

交易成本是企业成本的重要组成部分，它的变化也会影响企业产品定价。在传统经济中交易成本占总成本的比重比较高，而在数字经济中几乎可忽略不计，这就为数字资源厂商定价提供了更多选择空间；另外，数字资源低交易成本也有利于数字资源厂商实施精准营销与差别定价。

除了企业生产成本、交易成本外，企业进行商品定价前还要确定其营销策略。若数字资源企业想要组织一个高效协调的营销活动，商品定价要与其产品设计、销售渠道、促销、广告等相一致，而对营销组合的其他组成部分的决策也会影响到价格决策。

2. 影响数字资源定价的外部因素。

影响数字资源企业定价的外部因素比较多，大致涉及市场环境、顾客需求、竞争对手及其他外部因素。

数字资源企业进行商品定价前，事先需要进行市场调研，了解市场商品需求情况，原因在于企业生产成本是企业进行商品定价的下限，而用户的支付意愿是企业进行商品定价的上限。数字经济时代，消费者需求变得相对复杂一点，呈现一些新的变化趋势：第一，数字资源消费个性化明显。数字经济时代，消费者消费比较注重个性，消费者根据自己的偏好开始定制消费，网络时代消费主流是个性化消费。第二，互联网的运用也有助于消费者消费的个性化，互联网快速的信息搜集、处理能力，再加上数字资源自身所具有的特征，数字资源消费者实现更高程度的个性化消费就非常容易。第三，数字资源本身的可改变性有助于其形成差别化，可以更好地满足数字资源消费者个性化消费需要。第四，数字资源消费的主动性。传统商品经济中，尤其是在卖方市场情况下，市场推动者主要是厂商，厂商占主导，其主动性更强，地位更突出，一般消费者很少参与企业产品设计、制造。而数字经济低搜寻成本优势为消费者主动选择而不是被动接受创造了条件。实际上，许多数字商品本身就是网络消费者提供和生产出来的，而不是由厂商提供的，数字经济低追踪成本进一步促进了消费者消费数字资源产品主动性。第五，数字资源消费的理性化。互联网信息搜集、处理的巨大潜力为消费者选择数字资源产品提供了很多的选择空间。消费者可以搜集互联网上的大量有用信息，进行分析比较，最终决定是否购买。第六，价格因素。尽管数字资源厂商对消费者价格不太敏感，并使用差异化战略来避免激烈市场竞争，但一般而言价格因素影响消费者消费情绪比较大。随着消费者可以通过互联网联合起来与数字资源厂商进行谈判，数字资源定价逐渐从企业定价改变为以消费者为中心的定价。

数字资源厂商除了解自身产品市场需求外，还要了解竞争对手成本与定价策略，以及竞争对手对自己数字资源产品价格变动作如何反应等。另外，诸如国际国内经济发展环境、政府政策、技术创新等外部因素都将影响数字资源厂商定价。

（二）数字资源定价策略

数字资源自身所具有的特殊成本结构决定了其定价模式不是单一的，而是多重的。

1. 免费定价策略。

免费定价策略是市场营销常用的一种策略，企业将其产品或服务以零价格或几乎零价格卖给消费者。网络营销中，免费定价策略是企业一种长期有效的定价策略。其目的是企业利用产品成长来快速占领市场，帮助企业通过其他途径获取利润。比较典型是 Sun Microsystems 免费开放 Java 软件；Microsoft 与 Netscape 为抢占浏览器市场，通过各种方式将它们的产品免费送给广大用户；目前，E - mail 邮箱、网上新闻、很多咨询信息等都是免费提供给广大消费者。

免费定价策略是免费为用户提供企业全部或部分产品或服务。免费定价适用于数字资源产品定价，是利用数字资源产品几乎可以以零成本复制这一特性。

免费数字产品通常在持续时间、频率或功能方面受到限制，如 WinRAR 解压缩软件，其免费使用时间一般只有一个月，过了试用期限就需要付费；某些免费下载软件，下载用户只能免费使用其部分功能，用户要想继续使用就需要购买获得注册码才行等。所以任何企业实施免费定价策略只是一种临时策略而非长远策略，其实施目的或是迫于形势或是通过免费先占有市场，为将来获取更多利润打下基础。

在实践中，免费定价策略按照不同的分类标准，可以进行不同划分。本书将免费定价策略具体形式分为以下三类：限制免费定价策略、部分免费定价策略、完全免费定价策略。

（1）数字资源限制免费定价策略是指用户免费获取数字资源后，可以使用其全部功能但具体使用时要受到相关约束，其约束形式既可以是限制使用时间，也可以是使用次数等。其原因在于数字资源产品具有不可破坏性，这一产品属性有助于数字资源企业实施限制免费定价策略。一方面，数字资源产品是一种“经验性”产品，运用免费试用战略有利于广大用户了解该数字产品功能；另一方面，在某种程度上，这一策略也不会损害企业与用户的利益。

（2）数字资源部分免费定价策略是指用户只能免费使用某些数字资源产品的一个或某几个功能，若要使用该数字资源产品全部功能就要付费购买。例如，某些免费杀毒软件就是这样，免费杀毒软件只能处理一些易处理病毒，而对影响计算机正常运转的某些关键病毒不起作用，这就迫使用户购买正版杀毒软件。企业这样做的目的在于利用免费功能来宣传推广该数字资源产品或服务以便进一步提升其产品或服务的知名度。

（3）数字产品完全免费定价策略是指用户购买的数字资源产品是免费的，不需要支付任何费用。一般来说，完全免费的数字资源产品是无差异的，这就有点类似所有网站上提供的某些资源是大致相同的，一旦某个网站开始收费，用户就会转向其他网站。网络运营商并不能从免费产品或服务中获取利润，其提供完全免费数字资源产品的目的在于吸引广大用户注意，招揽大量消费者浏览网站，提升网站知名度以便建立其品牌形象。

2. 差异化定价策略。

差异化定价一般是指企业将同一产品以不同价格卖给不同的消费者。数字产品差异化定价策略可以通过以下两类途径来实现：消费者差异、数字产品自身差异，也就是说，差异化定价包括两大类型：产品差异化后形成的价格差异、同一产品的不同定价策略。差异化定价策略理论基础是微观经济学中的价格歧视理论。

目前，数字产品市场中最基本的定价模式是差异化定价。首先，数字资源具有比较特殊的成本结构和个人偏好，这为数字资源采用差异化定价提供了理论支撑。数字资源差异化定价的关键点在于其价格基础是基于用户的评价，而不是产品或服务的成本。其次，数字资源的可改变性有助于厂商实施差异化定价策略来满足用户对数字资源产品需求的个性化与定制化。数字经济背景下，数字资源企业可以根据用户主观价值来进行产品或服务定价，而不是企业生产成本。此外，数字经济条件下追踪成本不高，有利于数字资源企业实施产品或服务定制。

数字资源差异化定价类型可以分为以下三类：个人化定价、版本划分定价和群体定价。

（1）数字资源个人化定价就是数字资源企业按照不同的价格向每位购买者出售同一数字产品或服务，相当于微观经济学中完全价格歧视或一级价格歧视，以消费者最大支付意愿为基础，是一种比较理想化的定价模式。而数字经济时代，数字资源企业搜集数字信息成本非常低，企业通过用户注册轻松掌握用户信息，再根据用户的点击频率和搜索痕迹及时掌握用户的偏好，运用大数据技术，分析用户这些数据信息，数字资源企业就可以根据用户的价值取向和购买特征向用户提供差别价格。从福利经济学视角来看，数字资源个人化定价可以同时实现数字资源制造商利润最大化与消费者效用最大化，实现了帕累托最优。

（2）数字资源版本划分定价是数字资源企业将同一个产品系列按照用户的不同需求向其提供不同质量数字资源产品或服务，用户根据自身需求选择最适合自己的版本，相当于微观经济学中二级价格歧视，这种定价模式主要是基于用户自愿选择，也就是说，当数字资源企业不能有效识别差异用户时，可以充分利用用户的自选择机制进行其产品或服务定价。数字资源企业可以提供不同的版本来满足不同客户需求，这样一个完整的产品或服务系列就可以使数字资源企业有效实现其数字产品或服务的价值最大化。同时，数字资源企业在设计这些不同的版本时必须考虑不同客户群的需求，从而使得每个消费者都可以选择最适合他们需求的版本。数字产品市场中，不同用户需求不同，用户类型差异比较大。有的重点关注产品的性能，属于性能型用户，而有的重点关注产品的价格，属于价格型用户。当数字产品或服务市场同时存在性能高、价格高的产品或服务和性能低、价格低的产品或服务时，性能型用户一般会选择前者，而价格型用户一般会选择后者。对于价格型用户，数字资源企业可去除其产品或服务的某些功能，以比较低的价格销售，而对性能型用户，数字资源企业可向其提供性能高的产品或服务。

（3）数字资源群体定价是数字资源企业根据其不同的消费群体来对其提供的产品或服务进行差别定价，相当于微观经济学中三级价格歧视。进行数字资源群体定价的一个重要前提是市场可相互分割。数字资源可以进行有效的市场分割关键在于数字资源产品或服务的共享性、网络外部性和锁定效应。数字资源共享效应是指数字经济背景下，单个用户管理或组织其消费的全部数字产品或服务是不切实际的，但可借鉴像图书馆、系统管理员等信息中介来负责协调此类工作，可以提高资源利用效率，这种情况群体定价就比较适宜。数字资源网络外部性意味着当用户对产品的评价取决于使用该产品的其他人数量时，就会产生网络效应。这种影响有很多可能的原因，但最重要的一个是组织内部对标准化的渴望。数字产品锁定效应是指一旦某个用户选择一种数字产品或服务作为其使用标准，由于协调或重新培训的成本高昂，也就是说，该数字产品或服务的转移成本不低，导致很难甚至无法选择其他信息产品或质量更好价格更低的产品或服务，这种情况下选择三级价格歧视就比较合适。

3. 捆绑定价策略。

数字产品捆绑定价策略是指消费者在购买某产品或者服务时，也必须购买其他产品和服务的方法。数字资源低边际成本的特点决定了数字资源比实物商品更加适合于捆绑定价。对数字资源供应商而言，厂商开展业务的运作成本或交易成本与提供产品服务的数量没有太大关联，也就是说，在捆绑销售的数字资源中增加组件几乎不会增加成本，厂商提供一种产品与提供10种产品进行捆绑销售没有太大的成本差异。相反，在捆绑销售的实物商品中增加组件则会使生产商的成本增加而不得不提高产品的价格。正是这种成本优势激励厂商实行捆绑定价策略。在数字经济中，对一些数字资源进行捆绑销售的目的是推广新产品或扩大市场份额。例如，微软的 Office 软件，由 Word、Excel、Access 和 PowerPoint 等捆绑而成，成功的捆绑销售使其取得了全球办公软件市场 90% 的份额；微软将 Windows 操作系统与 IE 浏览器捆绑销售也是同样的道理，通过捆绑让购买了 Windows 的顾客拥有 IE，以便迅速占领浏览器市场。

Adams 和 Yellen 在 1976 年首次提出捆绑是一种很有用的差别定价的方式，捆绑策略是一种提高厂商利润的定价方法，特别是当被捆绑的产品间存在非竞争性时。虽然由捆绑销售增加的利润可能在两种产品需求的关系不很明显的情况下才能实现，但研究证明这种不明显的关系并不是捆绑获利的必要条件。McAfee 等（1989）指出，在多数情况下，与单纯的捆绑或不捆绑相比，混合式捆绑将给销售商带来更多的利润。

例如，假设厂商提供两种产品 A 和 B，对消费者甲来说 A 产品值 10 元，B 产品值 2 元，对消费者乙来说 A 产品值 2 元而 B 产品值 10 元。假设厂商不采取捆绑定价，将产品 A、B 均定价为 10 元，那么将获得 20 元收益，但若厂商将 A 和 B 捆绑销售，定价为 12 元时收益则会变为 24，因此捆绑销售给厂商带来了巨大收益。

此外，捆绑销售还可以克服消费者对商品偏好的过度分散，降低消费者支付意愿的分散程度。一般来说，消费者的支付意愿是比较分散的，尤其是在产品间相关度较低的情况下，证明过程如下：

设消费者对 A 产品的支付意愿是等概率的，则根据中心极限定理，所有消费者对该产品的支付意愿 V_1，服从正态分布；同理，B 产品的支付意愿 V_2，也符合正态分布。假设两种产品的支付意愿满足独立正态分布，支付意愿的均值为 μ，方差为 σ^2，可得：

$V_1 \sim N(\mu,\sigma^2), V_2 \sim N(\mu,\sigma^2)$。

此时若将 A 产品与 B 产品进行捆绑销售，则消费者的平均支付意愿满足：

$(V_1 + V_2)/2 \sim N(\mu,\sigma^2/2)$。

假设市场上有 n 种产品，且消费者对所有产品的支付意愿均服从独立正态分布，则对这 n 种产品进行捆绑销售后，消费者的平均支付意愿满足：

$(V_1 + V_2 + \cdots + V_n)/2 \sim N(\mu,\sigma^2/2)$。

由此可见，随着捆绑数量的增加，产品的支付意愿将更加集中分布在均值的区域。换句话说，具有过高支付意愿和过低支付意愿的客户被捆绑平均化，从而客户对捆绑产品的支付意愿更加中等化。图 4－4 展示了产品捆绑前后消费者的支付意愿分布。

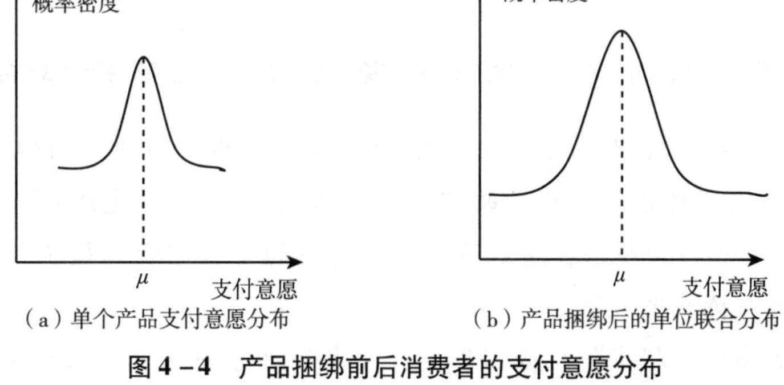

图 4－4　产品捆绑前后消费者的支付意愿分布

因为消费者对于不同产品有不同的主观评价，而且它们之间的差异往往很大，所以厂家无法对每个产品进行精确定价。而若对产品进行捆绑销售，消费者对捆绑产品中各个组件估价的平均值越来越接近于对各个组件估价的期望值，并且捆绑组件数量越多越接近。因此，捆绑销售将使销售商定价更为容易，并且与单独出售数字产品相比，销售商因为销量增加会获得更高的利润。

捆绑是厂商销售数字化产品和服务时的一项重要策略，并在网络环境中日益变得重要。数字资源实行捆绑销售的定价策略，可以充分发挥数字资源低边际成本的优势以及各组件间的互补性特点，从而最大限度地获取消费者剩余，减少产品销售为无谓损失。由于数字商品属于“经验性商品”，消费者只有在使用后才能评价其质量、确定其价值。如果供应商把新产品与消费者熟悉的产品捆绑销售，就可以降低消费者的购买风险，提高新产品的知名度。此外，还能够弱化产品间的可比性，使消费者难以转向其他厂商，从而能够占有更多的市场份额。

总结与回顾

1. 数字资源与传统实物产品分析涉及数字资源基本内涵、数字资源与传统实物产品联系与区别等。

2. 数字资源产权分析包括数字资源法律主客体界定、数字资源产权归属等内容。

3. 数字资源成本包括以下3类成本：生产成本、保存成本和销售成本。

4. 传统定价方法不适用于数字资源定价，根据数字资源的特点可以采用免费定价策略、差别定价策略、捆绑定价策略等。

复习思考

一、名词解释

数字资源；免费定价策略；差别定价策略；捆绑定价策略

二、简答题

1. 数字资源与传统实物资源的不同之处有哪些？
2. 举例说明数字资源成本结构的特殊性。
3. 为什么传统定价方法不适用于数字资源定价？

三、论述题

1. 数字资源的定价策略有哪些？请结合现实中的案例说明。
2. 请分析对数字资源进行差别定价的现实性与可行性。

能力拓展

浙江余杭打造“数字资源超市”撬动精细治理

新华社杭州10月31日电（记者吴帅帅）把分散在政府部门间的数据像“原材料”一样摆上“货架”，成为有需求部门“搭建”新项目的“建筑材料”；一个项目完成后，又能继续“上架”输出新的数据要素……在杭州市余杭区，通过这一模式打造的“数字资源超市”正在进一步发挥数据要素价值，推动社会治理精细化。

目前，余杭区“数字资源超市”已分门别类“上架”了基础设施、数据资源、应用组件三大数字资源，余杭全区各部门既能提供也能享用“超市”里的这些数字资源。

“除了让数字资源共享‘像购物一样方便’，这个‘超市’还具有良好的‘售后评价’功能。”余杭区数据资源管理局相关负责人介绍，余杭将建立全流程的反馈评价机制和运维监测服务，来掌握

“超市”中各类“商品”的上架率和使用率情况，“根据使用者在平台上公开评价，相关供给部门对‘商品’进行优化提升，进一步促进数字资源管理全流程的革新与内循环，实现海量数据信息的增值利用。”（杭州市人民政府）

为此，2020年8月，余杭区上线了“数字资源超市”平台。截至目前，该平台已上架1003类数据共享目录和43个公共组件，并关联全区2014年以来465个信息化项目基础信息。

以建设违停提示系统为例。陈雄说，通过“数字资源超市”共享“车主人口数据匹配”“定位匹配附近停车场信息”“手机短信推送”等组件，项目开发单位只需要完成违停识别组件的建设，就可以实现从识别到提示的所有功能。

“这样一旦识别违停，不是简单处罚，而是针对不同情况，通过推送短信移车、发送附近空余车位信息等方式进行有效引导。”陈雄说。

余杭区数据资源管理局副局长陈乾表示，“数字资源超市”相当于形成了一个标准体系，政府部门开发项目时，可以像装配式建筑一样，使用统一标准的数据资源、组件等进行“拼装”。之后新项目形成的新组件又能上架。

据介绍，以余杭区目前全年信息化建设投入估算，“数字资源超市”预计每年能节约成本2400万元以上。（资料来源：2020－10－31 15：44，新华社，中华人民共和国人民网）

“数字资源超市”的构建会给我们的生活带来怎样的变化？

第五章　平台经济

任务分析

1. 理解平台经济的内涵与特征。
2. 了解平台经济给传统经济带来的机遇和挑战。
3. 掌握平台经济的结构与竞争。
4. 理解平台经济“触媒效应”。
5. 理解平台经济垄断意义。
6. 了解平台经济反垄断措施。

案例导入

平台经济日趋重要

党的二十大报告指出，“加快发展数字经济，促进数字经济和实体经济深度融合。平台经济是数字经济的重要组成部分，平台经济的健康发展是加快发展数字经济的重要内容，是提高全社会资源配置效率、贯通国民经济循环各环节、提高国家治理体系和治理能力现代化水平的重要推动力量。”

平台经济发展历程

平台经济专业解释或许晦涩难懂，但日常生活中随处可见。从2003年6月国内第一个平台“淘宝”诞生至今，我国平台经济共经历了“萌芽起步—爆发增长—竞争加速—整顿治理”四个阶段。

平台经济1.0：萌芽起步阶段。2003年6月我国第一个平台“淘宝”成立，标志着我国互联网平台经济开启，在此阶段，互联网平台核心作用主要体现在连接双边市场、促进信息沟通、降低交易成本等方面。

平台经济2.0：爆发增长阶段。阿里、腾讯、百度等互联网大型企业在电子商务、社交网络、网络游戏、搜索引擎等领域领先格局基本形成，各企业纷纷开始通过开放平台资源形成商业生态的模式加强其核心优势。互联网平台的价值核心逐渐由搭建信息平台转向商业生态建设，孵化高价值商业生态业务成为平台发展目标之一，商业分成等盈利模式不断丰富。

平台经济3.0：竞争加速阶段。互联网平台与传统产业融合加速，在金融、医疗、交通、住宿等垂直领域逐渐涌现出一批共享经济平台独角兽企业，阿里、腾讯等传统互联网平台企业已发展成为超级互联网生态企业，通过并购重组、战略合作、流量开放等手段，将其触角深入各个领域。

平台经济4.0：整顿治理阶段。2020年，疫情暴发以后，国内平台经济取得了更加高速增长，同时也出现了金融风险、潜在垄断、数据安全尤其是国家安全等问题，国家开始对平台经济加强监管，进入全面整治阶段。

知识介绍

第一节　平台经济内涵与特征

平台经济（Platform Economics）是一种基于数字技术，由数据驱动、平台支撑、网络协同的经济活动单元所构成的新经济系统，是基于数字平台的各种经济关系的总称。本质上，平台是市场的具化，市场从“看不见的手”，变成了“有利益诉求的手”。

平台是一种虚拟或真实的交易场所，平台本身不生产产品，但可以促成双方或多方供求之间的交易，收取恰当费用或赚取差价而获得收益。

一、我国平台经济发展现状

平台经济起源于20世纪90年代中期的美国硅谷地区，其中以在线个人物品拍卖公司易贝在1995年的创立为标志。2007年1月，苹果公司推出了iPhone智能手机，从而开启了移动互联网时代新篇章，全球范围内平台经济开始蓬勃发展。如今，数字化平台已经在全球各地广泛应用，但是具有全球影响力平台大多来自美国、中国等少数国家。这些平台企业所构建的生态系统连接着全球各地平台参与者，不同程度地改变着人们生活方式和经济行为。尤其是平台企业所在地经济结构、产业发展和增长方式也受到了影响，全球经济格局也随着平台经济发展而发生了一定变化。

经过多年发展，中国平台经济发展水平已经位居世界前列，规模和水平仅次于美国。在国内各方共同努力下，中国平台经济得到了快速发展，并且在多个领域取得了显著成就。未来，随着技术进步和创新推动，平台经济将继续发挥着越来越重要的作用，推动经济全球化进程不断深入。平台经济是一种新型经济形态，其主要依托互联网平台、以数据为关键生产要素、以新一代信息技术为核心驱动力和以网络信息基础设施为重要支撑。近年来，中国平台经济得到了快速发展，其在我国经济社会发展中的地位和作用也日益显著。我国各地区平台经济发展都呈现出不同特点。东部地区平台经济发展较为活跃，其中北京、上海、深圳、杭州等城市成为代表。而中西部地区平台经济则正在迅速发展之中，进入了一个高速增长阶段。总的来说，平台经济已经成为推进我国经济社会发展的重要力量。随着技术的不断进步和创新不断涌现，平台经济将继续保持快速发展势头，同时也需要解决监管、安全等方面问题，促进平台经济持续健康发展。

2022年以来，国家多次部署支持和促进平台经济规范健康持续发展。3月，国务院提出坚持稳中求进，促进平台经济平稳健康发展，提高国际竞争力；5月，国务院印发《扎实稳住经济一揽子政策措施的通知》，出台支持平台经济规范健康发展具体措施；12月，中央经济工作会议强调，提升常态化监管水平，支持平台企业在引领发展、创造就业、国际竞争中大显身手。这一系列政策要求释放出国家支持平台经济规范健康发展强烈意志和积极信号，对2023年平台经济持续向好发展塑造了积极利好基本面。

市场规模方面，我国平台经济保持快速发展态势。2015～2020年，我国超10亿美元数字平台总价值由7702亿美元增长到35043亿美元，年均复合增长率达35.4%，尤其是在2020年全球经济低迷背景下，实现了56.3%超高速逆势增长。中商产业研究院预测，2023年我国超10亿美元数字平台总价值将达59919亿美元。

平台数量方面，根据中国信息通信研究院监测，截至2020年年底，我国价值超10亿美元的数字平台企业达197家，比2015年新增了133家，平均以每年新增超26家的速度快速扩张。中商产业研究院预测，2023年我国超10亿美元数字平台企业将达279家。

从市值占比看，电子商务和社交网络处在第一梯队，两者合计占比超过超10亿美元，占平台总价值的一半。其次是金融科技、本地生活和数字媒体，占比均在10%左右。从发展趋势来看，医疗健康、本地生活、在线教育发展最为迅速，市值增长率均超过了100%；电子商务、物流、社交网络、搜索引擎、金融科技等领域也保持高速发展，增长率均在40%以上。

二、平台经济内涵

平台经济研究始于双边市场理论，最初是关注于信用卡购物平台、报刊类平台，Roehet和Tirole（2003）给双边市场定义为：双边市场能够通过增加市场一方费用，同时等量减少另一方收费这样的方式来影响交易量。平台可以限制最终用户定价。双边市场必须精心设计一个能足够吸引双边用户的价格结构，确保双边用户能够获得收益，以增加平台竞争力。

随着移动互联网、大数据、物联网、云计算等技术的快速发展，平台经济日益崛起，成为21世纪最重要产业形态之一。平台经济以大数据为核心生产要素，利用数字技术促进了产业结构升级和全面整合产业链。同时，平台经济还利用数字化网络协调技术提高了资源配置效率，重塑了社会经济环境，成为当前经济发展最大亮点。

平台经济起源是双边市场，建立在平台基础之上，是双边市场在现代信息技术革命下发展的产物。虽然对平台经济定义尚未统一，但应从平台经济缘起入手进行讨论。在这种经济模式下，平台将不同供求双方联系起来，提供了丰富服务和多种选择，创造了巨大财富。

双边市场是指企业作为中间人，迎合相互依赖两个客户群体的现象。这种市场需要通过收取不同价格来影响交易成交额，以使双方都留在平台上。Armstrong（2006）指出，双边市场具备两个特征：（1）交易依赖于平台，平台通过提供产品或服务促成双方交易并收取费用；（2）加入平台的一组用户收益取决于平台内另一组用户规模。多边平台可能是现实空间或虚拟空间，如购物中心和电脑操作系统。平台服务的客户需求互相依存，促进客户间交易达成。多边平台为企业家和投资者创造了巨大价值，其前提是有不同客户群体，一方客户得益于与另一方或多方客户之间相协调的需求，而中介的存在使客户群体间的协调更有效（埃文斯，2016）。数字经济时代，数字化连接数据要素和资源是多边平台核心。

平台经济出现之前，许多基于数字技术的组织形式被称为“共享经济”“分享经济”等。这些新型组织形式与平台经济密切相关，都是基于互联网或数字技术发展而来的。而目前关于平台经济的内涵，学术界有不同观点，大致可以归为以下五类观点：（1）平台经济是一种商业模式革新，它利用实体交易场所或虚拟交易空间，吸引产业链上下游相关因素加入，促成双方或多方之间进行交易或信息交换，从而实现商业模式创新（吕本富，2018）。（2）数字平台是一种可以收集、处理和传输有关生产、分配和消费等经济活动信息的数字基础设施，平台经济则是基于数字平台产生的经济活动，是一种新型企业组织形式（谢富胜等，2019）。（3）平台经济是以数字化技术为基础新型资源配置方式。它不依赖于市场价格机制或企业组织治理，而是通过数字网络技术协调来完成经济资源配置（易宪容等，2020）。（4）平台经济是互联网平台协调组织资源配置的一种新型组织方式和经济形态（尹振涛等，2022）。（5）平台经济是具有规模经济、范围经济、网络外部性、多边市场等特征的一种新型经济形态（夏杰长等，2023）。

借鉴已有研究，本教材认为平台经济是一种产业组织模式，以数字平台为引擎，数字化组织为核心，大数据为主要生产要素，借助数字技术和数字网络进行交易，实现经济资源优化配置。数字平台是指收集、处理和传输生产、分配、交换和消费等经济信息的数字基础设施。数字平台兼具传统组织和市场特征，是科斯公司理论和哈耶克市场理论的一种结合。数字平台不投资产品，而是投资基础设施和工具的搭建，支持并拓展一个网络化的市场或者社群。数字平台这种新的模式克服了哈耶克时代局限：信息量不足、沟通成本高、信息处理困难。随着数字技术的不断发展与完善，数字平台管理信息和网络，使得全新类型的经济和社会行为更加便利。实际上如何考虑现代商业战略和经济背后核心观点是基于交易成本以及科技现状的深入性假设。随着数字科技的不断更新，在新经济模式下传统企业竞争优势将不复存在。平台企业创造出全新市场，极大拓展了传统市场。钟摆从去中心化大幅转向大型组织—平台—创造了大型中央计划市场。随着这一趋势的延续，越来越多经济活动是通过去中心化的集中创造和管理的网络进行协调的。

三、平台经济分类

（一）基于市场结构的平台分类

按市场上生产者和消费者不同，可将平台经济分为以下三类：重合性平台、交叉性平台和垄断性平台。

重合性平台（Coincident Platforms）是指若干多边平台向同一边用户提供可替代产品或服务。在重合性平台中，消费者可有多种选择来满足自身需求，如支付系统。在支付系统中，用户可以根据自己需求在多种支付服务中进行选择，用户可能归属于多个平台，也可能归属于单一平台。大多数用户会同时接受几大竞争性支付系统的支付卡。此外，重合性平台也包括电子游戏、操作系统。

交叉性平台（Intersecting Platforms）是指 N 边平台向数量为 $n(n \leqslant N)$ 边用户提供可替代产品或服务。例如，浏览器就是交叉性平台结构，其一侧存在多边不同需求用户，而在其另一侧则存在多个相互可替代业务提供商。交叉性平台是比较常见类型。除了浏览器外，笔记本电脑也属于交叉性平台。

垄断性平台（Monopoly Platforms）是指在任何一边都不存在用户竞争平台。由于互联网可方便传送大量信息，找到商品与服务合适替代品非常容易，这种平台模式较为罕见，只存在于某些方面的某些时段，如某一经济领域新出现的时候。

（二）基于平台组织主要功能分类

按照平台组织核心业务平台经济分为以下三类：（1）平台经济核心是进行产品交易和服务交易，此平台组织是充当交易双方或多方线上交易中间人，提供线上产品和服务，并向其中一方收取费用。如我国拼多多、京东，美国亚马逊，都是线上产品交易中间人，卖家在平台组织运营网站上展示自己商品，买家在网站上挑选和购买；滴滴出行等是线上服务交易中间人。（2）平台经济以提供社交媒体和搜索引擎服务为主，对消费者而言这些服务很多情况下是免费的，平台利润主要来自广告收入，如我国百度、腾讯，美国谷歌、Facebook 等。（3）平台经济运行的数字化基础设施和数据，包括芯片、互联网、宽带通信、编程语言、智能手机和电脑操作系统以及云计算等，平台经济利润来自使用费和租金收入。

（三）基于平台组织连接属性分类

按照平台组织连接属性平台经济分为以下三类：纵向平台、横向平台和观众平台。纵向平台直接连接卖家和买家，平台组织充当中间人匹配连接不同类型、不同行业、不同区域买卖双方，促成交易，交易对象多样，可能是日用品、服装；物流、医疗等服务；网络游戏、网络金融产品等。横向平台连接没有明显买卖关系客户，但相互交流需求必不可少，如微信、QQ、邮箱等。观众平台，初期通过提供免费服务或商品，吸引更多观众加入，当观众数量达到一定规模后，就会有广告商加入，从而获得平台经营收入，如免费电视频道、免费音乐网站等。随着一些平台组织规模扩张和网络效应，就会出现“赢者通吃”现象，平台提供的更新或更优质视听内容等，观众消费就要付费。

（四）基于平台组织行业性质分类

按照平台组织经济属性，平台可以分为交换平台和制造平台。交换平台通过不断优化消费者和生产者之间直接交易来创造价值，如服务市场、产品市场、支付平台、投资平台、社交网络平台和社交游戏平台等。交换平台模式下，核心交易往往需要双重确认，如神州专车市场，司机和乘客都能选择是否进行交易。制造平台通过生产者创作互补产品并将其宣传或推广到更多受众中来实现价值创造，如内容平台和开发平台等。制造平台模式下，核心交易通常是一对多的单项确认，如任何人都可以观看许多视频网站内容。例如，抖音、YouTube、优酷、爱奇艺以及各类操作系统等都属于制造平台。

（五）基于商业模式平台分类

根据经济合作与发展组织（OECD）分类，平台可分为以下七类：电子商务平台、在线共享平台、金融科技平台、在线社交网络服务平台、在线匹配平台、在线众包平台和在线搜索平台。

电子商务平台，如拼多多，是一种促进第三方卖家和消费者之间达成交易的在线平台。它提供了广泛产品选择和价格优势，同时也为第三方卖家提供了便捷高效进入电子商务市场。

在线共享平台，如携程，是一家一站式旅行平台，方便消费者和业主之间达成交易。它提供了多种房间选择，并允许酒店或业主进入在线旅游市场。该平台从第三方卖家的销售收入中收取佣金。

金融科技平台，是一种为金融机构、商家和消费者之间金融活动提供便利的在线平台。它为消费者和商家提供了新的获取信贷途径，助力金融机构和合作伙伴加速迈向“互联网+”。

在线社交网络服务平台，如领英，是一家以商业和就业为导向的服务平台，为职业社交提供便利。它允许个人张贴简历并联系专业朋友，促进求职，并允许雇主发布职位并搜索潜在候选人。

在线匹配平台，随着人工智能和大数据技术的不断进步，在线匹配平台功能愈发强大。如抖音等平台，既有大量内容原创者，又有海量用户。由于有 AI、大数据等数字技术支撑，在线匹配平台可以将内容自动推送给目标用户。

在线众包平台，如 Waze，是一种有助于司机之间数据共享在线平台。它为司机提供实时交通信息和路线、附近最便宜燃油价格以及其他特定位置警报。

在线搜索平台，如百度搜索，为消费者提供一种免费方便相关的即时获取信息方式，使广告商和内容提供商能够以有效方式获取大量用户，并使内容提供商能够通过提供内容获得收益。

总之，不同类型在线平台采用了不同商业模式，各具特色。这些平台发展将对消费者、企业和整个社会产生重要影响，并推动经济不断创新、发展和进步。

四、平台经济特征

数字经济时代，平台经济被认为是最重要产业组织形式之一。作为经济高质量发展重要引擎，平台经济在促进产业结构优化升级、整合产业链和提高资源配置效率等方面发挥了重要作用。一般而言，平台经济具有以下特征：数据驱动、规模效应、范围经济效应、网络外部性、开放融合、双（多）边市场、创新引领以及注意力与流量竞争。

（一）数据驱动

数据驱动是平台经济典型特征。数字化转型过程中，数据成为最重要生产要素之一，具有多个优势：可复制、可共享、无限增长和供给。平台经济通过运用大数据、区块链、云计算等技术收集、分析和使用信息数据，并对接不同场景下经济运行前端开发、运营与后端管理，实现了经济运行中间环节数字化。

与传统经济模式相比，平台经济模式具有以下优势：（1）企业获取数据渠道更加广泛，既可以是企业在生产经营过程中生成的数据，也可以是来自政府或第三方平台数据；（2）平台经济模式下，经营过程都已经被数字化并被归类，因此如果经营出现问题，企业就能够快速进行排查和处理，提高了效率；（3）平台经济加强了企业间数据交流，促进了经济运行跨部门、跨行业融合发展。

平台经济数据驱动使得企业间数据交流更加广泛，能够提高经济运行效率和精准度，促进不同行业、不同企业融合发展。然而，这也对企业提出了更高数据处理要求，需要企业根据市场变化和用户需求不断学习优化，并与技术公司及政府机构等持续合作，共同推动数字经济发展。

（二）规模效应

规模效应是指大规模生产带来的经济效益提高。对平台经济来说，规模效应主要来自零边际成本生产和大规模信息匹配所带来的巨量交易。在移动互联网和大数据技术支持下，平台经济具有趋近于零边际成本生产特性。这也是平台经济能够实现规模效应的关键。

以电商平台为例，电商平台建设完成后，在规模和技术要求不变的情况下，固定成本是有限的。与线下商业领域不同的是，电商平台上，只要商家申请账号，平台几乎就能以零成本为其开通，并且商家可以在多个平台上销售产品。因此，电商平台扩张速度非常快，容纳商家数量也远远超过线下商业领域限制。

此外，平台还通过策划促销活动等方式吸引消费者，从而实现了巨量交易。这些促销活动包括各类降价和购物节，既给卖方带来更多订单，也给物流和支付系统带来了巨大效益。物流企业和支付企业规模越大，效益就越好，这进一步放大了原本单纯的厂商规模经济，规模效应更加凸显。

平台经济规模效应主要来自生产零边际成本和大规模信息匹配所带来的巨量交易。在移动互联网和大数据技术支持下，平台经济能够实现快速扩张和高效运营，也促进了物流和支付等相关产业发展。

（三）范围经济效应

同时生产多种产品总成本低于分别生产各个产品成本之和，因此，企业可以很容易地去做不同业务，特定范围的多产品企业比单一产品企业效率更高。一个平台建立起来之后，又有能力去做不同业务，这类现象在国内经常见到。例如，一个平台既做电商又做支付等很多业务。其原因就在于平台建立之后就会发挥范围经济效应的作用。

（四）网络外部性

平台经济另一个重要特征是网络外部性，其分为直接网络外部性和间接网络外部性。直接网络外部性是指平台使用者越多，其价值就越高。例如，在电话发明前，如果没有其他人也使用电话，一部电话就没有任何用处。

间接网络外部性是指平台上两种不同类型用户之间相互影响。当一种类型参与者数量增加时，会提高平台上另一种类型参与者价值，即正间接网络外部性。如电商平台，每增加一个商家，平台对网购用户价值就会提高，使得网购用户有更多选择。平台上网购用户越多，平台对商家而言就越具有价值。

网络外部性也可能带来负面影响。当某一类型参与者数量减少时，将降低平台对于其他类型参与者价值，即负面间接网络外部性。因此，平台需要尽可能地吸引更多参与者，以达到关键规模，并迅速发展壮大，从而获得可观回报。

平台经济网络外部性是促进平台快速发展和扩张的关键。通过直接和间接网络外部性互动作用，平台能够不断吸引更多参与者，从而提高整体价值和利润。

（五）开放融合

平台经济开放融合特征是指通过平台突破地域、时间、空间、自然资源等限制，跨越国界、区域和行业提供基础服务，并吸纳更多主体参与到平台生态系统中来。与线下模式相比，开放平台容纳了多种类型参与者，随时提供多样化产品和服务，可以实现无时无刻的对接和交易。

这种开放性使得平台内资源共享范围越来越广泛，边界变得愈发模糊。因此，平台能够重塑商业模式，满足多边群体需求。通过连接多边群体、利用多方资源以及设立规则与机制，平台组织能够以不同形式重塑商业模式。平台高效性还能帮助企业减少中间环节，协同上下游企业或同业竞争者，充当连接、整合角色。

除了产业内部融合外，平台经济也具有产业间融合特征。传统企业也可利用连接和整合思维去创造更大价值。在平台帮助下，传统企业能够加速数字化转型，并发挥更大竞争力。

平台经济开放融合特征是其能够快速发展和高效运营的关键。通过突破限制、吸纳多类型主体参与、重塑商业模式、协同企业等方式，平台能够实现产业内部和产业间融合，创造更大价值和利润。

（六）双（多）边市场

平台要同时服务多边，例如，外卖平台既要面对餐馆，又要面对消费者，还要面对骑手。平台面向各方价格结构直接影响平台企业收入。因此，平台对一方的定价需要考虑对另一方的外部影响。

（七）创新引领

平台经济创新是其持续成长和竞争力的主要表现，从电商平台到行业平台再到平台经济，技术、产品和业态创新一直是主要驱动力。中国互联网发展初期，平台经济领域涌现出许多领军企业。而随着外部环境和用户需求变化及技术进步，有些平台企业没有与时俱进，逐渐出现倒退现象或被市场所淘汰。只有不断创新，紧跟信息技术变革和发展，满足多方参与者需求，平台企业才能持续发展壮大。

世界知名电商平台如阿里巴巴、亚马逊、京东、拼多多等，影响和改变了数十亿人消费习惯和生活方式。优步、来福车、滴滴出行等平台改变了传统出行模式，为用户节约了时间和成本。菜鸟、顺丰、闪送、中储智运等物流平台降低了社会物流费用，提高了经济运行效率。金融互联网平台如支付宝、微信钱包、京东白条等，通过创新金融产品和服务发展了众多参与者，满足了用户在资金领域投资和融资需求。在媒体和社交领域，爱奇艺、微信、微博、Facebook 和推特等平台为使用者提供丰富社交和影音资源，满足了用户多样化社交和娱乐需求。搜索引擎平台如谷歌、百度等为用户提供海量信息资源，大大提高了社会信息化水平。

平台经济创新是其持续成长和竞争力核心。只有不断创新，紧跟信息技术变革和发展，平台企业才能适应外部环境和用户需求变化，满足多方参与者需求，实现持续发展和壮大。

（八）注意力与流量竞争

数字化平台竞争主要体现在注意力和流量争夺上。为了吸引用户，需要将人们注意力从线下转移到线上网络和数字空间。传统互联网时代，由于人们没有时间长时间待在电脑前，因此平台经济和数字经济发展缓慢。而移动互联网普及极大改变了这种情况。移动互联网时代，通过使用手机就可以实现实时在线。实时在线有两个关键点：（1）智能手机价格较低，只需花费几百元即可购买，从而使得上网人数大幅增加；（2）由于可以实时在线，每个人上网时长大大增加。上网人数乘以人均上网时长即构成了数字经济全部注意力资源。中国拥有 14 亿多人口，移动互联网规模约 10 亿多人口，这意味着拥有如此庞大人口规模和实时在线上网时间，每人每天约 4 小时，构成了中国发展数字经济和平台经济非常重要的注意力资源，也是我国在移动互联网时代所享有的人口红利。

注意力资源最大特点就是信息越丰富，注意力越匮乏。这个观点最初由赫伯特·西蒙（1978）提出。当时只是电视广播等传统媒介时代，而现在互联网信息量级远远超过了传统媒体，这意味着现在注意力变得更加稀缺。因此，无论是电子商务平台、社交平台还是短视频平台，所有媒体平台经营者都担心如何争夺用户注意力和扩展自己流量。吴修铭（2018）在《注意力经济：如何把大众的注意力变成生意》一书中指出，数字经济时代，注意力和流量争夺是至关重要的。他的逻辑是从注意力角度说明如何参与平台经济治理。

数字化平台竞争主要包括注意力和流量争夺。中国在数字经济方面具有全球领先地位，尤其是在移动互联网领域。移动互联网时代，每个人实时在线上网时间较长，构成了中国发展数字经济和平台经济非常重要的注意力资源。无论是电子商务平台还是社交平台、短视频平台等，所有媒体平台经营者都面临着如何吸引用户注意力和扩展自己流量压力。因此，参与平台经济治理需要从注意力角度进行思考和实践。

第二节 平台经济给传统经济带来的机遇与挑战

自 2020 年疫情暴发以来，全球经历了疫情反复、俄乌冲突、能源危机等多重冲击，世界经济稳定遭遇巨大挑战，经济增长明显放缓。相比之下，平台经济基本保持平稳较快增长。截至 2022 年年底，全球价值超百亿美元互联网平台共有 70 家，价值规模约 9.2 万亿美元。疫情期间，平台企业在赋能经济社会数字化转型等方面重要作用越发凸显，成为推动经济复苏的“新动能”“新引擎”。

中国信通院发布的《平台经济发展观察（2023 年）》报告显示，主要平台企业业绩在疫情期间取得明显增长。从全球看，对市值前十大平台企业进行观察发现，2020 ~ 2022 年，十大平台企业营收复合年均增长率为 18.4%，营收总额由疫情前的 1.08 万亿美元增长为 2022 年年底的 1.79 万亿美元；毛利润的复合年均增长率达 19.3%。从我国看，对市值前八大平台企业进行观察发现，其营收复合年均增长率达 20.1%，营收总额由疫情前的 2504.5 亿美元增长为 2022 年年底的 4424.5 亿美元，其毛利润复合年均增长率为 11%。综合来看，在疫情驱动经济活动加速向线上转移影响下，主要平台企业业绩在三年内得以逆势增长。

但与此同时，在通胀高企、美元加息等因素影响下，报告显示，2022 年平台经济发展遇冷，出现下降态势。从全球来看，2022 年全球价值超百亿美元平台企业较 2021 年减少 15 家，价值规模下降 36.9%，自 2018 年以来首次呈现负增长。其中，美国头部平台企业市值遭遇自 2008 年金融危机以来最大幅度缩水。从我国看，2022年我国价值超十亿美元平台企业共167家，较2021年减少15家，价值规模为2.37万亿美元，同比下降16.3%。经历多年高速增长的平台经济，已步入挑战与机遇并存的关键时期。

一、平台经济贡献

平台经济对经济发展做出的贡献主要有以下几点：

（1）它能够为经济发展带来新的动力。由于平台经济能够大幅降低交易成本，加强各主体间互动，因此其参与的经济活动非常高效和有活力。截至2020年，我国互联网相关企业总产值约为1.2万亿元，增长速度达到了12.5%。

（2）平台经济能够降低交易成本，极大推动网络零售业务的发展。随着移动互联网的普及，越来越多消费者选择网上购物。平台经济提供了一个高效、便捷、安全的交易平台，对于推动网络零售业务起到了重要作用。仅在2020年，我国网上商品零售总额达到11.76万亿元。同时，“618”和“双11”等促销活动为扩大社会内需做出了突出贡献。

（3）平台经济也能够为许多人提供就业机会。平台经济具有很强灵活性和自由度，为许多人提供了更多就业机会，如网约车司机、外卖骑手、在线教育平台老师、小红书等平台兼职者等。

二、平台经济给传统经济带来的机遇

平台的技术特性给传统经济带来的机遇可以归为“三升三降”：“三升”是规模、效率、体验提升；“三降”是成本、风险、接触下降。

（1）数字技术平台有利于改善社会治理。以健康码、行程码为代表的数字技术应用到社会治理、政府治理中，已经成为比较普遍的现象。尤其是在广东、浙江等地，如“粤省事”“浙里办”这样的数字技术手段有助于帮助政府改善社会治理。

（2）平台经济有助于促进经济增长。如果把经济分成不同部门，其中有几个部门可以归为ICT（信息与通信技术）生产类、ICT集约使用制造业类，或ICT集约使用服务业类，这些类别综合起来可以称为粗糙数字经济。2012～2018年，这些ICT制造及ICT密集使用部门加在一起对中国GDP增长的贡献已经达到74.4%。工信部数据显示，数字经济约占GDP的36%，但是数字经济对经济增长的贡献远远高于36%。

（3）平台经济具有很明显长尾效应。长尾效应就是可以为无数客户提供服务。我国一些电商、支付、社交、短视频等平台活跃用户都是数以亿计的，这在传统经济当中很难想象。过去传统服务很难面对这么大规模客户，尤其是为普通老百姓提供服务，而平台经济使得长尾服务成为可能。金融领域也使普惠金融成为可能。过去，偏远地区、内陆地区，尤其是边疆地区很难真正获得好的金融服务，而随着数字金融的普及，只要你有一个智能手机，只要有信号，就可以享受差不多的金融服务。

（4）劳动就业机会增加。平台经济确实提供了很多新的就业机会。直接在平台上开网店的、为平台服务的骑手、提供物流的人以及其他，数量巨大。阿里巴巴主营平台5373万人；滴滴平台带动1360万人；美团骑手295.2万人。还有一个好处，这些人往往工作时间比较灵活，入行门槛也相对较低，为劳动力市场提供了一个全新的补充。

（5）激发创新活动。除了平台自身创新活动外，还有学者认为，其实平台也在为平台上的企业发挥“孵化器”的作用。因为平台会给企业提供一些培训、辅导，甚至支持。如果这方面做好了，那么对于这些企业自身创新也非常有利。

（6）有利于大科技信用风险管理。平台经济不仅可以把所有客户连接起来，同时还可以给客户做信用风险评估，用大科技信贷提供贷款服务，尤其是给一些中小企业提供服务。大科技信用风险管理的两大支柱是大科技平台、大数据风控，帮助解决获客难和风控难。大科技数字平台主要优势是其生态系统：平台通过长尾效应获客，客户在平台上的行为，如网购、社交、看短视频，会留下数字足迹，数字足迹积累起来就形成大数据，大数据可以帮助平台做信用风险评估，用来发放贷款。平台还可以通过生态系统加强还款管理。如网商银行、微众银行等，都在用这套模式每年发放上千万笔贷款，而且总体来说可以将不良率控制在比较低的水平。

（7）增强宏观经济稳定性。通过分析 2001～2019 年我国消费者价格指数（CPI）与生产者价格指数（PPI）可以发现，在此期间，PPI（即原材料、石油、煤炭、钢铁等大宗商品和其他的投资品）波动性一直比较大。最近，全球很多大宗商品市场不太稳定，我国 PPI 受到影响，所以波动性也非常大。但是 CPI 在 2013 年前后有结构性变化。2013 年以前，几乎和 PPI 的波动率差不多，但是 2013 年波动率下降，之后就非常平稳。其主要原因是 2013 年以来数字平台经济高速发展，电商、移动支付和物流的发展使得全国地区市场融合程度大幅提升，从而降低了 CPI 波动性。

（8）改变了传统资源配置方式。传统农业和工业经济生产要素主要是土地、劳动力和资本等，资源配置通常通过市场价格机制或企业组织来实现。由于信息非对称和不完全，这种模式存在资源配置效率低下、决策风险高等缺陷。平台经济作为一种基于大数据的产业组织形式，能够利用数字网络技术克服传统经济中的信息和认知制约，整合挖掘各种信息资源，全面提高资源配置效率。

市场进行资源配置优势在于行为人能够在约束条件下追求其利益最大化，并通过市场价格机制来体现。由于信息不完全和不对称，理性行为选择受到信息约束和认知限制，从而可能导致市场价格机制失败。为了解决这些问题，市场出现了各种类型中介组织，但这会增加市场运行成本，降低市场运作效率。现代企业是替代市场进行资源配置的另一种方式，但也容易引发代理问题。

数字经济时代，海量数据涌现，随着现代数字技术的进步，全面提升了数据收集、储存、加工、分析和利用能力，人们获取信息方式更加多样、便捷，能够克服传统信息约束，进而化解认知限制，真正发挥分散化决策作用。而平台经济作为一种新型产业组织形式，以大数据为核心，能够整合利用各种信息资源，更有利资源优化配置和促进科学决策，使运营成本更低和资源配置更加高效。

三、平台经济带来的挑战

平台经济自产生以来，在移动互联网和数字技术快速发展推动下，规模持续增长并呈加速态势。平台经济庞大的规模和显著聚财效应，成为经济增长新引擎，但同时也带来很多亟须解决的新问题和治理难点，对平台经济发展提出了挑战。

（1）平台经济发展导致垄断现象出现。平台经济以其零边际成本的生产特点，具有低进入门槛和快速扩张能力，并且随着用户数量的增加，可通过拓展其他类型业务迅速发展成为多边平台，实现规模化增长。不同于传统企业扩张方式，平台企业在发展过程中，各类业务之间并非高度相关，如社交平台开展支付业务、出行平台扩展外卖业务等。平台不断拓宽业务版图，最终形成超级平台。由于平台经济的网络效应，当平台积累了大量同一类或多种类型用户时，就会更容易吸引到新类型用户，形成用户“黏性”，从而出现“赢家通吃”的局面。随着平台业务规模的不断扩张，平台可以掌握越来越多有效数据，在所处领域中具备显著优势，从而排挤和挤压新平台进入。在资本规模和数据优势的双重作用下，超级平台可以整合个性化小批量需求并聚合成巨大市场规模，更容易达到具有垄断性质的市场份额，对本国市场竞争秩序和经济持续健康发展带来挑战。由于平台经济的跨国垄断现象，有些国家成为“信息富国”，而一些国家则变成了“信息穷国”，进一步加剧了“数字鸿沟”问题。

（2）治理功能问题。市场经济中有三大主体：政府、市场、企业。三者各自为政，企业负责经营，市场负责交易撮合，政府负责调控。而在平台经济中，平台的设立突破了这三者之间界限，往往兼具企业（经营）、市场（撮合）与政府（调控）的功能。平台本身是企业，它是一种新型的企业或经济主体。这样确实导致一些问题，如平台在诸如导流、搜索等活动中是否真正做到了公平公正服务。国外曾发生过平台试图影响公共舆论甚至选举结果等问题。如何确保平台既追求效率，又保证公平？这是潜在的、需要解决的问题。

（3）创新活力问题。平台企业无疑是创新型企业，没有创新它们做不到今天。但当达到一定规模之后，它们是否依然能够保持创新动力与能力？很多平台做大之后现金流充裕，大量收购新兴创新企业，降低市场竞争，即猎杀式并购，对创新非常不利。很多平台企业通过大量“烧钱”迅速形成市场规模，获取市场，有成功的（如滴滴），也有不成功的（如摩拜）。希望平台长期持续地成为创新的主流之一，就需要分析解决一个问题：平台经济究竟是如何影响创新活动的。

（4）收入分配问题。平台企业服务具有长尾效应，降低了就业门槛，在就业、服务、产品提供等多方面具有很强普惠性，也提供了很多新的就业机会。对收入分配是有帮助的。但平台在创造许多与线上业务相关新兴就业机会的同时，也消除了一部分线下就业机会。不排除有很多人因此而失去了工作，他们能否平稳过渡？能否继续找到满意的工作？另外，为线上业务服务人员，特别是骑手、外卖员，他们收入、福利和劳动条件如何？更值得高度关注的是，平台在发展过程中有可能通过规模经济或范围经济引发财富过度集中的问题。

（5）公平竞争问题。平台为商家提供了新的竞争场所和竞争机会，同时，平台之间竞争也很常见、很激烈。平台是否有可能会利用其规模经济或范围经济形成市场势力，增加新企业进入的沉没成本，来限制竞争？“二选一”是经常被讨论到的一种策略。这种策略到底有没有合理性，属于正当追求投资回报策略还是不正当反竞争行为？

（6）数据算法问题。大数据提供了许多前所未有机会和服务，正面作用确实给很多平台企业提供了利用大数据算法创新机会，但从反面来看，数据侵权尤其是侵犯隐私等各种问题很突出。许多平台参与者，包括出租车司机、骑手、消费者，经常有被算法控制住的感觉。瑞典数学家大卫·萨普特（David Sumpter）写了一本书《被算法操控的生活》，说明这是一个全球普遍现象。大数据分析在帮助平台降低信息非对称的同时，反而增加了平台参与者信息非对称，出现了“大数据杀熟”等问题。利用数据算法实行差异化定价的边界到底如何衡量。

（7）国际挑战。我国平台经济发展较快还有一个特殊原因，即我们的市场和国际市场是相对隔离的。但我国数字平台早晚都要参与国际竞争，所以国内规制既需要考虑我国平台经济技术相对落后现状，也应准备好将来与国际规则相接轨。欧美在这方面已经采取了积极措施：美国对“数字贸易”规则诉求包括数据跨境自由流动、非属地化限制、取消数字关税、知识产权保护等；欧盟则主张数据跨境自由流动、消费者隐私保护、反垄断、数字税等。

四、我国对平台经济的监管

最初阶段，中国和其他国家对平台经济持相对宽容审慎的态度。美国在1998年通过《千禧年数字版权法》提出了避风港原则和红旗原则，即用户发现平台存在侵权行为时通知平台，平台删除即可；但对于明目张胆的侵权行为，即使没有用户投诉，平台也应该删除。这些原则长期以来一直是政府部门监管互联网平台的核心原则。

最近欧洲提出了守门人原则（Gate - keeper Principles）和美国提出广覆盖平台（Covered Platforms）的概念。守门人原则是指当一个平台用户数量足够多、营收能力强时，运营该平台企业需要主动承担一些治理责任，如保证用户数据安全、平等开放平台接入机会等；广覆盖平台则是指当某一平台拥有足够多用户并开展多种互联网业务时，该平台需要承担更多责任，特别是在保护公平竞争和鼓励创新方面。这表明世界各国对于平台经济监管态度正发生重要变化，从过去宽松包容到开始监管，强调利用规制手段进行事前监管。

中国互联网行业曾长期处于“野蛮生长”阶段，行业发展出现了许多问题。最近几年，政府加强对数字经济和互联网行业立法和执法，并加大了监管力度。2020 年针对互联网行业集中度查处了 70 多例案件。中国对于互联网行业和数字经济监管已进入新时期，并被称为“中国数字经济监管元年”和“互联网行业监管元年”。这表明世界各国和中国都在重视平台经济监管，从事后到事前监管，从宽松包容到强化责任管理方向转变。

对平台经济尽管有必要加大监管力度，但更重要的是改变监管方式：从过去政府部门单一监管转变为有平台企业参与的双重监管，让平台企业也作为一个监管者参与到平台经济治理当中。

为什么平台企业可以成为一个监管者?

从主观角度看，各种类型平台组织越有序，平台活动就可以吸引更多人来参与，平台数据优势就越大，平台就可以进一步借助数据优势来获益，获得越好的收入。秩序就意味着收益，良好秩序就意味着良好收益。

早些年淘宝上假货太多，后来在治理过程中，淘宝借助自身数据优势开发出非常好的打击假货和高仿货手段，假冒伪劣货物一上架，平台就可以监控出来。平台在打击假货方面实际上是有能力和优势的。当其认识到假货从长期来看会损害平台利益时，就会有很强动机去打假。

从客观角度看，平台企业参与数字经济，参与平台经济秩序维护有非常有效的手段。它有数据和算法优势，可以借助数据和算法对一些平台参与方不当行为进行实时跟踪监控，进行过程监管。例如，入驻平台商户要交抵押金或者管理费，平台通过下架商品、关小黑屋、没收抵押金等一系列灵活多样的市场手段，对平台参与方行为进行实时校正。平台企业客观上具有足够能力和手段去充当监管者。

如果平台企业可以作为一个监管者进入数字经济秩序构建与维护中，第一，平台企业可以参与平台内交易秩序的责任维护；第二，平台可以作为一个商业生态系统去构建商业生态相互协作秩序；第三，平台可以参与维护行业竞争秩序，如金融领域秩序稳定及社会公共秩序维护与构建。

经济学中维护秩序相当于提供公共产品，而维护平台内交易秩序的受益者主要是平台内部各方，类似于提供一个俱乐部产品，给一部分群体提供公共服务。在一个商业生态系统中，维护生态成员之间相互协作秩序，实际可以看作是一个扩大型俱乐部。而行业竞争秩序，可以认为是在行业层面上提供公共产品，相当于提供完全公共产品。不同类型平台由于涉及用户层面不一样，所提供公共产品范围和性质也有所不同，可以根据这些对平台进行一个恰当分类。市场监管总局根据平台维护公共秩序所承担的责任，把平台分成六大类，并根据平台提供秩序责任不同进行责任界定。

当平台企业作为一个监管者加入，就需要考虑它与现有政府监管部门之间应该如何配合的问题。把该由政府做的交给政府，该由平台做的交给平台，这就是“上帝的归上帝，凯撒的归凯撒”。

对于政府和平台两个监管主体，一个是借助公共权力进行监管，称为公共监管；另一个是借助私人权利监管，称为私人监管。这两个监管主体应该如何进行协同?应以平台私人监管为主，政府公共监管为辅。其内在逻辑是，平台私人监管可以借助平台企业数据和算法，通过灵活手段进行动态实时监管，能够及时针对平台上商户做出响应，而行政手段调查取证相对较为低效。所以从提高监管效率角度看，应该以平台企业私人监管为主。

在以私人监管为主情况下，政府监管和平台监管应如何进行分工?按照监管过程进行分工，可以把监管分成三个阶段：事前、事中与事后监管。

事前监管就是指对平台经济主体资质要求，也可以理解为是一种资质监管。由于政府缺乏有效过程监管和事中监管手段，政府监管往往是“抓两头”，一个就是事先对平台企业资质提出很高要求，如政府针对互联网金融科技行业提出持牌经营等。事后监管就是如果平台企业做了违背消费者利益、违背社会公共利益的事情，政府就可以进行处罚。

由于平台企业能够借助数据算法各方面优势，可以对商户以及各类主体在经营过程中进行过程监管和事中监管。政府资质监管可以适当放宽。如入驻美团、饿了么等外卖网站的商家，他们如果要开一个线下店，需要工商许可、卫生许可、消防安全许可等资质要求。但现在有了平台企业对经营过程进行事中监管，事前资质要求就可以适当放松。中国这几年进行商事制度改革，要求证照分离，逻辑就是有了平台事中监管之后，事前监管可以适当进行放松。对于政府部门事后监管，由于平台在事中就可以利用市场手段进行处罚，事后行政处罚也可以适当放宽。为了鼓励平台企业正当履行它的监管职责，政府部门也应要求平台企业在事后承担相应连带责任，即事后处罚不仅要处罚商户，对相应监管平台也要处罚。

为了更好实现平台经济治理，还要开放更多社会主体参与到平台监管中，包括新闻机构舆论监督，以及行业协会在行业层面规范自律性引导等。

此外，平台内经营者可能会由于平台经营方自我优待而损害利益，而这些平台参与者数量众多，每个个体缺乏积极性来维护自己合法权益。如果能够引入集体诉讼制度，鼓励相关法律服务机构代表这些分散用户去主张自己权益，也可以更好限制平台企业一些机会主义。

第三节　平台经济结构与竞争

一般而言，平台市场是通过连续“赢家通吃”战演变而来的，并且平台经济领域会出现平台企业上升到暂时垄断地位，但随后被具有颠覆性创新竞争对手所取代。相对传统垄断企业来说，大型平台企业获得了前所未有的垄断势力，但面对来自初创平台企业和其他大型平台企业竞争，其垄断地位仍然是不稳定的。

一、平台竞争基本模型

首先，考虑当平台收取注册费时，平台之间竞争情况。假设市场上有两家相似平台型企业，记为平台 A 和平台 B。按照 Hotelling 模型的一般形式，将市场情况分为两期，第一期由平台决定其注册费用以及交易手续费，第二期由用户决定选择哪个平台，并以两期利润之和作为模型优化因素，模型简易模式如图 5－1 所示。

图 5－1　考虑注册费用的平台竞争模型

出于简化考虑，不考虑双边用户异质性，仅将双边用户数量合在一起，用双边用户数量之和计算双边网络外部性。在第一阶段，平台 A 与平台 B 面对外生给定的终端客户流量 F_{A1} 和 F_{B1}，假设用户拥有选择是否进行交易权力，最终选择在平台上进行交易用户数量分别为 N_{A1} 和 N_{B1}，两平台用户面对的网络外部性分别为：

$$V_{A1}=V(N_{A1}+\tau N_{B1}) \tag{5-1}$$

$$V_{B1}=V(N_{B1}+\tau N_{A1}) \tag{5-2}$$

其中，$V(\cdot)$ 为效用函数（以价格计算），$V'(\cdot)>0$；τ 为两平台商品之间关联程度，一般情况下，$\tau<1$。

两平台在第一阶段可以决定平台开放程度 σ_A 和 σ_B，σ_A、$\sigma_B\in[0,1]$，且平台开放程度确定后不能变化。

平台开放程度决定了注册费与交易费之间的比例。假设两平台注册费分别为 $\boldsymbol{FC_A}$ 和 $\boldsymbol{FC_B}$，交易费分别为 $\boldsymbol{VC_A}$ 和 $\boldsymbol{VC_B}$，注册费和交易费总和分别为 C_A 和 C_B，且 $\frac{\sigma_A}{1-\sigma_A}=\frac{VC_A}{FC_A}$，$\frac{\sigma_B}{1-\sigma_B}=\frac{VC_B}{FC_B}$，则第一阶段中两平台利润分别为：

$$\pi_{A1}=FC_A\times F_{A1}+VC_A\times N_{A1} \tag{5-3}$$

$$\pi_{B1}=FC_B\times F_{B1}+VC_B\times N_{B1} \tag{5-4}$$

第二阶段，用户可以选择是否转换平台，也可以选择同时在多个平台上进行交易，将用户期望交易成本记为 c，$c\sim U(\underline{c},\bar{c})$。用户在前往另一个平台时需要支付转移成本，假设转移成本与平台开放程度直接相关，平台 A 与平台 B 用户在相互之间进行转移需要负担转移成本为：

$$TC_A=(1-\sigma_A)c \tag{5-5}$$

$$TC_B=(1-\sigma_B)c \tag{5-6}$$

转移成本由用户承担，与平台本身利润无关，第二阶段双边网络外部性和平台利润函数分别为：

$$V_{A2}=V(N_{A2}+\tau N_{B2}) \tag{5-7}$$

$$V_{B2}=V(N_{B2}+\tau N_{A2}) \tag{5-8}$$

$$\pi_{A2}=FC_A\times F_{A2}+VC_A\times N_{A2} \tag{5-9}$$

$$\pi_{B2}=FC_B\times F_{B2}+VC_B\times N_{B2} \tag{5-10}$$

考虑到时间因素，平台两阶段总利润为：

$$\pi_A=\pi_{A1}+r\pi_{A2} \tag{5-11}$$

$$\pi_B=\pi_{B1}+r\pi_{B2} \tag{5-12}$$

其中，r 为贴现因子。以上便是考虑注册费时平台竞争 Hotelling 模型一般形式。平台竞争中，平台定价水平与价格结构受到多重归属行为和交叉性平台等因素影响。

二、重合性平台竞争

（一）用户多重归属行为

单一归属行为是指用户在某个行业中只使用一个平台，而多重归属行为则是指用户同时使用多个平台。用户选择单一平台的原因通常是出于对该平台效率和方便性，但当发现使用多个平台能够更好满足需求时，用户则会采取多重归属策略。研究表明，大多数情况下，平台行业至少有一方具备多重归属特征。在某些情况下，拥有多重归属客户可以影响其他客户平台选择。例如，在支付方式上，由于大部分消费者使用多种支付方式及多张支付卡，大多数商家也会接受并提供多种支付方式。

（二）基于用户侧平台策略

以平台 A 用户为例，从用户侧开始对以上 Hotelling 模型求解。在第一阶段，用户无法转换平台，必须接受平台注册费，其缴纳注册费可视为沉没成本，交易必要条件是：

$$V_{A1} - c > VC_A = \sigma_A C_A \tag{5-13}$$

由于 $c \sim U(\underline{c}, \overline{c})$，此时当单个消费者决定无法影响到整体时，在其他条件不变情况下，N_{A1} 随 σ_A 增长而减少。

第二阶段，用户会选择平台。假设两家平台中至少有一家满足其交易条件，即用户一旦选择转换平台，必定会进行交易，其在以下四种情况收益如下：

1. 其留在平台 A 并进行交易的收益为 $V_{A2} - c - C_A$；
2. 其留在平台 A 但不进行交易的收益为 $-FC_A$；
3. 其转移到平台 B 的收益为 $V_{B2} - c - C_B - TC_A$；
4. 其同时归属于两个平台的收益为 $V_{A2} + V_{B2} - 2c - (C_A + C_B) - TC_A$。

由以上可知，用户在平台选择中的关键条件有两个，分别为：

条件 1：交易成本条件：$V_{A2} - c > VC_A$；

条件 2：转移交易条件：$V_{B2} - C_B - TC_A > V_{A2} - C_A$。

当条件 1 和条件 2 均满足时，用户便会选择两个平台；若只满足条件 1，用户会选择在平台 A 上继续交易；若只满足条件 2，用户会选择转移到平台 B 上；若两条件均未满足，用户会选择留在平台 A 中，但不会交易，仅支付沉没成本。

用户选择两个平台时，通常会考虑平台开放程度。如果平台 A 的开放程度越高（即 σ_A 越高），那么满足条件 1 的难度会增加，同时 TC_A 的下降将使得条件 2 更容易实现。这也表明在平台竞争与合作中，用户有三种可能选择方式：

1. 当两个平台规模相当时，两个条件同时满足，用户会选择两个平台以享受额外收益。如淘宝和京东，由于它们规模相似，用户通常会保持多重归属。

2. 大平台和小平台竞争时，由于网络外部性影响，大平台用户更容易满足条件 1，而小平台用户更容易满足条件 2。因此，用户更倾向于选择大平台。如饿了么和百度外卖，饿了么用户规模远远超过百度外卖，最终导致百度外卖被饿了么收购。

3. 大平台和小平台竞争时，小平台可采用封闭策略，降低平台开放程度，提高定制化水平，以此尽可能不满足条件 2。这将导致小平台用户多重归属，而大平台用户只有单一归属。手机 App 通常采用这种策略。

（三）基于平台侧竞争策略

$$V_{A1} - c > VC_A = \sigma_A C_A \tag{5-14}$$

基于式（5－14），第一阶段，N_{A1} 随 σ_A 增长而减少，N_{B1} 随 σ_B 增长而减少，两者之间无交叉；第二阶段，σ_A 增长导致 TC_A 下降，从而导致 F_{A2} 下降、F_{B2} 增长，进一步引发 N_{A2} 减少与 N_{B2} 增长，交叉效应明显。而且平台开放程度决定了平台规模，规模越大的平台开放程度会越高。在竞争与合作中平台型企业可能运用的策略如下。

1. 用户锁定策略。该策略是指平台对其用户承诺利润丰厚，防止用户比较难转移到其他平台的策略。用户锁定策略用户转移成本提高了，导致其转移到其他平台上更难了，保留单位用户增加了平台利润：

$$FC_A + VC_A \frac{dN_{A2}}{dF_{A2}} - C \tag{5-15}$$

其中，C 是用户锁定成本。该式表明，平台开放程度越低，其进行用户锁定策略获得的收益就越高。一般而言，大型平台会采用开放策略，来吸引更多用户，但要承担成本比较高，开放策略也表明用户锁定成本更低，在流量相同的情况下大型平台用户流失得更多。实际上，大型平台往往依赖大流量带来的收益留住用户，而小型平台依赖于客户定制化，锁定用户，避免客户流失。

2. 注意力配置策略。平台经济具有明显的注意力特征，平台型企业在竞争中合理配置其注意力有助于提升其优势。在前面的Hotelling模型中，注意力配置策略有助于提升用户预期收益，用户支付意愿增强了，用户交易可能性提高了，平台收益也相应增加。平台型企业通过各种途径来吸引用户注意力，增加交易量，获取更高利润。

3. 低成本策略。低成本策略是通过降低注册费和交易费来满足用户交易条件，以此吸引更多用户的一种策略。用户越多，双边网络外部性就越明显，用户交易就越多，相应地，平台收益就越高。一般来说，平台型企业降低成本的途径有很多，如进行“一站式”采购来展开低成本营销，多途径聚合客户需求来有效降低成本、实施低成本策略。

4. 互补品合作策略。从模型中平台关联系数 τ 可以看出，平台之间合作也是正常的，并不是完全竞争关系。互补品是指两平台商品相互依赖，当两平台商品关联程度提高时，一平台用户转向另一个平台，属于正常情形。其原因在于，当 τ 趋向于1时，用户在任何一个平台上交易会给两平台上的用户带来相似网络效应，通过合作机制，平台可以有效提升开放程度而不必担心用户流失。

以上模型是平台利润最大化定价策略，而除了利润最大化策略之外，还有两种常用定价方案：庇古定价与拉姆齐定价。庇古定价比较关注用户部门，其定价基于用户福利水平最大化；拉姆齐定价将用户部门与平台型企业利润加总，其定价基于整体社会福利最大化。

三、交叉性平台竞争

假设平台 A 是跨界企业，在两个市场上与平台 A 竞争的平台分别为平台 B_1 和平台 B_2，与之前不同的是，平台 A 的网络效应可写为：

$$V_A^i = V(N_A^i + \tau_i N_{B_i} + \xi N_A^j) \tag{5-16}$$

其中，$i=1$，2，分别表示两个市场，j 代表另一个市场，ξ 为平台 A 的跨市场网络效用参数，$\xi>0$ 表示平台 A 用户网络效应可由平台 A 所在的另一市场得到。由此，可以得出以下结论。

1. 与普通企业相比，平台型企业跨界能力更便捷。平台 A 由于跨界，其网络外部性凸显，在市场竞争中占有优势，其流量转换成客户的机会更高，对客户的吸引力更强。在同等价格条件下，平台 A 网络外部性更强（即 V_A 更大），更容易达成交易，利润也就更高。相对普通企业而言，平台型企业由于存在网络外部性，其产业边界并不是很清晰的，跨界扩张更便捷。平台企业实现跨界的重要途径是混搭，如安卓系统与谷歌地图混搭，整个导航市场向谷歌占优势。

2. 平台跨界竞争中，价格结构是非对称的。现实中，平台跨界很多情况下双方之间是合作模式，对需求价格弹性比较低的一方，平台企业会给予其一定量价格补贴，形成更强的双边网络外部性，获得利润进一步增加，形成平台跨界合作中的非对称价格结构。

3. 平台跨界竞争，市场集中度往往会变得更高。由于存在非对称价格结构，在需求价格弹性较低市场，用户更可能选择跨界平台而不是非跨界平台，引发市场集中度更高。

第四节 平台竞争的“触媒效应”

触媒效应，即触媒在发生作用时对其周围环境或事物产生影响的程度，平台经济存在“触媒效应”，即通过把两组以上客户聚集在一起，并通过客户之间交流创造价值的商业模式。

一、“触媒效应”内涵

亨利·格罗斯（Henry Gross，1975）最早提出“触媒效应”。他将“触媒效应”定义为：在某种情况下，一个市场增长会促进其他相关市场增长，这些市场之间相互支持、相互依存，存在正反馈机制。后来，“触媒效应”逐渐被用于描述新兴技术、网络和社交媒体等领域。

经济触媒能够通过降低不同经济主体之间交易成本来创造价值，使得这些经济主体从集聚中获益。催化剂创新者一般是指通过共享平台来创造价值的企业，他们能招募两组或两组以上的经济主体参与平台价值创造，或能创建和发展更有效平台来加速催化反应。平台经济发挥经济触媒效应关键取决于以下两个方面：一方面，商业行为必须能够混合特定比例参与者；另一方面，“触媒效应”具有临界效应特征，需要达到一定规模才可以进行。平台双方主体存在一一对应的最低数量组合，当双方参与者达到任意组合数量要求时，触发催化反应，平台充满生机与活力，其可持续增长能力进一步增强；反之，平台规模过小，催化反应不起作用，平台将会收缩并最终被遗弃。因此，“触媒效应”的发挥需要合理比例结构和足够规模。

二、“触媒效应”临界规模

借鉴 Frank M. Bass（1990）提出的产品扩散模型，该模型包括两类消费者：创新者和模仿者，前者是指因为某种产品能够带来效用而去使用它的人，而后者是看到别人购买使用后自己才会购买使用的人。模型基本形式如下：

$$\frac{\mathrm{d}N(t)}{\mathrm{d}t}=P[m-N(t)]+q\frac{N(t)}{m}[m-N(t)] \tag{5-17}$$

其中，m 为总人数，$N(t)$ 为当前使用该产品人数，p 和 q 为常数，t 为时间。

式（5－17）模型分为两部分，其中 $p[m-N(t)]$ 是创新者数量，而其使用者是递减的；$q\frac{N(t)}{m}[(m-N(t)]$ 是模仿者数量，这部分人数是先增加后减少。两部分人数之和满足先加速上升后减速上升态势。借鉴此模型，引入数字经济时代三个重要特征来进一步补充此模型。

1. 社交网络。将两种新类型消费者——影响者和中心者加入该模型中，影响者指擅长社交并拥有大量信息的消费者，中心者指社交广泛，能与几乎所有人取得联系的消费者。加入这两种新型消费者有助于提高信息产品扩散效率，即模型中对 p、q 的等比例提升，增加了信息扩散至饱和速率。

2. 直接、间接网络效应。直接网络效应使消费者由于其他类似消费者使用同样产品而提升自身效用；间接网络效应使得消费者使用某种产品提升另一个消费者使用产品效用。这两种效应有助于加速产品扩散，即模型中不断提升 q，也就是模仿者比较容易受身边其他人产品使用行为影响，这有助于产品在模仿者中加快扩散。

3. 用户异质化。平台经济中，最受欢迎的是三种用户：平台建立之初，能以当时最低成本经营的用户；平台另一边评价较高用户；更擅长社交用户。这三种用户有助于实现更高网络效应，直至达到临界规模。因此，平台用户异质化比较明显，而且异质化用户也有助于平台经济快速发展。

三、“触媒效应”协调

“触媒效应”协调是平台经济中一种重要问题，指平台需要在扩大用户规模之前解决如何协调双边用户参与问题。为了达到“触媒效应”，即促进双（多）边用户交流从而创造经济价值，平台必须保证有足够比例双边用户参与。如果只有少数用户参与，平台将无法发挥其潜力，最终导致平台失败。因此，平台需要通过特定策略来协调双（多）边用户参与。以下是三种常用策略。

（一）曲线向前策略

曲线向前策略是最常见平台发展策略。这种策略通过逐步增加双边用户数量来实现“触媒效应”的起始阶段，直到达到临界规模使平台充满活力。平台建立初期，需要吸引一定数量双边用户，并按照等比例逐步增加双边用户数量，直到达到临界规模。

（二）双大买家策略

双大买家策略是指平台企业建立初期，承诺给双边市场上大型用户一定利益，吸引双边大型用户加入，以此达到一定平台规模的策略。需要平台企业事先让双边大型用户都相信存在另一边用户，之后可以采用曲线向前策略达到临界规模。

（三）单大买家策略

单大买家策略是一种扩充的双大买家策略。这种策略不需要双边大型用户加入，仅需要单边大型用户加入，通过大型用户影响力吸引到另一边用户，以此实现规模增长。

总的来说，“触媒效应”协调旨在确保平台企业双边用户数量合理增长，以实现平台可持续发展。为了实现这一目标，平台企业需要采取合适策略来促进双边用户参与，并持续提高平台规模，以充分发挥“触媒效应”。

第五节　平台垄断与治理

2020 年 12 月 15 日，欧盟委员会发布了《数字市场法案》（Digital Market Act，DMA），该法案和《数字服务法案》（Digital Service Act，DSA）都是欧盟 20 多年来在数字领域的重大立法，其目的在于明确数字服务提供者责任，加强对社交媒体、电商平台和其他在线平台监管。

一、平台垄断内涵

Jean Tirole（1986）在其著作《市场力量和财务机制》中提出平台垄断这一概念。他认为某些市场上只有一个或少数几个主要买方或卖方，会导致由于缺乏竞争而形成价格偏离理想水平。随着数字技术和互联网的快速发展，平台经济发展也非常迅速。另外，学术界和政策制定者也开始关注平台垄断问题。Hal Varian（2002）认为平台企业通过数据分析和算法来影响用户行为和决策，实现平台垄断。Tim Wu（2010）在其著作《网络中立性》中强调平台垄断是数字时代的一种“新型垄断”，其本质是控制数据以此来控制市场。Arthur Levitt（2016）认为平台垄断特点是追求网络效应，不是利润，只有吸引更多用户参与才能增加规模和价值，最终支配市场。Herbert Hovenkamp（2019）提出了平台垄断三个重要特征：市场集中度高、难以复制和依赖大量数据。

随着数字经济与平台经济的快速发展，学者从不同视角进一步补充和改进了平台垄断内涵。从中可以发现平台垄断现象的多元性和复杂性，有助于人们从不同角度来理解和应对平台垄断现象。本书认为平台垄断是指在数字经济领域，少数企业通过网络效应、数据积累、平台外部性和技术壁垒等手段，控制整个市场并对消费者和整个经济产生不利影响的一种市场结构。

二、平台垄断特征

（一）数字“守门人”

“守门人”最早由 Kurt Lewin 提出，在群体信息传播过程中，一些能够对传播内容进行把控、决定哪些内容可以传播的关键人物，他们在塑造群体特征过程中起着关键作用。卡琳娜·芭兹莱—纳昂（Karine Barzilai - Nahon）最先将“守门人”概念引入网络领域，并构建了一套完整网络“守门人”理论。奥拉·林斯基（Orla Lynskey，2017）将“守门人”概念引入数字平台监管，认为“守门人”概念能够更好体现数字平台扮演的市场角色，也更能刻画数字平台带来的各种问题。虽然一些企业在很多重要方面都不同，但通过研究其商业行为，发现了许多共同问题，其中一个就是每个平台都是一个重要分销渠道的“守门人”。2020 年 10 月，美国众议院公布的《数字市场竞争的调查》及 2020 年 12 月欧盟委员会公布的《数字市场法案》都关注了数字平台的数字“守门人”（Digital Gatekeeper）角色。若一家企业既有平台业务又有自营业务，其平台业务能够有效阻止相关竞争对手进入其自营业务，该企业平台业务就成为数字“守门人”。数字“守门人”通常掌握在一些核心服务平台，如在线中介服务、搜索引擎、社交网络、在线视频分享、操作系统等，数字“守门人”地位的获得主要基于平台多边网络效应、锁定效应、垂直一体化能力以及数据驱动优势等。

根据《数字市场法案》可知，欧盟规定核心平台服务提供商满足以下 3 个条件就是数字“守门人”：（1）对欧盟内部市场产生重大影响；（2）企业运营的一项核心平台业务是商业用户接触终端者的重要通道；（3）在相关业务市场中，具有稳固和持久的地位或可以预见其在将来会具有稳固和持久的地位。

各国在认定数字“守门人”角色时，提出了各不相同的标准，但总体来看，这些标准大致上可以划分为四个大类：（1）规模标准。目前所谓的“守门人”责任，其实在一定程度上都是对大企业的责任。只有当一个平台规模足够大、服务的用户足够多、可能产生的影响足够大时，它才会被认定为是监管意义上的数字“守门人”，并被要求履行更多的义务。（2）体现“守门人”力量的标准。从结构角度看，“守门人”最重要的特征是控制了某个关键的入口或渠道，从而成为一个“瓶颈”。（3）用来刻画“守门人”力量持续性的指标。（4）用来刻画其对生态影响指标。数字“守门人”之所以成为“守门人”，除了其在网络中所处位置特殊之外，另一个重要原因是它们可以利用自己特殊位置，对相关生态产生显著影响。

（二）自我优待

自我优待（Self - preferencing、Self - favoring）是指数字“守门人”地位赋予了数字平台企业利用市场地位限制竞争的独特方式。自我优待是指拥有核心平台服务的企业差别化对待自营业务和商业用户业务的行为。美国众议院的《数字市场竞争的调查》中，将自我优待与掠夺性定价、排他性交易列为数字“守门人”典型滥用市场支配地位的行为。

基于自身业务模式与核心资源，数字“守门人”自我优待表现方式不尽相同。（1）数字“守门人”可以通过垄断市场或控制市场渠道来限制竞争者进入，并获得更高收益。例如，在搜索引擎市场上谷歌拥有垄断地位，可以通过搜索广告等手段获取大量广告收入。（2）整合优势。数字“守门人”通过整合多个业务领域优势资源形成壁垒以保护自身利益。例如，亚马逊既经营电商业务，又经营云计算和物流等服务，能够形成完整产业链，加强其市场竞争力。（3）数据控制。数字“守门人”通过掌握大量用户数据，进行数据挖掘、分析和应用，提供个性化服务，并吸引更多用户，巩固自身市场地位。例如，Facebook 通过掌握用户社交信息和兴趣爱好，提供个性化广告和推荐服务。（4）通用技术。数字“守门人”通过掌握关键通用技术，如 AI、区块链等，建立技术壁垒，形成自我优待。例如，在 AI 领域 IBM 拥有丰富专利和技术积累，通过技术授权和垄断销售 AI 应用软件来获得高额利润。

总之，数字“守门人”为了保护自身市场地位和盈利能力，会采取不同策略，包括垄断控制、整合优势、数据控制以及通用技术等，进而实现自我优待。

（三）排他性交易

排他性交易（Exclusive Dealing）是指上游制造商通过签订独家交易协议控制下游零售商，从而限制市场竞争的一种策略行为。排他性交易是一种常见纵向约束方式。现有理论表明，具有市场支配地位企业通过使用排他性交易，实现市场圈定或者垄断的目的。因此，排他性交易通常被认为是反竞争的，应当受到反垄断当局的规制。《中华人民共和国反垄断法》也明确将排他性交易列为滥用市场支配地位的表现，没有正当理由禁止企业使用。也有相关理论提出排他性交易在特定情况能促进竞争，可以提高消费者剩余以及社会福利。数字经济中典型排他性交易是电商平台的“平台二选一”做法，即要求商家只选择一个电子商务平台作为唯一销售渠道。2020 年年末，国家市场监管总局对阿里巴巴实施“二选一”垄断行为进行立案调查。2021 年 4 月，市场监管总局根据违法行为的性质、程度和持续时间等因素，对阿里巴巴实施“二选一”垄断行为做出行政处罚，罚款总额为 182.28 亿元，并向其发出《行政指导书》，要求其连续三年向市场监管总局提交自查合规报告。这一事件引起了广泛关注和探讨，也凸显出数字经济中排他性交易问题。

产业链上，排他性交易是买卖双方签订书面独家交易协议达成。而数字经济条件下平台经营者利用技术手段比较隐蔽地限制其他平台经营者竞争力，如电商平台“平台二选一”垄断行为。市场监管总局对阿里巴巴调查表明，排他性交易行为包括以下三方面：

1. 排他性交易协议。阿里巴巴要求核心商家签订多种排他性交易协议，包括《战略商家框架协议》《联合生意计划》和《战略合作备忘录》等，限制商家在其他竞争性平台上销售商品，并将阿里巴巴平台作为唯一网络销售渠道。这些协议规定商家必须在阿里巴巴平台开展网络零售业务，并不得通过其他网络零售平台进行交易，未经阿里巴巴同意也不得改变现有网络零售渠道。

2. 口头约定。除签订书面协议外，阿里巴巴更多的是在签署相关合作协议或者促销活动谈判过程中，对核心商家口头提出只在阿里巴巴平台经营、不在其他竞争性平台开设旗舰店、控制其他竞争性平台专卖专营店数量等。由于阿里巴巴具有市场支配地位，平台内商家对阿里巴巴网络零售平台服务具有较强依赖性，因此阿里巴巴口头要求同样具有较强约束力。

3. 技术处罚。阿里巴巴通过流量支持等激励措施促使平台内商家执行“二选一”要求；通过人工检查和互联网技术手段监控等方式，监测平台内商家在其他竞争性平台开店或者参加促销活动情况，并凭借市场力量、平台规则和数据、算法等技术手段，对不执行当事人相关要求商家实施处罚。处罚手段包括：减少促销活动资源支持；取消促销活动参加资格；实施搜索降权；取消商家在平台上的其他重大权益。

（四）掠夺性定价

掠夺性定价（Predatory Pricing），又称为驱逐对手定价，是指企业为了将竞争对手挤出市场或威慑试图进入市场的潜在竞争对手，而采取降低价格（甚至低于成本）的策略。数字经济中，平台垄断企业可以通过掠夺性定价策略来维持其市场支配地位。掠夺性定价的目的是从消费者那里获取最大化利润，而不是在长期内提供更好产品和服务。由于平台垄断企业具有市场支配地位，消费者难以转向替代品或竞争对手，因此平台垄断企业能够通过掠夺性定价获得相对较高利润。

掠夺性定价给消费者带来的损失可能会进一步加剧平台垄断现象，因为其他企业难以进入市场并与平台企业竞争。如果平台垄断企业能够保持其市场支配地位，并坚持掠夺性定价策略，可能会导致整个市场质量下降和创新停滞，从而对消费者和整个经济造成不利影响。

因此，掠夺性定价是数字经济中平台垄断企业的一种典型特征，需要政府和监管机构采取一系列措施来防止平台垄断企业通过这种手段对消费者和整个经济产生负面影响。

三、平台反垄断

随着《“十四五”数字经济发展规划》的发布，数字经济发展已经成为我国重要国策。平台经济是数字经济一种组织形式，它在过去几年为我国经济发展提供了新动能，极大改善了消费者福利。此外，平台经济发展也表现出一系列竞争问题：随着我国平台经济、互联网产业的发展，资源越来越向头部平台集中，小企业、小平台进入门槛越来越高；平台经济因为数据、资源、算法等各方面优势，出现很多不规范竞争行为，如“二选一”、大数据杀熟等；同时平台经济行业有着非常活跃的投资、并购等一系列经济现象。

2008 年，我国正式颁布了第一部《反垄断法》，其主要执法纲领是“打破行政性垄断，防止市场垄断”。反垄断主要针对以下四类垄断行为：垄断协议；滥用市场支配地位；排除、限制竞争效果的经营者集中；滥用行政权力排除、限制竞争的行为。2021 年 11 月，我国成立了国家反垄断局。2021 年 2 月，国务院反垄断委员会出台了《关于平台经济领域的反垄断指南》，在反垄断法基础上进一步细化了平台经济领域垄断行为界定及监管标准。2021 年 4 月，阿里巴巴因为“二选一”行为，被罚 182.28 亿元。2021 年 7 月，美团也因“二选一”行为被立案调查，被罚 34 亿元。这两个事件标志着我国在平台经济领域反垄断进入了强力执法阶段。

反垄断立法最主要目标是鼓励创新、促进充分竞争，并不是反对企业规模做大。反垄断监管中最基础两类利弊权衡：静态利弊权衡，考虑一个静止状态下垄断或者不垄断利益相关方福利变化；动态利弊权衡。

四、平台反垄断创新激励

（一）垄断、竞争与创新

平台经济是一种自然垄断性行业，其自然垄断属性主要基于以下几点：平台用户规模带来网络效应，引发“赢家通吃”；以用户为中心的范围经济，平台可以围绕用户需求提供多种服务，但并不需要承担额外获客成本；用户转移成本，即用户更换产品或者服务所需承担各种代价；数据反馈回路形成的“飞轮效应”，当平台掌握的用户数据有助于第三方更好为用户提供服务，更好服务会吸引更多用户加入平台从而产生更多数据，而更多数据又能让第三方提供更好的服务，形成正反馈机制。

而平台自然垄断属性根源是技术、商业模式创新，它们可以为企业带来市场优势并形成垄断地位。企业获得垄断地位而采取的竞争手段包括行政许可、提高固定资本投资、倾销等，而创新是企业为获得垄断地位而采取的竞争手段，这两类竞争手段并无高下优劣之分。垄断与竞争主要从市场机制层面，垄断是“市场失灵”的一种形式。完善市场机制，既鼓励创新所带来的“垄断”又能够让这种“垄断”面临被新一轮创新所替代的可能。若处于垄断地位创新者滥用市场地位，创新形成垄断被未来创新所替代可能性就会降低直至消失，市场机制就“失灵”了。从国际反垄断经验看，监管重点不是创新者是否获得超额收益，而是作为垄断者创新是否滥用市场地位。总之，需要通过完善市场机制来防止滥用市场地位，同时也要鼓励新一轮创新出现。

（二）商业窃取效应

市场竞争机制是激励企业通过提供更好产品、服务来吸引消费者、扩大市场份额、获取超额收益的动态竞争过程。而创新能够帮助企业在市场竞争中赢得更大市场份额。商业窃取效应（Business - stealing Effects）是指直接竞争对手之间动态竞争过程，即企业创新使得原有产品、服务失去吸引力，生产原有产品、服务就缺乏竞争力、市场份额减少，也就是商业竞争领域创新的负外部性。为了赢得消费者，企业要不断地推出更有吸引力的产品、服务，这有助于不断提升消费者福利。

（三）商业窃取效应的内部化

横向合并是同行业内产品或服务相同或相近两个以上企业的合并。横向合并会消除直接竞争，引发单边价格效应，即企业横向合并后会引起产品价格上升、产量降低和社会福利减少等。横向合并将两个具有替代性企业之间商业窃取效应内部化，市场竞争程度降低了，消费者福利受到损失。合并具有较强竞争关系的企业，市场竞争会弱化，企业创新意愿降低，消费者福利受到损害。

（四）创新协同效应

创新协同效应（Innovation Synergies）是指通过企业间有益协调来促进创新的机制。创新协同效应包括三种类型：（1）非自愿溢出内部化（Internalization of Involuntary Spillovers）。当一家企业创新具有排他性且为非竞争性时，会产生非自愿溢出现象，非自愿溢出内部化可以抵消企业窃取效应内部化导致的创新意愿降低。（2）企业合并后企业间自愿技术转让（Facilitates Voluntary Technology Transfer），自愿技术转让是指通过企业并购扩大技术扩散的过程。由于企业通常采取专利保护等方式维护其创新权益，这在一定程度上会限制技术扩散速度。而企业合并可以降低创新交易成本，使得原本需要进行外部交易的技术转让转变为“内部化”，从而降低了创新扩散壁垒，加快了创新扩散速度。（3）研发协同（R&D Synergies），即联合两家企业开发团队能够更有效地开发新产品，从而产生协同效应。合并通过整合互补研发能力，减少获得规模经济和范围经济所需花费的研发成本，从而增加合并企业研发动力，促进更多创新。

总结与回顾

1. 平台经济是一种基于数字技术，由数据驱动、平台支撑、网络协同的经济活动单元所构成的新经济系统，是基于数字平台的各种经济关系的总称。平台经济的起源是双边市场，建立在平台的基础之上，是双边市场在现代信息技术革命下发展的产物。

2. 平台经济突破了传统经济模式下的行业边界，从资源配置方式、个体认知和行为、社会生产和再生产环节等方面影响了传统经济运行进程。平台经济对传统经济带来了许多影响，包括提升供需匹配效率、创新机会增加、就业形态转变和数据驱动决策等。然而，平台经济的发展也需要面对一些挑战，需要持续探索和完善相关的监管和政策。

3. “触媒效应”要求平台经济中参与者的比例混合以及达到一定规模，才能发挥积极的增长效应。若平台规模过小或参与者比例不合理，则无法触发“触媒效应”，导致平台无法持续增长。因此，平台经济需要适当的比例结构和足够的规模，才能实现最优的增长路径。

4. 平台垄断是指在平台经济中，某一或少数几个平台占据市场的主导地位，并能够对市场条件和竞争进行控制的现象。平台经济垄断现象愈发严重，需要通过相应措施完善市场机制来防止滥用市场地位，同时也要鼓励新一轮创新的出现。

复习思考

一、名词解释

平台经济；双边市场

二、简答题

1. 如何理解数字经济学研究对象？
2. 简述平台经济发展历程。
3. 简述平台经济内涵与特征。

三、论述题

结合实际谈谈你对平台经济反垄断监管体系构建的理解。

能力拓展

平台经济更需要引导

近年来，针对平台经济在市场层面乱象，我国加强了对平台经济治理，平台经济竞争秩序稳步向好，但还需要进一步结合国家发展引导平台经济健康持续发展。重点可以从以下方面入手：

一是引导平台经济补齐创新“短板”。平台经济发展始于技术进步和科技创新，但目前从研发投入看，我国平台企业与美国相比还存在差距。从高价值专利看，无论是拥有量还是被引率，我国平台企业表现都有待加强。在国内人口“流量”日益见顶的背景下，平台企业更应通过技术创新来实现良性发展。国家应多举措支持平台企业加大创新投入，加强基础性研发，鼓励有条件平台企业加大基础研发投入力度，参与重大科技基础设施建设，使我国平台企业摒弃过度同质化、低水平竞争，回归健康竞争、回归创新为重要逻辑。在模式创新“长板”基础上，更加注重底层技术创新“短板”，成为突破数字经济领域“卡脖子”技术的先行军、主力军。

二是引导平台经济参与国际竞争。我国平台企业在全球化发展水平方面，远落后于国外领先平台企业。随着平台经济进入存量竞争阶段，积极推进全球化发展，寻找新用户增长来源是平台企业发展重要方向。同时应看到，我国平台企业海外经营仍存在对所在国相关法规政策把握不够、合规控制措施不到位问题，我国政府、行业协会等应加强助力平台企业全球化发展支撑保障措施，支持企业参与数据跨境流动、数字货币等领域相关议题谈判和反垄断、反不正当竞争国际协调，探索在跨境电商、电子支付等优势领域，率先形成国际通用规则“中国方案”。

三是引导平台经济赋能实体经济。当前，我国消费互联网平台正进入“瓶颈”期，而我国数字经济发展方兴未艾，产业互联网正蓬勃兴起。我国平台经济具有较好数据贯通能力和智能分析能力，能够更好地帮助实体经济升级营销模式，提升管理决策效率和营销系统化能力。还可以利用平台应用能力，提升实体经济产业链协同协作效应。政府应积极引导、支持消费互联网平台转型发展，对平台企业在新技术、新业态等方面探索和投资布局给予更大包容与支持，发挥平台优势助力构建我国自主可控产业生态，在上下游联动、数实融合中创新孵化。

四是引导平台投资秉持长期主义。长期以来，以风险资本为代表金融资本在平台经济发展中发挥了重要作用。但金融资本投资逻辑要求平台企业投资主要用于扩张市场，提升平台企业未来上市后估值，从而实现股东利益最大化，特别是短期回报最大化。这既挤占了平台企业在创新方面投资，又制约了平台企业服务于实体经济能力。这也是导致平台企业过度竞争、无序扩张重要原因之一。政府应引导金融资本积极顺应数字经济发展趋势，引导资金投向个性化高附加值技术创新领域，使金融资本逐渐转向依靠基础技术和实体经济实现长期增值。

结合我国平台经济发展实际，谈谈如何进一步实现平台经济高质量发展?

第六章　企业数字化转型

任务分析

1. 理解企业数字化转型内涵与特征。
2. 企业数字化转型面临的内外部环境。
3. 理解企业数字化转型过程中遇到的问题。
4. 掌握企业数字化管理内容。

案例导入

中国企业数字化转型潜力巨大

《中国互联网发展报告2022》显示，2021年中国数字经济规模达到45.5万亿元，占GDP比重达39.8%，总量稳居世界第二。中外企业家代表纷纷表示，中国数字经济飞速发展，给全球各地众多企业带来巨大发展机遇。其中，中国企业尤其是中小企业数字化转型正在加速，具有巨大潜力。

外企看好中国数字化转型潜力

“思科致力于投资中国数字经济和可持续发展。我们将继续支持中国企业进行数字化转型，尤其是中小企业。我们认为它们具有巨大潜力，有望成为经济增长驱动力。”思科董事长兼首席执行官罗卓克表示。“我们非常希望能以思科创新和技术支持中国企业与世界分享数字经济机遇与红利，并以自身全球化成功经验支持中国企业更稳健地走出去。”

数字化赋能重塑产业生态

“未来越来越多工业互联网应用将由生产线工人来开发，进一步加速创新。”工业互联网论坛上，阿里云智能总裁张建锋表示，工业互联网对数字化技术应用不断深入，从工业物联，到工业互联，再到产业互联的发展，需要繁荣应用生态，这需要多方参与建设。

他认为，工业互联网发展首先从工厂设备开始，AIoT技术应用可以把工厂普通设备变成数字化设备，让这台设备能够被数据化、在线化；其次，在产线和车间内实现互联，通过智能化，提高生产效率；最后，在工业互联基础上，联通产业链上下游，让市场变化与生产要素精准匹配，提升产业链协同效率、重塑产业生态。

资料来源：李赫，彭琳．中国企业数字化转型潜力巨大［N］．南方日报，2022-11-11（A02）．

知识介绍

第一节　企业数字化

近年来，随着数字技术的蓬勃发展，中国进入数字经济时代，建设数字中国已成为推进中国式现代化、促进经济高质量发展的重要引擎。2023 年政府工作报告指出，要大力发展数字经济，加快传统产业和中小企业数字化转型，着力提升高端化、智能化、绿色化水平。从数字化转型这一概念提出后，诸多企业围绕自身发展战略进行各环节转型。本节主要介绍数字化转型、企业数字化转型内涵与特征以及企业数字化转型模式等。

一、数字化转型

20 世纪 60 年代，日本出现了信息化的概念，指的是培育和发展新型生产力，以计算机为主要智能手段，从而有利于人类发展。2016 年，中共中央办公厅、国务院办公厅印发的《国家信息化发展战略纲要》中提出，信息化是充分利用信息技术，开发利用信息资源，促进信息交流和知识共享，提高经济增长质量，推动经济社会发展转型的历史过程。关于企业信息化，大部分学者都认为，企业信息化是企业应用信息技术产物，是在企业研发、生产、经营等方面，将通信技术、计算机技术及软件产品应用起来，从而提高企业生产效率和管理水平等。

数字化是指应用数字技术的行动、过程，通常包括两个阶段。一是转换，即把不同形态信息转换成数字信号或者代码，使之能够按照规划来进行加工；二是应用，即将数字技术运用到经济社会中，并对其造成影响的过程，从而推动了互联网、人工智能等发展和社会组织变化。物联网、云计算、人工智能等技术在企业经营管理中的运用，引发企业数字化。企业数字化更注重数据重要价值，它已经变成了公司生产经营的一个重要因素。智能化是对数字技术的一种提升，随着智能技术的运用，逐渐具有了自适应、学习、决策等功能。

数字经济随着数字技术快速发展而迅速崛起。数字经济背景下，企业开始寻求与数字技术深度融合，为企业带来创新活力，实现价值创造。数字化转型不仅能够为企业赋能，使其实现降本增效，同时为企业带来重新进行价值定位、重构商业模式的契机。

（一）数字化转型内涵

数字化转型是基于智能化装备、信息化技术、数字化软件来构建、完善、增强企业在研发设计、生产制造、物流仓储、订单获取、产品服务等各个环节智能制造能力，重塑企业核心竞争力，提高企业应对市场需求的反应能力。

企业数字化转型是指在数字技术驱动下，以数字化业务为核心，以重构业务模式、组织架构和商业模式为重点，实现业务、组织、流程、产品和商业模式等全方位、深层次创新性变革。其本质是在企业实现全面信息化基础上，构建平台化的新一代 IT 基础设施和可信安全架构，通过数据技术和数据算法显性切入业务流，利用数字化、智能化手段，打通企业内部各系统，将产品生产经营过程中的人、财、物、产、供、销等各种资源进行整合，形成线上线下融合、内外市场协同的智能闭环，推动企业实现产品全生命周期可度量、可追溯、可预测、可传承，在企业内部实现提质增效，外部提升客户满意度，构建企业新型竞争优势，实现价值创造。

数字化转型对企业的作用主要体现在以下方面。

1. 有助于提高效率。数字化时代，信息反馈速度是衡量效率的一项重要指标。基于云的软件、视频会议平台等工具出现，使得团队成员无论身在何处都可以方便地实现远程协作和沟通，缩短团队之间距离，及时进行信息反馈。这种数字化协作方式的普及，不仅能够提高工作效率，更重要的是它有助于组织更好地运营并做出更快、更明智的决策。特别是在全球化时代，企业业务往往跨越多个国家和时区，传统信息反馈机制下，往往会付出较高时间成本，而这种与数字技术结合的协作方式使得信息传递更加高效，有助于更好地满足客户需求和应对市场变化，真正实现内外部高效沟通与协同。

2. 有助于提升创新能力水平。数字化时代，是一个业务数据化、流程自动化、决策智慧化的时代。企业需要及时转型，做到顺应趋势。一方面，在全新技术条件和技术手段的支持下，能有效降低企业创新风险和成本。数字技术的出现减少了在信息沟通交流方面的成本和障碍，创新资源跨地区交流共享，同时，数字化模拟和数模技术能够提前模拟产品研发中的问题，大大降低了企业研发和试错成本。企业通过与行业人士交流及产品用户反馈，能及时发现和改进产品问题，加快数字化信息和技术传播与共享，形成企业与企业、企业与用户、用户与企业之间相互交流新模式，多方面协同，实现整体价值共同创造，降低产品研发和生产周期，进一步提升产品服务。另一方面，数字化技术应用消除了员工们在信息沟通、技术交流和资源交换等方面问题，提高了员工工作效率，并能够激发工作中的创新潜力，提升员工对于资源获取、利用、管理等方面能力，实现企业从上至下、从点到面多方位数字化办公，进一步促进企业产生与数字化相适应的价值体系和创新氛围，将原来扁平化管理和学习转化为全面立体、灵活创新、不断变革的模式。而建立此模式需要与之匹配的领导风格、组织架构、价值体系、创新创造能力以及政策策略，因此在企业数字化赋能过程中需要更强的组织能力，来推动创新创造活动中数字化技术应用和整合，形成新领域不断探索、组织利用能力不断提升的趋势，进一步推动企业创新能力。

3. 提升竞争力。数字技术为企业提供了一系列强大工具，为企业进行战略转型提供基础，将数字技术与传统产业深度融合，赋能研发、生产、物流、营销等企业全价值链业务，优化全价值链，使企业在市场上脱颖而出并获得竞争优势。如数据分析是其中的一项重要工具，它可以帮助企业深入了解客户行为和偏好，并为产品开发和营销策略提供信息。通过收集、分析和解释数据，企业可以更好地了解客户，了解他们需要什么，打破传统经济下的“信息壁垒”，能够为客户提供更好的服务。

4. 加强可持续性。数字化转型可以帮助企业实现更可持续业务操作，减少浪费并促进环保实践。数字工具和平台可以促进流程自动化和数字化，从而减少对纸张和其他物理材料需求，对环境产生的影响更小。例如，企业可以使用数字工具来管理和跟踪物流和库存，从而减少不必要运输和浪费。此外，数字化转型还可以帮助企业更好地监控和管理其环境影响，并采取行动来减少其对环境的负面影响。这可以提高企业环保声誉和社会责任感，并为企业带来长期商业利益。

5. 更高的敏捷性和响应能力。数字化转型一个重要优势是使企业能够快速响应不断变化的市场和客户需求。通过采用数字化流程和敏捷方法，企业可以快速适应新的发展和机遇，响应新兴趋势和技术，提高其灵活性和敏捷性，更好地满足客户需求。例如，企业可以使用社交媒体分析工具来监测客户反馈和行业趋势，从而快速响应市场需求并调整其产品和服务。这种敏捷性使企业能够在竞争激烈的市场中保持领先地位，从而获得更多的业务和利润。

（二）数字化转型演变过程

数字化转型并不是指购买某个产品或某种解决方案，而是会影响各行各业中涉及信息技术的所有要素。将各种行业和领域中涉及的信息技术纳入统一数字化系统中，并通过信息技术应用产生更大价值。当企业随着技术进步而采取全新商业模式开展业务活动时，就是在进行数字化转型。这是一个利用数字技术而对企业进行根本性变革的过程，通过技术扩充和改变现有资源，优化资源利用率。

利用数字技术实现转型的这一实践，可以追溯到几十年（互联网）、几百年（印刷机），甚至几千年（车轮）前。推行完善业务流程、开发软件应用以及搭建信息技术基础架构早已在企业内普及，所有技术科技出版物都刊载过与数字化转型相关的文章。麻省理工学院斯隆数字经济项目首席研究科学家和壳牌公司首席信息官都曾经对企业数字化转型做过解析。首席研究科学家 George Westerman 认为，数字化转型代表企业对如何利用技术从根本上改善企业绩效的彻底反思。壳牌公司首席信息官

Harryde Grijs则表示，随着技术的不断完善与发展，对于企业来说，数字化转型意味着利用数字技术实现业务流程的高效与便捷，利用数据资产帮助企业降本增效。

技术的爆炸式增长是有据可依的，它首先得益于基础架构。基础架构层面，重新定义业务流程应用得以从根本上被激活，而当这一过程不断推进时，所有一切实现了互联：基础架构决定了使用哪些类型的应用，这些应用又进而决定了表现最佳的流程类型。数字化转型之路，信息技术基础架构是一支不可或缺的革新力量，它从早期大型机到服务器再到网络，最后到现在的云计算、大数据和人工智能，一直在不断推动着数字化转型升级。当服务器实现联网，尤其是在1991年2GB服务器开始托管万维网之后，服务器成为企业在市场拥有立足之地的必要条件。因此，企业为了防止被市场淘汰，不得不选择重构内部基础架构。而如今，服务器不仅可以托管内部网络支持私有云，也可以连接互联网支持公有云，甚至能够利用混合云同时支持私有云和公共云。

当前，较多企业围绕单一应用对内部研发、生产、仓储、营销等业务流程进行管理。而应用能够在企业中广泛传播的前提，是服务器对于整个市场造成了颠覆性影响，越来越多的用户开始选择服务器来替代传统PC；同时，也正是因为企业应用架构变化，使得过去一些难以逾越的技术壁垒被逐渐打破，从而让更多企业用户可以轻松完成应用创新和部署。目前，在制造业领域，基于工业大数据平台构建智能工厂已经成为行业共识。从“端—云—网—边”架构入手，通过对客户需求进行分析，实现生产管理与业务运营无缝对接；利用物联网技术将工厂各种设备接入网络并连接云端服务器，完成产品研发设计、生产控制、物流运输、仓储。数字化转型是技术发展的必然趋势。这种颠覆性可能无处不在，但似乎又无迹可寻。

（三）数字化转型现状

1. 政府引导推动。

中国政府一直致力于推动数字化转型，在“十三五”规划中，数字化转型被列为国家发展的重点之一。政府出台了一系列政策，包括建设数字中国、数字中国建设整体布局规划、制定数字经济发展战略、加大对数字化转型的支持等，以鼓励企业加速数字化转型。

2. 数字化转型市场规模巨大。

数字化转型市场规模巨大，预计2023年中国数字化转型市场规模将达到4.5万亿元。这是因为数字化转型可以提高企业效率、优化价值链管理、增加利润等，能够为企业创造较高的商业价值，数字化转型对于企业来说是大势所趋。

3. 数字化转型应用范围广泛。

数字化转型应用范围非常广泛，涵盖了各个领域。制造业中，数字化转型可以实现智能制造，提高生产效率和质量；金融业中，数字化转型可以实现智能风控、智能客服等，提高服务质量和效率；教育领域中，数字化转型可以实现智慧教育、在线教育等，提高教育质量和效率；医疗保健领域中，数字化转型可以实现远程医疗、智慧医疗等，提高医疗服务质量和效率。

数字化转型的实现需要技术支撑，包括人工智能、物联网、大数据、云计算、区块链等。中国拥有庞大的IT产业，同时也是全球最大互联网用户市场，因此在技术支撑方面具备优势。

（四）数字化转型类型

根据数字化转型特点，从企业内部价值驱动力与外部技术推动力两个角度出发，将现有企业数字化转型划分为借力型、内驱型、并驱型、无力型四种类型，如表6-1所示。

表 6－1　　企业数字化转型类型

		价值驱动力	
		弱	强
技术推动力	强	借力型	并驱型
	弱	无力型	内驱型

1. 借力型。

借力型企业能在消费互联网发展浪潮中，凭借自身对技术把控能力，将消费互联网中成熟技术不断“嫁接”到自身业务场景中，进而通过纵向技术推动力，将原本属于消费互联网的红利转移至自身，成功启动数字化转型。这种企业一般为 B2C 类型，由客户端启动数字化转型。这是由于，随着消费互联网的发展，移动终端、宽带和二维码等数字技术基础设施不断完善，再加上有大批“80 后”“90 后”互联网“原住民”，他们消费逐渐转向了线上。这种类型企业将客户端作为突破口，利用纵向技术推动力，成功启动了数字化转型，也就是借力型制造企业与客户端驱动场景相匹配。

2. 内驱型。

内驱型企业依托工业互联网技术并处于非自动化行业。由于工业互联网发展才刚刚开始，而相关数字技术还在探索之中，因此纵向技术推动力较弱。非自动化行业所处地位造成横向技术距离较长，从而对横向技术推进乏力。企业对外在客户体验价值或内在流程优化价值迫切要求，因其强大价值驱动力引发了数字化转型。

3. 并驱型。

并驱型企业处于自动化行业中，横向技术距离远，受横向技术推动力影响较大。另外，价值驱动力也较强，唯有各工序高效运行，才能够确保低成本并形成价格壁垒。通过改进工厂生产流程、资源利用率与生产效率提升、流程优化价值获取等方式，企业成功启动了数字化转型。

4. 无力型。

无力型企业技术驱动弱、价值驱动无力。这类公司在内外部均缺乏激励机制，启动数字化转型不顺利，如那些拥有悠久历史的奢侈品产业。一方面，由于奢侈品产业尚未处于自动化领域，而且相对应数字化技术尚不够成熟，技术驱动力相对薄弱；另一方面，由于奢侈品本身具有稀缺性、地域性、历史性等特点，奢侈品产业强调手工制造，消费者不会因为特定功能或价格原因去购买它们，而是想要得到一种满足感，将其当成一种身份象征。

二、企业数字化转型内涵与特征

数字化转型又被称作“第三次工业革命”，是电子计算机发明和通信设备等迅速普及，其中蕴含着科技和社会变化。数字技术变革使得传统工业变得更加机械化、自动化、智能化，从而降低劳动成本，提高工作效率。

（一）企业数字化转型内涵

企业数字化转型是将转型升级和创新发展作为首要目的，以数字技术为先导，建立起一种全新信息化能力，促进传统业务创新与变革，在数字时代构建一种全新商业模式，为数字经济开拓出新价值与发展空间。

企业数字化转型一般包括以下四个阶段。

第一个阶段是赋能。数字化赋能是数字化转型的第一个环节，同时也是一个必不可少的环节。这个环节中，可以孕育出一个公司数字化文化，提升组织各成员数字化意识，增强公司数字化能力，提高公司转型信心。例如，利用物联网、移动应用等数字技术，可以极大减少油田企业巡井、管道企业巡管、炼化企业外操工作量，降低用人需求，提高工作效率，企业和员工都能从中获益。对产品进行赋能，能够迅速优化产品功能和性能，改善产品使用体验，提高产品附加值。如对冰箱、电视和空调等家用电器进行数字化赋能，使广大用户拥有更优质使用体验。这一阶段聚焦于企业各基本环节，赋能呈现“点状”分布，具有小规模、低风险、高效率等特点。即使呈现“点状”分布，但由于范围广，多点并行，实现星罗云布。

第二个阶段是优化。优化是指通过数字化建模技术，利用软件工具、平台以及大数据分析等手段，对企业原有某一或多个业务流程进行改进。业务流程优化可以是局部的，也可以是全局的。这一优化帮助企业在原材料、人力、生产设备等要素上实现最优资源配置效率，最终缩短各流程纵向长度，降低人力、材料等成本，提高效率，是企业提质增效“金钥匙”。过程优化往往对数字化程度、数据积累、建模能力、计算能力等方面提出了更高需求，很多情况下还需要大量仪器仪表配置来提供实时数据采集能力。成功的优化项目通常具有巨大经济效益。优化通常会针对具有线状特征业务流程，如制造业中的生产流水线、装配线；零售行业中仓储运输、物流配送路线等。无论是局部优化还是全局优化基本围绕单一业务主线展开。

第三个阶段是转型。这是数字化转型初始形态，在数字技术赋能下，让原本“转不动”的企业，完成了一次轻盈转身。完美诠释“大象也能跳舞”，数字技术激发了“大象”潜藏巨大潜力，由此创造更大附加价值。转型具有“面”这一特性，一般指一个涵盖某一领域完整业务单元，就像人成长一样，通常是从“婴儿”到“成人”一个完整过程。因为转型是一个完整价值的创造过程，具备完整性能够更好地发现用户、开发相关产品、开拓新市场。例如，中国石化物资采购部门，每年有大量采购任务，这就需要他们必须在有限时间内以最优价格采购到高质量、高可靠的产品。如此日复一日、年复一年采购业务使得中国石化形成“保供能力”，把这种能力与电子商务平台结合，将其转换为一种可交付的“采购服务能力”，让它走出中国石化，为其他企业提供服务，从而为石化带来新利润增加值。这就是中国石化物资采购部门这个业务单元（BU）数字化转型。

第四个阶段是再造。再造是数字化转型的高级阶段，是传统企业脱胎换骨、深度参与数字化变革的关键一步。再造主要有两种类型：一是再造生产关系，即重构与数字化生产力相关的企业内部生产关系。可以针对企业某一生产线某一产品的具体生产关系，也可以针对企业整体。通过梳理现有业务流程、重构组织结构，以维持企业原有业务本质的方式给传统企业注入新鲜活力，使其焕发青春，充分释放数字化生产能力。二是打破企业边界，在产业、行业、业态、客户等层面，用融合、并购和创新等方式重构企业商业模式。这意味着企业要打破“路径依赖”，改变或摒弃原有业务，利用数字技术的无边界属性探寻新的商业模式。

（二）企业数字化转型特征

1. 持续性。数字化转型是一个长期持续的过程，不可能一蹴而就。企业需要从战略层面做好规划，企业战略包括技术战略、运营策略等各个方面，而数字化转型成功不在于单个项目成功，而在于整体业务成功。

2. 阶段性。数字化转型是分阶段的，不能一开始就进行全局转型，而是要根据企业实际情况和当前发展模式，制定与之相匹配数字化转型之路，分阶段实现目标。

3. 动态性。数字化转型是一个动态过程，不是一成不变的。数字化转型战略会随着外部社会发展、内部业务变化而不断进行调整和优化。

三、企业数字化转型模式

在当前复杂经济环境背景下，企业能够利用数字技术及手段快速适应多变需求，提高在“信息大爆炸”时代处理繁杂信息的规模与速度，进而快速对公司各业务流程进行重组，以满足时代背景与客户需求。与此同时，数字技术能够帮助企业将组织、部门、岗位、业务各环节联系起来，打破企业内部边界，进而做出准确且快速判断。企业数字化转型核心内容主要包括以下几种模式。

（一）技术主导——降本增效驱动数字化转型模式

降低生产成本、提高生产效率，是许多企业进行数字转型的基本目的。当前国际和国内经济形势不容乐观，很多企业都存在生产成本上升和销售利润下降的双层压力，其中一些企业还处于倒闭边缘。因此，在这个时候，企业进行数字化转型的最基本目的，就是要能够顺利地渡过这个阶段数字技术兴起为企业带来了生机。企业能够利用数字化技术，变革组织模式，提高企业生产经营效率。

数字化技术运用对企业组织模式产生两个方面影响：第一，数字技术推动组织内部结构发生变革。Terranova（2000）指出，数字经济带来了一个更加复杂的雇佣关系。数字技术普及将极大降低技术要求较低劳工雇佣数量，因此节约人力成本将被用在雇佣像研究与开发人员和高管这样复合型劳工上。研发人员利用技术创新为企业带来了更具创新性和可持续性发展的竞争优势。高级管理人员利用先进管理知识和高效实践，来促进公司内部管理变化，从而将公司建设成为一个信息传播畅通、奖赏和处罚系统清晰的高效率组织。第二，数字技术运用将降低交易费用。随着一系列公司法规的逐步改革和健全，大部分公司信息披露工作也逐步形成。在这个基础上，利用大数据、云计算等数字技术，可以对各个企业从公司战略规划与未来发展目标，以及产品和服务价格、供应链等相关信息进行准确掌握。这种客观资料可以为公司决策提供一个强有力的基础，进而减少公司的搜索成本和其他交易成本。而随着区块链技术的不断发展，公司所公布数据也变得更加透明。

数字化技术的基本特点就是通过对生产流程进行优化，以达到减少成本、增加效益的目的。“十四五”规划提出，要进一步夯实基础，加快推进“数字中国”。许多企业在进行数字化转型时，都会利用数字技术来对生产流程进行优化与重构，从而提高企业生产效能。因此，使用数字技术为主导数字化转型模式的企业，通常都将降低企业成本，提高效率作为其转型发展的目的。

（二）业务主导——业务变革驱动数字化转型模式

业务变革驱动转型模式，就是企业在进行数字化转型时，更多把改变或者再造传统商业模式作为自己的目的，这一模式的最大特点就是从传统商业模式向数字化商业模式的转变。采取了业务变革数字化转型模式，这是由于传统企业规模较大，组织适应性较低，它们不适合采取相对灵活转型方式。因此，它们只有将转型策略集中在对传统业务数字化转型和对数字化新业务扩展上。在这种类型公司转型中，最关键的一点是始终以业务为中心来进行创新。

业务模式主要是运营商、设备制造商、终端提供商和网络服务提供商等产业链各个环节，它们在整个产业生态环境中的地位以及彼此之间关系。传统业务模式中，关联供应商与运营商通常是互不干涉的，只是处于一个完整供应链上，中下游关系。深入了解客户需求变化特点后，根据客户不同需求，分别制定市场、产品、销售、服务等对应策略，但由于顾客要求不断提高，以及日益加剧的市场竞争，处于同一条产业链中的企业都认识到，他们需要改变自己的经营方式，把经营过程中的业务过程作为自己的中心环节，将信息技术作为推动力，用信息化管理来拓展市场，建立新竞争优势。

（三）生态导向——商业模式创新驱动数字化转型模式

数字经济发展核心是商业模式创新，其核心是价值创造和合作共赢。创新商业模式是创新企业与企业之间、企业与消费者之间、企业内部交易关系和连结方式。面对全球经济下行，欧美国家再次提出重构产业链，而要避免因重构而引发“去中国化”，就需要对企业商业模式进行改革。以商业模式为导向进行数字化转型，将为国家培育出一大群在全球范围内引领地位“链主”，进而推动整个供应链高级化。同时，通过积极商业模式创新，促进我国经济社会发展，促进我国经济社会发展。

以数字生态为主导商业模式创新的推动下，公司数字化转型除了注重公司本身发展之外，还要主动帮助其他公司，乃至全行业数字化转型。数字生态导向企业进行商业模式创新，是为了形成可持续发展动力与活力，该模式既可以突破企业间界限，使其摆脱相互对抗状态，又可以利用数字化平台搭建，促进企业间深度协同与融合，提高行业竞争力，形成可持续产业发展动力。除此之外，商业模式创新还可以将企业与消费者之间距离缩短，通过一种全新价值创造方式，为消费者提供更高满意度产品或服务。因此，数字化转型过程中，企业市场实力将得到提升，并获得用户口碑，这就可以更好地推动供给侧结构性改革，加速构建内需体系，最终实现国内大循环目标。

（四）市场导向——客户满意度驱动数字化转型模式

提高顾客满意程度，是许多公司进行数字变革的基本出发点。“十四五”规划提出，要在新发展模式下，畅通国内大循环，加快推进我国经济社会发展。提高人民幸福度、满意度，是国家很多工作的衡量指标，提高人民幸福感、获得感，都是国家目标。尽管公司首要关注的依然是自我利益，但伴随着时代进步，更多公司已经开始承担起自己社会责任，他们在生产和供应商品或者服务时，不再只注重于盈利，而是更加关注顾客需求。

面向市场数字化转型通常旨在提高顾客满意程度。目前，在公司结构和公司价值观影响下，公司不可能获得竞争优势，提升自身市场实力。要想获得持久竞争优势，公司必须站在客户立场上，对客户需要进行考虑，并积极地将自己资源和精力用于为客户设计出具有个性化产品或服务，以提高客户数字化、定制化体验，以此来缩短与客户之间关系，达到自己可持续发展的目的。选择市场导向型数字化转型模式公司，都是那些拥有较小组织，在资金、人力资本等方面还相对缺乏组织。因此，他们可以选择一种可以提高客户体验感，进而提高企业效益的模式。

第二节 企业数字化转型外在压力与内在动力

企业数字化发展不是一朝一夕就能完成的，在没有明确认识之前，企业“不会转”；缺乏技术支撑时，“不敢转”；在时机未到，准备不充分情况下“不能转”。在这种复杂的内部和外部环境下，企业发展面临着诸多不确定性。本节重点介绍影响企业数字化转型的外在压力和内在动力。

一、企业数字化转型外在压力

所谓外部压力，就是因为外部环境影响，让公司被迫遵从自然发展规律。例如，工业革命将公司带进了工业时代，而信息技术革命将公司带进了信息技术时代。信息技术发展、日益激烈竞争、消费者需求变化、数据基础、人才队伍建设、国家政策和社会网络的嵌入程度等（韦影等，2021）都是影响企业进行数字化转型的外部原因。

（一）信息技术发展

数字经济驱动下，信息技术在人们日常生活中无处不在。信息技术与实体经济融合发展，不仅优化升级了经济结构，同时在产业变革各个领域不断渗透，催生出新产业、新业态、新模式，成为驱动经济社会发展的“动力源”和“发动机”。随着互联网技术的发展，信息传播速度和覆盖面空前扩大，“信息鸿沟”不断缩小，信息资源共享程度日益提高，网络对传统产业的影响正在逐渐深化。当前，互联网技术发展正在改变着传统企业生产方式和组织方式，实体经济与互联网虚拟经济相融合，跨界经营现象不断涌现，使得“一业带百业”成为现实。这种“创造性破坏”给传统产业带来了极大冲击和影响。数字经济发展进程中，如何实现技术和制度高效协同，是提高企业竞争能力的一个重要手段。当然，仅将“数据”作为一种资源，并不意味着企业进入了数字化时代。企业想要真正进入数字化时代，还需要应用新一代信息技术，使数据从“离散化”转变为“及时化”“精细化”和“完整化”。数字化转型不是一种单纯业务和经营战略，也不是一种纯粹管理变革，它是一个完整的系统战略，其根本目的是以数字技术为依托、以创新为动力、以客户为核心，通过不断构建和完善数字化技术应用体系，在产品设计、制造过程、管理运营等环节持续提高企业生产效率、降低运营成本、增加市场竞争优势，实现“以数字技术为依托，以创新为动力，以客户为核心”的企业转型目标。

（二）日益激烈竞争

随着市场需求的日益增大，新企业也在不断涌现，这对同类企业造成了很大的竞争压力。在社会资源一定条件下，企业要想取得更大利润，就需要充分利用自身优势，制造出有特色的产品或服务，以求在激烈竞争中不被淘汰。竞争压力倒逼企业必须根据自身优势进行技术革新，进行数字化转型。数字化发展逐渐成为主流趋势的同时，对于技术应用预期也在持续提升，如果企业仍采用原有老方法，用老套路打造技术驱动型新产品和新服务，那就会陷入“越用越不顺”的恶性循环。行业竞争强度影响着企业对其他主体行为和外部环境变化敏感程度，面对激烈的行业竞争，企业会更加关注竞争对手行为和战略。激烈竞争使决策环境变得更加复杂，使公司与外部其他行动者之间联系变得更加紧密，随着行业竞争强度的提升，企业更加难以独立做出重大决策，参照其他关联方行动制定自身战略的动机更强，激烈行业竞争促进了企业间信息交换和资源流动。数字经济时代，企业数字化转型增强了公司策略灵活性，以迅速抓住机遇，找到动态解决办法，只有不断提高产品技术含量，实现产品创新，才能在激烈竞争中争得一席之地。

（三）消费者需求变化

企业进行生产和经营决策时，消费者需求是一个重要参考因素。企业必须及时地跟进变化中的消费者需求，生产出一种容易被大众所接受的产品，以确保企业进行数字化转型正确性。要实现客户数字化，最核心就是有效利用客户数据，通过数字化技术对数据进行整合和处理，构建出一个自然的、量身定制个性化用户体验，并绘制出可操作思路，做到个性化服务。用户需求的“数字化”已成为一种潮流，过去被用户群体需求遮蔽的众多个体需求缺口在海量用户信息采集与分析中快速暴露，使得用户“消费”内容正在逐步转变为“数字化”。在这种情况下，企业往往会面对更高程度不确定性和模糊，因为它们对新技术、新产品以及对市场响应无法做到完全把握和精确预测。这就要求企业要重视顾客需求，重视企业柔性，把握企业数字化转型所带来的发展机遇。

（四）数据基础

在加速数字化转型进程中，应该把数据看作是一种战略性核心资产，对数据进行管理和运用，推动数据“从源到流”的转变，最大限度地释放数据创新驱动潜力，加强数据与技术、业务流程、组织结构、商业模式之间相互作用，以价值创造为导向，构建多源异构数据一体化管理，持续提升数据开发利用深度和广度，提升数据流、资金流、物流的协调水平和整合能力，提升数据流自动化水平和基于数据模型智能决策水平，以此来巩固企业综合集成基础，平稳有效地提升企业网络化、数字化、智能化水平，科学有效地应对数字化转型过程中遇到的复杂、多样和不确定问题，最终实现以数据为驱动，持续创新生产、经营、管理和服务模式的目的。大数据时代，数据变得更加敏感，掌握了大数据，就意味着对行业深度剖析，而大数据有效运用，将直接关系到企业数字化转型是否能够顺利进行。

（五）建设人才队伍

随着数字经济的发展，人才素质日益受到重视。“人才是第一资源”，人才建设具体是指引进和培养数字化转型有关的重要领域，如计算机和网络技术等专业技术人才和管理人才，加快构建具有国际竞争力的人才制度体系，完善人才培养、评价和激励机制，为推进智能制造提供人才支撑。数字化转型是一个综合性、系统性系统工程，它是一个跨领域、跨部门、跨地域复杂过程，需要既懂传统业务又懂数字化复合型人才。随着我国企业全面性数字化转型升级，对产品研发、生产、管理、营销等各方面专业、高素质人才提出了更高要求，以大数据、物联网、云计算和人工智能等新型技术为核心，打造一支懂专业、会管理的人才团队，是企业数字化转型重中之重。对于加快推进企业数字化转型、实现高质量发展具有重要意义。

（六）国家政策驱动

我国高度重视数字经济发展，党的十九大报告提出，“加快建设制造强国，加快发展先进制造业，推动互联网、大数据、人工智能和实体经济深度融合，在中高端消费、创新引领、绿色低碳、共享经济、现代供应链、人力资本服务等领域培育新增长点、形成新动能。”2020 年政府工作报告中明确指出，“继续出台支持政策，全面推进‘互联网 +’，打造数字经济新优势。”《中华人民共和国国民经济和社会发展第十四个五年规划和 2035 年远景目标纲要》的第五篇——“加快数字化发展建设数字中国”，专门用四章阐述了“打造数字经济新优势”“加快数字社会建设步伐”“提高数字政府建设水平”“营造良好数字生态”等数字化转型的议题。国务院办公厅印发的《关于大力发展数字经济加快建设数字中国的意见》（以下简称《意见》）提出，要加快推进制造业数字化转型。大力发展智能制造，构建信息技术与制造业深度融合新型基础设施，推进企业数字化改造，支持建设一批智能制造示范工厂和数字化车间。企业是经济增长根本，如果没有企业转型升级，就不可能实现经济发展方式实质性变革，因此，数字化转型是企业持续存在并跟上时代步伐的唯一途径。

（七）社会网络嵌入程度

社交网络中行为交互具有一阶与二阶模仿双重特征。一阶模仿主要是指企业之间决策和运营行为；二阶模拟是模拟一阶模仿，即对这种决策规则和行为程序的模仿。网络关系嵌入可以从三个维度来衡量：信任程度、互动频率和联系紧密度与持久性。强联结优势理论认为，组织之间建立强关系可以促进组织获取更多创新资源。社会网络嵌入同时作用于企业数字化转型决策模仿的两个阶段。一方面，具有更高嵌入性的企业，其关联关系更丰富，社会交互更频繁。在此背景下，核心企业对外界信息获取与理解具有更低成本，对其他企业数字化转型决策与经验有更清晰、更准确的认知，更易形成基于跨组织交互的一阶模仿。另一方面，具有较高社会网络嵌入性的企业，更易理解“二阶模仿”的内涵，并更倾向于选择合适的“参照物”，以降低决策错误。

二、企业数字化转型内在动力

内部因素是企业本质属性，在很长一段时间内，不会随着外部环境改变而发生改变，它会一直存在于企业发展演变全过程中，它对企业数字化转型产生的作用也是不可忽略的，主要涉及企业所属地区、企业规模、组织结构、企业业务流程转变与企业产品和服务改造等（陆洋等，2021）。

（一）企业所在地区

我国幅员辽阔，资源丰富，但在产业分工协作过程中，东部、中部、西部地区经济未实现均衡发展，这也就造成不同地区企业面临发展环境不尽相同。从企业角度看，由于区位优势不同，中部企业相较于东、西部企业面临较大困难，尤其在原材料供应、设备价格等方面成本显著高于其他两个地区企业。但在企业转型压力方面，中部地区企业则显著低于东部和西部地区。同时，不同地区企业在数字化转型诉求方面差异较大，对数字化转型认知开始出现分化，尤其是中小企业。技术和资源两个方面都不占优的中部地区，企业了解数字化转型并有转型意愿的占比明显高于东部和西部地区。但是，中部开始在部分业务上进行数字化转型的中小企业所占比例，却明显少于西部和东部地区，而西部地区又明显多于东部地区。

（二）企业规模

不同企业，其对风险承受力和收益都不一样，因此，它们在数字化转型时所面临的困难也会有所不同。对小型企业而言，主要困难表现为资金不足、人才缺乏、市场开拓能力差、信用记录较差等。尤其是在市场竞争激烈的当下，小型企业面临的困难略大于微型和中型企业。与中型企业相比，微型企业在用工方面压力显著高于中型企业，但是，从技术创新和企业转型角度来看，中型企业压力显著高于微型企业。微型企业与中小型企业相比，数字技术应用率最低。由于各方面限制，数据显示有高达65%的小微型企业数字化转型效果不佳。因此，企业规模大小会对企业技术创新以及价值创造产生影响，不同规模企业对数字化转型有不同认识，在转型方面也会有较大差异。

（三）组织结构

企业组织形态可以粗略地划分为实体型组织、虚拟型组织、智慧型组织和共生型组织四个不同进化阶段，它们与工业经济时代、信息经济时代、数字经济时代和智慧经济时代都有相应关系（李海舰等，2019）。当前是一个四个时代互相重叠、互相作用的时代，而公司组织形态也是以这四种形式呈现出来的，公司必须与时俱进，方能取得自身生存和发展。由于产业内技术水平不断提升，使得产业内组织架构也随之越来越复杂，所有改变都源于技术改变。进行数字化转型的同时，要求采用新技术、新管理以及新商业模式，以突破现有企业组织形态中一些“瓶颈”或者是限制，从而构成一个新企业组织形态。因此，企业以哪种组织形式进行数字化转型是非常关键的。

（四）企业业务流程转变

大数据背景下，线性流程适应性和有效性大大下降（陈国青等，2020）。首先，大数据及其融合分析方法使全局刻画成为现实，现实情境常具有多维交互、全要素参与特征，且涉及问题往往复杂多样，鉴于决策过程不同主体所处情境不完全相同，传统线性流程难以实现针对不同决策环境进行情境映现和评估的目的，因此进行多维整合非线性流程，如通过结合患者全方位的健康状况信息为其制定具有针对性和全面性的患病前、病中、病后康复治疗方案。其次，利用大数据“流”的特征，可以描述真实环境中各种要素之间动态相互作用，发现各要素之间非线性、非单向状态改变，从而对经营决策做出动态调整。因此，对信息实时捕获和反馈，让新型范式变得更加及时且有效构建以客户价值创造为核心、对象主体为企业整体且具备系统性和完整性业务流程架构，能够帮助企业在行业中脱颖而出，获得竞争优势。

（五）企业产品和服务改造

企业转型进程中，可以借助先进、多样数字技术，对已有产品和服务开展数字化变革或创新智能化产品和服务，加快企业研发产品和改进服务效率，抓住新市场机遇，发现新业务项目，优化以数字平台为基础的商业模式，进而提高企业市场份额，为企业带来高收益、高回报。与此同时，企业利用云计算、物联网、人工智能、大数据等数字技术，对其运营流程进行改造和升级，构建以数据分析为基础的决策、风险管理体系与管理控制系统，将以往被动的线下经营模式转变为主动的线上、线下“双驱动”经营模式，提高各项决策的时效性和准确性，进而降低企业运营成本，提升经营效率，增强企业核心业务竞争优势，助力企业可持续高质量发展。

第三节 企业数字化转型面临的问题与风险

企业数字化转型虽然能给企业带来收益，但与此同时，企业数字化转型也面临一些问题与潜在风险，要进行科学梳理与识别，以便企业顺利进行数字化转型。

一、企业数字化转型面临的问题

（一）观念

观念问题主要体现在领导层：“一把手”虽然有数字化意识，但真正去付诸行动的却很少。因为“一把手”会受如下影响：数字化持续不断攀升的投入；认为不做数字化管理依然做得很好；周边朋友较多失败案例，造成数字化无用论；内部核心管理层影响；担心数字化转型失败给自身带来不良影响；担心数字化数据过于透明等。数字化转型若想成功需要企业“一把手”相当的魄力，在转型过程中亲力亲为的能力，具有排除一切干扰的勇气，然而这一切在现实中却很难做到，大部分企业管理层对数字化转型认知深度欠缺，需要首席信息官（CIO）不断去引导、学习，逐步去改变企业领导意识与认知。

（二）能力

当前很多企业领导由于缺乏对数字化深度认知，因而在建设过程中总是过高估计员工数字化基础能力，自己认为是很简单的事情在员工层面执行起来却十分困难，因为领导只看结果，不会过多关注数据采集与加工过程，所以导致系统应用难、数据收集难。由于缺乏相应管理措施，导致数据质量难以保障，最后导致系统价值体现难，数字化做了寂寞。企业领导要看清的是数字化系统应用基础来自一线员工，数据及时性、准确性、完整性由一线员工数字化能力所决定，员工素质高低直接决定数字化应用效果，一个连电脑操作都不熟练的员工如何能保障数据及时录入？而员工数字化能力却不是与生俱来的，需要企业不断去培养、不断去改善。当前大部分企业在员工数字化能力培训方面是缺失的，不仅缺失基本培训活动，更缺乏数字化战略相对应的数字化绩效考核体系。要知道员工数字化能力不是一两场培训就可以解决的，需要体系化、持续地培育。

当前，企业关于数字化经营体系建设与数字技术应用之间匹配程度较低，这主要表现为缺乏企业数字化运营人才。数字化转型进程中，企业所需的人员不仅要熟练掌握与数字贸易、跨境电商等有关基本理论，而且还必须拥有娴熟的数据分析技能。除此之外，数字被引入消费市场中，会产生海量数据，企业需要对用户喜好和满意度进行准确分析，将做出的决策传输至研发、生产、销售等环节，这个过程中会产生规模巨大的数据流，因此，无论是在数据分析还是数据存储方面，都亟须数字化运营人才给予支持。但是目前，这一类型人才较为匮乏，数字化运营队伍建设也比较滞后。所以，如何对数字化运营人才进行培训，成为许多企业数字化转型中迫切需要解决的实际问题。

（三）流程

为什么很多企业做了信息化系统以后工作效率还是低下？其主要原因就是流程管理，当前大部分传统企业在流程管理上存在以下问题：

1. 流程管理意识弱：信息化系统建设初期，很多企业领导以为上流程就是流程搬家，直接将线下流程不经梳理直接照搬至线上，沦为流程“搬运工”，导致线下问题在线上爆发，信息系统背了管理的“锅”。

2. 流程管理随意性强：系统应用过程中，流程修改随意性强、流程删除任意性强、流程修改过程无审批、流程流转效率无监控等问题是当前流程管理突出问题，大部分企业流程管理基本上处于失控状态，这也造成了线上流程矛盾突出，信息部门与业务部门矛盾重重。

3. 流程无持续优化的能力：业务场景是变化的，数字化流程也随之变化、修改，但如果缺乏优化意识，任由流程不断去叠加各种审批节点、不断增加审批人，最后会导致线上流程越来越臃肿，审批效率越来越低下，所以当固化系统无法承载灵活管理场景时，要持续优化流程，而不能任由流程野蛮生长、审批节点无序扩张。

综上所述，以上三大问题是企业数字化建设路上的难点与卡点，除了需要企业高层重视、政策支持外，CIO 的能力也相当重要，作为信息部门负责人，CIO 不仅要具有专业技术能力，同时还必须有行业深度以及较强的沟通与协调能力，因为数字化时代需要的就是协同、共生，CIO 就是那个打通技术与业务融合“桥梁”，需要 CIO 具备技术与业务综合能力，而非专业技术能力。

二、企业数字化转型面临的风险

（一）战略风险

企业制定的数字化转型战略不宜过大，也不宜过小。一方面，如果企业数字化转型步伐过大，资金投入较多，资金回收期变长，影响企业资金运作，最终将导致数字化转型失败；另一方面，如果数字化转型力度太小，对生产、企业运作没有产生本质上的效果，很容易造成数字化转型效果不明显或者转型失败。企业如何把握转型的“度”，变得尤为重要。

国家政策方面，2017 年以来，“数字经济”已经连续 7 年写入政府工作报告。2023 年政府工作报告中明确提出，要大力发展数字经济，加快传统产业和中小企业数字化转型，着力提升高端化、智能化、绿色化水平，提升常态化监管水平，支持平台经济发展。各地下发的数字经济政策侧重不同，内蒙古、新疆等地区主要以建设基础设施为主，而上海、江苏和广东等建立了数字经济管理和监管框架。对企业来说，如果对政策了解不充分，就不能把握未来市场动向，极有可能使数字化转型努力付之东流。

而从企业内部来看，数字化转型背景下，多数企业对数字化转型认知较为模糊，只是觉得应用了数字化技术就是融入了数字化浪潮改革中。而且，很多企业高层管理者不清楚数字化转型动因和有效实施路径，对数字化转型新局面缺少思想准备、理论基础和未来展望。企业高层领导者作为企业掌舵人，决定着企业转型方向。对数字化转型认知上偏差，很可能带来转型过程中方向上的错误。此外，领导者对数字化转型持有不同态度，也在很大程度上带来转型风险。很多企业会选择第三方服务商为自己提供软件支持，以实现数字化转型。但是不同公司对行业深入程度不同，有的公司服务水平有限，技术不足，可能会造成延迟交付风险，最终影响企业生产运作，导致数字化转型失败。因此，企业面临着选择第三方服务商风险，主要表现为需求不明、需求反复、朝定夕改等，导致系统迟迟无法上线。

（二）组织风险

组织风险表现为组织管理体系不健全，权责不清，业务流程不明，导致流程频频报错，无法正常审批，组织风险是企业数字化转型面临的最大挑战。数字化转型核心是通过数字化手段，构建起以数据为关键要素的新型组织模式。从管理角度来说，数字化转型既是一个挑战，也是一个机会。企业数字化转型需要建立新管理架构和组织模式，包括人力资源管理、财务管理、法务、税务等部门，同时还要考虑如何运用技术手段实现协同工作。但现实情况是，企业对数字化转型认知水平和对企业业务模式理解，直接决定了转型后组织结构和职能调整难度。实际操作中，一些企业习惯于从内部组建团队来实施数字化转型，但这一做法存在很大风险。如果组织架构不能及时调整，推进数字化转型过程中很容易造成部门墙林立、“信息孤岛”、信息沟通不畅等问题。此外，还没有一套完备评估体系来评价数字化转型对组织和个人绩效的影响。这就使得数字化转型带来的风险无法及时发现和化解。

（三）数据风险

数字经济时代，数据被看作是第五大生产要素，数据驱动生产模式被越来越多工厂所效仿。企业数字化转型带来大量数据交换与流动，产生巨大价值的同时，也带来了诸多风险。数据流动风险往往发生在各系统之间、各职能部门之间，甚至是各行业之间。企业数字化转型伴随着系统和网络信息交换，会产生大量数据资产。只有知道什么是数据资产，才能对数据资产去做管理，分类分级，最终才能做到安全防护。

近年来，由于内部用户造成的数据泄露事件层出不穷，并且据威瑞森发布的《2021 年数据泄露调查报告》提供的数据，85% 的数据泄露与人为因素有关。可见，内部员工造成的数据泄露已经对数据安全维护造成了严重影响。内部泄露可能会造成企业数字化转型时间与成本的损失。

（四）运营风险

运营风险主要表现为系统上线后缺乏相应的运营保障机制、管理措施，导致系统应用难、价值体现难。这些保障机制和管理措施可以帮助系统在上线后保持稳定运行，并且可以提供必要的支持和保障，确保系统稳定运行和价值体现。如果缺乏相应运营保障机制和管理措施，系统可能会出现问题，导致应用崩溃、业务中断等突发性事件，影响企业各环节流程顺利推进。因此，企业需要建立健全运营保障机制和管理措施，以确保数字化转型顺利进行。

（五）数字化人才风险

人才保障是企业高质量发展的基本要素，如果没有人才给予支持，实现企业数字化转型只能成为空想。加强选拔和培训高素质数字技术人员，并非一个可以选做的措施，而是必须实施的措施。企业不仅要引进数字信息化人才，还要引导生产运营人员向数字化思维、信息化思维转变。努力培养大批既有信息技术手段，又懂得生产运营的数字化人才。因此，保证数字化人才充足是企业数字化转型强有力支撑，若数字化人才供给出现问题，则很难保证企业数字化转型稳步进行。

对企业员工来说，一部分员工安于现状，不愿意任何“转变”。他们认为数字化转型会改变他们生产模式，威胁他们的长久发展。因此，这部分员工对数字化转型积极性不高，甚至不愿意配合数字化转型项目实施，从而为数字化转型带来风险。

企业数字化转型是一个很长的建设过程。企业要强化对人才吸引力，项目建设过程中人才流失会对企业数字化转型效果产生非常大的影响。此外，大量人才流失会增加企业经营成本，重新选拔、培训员工，人力资源成本也必然会陡然上升。

企业购置自动化设备和开发信息系统后，必须对员工进行培训。很多员工因为培训不充分，造成操作失误，从而导致设备出现故障、影响生产，甚至造成安全事故。

第四节　企业数字化管理

企业数字化管理可以展现企业管理信息集成效果，优化企业组织结构，提供很好服务模式与盈利模式，体现管理水平在质量上的飞跃，为企业内部业务流信息集成提供强有力数字化基础，在企业发展中企业数字化管理的重要性日益凸显。

一、业务数字化

业务数字化强调企业数字化转型中一个核心要素——数据。数据连接的价值不仅是为业务协同提供了基础，更重要的是连接进程中产生了大量数据。一方面，数据在支撑业务运作的同时又反哺赋能业务，给予业务附加价值；另一方面，数据本身具有持续性、可分析性，是信息化、数字化、智能化的产物，企业可以通过对大量数据进行清洗、集成、分析，进而做出精准决策。信息化阶段强调数据，但更应强调商业智能（BI）或数据决策分析，但是当进入数字化阶段，会进一步强化数据。其主要体现在两方面：一方面是数据需要持续为企业业务运作提供实时、准确信息，实现数据“量”的积累；另一方面是通过分析大“量”数据，实现数据“量”变到“质”变，赋能企业业务运作，助力企业进行价值创造。

企业在对数据开放使用基础上，推进以数据驱动为基础的研发、生产、管理、营销、服务等业务流程改革与创新，逐渐将数据视为价值创造关键因素，从而创造新数字业务与增值空间。其具体包括：一是协同研发。通过构建内外两个开放研发创新平台，对企业研发设计、工艺流程、质量检验、运行维护等领域通用知识图谱和机制模型进行共享，并在此基础上进行智能仿真、虚拟实验、交互体验和学习优化。二是智能生产。企业通过对设备、生产线、车间等进行智能化改造，有效整合生产环节中的数据，对整个生产流程进行全面感知、实时分析、精确执行、动态优化，从而达到物料精准分配、生产计划按需调节、生产经营智能化的目的。三是数字管理。以“弹性供应”与“按需”方式，实现一体化柔性经营管理和企业决策智能化，提高运营效率。四是场景服务。企业充分发挥利用平台开放性和交互性，建立面向客户市场营销场景，拓展服务渠道，优化服务模式，创新服务手段，实现快速、精准地响应客户需求，改进企业业务流程。五是能力开放。以应用软件为载体，利用软件等平台环境，整合多种不同创意力量，促进线上合作与交易，形成以软件为载体商业创新生态模式。

企业数字化转型阶段，如何利用数据驱动业务流程正常运作是每家企业都应关注的核心问题。转型进程中，“数据＋业务”商业模式是一项重要思维转变。简而言之，就是企业已经不再只是将产品提供给市场或客户，而是利用数据建立市场和企业内部纽带，通过连续不断数据分析，优化改进产品和服务，进而增强企业销售能力以及核心产品或服务竞争优势。企业提出数字化转型大多围绕着企业战略和业务目标的实现而进行的，在完成业务目标过程中，可以发现，引入数字技术后，整个业务平台可以变得更加有效、灵活和自动化，从而更好地支持业务战略实现。

二、人才数字化

人才建设是企业数字化转型的基石。人工智能领域，我国人才培养、储备均与业务发展不匹配。越来越多的企业意识到数字化转型所面临关键障碍是没有足够人才支撑。数字化人才培养关键是要培育出具有新技术理念、创新能力和转型意识的跨界型高素质人才。数字化人才包括宏观、中观和微观三个层面：宏观层面，数字化人才应当具备重构产业生态、预测数字化发展趋势和制定数字化发展策略能力；中观层面，数字化人才应该具有建立数字业务、创新数字化商业模式能力；微观层面，数字化人才必须拥有高层次管理水平、能够顺利推进数字化转型战略能力。人才数字化管理主要包括以下几个方面。

（一）合理获取数字化人才

由于目前高品质数字化人才数量不足，企业需要掌握识别拥有高潜质人才方法和工具，从国外吸引海外相关领域相关人才，通过校园招聘、社会招聘和内部推荐等多种渠道，扩大数字化人才团队，保证数字化人才供给。同时，数字化时代劳动关系也在逐步发生改变，从传统雇佣制走向联盟制：短期性、非正式工作方式日益流行。企业可以通过招聘短期性员工，及时快速获取数字化人才。针对数字化人才流动性强、个体频繁跳槽、人际关系及工作倦怠等特点，完善薪酬制度和激励机制，同时在日常管理中加大物质与非物质双重激励，及时调整薪资结构，尽量减少采用处罚式措施，多用目标、参与、荣誉等方法，激励员工工作热情。同时，企业可以为离职人才回流敞开大门，找到新方式去激发个体主动性与创造力，防范数字化人才流失风险。这种变化，将使招聘人员成为求职者与用人单位关系创建者和管理者，而不是继续专注于人才搜寻和甄别。

（二）注重培养数字化人才

首先，在现有体制机制上，进一步加强企业数字化转型人才保障，专门成立企业数字化转型战略研究智囊团，持续不断探讨和制定数字化转型战略。其次，应针对数字经济社会背景和行业对数字化人才需求变化，及时调整企业内部组织架构人员，建立各环节人员配备标准守则，增强人员与数字化转型战略适配程度，与行业内转型标杆企业进行产学研深度交流与合作，可以有效解决企业数字化教育资源匮乏和数字化实践不足问题。再次，要强化企业数字科技创新人才保障机制，增加信息技术研发、集成应用和运营维护等部门数字化人才比重，增强信息服务部门保障力量，以技术创新来引领企业数字化转型。最后，在转型进程中一定高度重视对组织架构上各环节员工数字化技能和专业知识培训与宣传，多开展“数字化转型”讲座，清晰界定各层级员工需要具备数字素养，普及数字化转型给企业、员工带来实际利益，让员工真正从心底认可、认同数字化项目建设，在公司内部营造一种积极开放学习气氛，激励员工把所学到数字化技能和知识应用到日常工作中，持续改善公司现有产品、服务和流程，以此来提高公司业绩。

三、组织数字化

新一代数字技术出现和广泛商业应用，使信息结构发生了质的改变。信息结构从原来离散化、延时性、粗略化转变为具有连续性、及时性、精细化结构，这对组织而言是一场根本性变革，传统组织运作由机械、僵化、程序化方式产生，而信息时代运作方式向灵活化转变。数字化系统中，连续、及时、精细的信息结构使得企业可以利用全面、动态、即时信息来做出各种决策，从而形成模块化、开放式、生态化和自组织管理特点。从职能型组织向扁平化组织转型，是组织数字化一个重要特征，如华为公司的“中台”模式。这种模式特点是将企业内部各个职能部门抽象成一个个“中台”，通过这些“中台”能力，实现对企业内外部资源有效整合。

企业要实现跨部门、跨业务环节业务综合集成，其先决条件是：以为顾客创造价值为核心，拥有一套面向企业整体的、系统的业务流程架构，在跨部门、跨业务环节之间拥有一套清晰、明确的业务流程。因此，企业在推动业务综合集成时，要以给客户带来价值为核心，明确其所涉及业务活动范围和边界，将跨部门、跨业务环节业务流程梳理与优化作为突破口，对由于部门划分造成流程中断、分散等状况进行全面改革，逐步消除各部门之间壁垒，打破企业内部边界，建立起一个流程驱动、协同协作扁平化动态组织模式，并利用流程化将技术、人力、设备、资本、服务、知识等多种资源整合在一起，优化资源配置效率，逐步完成网络化协同运作，从而搭建一个跨企业、开放、动态价值网络，利用柔性化、集成化和智能化动态流程组织方法，为企业创造更多价值活动，赋能企业各组织运作。与此同时，数字技术也为公司提供了全新产品管理模式。过去是根据产品产量决定销量，生产决策面临着较大不确定性。但是，数字技术给用户提供了反馈平台，企业能很方便快捷地获得用户反馈信息，进而做出生产决策。

总结与回顾

1. 企业数字化转型是指给予智能化装备、信息化技术、数字化软件来构建、完善、增强企业在研发设计、生产制造、物流仓储、订单获取、产品服务等各环节智能制造能力，重塑企业核心竞争力，提高企业应对市场需求反应能力。

2. 从企业内部价值驱动力与外部技术推动力两个角度，将企业数字化转型划分为借力型、内驱型、并驱型、无力型四种类型。

3. 企业数字化转型面临着观念老旧、能力不足、流程效率低下等问题，同时面临着战略、组织、数据、运营等风险。

4. 企业数字化管理主要包括三大方面：业务数字化、人才数字化、组织数字化。

复习思考

一、名词解释

数字化转型

二、简答题

1. 简述数字化转型演变过程。
2. 简述数字化转型内涵与特征。
3. 简述企业数字化转型面临的内外部环境。

三、论述题

结合实际谈谈你对企业数字化管理的理解。

能力拓展

海尔智家成功进阶秘密武器：数字化转型
经营模式实现从线下到线上升级

“未来，数字化转型的核心在于产品的重塑和再造。”

全球领军咨询公司埃森哲工业X.0业务产品制造事业部主管埃里克·谢弗尔（Eric Schaeffer），在《产品再造：数字时代的制造业转型与价值创造》一书中试图探讨数字技术将传统产品转变为智慧互联产品背后的奥秘，将海尔转型当作四大成功范例之一，希望全球企业界能从海尔的数字化转型经验中汲取营养。

全流程数字化转型

全球大型家电龙头海尔智家在2020年完成港股海尔电器私有化之后，“A+D+H”的全球资本市场格局得以成功构建。

2021年前三季度，海尔智家实现营业收入1699.64亿元，同比增长10.07%；实现归母净利润99.35亿元，同比增长67.68%。

在原材料成本压力下，海尔智家能够取得如此高增长的原因，除了聚焦高端品牌、场景品牌、生态品牌的三级品牌升级战略以及全球化运营体系拓展外，还归功于数字化转型提效显著。

“数字化”直销员

2021年上半年，海尔智家重点推进了“数字化直销员”“数字化服务兵”“数字化供应链”等数字化平台项目，其中“数字化直销员”项目通过营销中台使直销员更加便捷地运用“分享裂变”“社群经营”等工具，将来自淘宝、京东、抖音等公域流量引流到店、到人，有效解决用户获取难问题，并能更精准地投放资源，管理用户。另外，利用AI大数据技术建立完善的复购数据模型，能更好挖掘潜在用户价值。

直销数字化升级后，海尔智家有效调动了销售人员积极性，单销售员的销售额、成套销售占比均有较大提升。此外，通过推广培训线上化、资源线上化、管理线上化，海尔智家提高了企业沟通和运营效率，降低运营成本。

“服务兵”上平台

“原来，海尔最大优势是6万多个线下专卖店，但是随着竞争对手的渠道下沉，线上线下融合效率远远超越我们传统的专卖店优势。去年，我们通过数字化转型将6万多家线下店搬到平台上。”海尔智家相关负责人向21世纪经济报道记者介绍了公司专卖店从线下转到线上的有关情况。

“三翼鸟”是数字转型关键

此前在海尔总部的采访中，21 世纪经济报道记者听到过一句话，叫“海尔文化和创客精神是数字化转型成功的关键。”

截至 2021 年 12 月，海尔智家已在全国开设了 1073 家三翼鸟门店。

资料来源：韩迅．海尔智家成功进阶的秘密武器：数字化转型经营模式实现从线下到线上升级［N］. 21 世纪经济报道，2021－12－31（019）.

第七章　数据资产定价

任务分析

1. 理解数据要素价值内涵。
2. 理解数字要素参与价值分配创造机理。
3. 了解数字资产、数据确权和数据交易。
4. 了解数字价值链的链条。
5. 掌握数据资产定价的四种方法。

案例导入

马云：数据是阿里最值钱的财富，企业能用大数据分析“盈利”吗？

随着大数据发展上升为国家战略，其产业前景广阔，价值巨大。马云就曾爆出金句：“我们是通过卖东西收集数据，数据是阿里巴巴最值钱的财富。”马云重新定义了阿里巴巴是什么，阿里巴巴集团本质上是一家扩大数据价值公司！无论是对企业，还是对国家，大数据都能为其发展做出决定性贡献：将客户所有数据进行整合和分析，得出客户具体属性画像，便可以节约对该客户的营销成本。

数据有价吗？当然有，小到智能穿戴个人隐私；大到公共交通、城市大脑。数据价值与数据流量成正比，数量越大越值钱。大数据能提供大量参考和学习数据，方便在现有资源下试探并找寻最优解。

阿里巴巴利用大数据都挣了哪些钱？

一、精确匹配广告

相信每个在淘宝上购物的网友都会发现，当我们打开网页，就会显示对应你喜好的商品，而且正是你考虑准备购买商品的精准推送。

二、信用评估和信用管理

蚂蚁金服使用信用评级来比较优秀借款人与不良借款人，从而来区别他们之间特征。然后使用这些特征来计算信用评分，随着不断重新校准算法产生越来越准确预测，蚂蚁金服风险和成本稳步下降。得到的结果是：小额贷款业务违约率约为1%，远低于世界银行2016年全球平均4%预估标准。

三、医疗数据服务

自中信2014年初获云锋注资后更名阿里健康以来，阿里健康就开始了医疗大数据探索。通过阿里健康上存储数据，通过自己算法引擎开发能力，并提供数据分析处理，让参与方能够节约成本、提高效率，用“大数据助力医疗”。

事实上，阿里巴巴上述三项业务仅仅是大数据中应用一部分，还包括上游产业如 Hadoop 产品，中游产业如大数据分析类产品等，阿里大数据商业模式远远不止于此。在各行各业中，将大数据视为核心竞争力使得商业竞争愈演愈烈，对于老牌企业来说，将数据作为首要任务来处理显得十分必要。那么大数据分析又能带来什么呢？1. 优化资源配置；2. 推动产品实现创新；3. 提高运营效率等。

资料来源：马云：数据是阿里最值钱的财富，企业能用大数据分析“盈利”吗？https：//baijiahao. baidu. com/s? id = 1676268356141181794&wfr = spider&for = pc.

知识介绍

第一节　数据要素价值

随着数字经济的快速发展，全面而深刻地影响生产、生活、生态，加快了市场主体之间的信息传递，数据作用日益凸显，引发传统经济范式发生转变（Stiglitz，2002）。数字经济时代“新石油”是数据，其重要性不言而喻，蕴含价值丰富。未来世界将遍布数据传感器，数据化无处不在，每天都会产生海量数据，用于测量数据量的单位量级不断提高，如表 7 – 1 所示。据经济合作与发展组织（OECD，2017）的定义，数据是作为量化符号对事实进行存储和传输的表示。而国际数据公司（IDC）发布的《数据时代 2025》提供的数据显示，到 2025 年全球数据量总和将达到 175ZB；华为发布的《全球产业展望 2025》预测，到 2025 年全球年存储数据量将高达 180ZB。

表 7 – 1　　测量数据量单位

单位	大小	含义
比特（bit）	1 或 0	“二进制位”的缩写，在计算机中用于存储和处理数据的二进制代码（1 或 0）
字节（B）	8 比特	在计算机代码中有足够的信息来创建一个数字或一个英文字母，它是计算机的基本单位
千字节（KB）	1024B	源自希腊语的“千”，一页输入的文本为 2KB
兆字节（MB）	1024KB	源自希腊语的“大”，莎士比亚的完整作品总共 5MB，一首典型的流行歌曲大约 4MB
吉字节（GB）	1024MB	源自希腊语的“巨人”，一部两小时的电影可以压缩到 1 ~ 2GB
太字节（TB）	1024GB	源自希腊语的“怪物”，在美国国会图书馆所有编入目录的书总共约 15TB
拍字节（PB）	1024TB	2011 年美国邮政局递送的所有信件大约为 5PB；谷歌每小时处理大约 1PB 的数据
艾字节（EB）	1024PB	相当于 100 亿份《经济学家》杂志
泽字节（ZB）	1024EB	2011 年已有的信息总量约为 1. 2ZB
尧字节（YB）	1024ZB	相当于在特拉拉华州和罗得岛州建立 100 万个数据中心

本节将深入分析数据要素价值。

一、数据要素内涵

生产要素是社会生产经营活动所需要的各种社会资源，是保证国民经济运行及市场主体生产经营过程中所必须具备的基本因素。随着人类文明的不断进步，人类对生产要素认知不断拓展。威廉·配第（1662）提出“土地为财富之母，而劳动则为财富之父和能动的要素”，农业文明主要生产要素是土地与劳动；工业文明后，萨伊（1803）提出“三位一体论”，认为劳动、资本、土地是三大生产要素，而工资、利息和地租分别是三大生产要素的价值形态；马歇尔（1894）把资本进一步划分为知识与组织两部分，并主张把组织分离出来，单独作为一种生产因素而存在，提出“四位一体论”；党的十九届四中全会提出，“健全劳动、资本、土地、知识、技术、管理、数据等生产要素由市场评价贡献、按贡献决定报酬的机制”，在国家层面将数据纳入生产要素范围。不同要素之间的对比如表 7 – 2 所示。

表 7 – 2　　土地、劳动、资本、技术和数据等生产要素比较

类别	数据	技术	土地	劳动	资本
要素主体特征	主体复杂	主体多样	主体单一	主体单一	主体多样
要素权属界定	权属复杂	权属清晰	权属清晰	权属清晰	权属清晰
价值溢出效应	价值倍增	明显	不明显	不明显	明显
交叉关联性	紧密交叉	存在交叉	相对独立	存在交叉	存在交叉
资源稀缺性	非稀缺性	较为稀缺	稀缺性	稀缺性	较为稀缺
资源均质性	非均质性	一定均质性	一定均质性	一定均质性	均质性
资源排他性	非排他性	非排他性	排他性	排他性	排他性

资料来源：田添．数据作为新型生产要素的对比性分析，百度文库，https：//wenku. baidu. com/view/134a420b0422192e453610661ed9ad51f01d54d8. html? _wkts_ = 1685521263659.

任何一种社会形态下，核心资源都是各类社会资源最为集中的体现，其所产生的一切社会活动都是以其为中心进行的。

数字经济迅速发展，使数据资源属性得到进一步提升。商业活动中，数据正日益成为一个重要因素。随着互联网应用的扩展，建立了信息基础，使得传统决策模式从“人与信息对话”转变为“人与数据对话”，并实现“数据与数据对话”（何大安，2018）。数字技术在企业经营中更加具有战略价值。企业增加投资数字技术有助于进一步扩大数字溢出效应：提升经济增长贡献率。根据华为与牛津大学经济学研究所（2017）的数据，近 30 年来，我国数字技术领域投资对 GDP 贡献已达 20 倍，是非数字技术领域平均收益率的 6.7 倍。另外，在产业协同、产业融合、要素配置和创新升级等过程中，数字技术投入也会产生间接影响。

技术升级促使协作方式改变，提升企业生产效率。随着数字技术的快速发展，企业不断增强了数据获取、存储、分析等能力，销售业绩快速提升。企业数字化转型提高了其生产效率，加快了产业结构转型升级。根据埃森哲（Accenture）发布的《2022 中国企业数字化转型指数》提供的数据，转型成效较显著的中企比例从 2018 年的 7% 升至 17%。过去 5 年间，中国数字经济规模从 31.3 万亿元扩大到 45.5 万亿元，占 GDP 比重从 34.8% 上升到 39.8%；数字技术创新及应用引发了产业形态和生产组织方式的深刻变革。数字化转型已经成为越来越多中国企业的“必选项”。

日益增加的数据存储量有助于强化数据分析并支持经营者科学决策。随着数据规模的增长，企业可以持续地调整数据模型精度，从而提升分析结果和真实场景匹配程度。首先，数据价值表现为持续优化公司内部程序性业务。如今企业程序性业务已经拥有了相对完善的流程和模式，利用计算机进行智能化运营，极大减少了由于人为失误而导致的信息错误，从而大大提高了业务效率。其次，实时动态分析数据可以对业务流程进行全面、系统监督，及时发现公司运营中出现异常现象和潜在风险。在此基础上，深入挖掘大数据可以找出价值过程中存在的低效和冗余环节，从而及时重构价值链，提升顾客体验。

“价值是经济物品和经济服务在交往中所具有的意义”（马克思、恩格斯，2009），它通过人的实践，在现实生活中以一定形式体现。“这个价值的大小，依存于它们用途的多少、使用必要性的大小和供应的充足程度”（萨伊，2010）。不同物品价值体现形式不同，共同构成了现实世界多元化。数字经济背景下，数据价值体现离不开实体经济的支持。发挥数据价值主要体现在以下两个场景：数据被视为新的知识；数据被用于辅助决策。数据是一剂“良性催化剂”，其价值体现在不断改进传统经济模式与社会生活，涉及技术、劳动、交易等问题。技术创新进一步嵌入人类生产生活，进一步深化社会分工，进一步延展经济时空等。

发展数字经济的一个关键是建立数据要素市场。随着数字经济的不断发展，数据作为一种“新型石油资源”，其价值逐渐凸显，生产函数也随之发生改变。数据来源包括 TO C、TO B、TO G 三种。其中，对消费者而言，C 端数据来源相对熟悉，如淘宝消费记录、抖音观看记录、地图定位轨迹等。B 端数据主要来源于工业互联网，如工厂的生产、货物、物流等数据。根据互联网数据中心（Internet Data Center，IDC）的预测，相比于消费者，企业要保护的数据更多，占需要保护数据总量的85.6%。这说明 B 端数据量远大于 C 端数据量。G 端数据主要基于政务服务采集和生成，随着各类服务的拓展和深入，数据量也在不断增加和迭代。

整体来看，数据要素存在于整个数字经济全景生态中，包括 TO C、TO B、TO G 等。当前，C 端平台正在开展轰轰烈烈的反垄断治理行动，如治理平台“用户二选一”“大数据杀熟”等不利于数字经济健康可持续发展行为。2021 年 6 月 29 日出台《深圳经济特区数据条例》，2021 年 11 月 1 日《个人信息保护法》正式生效，自此，用户在互联网上轨迹数据可以得到较好保护，但从个体到执行层面，各 App 落实效果如何还有待考察。相对而言，B 端和 G 端数据量要远大于 C 端，随着工业、政务方面数据的不断积累，还将有更多数据需要规范管理和应用。

二、数据要素按贡献参与分配的价值基础

（1）分工交换产生于生产者追求比较利益。

比较利益是经济活动中各主体进行劳动分工和交换的必要条件。比较利益（Comparative Benefit）是生产者在分工交换中获得收入（效用）大于其转让产品机会成本或自给自足时效用之用之间差额。

假设生产者 1 和生产者 2 都可以生产商品 1 和商品 2①。当交易双方都在进行分工，并且在交易中获得利润等于交易机会成本时，交易就不具有经济价值。由此，广义价值论做出假设 1：比较利益存在是分工交换产生必要条件。

对于由两个生产者和两种产品构成的经济体②，假设 1 可以表示为：

$$\begin{cases} q_2L_{12} - q_1L_{11} > 0; q_1L_{21} - q_2L_{22} > 0 \\ U_1^E - U_1^A > 0; U_2^E - U_2^A > 0 \end{cases} \tag{7-1}$$

（2）根据比较利益率均等原则确定均衡价格比及贸易利益分配。

比较利益是一种绝对收益，是指交换产品数量超过以该产品表示的机会成本余额。比较利益率（Rate of Comparative Benefit）是比较利益相对量，定义为比较利益与机会成本比率，产品 1、产品 2 比较利益率分别表示为 $\frac{q_2L_{12} - q_1L_{11}}{q_1L_{11}}$ 和 $\frac{q_1L_{21} - q_2L_{22}}{q_2L_{22}}$。

分工交换促成了比较利益的发生，由此提出假设 2：均衡价格形成和贸易利益分配是根据比较利益率均等原则确定的，用公式表示为：

---

① 此处的生产者可以是个人、企业、部门、地区、国家等。

② q 表示用于交换的产品数量，下标 1、下标 2 分别对应产品 1 和产品 2；L_{i1} 和 L_{i2} 分别表示生产者 i 生产单位产品 1 和产品 2 的劳动耗费；U_i^A 和 U_i^E 分别表示生产者 i 自给自足和分工交换的效用。

$$\frac{q_2L_{12}-q_1L_{11}}{q_1L_{11}}=\frac{q_1L_{21}-q_2L_{22}}{q_2L_{22}} \tag{7-2}$$

由此得出均衡价格比（相对价值）$R_{2/1}$ 为：

$$R_{\frac{1}{2}}=\frac{P_1^*}{P_2^*}=\frac{V_1^c}{V_2^c}=\frac{q_2}{q_1}=\sqrt{\frac{L_{11}L_{21}}{L_{12}L_{22}}}=\sqrt{\frac{q_{12}q_{22}}{q_{11}q_{21}}}=AP_{\frac{1}{2}} \tag{7-3}$$

式（7－3）中的 $\sqrt{L_{11}L_{21}}$ 和 $\sqrt{L_{12}L_{22}}$ 分别为生产者 1 和生产者 2 生产两种产品部门必要劳动时间几何平均，可以看作生产产品 1 和产品 2 社会必要劳动时间，两者之比即两种产品社会必要劳动时间之比。由于单位产品劳动耗费是单位劳动生产力倒数，因此，$\sqrt{q_{12}q_{22}}$ 和 $\sqrt{q_{11}q_{21}}$ 分别为两个生产者生产两种商品劳动生产力几何平均，可以分别看作产品 2 和产品 1 社会平均生产力 AP_2 和 AP_1，两者之比即 $AP_{\frac{1}{2}}$为两种产品社会平均生产力系数。根据比较利益率均等原则确定的均衡交换比例同时等于两种产品社会平均生产力之比。

根据式（7－3）得出定理 1：

均衡价格比（相对价值）与两个生产者生产单位同一种产品所耗费劳动时间几何平均之比正相关，与两个生产者生产同一种产品生产力几何平均之比负相关。

（3）单位商品价值量 V_i^c 与生产该商品与比较生产力正相关，与绝对生产力负相关。

根据等价交换原则有：

$$V_1^cq_1=V_2^cq_2 \tag{7-4}$$

生产者 1 和生产者 2 为生产均衡交换量所需劳动时间分别为 q_{L11} 和 q_2L_{22}，两个生产者用于交换的商品价值总量等于两者为此所投入劳动总量：

$$V_1^cq_1+V_2^cq_2=q_1L_{11}+q_2L_{22} \tag{7-5}$$

通过式（7－2）、式（7－4）、式（7－5）可得单位商品价值量公式：

$$V_1^c=\frac{1}{2q_{11}}\left(1+\frac{\sqrt{q_{11}q_{12}}}{\sqrt{q_{22}q_{21}}}\right);V_2^c=\frac{1}{2q_{22}}\left(1+\frac{\sqrt{q_{21}q_{22}}}{\sqrt{q_{12}q_{11}}}\right) \tag{7-6}$$

将式（7－6）中两个生产者在两种产品上绝对生产力几何平均（$\sqrt{q_{11}q_{12}}$ 和 $\sqrt{q_{21}q_{22}}$）分别定义为两个生产者综合生产力（Comprehensive Productivity），两个生产者综合生产力之比（$CP_{1/2}=\sqrt{q_{11}q_{12}/q_{21}q_{22}}$ 或 $CP_{2/1}=\sqrt{q_{21}q_{22}/q_{11}q_{12}}$）定义为综合生产力系数（Ratio of Comprehensive Productivity），单位商品价值量公式可简化为：

$$V_1^c=\frac{1}{2q_{11}}(1+CP_{1,2});V_2^c=\frac{1}{2q_{22}}(1+CP_{2,1}) \tag{7-7}$$

进一步将两个生产者在两种不同产品上生产力之比定义为比较生产力，例如，q_{11}/q_{22}即生产者 1 在产品 1 上相对于生产者 2 在产品 2 上的比较生产力，q_{12}/q_{21}即生产者 1 在产品 2 上相对于生产者 2 在产品 1 上的比较生产力。一个生产者在特定产品上比较生产力高低，根据两个产品综合生产力之比即综合生产力系数来确定。

由式（7－7）可以推出定理 2：

单位商品价值量与其比较生产力正相关，与绝对生产力负相关。

（4）单位劳动创造的价值量 V_i^L 与其比较生产力正相关。

单位劳动创造的价值总量 V_i^L 等于单位劳动产量乘以单位商品价值，即 $V_1^L=q_{11}V_1^c, V_2^L=q_{22}V_2^c$，代入式（7－7）得：

$$V_1^L=q_{11}V_1^c=\frac{1}{2}(1+CP_{1,2});V_2^L=q_{22}V_2^c=\frac{1}{2}(1+CP_{2,1}) \tag{7-8}$$

由式（7－8）可以推断出定理3：

单位劳动创造价值量 V_i^L 与其比较生产力正相关：比较生产力高的生产者单位劳动创造价值量大于比较生产力低生产者，其单位商品价值量大于所包含劳动量；反之，对于比较生产力低生产者，其单位商品价值量小于所包含劳动量。

（5）部门总价值量与比较生产力正相关。

生产者总价值量等于总劳动量 L_t 乘以单位劳动创造的价值总量 V_i^L：

$$V_1 = L_{t1}V_1^{tL} = L_{t1}\frac{1}{2}(1+CP_{1,2});V_2 = L_{t2}V_2^L = L_{t2}\frac{1}{2}(1+CP_{2,1}) \quad (7-9)$$

（6）综合生产力（比较生产力）由两部门经济中的四种绝对生产力 q_{11}、q_{12}、q_{22}、q_{21} 共同决定。

对式（7－9）全微分得：

$$\begin{cases} dV_1 = \frac{1}{4}L_{t1}CP_{\frac{1}{2}}\left(\frac{dq_{11}}{q_{11}}+\frac{dq_{12}}{q_{12}}-\frac{dq_{22}}{q_{22}}-\frac{dq_{21}}{q_{21}}\right) \\ dV_2 = \frac{1}{4}L_{t2}CP_{\frac{2}{1}}\left(\frac{dq_{22}}{q_{22}}+\frac{dq_{21}}{q_{21}}-\frac{dq_{11}}{q_{11}}-\frac{dq_{12}}{q_{12}}\right) \end{cases} \quad (7-10)$$

（7）绝对生产力是由多种生产要素共同决定。

绝对生产力即马克思所说的劳动生产力，它是由五个要素来确定的，分别是：劳动者平均熟练程度，科学发展水平和其在工艺上应用，生产过程社会组合，生产资料规模和效能，以及自然条件（马克思、恩格斯，1972），这五个要素可以概括为：劳动、资本、技术、管理和土地，按照党的十九届四中全会确认的七大生产要素，再加上知识和数据。

令部门 i 的劳动、资本、土地、管理、技术、知识、数据投入分别为 L_i、K_i、N_i、E_i、T_i、Z_i、D_i，且产品 j 的生产函数 $Q_{ij}(L_i, K_i, N_i, E_i, T_i, Z_i, D_i)$ 为一阶齐次，则部门 i 在产品 j 上绝对生产力 q_{ij} 为零阶齐次，表示如下：

$$q_{ij} = q_{ij}(L_i,K_i,N_i,E_i,T_i,Z_i,D_i) = \frac{Q_{ij}}{L_i}(i,j=1,2) \quad (7-11)$$

对式（7－11）全微分后得：

$$dq_{ij} = q_{ij}^{L_i}dL_i + q_{ij}^{K_i}dK_i + q_{ij}^{N_i}dN_i + q_{ij}^{E_i}dE_i + q_{ij}^{T_i}dT_i + q_{ij}^{Z_i}dZ_i + q_{ij}^{D_i}dD_i \quad (7-12)$$

根据两部门模型假设，两部门所使用各种生产要素总量是给定的，则：

$$h_1 + h_2 = \bar{h} \Rightarrow dh_1 = -dh_2(h = L,K,N,E,T,Z,D) \quad (7-13)$$

由式（7－12）、式（7－13）可得：

$$\begin{cases} d_{q_{11}}/q_{11} = \sum_{h_1} q_{11}^{h_1}dh_1/q_{11} = -\sum_{h_2} q_{11}^{h_1}dh_2/q_{11} \\ d_{q_{12}}/q_{12} = \sum_{h_1} q_{12}^{h_1}dh_1/q_{12} = -\sum_{h_2} q_{12}^{h_1}dh_2/q_{12} \\ d_{q_{21}}/q_{21} = \sum_{h_2} q_{21}^{h_2}dh_2/q_{21} = -\sum_{h_1} q_{21}^{h_2}dh_1/q_{21} \\ d_{q_{22}}/q_{22} = \sum_{h_2} q_{22}^{h_2}dh_2/q_{22} = -\sum_{h_1} q_{22}^{h_2}dh_1/q_{22} \end{cases} \quad (7-14)$$

（8）各种生产要素变动引起部门绝对生产力变动。

由各种生产要素变动引起部门绝对生产力变动，进一步引起综合生产力（比较生产力）变动，引起部门总价值量变动。

将式（7－14）代入式（7－10），得到：

$$\begin{cases} dV_1 = \frac{1}{4}L_{t1}CP_{1/2}\sum_{h_1}\left(\frac{q_{11}^{h_1}}{q_{11}}+\frac{q_{12}^{h_1}}{q_{12}}+\frac{q_{21}^{h_2}}{q_{21}}+\frac{q_{22}^{h_2}}{q_{22}}\right)dh_1 \\ dV_2 = \frac{1}{4}L_{t2}CP_{2/1}\sum_{h_2}\left(\frac{q_{22}^{h_2}}{q_{22}}+\frac{q_{21}^{h_2}}{q_{21}}+\frac{q_{11}^{h_1}}{q_{11}}+\frac{q_{12}^{h_1}}{q_{12}}\right)dh_2 \end{cases} \tag{7-15}$$

(9) 将两部门总劳动创造的价值量表示成函数形式。

$$\begin{cases} V_1 = F_1(L_1, K_1, N_1, E_1, T_1, Z_1, D_1) \\ V_2 = F_2(L_2, K_2, N_2, E_2, T_2, Z_2, D_2) \end{cases} \tag{7-16}$$

(10) 各类生产要素对价值 V 的贡献。

各类生产要素对于价值 V_i 贡献的比例，等于各类生产要素对于部门价值增量 ΔV_i 的贡献比例。点（O）附近分别对 V_1、V_2 进行一阶泰勒展开，其中 V_i^h 是 V_i 对 h 的偏导数。

$$\frac{V_i^{h_i}(O)h_i}{\sum_{\{h=L,K,N,E,T,Z,D\}}V_i^{h_i}(O)h_i} = \frac{V_i^{h_i}(O)\Delta h_i}{\Delta V_i} \tag{7-17}$$

(11) 各类生产要素贡献。

由此得到各部门各类生产要素对部门总价值贡献份额等于投入各部门各类生产要素对于价值边际增量贡献比例乘以总价值，如表 7-3 所示。

表 7-3 **部门总价值中各类生产要素的贡献**

	部门 1	部门 2
劳动	$\frac{V_1^{L_1}(O)\Delta L_1}{\Delta V_1}V_1$	$\frac{V_2^{L_2}(O)\Delta L_2}{\Delta V_2}V_2$
资本	$\frac{V_1^{K_1}(O)\Delta K_1}{\Delta V_1}V_1$	$\frac{V_2^{K_2}(O)\Delta K_2}{\Delta V_2}V_2$
土地	$\frac{V_1^{N_1}(O)\Delta N_1}{\Delta V_1}V_1$	$\frac{V_2^{N_2}(O)\Delta N_2}{\Delta V_2}V_2$
管理	$\frac{V_1^{E_1}(O)\Delta E_1}{\Delta V_1}V_1$	$\frac{V_2^{E_2}(O)\Delta E_2}{\Delta V_2}V_2$
技术	$\frac{V_1^{T_1}(O)\Delta T_1}{\Delta V_1}V_1$	$\frac{V_2^{T_2}(O)\Delta T_2}{\Delta V_2}V_2$
知识	$\frac{V_1^{Z_1}(O)\Delta Z_1}{\Delta V_1}V_1$	$\frac{V_2^{Z_2}(O)\Delta Z_2}{\Delta V_2}V_2$
数据	$\frac{V_1^{D_1}(O)\Delta D_1}{\Delta V_1}V_1$	$\frac{V_2^{D_2}(O)\Delta D_2}{\Delta V_2}V_2$

(12) 单位要素价值。

单位要素价值即要素所有者的报酬，将各类生产要素价值贡献总量除以该生产要素总量，得到单位生产要素贡献份额即该要素所有者报酬，如表 7-4 所示。

表 7-4 **单位生产要素的贡献份额（要素所有者的报酬）**

	部门 1	部门 2
劳动	$\frac{V_1^{L_1}(O)V_1}{\Delta V_1}\frac{\Delta L_1}{L_1}$	$\frac{V_2^{L_2}(O)V_2}{\Delta V_2}\frac{\Delta L_2}{L_2}$

续表

	部门1	部门2
资本	$\frac{V_1^{K1}(O)V_1}{\Delta V_1}\frac{\Delta K_1}{K_1}$	$\frac{V_2^{K2}(O)V_2}{\Delta V_2}\frac{\Delta K_2}{K_2}$
土地	$\frac{V_1^{N1}(O)V_1}{\Delta V_1}\frac{\Delta N_1}{N_1}$	$\frac{V_2^{N2}(O)V_2}{\Delta V_2}\frac{\Delta N_2}{N_2}$
管理	$\frac{V_1^{E1}(O)V_1}{\Delta V_1}\frac{\Delta E_1}{E_1}$	$\frac{V_2^{E2}(O)V_2}{\Delta V_2}\frac{\Delta E_2}{NE_2}$
技术	$\frac{V_1^{T1}(O)V_1}{\Delta V_1}\frac{\Delta T_1}{T_1}$	$\frac{V_2^{T2}(O)V_2}{\Delta V_2}\frac{\Delta T_2}{T_2}$
知识	$\frac{V_1^{Z1}(O)V_1}{\Delta V_1}\frac{\Delta Z_1}{Z_1}$	$\frac{V_2^{Z2}(O)V_2}{\Delta V_2}\frac{\Delta Z_2}{Z_2}$
数据	$\frac{V_1^{D1}(O)V_1}{\Delta V_1}\frac{\Delta D_1}{D_1}$	$\frac{V_2^{D2}(O)V_2}{\Delta V_2}\frac{\Delta D_2}{D_2}$

三、数据要素参与价值创造机理

数据创造价值，主要有三个途径和机理：一是数据自身可以通过价值生成机制生成新的价值，在各个行业、各个领域中都可以生成有价值的数据，对其进行挖掘、分析与开发，可以将其生成并转换成价值与财富；二是在经济运作系统中，通过增加原有生产要素价值转换，来推动生产力的提高，即“赋能”；三是以数字化变革为基础，以政府与企业为主体，以数字技术为核心的政府与企业治理方式创新，推动数字技术在政府与企业之间融合与发展，推动企业管理方式优化与数字化能力提高。

以数据“自身”为核心生产要素，以其独特业务模式和价值生成机制，实现价值生成。目前网络新经济模式中，随着网络技术的不断发展，海量数据被人为地聚合起来，并逐渐成为其发展推动力。大数据发展，促使世界各地互联网平台，实现了精准营销、精益制造等，进而带来了企业智能化发展。

数据作为生产要素创造价值主要机制是商业模式创新。21 世纪以来，互联网所提供的强大资讯功能，使得消费型互联网公司可以快速地超越传统互联网公司。随着数字与网络的不断发展，对于消费网站来说，货架和存货成本是接近于零的。消费互联网从一个以提供资讯为主门户网站开始，凭借着它强大信息和数据处理能力，在社交网络、电子商务等领域取得了一定规模，并已形成了自身生态圈。

商业模式创新过程中，数据发挥重要作用。数据本身并不能直接产生价值，数据要素也无法直接参与到价值分配中，只有通过对这些零散数据进行收集和加工，并被企业进行统计、分析、挖掘和开发利用后，才能通过商业模式创新，创造价值、参与价值分配。

四、数据要素参与分配的机制与形式

（1）以个体数据要素参与分配的方式。当你参加日常经济和社会活动时，某些平台公司会搜集你的数据，即你提供了数据要素，而你很有可能会以享受服务的方式得到数据要素报酬。

（2）独立从事数据收集、分析处理数据、整理相关资料等工作的个体经营者或自由职业者，他们可以以两种方式参加分配。一是将经过加工处理的数据产品，直接出售给数据市场，以获取合理的收益，这就是劳动报酬；二是将这些数据作为要素出租、出价、入股，以取得租金、利润分成、股息和期权，从而得到相应的数据要素报酬。

（3）受雇于数据生产企业，专门从事数据分析处理的雇佣劳动者或职业技术人员，若是从事简单操作的劳动者，他获得的是简单劳动报酬；若是从事较为复杂劳动并经过专业培训的工程技术人员，其薪酬为复杂劳动的薪酬，并有可能获得某些特别津贴或年薪。

（4）使用数据进行生产经营的企业，这些企业生产进入日常消费的最终产品。企业在生产过程中，不仅使用了一定的初始数据存量，而且投入了新的劳动，对新数据进行了开发和处理，最后将产品卖出，以销售收入来支付前期购买数据要素费用，并支付本期生产中进行数据分析劳动者工资。

（5）专门从事数据收集、处理、开发的企业，根据数据收集、分析、处理、开发、使用各个环节在价值链上对最终产品价值贡献，对各环节人员进行分配。一种方式，即用数据产品销售收入，来支付内部从事数据开发人员工资、租用土地地租、前期购买数据要素成本、借贷资本利息、管理者包括企业家年薪以及正常收入。如果在这个基础上还存在余额，那么就获得了经济利润或超额利润。另一种方式是把生产出来的数据当作生产要素，通过出租、出让、入股、与其他企业合作等手段，来获得租金、利润、红利、期权等。

第二节　数据资产、数据确权、数据交易

本节介绍数据资产、数据确权、数据交易内涵与外延，进一步加深对数据的理解。

一、数据资产

（一）数据资产内涵

数据资产（Data Assets）是指由企业拥有或者控制的，可以为企业带来未来经济利益的，以物理或电子方式记录的数据资源，如文件资料、电子数据等。具体地说，数据资产是指以个人或企业的照片、文档、图纸、视频、数字版权等以文件为载体的数据，是以数据形式存在的一类资产。数字化时代，数据资产是一种重要资产。企业内部，并非所有数据都能被称作“数据资产”，只有那些能够为企业提供有价值的数据才能被称为“资产”。数据转化为财富的前提是，社会能够正确使用这些数据。数据资产与其他金钱、自然资源不同，它们永远不会被耗尽。数据只有在完全流通的情况下，才能体现出它的价值，为个人、企业、社会创造价值。要想提高数据利用效率，就必须实现数据配置的科学性、实时性和有效性。

数据资产对于组织来说具有以下重要特征：（1）价值和利益：数据资产是组织的重要资产之一，具有直接或间接商业价值。它可以用于发现商业机会、改进业务流程、提高效率和创造竞争优势。（2）可复用性：数据资产可以在多个业务领域和应用中被重复使用。同一份数据可以用于不同分析、报告和决策需求，提高数据价值和效益。（3）可管理性：数据资产需要被管理、维护和保护。这涉及了数据的正确性、完整性、一致性和安全性的管理，确保数据质量和可信度。（4）可控性：数据资产需要进行合理管理和控制，包括访问权限控制、数据隐私保护、数据备份和恢复等措施，以确保数据安全性和合规性。（5）可衡量性：数据资产需要进行度量和评估，以了解其价值和贡献。这包括对数据使用情况、数据质量指标、数据价值评估等进行衡量和监控。

（二）数据资产分类

数据可以从不同角度分为多种类型，没有一种通用分类方法可以覆盖全部类型数据。根据企业使

用数据场景不同，需要使用不同分类方法。借鉴经济合作与发展组织（OECD）对数据资产的分类，可以建立基于数据搜集和维护的资金来源、所有权或使用权、数据主体、数据生成方式、数据来源的数据资产分类标准，如表7－5所示。需要说明的是，表7－5中列出的数据类型并不是相互排斥的，因为有些数据集可能具有多重属性，落入不同类别。

表7－5 数据资产分类

分类依据	数据类型	备注
搜集和储存数据的资金来源	私营部门数据	由私营部门资助、创建、维护和持有的数据，例如，汽车公司内部产生的有关其生产过程的数据，或网络平台购物数据
	公共部门数据	由公共部门提供资金、创建、维护并持有的数据，如公民的医疗数据或个人税务数据，或源自GPS卫星的定位数据
使用权或所有权	专有数据	受知识产权或具有类似效力的任何其他权利保护的所有权明确的数据，可能包括个人数据，也可能包括组织数据
	开放数据	公开可用的数据（相对于专有数据），任何人可自由用于任何目的，不受任何法律限制。不受知识产权、版权或任何其他类似法律权利的保护
数据主体	个人数据	任何可用于识别个人数据主体的数据。它可以覆盖公共和私营部门的数据，如用户生成的内容（如博客、照片、推文）或来自手机的地理位置数据以及公共部门的数据（如犯罪记录、社保号码）
	非个人数据	用于识别非个体的组织的数据。这些数据通常由组织自身控制，也可以由税务机关等公共机构持有，通常是政府数据或商业数据
数据生成方式	用户创建数据	由个人提供的数据（如通过应用程序或社交媒体搜集的消费者行为数据）。这可以是关于用户的自愿数据（即主动数据）、观察数据（即被动或隐含数据）或派生数据
	机器生成数据	机器生成的数据，例如，机对机通信、物联网、从传感器搜集的数据
数据来源	内部数据	从企业的不同分支机构搜集和合并的数据。例如，来自销售部门的采购订单清单、来自会计部门的交易或任何其他负责记录商业交互信息的内部来源
	外部数据	从公司外部获取的数据，例如，通过购买私有数据库的访问权，这也可以作为采集数据

（三）数据资产管理

数据管理（Data Management）是指规划、控制和提供数据及信息资产的一套业务功能，具体包括开发、执行和监督与数据相关的计划、政策、方案、项目、流程、方法和程序，从而控制、保护、交付和提高数据资产的价值。数据资产管理（Data Assets Management）是应用数据库管理、数据仓库等信息系统技术和其他数据管理工具，完成数据资源管理任务，满足特定信息需求的管理活动。数据资产管理通常认为有十大数据管理职能，分别是：数据治理、数据架构管理、数据开发、数据操作管理、数据安全管理、参考数据和主数据管理、数据仓库和商务智能管理、文档和内容管理、元数据管理以及数据质量管理。对于数据的分析，需要一种逻辑能力很强的算法以及强大计算能力，并以此为基础构建一个知识网，从而实现对数据的知识化以及分析的知识化。根据数据、计算能力和算法，人们能够对物理世界状态进行刻画，对其成因进行分析，对结果进行预测，从而实现科学决策。“数据＋算法”将正确数据（所承载的知识），在合适时间，将适当数据传递给适当人和机器，帮助数据实现自由流动，以数据驱动的程序性业务决策取代经验决策，以信息流带动技术流、资金流、人才流、材料流，使资源配置效率达到最大。“数据＋算法”的内部逻辑，就是以“数据＋运算力＋算法”为核心，将人类对物理世界认知规律不断地嵌入其中，从而帮助人们从繁重、重复性工作中解放出来。

数据管理是通过计算机软硬件技术，有效地收集、存储、处理和应用数据的过程，其目标是使数据功能得到最大程度发挥。随着计算机技术的发展，数据管理从人工管理到文档管理，再到数据库管理。该数据结构能够充分体现数据之间的内在关系，便于数据修改、更新和扩充，还能保证数据独立性、可靠性、安全性与完整性，减少了数据冗余，提高了数据共享程度及数据管理效率。通过数据优化，能够为企业节省开支，增加收益。

随着数据要素可参与分配的政策红利释放，政府、企业、社会组织等都积极参与数据要素市场建设，探索实现数据资产有效运作和价值转化可行路径。在数据管理模式相对成熟的电信、金融等行业，加快数据运营与服务创新；交通、旅游、医疗、制造业等具有大量数据资源行业，将以大数据为基础，深度探讨业务变革；在政府、民生等领域，对大数据平台建设给予了更多的关注，并将其应用成果与决策相结合，为人民服务。不同来源数据对比如表 7 –6 所示。构建数据要素市场化机制，促进不同行业、不同业态、不同模式下数据有效利用，实现其价值的有效释放。

表 7 –6　　不同来源数据对比

	交易数据	行为数据	监测数据
生产方式	应用系统生产数据	人的行为生产数据	机器生产数据
数据量级	TB 级 千万级记录/天	PB 级 十亿级记录/天	ZB 级 千亿级记录/天
数据类别	结构化	结构化、半结构化	结构化、半结构化、非结构化（占比高达 90%）
数据价值	单一业务应用只需离线分析	流程业务应用 离线分析为主、实时分析为辅	混合业务应用 需要实时分析、避免事故

数据资产管理必须回到改善数据的质量和增加数据的价值。以“匠人之心”为准则，对现有数据进行不断的“打磨”、循环迭代，并将之“常态化”。要抓住影响数据质量关键因素，建立一个质量管理点或一个质量控制点，从数据来源出发，从根本上解决数据质量问题。数据环境源头或上游，对数据问题进行预防和处理，防止不良数据向下游传播，并污染后续存储。在此基础上，对已有数据问题进行有效治理。数据生命周期由数据规划、数据设计、数据运营和数据退役这 4 个阶段组成（见图 7 –1）。数据质量管理方案应与企业特定经营目标紧密配合，并使各参加者就数据质量管理目标和纠正方案达成一致。提高数据质量的主要目的是促进经济发展：第一，把经济目标映射到数据治理管理计划；第二，让一线工作人员深入数据质量管理中，并让其起到主导作用，这样才能更好确定数据质量参数；第三，明确界定问题，这样才能对数据量不足根源进行分析，从而找到更为合理的解决方法。

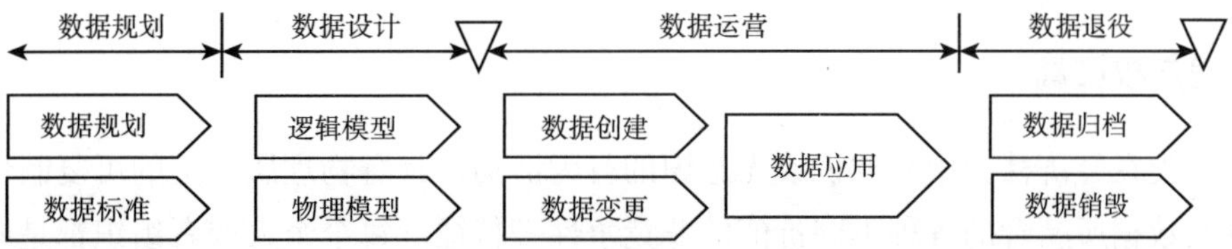

图 7 –1　数据生命周期

当前，我国数据资产底数不清、质量不高、流通不畅，导致数据资产供给能力无法满足快速发展的数字经济需要。国家层面，可以组织开展数据资源普查、登记、盘点，查清数据资源。加快推进一体化大数据平台和数据共享交换平台迭代更新，遵循物理分散、逻辑集中的集约化原则，构建一个标准规范、互联互通的数据资源开发利用支持体系，为用户提供优质数据资源。引导并培育一批具有自主知识产权的国产化工具，在关键核心技术上实现突破，针对数据采集、传输、存储、加工、脱敏、安全等生命周期中的每个环节，开发出一批技术工具、产品和解决方案，保证数据要素市场配套技术的自立自强。以公共数据资源合规性开放利用为出发点，借鉴自然资源特许经营模式，建立数据开发利用、加工运营、交易服务等流通机制，推动数据产品和服务有序流动，保障数据市场正常运作。数据权限逐级开放过程如图 7－2 所示。

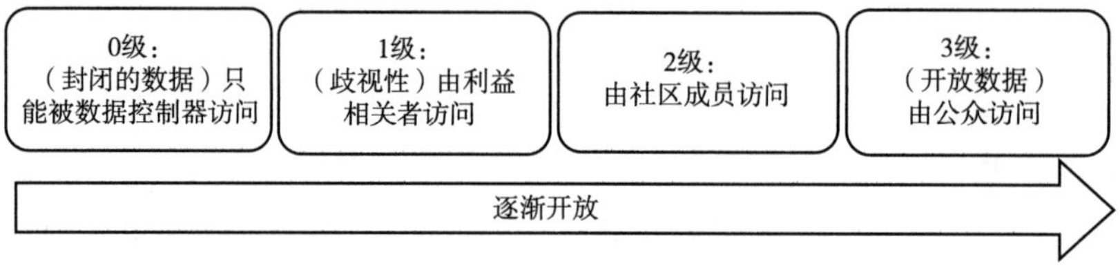

图 7－2　数据权限逐级开放

资料来源：经济合作与发展组织．数据驱动创新：经济增长和社会福利中的大数据［M］．北京：中国工信出版集团，2017.

积极探索数据资产运营机制。以应用情景为牵引，技术支撑、市场联结、实验示范为切入点，打造数据生产新业态。建立一个安全、可靠数据资源开发与利用环境，将政务数据、企业数据、第三方社交数据融合渠道打通，促进各类数据产品与服务发展与运营。以公共资源管理方式为参考，将公共数据资源纳入公共资源配置范畴，积极探索数据要素一级、二级市场配置模式，采取数据中介、数据经纪人、数据信托等方式，在特定领域开展小规模试点，以达到资源配置合规化、效率最大化和效能最优化的目的，统筹健全数据管理权、运营权、开发权、监管权等权责分工体系，加快探索数据资源价值利益分配机制，确保科学管控数据生产与流通。

二、数据确权

数据确权是确定数据权利属性，主要包含两个层面：一是对其权利主体确认，也就是对其权利确认；二是确定权利内容，也就是对所享有哪一种权利进行界定。数据产权确立是数据交易的前提，只有通过清晰产权界定才能保障数据要素持有者通过数据获得的合法收益。因此，推动数据要素市场化首先需要对数据复杂经济和法律属性进行明确，探索出公平、高效、可行的产权确立方案。

2022 年 12 月，中共中央、国务院发布《关于构建数据基础制度更好发挥数据要素作用的意见》（以下简称“数据二十条”）明确要建立数据产权制度。按照“谁投入、谁贡献、谁受益”的原则，推动收益向数据价值和使用价值的创造者合理倾斜，建立保障公平的数据要素收益分配体制机制，促进全体人民共享数字经济发展红利。

（一）数据产权归属

数据来自人类在经济社会中有意识或无意识的行为活动，具有物理属性上的可复制性、数据来源的开放性，以及数据所蕴含的各种不同价值的非竞争性等特征。每个个人或者组织都是原始数据生产者的，拥有对其使用权。但是，数据本身没有价值，而且数据生产成本比较低，可以无限供给。而且一旦数据“空置”，便会丧失其存在的意义，只有数据流通才有可能形成价值。数据只有不断流通，才能发挥出它的作用。由于数据流具有传输成本低、传输速率快、边际价值高等特点，使其能够在同一时刻、不同地点创造出多次价值。要能持续地将数据价值发挥出来，必须创造用途以及使其产生效用的能力。而原始数据生产者却不一定有创造用途的专业技能。由此，社会出现了一种新的社会分工。拥有一定数字化技术，并专门从事数据统计、挖掘等业务的数据机构，利用原始数据并在此基础上，不断实现数据价值增值，获取利润。在买卖关系中，原始数据提供者将自己使用权让渡给数据机构，以获取一定的收益。为了补偿数据机构生产性支出，原始数据生产者也要支付一定加工费用。除了弥补前期投入外，数据中心还会将剩余收入用于进行技术升级、模型优化等来改善生产手段，扩大再生产规模。

一个数据机构受让原始数据所有权后，对数据进行专业化处理，充分挖掘数据价值与潜能。为了保护原始数据生产者的隐私权，避免数据泄露，信息被盗用，以及财产损失，企业必须对原始数据进行保护。与传统企业相比，数字企业具有一些新特征。数字主线上主体众多，且数据流转遍布互联网的各个层级，仅凭数据机构自我规范难以实现全面保护数据隐私权。为此，迫切需要构建科学监管体系，以充分发挥监管外部性，提高监管有效性。目前，对数据市场进行监管的主体除了企业自身外，还有政府和社会组织，但两者监管的侧重点不同。政府监管的侧重点在于消除“市场失灵”，但监管方式滞后性明显，不利于新生事物发展；社会组织监管侧重点在于激发全社会力量，规范约束市场主体行为，灵敏度比较强。两者各有所长，也各有弊端，在实践中两者有机结合，更能有效保护原始数据生产者的隐私权。

数据产权可以界定为原始数据生产者的使用权、隐私权以及数据机构在实现数据价值“从 0 到 1、从 1 到 N”的增值之后所延伸出的获益权。对于前者，他们通过让渡数据使用权，并且支付必要的费用，来获取数据价值增值所带来的效用。为了遏制数据利用中对隐私权的侵害，必须利用政府、社会等多方面力量，加强对数据利用监管，维护基本权益。对于后者，最关键问题是如何实现数据价值分配。随着社会分工的不断深化，经济活动时空扩展，数据机构之间必须协作来满足具体需求，在这个过程中，每个机构都只聚焦于某一项或某几项效用的提供。

（二）数据确权价值判断

（1）数据确权须促进数据流通。数据非竞争性与梅特卡夫定律表明，数据价值挖掘依赖于对数据重复使用，数据市场化配置目的也是加强数据流通共享，以实现数据价值最大化，进而推动数字经济奋力发展。有利于数据流通的市场规制是实现市场化配置的前提，数据流通共享应是制度设计的重要考虑因素。

（2）数据确权须体现公平分配。每份数据都因数据主体的独特性而存在特别价值，数据主体应当因其提供的信息所产生的价值而获益。故数据要素市场同传统要素市场一样，需要考虑个人参与市场分配。应保证数据生产者和使用者在市场环境中享有平等权利和机会，鼓励数据生产者进行数据开放和共享。

（3）数据确权须保护数据安全。数据市场产生的负外部性效应可以总结为以下几点：数据垄断、数据不对称、数据外溢、数据污染。数据泄露、滥用、歧视等数据安全问题是数据市场负外部性的具体表现。数据产权制度设立过程中，需要考虑如何促进市场竞争和创新。应推动建立更加透明有效的数据市场，实现数据治理和安全保护，降低数据负外部效应。

（三）数据确权思路

一般来说，数据确权有两种思路：行为规制和赋权规制。行为规制难以实现数据积极利用。赋权规制路径又可细分为人格权路径与财产权路径。两者并非对立关系。

1. 从行为规制到赋权规制。

行为规制不足：行为规制指通过反不正当竞争法、刑法等对侵害数据行为进行规制，反不正当竞争法可能为数据垄断行为提供合法理据，过度运用将可能会加速形成数据垄断现象，为市场带来负外部效应。尽管《刑法》与《反不正当竞争法》等都发挥了保护数据财产利益功能，但无法积极主动地促进数据要素市场发展，无法满足数据流转独立权利机能的需要。

赋权规制类型：赋权规制是通过内部确定固定权利，以保障利益主体对于数据支配。赋权规制主要分为非财产权与财产权两种路径。非财产权包括通过人格权控制数据予以赋权模式，以及合同权利的保护。合同规制可以有效防范数据交易行为，但无法对数据进行治理、创设普遍权利以及应对未基于合同的数据爬取行为。

2. 财产权路径下归属争议。

赋予个人数据财产权尽管照顾到个人分配公平问题，但单一数据财产权同样受到质疑。首先，企业可能会通过支付对价方式诱导个人放弃其隐私；其次，当企业压价时，个人信息价值因交易双方信息不对称等问题而被低估；最后，赋予个人对数据绝对支配可能会导致数据流通受阻，从而降低了企业收集数据的积极性。

3. 多元模式下优化选择。

单一赋权模式是指通过统一赋予权利进行产权安排。但随着数据量的不断增加，学者基于利益平衡、概念包容性等考虑，开始对数据产权进行场景化、类型化、多元化细分和设计。最基本的是基于人格和财产的二分，可分为个人数据、企业数据以及政府数据等，提出依主体数据类型化的保护。

从数字经济领域立法发展来看，分类分级已经成为趋势。例如，我国已经出台立法对数字平台进行分类分级并对算法进行分类分级监管。“数据二十条”中则明确指出，要探索数据产权结构性分置制度，意在确立分类分级的数据产权制度。

（四）识别数据贡献

综合考量相关主体围绕数据产生的利益诉求，构建一套以数据记录者、加工者数据财产权益为基础，公平、高效且激励相容的数据价值分配机制。个人数据绝对控制权将可能导致个人数据资源闲置、数据浪费。而数据流通将深刻改变产业运行规则与逻辑，这方面数据机构作用不容小觑。数据机构获益权来自其从事以数据为主要投入的生产性活动创造性改进产品创新、服务升级、加工制造等环节，其贡献可以归为以下三类：追踪市场趋势、生产要素联动、敏捷创新常态化。

1. 追踪市场趋势。经济社会中各类主体面临的共性难题是搜集可靠信息、准确预测趋势。而大数据智能应用有助于有效解决这个问题，它能从质与量两个方面疏通“症结点”。质上，客观、实时数据能保证信息传递真实性与及时性，再加上人工智能主动学习减少了数据冗余，经济主体之间信息同步有效连接供求双方，交易成本大大降低；量上，多源、多维数据提高了算法模型预测宏观趋势的可信度，运用聚类分析有助于识别不同社群的个性化、多元化偏好等。

2. 生产要素联动。一般而言，社会分工使生产要素向生产率最高的地点和主体流动，效用供给借助合作之力。数据流动有助于降低合作成本，催生出互利共赢商业生态系统。经济主体都专注于自身核心能力提升，自身除得到迅速发展之外，外溢效应凸显。数据流通有助于打通部门壁垒，实现生产要素高效流动。按照算法模型有效配置劳动、资本、技术等生产要素，从线上线下双向发力，极大拓展了经济时空价值，衍生出数字技术规模化应用的“灯塔工厂”。“灯塔工厂”目标是构建以数字化赋能个性化定制、全渠道营销、工业共生等新商业模式，围绕端到端服务打造全覆盖、无缝隙生产网络，实现生产要素协同联动。

3. 敏捷创新常态化。需求端数据反馈是闭合价值链条最后一环，需求端数据反馈的实时信息有助于供给端根据市场需求进行持续创新。创新速度与质量是数字时代新竞争维度，敏捷创新常态化凸显。只有根据市场需求敏捷响应、在产品或服务中快速植入新体验持续满足消费者需求的企业，在激烈竞争中才能立于不败之地。

（五）分配数据收益

分配结构完全决定于生产结构，分配本身是生产产物，不仅就对象来说是如此，而且就形式说也是如此（马克思、恩格斯，1979）。数字经济时代，数据融入经济社会方方面面，极大提高了社会生产力，科学识别数据对生产活动贡献有助于合理分配数据收益。

从数据贡献形式看，数据收益可以分为两类：存量式收益与增量式收益。根据价值交换原则，存量式收益反映的是数据要素优化各项成本得到的补偿，等于传统生产活动成本减去数字化后生产活动成本。即：

存量式收益 = 传统生产活动成本支出 − 数字化后生产活动成本支出

增量式收益来自数据驱动产品或服务创新不断满足人们的需求增长与变化。一旦数据转化为有用信息并用于创新决策时，可以有效对接供需两端，避免创新陷阱。但增量式收益不会是当期，而是长期持续回报，所以计算增量式收益时，先选择合适的折现系数，折现未来的盈利预期。利用数据驱动创新的企业一般成长性比较高，其增量式收益被折现后企业估值被推高。即：

增量式收益 = 盈利预期/折现系数

（六）基于数据生成场景确权

数据确权是构建数据价值链及数据市场的前提，只有解决了数据权利归属问题，才不会出现交易成本过高、权利纠纷频发等矛盾。而且不同场景下数据确权的利益相关者也有差异。

个人数据权属划分中，存在一个原则：确定性，即个人住址、性别、收入等信息数据属于个人，但个人行为数据，如浏览页面、与售后聊天记录等，在平台服务器上数据就不一定是用户个人的。其原因在于平台搭建服务器、开发应用程序等，平台认为用户交互性数据归属于平台。事实上，这一类数据用户和平台都发挥了重要作用，两者应当分享，但由市场来确定分享的比例。

至于公开数据，可以将其分为三个等级：可商业化、谨慎商业化与不可商业化，并按照其敏感度对其进行规制。一些高度敏感资料，如全国范围水情资料是不能被商品化的。某些敏感公众数据，如居民天然气、用电等，应审慎进行商业化，如将其与智能家居企业分享，促进绿色环保、节能减排等可持续发展。此类资料，应应用审查制度，如颁发资格证书，并通过使用数据计划书来限制利用资料范围。某些不太敏感的公众资料，如历史文化等资料，可以进行商品化。目前，浙江省公共数据在逐步流动与使用。因此，开放公开数据需要寻找更多可选择场景，加快其流动和有效应用。

（七）数据分类分级与类型化产权

最新出台的“数据二十条”当中，提出“在国家数据分类分级保护制度下，推进数据分类分级确权授权使用和市场化流通交易，健全数据要素权益保护制度，逐步形成具有中国特色的数据产权制度体系”。

1. 以主体为标准进行数据分类。

个人数据与非个人数据：个人数据与个体权益息息相关，根据分配理论，个人有权依据自己所“产生”的数据获得财产利益，这种人格权益具有一定的不可被他人所有的属性。因此，个人数据在界定上应当具有优先性。从效率角度分析，数据归企业可能阻碍数据流通，将数据归为个人符合价值判断，其他主体数据则在非个人数据范围下进行区分。

企业数据：作为生产要素的数据，是进入经济生产活动过程中产生经济价值的数据，而个人所有的一些数据未进入流通过程中时，只是生活信息的存在，而非数据生产要素。从此角度看，个人数据与用户数据基本是重合的，若将用户数据也归类到企业数据，则会导致个人数据再无“立足”的必要。

公共数据：公共数据是指非个人数据意义下公共数据，既包括各级政府部门、企事业单位依法行政履职或提供公共服务过程中产生的数据，也包括政府代表国家整体所拥有的数据，政府使用数据之后，常常会基于国家利益、公共利益需要，这些政府公开数据（连带着个人和企业数据）一般被认定为公共物品，供公众自由使用。公共数据中另一类数据为公共信息数据，这些信息有一部分亦会由企业收集，但由于这些信息内容本身就属于国家整体所有，因此其所有权仍应归为政府（国家）。

2. 分级平衡数据利用与数据保护。

分级平衡数据利用与数据保护是基于数据保护需要，根据对个人权益、组织权益、公共利益、国家安全影响程度不同，赋予不同流通规则。

类型化产权下数据分级，《数据安全法》第 21 条规定，对数据实行分类分级保护，并规定国家数据安全工作协调机制，统筹协调有关部门负责制定重要数据目录，各地区、各部门在此基础上建立具体目录，以此形成数据分级工作体制。

低风险个人数据作为开放数据，促进数据利用。开放数据是指不受版权、专利和其他控制机制限制而可被自由使用数据，属于公共物品。要想实现数字经济发展，需要培育和弘扬数据利他理念，通过各方对数据的开放和共享发挥数据价值。

数据共享可以让更多有志于公益事业的人员和组织更加便捷地接触到数据，利用数据从事公益事业，实现数据民主化治理。

（八）类型化下数据产权配置框架

数据产权制度以发挥数据经济利益为核心，促进数据有效开发利用为目的，同时平衡数据控制和数据分享、数据利用和数据保护之间矛盾与冲突，保护数据免受非法侵害亦是权利内容之一。

1. 处置权利。

处置权利包含基于所有权处置以及基于用益权处置。所有权可以通过授权等方式产生用益权，而用益权能包括数据控制权、数据开发权、数据许可权、数据转让权等。数据可被分为开放数据与未开放数据、国家所有与私人所有的数据。

从数据开放利用角度：开放数据包括低风险级的个人数据、企业自愿公开的企业数据以及政府开放数据。开放数据产权可表述为国家所有权 + 公众用益权。在公共数据开放方面，我国一直大力推行公共数据开放共享，取得了良好效果。对于企业所掌握的开放数据，需要考虑降低数据获取门槛。我国立法亦有必要规定持有大量开放数据的企业设置公共的 API 接口，以便公众获取数据。

从产权归属角度：由于单个数据难以真正实现其价值，因此需要借助数据信托制度、数据银行制度，对数据进行资本化运营以获取收益。数据外部性问题导致数据价格过低及数据滥用，降低了数据主体福利和产生隐私侵犯问题。在此种情况下，需要考虑引入数据中介，数据中介可以提高高风险数据使用成本以减少高风险数据过度使用，增加数据主体隐私和福利，以此将外部性问题内部化。

企业拥有所有权的数据，可以进行所有权转让，亦可以通过所有权 + 用益权方式，如信托给数据银行模式，通过银行运营企业数据。企业加工生产所形成的衍生数据，若改变原有语义内容的，赋予处理者所有权；未形成新的语义内容的，企业享有用益权。

2. 收益权利。

数据所产生的价值由政府、企业和个人进行共同分配，企业通过处理数据获取收益。除此之外，开放数据作为公共物品，部分收益权归国家所有，为促进数据流通使用，可以通过事后收费如税收方式行使收益权。在数据市场化配置背景下，数据可以通过数据空间、开放数据 API 接口等方式流通，亦可以通过数据交易所进行流通。

3. 排除妨害权利。

对于数据处理利用仍应建立在遵守《个人信息保护法》《网络安全法》《数据安全法》等法律基础上。开放数据作为公共物品仍应依法利用，非开放数据亦如此。分类分级数据产权结构基于我国分类分级保护和流通规则，对不同类型数据施以不同方法。

三、数据交易

（一）数据交易内涵

交易是指买卖双方以货币或承诺为媒介的价值交换。数据交易作为交易中的一种，其特点在于交换的是数据价值。从媒介视角看，数据开放、数据共享、数据捐赠等并不是数据交易的中介，而是数据交易的一种方式。从数据价值角度，可以把数据价值分为两大类：基础价值和衍生价值。基础价值体现在数据可用性上，这是数据可以流通的前提，并依赖于建立相应数据交易规范；衍生价值是指数据可用性，它表现为数据特定用途，而这个价值大小是由数据挖掘能力以及数据应用场景决定的。

1. 数据交易根据交易对象差别分为狭义数据交易和广义数据交易。前者是指将数据本身作为交易对象的交易，交易范围包括个人数据、企业数据、政府数据等。但相关法律法规规定，那些被禁止流通数据不能成为交易对象，如个人隐私数据和国家安全数据等。交易资料必须符合标准格式：可读、可操作、可动态更新，才能便于之后的管理、发展及使用。后者是指交易对象除了数据以外，还包含数据服务。数据服务包括三种：加工数据形成的数据产品，即产品服务；为他人提供数据清洗、数据分析等技术支持，即技术服务；基于数据咨询建议，即策略服务。提供数据服务的基础数据不一定要通过数据交易获得，也可以通过政府开放、主动采集和数据交换等方式获得。

2. 按照卖家对于数据资产加工与集成精准度，可以将其划分为直接交易与间接交易。直接交易是指卖家直接向买家提供消费者年龄、收入等未经过任何处理的数据，也是目前最常用方法。间接交易是指卖方对数据进行集成和再处理，以获得某种标准或数据资产。

数据交换过程中，数据交换过程主要由数据提供方、需求方、中间商组成。数据供给端主要是指数据资源持有者，掌握着某一方面数据或数据产品，并且有将手中数据或数据产品变现的意愿。因为数据产品开发是必要的，所以数据提供商有时候也是需求方。数据需求方面，主要关注于政府、企业、个人等领域数据应用市场。他们能够从数据中发掘出有价值信息，或直接使用这些信息，把数据应用到有关领域中，从而提高其治理水平或者运营能力，因此，数据需求者有时候也是一个供应者。数据中介的作用主要是作为一个数据供求集散地，是一个连接数据市场供求关系纽带。数据中介既可以是一个简单交易平台，也可以是一个将数据需要者和供给者结合在一起的综合平台。

直接或间接交易中，卖家也可以仅从一些买家中挑选部分来完成交易。由于数据具有可拷贝性、易转售等特点，最有可能采用“价高者得”原则，即只有最大利用价值和最愿意为其付费的商家才能获得这一数据。而在微观经济中，“价高者得”原则不符合帕累托最优，无法使企业获得最大收益。

（二）数据要素交易主要类型

根据数据交易产生路径，国内数据交易可以分为以下四类。

1. 行业内部数据交易。大数据在国内金融、电商、交通和电信等领域已经得到快速发展，已经开始了数据交易。首先，这类产业数据规范比较严格，便于其收集、评价、交易、使用、管理等环节统一部署；其次，它们涉及了人类最基础生活领域，具有非常大信息量和高价值；最后，各产业之间存在着紧密联系，产业规模较小，数据流动费用较低，具有较高商业价值。2015 年，成立全国首个"交通大数据交易平台"，作为行业数据交易平台，该平台具有很强的针对性，专门利用交通行业大数据来解决交通"痛点"，为构建交通大数据生态系统和建设智慧城市起到了重要作用。

2. 企业主导数据交易。近年来，国内出现了一些大数据公司，如数据堂、聚合数据、数海等，它们占据了部分大数据交易主导地位，而且它们市场份额和影响力也在不断增长。这些大数据企业主要是与相关企业、机构进行合作，建立一个完整大数据交易闭环链，运营数据。它们通过自己收集或购买数据，经过清洗、分析和挖掘等步骤，将其转化为数据产品或数据服务，再通过相关渠道变现数据。数据交易链中，它们具有数据需求方、供应商、代理商和服务商等多种身份。企业主导数据交易与政府主导数据交易存在差异，前者更注重数据变现，将盈利作为其主要目标，它们经营的数据产品或服务都具有较强针对性、独特性和多样性，具有较好用户体验，但是价格也相对较高。

3. 政府主导数据交易。目前国内主要采用的是贵阳大数据交易所和上海大数据交易所。"国有控股，政府主导，企业参与，市场运作"新模式，既能拓宽参与主体，又能调动各方参与热情，使零散数据资源在平台上集中，形成统一交易规范，突破数据壁垒，打通"数据孤岛"，达到跨区域、跨地域数据共享与交流。大数据交易所（中心）由政府主导，其本质上并不以盈利为核心，而是以促进数据供给与需求有效对接，优化供给与需求之间关系。在大数据尚未发展成熟的情况下，该模式将极大地推动数据贸易由"分散化""无序化""商业化"到"平台化""规范化""社会化"，有助于促进大数据贸易、大数据应用等。

4. 企业"派生"数据交易。目前国内一部分大数据交易平台是从企业衍生而来的，如阿里巴巴、百度这类网络公司。在其成长历程中，阿里巴巴电商、百度搜索引擎等独特产业特征为其提供了丰富的数据资源，并为其提供了先进数据分析与处理技术。首先，由于无法对自身所掌握数据进行精确价值（显性价值与隐性价值）估算，使得企业不愿将自身所掌握的数据进行交易；其次，公司具备了研发数据产品、进行数据贸易和获取技术优势的能力；最后，企业数据与企业本身有很强相关性，基于此开发出的数据产品或数据服务，将更符合企业自身发展需求。很多互联网巨头开始建立自身大数据交易平台，以自己数据为基础，如以京东为代表的"京东万象"就是其中之一。

（三）数据要素交易失败原因

1. 外部原因。

从供给端来看，数据供给者一方面出于对数据交易风险规避而拒绝交易数据，如担心隐私泄露、控制权丧失、非法买卖等；另一方面，因数据外流造成竞争会削弱数据供给方市场优势和商业地位，数据在一定程度上会产生自留和垄断。

从需求端来看，异质性买方形成了多样化需求，一些买方偏好标注后原始数据，而另一些买方需要结果类数据，由于数据集经过拆分组合便能形成各种各样新数据产品，如此一来，买方找到与他的需求相匹配数据就比较难。

从政府端来看，我国关于数据交易的法律法规制度建设尚不完善，数据市场监管力度有待加大。近年来，包括《"十四五"数字经济发展规划》等许多政策文件都特别强调数据要素市场规划与建设，覆盖数据确权、定价等一系列问题，有助于推动未来数据顺利交易和有效监管。此外，数据市场信任缺失也是造成数据交易生态不健全的重要外因。

2. 内部原因。

首先，数据产权复杂性是交易不活跃内因之一。明晰产权是商品得以交易的基础，也是避免产生交易风险的前提。目前关于数据权属确定仍缺乏统一认识。

其次，数据信息属性导致卖方不会让买方在交易之前查看数据，买方如果不了解数据产品详细信息，就较难明确其能带来的价值；而一旦买方获知了全部数据信息，对其估值将大幅下降，甚至选择不再购买，出现“信息悖论”。

再次，数据可复制性和非竞争性使得数据容易被买方和第三方平台截留和转卖。

最后，数据并非标准化产品，这导致数据交易不同于传统金融资产。一个数据集经过少量修改就可以变成全新数据产品，它们是多衍生和多样化的，因此，数据交易场所与传统股票期货交易场所是不同的。股票期货交易场所采用集中竞价模式，其基本功能是价格发现，拍卖出价高者得。但数据交易场所不是集中竞价的，且数据交易所最大特点是可追溯，完整记录买卖双方交易过程，这是数据交易所不同于传统交易所的一个基本特征。国内最早数据交易所——贵阳大数据交易所自 2015 年便成立了，但目前数据交易所收效甚微。最近北京国际大数据交易所、上海大数据交易所相继出现并借助新一代数据交易技术，其效果值得关注。

（四）数据要素交易基本解决方案

为了让数据能够顺畅地进行交易，就必须解决一些技术上问题。第一，实现业务可追踪性，完整记录数据业务整个流程。当数据每一笔交易都有了记录，数据供需双方发生争议时，利用技术手段提供仲裁证据，数据拥有者也可以据此通过法律途径制裁滥用、转卖数据行为，有效避免“黑市”交易。数据保护还必须遵守“保护义务衍生”重要原则，即 A 将数据卖给 B 时，在买卖合同中明确地约定数据使用范围、场景等，数据卖方和买方都有保护数据主体权利不受侵犯的义务。第二，基于可溯源性，有必要研究数据加密技术，使其在平台上不被发现，从而使其无法被发现。第三，实现数据交易“一方付款，另一方交付”，即利用新一代信息技术，为数据交易提供证据，帮助解决各种涉及数据交易纠纷。第四，技术层面构建数据交易监管“沙箱”是实现有效监管的必要手段。

因此，通过政策、技术和监管等手段，共同推进数据共享和交易。

1. 政策视角。

首先，明确可交易数据。一方面，要建立数据产品技术规范，明确各种类型数据（如音频、视频等）要达到哪些技术要求方可交易；另一方面，可以对数据产品进行安全规范，其中一个非常重要的内容就是数据脱敏规范，即按照何种规则来去除敏感字段。脱敏标准是根据不同行业来制定的，数据脱敏是一个动态化、情景化、结构化的过程。在此基础上，数据分类分级安全管理能够以最低成本实现对精细化数据要素风险管控。不同类别和不同级别数据，其隐私保护标准和可交易标准不同。经过设计此类顶层制度，能够严格按照标准进行数据交易和共享。

其次，界定数据权属。个人数据方面，个人拥有“有限制所有权”，基于基本隐私权、自由权、名誉权、信息权等不被侵犯的前提下，可以通过转让数据除了所有权之外的收益权、使用权等权益集合，从而获得财产收益。数据收集者享有脱敏后个人数据“有限制占有权/用益数权”，占有权指的是一系列权利束，它是不包含所有权的数据剩余权益，具体包括采集权、使用权、收益分配权等。当前，在认定数据所有权上，学界普遍采用“一数多权”这一基本原理。

真正信息交换是权利交换。数据所有权转让，往往只是转让数据使用权、收益分配等一系列权利。大部分数据交易只是转让了数据使用权，即买方只能使用这些数据，不能再出售，也不能占有这些数据。因为每个数据交易权属都有可能存在差异，有些涉及使用权，而有些涉及占有权，再加上数据使用权规定的数据使用场景和使用年限也可能存在差异，所以数据很难对其进行单一定价。同样的数据，因为使用时间长短、使用场景不同，其价值也不同。一旦数据合约中明确了使用数据条件，买家就必须做好数据使用情景公正性，确保数据使用符合要求。当数据使用权转让时，卖家必须对其进行严格规范，以避免买家对其进行不当使用。而买方应根据“衍生的保护性责任”原则，根据协议规定，合理使用数据。另外，为了保护用户信息，还必须加强对其信息安全管理。出现安全事故时，要采取相应补救措施，必须有相关政策、制度来规范。

最后，构建数据交易所。数据交易要建立交易双方交易制度，尤其是交易契约制定和交易过程记录，包括数据使用权、使用权行使期限、数据买卖双方、数据种类、交易价格等。在买方和卖方发生纠纷的情况下，交易所有责任为买方和卖方交易提供第一手证据，并协助仲裁者对交易进行裁决。如果交易所提供证据足够翔实，互联网法院等机构就可以实现自动仲裁，并不需要太多人力参与。另外，作为买卖双方交易平台，交易所不仅要为买卖双方提供基础配对服务，而且要具备一定价格发现能力。

2. 技术视角。

首先，脱敏后无隐私信息交换，其中最关键技术是公开密钥。为了保证数据安全，加密和解密是必须的，加密技术非常重要。其中，隐私计算、联邦学习、多方安全计算、可信执行环境等都是追求“可得而不能得”，所以对非可得性隐私数据，也有较好应用前景。

其次，随着高技术发展、市场不断完善，“机制设计”这一理论出现后，许多市场被人为地设置起来。将机制设计、博弈论等相关理论引入数据交易市场，有助于加快构建数据交易市场，并科学实施。

最后，建立数据监管“沙箱”需要人工智能算法、区块链等现代数字技术介入，有效监管数据刷单交易、数据虚假等。

3. 监管视角。

相关法律法规对数据交易非常重要，以打击数据交易违法行为，尤其是数据交易的“黑市”交易。借鉴“知识产权”立法思路，建立与知识产权局相似的专门执行机关，对数据进行法律保护。如果数据在“黑市”上被用于获取商业利润，则数据所有人可以通过法律途径对违法行为处以高额罚款。

数据资产化时，监管部门也要注意打击“刷单”行为，对数据资产进行可信评价。应从制订评价标准、严格评价、打击虚假评价、加强对数据审核等方面入手。

监管的另一个重要方向是对交易进行仲裁。数据交易中，买卖双方之间互不信任，发生纠纷之后，往往都会被委托给专门机构进行仲裁。此外，数据交易需要建立监管“沙箱”、运用人工智能等新型监管技术，实现交易的事前、事中、事后全生命周期监管。

第三节　数据价值链

数据价值链（Data Value Chain）是企业在生产过程中数据流动和价值创造的一个过程。随着生产过程的发展，从生产到销售，各个环节数据都实现了流动，从而产生经济价值。从研发、设计到产品回收等生产流程，都会带来价值提升，与此同时，数据也会产生，具有很强流动性。价值的产生与生产、输送、收集、加工等各个环节密切相关。数据是生产链条流动下创造价值，随着数字经济的发展，数据链和价值链实现了有效融合，同时也对价值创造机制过程进行分析。

一、数据价值链的创造链条

图7-3从企业角度展示了数据资产价值的创造链条。一般来说，企业从用户和第三方收集数据，并通过两种方式利用数据获利。

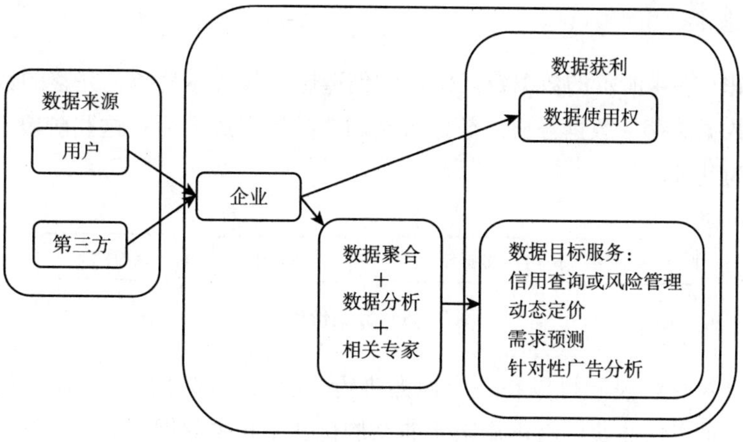

图7-3　数据资产价值的创造链条

一种方式是向用户授予对数据的存取权限，如数据分析公司授予该用户的权限。一方面，一家公司不可能充分利用这些数据；另一方面，如果企业没有自己的数据分析能力，或者没有自己的数据变现战略，则更愿意将自己的数据进行出租或销售。

另一种方式是将数据目标服务有针对性地提供给客户。根据用户需求的不同，可以向其提供多种数据目标服务，如信用查询或风险管理、需求预测、针对性广告分析等服务。这种方式要求有数据收集能力、数据分析能力以及相关专家专业技能，才能为数据目标服务制订相应数据驱动商业计划。

而且，若企业不能出售或租售数据使用权，也不具备提供数据目标服务能力，数据本身可能就不能产生太多价值。

二、数据价值链的实体链条

图7-4展示了数据资产价值的实体链条。在线平台公司在链条每个阶段都有外包可选项。以谷歌为例，在设备阶段，谷歌并不生产手机，但是谷歌向苹果公司支付流量获取成本（Traffic Acquisition Cost，TAC），以成为iPhone、iPad和Mac设备上Safari浏览器的默认搜索引擎，从而搜集数据。即谷歌将数据搜集业务外包给了苹果公司。虽然近年来iPhone用户增长明显放缓，但谷歌支付给苹果公司的TAC在2015～2019年增长了12倍，2019年达到了120亿美元，相当于谷歌2018年数据定向广告收入的10%以上。这些数字表明苹果公司生态系统在线流量对谷歌数据目标服务的重要性，

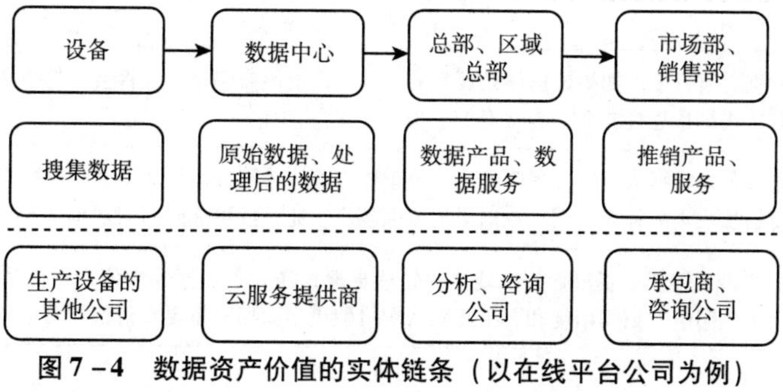

图7-4　数据资产价值的实体链条（以在线平台公司为例）

并解释了为什么谷歌在 2018 年收购了 HTC 智能手机部门。

除数据收集之外，网络平台企业还可以将数据存储、数据处理等业务外包到云端，从而在存储时间、存储能力上具有较大弹性，如阿里云和腾讯云。另外，企业还可以把客户关系管理工作外包给其他顾问公司，把市场营销、售后服务等工作外包给其他承包商。

三、数据价值链

基于图 7－3 和图 7－4 所示的数据资产价值的创造链条和实体链条，完整的数据价值链如图 7－5 示，由数据搜集、数据储存、数据分析、数据盈利四个阶段组成。所有这些阶段都以贯穿整个链条的数据存储和数据流为基础。

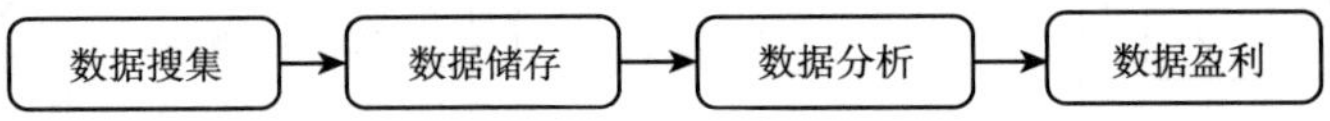

图 7－5　数据价值链

原始数据搜集（第一阶段）可以在一个地方进行，也可以同时在多个地方进行，包括预期的和非预期的数据搜集活动，所收集资料不局限于非结构化和不相关数据。但是，当企业搜集到数据并储存之后，面临数据传输和聚集障碍（第二阶段）时，数据资产所能创造的附加价值非常有限。下一个阶段是聚合数据或对多个组合数据集进行分析（第三阶段），包括数据处理和可视化过程。最终，盈利阶段（第四阶段）会产生额外数据，并将其纳入数据价值链中，从而形成一个循环。

这四个阶段对于数据资产价值所做的贡献是不同的：搜集和存储数据所能创造的价值是微乎其微的，但如果一家公司能够进行数据分析并获得利润，那么其值将会迅速上升。公司可以卖掉数据使用权以得到一定利润，但若公司有了数据分析和盈利的能力，公司收入就会得到最大提升。此外，互联网平台企业在数据价值链纵向整合上也有明显不同，这一不同将影响到企业对数据运用和获取收益。如果一个网络平台企业具备了自己数据分析能力，并且有自己盈利战略，那么它所产生的数据就会比外部数据分析工作更有价值。纵向一体化程度越高网络平台企业能够从数据中获取更多收益，形成人工智能和数据之间的良性循环。即越多的数据越能创造出越好数字产品和服务，进而吸引更多用户到其线上平台，再生成更多数据，不断优化其数字产品和服务，提升其市场竞争力。

四、数据资产价值影响因素

考虑数据资产价值时，就必须综合考虑其收益与风险。其中，数据资产收益既包括数据质量，又包括其应用价值，数据质量决定了它的使用价值。因此，首先应科学评估数据质量。数据质量评估主要有以下五个方面：真实性、完整性、准确性、数据成本、安全性（见表 7－7）。

表 7－7　数据质量维度

数据质量	解释
真实性	表示数据真实程度。如果数据不是真实的，其统计价值与应用价值将会大打折扣；同时，即使数据只是有偏差，其使用结果也可能会“差之毫厘，失之千里”
完整性	被记录对象的数据信息完整程度也是一个重要方面。关键数据缺失将直接影响数据在应用中的价值贡献，或者需要增加成本去补充数据。数据采集范围越广，完整性可能越高，数据资产价值也会越大
准确性	数据的“清洗”就是提升数据准确性的处理步骤，降低了数据异常值、空白值、无效值、重复值等，对之后应用产生影响。更高精度和更少清除费用将使更多数据变得更有价值

续表

数据质量	解释
数据成本	卖方出售数据时，首先会考虑数据成本，数据成本成了衡量数据质量和价值的一个重要指标。企业内部生成并搜集数据的过程中，显性成本包括在搜集、持有程序下的人力成本、存储设备成本等，而隐性成本主要包括与数据相关联的业务研发成本、人力成本摊销等。一般而言，数据获得费用越高，所获得数据交易量就越大
安全性	数据安全性是指数据不被偷窃或毁坏的能力。更高安全程度能为企业创造更稳定价值；此外，数据持有企业对其支付保护成本越低，其数据资产价值越大

数据价值在于将其与应用场景联系起来。各种应用场景下，数据所能产生的经济价值也各不相同。从数据资产应用价值维度来看，数据资产应用价值影响因素包括稀缺性、时效性、多维性、场景经济性等（见表7－8）。

表7－8　　数据资产应用价值维度

应用价值	解释
稀缺性	表示数据拥有者对于数据独占程度。稀缺资源竞争往往是商业竞争中的重要一环。产品趋于同质情况下，稀缺数据资源背后潜在的商业信息更加凸显其价值
时效性	数据时效性决定了决策者在特定时间内是否有效。乘客当下位置信息数据、司机当下位置信息数据以及乘客目的地信息数据等，网约车公司拿到这些数据，有助于其为司机迅速匹配有相应需求乘客，从而完成交易。由此可见，数据时效性在某些应用场景下至关重要
多维性	多维性衡量了数据覆盖范围多样性。当用户在搜索引擎中搜索多种多样问题时，互联网平台便可以根据信息来分析用户年龄、性别、文化背景、职业类别和需求偏好，推算出其收入类别，并将这些数据进行相互连接，从而得到较为全面的用户画像。因此，数据维度越多，数据价值越大
场景经济性	数据在不同应用场景中具有不同价值。将交通信息应用于物流企业，其经济意义远大于个人出行；如果使用多维使用者资讯来搜寻高净值顾客，这也会比针对一般商品推广有更高经济效益

关于数据资产风险，很多时候它来自企业背景下的法律约束和道德约束。这会对数据资产价值产生巨大影响。在法律限制中，没有明确规定的情况下，必须区分出从来没有被使用过数据和通过合理设计可以被使用过数据。这些问题不仅限制了数据交易，还会影响到数据资产价值。

第四节　数据资产定价

数字经济时代，数据成为新的关键生产要素。数据资产作为一种新的资产形式，如何对其进行价值管理成为一个新的研究课题。数字经济时代，数据是企业竞争能力重要方面，而数据又是一种难以计量无形资产。一方面，数据是无形的，不容易被破坏；另一方面，数据不同于传统意义上的无形资产，如R&D等，不会随着时间的流逝而贬值。此外，要想从商业中获取全部数据和信息也是非常困难的。这些导致数据资产科学定价变得非常困难。本节将介绍测量数据价值的相关方法：市场法、成本法、收益法、组织资本定价法以及基于深度学习的数据资产价值分析模型等。

一、市场价格定价法

市场法，即现行市价法，是以市场价格作为资产评估的价格标准，据以确定资产价格的一种资产评估方法。它是通过比较被评估资产与最近售出类似资产的异同，并将类似资产市场价格进行调整，从而确定被评估资产价值的一种资产评估方法。市场法评估数据资产价值的计算方法如下：

$$评估价值 = 可比数据资产成交额 \times \sum 修正系数$$

其中，可比数据资产成交额为在公开交易活跃下相同或类似数据资产交易成交额；修正系数用于对标的数据资产和可比案例差异进行修正。市场法优点是能够客观反映资产目前市场情况，并且评估参数和指标能够直接从市场取得，相对真实、可靠。

但其局限性也很明显。首先，需要明确数据资产目标市场。某些情形下，目标市场是存在的；但对于大部分数据集，这样的市场是不存在的。其次，数据价值过于依赖数据使用情境，所以同一数据集在数据供应商、用户和监管机构之间可能价值差异比较大。例如，美国个人愿意以 240 美元平均价格透露其社会安全号码，而同样数据可以从数据供应商 Pallorium 和 LexisNexis 处以低于 10 美元的价格获得（Horodyski，2015）。最后，数据真实价值可能不为卖方所知，因此，由于信息不对称，市场价格可能具有误导性。

下面，简单介绍基于市场价格的三种可行定价方法。

（一）数据中间商

利用数据中间商出售数据的价格来估值数据资产。数据中间商一般通过公开和秘密渠道搜集资料，然后对资料进行存储、加工和销售。例如，Wind 提供的各种金融证券数据等。这些数据中间商往往会列出一份详细的分项价格清单以对自己的数据集进行估值，然后将其定价卖给不同顾客，出售的数据库一般按其市场价格进行估价，其中包含信息内容价值。但是，这一做法的缺点是很难确定哪一家企业是数据中间商，因为数据中间商并没有被分为单独一个行业。

（二）保险市场

借助保险公司对相关数据保险的定价以及赔付标准来估值数据资产。随着企业对数据依赖程度的不断提高，如何有效地保护数据安全已成为一个亟待解决的问题。防范数据泄露变得越来越重要，许多企业都会寻求给数据相关的资产买保险。例如，当数据中心发生故障时，由于业务中断而造成经济损失，因此数据中心运营方很可能会为其投保，以免受此类意外事件影响。保险公司对数据相关保险的定价以及在数据泄露之后索赔都可以用来给数据定价（索赔可能包括诉讼或其他费用，因此超过数据本身的价值）。

（三）并购或破产估值

利用在并购或破产清算中披露的资产估价信息来给数据资产定价，但并购可能会出现溢价，破产清算中法院估值也不一定准确。

并购中，法律要求被收购公司对其资产进行估价，包括数据库和软件等无形资产。破产案件中，法院会对破产公司进行清算，对数据资产也会进行估值。

二、成本定价法

成本法也称重置成本法，是从待评估资产在评估基准日的复原重置成本或更新重置成本中扣减其各项价值损耗，来确定资产价值的方法。成本法评估数据资产价值的计算方法如下：

$$评估价值 = 重置成本 - 贬值因素 = 重置成本 \times 成新率$$

其中，重置成本是形成数据资产的合理成本。对于公司内部产生和搜集的数据资产，显性成本主要有搜集、存储、处理数据的人力成本、设备成本等，隐性成本主要为数据所附着业务的研发成本、人力成本等；对于外购数据资产，重置成本为在现行市场条件下重新取得同样一项数据资产所需支付的金额。传统成本评估方法中，实物资产贬值因子可分为经济性、实体性和功能性三种，而对于不具有实物形态且不作为功能性使用的数据资产，贬值因子主要来自其时效损失所导致的经济性贬值。成新率是数据资产当前价值与其全新状态重置价值之比。

成本法进行数据资产定价的优势是易于理解，计算简单，但其局限性也比较明显。

首先，与数据资产相对应的成本很难确定。由于数据资产是生产和运营活动的派生产品，有些数据资产并没有相应直接费用，而且其所承担的间接费用也很难确定。例如，用户在搜索引擎上留下查询记录，其数据搜集成本包括网站建设成本、搜索引擎市场推广费用及管理、运营人员薪酬等，但这些成本中有多少应归为数据资产，其分摊比例估计比较难。

其次，数据资产贬值因素很难估计，导致不同类型数据资产贬值原因是不同的。例如，交通信息时效性、驾驶员驾驶信息正确性等，很难量化这些贬值因素的价值影响。

最后，数据资产所能带来的利益无法具体化。尽管在成本归集时，会根据成本加成方法，将一定合理利润纳入考量，然而，但传统资产评估利润率可以参考实际利润率。但对于数据资产业务，并没有一个行业通用知识和惯例，很难通过简单方法来选择一个合理利润，这就使得成本法很难将数据资产应用带来的价值体现出来。

三、收益定价法

收益法，也称为收益资本化法、收益还原法，是根据将利求本的思路，采用本金化和折现的方法来判断资产价值的评估方法。收益法是指通过估算被评估资产未来预期收益并按照适宜折现率折算成现值来确定被评估资产价值。收益法中对无形资产价值进行评估方法包括权利金节省法、多期超额收益法、增量收益法。

（一）权利金节省法

权利金节省法（Relief from Royalty Method）又称为许可费节省法，它是在假定不需要向第三方缴纳许可费用的情况下，以其所创造的资本额为基础，计算出一种无形资产价值。计算公式如下：

$$资产评估价值 = \sum_{k=1}^{n} \frac{许可使用费}{(1+i)^k} + 所得税摊销收益$$

其中，许可使用费是指为授权他人使用该数据资产可以收取的许可使用费；i 表示折现率，即数据资产必要报酬率；n 为数据资产使用期限；所得税摊销收益是指通过对无形资产进行折旧，扣除其应税所得，使其扣除所得税费用后所得到的价值。当前，数据资产还不能作为无形资产入账，因而也就不能确认有关税后的摊销收益。

该方法存在一定优势，不仅反映了数据资产经济价值，也反映出数据资产与相关收入的对应关系。其不足之处在于，数据资产许可使用费估计较为困难，此外，由于数据资产是动态的，数据资产使用期限通常不太明确。

（二）多期超额收益法

多期超额收益法（Multi－period Excess Earnings Method）通过将无形资产在未来经济生命周期内带来的净现金流量，用适当的折现率转换为现值来测算无形资产的价值。计算公式如下：

$$资产评估价值 = \sum_{k=1}^{n} \frac{超额收益}{(1+i)^k} + 所得税摊销收益$$

其中，超额收益是指该资产所带来的收入增加额或者成本减少额；i、n 以及所得税摊销收益与权利金节省法相同。

多期超额收益法的优点是，这样既能体现出数据资产本身的经济价值，又能更好地体现出数据资产能够为企业带来的利益。多期超额收益法也有其不足之处：数据资产超额收益难以估计，如对智能交管数据进行实时定位，可以有效地降低交通拥堵，从而创造出价值。但由于交通效率提升所带来经济价值却很难对其进行量化，此外，与权利金节省法一样，确定数据使用期限仍是难点。

（三）增量收益法

增量收益法（With - and - without Method）是一种对无形资产进行价值评估的方法，是通过比较无形资产在使用与不使用情况下所产生现金流差额的一种估值方法。计算公式如下：

$$资产评估价值 = \sum_{k=1}^{n} \frac{增量现金流}{(1+i)^k} + 所得税摊销收益$$

其中，增量现金流是指应用数据资产情景下现金流与不应用数据资产情景下现金流之间的差额；i、n 以及所得税摊销收益与权利金节省法相同。

增量收益法的优势在于，它能直接体现出数据资产经济价值。它的局限性是在不应用数据资产情景下很难准确测算现金流。同时，随着市场环境的不断变化，很难准确测算在其他条件不变的情况下，不使用该数据资产所产生的现金流。另外，增量收益方法还面临着数据资产使用年限难以确定等问题。

四、组织资本定价法

由于大多数数据价值是在公司拥有数据驱动商业模式时产生的，数字企业数据资产价值依赖于其商业模式投资，这为基于组织资本法来定价数据资产提供了方便。

组织资本（Organizational Capital）是指存在于组织之中，由组织成员在进行组织活动过程中逐渐积累并形成的资本，是一个有机整体资本总量与组织中原来单个成员资本个体量简单相加而得到资本差额。

但作为一种无形资产，组织资本很难或几乎不能在会计报表中直接反映出来。为了简化分析，这里使用企业年度报表中的 SG&A 费用来代替组织资本投资。

SG&A 费用（Selling，General & Administration Expense）是一家公司在日常经营中所发生的直接或间接的销售成本以及所有的总务和管理费用。直接销售费用包括销售人员工资、广告费用和相关的财务费用等，间接销售费用包括话费、利息和其他通信费用等；而总务和管理费用包括管理费用、非销售人员工资、租金以及水电等。很明显，SG&A 费用包括产生组织资本的大部分支出，如员工培训成本、品牌提升成本、咨询费、供应链安装和管理成本等。

另外，SG&A 费用可能包括一些与提高企业组织效率无关项目，有学者使用了五种方式来验证使用 SG&A 费用替代组织资本的效果，结果表明，使用 SG&A 费用替代是可行的（Eisfeldt，et al.，2013）。此外，组织资本投资无效率应该表现在组织资本折旧率上。即，如果企业对组织资本投资具有显著无效率性，则其组织资本价值无法得到很好维持，从而导致组织资本折旧率较高。例如，高科技行业中，市场领导者折旧率一般要小于追随者。采用 Li 等（2020）开发的 R&D 折旧模型，使用企业销售和无形资本投资数据来确定其无形资本折旧率，能有效估计出无形资产价值。

五、基于深度学习的数据资产价值分析模型

借鉴张驰（2018）的研究，构建基于深度学习的数据资产价值分析模型来对数据资产进行定价，分析过程如下。

（一）构建数据资产价值评价指标体系

构建基于深度学习的数据资产价值分析模型时，构建二级数据资产价值评价指标体系，其中一级维度包括颗粒度、多维度、活性度、规模度和关联度5个维度来衡量数据资产价值，其中每个维度又可以细分为多个维度，二级维度如表7－9所示。

表7－9 数据资产价值评价指标体系

一级维度	二级维度
颗粒度	数据属性数量、数据属性类型、数据属性精度、数据属性准确性、数据属性长度、数据属性完整性、数据属性合规性、维护频率、数据属性格式、编码方式、标准、命名规则
多维度	数据来源种类、数据来源数量、数据来源方式、数据来源类型、数据覆盖范围、数据重复率、数据一致性、数据采集方式
活性度	数据更新频率、数据访问频率、数据存在时间、数据更新差异大小、访问系统数量、常用属性数量、累积访问次数、累积更新次数
规模度	数据量、数据使用范围、数据大小、数据增长速度、数据获取难易程度、数据独占程度
关联度	流入数据流量、流出数据流量、流入数据频率、流出数据频率、流入数据大小、流出数据大小、流入数据关联强度、流出数据关联强度、数据依赖程度、数据独立程度

资料来源：尹传儒，金涛，张鹏，王建民，陈嘉一．数据资产价值评估与定价：研究综述和展望［J］．大数据，2021，7（4）：14－27.

（二）构建数据资产价值分析模型框架

基于5个特征维度（颗粒度、多维度、活性度、规模度、关联度）构建数据资产价值分析模型框架，该框架包括输入层、隐含层、输出层和价值计算式。数据资产价值计算式为：

$$V = (1+G)\times(1+D)\times(1+A)\times(1+S)\times(1+R) \tag{7-18}$$

其中，V表示数据资产价值；G表示颗粒度；D表示多维度；A表示活性度；S表示规模度；R表示关联度；G、D、A、S、$R\in[0,\ 10]$。

（三）计算一级维度的值

运用深度学习方法，计算G、D、A、S、R这5个特征维度的值。

（四）计算数据资产价值

将这5个特征维度的值代入数据资产价值计算式，即可求得表征数据资产价值的数值。注意，此处计算得到的数值表示的是数据资产相对价值，即数据资产价值指数。

总结与回顾

1. 数字经济时代，数据是关键生产要素。深入分析数据要素按贡献参与分配的价值基础、数据

要素参与价值创造机理、数据要素参与分配的机制与形式等意义重大。

2. 数据资产指的是由企业拥有或者控制的，可以为企业带来未来经济利益的，以物理或电子的方式记录的数据资源。在企业内部，可以给企业带来价值的数据才能被称为“数据资产”。

3. 数据确权和数据管理是数据治理的重点，也是数据要素市场化要解决的难点。对数据要素而言，数据确权是为了解决数据到底属于谁的问题。

4. 数据交易可以划分为直接交易与间接交易。直接交易是指卖方直接向买方提供消费者的年龄、收入等未经过任何处理的数据，也是目前最常用的方法。间接交易是指卖方对数据进行集成和再处理，以获得某种标准或数据资产。

5. 完整的数据价值链由数据搜集、数据储存、数据分析、数据盈利四个阶段组成。所有这些阶段都以贯穿整个链条的数据存储和数据流为基础。

6. 科学测算数据资产价值非常重要，但目前现有测量方法都有其优势与不足。测量数据价值的相关方法：市场法、成本法、收益法、组织资本定价法以及基于深度学习的数据资产价值分析模型等。

复习思考

一、名词解释

数据要素；数据资产；数据确权；数据资产管理

二、简答题

1. 数据资产如何分类?
2. 简述数据要素交易的主要类型。
3. 数据资产价值的影响因素有哪些?

三、论述题

1. 请联系实际深入分析数据要素按贡献参与分配的价值基础、数据要素参与价值创造机理、数据要素参与分配的机制与形式。

2. 论述市场法、成本法、收益法、组织资本定价法以及基于深度学习的数据资产价值分析模型进行数据资产定价的优缺点。

能力拓展

数据资产定价问题研究

数据资产定价研究的意义

现实紧迫性。随着数字化广度和深度持续推进，数据在生产生活中的意义日渐凸显，历史和实时数据大量堆积，市场主体积极探索进一步挖掘数据价值的手段和模式，各种无法可依或非法现象频现，企业和用户群体对数据使用方面基本问题存在较大意见分歧，对数据资产交易研究需求变得更加紧迫。

数据成为资产条件部分具备。针对数据采集、存储、清洗、转移、运算等方面工具种类丰富，大多是开源软件，可得性强，部署便捷。经过多年实践，数据相关工具和方法论日趋成熟，反过来增强了对数据需求。私有条件下，外部对一些关键数据有市场需求，存在交易空间，可创造实际收入。

现有经济和法律框架不能适应数据市场发展。数据不像土地资源那样存在量的固定性，也不像劳动等无形资产一样在一定条件下具有同一性，获取成本具有极大弹性，其保护也存在维权和惩戒成本高、产权不清晰、使用过程不透明、审计困难等问题。

数字税或数字服务税等成功推出，有赖于对数据资产深入研究。数据资产涉及数据所有权、使用权和收益权等多方面权益，也与隐私保护、增值测算、监管权责等密切相关。对数据资产研究越透彻，就越能为数字服务税征收提供理论依据，降低贸易摩擦风险，构建更加公平合理的全球税收体系。

数据资产定价关键障碍

不同用途对应数据价值量差异巨大。同样数据集，不同用途创造的价值差异十分显著，这直接导致买方愿意为之付出成本存在巨大不一致。同样是一个区域消费者支付行为数据集，用于学术研究购买者出价低于用于商业市场营销购买者，主要因素就是数据集后续可能产生价值量不同。

不同使用方法创造的价值差异巨大。即便是同样数据集、同样用途，数据所有者设计软件算法或使用方法差异，也会影响数据最终价值实现。明显后续价值偏差反过来影响数据售价，成为数据交易环节障碍。

脱敏后数据价值流失大。数据敏感度在很大程度上决定数据的潜在价值。敏感数据获取不一定都是违法行为，如浏览器的 Cookie 数据，就是广告营销重要基础。凡是能重定位到特定人或物数据，都被视为敏感数据。与此同时，此类数据一方面有旺盛的市场需求和较高的市场价格，甚至形成了“公允价格”。另一方面也展现出市场对敏感数据强劲需求。

数据物理属性使之交易条件不理想。数据作为一种资源，与传统生产要素中的劳动、土地、资本存在巨大差异。数据是信息呈现形式，采样技术、形式标准、加密手段等条件变化，会使得数据存在方式发生相应变化。数据具有可无限复制、便于传输、进入交易后无法稳定私有等诸多特性。

结论

数据是一种极特殊新型资产，不具备通用定价条件。实践证明，数据本身是数字化产业关键生产要素，历史和实时数据都可能持续创造价值，但数据资产无法形成公认价格。曾经有人尝试通过对数据资产价值测算对互联网企业进行定价，现在看来，价值估算严重偏离市场对企业估值。其他现有金融定价模型和价格形成规则也无法为数据市场交易提供稳定支持。

数据本身作为特殊物理存在，现有成熟法制框架不足以对其形成有效治理。直接套用现有物权、产权概念，无法对数据进行有效管制，进而无法促进数据市场成熟，也是导致数据资产定价存在困难根本因素之一。单纯强调数据所有权，过度严格管制数据使用，最终限制的还是人的创造性行为，甚至会降低信息化带来的福祉。需要创新监管理念，把握正确原则，才能把数据市场管住、管好。

资料来源：全湘溶，庞帅，张全斌．数据资产定价问题的研究［J］．互联网天地，2021（6）：14－19.

第八章　数字经济垄断与治理

任务分析

1. 理解数字经济时代市场竞争特征。
2. 理解数字经济时代垄断内涵与形成原因。
3. 掌握数字市场效率度量方法。
4. 掌握数字市场垄断测度。
5. 了解数字市场垄断影响。
6. 深入理解数字经济反垄断必要性和反垄断思路。

案例导入

数字平台经济初级垄断

数字平台初级垄断首先表现为数据垄断，企业拥有用户规模、流量和数据成为决定平台型企业生存的关键。最初，平台型企业仅在用户规模、流量和数据方面具有微弱优势，平台经济网络效应和双边或多边市场效应的“滚雪球”效应放大了这一优势，形成了其他企业难以克服的巨大优势和“赢者通吃”初级垄断。

平台寡头不局限于价格竞争，利用“数据垄断优势”采用多种多样竞争策略，具体表现如下：

一是倾斜式定价、捆绑搭售和排他性合约等滥用市场支配力行为。倾斜式定价是指平台企业为实现利润最大化对各边用户进行差异化定价，平台垄断企业为将更多用户吸引到平台，对一边用户低于成本定价，其他边用户收取垄断高价，提高潜在进入者门槛，采取掠夺式定价。搭售和捆绑是平台型企业常用竞争策略，平台以强迫用户使用搭售服务方式排斥竞争对手，并能够将其垄断势力延伸到搭售产品市场，从而进入多个市场。此外，平台利用“二选一”排他性合约强迫商户选择平台，在“站队压力”下商户可能要支付更高平台入驻费，被迫站队商户量增多，其他中小竞争平台将被排挤甚至倒闭。

二是数字化卡特尔行为。数字化卡特尔是大数据、互联网和算法结合的更隐蔽和更新的垄断协议行为。平台型企业不仅可以利用大数据和算法进行价格合谋，还能利用实时数据监控卡特尔隐蔽垄断协议实施。

三是“扼杀式并购”行为。平台寡头收购具有创新潜力新平台，以消除潜在进入者威胁，防止市场地位受到侵蚀。2020 年 10 月，美国众议院发布调查数据显示，1998～2020 年，“GAFA（谷歌、亚马逊、脸书、苹果）”四大科技巨头并购 500 多家企业，其中创新型初创企业占了很大比例。

资料来源：王先林．我国反垄断法修订完善的三个维度［J］．华东政法大学学报，2020，23（2）：17－28.

知识介绍

第一节　数字经济时代的竞争与垄断

数字经济中由于数字产品生产具有报酬递增和正反馈特征，最后将导致市场上只有“赢者通吃”企业存在，形成垄断局面。然而，数字经济中由于信息产品特征和高度技术竞争，出现了竞争和垄断同时被强化态势，即市场开放度越高，竞争就越激烈，技术创新速度就越快，形成行业垄断性就越强，集中度也就越高；而垄断性越强，集中度越高，市场竞争反而越激烈。竞争与垄断双强态势作用下，竞争与垄断二律背反的共生现象演化出一种新市场结构：竞争性垄断。竞争性垄断是指竞争与垄断并存，同时又相互强化的市场结构。

一、数字经济时代的竞争

（一）竞争特征

数字经济竞争主要有以下 4 个特征。

1. 以数据为竞争核心。

传统经济中，竞争主要围绕产品价格展开；而数据经济时代，数据是竞争核心，数据资源在竞争中关键作用不断凸显。数字市场中需要大规模数据收集、分析和使用，成为最重要特征。数据既可以成为数字化时代生产要素，自身也可以是产品或服务，还可以是策略性资源。虽然个人数据披露、传播对消费者而言是一个隐性成本，但对于平台经营者或数字市场参与者来说，数据往往是核心资产。进入数字经济时代，数据可能成为市场力量主要来源，数据采集范围和使用方法都直接关系数字市场竞争规则的透明性、公平性。

2. 以平台为竞争媒介。

与互联网早期发展态势不一样，近些年数字平台企业竞争愈发激烈，呈现出高度动态化特征。新一代数字技术和商业模式迭代频繁、扩散迅速，叠加平台经济网络效应和用户多归属行为，平台企业兴起或溃败都十分迅速。一方面，数字平台企业成长周期不断缩短。以我国互联网行业为例，PC 互联网时代多数企业从初创到市值超百亿美元平均用了 8 ~ 15 年，而进入移动互联网时代，一批超级“独角兽”崛起普遍不超过 5 年。10 年前，苹果应用商店、安卓应用商店应用数量分别仅约 800 个、2000 个，到了 2018 年这个数据已分别突破 200 万、380 万；这些应用更新周期也从过去半年甚至一年缩短到平均 7 ~ 15 天。另一方面，数字平台在不同领域中获得市场支配地位往往是脆弱的、短暂的。有研究指出，传统经济领域，较成功的大企业平均寿命超过 50 年（甚至近百年）；而互联网领域，该数值仅为 10 年左右（最成功的也不过 20 年）。可见，熊彼特所说的“创造性破坏”在数字时代表现得尤为突出：数字经济各个细分领域高频率、短周期创新持续推动着新进入者或跨界者挑战、颠覆已有在位者。即便再成功的平台也大多时刻保持谨慎，竞争压力甚至是生存威胁始终存在。

3. 以跨界传导为竞争方式。

数字技术广泛渗透使得不同行业间边界越来越模糊，新业态、新模式持续涌现使得平台发展生态化、跨界化。平台为了强化用户黏性、提升竞争优势，也会在某个市场取得一定优势后，尝试将这种优势“跨界”到另一个市场参与竞争，以赢得更多用户注意力。随着平台经营者对用户需求预测并及时响应能力不断提升，延伸至很多新领域开展业务所需成本也不高。得益于数字平台天然开放性、数据互通性以及拓展业务低成本性，大多数平台都希望将其在某个领域优势地位“传导”到其他任何可能盈利新领域。无论是中国的“BATD”，还是美国的“FANG”，数字平台企业之间在互联网广告、电商、社交、云服务、人工智能等许多业务领域以及多个地域市场，都存在极为激烈的竞争。尤其是数字市场竞争超越了传统流量红利时代，争夺稀缺用户注意力离不开更多的跨界或融合。这种跨界竞争也从线上进一步延伸到了线上线下融合领域，成为一种普遍竞争策略。这类现象引起了全球反垄断部门高度重视。传统领域，这类垄断杠杆（Monopoly Leveraging）大多属于剥削性滥用行为。

4. 以寡头为竞争格局。

平台经济往往具有较强的网络外部性，使得平台间竞争的“马太效应”凸显。那些率先获得关键用户规模的平台往往可以在较短时间内获得很高市场份额，形成较强用户黏性，由此抬高市场进入壁垒。同时，平台提供产品或服务价值随着用户数量的扩张而增强，加速了市场集中化和平台快速规模化，“赢家通吃”（Winner takes all）现象十分普遍。无论是搜索领域的谷歌和百度、社交领域的脸书（Facebook）和腾讯微信，还是零售电商领域的亚马逊和阿里巴巴，都已成为各自细分领域的绝对领先者；这些数字平台所在不同领域、不同地域均呈现出“一家独大”或“寡头垄断”的市场格局。数字市场中，通过合法创新竞争获取一定市场支配地位（甚至是垄断地位）是平台企业追逐商业成功的必然结果，毕竟“大了才有效率”。由于平台高用户依赖和高资本投入，这种支配地位往往可以通过持续创新而实现良性循环。不少研究也指出，数字经济中何种形式市场结构最有助于鼓励和便利这种创新与发展过程，并没有明确答案。

（二）数字市场中在位者之间竞争

数字市场中在位者之间竞争存在两种情况：网络互连和产品差异化。下面分别分析这两种情况下的在位者竞争。

1. 网络互连。

当两个网络或者客户群各自成员可以交互，表明它们是相互连接的。当存在网络互连时，单一网络驱动范围内不会有额外获利。要保持网络效应的同时存在市场竞争，则需要依靠网络间的兼容性和互操作性。而数字经济中，这两者并不是合理选择。其原因是互操作性要向接受不同公司服务的消费者保证哪些服务标准要达成一致，这在增强型交互通信服务上比较困难。

由于身份具有可移植的特点，兼容性可以作为网络效应和市场竞争共存的措施。如果个人用户想转换数字平台，他们能够很容易地在另一个平台获取新身份和验证权。平台通过鼓励互连用户群的方式，使用户可以与其他身份明确的用户进行交互，从而降低转换成本，促进竞争。

2. 产品差异化。

如果产品具有足够差异化，那么两个或多个平台显然可以共存。虽然在位企业用户基数很大，但偏好与进入者产品非常接近的消费者会选择进入者而不是在位企业。即，当横向产品差异化对网络效应而言强度足够大时，在位者额外获利就可能受到限制。尽管没有额外获利，竞争仍然在影响价格和结果方面发挥着重要作用，而且网络效应促进了竞争。对于同类业务，出现模仿者时，平台对于竞争对手的后有消费者更有吸引力，从而吸引消费者转换平台。同时缩小竞争对手网络，降低其吸引力，导致更多的消费者转换平台。更强的网络效应还会放大级别，相比于传统行业，极大限制了平台获取垄断租金的程度，间接网络效应放大了竞争对价格的影响。网络外部性越大，平台收取的价格就越低。

如果消费者有特别偏爱，那么市场分割就不足为奇，也未必无效。尽管消费者就哪个平台提供最好的服务达成一致并且认为这两个平台提供相同的服务，但仍可能出现市场分割。有研究着眼于间接网络效应中异质性的影响，将消费品质量设置为内生变量，允许公司内生地提供同一产品不同质量或版本。如果消费者对质量边际提高有不同偏好，事前相同平台企业可以通过吸引偏好不同品质和服务消费者群体来缓解竞争。例如，一家平台提供高质量数字产品，专注于那些非常重视质量的消费者，而竞争对手则提供低质量数字产品，专注于那些不愿意为质量付费的买家。

另一种通过商业模式进行战略差异化的模型不依赖于对质量有不同偏好的用户，而是依赖于这些市场的两面性。两个原本相同的平台可以通过垄断市场的不同方面来缓解竞争。例如，免费广播（FTA）运营商与付费电视共存，他们各自的商业模式是补贴观众（提供免费内容），同时向广告商收取接触这些观众的费用，并向提供无广告内容的观众收费。如果一家运营商提供更多广告并减少或取消用户订阅费，其竞争对手将更有动力提供高质量的无广告内容并相应提高平台使用费用。反过来，付费电视运营商使广告收入对竞争对手更具有吸引力，这成为广告商接触观众的唯一渠道。

（三）数字市场中在位者和进入者竞争

如果网络效应强，竞争平台提供数字产品是相近替代品，市场集中是竞争结果，也是网络效应最大化结果。当前研究大多都认为网络效应是多势力加剧，着眼于如何提升市场竞争潜力，以约束现有垄断企业市场势力。但在一个快速创新迭代市场中，潜在的和实际竞争者不断进入市场可能会减轻市场势力社会成本。

1. 转换成本是数字市场在位者优势。

转化成本是顾客一旦决定购买，就不能再更改的费用，这是一个显而易见的优势之源。转移成本假定在位者与其竞争对手拥有不同技术标准，如果进入者不一定能征服市场，如果进入者只能在质量上提供边际改进，消费者坚持采用旧技术会更有效率。这既能节约转换成本，又能发挥网络效应。转换成本会导致在位企业在早期拓展市场时更加积极主动，建立更广泛用户群将阻止潜在竞争对手在未来阶段参与竞争。

尽管在软件、硬件和通信工业初期阶段，转化成本是显而易见的，但是当今数字化市场，转化成本却是很低的。订阅服务、安装应用或者登录一个网站，都无须购买新装备或者学习新技术。除了个人数据之外，这种转换摩擦很小。

2. 争夺焦点市场地位。

假如竞争者拥有一定的技术优势准备挑战在位者。进入者是一家比较有名的大公司的子公司，提供的服务与在位者非常相似。若没有转换成本，且进入者提供的价格不超过在位者提供的价格。尽管有大量资金、良好声誉，知名品牌以及无摩擦转换，但仍有很多情况无法取代现有企业。进入者不能占领这个市场的理由是，人们普遍相信不会有太多的消费者愿意迁移。基于此，Halaburda 等（2016）提出了焦点概念。大型市场参与者通常有望在未来互动中主导市场。如果消费者在做出选择时推测所有其他消费者都不会转换，那么现有企业就是焦点。在相对低效的焦点老牌企业和非焦点进入者之间争夺独家服务静态模型中，经常最后胜出的是老牌企业。其原因是进入者获得市场份额唯一途径是使其成为消费者迁移的优先选择，提供额外独立于网络平台数字产品或收取相对较低的价格。只有当它在未来有希望收回这些投资时，进入者才会愿意投入资源来支付消费者转换成本。只有在新旧产品质量或技术差距足够大的情况下，进入者进入市场才是比较明智的。这将导致静态低效率，一些具有高质量新数字产品的进入者可能无法进入市场。

从动态视角，研究数字市场在位者与进入者之间的竞争。当着眼于在很多时期内现有企业和一系列潜在进入者之间的竞争，当前成功带来的焦点市场地位是否会激励进入者在短期内进行投资以在未来收获租金，在不利局面下说服消费者支付高昂转换成本，但可以通过进入市场后取得垄断价格收回这些投资。与前面讨论的静态模型，进入者应该愿意在短期内投入更多来征服市场。当静态低效率延伸到动态假设时，处于焦点地位、数字产品质量较低的在位企业可以保持主导地位。但是动态模型相对于静态模型的低效率得到了显著缓解。在位企业几乎没有能力利用其焦点优势来获得超出静态交互收益的租金。如此一来，进入者将变得非常激进，收取非常低的价格，期望在动态竞争中获取市场进入资格进而获取垄断租金。

间接网络效应和多边市场也将改变竞争的性质和结果。由于在位者利用焦点地位导致静态低效率延伸到多边市场，焦点地位意味着多边市场一侧的代理者期望另一侧的代理人留在在位者身边。尽管新进入者可能会为市场带来更先进硬件解决方案，但在不利预期下，以替代现有厂商为代价来征服市场仍然很难。

多边市场的存在降低了在位者焦点优势，因为它允许采用“分而治之”策略。即进入者只需要通过大力补贴方式说服市场参与者一方进行转换。一旦一侧有效选择转换，另一侧就将跟随。这是因为在双边环境中，平台可以区分属于不同边代理人。“分而治之”策略另一个后果是它们大大降低了市场势力程度。其原因是为了确保市场一方进行战略性转换，迫使进入者通过“烧钱”方式参与补贴，将大部分租金赠送给用户。

3. 本地网络提升网络效应下竞争程度。

网络效应一般是本地的，而不是全球性的，消费者通常只关心他们想与之交互的其他用户使用选择。例如，软件行业中，用户采用特定软件取决于该用户有多少其他合作者采用相同软件。本地网络效应允许多家公司同时在同一市场共存。本地交流网络可能使进入者进入变得容易。进入者可通过补偿本地交流网络或通过确保本地交流网络免受转换的损失来说服不情愿的消费者。根据网络规模支付转换成本，一方面，这些交流工具可能会降低在位者的优势；另一方面，在位企业可能会通过收取更低的费用来保留其用户群。

4. 多平台共存提升网络效应下的竞争程度。

数字市场中，转换成本一般比较低。互联网平台企业往往利用操作系统来实现非核心软件和硬件功能，切换社交网络不需要购买新设备或学习不同操作系统。使用成本不是很高，产品是免费扩散。用户会在退出旧服务之前试新服务，并同时光顾两个竞争平台。这种行为被称为多平台共存，数字市场是一种普遍现象。

即使不存在转换成本，在位者仍有可能通过焦点地位获得在位优势。多平台共存选择不会抹杀焦点优势，但它使市场更具竞争性。为了打入市场，进入者需要向早期转换者保证至少与主要在位者提供的价值一样高。对于多平台共存情况，只要进入者向早期消费者提供非负盈余，就会发生转换。这可以通过设定为负的价格或将网络商品与免费服务捆绑在一起来实现。许多在线平台提供多种免费赠品以保持用户联系与黏性。鼓励多平台共存政策会提高市场效率。

Armstrong（2006）提出“多个平台同时存在”和“单一平台”两类模型，提出“竞争瓶颈”的概念。假设同时存在拼多多和淘宝电商平台等，并假设两个或多个竞争市场并且买家仅使用单一平台，即他们总是在喜欢的网站上购物。假设平台是卖家接触买家的唯一途径，在给定买家选择的情况下，平台可以选择让卖家支付垄断价格来获取与买家通过搜索方式找到其店铺进行交易。买方使用单一平台会彻底阻断卖方竞争。如果买方在他们选择平台中进行隔离，则卖家选择加入一个平台（如拼多多）与它是否加入淘宝网无关。由于用户群不相交，因此，卖方这两个选择是独立的。但由于垄断买方平台选择可以在市场另一侧，即卖方处榨取丰厚垄断租金，平台对买家竞争将十分激烈。买家如果选择单一平台进行购买则将享有相对较低的价格。

多平台共存情形，一般假设选择多平台或单平台通常是内生的。公司可以通过设计其报价来控制消费者一些选择，如果市场卖方认为在控制网络规模前提下平台是同质的，而市场买方有强大的竞争瓶颈，使用一个特定平台偏好是内生的，即存在横向差异。相反，当双方代理人都有强烈偏好时，双边市场单一偏好是自然结果。Tremblay 等（2018）描述了双边市场中平台之间竞争，允许两种类型代理商进行多平台合作，着眼于间接网络效应中异质性影响。他们基本上将消费者偏好和公司技术映射到平台市场，提供了混合归属均衡出现条件，一些卖家和一些买家同时使用两个平台，而另一些则忠诚于单一平台。

有效阻止多平台共存的一个重要手段是排他性交易安排。如果一家公司单方面坚持市场一方实施排他性约束，那么多平台共存结果显然可能会被排除。

Peitz 等（2019）允许市场双方均具有单一选择。将竞争瓶颈市场中结果（卖方多平台，而买方单平台）与双边单平台市场（卖方和买方均选择单平台）结果进行了对比。竞争瓶颈市场中，竞争力很强的卖家使用多平台会对平台吸引买家入驻产生很大的竞争压力。独家平台限制有助于提高利润。一方面，给卖方造成了竞争压力；另一方面，放松了买方竞争。如果诱导买方仅选择单边市场所放弃的卖方垄断租金少于获得买方垄断租金，平台就有利可图。如果在其他条件不变的情况下，卖家独立收益价值足够小时，则平台更愿意将排他性限制条件强加给卖家。

二、数字经济时代的垄断

（一）数字经济时代垄断内涵

近年来，欧美遏制四大互联网巨头“FAAG”——脸书（Facebook）、亚马逊（Amazon）、苹果（Apple）和谷歌（Google）的脚步日益加快。自 2017 年起至今，谷歌面临 27 起调查，亚马逊和苹果面临 22 起调查，脸书面临 13 起调查。欧盟连续三年对谷歌进行反垄断处罚，累计处罚金额 96 亿美元。

我国在 2020 年 11 月推出了《平台经济领域反垄断指南（征求意见稿）》。因在系统里的外卖骑手、惦记着几捆白菜几斤水果的社区团购、高收低租的蛋壳公寓等事件，更引发了民众对互联网科技公司的关注和担忧。科技巨头们变得越来越强大，却似乎没有变得越来越好。

传统经济学者对于垄断的定义，大部分来自亚当·斯密《国民财富的性质和原因的研究》中的论断：“垄断价格在任何情况下都是最高的价格。”1890 年，约翰·谢尔曼（John Sherman）曾经说过：“如果没有竞争，垄断者的目标总是最高的价格，而不是控制需求。”美国国会通过了“谢尔曼反垄断法”（Sherman Anti - Trust Act，也称“谢尔曼反托拉斯法”），这项法律意在保护自由竞争市场体系，不允许行业大佬通过垄断手法追求高价格。

罗伯特·博克（Robert Bork）在《反垄断悖论》一书中写道：“反垄断的唯一合法目的，就是消费者福利的最大化。”而消费者福利最大化的重要指标就是商品定价。20 世纪七八十年代，美国芝加哥学派对反垄断法的分析占据了主流地位，其理论精髓在于“看待反垄断问题，最合适的工具是价格理论”。芝加哥学派声称：“掠夺性定价、纵向合并和搭售几乎没有减少消费者福利。”进入大数据和数字经济时代之后，掠夺性定价及纵向整合，对分析以亚马逊为代表的平台经济如何取得市场领先地位尤为重要。

新数字反垄断时代，问题焦点早已不是不合理高定价，而是从商品高价垄断过渡到了平台垄断。科技巨头们通过免费方式，构建起数万亿美元垄断市场。以亚马逊公司为例，其角色不再是一个零售商，它还是图书出版商、影视节目制作商、智能硬件制造商、时尚引领者等。更重要的是，它掌握了市场平台、物流网络、电子支付和信贷服务以及领先的云服务平台。亚马逊会降低图书价格，在芝加哥学派看来，这似乎对消费者是件好事。但从长远利益看，却会最终损害消费者利益。

欧美新一代反垄断专家，摒弃了价格抬升是衡量竞争受损程度主要指标的陈旧观点。他们认为，应当充分考虑个人隐私、数据控制、劳动者权利和对中小企业总体影响等诸多因素。电商平台常见问题诸如："二选一"、差别待遇、限定交易、低于成本销售、"大数据杀熟"等，都可被认定为垄断。

平台垄断这个场景里，"刚开始是羊毛出在牛身上，猪来买单。"消费者普遍认为免费羊毛不薅白不薅。但是一旦被平台驯化或固化后，消费者会越来越依赖垄断平台，去支付更多"习惯溢价"，而非"品牌溢价"。典型例子，就是亚马逊"一键下单"功能。当用户在网站上完成过购物，即默认保存过支付和地址等信息，之后购买过程中就无须再重复提交这些信息，只需一次点击就可以完成下单。据统计，"一键下单"这个功能，能为亚马逊带来约24亿美元收益。

欧盟监管部门在2020年12月15日发布的《数字市场法案》草案中，明确"看门人"（Gatekeeper）类型平台型企业，不得在自有平台上排名凌驾于竞争对手，也不得使用竞争对手数据与他们竞争。美国司法部在2020年10月一起针对谷歌诉讼中指出，谷歌霸占着搜索和广告关键词，通过排他性手段挤压竞争对手，占据了互联网把门人的位置。这些平台垄断者例子还有：苹果应用商店不平等条约，亚马逊在其电商平台中使用第三方数据。反观中国，腾讯投资了斗鱼和虎牙，参股B站和快手，还有自己的游戏直播平台，一共五个平台。这样，无论消费者选择哪个平台，最终受益者都有腾讯。

数字经济时代，平台垄断自我强化，是通过数据垄断与流量垄断实现的。平台作为看门者，在垄断流量的同时，还能连续榨取消费者数据，并带来新数据流量。垄断数据的同时，平台垄断者开始追求注意力垄断。2017年，谷歌发布论文《你需要的是注意力》（*Attention is All you need*）。注意力机制（Attention Mechanism）是数字经济领域常用的商业模式，指的是平台企业通过服务换取用户关注，并据此获得数据，持续不断对其加工、深度挖掘，从而创造可持续财富。

从价格垄断到平台垄断，从平台垄断继而到注意力垄断，人们发现，类似手机、平板这样智能设备，正在垄断我们注意力。外面世界发生了什么？我们更多消息来源来自手机新闻推送；今天吃什么？我们更多会把注意力放在"大众点评"和"饿了么"这样的App上；今晚谁有空出来玩？我们更倾向于找那些在微信聊天置顶一小撮朋友；找哪位单身帅哥或美女约会？我们会倾向于在手机上刷Tinder或者soul（交友软件），而不是去赴现实生活中聚会。

"注意力经济"正是凭借这个，通过追踪、监控、评估使用者每个操作，来判断使用者脾气、兴趣爱好和人格特征，从而在使用者浏览页面上投放"个人化""量身定制"的"精彩内容"，在最有效时间和位置上投放广告，让人们在不知不觉中成为"注意力垄断"的猎物。

如果大量用户数据掌握在少数平台企业手中，在数据决定算法、算力优化人工智能时代，用户注意力分配也会被算法算计。与此同时，用户会因为依赖少数几个数字帝国企业提供的宽领域、高质量、个性化智能服务，而减弱对自身数据的话语权。

注意力垄断的下一个阶段，则是对用户选择权垄断。技术是如何一步步绑架人们内心的？人工智能加速发展时代，随着智能音箱、网联汽车等智能终端不断渗透到生活各个角落，用户数据颗粒度越来越细腻。这的确催生出许多全新商业模式，为消费者提供更多差异化、定制化的"暖心"服务。

细心的消费者会发现，在一些综合网络服务平台上（该平台一般包含视频、搜索、广告、邮箱、社交、电商等一系列服务），他们点击"Acceept"（接受）按钮，同意以个人数据换取平台某个服务（如视频），但并没有同意自己数据被同时使用到其他业务模块或者其他关联公司。当他们上网或者使用App时，会发现与前期浏览视频相关广告出现在其他App上。这些广告，看似无意，实则有心，更多属于“投其所好”，根据用户使用行为精准推送。

注意力垄断、选择权垄断之后，互联网科技公司开始研究如何垄断你的时间，进而垄断你的一生。全球数据财富垄断的“马太效应”逐步凸显。当脸书、油管（YouTube）和网飞（Netflix）播放视频时，会在一个视频播放完的前几秒，自动播放下一个视频，用户根本没有机会选择是否要播放。这些网站美其名曰“这么做是为了让用户更方便地看视频”。但究其根本，他们是为了获取用户更多的停留时间，这才是他们的核心竞争力。

康奈尔大学教授布莱恩·万辛克（Brian Wansink）曾做过一次实验：他设计了一个“无底碗”，碗底装有一个导管，在实验者喝汤时，这个碗会自动盛满，看起来就像永远喝不完。用了这个碗以后，人们摄入的卡路里比平时多了73%。而许多互联网公司，也在设计这个“无底碗”，为客户提供无穷无尽信息和链接，逐步侵占和剥夺人的价值领地，如自主选择权、决定权甚至创造力。热门App的成功秘诀就是把自己变成老虎机，占据用户所有时间。某亚马逊平台第三方商家说：“亚马逊是‘海洛因’，它让你上瘾，最终让你坠入深渊。”

贝宝（Paypal）公司创始人彼得·蒂尔曾表示：“失败者才谈竞争。如果你想创造和获取持续的价值，就要寻求垄断。”每一个商业竞争者都有一个垄断梦，所有企业或多或少都会追求一种或几种垄断力量。而政府所要保护的，是有序竞争规则、健康竞争过程，以及消费者利益和社会公共利益。中国市场监管总局在《关于平台经济领域的反垄断指南（征求意见稿）》第一条就开宗明义，明确提出，“维护消费者的利益和社会公共利益。”但同时，意见稿第二条的第三点也提到，“激发创新创造活力。”

（二）数字经济时代垄断的形成

数字经济时代垄断的形成是由于随产量增长带来价值差的持续扩大。数字经济时代，当生产数量较小时，数字产品面临非常高的固定成本，但随着用户数量的增加，边际成本几乎为零，数字产品平均成本曲线趋近于零，成本曲线向右下方倾斜。由于存在网络效应，数字产品价值随着用户数量的增加而线性增加，价值和成本之差比较大，即剩余价值大。例如，从许多数字产品企业利润率可以看出，其毛利润率通常在25%～50%，远远高于行业的正常标准。数字企业可以充分利用如此高利润和留存收益来进一步改进现有商业模式，进行技术创新。

数字经济时代，垄断的形成可分成三种形态。

1. “赢者通吃”模式。例如，数字产品A最初增长过程可能来自市场积极反馈，如口碑。通过其他消费者使用或推荐该产品，能帮助该产品快速吸引新消费者。但该产品也要经历漫长缓慢增长初期，最初增长相当缓慢，以至于生产商可能会过早地从市场上撤出产品。期间，风险投资和足够雄厚资本能帮助产品跨过临界效应门槛，直到达到长期稳定状态。然后，该数字产品市场份额可能会饱和，市场上所有消费者都采用了该数字产品，即数字产品A成了“赢者通吃”获胜者。

2. 倒“U”形模式。例如，数字产品B在达到临界值之后市场份额不断增长，直到达到大值。但由于各种不利因素影响，此后将下降并失去消费者，最终数字产品B将从市场上消失。

3. 市场跟随模式。例如，数字产品C增长缓慢，但未能达到临界值，永远不会在市场上广泛采用，直至彻底消亡。许多数字产品均是如此，从推出至退出均未获得成功。

（三）数字市场垄断演进

数字经济垄断的演进路径是“S”形曲线形态。首先是缓慢初始阶段；其次是稳定增长阶段；最后是饱和阶段。不同数字服务在每个阶段花费时间有差异。同一数字服务在不同地理区域可能沿着不同“S”形曲线发展。第一阶段特点是市场增长缓慢，可能持续数年。接下来进入增长阶段，随着新消费者快速进入市场，数字产品消费量开始快速扩张。这个阶段特点通常是指数式增长，因为用户数量可能因为网络效应而翻倍，而网络效应也是这一阶段市场快速拓展的最关键因素。在第三阶段位于饱和阶段，数字产品增长放缓，因为大多数潜在消费者已经采用了数字产品。即使市场已经饱和，仍然会有新消费者进入市场：新产品长大，旧产品消亡。

（四）数字经济时代垄断的原因

1. 通用技术。

数字技术被归为通用技术（General Purpose Technologies，GPTs），这是数字经济中垄断市场结构的关键原因之一。GPTs 具有三个特征：（1）具有普遍性，即被广泛使用；（2）能够不断进行技术改进；（3）能够在应用部门进行互补性创新。数字技术作为通用技术，它不但可以促进某一产业发展，还可以造福于全社会，并随着时间的推移会不断自我迭代进步，同时广泛地促进和推动其他创新。通用技术的例子包括印刷术、蒸汽动力、电力、内燃机、铁路、激光、互联网和数字技术等。通用技术的广泛使用往往需要较长时期才能显现出来，但随着时间的推移，可能产生巨大影响。

2. 新经营模式。

数字经济时代，云计算、大数据、物联网、移动互联网等数字技术使数字产品搜寻、生产、运输、跟踪和识别等交易成本大大降低，使市场边界得到了很大扩展，因此，用传统企业方法来组织供应的必要性大大降低，平台甚至可以用个体连接方式来组织市场交易，产生了一种新型经营模式，这种新型经营模式很可能会导致企业对市场的垄断。

3. 赋能技术。

AI 和机器学习等技术被称为赋能技术（Enabling Technologies，ET），赋能技术相对于通用技术而言，范围相对较窄，满足上述三个标准的第二个和第三个。就其性质而言，赋能技术是价值链中的中间环节，通过价值链传递可以转让或授权给下游企业。目前重要赋能技术是 AI，包括一系列软件技术，用于训练计算机以近似人脑的方式进行感知、推理、解释、交流和决策。与之密切相关赋能技术是机器学习，机器学习是实现人工智能的一个途径，通过设计让计算机可以自动“学习”的算法，从数据中自动分析获得规律，并利用规律对未知数据进行预测。赋能技术由于可以用于推动一个行业技术变革，对于特定行业和部门是非常重要的。该技术进步不仅使得使用行业受益，也使得产业链上游和下游也同时提升生产率，通过产生熊彼特创新，颠覆现有市场结构，产生巨大规模经济，提升社会总福利。

4. 网络外部性与规模经济。

网络外部性是数字经济的一个重要特征。但互联网建设是有门槛的，在初期，平台建设费用很高，一旦进入了目标市场，这个费用就接近于零，所以领先公司可以依靠庞大用户群来分担前期费用，从而形成规模效应，形成垄断。平台规模经济来自两个方面：一是链接放大效应，如果每一次新连接都会带来价值提升，则较大网络会比小网络享受更大规模收益，而平台运营商会有不断扩大网络趋势，以摊薄前期成本；二是减少摩擦费用，普遍存在信息非对称情况下，合同争议经常会发生，这时就会存在解决争议谈判成本，而平台企业能够利用自己市场主导地位，有效地解决争议，使得买卖双方由于害怕付出信用、经济等方面代价，而选择尊重平台制定的规则。当一个平台拥有更多市场份额时，就会有更多用户黏性，从而降低与其他平台之间摩擦。

5. 互补性资产。

数字技术实质上是一种互补性资产。广义上，租金被定义为一种特殊利润，可以通过某种形式特权获得，如垄断租金、生产要素带来的生产率差异和进入壁垒。但数字技术作为通用技术，其本质上将获取熊彼特租金，即创新带来的利润率与平均利润率之间差额。互补性资产亦称“补充性资产”，指除技术创新所包含的核心技术知识之外，技术创新商业成功或从技术创新中获取经济利益必须使用的其他能力或资源，如制造、分销渠道、服务、品牌、辅助技术等。从生产端的定义是指如果任何一项活动或资产都能增加其他活动或资产收益，这些活动就是补充性资产。数字经济中，由于创新开源性和网络效应，使原本没有明显互补性的技术，如微芯片和生物材料，可以结合起来共同提升特定行业生产效率，生产出全新产品，这是创造价值互补形式。当一项创新技术价值取决于改变其他现有技术特质或创造新技术时，就会出现技术互补性。

6. 平台垄断。

随着互联网、大数据以及 AI 技术不断的融合和发展，数字平台企业应运而生，平台积累到一定用户后，便运用算法技术和信息技术不断筛选和分析用户有效信息，由此获得平台经济先发优势，逐渐占据市场主导地位，形成了数字经济领域常见的市场结构：平台垄断。平台公司之所以能够长期保持垄断地位，其原因在于：（1）数据垄断。平台公司积累了海量用户信息，并根据用户行为特征，进行有针对性的促销、优惠和广告，从而产生新盈利和新数据。（2）流量垄断。平台企业借助网络优势，持续地将用户需要信息收集起来，从而实现对用户流量垄断。而这些流量优势还可以通过平台业务延伸和衍生方式，实现多维度拓展，从而持续地强化其流量优势。（3）技术垄断。这也是平台垄断所特有的特点，可以在自己商业上给予特别关注，也可以在无形中压制其他公司商业，从而达到一种“自我优待”效果。

7. 其他原因。

形成数字经济中自然垄断的原因还包括以下几点：（1）锁定。当一个市场被一个事实上垄断者所控制时，新进入竞争者将难以利用其后发优势来获得市场份额。（2）成本。无法实现然垄断导致的成本过高，两个不兼容数技术标准可能比一个标准更缺乏市场效率，无论对于上游供应商还是下游消费者来说，商套系统或者标准最终将其成本和产品价格增加，市场最终将发展成为事实垄断。（3）马太效应。零边际成本特征与网络效应作用下，数字产品价值与成本差距不断扩大。

第二节　数字经济时代垄断与效率

数字经济时代，随着互联网巨头企业的出现，需要高度重视数字经济治理问题。然而在数字经济背景下，很难用传统经济学理论来解释互联网企业某些新行为，进而使得在实施具体治理过程时缺乏依据。与传统市场相比，互联网产业呈现出技术外溢、网络效应、规模效应和标准竞争等复杂特性，使得限制竞争行为难以被发现或恰当地被矫正。执法部门或管理者应以动态眼光来看待现有互联网市场，同时也需要从理论上进行相应创新。

一、传统经济中市场结构与效率

（一）静态效率

从成本上看，完全竞争企业长期均衡出现在长期平均成本曲线的最低点，不完全竞争企业长期均衡出现在长期平均成本曲线最低点之前的下降阶段。因此，完全竞争企业成本小于不完全竞争企业。

从价格上看，完全竞争长期均衡中，价格总是等于最低长期平均成本，而在不完全竞争企业长期均衡中，价格总是高于最低长期的平均成本。例如，垄断企业长期均衡中，不仅价格高于长期平均成本，而且这个长期平均成本还高于最低水平。因此，完全竞争企业价格最低，低于不完全竞争企业。

从产量上看，尽管从单一企业来说，完全竞争企业产量不一定会大于不完全竞争企业，但从整个行业视角看，完全竞争行业产量一定大于不完全竞争行业产量。不完全竞争市场价格常常高于完全竞争时情况，从而不完全竞争市场产量常常低于完全竞争时产量。

从利润上看，完全竞争和垄断竞争企业长期均衡中，由于价格总是等于长期平均成本，只存在正常利润而没有经济利润。垄断和寡头企业长期均衡中，由于价格通常高于长期平均成本，不仅有正常利润，还有经济利润。在一个行业中，若存在经济利润，则意味着分配给行业的资源太少，不能满足社会需求。这是由于存在进入障碍。若不存在进入障碍，存在经济利润就会吸引其他企业进入，直到经济利润消失从而资源配置达到最优。

从价格与长期边际成本关系上看，完全竞争企业长期均衡中，价格总是等于长期边际成本，而不完全竞争企业长期均衡中，价格总是大于长期边际成本。后者明显是缺乏效率的。

（二）动态效率

若不考虑技术变化，则完全竞争企业比不完全竞争企业具有更高效率。但一旦引入技术进步，则结果可能有所不同。

不完全竞争企业技术进步可能要比完全竞争企业更快，这可从创新成本和收益两个方面分析。从创新成本看，许多创新都需要投入巨额资金，而小规模完全竞争企业很难承担这种巨额资金。但大型企业利用垄断力量，获得大量超额垄断利润，成为其创新资金来源。从创新收益看，创新成功可能会带来巨大收益，但进行创新企业未必能得到这些收益。完全竞争市场中，任何企业都无法控制市场，也无法对其创新成果进行模仿和利用，因此，一个完全竞争市场中创新很容易被众多类似企业瓜分，进行创新的企业可能会得不偿失。

无论从创新资金看还是从创新动机看，不完全竞争企业进行创新成功可能性比完全竞争企业大得多。

二、数字经济市场效率特征

（一）数字经济市场静态效率

静态分析是基于某种数字产品性能不变进行的分析。例如，微软 Windows 操作软件市场占有率超过 90%，作为垄断者在理论上能把软件价格定得比较高。但实际上微软并没有这么做，这在很大程度上是由于数字产品与传统产品的不同之处。一方面，数字产品市场垄断地位不确定很大，垄断企业时刻面临新进入者的威胁，自然也不敢抬价；另一方面，数字产品市场上正反馈会促使厂商牺牲价格以获得数量的快速增长。

生产效率方面分析涉及了规模经济，传统经济环境中，因为大企业一般伴随着规模经济，很多研究得出大企业有利于提高生产效率的结论。数字经济时代，企业生产发生了根本变化，高研发成本、低边际成本特殊成本结构导致规模经济普遍存在。无论企业是何种规模，其生产平均成本都会随着产量提高而减少。因此，规模经济很难再成为大企业有利于提高生产效率的依据。大企业是否伴随着高生产效率主要在于其是否降低研发成本。垄断生产效率体现在整个社会研发成本降低和效率提升上。

分配效率方面分析与消费者福利相关联。传统垄断结构会造成福利损失，原因在于垄断企业会通过提价侵占消费者剩余，还会造成社会福利减少。首先，数字经济时代，市场竞争已经不再局限于价格竞争，价格垄断对市场影响重要性已经大幅下降。制约经济增长的主要矛盾是需求创造，这受制于消费者的消费欲望，只有不断创造出适合市场需求导向新产品，才能刺激消费者的潜在消费欲望，增加消费需求量。只有适应市场需求，才能形成经济的垄断力量。这种经济垄断是凭借新技术、新工艺、新产品形成的，是在满足消费者的潜在欲望，即效用最大化基础上实现的（Delong et al.，2000）。这意味着市场高效率和技术不断进步。其次，企业在取得垄断地位过程中，为了尽快达到临界容量会采取很多优惠条件来吸引消费者，不会有限产提价的动机，也不可能实现价格垄断。因为企业经营活动目的不是短期利润最大化，而是占据市场。企业经营决策过程中，质量竞争比产品营销更为重要。最后，考虑平台企业所形成的双边市场结构，有助于降低用户的交易成本（Chakravorti et al.，2004）。总体而言，这种“垄断”不但不会损害消费者的利益，反而增加了消费者的剩余。

（二）数字经济市场动态效率

动态分析是基于数字产品性能不断变化的视角。从长期、动态视角分析企业垄断力量和竞争行为，实际上就是要判断垄断力量与创新之间存在一种什么关系。若垄断促进创新，垄断就是动态有效率的；反之，就是不合理的。数字经济企业一般不会满足于借助单一产品简单降价来扩大市场规模，而会寻求持续产品创新来确立和保持垄断地位。

从动态视角看，数字经济存在技术性垄断，但垄断厂商却不会因此失去创新动力。互联网企业实现技术性垄断的前提是掌握最先进技术以保证获取和稳固垄断地位。所以互联网经济中技术垄断是暂时的、相对的，存在着垄断地位被具有新技术挑战者取代的可能性。数字经济中垄断市场表面上不存在竞争者，但潜在竞争企业却非常多。根据可竞争性市场理论，若一个市场进入壁垒较低，并且存在着较多潜在进入者，则该市场便是有效率的，即使从表象上看该市场并不满足完全竞争市场条件。数字经济中，只要潜在竞争者能够通过技术研发实现科技领先，就能够在市场中获得利润，在市场正反馈效用作用下最终打败原来垄断者，成为市场上唯一的厂商，即新垄断者。面对潜在进入者的威胁时，技术性垄断厂商必然要不断地通过创新来保持技术领先，从而获得持续垄断地位和利润。上述过程从长期来看是具有动态效率的，如有必要促进创新及连续市场进入行为带来长期动态效率增益，则需要承受短期静态效率损失（Sidak et al.，2009），这可以看作为保护创新而进行的“垄断豁免”。比尔·盖茨曾说：“微软过去成功的基础是发明创新，未来成功同样要依赖于在飞速发展市场保持创新能力。”微软公司就是通过“淘汰自己产品”来保持技术优势、实现操作系统产业垄断地位的。

从数字经济中垄断的静态和动态效率可知，数字产品垄断不仅没有像传统垄断厂商那样损害消费者福利，还为消费者提供了更低价格，并促进了社会创新活动。因此，数字经济时代的垄断并非“洪水猛兽”，它促进了竞争和技术进步，也使消费者享受着不断降低价格和不断提高质量。

三、数字市场效率度量方法

市场效率是指在一定市场结构中，由一定市场行为所形成的价格、产量、成本、利润、产品质量和品种以及技术进步等方面的最终经济成果。结合数字经济特殊属性和传统产业组织理论关于市场效率测度，下面介绍几种常见的市场效率测度方法。

（一）*X* 效率

1966 年，哈维·莱宾斯坦首次提出了“*X* 效率”这一衡量市场效率的一种常见方法。*X* 效率是指除规模和范围影响之外所有技术和配置效率之总和，即对整合技术、人力资源及其他资产来生产给定产出管理水平测度，反映的是企业控制成本和产出最大化情形下管理能力差异。厂商要素投入量给定情况下，若要素投入变化可以使某些产品产出增加但并没有使其他产品产出减少，则说明该厂商存在 X 效率，反之，则说明它属于 X 低效率。

具体来看，X 效率可分为技术效率（*TE*）、配置效率（*AE*）和成本效率（*CE*）。其中，技术效率 *TE* 是指为生产一定水平产出，必要的、最小的投入组合。配置效率 *AE* 反映了企业利用在投入相对价格一定时，利用投入的最佳组合能力。成本效率 *CE* 衡量企业生产既定产量并将生产成本降至最低的能力。成本效率是技术效率和配置效率的综合反映，其中，$CE = AE \times TE$。

（二）产业规模结构效率

产业规模结构效率，又称为产业组织技术效率，是指一个行业中企业实现最优经济规模并有效利用其规模能力的比率。

产业规模结构效率存在三种状态：低效率状态、过度集中状态、理想状态。产业规模结构效率受两个方面影响：产业内企业规模结构（产业内不同规模企业构成和数量比例关系）和市场结构（市场垄断程度）。企业规模大小与利润率在某种程度存在正相关关系，但并不是规模越大越好；产业内企业市场结构对规模结构效率的影响表现为：过度集中和分散都会降低产业规模经济水平。从衡量指标来看，产业规模结构效率主要用达到经济规模或接近经济规模的企业产量占全行业产量的比例，以及垂直一体化企业产量占流程各阶段产量比例来表示。从我国来说，考察某个新兴产业规模结构效率，可以分析该产业中规模以上企业（如上市公司）数量（或产量）占该行业企业总数量（或产量）比率，或分析该产业中某个流程阶段企业，如专门从事研发创新，或专门从事生产企业产量（产值）占该所在流程阶段企业总产量（产值）比率来反映。相关企业规模结构、行业结构、地区结构、上市公司结构、产业链结构、盈利能力比较、企业属性结构等，均可以从不同侧面反映出该新兴产业规模结构效率。

（三）Malmquist 指数

Malmquist 生产率指数是由 Malmquist 在消费分析的过程中首次提出的。Caves 提出将这一指数应用于生产效率变化测算，随后被广泛应用于企业生产分析。Fare 把 Malmquist 指数分解成两个部分：技术效率变化指数，该指数描述的是由 t 时期至 $t+1$ 时期技术效率的提高；技术进步指数，表示用技术进步衡量决策单元在相邻两个时期生产技术变化程度，代表生产过程技术进步或创新程度。直到 1994 年，RolfFäre 等将这一理论一种非参数线性规划法与数据包络分析法（DEA）理论相结合，这才使得 Malmquist 指数被广泛应用。

（四）利润率

利润率是一种衡量单位投资盈利多少的方法。从企业角度看，企业收益是一种经济收益，而非财务收益。其一般计算公式为：$R = \frac{(\pi - T)}{E}$，其中，R 表示企业税后资本利润率；π 表示税前利润；T 表示税收总额；E 表示自有资本。

利润率指标之所以可以用来描述市场绩效，是因为微观经济学理论认为在完全竞争市场结构中资源配置实现最优，该市场上所有企业都只能获得正常利润且不同产业利润率水平趋向一致。以利润率（收益率）作为衡量市场效率指标，实际上把超额利润产生完全归因于市场势力，即垄断势力形成必然会导致偏离资源配置的最优状态。

第三节 数字经济时代垄断影响因素与测度方法

数字经济在给人们生产生活带来巨大方便的同时，也产生了诸如“二选一”“大数据杀熟”等一系列垄断问题。从世界范围看，数字经济存在垄断现象越来越受到人们重视，许多国家都在积极制定相关规制措施。2020 年 10 月，美国司法部门与 11 个州一起向谷歌提交了一份诉状，控告谷歌在搜索与广告方面的垄断协议，并称谷歌利用其市场优势来打压竞争者。2020 年 12 月，脸书被美国联邦交易委员会（FTC）与各州司法部长联合会联合提起了一项反托拉斯法案。我国也拉开了对数字平台反垄断法的大幕，为推动数字平台数字化转型打下了坚实基础。《关于平台经济领域的反垄断指南（征求意见稿）》于 2020 年 11 月发布；2020 年 12 月，中共中央政治局召开第一次会议，第一次提出要强化反垄断法，抑制资本无序扩张，并对阿里巴巴集团所谓的“二选一”进行了调查。2021 年 2 月，随着《平台经济领域反垄断指南》以及其他相关文件的出台，我国数字平台公司开始步入了一个规范、健康和可持续发展的新时代。

一、数字市场垄断的影响因素

（一）规模经济

传统西方经济学理论认为规模经济可能会产生自然垄断。数字产业中，发展网络或基础设施固定成本往往与数字化带来可忽略不计或零边际成本相结合，规模经济效应更加明显。数字平台特有需求侧规模经济以间接网络外部性形式存在，并在单个网络上聚合平台不同侧需求和外部性。例如，在同一约车平台的司机和乘客、同一短期在线的租赁平台房主和租客，或同一市场的买方和卖方之间都存在正间接网络外部性。随着其他用户数量的增加和外部性在更大网络上聚集，网络对用户来说将变得更有价值。若网络外部性在相关需求范围内增加，它们可能成为自然垄断条件的一个来源，在这种条件下，正外部性使单一平台聚合成为最有效市场结果。为了达到这一目标，数字企业将用户聚集在单一平台上以及减少间接网络外部性造成的低效分裂所带来的好处，必须大于供应端可能出现的潜在规模经济。

（二）技术变革

网络经济时代，传统经济模式和创新模式发生了改变，一个新的创新可以改变或淘汰一个企业和产业，如网络技术与传统企业结合形成电子商务。技术创新与垄断、竞争形成了交融互促关系，竞争加剧了市场集中，激烈技术竞争环境下旧垄断不断被新垄断所取代。技术垄断的前提是技术领先，新技术变革使得数字企业在信息聚合、用户吸引、数据引流等方面具有天然的先天优势，产生了市场进入壁垒，形成垄断。技术发展通常是渐进的，如将比现有产品或服务略胜一筹的产品或服务带入市场。垄断是建立在不规则和不可预测突破之上的，这些突破会给市场带来根本性变化，削弱或破坏现有地位，或者创造全新市场。

（三）数字产品新业态

数字产品是一种新兴产品，先占据数字市场厂商能够获得更多优势。当厂商具有压倒性市场优势时，数字产品市场就会出现垄断。数字产品作为一种特殊产品，其经济学特征为：非排他性、网络外部性、易被定制和个性化、高附加值、贬值性和质量不确定性。一旦数字产品形成，就构成了一种自然垄断，尽管其他企业会采取相应措施争夺市场，但是只有了解了这种产品特性，才能冲击垄断市场。

二、数字市场垄断的测度

由于数字化市场具有许多有别于传统市场的特征，传统测量手段在数字化市场中将不再适用，如消费者福利、价格等。首先，免费商品属性和算法替代导致价格评价方法失效。由于价格快速波动和算法促进个性化定价，难以从价格角度研究垄断行为。此外，数字产品的免费产品特性使得价格并不是数字市场垄断和竞争性分析最合适的标准。数字企业由于开源创新或者业务兼并也可能导致市场势力或者“合谋”，以提升价格以外的形式对消费者造成伤害。

其次，衡量消费者福利指标体系也不一定有效。在反垄断法中，最常用的做法是使用消费者福利标准，这一标准也是以价格作为衡量消费者权益与损失的基础。然而，这一理论在评价数字经济垄断特性时，已经不适用。例如，掠夺性定价是指企业在中短期内为了把对手挤出市场或吓退试图进入市场的潜在对手，而采取降低价格（甚至低于成本）的策略，直到竞争者退出市场竞争。该定价策略也是数字市场或者数字平台发展的关键策略，但在传统反垄断法规的审查中可能由于其价格隐蔽性而被认定为不具备垄断事实。

因此，数字经济中，有必要拓展消费者的福利概念，如消费者隐私保护、个人数据确权、消费者自主选择、市场势力与相关转换成本和锁定效应等。欧盟委员会等发达国家和地区在修改新竞争法中，对数字经济垄断的测度主要有以下几个方面：界定数字市场、市场支配地位界定、市场份额界定、时间维度确定和并购审查范围确定等。

（一）界定数字市场

市场界定是判断市场支配地位的前提。数字市场一般是双边市场或多边市场。数字市场中对客户交叉补贴使确定数字市场变得复杂，因为影响消费者购买特定产品意愿不仅是一种特定产品需求和供给，也可能取决于市场另一边。

界定数字市场范围时，应注意：第一，免费产品或服务并不能认定该市场不存在垄断；第二，多边市场中参与各方需求是相互依赖的；第三，价格并非决定数字市场是否存在的关键因素，应当辅助其他因素来进行市场界定。网络效应可以加强支配地位，因此作为双边市场数字市场，应当考察数字平台所提供的两种产品之间可替代性。例如，欧盟委员会定义数字市场考虑两个客户群体（消费者和广告商），即使其中一个群体（消费者）免费获得数字产品，由于数字平台对广告商征收高价广告费，它仍然可以构成欧盟竞争法中的数字市场。因此，价格并不是衡量数字市场竞争的唯一标准，还包含了其他竞争性指标。以百度为代表的搜索引擎企业为例，百度是一个典型的双面平台，具有两大客户群体：免费搜索消费者和付费在百度搜索页面上展示信息广告商，这两类顾客群之间存在相互依存的需求。百度通过搜索流量带来网络效应，通过高额转换成本和锁定进一步提高了进入壁垒，加强了百度在搜索引擎市场支配地位。因此，百度搜索结果相关性、提供结果速度、用户界面吸引力和网络索引深度等指标都应包括在数字市场界定范围之内。

（二）评估市场支配地位

1. 市场支配地位内涵。

市场支配地位也称为市场优势地位或市场控制地位，这种地位使其能够阻止市场上有效竞争，因为它有能力独立于其竞争对手、客户和最终消费者而运作。该定义强调了市场势力与特定市场范围相联系的重要性，确认了支配地位评估需要两步，首先确定相关市场，其次确定支配地位。该定义还强调了市场势力与消费者之间的联系。因此，市场势力在很大程度上并非独立概念，而是一个只能与企业互动的市场属性，是市场与企业的互动方式。

用传统基于成本产品定价来衡量数字市场势力是不妥当的，因为数字市场一般有一定的规模经济，固定成本比较高，如大量研发投资、几乎零边际成本。数字产品价格并非根据成本，而是根据消费者对产品估价决定的。消费者对产品评价越高，消费者愿意支付价格就越高。数字市场中，该评价往往以浏览量、网络效应或者眼球效应等流量指标来体现。

作为多边市场运营的数字市场，其中一组客户常常会以个人数据为交换条件获得免费产品或服务。当面对价格为零产品时，消费者行为可能是非理性的，他们会选择该商品仅仅是因为其是免费的，尽管选择更优质产品可能更理性。免费产品选择可能导致消费者非理性购买行为，甚至消费者有时会因为一个产品是免费的而对其进行更高评价，这可能歪曲对某一产品需求评估方式，也给市场支配地位判断带来了障碍。

传统经济理论中市场势力是指将价格提高到竞争市场价格水平之上的能力，该定义不适合数字经济市场。数字市场中，价格并不是一个好的衡量标准，而数据似乎成了数字市场的新“货币”和供求调节工具。数字市场上可能存在竞争，对于确定该市场是否存在具有支配地位的企业是一个相关因素而非决定性因素。垄断或准垄断情况下，支配地位将会挤出竞争，而靠支配地位获利企业即使不能决定，至少也能明显影响市场竞争的各项条件。这种情形强调了一家数字企业可能存在支配地位，但其不一定具备垄断或者近乎垄断的市场份额。数字市场的支配地位本质上是具备市场势力数字企业有能力在其市场战略中不必考虑数字市场中存在竞争，竞争不会影响该企业损害消费者福利的既定事实。

2. 数字市场支配地位测算指标。

市场支配地位不是一个绝对概念，而是取决于每个案例的异质性特征。数字市场特征除了价格之外，还包括数字市场中竞争者数量和一段时间内市场份额、进入壁垒、扩张障碍、潜在竞争者、对抗性买方力量、产品差异性以及市场中各企业之间竞争相互依赖性。考虑其他补充指标时，应重点考虑：（1）数据隐私保护。数字平台企业是否利用其市场优势地位导致隐私泄露导致消费者福利所受到的损失。（2）数字平台“合谋”。数字平台企业以构建生态圈为目标进行纵向并购或横向并购来扩大市场势力，并由此提升了系统风险或减少创新。（3）标准与技术垄断。领导型数字企业由于技术或标准优势对中小企业公平使用互联网或者数字技术进行限制来获取垄断租金，人为造成“数字鸿沟”。

传统市场势力往往采用需求可替代性和供应可替代性来进行测算。在定义相关市场后，通过计算企业市场份额来进行评估。很多情况下，由于缺乏对数字市场势力进行测算的可靠数据，传统评估方法可能不妥当，有些指标如剩余需求弹性降低了对市场势力测算数据需求。而在线搜集相关数据大大提升了数据可得性，从而用于估计数字企业面临的剩余需求弹性。

而其他国家和地区在制定竞争法时，也会重点关注价格之外的指标。例如，欧盟委员会在评估数字企业市场支配地位时，特别关注三个指标：市场份额、时间规模、其他竞争者在市场上的地位。而德国修订后的新竞争法中有一条新规定，定义了评估多边市场下企业市场地位时要考虑的标准；直接和间接网络效应、不同数字产品转换成本、企业因网络效应而产生的规模经济，企业数据要素以及创新技术。同时，还纳入了数据隐私泄露对消费者福利的侵害。

（三）市场份额

一般来说，市场份额并不是界定数字市场支配地位的必要条件。但在特殊情况下，非常大的市场份额本身就是存在支配地位的证据之一。市场份额和支配地位相关性体现在，一个数字企业如果拥有非常大的市场份额并保持了一段时间，其生产量和供应规模一直处于强势地位，使它成为数字市场内中小企业不可避免的交易伙伴，它至少在相对较长的时期拥有数字市场的支配地位。但需要关注不仅仅是市场份额具体数值，而是它所代表的内容，即生产量、供给规模和成为市场内其他企业不可避免的交易伙伴概率。

一些国家和地区对与数字市场势力相关联的市场份额做了界定。例如，欧盟委员会认为“大市场份额”是指某家企业占据市场份额达到50%以上，可以推断其具有市场支配地位。这并不代表市场份额低于50%就必然不存在支配地位。大量经验证据表明，当企业在某一市场上占有市场份额低于40%时，出现“支配地位”概率明显降低，但并没有排除对市场份额低于40%特定情况进行垄断调查可能性，特别是当存在竞争者无法有效限制市场支配企业行为前提时。

理论上，过度依赖市场份额并将其作为支配地位的替代指标，而不对市场和进入壁垒进行更多评估时，就会出现问题。因为支配地位可能是“脆弱”的，假设目前“支配”企业由于边际成本低选择提价来获取更多垄断利润，竞争对手很容易通过低价支付消费者转换成本来获取市场势力，从而使得市场结构迅速发生变化。对数字企业，与其依赖市场份额来评估其支配地位，不如根据能力进行评估，即，是否有任何未使用的或潜在能力（全新技术或者行业标准），使竞争者无法对占据支配地位的企业发起挑战。

（四）时间维度

数字市场是一个动态市场，市场支配地位具有长期特征。如果一个企业在很短的时间内面临其竞争者进入市场带来的竞争威胁，不足以证明其占据市场支配地位。市场份额的历史数据也仅具有有限的参考价值，因为数字经济不断变化的特征，数字企业通常具有相当不稳定市场份额。快速增长动态市场中，除了市场份额之外，评估市场的支配地位还应该考虑到其他动态指标，如企业经营的市场、企业真正的和潜在的竞争对手，以及公司持有市场份额的时间长度。

时间维度是支配地位评估的一个重要组成部分，支配地位保持得越久，企业实际上就越具有支配地位。OECD将5年市场地位转变作为时间上限，如果一家企业在5年后仍然没有受到挑战，它就很可能处于支配地位。

（五）并购审查

并购审查也是数字市场反垄断的重要步骤。并购反垄断审查包括：调查、搜集证据、听取意见、审查意见、裁定和实施等。考虑到审查过程和结果会影响到并购当事人以及利害关系人的切身利益，因此，法律应该赋予当事人以抗辩权利，对执法机构行政权力行使进行有效制约，维护当事人的合法权益，确保审查及裁决结果的公平性，从而实现维护公平自由竞争秩序的价值目标。

但当前大多数市场中，只有达到或超过营业额或资产阈值的并购才需要进行审查。即使其企业价值或者市值很高，但数字企业并购也可能仍达不到行业垄断审查阈值。因此，2021年新修订的德国新竞争法对合并控制做了全新规定，考虑数字企业全球并购和国内并购总价值，如果购买价格和并购导致负债累计超过4亿欧元，则该交易应当受到并购审查。并购审核还应考虑数据价值和控制权转移。数字企业合并带来数据库合并与其市场势力提升可能是高度相关的，因为两家公司数据库合并极有可能导致合并后企业具有更大市场势力以及更高进入壁垒。如果两家公司曾经是同一市场竞争对手，则合并后企业有可能因为数据控制权大幅提升而违反竞争法，需要竞争主管部门逐案研究并购对市场支配地位的影响。

三、数字市场垄断的影响

数字市场依托其固有网络效应和规模效应，极易形成数字企业市场垄断。而这种垄断行为对不同行为主体将产生不同影响。

（一）国家安全层面

数字市场垄断将增加政府市场监管难度。随着数字经济的诞生、演进与发展，溯源于工业经济时代以竞争法为主导传统市场监管机制逐渐暴露出空白与缺陷，它无法全面涵盖与精准处置由超大型数字平台企业实施的附着于其宏大数字化生态系统新型垄断样态，而这类垄断行为极易导致平台市场及平台关联市场竞争机制的疲弱化与形骸化，进而减损社会公共利益。尤其对自然垄断形成的超大型数字平台企业，传统反垄断执法的标准干预和补救措施难以实施。

数字经济中，平台经济是一个十分重要的组成部分，它不仅具有数字经济的全部特点，而且还具有一项显著特点：用户黏性高。强大的用户黏性让平台占据了先机，随着数据的积累，他们可以更好地掌握用户喜好，从而获得更多的用户黏性，从而形成一个良性闭环。控制企业数据要素加强，对国家安全监督管理也产生了一定风险。由于数据的公有特性，而平台垄断又导致了数据所产生财富与社会利益不能被所有人所分享。另外，由于数据垄断与融资具有高度关联性，其中一方风险很容易被“传染”到另一方，资金对数据追逐下，将进一步加剧“脱实向虚”系统性金融风险，进而威胁到国家数字经济安全。

（二）消费者层面

数字平台利用其基础服务能力将其垄断地位进行横向或纵向延伸，为消费者提供了更便捷的服务和更广泛的购物选择，带来了更好的体验。但实质上这种效率与便捷背后也蕴含着对消费者福利损害风险，看似是为用户创造价值与收益，实则是一种营销方法。平台并没有意识到其价值来源于用户，其有责任和义务为用户创造更优质的服务。

首先，数字经济时代依然广泛存在价格歧视行为。价格歧视是一种对同一种类产品和服务，以不同价格和费用，为不同顾客提供相同品质产品。这无疑在很大程度上损害了消费者权益。数字经济时代，大型数字平台企业通常拥有一定的数据垄断优势，可以根据数据算法对不同类别消费者进行差异化定价，“大数据杀熟”是一种普遍存在的价格歧视现象。企业在某一领域达到具有市场支配地位的市场份额后，利用平台大数据可能会对消费者兴趣和心理进行画像和分组，为消费者推荐特定信息或者利用数据为不同消费者采取差异化定价。此时消费者只有支付更高价格才能获得垄断平台相应服务，严重损害了消费者福利。2020 年以来，阿里巴巴、美团等先后被曝出“大数据杀熟”行为，严重侵犯了消费者合法权益，损害了社会公平。北京市消费者协会发布“大数据杀熟”问题调查结果，50% 以上被调查者表示有过被“大数据杀熟”的经历，网购平台、在线订票、网约车等与生活紧密相关移动应用领域“大数据杀熟”问题最多。

其次，消费者面临个人数据泄露风险。消费者个人数据信息隐私权容易受到侵害，消费者在使用平台数字产品前通常会被要求签订某些服务条款，通过个人信息换取免费服务，当数字平台企业长期处于数据垄断地位时，消费者若不愿意提供个人数据，无法享受平台服务。而互联网平台形成垄断格局后还会导致其他类似平台企业无法参与竞争，平台企业间相互监督机制消失，从而会诱发垄断者滥用消费者隐私数据的行为。

（三）数字行业竞争者层面

数字平台企业在数字经济中起到了中介和基础设施的作用，行业依赖于技术创新和良好市场竞争，初创企业等市场新进入者有较大的发展潜力，但随时面临着大型数字平台企业垄断带来的风险。

首先，数字平台企业实行市场垄断，会对产业创新产生制约作用。互联网市场发展与创新在很大程度上受到了用户需求与新兴创业者支配，而在互联网产业中，随着寡头垄断企业的出现，其对潜在竞争对手进行了排挤，并以拒绝向其提供重要数据信息方式，抑制了其市场创新能力。互联网垄断巨头们可以利用自己所拥有资金和信息，轻松地进行跨领域发展，他们可以将自己业务和资源进行整合，从而实现上下游发展。由于数据高度集中化，使得许多公司将其排除在外，而不愿意共享用户数据则会直接断绝底层数据来源，使新兴公司运营陷入停滞状态。而在此基础上，通过“领先”的方式，实现对上下游市场的“传导”，从而削弱了全链创新的积极性。

其次，数字化平台通过复制商业模式、并购新创公司等手段，对新创公司产生了更为普遍的“寒蝉效应”。创业公司早期用户被大公司抢夺，成长前景黯淡，新进入公司预期收益较低，创业公司对与其业务重合的地区更感兴趣，在创业公司经营范围内形成“杀伤区”，未进入地区不具有投资价值。从 2015 年开始，科技创业企业年投资复合增速为 -21%，比重则比其他行业低了 -5%，这一切都将损害到创新。

最后，为了巩固自己的垄断地位，各大数字平台公司都会对用户进行恶意竞争。对于具有较高创新性和较高发展潜力创业公司，数字平台公司会利用现有数据、知名度、流量等优势，对其进行模仿，从而对其进行竞争，从而使创业公司用户增速放缓，大大降低了其发展的可能性。

（四）平台内经营者层面

平台内经营者根据自身需求选择合适平台的主动权容易受到平台限制。平台制定排他性条款一般会限制商家交易活动，平台内经营者被禁止在竞争对手平台上开展经营活动，否则会面临限流、店铺被下架等经营风险。美团和饿了么是中国两大垄断性外卖平台，过去与商家签订条约时就包含隐形条款，即禁止与竞争对手平台合作。如果商家同时在两个外卖平台开展经营活动，平台会采取降低商家曝光率、减少发放平台优惠等手段限制商家。平台“二选一”对经营者造成的直接风险有两个：(1) 失去选择覆盖消费者更全的平台权力，直接降低了经营者经营利润。经营者会损失未合作平台带来的潜在利润。(2) 经营者会逐渐被平台限制，被迫接受平台制定规则和佣金比例，在平台市场失去主动权。例如，外卖行业的商家若在饿了么与美团之间二选一，将直接导致失去一个平台带来的流量以及收益，同时当商家平台经营稳定后，会失去自主选择权，如果上线竞争对手平台，面临的可能是取消优惠，降低流量曝光，从而影响当前的既得利益。

随着平台垄断地位的提高，平台内经营者会被采取差别对待，支付更高租金才有可能获得更多流量曝光和靠前搜索排名。这对平台内经营者来说加大了运营成本，而且议价能力有限，只能被动接受平台定价。由于数字平台在各自领域垄断以及平台内经营者对平台依赖，费用和佣金比例的制定，平台内经营者几乎没有议价能力。

第四节　数字经济反垄断

相比于传统经济，数字经济规模庞大，种类繁多，如果出现了违法违规行为，就无法对其进行精准监管，如电商平台专业刷单、差评师、直播平台涉黄等。由于平台对内容审查比较宽松，容易被复制，传播成本也比较低，这给监管带来了很大困难，如新西兰枪击事件直播，在枪击事件爆发的24小时内，就有超过150万个视频被上传到了网络上，造成了很大影响。

数字经济带来了个性化推荐和便捷匹配等不透明算法，引发了“信息茧房”和“大数据杀熟”等问题。数字经济以数据为核心生产要素，而数据隐私和产权问题则相对复杂。数据合法采集、使用等方面，已经出现了许多问题，如某些平台企业在没有得到用户同意情况下，在后台非法采集数据并进行转让问题非常突出。脸谱网在没有得到用户允许情况下，将其从该平台获得数据提供给第三方，引发了用户不满。

一、数字经济反垄断管制必要性

数字经济背景下，市场结构、企业行为和市场绩效因“垄断”而发生了新的变化。这也对数字经济下垄断现象认定和反垄断政策制定造成了一定困扰。数字经济高市场集中度有一定合理性，且产生了一些合意结果，但数字经济是否是反垄断“法外之地”仍有待商榷，可从以下两个方面来说明对数字经济进行反垄断规制的必要性。

首先，数字经济下，市场高度集中已成为一个不可否认的现实。网络外部性使数字经济市场结构呈现出巨大非对称性，大企业市场份额、销售利润往往是小企业数倍甚至数十倍，占据市场主导地位。表8-1显示了2017年下半年数字经济中一些典型领域排名前两位企业与排名靠后企业的用户规模对比。数字经济产业相对于传统产业而言，具有更高市场集中度和更大市场份额。从结构看，垄断是数字经济市场常态。虽然受到“赢家通吃”产生超额利润吸引，大量企业前赴后继地涌入市场参与竞争，使市场表现出创新速度快、企业之间竞争活跃等特征，但数字经济下企业还是更容易或更快速地获得垄断市场地位并维持相当长时间。

表8-1　　典型领域企业的用户规模对比

领域	企业名称	排名	总覆盖人数（万人）	总覆盖人数比例（%）
网上购物	淘宝网	1	26847.9	85.18
	天猫	2	22225.0	70.51
	孔夫子旧书网	10	635.3	2.02
搜索引擎	百度	1	38539.5	90.05
	360搜索	2	26833.6	62.79
	好搜	10	871.5	2.04
社区论坛	百度贴吧	1	17606.2	89.52
	天涯社区	2	8594.1	43.70
	猫扑	8	383.2	1.95
网络视频	腾讯视频	1	18401.1	59.71
	爱奇艺	2	16419.3	53.28
	PPTV	10	4452.5	14.45

数据来源：根据中国互联网数据平台数据整理。

其次，大型企业更有可能会滥用其市场支配地位。网络经济市场结构源于企业对网络效应机制被动接受，企业运用各种战略性竞争行为，表明它们是网络效应积极利用者。滥用市场支配地位是指企业获得一定市场支配地位以后滥用这种地位，对市场其他主体进行不公平交易或排斥竞争对手的行为。数字经济中常见的战略性行为包括动态定价行为、战略兼容行为、质量选择等。而且网络效应使得企业市场行为表现得更加复杂，并非每种竞争策略都属于垄断性市场行为，各种旨在扩大网络规模行为确实存在提高社会福利因素，其原因在于它可以减轻消费者和互补品生产商担心加入“错误”网络而出现“过大惰性”倾向。扩大网络规模不仅增加了新用户购买意愿，而且提高了用户效用，但也不能排除厂商会利用这些行为去获取不正当收益，这无疑大大增加了反垄断难度。

当然，数字经济确实有很多得天独厚的机会，利用某些战略行为来锁定消费者、抑制竞争、破坏效率。数字经济具有明显的网络效应，正反馈和锁定效应将竞争策略影响放大，增加了企业运用战略性竞争行为的牟利动机，如果认为网络效应存在使数字经济垄断合理化、合法化，而对数字经济垄断问题置之不理，可能会忽视互联网巨头垄断行为带来的不良后果。反垄断机构需要密切关注数字经济垄断现象，具体问题具体分析。

二、数字经济反垄断思路

（一）数字经济反垄断管制经济学基础

数字经济市场如何进行反垄断管制是法学与经济学紧密结合的问题，相关经济学理论发展影响着反垄断执法理念的变革，经济学理论尤其是产业经济学在反垄断实践中作用巨大。例如，美国在最初进行反垄断管制时信奉哈佛学派的 SCP 范式，全称为“结构—行为—绩效”分析范式（Structure - Conduct - Performance），Hand 法官在美国诉美洲铝业公司一案中陈述：反垄断法就是针对市场势力政策，而且市场势力在很大程度上是由市场结构所决定的，维持垄断地位本身就实现了垄断化意图。芝加哥学派认为市场机制本身是完善的，绝大多数市场都是竞争性的，高市场集中度是市场竞争结果，与企业高效率一致，对整个社会有好处，不应该以市场结构来判断是否存在垄断。芝加哥学派创立的法经济学理论认为，经济学分析将使立法和执法制度更加完善。而法律目标是公正，用辩证眼光看，公平是长期效率的必要保证条件。芝加哥学派理论初衷与反垄断执法具有一致性。后芝加哥学派研究重点集中于垄断可持续性和垄断行为可信性，对一些传统理论解释不清或不准确产业组织问题给出了更新、更科学的解释，其与芝加哥学派主要分歧在于认为现实厂商策略行为可能导致垄断，且市场机制本身无法消除这种垄断，因此政府反垄断的重点在于对厂商行为规制。

不同学派思想在不同程度上影响了反垄断政策，虽然侧重点有所不同，但是都遵循以下逻辑：企业是一个生产单位，其通过选择投入资源、价格、产量等实现自己利润最大化，并使得社会效率最大化。企业越多，竞争越激烈，效率越高，对社会越有利；相反，若一个市场被少数企业占有，这些企业出于利润最大化考虑，会降低产量，提高价格，降低资源配置效率，损害社会福利。判断行业是否属于垄断一般通过市场集中度衡量，某行业市场越集中，说明垄断越严重。于是管制部门设计出反垄断法，希望限制市场份额向个别企业集中。

（二）数字经济反垄断新特征

1. 创新。

沿用传统反垄断治理方法，难以适应数字经济的发展速度。传统行业反垄断管制的重点是考察产量与价格，而对以创新驱动数字经济，产量与价格已不能很好反映垄断本质。创新维度下，垄断对企业的正面影响，除了产生规模经济和降低成本外，更重要的是对企业的激励作用。关于垄断与创新关系论述可以追溯到新奥地利学派，其主张暂时垄断是创新之源，并认为反垄断是没有必要的；熊彼特创新竞争思想认为垄断与创新有密切关系，高市场集中度有助于激励企业从事研究和开发。创新对行业垄断治理方面影响涉及以下几个方面：（1）增加了相关市场界定难度。互联网平台市场无论是商业模式还是服务或产品都在迅速变化，不断满足着消费者多样化需求。即使是业内人士都很难预测服务或产品的下一步走向及由此带来的替代性，而替代性分析正是相关市场界定核心内容；（2）创新削弱了数字经济中市场结构与市场势力联系。相关研究结果表明，互联网平台市场结构高集中度并未使大型企业产生强大市场势力，加入反映创新变量后系数变化，反映出行业创新水平对市场势力产生了影响。市场结构与市场势力逻辑链条断裂产生影响是作为反垄断审查关键指标，而市场份额已不再适用，需要寻找新指标；（3）创新改变了行业竞争模式。数字经济竞争是商业模式竞争，技术、资金壁垒低，很多企业之所以得以生存在于具有好创意，创新驱动实则加强了互联网平台市场可竞争性，降低了行业垄断的可维持性。行业创新在对垄断认定、垄断形成及垄断特征上都影响巨大。创新既是行业竞争基础，也反映出竞争结果。为了更好地治理数字经济的垄断问题，就必须把创新作为一个新维度来看待。

2. 企业之间动态竞争。

由于网络外部性、边际成本低、创新驱动等多种因素的影响，具有垄断地位企业常常面临很多潜在竞争，其产品或服务很容易被替代，企业之间这样的竞争被称为“动态竞争”。动态竞争具有以下特点：（1）动态竞争必要条件是对某一时期内市场势力合理预期，意味着动态竞争中产生的市场势力是政策性的，并不是“市场失灵”现象；（2）对市场势力合理预期包括企业高出成本定价能力，这种对高利润追逐是与该行业高风险研发相对应的，是正常现象；（3）动态竞争将导致行业中垄断或寡头企业更迭，并引起市场绩效变动，动态竞争背景下，行业绩效由竞争强度决定，而不是由市场结构决定。

3. 流量至上商业模式为企业创造了规模与价格“两难”境地。

反垄断政策的出发点是保护公平竞争而不是惩罚赢者。实践中，这集中体现在价格管制上。传统产业定价规则建立在成本之上，而互联网产品（或服务）具有高固定成本与低边际成本的特点，这种成本结构改变了其定价规则。卡尔·夏皮罗在其《信息规则》中指出，“因为当单位成本极低时，占单位成本10%或20%的价格加成毫无意义。”互联网行业定价根据用户价值定价而不是生产成本。在互联网行业“用户价值”又包括两个方面内容：一方面，产品（或服务）自有价值，这与平台企业提供的产品（或服务）质量、差异化程度等有关；另一方面，来自用户之间由网络外部性产生的额外效用。互联网平台市场具有注意力经济、网络外部性等特征，企业重视用户规模，在成立初期，需要通过各种方法吸引用户，形成了“流量至上”的商业模式。形成这一商业模式的原因在于企业利润与用户数量高度正相关：平台企业用户越多，其可获得收益（或预期收益）则越多。这种现象实则限制了大型企业提价限产的垄断行为。由于互联网行业进入壁垒很低，技术可复制性强，加之用户具有多归属性，导致用户价格弹性很高，大型企业如果按照传统产业行使垄断行为，缩减产量的同时提高价格，会使其流失大量用户。在这个过程中，其用户已经转移到其他具有相似服务或产品的企业。网络外部性、注意力经济等特征既是企业形成垄断的基础，也是限制企业垄断行为的制约条件。

4. 数字技术有助于形成自我管制环境。

任何经济空间都有一组基本规则来描述使用经济资源的权力，并将这些权力分配给相互作用主体，这些“游戏规则”可以定义为管制。（1）它建立了一个统一框架来思考所谓的“自我管制”和“国家管制”，但这种定义并未明确定义给出“游戏规则”的实体。实际上，制定规则主体可能是某些外生第三方（如国家），也可能是与市场其他参与者相互作用产生了集体规则。（2）按照罗纳德·科斯（Ronald Coase，1960）的思路，这种定义对于网络外部性、公共物品和“市场失灵”等问题，提供了一个更大框架，具体包括两个方面：一方面，数字技术可以实现产权自我强化。建立一个产权系统，需要四项主要活动：制定规则、监督与惩罚、解决冲突，以及当规则不适用时的决策机制。因为规则容易出现含糊不清的情况，因此需要在特定时期进行解释，以及在规则不适用时实行决策——因为规则会有未覆盖到的方面。利用产权思路对数字经济进行监管或治理被认为是很有用的。将以互联网技术为主导的网络世界视为“去中心化”和自我规制的管制范例。互联网和基于互联网活动是在契约和自我管制治理机制上发展起来的。这是由于互联网体系结构和标准所提供的全球连接性以及数字经济提供的编码和追踪功能，使得产权规则自我强化系统可以以较低成本执行。计算机中任何可加密的信息都可以在事前、事中、事后控制其使用方式。数字技术通过赋予控制使用资源权限，为内容创建者和网络运营商提供了自我主张和实现产权方式。数字技术还可合理调整成本，改变经济主体之间对产权获得和使用。由于任何集中型规则都无法满足每个人的需求和约束，导致了一些遵守规则的人承担了一些不恰当成本，因此，“去中心化”结构创造了一个更为有效率的产权系统。另一方面，信息空间是实现自我管制的一种方法。数字网络依靠的是“端到端”基本原理，形成了信息空间并可以对该空间进行控制。在这种机制下，不仅可以衡量和强化个人产权归属问题，还可以将适用于集体规章制度更分散地设计和执行。这些信息空间可能会有非常大区别，如邮件列表、安全网站、论坛等。每种情况下，会有某些个人或团体管理那些进入公共信息空间用户。这些个人或团体可以对共享资源或在相对封闭空间具有交互行为线上团体进行控制。例如，拒绝不遵守规则用户进入信息空间是一种对访问权的控制，也是集体管制的一种体现。集体管制的内容可以包括网络的使用和对内容的访问，它也可以从一个更广泛维度来组织在线团体中成员的交互。如果用户面临着被排除在信息空间之外的威胁，即使他们部分交互行为是在线下进行的，其也会遵守线上相关规定。由此可以认为，信息技术可以大幅降低实施自我管制的成本。自我设计和自我执行管制允许组织实施集体管制，以组织集体行动解决协同上的困难。但是，自我管制效率会随着组织规模扩大和形式多样化而降低。数字经济有助于实现集体管制，因为它使得个人行为更容易被跟踪，在技术上易于实现且管理成本较低。

（三）数字经济中反垄断思路

1. 回归反垄断初衷。

夏皮罗和范里安在《信息规则》中指出，竞争政策或反垄断政策的目的是保护公平竞争，而不是惩罚赢家，保护输家。目前，关于互联网行业反垄断的一种流行观点是：谁占有最大市场份额，谁就是垄断，BAT 占据了国内相关市场领域大部分市场份额，因此属于垄断范畴，需要进行反垄断管制。但从中国互联网发展史上看，行业中并不存在一个能够遏制竞争对手进入的垄断者。近年来，行业中出现了一批新兴互联网企业，如滴滴、今日头条、大众点评等企业，带来了新的商业模式，增加了社会福利。大规模企业如果没有产生明显负面效应，互联网行业反垄断政策不应盲目地对大型平台企业进行反垄断执法。总体思路上，从效率、福利或激发创新角度入手，既符合互联网行业特征的反垄断执法角度，也能够更好地反映反垄断工作初衷。行业高度集中市场结构负面效应较低，从行业整体发展来看，在对行业反垄断过程中应该采取较为宽松的管制手段，相机治理。过分严格治理可能会削弱行业竞争活力，在治理过程中要尊重并充分发挥市场机制作用，盲目地在部分领域引入其他平台强化竞争反而会降低效率。

2. 贯彻科学审慎监管理念。

网络环境下出现的数字平台，与传统产业垄断理论相比，存在着一定适用偏差。由于数字平台所具备的外部性、网络性、隐蔽性等特征，从而导致垄断出现。但与技术发展前沿性相比，数字平台仍然是一种野蛮生长模式，由于监管滞后，导致了在新型数字经济发展中，平台运营需要对其进行更多监管。但在加强监管和规范过程中，还需要贯彻科学监管理念，不能片面地增加监管强度，而忽略实际效用和社会效应。应该有针对性地展开规范化、体系化、技术性监管，防止为了监管而监管、过度干预、干预不足、干预不当等不利于市场竞争的监管行为产生。针对数字平台反垄断监管，必须坚持维护平台发展的创新环境，在法治轨道上，将数字平台各方权利与义务清晰地表达出来，在赋予监管机关监管职责基础上，要确保监管效率，及时对监管行为和方式进行修正，确保监管实施可以在维护市场公平竞争与企业创新的基础上，提高反垄断监管的有效性。

3. 建立适应互联网行业反垄断审查标准。

当前，美国、英国、澳大利亚等国家已经不把结构性垄断或集中性指标作为反垄断管制核心目标，原因除了之前提到的 SCP 范式在互联网行业不再适用外，还包括在互联网行业这种技术驱动、创新驱动行业，市场占有率高低很可能就是长期竞争结果，市场份额并不能反映行业高集中度带来的负面效应。而基于新实证产业组织理论对市场势力实际测量方法由于操作复杂也不便用于反垄断执法中。一种可行思路是从消费者（或用户）入手，审查某企业行为是否对消费者合法权益造成不良影响。实现这一步骤需要法律与技术结合形成新的治理模式。

4. 改变重点——由行业整体规制向案例导向转变。

放松管制手段是从宏观角度对行业市场结构治理方面提出合理建议与思路，目前行业中还有很多不正当竞争案例，如持续四年之久“3Q 大战”、人人公司诉百度滥用市场支配地位、百度屏蔽 360 搜索等，这些竞争失调现在成为互联网行业治理中的新重点。与传统行业管制不同，在对行业垄断认定过程中，作为传统反垄断执法基础的相关市场界定应弱化，重点考察企业是否有不正当竞争行为，这些行为是否损害了竞争秩序、企业或消费者福利。应重点管制或监管内容包括企业是否有抬高定价的行为，尤其是平台企业对其中一边用户提高价格，对另一边用户补贴这种特殊价格结构下的不合理定价行为；大型企业搭售行为；搜索引擎竞价排名行为；大型互联网平台企业扼杀性收购行为等。上述这些不正当行为需要按照各自特点进行管制，而不是为防止这些行为出现而对大型企业进行拆分。对平台垄断治理要重视监测，积极推行事前治理。在大数据、云计算等新兴技术不断兴起互联网时代，可以考虑用互联网思维来治理互联网，如通过收集企业交易数据、投诉案例数、好评占比等数据，预测“垄断”企业是否会做出抬高价格、侵害消费者权益等举动。对于不同规模企业竞争问题，应关注中小型企业成长，不能单纯地将中小型企业退出当作不良竞争结果。企业进入与退出行为是市场机制在发挥作用，是竞争的应有表现，但这种表现常被看作是大型平台企业排挤中小型企业，企业之间剩余变化不一定是大型企业垄断行为，更多可能是市场机制作用，反垄断管制中，应区别政策竞争行为与大型企业恶意排挤行为，重点看中小企业进入市场是否有利于行业创新，从创新效率上判断两类企业竞争结果。

5. 创新垄断分析工具和执法思路。

数字化平台具有信息与技术优势，其相对于传统企业来说具有更大优势，但技术发展也使得其更具隐蔽性与不确定性，使得其监管变得更加困难。传统垄断分析中，主要关注的是使用等价基准者测试来判断垄断行为，但在数字经济中，违法行为判断必须借助数据分析才能完成。海量数据中，必须打破传统分析方法，从显性和隐性两个方面入手，使用更加专业经济分析工具，对企业行为进行全面评估。不断更新分析工具与创新分析方法，可以有效提高对垄断行为分析效率。对垄断分析工具进行创新过程中，还需要对执法队伍进行强化。对数字平台进行反垄断监管过程中，需要具备集经济学、法学、信息技术等多学科为一体的执法队伍。反垄断审查和执法过程中，需要在数字经济宏观背景下创新执法思维，提高执法人员专业化水平，并组建一支全新数字化分析团队，对其领域内大数据、算法、人工智能等展开专业化处理。

总结与回顾

1. 数字经济的垄断形态是自然垄断或事实垄断，是信息和通信技术业务已经形成的垄断。自然垄断或事实垄断，由数字市场强大网络效应引起路径依赖使得市场赢家往往是最快突破达到网络效应临界值的某一个竞争者，而这个竞争者最终将占领大部分市场。数字经济时代的垄断从价格垄断到平台垄断，从平台垄断继而到注意力垄断。

2. 数字经济时代垄断的原因有：通用技术、赋能技术、互补性资产、平台垄断等。其中，数字技术可以被归为通用技术，是数字经济垄断的关键原因之一。赋能技术包括人工智能和机器学习能技术。而数字技术的本质是互补性资产，指除了技术创新外，还需要利用制造、分销渠道、服务、品牌和辅助技术等获取经济利益。平台垄断是当平台积累到一定用户后，通过信息技术筛选有效信息，从而获得平台经济的先发优势，占据市场地位。其包括数据垄断和市场垄断两种类别。

3. 数字经济市场静态效率是基于生产效率层面和分配效率层面的分析。数字经济下，规模经济很难作为生产效率提高的基础，而高生产效率取决于企业研发成本。分配效率分析始终与消费者福利有关，只有持续不断地创造适应市场需求导向的新型产品才能激发消费者潜在消费欲望和提高消费需求量。

4. 数字经济市场的动态效率是基于数字产品不断变化性能分析的。从长期和动态角度考察企业垄断力和竞争行为，实际上是为了确定垄断力量与创新之间的关系，当垄断促进创新时，垄断是动态的、有效的。

5. 与传统反垄断考察生产和价格治理不同，数字经济反垄断重点突出创新维度。创新增加了相关市场界定难度，并且削弱了数字经济中市场结构与市场势力联系，同时改变了行业中的竞争模式。

复习思考

一、名词解释

数字经济垄断；数字经济反垄断

二、简答题

1. 数字经济垄断是如何形成的？
2. 数字经济市场效率有哪些特征？
3. 数字市场垄断的影响因素有哪些？
4. 数字经济反垄断思路有哪些？

三、论述题

如何运用数字市场垄断的测度方法，谈谈你的理解。

能力拓展

数字经济时代平台经济反垄断的挑战与对策研究

数字经济时代反垄断监管规制的主要挑战

近年来，我国平台经济迅速发展，互联网平台企业得以快速崛起壮大，在满足消费者需求多样化等方面做出了诸多积极贡献，同时也带来许多新挑战。明确数字经济时代反垄断监管面临的复杂挑战已成为进一步深化监管部门认识、提高监管水平的根本。

一是在大数字经济市场环境驱动下，市场整体呈现出双边化乃至多边化发展总体结构特征，当将单一平台市场标准直接地应用于多边平台时，即使是运用假定垄断者测试（SSNIP）方法（指用来考察用户对于某一产品或服务持续小幅但具有实质意义的价格变动的反应）考虑到市场需求弹性和间接网络效应，也仍远比单边市场复杂得多，监管机构需要进一步考虑双边或多边交易平台交叉外部性及各平台用户个性化需求本质。

二是以质量和创新为判定基础的非价格竞争趋势显著，以价格为基础的分析将难以完全真实反映市场情况。尤其是在平台企业免费无偿提供产品或服务时，单向市场和单价竞争的SSNIP法在适用上面临巨大挑战。即使使用改进的SSNDQ（用质量代替价格）工具，也依然受制于并非所有可衡量的质量标准都明确存在的事实。同时，免费或零定价用户端所产生的成本则一般由另一边或其他多边市场用户（广告商及第三方运营商等）主动予以承担或直接给予补贴。例如，通过提供个人信息甚至是隐私信息等作为获取免费服务的代价，仅仅依靠需求替代来客观地分析行业市场竞争比例是不够的，还需考虑不同平台的商业模式、竞争方式和利润流。

三是主要反映在不同领域之间界限正显得越来越模糊，平台经营者跨界竞争所引发的商品功能互相叠加，致使现有替代性分析方法在面对具有复合型功能商品时存在着明显局限性。从需求替代角度看，消费者偏好变化已逐渐使人们准确评估不同产品或服务之间可替代性变得更为复杂。从供给替代角度看，数字市场创新快速升级及迭代发展也使得对供给方替代的评估比传统产业更具不确定性。

数字经济时代国际反垄断实践及经验

数字经济领域反垄断监管立场决定执法方向。虽然大多数国家现行有关反垄断法都强调防止超大型平台排除或限制竞争的影响，以更好促进竞争、保护消费者利益，但在各国具体执法实践上存在诸多差异。

美国总体政策上倾向于审慎、包容，非常重视和保护创新和消费者利益，联邦贸易委员会（FTC）以及司法部进一步拓展了传统以保护消费者权利和维护市场公平竞争为主的规制目标，即重视和鼓励创新。2010年，美国司法部和联邦贸易委员会联合发布新版《横向合并指南》，首次明确提出将可能损害企业创新竞争的单边效应作为并购审查中的重点考虑因素，同时，美国司法部还加强了对可能进一步导致创新减少的并购交易的审查。

欧盟在数字领域反垄断的法规及政策趋严，更加强调保护本国中小企业及市场竞争者合法利益，积极有效运用反垄断行政手段，审查经营者集中案件，查处滥用支配地位行为。2017～2019年，欧盟委员会对美国谷歌处以高达82.5亿欧元巨额反垄断罚款。

实施新的数字经济反垄断法律法规。公众普遍认为反垄断法是目前监管超级互联网智能平台最有力和高效的武器，从立（修）法到执法，加强数字平台监管已成为当前一项全球共识。屏蔽断链、“掐尖收购”“二选一”、基于数据算法的价格歧视与自我优待等一系列新型垄断行为均已成为各国反垄断活动相关执法或行政机构管辖的法定管辖区域范围，受到监管部门关注。但在具体落实上，各国执法体系和反垄断措施也各有差别。

美国依靠政府直接提起诉讼，依赖国会立法程序解决数字经济垄断问题，在监管互联网超大型平台时，主要考虑采用“合理处理原则”，即通过对反竞争行为合法性的认定，并综合审慎评估经营者的主观垄断意图和损害竞争后果。经济学分析研究方法也具有同等重要学术意义，在进一步明晰产业竞争环境评价及分析政策思路、界定产业相关细分市场、确定产业损害与竞争、明晰产业平台经济支配力中的传导溢出效应、确定条件有效性评价等诸多方面都能起到积极的辅助作用。

欧盟则专注于公共执法，支持《数字市场法案》《数字服务法案》等立法程序。在反垄断分析指标中充分考虑数字经济、平台经济的特殊性。针对互联网平台免费服务的普遍市场特征，弱化了对市场价格因素变化的动态考察，转为重点考虑分析其对市场壁垒、用户的多元归属性、用户自身议价谈判能力等市场供需替代性。以谷歌搜索引擎和比价购物服务为例，详细分析和比较购物服务流量规模的变化与谷歌采用的不同算法之间在时间上的相对关联度，以此确定反竞争的来源和影响。

资料来源：张佰尚．数字经济时代平台经济反垄断的挑战与对策研究，中国市场监管报．

第二篇

宏观部分

宏观部分涉及本教材的第九章到第十九章的内容。第九章，数字经济统计与核算，阐释了数字经济核心产业统计分类、数字经济总量核算方法、数字技术应用价值估计、我国数字经济发展测度与评价等。第九章到第十九章，从宏观视角分析数字经济运行规律，揭示数字资源利用问题。

第九章　数字经济统计与核算

任务分析

1. 了解数字经济核心产业分类。
2. 了解数字经济核算的新特点与挑战。
3. 了解目前统计数字经济发展的主要方法。
4. 厘清数字经济总量核算思路。
5. 掌握数字技术应用价值估计方法。
6. 科学测算我国数字经济发展规模。

案例导入

早在数年前，浙江省政府就发布了该省数字经济发展计划，对数字经济建设目标和任务进行了明确分工和布置。

（一）实施数字技术产业化工程

一是要加快市场培育，建立起多层次全覆盖企业梯队，加快实现所有类型企业共同发展的数字经济发展格局。

二是要发展信息技术产业。主要内容包括：(1) 加快发展新兴产业，在大数据和人工智能等数字技术领域取得一批研究成果，确立数字问题解决方案，推动其与相关领域融合，创新发展。(2) 持续发展基础产业。针对先进生产线、重要项目和具有较大发展潜力企业进行大力引进，形成较为全面产业配套。使数字信息产业、互联网通信产业、网络元器件产业等基础产业在世界范围内地位得到显著提升。(3) 对数字技术前沿产业做好前瞻布局。针对虚拟现实、量子技术等核心技术开展研发攻关，使数字技术在各行各业得到越来越广泛的应用。

（二）推进产业数字化转型

一是推进制造业数字化转型。利用数字信息技术大力建设智能工厂、智能车间，通过工业大脑等信息技术推动产业智能化逐渐加快。加快实现企业间协同制造，在各行各业实现以互联网为基础协同设计，尝试建成以数字信息技术为基础的管理平台试点。

二是加快实现个性化定制。推动制造业和互联网企业高效协作，以此提高所提供产品和服务质量，同时使产品研发和产品销售水平得到大幅提高。

三是推动智能制造和工业互联网发展。拓宽互联网增值服务应用范围，提高制造业与数字技术融合发展程度。实现云计算在经济社会各个领域广泛应用，建成并且逐渐完善企业利用云计算相关标准。着力建设工业网络平台，使工业产业软件化程度逐渐提升。

（三）推进服务业数字化转型

一是加快生活性服务业数字化转型。使互联网、大数据等信息技术以更深程度深入民生服务领域。

二是加快生产性服务业智能化转型。针对产品研发、物流运输、咨询检测等生产性服务行业，提高数字技术应用程度。

三是加快文化产业数字化转型。加快建设面向文化产业数字化试验区，推动数字广告、网络动漫、网络游戏等新文化产业创新发展。

（四）推进农业数字化转型

其具体内容包括推广农业物联网应用、加快农村电子商务发展、强化农产品追溯和质量监管、持续深化信息进村入户。

（五）培育新业态新模式

一是加快数字贸易中心建设。逐渐扩大电子商务应用范围，实现电子商务、网络销售跨越性发展，力争取得全国领跑地位，建设越来越多的数字贸易中心。

二是创新发展数字金融。推动移动支付、数字金融高质量发展。

三是加快发展生产、运输和消费等方面共享经济。

四是加快融合型数字化产品创新速度。这种产品主要有智能装备、智能生活产品和军民融合产品。

此举推动了数字经济核心产业分类，为数字经济核算与估计奠定了基础。

知识介绍

第一节　数字经济核心产业分类

数字经济核心产业是指为产业数字化发展提供数字技术、产品、服务、基础设施和解决方案，以及完全依赖于数字技术、数据要素的各类经济活动。数字经济核心产业包括数字产品制造业、数字产品服务业、数字技术应用业、数字要素驱动业、数字化效率提升业，主要有计算机通信和其他电子设备制造业、电信广播电视和卫星传输服务、互联网和相关服务、软件和信息技术服务业等，是数字经济发展的基础。

一、数字经济核心产业分类原则

其实，每个国家或地区由于所处经济发展阶段不同、经济发展水平不同等，在制订其数字经济核心产业时，也是有所侧重，不可能千篇一律。

2021 年 6 月 3 日，国家统计局公布了《数字经济及其核心产业统计分类（2021）》（国家统计局令第 33 号），其分类原则如下。

（一）坚持需求导向，涵盖全面

《数字经济及其核心产业统计分类（2021）》贯彻落实党中央、国务院关于数字经济发展战略重大决策部署，依据 G20 峰会提出的《二十国集团数字经济发展与合作倡议》，以及《中华人民共和国国民经济和社会发展第十四个五年规划和 2035 年远景目标纲要》《国家信息化发展战略纲要》《关于促进互联网金融健康发展的指导意见》等政策文件，从数字产业化、产业数字化两个方面，从经济社会全行业和数字产业化发展领域，确定数字经济及其核心产业范围。

（二）坚持国际接轨，科学可比

《数字经济及其核心产业统计分类（2021）》借鉴经济合作与发展组织（OECD）和美国经济分析局（BEA）对数字经济分类方法，构建与我国数字经济发展实际相适应并具有国际可比性的数字经济产业统计分类。参照《新产业新业态新商业模式统计分类（2018）》《战略性新兴产业分类（2018）》《统计上划分信息相关产业暂行规定》等相关统计分类标准，基本覆盖了与数字技术存在关联的各种经济活动。

（三）坚持立足当下，着眼未来

《数字经济及其核心产业统计分类（2021）》基于《国民经济行业分类》（GB/T 4754—2017）同质性原则，包括国民经济行业分类中符合数字经济产业特征和以提供数字产品（货物或服务）为目的的相关活动进行再分类。

（四）坚持注重实际，切实可行

《数字经济及其核心产业统计分类（2021）》基于现行统计制度和方法，重点探讨数字经济相关实物量和价值量指标需求，充分考虑数字经济产业活动数据可获得性，力求科学、全面、准确地反映数字经济发展状况。

二、数字经济核心产业分类定义

结合现有关于数字经济文献和统计数据，主要从互联网和相关信息通信技术两个方面对数字经济核心产业进行界定。国家统计局颁布国民经济行业分类中信息和通信技术部门是定义数字经济的起点。虽然并非所有信息和通信技术商品与服务完全属于该范围，但信息和通信技术部门与数字经济在很大程度上是重叠的。根据国家统计局发布的《软件和信息技术服务业行业分类目录》《软件和信息技术服务业业务分类目录》《电子信息产业行业分类目录》《电子信息制造业年报产品目录》《嵌入式系统软件产品目录》，提出数字经济核心产业统计分类目录。

数字经济核心产业是指与数字技术的生产、传输、传播等直接相关生产活动和服务活动所形成的行业。其中，计算机通信和其他电子设备制造业、电子信息机电制造业、专用电子设备制造业等产业是与数字技术生产活动直接相关的；而电信、广播电视和卫星传输服务业，互联网及相关服务业，软件和信息技术服务业，文化数字内容及其服务业，数字技术服务等产业与数字服务活动直接相关的。

我国“十四五”规划纲要提出未来数字经济发展的七大重点产业：云计算、大数据、物联网、工业互联网、区块链、人工智能、虚拟现实和增强现实，并明确了具体发展目标，到 2025 年，我国数字经济核心产业增加值占 GDP 比重达到 10%。据工信部提供的数据，近年来我国数字经济发展非常迅速，数字经济规模从“十三五”初的 11 万亿元，增长到 2019 年的 35. 8 万亿元，占 GDP 比重达 36. 2%，2020 年我国数字经济核心产业增加值占 GDP 比重达到 7. 8%。

2021 年 6 月 3 日，《数字经济及其核心产业统计分类（2021）》中界定的数字经济核心产业，其定义是指为产业数字化发展提供数字技术、产品、服务、基础设施和解决方案，以及完全依赖于数字技术、数据要素的各类经济活动，包括数字产品制造业、数字产品服务业、数字技术应用业、数字要素驱动业四大类。

三、数字经济核心产业具体分类

（一）《国民经济行业分类（2019修改版）》数字经济核心产业分类

我国数字经济核心产业分类的基础是《国民经济行业分类（2019修改版）》，在《国民经济行业分类（2019修改版）》基础上再结合我国数字经济发展实际，对《国民经济行业分类》中符合数字经济与数字经济相关产业有关活动进行再分类，同时参考借鉴了联合国发布的数字经济报告对数字经济有关定义和分类。

1. 计算机、通信和其他电子设备制造业。

该行业具体包括：计算机制造（计算机整机制造、零部件制造、外围设备制造、工业控制计算机及系统制造、信息安全设备制造、其他计算机制造）、通信设备制造（通信系统设备制造、终端设备制造）、广播电视设备制造（广播电视节目制作及发射设备制造、接收设备制造、专用配件制造、专业音响设备制造、应用电视设备及其他广播电视设备制造、雷达及配套设备制造）、非专业视听设备制造（电视机制造、音响设备制造、影视录放设备制造）、智能消费设备制造（包可穿戴智能设备制造、智能车载设备制造、智能无人飞行器制造、服务消费机器人制造、其他智能消费设备制造）、电子器件制造（包电子真空器件制造、半导体分立器件制造、集成电路制造、显示器件制造、半导体照明器件制造、光电子器件制造、其他电子器件制造）、电子元件及电子专用材料制造（电阻电容电感元件制造、电子电路制造、敏感元件及传感器制造、电声器件及零件制造、电子专用材料制造、其他电子元件制造）、其他电子设备制造。

2. 电子信息机电制造业。

该行业具体包括：记录媒介制造，文化用信息化学品制造，微特电机及组件制造，电容器及其配套设备制造，电力电子元器件制造，光伏设备及元器件制造，电线、电缆制造，光纤制造，光缆制造，锂离子电池制造，镍氢电池制造，铅蓄电池制造，锌锰电池制造，其他电池制造，电光源制造，智能照明器具制造。

3. 专用电子设备制造业。

该行业具体包括：幻灯及投影设备制造，计算器及货币专用设备制造，工业机器人制造，增材制造装备制造，半导体器件专用设备制造，电子元器件与机电组件设备制造，医疗诊断、监护及治疗设备制造，电气信号设备装置制造，工业自动控制系统装置制造，电工仪器仪表制造，环境监测专用仪器仪表制造，运输设备及生产用计数仪表制造，导航、测绘、气象及海洋专用仪器制造，农林牧渔专用仪器仪表制造，地质勘探和地震专用仪器制造，教学专用仪器制造，核子及核辐射测量仪器制造，电子测量仪器制造，其他专用仪器制造。

4. 电信、广播电视和卫星传输服务业。

该行业包括：固定电信服务、移动电信服务、其他电信服务、有线7播电视传输服务、无线广播电视传输服务、广播电视卫星传输服务、其他卫星传输服务。

5. 互联网及相关服务业。

该行业具体包括：快递服务、互联网接入及相关服务、互联网搜索服务、互联网游戏服务、互联网其他信息服务、互联网生产服务平台、互联网生活服务平台、互联网科技创新平台、互联网公共服务平台、其他互联网平台、互联网安全服务、互联网数据服务、其他互联网服务、网络借贷服务、非金融机构支付服务、金融信息服务、互联网广告服务、安全系统监控服务、遥感测绘服务、其他测绘地理信息服务、工业设计服务、三维（3D）打印技术推广服务、电子游艺厅娱乐活动和网吧活动。

6. 软件和信息技术服务业。

该行业具体包括：基础软件开发，支撑软件开发，应用软件开发，其他软件开发，集成电路设计，信息系统集成服务，物联网技术服务，运行维护服务，信息处理和存储支持服务，信息技术咨询服务，地理遥感信息服务，动漫、游戏数字内容服务，其他数字内容服务，呼叫中心，其他未列明信息技术服务业。

7. 文化数字内容及其服务业。

该行业包括：音像制品出版、电子出版物出版、数字出版、广播电视、影视节目制作、广播电视集成播控、电影广播电视节目发行、电影放映、录音制作。

在此统计分类基础上，采用生产法可直接核算出数字经济核心产业增加值。

（二）《数字经济及其核心产业统计分类（2021）》

《数字经济及其核心产业统计分类（2021）》基于我国数字经济的两个方面：数字产业化与产业数字化，将数字经济分为五大类：数字产品制造业、数字产品服务业、数字技术应用业、数字要素驱动业、数字化效率提升业。前四大类（数字产品制造业、数字产品服务业、数字技术应用业、数字要素驱动业）为数字产业化部分，也就是数字经济核心产业，它们为我国产业数字化发展提供数字技术、产品、服务、基础设施和解决方案，以及依靠数字技术、数据要素的各类经济活动，是发展数字经济的基础。数字化效率提升业是产业数字化部分，是应用数字技术和数据资源来增加传统产业产出并有效提升其效率，是数字技术与实体经济融合发展部分。第五大类涉及智慧农业、智能制造、智能交通、智慧物流、数字金融、数字商贸、数字社会、数字政府等数字化应用场景。

1. 数字产品制造业。

该行业具体包括：数字产品制造业包括计算机制造（计算机整机制造、计算机零部件制造、计算机外围设备制造、工业控制计算机及系统制造、信息安全设备制造、其他计算机制造）、通信及雷达设备制造（通信系统设备制造、通信终端设备制造、雷达及配套设备制造）、数字媒体设备制造（广播电视节目制作及发射设备制造、广播电视接收设备制造、广播电视专用配件制造、专业音响设备制造、应用电视设备及其他广播电视设备制造、电视机制造、音响设备制造、影视录放设备制造）、智能设备制造（工业机器人制造、特殊作业机器人制造、智能照明器具制造、可穿戴智能设备制造、智能车载设备制造、智能无人飞行器制造、服务消费机器人制造、其他智能消费设备制造）、电子元器件及设备制造（半导体器件专用设备制造、电子元器件与机电组件设备制造、电力电子元器件制造、光伏设备及元器件制造、电气信号设备装置制造、电子真空器件制造、半导体分立器件制造、集成电路制造、显示器件制造、半导体照明器件制造、光电子器件制造、电阻电容电感元件制造、电子电路制造、敏感元件及传感器制造、电声器件及零件制造、电子专用材料制造、其他元器件及设备制造）、其他数字产品制造业（记录媒介复制、电子游戏游艺设备制造、信息化学品制造、计算器及货币专用设备制造、增材制造装备制造、专用电线、电缆制造、光纤制造、光缆制造、工业自动控制系统装置制造）。

2. 数字产品服务业。

该行业具体包括：数字产品批发（计算机、软件及辅助设备批发、通信设备批发、广播影视设备批发）、数字产品零售（计算机、软件及辅助设备零售、通信设备零售、音像制品、电子和数字出版物零售）、数字产品租赁（计算机及通信设备经营租赁、音像制品出租）、数字产品维修（计算机和辅助设备修理、通信设备修理）、其他数字产品服务业。

3. 数字技术应用业。

该行业具体包括：软件开发（基础软件开发、支撑软件开发、应用软件开发、其他软件开发），电信、广播电视和卫星传输服务（电信、广播电视传输服务、卫星传输服务），互联网相关服务（互联网接入及相关服务、互联网搜索服务、互联网游戏服务、互联网资讯服务、互联网安全服务、互联网数据服务、其他互联网相关服务），信息技术服务（集成电路设计，信息系统集成服务，物联网技术服务，运行维护服务，信息处理和存储支持服务，信息技术咨询服务，地理遥感信息及测绘地理信息服务，动漫、游戏及其他数字内容服务，其他信息技术服务业）、其他数字技术应用业（3D 打印技术推广服务、其他未列明数字技术应用业）。

4. 数字要素驱动业。

该行业具体包括：互联网平台（互联网生产服务平台、互联网生活服务平台、互联网科技创新平台、互联网公共服务平台、其他互联网平台）、互联网批发零售（互联网批发、互联网零售）、互联网金融（网络借贷服务、非金融机构支付服务、金融信息服务）、数字内容与媒体（广播、电视、影视节目制作，广播电视集成播控，电影和广播电视节目发行，电影放映，录音制作，数字内容出版，数字广告）、信息基础设施建设（网络基础设施建设、新技术基础设施建设、算力基础设施建设、其他信息基础设施建设）、数据资源与产权交易、其他数字要素驱动业（供应链管理服务、安全系统监控服务、数字技术研究和试验发展）。

以上 4 类产业是数字经济核心产业，下面第 5 类产业是产业数字化部分，是数字技术与实体经济的融合发展部分。

5. 数字化效率提升业。

该行业具体包括：智慧农业（数字化设施种植、数字林业、自动化养殖、新技术育种、其他智慧农业）、智能制造（数字化通用、专用设备制造，数字化运输设备制造，数字化电气机械、器材和仪器仪表制造，其他智能制造）、智能交通（智能铁路运输、智能道路运输、智能水上运输、智能航空运输、其他智能交通）、智慧物流（智慧仓储、智慧配送）、数字金融（银行金融服务、数字资本市场服务、互联网保险、其他数字金融）、数字商贸（数字化批发、数字化零售、数字化住宿、数字化餐饮、数字化租赁、数字化商务服务）、数字社会（智慧教育、智慧医疗、数字化社会工作）、数字政府（行政办公自动化、网上税务办理、互联网海关服务、网上社会保障服务、其他数字政府）、其他数字化效率提升业（数字采矿，智能化电力，热力、燃气及水生产和供应，数字化建筑业，互联网房地产业，专业技术服务业数字化，数字化水利，环境和市政设施管理，互联网居民生活服务，互联网文体娱乐业）。

第二节　数字经济核算的新特点与挑战

数字经济规模测算国内外各个机构差异比较大。其原因在于数字经济时代，颠覆性新技术迅速崛起，新的消费形式和提供服务方式不断涌现，并广泛渗透到人们的生产生活中，给数字经济规模测算带来了很多挑战。

一、数字经济时代核算新特点

随着数字经济的迅速发展，运用传统 GDP 核算框架，已不能准确地核算数字经济规模。传统 GDP 反映了一国或一地区在一定时期内（一般指一年）运用生产要素所生产的全部最终产品（产品和劳务）的市场价值。尽管它是衡量宏观经济表现状况的很好指标，但其局限性也非常突出。而数字经济时代，由于有些数字经济产品和服务并没有计入 GDP，而这些产品和服务确实给社会带来了福利，导致 GDP 不能准确衡量人们生活质量这一局限性被放大。曼昆认为尽管在计算 GDP 时大多数产品与服务都要按照其市场价值来计算，但一些产品不在市场上销售，也就没有市场价值。如果 GDP 要包括这些产品与服务价值，就必须使用其价值估计值。但是由于为计算 GDP 而作的估算是近似的，并且许多产品和服务价值没有完全纳入 GDP，因此 GDP 这一衡量指标并不完美。这种情况在数字经济时代变得更加普遍，大量数字产品和服务没有纳入传统 GDP 核算框架。

数字经济时代下经济规模核算究竟有哪些新特点？数字产业化以信息通信产业为代表，具体业态包括电子信息制造业、信息通信业、软件服务业等；产业数字化主要关注传统部门通过数字化带来的产出增加和效率提升，包括传统产业由于应用数字技术所带来生产数量和生产效率提升，其新增产出构成数字经济重要组成。

（一）数字产业化部分

1. 免费服务。

免费服务主要涉及向消费者提供免费产品以及利用免费提供劳动力创造公共物品，其资金来源一般来自捐赠。这一系列活动往往被视为改善了消费者福利。

免费服务价值真的为零吗？显然不是的。服务提供商给用户提供免费应用程序，用户消费免费商品，并给服务提供商提供数据，广告公司给服务提供商提供资金支持，假设这些服务是免费提供的，那么由广告投放带来销售额就等于广告公司支付广告费用。相关研究文献指出，免费服务价值可以通过相应广告公司支付广告费用体现出来。例如，Facebook 广告收入一直都是其收入重要来源，根据相关数据，2015 ~2017 年其广告收入分别为 171 亿美元、269 亿美元、399 亿美元，分别占总收入的 95%、97% 和 98%。腾讯公司发布全年业绩报告数据也显示，2019 年公司“社交及其他”广告收入达 683. 77 亿元，比 2018 年增长 33%，且主要来自微信广告收入。

而且免费商品还增加了消费者福利。Brynjolfsson 等（2019）估计了 Facebook 创造的消费者福利，设计了一个激励相容离散选择实验，实验结果显示，2003 ~2017 年，Facebook 给美国带来福利大约为 2310 亿美元，平均每年 160 亿美元，2003 ~2017 年，每个用户福利收益是 1143 美元。这一实验证实了免费商品有助于增加人们福利。

传统 GDP 并没有将免费商品纳入核算框架。例如，微信已经成为民众一个必不可少的平台，在一定程度上微信取代了传统电话和短信服务，但传统 GDP 只会捕捉到这些正在消失的电话短信等服务产出价值下降，却无法捕捉到微信带来的收益。随着众多免费数字商品被用作传统付费商品替代品，如维基百科取代了百科全书，各种智能手机应用程序取代了各种传统商品，GDP 不能反映免费商品带来好处的问题可能会变得越来越严重。

2. 数据价值。

全球范围内，由于快速发展的计算机技术人们可以更加便捷地获取信息，将信息转换为数字格式、存储和分析信息以提取知识，因此各种类型数据的收集、数字存储和使用呈指数级增长。而目前数据价值并未计入国民账户体系。一方面，企业和政府为了自用而生产的数据不在市场上出售；另一方面，其他数据由用户享受免费服务后，作为提供给企业和政府实物支付，数据价值很难进入经济指标。

企业使用标准小型商业软件来保存财务和人力资源记录。银行、信用卡公司等服务提供商也会记录有关该业务信息，并每月向企业发送数字明细账单。虽然这些信息在数字经济时代前也是可以获取的，但有效地捕捉这些信息并将其以数字形式存储的技术在过去并不存在。这些数据能够为企业提供制订科学合理生产计的数据基础，以增加企业销售额、降低成本和提高企业效率。如果出售这家企业，其售价将大大高于企业资产负债表总资产价值。这种差异在一定程度上应归因于数据的隐含价值。

对大型网络提供服务商来说，Search Book 向用户提供一系列“免费”线上服务，包括搜索引擎、浏览器、文字处理和电子表格软件、地图、电子邮件、多语言翻译、照片存储、社交网络应用以及大量其他服务。使用这些服务不需要支付任何费用，但用户访问网址每一个行为都记录在一个巨大数据库中，通过允许公司记录这些信息，用户实际上是在为这些服务付费。Search Book 从事的业务是收集用户大数据，将这些数据组织成数字数据库，开发分析方法和软件应用程序来利用这些数据，并向客户销售高度个性化广告服务。

数据是被转换成数字形式的观察结果，这种数字形式可以被存储、传输或处理，并可从中提取信息、知识。数字经济时代，数据价值也应当计入国民经济核算体系。

（二）产业数字化

1. 数字平台。

数字平台是数字化过程中出现的影响最广泛新业态之一，随着互联网快速发展广泛地参与到经济活动中来，依托数字平台产生的劳务和租金不同于传统生产方式，有必要重新认识数字平台创造的价值。

传统经济中房屋出租大多是长期租赁，对于长期租赁，尤其由中介机构协助的租赁，一般要求为纳税目的登记房租收入，出现严重漏报情况比较少。但短期临时租赁，情况就不同了。数字平台出现之前，这些短期租赁由于频繁且规模相对较小，详尽记录得比较少，这部分房租没有纳入核算。而数字平台出现，短期临时租赁规模迅速扩大，对 GDP 的影响越来越大。例如，2007 年 Airbnb 在旧金山成立，其发展初期主要用闲置房屋进行共享，规模较小且发展速度很慢，此后该平台运营规模在短时间内爆发式扩张，2011 ~2012 年其房源量和预订量增长了 10 倍，并迅速进入全球各大城市。相关数据显示，2014 年 Airbnb 市值为 100 亿英镑，与万豪酒店市值相当，2015 年 Airbnb 市值约为 240 亿英镑，这一规模可以与同期希尔顿酒店相媲美（Ahmad et al.，2016）。如果按照传统核算收入方法不对 Airbnb 带来的短期临时租赁进行核算，会严重低估这一部分收入。

2. 提升产品质量。

产品质量提升增加了消费者福利，并增加实际 GDP。例如，1997 ~2017 年，占主导地位摄影工具从胶卷相机转向数码相机，再转向智能手机相机。现在智能手机摄像头是拍照主要设备，用智能手机拍照边际成本已降至几乎为零。此外，如今用智能手机拍摄的照片比 20 年前用普通相机拍摄的照片要清晰得多，包括其存储、共享等更为方便。GDP 统计数据应该考虑智能手机质量改进，包括智能手机引进和智能手机摄像头改进。

Brynjolfsson 等（2019）设计了一个实验，研究产品质量提升是否增加消费者福利，实验结果显示，消费者放弃使用智能手机摄像头一个月需要支付 68.13 欧元。这一实验表明消费者使用智能手机摄像头获得了比较多的消费者剩余。所以质量改变了，使用智能手机中获得服务增加了，而实际价格并未反映。

所以即便对智能手机等付费商品，估算 GDP 数据之前，根据产品质量改善进行相应调整也是非常必要的。

二、数字经济规模核算面临的挑战

数字经济迅速发展催生了一系列新兴产业、商业模式，在生产方式、盈利方式等方面这些新兴产业与商业模式与传统经济有很大不同，在统计口径或核算方法上现有国民经济核算体系已无法准确核算数字经济规模。

（一）核算数字产业化面临的挑战

现有统计核算体系并未包含数字经济中一些新兴产业或产品，无法直接利用现有框架体系核算这些产业或产品。传统经济中，这些新兴产业或产品已存在，只不过其规模与影响力都很小，没有纳入国民经济核算体系；数字经济下，这些产业或产品发挥了非常重要的作用，若仍然按照传统统计口径将遗漏大量重要产业或产品，数字经济规模将被严重低估。例如，“免费型”商业模式是数字经济中一个重要商业模式，如 Facebook、微信等，此类商业模式特征就是商家向用户低价甚至免费提供商品或服务以吸引流量，通过广告、用户使用数据或者其他业务获得收入来弥补“免费”商品或服务成本。若仍然按照传统核算方法核算“免费”产品或服务，其价值将被严重低估（Brynjolfson et al.，2019；许宪春，2016）。

免费平台广告收入规模并不等同于免费平台价值。数字经济下，在不同发展阶段不同平台其广告收入能够衡量的价值不同。例如，根据腾讯公司发布的业绩报告，2013 年微信月活跃账户达 3.55 亿，已占据市场较大份额，但这一时期讯网络广告收入增长主要来源于网络视频广告及网络效果广告，由微信带来的广告收入非常有限。所以这一时期用广告收入来衡量会低估微信价值。

此外，数字产业化中还大量存在难以核算其价值的经济活动，这一类服务的市场价值为零，给数字经济规模测算带来了巨大挑战，如搜索引擎、浏览器、文字处理和电子表格软件、地图、电子邮件、多语言翻译、照片存储、社交网络应用以及其他服务。

（二）核算产业数字化面临的挑战

首先，尽管现有统计核算体系涵盖了数字经济多数产业，但同样有一部分数字产品和服务未纳入传统统计核算体系，主要包括像 Airbnb、闲鱼、滴滴出行等数字平台以及数据资产。

数字平台的出现模糊了消费品和资本品界限。例如，在现行 GDP 核算中，居民购买的轿车属于消费品，但居民将轿车分享出去获得租金收入，这时轿车被投入生产活动，发挥了投资品作用。现行国民经济核算体系下，这一方面可能会造成重复计算，另一方面对于这些轿车作为消费品还是投资品处理，或以何种比例计入消费品及投资品，难以做出准确界定（许宪春，2016）。

数据资产对企业及政府管理都发挥了十分重要作用，大数据使得企业与政府决策方式发生了深刻变革。利用数据资产，决策者进行决策时可以从依靠传统经验向依靠精准数据转变，大幅提高管理决策效率和精确性。这种资产对于企业和整个社会来说都是新的固定资产（许宪春等，2020），然而现有统计核算体系仍未将其纳入核算范畴。

其次，数字经济融入传统经济模式后，极大改变了传统经济运行模式。例如，传统出行方式除了出租车之外，市场中还存在一些不正规的“黑车”，给人们出行带来极大不便，还可能带来信用威胁，甚至安全威胁。而数字平台如滴滴出行出现打破了传统出行方式，在某种意义上解决了“黑车”的信用和安全问题。数字经济融入传统经济后，现有核算方法难以将数字经济规模剥离出来，准确衡量其价值就比较难。一方面，数字技术与信息运用于传统经济，带来了生产方式变革与生产效率提升。例如，机械制造加工行业，目前很多工厂都装有自动化机床，使用数控机床大大提高了生产效率。生产中机器替代劳动力已是大势所趋。这一部分产业在核算数字经济规模时，应当剥离出数字经济贡献，以便准确衡量数字经济增加值。然而现有国民经济核算方法只能得出这部分产业全部增加值，无法剥离出其数字经济部分。另一方面，数据资本作为一种数据化生产要素，不仅大大提升了企业生产效率和优化了经济结构，也提升了数据分析、处理能力，即提升了数据资本积累效率。例如，电商平台数据分析，早期数据分析仅限于有限物流、退货等信息，而近年来，随着数据处理经验和硬件（ICT 资本）的进步，电商可从大数据中精准分析消费者购买习惯，获得更多有用信息，以支持精确推送和各类增值服务，形成更多数据资本（徐翔等，2020）。但现有国民经济核算方法对这类数据资本给产业增加值带来的贡献仍然无法确定。

因此，由数字经济带来的新兴业态以及数据资产价值测算给传统国民经济核算体系带来了很大挑战，完善已有测算体系或构建新测算体系具有重要的现实意义，这也有助于进一步认清我国数字经济发展现状与特征、科学制定相关产业政策、促进我国数字经济持续健康发展。

第三节　数字经济总量核算方法

自数字经济出现以来，国内外众多机构和学者纷纷开始对数字经济进行研究。随着数字基础设施的普及和发展，ICT 技术和互联网逐渐成为企业和社会基本设施，数字经济范围正在逐渐扩大。与此同时，数字经济相关产品出现以及传统行业向数字化转型等问题使数字经济规模越来越难以衡量，也使国民经济核算遭遇新的挑战。一方面，数字经济核算中存在定义和核算方法的不统一、数字产业和产品类别界定模糊等问题尚未解决；另一方面，数字经济与传统经济的交织导致隐形福利持续增多、核算方式滞后等问题。目前国际上对数字经济内涵和核算方法还没有统一的标准，合理测度数字经济具有重要研究意义。理论意义上，数字经济作为 GDP 的一部分，其总量核算研究也为准确 GDP 核算提供了思路，有利于政府更加准确地掌握数据价值总量；实践意义上，准确地测算中国数字经济规模能够为政府决策以及政策实施提供有效信息，同时也为其他国家数字经济核算提供参考。因此，借鉴国际最新核算数字经济理论与经验，并结合我国数字经济发展实际及面临的问题，很有必要与时俱进制定符合我国数字经济的统计调查与核算制度以便对我国数字经济进行科学测算。

一、数字经济核算研究需满足的要求

根据统计，数字经济在发达国家经济发展中发挥着越来越重要的作用，尤其在欧美国家，这已经是不争的事实。美国早在 1998 年就对其数字经济开展了核算工作，继而欧盟各个国家也在其信息社会发展计划中形成了数字经济核算雏形。显然，我国基本国情和美国、欧盟各国大相径庭，因此原样照搬它们的数字经济核算模式并不可取，但是欧美各国在此方面已经取得不菲的研究成果却值得我们理性分析并加以借鉴，而且核算、分析我国数字经济发展情况是相当必要的。一般来说，数字经济核算研究需要满足以下要求。

首先，数字经济发展情况与一个国家或地区经济社会状况高度相关，所以科学测算我国数字经济规模，再与各发达国家或地区数字经济测算结果进行对比，有助于及时发现我国和发达国家或地区发展差距。其次，数字经济核算结果要能反映出数字经济和与之相关的技术渗透进各行各业程度，以及对其生产率影响程度。最后，要能够帮助政策制定者做出数字经济发展相关决策，如数字经济对收入分配、市场竞争等的影响。为了做到以上三项要求，再结合国民经济核算体系中现存核算部分，还需要立足于以下几个方面，进而得到更高质量统计数据以便更

好地满足数字经济核算相关要求。

（一）信息与通信行业基础设施

信息与通信行业基础设施指的是支撑信息和通信等相关活动，能有效保证信息与通信产业正常运行而提供基础服务的相关硬件设备与软件设备，这些设备主要包括无线网络、局域网、计算机、移动网络和各类软件等信息通信相关的各种设备。统计部门应当将经济主体投入信息与通信行业基础设施的投资数据收集起来，并将与之对应的投资设备容量和负载能力也纳入其中。除此之外，出于对投资影响信息与通信行业基础设施性能的考虑，又考虑到存量数据核算中准确程度要求，在统计过程中需要对硬件设备与软件设备进行合理折旧处理。目前，若要收集整个社会信息与通信行业基础设施投资数据无疑具有较高难度，因此可以选用信息与通信行业基础设施生产制造商生产总量，然后折去在流通过程中存货和进出口过程中产生的差额，以此展开估算。而对于个人用户来说，抽样调查是收集数据的一种可行方式。

（二）网络交易

网络交易是数字经济服务的重要环节，然而大多数网络交易仍然不在现如今国民经济核算体系之中，这不可避免地造成了国民经济核算结果一定程度的失真。在网络交易之中，电子商务是主要部分，主要涉及企业与企业（B2B）、企业与个人（B2C）和个人与个人（C2C）依靠网络交易平台开展的各类交易活动，此类产品交易价格和交易数量等交易情况会在一定程度上影响价格指数。尤其是在数字经济基础上进一步发展起来的虚拟产品及其交易，如网络游戏、虚拟空间、数字传递等虚拟产品，也需要做到其交易情况在经济体中准确反映。除此之外，对于货币体系来说，在网络交易之中经常可见电子虚拟货币将对其造成不小影响，由此可见，电子虚拟货币交易情况也需要放进数字经济核算体系之中。所以网络交易相关数据搜集起来困难程度相对较高，尤其是依托数字经济发展出的虚拟产品交易，因为我国还未能制定足够完善数字产品技术标准，这就给相关部门产品分类工作带来许多不便之处。在收集数字经济相关数据过程中，统计者或统计部门可利用我国信息产业部记录在册各网站信息，进而展开普遍调查或是抽样调查。

（三）企业与市场结构

企业是数字经济活动十分重要参与者，数字经济在很大程度上影响着企业经营活动。为了反映出数字经济对各种类型企业不同影响程度，就需要收集涉及数字经济领域各类企业相关经营数据，以此展开行业之间、地区之间分析和对比。而相较于企业经营活动，受到数字经济更大影响的是传统产品生产销售以及市场结构，如金融业、贸易业、娱乐业以及广告业等隶属于第三产业企业种类。而要分析这种数字经济渗入各种类型企业程度，统计者要收集到完整而准确的数据是较为困难的，所以这类数据获得大多通过估算或是抽样调查等方式。根据我国目前情况，针对不同种类企业与不同区域开展分类测度有着相当大实用价值。

（四）个人及从业人员

数字经济中，个人是最主要消费群体，数字经济朝向何处发展受到个人消费偏好影响。与此同时，数字经济领域存在总量十分庞大个体企业经营者，而由于多种原因所致，国民经济核算体系很难准确而全面地反映个人消费情况和个体经营者经营情况。针对数字经济从业人员，统计者应当根据职业不同对这类从业人员进行合理分类，进而依据职业种类不同分别开展工资水平、就业情况、教育水平等相关统计。对个人而言，可根据信息和通信服务等数字经济相关企业销售总额，进而估计得出个人在数字经济领域消费情况，但是若要分析个人网络消费情况或是其他各类指标，就只能选用抽样调查方式来进行估算。针对从业人员，但凡是具有明确分类职业种类，我国相关部门就已经统计出了与之对应的各项数据。

（五）价格因素

要精准核算数字经济对我国经济发展的影响程度，数字经济领域产品价格无疑是一项极为重要、必须考虑在内的指标。不仅如此，网络交易过程中产品价格高低与其变化情况也会对与之对应物价指数造成一定程度的影响，所以在制定各种价格指数之时，网络交易过程中产品价格就应当考虑在内。就美国而言，由其劳工统计局（BLS）提供相关数据进而编制得到消费者物价指数、生产者物价指数之中，就纳入了大多数网络交易产品价格变化所造成的影响。而我国相关部门目前尚未建立起比较完善的、能包含各类网络交易产品价格影响因素的价格核算体系，所以要科学编制准确而合理数字经济各类产品价格指数，相关统计部门需要加快培训出更加具备数字经济专业素养的统计人才来开展相关数据搜集工作。

二、数字经济统计方法

当前数字经济正成为全球发展速度最快、创新力度最大、辐射范围最广的经济活动之一。因此，扎实做好数字经济核算测度是加强数字经济管理、助推数字经济快速发展的基础与支撑。然而传统核算经济总量方式与科学测算数字经济发展不相适应，所以亟待建立能科学核算数字经济特点的统计指标体系。目前统计数字经济发展方法主要有以下三类方法：回归分析法、生产法和支出法。

（一）回归分析法

例如，腾讯研究院构建自变量为“互联网+”指数，因变量为我国数字经济 GDP 一元回归模型来核算分析我国数字经济的发展情况。腾讯研究院实证分析结果表明，近年来，我国数字经济发展非常迅速，2017 年我国数字经济总量达到 26.7 万亿元，年均增长 17.24%。又如，爱尔兰著名咨询公司埃森哲（Accenture）构建自变量为信息通信技术（ICT）硬件、软件、数字经济融合，因变量为我国数字经济 GDP 多元回归模型来核算分析我国数字经济发展情况。根据埃森哲回归分析结果，计算得出 2020 年中国 GDP 产值中数字经济总额达到 3.5 万亿元。

（二）生产法

国内相关机构与学者运用改进传统生产函数法来统计核算我国数字经济发展情况，核算范围包括两部分：一是我国数字经济核心产业部分，包括电子信息制造业、信息通信服务业、软件业等；二是我国数字经济与传统产业融合部分。第一部分，我国数字经济核心产业部分，测算方法是生产函数法，首先计算 ICT 投入的贡献参数，然后将其乘以 ICT 投入量，最后可以计算出我国数字经济核心产业总额；第二部分，数字经济融合部分，测算方法是投入产出法，利用投入产出表中各行业 ICT 产品与服务的投入与对应行业产出来核算。最终计算出 2017 年我国数字经济总量为 27.2 万亿元，同比名义增长达到 20.3%，我国数字经济对 GDP 贡献率达到 32.9%。

（三）支出法

近年来，采用支出法来统计核算数字经济总量的有麦肯锡的 iGDP 和波士顿的 eGDP，相比较而言，波士顿支出法统计范围比麦肯锡统计范围要更大，统计范围包括所有与 ICT 设备创造生产、服务提供和应用相关联的一切活动。

三、数字经济规模测算方法比较

当前政府部门、学界测算数字经济方法用得比较多的主要有三类：增加值测算研究、数字经济相关指数编制研究和构建卫星账户研究。

首先，增加值测算研究。美国商务部经济分析局（BEA）先界定了数字经济范围，然后运用供给使用表测算美国数字经济增加值与总产出；澳大利亚统计局（ABS）借鉴 BEA 测算方法来测度澳大利亚数字经济增加值及其对国民经济贡献度；中国信通研究院、中国社科院等运用增加值法从数字产业化、产业数字化等多视角来测算我国数字经济规模。

其次，数字经济相关指数编制研究。国内外相关数字经济研究机构大致通过构建数量模型或构建指数评估方法对数字经济运行相关指标数据进行测度。经济合作与发展组织（OECD）构建了信息通信技术（ICT）与数字经济相关统计指标体系；欧盟统计局（Eurostat）构建了一套数字经济和社会发展指标体系并编制了数字经济和社会指数（DESI）；世界银行（WB）同样构建了自己一套数字经济指标体系来编制知识经济指数（KEI）。国内，赛迪顾问构建一套数字经济指标体系编制了数字经济指数（DEDI），上海社科院编制了全球数字经济竞争力指数，财新智库编制了中国数字经济指数（CDEI），腾讯研究院编制了“互联网＋”指数等，国内编制的这些数字经济相关指数都构建了各自的具有一定创新性的指标体系。

最后，卫星账户构建研究。一些国际组织、相关国家政府统计机构与一些专家学者从构建卫星账户视角来理论分析数字经济并进行数字经济总量测算，目前构建的卫星账户主要有 ICT 卫星账户和数字经济卫星账户（DESA）。国际上，OECD 专门成立了数字经济 GDP 测算咨询组，研究提出了数字贸易维度框架与数字经济卫星账户基本框架，并编制了 DESA 供给使用表；澳大利亚统计局、智利统计局、南非统计局构建了各自的 ICT 卫星账户，马来西亚统计局构建了马来西亚数字经济卫星账户。而国内专家学者借鉴了国际上相关研究成果重点研究了数字交易特征，在此基础上构建了中国数字经济卫星账户研究框架。

（一）数字经济增加值测算方法

1. 美国 BEA 数字经济测算。

2020 年 8 月，美国 BEA 在 2018 年数字经济分类标准（涉及数字基础设施、电子商务和数字媒体三部分）的基础上，再结合数字经济最新发展修正了 2018 年数字经济分类标准，修正后的数字经济分类标准涉及以下三类：基础设施、电子商务、其他收费数字服务，具体见表 9－1。

表 9－1　　2020 年美国 BEA 数字经济测算指标

一级指标	二级指标
基础设施	计算机硬件
	计算机软件
	相关支撑基础设施
电子商务	B2B 电子商务
	B2C 电子商务
	P2P 电子商务

续表

一级指标	二级指标
其他收费数字服务	云服务
	数字中介服务
	其他收费数字服务

资料来源：根据美国 BEA 网站提供的资料整理。

2. 英国 DCMS 数字经济测算。

英国数字、文化、媒体和体育部（DCMS）构建了数字经济测算指标体系，其中一级指标涉及 9 个子行业，二级指标有 35 个，具体见表 9－2。

表 9－2　英国 DCMS 数字经济测算指标

一级指标	二级指标	一级指标	二级指标
电子产品和计算机制造	电子元件制造	计算机和电子产品批发	计算机、计算机周边设备及软件批发
	负载电子板的制造		电子及电子设备及配件批发
	计算机及外围设备制造	软件发布	其他软件发布
	通信设备制造	电信	有线电信活动
	消费电子产品制造		无线电信活动
	磁性和光学介质制造		卫星电信活动
出版	图书出版		其他电信活动
	发布目录和邮件列表	计算机编程、咨询和相关活动	计算机程序设计活动
	报纸出版		计算机咨询活动
	期刊出版		计算机设施管理活动
	其他出版活动		其他信息技术和计算机服务活动
电影、电视、视频、广播和音乐	电影、录像和电视节目制作活动	信息服务活动	数据处理、托管和相关活动
	电影、录像和电视节目后期制作活动		门户网站
	电影、录像和电视节目发行活动		通讯社活动
	电影放映活动		其他信息服务活动
	录音和音乐出版活动	计算机和通信设备维修	计算机及周边设备维修
	无线电广播		通信设备维修
	电视节目和广播活动		

资料来源：根据英国 DCMS 网站提供的资料整理。

3. 中国信息通信研究院数字经济测算。

目前国内主流数字经济增加值测算方法是中国信息通信研究院构建的测算国内数字经济规模方法，该方法被纳入二十国集团（G20）的《数字经济测算工具箱》。中国信息通信研究院构建两级指标体系来测算国内数字经济规模，其中一级指标包括两个方面：数字产业化和产业数字化，二级指标有 6 个，具体见表 9－3。根据中国信息通信研究院提供的数据，2019 年我国数字经济增加值达到 35.8 万亿元，占 GDP 的 36.2%。

表 9－3　　中国信息通信研究院数字经济统计测算指标

一级指标	二级指标
数字产业化	电子信息制造业
	基础电信业
	互联网行业
	软件服务业
产业数字化	ICT 资本
	非 ICT 资本

资料来源：根据中国信息通信研究院网站提供的资料整理。

4. 中国社科院数量经济与技术经济研究所数字经济测算。

中国社会科学院数量经济与技术经济研究所基于数字经济渗透性、替代性和协同性等技术特征，构建两大指标体系：数字产业化（与数字技术直接相关特定产业部门）、产业数字化（ICT 渗透效应带来的新经济、新模式、新业态），具体见表 9－4。其中，数字产业化增加值核算方法是传统生产法、支出法；而产业数字化增加值直接测算比较难，将产业数字化二级指标设为 ICT 替代效应和 ICT 协同效应，按照“先增量后总量，先贡献度后规模”的原则，将非数字部门传统产业分为 17 个细分行业，综合运用增长核算、计量分析等定量工具来分行业进行测算。根据中国社科院数量经济与技术经济研究所提供的数据，2019 年我国数字经济增加值达到 17 万亿元，占 GDP 的 17.2%。

表 9－4　　中国社科院数量经济与技术经济研究所数字经济测算指标

一级指标	二级指标
数字产业化	ICT 制造业（通信设备、雷达、广播电视设备、电子计算机、电子器件、电子元件及其他）
	ICT 服务业（软件和信息技术服务）
产业数字化	ICT 替代效应
	ICT 协同效应

资料来源：根据中国社科院数量经济与技术经济研究所网站提供的资料整理。

（二）数字经济相关指数编制

1. OECD 数字经济统计指数。

经济合作与发展组织（OECD）构建了两级指标体系来计算数字经济指数，其中，一级指标涉及四大类，二级指标包括 38 个具体指标，具体内容见表 9－5。

表 9－5　　OECD 数字经济统计测算指标

一级指标	二级指标	一级指标	二级指标
智能基础设施投资	宽带普及率	社会推进	互联网用户
	移动数据通信		在线行为
	互联网发展		用户复杂性
	开发更高速度		数字“原住民”
	网络连接价格		儿童在线
	ICT 设备及应用		教育中的 ICT
	跨境电子商务		工作场中的 ICT
	网络安全		电子商务消费者
	感知安全和隐私威胁		内容无边界
	完善网络安全和隐私证据基础		电子政府应用
			ICT 和健康

续表

一级指标	二级指标	一级指标	二级指标
创新能力	ICT 与研发	ICT 促进经济增长与增加就业岗位	ICT 投资
	ICT 行业创新		ICT 商业动态
	电子商务		ICT 附加值
	发挥微观数据潜力		信息产业劳动生产率
	ICT 专利		测度经济服务质量
	ICT 设计		电子商务
	ICT 商标		ICT 工作岗位及 ICT 行业工作岗位
	知识扩散		ICT 人力资源
			贸易经济与 GVC

资料来源：根据 OECD 网站提供的资料整理。

2. 欧盟（EU）数字经济统计指数（DESI）。

EU 构建数字经济与社会指数（Digital Economy and Society Index，DESI）目的是用来核算 EU 各成员国数字经济发展程度合成指数，该指数也是由两级指标体系构成的。其中，一级指标涉及五大类，二级指标包括 12 个具体指标，具体内容见表 9－6。该指标体系参考了 OECD《建立复合指数：方法论与用户说明手册》，而且兼顾数字经济对 EU 各成员国社会影响，很多指标数据来源于欧盟家庭、企业 ICT 调查。

表 9－6　EU 数字经济测算指标

一级指标	二级指标	一级指标	二级指标
宽带接入	固定宽带	互联网应用	内容
	移动宽带		交流
	速率		交易
	可支付能力	数字技术应用	企业数字化
人力资本	基本能力和使用情况		电子商务
	高级技能及发展	公共服务数字化程度	电子政务

资料来源：根据 EU 网站提供的资料整理。

3. WEF 网络准备度指数（NRI）。

从 2002 年开始，世界经济论坛（WEF）定期发布网络准备度指数（NRI），该指数着重分析全球信息化领先国家与地区排名、经验与做法，该指数构建了三级指标体系，其中三级指标有 53 个，一级指标有 4 个，二级指标有 10 个，一级、二级指标具体内容见表 9－7。

表 9－7　WEF 网络准备度指数指标体系

一级指标	二级指标	一级指标	二级指标
环境	政治与治理环境	影响	经济影响
	营商与创新环境		社会影响
准备度	基础设施	应用	个人使用
	可支付能力		商业使用
	能力		政府使用

资料来源：根据 WEF 网站提供的资料整理。

4. 联合国国际电信联盟 ICT 发展指数（IDI）。

从 1995 年开始，联合国国际电信联盟（ITU）定期发布《衡量信息社会报告》和 ICT 发展指数（IDI）。ICT 发展指数构建了二级指标体系，其中一级指标有 3 个，二级指标有 11 个，指标具体内容见表 9－8。

表 9－8　　国际电信联盟 ICT 发展指数指标体系

一级指标	二级指标	一级指标	二级指标
ICT 接入	固定电话覆盖率	ICT 使用	互联网用户率
	移动电话覆盖率		固定宽带使用率
	用户平均国际互联网带宽		移动宽带使用率
	家庭电脑普及率	ICT 技能	入学年限中位数
	家庭互联网接入率		初中入学率
			高等教育入学率

资料来源：根据 ITU 网站提供的资料整理。

5. 赛迪顾问数字经济统计指数。

赛迪顾问数字经济发展指数（DEDI）是选取数字经济各维度典型指标，利用统计方法将其合成计算，通过所得结果反映数字经济发展情况的科学评价体系。赛迪顾问数字经济发展指数构建了二级指标体系，其中一级指标有 4 个，二级指标有 10 个，指标具体内容见表 9－9。

表 9－9　　赛迪数字经济测算指标

一级指标	二级指标	一级指标	二级指标
基础指标	传统数字基础设施	产业指标	产业主体
	新型数字基础设施		产业规模
融合指标	工业和信息化融合	环境指标	政务新媒体
	农业数字化		政务网上服务
	服务业数字化		政务数据处理

资料来源：根据赛迪顾问网站提供的资料整理。

6. 中国信息通信研究院数字经济指数（DEI）。

2017 年 7 月，中国信息通信研究院发布的《中国数字经济发展白皮书（2017）》中构建了中国数字经济指数（Digital Economy Index，DEI），DEI 是景气指数，该指数涉及先行指标（8 个具体指标）、一致指标（11 个具体指标）和滞后指标（4 个具体指标），指标具体内容见表 9－10。

表 9－10　　DEI 指数指标分类

先行指标	一致指标
大数据投融资	ICT 主营业务收入
云计算服务市场规模	ICT 综合价格指数
物联网终端用户数	互联网投融资
移动互联网接入流量	电子信息产业进出口总额
移动宽带用户数	互联网服务市场规模（含网络约租车服务规模、网络视频日均点播、微信月度活跃用户数、搜索引擎市场规模、电子支付业务量）
固定宽带接入时长	
固定宽带用户数	“互联网＋”协同制造

续表

<table>
<tr><th>先行指标</th><th>一致指标</th></tr>
<tr><td>固定资产投资完成额</td><td>"互联网+"智慧能源</td></tr>
<tr><td>滞后指标</td><td>电子商务规模</td></tr>
<tr><td>第一产业增加值</td><td rowspan="2">"互联网+"普惠金融</td></tr>
<tr><td>工业增加值</td></tr>
<tr><td>第三产业增加值</td><td rowspan="2">"互联网+"高效物流</td></tr>
<tr><td>信息消费规模</td></tr>
</table>

资料来源：中国信息通信研究院. 中国数字经济发展白皮书（2017）[R]. 2017.

7. 上海社科院全球数字经济竞争力指数。

2017 年 12 月，上海社科院发布了《全球数字经济竞争力指数（2017）》，报告把全球数字经济分为两部分：主体产业与融合应用。该指数构建了二级指标体系，其中一级指标有 4 个，二级指标有 12 个，指标具体内容见表 9－11。

表 9－11　上海社科院全球数字经济竞争力指数指标

<table>
<tr><th>一级指标</th><th>二级指标</th><th>一级指标</th><th>二级指标</th></tr>
<tr><td rowspan="3">数字基础设施竞争力</td><td>云计算</td><td rowspan="3">数字创新竞争力</td><td>技术研发</td></tr>
<tr><td>数据管理</td><td>人才支撑</td></tr>
<tr><td>移动终端</td><td>创新转化</td></tr>
<tr><td rowspan="3">数字产业竞争力</td><td>经济产出</td><td rowspan="3">数字治理竞争力</td><td>公共服务</td></tr>
<tr><td>国际贸易</td><td>治理体系</td></tr>
<tr><td>平台企业</td><td>安全保障</td></tr>
</table>

资料来源：上海社科院. 全球数字经济竞争力指数（2017）[R]. 2017.

8. 腾讯"互联网+"数字经济指数。

自 2015 年起，腾讯构建了中国"互联网+"数字指数。该指数运用对比法，下设 4 个分指数：基础、产业、创新创业、智慧民生，有 14 个一级指标、135 个二级指标，部分指标具体内容见表 9－12。

表 9－12　腾讯"互联网+"数字经济指数指标体系

<table>
<tr><th>分指数（一级指标）</th><th>二级指标</th><th>分指数（一级指标）</th><th>二级指标</th></tr>
<tr><td rowspan="4">基础分指数（市场基础、技术基础）</td><td>微信的 7 个二级指标</td><td rowspan="5">产业分指数（各行业分类）</td><td>分行业微信公众号 10 个特征值</td></tr>
<tr><td>手机 QQ 的 15 个二级指标</td><td>分行业移动支付的 2 个特征值</td></tr>
<tr><td>数字内容产品 5 个二级指标</td><td rowspan="3">零售、餐饮住宿、旅游、交通物流、生活服务等重点行业加入京东、滴滴、携程、新美大等行业领先互联网公司的 14 个特征值</td></tr>
<tr><td>云计算平台的 4 个二级指标</td></tr>
<tr><td rowspan="3">智慧民生分指数</td><td>服务项目价值分、服务质量星级分</td></tr>
<tr><td>月活跃用户数、用户回流率</td><td rowspan="2">创新创业分指数</td><td>App 数量</td></tr>
<tr><td>用户满意与重点行业丰富度</td><td>有效创业项目数</td></tr>
</table>

资料来源：根据腾讯网站提供的资料整理。

9. 财新等数字经济指数（CDEI）。

2017 年 5 月，财新智库等机构发布中国数字经济指数（China Digital Economy Index，CDEI）。CDEI 聚焦数字经济如何提升社会效率，CDEI 构建了二级指标体系，其中一级指标有 4 个，二级指标有 13 个，指标具体内容见表 9－13。

表 9－13　财新等数字经济指数指标

一级指标	二级指标	一级指标	二级指标
数字经济产业指数	大数据产业	数字经济基础设施指数	数据资源管理体系
	互联网产业的劳动投入		互联网基础设施
	人工智能产业		数字化生活应用普及程度
数字经济融合指数	工业互联网	数字经济溢出指数	制造业占比
	智慧供应链		其他行业对数字经济的利用率（共 8 类）
	共享经济		其他行业分别占比（共 8 类）
	金融科技		

资料来源：根据财新智库网站提供的资料整理。

10. 新华三集团城市数字经济指数（DEI）。

2017 年 4 月，新华三集团首次发布《中国城市数字经济指数白皮书（2017）》，主要评估中国城市数字经济发展水平，构建了二级指标体系，其中一级指标有 4 个，二级指标有 12 个，指标具体内容见表 9－14。

表 9－14　新华三集团城市数字经济指数指标

一级指标	二级指标	一级指标	二级指标
城市信息基础	信息基础设施	城市服务	政策规划
	数据基础		智慧民生
	运营基础		应用成效
城市治理	政策规划	产业融合	“互联网＋”农业
	智慧治理		“互联网＋”工业
	应用成效		“互联网＋”服务业

资料来源：根据新华三集团网站提供的资料整理。

11. 苏州数字经济指数。

2017 年 12 月，苏州发布了苏州市数字经济指数，该指标体系是首个以城市为研究对象来测算地方数字经济发展水平的指标体系。苏州数字经济指数构建了二级指标体系，其中一级指标有 3 个，二级指标有 8 个，指标具体内容见表 9－15。

表 9－15　苏州数字经济指数指标

一级指标	二级指标
发展环境	信息基础设施
	知识产权
	核心政策推动
信息产业	ICT 硬件产品制造业
	ICT 软件和信息服务业

续表

一级指标	二级指标
数字化融合发展	电子政务
	数字消费
	社交媒体

资料来源：根据苏州市政府网站提供的资料整理。

（三）构建数字经济卫星账户

构建数字经济卫星账户（DESA）目的在于把数字经济运行看作一个整体，最大程度上保证数字经济统计得更全面、更科学，能够比较清晰地反映数字经济企业运行发展特点与存在的问题。经济合作与发展组织（OECD）比较超前地构建了 DESA 分析框架。2017 年，OECD 根据数字交易的三个比较重要的特征：数字化订购、促成平台、数字化交付，用并集方式来识别数字经济活动，OECD 数字经济卫星账户分析框架涉及的数字交易包括四个要素：生产者、产品、交易特征与使用者，具体见图 9－1。

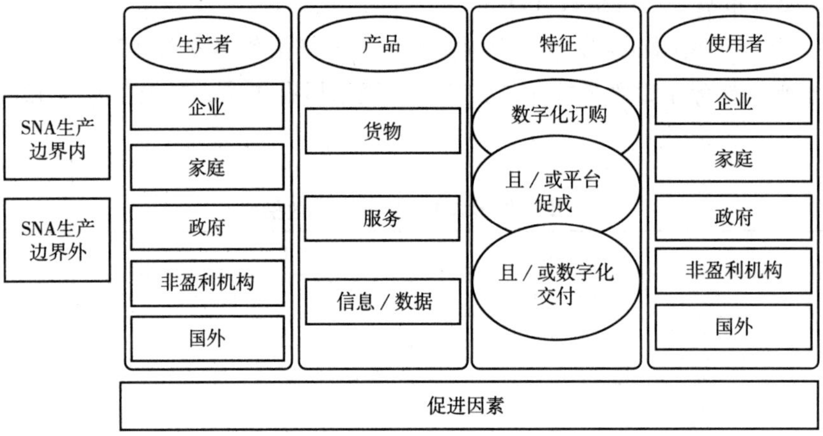

图 9－1　OECD 数字经济卫星账户分析框架

资料来源：根据 OECD 网站提供的资料整理。

向书坚、吴文君（2019）在借鉴已有研究的基础之上构建了中国数字经济卫星账户，具体见表 9－16、表 9－17 与图 9－2。

表 9－16　中国数字经济卫星账户框架围绕的主要核算问题及相应设计思路

数字经济核算面临的主要难点问题	已有研究主要解决思路	设计思路
数字经济内涵及核算范畴的界定	－IMF：基于数字部门 －OECD：基于数字交易	基于广义的数字交易（包含交换、转移和内部交易三种）
数字经济与其他产业的区分	OECD：6 类核心数字产业	5 类核心数字产业
数字经济对传统经济的贡献和影响	从现有产业中拆分，难以刻画不重合及深度融合的部分，难以把握产业的联动性	构建包含现有产业的卫星账户，统筹核算各产业与数字产品间的投入产出结构
SNA 生产边界外免费数字服务的核算	－对相关经济福利单独测度 －对 SNA 界外生产单独核算	拓展 SNA 生产边界，将免费服务包含在数字产品范围内

续表

数字经济核算面临的主要难点问题	已有研究主要解决思路	设计思路
数字经济中不同模式平台企业的区分	- 传统：B2B，B2C，P2P - OECD：数字中介平台 - BEA：8 类主流平台	基于“三新”统计互联网平台（包括生产、生活服务、科技创新、生活服务和其他平台）
区分同一企业中不同类型的数字业务	机构单位的基础上进一步划分产业活动单位	划分产业活动单位的基础上进一步细分同质性产品
数字经济中数字产品的识别和分类	- OECD：ISIC，CPA，CPC - BEA：NAICS	“三新”统计分类、战略性新兴产业重点产品分类、数字交易
数据驱动商业模式下的数据核算	- 对单独案例测算价值 - 成本法、市场法、收入法	构建包含各产业数据投资及资本存量的广义投资矩阵
对于数字经济与传统产业融合部分的增加值（及生产视角下的总产出、中间投入）的测算	- 基础增加值规模加上基于增长核算模型的贡献率 - BEA：基于数字与非数字产业投入比率相同的假定	由交易获取数字产品的总产出，基于投入比率假定，或基于生产率调查测算倒推中间投入，相减得增加值
对于数字生态保护的核算	目前尚未有相关研究思路	参考 SEEA 实物量核算考虑数字环境的资源及数据流量

资料来源：向书坚，等．中国数字经济卫星账户框架设计研究［J］．统计研究，2019，36（10）：3－16.

表 9－17　　界定中国数字经济卫星账户核算范畴

核算类型	核算内容	中心框架核算现状	数字经济核算需要调整的部分
生产核算	生产者	包括非法人企业但尚未单独核算其生产情况（尤其是住户部门中非法人企业的活动）	在数字经济生产核算中并单列住户部门中非法人企业的总产出及中间投入情况
	交易	对数字交易和非数字交易不予区分	单列数字交易
	产品	不包括非购买获得的数据产品和基于数据支撑的“免费”产品	补充非购买获得的数据产品、补充基于数据支撑的“免费”产品
收入分配核算	收入形成	住户部门的劳动者报酬和混合收入	单列数字经济中的住户部门劳动者报酬、生产税、营业盈余
	初次收入分配	对数字交易和非数字交易带来的财产收入不予区分	单列数字交易带来的财产收入（如平台促成的住宿分享等）
	收入再分配	未区分数字经济中的转移支付	单列数字经济中的补贴等转移
积累核算	非金融投资	未单列 ICT 投资和数据投资等数字经济相关的投资流量	单列数字经济投资情况
	资本存量	未单列 ICT 投资和数据投资等数字经济相关的资本存量	单列数字经济资本存量情况
	金融投资	未区分数字金融和非数字金融投资 未包含数字普惠金融投资	单列数字金融交易形成的金融投资 补充数字普惠金融投资

资料来源：向书坚，等．中国数字经济卫星账户框架设计研究［J］．统计研究，2019，36（10）：3－16.

此外，首届数据科学与现代国民经济统计论坛上也有学者对中国数字经济卫星账户设计进行了初步探讨，将数字经济产品分为数字产品和数字化产品，表式设计除了数字经济供给表、使用表、投资矩阵表外，还增加了就业统计表和互联网免费服务统计表，凸显了数字经济发展带给就业的巨大影响（平卫英，2020）。

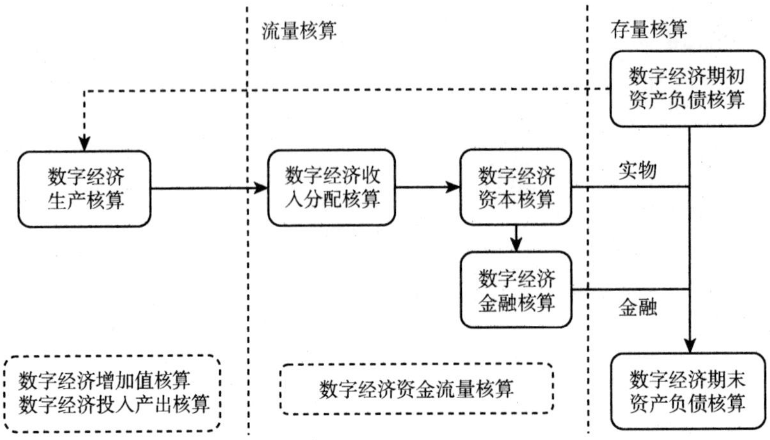

图 9－2　中国数字经济卫星账户核算框架

资料来源：向书坚，等. 中国数字经济卫星账户框架设计研究［J］. 统计研究，2019，36（10）：3－16.

（四）目前数字经济测算方法比较

根据前面分析可以看出，目前测算数字经济三类方法：增加值、相关指数与卫星账户，它们各有优点与不足以及适用场景，三者比较具体内容见表 9－18。

表 9－18　　数字经济三种测算方法比较

	优势	不足	适用场景
增加值	依托现有国民增加值核算体系；测算体系相对成熟	无法准确反映数字经济真实发展与变动情况；产业数字化部分增加值核算比较困难	数字经济增加值占 GDP 比重；数字经济对 GDP 增长的贡献度
相关指数	指标体系创新性和实时性强；系统反映国家或区域数字经济发展水平	理论框架不完备；数据来源不稳定；长期观测难持续	数字经济发展水平评估
卫星账户	系统反映国民经济各行业从事数字经济特征活动的情况	核算方法复杂；测算框架需根据国家发展情况进行适当调整	特定经济活动

资料来源：根据相关材料整理。

四、数字经济核算方法测度困境与建议

（一）数字经济现有测算方法问题与难点

1. 增加值法存在的问题。

从目前研究来看，数字经济核算问题尚未有一致标准。美国测算数字经济总量只包括数字化基础设施、电子商务、数字媒体，忽略了数字信息技术在其他诸多产业中的应用，可能造成总量低估。直接测算中国数字经济数据可能高估了中国数字经济规模以及数字经济占 GDP 的比重，相对国内其他研究结构或研究者测算结果，中国信通院测算的中国数字经济规模测算结果可能偏高，这个差异让人怀疑中国信通院测算数据是不是高估了数字经济规模以及其占 GDP 的比重，当然这种差异不仅来源于测算方法不同，也来源于对数字经济概念及核算范围理解偏差。对数字经济总量测算存在或多或少高估或低估都会影响 GDP 数据的准确性。

2. 相关指数法存在的问题。

综合前面分析可以看到目前国内外各指标体系各具特色，尤其是优势与不足。美国商务部系统研究了数字经济内涵、理论基础、范围，设计了测量步骤等，很有参考价值；欧盟数字经济与社会指数重点研究如何科学构建数字经济指标体系，其构建的指标体系比较客观、全面，尤其是数据获取方面，欧盟进行了大量相关调查与统计研究，其长期大范围调查统计工作机制值得借鉴；世界经济论坛网络准备度指数和联合国国际电信联盟的 ICT 发展指数经历了较长时间实践，其指数设计科学性与延续性值得学习。而中国现有指标体系也有自身特点：首先，时间新，国内构建的数字经济指数大多数是 2017 年及以后年份，这也反映出我国测度数字经济发展比较晚。其次，指标体系差异大，反映出不同研究机构与研究者关注数字经济的角度、理念、测算方法等不同。最后，数字经济体系指标全面性以及有效性还值得推敲。

3. 卫星账户法存在的问题。

数字经济卫星账户框架虽然是目前国际上提倡使用的方法，是系统观察数字产品对经济和社会影响的一种方式，但是受到数字经济行业界定不明确、核算方法复杂性以及大量数据收集和估算等因素限制，很有可能导致测算数据不够准确。另外，构建数字经济卫星账户测算框架需要结合各个国家实际情况，每个国家在进行数字经济供给使用表时需要做相应调整。因此，数字经济卫星账户法应用之前还需要解决很多问题，正式应用中还需要对国家实际情况和核算账户适用性做进一步探究。

（二）建议

1. 明确数字经济统计口径。

首先，要进一步深化数字经济理论研究，激发各类研究力量探究数字经济发展规律，集聚技术、经济、管理、产业、法律等各类英才，剖析数字经济运转机制，创新数字经济的理论并指导经济发展实践；其次，科学确定数字经济统计范畴，数字经济除了包括 ICT 产业产值、ICT 与工业、农业、服务业等融合发展带来传统产业的产值增量外，还应涉及因发展数字经济带来的生产和经营方式、生活方式、思维方式改变而产生的福利改善。目前测算方法只统计了数字经济基础产业部分和融合部分，可能低估了数字经济规模。

2. 科学构建数字经济统计指标体系。

首先，国家发改委、工信部、国家统计局等主管部门要积极联合数字经济研究机构、高校、重点企业共同参与科学设计我国数字经济统计指标体系，密切跟踪数字经济发展进程中出现的新问题、新情况，加快构建比较全面、动态的数字经济指标体系；其次，选取重点行业、重点企业，深入企业调研信息技术渗透率，研究探索可能的测算方法；再次，组织开展数字经济调查与初步测算，根据经济指标、调查样本数据等相关信息初步测算我国数字经济规模，为数字经济统计指标体系建设发展提供数据支撑；最后，鼓励有条件的地方政府积极探索，构建全面系统反映本地数字经济运行和发展情况的指标体系。

3. 强化数字经济核算支撑。

首先，加快建立反映我国数字经济统计制度，改进完善新产业、新业态、新商业模式的增加值核算方法，改进经济发展新动能指数计算方法；其次，建立数字经济统计调查和监测分析制度，强化数字经济数据搜集、处理、发布和共享工作，建立数据沟通和分享机制，强化大数据、人工智能、共享经济等新领域数据监测，鼓励有条件地方要积极运用大数据进行统计工作，提高数据质量，从而进一步发挥统计的决策支撑作用；最后，完善有利于数字经济发展的监管体系，加强行业技术标准建设，为数字经济发展创造良好市场环境。

4. 完善统计调查方法。

数据采集是数字经济核算关键，核算数据可能来自各种税的记录以及居住或观光税记录，或者数据来源于劳动力调查、住户调查等。与数字经济相关统计调查应该制定合理统计调查方法，加强对数据处理和应用，避免重复统计现象发生。因此，政府部门要完善统计调查方案，加快推进数字经济相关统计指标标准与规范。另外，在当前区块链、大数据和人工智能协同发展大形势之下，高效高质量获取统计数据需要多种技术手段。目前很多国家已经对网络爬虫技术开展了一系列研究，准确合理的数字经济核算体系一定要有完整有效统计数据相配合。

第四节　数字技术应用价值估计

一般增加值核算方法有生产法、支出法和收入法等。然而由于融合性和协同性存在，生产法、支出法和收入法在测算数字经济总量，特别是数字技术应用价值时面临很多理论上的困难。

数字技术用于传统行业中时产生的增加值，在生产法下都被归入该产业增加值。例如，大规模数字技术应用于生产线，如数控机床、智能机器人等，使制造手机生产率提升，手机制造过程以及手机本身数字化程度越来越高。但是数字技术提高手机产品质量和生产效率所衍生出的额外增加值，被核算在手机制造业，无法拆分到数字经济中。

收入法核算主要基于要素收入，如劳动者报酬即劳动者要素收入、固定资产分摊即固定资产折旧、生产税净额和营业盈余等是从要素分配视角进行划分统计的，每一项都与数字技术不相关。因此，基于收入法估计数字技术应用价值不现实。

使用支出法时，尽管从总投资中可以将数字投资分离出来，数字消费如软件等也可以从政府消费和居民消费中分离出来，进出口中也可以识别出数字产品。但是传统消费品，如猪肉消费，由于现代化养殖场运用 RFID 射频技术、自动进食等数字技术手段，提高了肉的品质，这些数字技术贡献在支出法中仅仅体现在数字投资中，而对于高品质猪肉消费全部归入非数字消费中。

既然数字技术应用价值是指其他行业与部门因应用数字技术而新增加的价值，那么其含义是如果不使用数字技术，就不存在此新增的价值项。数字技术融合于生产过程，促进其他生产投入要素协同耦合，从而提高生产率，促进经济增长。因此，可以借助增长核算框架，分解出数字技术对经济增长贡献率。当起始年份数字技术应用几乎可以忽略时，例如，1990 年我国经济增长中几乎没有数字技术应用，那么，到今天为止，这段时间的 GDP 增量乘以相应贡献率，可作为应用数字技术新增加价值，即数字技术应用价值。因此，我们不仅研究了数字经济总量的支出法估计方法，还基于增长核算框架估计了数字技术应用价值，并与数字经济核心产业增加值相加，从两个角度对数字经济总量大小进行相互印证。

一、基于支出法数字技术应用价值估计

一般而言，采用地区支出法来核算国内生产总值（GDP）涉及消费、投资与净出口等，即国民收入恒等式为 $GDP=C+I+X-M$。说明一下，传统意义上国内生产总值按支出法核算包括四类：消费、投资、政府购买和净出口，但这里将政府购买划入消费里。将上述使用去向分别与数字技术进行关联，即最终消费支出分为数字最终消费和非数字最终消费，按照对象又可分为居民数字产品服务最终消费支出、居民非数字产品服务最终消费支出、政府数字产品服务最终消费支出、政府非数字产品服务消费支出四种；投资涉及数字资本形成和非数字资本形成，根据存货和固定资产形成又可分为数字

产品存货、非数字产品存货、数字资本固定资本形成总额、非数字资本固定资本形成总额四种；货物和服务的净出口都分解为数字资本净出口和非数字资本净出口两种，那么可建立下述分解式：

$$GDP = C_D + C_{ID} + K_D + K_{ID} + (X_D + X_{ID}) - (M_D + M_{ID}) \quad (9-1)$$

那么数字经济总量为：

$$GDP_D = C_D + K_D + (X_D - M_D) \quad (9-2)$$

其中，GDP_D 为数字经济总量；C_D 为数字经济最终消费；K_D 为数字经济资本形成；$X_D - M_D$ 为数字经济净出口余额。

首先，估算数字经济最终消费 C_D。一般可运用两种数据来源估算居民数字经济最终消费：一方面，可以根据入户调查消费支出中网络消费乘以常住人口数；另一方面，可以运用“销售代替消费”的思路，使用网络电商平台销售额加上批零企业电子商务销售额，再用企业电子商务销售额对前面两个估计值进行修正，加上政府虚拟的数字消费，经过核算可以得到数字经济最终消费。

其次，估算 K_D。理论上，一项数字技术在经济系统中运用的渠道有很多，大致可以分为三种情况：企业内部干中学、行业间的模仿效应和跨行业供应链传递效应。一项数字资本投资也会影响其他企业产生投资效应，因此，数字资本固定资本形成可以分为数字核心产业固定资本形成和引致其他产业的数字固定资本形成。数字核心产业投资根据目录统计核算；引致其他产业的数字固定资本形成可以基于投入产出表的流量表，计算出其他部门对于数字产品的需求系数，用全社会固定资本形成乘以该需求系数就得到其他部门的数字固定资本形成。将两者加总就是一个国家或地区全社会数字资本固定资本形成总额。基于数据的可得性，暂不考虑存货投资。

再次，估算数字经济净出口余额：$X_D - M_D$。先将主要商品进出口目录中高新技术产品、数据处理设备及其部件、液晶显示板、集成电路和计量检测分析自控仪器及器具等划为数字商品，计算这些商品的净进出口占比系数；然后用该系数乘以净进出口，得到 $X_D - M_D$。

最后，核算等式（9－2），就能估算出数字经济总量。

二、基于增长核算框架的数字技术应用价值估计

（一）增长核算框架

在经济核算中，理论上核算期内投入价值与产出价值恒等，即：

$$qY = q_1Y_1 + q_2Y_2 + \cdots + q_mY_m = p_1X_1 + p_2X_2 + \cdots + p_nX_n = pX \quad (9-3)$$

其中，q_i、Y_i，表示第 i 种产出的价格和数量，m 为产出的种类，q、Y 表示总产出的价格和数量，p_j、X_j 表示第 j 种投入的价格和数量，n 为投入的种类。将式（9－3）两边加入时间 t，将等式变为动态方程，然后对式（9－3）两边对时间求微分，并除以相应的（投入或产出）总价值，可得如下等式（9－4）：

$$\left(\frac{dq_1Y_1}{q_1}\cdot\frac{dq_1}{dt} + \frac{dq_1Y_1}{Y_1}\cdot\frac{dY_1}{dt} + \cdots + \frac{dq_mY_m}{q_m}\cdot\frac{dq_m}{dt} + \frac{dq_mY_m}{Y_m}\cdot\frac{dY_m}{dt}\right)\Big/\sum_i q_iY_i$$

$$= \left(\frac{dp_1X_1}{p_1}\cdot\frac{d\phi_1}{dt} + \frac{d\phi_1X_1}{X_1}\cdot\frac{dX_1}{dt} + \cdots + \frac{d\phi_nX_n}{\phi_n}\cdot\frac{d\phi_n}{dt} + \frac{d\phi_nX_n}{X_n}\cdot\frac{dX_n}{dt}\right)\Big/\sum_j P_iX_i \quad (9-4)$$

此式可简化为：$\dfrac{\sum_i (Y_i\dot{q}_i + \dot{Y}_iq_i)}{\sum_i q_iY_i} = \dfrac{\sum_j (X_j\dot{p}_j + \dot{X}_jp_j)}{\sum_j p_jX_j}$，

$$\frac{Y_i\dot{q}_i + q_i\dot{Y}_i}{\sum_i q_iY_i} = \frac{q_iY_i}{\sum_i q_iY_i}\cdot\frac{Y_i\dot{q}_i + q_i\dot{Y}_i}{q_iY_i} = \frac{q_iY_i}{\sum_i q_iY_i}\left(\frac{\dot{q}_i}{q_i} + \frac{\dot{Y}_i}{Y_i}\right) = w_i\left(\frac{\dot{q}_i}{q_i} + \frac{\dot{Y}_i}{Y_i}\right),$$

$$\frac{X_j\dot{p}_j + p_j\dot{X}_j}{\sum_j p_jX_j} = \frac{p_iX_i}{\sum_j p_jX_j} \cdot \frac{X_j\dot{p}_j + p_j\dot{X}_j}{p_iX_i} = \frac{p_iX_i}{\sum_j p_jX_j}\left(\frac{\dot{p}_j}{p_j} + \frac{\dot{X}_j}{X_i}\right) = v_i\left(\frac{\dot{p}_j}{p_j} + \frac{\dot{X}_j}{X_i}\right)。$$

于是有：$\frac{\dot{q}}{q} + \frac{\dot{Y}}{Y} = \sum_i w_i\left(\frac{\dot{q}_i}{q_i} + \frac{\dot{Y}_i}{Y_i}\right) = \sum_j v_i\left(\frac{\dot{p}_j}{p_j} + \frac{\dot{X}_j}{X_i}\right) = \frac{\dot{p}}{p} + \frac{\dot{X}}{X}$，其中 w_i、v_i 分别为各项产出和投入要素价值占总价值比重，并且 $\sum w_i = \sum v_i = 1$，$w_i \geqslant 0$，$v_i \geqslant 0$，进一步定义价格和数量指数：

$$\frac{\dot{Y}}{Y} = \sum_i w_i \frac{\dot{Y}_i}{Y_i}, \frac{\dot{X}}{X} = \sum_j v_i \frac{\dot{X}_j}{X_i}, \frac{\dot{q}}{q} = \sum_i w_i \frac{\dot{q}_i}{q_i}, \frac{\dot{p}}{p} = \sum_j v_j \frac{\dot{p}_j}{p_j} \tag{9-5}$$

将投入要素分为数字资本 D、非数字资本 K 和劳动 L 三类，根据 Divisia 指数定义，在增长核算框架下对经济增长进行分解：

$$\frac{d\ln Y}{dt} = \frac{d\ln A}{\alpha t} + v_1\frac{d\ln K}{dt} + v_2\frac{d\ln D}{dt} + v_3\frac{d\ln L}{dt} \tag{9-6}$$

这样，就可以算出数字资本对经济增长的贡献率：

$$\rho = v_2\frac{d\ln D}{dt}\bigg/\frac{d\ln Y}{dt} \tag{9-7}$$

选择数字技术应用较少的年份为基期，报告期与基期年份 GDP 增长量乘以式（9－7）贡献率，就可估算出使用数字技术产生的价值增量，也就是数字技术应用价值量：

$$GDP_{use} = \rho(GDP_t - GDP_0) \tag{9-8}$$

（二）估算资本投入

资本投入是经济增长核算中非常重要的内容。为了科学测算数字资本对一个国家或地区经济增长的贡献，也为了提升估算的精度，将资本投入分为两部分：数字资本和非数字资本。数字资本投入主要涉及数字经济核心产业投资、信息化投入（包括硬件和软件），以及其他行业投资中的数字技术投资。根据投入产出表的流量表，估计出其他产品对数字技术产品的需求系数，根据该系数估计该行业投资中的数字技术投资。

假设投资发生期在 t 年，计价以期中价格为准，废弃或付款均在期末发生。n 为资产使用年限，也就是资产役龄，$n=0$ 表示新资产，$n=0.5$ 表示服役年限为一年。假设 f_n^t 为 t 年役龄为 n 的资本单位使用成本，市场条件下，单位使用成本较高的资本品应具有较高的生产效率。定义不同役龄下单一资本的效率函数为：

$$g_n = f_n^t/f_0^t, n = 0, 0.5, 1.5, 2.5, \cdots \tag{9-9}$$

这里单一资本役龄——效率函数采用双曲效率衰减模式，函数形式为 $g_n = (T-n)/(T-b\times n)$，其中 T 为资本寿命，b 为效率衰减参数。对于效率衰减参数，建筑物、机器设备和其他资产分别取 0.75、0.5 和 0.6，数字资本取 0.75。现实中生产者往往拥有不同役龄的多种类型和数量的资本，不同役龄的资本可相互替代，市场条件下以成本最小化为目标的生产者将会组合使用不同役龄的资本货物，使得它们的相对单位成本、服务价格与服务效率相对应。相同类型的资产组合成资产组，其中一些资产的技术被新技术替代而不再用于生产过程时，称为资本的退役。在这里，退役模式采用正态函数生成的钟形退役模式，函数形式为 $F(T) = e^{-(T-\overline{T})^2/2s^2}/(s\sqrt{2\pi})$，其中 $\overline{T}$ 为平均服务寿命。令 $F(T)$ 为退役函数，则资产组的役龄——效率函数为：

$$h_n = \sum_{T=n}^{T^{MAX}} g_n(T)F(T), n = 0, 0.5, 1.5, \cdots, T^{MAX} \tag{9-10}$$

假设 tB、tE 分别表示 t 年期初和期末，P_n^{tB}、P_n^{tE} 为资产的价格，定义 t 年资产的役龄——价格函数为：

$$\psi_n = P_n^{tB}/P_n^{tE}, n = 0.5, 1.5, 2.5, \cdots \tag{9-11}$$

资本市场均衡条件下，资产组的役龄——价格函数与役龄——效率函数具有以下关系：

$$\psi_n = \frac{P_n^{tB}}{P_0^{tB}} = \frac{h_n + h_{n+1}(1+i)(1+r)^{-1} + h_{n+2}(1+i)^2(1+r)^2 + \cdots}{1 + h_1(1+i)(1+r)^{-1} + h_2(1+i)^2(1+r)^2 + \cdots} \tag{9-12}$$

其中，i、r 分别为资产价格的平均上涨率和收益率。可以根据价格指数推算价格上涨率为15.3%，收益率借鉴美国账户收益率8.8%。根据资本消耗的含义，折旧率为：

$$\delta_n = (P_n^{tB} - P_{n+1}^{tB})/P_n^{tB}, n = 0.5, 1.5, 2.5, \cdots$$

在资本市场均衡条件下，资本提供的服务等于其使用成本，那么 t 年资本服务即使用成本 U^t 是历年各期投资与相应单位使用成本之积的和，即：

$$U^t = f_0^t[I^t/2 + h_{0.5}I^{t-1} + h_{1.5}I^{t-2} + h_{2.5}I^{t-3} + \cdots + h_{19.5}I^{t-20}] = f_0^t K^t \tag{9-13}$$

其中，$K^t = I^t/2 + h_{0.5}I^{t-1} + h_{1.5}I^{t-2} + h_{2.5}I^{t-3} + \cdots + h_{19.5}I^{t-20}$ 称为以基期期中价格计价的生产性资本存量，从中可发现，资本服务数量变化仅与生产性资本存量 K^t 有关。按照类型合计，就得到全社会资本服务总额。

$$U^t = \sum_{m=1}^{k} f_0^{m,t} K^{m,t} \tag{9-14}$$

（三）构建资本技术进步质量指数

数字经济时代，数字技术与资本品投资融合发展带来的技术进步，为了更准确地分离并衡量该部分对经济增长的贡献程度，需要构建质量变化指数来进一步分析。由于我国目前统计数据不能有效满足科学编制资本质量指数的需求，因此构建资本体现式技术进步质量指数。具体来说，选择机械工业品中具有较高投资价值并且质量发生明显变化的三类工业资本品：通信设备、计算机及其他电子设备，电气机械及器材，仪器仪表及文化办公机械，用这三类资本品的工业品出厂价格指数加权平均构建质量变化指数 PPIc，以反映资本品投资中质量变化的综合趋势。其中，权重为制造业中通信制造业、电气设备制造业、仪器仪表制造业的新增固定资产投资额分别占三个行业新增固定资产投资总额的比例。

即：

$$PPIc = \sum_{i=1}^{3} w_i \cdot PPI_i, i = 1, 2, 3 \tag{9-15}$$

由此可得结果。在此基础上，可将质量变化指数和各类投资品的投资价格指数的比值作为各类投资中体现式技术进步的占比。

（四）估算劳动投入

经济增长核算中，劳动投入也是非常重要的指标。尽管以劳动小时数衡量劳动投入是通行做法，但是不考虑异质性劳动带来的劳动投入量差异是有缺陷的。按照资本核算的分类要求，还应区分不同类型的劳动投入。

首先，对劳动力进行分类分组。劳动力分类分组要尽量做到类与类之间差异大，但是目前我国统计资料尚未全面覆盖劳动力特征调查，如农村农户的劳动报酬未区分雇员与自雇者。这里仅分析性别、年龄和学历（受教育程度）三个特征。其中性别分男女2个分组，年龄组分为16～24岁、25～

34岁、35~44岁、45~49岁、50~59岁、60岁以上共6个组别；学历分为初中及以下、高中、中高等职业教育、大学本专科、研究生，共5个分组。这样就建立了按性别、年龄和受教育程度的交叉分组，细分成60个类别。

其次，估算劳动投入。劳动投入是各类劳动力在一定的劳动工时（劳动小时数）内付出的劳动服务量，因此劳动服务量是与劳动工时正相关的，国际上以劳动小时数衡量劳动投入是通行的做法。为了精确测度劳动投入，必须考虑劳动的异质性，以不同类型劳动力劳动报酬在总报酬中所占的份额为权重，对各类劳动投入进行加权汇总。在市场均衡时总供给等于总需求，那么总劳动投入的增长可表示为：

$$\frac{d\ln L}{dt} = \sum_i v_i \frac{d\ln L_i}{dt} \tag{9-16}$$

其中，L 为总劳动投入，L_i 为不同类型的劳动投入（劳动小时数），P_i 为第 i 种劳动投入的价格，表现为小时工资；v_i 为第 i 种劳动报酬所占的份额。

假设该地就业年龄结构等于全国年龄结构，就业人员周平均工作时间与全国城镇就业人员周平均工作时间相同。用劳动报酬乘以各类型人员工资总额结构以保证劳动者报酬总量和结构平衡，并进一步得到各类劳动投入的价格。

通过以上步骤，可得出增长核算结果，估算得到数字技术应用价值量。

第五节　我国数字经济发展测度与评价

随着数字技术迅速发展和数据资源爆发式增长，数字技术与国民经济不断融合，数字经济推动经济增长作用明显，已经成为经济增长重要引擎。党中央、国务院高度重视数字经济。党的二十大报告指出，加快发展数字经济，促进数字经济和实体经济深度融合，打造具有国际竞争力的数字产业集群。2022年1月，国务院印发的《“十四五”数字经济发展规划》，要求“深化数字经济理论和实践研究，完善统计测度和评价体系”。

目前有关国际组织、一些国家政府统计机构等对数字经济统计测度展开了丰富研究，对完善我国数字经济统计测度和评价体系、推动数字经济高质量发展具有借鉴意义。基于对国内外数字经济统计测度的梳理，本书构建了我国数字经济发展水平指标体系以科学测算我国数字经济规模。

一、中国数字经济发展现状

（一）数字经济占GDP比重不断上升

近些年来，随着数字经济自身发展强势、更新步伐快，以及传统产业与当前数字产业融合进度越来越快。因此，数字化技术取得巨大突破，数字经济规模也在不断扩大。

2003年，中国数字经济收入达到1.5658万亿元，首次占GDP比重超过10%，达到10.3%；2018年，中国数字经济收入达到31.3万亿元，占GDP比重为34.8%，超过了1/3，增长速度非常快。随着数字经济的强势发展，对中国GDP增长贡献率达到68%，这一水平比许多发达国家还要高，已经成为促进我国经济发展的中坚力量。

数字产业化是数字经济基础部分，是数字经济发展的基础，包括电信业、互联网行业等，2018年我国数字产业化总额达到6.4万亿元，占GDP比重为7.1%，占数字经济总额为20.5%。电信行业发展迅速，2018 年我国电信业业务总额达到 6.5 万亿元，同比增长 138%，累计收入达到 1.3 万亿元，同比增长 3%。移动数据流量也发展迅速，2018 年，移动数据流量全年使用超过 700 亿 GB，同比增长 189%，每月每户使用 4.4GB，是 2017 年 2.6 倍。产业数字化是数字经济与传统产业融合发展的结果，即数字技术向传统产业渗透，有效提升了传统产业生产率与经济效益，传统产业运用数字技术新增加的产值便构成数字经济产业数字化的产值，2018 年产业数字化总额将近 30 万亿元，占数字经济比重将近 80%，是数字经济最重要的部分。

同时，数字经济也提供许多新工作岗位。2018 年，中国与数字经济相关的岗位达到 1.9 亿，占总就业人数将近 1/4。与此同时，全国就业岗位同比减少了 0.07%，而数字经济领域就业人数却继续增长，同比增长 11.3%，产业数字化增长 9.4%，数字产业化增长 11.6%。当前，数字经济带动传统产业就业的主要方式就是将传统产业数字化转型，并且从目前来看，服务业是吸纳就业的主要方向，但是第一、第二产业数字化也前景广阔。

总体来说，中国数字经济规模从 1996 年的 2500 亿元增加到 2018 年的 31.6 万亿元，发展是十分迅速的，占 GDP 的总量从 1996 年的 3.3% 提高到 2018 年的 34.3%，提高超过 30%。我国数字经济占 GDP 的比重呈现出明显的阶段性，1996 ~ 2005 年，数字经济起步阶段，占 GDP 比重较低；2005 ~ 2010 年，增长速度相对来说比较慢，但是 2010 年至今，数字经济在国民经济中的比重迅速上升，到 2018 年底已经占到了 34.3%。发展数字经济的基础力量是数字产业化部分，主要力量体现在产业数字化部分，并且将来中国竞争力也是体现在产业数字化部分。

（二）数字经济在各产业增加值所占比重较大

随着科技的迅速发展，中国数字经济发展速度显著增强，2018 年总量为 31.6 万亿元，大数据、云计算、物联网等近些年来新兴起的数字经济产业，发展势头十分强劲。物联网作为当前数字经济的重要一部分，其产业体系也日益完整。大数据产业的兴起，使得数据资源也变得越来越有价值，2018 年中国大数据产业规模突破 5000 亿元，进展非常迅速，但是这与欧美等发达国家相比，差距还是很大，还需要继续努力。我国三大产业中，数字经济发展水平差距也较大，呈现第三产业规模最大、第二产业次之、第一产业规模最小的发展格局。

1. 农业数字经济方面。

我国农业数字经济发展相对比较慢。2018 年，我国农业数字经济总额占数字经济总额的比重只有 7.3%，与 2017 年相比，只提高了 0.72%，可以看出，我国农业运用数字技术来提升农业科技含量潜力是很大的，农业数字经济有待进一步发展，数字化水平比较低，远远低于工业和服务业。但是，同样也应该看到另一面，发展水平较低说明具有很大潜力。在农业中，数字经济比重由低到高依次为畜、农、渔、林，比重最高的是林业数字经济，但是占比也仅仅为 13%，远远低于工业和服务业；比重最低的是畜牧业数字经济，占比只有不到 5%。因此，农业数字经济发展落后，数字化转型具有较大提高空间。

发展农业数字经济是实现乡村振兴战略、脱贫攻坚的一条捷径。2020 年中央一号文件《中共中央、国务院关于抓好“三农”领域重点工作确保如期实现全面小康的意见》中提出，要结合农村发展实际积极发展农村电子商务、扩宽销售渠道、加强信息基础设施建设，提高物流流通效率，鼓励农业创新与数字技术相融合，实现基于互联网的数字农业模式。促进农业数字经济发展最重要的是提高生产效率和拓宽销路。在生产端的数字农业，使数字技术与农业生产相融，通过软件和传感器能够控制农业生产，以此来实现农业生产的智能化、数字化。现在，部分互联网企业已经涉及农业。例如，外国的亚马逊、苹果等公司，还有国内的大疆、华为、腾讯等企业。相关研究表示，农村电商约有

1000 万家，提供就业岗位约 3000 万，农产品网络零售额超过 2300 亿元，增长率达到 33.8%。

2. 工业数字经济方面。

近年来，我国工业数字经济发展比较快，正加速推进。2018 年，我国工业数字经济总额占数字经济总额的比重为 18.3%，高于农业数字经济占比，但是低于服务业，比 2017 年提升了 1.09%。而且工业方面细分产业数字经济发展水平差距比较大，只有 12% 的工业数字经济比重超过了 20%，与发达国家相比比较低；28% 的工业数字经济比重在 12% ~20%，高达 60% 的工业数字经济比重不到 10%，我国工业数字经济发展存在巨大潜力。其中对国家发展产生重要影响的工业产业：石油和天然气开采产品、黑色金属矿采选产品、纺织服装服饰、家具、医药制品、钢铁及其铸件、汽车整车和家具器具，2018 年数字经济比重比 2017 年依次增加 1.0%、1.3%、0.8%、0.8%、1.0%、0.9%、0.9% 和 1.4%，比 2017 年分别提高了 0.4%、0.6%、0.4%、0.4%、0.5%、0.4%、0.4%、0.4%。

工业数字化取得了突破性进展。一方面，在供给侧，三大全方位体系全面突破。第一，网络创新加速，中国企业华为已经创造出最先进的 5G 技术、"东西南北中"五大国家典型节点已经着手建设，工业数字化发展程度已经加快步伐。第二，平台供给能力日益加强，大约有 50 个平台在国际上具有一定声誉，国家级重点设备数将近 60 万台，工业 App 也层出不穷。第三，加快实现工业安全保障体系，不仅国家，企业也已经创新出安全检测平台系统，并且已经投入市场使用。另一方面，在需求侧。第一，降低成本、提高质量效果显著。企业降本、提质、低碳效果显著。例如，优先使用数字技术的企业，其劳动生产率大大提高，万元工业产值综合耗能大大降低。第二，工业创新步伐加快。工业关键环节上诞生一大批新业态，扩宽产业链，走向国际。有些工业企业依托工业互联网实现产业转型升级，并且产业链也不断向高端延伸，产品销售到国外。第三，融通发展效果显著。工业资源整合力日益增强，不同地域、不同产业的合作更加紧密，产业融合更加渗透。例如，广东省打造"工业互联网产业生态供给资源池"，响应国家供给侧结构性改革，使得上千家企业实现增加收入、降低成本。

5G 网络应用到工业方面步伐越来越快。2018 年，全世界的 5G 商用竞争就已经开始，中国 5G 创新与产业渗透十分迅速，5G 已经在某些工业领域应用，并且效果显著。在增强型移动宽带场景，5G 传输能力可以助力工业设计和产业数据分析等环节。工业设计方面，设计人员可以使用 5G 通过 AR 增强现实技术，把工业产品设计流程从平面转移到立体空间，实现了在现实世界为人们展现工业设计的模型，把实现设计完的方案实时地改善优化，满足设计人员对最终模型的感受，降低工业企业生产设计成本，提高生产效率，降低人力成本。数据分析方面，5G 可以保证生产实时数据的高速处理过程，这是传统的工业总线或者无线网等连接的传输速率所不能实现的。5G 网络可以实时地把全生产流程的高清影像和数据传输过来，远程端的人员使用智能分析系统结合产线的状态对生产各个环节进行及时了解，第一时间处理出现的问题，保证生产效率，合理分配产线资源。高可靠低延时通信方面，5G 能够为大量终端设备提供高稳定性、高速率、覆盖面广的连接能力，保证企业全面地采集工业生产信息，进一步促进工业数字经济方面的应用工业检测能力，工业企业通过 5G 网络海量连接能力在工业生产区域部署数以万计的传感器和执行器，对工业信息进行全方位的采集，实现了产线设备运行状态的实时监控，保证第一时间发现漏洞，提前进行维护，大大压缩了处理问题的时间。工业仓储物流方面，5G 保证对大量工业货物实时运输状态进行监控，全面支持货物入库、进仓、出库、运输等物流环节的数据采集和实时跟踪。工业物流领域有序开展各种流程需要 5G 提供的稳定网络，也能保障货物运输过程中无人机、无人车等工具的连网需求，确保对工业产品、货物的实现全部数字化、智能化控制，提高整个配送环节的资源优化能力。大规模机器类通信方面，5G 网络可以支持工业机器人、自动化控制等应用场景，全方位保证生产过程控制的精准、迅速。工业机器人方面，工业企业能够在产线上全面部署智能工业机器人，5G 网络能够实现产线机器人与企业云端控制系统之间的实时控制，确保不出现差错。工业自动化控制方面，在5G 网络的基础之上，能够在对时延极其敏感的高精度的生产制造环节上把生产数据传送到企业核心控制系统，并且还能够保障数据精准、快速传送，实现对生产环节的控制，全面确保生产任务快速、高质量的完成。

3. 服务业数字经济方面。

中国服务业数字经济方面持续领先。2018 年，中国服务业数字经济总额占数字经济总额的比重为35.9%，比2017 年提升了3.28%，高于农业和工业。服务业中典型行业，如保险、广播电视电影以及影视录音制作数字经济占到一半以上，依次为56.4%和55.5%，30%的服务业数字经济占比在10%～30%，61%的服务业数字经济比重在10%～30%，建筑装饰和其他建筑服务以及餐饮业数字经济比重最低，仅有9.3%和6.4%。

数字经济从兴起到现在，服务业领域一直保持着持续强劲的发展趋势，而且发展也越来越规范化。通信基础设施和网民数量是服务业数字化的重要保障，到2018 年底，中国光缆线路长度居世界第一，互联网普及率接近60%，中国网民总人数接近8.3 亿，与2017 年相比，提升了3.8%，网民数量增加5000 多万，全面实现互联网普及不再是遥不可及的事情。消费领域，随着《电子商务法》的正式实施，对现存的电商逃税、国外代购、雇人好评等一系列重点问题给出回应，也代表着电子商务在中国走进健康发展时期。2018 年，我国实体商品网上零售总额超过7 万亿元，比2017 年增长了25.4%，占全社会消费零售总额比重达到18.4%，比2017 年提高了3.4%。智慧物流领域，物联网、人工智能等数字技术在物流领域应用取得巨大成功。2018 年，菜鸟网络科技公司表示已经使用区域链数字技术，对进口商品的跟踪、上传、检验、报告等多个环节实现数字化，把所有海外商品都贴上了独一无二的“标签”，能够让消费者认证、检验、查询。电子支付方面，随着数字支付等技术的快速发展，数字支付普及面越来越广，渗透到各行各业，大大节省了交易双方时间成本，提升交易效率。2018 年，数字支付业务总量增长迅速，数字支付交易业务超过600 亿笔，总金额达到277 亿元，比上年分别增长了61.19%和36.7%。数字支付平台目前已经成为一种十分方便的交易设施。社交娱乐领域，短视频正在深度改变和影响着人们的日常工作、生活方式，短视频用户增长数量十分迅速。据相关平台统计，中国短视频人数总量达到6.5 亿人，用户使用率接近80%。网络教育领域，教育部已经出台了《教育信息化2.0 行动计划》，在数字化的条件下，保证构建人才培养新体系，探索基于互联网的教育、课程新方式以及教育管理的新模式。

另据《中国数字经济发展白皮书（2020 年）》提供的数据，我国数字经济体系框架由“两化”到“三化”再到“四化”，是对数字经济的认识由关注生产力，到生产力与生产关系并重，再到突出数据要素对经济社会发展的重要作用。数字经济“两化”体系包括数字产业化和产业数字化，体现数字经济对经济的影响，促进生产力提升。数字经济“三化”体系包括数字产业化、产业数字化和数字化治理，体现数字经济对经济的影响，是生产力和生产关系的变革。数字经济“四化”体系包括数字产业化、产业数字化、数字化治理、数据价值化，突出关键要素变革引发的经济社会全面系统变革。

二、中国数字经济发展水平测度分析

（一）指标体系设计与模型介绍

1. 指标体系设计。

考虑到数据的存在性和研究的可行性，根据中国目前的产业分类标准以及投入产出表的部门分类方式，划分数字经济产业包括：计算机、通信和其他电子设备制造业和信息传输，软件和计算机服务业两大类。在确定指标体系之前，不能仅思考表面，更应该深入考虑到数字经济产业作为当前的高新技术产业，最典型的特征就是技术的创新性，技术的创新、研发、应用对于数字经济产业来说十分重要。因此，本书参考其他学者建立指标体系的思路，并且基于技术创新性特点，结合中国基本国情，构建起中国数字经济发展水平指标体系，主要包括三个方面：渗透与应用水平、效益与规模、研发创新能力 3 个一级指标以及 12 个二级指标。

（1）渗透与应用水平。

随着数字经济逐渐成为主流经济发展方向，数字经济已经渗透到其他产业当中，有利于第一、第二产业改造升级，在传统产业发展基础之上，发展数字经济。因此，本书选取基础设施渗透情况、互联网发展水平、数字化发展水平来衡量渗透与应用水平这一层次，具体指标包括长途光缆线路密度、互联网普及率以及网络购物交易额。

（2）效益与规模。

产业效益与规模是最能直接衡量数字经济发展水平的指标，本书选取利润总额来衡量数字经济的效益；选取企业数量、固定资产投资、从业人数来衡量数字经济的规模。由于当前没有专门的统计数字经济产业统计数据，依据上述分析，本书选取计算机、通信和其他电子设备制造业和信息传输、软件和计算机服务业两者数量总和来代替，其他相似的指标数据也用此方法。

（3）研发创新能力。

数字经济行业与传统第一、第二产业相比，最根本的区别就是技术水平高。然而技术创新能力决定数字经济产业发展的动力，技术创新是发展数字经济的关键。选取研发强度、专利数量、软件研发人员、新产品开发项目、新产品收入这五个方面来衡量科技研发创新能力。

本书所选取的指标，来自《中国信息年鉴》《中国科技年鉴》《中国高技术产业年鉴》以及《中国统计年鉴》各相关年份。

2. 模型介绍。

本书使用多元统计分析——主成分分析对中国数字经济发展水平进行测度。主成分分析（Principal Component Analysis，PCA）首先是由 K. 皮尔森（Karl Pearson，1901）对非随机变量引入的，之后 H. 霍特林（Hotelling，1933）将此方法推广到随机向量研究。该方法通过正交变换将一组可能存在相关性的变量转换为一组线性不相关的变量，转换后的这组变量称为主成分。主成分分析的思路是利用降维的方式，在保留尽可能多原始信息基础之上，把多个指标转化成少数综合指标的多元统计方法。PCA 突出的特点是旋转之后的主成分相互独立。因此，主成分分析可以使原始数据更为科学。另外，主成分分析也更加可靠，利用现有的样本数据计算各个主成分的得分，排除主观干扰，使得这种方法较为可靠。

（二）中国数字经济发展水平测度统计分析

1. 数据预处理。

本书研究的中国各个省域数字经济发展水平使用的是 2010～2018 年除香港、澳门、台湾之外其余 31 个省域的数据，但是在数据搜集的过程中，西藏缺乏指标数据，所以本书在接下来的研究中，将研究除西藏、澳门、香港、台湾之外，其余 30 个省域的数字经济发展水平。在收集青海数据时，存在数据缺失现象，为保证研究全面性，对个别缺失数据采取均值插补法进行插补。均值插补法是研究统计问题时，面对个别数据值缺失通常使用的方法。其基本原理就是利用此指标的样本均值来代替缺失值，是较为科学的方法。但是从现有样本来看，数据在不同地区呈现较大差异，所以不宜用其余

29 个省域的样本均值来代替。在地理位置相近的省域，数据较相近，故将新疆、内蒙古、宁夏三个省域取平均值，来代替青海个别缺失值。在正式数据分析前，要对原始数据进行标准化处理，其目的在于消除变量间的量纲关系，数据的可比性更强。而且前面构建的数字经济指标体系中，指标既有绝对数也有相对数，不具有可比性，直接使用原始数据将降低结果可靠性，故要进行标准化处理。

2. 确定一级指标与二级指标权重。

用 PCA 法进行多指标综合评价的最终目的是要赋予指标体系中的各指标合理的权重。主成分个数选取将直接决定了相应各指标的权重大小。主成分个数的选取标准是前面几个主成分累计贡献率不低于某一特定值（一般是 85%），而单个主成分以其贡献率来衡量综合原始数据信息。

在用 Stata 13 分析软件中的 PCA 法进行数据分析之前，先对标准化的数据进行 KMO 检验，经检验 KMO 值均在 0. 8 以上，说明数据可以用主成分分析法进行分析。之后开始主成分分析，根据前面几个主成分的累计贡献率大于 85% 来确定主成分个数，指标权重等于以主成分的方差贡献率为权重对该指标在各主成分线性组合中的系数的加权平均的归一化，由此可以算出二级指标各个权重，再以同样的方法计算出一级指标各个权重。

3. 主成分分析。

根据 Stata 13 的分析结果，最终可以算出 2010 ~ 2018 年我国 30 个省域的数字经济发展水平的综合得分，虽然近几年各省域的数字经济发展水平的综合得分有波动，但波动不是很大。总体来说，近几年我国数字经济发展水平排名前五的省域为广东、上海、福建、浙江、北京，排名倒数五名的省域为甘肃、云南、新疆、宁夏、青海。我国各省域数字经济发展水平呈现明显的东高西低不均衡发展，东部沿海省域发展水平高，西部内陆省域发展水平低，这种情况符合中国目前的经济发展格局。东部沿海地区由于其地理位置优越，社会经济发展水平普遍高于中西部地区，兼具创新性和开放性，中西部地区难以企及，中国大部分新兴科技产业政策都从东部沿海城市开始试点，所以吸引了一大批优秀人才、高科技公司以及资产投资，如百度、腾讯、华为等。西部地区由于经济基础薄弱、地理位置以及历史因素等原因限制，当前数字经济发展水平难以跟上东部沿海地区发展步伐，在数字经济发展水平上排名靠后。这既能表明数字经济产业在这些地区并不算是优势产业，又能够说明这些地区信息通信、大数据、云计算、物联网等新兴技术发展缓慢，基础设施建设和使用情况也比较落后。

从上述实证结果来看，数字经济发展水平排名靠前的省域大部分都是经济发展水平、ICT 产业规模和信息基础设施建设相对领先全国的省域。排名前五的省域都是中国 ICT 行业起步最早的省域，电子及通信设备制造业和计算机及办公设备制造业是上述省域的主要支柱产业。在历经国际经济危机影响之后，上述省域对 ICT 产业进行产业结构升级，引入人才，加大投资和研发力度，故其数字经济发展水平较高。

从应用与渗透水平角度来看，这一结果不难解释，数字经济的实质是第一、第二产业的传统产业与互联网行业深度融合发展的产物。发展水平的高低主要由于自身经济发展水平以及信息化发展与潜力两个方面。数字技术在与第一、第二产业融合发展过程中，必然会受到信息化基础设施发展水平的限制，西部省域主要依靠传统产业，受限于经济基础、地理位置以及历史原因等，起步较晚，通信基础设施建设缓慢，互联网普及率低，导致数字经济发展水平落后；而东部地区信息化基础设施建设较发达，互联网普及率高，故其数字经济发展水平较高。因此，影响数字经济发展的一个关键因素是数字基础设施。

从研发创新能力角度来看，所得到的结果与预期结果相符。北京、上海、广东等地区创新研发能力较强，最重要的因素就是这几个地区具有很好的科研资源、科教水平高、技术水平高，信息产业与软件等产业发展比其他地区快；此外，这些地区第三产业繁荣，互联网消费也相对活跃。而像青海、甘肃、内蒙古等地区技术创新能力比较薄弱，高新技术产业发展比较缓慢，过于依靠传统工业，科研创新投入少，数字经济产业等高新技术产业发展缓慢，并且当地居民数字经济消费没有被充分挖掘。

从规模和效益的角度来看，北京、上海等地区经济基础雄厚，制度环境完善，与国际产业链接轨，政策鼓励符合条件的企业借助金融力量成长为具有核心竞争力的企业，吸引了国内外巨大资金扶持；大多数企业都在这些地区试点，获得成功之后继续加大投入，扩大规模，再加上优厚的人才政策，吸引了国内外许多人才，所以数字经济发展水平高于内地。

三、促进我国数字经济发展建议

经济数字化提高了经济发展效率，也将带来整个国民经济发展的质量变革、效率变革与动力变革。数字经济是未来世界经济发展的战略方向，因此，加快我国数字经济建设，既要发挥政府的作用，也要充分发挥市场在资源配置中的作用。

（一）发挥政府主导作用，加快数字基础设施建设，缩小“数字鸿沟”

从前面我国数字经济综合评价结果可知，各地由于多种原因所致，各个地区数字经济发展水平差异较大，应依托东部地区数字经济先发优势，通过一些交易平台，以“精准扶贫”模式带动比较落后的地区发展数字经济。与此同时，各级政府应加大中西部地区数字基础设施建设，进而缩小国内“数字鸿沟”。

（二）加快数字经济核心产业培育，强化数字技术攻关

新时代，数字经济核心产业已经成为各地产业结构调整、转型升级的重要抓手，各地要紧紧围绕各自的发展实际，选择适合本地发展的数字经济核心产业，改善经济发展环境，充分发挥各类经济主体的创新积极性与动力，加大基础性数字技术研发力度，积极布局前沿技术研究，力争突破数字核心技术，为数字经济长远、快速、可持续发展提供动力。

（三）加大各级政府政策扶持力度，助推数字技术与实体经济的深度融合

随着数字经济的快速发展，数字技术与传统产业融合的步伐加快，数字经济的范围在拓展，数字经济发展的统计口径范围在扩大，各级政府要与时俱进，适时加大政策扶持力度，无论在广度还是深度上，为数字经济发展提供良好的发展环境，助推我国数字技术与实体经济深度融合发展。

（四）鼓励开发和推广便民信息应用

居民信息消费是拉动数字经济发展非常重要的动力引擎。目前，数字经济与居民生产、生活密切相关，数字经济、信息化带来的便利化、高效是空前的，建议围绕居民的吃、穿、住、行、娱乐等推行数字化、信息化。

（五）加快培育数字经济发展的复合型数字技术人才

随着我国数字经济的快速发展，对数字经济人才的需求是越来越大，尤其是复合型数字技术人才缺口更大，这也给我国人才培养提出了更高要求。各地可以依托高校现有的 AI、物联网、云计算、网络安全、集成电路、电子产业、智能制造装备、软件工程、大数据分析等专业优势，进行定点扶持，将普通高校学历教育与专业化高端数字技术技能培训有机结合，打造若干个数字技术复合型人才培育基地，为我国数字经济快速发展培育复合型数字技术人才。

总结与回顾

1. 数字经济核心产业是指为产业数字化发展提供数字技术、产品、服务、基础设施和解决方案，以及完全依赖于数字技术、数据要素的各类经济活动。数字经济核心产业包括数字产品制造业、数字产品服务业、数字技术应用业、数字要素驱动业、数字化效率提升业。

2. 数字经济时代，相对于传统经济核算，数字经济核算出现了一些新特点，颠覆性新技术迅速崛起，新的消费形式和提供服务方式不断涌现，并广泛渗透到人们的生产生活中，给数字经济规模测算带来了很多挑战。

3. 目前统计数字经济发展方法主要有三类：回归分析法、生产法和支出法。它们各有优点与不足以及适用场景。

4. 数字技术应用价值估计要结合数字技术应用情况，运用数字经济总量的支出法估计方法，还基于增长核算框架估计了数字技术应用价值，并与数字经济核心产业增加值相加，从两个角度对数字经济总量大小进行相互印证。

5. 结合我国数字经济发展实际，构建了我国数字经济发展水平指标体系以科学测算我国数字经济规模。

复习思考

一、名词解释

数字经济核心产业；信息技术产业

二、简答题

1. 简述我国数字经济及其核心产业统计分类。
2. 简述数字经济核算的新特点与挑战。
3. 简述数字经济统计方法及各自优缺点。
4. 简述数字经济规模测算方法及各自优缺点。
5. 简述数字经济核算方法测度困境与建议。

三、论述题

1. 联系实际谈谈基于支出法的数字技术应用价值估计及主要事项。
2. 联系实际谈谈基于增长核算框架的数字技术应用价值估计及主要事项。
3. 结合我国数字经济发展实际，谈谈如何科学测度与评价我国数字经济发展？

能力拓展

数字技术带来了新的生产要素、生产模式，引发了新的经济范式。数字经济与经济社会交汇融合，特别是互联网和物联网发展，引发数据爆发式增长，数据已成为新生产要素。基于数据数字技术创新已发展为新经济增长驱动力，数字技术进步超越了线性约束，呈现出指数级增长态势。大数据、物联网、移动互联网、云计算、人工智能、虚拟现实、区块链等前沿技术将为未来发展助力。传统产业数字化转型将成为数字经济，乃至整个国民经济发展主引擎。传统产业数字化、网络化、智能化转型步伐加快，新技术大幅提升了全要素生产率，这有利于加快改造传统动能，推动新旧动能接续转换。

因此，数字技术将深入影响宏微观经济结构、组织形态、运行模式，进而形成新经济社会格局。

当代经济社会正处于从传统技术经济范式向数字技术创新应用推动的数字技术经济范式转变阶段，数字经济是继农业经济、工业经济之后更高级的经济形态。

基于产业边界不再明晰现实，应及时构建新国民经济核算方式。数字经济由数字产业化和产业数字化共同组成，数字产业化是数字经济基础，产业数字化是产业发展核心驱动力。数字产业化是与数字技术直接相关产业部门增加值，例如，信息通信技术行业就能够采取传统 GDP 核算方法。产业数字化则是数字经济核心，数字技术对农业、工业以及服务业渗透和融合，将创造新经济价值。例如，我国数字技术在社区服务、健康管理服务、养老服务、家庭服务等领域已形成较为完善的产业生态链，部分细分领域如社区 O2O 市场规模已突破千亿元；工业互联网、物联网正在提升我国工业生产的智能化水平和产品竞争力；数字技术也推动了智慧农业发展。

然而，面对新经济模式，数字经济核算也要面临新问题，由于它是由渗透性和协同性引致的传统产业效率提升所对应的增加值，这部分 GDP 需要从各个产业 GDP 中剥离出来，数字经济体现在产品形成过程中，而不是最终产品，这是传统会计统计核算工作无法完成的。因此，应从数字经济创造价值内涵中提炼核算方法，重点应体现数字技术对传统产业技术创新的价值。

试想如何解决数字核算面临的新问题?

第十章　产业数字化

任务分析

1. 了解新数字产业的演变。
2. 理解数字产业内涵与特征。
3. 了解数字产业与传统产业不同。
4. 理解产业数字化内容。
5. 了解产业数字化面临的风险与对策。
6. 理解数字经济影响产业结构的机理、模式以及路径。
7. 理解数字技术影响商业模式的机制以及路径。

案例导入

海尔智家：一个数字化变革的内生动力样本

海尔作为制造业数字化转型最成功代表企业之一，已经取得非常瞩目成绩。海尔目前在世界上总共拥有10个研发中心，108个生产工厂，66个销售中心，已经成为全球瞩目的家用电器品牌。海尔率先展开数字化转型进程，成功跻身世界500强，并且连续九年成为“全球大型家用电器第一品牌”，连续十次获得了“全球大型家电品牌零售量第一”的称号。

海尔自1984年成立至今，先后经历了品牌战略、多元化战略、国际化战略、品牌全球化战略、网络化战略五个发展时期。从1995年开始，海尔就开始了对业务流程的探索，2007年开始了信息化建设，2012年开创了互联网工厂，2017年开启卡奥斯平台搭建，这一系列探索始终富有前瞻性。其核心是智能家庭转型实践，从产品设计、智能制造、销售及售后服务、物流服务等全过程展开数字化转型。

数字化生产方面，海尔大力搭建智能化制造体系，智能工厂运行的生产信息化管理系统，同时包含产业化控制、物流、CAD和CAPP等系统，搭配大量智能传感器，实行生产线柔化，构建了智慧生产模式，使人、设备、产品和订单高效交互联结。

海尔以“网络工厂”为依托，率先实现了整个工业过程数字化改造。数字时代，企业业务转型已成为必然趋势。2015年打造了“U+”智联平台，对内从对售后问题自动分析，再到抢单、用户沟通、用户评价反馈，实现了服务全流程透明化管理，消除了客户售后问题上报难、收费有误差、缺乏回访机制等弊端；对外上架“U+”智慧生活App，变被动维修为主动服务，为客户创造了极致服务和无忧体验。

资料来源：海尔智家：一个数字化变革的内生动力样本. https：//baijiahao. baidu. com/s? id = 1749672127666375759&wfr = spider&for = pc.

知识介绍

第一节　新数字产业

随着计算机技术的快速发展与运用，信息经济，特别是IT行业实现快速发展和演变，数字产业应运而生。数字产业利用信息技术创新、管理创新以及商业模式创新，进行持续融合，从而产生新产业、新业态、新模式，在此过程中将数字知识和信息转化为生产要素，最后形成数字产业链和产业集群。

一、数字产业演变

随着计算机技术发展与运用催生了数字产业，数字产业相关概念经历了从“信息经济”到“数字经济”，再到“数字产业”的演进过程。

（一）信息经济概念的提出与发展

20世纪40年代，随着计算机技术的出现和发展，在此背景下，Machlup（1962）在《美国知识的生产和分配》一书中首次提出“信息经济”概念。随着信息技术的应用从科学研究、军事领域向社会各个领域不断渗透，“信息经济”的内涵不断丰富。70年代开始，人类发明了大规模集成电路和微型处理器，软件领域重大突破促进了信息技术渗透扩散。在此背景下，Porat（1977）界定了信息行业、信息职业、信息产品和信息资本等信息经济相关概念。因此，亟须研究对新兴产业更准确定义和分类，以精准反映这一经济现象。1997年，墨西哥、加拿大、美国三国制定的《北美产业分类体系》，在统计分类上首次对信息业进行了界定，将信息业作为一个独立产业进行分类。1998年，经济合作与发展组织（OECD）构建了“信息与通信技术”分类方法，侧重于与信息通信技术相关的活动。1999年，OECD成立信息社会指标工作组（WPIIS）开始对ICT产业进行研究。2008年，国际标准行业分类（ISIC4.0）将“信息和通信”产业单独列出。中国国家统计局以我国国情为基础，兼顾国际比较，2004年制定了《统计上划分信息相关产业暂行规定》，对信息相关产业的统计范围作了规范。目前，不同国家对于ICT产业分类和界定尚无统一标准。

（二）数字经济概念的形成与演进

20世纪90年代，信息技术对传统产业溢出效益日益明显，新商业模式不断涌现，其中电子商务成为最为典型新业态。在此背景下，被誉为“数字经济学之父”的Tapscott（1995）在《数字经济：网络智能时代的机遇和挑战》一书中正式提出“数字经济”概念。Negroponte（1996）的《数字化生存》中指出，数字技术渗透性将使生产要素、生产关系和生活方式等呈现全面数字化。1997年，日本通产省开始使用“数字经济”一词。1998年，美国商务部出版的《浮现中的数字经济》（Ⅰ），开始研究数字经济测度指标并搜集数据。美国商务部在1999年、2000年又陆续发布了《浮现中的数字经济》（Ⅱ）和《数字经济》研究报告，数字经济内涵不断丰富。2006年，谷歌首席执行官埃里克·施密特首次提出云计算概念，2016年AlphaGo在“人机大战”中战胜李世石，人工智能开始引起了大众广泛关注（蔡跃洲等，2019），数字经济发展步入一个新时代。2016年，G20杭州峰会通过了《G20数字经济发展与合作倡议》，将“数字经济”定义为以数字知识和信息为主要生产要素，以现代信息网络为主要推动力，以有效利用信息通信技术为动力，以提高效率、优化经济结构为主要驱动因素的一类经济行为。2017 年，OECD 提出数字经济是以数字驱动经济增长的一种方式，是一种新兴经济活动，通过将数字技术与传统产业相结合，以数字知识为主要生产要素，以现代通信技术为动力，以现代信息网络等数字基础设施为依托，促进数字产品服务创新发展，实现数字化和数字化转型的经济发展模式。随着大数据、AI、区块链、集成电路、5G、物联网、云计算等数字技术创新、渗透、融合、扩散所带来的人类生产效率和交易效率提升，以及新产品、新业态、新模式不断涌现，人类社会沟通方式、组织方式、生产方式、生活方式正发生深刻变革。

（三）数字产业概念的提出与拓展

数字产业是数字经济发展的基础性、先导性产业，随着数字经济概念被广泛接受并应用，数字产业这一概念从数字经济中分化出来，并开始在中国的学界和业界传播与应用。黄新焕等（2018）认为，数字产业侧重于数字技术、数字创意、数字商务和数字民生等产业。郭晗等（2020）提出数字产业具体包括信息产业及其市场化应用。数字产业开始较为广泛地出现在研究文献中，但是学界对数字产业的界定不统一。阿里巴巴和毕马威、腾讯研究院、上海社科院和中国信息通信研究院等都在其研究报告中提出并应用数字产业这一概念，其中，中国信息通信研究院对数字产业的范畴和定义获得了学界和业界较为广泛认可。本书认为数字经济是随着数字技术—经济范式朝着更广泛、更深入、更高级发展的表现，是信息经济、信息化的高级阶段。数字产业的定义和分类将会引起学界和业界广泛关注，由于现代科学理论和科学技术不断创新，数字产业内涵和外延必然处于不断拓展之中。

二、数字产业内涵

（一）国外对数字产业内涵的界定

数字产业在国外研究中很少被提及，国际上，数字产业与信息技术产业有一定相似性，它是一个制造、加工和服务信息技术产品的产业，其中电子信息技术、互联网技术和通信技术都是支撑力量。关于“数字产业”这一概念，目前还只限于中国学术界和业界使用，国际上还没有形成统一的定论。

（二）国内对数字产业内涵的界定

张嫚（2002）认为数字产业是以软件产业为主体，产品可以压缩成数字形式的产业。李俊江等（2005）提出数字产业分为信息技术产业和数字内容产业。康铁祥（2008）结合中国国民经济行业分类标准将数字产业分为软件业、电信和其他传输服务业、电子信息制造业。中国信息通信研究院（2019）根据 G20 报告认为数字经济可以解读为两大模块：数字产业化和产业数字化，数字产业化具体包括软件业、电信业、电子信息制造业和互联网行业等，产业数字化是传统产业由于应用数字技术所引发的产业转型及其生产效率显著提高。数字产业代表了 5G、大数据、集成电路、云计算、人工智能、区块链等新一代数字技术发展方向和最新成果，伴随技术创新突破，新理论、新硬件、新软件、新算法层出不穷，软件定义、数据驱动的新型数字产业体系正在加速形成。中国信息通信研究院在发布的《中国数字经济发展白皮书（2020 年）》中，明确提出数字产业包括软件与信息技术服务业、互联网与服务业、电信业、电子信息制造业，这种分类方法得到许多学者和研究机构的认同（郭晗等，2020）。2018 年 10 月，上海社科院信息研究所发布《全球数字经济竞争力发展报告（2018）》，全球数字经济竞争力指数指标体系中把数字产业设置为一级指标，对数字产业范围的划分与中国信息通信研究院基本一致。阿里巴巴和毕马威发布的 2018 年全球数字经济发展指数里的数字产业主要包括数字产业及产业数字化程度。2019 年腾讯研究院发布《数字中国指数报告（2019）》中设置的腾讯数字中国指数，数字产业分指数只是局限于衡量腾讯对 B 端的业务，对于数字产业划分口径较窄。裴长洪等（2018）所提到的数字信息产业本质上即中国信息通信研究院提出的数字产业，不少学者认为数字产业应该更加聚焦于云计算、大数据、互联网金融等新兴产业（刘淑春，2019）。国外对 ICT 产业相似概念“数字产业”很少提及，在中国国内经济活动、研究报告和研究文献中，有时也会出现数字产业和 ICT（信息通信）产业互相替代的情况。

（三）本书界定的数字产业内涵

数字产业是指通过数字技术本身产生的价值体现，它是通过数字技术作为一种手段而产生利润以及价值的一种经济活动。作为数字经济基础部分，数字产业主要围绕数据归集、传输、存储、应用、展现等数据链各环节，形成技术、产品和服务等有关产业，主要包括：以信息产业为主的基础型数字经济，涵盖电子信息制造业、信息通信业和软件服务业等信息产品、服务的生产和供给产业，以及以数据生产和制造为主的大数据产业（见表 10－1）。

表 10－1　　数字产业化及产业数字化分类

数字产业化			
大类	中类	大类	中类
数字产品制造业	0101 计算机制造	数字技术应用业	0301 软件开发
	0102 通信及雷达设备制造		0302 电信、广播电视和卫星传输服务
	0103 数字媒体设备制造		0303 互联网相关服务
	0104 智能设备制造		0304 信息技术服务
	0105 电子元器件及设备制造		0305 其他数字技术应用业
	0106 其他数字产品制造业		
数字产品服务业	0201 数字产品批发	数字要素驱动业	0401 互联网平台
	0202 数字产品零售		0402 互联网批发零售
	0203 数字产品租赁		0403 互联网金融
	0204 数字产品维修		0404 数字内容与媒体
	0205 其他数字产品服务业		0405 信息基础设施建设
			0406 数据资源与产权交易
			0407 其他数字要素驱动业
产业数字化			
数字化效率提升业	0501 智慧农业	0506 数字商贸	
	5002 智能制造	0507 数字社会	
	0503 智能交通	0508 数字政府	
	0504 智慧物流	0509 其他数字化效率提升业	
	0505 数字金融		

资料来源：《数字经济及其核心产业统计分类（2021）》。

三、数字产业特征

虽然目前国际上对数字产业的界定还没有形成共识，并且数字技术持续创新和不断渗透也让数字产业外延在持续扩大，但可以发现，数字产业表现出了高技术密集性和高渗透性等特征。

1. 高创新性和高效率。数字产业强调创新，推动企业不断研究、探索新技术，破解经济发展中的难题。同时，它具有高效率特征，能实现资源和信息的高效利用。

2. 高技术密集型与高附加值。数字技术通过产业化发展成为数字产业。不同于传统产业，数字产业核心是数字技术，包括电子信息制造业、软件和信息技术服务业等较为成熟技术，也有云计算、大数据、物联网、工业互联网、区块链、人工智能等新数字技术。此外，由于数字技术仍在不断创新变革，技术创新高风险与不确定性也造成数字产业有别于传统产业高风险特征。此外，数字产业的产品和服务往往具有高附加值，能创造更多就业机会。

3. 高渗透性。大数据、云计算、物联网、移动互联网、区块链等新一代信息技术具有渗透性和倍增性特征，使数字产业呈现由数字技术从消费端向生产端渗透延伸，从线上活动向线下活动发展的渗透性特征，并催生出平台经济、共享经济等新模式、新业态。数字产业作为数字经济的基础产业，可为数字经济的发展提供技术、产品和服务等。数字技术高渗透性使其在新一轮技术革命中具有先导性和战略性，基于数字产业所收集整理分析的数据也逐渐成为影响生产力水平与生产关系的关键因素，对产业体系现代化程度有着决定性影响，新一代信息技术成为传统产业生产方式变革新动力，提升产业体系现代化程度的重要支撑。

4. 重视创新和开放合作，依赖高素质人才。数字产业鼓励企业进行技术创新，同时重视国际间的信息自由流动和开放合作。数字产业需要各种领域高素质人才，如人工智能、大数据、网络安全等。

5. 重视数据安全和隐私保护。数字产业发展离不开数据，因此需要建立完善的数据安全体系和隐私保护机制。

6. 集成化和互动体验化。数字创意产业具备数字化制作、数字化产品、数字化传播消费等特点，同时，数字多媒体技术集成化主要指声音、图形、动画、图像、视频等多种信息内容集成，以及处理这些信息内容的设备和系统的集成。

四、数字产业与传统产业的区别

传统产业是指以传统技术为主导，以劳动力和机械工具为主要生产要素，以传统产品和服务为收入来源的经济结构。它以资源消耗和污染为代价，以短期效益为导向，具有低效率、低技术、低投入、低收益等特点。

数字产业是指在传统产业发展基础上，通过信息技术应用，将传统产业的产品、流程、服务等进行数字化，实现以信息资源为主要生产要素，以数据、内容和服务为收入来源的新型经济结构。数字产业具有高效率、高技术、高投入、高收益等特点，能够有效提升传统产业技术和效率，从而实现经济快速转型升级。

第二节　产业数字化转型

根据 2019 年中国信通研究院发布的年度研究报告，数字经济主要包括数字产业化和产业数字化，而产业数字化是指将数字技术运用于传统产业，引发传统产业数字化变革并有效提升生产效率。

一、产业数字化内涵

产业数字化是指传统产业利用数字技术实现业务现代化并提升生产效率的过程。《数字经济及其核心产业统计分类（2021）》将产业数字化定义为应用数字技术和数据资源给传统产业带来的产出和效率的提高。产业数字化是在新一代数字科技的支撑和引领下，以数据为关键因素，以价值释放为核心，利用大数据、云计算、人工智能、物联网等数字技术对业务进行升级，优化产业供给侧和需求侧运营流程，打通不同层级与行业间数据壁垒，改变原有生产方式、组织结构、管理模式等，实现产业降本增效，提高用户体验，升级产业模式，提高生产的数量和效率的过程。

2020 年 6 月，国家信息中心信息化和产业发展部与京东数字科技研究院在京联袂发布《携手跨越重塑增长——中国产业数字化报告 2020》，该报告首次专业阐释了“产业数字化”。

产业数字化涉及 6 个方面：一是以数字科技变革生产工具；二是以数据资源为关键生产要素；三是以数字内容重构产品结构；四是以信息网络为市场配置纽带；五是以服务平台为产业生态载体；六是以数字善治为发展机制条件。

数字技术具有较高渗透性，在与工业、农业、服务业等产业融合中改变了产业原有生产模式，形成了新业态，主要涵盖智慧农业、智能制造、智能交通、智慧物流、数字金融、数字商贸、数字社会、数字政府等数字化应用场景。

二、产业数字化特征

（一）产业数字化的核心要素是数据

数据作为信息的载体，它是产业数字化的核心，能够打破物理空间的限制，实现更加自由的流通，有利于优化业务流程与创新商业模式。充分挖掘和利用数据资源价值，将会产生越来越多的新业务模式。不同于资本、劳动力等传统生产要素，数据要素具有一定的公共品属性。一方面，数据生产具有很强的非排他性，不同收集者可以对同一数据源进行数据采集、分析、使用，互不干扰，互不影响；另一方面，数据使用具有一定非竞争性，即一个人使用了某一数据，并不影响其他人对它的使用。基于此，数据具有很强规模效应和范围效应。随着数据规模扩大、维度的增加，可能从数据中挖掘出的价值将呈现指数级增加。此外，数据还具有较强可再生性和可替代性，不随使用而消失，甚至可能在使用中不断增强。

随着智能传感器、移动互联网、物联网等数字技术的迭代升级，数据生产、采集、传输以及存储的成本不断降低，同时大数据、人工智能等技术极大地提升了数据处理效率、降低了处理成本。而数字技术发展有利于进一步挖掘多种数据类型和大数据所蕴含的商业价值，实现数据到价值创造的有效转化。数据要素投入既能优化企业生产决策，避免传统要素错配，提高传统要素配置效率，还能优化生产组织方式，提高产出效率，节约生产成本与交易费用。更重要的是，通过大数据能够更加精准匹配供给与需求信息，有效调节市场供需矛盾。企业通过数据要素分析，实现产品数据与个人数据精准匹配，让全产业链从设计研发、生产制造到终端销售各环节以一种透明化、可视化、灵活化的方式运行，精准了解客户需求，探索大规模个性化定制、新型小批量个性化定制、模块化设计与柔性化制造等多元化、个性化定制服务模式，实现产业生产与消费需求联动，从而最大限度地提升企业生产效率，实现全产业链条升级。

（二）产业数字化的根本动力是数字技术

除了数据生产要素外，产业数字化根本动力是一系列由技术创新构成的通用目的技术集群。随着信息化的快速发展，新一代信息技术形成了以网络互联的移动化和泛在化、信息处理的集中化和大数据化、信息服务的智能化和个人化为基本特征的数字技术。

数字技术与传统技术相比，更具规模经济和网络经济的特点。当它的发展超过某个临界点之后，就会出现超速的发展状态。这使得数字化技术研究与开发工作呈现出很强正外部性。因此，利用网络平台和数字技术所产生的信息流与数据流，与合作伙伴、供应商、客户展开深度互动，实现价值共创、利益共赢，其所产生的效应呈指数级增长。同时，数字技术还具有很强的通用目的技术属性，能够同时使用多个部门。由于发挥数字技术功能需要具体部门的技术和组织进行配套，数字经济部门发展与经济整体发展不同步会制约数字技术发展对地区经济发展的影响。

数字技术作为数字经济技术基础，一方面，数字技术通过数字化智能制造促进传统产业技术创新和设备改造，重塑传统产业核心竞争力。(1) 数字技术激活了闲置资产，资产专用性约束降低。借助数字技术，企业间闲置要素可实现共享，间接增加了要素供给，提高了有效要素配置效率。(2) 有利于降低企业间信息非对称。信息化加强了企业间的信息联系，随着物联网、移动互联网等数字技术的运用，信息的存储和流通变得更为便利。(3) 能够实现信息实时获取，实时获得用户信息，及时了解用户需求变化，降低产业发展所面临的不确定性，避免产能过剩。(4) 企业可以根据用户需求进行定制化批量生产，减少前期无效投资以及库存积压，形成物流、信息流和价值流之间协同更新。

另一方面，数字化也将给企业带来生产方式与组织形式的变革。在传统行业中，通过对生产方式和组织管理模式进行创新，提倡使用新的生产方式和组织管理模式，如精益生产、灵活制造和模块化生产，同时利用动态、柔性、灵活的组织运筹、工艺再造和系统整合，提高生产要素配置效率，从而促进传统产业转型升级。另外，信息技术降低了工作要求，模糊了工作和自由时间之间边界，弱化了工作和工资之间关系。应运而生的协作生产模式，逐渐产生了无须应对市场和管理层次支配的商品、服务和组织。

(三) 产业数字化的重要途径是工业互联网

随着通信基础设施的不断升级、完善，智能终端普及与传感器精度提升，越来越多生产生活环节和要素被纳入互联网，互联网与各个产业领域、产业链各个环节逐渐融合。工业互联网正逐步从工业向各类实体经济延伸，其中，装备制造业成为工业互联网最重要应用行业，生产过程管控、设备资产管理是最主要的应用，并从外围环节向核心业务流程深化拓展。

工业互联网包括以下四大体系：网络、平台、数据、安全。它不仅是数字化、网络化、智能化的基础设施，也是互联网、大数据、人工智能和实体经济深度融合的应用模式。一方面，工业互联网为实现跨设备、跨系统、跨厂区、跨地区的全面互联互通，实现各种生产和服务资源更大范围、更高效率、更加精准的优化配置提供了支持；另一方面，工业互联网促进了设计、生产、管理、服务等环节由单点数字化向全面集成演进，加速了创新方式、生产模式、组织形式和商业范式变革，推动了平台化设计、智能化制造、网络化协同、个性化定制、服务化延伸、数字化管理等新模式、新业态、新产业的出现。

三、产业数字化内容

产业数字化是指利用数字技术破解传统企业、产业发展中遇到的难题，重新定义、设计产品和服务，从生产驱动转变为以消费者为中心的价值创造，实现业务的转型、创新和增长。数字化不仅是优化企业生产的关键技术支撑，更是连接市场、满足消费者需求的重要方式。

(一) 要素投入数字化

数字经济时代，除了传统生产要素，如土地、劳动、资本、技术等外，数据逐渐成为影响企业生产效率与产出规模的关键要素，是促使传统产业从劳动密集型和资源密集型向知识技术密集型转变的关键支撑。利用数字技术，企业收集、处理、储存数据，充分挖掘数据信息，降低供应商搜索成本、产品研发成本、产品运输和分销成本，有效提升企业生产效率。

优化要素投入结构以有效发挥数据要素关键作用。(1) 科学处理分析数据，不断优化企业内部业务流程，通过智能运营以减少由于人为因素导致信息错误，提升业务效率；(2) 分析数据以全面系统地监督业务流程，及时发现经营过程中异常及隐患；(3) 深入挖掘数据以发现价值流程低效与冗余环节，重塑价值链条，改善用户体验；(4) 利用大数据技术精准匹配供需双方，减少搜寻成本与交易费用，有效解决信息非对称问题；(5) 以自动化和定制化的生产线为依托，将生产设备数据、产品参数数据和需求订单数据进行集成，提高生产的协同化和个性化。

（二）生产方式变革

数字技术对传统产业生产工艺与流程的优化具有积极作用，随着工业机器人、工业互联网以及人工智能等数字技术迭代升级逐渐替代了大量重复性简单劳动。数字技术与传统产业有机融合，通过提高传统产业生产设备的自动化与智能化，减少生产环节劳动力使用，同时通过产业数字化、智能化，缩短生产工序和产业链，降低生产成本，提高产出效率，为规模化个性定制、智能化生产协作等新型数字化生产方式提供有力支撑。

1. 个性化定制。运用大数据技术可以及时了解消费者个性化需求，通过精准获取和分析客户需求，敏捷产品开发设计、柔性智能生产、精准交付服务等，让用户深度参与产品全生命周期，以低成本、高质量和高效率的大批量生产，实现产品个性化设计、生产、销售及服务的一种制造服务模式。

2. 去中介化。制造企业能够摆脱中间商的束缚，找到并直接为最终用户提供服务。同时，用户还可以跳过中间商，寻找到商品真正生产者和提供者，这导致了生产过程中出现了去中介化的倾向，业务流程从生产商驱动转向了用户需求驱动型，也就是生产商与消费者直接对接的模式。

3. 制造智能化。随着互联网、大数据、人工智能等新一代数字技术与制造业深度融合，实现了材料、设备、产品等生产要素与用户之间在线连接和实时互动，还实现了个性化定制和低成本制造，让客户能够实时地提出需求，并全程参与到研发生产中来。精密制造也可以降低原材料消耗、能源消耗与污染排放，促进可持续发展。

4. 管理数字化。企业运用现代数字技术打通其核心数据链，通过利用广泛汇聚的数据、集成优化和价值挖掘，从而构建出数据驱动型的高效运营管理新模式，优化企业战略决策、产品研发、生产制造、经营管理、市场服务等业务活动。

（三）重塑产业链

数字经济时代，除了企业内部数字化转型升级外，企业间竞争关系也在发生改变。在产业数字化转型过程中，要将电子商务、互联网金融、智能生产、移动办公等分散应用进行链接和整合，将产业链中的各个环节进行链接，实现上下游企业之间的协同互动，以及产业生态系统的优化完善，形成系统化、开放化、互动化的产业链创新体系。

1. 构建综合联动优势的主要方式是平台设计和网络协作。平台化设计可依托工业互联网平台，汇聚人员、算法、模型等设计资源，变革传统设计方式，提升研发质量和效率。网络化协同是指通过跨部门、跨层级、跨企业的数据互通和业务互联，推动工业链上企业和合作伙伴共享各类信息资源、实现网络化的协同设计、协同生产、协同服务，促进资源共享、生产技术与组织能力交易以及业态优化配置。尤其是通过互联网、移动互联网、物联网建立起企业与用户之间连接，基于连接产生的大数据可以让企业了解用户产品使用习惯，实时掌握生产进度、供应链运转状态，既能使企业掌握用户使用产品的情况，还能够使用户直接向企业发送产品需求。

2. 创造新价值的主要方向是向服务化延伸，企业要从原有制造业务向价值链两端高附加值环节延伸。数字经济时代，企业既需要考虑消费者个性化需求，还须兼顾规模生产的成本优势。为此，以消费者需求多维数据为支撑，跨层次整合多维数据，有效提升用户价值。（1）利用互联网平台以及大数据等技术更充分地了解消费者需求，由单一产品向“产品＋服务”升级，为消费者提供能够满足其多样化需求的综合解决方案；（2）基于智能制造推动制造业变革，以柔性化生产高效满足消费者个性化需求；（3）基于智能产品构建全生命周期服务体系，通过监测、整理和分析产品使用中的数据提高企业服务附加值；（4）打通产业链上下游企业数据通道，促进全渠道供需调配和精准对接，以数据产业链引领供应链和物资链，促进产业链协同，有力支撑产业基础高级化和产业链现代化。

（四）产品形态数字化

随着数字技术的不断发展使一件产品在具有物理形态的同时也具备了虚拟、数字的形态，成为物理实体与数字虚体的组合，这被称为“数字孪生”。数字孪生是指以数字化方式为物理对象创建虚拟模型来模拟物理对象在现实环境中的行为。它主要由三个方面组成：实体空间中的物理产品、虚拟空间中的虚拟产品以及将虚拟产品和实体产品联系在一起的数据和信息的连接。其中，物理产品与虚拟产品之间是完全映射的，两者运行数据完全相同。

虚拟产品与实体产品分离，一方面使企业可以根据实体产品传导到数字世界中的运营参数进行监控和分析，基于大数据、人工智能等数字技术，优化实体产品运行状态；另一方面使用户可以直接接触数字化虚拟产品。

四、产业数字化的意义

从微观视角看，产业数字化助力传统企业蝶变，再造企业质量效率新优势。传统企业迫切需要新的增长机会与发展模式；快速迭代及进阶的数字科技为传统企业转型升级带来新希望；传统产业成为数字科技应用创新的重要场景。

从中观视角看，产业数字化能促进产业提质增效，重塑产业分工协作新格局。提升产品生产制造过程的自动化和智能化水平；降低产品研发和制造成本，实现精准化营销、个性化服务；重塑产业流程和决策机制。

从宏观视角看，产业数字化孕育新业态新模式，加速新旧动能转换新引擎。数字科技广泛应用和消费需求变革催生出共享经济、平台经济等新业态新模式；促进形成新一代信息技术、高端装备、机器人等新兴产业，加速数字产业化形成。

五、产业数字化面临的问题

自产业数字化转型以来，产业数字化面临以下的问题：一是自身数字转型能力不够导致“不会转”；二是数字化改造成本偏高，而自身资金储备不足造成“不能转”；三是企业数字化人才储备不足致使“不敢转”；四是企业数字化转型战略不清，决策层“不善转”；五是企业多层组织模式不灵，中层领导“不愿转”等。

六、产业数字化的着力点

1. 数据要素驱动。数据资源成为现代企业价值创造的生命线及数字科技发力的新引擎，基于数据要素驱动精准触达客户需求、数据要素加速催生全新商业模式。越来越多的国家或企业寄希望于通过数字化实现能力提升或“弯道超车”。

2. 科技平台支撑。平台模式是数字化转型和落地的主要实现方式，在产业数字化进程中发挥着产业要素资源连接器、企业由自转向共转加速器、新型虚拟组织形式孵化器的积极作用，是产业数字化转型的“工具箱”。

3. 品牌价值赋能。品牌价值作为企业的一种隐性资产在终端消费者引流方面有着独特价值的作用。通过加速推动品牌价值线上线下的转移融合，利用不断更新换代的数字科技让传统产业品牌价值释放新能量、新价值，将品牌价值赋能打造成为产业数字化转型的新“亮点”。

4. 生态融合共生。融合是产业数字化的核心本质，未来产业数字化推进未来将更多依托生态共建形式落地。传统企业与数字科技企业加速跨界融合实现共生共赢，探索构建线上线下融合共生的、以自由流动的数据资源为基础、以数字科技族群为连接、以多元数字科技平台为依托、以共同价值主张为导向的全新产业生态体系。

5. 政府精准施策。政府精准施策是破解当前企业数字化转型能力不足、转型改造成本高、数字化人才储备不足等问题的助推力。政府通过创新数字化发展政策环境为产业数字化营造良好环境；搭建线上线下于一体的新型撮合平台为企业数字化转型提供全天候无忧撮合服务；精准把脉产业数字化转型痛点为企业数字化转型提供精准靶向的政策措施。

七、产业数字化发展趋势

1. 数字科技赋能产业数字化转型提档加速。数字形成科技新生态体系驱动产业数字化转型升级加速；数字科技成为传统实体经济与数字化虚拟经济的重要“连接器”，数字化基础较好的传统产业由原来小范围探索阶段步入规模化应用阶段，数字化基础较薄弱的传统产业将利用数字科技重塑产业格局实现“弯道超车”。

2. 产业价值创造突出终端消费者需求导向。终端消费者正在由商业价值链的 C 端向“C 位”转变，拥有较高数字技能与素养的数字化消费者广泛参与到研发、设计、生产、销售等各个环节并成为连接产业链诸多环节的关键“节点”，在商品生产创新及商业模式变革中的话语权不断增强。

3. 产业组织关系从线性竞争向生态共赢转变。以用户价值为出发点建立合作关系而形成的数字化生态及平台取代企业成为未来产业生产的基本单位；要素资源流动自由化，产业分工精细化、协同化和平台化，最终实现向生态共赢关系的转变。

4. 场景化应用引领产业数字化发展新方向。未来场景化应用将呈现出标志化、深度化等特点。“标志化”场景定制成为产业数字化加速落地的“试验器”；“深度化”场景应用是引领产业数字化发展的“助推器”。

5. 共建共享共生成为产业数字化转型关键。产业数字化转型是一项以“融合共赢”为关键的耐力赛，只有通过共建共享共生构建起广泛联盟、合作共赢的跨界多边融合生态模式，才能真正实现产业数字化成功转型。其中，传统产业是转型的主力基础，以“信息化、SaaS 化、移动化、AI 化”为主要特征的数字化企业服务是转型的技术动力。

八、产业数字化面临的风险与对策

（一）产业数字化面临的风险

1. 要素供给不足。

2020 年 4 月发布的《中共中央、国务院关于构建更加完善的要素市场化配置体制机制的意见》

中，数据与土地、劳动力、资本、技术一起被列为传统要素之一。产业数字化转型需要数据、资本和技术支持。从数据要素来看，数据采集不力、数据质量不高、数据流通不畅、数据整合不足等仍是今后一个时期亟待解决的问题；从资本要素来看，数字化转型作为一个周期长、投资大复杂系统技术，无论是软硬件采购还是系统运维、设备更换或人才培养等，都需要持续资本投入。在多重影响下，国内大部分公司都陷入了困境，更加难以承受数字化转型所需的资本投入。技术因素方面，许多传统行业对数字技术认识不足，对基础数字技术预见性不够，相关经验不足，无法自行开展数字化转型。此外，数字产业提供的转型方案大多是通用方案，难以满足传统产业自身业务发展需求，更难以帮助其实现华丽转型。

2. 平台寡头垄断。

随着数字经济的快速发展，聚合数据资产，释放数据、劳动、技术、资本、市场等协同效应，实现供应链、创新链、服务链、物流链、金融链等高效流通，支持产业数字化转型的平台公司迅速崛起。进入平台的企业可以借助平台力量，有效解决数字化投资能力弱、技术门槛高、维护成本高等难题，从而缓解“不会转、不能转、不敢转”的窘境。因此，平台模式已成为目前数字转型与落地的主要实现方法。但随着平台经济规模迅速扩张与市场集中，其在形成效率优势的同时，也引起了人们对其垄断地位的担忧。不同于传统经济“一对二”规则，数字技术在突破了地域界限后，将会形成“赢者通吃”的局面，也就是第一名拥有的市场份额，比第二名到最后一名加起来还要多，这不但会破坏正常市场竞争，还会变成一把“利器”，对各国政治生态产生巨大影响。

3. 产生结构性失业。

产业数字化正深刻地改变着我国就业结构。一方面，它将创造许多新就业机会，如机器人设计、制造、培训、融资、自动化解决方案等方面新工作。同样，电子商务平台也创造了新的就业机会，如网店设计师和室内设计师、网页设计师、网店客户服务等。另一方面，数字转换进程将取代并淘汰掉大部分已有工作。例如，一些服务领域工作将由服务机器人代替，这些机器人具有较低人力成本，同时对消费者具有较强吸引力。目前，我国已经面临着结构性失业风险。新业务快速发展，如无人超市、无人配送和无人驾驶车辆等，使得一些重复、低技术含量工作快速被替代，但没有给失业者提供一个再就业的技术储备窗口。

4. 造成区域经济分化。

“数字鸿沟”是数字化过程的一大难题。数据显示，2018 年，广东、江苏、浙江三个省占到了全国数字经济总规模的 30% 以上。与欠发达地区相比，我国发达地区在数字技术拥有、应用、创新等方面具有较大优势，但数字化转型对技术创新与应用市场依赖程度较高，使得“富者越富，贫者越穷”的“马太效应”更为显著。更令人担忧的是，现有研究与统计数据显示，当前社会财富集中速度越来越快，社会差距向代际传递趋势也越来越明显，数字转型加剧了各地区之间经济发展水平不平衡，这将进一步加剧已有的社会矛盾，增加地区分化与社会分裂的风险。

5. 形成新型安全隐患。

数字技术发展使得物质空间与信息空间高度融合，使得信息安全风险由信息空间扩展到物质空间，构成了信息与物质空间相互交织、相互影响的新安全风险。以物质空间为导向传统法律制度在网络空间中也面临着“破窗”式创新破坏。例如，随着机器人、人工智能等技术的发展，人们对机器人的认识、行为等产生了新的想法，从而引发了人们在法律领域中的权利、义务、主体地位等问题的思考。又如，数据作为一种新型生产要素，具有不同于传统生产要素所具有的某些特殊性质，而现行法律对其权利的明确界定尚不明确。随着数字技术的快速发展，相关法律制定与调整过程烦琐、耗时长，已有立法机制与效率很难适应数字化转型对社会带来的新需求，也使新安全问题解决变得更为复杂与困难。

（二）对策

1. 政企协同发力，加强要素供给。

首先，加快产业供应链中生产要素数字化以及数据要素供应链化。政府应该鼓励和引导行业龙头企业，并将其带动起来，共同构建行业数字化协作平台，收集资源要素，共享和开放数据，从而更好地促进数据要素在行业内的流通。其次，应该关注中小企业数字化转型过程中面临的困难。各级政府应积极提出针对中小企业的税收优惠政策，为其数字化创新进程提供低息贷款以及信贷担保，从而降低中小企业数字化转型成本。最后，要建立一批具有自主知识产权数字科技创新平台，打造一批重要应用项目。支持地方政府、科研院所或高等院校、企业等共同组建团队，多方联动，开发产业数字化技术研发部署体系，进行优势互补，通过创新运作和交付机制，整合产业资源、技术支撑、创新服务，提升技术要素供给能力。

2. 创新监管思路，规制垄断行为。

首先，强化立法，以解决典型数字技术问题。数字经济时代新特点应充分体现在相应反垄断法的制定，以及相关司法指南或未来任何必要的修法中，对于有迫切数字化要求行业，应尽快制订相应的竞争法和行业规则，对于目前出现的垄断现象比较多的热点问题，应尽早出台相关的法律法规。其次，在实施反垄断法时要进行思路创新。产业数字化过程中，应该鼓励产学研以及执法部门一起对所产生的新问题进行研究。例如，建立起经济学家、法学家以及信息技术行业专家的联动，来对数据滥用进行分析；针对不同行业垄断组织，分类处理，精准施策，重点关注那些有可能造成巨大危害的行为，发挥反垄断法律震慑作用。

3. 支持创新创业，完善就业保障。

首先，大力扶持创新创业，改变以就业调控为导向的工作理念；利用新兴产业发展缓解就业压力，大力开设创新创业载体，加强创业、服务和咨询，扩大新就业形态人员就业帮扶政策的范围。其次，构建与产业数字转型相适应的教育与教学体系。支持高校和社会机构开设大数据相关专业，增设人工智能、信息技术等专业，有针对性地培养大量高素质信息技术型人才，以满足产业数字化转型的人才需要，要不断加强对人才的终身教育，提高全社会的信息素质。最后，健全弹性就业保障制度。要实现新就业形态职工参保机制和制度现代化，完善新就业形态职工保障制度和措施，扩大失业保险覆盖面，充分发挥失业保险在维护民生、防止失业、促进就业等方面的作用。

4. 统筹区域布局，推动协同发展。

首先，国家层面，根据地区特点和产业优势，对一批产业优势互补、转型效果明显、辐射带动作用强的示范基地进行规划建设。在粤港澳大湾区、长三角都市圈等数字经济发展程度较高区域，继续利用自身比较优势，扩大数字经济发展广度与深度；在数字化程度不高地区，应加快推进新基础设施建设，以缩短地区之间数字化鸿沟。其次，探索并健全技术能力、激励机制和管理制度，以推动数据要素跨地区流动。通过数据流引导技术、物资、资金和人才流动，支持地区间产业转移，推动地区间协调发展。最后，建立地区之间协商、共同解决重大问题和重大工程机制。强化地区间在项目、技术、创新、人才等方面合作与协同，发展水平较高地区应在数字化转型推动因素和资源方面向发展水平较低地区提供必要支持。

5. 加强安全防护，提升预警能力。

首先，加强对信息安全工作统筹规划和综合协调。把发展与安全、自主与开放、治理与服务结合起来，有针对性地保护关系到国家安全、经济活力和社会稳定的关键信息网络和信息系统，明确敏感信息保护要求，强化企事业单位在经济活动中对用户数据和国家核心数据的保护责任。其次，聚焦工业互联网安全和保护。工业互联网作为支撑制造业数字化转型重要信息基础设施，其安全性对行业乃至国家安全都至关重要。目前，工业互联网发展已经进入了白热化阶段，迫切需要建立一个覆盖全国工业信息安全态势的感知网络，利用先进技术手段，对工业信息安全进行实时、有效的研究和预警。

第三节　数字技术影响产业结构

产业数字化是指产业全链条每个环节都实现了数字化而不是单个节点数字化，即产业链中从源头链主到末端链主都要进行数字化升级，使得每个环节之间可以连接、协同、共生，才能算是产业实现了数字化。产业数字化就是利用现代数字技术对传统产业进行全方位、全角度、全链条改造和升级，以提高生产效率、优化供应链、提高产品和服务质量，并实现更高水平智能化和自动化。

一、数字技术与产业结构内涵

（一）数字技术内涵

数字技术（Digital Technology），也称数字控制技术，是一项与电子计算机相伴相生的科学技术，它是指借助一定设备将各种信息，包括图、文、声、像等，转化为电子计算机能识别的二进制数字“0”和“1”后进行运算、加工、存储、传送、传播、还原的技术。由于在运算、存储等环节中要借助计算机对信息进行编码、压缩、解码等，因此也称为数码技术、计算机数字技术等。

数字技术已经成为创新要素最多、应用最广、辐射效应最大的技术创新领域。世界正在加速从“网络化”向“数字网络化”“智能网络化”转变。升级、架构演进和深度集成是当前数字技术的主要特征。

数字技术主要指互联网、大数据、云计算、人工智能、区块链、物联网等技术。其特点是创新活跃、要素密集、辐射广泛。它不仅是当今世界科技革命和产业变革的契机，也是新一轮国际竞争的关键领域，是数字政府建设重要领域。主要发达国家已将数字技术应用于经济社会发展各个领域，以抢占全球竞争“制高点”。

（二）产业结构内涵

产业结构又称产业体系，是社会经济体系主要组成部分。产业结构现代化是一个系统工程，通过产业内和产业间生产要素在时间、空间和不同层次上相互转换，来改善生产要素，优化产业结构，提高产业附加值。经济主体与经济客体之间的对称关系是最基本产业结构，也是产业结构更新的最根本动力。产业结构是指农业、工业和服务业三大产业在整个国家经济结构中的比重。产业结构变化给一些产业提供了有利发展机会，但同时也会威胁到其他产业生存，带来危机。随着经济增长，服务业变得愈加重要，其份额增加，服务业就业机会也会越来越多。

在数字技术的推动下，产业呈现出融合发展的趋势，产业与产业之间融合形成了各种不同的新型产业形态。随着用户需求趋于多元化以及物联网等数字技术推动的连接和数据实时传输，传统产业特别是制造业，呈现出服务化趋势。企业从原有制造业务向价值链两端高附加值环节延伸，从以加工组装为主向“制造 + 服务”转型，从单纯出售产品向出售“产品 + 服务”转变，如设备健康管理、产品远程维护、设备融资租赁、共享制造以及互联网金融等。

1. 从产品导向到客户导向转变。

客户满意度逐渐成为衡量产品或服务质量核心标准。成功用户体验是基于产品设计更契合用户需求，通过信息与数据黏合，考虑产品构造、功能质量和用户情感，实现从增加供给数量到提高供给质量转变。以客户为中心的一站式服务体系，采用统一服务体系，对同一目标客户群体，采用同样的渠道触点，通过统一平台进行数据分析并推荐最优产品。同时，从客户在特定场景下需求出发，挖掘客户需求，设计整体解决方案，带给客户完整感受，注重客户购物体验全流程的便利性和感受舒适度。

2. 由加工组装为主向“制造＋服务”转变。

通过充分利用数据要素对接制造过程与需求过程，加快以消费者需求为导向的制造业与服务业融合发展，形成“产品＋服务”的价值创造。不断进步的数字技术促进了产业投入要素从资本、劳动不断向技术、服务要素转移，加快了制造环节与研发、设计、调研、物流、管理咨询等与之相匹配的生产性服务业融合发展。除了提供有形产品外，制造业产出趋于服务化还需要配套消费者所需的相关售后服务、维修保养、金融租赁等服务，使制造企业重心从产品生产向关注消费者需求转变，发挥综合性解决方案提供商作用，实现由传统一次性交易产品转变为长期提供服务。

二、数字技术影响产业结构升级的理论机制

随着大数据、人工智能和云计算等新一代数字技术的迅猛发展，数字技术不断与传统产业相融合，成为推动产业结构转型升级的重要动力。现有研究中，人们较多关注数字经济和产业结构的联系，主要是从数字产业化或产业数字化单一视角探讨两者之间关系。从单一视角看，数字产业化是以信息通信产业发展为动力，而产业数字化则是以技术与效率提升为动力，从而推动产业结构升级。从多学科交叉视角看，数字经济可以为经济社会发展注入新动能，促进产业结构向着高新科技和环境友好方向演化，推动产业迈向中高端的关键因素。

数字技术对产业结构提升具有很强推动作用。相关研究表明，技术进步不仅能够推动产业结构升级，而且能够引起经济发展模式转变。新经济模式下，新兴产业将逐步取代传统产业，并通过产业关联和技术扩散等作用，促进传统产业转型和现代化，实现产业结构向更高层次提升。数字经济时代，数据作为最重要的生产要素，数据的高效清洁、低成本、可复制以及可大规模获取等特征已经超越了传统生产要素的固有缺点，可以有效解决工业经济时代边际报酬递减等问题，数字技术是引领产业结构升级的新动能。

数字技术与传统产业结合将会产生深远影响，会推动产业结构升级，为产业发展提供新动力，实现生产智能化、精确化管理，拓展产业融合新空间。

（一）数字技术赋能为产业结构升级奠定基础

数字技术被广泛地应用到传统产业中，数字化手段为产业发展提供新动力，生产方式日益发生变化，逐步实现生产智能管控、精准作业和科学管理，全方位提高生产力。

数字技术推动生产智能化、精确化管理。例如，在农业数字化生产中，设施栽培和大田种植业中，借助生物育种技术、土壤探测技术、无人智能农机技术、农田遥感监测、测土配方等智慧农业管理系统，实现农业生产互联互通，助力农户在播种、节水灌溉、施肥撒药、收割作业等环节精细化管理，降低资源能源损耗和节约生产成本。在畜禽养殖和水产养殖业，建立综合监测一体化平台，评估圈舍、水质环境等状况，监测牲畜、水产养殖对象的生长状态，实时监测出适宜的生长环境，并做到关键成长数据可追溯，推动养殖业高效发展。另外，数字技术能够畅通农业生产、加工、流通和销售等各个环节，不仅能够提供标准化、流程化的农产品，而且能够实现多元化、个性化的生产和服务。

同时，通过模式优化和制度变革，促进产业要素跨界高效流动和产业一体化、规模化及融合化发展，进而实现农业的规模经济效益。

数字技术为产业融合拓展新空间。例如，数字技术推动乡村三次产业深度融合，横向拓展产业链宽度，纵向延伸产业链长度，促进产业新业态和新模式不断出现。一方面，通过数字收集、分析和控制等技术应用，稳定供应链、重塑产业链和提升价值链，为乡村产业深度融合提供技术支撑和保障产业链安全。另一方面，通过数据这一新型生产要素让农产品生产、加工、销售等环节更加信息化、高效化、透明化，并将产业链前后产业生产经营者、涉农企业、监管机构和消费人群等多元主体有效连接，有助于保障产业安全和食品安全。在互联网技术和电子商务的结合下，农业电商取得了较快发展。农业大数据平台建设和运用，借助农业全产业链支撑，定制农业、订单农业、众筹农业、共享农业等新产业、新业态不断催生，农业生产功能、示范功能、辐射功能、文化功能等功能得到有效拓展，有助于发挥农业经济效益、生态效益、社会效益，为农业高质量发展注入新动能。

（二）数字技术推动产业结构优化升级的作用机制

数字技术通过引起供给侧生产要素再配置和需求侧收入增加，在鲍莫尔效应、资本深化效应和恩格尔效应作用下推动产业结构合理化、高级化和绿色化。

1. 供给侧——生产要素再配置。

在数字技术驱动下传统产业将生成新的经济形态，即数字农业、数字工业、数字服务业，其关键要素是数据。数据作为一种新生产要素投入传统产业中，会引起要素投入结构变化。例如，农业要素替代是以要素相对价格变化为引导，如果农业要素之间存在替代关系，由于要素供给弹性不同，在某个特定要素增加或减少时，会引起农业要素之间相对价格变化，从而引起某个农业要素对要素价格相对较高的替代。数据要素对于其他要素的作用主要表现为虚拟可替代性、融合互补性等，在要素相对价格变化的引导下进而引起劳动、资本和土地等生产要素投入变化。

虚拟可替代性是指依赖于网络虚拟空间的数据要素对土地、劳动力等要素的替代。其具体表现为：（1）数据要素对劳动要素的替代。在大数据技术和人工智能技术支撑下，如以数据为核心的农业生产流程，提高了农业作业的自动化和智能化水平，减少了劳动力使用。例如，将人工智能技术、北斗导航定位等技术应用在农业生产中，包括无人拖拉机耕地、无人机播撒农药等，节省了劳动力的使用。（2）数据要素对土地要素的替代。数字孪生技术、农业检测系统等应用能够模拟农作物生长和预测产量，实现测土配方和精准施肥、监测土地环境灾害等提高土地生产率，节省土地资源。

融合互补性主要是指不同生产要素之间融合互补，如在农业领域主要表现为：（1）数据要素和劳动要素融合。形成农业数据劳动，表现为劳动者使用数字技术进行农业生产，发挥出倍增效应，劳动力生产效率显著提高，即单位劳动力推动了更多农业生产资料进行生产。例如，智慧农场只需要较少劳动者凭借智能生产管理系统就可以进行农业的一体化生产。（2）数据要素和资本要素融合。大数据技术能够解决金融信息不对称问题，精准地识别要贷款的农户、家庭农场等贷款主体，促进资金向农业的投入。（3）数据要素和土地要素融合。有数字技术支撑的土地流转平台，能够高效率匹配土地流出和流入者交易，促进土地流转集中。

要素投入结构变化诱发了农业技术进步，使之技术进步偏向节约要素相对价格高的农业要素。另外，数据成为生产要素是数字基础设施和数字技术发展的结果，这是以资本投入为基础的，数字技术与资本结合形成数字化资本，因而表现为资本深化过程。要素投入结构变化体现的农业技术进步和资本深化，在鲍莫尔效应和资本深化效应作用下引起了农业部门的结构变化。

鲍莫尔效应是指由于各产业技术进步速度不同，如果一个产业技术进步速度较快，该产业生产率提升将引起产品价格相对降低，将推动生产要素向其他产业转移，进而引起产业间产出比重的变动。例如，从农业产业看，畜禽养殖、设施栽培、大田种植、水产养殖等数字技术进步速度不同，提升速度较快行业，引起了其农产品相对价格下降，该产品将会去替代其他农产品，当两种产品之间替代弹性较低时，就会引起生产该农业产品的产业比重降低。

资本深化效应是指在资本深化过程中，资本要素相对于劳动要素价格降低，而资本密集型产业生产成本就会相对更大幅度下降，其产品相对价格也会下降，增加资本密集行业产出比重。例如，在农业产业内部，蔬菜种植采用大棚技术、牲畜养殖厂房投资等资本使用更为密集，粮食种植业等资本使用相对较少。使用资本密集农业产业部门，在资本要素相对于劳动要素价格降低情况下快速增长，其生产成本就会相对更大幅度下降。如果此时产业产品之间替代弹性较低，就会导致生产要素流动，在农业产业部门之间重新配置，从而推动农业内部产业结构变动。

2. 需求侧——收入增加。

在需求侧，如在农业领域，数字技术通过促进居民收入增加，在恩格尔效应作用下引致农业产业结构调整。数字技术促进农民增收主要途径有：（1）数字技术渗透农业生产各个环节，提高农业生产智能化和自动化水平，大幅提高农业生产效率，增加农民经营性收入。例如，智能农机装备进行精准播种、收割等作业，节水灌溉技术控制农业用水节水，地理新信息系统和遥感技术进行预测灾害和环境动态监测指导农业生产。(2）数字技术能够降低劳动就业市场信息不对称和增加新就业方式，为非农劳动力提供更多就业机会，增加农民工资性收入。另外，数字技术催生了农业新业态，延长农业产业链。例如，休闲农业、观光农业等带来农民就业岗位增加，增加收入。（3）数字技术打造高效率农产品物流体系，畅通农产品产加销对接，降低农产品成本，增加农产品销售，带动农民收入增加。例如，农产品电商平台直接面对消费者，通过高效配套物流体系，便捷实现农产品销售。

恩格尔效应是指由于不同部门产品需求收入弹性不同，居民收入提高产生了对收入弹性较高产品更多需求，促使生产要素向其流动，高需求收入弹性产出份额不断上升，引起产业结构的变动。在农业内部，在恩格尔效应作用下引起农业产业结构调整。一般而言，稻米、小麦、玉米等主粮类农产品需求收入弹性较小，大豆、食用油、食糖、棉花、猪肉、禽蛋、蔬菜、水果等大宗加工原料农产品和生鲜消费农产品需求收入弹性中等，禽肉、牛肉、羊肉、奶等高端畜产品收入需求收入较大。随着农村居民收入的增长，对大宗加工原料农产品和生鲜消费农产品及高端畜产品消费增加，引起更多生产要素流向牧业、畜业等产业，从而推动农业结构调整。

3. 数字技术推动产业结构优化作用逻辑。

从产业发展规律看，在农业领域，农业产业结构优化表现为产业结构的合理化、高级化和绿色化。农业产业结构合理化是指在一定技术水平下，农业各细分产业资源得到合理配置，农林牧渔等产业实现协调发展的过程，也包括农业与相关产业融合协调发展。农业产业结构高级化是指在合理化基础上产业结构进一步发展，表现为从低水平到高水平的资本、技术密集型产业更替，体现为渗透着更多新技术创新和应用过程。农业产业结构绿色化是指产业结构合理化和高级化过程中农业污染的减少，更偏向采用农业绿色技术和减少农药化肥等投入，产出更多生态农产品的过程。在政策制度约束下，数字技术从供给侧和需求侧，在鲍莫尔效应、资本深化效应、恩格尔效应作用下推动农业产业结构优化，体现为产业结构的合理化、高级化和绿色化。

数字技术带来收入增加，在恩格尔效应作用下，增加了对需求收入弹性较高产品需求。为满足这些消费需求，在追求最大利润动机下，数字技术应用需求增加，对劳动力需求减少，非农转移带来的较高收入，提升了劳动力相对价格。同时，非农转移促进了土地规模集中，更加刺激先进数字技术广泛使用，并带动相应资本、劳动等生产要素进入该行业来生产需求收入弹性较高产品。由于需求收入弹性较高产品行业一般技术进步相对较快，数字技术与其他要素的融合互补能够产生倍增效果，使得该行业生产产品效率大幅提升，引起产品价格下降，进一步刺激对需求收入弹性较高产品需求。农业生产经营主体将持续扩大投资和加大数字技术应用，资本深化加深，使得生产条件改善，生产效率逐步提升。但随着需求收入弹性较高产品行业产出份额逐步扩大，在鲍莫尔效应和资本深化效应的作用下，产品价格将持续下降，带来的回报率逐步减少，会再次引起生产要素向其他产业流动，持续改变农业产业间生产效率，引起农业产业间的动态协调调整和趋于合理化。

随着居民消费结构变动和相关农业数字技术深入应用和突破，数字技术融合度不断提升，农业资本深化加深，数据要素日益成为农业主导要素。与数字技术融合程度较高的农业细分行业农产品产出份额陆续上升，占优势农业细分行业不断更替，沿着资本密集型产业、技术密集型产业和数据密集型产业路径发展，农业产业结构逐步趋于高级化。同时，数字技术带来收入提高和消费升级，会偏好需求收入弹性较高生态绿色农产品消费，为生产这些农产品、对向该产业流动的生产要素提出了要求，包括减少使用农药化肥，施用有机生态肥料、建设低碳环保的农业基础设施等，使其呈现“绿色”特征。数字技术日益与这些行业融合，发挥精准化、智能化特性，减少高污染资源投入，使得生产这些农产品行业呈现低碳绿色化。在鲍莫尔效应和资本深化效应作用下，绿色生产要素在农业产业间优化配置，带动农业产业结构绿色化。

农业与其他产业融合形成的农业产业链也会提供高需求收入弹性产品和服务。数字技术应用推动了农业与其他产业深度融合，拓展和延长了农业产业链，以满足对高需求收入弹性产品需求。在鲍莫尔效应和资本深化效应的作用下，生产要素沿着农业产业链流动，配置相应资源，推动着高需求收入弹性产品产出增加。随着该产品份额的提升，相对价格降低，利润回报率下降，生产要素在农业产业链中重新配置，进而实现农业产业链结构的协调发展，实现合理化。同时，农业产业链的拓展和延长意味着新技术对现有技术的替代，产业效率得到提升和产业链中占主导地位产业的持续更替，推动着农业产业链结构高级化。同样地，以生态绿色产品和服务的市场需求和技术的更替为导向下，农业产业链逐步减少污染，趋于低碳绿色化。

三、数字技术影响产业结构的路径

数字技术影响产业结构的路径分析主要以农业领域为例，探讨了以下 4 条路径来加快农业数字化进程。

（一）构建数字农业技术创新和应用转化体系

先进数字农业技术能够提高农业产业生产效率和创新经营管理模式，是引领农业产业结构升级核心驱动力。必须构建数字农业技术创新和应用转化体系，持续推动数字农业技术创新和应用。其主要途径有：（1）加大重大关键数字农业技术攻关，带动相应配套技术突破，沿着产业链部署创新链。加强数字农业基础技术农业传感器技术和物联网技术开发和应用，对关键农机专用设备重点攻关，推动农机智能化转型。掌握先进生物育种技术，突破种业“卡脖子”难关。（2）打造协同配合的攻关团队，依托农业科研机构、高校院所、企业和相关农户共同联合攻关，形成科研应用一体化，及时反馈综合各研发应用信息，提升科研效率，满足当前智慧农业科技需求。优化科研保障支持体系，在关键农业数字技术转化应用方面提供专项政策和资金支持。（3）强化科研人才培养和数字技术推广。加大引智力度，设立专项农业数字技术科研站，吸引优秀科研人才进行数字农业技术攻关，形成完善的奖惩激励制度，激发科研人才潜力。加强数字技术人才培养，与科研院所专项合作，完善人才培养流程，形成既有高层次领军人才又有普通数字技术应用和推广人才的人才格局。建立数字技术推广示范区，发挥基层动员培训机制，迅速推广数字技术大规模应用。

（二）建立财政、社会资本多元投资体系

推进农业数字化转型下农业产业结构升级需要大量资本投入作为支撑。作为新生产要素的数据，是数字基础设施和数字技术发展的结果，这是以资本投入为基础的，数字技术与资本结合形成数字化资本。为支撑农业数字化转型，要根据各地的实际和产业特色，建立相匹配的财政、社会资本多元投资体系。其主要途径有：（1）发挥财政资金引导作用，提升财政支农效率和效益。财政资金要首先投向具有全局意义的农业数字基础设施建设和优先安排的农业专用设备、物联网设备等，加强农业数据信息共享平台打破地域限制，实现数据共享。加大财政资金对关键农业数字技术创新和突破的支持，尤其在高精度低功耗且可靠的专用传感器、精准作业的农业设备等领域。发挥财政资金激励功能，采用奖补、项目扶持、贷款贴息的多种方式推动数字技术普及应用。财政投资要倾向于绿色项目，降低技术能耗和污染。（2）拓宽金融融资渠道，发展数字金融支持农户发展。在贷款利率、再贴现和存款准备金率等方面给予农业龙头企业和农户优惠条件，鼓励其在智慧农业、数字农业等方面投资。发展数字金融更好识别需要资金的农户，降低交易成本和风险，为农业数字化转型提供精准支持。（3）积极引导社会资本投入，实现财政金融资本协同投入。要以市场需求为导向，放开社会资本进入相关农业产业限制，推动工商资本投向农产品加工业、订单农业、农产品仓储物流业及农业电子商务领域。吸引社会企业、农业合作社、各种农业社会化服务机构和数字经济平台等多元主体积极参与，构建出协同投入合作共赢的良性发展机制。

（三）扩大内需，促进绿色消费

扩大内需，增加对大宗加工原料农产品、生鲜消费农产品、高端畜产品以及对生态绿色农产品的消费需求，促使更多生产要素流向牧业、畜业等产业，从而推动农业结构调整。其主要途径有：（1）多渠道提高农民收入。大力普及数字技术推广应用增加经营性收入；切实做好劳动力转移就业工作，鼓励灵活就业和自我创业，提高工资性收入；完善土地流转和宅基地“三权分置”改革，促进流转方式多样化，稳定财产性收入；提高各类农业补贴和完善居民基本养老保险和基本医疗保险待遇，促进城乡保障标准统一，提升转移性收入。（2）提高生态环保意识，促进绿色消费。深入家庭和社区定期组织宣传，设立绿色环保周，加强绿色环保观念知识教育，提高绿色低碳意识，提倡绿色消费，打造农产品绿色产业链供应链，夯实绿色发展理念。对低碳绿色消费进行适度补贴，培养生态绿色农产品消费意识和习惯。

（四）加强涉农产业制度政策保障体系

推进农业数字化转型下农业产业结构升级需要相关涉农产业制度政策保障体系来支撑。为农业数字化转型打造一个稳定的制度政策环境，能够稳定数字化转型预期，化解出现的转型难题，推动农业产业结构快速升级。其主要途径有：（1）打造数据、资本、劳动和土地等农业要素有序流动高效的市场。推动数据要素市场建设，为数据交易提供价格机制，降低交易成本，实现数据在地区间部门间的有序流动。建立要素融合市场机制，推动数据要素与资本、劳动和土地等农业要素结合，借助数字技术打造一流的资本市场，发挥数字技术的识别风险共享特征拓展资本获取渠道，降低金融风险和信息不对称，为农业产业链、价值链向中高端迈进提供资金保障。建立数字化土地流转平台，提高土地流转信息的聚合度以及信息流通和共享，促进土地大规模集中。（2）完善风险防控法律法规机制。

针对数据隐私和数据泄露风险及时建立相应法律法规，加强数字技术和数据产权保护。完善相关数据责任权利归属、利润分配方式等标准制定。（3）建立农业数字化发展政策体系。完善数字农业技术应用激励和补助政策，直接面向农业合作社和农户等一线农业主体。完善农村数字普惠金融服务扶持政策，针对农业产业链的不同环节提供针对性服务，尤其是针对下游的乡村电商扶助支持。建立人才招引政策，在住房、医疗等方面提供全方位补贴和支持，吸引人才流入。

第四节 数字技术影响商业模式

商业模式是一家企业如何为客户创造价值、传递价值以及从中获得价值的模式。随着数字技术的不断迭代升级，其除了影响数字产业化和产业数字化外，还给销售环节带来了很大影响，催生了新的商业模式。

一、数字技术影响商业模式的理论分析

数字化技术普及已经深刻地改变了企业经营方式。随着数字技术的发展，企业开始采用数字化技术来优化其商业模式，以适应变化的市场和消费者需求。首先，企业通过运用数字化技术以创新和数字化转型来实现更高商业成功。这些技术包括人工智能、大数据、物联网、云计算等，可以使企业更好地了解和满足客户需求，优化生产流程和供应链，改进产品设计和营销策略。其次，数字化技术使企业能够更加灵活地应对市场变化和消费者需求。企业可以使用数字化技术来跟踪和分析市场趋势，快速识别并响应变化的需求，提高客户满意度和忠诚度。数字技术主要从客户价值、业务结构、供应链以及盈利模式等方面影响商业模式。

（一）数字技术有利于重塑客户价值

随着日益完备的移动互联基础设施，传统行业运用数字技术有助于其重组客户价值。日益完善的移动支付功能以及不断升级的居民收入消费结构，促使移动支付渗透到消费者日常工作生活中。这不仅会重组传统行业价值，更会催生新市场、新零售、新制造。此外，人工智能技术能够创新客户价值。人工智能会替代很多人类简单重复劳动，大幅提升商业社会整体效率，并通过数据和算法精准匹配客户需求，颠覆传统商业社会结构。

（二）数字技术有助于重构业务结构

从本质上看，业务结构体现了利益相关者之间价值交换关系，数字经济时代，企业强调“轻资产、去中介、高效率”的业务结构。数字经济中，品牌、客户关系、数据、算法、管理能力等软资产日益重要，而机器设备等硬资产重要性逐渐下降，过度持有重资产甚至会面临贬值风险。同时，数字技术打破了渠道空间属性，企业可以借助互联网平台或自建线上销售，直接跨越原本多层分销渠道体系，直连客户达成交易，从而减少交易中间环节，降低企业成本，高效获取客户反馈。此外，数字技术还能够通过信息共享、利益共享，加强产业链上下游分工合作，实现更加合理高效的库存、物流、仓储，全面提升整个供应链的运作能力。

（三）数字技术有助于合作共赢的供应链构建

互联网、大数据、人工智能、区块链、物联网等数字技术打破了原本的行业壁垒，促进跨界竞

争。随着以客户为中心的制造业快速发展，产业链逐渐成为一个个围绕消费者的环状链条，推动了各企业间信息互联。万物互联等技术推动形成了信息流、物流和资金流“三流合一”的智能供应链，其中快速的需求变化需要全面合作的供应链。企业面对的不仅是产品和服务的竞争，更是所处产业链效率竞争。产业链中相关企业，特别是主导企业应注重维系产业链生态，通过高效分工合作，提升整条产业链的效率与竞争力。

（四）数字技术有助于盈利模式优化

盈利模式关注如何扩大收入、降低成本以及企业盈利点及其持续性。数字技术和数据要素的投入，能够有效地降低固定成本、可变成本以及库存，优化企业生产成本。同时还能优化产品组合、产品结构、定价策略，提高商品单价和整体销售收入。此外，还可以通过个性化定制以及“产业 + 服务”的模式，维护客户关系，提高收入水平。此外，通过数据分析，不断挖掘自身价值，优化产品组合，实现收入多元化。

二、数字技术催生出新商业模式

根据奥斯特瓦德与皮尼厄的观点，企业经营模式由 9 个要素所决定：关键伙伴、关键业务、核心资源、价值主张、客户关系、渠道通路、客户细分、成本结构、收入来源。关键伙伴是一个由供货商和合作者组成的、能使企业平稳运作的网络；关键业务是一项商业活动中最主要的活动，它是一项商业活动的成功运作；核心资源是企业经营活动中最为关键的一部分；价值主张是指公司可以为顾客带来有价值的产品或服务；客户关系是一种企业为特定客户群而发展起来的顾客关系；渠道通路是一个公司与顾客群进行交流和连接的过程，从而把自己的价值观传达给其他公司；客户细分则是指公司所要获取的、所要提供的服务对象与结构；成本结构是指经营这种业务所需的总成本；收入来源是指公司从每个顾客群中得到的现金收入。数字技术对这九个方面的内容及其组合均有重要影响，推动了商业模式变革，产生了长尾、免费、共享等新商业模式。

（一）数字技术改变了企业成本结构、渠道通路以及收入来源，催生了长尾商业模式

长尾商业模式是指尽管单个利基产品销量很小，但由于种类繁多，聚集起来就能够形成与热门产品相匹敌的大市场，为企业创造价值。传统经济中，受到销售成本限制，企业更愿意利用有限货架空间、让有限的销售人员销售热门产品，导致利基产品的价值难以实现。互联网、大数据等数字技术出现大幅度降低了利基产品展示、搜寻和交付成本。一方面，由于长尾市场由众多小需求构成，因此，成本控制成为在长尾市场中成功的关键。互联网经济中商品库存成本几乎为零，其物流成本也可以忽略不计，技术进步推动了生产工具普及，以及多边平台兴起连接了买方和卖方，降低了搜寻成本。另一方面，数字技术改变了渠道通路，在线渠道在聚集了这类产品原本分散用户的同时也降低了边际成本，形成了规模经济；数字技术溢出也带动了销售渠道普及，内容类的商品逐渐数字化。

（二）数字技术改变了企业的客户细分、关键业务以及核心资源，催生了免费商业模式

“免费经济”是一种建立在价格歧视基础上的战略，能够推算出消费者对其单位产品的购买意愿，具有市场力量。因此，要想成功地实行价格歧视，必须有限制顾客以较低的价格购买商品并以高价转售给销售者的能力。由于与消费者之间的信息不对称，企业难以实施按照每个消费者最高价格定价的完全价格歧视，而只能针对不同购买数量或不同群体实施差别定价。

在数字技术的推动下，大数据和平台经济的崛起，使得企业能够更加精准地掌握供需关系、用户

习惯以及购买意愿，从而可以根据这些数据进行更加接近于完全价格歧视的定价策略。并通过平台经济、电子商务等方式发挥网络效应，增强企业与不同客户群体的联系，促使企业在同时面临着很多不同群体的客户时，能够在不同的市场上进行交叉补贴。在具体的运营过程中，数字产品边际成本是零，因此互联网公司一般会对部分服务和部分用户提供免费策略，以此来扩大用户基础、巩固市场地位，同时对其他服务和其他用户做出精准的价格歧视。部分厂商借助大数据技术可以近乎完美地推断消费者偏好，通过一级价格歧视榨取所有的消费者剩余。例如，对利润高的产品进行补贴，对利润低的产品进行直接的交叉补贴；又如，在三方市场中对 A 类客户免费、对 B 类客户收费；基本服务免费、增值服务收费或个人客户免费、企业客户收费的免费加收费模式。

（三）数字技术改变了企业的客户关系、重要合作以及价值主张，催生了共享商业模式

共享商业模式是指在新一代数字技术推动下产生的一种新型商业模式，包括产品、生产设施、能力和时间等闲置资源的出让和再利用以及基于互联网的分时租赁，是基于一个互联网平台进行交易，均使用而不占有，只租不买，按需付费。共享经济本质上是整合供给侧的闲散物品或服务者，让其以较低价格提供产品或服务，共同获得经济红利的商业模式。基于信息技术的共享平台能够将分散供需集合起来，大数据、人工智能等技术能够高效地对需求信息进行检索、匹配，甚至高效地调度所共享的资源。

三、数字技术催生新商业模式的路径

数字经济时代，最显著的改变就是信息，信息是数据与处理的汇总，包含信息流与信息要素分析。数字经济使得信息以极快速度流通，改变了信息单向流向，转为不定向流动。信息高速流通是企业运作中重要的运载要素，可以带来许多意料之外的变化。信息流动不仅影响企业行为，也影响消费者需求行为。这个链条上变化影响着产品营销各个方面。随着数字经济的发展，信息传播速度越来越快，对公司经营方式也越来越重要。

数字化技术飞速发展将推动信息处理与分析能力快速提高，使信息不对称消退后虚拟价值不断涌现，进而开启企业与消费者间的交易“黑箱”。数字经济时代，企业商业模式和价值创造路径已经改变，这包括企业生产行为、消费者创意和思维、价值链上合作伙伴和参与者以及信息传播媒介等。其驱动路径可归纳为三个方面：以数字技术为载体的价值创造驱动商业模式创新、以消费者与企业共创价值驱动商业模式创新和以跨界的商业逻辑驱动商业模式创新。

（一）以数字技术为载体的价值创造驱动商业模式创新

在数字经济背景下，企业价值创造已由传统基于价值链单一模式向基于“数字商店”和“数字网络”的商业模式转型。通过信息流等方式，实现了顾客具体需求，并将其转化为对顾客价值的创造。通过数字技术，将消费者与企业之间交互联系在一起，能够提高信息协作效率，为消费者带来更大增值价值。

在数字技术影响下，数字商店和数字网络不仅利用线下的、静态的经济活动，将企业与消费者联系在一起，为消费者创造出了使用价值。此外，它们还与线上的、动态的网络活动相结合，展开了生产和经营，实现了虚实结合，从而创造出了价值。在这种联系中，“模糊”的信息变成了对公司来说有价值经验和资源，从而使公司得以继续成长，并获得了竞争优势。同时，数字化技术还可以帮助企业有效利用现有的资源，对现有库存进行调整，以达到供求平衡。运用数字技术，通过数据转移媒介，将所有闲置资源都利用起来，从而实现了数字化平台中产品交易，将消费者集中到一起，进行线

上数字交易，从而形成了另一种商业模式创新。

（二）以消费者与企业共同创造价值驱动商业模式创新

工业经济时代，企业遵循固定商业模式，通过价值链上的活动创造价值，推动商业模式创新。这套活动包括制造、技术开发、采购、管理、营销、服务提供等。但是，随着数字化技术的发展，数字经济时代下商业机会越来越多地关注于消费者价值需要与价值创造。

消费者价值来自对商品使用和交易两个层面，以顾客体验和感知为主要考量因素，同时，在价值创造过程中，所涉及的信息流难以被清晰地表达出来。消费者在商品交易这一过程中得到了心理上满足，从而产生了经济利益。企业利用数字化平台来获得信息资源，并对其进行有效地整合与利用，从而获得更大的成功。

消费者需要是企业的重要追求，通过数字技术和平台，客户和企业可以不断地交换信息，达到长期双赢目的。消费者是创造价值最大来源，所以要想让消费者满意，企业就必须与之共同合作，提供更多针对性产品服务和创新。在数字技术不断更新的背景下，消费者在企业产品中参与度不断提高，企业与消费者间通过精确供求信息，在市场中达到供需平衡，进而达到产品匹配与创新。

企业与消费者在大规模生产定制化产品过程中，进行了相互合作，对彼此关系产生了巨大影响，加强了企业与消费者之间信息交流，一起展开了价值分析与创造过程，最终建立了一个共同生存、共同创造的商业生态圈。在数字经济快速发展的今天，消费者获得企业产品信息的能力不断提高，并由此产生了信息传播，降低了交易成本限制，促使消费者对企业产品使用价值实现了效用最大化。企业与客户共同创造价值，是商业模式不断创新的动力。

（三）以跨界的商业逻辑驱动商业模式创新

数字经济是以不同主体、不同领域之间跨界合作为基础，通过数字技术和虚拟互联网平台，整合了产业交易边界，将原来竞争关系转变为供需合作关系，将原来合作关系转变为互利共赢竞争关系，从而改变了商业逻辑模式。数字经济中，企业间合作与竞争关系以及带来的位置变化会产生效能改变。

同时，由消费者形成的群平台，增强了消费体验可感知性，它也成为获得成功商业模式的一个重要因素。以技术创新为主要驱动力的商业战略模式更倾向于以顾客为导向，将消费者体验价值和效用充分挖掘出来，以数字技术为基础，根据消费者需要，展开技术扩散和新产品开发，企业持续地与消费者展开思想和创意碰撞，也促进了已有商业模式创新，通过使用互联网数字平台，建立消费群体，并与消费者展开了产品需求信息交流，消费者可以在线下商店体验到这一点。此外，随着信息传播方式和渠道变得更加多样化和便捷，分散化趋势也越来越强，通过分散传播工具降低了传播成本，削弱了传统传播渠道。

逐渐扩大的消费群体已经成为一个自我组织、自我调解和自我分配的自媒体群体，他们利用数字平台和技术不断提高网络使用率和价值创造率。在数字经济背景下，通过物流平台自我组织方式可以有效降低分销渠道成本，因为消费者完全取代了企业媒体和分销渠道，从而使消费者和企业之间直接交易成为重要的销售形式。

总结与回顾

1. 数字产业利用信息技术创新、管理创新以及商业模式创新，持续融合后产生新产业、新业态、新模式，将数字知识和信息转化为生产要素，最后形成数字产业链和产业集群，数字产业核心特征是高技术密集型和高渗透性。

2. 产业数字化是在新一代数字科技支持和推动下，以数据为关键要素，以价值释放为核心，利用大数据、云计算、人工智能、物联网等数字技术实现企业运营现代化，优化产业供给侧和需求侧运营流程，打通不同层级、不同行业之间的数据壁垒，改变原有生产方式、组织结构和管理模式等，从而实现产业降本增效，改善用户体验，实现产业模式现代化，提高产量和效率。

3. 数字技术对产业结构提升具有很强推动作用。新经济模式下，新兴产业将逐步取代传统产业，并通过产业关联和技术扩散等作用，促进传统产业转型和现代化，实现产业结构向更高层次提升。

4. 数字技术主要从客户价值、业务结构、供应链以及盈利模式四个方面影响商业模式。

复习思考

一、名词解释

新数字产业；产业数字化

二、简答题

1. 简述新数字产业的演变过程。
2. 简述产业数字化的内涵与特征。
3. 结合实际分析数字技术影响产业结构的路径。
4. 结合实际分析数字技术催生新商业模式的路径。

三、论述题

1. 谈谈你对数字产业化和产业数字化之间关系的理解。
2. 联系实际阐释数字技术影响产业结构升级的理论机制。
3. 结合实际谈谈数字技术如何催生出新商业模式？

能力拓展

钢铁行业数字化转型：以智慧驱动生产力

与聚焦于订单、客户和产品的消费品等企业不同，钢铁企业的数字化进程更侧重于制造效率和生产效率，包括装配与加工、设备维护、绩效管理、质量管理以及可持续化发展等能力。由于钢铁企业的核心竞争力来源于自身制造流程、维护控制与工程领域，因此在流程数字化、大数据分析与机器人化三个方面重点进行数字化布局企业，可率先实现收入突破以及10%～15%的成本节省，从而建立更高的市场壁垒。

2020年年初，宝钢股份上海基地工厂旗下五个智慧制造项目获评“灯塔工厂”最佳实践案例，覆盖智慧计划、智慧生产、智慧设备管理、智慧质量管理和智慧物流五大模块。世界经济论坛评价道：“作为一家有着四十余年历史企业，宝钢股份很早就进行了数字化的探索，广泛应用了AI、高级分析技术，在数字时代里依然保持着引领行业的竞争力。”

（一）供应链全过程协同管理

“PLM＋MES＋ERP”一体化供应链协同平台可使钢铁企业实现全生命周期协同化，同时将上下游信息打通，建立数据通道，实现钢铁产品订单全流程集中管理，促使供应链协同由封闭式走向全局式。

（二）向清洁节能转变

钢企可通过在料场、生产车间设置智能监测传感器以及搭建工业互联网平台，实时管控整个料场的矿石、煤炭等原料实现进、混、耗和排放；可将传感器记录各环节排放数据上传至平台，通过分析排放物质来进行设备升级与优化流程；可通过结合工业互联网平台建设工厂能源中心，通过能源生产、能源消耗数据的自动采集，达到优化能源预测与智能能源管理，从而控制成本。

（三）设备生命周期管理与无人化生产

工厂人工成本和设备运行状态是影响产出的核心因素。钢企通过引入在设备端与生产端数字化技术管理其设备生命周期与产量。

基于能源、金属加工等领域的需求持续提升，同时在工业机器人基于数字化、信息化的通信能力下，钢铁企业未来将持续引入工业机器人，采用自动巡检方式采集高炉等设备的温度、应力分布、故障状况进行可视化监测，形成设备全生命周期的优化闭环。

产线是技术集成，要追求精益生产目标；产业链是产品延伸，要践行全生命周期理念；而生态圈体现的是全要素资源配置最优化和全要素效率最大化。到了产业链和生态圈发展阶段，没有工业互联网技术和体系的支撑是难以想象的。工业互联网快速进步和广泛应用，为钢铁工业向新业态演进提供了全新发展基础，也将为这一旧有和传统的行业开辟出崭新而无垠的广阔空间。

第十一章　数字金融

任务分析

1. 理解数字金融内涵与特征。
2. 理解数字金融与传统金融的联系与区别。
3. 掌握数字金融对经济的作用路径。
4. 了解数字金融存在的问题。
5. 了解数字金融的风险与监管。

案例导入

发挥数字金融在支持经济增长中的重要作用

今年4月29日召开的中共中央政治局会议强调，疫情要防住、经济要稳住、发展要安全。近日，国务院印发《扎实稳住经济的一揽子政策措施》，提出货币金融政策等六方面33项具体措施，要求高效统筹疫情防控和经济社会发展，努力实现全年经济社会发展预期目标。金融活，经济活；金融稳，经济稳。数字金融作为金融创新与科技创新叠加融合形成的一种高级金融形态，具有数字与金融的双重属性，能够加速资金、信息、数字等要素的自由流通与有效配置，矫正传统金融因信息不对称引发的市场失灵和金融割裂问题，助力加快构建全国统一大市场，在稳定经济大盘中发挥着举足轻重的作用。

数据是数字化时代的关键生产要素，金融业是数据积累最为深厚行业，数字金融具有科技性、普惠性、政策性和靶向性等鲜明特征，能够扩大金融服务覆盖面，引导金融资源流向基础设施、中小微企业、“三农”等经济发展重点领域和薄弱环节，加速资金流通、支持数字经济发展和促进区域经济增长等方面作用显著。

数字金融能够提升资金配置效率，为实体经济发展提供金融活血。金融资源的配置效率决定着整个经济社会的运行效率和经济增长质量。传统金融“嫌贫爱富”天然属性会对长尾客户产生金融排斥，数字金融则能够整合企业的信息流、现金流等信贷特征，进行定量的风险分析和风险定价，缓解信贷市场的市场失灵问题。

数字金融能够助力提升科技创新水平，为经济高质量发展提供动力。数字金融作为生产活动关键要素，能够促进金融、科技、产业的良性循环发展。从微观层面看，企业科技创新活动具有投资规模大、不确定性强、沉淀成本高等特征，与传统金融机构风险偏好匹配度不高，金融机构可以利用数字科技手段破除“数据壁垒”和“信息烟囱”，并为实体企业的基础研究、科技研发等活动提供相匹配的融资支持。从中观层面看，产业基础高级化和产业链现代化需要金融机构提供长期大额低息的资金支持。从宏观层面看，数字金融能够充分发挥价值发现功能，推动数字、科技、创新、资金等要素向生产效率高的科技产业聚集，从而促进区域经济创新驱动发展。

数字金融可以促进资金均衡配置，为经济协调发展提供保障。数字金融能够弥合区域间、群体间的“数字鸿沟”，促进资金的公平分配和经济的包容性增长。一方面，大数据、区块链、人工智能算法等数字科技会改革优化金融机构的信贷偏好，增强信息的溢出效应，降低金融机构的服务准入门槛，这有利于缓解小微企业、个体户、居民等面临的融资约束；另一方面，移动互联支付等数字金融能够基于真实有效信息进行跨主体、跨区域、跨时期的资金配置，引导金融机构将东部地区富裕的金融资源配置到中西部地区急需资金支持的项目中去，减少区域间金融服务的可得性差距，从而有助于构建全国统一的金融大市场和促进区域协调发展。

资料来源：邱兆祥、刘永元．发挥数字金融在支持经济增长中的重要作用［N］．光明日报，2022－06－09.

知识介绍

第一节　数字金融内涵与特征

1998年世界范围内数字金融产生于美国诞生的在线支付工具Paypal，中国数字金融起源于2003年出现的支付宝，并且兴盛于2013年，其不仅是科技发展到一定水平的产物，也是传统金融行业降低成本的要求。近年来，随着该领域的迅速发展，2022年我国数字经济规模超过了50万亿元，与此同时，数字金融也如雨后春笋般地发展起来。着眼于未来，数字金融作为一种新生事物，有着巨大的发展潜力与前景。

一、数字金融发展现状

（一）国外发展现状

从世界历史演变角度看，金融与技术搭建起的纽带可以追溯至19世纪后期电报与电缆在金融全球化中的应用，现代金融技术起点从ATM被引入开始算起。1972年贝廷格首先提出了“金融科技”的概念，指的是银行专业知识、现代管理科学和计算机技术这三方面结合。20世纪90年代，花旗集团的一项科技合作项目也使用了这一概念。在这一时期，金融科技发展主要由传统金融业主导，利用信息技术推进流程电子化，如电子银行、电子支付等服务。自2008年金融危机以来，随着金融监管变革，加上数字技术进步，金融科技进入了新发展阶段，人工智能、区块链、云计算、大数据等数字技术在金融行业得到了广泛应用，并加快了变革步伐；金融领域也有了更多新兴企业与非金融科技公司加入，它们能够直接提供创新型金融产品与服务，向企业和消费者展现自身优势。

（二）国内发展现状

从我国发展看，数字金融自2010年以来开始迅速发展。根据北京大学数字金融研究中心建立的数字普惠金融指数，2011～2018年我国数字金融发展呈现稳定快速增长趋势。从各个指标来看，中国数字化程度发展快于数字普惠金融总体发展。这说明数字金融之所以能够被广泛接受，是因为它具有便利性、实惠性和移动性。随着覆盖区域扩大和数字支持程度提高，数字金融在保险、支付和信贷等领域的使用深度也在不断增加。不仅如此，在投资领域，金融科技也十分活跃。2016年中国对金融科技的风险投资排名世界第一，并孕育大量“独角兽”公司，2016年中国金融科技类“独角兽”公司数量约占世界40%，总市值占据世界70%以上。

二、数字金融内涵

（一）国外学者对数字金融的界定

尽管数字金融目前发展迅速，但国际社会对如何定义数字金融尚未得出最终结论。国外学者对数字金融有着不同的定义，Gomber 等（2017）将电子金融、金融科技和数字金融分为三个概念，“电子金融”是指金融机构早期使用信息和通信技术；“金融科技”是指特别重视数字技术的创新和发展；“数字金融”是指数字技术在金融领域运用，包括该领域所有电子产品和服务。Tokushi（2018）将数字金融定义为一种本质上有潜力改变金融运作方式，促进一种新金融形式的技术，并将催生新的金融服务。Zennon（2018）通过考察我国阿里巴巴、微信、腾讯等互联网公司，认为数字金融是科技巨头对金融领域的涉猎和颠覆，并能重新定义未来的金融业务。

（二）国内学者对数字金融的界定

目前，国内学术界对数字金融的定义并不统一。北京大学数字金融研究中心有学者将数字金融定义为：通过互联网以及信息技术手段与传统金融业态相结合的新一代金融服务。而一些金融企业家则将数字金融简单概括为一种基于完全崭新的社会平台和基础设施，与传统金融完全不一致的新金融形式。不同学者给出了不同的见解。除了定义多样以外，现有文献和相关文件并没有明确区分“数字金融”“互联网金融”和“金融科技”这三者的概念。

考虑到定义的严谨性与全面性，以及学术界广泛接受程度，本书采用黄益平等（2018）对相关概念的看法，认为数字金融泛指传统金融机构与互联网公司根据数字技术实现融资、支付、投资和其他新型金融业务模式。概括来讲，数字金融是一种新型金融业务模式，主要包含两个方面的内容：一方面，传统金融机构正在利用新兴数字技术来改善和扩充自己原有金融服务；另一方面，则是新技术公司正在利用新技术所提供的新型金融服务。数字金融不会改变金融本质，只是信息技术手段与传统金融服务业务融合创新，本质上是一场金融信息传输、接收、分析和处理的革命。

从概念上看，数字金融、金融科技和互联网金融这三者的概念很容易混淆，实则不然，金融科技的概念主要是指利用科技手段在金融服务领域探索新的商业模式、更方便的创新产品和更标准化的业务流程，该概念更加注重金融领域的技术和创新；互联网金融主要是将互联网和信息通信技术引入传统金融领域提供的信息中介服务，更多地专注于在金融领域使用互联网技术；与上述概念相比，数字金融的概念更为中性，其涵盖范围更加广泛，不仅仅限于互联网技术和简单的技术创新。

（三）数字金融与传统金融联系与区别

数字金融是传统金融发展到当前阶段的一个表现形式，它产生于传统金融并在传统金融基础上发展，始于斯而有别于斯。

1. 数字金融与传统金融的联系。

学术界对于两者之间关系有很多不同说法。有人认为数字金融可能会重新定义传统金融业，并将传统银行变成过去；也有人认为，数字金融只不过是将原来线下流程搬到了线上，数字技术对金融自身业务逻辑影响十分有限。但不论是何种观点，都逐渐趋同于一个共识：数字金融本质上还是金融。具体来看两者有以下几个方面的联系。

（1）数字金融与传统金融具有竞争关系。数字金融出现给传统金融尤其是商业银行带来了巨大危机。数字金融依靠其便捷、迅速等特点飞速抢占了商业银行现有客户人群，并且覆盖了一些传统金融并没有覆盖的个人、企业，进一步抢占了商业银行潜在客户。其业务在很大范围上均有重合之处，两者竞争关系毋庸置疑。

（2）数字金融与传统金融具有合作关系。竞争关系主要存在于传统金融机构与新型金融公司之间，但是从技术层面讲，数字金融与传统金融是一种合作、促进关系。现有金融服务还有未覆盖范围和对象，如大学生、外来务工人员和偏远乡村农民。两者之间相互合作，不仅可以提升传统金融效率，还能够发挥数字金融作用。例如，生物特征识别让互联网金融公司可以通过机器远程识别一个人身份。这就使得在偏远山区也可以享受支付转账、消费贷款、账户变更等金融服务。人脸识别、语音识别、指纹识别和传统密码综合应用延伸了金融服务空间。

（3）数字金融是传统金融的继位者。数字金融是金融一种新的表现形式，数字金融本质上还是金融，它与传统金融是合作与竞争关系，且合作要大于竞争。从宏观角度讲，数字经济是未来发展的主流趋势，但传统金融无法促进数字经济发展，也因此产生了数字金融。可以说数字金融是金融业符合时代发展要求的一个产物，与传统金融同属金融不同发展阶段。虽然不可否认数字金融带给传统金融保险业务、基金业务、信用业务等巨大冲击，但从内涵上讲，这种冲击并不影响金融业务的根本性质，只是在方式、渠道上大大提高了效率，开发了一些新的业务模式，并没有从根本上改变金融内涵。

2. 数字金融与传统金融的区别。

数字金融是传统金融引入高新科技之后的产物，根据以往历史经验总结和纯粹理论分析，数字化将以其便捷、高效、智能等无法替代的优势大力推动实体经济发展，弥补传统金融的市场空位，为人类生产力变革、生产关系调整提供必不可少的条件。具体来看，数字金融与传统金融的区别主要有以下几点。

（1）服务成本不同。数字模式下，资金供求双方可以通过网络平台自行完成信息甄别、匹配、定价和交易，无传统中介、无交易成本、无垄断利润。一方面，金融机构可以避免开设营业网点资金投入和运营成本；另一方面，消费者可以在开放透明平台上快速找到适合自己金融产品，削弱了信息不对称程度，更省时省力。

（2）覆盖广度不同。数字金融模式下，客户能够突破时间和地域束缚，在互联网上寻找需要金融资源，金融服务更直接，客户基础更广泛。此外，互联网金融客户以小微企业为主，覆盖了部分传统金融业服务“盲区”，有利于提升资源配置效率，促进实体经济发展。

（3）服务效率不同。数字金融业务主要由计算机处理，操作流程完全标准化，客户不需要排队等候，业务处理速度更快，用户体验更好。例如，阿里小贷依托电商积累的信用数据库，经过数据挖掘和分析，引入风险分析和资信调查模型，商户从申请贷款到发放只需要几秒钟，日均可以完成贷款 1 万笔，成为真正的“信贷工厂”。

（4）发展速度不同。依托于大数据和电子商务发展，数字金融得到了快速增长。以支付宝余额宝为例，余额宝上线 18 天，累计用户数达到 250 多万，累计转入资金达到 66 亿元。据报道，余额宝规模 500 亿元，成为了规模最大的公募基金。

（四）数字金融度量

中国数字金融飞速发展加速了数字经济与实体经济深度融合，对中国经济各个方面都产生了重大影响。要量化考察中国数字金融发展现状与经济效应，需要一套利用科学方法全面测度数字金融发展程度与动态趋势指标体系。一些研究机构会定期发布数字金融指数，如北京大学数字金融研究中心发布的“北京大学数字普惠金融指数”、零壹财经发布的“金融科技发展指数”、清科研究中心发布的“科技金融发展指数”等。其中，北京大学数字金融研究中心与蚂蚁科技集团研究院联合编制的“北京大学数字普惠金融指数”（郭峰等，2020）在参考了传统普惠金融指标体系设计基础上，从覆盖广度、使用深度和数字化程度 3 个一级维度来构建指标体系，其中覆盖广度主要体现为用户账户覆盖率，使用深度是通过各类金融业务实际使用情况来衡量的，而数字化程度则表现在金融交易低门槛和低成本等方面。基于指标体系，进一步通过指标无量纲化处理和层次分析法合成了 2011～2020 年中国省市县三个层面数字金融总指数，为学术研究者和政策制定者了解中国数字金融发展状况提供了现实支撑。该指标是目前国内最权威、最全面的数字金融指数，该指数无论是在时间连续性和数据完整性上，还是在方法科学性和覆盖全面性上都要优于其他测度方法和指标体系，因而成为国内使用最广泛的数字金融指标体系，为研究数字金融影响中国经济微观机制和宏观效应，识别数字金融发展水平、区域分布和瓶颈障碍提供了重要工具和参考。沿循已有研究，本书也选用这套指标体系来衡量中国数字金融的发展水平。

“北京大学数字普惠金融指数”基于代表性数字金融机构亿万金融消费者微观数据，在传统普惠金融指标体系设计基础上，以数字金融普惠特征、动态可比性、多元多层次服务为主要构建原则，同时结合数字金融催生的金融服务新业态，从覆盖广度、使用深度和数字化程度 3 个一级维度来构建指标体系。在一级指标下，该指数还包括 11 个二级指标和 33 个三级指标，具体指标如表 11－1 所示。目前，该指标体系发布了 2011～2015 年、2016～2018 年、2019～2020 年三个版本，全面地科学地测度了 2011～2020 年中国省市县三个层面数字金融发展程度，为学术研究者和政策制定者了解中国数字金融的发展状况提供了现实支撑。为了提取不同维度有效信息，将众多指标合成一个综合指数，首先需要将不同指标无量纲化处理，郭峰等（2020）依据数字金融的基本特征，使用对数型功效函数法进行无量纲化处理。其次，采用变异系数法、层次分析法确定权重。最后，由下往上逐层算数加权平均得到综合指数。其中，一级维度覆盖广度权重为 54%，使用深度权重为 29.7%，数字化程度权重为 16.3%。使用深度下二级维度权重设置为：支付 4.3%，货币基金 6.4%，信贷 38.3%，保险 16%，投资 25%，信用 10%；数字化程度下二级维度权重设置为：移动化 49.7%，实惠化 24.8%，信用化 9.5%，便利化 16%。

表 11－1　北京大学数字普惠金融指数指标体系

<table>
<tr><th>一级指标</th><th colspan="2">二级维度</th><th>三级维度</th></tr>
<tr><td>覆盖广度</td><td colspan="2">账户覆盖率</td><td>每万人拥有支付宝账号数量
支付宝绑卡用户比例
平均每个支付宝绑定银行卡数</td></tr>
<tr><td rowspan="7">使用深度</td><td colspan="2">支付</td><td>人均支付笔数
人均支付金额
高频活跃用户数占年活跃 1 次及以上比</td></tr>
<tr><td colspan="2">货币基金</td><td>人均购买余额宝笔数
人均购买余额宝金额
每万支付宝用户购买余额宝人数</td></tr>
<tr><td rowspan="2">信贷</td><td>个人消费贷</td><td>每万支付宝成年用户中有互联网消费贷的用户数
人均贷款笔数
人均贷款金额</td></tr>
<tr><td>小微者经营</td><td>每万支付宝成年用户中有互联网小微经营贷的用户数
小微经营者户均贷款笔数
小微经营者户均贷款金额</td></tr>
<tr><td colspan="2">保险</td><td>每万支付宝用户被保险用户
人均保险笔数
人均保险金额</td></tr>
<tr><td colspan="2">投资</td><td>每万支付宝用户参与互联网投资人数
人均投资笔数
人均投资金额</td></tr>
<tr><td colspan="2">信用</td><td>自然人信用人均调用次数
每万支付宝用户使用基于信用服务用户数</td></tr>
</table>

续表

一级指标	二级维度	三级维度
数字化程度	移动化	移动支付笔数占比 移动支付金额占比
	实惠化	小微经营者平均贷款利率 个人平均贷款利率
	信用化	花呗支付笔数占比 花呗支付金额占比 芝麻信用免押笔数占比 芝麻信用免押金额占比
	便利化	二维码支付笔数占比 二维码支付金额占比

资料来源：郭峰，王靖一，王芳，孔涛，张勋，程志云．测度中国数字普惠金融发展：指数编制与空间特征［J］．经济学（季刊），2020，19（4）：1401－1418.

三、数字金融特征

数字金融与传统金融是一种相互融合的促进关系，相对于传统金融而言，数字金融具有以下特征。

（一）服务成本更低

数字化变革大大降低了传统金融服务成本，主要体现在以下两个方面：一方面为传统金融机构无论是线下铺设经营点还是拓展分部组织，都避免不了固定成本上升，特别是对于低密度偏远区域，当增设服务点带来的收入增长无法覆盖其支出成本时，原有金融服务供给会遭受阻碍。但数字金融凭借其特有数字化技术替代了相当比重地域网点与人力投入，同时极大降低了服务新用户边际成本，从而在整体上减少了原有金融机构开支。另一方面则由于市场中信息不对称与金融行业对于风险控制高要求等因素，传统金融机构所供给的产品与服务均存在推广宣传效率低下、交易流程烦琐等弊端，这在很大程度上造成了金融业务成本过重的问题。当前，可以利用先进科创技术着力解决传统行业不得不面对的痛点。例如，利用大数据技术多维度地分析用户数据信息，准确识别使用者需求，并进行精准营销，这大大缩短了金融服务供求两端搜寻和匹配时间，减少金融机构拓展新客户成本，从而提高了金融服务效率、降低获客成本，实现传统金融转化为数字金融所形成的商业可持续性。

（二）数据依赖程度更高

数字金融独特优势是依据其海量信息搜集、数据处理能力建立起来的。如果无法进行大数据处理，那么现有金融业务将会陷入发展的技术桎梏。基础层、云计算、大数据、人工智能是数字金融核心基础设施，大规模、低成本、弹性计算能力是数字金融生产力。数字金融从头到尾都离不开海量数据搜集与处理。目前，大数据已经成为金融业一种无可比拟的战略资源，在“数据为王”的全新数字智能时代，金融大数据应用决定着发展的主动权与竞争优势。

（三）服务效率更高

数字金融的特点是扁平化，一旦搭建好网络或数据平台，金融机构就可以通过“身份证—银行卡—生物识别”来验证客户，从而打破时间和空间界限，提高办理效率。一方面，从消费者角度讲，数字金融业务办理是基于众多移动终端实现的，它将许多传统银行线下业务转移到了线上，利用互联网技术，将原本需要花费大量人力成本、时间成本业务极大简化。很多业务办理只需要在移动终端上花费以秒为单位的时间，大大节省了时间成本，提高了业务办理效率。另一方面，从传统商业银行角度讲，在发展潮流驱动下，商业银行不得不利用金融技术进行转型，以提升服务质量和多样性。在竞争压力下，商业银行正面临着从管理架构到业务办理等多个层次转型升级，不仅能够提升银行业务处理效率，还能够扩大业务覆盖水平。

（四）服务对象更广

数字金融不但具有实现服务对象普及化的普惠金融目标，而且还实现了相应技术作为保障与支持。Urbinati 等（2020）指出，数字技术的灵活性可以更好地满足当前服务对象。例如，大数据技术可以使受到传统金融机构信用评估阈值限制的低收入群体与中小型企业满足获得金融服务要求，帮助他们顺利实现信贷、投资与融资等金融活动。此外，伴随着新技术发展，线上信用平台、众筹平台等新型业务形态已经出现，它们在一定程度上拓宽了普通用户和各类金融资本参与金融活动渠道与机会。

（五）监管难度更大

目前，我国金融监管还存在一些问题，如监管有效性不强、缺乏协调性和渗透力等，主要从以下三个方面体现：首先，立法缺乏专业性，数字金融不同于传统金融，原来监管方式可能已不再适用，应加强执法机构自由裁量权；其次，现代数字技术改变了信息渠道、信息处理方式、决策过程和风控方式，传统金融监管指标可能与数字金融不匹配；最后，监管当局与业界合作问题，如随着数字技术发展，识别恶意欺诈已不再是一个技术问题，而是监管部门是否愿意后者与拥有技术公司合作，以及双方是否能够深化在实践中沟通。因此，我国金融行业环境迫切需要建立一套立体、深入的监管体系。

（六）覆盖宽度更大

若要将常规金融服务落实至基层，通常需要依靠物理网点布局与分支机构设立。考虑到成本与效益，金融机构通常选择在人口稠密与经济发达地区投放资源，而忽略人口密度较低、地理位置偏远和经济欠发达地区。相较而言，数字金融依靠互联网和移动信息等数字技术，通过覆盖广泛技术通信设施，突破了传统金融机构在布局方面地域限制，因而在极大程度上帮助居民获取跨越空间无差别金融服务与产品，县级、村庄、社区各层面的数字金融领域均取得根本性发展。

四、数字金融理论基础

（一）金融中介理论

金融中介在市场经济活动中具有重要作用，能够使资金由居民储蓄转向投资，从而提升整个市场交易活力。与金融中介相关理论经历多年演变，总体来说可分为新论与旧论，本节研究主要基于新论展开。金融中介新论早期主要关注点有：一是信息不对称理论。市场上信息对于生产者和接收者而言并不总是对称的，这种非对称性可能造成“市场失灵”，从而影响投融资效率，而金融中介存在能够纠正市场信息非对称性。二是交易成本理论。金融中介能够有效协调资金供需，提高市场各主体间资金分配效率，并通过规模经济效应来减少平均交易成本。随着市场发展，金融中介功能进一步扩张至风险管理领域。风险管理一直是金融市场中各主体开展经营活动时关注的核心，金融中介具备风险定价、风险转移、风险缓冲等功能。与传统金融中介相比，数字金融能够有效缓解市场信息非对称性，显著减少交易成本，同时能够借助新技术实现风控智能化，从而提升市场效率。

（二）融资约束理论

企业获取资金渠道包含内外部两类，当内部所有资金不能匹配生产经营需求时，需要借助外部融资。在市场因素影响下，外部融资成本一般高于内部，这会对企业融资产生约束。具体而言，融资约束影响因素可总结为三类：一是信息不对称。对于外源资金供给方而言，他们直接获取企业内部信息成本较高，同时由于代理因素存在，内部管理层可能因个人原因隐瞒信息或制造假信息，这都会使外部投资者风险提升，从而使他们投资意愿降低。二是宏观环境。所有制歧视、货币政策、金融发展水平、政府补贴等因素均会影响融资约束。三是企业内部治理。这类因素包含企业风险管理水平、现金流管理能力、信息披露能力等。投资是企业重要经营活动之一，常常依赖大量外部资金，因此企业存在融资约束时，其投资能力与意愿均会受到影响。数字金融改变了企业传统融资过程中渠道、风控、成本等，因此对融资约束产生影响，从而作用于企业投资效率。

（三）委托代理理论

现代社会中，企业发展速度不断加快，对经营人才要求也逐步提高。对于原始投资者而言，雇佣专业管理人员经营企业不仅能够提升经营效率，还可以从日常事务中解放自我，投放更多精力在企业长足发展战略上。然而，这种“两权分离”的管理模式在提高效率的同时也催生了委托代理问题。其主要原因有：一是根本利益冲突。当管理者不持股或持股较少时，其活动目的可能是谋求自我而非股东利益最大，这与所有者目的产生冲突。此情况反映在投资活动中，管理者可能由于过度乐观、谋取个人收益等因素进行非理性投资。二是信息不对称。管理者在经营企业实践过程中，能充分掌握企业财务、风控、生产等方面信息，反之，所有者则面临一定信息壁垒。因此，管理者可以借助信息掌握差异谋取自我利益。数字金融对于降低企业内外部监督成本、提高内控水平有重要意义，有助于缓解代理冲突以提高管理者投资理性。

（四）长尾理论

长尾理论源自互联网零售行业，最初由 Anderson（2004）提出。市场中，供给方往往关注头部市场而忽视尾部市场，他们认为头部市场客户尽管数量较少但能带来更高价值。然而，互联网发展使商品和服务流通渠道更多元，交易成本变低，在这一背景下，数量庞大尾部客户积聚的价值可能更高。同时，长尾理论本质上也可从经济学角度解读。根据长尾理论，供给者为长尾客户提供产品服务能够促进整体价值提升，这与“蓝海”战略内核一致。把关注度低尾部客户市场看作“蓝海”市场，它与传统市场相比竞争较小且具备更高获利机会。长尾理论下的生产模式以技术为核心，与传统生产模式有很大区别。虽然供给方需要为尾部客户提供多样化产品，但其边际成本递减。长尾理论有效性取决于成本和渠道，而数字技术则缓解了传统金融服务成本高、渠道窄等问题。我国金融市场存在庞大长尾顾客，包括许多个体消费者和中小企业，这些顾客过去常常被金融服务提供者忽视。数字金融发展一方面催生了支付宝等新型金融平台，拓展了金融服务渠道；另一方面促进了传统金融机构转型，为向长尾客户提供金融服务带来便利。因此，数字金融对提升金融市场整体服务效率有很大帮助。

第二节 数字金融影响经济增长的理论与实证

经济发展离不开资金支持，服务经济发展是金融天职和宗旨。随着互联网、大数据、云计算、人工智能、区块链、5G 等新兴数字技术应用于金融领域，我国金融业正在进入全新金融数字化时代，数字金融服务经济广度得以拓宽，深度得以提升，逐步成为经济新的推动力。厘清数字技术赋能金融体系作用路径，在此基础上分析数字金融支撑实体经济的表现形式，有利于金融行业在新时代背景下更好地服务实体经济，促进产业转型升级。

一、理论分析框架

（一）数字金融影响经济增长的资本渠道

1. 资本积累是推动经济增长重要途径。

无论是古典主义增长理论、凯恩斯主义理论，还是新古典主义增长理论、内生增长理论等，都强调了资本在经济增长中的重要地位。不同于古典主义增长理论将资本看作是经济增长最核心要素，新古典主义增长理论认为，由于资本边际产出存在递减趋势，即，随着投资增加带来新增一单位投资回报率会逐渐降低，因此投资驱动型经济增长只有水平效应，只有技术进步才是驱动经济持续增长的长期动力。之后内生增长理论搭建了技术进步与资本边际产出新联系，认为技术外溢、制度优化等情况能够缓解资本边际产出递减，从而为投资驱动型经济增长提供更大持续动力。这一观点在发展中国家更可能发生，其原因在于：一是发展中国家技术进步路径与发达国家存在很大不同，新资本形成往往伴随着新技术的使用，而数字经济时代信息高速流通加速了新技术外溢，使得资本边际产出处于一个较高水平；二是发展中国家普遍存在资本不足现象，以投资驱动经济增长仍有很大持续空间。

虽然资本不是长期经济增长决定性因素，但其作为实现经济增长至关重要路径，在经济增长中基础性作用尤其值得重视。从直接贡献看，资本作为影响经济增长三大因素，在其他因素不变情况下，资本积累能够自发地促进产出持续增加；从间接贡献看，资本积累构建了经济增长基础，传统部门剩余劳动力转移和技术创新均立足于这一基础之上（田萍等，2017），任何技术应用都必须通过投资来实现。

从经验事实看，资本在当前经济增长中重要性也仍未改变。从全球视角出发，占据世界经济总量 85%、人口 66% 的 G20 国家中，资本积累与劳均 GDP 的关系稳定正相关（杨先明等，2015），虽然技术进步是推动长期经济增长的根本渠道，但是物质资本积累对于各国经济增长的重要性不容置疑，尤其是对于当前的中国而言，我国劳均资本水平较低，要实现经济持续增长，强调资本积累对于经济增长的重要性是必要且有效手段。从中国视角出发，已有研究基本共识是，虽然不同测算方法下资本贡献程度存在一定差异，但是改革开放以来，资本在经济增长中的贡献率远远高于劳动力和全要素生产率，是中国经济增长第一推动力（余泳泽，2015；程名望等，2019），并且资本在经济增长中贡献地位十分稳定，贡献力度呈现出在波动逐渐大幅增加趋势（朱子云，2017）。因此，无论是从经济理论还是从典型事实看，资本都是推动中国经济增长至关重要的途径。基于上述逻辑，如果数字金融显著促进了资本积累，则必然会对经济增长产生正向促进效应。

2. 数字金融促进资本积累的内在机制。

首先，从数字金融本质属性看，无论其形态如何变化，其本质上还是金融，因而遵循金融最核心规律：优化资源配置；其次，数字技术与金融服务融合深刻改变了金融业模式和业态，使得数字金融具备了传统金融所不具备的高创新性、广覆盖性、强渗透性以及靶向特征。因此，数字金融不仅能发挥跨时空配置资金作用，还将改变人们存款和贷款行为，进而影响资本形成与积累。

（1）数字金融促进资本积累的存款机制。

数字金融动员了存款，进而为经济增长提供资本。一方面，数字金融发展促进了移动支付技术革新与升级，移动支付可以通过影响家庭金融资产配置来作用于居民储蓄存款。具体而言，数字金融高创新性改变了传统金融支付渠道结构，特别是移动支付技术创新将传统银行支付渠道退居到支付渠道后端，重构了支付渠道结构，对金融活动产生了深刻影响。中国人民银行发布的《2020 年支付体系运行总体情况报告》显示，2020 年，银行处理的电子支付业务共2352.25 亿笔，金额高达2711.81 万亿元；非银行支付机构处理网络支付业务共 8272.97 亿笔，金额达 294.56 万亿元。家庭金融理论认为，交易成本是限制家庭参与金融市场重要因素之一（Campbell，2006）。数字金融带来的移动支付创新极大地降低交易成本，提升了金融服务效率，不仅改变了大众支付习惯，更深深影响着家庭金融行为。数字金融普及和广泛使用降低了金融市场进入门槛，越来越多低收入人群能够进入金融市场，从而促进了金融深化。低收入人群属于耐心消费者，倾向于持有现金预防未来不确定性，这部分现金持有形成了资源闲置和福利损失（龚强等，2020）。当移动支付普及后，取款交易成本大幅降低，从而吸收更多低收入人群进入金融市场，低收入群体财富得以转化为储蓄，并通过金融市场流向实体经济，壮大了社会投资规模（段军山等，2022）。

另一方面，数字金融发展会引致居民储蓄存款增加。信息渠道是影响家庭参与金融市场另一重要因素（Campbell，2006），而数字金融发展促进了金融知识普及，丰富了金融产品种类，从而拓展了家庭获取金融产品渠道。具体而言，数字金融高创新性推动了金融产品创新，通过提供新型金融账户，并以方便灵活使用方式和较高年化收益率吸引了大量用户（邱晗等，2018）。这将产生两个方面的影响：首先，消费者只有绑定银行卡才能使用支付宝、微信等移动支付，即数字支付过程有助于增加银行卡使用，从而提升家庭正规信贷获取的可能性；其次，由于数字金融投资理财、支付清算等业务不能通过现金交易，只能通过存款来完成，因而会引致数以亿计使用者将现金转化为储蓄存款（肖威，2021），即大量用户会为了使用数字金融而增加存款。

（2）数字金融促进资本积累贷款机制。

数字金融提高了贷款可得性，进而促进金融资源配置和资本积累。一方面，数字金融具备强渗透性和广覆盖性的特点，基于数字技术网络外部性使得数字金融触达能力不再局限于固有范畴，拓展了金融服务覆盖范围，有效缓解了金融排斥。在数字金融普及和广泛使用之前，居民金融需求依赖于金融实体机构，而中国区域发展差距导致金融实体机构分布差异，使得金融排斥问题更加突出，居民难以均等享受金融服务。数字技术作为数字金融内在动能，具有低传递成本和高扩散速度特点，不仅降低了数据存储、计算和传输成本，同时也降低了经济活动搜索成本、复制成本、运输成本、跟踪成本和验证成本（Goldfarb et al.，2019），使得要素跨区域跨时空流动成为可能。数字技术与金融结合带来了区域经济空间重组，使得数字金融能够突破物理网点和人工服务对于金融服务束缚，通过压缩时空限制来调动金融资源，从而拓展金融服务便利性和可得性，让被排斥在正规金融服务之外的偏远地区、低收入、低学历等长尾群体享受同样金融资源（郑万腾等，2021），在推动金融普惠的同时，也增加了区域贷款余额。

另一方面，数字金融发展推动了信用管理创新，有效克服了不完全信息带来的金融摩擦问题，靶向引导资金流向贷款需求企业。目前在中国资本市场不健全现实下，股权融资难以成为大多数小微企业、民营企业获取资金的主要渠道，而以银行贷款为主债权融资则受到传统商业银行搜集和获取企业运行信息不及时不准确影响，导致信贷供需长期处于非充分竞争扭曲环境中，进而无法为企业提供更多可得性贷款资源（张璇等，2019）。数字金融通过其独特大数据风控方法多维度多渠道收集数据信息，不仅能全面捕捉出资金需求者信用水平和财务状况，还能根据社会关系、缴税记录、数字足迹等非结构化信息挖掘企业的还款意愿与还款能力等"软信息"（唐松等，2020），从而对企业不同利益相关者进行精准画像。相较于传统征信系统，数字技术与征信行业深度融合降低了传统银行信贷对于征信记录和抵押担保的依赖，同时，信息与非结构化信息结合构成了企业运行状况和信用水平的全面、准确信息集，并由此形成信息披露信号机制，缓解了融资困境根源性难题——银行与企业之间信息不对称，有效衔接了金融资源供需双方，提升了金融服务准度与质量，从而优化了信贷资源配置（封思贤等，2021）。

数字金融带来移动支付创新和金融产品创新，增加了居民储蓄存款，提高了储蓄投资转化率，为区域经济发展提供了资本；数字金融通过缓解金融排斥和克服金融摩擦提升了贷款可得性，推动了区域贷款余额增长和信贷资源有效配置，进而促进了资本积累。而资本作为影响经济增长三大因素之一，是推动经济增长的重要途径，如果数字金融显著促进了资本积累，必然会对经济增长产生正向促进效应。基于以上分析，构建出"数字金融发展→存款和贷款增加→促进资本积累→经济增长"的传导机制，刻画出数字金融影响经济增长的资本渠道，如图 11－1 所示。

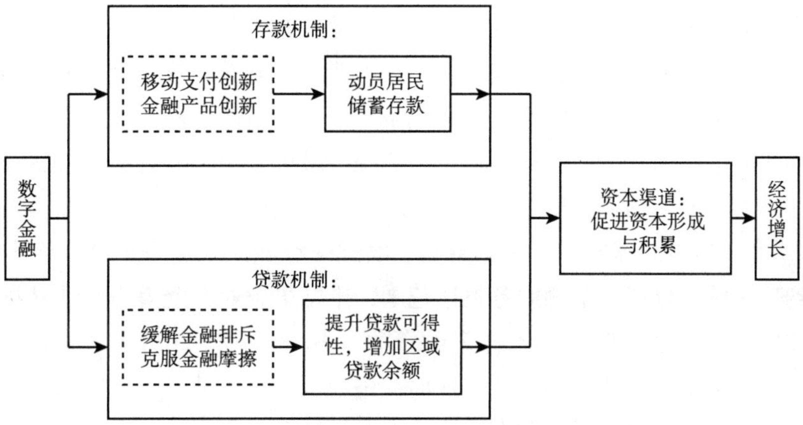

图 11－1　数字金融影响经济增长的资本渠道

（二）数字金融影响经济增长的劳动力渠道

1. 劳动力是经济增长不可或缺推动力量。

劳动力对于经济增长的重要推动作用可以追溯到古典主义增长理论，亚当·斯密在《国富论》中强调了分工的重要意义，认为分工促进了劳动生产率提升，从而推动经济增长。马尔萨斯贫困陷阱和哈罗德—多马模型，都因为人口因素无法求得均衡增长路径而苦恼（罗斯托，1992）。新古典主义增长理论将劳动力数量引入模型，刻画了人口变化与经济增长内在联系。新增长理论进一步把劳动力内涵扩大至人力资本，认为劳动力不再仅仅包括绝对的劳动力数量，还包括劳动力教育程度、技术水平、协作能力等劳动力质量因素。蔡昉（2011）指出，人口红利实质是劳动力充足供应，从而弥补物质资本边际报酬递减短板。Bloom 等（2001）认为，人力资本是人口红利赋能经济增长重要渠道，人力资本积累通过提高劳动要素生产率，进而促进经济增长。因此，充足的劳动力数量是中国经济增长的必要条件，劳动力投入质量（人力资本）是中国经济增长的重要推动力量。

从中国经验事实看，劳动力对于经济增长贡献呈现出两大特点：第一，劳动力对增长贡献率低于其他两种要素。许多文献并未明确区分劳动力数量与人力资本关系，单纯使用就业人数来衡量劳动力投入，进而测算劳动力投入对经济增长贡献，发现劳动力贡献率排在资本和全要素生产率之后（余泳泽，2015）；程名望等（2019）同时考虑了劳动力“量”和“质”的变化，将人力资本积累纳入劳动力范畴，发现 1978 ~2015 年劳动力对中国经济增长贡献为 8.56%，也远远低于其他要素的贡献率。第二，贡献率在波动中大幅下降，主要原因在于第二产业的下拉作用（朱子云，2017）。虽然劳动力对于经济增长贡献率不及资本和全要素生产率，但仍是中国经济增长不可或缺的重要力量，技术使用、产业升级、区域发展都离不开劳动力的基础推动作用，特别对于具有超大规模人口数量的中国而言，充足、优质劳动力将从生产端和消费端发挥我国超大规模市场优势，为推动经济增长奠定重要基础。因此，无论是从经济理论还是从典型事实来看，劳动力都是经济增长不可或缺的推动力量。

2. 数字金融促进劳动力投入内在机制。

在中国经济进入增长速度换挡期、结构调整阵痛期、前期刺激政策消化期的“三期叠加”增长阶段背景下，创业不仅是稳定就业、促进劳动力投入的关键力量，更是优化经济结构、培育新增长点的重要支撑。而创业规模和创业水平必然会受到金融约束的影响，金融体系友好程度对于企业创业有着直接影响（Ahlstrom et al.，2010）。数字金融不断发挥传统金融缓解金融约束功能，其高创新性、广覆盖性、强渗透性和靶向特征等诸多优势必然还会对创业产生重要影响。

（1）数字金融促进劳动力投入宏观创业机制。

从宏观层面看，数字金融提升金融服务可得性为创业提供金融支持，催生出新商业形态和场景，释放出大量创业机会，进而创造更多就业岗位，扩大就业。一方面，数字金融强渗透性和广覆盖性拓展了金融服务空间与范围，提升了不发达区域金融服务可得性与便利性，从而促进不发达区域创业活动。金融是影响创业的关键因素之一，然而在中国传统金融体系中，只有很少金融分支机构建立在不发达地区，难以为不发达地区创业提供必要金融服务，在一定程度上制约着创业活力（Aghion et al.，2007）。数字金融借助于数字技术时空穿透力突破了物理网点和人工服务束缚，将金融服务渗透到传统金融机构无法到达区域，延展了金融服务触达范围，丰富了企业融资渠道，让被排斥在传统金融服务之外长尾群体和偏远地区也能够享受同样金融资源（郑万腾等，2021），弥补了传统金融供给不足，为不发达区域创业提供了有效金融支持，进而促进地区创业活动。

另一方面，数字金融催生出新商业业态，释放出大量商业机会，为创业带来新增长点。作为技术驱动型金融创新，数字金融高创新性对传统商业模式和场景产生了重要影响：首先，数字金融重构了传统商业模式中价值交付环节，使得线上交易成为可能，从而极大地促进了电子商务的发展，催生出线下线上结合的新兴领域（谢绚丽等，2018），释放出大量创业机会。其次，数字金融发展促进了移动支付创新，提升了支付便利性，放松了消费受到现金限制力度，使得受到流动性约束的人群借助新金融手段来平滑消费，释放消费需求（易行健等，2018），消费需求增加助推了消费性服务业发展（冯永琦等，2021），给创业带来了新空间。最后，数字金融发展促进了借贷创新，基于数字技术授信过程缩短贷款者申请时间，压缩审贷过程中寻租空间，在提升交易效率的同时也有效改善了创业环境和发展窗口，从而促进创业机会形成。

（2）数字金融促进劳动力投入微观创业机制。

从微观视角看，数字金融通过缓解融资约束和信息约束降低了中小微企业创业融资成本和个体信息门槛，提升了创业率，进而扩大就业。一方面，数字金融降低了金融服务成本，克服了信息不对称，为中小微企业创业提供了有效资金支持。信贷约束是影响创业一个关键因素，在中国银行主导型的金融体系下，“二八定律”使得中小微企业往往成为银行忽视的长尾群体（张璇等，2018），阻碍了有创业意愿中小微企业活力和绩效。数字金融独特大数据智能风控系统能够精准对企业信用水平和风险行为画像，降低了对征信记录和抵押担保依赖，降低了创业企业融资门槛。另一方面，数字金融有效缓解了信息约束，提升了个体创业绩效。及时有效地获取信息有助于创业者动态把握市场机会和政策进行创业，而数字金融高创新性和强渗透性对破解信息约束发挥着积极推动作用：首先，借助数字技术创新，数字金融能够定点、准确、迅速地向创业者有针对性地推送创业信息，提供创业技能方面资源，实现与其他创业者合作信息交互（何婧等，2019）；其次，数字金融强渗透性有助于连接不同群体，构建强大社交网络，提升创业者社会资本，从而发挥信息传递与共享功能（张呈磊等，2021）。因此，数字金融可以通过缓解创业者信息约束来促进个体创业活力与绩效。

从宏观层面提升金融服务可得性和催生新商业形态，从微观层面降低中小微企业创业融资成本和个体的信息门槛，进而激发创业活力，创造了更多就业机会和岗位，扩大就业和增加劳动力投入。而劳动力作为影响经济增长三大因素之一，是促进经济持续增长不可或缺的推动力量。基于上述逻辑，搭建出“数字金融发展→激发创业→扩大就业、增加劳动力供给→经济增长”的传导机制，刻画出数字金融影响经济增长劳动力渠道，如图 11 -2 所示。

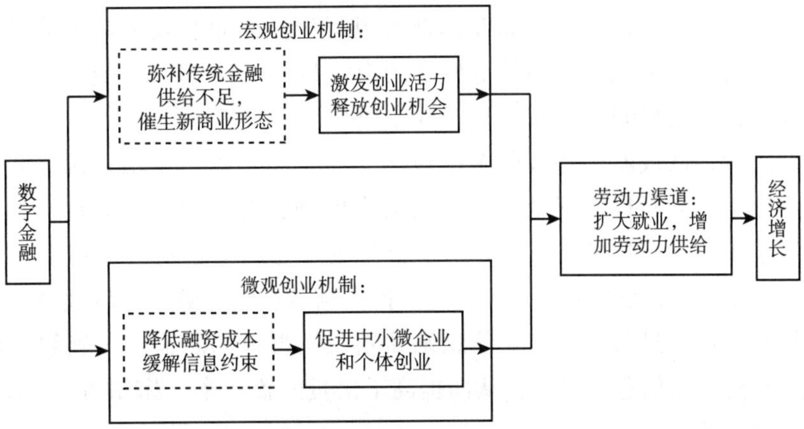

图 11 -2　数字金融影响经济增长的劳动力渠道

（三）数字金融影响经济增长的全要素生产率渠道

1. 全要素生产率是推动经济增长动力源泉。

技术进步作为经济增长动力源泉（Romer，1990），传统意义上被等同于全要素生产率（许宪春等，2020）。从理论上看，新古典主义增长理论认为，在要素边际产出递减制约下，长期经济增长只有通过技术进步来实现。如何修正新古典主义增长模型中外生技术进步决定长期人均增长率缺陷成为内生增长研究思路。Romer（1986）通过将新知识投资引入生产函数来实现技术进步内生化，Lucas（1988）将人力资本引入生产函数来实现技术进步内生化。这些模型认为有目的研发活动带来了技术进步，知识在生产者之间扩散以及从人力资本获得外部性是上述过程一个组成部分，因而长期人均增长得以持续下去。因此，技术进步是推动经济长期增长的动力源泉。

从经验事实看，测算全要素生产率在经济增长中的贡献一直是研究者争论的焦点，原因在于全要素生产率众多度量方法得出结果差异较大。郭庆旺等（2005）利用索洛残差法估算 1979 ~2004 年中国全要素生产率贡献率仅为 9. 46% 。徐现祥等（2009）利用对偶法核算发现，1979 ~2004 年中国全要素生产率贡献率约为 25% 。宋冬林等（2011）基于内生增长模型考察了 1981 ~2007 年资本体现式技术进步贡献率约为 10. 6% 。余泳泽（2015）采用随机前沿模型测算的 1979 ~2012 年中国全要素生产率贡献率为 10% ~20% 。程名望等（2019）利用增长核算法和空间计量经济学测算了 1978 ~2015 年

31个省区市数据测算出全要素生产率对中国经济增长贡献为22.03%，同时还发现中国经济增长由高投入和高效率双轮驱动变得越来越依赖于效率型增长。尽管测算得出结果差异较大，但是大多数研究测算出全要素生产率贡献都维持在10%～30%，支持了全要素生产率是中国经济增长的第二力量结论（余泳泽，2017）。

2. 数字金融提升全要素生产率内在机制。

全要素生产率提升可以分解为技术改善和资源配置效率提升两条主要途径，数字金融，一方面通过增量规模补充、存量结构优化、金融创新效应和技术溢出效应促进企业、金融业和区域创新，进而影响技术改善，最终提升全要素生产率；另一方面通过纠正错配效应和人才流动效应促进产业结构合理化和高级化，进而影响资源配置效率，最终提升全要素生产率。

（1）数字金融提升全要素生产率创新机制。

数字金融通过促进创新推动全要素生产率增长。一方面，数字金融通过“增量规模补充”和“存量结构优化”路径作用于金融资源，进而促进企业创新。创新具有前期投入成本高、获利相对较慢、不确定性大和风险性较高等特点，这使得中小微企业开展创新可能缺乏有力的资金支持，融资约束限制会强化中小微将资金投向生产而非创新短视行为。因而有效金融供给是微观主体开展创新的关键，发达金融体系能够缓解企业外部融资约束（Levine，2005），金融加速器理论也认为融资约束是经济加速增长决定机制（Bernanke et al.，1999）。“增量规模补充”是指数字金融在数字技术支撑下，以低风险、低成本优势吸收金融市场“多、小、散”金融资源，并以多层次、多渠道融资方式为中小微企业创新提供资金支持，从而降低创新融资门槛。而且，数字金融发展带动数字技术应用丰富了企业决策技术手段，有助于企业更好地选择创新最优路径（唐松等，2020）。“存量结构优化”是指数字金融对金融服务产生了提质增效影响。数字金融通过充分整合和深度处理海量数据，利用结构化信息与非结构化信息来甄别长尾群体信贷需求，破解了融资困境关键难题——企业与金融机构之间信息不对称，从而提高了信贷配置效率（宋敏等，2021），为企业开展创新提供了有效资金支持。

另一方面，数字金融通过金融创新效应和技术溢出效应促进金融业和区域创新，进而提高全要素生产率。首先，数字金融通过“鲶鱼效应”和“联系效应”路径作用于金融业创新与效率。“鲶鱼效应”是指数字金融推动金融模式创新带来了多样化金融产品和多元化金融服务，对已有金融结构产生冲击，改变金融市场竞争格局，这将倒逼传统金融机构加速数字化转型（Lee et al.，2021），在提升金融服务质量的同时，也降低金融服务成本，从而推动金融业技术创新和经营效率提升（Beck et al.，2016）。“联系效应”是指传统金融机构为了精准定位资金需求、有效评估贷款而积极寻求与金融科技企业合作，通过主动吸收和引入数字技术来提升金融功能效率（廖凯诚等，2021），进而促进金融业数字化创新。其次，数字金融通过技术溢出效应路径作用于区域创新。数字金融高创新性推动了数字技术升级换代和广泛应用，数字技术普及和推广能够突破地理距离限制来引导金融资源跨时空配置，将空间范围扩展至地理区域与要素流动交互的新型网络空间。在此基础上，数字金融通过有效整合不同区域金融资源，打破了信息交流壁垒，提高了资源流通效率，促进了技术和信息的跨区域交流（聂秀华等，2021），推动区域之间知识流动与融合，从而激发了区域创新能力。

（2）数字金融提升全要素生产率的产业结构升级机制。

数字金融通过促进产业结构升级，进而提升全要素生产率。一方面，数字金融通过校正传统金融资源结构性错配促进产业结构合理化。制约金融更好地赋能产业结构一个关键因素是金融供需不平衡（黄益平等，2018），具体而言，传统金融供给不足与国家加快新旧动能转换战略存在错位，金融资源结构性错配限制了制造业创新潜力，阻碍了产业结构升级与转型，从而表现出产业结构不合理特征。数字金融在有效吸纳社会闲散金融资源的同时，扩大了金融服务覆盖面，使得位于尾部行业也能够享受与重点、热门行业同样金融资源，有效地缓解了金融排斥。进一步，依托于数字技术赋能，数字金融能够甄别出具有更好市场潜力产业方向，引导金融资源靶向流入这些产业，促进金融资源与产业方向有效匹配，缓解了信贷资源错配，优化了资本转换（Laeven et al.，2015），从而改善产业结构，重塑产业格局。基于上述逻辑，数字金融能够纠正传统金融结构靶向偏离，校正传统金融供给"属性错配"和"领域错配"，提升金融机构引导资源配置效率，从而促进产业结构合理化。

另一方面，数字金融通过人才流动效应促进产业结构高级化。数字金融的广泛应用深化了大数据、云计算、人工智能等新兴数字技术与传统产业融合，推动了传统产业网络化和服务化进程，创造出更加智能化和专业化产业新模式和新业态，有助于加速金融科技人才区域互动和拓展隐性知识空间溢出渠道（唐松等，2019），同时吸纳高学历高技能劳动力向新兴数字化产业流动（余进韬等，2022），从而促进生产要素向高效率产业转移，推动产业结构由劳动密集型向知识密集型转型，助力产业结构向中高端迈进。基于上述逻辑，数字金融加速了传统产业与数字技术深度融合，提升了知识密集型产业比重，进而促进产业结构高级化。

数字金融发展激发了创新，推动了产业结构升级，进而促进技术改善和优化资源配置效率，并最终提升全要素生产率。而全要素生产率作为影响经济增长三大因素之一，是推动经济持续增长的动力源泉，全要素生产率增长必然会带动经济增长提质增效。基于上述逻辑，搭建出"数字金融发展→激发创新、推动产业结构升级→全要素生产率提升→经济增长"的传导机制，刻画出数字金融影响经济增长生产率渠道，如图 11－3 所示。

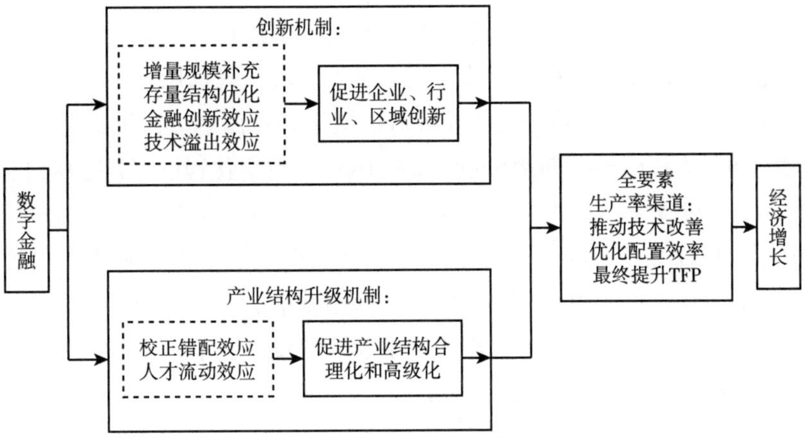

图 11－3　数字金融影响经济增长的全要素生产率渠道

二、实证研究

（一）模型设定

检验数字金融对经济增长直接影响。为了准确识别数字金融与经济增长之间的因果关系，参考已有文献做法（张勋等，2019；汪亚楠等，2020；肖威，2021），构建面板数据双向固定效应模型进行考察，模型设定如下：

$$\ln PGDP_{it} = \beta_0 + \beta_1 DF_{it} + \beta_2 X_{it} + \mu_i + \varphi_t + \varepsilon_{it} \tag{11-1}$$

其中，下标 i 表示城市，t 表示年份。被解释变量 $\ln PGDP_{it}$ 表示 i 城市第 t 年经济增长，用城市人均实际 GDP 对数值来衡量；核心解释变量 DF_{it} 表示 i 城市 t 时期数字金融发展水平，借鉴主流文献做法（唐松等，2020；张勋等，2021），采用“北京大学数字普惠金融指数”来衡量；X_{it}为一系列城市层面控制变量组成的向量组；μ_i 和 φ_t 为分别为城市固定效应和时间固定效应；ε_{it}为随机误差项。考虑到可能存在异方差问题和城市经济增长在时间上关联性，采用聚类到城市层面稳健标准误对模型进行调整（Cameron et al.，2015）。系数 β_1 的符号、大小及显著性反映了数字金融经济增长效应，这是关注重点。根据理论分析，预期 β_1 显著为正，即数字金融促进了经济增长。

（二）变量构建与说明

1. 被解释变量。

经济增长（ln*PGDP*）。参考黄宪等（2019）、钱海章等（2020）的做法，用人均 GDP 对数值来衡量经济增长。具体度量上，以 2011 年为基期，用地区生产总值指数将人均名义 GDP 折算为人均实际 GDP，以剔除掉价格因素影响，然后取对数值。考虑到政府对于经济增长关注更多的是集中于增长率（李建军等，2020），因而在后面进一步使用实际 GDP 增长率来衡量经济增长，进行稳健性检验。

2. 核心解释变量。

数字金融（*DF*）。北京大学数字金融研究中心与蚂蚁科技集团研究院共同编制的“北京大学数字普惠金融指数”是目前国内最权威、最全面数字金融指数，该指数无论是在时间连续性和数据完整性上，还是在方法科学性和覆盖全面性上都要优于其他测度方法和指标体系，因而成为国内主流文献使用最广泛的数字金融指标体系（郭峰等，2020），本书选用这套指标体系来衡量中国数字金融发展水平。“北京大学数字普惠金融指数”包含覆盖广度、使用深度和数字化程度 3 个一级维度，其中，覆盖广度体现的是绑定银行卡的第三方支付账户的覆盖数量，使用深度体现的是数字金融服务的实际使用数量和活跃度，数字化程度体现的是数字金融便利化和信用化程度。由于数字金融并不是单向发展的，而是朝着覆盖广度、使用深度和数字化程度多维度发展，只选用单一指标无法深入探究数字金融结构性影响（汪亚楠等，2020），同时也会导致对实证结果片面解读，因此同时选用数字金融总指数（*DF*）以及覆盖广度（*DF_Cov*）、使用深度（*DF_Usa*）、数字化程度（*DF_Dig*）进行考察。目前，该指标体系发布了 2011～2015 年、2016～2018 年、2019～2020 年三个版本，全面科学地测度了 2011～2020 年中国省市县三个层面数字金融发展程度。为了获取更多维度信息和进行更细致考察，使用城市层面数字金融指数来考察数字金融经济增长效应。选用城市层面数据现实依据还在于，中国经济呈现出以城市化为主线的突出路径，城市正在成为数字经济重要功能单元，研究城市数字金融发展具有重要现实意义。考虑到数字金融指数与其他变量在量纲上存在较大差异，参考钱海章等（2020）的做法，将该指数及其子维度均除以 100 作为原始数据。

3. 控制变量。

为了缓解遗漏变量偏误，参考已有研究，控制了一系列城市层面会对经济增长产生影响的变量。

（1）资本（ln*k*）。资本是推动经济增长至关重要路径。一方面，在其他因素不变情况下，资本积累能够自发地促进产出持续增加；另一方面，资本积累构建了经济增长基础，任何技术应用都必须通过投资来实现。参考王永仓等（2020）的做法，本书用人均资本存量对数值来衡量。由于固定资产投资为流量指标，采用永续盘存法将其转换为存量资本，计算公式为：

$$K_t = K_{t-1}(1 - \delta_t) + I_t \qquad (11-2)$$

其中，K_t 和 K_{t-1}分别表示 t 期和 $t-1$ 期资本存量；δ_t 表示 t 期折旧率；I_t 表示 t 期新增固定资产投资。为了科学测算资本存量，进一步做如下处理：首先，关于折旧率选择，现有文献存在较大出入，王小鲁等（2000）将折旧率设为 5%，张军等（2004）将折旧率设为 9.6%，单豪杰（2008）将折旧率设为 10.96%。本书探究的是城市层面经济增长效应，借鉴同类研究中程名望等（2019）的做法，选用单豪杰（2008）的测算，将折旧率设为10.96%。其次，新增固定资产投资使用固定资产投资价格指数进行平减。最后，基期资本存量确定，仍参考单豪杰（2008）的做法，将基期实际固定资产投资除以折旧率与样本期内固定资产投资年平均增长率之和，测算得到以2011年为基期的资本存量。

（2）劳动力（*L*）。劳动力是经济增长不可或缺的推动力量。技术使用、产业升级、区域发展都离不开劳动力的基础推动作用，充足劳动力将从生产端和消费端发挥我国超大规模市场优势，为推动经济增长奠定重要基础。参考金环等（2021）的做法，本书用就业人数占总人口比重来衡量劳动力。

（3）人力资本（*Hum*）。古典增长理论主要考虑劳动力数量问题，随着经济增长理论的不断深化，人力资本劳动力特征在经济增长中的位置开始变得越来越重要。新增长理论认为劳动力不再仅仅包括绝对劳动力数量，还包括人力资本积累在内劳动力质量（严成樑，2020）。进一步控制人力资本，参考梁婧等（2015）的做法，本书用每万人中普通高等学校在校生人数来衡量人力资本水平。

（4）财政规模（*Gov*）。政府和市场是配置资源两大手段，推动经济增长既需要有效市场，也需要有为政府。政府财政规模大小与地区资金投入紧密相关，财政资金主要用于教育、科技、公共服务等支出，这对推动经济增长有着重要影响（薛润坡等，2018）。参考汪亚楠等（2020）的做法，本书用一般预算支出与地区生产总值之比来衡量财政规模。

（5）外商直接投资（*FDI*）。外商直接投资反映了城市对外开放程度，对外开放可以通过产出效应和技术外溢效应来影响经济增长。产出效应体现为推动对外开放能够通过中间进口品和外商直接投资企业向最终产品部门提供更多中间投入品（盛斌等，2011），技术外溢效应体现为推动对外开放能够让本国追踪、学习和模仿外部先进技术，从而提高本国技术水平（Taskin et al.，2001）。参考随洪光（2013）的做法，本书用当年实际利用外资与GDP之比来衡量外商直接投资。

（6）市场化程度（*MI*）。市场化改革是释放中国经济增长潜力关键一环，有助于破除阻碍经济增长中制度和结构性因素（樊纲等，2011），本书采用樊纲和王小鲁编制的市场化指数来衡量市场化程度，该指数从政府与市场关系、非国有经济发展、产品和要素市场发育程度、中介组织发育和法律制度等方面对市场化进程进行测量，提供了一个稳定反映市场化改革框架。为了对数字金融经济增长效应进行更细致考察，采用了城市层面数据，而樊纲和王小鲁编制的市场化指数为分省份市场化指数，借鉴郭峰等（2018）的做法，本书通过赋权法得到城市层面市场化指数。

（7）城镇化水平（*Urb*）。规模经济使得人口和经济向城市集聚，进而推动城市化进程，城镇化水平提高对经济增长有明显推动作用（李静静等，2011）。参考钱海章等（2020）的做法，本书用城镇人口与总人口之比直接投资来衡量城镇化水平。

（8）产业结构（*IS*）。产业结构作为生产要素与配置效率转换器，不但会影响产业间要素配置，还会影响要素协同作用，通过释放结构动能推动资源配置实现效益最大化和效率最优化，并最终影响经济增长。参考肖威（2021）的做法，本书用第二产业增加值占GDP的比重来衡量产业结构。

（9）基础设施（*Inf*）。基础设施作为经济活动齿轮，不仅可以为资源与人才流动提供便利，还可以打破市场分割，降低交易成本（张勋等，2018），从而为推动国内大循环奠定基础，为经济增长提供保障。参考滕磊等（2020）的做法，本书用人均道路拥有面积衡量基础设施。

（三）数据来源与变量描述性统计

本书主要使用了四套数据。第一部分数据为区域层面数字金融指数，数据来自《北京大学数字普惠金融指数（2011～2020年）》，与大多数使用省级层面数字金融指数研究不同，将研究视角拓展至城市层面，选用了信息维度更加丰富城市数字金融指数；第二部分数据为市场化指数，来自樊纲和王小鲁编制的《中国分省份市场化指数报告（2021 年）》，并借鉴郭峰等（2018）的做法，通过赋权法得到城市层面市场化指数；第三部分为工具变量数据，利用所在城市到杭州市距离以及到所在省份省会距离作为数字金融工具变量，这部分数据由地理信息系统（GIS）测算后获得；其余城市层面数据来自国家统计局城市社会经济调查司编著的《中国城市统计年鉴》。

样本区间确定在 2011～2023 年全国 281 个地级市。样本中少量缺失数据，使用《中国区域经济统计年鉴》、中国研究数据服务平台（CNRDS）、国泰安数据库（CSMAR）、司尔亚司数据信息有限公司（CEIC）中国经济数据库等进行填补，极个别无法追踪到的缺失数据，使用插值法补齐。通过匹配，得到了 2011～2023 年中国 281 个地级及以上城市共计 3653 个样本的平衡面板数据。所有名义变量均采用对应价格指数统一折算为以 2011 年为基期的固定价格。表 11－2 显示了城市层面各变量描述性统计结果。

表 11－2　　城市层面各变量描述性统计结果

变量名	观测值	均值	标准差	最小值	最大值
ln*PGDP*	3653	11.3278	0.5973	8.8759	14.4672
DF	3653	1.78518	0.6782	0.1764	3.4987
DF_Cov	3653	1.6708	0.6872	0.0473	3.4563
DF_Usa	3653	1.7816	0.8765	0.0715	3.8135
DF_Dig	3653	2.2476	0.8873	0.0487	5.9726
ln*k*	3653	12.3562	0.9237	6.7519	16.8726
L	3653	0.2487	0.1973	0.0675	1.8125
Hum	3653	0.0378	0.0476	0.0127	0.1762
Gov	3653	0.2105	0.1367	0.0127	1.8762
FDI	3653	0.0376	0.1208	0.0127	1.3765
MI	3653	0.76481	1.3562	0.1876	11.3765
Urb	3653	0.3782	0.3127	0.0438	1.2376
IS	3653	0.4762	0.1237	0.1127	0.9012
Inf	3653	0.9703	0.5307	0.1207	2.3678

（四）实证分析

1. 数字金融对经济增长的总效应。

首先，根据式（11－1）进行回归，考察数字金融对经济增长总效应。考虑到可能存在异方差问题和城市经济增长在时间上关联性，采用聚类到城市层面稳健标准误对模型进行调整（Cameron et al.，2015）。采用了逐步加入控制变量方式汇报式（11－1）基准回归结果。表 11－3 中列（1）回归结果表明，在没有引入任何控制变量以及个体和时间固定效情形下，核心解释变量 *DF* 系数在 1% 水平上显著为正。表 11－3 中列（2）表明，在没有引入任何控制变量且仅控制城市固定效应和年份固定效应情形下，核心解释变量 *DF* 的系数在 1% 的水平上仍然显著为正。表 11－3 中列（3）的回归结果表明，在加入资本、劳动和人力资本进行进一步控制后，核心解释变量 *DF* 系数依然保持显著为正。表 11－3 中列（4）至列（6）在列（2）的基础上，依次加入反映财政金融特征的财政规模和外商直接投资，反映城市发展特征的市场化程度、城镇化水平和产业结构，以及基础设施。可以看出，在逐步引入控制变量缓解遗漏变量带来的内生性干扰后，核心解释变量 *DF* 的系数始终保持在

1%水平上显著为正，估计结果在不同设定下十分稳健。因此可以初步得出，数字金融显著地促进了经济增长。从表11－3中列（6）的控制变量来看，资本和劳动力系数都显著为正，说明资本和劳动力是促进经济增长重要路径和推动力。一方面，资本积累构建了经济增长基础，任何技术应用都必须通过投资来实现；另一方面，技术使用、产业升级、区域发展都离不开劳动力基础推动作用，充足劳动力为推动经济增长奠定重要基础。财政规模系数显著为正，说明政府公共支出对经济增长有着正向促进效应。市场化程度、城镇化水平和产业结构系数均显著为正，说明市场化改革显著释放了中国经济增长潜力，城镇化和产业结构的提升对经济增长有明显推动作用。基础设施在1%的水平上显著为正，说明基础设施作为经济活动齿轮，对经济增长有着明显正向促进效应。人力资本和外商直接投资系数在样本期内不显著。

表11－3　　　　基准回归结果

变量	ln*PGDP*					
	（1）	（2）	（3）	（4）	（5）	（6）
DF	0.3238*** （0.0403）	0.2937*** （0.0301）	0.2421*** （0.0278）	0.2128*** （0.0267）	0.1689*** （0.0302）	0.1678*** （0.0327）
ln*k*			0.1528*** （0.0327）	0.1476*** （0.0314）	0.1376*** （0.0267）	0.1675*** （0.0276）
L			0.0812*** （0.0247）	0.0782** （0.0427）	0.0708** （0.0345）	0.0623** （0.0345）
Human			0.3408 （0.3712）	0.3681 （0.3702）	0.1683 （0.2672）	0.1487 （0.1702）
Government				0.1452*** （0.0503）	0.1305** （0.0518）	0.1128** （0.0538）
FDI				0.1908 （0.1127）	0.1678 （0.1027）	0.1127 （0.0826）
MI					0.1076*** （0.0378）	0.1025*** （0.0268）
Urban					0.0645* （0.0365）	0.0578** （0.0356）
Structure					0.5237*** （0.0621）	0.3872*** （0.0458）
Infrastructure						0.1387*** （0.0564）
城市固定效应	NO	YES	YES	YES	YES	YES
年份固定效应	NO	YES	YES	YES	YES	YES
adj. R－sq	0.8407	0.8756	0.8903	0.8967	0.9102	0.9016
观测值	3653	3653	3653	3653	3653	3653

注：*、**、***分别代表通过10%、5%和1%的显著性检验；括号内为聚类到城市层面的稳健标准误；下表同。

2. 内生性问题及其处理。

准确揭示数字金融与经济增长因果关系，内生性处理是核心问题，内生性干扰来源于：第一，尽管在基准回归中控制了一系列控制变量以及年份和城市固定效应，模型依然可能存在潜在遗漏变量，这些遗漏变量同时影响经济增长和数字金融时，就会产生遗漏变量偏误，带来内生性干扰。第二，一方面数字金融发展可以促进经济增长；另一方面经济增长反过来也能带动数字金融发展，两者之间存在双向因果关系，因而会带来内生性问题。第三，鉴于数据质量和可得性，采用“北京大学数字普惠金融指数”来衡量数字金融发展水平，该指标体系虽然是目前国内测度最全面、使用最广泛的数字金融指数，但不可避免地会产生测量误差问题。测量误差偏误会导致估计结果向零衰减，但从基准回归结果显著性可知，测量误差偏误并非影响实证结论的核心因素。

由上述分析可知，可能影响基准回归结果内生性问题主要来自遗漏变量偏误和反向因果关系。如果存在内生性干扰，即使在大样本条件下，估计结果仍然无法满足无偏性或一致性，这将影响到因果识别准确性，进而影响结论可靠性。克服内生性最主要手段是寻找工具变量和借助外生政策冲击，下面将主要采用工具变量法和双重差分法来克服遗漏变量和反向因果带来的内生性问题。

（1）工具变量法。

本书采用对数字金融选取工具变量来克服内生性问题。结合城市层面数据结构优势，借鉴张勋等（2020）的研究，采用地理距离作为数字金融工具变量，具体而言，利用地理信息系统（*GIS*）分别测度了所在城市到杭州市距离（*IV*1）以及到所在省份省会距离（*IV*2）。第一，杭州是支付宝等数字金融模式诞生地，郭峰等（2017）发现，地理上离杭州越远城市，数字金融越难推广；而距离省会越近的城市，数字金融发展水平往往越高，因而满足相关性条件。第二，外生地理距离并不会直接作用于城市经济增长，因而满足排他性条件。由于地理距离是没有时间维度的，直接代入式（11－1）进行面板固定效应回归无效，因而借鉴 Nunn 等（2014）的做法，通过将地理距离与一个具有时间维度变量进行交互构建新工具变量。在选择进行交互对象时，利用更高层级数据进行交互，这一做法可以回溯到 Evans 等（1992），在经 Card 等（1996）推广后得到广泛使用，经济学者常常把更高层级变量作为低级层面变量工具变量（陈云松，2012）。本书的数据来自城市层面，因而考虑用高于城市层面的数据进行交互。本书将除本城市外全国数字金融均值（*DF－Mean*）进行交互。由于全国数字金融平均发展水平必然与数字金融紧密相关，满足了相关性要求，而除本城市外全国数字金融发展水平不会明显受到某一城市经济增长影响，满足了排他性要求。因此，构造工具变量是合理的，合理性检验如表 11－4 所示。表 11－4 中列（1）和列（2）汇报了两阶段最小二乘法估计结果。在列（1）第一阶段回归中，工具变量对数字金融回归系数均在 1% 水平上显著为负，符合预期。在列（2）的第二阶段回归中，对数字金融选取工具变量后，数字金融对经济增长影响仍然在 1% 水平上显著为正，系数大小变化也很微小。其中，F 值远大于 10，Hansen 检验-p 值大于 0.1，表明工具变量估计结果是有效的。以上结果表明，在考虑内生性干扰后，数字金融依然显著地促进了经济增长。

表 11－4　　工具变量法回归结果

变量	*DF*	ln*PGDP*
	（1）2SLS 第一阶段	（2）2SLS 第二阶段
*IV*1 × *DF－Mean*	-0.0567^{***} (0.0047)	
*IV*2 × *DF－Mean*	-0.0876^{***} (0.0243)	
DF		0.4365^{***} (0.0873)
控制变量	YES	YES

续表

变量	DF	$\ln PGDP$
	（1）2SLS 第一阶段	（2）2SLS 第二阶段
城市固定效应	YES	YES
年份固定效应	YES	YES
第一阶段 F 值		147. 306
Hansen 检验 - p 值		0. 567
adj. R - sq	0. 9012	0. 9109
观测值	3653	3653

（2）双重差分法。

数字金融作为新一代通信技术与金融服务结合体，其发展水平紧密依赖于信息基础设施建设，中国人民银行 2016 年发布的《G20 数字普惠金融高级原则》（以下简称《高级原则》）将数字技术赋能普惠金融原则提升到了国家战略层面，明确了通过政策机制加快信息基础设施建设行动目标，并通过扩大消费者服务网点覆盖范围、推动零售基础设施现代化、构建保护身份数据隐私和安全法律框架、建立数字金融发展进程的监测机制进一步将数字金融服务延伸至金融匮乏地区。由于政策发布时间具有外生性（李建军等，2019），高低数字金融发展水平城市受到政策影响强度也存在差异，这提供了一个识别数字金融与经济增长因果关系的绝佳场景。

现实中，中国不同城市数字金融发展水平差异较大。部分城市信息基础设施更完善、数字技术创新更突出、金融市场也更加完善，因而数字金融发展水平更高，故以加快信息基础设施建设、扩大数字金融服务覆盖面为行动目标的《高级原则》实施对于此类地区影响较小。而对于部分信息基础设施相对薄弱、数字技术创新程度相对较低、金融市场相对不成熟的城市来说，数字金融在这些地区发展相对缓慢，政策实施能够有效地弥补传统金融供给不足，从而更大地释放数字红利助力城市经济增长。对于数字金融发展水平较高城市来说，《高级原则》的发布更像是“锦上添花”，而对于数字金融发展水平较低城市来说，《高级原则》的实施更像是“雪中送炭”。因此可以合理推断，《高级原则》的实施对于数字金融发展相对缓慢地区经济增长促进效应会更大一些。考虑到《高级原则》实施的外生性，将该政策视作一场准自然实验，借助这一准自然实验对不同数字金融发展水平城市带来不同程度影响对本章的研究问题进行识别。

通过构建双重差分模型（DID）来评估《高级原则》实施对城市经济增长影响。参考宋敏等（2021）的做法，依据政策实施前一年各城市数字金融指数中位数分为低数字金融发展水平城市和高数字金融发展水平城市，作为处理组和对照组，进而构建双重差分模型如下：

$$\ln PGDP_{it} = \beta_0 + \beta_1 DF\_City_{it} \times Post_{it} + \beta X_{it} + \lambda_i + \mu_t + \varepsilon_{it} \quad (11-3)$$

其中，下标 i 表示城市，t 表示年份。被解释变量 $\ln PGDP_{it}$ 表示 i 城市 t 年的经济增长，此处仍用城市人均实际 GDP 的对数值来衡量；DF_City_{it} 表示，城市 i 是否是处理组，属于则取 1，反之取 0；$Post_{it}$ 取 1 表示 2016 年及之后年份，反之则取 0；X_{it} 为一系列控制变量，包括资本、劳动力、人力资本、财政规模、外商直接投资、市场化程度、城镇化水平、产业结构、基础设施等，测度方法同式（11 - 1）一致；μ_i 和 φ_t 分别为城市固定效应和时间固定效应；ε_{it} 为随机误差项。此处仍采用聚类到城市层面的稳健标准误对模型进行调整。交互项 $DF\_City_{it} \times Post_{it}$ 的系数 β_1 捕捉了政策对城市经济增长影响，这是关注重点。

表 11 - 5 汇报了双重差分法估计结果。表 11 - 5 中列（1）显示，在未加入控制变量情形下，交

互项系数在1%的水平上显著为正，初步验证了政策实施对经济增长有着正向促进效应。表11－5中列（2）显示，在加入一系列城市层面控制变量克服遗漏变量偏误后，交互项系数在1%的水平上仍然显著为正，说明《高级原则》实施显著促进经济增长结论是稳健的。

表11－5　　双重差分法回归结果

变量	ln*PGDP*		
	（1）	（2）	（3）
$DF\_City \times Post$	0.0168 *** （0.0057）	0.0137 *** （0.0047）	
$DF\_City \times Post_{2012}$			0.0103 （0.0082）
控制变量	NO	YES	YES
城市固定效应	YES	YES	YES
年份固定效应	YES	YES	YES
adj. R－sq	0.8948	0.8967	0.8965
观测值	3653	3653	3653

使用双重差分法需要满足平行趋势假设。将式（11－3）中的 $Post_{it}$ 替换成年份虚拟变量，这样不但可以检验平行趋势假设是否成立，还可以考察政策动态经济效应。图11－4显示了估计结果。可以看出，在政策实施前，不能拒绝为0的原假设，说明处理组和对照组之间时间趋势是一致的，满足平行趋势假定。从图11－4中还可以看出，系数为正且呈现上升趋势，说明随着时间的推移，政策对经济增长正向促进效应在逐渐增强。

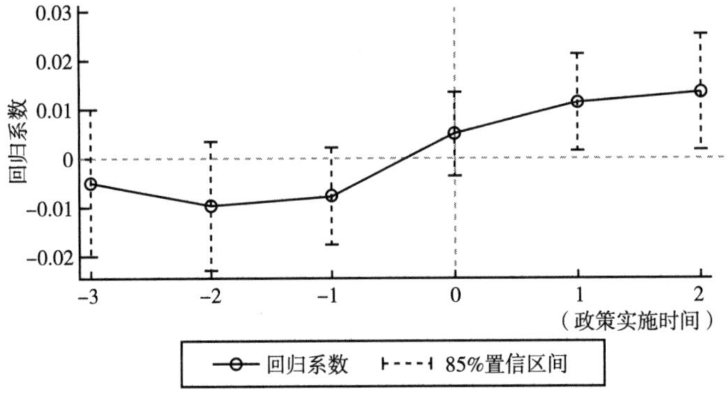

图11－4　平行趋势检验

最后，通过虚构政策实施时间进行安慰剂检验。尽管双重差分模型中控制了城市固定效应和年份固定效应，但仍可能存在区域层面不可观测因素干扰，且随着时间变化产生影响。虚构了政策实施时间，将政策实施时间提前到2012年重新对式（11－3）进行回归，表11－5中列（3）汇报了估计结果。可以看出，将政策实施时间提前后，交互项系数不再显著，表明不存在随机性因素干扰。

3. 稳健性检验。

前面研究发现，数字金融对经济增长有显著促进作用，这一结论在使用工具变量法和双重差分法缓解内生性之后仍然成立。为了进一步确保这一结论可靠性，还进行了一系列稳健性检验。

第一，控制省份和年份联合固定效应。在式（11－1）中，控制了城市固定效应与年份固定效应，但是在省份层面上仍然可能存在不随时间变化的不可观测因素（刘潭等，2022）。在式（11－1）

的基础上进一步引入省份与年份联合固定效应，进行更严格控制，表 11-6 中列（1）汇报了重新估计结果。可以看出，在控制了省份与年份联合固定效应后，核心解释变量数字金融系数仍然在 1% 的水平上显著为正，说明了基准回归结果是十分稳健的。

第二，更换被解释变量。考虑到政府部门更加关注的是 GDP 增长率，因而借鉴李建军等（2020）的做法，用实际 GDP 增长率衡量经济增长，重新对式（11-1）回归，表 11-6 中列（2）汇报了重新估计结果。可以看出，进一步更换被解释变量后，数字金融系数仍然在 1% 的水平上显著为正，说明数字金融显著促进经济增长研究结论仍成立，基准回归结果是十分稳健的。

第三，更换估计方法。参考刘潭等（2022）的做法，更换估计方法，使用两阶段系统广义矩估计对式（11-1）重新估计，表 11-6 中列（3）汇报了回归结果，可见，核心解释变量数字金融系数仍然在 1% 的水平上显著为正，AR（1）、AR（2）和 Hansen 检验显示，估计结果通过了自相关检验和弱工具变量检验，因而更换估计方法后，数字金融显著促进经济增长研究结论仍成立。

表 11-6　　稳健性检验 I

变量	ln*PGDP*		
	（1）控制省份和年份联合固定效应	（2）更换被解释变量	（3）更换估计方法
DF	0.0829*** （0.0213）	0.8856*** （0.3227）	0.3912*** （0.0203）
控制变量	YES	YES	YES
城市固定效应	YES	YES	YES
年份固定效应	YES	YES	YES
联合固定效应	YES	NO	NO
adj. R-sq	0.8986	0.8461	—
AR(1)	—	—	-3.3127***
AR(2)	—	—	0.6532
Hansen 检验-p 值	—	—	0.1667
观测值	3653	3653	3372

第四，更换估计样本。首先，考虑到北京、天津、上海和重庆四个直辖市无论是在经济规模、人口数量，还是在政策环境上，都与其他地级市存在较大差别，可能会造成研究结论更显著，因此利用剔除直辖市后的样本重新估计式（11-1），表 11-7 中列（1）汇报了回归结果，研究结论仍然一致。其次，考虑到在中国行政体系下，一个城市行政级别可能是比营商环境等形成城市高效率更重要原因（江艇，2018），在行政级别偏向性影响下，行政级别更高副省级城市、省会城市会比其他城市更容易获取金融资源（汪亚楠等，2020），从而实现更好经济发展。进一步剔除副省级城市和省会城市，重新估计式（11-1），表 11-7 中列（2）汇报了回归结果，核心解释变量系数仍然在 1% 水平上显著为正，结论是稳健的。

第五，缩短样本区间。不少学者认为，直到 2013 年在线货币基金余额宝的推出才在真正意义上推动了中国数字金融快速腾飞，因而 2013 年被业界认为是中国数字金融元年（黄益平等，2018）。在此后短短不到 5 年间，数字金融以惊人速度革新了金融业各个方面，并深入经济社会各个领域，成为人们生活中难以缺少的一环。因此本书缩短样本时间，使用 2011～2012 年样本区间重新对式（11-1）回归，表 11-7 中列（3）显示回归结果仍一致于基准回归结果，本书结论是稳健的。

表 11－7　稳健性检验Ⅱ

变量	lnPGDP			
	（1）剔除直辖市	（2）剔除副省级和省会城市	（3）缩短样本区间	（4）缩尾处理
DF	0.1672*** (0.0327)	0.1679*** (0.0328)	0.0731*** (0.0278)	0.1736*** (0.0262)
控制变量	YES	YES	YES	YES
城市固定效应	YES	YES	YES	YES
年份固定效应	YES	YES	YES	YES
adj. R－sq	0.8967	0.8965	0.9027	0.8961
观测值	3601	3185	562	3653

第六，缩尾处理。考虑到数据中异常值对估计结果的影响，对所有变量在1%和99%分位上进行缩尾处理，用缩尾后的样本重新估计，表11－7中列（4）汇报了回归结果。可以看出，核心解释变量系数仍然在1%的水平上显著为正，说明数字金融显著地促进了经济增长，研究结论十分稳健。

第三节　数字金融风险与监管

从整体看，数字金融活动正常运营需要三个方面要素：数字技术、服务提供方及合作方、外部监管。因此，数字金融特有风险主要包括数字技术端风险、服务提供方及合作方风险、数字金融监管风险与挑战。

一、数字金融面临的问题

近年来，数字金融已经成为推动经济高质量发展的重要力量。数字化技术改变了金融行业传统运营方式，使得数字金融可以为广大民众与企业提供更加便捷、高效金融服务。金融科技快速发展背景下，数字金融服务在经济高质量发展过程中也面临相应问题。

（一）安全性问题

随着数字金融服务的普及，如手机银行、电子支付、区块链等数字金融服务安全问题越来越引起关注。这些数字金融服务安全性极其关键，因为它们牵涉用户敏感信息，如银行账户、身份证号码、密码等，一旦泄露会对用户财产及个人信息造成不可估量损失。因此，如何防范数字金融服务安全问题成为数字金融服务发展中最大一个难点。

数字金融底层技术具有一定算法风险，如区块链面临算力供给问题、人工智能面临模型准确率问题等，加之算法交易模式和参数设计趋同性，会加剧顺周期效应，增加金融不稳定因素。随着数字金融的迅猛发展，全球范围数据泄露、病毒、黑客攻击、网络恐怖主义等网络安全问题，也将更趋严峻复杂。以加密货币为例，2019年以前，加密货币犯罪造成的损失呈逐年递增的趋势，2019年达到45亿美元。自2020年以来，随着DeFi漏洞数量的不断增加，加密货币市场网络入侵和欺诈案件又再次激增。

（二）合法性问题

近年来，数字金融新业态、新模式不断涌现，跨行业、跨机构、跨部门数据深度融合，业务交叉嵌套趋势愈发明显。一方面，金融数据泄露风险呈现外溢效应，风险扩散更快、破坏范围更广。据《2021 年数据泄露成本报告》公布，数据泄露成本从 386 万美元上升至 424 万美元，金融行业达到 572 万美元。另一方面，不法分子获取信息后，更容易对信息进行汇聚和关联分析，从而更加精准实施金融违法犯罪。例如，2021 年 2 月 3 日至 4 日期间，美国第三方支付处理商 AFTS 遭到黑客攻击，导致数百万个人数据泄露，影响了 3800 万人金融业务和出行服务。

（三）伦理性问题

随着新兴技术的快速发展，信息技术引发的伦理问题日益凸显。其主要体现在三个方面：第一，“数字鸿沟”挑战。老年人、残疾人以及少数民族在使用智能技术时较为困难，无法充分享受数字金融带来便利。第二，算法歧视挑战。随着算法在金融、互联网服务等行业的深入运用，金融借贷平台借贷歧视、互联网平台“大数据杀熟”等算法歧视现象较为普遍。第三，监管套利挑战。部分公司以“技术创新”名义对产品进行层层包装，模糊业务边界，绕过金融监管开展无照或超范围经营，非法谋取利益。

（四）监管性问题

一方面，部分数字金融企业，利用监管法律不健全和监管主体缺失漏洞进行金融欺诈。以 P2P 借贷为例，由于相关部门对 P2P 借贷监管处于摸索阶段，监管制度建设未能与互联网发展速度同步，很多企业无证执业，结果出现了很多金融欺诈现象，导致风险难以控制，这对投资者合规投资理财造成了巨大不良影响。

另一方面，数字金融企业还利用产品和模式创新故意突破持牌限制，变相经营金融产品，如购物过程中提供便捷支付手段、分期优惠等吸引用户，使产品经营主体不受信用卡监管办法约束，让原本服务属地金融机构实现全国营业。

（五）人才缺失问题

目前，随着数字金融的快速崛起，急需擅长多学科复合型人才。他们需要了解计算机网络通信技术，掌握解构中英文的能力，并有能力建立一个对数据趋势敏感的多维模型框架。但传统金融企业人才没有与时俱进，出现了脱节现象，主要是高级数据型金融人才缺乏，流失率相对较高，高端技术人才竞争已经成为数字金融行业竞争焦点。

二、数字金融发展存在的风险

数字金融特有风险主要包括大数据金融应用风险、区块链金融应用风险、数字技术端风险、人工智能金融应用风险、物联网金融应用风险、元宇宙金融应用风险、数字金融监管风险与挑战等。

（一）大数据金融应用风险

大数据金融是以数据为基本工具，在给金融营销、产品设计、客户评估带来便利的同时也可能带来了风险。一是数据信息收集风险，可能过度收集信息，造成信息资源浪费，增加金融成本风险和涉及侵权风险；二是数据处理风险，由于采集的数据数量巨大且是非结构性数据，在数据分类、清洗、整理过程中有可能出现偏差，影响金融决策正确性；三是金融数据储存泄密、灭失风险，由于金融企业对收集来的数据信息不断汇集、集中处理，集中的数据一旦出现重大事故，可能造成金融数据信息尽失，有些无法补救；四是系统外来攻击风险，国内外黑客对数字金融数据进行攻击，可能导致金融系统混乱甚至崩溃。

（二）区块链金融应用风险

区块链技术在控制票据诈骗等风险管理方面发挥前所未有的作用，但区块链金融同样潜藏新的风险。一是区块链技术高技术性，导致大众对区块链金融了解很少，一些诈骗分子可能打着区块链金融旗号进行诈骗，区块链金融成为金融诈骗新领地，有较大声誉风险；二是区块链金融科学性是基于原始数据真实可靠，一些区块链上参与主体，出于多种原因，在输入链上原始数据时作假，造成前提条件失真，区块链运行结果必然错误，形成数字真实性风险。

（三）数字技术端风险

数字技术端包括手机等数字设备、搭建的数字交易平台以及各方连接、验证、通信的设备和技术。数字技术端问题主要来自技术风险，需要重点关注以下方面的风险。

1. 移动端的安全风险。随着移动互联网的蓬勃发展，以手机银行、支付宝钱包、微信支付为代表移动端数字金融业态迅速普及，但是此类服务面临移动端安全风险也不容忽视。尤其是低收入人群通常会使用一些有安全隐患的手机，这些手机无论是在硬件还是在软件上安全措施都相对薄弱，对一些安全性能较高认证方式缺乏硬件支持，在一定程度上会引发数字金融移动端的安全隐患。

2. 新兴技术运用风险。由于数字金融面向群体巨大，数字平台在构建时通常会采用一些新兴技术，如云计算、生物识别、大数据等。这些新兴技术在为金融交易提供便利性的同时，也会带来诸多新风险。云计算运用方面，由于各用户在云平台中没有固定不变的基础设施和安全边界，因此在运用过程中需要重视用户数据安全和隐私保护问题。此外，一些云服务商同时支持了大量金融机构，如果出现故障将导致大面积金融服务停用，如近年来阿里云、谷歌云等国内外云计算巨头皆出现过服务中断的故障。大数据运用方面，大量数据集中存储使得攻击获得潜在收益增加，这会引来更多攻击者，从而增加数据泄露风险。同时，大数据网络更加开放，通常其安全管理的敏感度和复杂度相对较低，这种较低安全级别也会加大信息泄露风险。生物识别技术运用方面，尽管人的生物特征不能改变，但泄露生物特征途径却很多，如指纹信息可能被套取等。一旦此类生物隐私信息被获取、复制，短期内可能无法补救，从而会对采用生物识别技术用户造成难以估量损失。

3. 系统安全风险。传统金融机构经过监管部门长期监督和指引，已经建立了较为严格的管理体系和内控机制，对信息系统安全性比较重视。相对而言，数字金融机构尤其是新兴业态对信息系统基础设施可用性和可靠性、运维管理流程以及人员安全意识缺乏必要安全评估，部分机构生产机房环境不符合安防标准，互联网及交易系统缺少防火墙隔离，信息系统存在安全漏洞，难以有效抵御外部攻击，一些平台因为遭受系统攻击不得不停止运营。

4. 复杂新型攻击带来的风险。数字金融与经济利益紧密相关，在利益驱使下，以往“单兵作战”的黑客已发展形成有组织、有目的的金融网络犯罪集团，并且针对数字金融机构和用户攻击手段不断“推陈出新”，攻击者还针对数字金融业务特点，结合社会工程学，研究出了各类新型攻击手段，给数字金融发展带来了巨大风险。

（四）人工智能金融应用风险

人工智能金融是应用计算机模仿自然人思维和行为活动系统金融，人工智能金融风险主要有：一是金融伦理风险。人工智能金融往往是按照自然人事先设计原则运行，而对于有些特殊群体客户，人工智能难以将人类情感因素融入金融服务工作当中，只会机械地以利益、价值最大化为目的，而不会有对弱势群体关照等伦理考量。二是决策失误风险。由于人工智能营销工作过于“客观”，人工智能结果是系统运行结果，当中可能出现逻辑错误等，必然影响自然人的主观判断，如果信息失真，提供给自然人的结果往往是错误结论，给金融工作产生误导。三是客户流失风险。由于人工智能金融是一项高科技应用，老年客户、低技术人群客户对金融设备和系统自助操作能力十分有限，结果可能使部分客户在人工智能金融面前望而却步，敬而远之。

（五）物联网金融应用风险

物联网技术可以广泛应用于金融行业资产管理中，其风险主要有：一是失控风险。系统出现故障，设备失灵从而导致管理失控，使监管物失去监督和控制。二是物质安全性风险。物联网视频系统只是表面视觉行为，无法做到穿透监控，如果债务人恶意采取技术手段是可以应对物联网监控。三是道德风险。物联网金融系统操作仍是自然人控制，既然是人的控制就会有管理漏洞，诸如通过系统调整，会让物联网的监督、管理在一定程度上流于形式。四是产品应用风险，一些因物联网技术发展而来的金融创新，如珠宝、艺术品等原本无法作为押品，但因为物联网金融发展使其成为现实，这类押品往往有较高市场价值，一旦出现事故带来的金融风险往往较大。

（六）元宇宙金融应用风险

元宇宙金融是将元宇宙理念和思维用于数字金融业务活动的总称。目前，元宇宙行业处于成长初期，发展元宇宙金融一是可能造成元宇宙金融投资风险，发展元宇宙金融首先要构建一个与现实金融世界相一致的虚拟场景，金融机构、客户及关联人在这个场景中都要有身份，且要有数字货币、数字文化、交易规则等，构建这样的元宇宙金融场景往往需要巨额的投资，由于目前元宇宙发展的不确定性，元宇宙金融发展更具不确定性，因而投资风险巨大。二是金融人退化风险。由于元宇宙金融虚拟机器人可以与自然人相互交流、岗位互换，自然人很多工作将由虚拟机器人替代，且虚拟机器人具有自我学习功能，有些功能还强大过自然人，长此以往，自然人员工的操作能力、思维能力可能退化，给金融业的发展带来潜在的退化风险，也可能导致人的价值观等发生变化。三是客户过度追求刺激风险。可能引起客户过度沉浸于虚拟场景中，沉迷于一种刺激、兴奋状态，欲罢不休，还可能导致一些客户对人类现实世界产生反感等不正常心理。四是增加社会负担风险。由于元宇宙技术迭代过快，很多自然人跟不上变革的步伐，适应不了技术迭代与创新，可能导致金融员工下岗或分流，将会加重社会负担。

（七）数字金融监管风险与挑战

数字金融除了自身存在一些值得关注问题和风险以外，也给金融监管带来了新的风险与挑战。

1. 机构产品混业跨界模糊了监管界限。数字金融机构和产品混业趋势不断增强，使得监管工作变得更为复杂。有的公司如平安集团、蚂蚁金服、腾讯等，业务范围已覆盖银行、支付、信贷、保险、担保等多个领域，直接持有 8 种以上重要金融牌照，如果考虑间接持有情况，部分集团几乎实现了重要金融领域牌照全覆盖；有的网贷平台与担保、保险、融资租赁、保理等开展合作，交叉性金融产品不断出现。数字金融混业经营创新趋势对目前分业监管体制提出了挑战，加强跨部门协调与沟通必要性日益上升，虽然国务院金融稳定发展委员会已经建立，但金融体系内部以及金融与财政、公安等非金融部门协调监管尚未完全理顺。同时，由于数字技术跨国界性和金融服务全球化，监管协调已经不再局限于一个国家之内，因此还需要加强跨国的、不同监管机构间的监管协调、沟通与合作。

2. 机构产品耦合性加强及监管成本因素带来的挑战。一方面，数字金融业态中机构之间互联互通更加普遍，系统间耦合性与关联关系更强。一旦某个数字金融机构网站或系统遭受恶意攻击或被内部人员作案，不仅影响该机构经营和客户资金安全，甚至其自身风险可能蔓延到其他机构，威胁到系统性金融安全与社会稳定。另一方面，传统监管方式难以适应数字金融快速发展。数字金融新型业态发展快，数量众多，规模不一，传统监管不仅成本上难以支撑，而且监管方式也难以见效。

3. 金融服务数字化提高了反洗钱难度。数字金融机构通过数字方式向低收入人群提供金融服务，使得那些不被传统金融机构所重视低收入人群也获得了“金融身份”，提高了金融包容性，但同时也会带来反洗钱和打击恐怖融资方面风险。一些数字金融服务机构并没有建立完善身份识别机制，对交易双方尤其是投资人缺乏实名认证，对交易真实性审核缺乏手段，只是流于表面形式审查，这对监管部门反洗钱监管提出了挑战。

4. 金融消费权益保护工作难度增大。数字金融以数字化形式向原来被排斥和服务不足客户提供金融服务与产品，金融服务提供商、代理商、第三方通信和技术服务商等多方均可能参与服务提供，但是由于缺乏追索标准与指南，当消费者蒙受损失时应由哪方承担责任可能会产生争议，并且在数字化交易条件下，消费者维权需要获得电子证据，而此类证据来源于后台数据，一般由服务提供方掌握，消费者在取证上处于弱势地位，同时也不利于监管者通过证据分析来有效地进行争议处理。

三、数字金融风险防范与监管

数字金融风险是数字技术风险在金融领域的体现，是其与金融融合后衍生出的新风险。因此，管理数字金融风险实质上是对作用于金融主体上数字技术风险管理，抓住这个根本性的“纲”，数字金融风险自然而然也就可管可控了。

（一）切实防控大数据金融应用风险

1. 确定适当数据规模，不能数据收集扩大化，要根据数字金融业务发展需求，尽可能利用本单位已经掌握有关数据信息，其次才可使用一些公开信息。

2. 提升数据质量，除了本单位数据信息外，尽可能应用权威机构发布的数据信息，对收集到数据要再三验证，确保数据真实性，且不能唯数据化。

3. 为了保证数据信息安全，可将收集数据信息上传到云端，实行数据信息实时“双备份”，有些数据信息还要实行实时三备份。

4. 建立数据信息安全防火墙，加强技术对数据安全防护，平时对技术信息进行加密处理，要严格密码管理，保证防守有效。

（二）有效管理区块链金融应用风险

1. 加强入链原始数据真实性管理。对于上链各个主体，金融企业必须对入链初始数据真实性开展核实工作，并且通过大数据对输入各种数据信息进行相互核验，对输入过程进行严格监督，确保输入的信息真实、可靠、客观。

2. 构建人工智能伦理道德标准。人工智能应用要与社会和金融业员工转型的承受能力结合起来，尽可能应用到替代人类的繁重劳动上，减轻劳动强度，有序地掌握人工智能金融的推进力度和速度，而不能为技术而技术。

3. 区块链技术应用到金融业务。诸如票据、信贷风险控制上，必须严格按照区块链的技术要求进行布局、设计，特别是就智能合约功能而言，参与区块链上的各个主体必须自觉遵守合约，让系统自动执行处罚措施，增强区块链的信用功能，防止人为行事引发区块链金融风险。

（三）不断强化人工智能金融应用风险防控

1. 实行有限人工智能应用。人工智能尽可能应用到运算、产品设计等方面，而对于大量面对客户工作，尽可能由自然人去交流，特别是对于特殊弱势客户，必须由客户经理进行沟通，人工智能机器人永远不会具备自然人的情感优势。

2. 构建人工智能伦理道德标准。人工智能应用尽可能应用到替代人类繁重劳动上，减轻劳动强度，而人工智能应用和推进速度要与社会和金融业员工转型承受能力结合起来，在充分考虑到金融业员工分流、转型基础上，有序地掌握人工智能金融推进力度和速度，而不能为技术而技术。

3. 人工智能面对的客户群体要进行分类管理。充分考虑到低知识群体智能化应用水平，尽可能发展一些操作简单智能设备，防止客户流失。

4. 加强人工智能金融系统维护和设备检查，保持人工智能金融系统正常运行。要及时更新老旧设备，完善人工智能金融系统，尽可能避免人工智能金融系统出现异常。

（四）强力推进物联网金融应用风险管理

1. 将物联网金融中的物联网工具定位为辅助功能，而不能完全依赖物联网金融系统。

2. 对于物联网管理控制的押品管理，要有风险缓释备用方案，设立二道防线。例如，要对服务对象现金流或其他担保方式有所规定，而不能全部交付给物联网金融管理系统。

3. 切实加强物联网金融业务单元内部控制与管理，避免押品完全处于无管理状态，必须加强工作人员职业道德管理、内部控制以及系统逻辑完善。

4. 对于物联网金融新品开发要本着先开发、再试点、慢推广、再复制的谨慎原则，在反复测试成功基础上再行推广。

（五）针对性防范元宇宙金融应用风险

元宇宙代表了发展方向，是互联网金融最高级形式，将实现互联网由二维场景时代到三维场景时代转化。元宇宙金融发展中带有很多不确定性，因此，要防范元宇宙金融风险。

1. 确定目标规划，将元宇宙在金融业应用作为一个辅助功能，制订元宇宙在金融业应用计划，要与各方面条件相协调；对于中小金融机构尽可能实行元宇宙金融跟随战略，开发元宇宙金融重任主要由头部金融机构来承担。

2. 根据本单位实际情况来决定是否能够应用元宇宙，是否承受得起发展元宇宙金融投入及风险，条件不成熟机构不宜盲目介入元宇宙金融，需要等元宇宙金融发展相对成熟后再行介入。

3. 元宇宙金融方案产品应在实践中反复论证。

4. 避免元宇宙金融过快应用造成员工大量下岗或来不及转型，积极稳妥试点，有序推广应用。

5. 对元宇宙实行有控制使用。要与现代文明、文化结合起来，不能培育惰性员工及过度沉浸虚拟客户，使元宇宙在金融应用功能始终控制在人类文明、文化、伦理承受范围之内，使金融成为人们高质量生活组成部分。

数字金融风险管理方法、措施有效地付诸实施，必须坚持数字金融风险管理基本步骤，明确数字金融风险管理目标、评估以及具体处置措施。一是要确定数字金融风险管理目标。目标导向和问题导向都是加强数字金融风险管理基本原则。二是要对数字金融风险进行评价。数字金融风险评价包括但不限于数字金融风险的识别、衡量，选择并综合应用处置和化解数字金融风险工具、手段和数字金融风险管理策略。三是要提出数字金融风险控制和处置措施。数字金融风险管理制以及处置属于数字金融风险管理应用策略范围，是有效化解数字金融风险的途径以及方法。有事先控制法以及财务化解法两种类型。前者为主动风险处置措施，后者则属于被动型风险处置措施，总的目的都是保证数字金融风险不至于成为数字金融正常发展的影响因素或障碍。

总结与回顾

1. 数字金融是一种新型金融业务模式，主要包含两个方面的内容：一方面是传统金融机构利用新兴数字技术提高和改善自己原有金融服务，另一方面则是新型科技公司利用它们新技术所提供新型金融服务。

2. 数字金融与传统金融是一种相互融合促进关系，数字金融特征是相对于传统金融而言的，其主要特征有：数据依赖程度高、业务办理效率高、业务划分更加细化、监管难度更大和对货币政策的敏感度更低等。

3. 数字金融影响经济增长的渠道主要有3条：资本渠道、劳动力渠道和全要素生产率渠道。并构建模型进行实证检验数字金融有助于促进经济增长。

4. 金融科技快速发展背景下，数字金融服务在经济高质量发展过程中也面临相应问题：安全性问题、合法性问题、伦理性问题、监管性问题和人才缺失问题。要对数字金融风险进行科学、精准识别，并采取有效措施进行监管。

复习思考

一、名词解释

数字金融；金融科技；传统金融

二、简答题

1. 数字金融特征有哪些？
2. 数字金融从哪些渠道可以促进经济增长？
3. 数字金融存在哪些风险？

三、论述题

1. 结合具体产业分析数字金融如何影响产业发展？
2. 结合实际深入分析数字金融监管面临的问题并科学设计如何有效监管数字金融风险以促进数字金融有序快速发展。

能力拓展

发挥数字金融优势，助力实现高质量发展

2021年以来，无论是监管部门还是金融机构和从业人员，都开始关注到金融科技快速发展所带来的新挑战和新机遇，包括绿色低碳、科技伦理、隐私保护和反市场垄断等。在立法层面和行业监管层面也针对这些热点问题和重要关切进行了深层次研究和整肃治理，比如相继出台数据安全法和个人信息保护法、征信业务管理办法，将数据治理纳入监管评级等。

数字金融新阶段：促进公平与可持续发展

首先，数字金融可以助力共同富裕，服务乡村振兴，精准滴灌小微企业。在数字金融支持下，

2021 年末，银行业金融机构用于小微企业贷款余额 50 万亿元，其中单户授信总额 1000 万元及以下普惠型小微企业贷款余额 19.1 万亿元，同比增速 24.9%。不少银行机构基于前沿技术，挖掘农业核心企业采购、生产、仓储、物流等环节数据价值，为其上下游供应商提供服务；还有一些银行基于小微养殖户与核心企业交易记录、纳税记录等可信数据，为其提供信用贷款服务，有效支持了农村金融服务发展。

其次，数字金融可以促进数字经济发展，有效弥合“数字鸿沟”，让金融服务惠及更为广泛群体。据统计，目前我国有 8500 万残障人士，其中 1700 万视障者、2700 万听障者；另外还有 1.76 亿 65 岁以上老年人。这些群体信息无障碍改造受到关注。目前，不少银行开展了移动金融 App 无障碍改造，通过 AI 语音合成、加速度传感器、人脸边缘检测、光线活体、实时图像处理等技术，为视障、听障及有语言障碍客户提供更切合其体验的服务。

再次，数字金融亦可以助力“双碳”目标达成。过去，不少银行已将绿色可持续发展理念融入日常运营之中，逐步探索实现业务流程数字化和无纸化，并尝试从根源上实现绿色环保。以微众银行实践为例，在实现流程数字化和无纸化同时，还通过分布式架构提升了服务器资源使用效率、降低功耗，实现低排放。伴随着科技发展和应用场景增加，金融科技可进一步支持数字化转型，助力金融机构转向更加绿色经营模式。

最后，数字金融更可以助力“信创”目标实现，例如通过推动开源等举措，促进自主可控技术发展。此前，银保监会等五部委联合发布了《关于规范金融业开源技术应用与发展的意见》，鼓励金融机构将开源技术应用纳入自身信息化发展规划，积极参与开源生态建设。以微众银行目前已推出涵盖 ABCD（人工智能、区块链、云计算和大数据，简称 ABCD）等领域 30 多个开源项目，其中最大的区块链开源项目 FISCO BCOS 已有超过 7 万社区开发者、200 多个标杆应用投入生产。

资料来源：李南青．数字经济腾飞丨发挥数字金融优势，助力实现高质量发展［J/OL］．新华网，2022-03-03.

第十二章　数字贸易

任务分析

1. 了解我国数字贸易发展现状。
2. 理解数字贸易内涵与特征。
3. 理解数字贸易理论基础。
4. 理解数字贸易测度理论与指标体系。
5. 了解数字贸易未来发展趋势。
6. 理解数字贸易提升经济发展质量理论。
7. 了解数字贸易与经济高质量发展指标体系构建与测度。
8. 理解数字贸易发展路径。
9. 了解数字贸易发展风险。
10. 理解数字贸易发展策略。

案例导入

我国将加快发展数字贸易

在国务院新闻办公室3月2日举行的“权威部门话开局”新闻发布会上，商务部部长王文涛表示，新一轮科技革命和产业变革突飞猛进，全球数字经济蓬勃发展，催生了以数据为关键生产要素、数字服务为核心、数字订购与交付为主要特征的数字贸易，这也是国际贸易发展一个新趋势。我国将加快发展数字贸易。

近年来，我国数字贸易快速发展。党的二十大报告提出，要加快建设贸易强国。这使得数字贸易重要性提升到了新高度。我国拥有最大规模网民数量，数据资源相对丰富，同时还创造了丰富贸易数字化应用场景，这都为我国发展数字贸易打下了扎实基础。

王文涛表示，下一步，我们将抢抓数字经济发展机遇，加快发展数字贸易，重点做好四方面工作：一是加强数字贸易顶层设计。加快推动出台促进数字贸易开放创新发展政策性文件，通过推动国家层面出台政策，来推进数字贸易发展。二是加强数字贸易平台建设。落实支持国家数字服务出口基地创新发展各项举措，推动基地做强做优做大。培育数字贸易龙头企业；办好全球数字贸易博览会；稳步推进数字贸易示范区建设。三是培育数字贸易新业态新模式。积极支持数字产品贸易，持续优化数字服务贸易，稳步推进数字技术贸易，积极探索数据贸易。加快贸易全链条数字化赋能，提升贸易数字化水平。四是建立健全数字贸易治理体系。加快建立数据资源产权、交易流通、跨境传输、安全保护等基础制度和标准规范。积极推动加入《数字经济伙伴关系协定》（DEPA）和《全面与进步跨太平洋伙伴关系协定》（CPTPP）进程，建设性参与国际规则标准制定和谈判。

王文涛强调，数字贸易方兴未艾，很多规则还没有确定，中国是数字大国、数字经济大国，也必将是数字贸易大国，我们要积极参与数字贸易规则制定，提供更多中国方案、中国智慧。

资料来源：中国经济网2023年3月3日报《我国将加快发展数字贸易》。

知识介绍

第一节　数字贸易概述

随着全球信息无限扩张、竞争日趋白热化、普通商品大量过剩，以及5G时代来临，贸易通过网络信息处理和数字交换，减少了流通渠道、直接面对用户，产生更大价值，这种新型方式日益被企业所喜爱。“数字贸易”促进推广机构，构建出一整套数字贸易宏伟蓝图，成功解决了网上贸易落地难的现状，并在不断的实践应用过程中得到证明。数字贸易（Digital trade）是指信息通信技术发挥重要作用的贸易形式。数字贸易不仅包括基于信息通信技术开展的线上宣传、交易、结算等促成实物商品贸易，还包括通过信息通信网络（语音和数据网络等）传输的数字服务贸易，如数据、数字产品、数字化服务等贸易。2023 年 11 月 23 日，商务部发布的《中国数字贸易发展报告（2022）》显示，中国可数字化交付服务进出口额为3727.1 亿美元，同比增长3.4%，规模再创历史新高。跨境电商进出口额达2.11 万亿元人民币，同比增长9.8%。其中，出口额达1.55 万亿元，同比增长11.7%。

一、数字贸易发展现状

（一）国际数字贸易发展现状

1. 全球数字贸易发展迅速，为促进全球经济稳定复苏注入新动能。

随着数字技术快速发展和互联网普及，全球国际贸易正在经历着巨大变革。数字化已经成为国际贸易主要趋势，为贸易改革和创新提供了无穷动力和武器。在数字化转型浪潮下，传统国际贸易方式正在不断进行变革和创新，数字贸易已成为国际贸易新潮流形式。2022 年发布的《数字贸易发展与合作报告 2022》中 2021 年全球跨境数字服务贸易规模为 3.86 万亿美元，与 2020 年相比增长14.3%。同时，服务贸易中数字服务贸易占比达到了63.3%，相较于2020 年的48%有了显著提升。根据中国通信院提供的数据，2018 年、2019 年、2020 年全球数字经济增加值规模及占 GDP 比重分别为30.2 万美元、40.3%，31.8 万美元、41.5%；32.631.8 万美元、43.7%。这些均表明数字服务贸易在服务贸易中主导地位日益巩固。

2. 全球数字服务贸易发展迅速。

全球数字服务贸易快速增长，占服务贸易比重超五成。计算机、通信技术快速迭代带动数字经济蓬勃发展，全球数字服务贸易规模持续扩大，深刻影响国际分工格局，对各国构筑数字时代国际竞争新优势具有重要意义。世界贸易组织（WTO）数据显示，2013 ~2022 年，全球数字服务贸易出口规模由2.4 万亿美元增长至4.1 万亿美元，年均增幅6.0%，超过同期货物贸易和其他服务，占服务贸易出口比重从50.0%增长至57.8%。尤其是面对全球新冠疫情不利影响，数字服务贸易仍保持逆势增长，2020 ~2022 年增速分别为1.6%、15.6%和3.4%，成为驱动贸易增长新引擎。

数字服务贸易出口以欧美等发达经济体为主，新兴经济体出口规模持续扩大。作为数字、信息技术创新的重要策源地，全球数字服务贸易集中于欧美发达经济体。WTO 数据显示，2022 年全球数字服务贸易出口前10 位国家中，六成为欧美发达国家，出口规模占全球比重合计达47.4%。其中，美国数字服务贸易出口6561 亿美元，占全球数字服务贸易出口16.1%，是排名第2 位英国近2 倍。与此同时，随着信息通信技术、电子商务领域竞争力的不断增强，印度、中国等新兴经济体数字服务贸易出口规模迅速扩大。

3. 发达经济体数字贸易发展非常迅速。

总体来看，发达国家在数字技术方面存在巨大优势，并且数字基础设施建设更加完善。

美国是当今全球数字贸易发展引领者，也是数字贸易规则重要设计者，在推动全球贸易变革和重塑世界贸易格局中都扮演着关键角色。相较于其他国家，美国数字贸易发展起步早，数字基础设施比较完善，其网络技术和数字技术远远领先于其他国家，再加上美国是最早将数字贸易从数字经济中分离出来的国家，这一系列“先天”优势造就了如今美国在全球数字贸易发展中绝对领导地位。

为巩固自身在国际数字贸易发展领域领先地位，并引领全球数字贸易未来发展，一直以来，美国从不同层面上致力于推动全球数字贸易规则谈判。云计算服务是大多数数字贸易活动基础，美国拥有全球最大云服务供应商市场，并拥有亚马逊（Amazon）、谷歌（Google）和微软（Microsoft）等能够提供云服务的全球互联网巨头公司。

数字贸易和数字经济在明显推动欧洲经济快速发展的同时，也促使了欧洲生产率快速增长。近年来，欧盟委员会（European Commission）为加强数字经济建设，致力于消除数据本地化壁垒，并从发展战略角度出发，把数字贸易作为欧盟经济发展重要战略任务之一。欧盟高度重视并加强数字经济和数字贸易建设，致力于消除数据本地化壁垒，建立单一数字市场，分别于2015年和2017年出台了《数字单一市场》和《数字贸易战略》，其中《数字贸易战略》加快出台相关政策来确保跨境数据和信息的自由流动。

日本数字贸易发展也非常迅速。目前，在亚洲乃至全球跨境电子商务市场上日本占有一定比重，数字贸易在日本也产生了可观经济效益。日本拥有支撑其数字贸易发展的强大数字经济。日本已成为继中国之后数字经济规模居亚洲第二位的国家。

4. 发展中经济体具有巨大潜力。

发展中经济体在数字服务出口方面规模逐步扩大，并且在数字贸易领域具有巨大潜力。UNCTAD的统计数据显示，发展中经济体数字服务出口规模和占世界数字服务出口规模比重从2011年的0.42万亿美元和19.5%扩张至2020年的0.73万亿美元和23.1%。与此相反的是，发达经济体数字服务出口规模，其占比由一开始的80.5%降低至76.9%。这一趋势显示出，发展中经济体在数字贸易领域拥有巨大潜力。

未来随着发展中经济体技术水平逐渐提升以及庞大市场和消费群体，这一比例有望进一步提高，为全球经济发展增添新动力。数字贸易迅速发展为发展中经济体提供了机遇。这些国家拥有丰富人力资源、创新能力和庞大市场规模，可以通过数字技术和互联网连接全球市场。通过数字服务出口，发展中经济体可以提供软件开发、数据分析、客户支持和其他高附加值数字服务，为全球企业提供成本效益和高质量解决方案。发展中经济体通过产业转型升级，有望实现“弯道超车”，加速数字贸易发展。

5. 数字平台占据主导地位。

数字平台随着数字技术发展在数字贸易中发挥作用越来越重要，成为一个数字贸易发展的重要载体，商业活动越来越多在数字平台上进行。通信院发布的《平台经济与竞争政策观察（2021）》报告中显示，2020年年底全球市场价值超过200亿美元数字平台企业高达76家，它们加起来价值高达12.5万亿美元，该数据与2019年相比增速高达57%。联合国贸易和发展会议上发布的数据显示，世界十大跨境电子商务企业电子商务零售额在全球零售额比重接近一半。这其中的企业包括阿里巴巴、亚马逊、京东等数字平台巨头。这些数字平台已经在全球范围内占据了重要市场份额，成为数字贸易的主要推动者和参与者。以上数据表明，数字平台已经成为数字贸易的重要形式之一，它们正在改变传统商业模式。数字平台快速发展和广泛应用对经济产生了深远影响。通过数字平台，企业可以实现在线销售、跨境贸易、供应链管理和数据分析等一系列商业活动，从而促进经济增长和创新。数字平台还提供了更加便捷和高效的交易和互动方式，为企业和消费者带来了更多选择和便利。

（二）我国数字贸易发展现状

1. 我国数字贸易政策。

国内数字贸易繁荣发展得益于政策支持，近年来该行业愈发得到重视。2021 年发布的《“十四五”服务贸易发展规划》提出要依托国家数字服务出口基地，打造数字贸易示范区，明确未来一个时期我国数字贸易发展重点和路径（见表 12 - 1）。

表 12 - 1　数字贸易行业相关政策措施

时间	政策措施
2017	积极推动“数字丝绸之路”建设，落实与沿线国家之间数字贸易便利化
2019. 10	发布《国家数字经济创新发展试验区实施方案》
2019. 11	《中共中央、国务院关于推进贸易高质量发展的指导意见》正式提出要加快数字贸易发展，提升贸易数字化水平
2020. 04	认定中关村软件园等 12 个园区为国家数字服务出口基地
2020. 08	发布第三轮《全面深化服务贸易创新发展试点总体方案》；发布《中国—东盟数字贸易中心实施方案》，将建设 4 个数字贸易企业基地、5 个数字贸易服务平台、6 条数字贸易产业链
2020. 09	习近平总书记提出共同致力于消除“数字鸿沟”，助推服务贸易数字化进程，加快数字领域国际合作
2020. 09	国家数字贸易专家工作组正式成立
2020. 11	《关于推进对外贸易创新发展的实施意见》提出要加快数字贸易发展，发挥自由贸易试验区、自由贸易港制度创新作用
2021. 04	向东盟秘书长交存 RCEP 核准书，并宣布积极考虑加入 CPTPP
2021. 10	《“十四五”服务贸易发展规划》发布，首次将“数字贸易”列入服务贸易发展规划，明确未来一个时期我国数字贸易发展的重点和路径

资料来源：根据政府公开报告、公开资料整理。

2. 数字经济成为经济高质量发展重要支撑。

中国数字经济的快速增长对其经济发展具有重要支撑作用。根据《中国数字经济开展与就业蓝皮书》（2021 年）发布的数据，我国数字经济在总量上达到了 31. 3 万亿元，超过我国 GDP 的总量的 1/3，同比增长 1. 9%。这表明数字经济已成为中国经济的主要增长引擎。另外，《全球数字经济白皮书（2022 年）》的报告显示，中国在数字服务进出口方面也取得了显著的进展。我国的数字服务出口总值为 3597 亿美元，与上年相比增长 22. 3%，其在我国服务进出口的占比高达 43. 2%。这些数据表明，中国数字经济在国际贸易中发挥的作用越来越大。中国数字经济规模从 11 万亿元增长至 35. 8 万亿元，占 GDP 总量的比重达到了 36. 2%。这一增长反映出中国数字经济的强劲发展势头，以及中国政府在数字经济领域的政策支持和推动作用。

3. 数字服务贸易增量提质。

数字服务贸易收支总量迅速增长，对外贸的支持作用日益显著。在超大规模国内市场、丰富数据资源、完善网络基础设施以及活跃创新企业等主体带动下，我国数字服务贸易迅速发展，业务规模持续扩大。2013 ~ 2022 年，我国数字服务贸易收支规模由 1851 亿美元增长至 3355 亿美元，年均增速达 6. 8%，占服务贸易的比重由 34. 4% 上升至 40. 4%。特别是，我国电子商务等领域竞争优势逐渐显现，数字服务贸易出口规模占全球比重由2013年3.4%提升至2022年5.1%。

数字服务贸易结构持续优化，对稳外贸促进作用不断增强。电信、计算机和信息服务以及知识产权具有较强数字化赋能潜力，是推动我国服务贸易结构优化升级重要引擎。2013～2022年，我国电信、计算机和信息服务，以及知识产权使用费收支年均增速分别为15.9%和11.4%，明显高于同期服务贸易4.9%和货物贸易4.8%的年均增长水平。

数字服务贸易企业国际竞争力的提升，对产业创新发展带动作用逐步显现。近年来，我国数字服务贸易基础设施建设稳步推进，互联网、无线宽带、移动终端规模居世界前列，超算、量子通信等新技术取得突破，产业集群迅速扩大。截至2022年末，全球市值最高的30家互联网企业中，我国有10家企业上榜，仅次于美国的18家。

未来随着新一代数字技术与产业的加速融合，数字服务贸易将迎来更加广阔的发展机遇，我国将立足新发展阶段，贯彻新发展理念，构建新发展格局，创新服务贸易发展机制，积极培育数字服务贸易竞争优势，加快贸易强国建设，推动贸易高质量发展。

4. 政策支持力度不断加大。

企业的平稳健康发展离不开国家政策的有效支持。第一，为促进对外贸易创新发展，近些年我国出台了一系列政策举措来支持数字贸易做大做强。在促进区域经济一体化与自由贸易方面，作为一个负责任的大国，我国为此付出了努力，作出了贡献。2020年《区域全面经济伙伴关系协定》（RCEP）的签署，使得RCEP伙伴之间贸易壁垒得以削弱，商品出口难度大大下降，物流效率得以提升；2021年，我国正式提交申请加入《全面与进步跨太平洋伙伴关系协定》（CPTPP）。这些均有利于加快推动我国高水平的对外开放，推进高标准市场经济体制改革，深化我国供给侧结构性改革，构建稳定与开放并存的产业链、供应链和价值链体系，为我国企业“走出去”提供良好国内和国际环境；2021年，中国决定全面推进加入《数字经济伙伴关系协定》（DEPA）谈判，若能成功加入，将直接对企业之间数字经济领域合作产生积极影响。

5. 数字贸易结构持续优化。

从结构上可以将数字经济划分为数字产业化和产业数字化两个主要方面。数字产业化是指以数字技术为核心，推动传统产业向数字化、网络化、智能化转型的过程，而产业数字化则是指将传统产业各个环节、流程和要素数字化、信息化、智能化的过程。相关数据显示，我国数字贸易结构中，产业数字化仍然占据主要地位，其规模远超过数字产业化。具体而言，2021年我国数字产业化规模达到了6.4万亿元，而产业数字化局部规模高达24.9万亿元，在数字经济中占比高达79.51%。这些数据表明，我国数字贸易规模在持续优化，并且产业数字化在其中起到了重要推动作用。产业数字化快速发展推动了传统产业升级迭代，使其具备更高数字化、网络化和智能化水平。通过数字技术应用，传统产业能够提高生产效率、优化资源配置、创新商业模式，并且在全球数字贸易中发挥更大竞争力。数字产业化和产业数字化相互促进，对我国数字经济发展起到助推作用。

6. 数字贸易国际竞争力稳步提升。

国家工业信息安全发展研究中心发布的《2020年我国数字贸易发展报告》揭示了中国数字贸易快速增长和优势领域变化。根据该报告，2019年中国数字贸易顺差达到1873.9亿元，同比增长46.1%。其中，计算机、电信和信息服务贸易顺差是最大的，达到了1904.8亿元，成为中国最具海外优势的数字服务产业。这一数据反映出中国在数字贸易中的强劲表现和国际竞争力的不断提升。特别是在计算机、电信和信息服务领域，中国取得了显著贸易顺差增长，表明中国在这些领域数字服务产业具有巨大竞争优势。中国在电信、计算机和信息技术领域国际竞争力稳步提升，意味着中国数字产业和数字服务能够更好地满足全球市场需求，并在全球范围内获得更多商业机会。随着服务业扩大开放和数字贸易高质量发展政策的实施，中国数字贸易优势进一步增强。

二、数字贸易内涵

全球范围内数字技术快速发展和广泛普及使得数字贸易发展迎来巨大推动力。随着数字技术对经济贸易影响的不断深入，数字贸易概念和内涵也在不断演变，但目前尚未形成统一的定义。

国际上对数字贸易定义和范围仍然没有一个统一的标准。美国国际贸易委员会（USITC）率先对数字贸易进行了定义，其在2013年、2014年和2017年对数字贸易分别做了界定。2013年发布的《美国与全球经济中的数字贸易Ⅰ》报告中把数字贸易定义成通过互联网传输产品和服务的国内商务和国际贸易活动。把数字贸易包含的内容划分成四大类别：数字交付的内容、社交媒体、搜索引擎和其他数字化产品和服务，具体内容见表12－2。2014年《美国与全球经济中的数字贸易Ⅱ》对数字贸易的定义进行了修正，将其定义为“依赖互联网和互联网技术建立的国内贸易和国际贸易”，其中互联网和互联网技术在订购、生产以及产品和服务的交付中发挥关键作用。2014年定义得到了国际上诸多学者认可。2017年8月USITC发布的《全球数字贸易的市场机遇与主要贸易限制》将数字贸易定义为“通过固定网络或无线数字网络传输的产品和服务”。其还对数字贸易包含的内容进行了细分和扩充，包含互联网基础设施及网络、云计算服务、数字内容、电子商务、工业应用及通信服务。数字内容主要包括视频游戏、视频点播、数字音乐和电子出版业。美国贸易代表办公室（USTR）也尝试对数字贸易进行界定，其在2018年发布的《数字贸易的主要障碍》报告中指出，“数字贸易”应该是一个广义概念，应该包含个人消费品在互联网上销售和在线服务提供和实现全球价值链的数据流动、实现智能制造的服务以及其他各种平台和应用两部分。

表12－2　美国国际贸易委员会（USITC）分类

类别	类别中包含的产品和服务
数字内容	数字音乐、数字游戏、数字视频、数字书
社会媒介	社交网站、用户评论网站
搜索引擎	通用搜索引擎、专业搜索引擎
其他产品和服务	软件服务、云计算提供的数据服务、互联网提供的通信服务、云计算平台服务

资料来源：United States of International Trade Commission. Digital Trade in the U. S. and Global Economics（Part1）[R]. 2013：1－2.

除了美国相关机构对数字贸易内涵界定外，国际组织也对数字贸易进行了一定内涵界定。例如，联合国贸易和发展会议（UNCTAD）将数字贸易定义为应用信息通信技术开展的货物与服务贸易；而经济合作与发展组织（OECD）将数字贸易概念从三个维度加以解释：交易本质、产品、参与合作伙伴。从统计角度看，只要满足下列三个条件之一的，就可以称为数字贸易：数字订购交易（digitally ordered transaction）、数字（平台）促成交易（digitally enabled/facilitated transaction，platform enabled/facilitated transaction）、数字交付的贸易（digitally delivered transaction）。美国—墨西哥—加拿大协定（USMCA）、全面与进步跨太平洋伙伴关系协定等协定强调，数字贸易不仅包括基于互联网开展商品与服务交易，还包括实现全球价值链数据流动、实现智能制造网络平台和应用等方面（见表12－3）。

表12－3　其他组织机构定义的数字贸易

提出时间	组织机构	概念名称	概念内容
1998	WTO	电子商务	通过电子方式生产、分销、营销、销售或交付货物和服务
2015	UNCTAD	电子商务	通过计算机网络进行的购买和销售行为。对联合国贸易和发展会议而言，电子商务涉及搭配实物商品以及数字方式提供的无形（数字）产品和服务

续表

提出时间	组织机构	概念名称	概念内容
2016	欧盟	数字贸易	个人和企业可以在公平竞争的条件下无缝访问和行使在线活动的区域，无论其国籍或居住地
2017	USTR	数字贸易	数字贸易应该是一个广泛的概念，不仅包括个人消费品在互联网上的销售以及在线服务的提供，还包括实现全球价值链的数据流、实现智能制造的服务以及无数其他平台和应用
2018	浙江大学“大数据+跨境电子商务”创新团队	数字贸易	数字贸易是以现代信息网络为载体，通过信息通信技术的有效使用实现传统货物、数字产品与服务、数字化知识与信息的高效交换，进而推动消费互联网向产业互联网转型并最终实现制造业智能化的新型贸易活动，是传统贸易在数字经济时代的拓展和延伸

资料来源：尹丽波．数字经济发展报告（2018－2019）[R]．北京：社会科学文献出版社，2019.

国内权威机构和学界对数字贸易内涵进行了大量研究和界定。2019 年信通院发布的《数字贸易发展与影响白皮书（2019 年）》报告显示，数字贸易是一种依赖信息通信技术的贸易形式，其包含内容有：实物商品贸易、数字服务。商务部研究院则认为数字贸易应该是一种依托于信息网络和数字技术，跨境研发、生产、交易、消费等活动中产生的，能够通过数字订购或数字交付方式实现货物贸易、服务贸易和跨境数据流动贸易的总和。国内学者通常根据数字技术在贸易和生产过程参与程度将数字贸易划分为三个层次：数字化产品和服务、数字技术相关软硬件产品和服务交易、贸易数字化。

国内外机构对数字贸易内涵尚未达成统一共识。根据中共中央、国务院《推动贸易高质量发展中的界定的指导意见》，数字贸易应指被列在服务贸易下的数字贸易以及贸易数字化。本书认为数字贸易是一种依托于信息通信技术的贸易形式，它涵盖了线上宣传、交易、结算等促成的实物商品贸易，也包括通过信息通信网络传输的数字服务贸易，如数据、数字产品和数字化服务等。数字贸易主要特点包括贸易方式数字化和贸易对象数字化。贸易方式数字化涉及信息技术与传统贸易各个环节深入融合，而贸易对象数字化则是指数据和以数据形式存在的产品及服务贸易。数字贸易发展对全球经济具有重要影响，它推动了世界经济数字化转型，为全球贸易注入了新动能，同时也带来了一些挑战，如市场竞争加剧和对传统劳动力影响。

三、数字贸易特征

想要了解数字贸易特征，就需要从数字贸易和传统贸易异同进行剖析，以便准确把握数字贸易发展特征。

（一）与传统贸易相同之处

1. 贸易行为本质。

数字贸易和传统贸易都涉及相同要素流动，即商品、服务和生产要素在不同主体之间转移，这是贸易本质。对于数字贸易和传统贸易来说，它们都以商品和服务交换为核心，旨在满足需求、促进经济增长和实现国际间合作与交流。无论是实物商品还是数字化产品，都具有价值并能够满足消费者需求。因此，可以说数字贸易是传统贸易一种衍生形式，是基于数字技术和互联网创新性贸易模式。

2. 贸易内在动因。

内在动因上，传统贸易和数字贸易存在相似之处，即由于专业化生产和劳动分工以及由此带来的规模经济效应。这些因素推动了国际分工与合作，提高了资源利用效率和生产效率，进而降低成本和价格，促进了贸易增长和发展。古典国际贸易理论中的绝对优势理论和比较优势理论，代表了研究贸易动因经典观点。这些理论都强调了专业化生产和劳动分工重要性，以提高国家产出和收益，同时实现资源最优配置。绝对优势理论侧重于不同国家天然资源禀赋和生产力差异，认为不同国家应专门生产其拥有绝对优势商品或服务。比较优势理论则关注不同国家相对生产成本差异，认为专业化生产应基于比较优势。两种理论都强调了通过专业化生产和劳动分工来实现资源配置效率重要性。无论是绝对优势理论还是比较优势理论，都揭示了国际贸易经济效益。通过专业化生产和劳动分工，不同国家可以在全球范围内实现资源最优配置，提高社会福利水平。这种经济效益包括降低生产成本、提高生产效率、扩大市场规模、促进创新和技术进步等。随着数字技术的快速发展和普及，数字贸易作为一种新兴贸易形式应运而生。数字贸易借助互联网和数字技术，进一步促进了专业化生产和劳动分工，加速了全球范围内资源和市场整合。数字化特点使得跨境交易更加便捷和高效，推动了贸易增长和扩展。因此，数字贸易和传统贸易在内在动因上有着相似之处，都受到专业化生产和劳动分工以及规模经济效应驱动。两者都为国际贸易提供了更多机会和潜力，为全球经济发展和繁荣做出了重要贡献。

3. 贸易经济意义。

数字贸易和传统贸易确实都能带来经济利益和福利提高。通过贸易，各国能够扩大生产规模、增加消费、改变价格水平并获得多样化产品，最终会体现为各国社会福利水平提高。尽管数字贸易相对于传统贸易规模较小，但随着数字经济快速发展和数字贸易不断增长，其潜力巨大。数字贸易借助互联网和数字技术，提供了更加便捷高效的交易方式，为企业和个人提供了更广阔市场和更多商业机会。数字贸易增长将进一步增强国际贸易福利效应，促进全球经济繁荣。总之，数字贸易和传统贸易都能够带来经济利益和福利提高。随着数字贸易的持续发展，它有望进一步增强国际贸易福利效应，推动全球经济繁荣。

（二）与传统贸易不同之处

数字贸易和传统贸易虽然在贸易行为本质、内在动因和经济意义上十分相似，但随着数字技术的发展，数字贸易在贸易特点、主体、运输方式和模式等方面已经出现了很大变化。

1. 贸易特点。

数字贸易比传统贸易更加平台化、数字化和个性化。数字平台已经成为数字贸易核心，通过数字化可以打破地域壁垒，降低交易成本，并提高产品和服务质量。例如，数字化平台可以让消费者从全球范围内选择自己喜欢产品和服务，而不再局限于本地市场。此外，数字贸易利用大数据、云计算等数字技术实时获取来自全球消费者数据信息，分析喜好并且投其所好，这也是数字贸易个性化的重要体现。智能家电和数字物流也是数字贸易个性化很好的例子。

2. 贸易主体和对象。

相对于传统贸易，数字贸易在贸易主体和对象上更加多元。传统贸易通常存在高门槛，一般只有大型跨国企业参与国际贸易，并且经济发达国家占据着话语主导权；数字贸易出现则让更多个人与中小型企业参与贸易，让更多新兴经济体进入市场。使国际贸易门槛进一步降低，提高贸易发展动力，创新经济发展驱动力。数字贸易出现也使数字化产品和服务贸易占比逐渐上升，信息和数据成为经济发展的重要资源，有效优化产品结构，提升价值链品质，使传统资本和劳动密集型贸易资源转向知识密集型贸易资源。

3. 贸易运输方式。

传统贸易主要采用传统运输方式，如陆运、海运等，跨境时间长、速度慢。数字贸易主要指数据跨境流通，采用无纸化传输，效率更高、实效性更好。利用互联网和数字技术进行跨境交易，避免了物流过程时间和空间限制，提高了贸易效率和实效性，使贸易即时化发展。

4. 贸易模式。

传统贸易主要依托代理商、分销商等中介，通过纸质证明及证件完成跨国交易，信息收集难度较大。数字贸易采用了更高效的贸易模式，利用数字平台可以简化交易流程、优化产业链布局，极大地降低了信息不对称性和难收集程度，数字平台可以帮助供应商“一站式”完成匹配客户、接受订单、发货海运等操作。

虽然数字贸易随着数字时代到来，内涵在逐渐丰富，但它仍旧以服务传统经济活动为主，通过数字技术等发展而促进传统产业向数字化转型升级，使得国际贸易从广度、深度、密度方面提升，从而提升传统贸易效率（见表12－4）。

表12－4　　数字贸易与传统贸易比较

	传统贸易	数字贸易
贸易主体	大型跨国企业	互联网平台企业的作用凸显
贸易对象	以有形的货物和生产要素为主	数字产品和服务贸易占比上升
贸易运输方式	主要采取陆运、海运等方式	无纸化和电子化趋势明显
贸易时效性	交易周期长、贸易成本高	大幅弱化地理等因素制约
关键技术	生产制造、交通物流	信息通信技术
监管部门	海关、检验检疫、外汇管理局	数字内容审核部门、产业安全部门
贸易政策	双边及区域贸易协定	数据监管、隐私保护等

资料来源：根据公开资料整理。

（三）数字贸易发展特征

数字贸易在以下几个方面与传统贸易相比产生了新特征：比较优势来源、国际贸易模式、数字贸易服务、贸易标的物构成、国际贸易主体、贸易监管要求等。

1. 比较优势的来源：数据和数字技术。

数字贸易相较于传统贸易呈现新的特征。在传统贸易中，比较优势通常源自劳动力、资本、技术、地理位置、基础设施和制度等因素。然而，随着数字技术的快速发展，数据和数字技术重要性在贸易中的重要性越来越重要，成为新的比较优势来源。由于数字技术进步，劳动力在贸易中的作用相较而言没有那么突出，同时贸易受物理基础设施、手续办理（跨境）和地理距离等因素制约作用越来越弱。与此相反，数字技术发展导致与知识相关的知识密集型资本和无形资产在贸易中的重要性越来越突出。数字技术和数据收集、使用和分析能力成为数字密集型产品出口比较优势来源，推动了数字经济快速发展。此外，构建在数据收集、存储、分析和建模的“数据价值链”也成为影响国家数字贸易比较优势重要因素。总体而言，数字技术和数据成为新的比较优势来源，改变了劳动力和物理因素重要性，基于数据价值链也成为数字贸易比较优势关键因素。国家在数字化能力和数据资源方面优势将推动数字贸易进一步发展。这些变化标志着数字贸易崛起，为全球经济发展注入了新动力。

2. 国际贸易模式：在线互联网平台。

数字贸易在国际贸易模式上呈现出与传统贸易不同的特征，主要通过在线互联网平台来协调和配置资源，从而取代了传统贸易的中间商角色。传统贸易中，依赖纸质单据和书证材料，而数字贸易交易过程不再依赖于固定经营场所和常设机构，而是通过互联网平台来连接供应和需求双方。数字平台为供应商和消费者提供了广泛服务，例如，对消费者进行商品展示并且使其进行在线支付，为生产者提供进出口手续办理、物流、营销甚至保险等一系列服务。这些服务集成使得数字贸易商品流、资金流和信息流能够更加顺畅进行。通过数字平台，供应商和消费者可以便捷地访问和对接，信息不再存在不对称和碎片化问题，同时地理距离对国际贸易制约作用也被削弱。因此，数字平台已经成为数字经济中协调和配置资源基本经济组织形式。它提供了一个便利虚拟市场，将供应方和需求方聚集在一起，促进了交易发生和资源高效配置。数字平台的兴起为企业和个体提供了更广阔的市场机会和全球化贸易平台，同时也为消费者带来了更多选择和便利。通过数字平台，贸易参与者能够直接进行交流和合作，从而促进了贸易增长和发展。

3. 数字贸易服务凸显。

数字贸易发展使得服务贸易在国际贸易构成中的重要性显著增加。数字技术发展，产生快速发展数字基础设施，为可数字化服务的发展提供了渠道。相比传统服务领域，如旅游和运输等，数字化服务增长速度更快。数字技术进步显著降低了通信和交易成本，减少了地理距离对国际贸易限制。这一趋势促使部分传统线下服务向线上转变，创造了新的服务贸易方式，并扩大了跨境交易服务范围和种类。举例来说，数字技术使得创建虚拟教室成为可能，为全世界学生提供开放在线课程，吸引来自不同地区学生参与。这种在线教育服务打破了传统教育时空限制，使学习变得更加灵活和便捷。此外，数字技术还催生了许多其他类型服务贸易，如远程医疗、远程工作、咨询服务、软件开发和数字内容创作等。这些服务通过数字平台和互联网连接，使得服务提供者和需求方能够迅速连接，实现交易和合作。因此，数字化服务快速发展和数字技术应用使得服务贸易成为国际贸易的重要组成部分，推动了服务贸易在数字贸易时代显著增长。

4. 贸易标的物构成发生变化。

数字贸易在贸易标的物构成上也相较于传统贸易产生了新变化。首先，数字贸易兴起推动了信息技术部门发展和信息技术产品出口增长，成为世界贸易增长最快领域之一。随着数字技术的广泛应用，信息技术产品需求迅速增加，这些产品包括电子设备、通信设备、软件和数字内容等。数字技术发展和数字产品出口增长促进了国际贸易多样化和增长。其次，数字技术应用大幅提高了时间敏感型商品、认证密集型商品和合同密集型商品在传统货物贸易中的比重。通过数字化和互联网连接，时间敏感型商品（如即时交付数字产品）的交易变得更加快速和高效。认证密集型商品（如知识产权保护和数字版权管理）以及合同密集型商品（如在线订购和交易平台）也得到了数字技术支持和推动。此外，数字技术应用降低了复制、创建、访问和传播创造性工作成本，使得可数字化有形商品国际贸易比例不断下降。以前，复制有形商品（如实体书籍、音乐 CD）需要经过物流和分销渠道，而现在数字技术使得数字化产品（如电子书、音乐下载）能够直接通过互联网进行交易，降低了物流和分销成本，提高了数字化产品国际贸易份额。总体而言，数字技术在国际贸易对象方面呈现出新的特征。数字贸易兴起促使信息技术部门发展和数字产品出口增长，改变了传统货物贸易结构。数字技术应用提高了时间敏感型商品、认证密集型商品和合同密集型商品比重，同时降低了可数字化有形商品贸易份额。数字技术在降低贸易成本方面发挥了重要作用，尤其是通信、运输、监管合规和交易成本降低，为国际贸易带来了更多便利和机遇。

5. 国际贸易主体结构发生变化。

数字贸易兴起改变了国际贸易主体结构，从国际贸易主体角度看，数字贸易参与主体由传统大型跨国公司扩大到了中小企业和个人消费者，呈现出新的特征和变化。传统贸易中，由于规模经济制约，中小企业和数字密集型产品生产企业参与国际贸易面临着固定成本阻力。然而，在数字贸易中，距离成本对效率的影响相对较低，根据现有研究发现仅为传统线下贸易的 35%。数字贸易出现削弱了市场物理距离，通过在线搜索成本降低，帮助中小企业实现规模经济并降低出口成本。这使得中小企业能够更加便捷地参与国际贸易，扩大其市场份额。此外，数字平台为中小企业提供了捕获信息渠道，促进了竞争性贸易环境形成。通过数字平台，中小企业可以更好地了解市场需求、竞争情况和最新趋势，提高了其参与国际贸易竞争力。同时，数字平台还提高了消费者对中小企业出口商的认知程度，为中小企业拓展市场和增加销售机会提供了支持。此外，从企业存活率看，数字贸易为在全球互联网平台上进行贸易的中小企业提供了更好的存活机会。根据统计数据，数字贸易中从事贸易的中小企业存活率为54%，比离线企业高出30%。数字贸易为中小企业提供了更广阔市场，降低了经营风险，增加了企业生存和发展机会。因此，数字贸易相较于传统贸易在贸易主体方面呈现出新的特征。中小企业和个人消费者参与度增加，数字平台的出现帮助他们克服了固定成本和距离成本障碍，从而降低了贸易门槛，促进了更多中小企业和个人消费者参与国际贸易机会，实现了贸易多元化和包容性。

6. 贸易监管要求更高。

数字贸易对国际贸易监管体系要求更高。与传统贸易相比，数字贸易涉及领域更广，更加注重跨境交付、数字化服务和知识产权保护等方面问题。因此，数字贸易需要更多国际协调和规制，以确保数字产品能够进行正常贸易。数字贸易时代，数字化产品和服务重要性不言而喻。数字贸易发展需要建立更加完善的国际贸易规则，以确保数字化产品和服务的贸易自由化和公平竞争。这包括制定和执行适用的法律法规，以确保数字产品在全球市场上能够得到公正对待，不会受到限制。此外，数字贸易也需要保护知识产权和数据隐私等方面利益。由于数字化产品和服务特殊性，知识产权保护尤为重要。国际贸易监管体系需要确保知识产权有效保护，以鼓励创新和知识产权投资，同时促进公平竞争和消费者保护。另外，网络安全问题在数字贸易发展的重要性也日益凸显。数字贸易需要确保网络安全和数据隐私得到有效保护，以防止出现恶意攻击、数据泄露和网络犯罪等问题。因此，国际贸易监管体系需要加强对数字贸易网络安全和数据保护监管和合作。总之，数字贸易对国际贸易监管体系要求更高，需要建立更加完善和适应数字化时代的国际贸易规则和合作机制。这将有助于保障数字产品和服务贸易自由化、公平竞争和知识产权保护，同时加强网络安全和数据隐私保护。通过国际协调和规制，数字贸易可以发展得更加健康、可持续并有利于各方利益的方式。

7. 数字贸易重构全球贸易价值链。

首先，生产层面，深化了价值链分工并提高了价值链效率。数字贸易发展，为深化、延伸国际贸易生产分工提供了条件，由于数据资源作为生产要素，在现有分工基础上延伸出了许多新部门和生产方式，能够为各地区生产、研发部门提供更新、更具潜力的竞争优势，而且随着数字传输技术，特别是互联网、云计算、云平台等数字基础设施的发展，国际生产分工价值链上各环节之间联系与协调更加紧密、便捷，最终在深化产业链分工基础上，促进了地区乃至全球价值链发展。其次，模式层面，优化升级了当今国际贸易价值链分工体系。新的数字产品、服务内容和模式的出现，促进了全球各地区消费方式、生产方式快速变化，不仅使传统生产、消费分工体系形成价值链延伸至信息、数据等虚拟产品价值链之上，也使得数字产品生产、消费本身价值链分工在不同环节上不断演化发展，尤其是数字贸易“去中心化”、无国界化等特点，会进一步推动数字贸易在全球范围内优化布局，从而加快现有国际贸易价值链的转型升级。最后，治理层面，现有数字贸易规则体系进一步助推了全球贸易价值链转型。为了规范数字贸易，各国、各地区都在加强数字贸易管理交流与合作，纷纷出台相应监管体系，并形成具有代表性的区域贸易协定，使贸易各方可以通过平等协商、谈判等机制解决数字贸易争端。这不仅保障了当前以及未来数字贸易的安全性和规范性，也为数字贸易各环节价值实现提供了条件。

8. 数字技术赋能数字贸易低成本化。

首先，数字技术赋能数字贸易形成低运输成本与低物流成本特性。运输成本方面，大数据、GPS等数字技术与导航系统应用，能够精准地将物流运输线路、运输成本等资源进行有效优化，不仅节省了数字贸易最终消费运输时间，而且在节约运输成本方面也起到了积极促进作用。随着全球跨境贸易

B2B、B2C、C2C 等各类数字支付、网购业务的迅猛增长，机器人、人工智能、大数据、云计算等数字技术的大量应用，通过优化存储和分销网络将数字贸易库存成本进一步压缩，不仅提高了海外仓储利用效率，也通过优化物流成本、仓储费用实现了物流成本的下降目标。其次，数字技术赋能数字贸易形成低跨境成本特性。数字贸易赖以快速发展的基础，除了互联网平台、大数据、人工智能等技术支持之外，最需要重视的就是电子数据交换或数字支付系统。基于电子数据交换系统，能够对时间敏感型、认证密集型和合同密集型的贸易品的通关时间进行精准分析和评估。统计结果表明，与传统模式通关时间相比，通过基础电子数据交换系统可以节约 70% 的通关时间，有效提高了数字贸易标的物跨境效率。不仅如此，区块链等数字技术的大量使用，也可以提高数字产品和数字贸易标的物通关速度，继而降低整个贸易过程通关成本。此外，人工智能相关应用软件使用，数字贸易过程中可以高效监测和分析贸易规则变化，并利用搜索、推理和规划等求解功能，为交易双方提供优化后的预警方案，帮助贸易主体实时应对数字贸易跨境环节可能存在的风险，最终降低数字贸易的合规成本。再次，数字技术赋能数字贸易低信息和交易成本特性。在线支付、交易、购物等互联网平台，基于大数据技术应用，可以有效获取市场主体相关特征，为提高数字贸易双方成功匹配概率提供有利条件，而且在线评分系统能够帮助交易双方解决质量、信任、服务等信息不对称问题，从而极大地节约数字贸易主体获取市场的信息成本。而且随着数字贸易实践的发展，更多网络平台开始支持云计算、大数据等数字技术，这些互联网技术交叉使用，在数字产品供给端，不仅可以精准把握客户需求特征和偏好，而且能够实现个性化需求产品定制，保障数字产品尽可能满足客户需求体验；产品需求端，通过匹配消费偏好与供应商商品和服务特征，不仅缩短了消费者搜寻时间，降低了搜寻成本，也在不同程度上减少了信息不对称造成的消费损失，为提高市场交易效率提供了条件。此外，机器翻译等软件系统使用，在不同程度上弱化了语言与文化壁垒对数字贸易负面影响，加上跨境电商平台、跨境支付体系全面推广，显著地克服了国际贸易过程中存在的沟通障碍问题，既规避了银行代理诸多环节，也提高了整个数字交易效率。最后，数字技术赋能数字化贸易产品零边际成本特性。作为数字贸易标的物，部分数字化产品本身属于数字范畴，其生产过程因产品可复制性而具有近乎零边际成本，且数字化产品传输往往在互联网平台通过电子邮件、客户端等方式完成，几乎实现了零生产成本与零运输成本完美结合。也正是数字化产品这种近乎为零边际成本与运输成本，推动了传统贸易理论、定价理论以及贸易模式发生了重大变革，改变了地区甚至世界贸易既有格局。此外，对于部分企业和消费者而言，往往使用统一系统或网络平台，如 Android、iOS 等系统，随着用户数、交易量等指标的增长，不仅可以为厂商分担产品开发成本，也能够抵消消费者消费成本，使得大量消费者几乎零成本地下载、使用不同软件和服务。

9. 数字贸易分布非平衡性与标的产权非排他性。

由于数字贸易是基于数字基础设施、产业链与价值链分工等因素发展起来的，因此会随着数字基础设施发展水平的不同，对世界各国、各地区数字贸易发展非平衡性产生直接影响，而且考虑到部分数字贸易标的物为数字化产品，致使其标的物产权的非排他性得到增强。首先，数字贸易分布呈现非均衡性。数字经济全球化背景下，对于提供数字技术或资源相对雄厚的跨国公司而言，随着数字技术应用和数据的跨境流动，不仅会因为生产分工深化，获取更高的比较优势，实现数字贸易规模扩大，同样对于提供数字化服务跨国公司来讲，也会因其雄厚的数字基础以及研发优势，使其在国际贸易中具有较强的比较优势，但是对于生产企业而言，数字技术使用有可能会简化分工环节，减少生产阶段增加值，最终导致全球数字贸易价值分工的“改突曲线”变得更加陡峭，加剧世界贸易格局不平衡。根据联合国贸易和发展会议的统计，全球市值最大的 20 家公司基本都拥有基于平台的商业模式，其中，微软、苹果、亚马逊、谷歌、Facchook、腾讯和阿里巴巴这世界 7 大平台占世界前 70 大平台总市值的 2/3：从数字化资本母国分布来看，美国和中国占全球前 70 大数字平台市值的 90%，而欧洲在其中份额仅为 4%，世界其他地区份额更少。因此，全球存在巨大“数字鸿沟”背景下，基于在线平台商业模式跨国公司很可能是未来全球贸易格局和世界经济不平衡的主要推动力。其次，数字贸易标的物产权非排他性。由于数字贸易部分标的物为数字产品，或者是知识密集型产品和服务，那么有关数字知识产权保护、强化数字产品排他性就成为数字贸易谈判和贸易过程中各方普遍关心问题。例如，全面与进步跨太平洋伙伴关系协定针对数据排他性问题专门指出源代码非强制本地化要求，同样美墨加协定、日本—欧盟经济伙伴关系协定等将数据排他性问题进一步深化，将源代码非强制转让从大众市场软件扩展适用于基础设施软件。除了数字产品之外，基于数字基础的有形货物贸易，不同国家和地区也出台了相应保护措施，如欧盟 2019 年出台了新版权法以适应数字经济和数字贸易新需要。此外，随着数字贸易的发展，数字产品化和商品数字化水平日益提升，也使得消费品和服务种类与规模不断扩张，与之相关的产权保护与纠纷也随之增加，为此，在世界贸易组织框架下，美国、欧盟、日本、中国等纷纷以“知识产权保护”为核心议题，在不同场合展开讨论和谈判，但遗憾的是，各个国家和地区基于自身利益提出的数字贸易相关产权保护提案，并不能被其他国家和地区接受，致使国际之间数字贸易壁垒仍然大量存在，从而制约着下一阶段数字贸易平稳发展。所以，参与数字贸易各经济体还需要加强合作，完善数字贸易标的物产权排他性制度安排，充分保障各贸易主体合法权益，最终为数字贸易稳定发展、提升各贸易主体经济福利提供坚强保障。

第二节　数字贸易理论基础与测度

随着互联网技术和平台的普及，跨境电子商务等新业态不断发展，为国际贸易提出了一系列新议题和新方向，具体体现为：首先是理论上新新贸易理论（new－new trade theory），异质性企业贸易理论的出现和一系列颠覆性后续研究占据理论创新前沿；其次是国际贸易不断发展、对经济增长贡献提高以及在国家间关系中地位提升；最后是 2008 年国际金融危机之后，国际贸易发展、贸易治理和协调成为重要议题（李春顶等，2020）。与此同时，由于不同国家与组织对数字贸易内涵界定的差异，对数字贸易的测度也有所不同。

一、数字贸易理论基础

（一）国际贸易理论基础

贸易理论是国际经济学的重要组成部分，它主要探讨不同国家之间贸易模式、经济效应以及贸易政策等问题。其理论发展历程可以概括为古典贸易理论、新古典贸易理论、新贸易理论和新新贸易理论四个阶段。

古典贸易理论，代表人物是亚当·斯密（Adam Smith）和大卫·李嘉图（David Ricardo）。这个阶段的理论主要围绕着比较优势理论展开。亚当·斯密提出绝对成本理论，认为国际贸易可以促进国家经济发展，因为不同国家在生产某种商品时会存在不同成本和效率，所以各国应该把自己优势商品出口到其他国家，进口其他国家生产的优势商品。大卫·李嘉图则提出了相对成本优势理论，即某个国家在生产某种商品时的成本低于其他国家，就应该专门生产这种商品，然后用它来换取其他国家生产的商品。

新古典贸易理论，代表人物是赫克歇尔（Heckscher）和俄林（Ohlin）。这个阶段的理论从均衡分析法出发，将决定国际贸易因素由单纯劳动生产成本扩展到资本和劳动两种生产要素，指出比较成本差异存在条件主要包括两个方面：一是两个国家存在不同生产要素拥有量和分布量；二是两个国家生产不同商品所使用生产要素比例不一样。赫—俄模型将生产要素禀赋、价格差异、生产要素密集度和国际贸易联系起来，从而更直接地反映出以资源禀赋差异为标志的比较优势来源，更接近国际分工和国际贸易实际活动。

新贸易理论，代表人物是克鲁格曼（Krugman）和赫尔普曼（Helpman）。这个阶段的理论主要围绕着产品差异化和规模经济展开。克鲁格曼提出了新贸易模型，认为在有规模经济行业中，会存在多个国家同时生产相同种类商品，而这种现象与比较优势理论相悖。赫尔普曼则提出了国内需求拓展模型，认为国家内部的市场规模对于外贸有着重要影响。他们运用产业组织理论对产业内分工和贸易问题进行系统阐述，建立了以规模经济和产品差异为基础的垄断竞争国际分工与贸易理论模型，被称为新贸易理论。

新新贸易理论，代表人物是梅里兹（Melitz）和赫尔普曼（Helpman）。这个阶段的理论主要围绕异质性企业贸易理论、生产网络理论、国际商业周期等领域。异质性企业贸易理论方面，新新贸易理论主张认为不同企业之间产品差异和经济规模都会影响企业的国际贸易策略。例如，像苹果这样的大型跨国公司可以在多个国家生产和销售不同产品，而像小型本地企业这样企业则可能只在本地市场进行生产和销售。因此，新新贸易理论认为，通过分析企业之间差异，可以更好地解释国际贸易模式和趋势。生产网络理论方面，新新贸易理论认为，生产网络可以帮助企业实现在全球范围内协同作业，提高效率和降低成本。生产网络可以将各种生产环节分布在不同国家企业之间，以利用各国不同劳动力、技术和资源。因此，新新贸易理论主张认为，生产网络是国际贸易中一个重要趋势。国际商业周期方面，新新贸易理论主张认为国际贸易和国内经济发展之间存在相互作用关系。国际贸易可以通过传递经济冲击，影响各国经济增长和就业状况。因此，新新贸易理论认为，在国际贸易中考虑商业周期和宏观经济因素的影响非常重要。

总之，国际贸易理论发展从古典贸易理论到新新贸易理论经历了多个阶段演变，这些理论主张的观点和研究方向不同，但都为解释国际贸易模式和趋势以及分析贸易经济效应提供了重要理论基础。

（二）数字贸易对国际贸易理论的发展与挑战

万物互联网络时代，国际贸易形势不断变化，数字贸易作为一种新型贸易方式，它依靠互联网和国际物流，直接对接终端，已在全球范围内蓬勃发展。与传统贸易相比，数字贸易呈现出多边化、直接化、小批量、高频度、数字化等特征。传统跨境贸易主要是两国之间双边贸易，呈线状结构。而数字贸易通过相关信息流、商流、物流、资金流，已由传统双边逐步向多边化方向演进，呈现出网状结构。直接化则是指数字贸易比起传统国际贸易，交易过程更直接，效率更高。同时，数字贸易单笔订单大多为小批量，比传统贸易大批量交易灵活很多。

数字贸易作为贸易体系经过各种驱动因素发展到现阶段，在保留了之前传统贸易形式的同时，也发展出诸多新特性：一是数字贸易的贸易模式有所创新，贸易产品既包括数字产品，也包括服务贸易以及实体货物；二是由于数字贸易随着其所依托的云计算、大数据等技术不断升级而进步，进而促进制造业智能化转型；三是随着数字贸易基础设施完善和信息通信技术进步，数字贸易会普及到更广阔地理范围（陈维涛等，2019）。

基于贸易实践进步，数字贸易理论研究也与时俱进。自 Freund（2002）以来，很多学者开始关注互联网对国际贸易的影响，围绕数字贸易理论研究发现，互联网发展和应用促进了贸易量增长，降低了国际贸易成本。

1. 从贸易总量看，互联网促进了贸易量增长。

围绕互联网对贸易的影响，自 Freund（2002）开创性研究以来，已经有很多学者开始关注这一问题。纵观已有文献，大多数是从国家层面考察互联网对贸易的影响，他们普遍发现互联网发展有利于贸易量增长，并采用引力模型考察了互联网对货物贸易的影响。随着异质性贸易理论提出和发展，近年来，也开始有一些学者从企业层面对互联网贸易效应进行研究。利用双边、双向网址链接数量作为指标考察了互联网对中国企业出口的影响，发现互联网增加了企业出口概率、出口持续时间，促进了出口扩展边际和集约边际提升，降低了出口价格，增加了出口数量（施炳展，2016）。

2. 从贸易成本看，互联网降低了国际贸易成本。

20 世纪 90 年代是互联网在国际市场飞速发展时期，这种背景下很多学者开始研究互联网与国际贸易成本的关系。研究发现，互联网引入会使得交流、搜索、交通成本接近于零，从而有利于降低贸易成本。贸易成本一个重要特征是运输费用随距离增加而越来越大。与获取关于国外市场信息和寻找贸易伙伴有关贸易成本较高，也往往会减少远距离贸易。而互联网发展会通过降低特定市场出口沉没成本，促进全球贸易。除了沉没成本外，互联网有助于降低信息不对称成本。贸易搜索匹配模型中，消费者通过网络搜索最佳交易者，提高可选择对象数量，有利于消费者进行跨境交易。

3. 数字贸易挑战国际贸易理论。

数字贸易特性使其具有天然新优势，如更加丰富商品、更具竞争力价格以及更高沟通与匹配效率，从而对国际贸易规模、贸易成本及其作用机制影响日益显著。同时也应看到数字贸易面临着诸多全新挑战，如数字贸易基础设施带来新的贸易信息成本。数字贸易发展历程显示，传统贸易中与地缘/地理相关贸易影响因素重要性日趋下降，与文化、制度、语言、法律等方面贸易影响因素重要性不断上升。此外，还产生了数字贸易专有性影响因素，如支付数字化、物流数字化等。这些挑战反映在理论研究上体现为：首先，数字贸易挑战了“国际贸易固定成本显著高于国内贸易”这一命题。在数字贸易中，企业利用互联网平台和技术可以快速完成传统贸易中很难完成甚至无法完成的贸易环节，企业进入国际市场所需固定成本会越来越低，不断趋近于国内贸易成本。其次，数字贸易挑战了“异质性主要体现为生产率差异”这一命题。数字贸易中企业关键生产资料是数据，因此智能化水平成为差异化主要来源。最后，数字贸易挑战了“只有生产率高的企业才能从事出口活动”这一命题。借助大数据、机器学习等新技术，低生产率企业也可以通过“自我选择效应”“学习效应”“再分配效应”等寻找出口活动新驱动因素。数字贸易中，数据逐渐成为关键生产要素，企业掌握数据就掌握了主动权，核心数据成为企业商业机密，跨国公司更加需要重视对核心数据控制、整合和配置能力，对跨国公司内生边界理论都提出了新挑战（马述忠等，2018）。

（三）贸易引力模型

探讨贸易量、贸易成本及其他影响因素关系方面，国际贸易研究多应用引力模型作为理论框架。自 20 世纪 60 年代起，经济学家开始探讨引力模型理论基础，并从实证角度应用引力模型估计双边贸易量（Tinbergen，1962；Anderson，1979）。引力模型是研究距离效应有效工具，它基于牛顿万有引力方程形式，将两个物体之间引力与它们各自质量和两者之间距离联系起来。40 年代，James Stewart 首次将引力应用于社会科学。而最早将其应用于国际贸易的是 Tinbergen（1962），他将两个国家之间贸易量大小类比两个物体之间吸引力强弱，从而将经济体规模和经济体距离纳入影响国际贸易因素。

传统引力定律解释（基于物理学）如图 12－1 所示。

图 12－1　物理学引力模型

应用于国际贸易的引力模型基本表达如图 12－2 所示。

图 12－2　国际贸易引力模型

引力模型认为两个国家双边贸易流量是两国经济规模以及两国之间距离的函数。

$$TOT_{ij} = \psi\left(\frac{GDP_i GDP_j}{Dist_{ij}}\right) \tag{12-1}$$

其中，TOT_{ij} 为 i 国和 j 国之间的双边贸易量。取对数，可以得到如下模型：

$$TOT_{ij} = \alpha_0 + \beta_1(GDP_i GDP_j) + \beta_2 Dist_{ij} + \varepsilon_{ij} \tag{12-2}$$

其中，GDP_i 和 GDP_j 为 i 国和 j 国的 GDP 相乘后取对数。$Dist_{ij}$ 为 i 国和 j 国之间距离。β_1 和 β_2 分别表示两国经济规模与两国之间距离对双边贸易量的影响。α_0 为常数项，ε_{ij} 为误差扰动项。

国际贸易领域，研究引力模型打造可分为三个阶段（Head et al.，2004）。第一阶段，自 McCallum（1995）开始，引力模型得到国际贸易学者认可，并逐渐被应用于国际贸易领域。第二阶段（2002～2008 年），学者们围绕多边阻力和固定效应展开研究，并深入探讨了引力模型微观基础（Anderson et al.，2003）。第三阶段从 2008 年起，与异质性企业理论结合从二元边际视角探讨国际贸易影响因素（Chaney，2008；Bernard et al.，2011）。同时，替代弹性也是贸易成本与贸易规模影响机制重要因素。Krugman（1980）认为，由于消费者有多样性偏好，所以尽管存在贸易壁垒，国家也会进行差异化产品贸易。高替代弹性会导致更激烈竞争，任何成本上劣势都会转化成巨大市场损失，贸易成本对贸易规模有很强影响。

二、数字贸易模式

数字经济时代，数字技术发展在打破网络壁垒的同时，降低了数据跨境流动成本，一方面导致数据流动体量急剧增大，另一方面数字技术本身发展、数据流动参与者多元和数据流动现实场景的丰富，使得跨境数据流动复杂程度随时间和数字技术推进日益增加。为了能够更好、更直观地把握跨境数据流动过程，以两个国家间数据流动，简单描绘出跨境数据流动一般原理，具体如图 12－3 所示。

注意，图 12－3 仅是跨境数据流动形态的国际数字贸易简单模型图。现实场景中，因数据发送方、接收方、数据主体多元化，数据流动实时性，数据出境管理或审查差异，导致跨境数据流动过程极其复杂。更为重要的是，各主体并非仅具有一个角色，而是同时兼具多个角色，还可随时转化角色（数据流动双向性），这在极大程度上复杂了数据跨境流动的关系。

从数据出入境看，允许数据离境或出境是跨境数据流动的前提。目前，除采取“数据本地化存储模式”之外的国家或地区，允许数据离境主要有以下几种方式：一是除特殊数据外其他数据可附条件出境模式，如澳大利亚禁止公民健康数据出境，但允许其他数据在满足条件下出境；二是以欧盟为代表的“充分保护水平”认定制度；三是签订区域数据流动协议，如欧盟与美国签订的“隐私盾”协议。

从数据主体看，数据控制者（数据发送方）欲将其掌控的个人信息转送给境外第三方主体，必须告知数据主体其个人信息种类、数量、出境目的等信息，而且还需要取得数据主体同意。

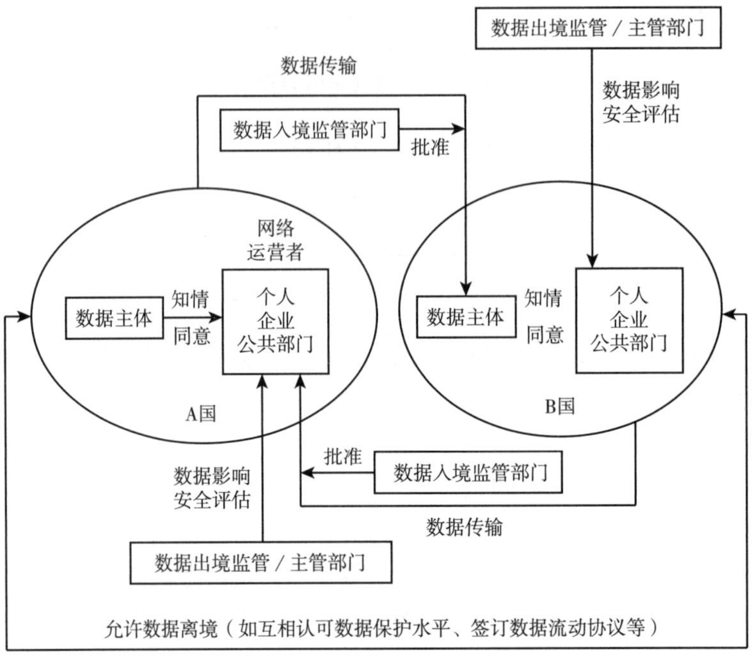

图 12－3　跨境数据流动模式

从数据传输发起方看，欲进行跨境数据流动操作，须满足多方要求。首先，合法收集数据是进行跨境数据转移的前提，主要是获得数据主体的同意；其次，获得数据出境监管主管部门批准。有的数据流出国会审查数据接收方数据安全保护能力，我国《数据出境安全评估办法（征求意见稿）》规定，数据接收方安全保护能力应着重考察主体背景、管理制度保障能力和技术手段保障能力。

从数据出境监管机关看，应重点审查数据跨境流动是否危及个人信息安全和数据安全，损害国家利益。若不危及，则可出境；反之，则不许出境。如我国《个人信息和重要数据出境安全评估办法（征求意见稿）》第 11 条就是如此。

从数据入境监管部门看，数据入境审查主要防止有损本国利益或不利于社会主流价值观念信息或数据流入境内，如我国仅对违反“九不准”和“七条底线”的数据禁止入境。

从数据接收方看，数据接收方接收数据必须达到一定要求。在其可控范围内事项是与数据传输发起方协商数据传输事宜并须向本国或本地数据入境监管机构申请数据入境；非其可控事项主要是数据接收域外阶段，包括数据主体知情同意、数据发起方数据出境审查等环节。

尽管从上述梳理和分析看，跨境数据流动并不复杂。但数据发起方和接收方还可进一步划分、相关主体甚至不在同一国家或地区、不同数据类型审查内容也存在差异，且不同国家或地区间法律制度迥异，甚至跨境数据流动是同时多线多元流动，这些均导致现实跨境数据流动极其复杂。

三、数字贸易测度

（一）数字贸易测度理论依据

根据 2020 年 OECD、WTO 和 IMF 共同发布的《数字贸易测度手册》，数字贸易统计口径主要集中在以下两个方面：一是贸易方式数字化，主要包括贸易过程中有关数字对接、数字订购、数字交付、数字结算等内容；二是贸易对象数字化，主要包括以数据形式存在的要素、产品和服务等内容。从数字贸易内涵看，数字贸易交易主体相对较为丰富，不仅有传统企业、居民、政府，还包括为居民提供服务与咨询的非营利机构、非政府组织等，而且测度数字贸易交易标的既包括传统货物与劳务贸易，也包括以数字方式订购、交付的数据或服务，这些均构成了测度数字贸易的基本要素。

（二）测度数字贸易指标体系

随着全球数字经济的快速发展，许多国际组织和学者开始关注如何科学测度数字贸易规模。国际上研究数字贸易测度，按照研究内容和研究方法不同，大致可划分为窄、宽两种口径。

1. 聚焦信息通信技术（ICT）赋能服务贸易的窄口径数字贸易测度。

联合国贸易与发展会议（UNCTAD）和美国国际贸易委员会（USITC）均采用窄口径方法定义数字贸易，即，数字贸易是“通过数字化交付的服务贸易”，在线订购实体货物不在此范围。具体测度方法上，UNCTAD 提出的“ICT 赋能服务贸易”统计框架被广泛采用（岳云嵩等，2021）。2015 年，UNCTAD 成立工作组开始推进衡量 ICT 赋能服务贸易工作（UNCTAD，2018）。实际测算时，UNCTAD 提出潜在 ICT 赋能服务（Potentially ICT－enabled Services）理念，即如图 12－4 中所示的数字可交付服务贸易，基于现有服务贸易统计体系获取数据，计算范围包括所有可以通过数字交付的服务贸易。UNCTAD 将服务贸易分为数字可交付和数字不可交付两类，并基于《2010 年国际收支服务扩展分类》（EBOPS2010）第一层 12 个品类进行划分，将其中 6 个品类划入数字可交付服务贸易范畴，即保险和养老金服务，金融服务，知识产权使用费，电信、计算机和信息服务，其他商业服务，以及视听和相关服务。UNCTAD 公布的统计数据显示，2021 年，全球数字可交付服务贸易出口额达到 3.8 万亿美元，占全球服务贸易出 62.77%。但是，采用这一统计方法存在的问题在于无法测算 ICT 赋能服务贸易中真正通过数字化交付的部分（岳云嵩等，2021）。为解决这一问题，2016～2017 年，在瑞典政府的资助下，UNCTAD 向企业发放调查问卷，询问企业通过 ICT 远程方式向海外客户进行出口比例等问题，分别对哥斯达黎加、印度和泰国进行调查。结果显示，印度实际数字交付比率达到 81%，哥斯达黎加达到 97%（UNCTAD，2015；UNCTAD，2018；Alexandra et al.，2018）。但 UNCTAD 对上述国家开展试点研究尚未在国际上形成数字贸易规模测度通用范式，实际通过数字交付的服务贸易规模测度仍是当前数字贸易规模测度研究面临的瓶颈所在。

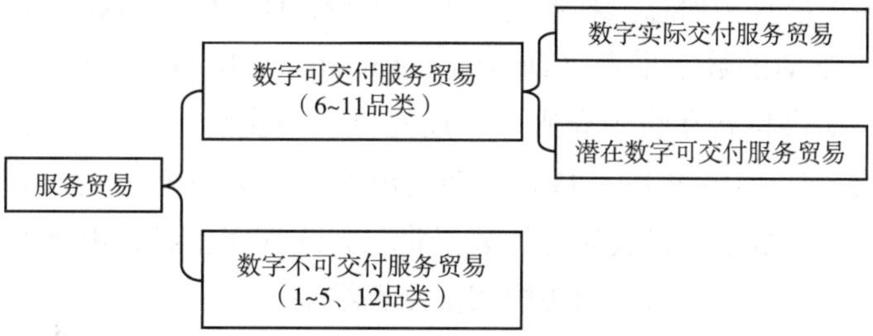

图 12－4　UNCTAD 的 ICT 赋能服务贸易框架

2. 兼顾不同贸易标的物宽口径数字贸易测度。

经济合作与发展组织（OECD）、世界贸易组织（WTO）、国际货币基金组织（IMF）等国际组织对数字贸易的界定相对宽泛，采用宽口径定义，认为数字贸易是“所有通过数字化形式订购和/或交付的贸易”（OECD，WTO and IMF，2021）。2017 年，OECD 和 WTO 主导的国际贸易机构间工作团队（TFITS）成立专家组，随后 IMF 加入该团队，重点研究数字贸易的概念框架和统计标准。2020 年 3 月，OECD、WTO、IMF 发布首版《数字贸易测度手册》（简称 OECD－WTO－IMF 框架），提出了一个广义版数字贸易概念框架，再次完善了数字贸易概念模型，为数字贸易测度做了前期准备工作

（见图 12－5）。该框架按照交易性质划分，数字贸易被分为 3 部分：数字订购贸易（Digitally Ordered Trade），指通过用于接收或发出订单方式在互联网上进行交易，如在线购物、在线预定旅行等；数字交付贸易（Digitally Delivered Trade），指通过 ICT 网络以电子可下载方式远程交付的跨境交易，如在线购买游戏、音乐等非实体服务或商品；数字中介平台赋能贸易（Digital Intermediary Platform Enabled Trade），指为买卖双方提供交易平台和中介服务行为。

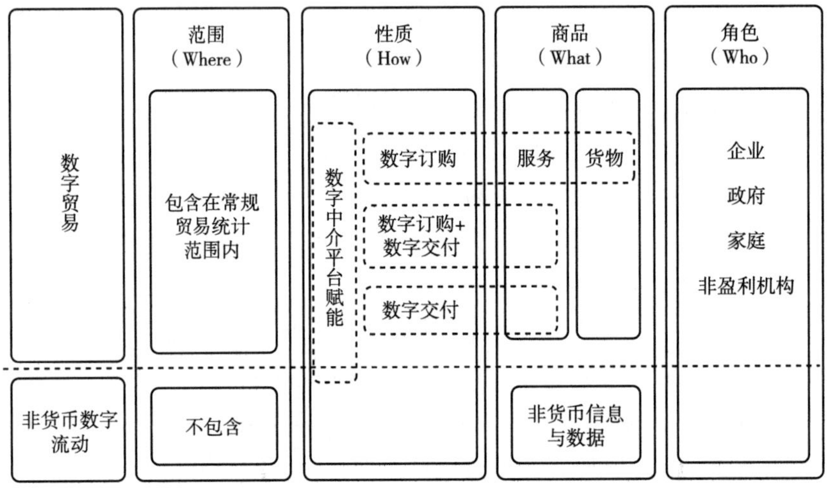

图 12－5　OECD－WTO－IMF 数字贸易概念框架

资料来源：OECD、WTO、IMF，2020.

OECD－WTO－IMF 框架给出了上述三个组成部分衡量方法。数字订购贸易一般分为 4 类：线上订购 ICT 产品、线上订购其他产品、以数字形式交付产品上附带服务以及线上订购其他服务，统计数字订购贸易最为常见方法为企业调查和家庭调查。对于数字交付贸易，OECD－WTO－IMF 框架默认“线上交付”的主体一般为“可通过 ICT 网络远程交付”的服务，而跨境“线上交付”属于服务贸易总协定（GATS）中服务贸易分类第一种模式范围内，按照 UNCTAD 分类主要指保险和养老金服务、金融服务、知识产权使用费、ICT 服务、研发服务、专业和管理咨询服务 6 类，数字交付贸易统计方法是将这 6 类服务贸易规模直接加总。对于数字中介平台，OECD－WTO－IMF 框架将“数字中介平台”视为“数据和广告驱动的数字平台（Data and Advertising Driven Digital Platforms，DADDP）”的一部分，这类平台不仅提供付费在线中介服务，还提供一些免费服务，难以运用现有统计工具核算（方元欣，2020）。总之，OECD－WTO－IMF 框架给出数字贸易总额为上述 3 个部分总额相加之和。但由于各国数字订购贸易和数字交付贸易统计数据获取方式存在差异，因此 OECD－WTO－IMF 框架只给出数字贸易定义和范畴，并未给出相关国家试测算结果。

比较 UNCTAD 提出窄口径数字贸易测度方法和 OECD－WTO－IMF 框架提出宽口径数字贸易测度方法后发现，UNCTAD 窄口径测度只针对服务贸易，其范畴只包含数字可交付服务贸易，而 OECD－WTO－IMF 框架宽口径测度同时考虑了服务贸易和货物贸易，除了与窄口径重叠数字交付贸易外，还包括数字订购贸易，交易标的既包括货物也包括服务。

3. 国内数字贸易规模测度实践。

UNCTAD 基于《2010 年国际收支服务扩展分类》将 12 个服务贸易类别分为数字可交付和数字不可交付两类的思想对我国数字贸易测度研究有较大借鉴价值，我国同样参照《2010 年国际收支服务扩展分类》将服务贸易分为 12 个品类。因此，UNCTAD 分类方法对于我国数字贸易测度具有较强的可实操性。目前，在国内数字贸易测度实践方面存在 3 种测度范畴和主张，均直接或间接受到这一分类思想影响。

第一种按照 UNCTAD 数字可交付服务贸易口径计算。2022 年我国数字可交付服务贸易规模达到 2.5 万亿元，比五年前增长了 78.6%①。中国信息通信研究院发布的《数字贸易发展白皮书》也根据该口径，对我国和其他主要经济体数字贸易额进行对比（中国信息通信研究院，2020）。

第二种依据数字技术与服务贸易融合水平对各品类服务贸易额进行调整（贾怀勤，2021）。贾怀勤（2018）提出数字贸易测度途径和方法：一是确立“数字技术可融合服务”和“数字技术已融合服务”一对概念；二是由数字技术可融合服务贸易额与数字技术融合比（以下简称融合比）之积导出已数字化的服务贸易额，与 UNCTAD 窄口径方法中实际通过数字交付服务贸易规模一致。

第三种主张涉及一些行政区“全口径”数字贸易统计监测方案，包括服务贸易中数字可交付部分（EBOPS 第 6 ~ 11 品类），从数字不可交付服务（EBOPS 第 1 ~ 5、12 类）中提取数字技术有效赋能带动贸易效率和质量提升部分，以及跨境电商和数字硬件贸易（贾怀勤等，2021）。

此外，国内有些学者构建数字贸易指标体系来测度数字贸易。国内学者在测度数字贸易发展水平和规模时，有部分学者尝试使用综合评价法进行研究，这样可以避免不同统计口径、统计量纲差异对测算结果的影响，也可以将不能货币化的数字指标纳入数字贸易评价体系之内，从而更加全面对数字贸易发展水平进行测度。例如，刘斌等（2021）选取“电影、视频和电视节目制作，录音和音乐出版活动以及节目编制和广播活动”“计算机编程、咨询等相关活动与信息服务活动”及“电信业”三项指标之和占各国贸易额比重作为数字贸易发展水平的测度指标；姚战琪（2021）构建了电子商务基础设施、数字化技术、数字产业规模及贸易额、数字产业化贸易、对外贸易依存度等 5 个维度 11 项基础指标，利用 TOPSIS（technique for order preference by similarity to an ideal solution）方法对我国省域数字贸易水平进行测度；刘媛媛等（2021）利用 RAGA 模型（real coding based accelerating genetical agorithm）投影寻踪方法，选取贸易潜力、技术创新环境、基础设施环境、数字贸易能力 4 个维度、24 项三级指标来测度中国各省区市数字贸易发展水平。与此类似，李轩等（2021）则从竞争力视角选取与数字贸易相关的基础设施、产业、创新以及治理能力 4 个维度 27 项指标，使用层次分析法来评价我国各省区市数字贸易竞争力。

可以看出，上述测度数字贸易各有侧重点，但测度数字贸易综合指标应该有数字基础设施、数字贸易水平、贸易发展水平、数字治理水平 4 个方面基本内容，具体对应指标见表 12－5。当然表中指标也不是固定不变的，如果利用货币化指标测度数字贸易，则可以借鉴现有文献使用表 12－5 中数字贸易水平相关指标进行加总，以此核算一国或地区数字贸易水平，也可以根据贸易实践发展以及研究者目标需要进行调整和完善。

可以看出，综合测度方法优势在于将不同维度、不同指标纳入数字贸易测度框架之内，能够较为全面地对不同地区、区域数字贸易发展水平进行分析和比较，而且利用权重等指标可以进一步对影响因素做出比较客观评价，不过与货币化测度指标相比，综合测度方法结果虽然能够最大限度地反映出数字贸易发展水平的高低，但对应经济意义却不是很明显，在实证分析研究中对于进一步识别其他因素与数字贸易因果关系则存在一定局限性。

---

① 中华人民共和国商务部，王文涛部长出席国务院新闻办公室“权威部门话开局”系列主题新闻发布会介绍“坚定信心，奋发有为，推动商务高质量发展迈出新步伐”有关情况．［EB/OL］．（2023－03－03）［2023－11－16］．http：//www. mofcom. gov. cn/article/xwfb/xwztfbh/202303/202303033 94394. shtml.

表 12-5 数字贸易测度指标体系

名称	维度指标	具体指标
数字贸易测度指标	数字基础设施	互联网宽带接入端口数量占全球端口数量比重 移动互联网用户数占全球用户数比重 互联网宽带水平 软件开发企业的销售收入占全球市场份额比重 数字专利占世界专利授权比重
	数字贸易水平	电子商务出口交易额 软件、数据等业务出口额 电子出版物、影像制品等出口销售额 在线服务（教育、游戏、视频等）等对外营业额
	贸易发展水平	贸易开发度 贸易显示性比较优势指数
	数字治理水平	知识产权保护力度 信息与通信法律相关度

资料来源：作者根据相关文献资料整理得到。

四、数字贸易未来发展趋势

全球化趋势不可逆转，数字化发展更是一种潮流。全球化和数字化是数字贸易产生和发展的主要动因，拓展数字贸易发展空间已成为全球化和数字化发展的必然要求。

（一）经济全球化继续发展将拓展数字贸易空间

近年来，“逆全球化”思潮重新抬头，但经济全球化发展大势不会改变。数字贸易形成和持续发展主要得益于全球相对自由开放的贸易环境、良好国际贸易市场竞争以及各种创新技术在国际贸易广泛应用。

（二）企业数字化发展是数字贸易基本动力

企业走数字化发展道路关键目的在于最大限度地满足客户需求，以便能在日趋激烈市场竞争环境中赢得一席之地。为满足客户个性化和多样化需求并在全球贸易市场竞争中脱颖而出，贸易企业势必通过走数字产品差异化和服务多样化发展道路，这将促使贸易企业扩大数字产品种类和数字服务范围。

（三）数字贸易内容将继续拓展

随着各国对数字贸易的关注度不断提高，数字贸易基础设施建设不断完善，数字贸易发展十分迅速，其发展所涉及的领域、范围和数字贸易市场都在持续扩张，而大数据、云计算、物联网（IoT）、人工智能（AI）、3D 打印技术和区块链等先进数字技术以及互联网技术不断进步，在推动数字贸易蓬勃发展的同时，也在不断扩大数字贸易发展空间，并持续释放全球数字贸易发展潜力。

（四）进一步优化完善贸易设施

从国内外贸易达成过程看，贸易基础设施与电子商务基础设施类似，可以分为信息类基础设施、物流类基础设施、信用结算与安全监管类基础设施三个类别。信息类基础设施在国内外贸易过程中服务于交易双方信息流对接，其中包括但不限于如产品展销会、商业信息服务公司、贸易交易平台等；物流类基础设施关系到货物和服务转移运送全过程，其中包括交通基础设施、物流仓储设施、物流配送以及政府税收和检验检疫等诸多方面；信用结算与安全监管类基础设施包括商业征信系统、政府商业监管与服务、银行与支付结算系统等方面。信息、物流、信用结算与安全三类软硬件作为国内外贸易基础设施基本内容，是支撑内外贸高速发展的重要保障。提升和优化贸易基础设施，是在新形势下提高贸易水平、改善和优化贸易结构的重要抓手。在优化贸易基础设施过程中，电子商务从信息、物流、信用结算与安全三个方面对于提升贸易基础设施水平和质量，都将发挥重要作用。

（五）进一步改进贸易结构

随着数字贸易对传统贸易的不断渗透，未来数字贸易将对全球贸易结构产生深远影响，主要体现在贸易区域扩大化、贸易品类丰富化、贸易方式多样化、数字与传统融合化4个方面。电子商务通过对贸易各种要素发生作用，导致信息流主导商流，加快产业间互动和渗透，从而改变了贸易内在机制，创造了新商业模式，影响了贸易区域格局，改变了传统价值链格局，推动传统制造业向定制化转变、企业组织结构调整，催生新型产业形态。数字贸易平台向纵深发展，加快了信息在商业、工业和农业中渗透和传播速度，并不断强化互联网商贸平台与零售业、制造业和物流业等传统行业配套协同功能。以商贸交易平台为核心互联网基础设施大大降低了交易成本，越来越多企业和个人在此基础上实现商业信息共享和商业模式创新，极大促进了数字贸易发展。

（六）高效便捷的贸易流程

数字贸易将逐步实现手续简化、清关效率优化；数字金融支付兼容性增强，国际物流效率及数字化提升促进了企业间分工与合作，推动了贸易发展。根据科斯（1937）的理论，企业和市场是两种可以相互替代协调的生产手段，市场中资源配置通过价格机制完成，而企业内部资源配置是通过权威实现。市场交易需要费用，企业存在是因为企业可以节约交易费用。然而企业运作也是需要组织管理费用，组织管理费用随着企业规模扩大而增加。根据阿罗（1973）的信息成本决定论，信息不对称引起的“市场失灵”决定了企业存在必要。罗伯茨和密尔格罗姆进一步发展了阿罗思想，他们认为在信息不对称条件下，市场交易双方要耗费更多信息搜寻、甄别成本；通过建立企业可减少市场成本，但企业也会产生集权组织成本。因此，企业规模大小由“市场失灵成本”与“中央集权组织成本”的大小决定。电子商务，一是为不同国家企业之间提供了联系纽带和工具，降低了交易成本，将身处不同国家产品生产各个环节有机地联系在一起，为企业间合作、资源在不同地区配置提供了便利；二是为买卖双方提供了大量市场信息、商家信息和产品信息，在一定程度上降低了市场信息不对称问题影响。电子商务快速发展的背景下，出口企业将会把部分生产环节外包，专注于在产业链某一个环节专业化地生产某一类产品。国家与国家之间、企业与企业之间生产联系将变得比以往任何一个时期都紧密，经济全球化步伐不断加快，带来国家间贸易流量的增加。

（七）进一步优化贸易环境

随着信用体系的不断建立和完善，将进一步优化数字贸易环境。21世纪以来，信息量逐渐快速增多，大数据、云计算等高科技使用将会更加普及，依托于信息数据的社会信用体系建设也将进入大数据征信阶段，大数据征信成为社会信用评价体系新的必然趋势。大数据征信还具有明显成本优势，能同时处理很多数据，并能使信用信息与评价结果同步，保证了信用高效性及实时性。因此，顺应信息大数据时代，构建全国统一信用信息数据平台成为社会信用体系建设的必然选择。随着我国信用体系的不断发展和完善，未来大数据将成为增强用户黏性、提升运营效率的重要方式。互联网时代到来使传统商贸流通企业与电子商务企业实现优势互补和资源整合，通过大数据、信息共享、网络平台、物流管理等服务，将会加速商贸流通企业的转型升级发展，促进数字贸易进一步繁荣。

（八）逐渐确立贸易规则与标准

随着数字贸易的快速发展，越来越多的国家和地区更加积极地参与数字贸易规则制定和标准确立，以全面提升数字贸易发展水平和能力，同时提高在国际贸易影响力和话语权。建立完善数字贸易发展制度框架及规则体系是当今国际贸易领域最为重要新兴议题，也是各国对 WTO 改革最关心的问题之一（熊鸿儒等，2021）。目前，各国对跨境数据流动规则并没有达成共识，对数字产品或服务在数字贸易征税规则也有广泛争议，云计算服务分类和准入标准依然存在较大分歧，贸易便利化规则以及数字知识产权保护等规则标准尚未明确。跨境数据流动、数字贸易税收制度、数据以及数字贸易基础设施本地化、数字贸易市场准入规则、数字贸易知识产权保护等都将成为建立全球数字贸易框架的关键议题和未来数字经济的重要发展方向。

总之，数字贸易仍处在快速发展阶段，各国有关数字贸易网络设施和相应法律法规标准未来发展具有很大不确定性。基于互联网电子商务活动也处在瞬息万变过程中，短短几十年中电子交易经历了从 EDI 到电子商务零售业兴起，而数字化产品和服务更是日新月异，不断改变着人类生活。数字贸易交易规模持续扩大，在各国进出口贸易中所占比重越来越大。同时各国纷纷出台相关政策，对数字贸易关注程度和扶持力度均大幅提高，体现出其在经济发展中的重要作用，也为数字贸易未来发展提供了必要的内生性动力。

第三节　数字贸易提升经济发展质量

2023 年 11 月 23 日，第二届全球数字贸易博览会开幕，其主题为“数字贸易　商通全球”。这是我国目前唯一以数字贸易为主题的国家级、国际性、专业型展会。

数字贸易以现代信息网络为重要载体、以数字平台为有力支撑，是一种新贸易形态。相较于传统贸易的面对面商谈，数字贸易突破国家和地区物理界限，打破了传统贸易时空属性，对全球贸易模式、贸易结构、贸易规则等产生深刻影响，为货物贸易、服务贸易发展提供了新动能。数字贸易与货物贸易、服务贸易并列为支撑我国贸易强国建设的三大支柱。

当前，数字技术快速发展，数字经济正深刻改变着传统经济发展模式。从全球贸易发展规律演进趋势来看，数字贸易是未来发展方向。

2023 年 9 月，国务院发展研究中心与中国信息通信研究院联合发布的《数字贸易发展与合作报告 2023》显示，2022 年全球数字服务贸易规模达 3.82 万亿美元，占全球服务贸易 53.7%，数字贸易比重凸显。2023 年 11 月 23 日发布的《中国数字贸易发展报告 2022》显示，2022 年，中国可数字化交付的服务进出口额达 3727.1 亿美元，同比增长 3.4%，规模再创历史新高。

数字贸易在蓬勃发展的同时，也面临着多重挑战。最紧迫的挑战之一是缺乏跨境数字贸易全球规则。近年来，中国积极对接高标准国际经贸规则，建立健全数字贸易治理体系，促进数字贸易改革创新发展，不断以中国新发展为世界提供新机遇。中国一直致力于打造开放、包容、公平、公正、非歧视数字经济发展环境，促进全球数字贸易高质量可持续发展。首届数贸会围绕数字贸易产业、平台、生态、制度、监管五大体系，发布一批研究成果、标准、规则；本届数贸会上，《数字贸易合作与发展杭州倡议》《中国数字贸易发展报告》等一批重磅成果发布。

一、数字贸易提升经济发展质量的理论分析

（一）数字贸易提升经济发展质量五个维度分析

1. 数字贸易带动创新发展。

社会发展过程中，每一次技术革命都会推进经济变迁，每一次经济循环也是以新兴技术为支撑（俞伯阳，2022）。2022 年政府工作报告指出在过去一年里我国创新能力进一步增强，经济结构和区域布局继续优化，接下来要继续强化创新引领，稳定产业链和供应链，推进传统产业数字化和智能化，以创新驱动发展，推动经济高质量发展。创新是高质量发展强大动能，创新能力决定了经济发展质量，技术创新又是各类创新活动中对经济发展质量产生作用最为直接的一类（赵涛等，2020）。

数字化信息网络基础设施建设奠定了数字贸易兴起基础，数字贸易快速发展带动创新驱动发展主要分为四个方面：（1）数字贸易刺激技术创新，衍生出数据这种新的生产要素，引发生产方式和产业结构的变革，形成新产业链，从而重构地区间现有经济格局；（2）数字贸易对整个贸易链路的创新，特别是在疫情期间，数字贸易可以不受时空约束依托大数据算法整合资源为企业提供新的解决方案，强化产生新的供应链，促进供需精准匹配，降低企业市场风险和经营成本，继而加大对研发创新投入；（3）数字贸易削弱了传统贸易的竞争力，较传统贸易而言数字贸易在技术方面占有明显优势，倒逼传统贸易企业进行数字化转型，形成数据化管理方法和思维，培育新竞争优势，加速提高了自主创新能力；（4）对数字贸易新型科技人才需求激增要求创新人才培养内容和方式，贴合数字贸易发展实际人才需求制订培养方案，有利于提高地区企业劳动力素质，加速创新发展。总之，数字贸易通过创新带动发展，从而推动经济高质量发展。

2. 数字贸易促进开放发展。

自改革开放以来，中国主张经济大开放，凭借低成本竞争优势嵌入全球价值链分工体系，实现了出口贸易快速增长，并由此拉动了国内经济持续多年高速增长。面对当前国内外严峻贸易形势，以习近平同志为核心的党中央提出构建双循环新发展格局，究其本质，构建双循环新发展格局本质上是一种新的开放发展观。数字贸易作为未来全球贸易竞争制高点是缓解我国外贸面临转型升级压力最好选择。

数字贸易发展使得贸易不再受时间与地理空间约束。对内而言，一方面城市与城市之间覆盖的业务种类越来越广泛，贸易企业业务也涉及更多领域，这些都有利于刺激不同城市之间竞争，推动不同城市间相互开放；另一方面，近年来大数据产业、跨境电商和电子商务迅速发展成为支撑数字贸易产业发展的基石，让越来越多中小企业也有机会参与到走出国门的队伍中，成为将我国商品出口到国际市场主要角色，增添了经济活力。

对外而言，数字贸易发展也引起国家与国家之间贸易的频率，《中国数字经济发展白皮书 2021》中表明优先发展长三角数字基础设施完善且数字经济发展水平较高地区数字贸易，在长三角部分城市开展全面深入数字贸易试验区建设，通过积极积累可复制可推广经验，实现数字经济与中国传统产业有机融合，倒逼传统产业转型升级，催生出长三角对外贸易新比较优势，成为长三角对外贸易高质量发展依托。

3. 数字贸易促使协调发展。

我国是一个内部市场分割极为严重经济体，地方保护主义和市场分割行为导致巨大效率损失。

数字贸易所需要生产要素是新型科技人才、大数据等高级生产要素，这些高级生产要素都是可移动的，传统贸易中好的区位和自然资源禀赋是一种优势，但是数字贸易将这些优势弱化。在强化可移动高级生产要素同时，催生出许多新兴产业淘汰掉不符合新发展理念产业，带动部分经济落后地区产业转型升级，呈现出后来者居上的态势，在数字贸易和互联网普及帮助下实现信息对称，地区之间联系更加紧密，打破地区间市场壁垒，促进生产要素自由流动，产业向高级化升级，产业布局也更加合理化。

4. 数字贸易推进绿色发展。

人类依赖大自然得以生存发展，要坚持绿色发展必须站在人与自然和谐共生高度。过去我国只一味注重 GDP 总量，许多地区依靠自然资源禀赋迅速发展，但长时间、无节制索取，最终只会造成资源枯竭、生态失衡等需要耗费巨大时间和人力成本去修复的后果。当今国际社会可持续发展理念深入人心，气候变化是全球热点议题，正在从理论转化为实践，绿色低碳转型是一场深刻且系统的经济社会变革。

数字贸易依托数字化技术实现交易的同时也助力企业绿色发展。传统企业没有数字化技术支持通常都是以人力去支持整条供应链，这在企业规模不大以及国内外贸易竞争不激烈情况下是足够支撑企业运行，但放眼今天国内外贸易竞争形势，传统贸易已不具备竞争优势。一方面，企业实现数字化转型利用智能数字算法大大减少企业工作量，提高企业产能，在提升企业效率同时也降低了工厂能耗，是数字化技术助力企业绿色发展体现；另一方面，数字贸易实现产品研发、生产、经营、运输、销售等全过程数字化，提高了贸易便利化和安全性，加速贸易规模扩大，提升资源利用率有利于绿色发展。

5. 数字贸易助力共享发展。

新发展阶段，让人民共享发展成果已成为高质量发展的内在要求，共享发展聚焦于解决社会公平正义问题，并且能够契合保障和改善民生普惠性要求，从而促进经济与民生协同发展。

数字贸易有利于助力共享发展。(1) 当前我国居民城乡消费不平等差距较大即消费不平等，数字贸易促进“互联网 +”的发展，互联网医疗、互联网教育以及互联网共享平台大量涌现，让以前生活在消费差异地区人们多样化物质需求得到满足，提升生活幸福感。(2) 数字贸易实际规模越大，吸引投资就越多，新型科技人才和技术等高级生产要素就会在各产业和各地区间加速流动，使得人们收入提高，改善人们生活水平，减小地区间贫富差距。这些数字贸易带来的福利成果共享、收入水平提高以及贫富差距减小，有利于助力共享发展，继而吸引更多高质量投资，最终形成一个良性循环。

（二）数字贸易提升经济发展质量的区域异质性分析

近年来，各地高度重视数字贸易发展，迅速成长为数字经济发展高地，但仍存在数字贸易发展不均衡的情况，导致不同数字贸易发展水平的地区对经济高质量发展影响存在差异性。

数字贸易发达型地区有着数字基础设施建设完备、资本充足、专业人才集聚等优势，借助这些优势实现传统产业与数字贸易产业加速融合从而带动经济高质量发展，产生的规模效应也使得企业变得更强，形成良性循环，逐渐拉开与其他数字贸易发展地区经济差距。对于数字贸易落后型地区而言，数字经济时代信息是共享且透明的，通过数字贸易发达型地区政府、网络媒体和企业等渠道借鉴一些成功经验，再结合自身地区特点加以创新，在贸易需求多样化和个性化时代赶超数字贸易发达型地区也是可能性极大的，然而数字贸易落后型地区仅靠相对比较优势想要研制出个性化产品去融入市场是非常困难的，如果找不到合适市场切入点就会拉大与数字贸易发达型地区经济差距。数字贸易发展型地区介于数字贸易发达型地区和数字贸易落后型地区之间，为数字贸易发展提供适宜环境而不断努力，因此对经济高质量发展影响也会相对滞后。

二、数字贸易与经济高质量发展指标体系构建与测度

（一）数字贸易与经济高质量发展指标体系构建

1. 数字贸易指标体系构建。

（1）数字贸易发展水平（DT）。刘媛媛等（2021）构建了基础设施环境、技术创新环境、数字贸易能力等数字贸易发展水平评价指标体系。李轩等（2021）构建了数字贸易竞争力指标体系，该体系由数字设施、数字产业、数字创新和数字治理这4个主要指标组成。这些数字贸易发展水平指标体系全面反映出数字贸易内涵与特点，本章根据我国数字贸易主要产业领域发展现状，从基础设施环境（IE）、技术创新环境（TIE）、数字贸易能力（DTC）、贸易潜力（TP）4个方面，共24个三级指标，构建我国数字贸易发展水平评价指标体系，具体如表12-6所示。

表12-6　数字贸易指标体系

一级指标	二级指标	三级指标	指标单位	指标属性
数字贸易发展水平（DT）	基础设施环境	互联网宽带接入用户数	万户	正向
		电信业务收入	万元	正向
		企业拥有网站数	个	正向
		移动电话用户数	万户	正向
		移动互联网用户数	万户	正向
		信息传输、计算机服务和软件业从业人员	万人	正向
		交通运营能力指数	数值	正向
		物流相关活动从业人员	人	正向
	技术创新环境	规模以上工业企业R&D经费支出	万元	正向
		规模以上工业企业R&D人员全时当量	人·年	正向
		专利申请受理数	件	正向
		技术市场成交额	万元	正向
	数字贸易能力	有电子商务企业数	个	正向
		快递业务收入	亿元	正向
		电子商务采购额	亿元	正向
		电子商务销售额	亿元	正向
		软件业务收入	万元	正向
		电子出版物零售价格指数	（上年价格=100）	正向
		数字电视用户	万户	正向
		有线电视用户数占家庭总户数比重	%	正向
	贸易潜力	社会消费品零售总额	亿元	正向
		人均GDP	元/人	正向
		城镇居民人均消费支出	元	正向
		贸易开放度	%	正向

（2）基础设施环境（IE）。数字贸易发展需要良好的基础设施，良好的基础设施为数字贸易发展提供基础条件。本章选择互联网基础环境（互联网宽带接入用户数、电信业务收入、企业

拥有网站数、移动电话用户数、移动互联网用户数和信息传输、计算机服务和软件业从业人员）和物流运输环境（交通运营能力指数、物流相关活动从业人员）2 类 8 项指标来衡量基础设施环境。

（3）技术创新环境（TIE）。数字贸易发展需要技术不断创新，软件信息产业的基础设施建设和推广普及是数字贸易发展的必要条件，决定了数字贸易的发展高度。信息技术驱动下，贸易方式、贸易对象也逐渐向数字化发展，有助于加速各地数字贸易发展。本章选择科技投入（规模以上工业企业 R&D 经费支出、规模以上工业企业 R&D 人员全时当量）和科技产出（专利申请受理数、技术市场成交额）2 类 4 项指标来衡量技术创新环境。

（4）数字贸易能力（DTC）。数字贸易能力主要从数字产业化贸易和产业数字化贸易来衡量一个地区。本章选择产业数字贸易水平（有电子商务企业数、快递业务收入、电子商务采购额、电子商务销售额）和数字产业贸易水平（软件业务收入、电子出版物零售价格指数、数字电视用户、有线电视用户数占家庭总户数比重）2 类 8 项指标来衡量数字贸易能力。

（5）贸易潜力（TP）。贸易潜力决定了数字贸易的发展规模，选择了对外开放水平、居民消费潜力等来衡量一个地区的贸易潜力。数字贸易发展潜力能够决定未来数字贸易发展规模，本章选择居民消费潜力（社会消费品零售总额、人均 GDP、城镇居民人均消费支出）和对外贸易开放水平（贸易开放度）2 类 4 个指标衡量数字贸易发展潜力。

数字贸易发展水平指标体系中，网上零售额这个指标各个城市和城市所在省域无法完整获得，借鉴方福前等（2015）研究成果，网上购物都以快递形式实现，用各省域快递业务量乘以国家网上零售额与国家快递业务量之比，即平均每件快递所代表的网上零售额，来反映该省域网上零售规模，再用各城市快递业务量乘以各城市所在省域网上零售额与各城市所在省域快递业务量之比，得到各城市网上零售额。贸易开放度由各地进出口总额与该地生产总值 GDP 比值表示。

数字贸易发展水平维度。参考魏敏等（2018）研究，依据数字贸易得分均值（AVERAGE）与标准差（SD）关系，将得分高于 AVERAGE + 0. 5SD = 0. 150044 的省域划分为数字贸易发达型地区，得分低 AVERAGE - 0. 5SD = 0. 133251 省域划分为数字贸易落后型地区，得分介于 0. 150044 ~ 0. 133251 省域划分为数字贸易发展型地区。

2. 经济高质量发展指标体系构建。

经济高质量发展水平（HQED）。曹琳剑等（2021）构建了动能转换、结构优化、绿色发展、民生改善、效益提升 5 个二级指标体系测度新时代经济高质量发展水平，借助熵权法计算各指标权重并采用加权平均法计算经济高质量发展指数。肖德等（2021）基于经济高质量发展的内涵和测度逻辑分析，构建了包含“效率、民生、协调、绿色、开放”五个维度经济高质量发展指标体系，运用熵权 TOPSIS 法对我国八个城市群经济高质量发展水平进行测算。参考上海华夏经济发展研究院长三角高质量发展指数报告（2020），结合党的二十大报告指出的构建高水平社会主义市场经济体制、建设现代化产业体系、全面推进乡村振兴、促进区域协调发展、推进高水平对外开放这个 5 个经济高质量发展关键着力点，从创新发展（ID）、开放发展（OD）、协调发展（HD）、绿色发展（GD）和共享发展（SD）五个维度，共 16 个三级指标，构建经济高质量发展水平测度体系，如表 12 - 7 所示。

表 12－7　　经济高质量发展水平评价指标体系

一级指标	二级指标	三级指标	指标单位	指标属性
经济高质量发展水平	创新发展	科技人员	人	正向
		专利授权量	件	正向
		教育投入强度	%	正向
		技术市场成交额	万元	正向
		城镇化率和第三产业产值占第二产业产值比重	%	正向
	开放发展	外商直接投资	亿美元	正向
		接待入境外国游客人数	万人次	正向
		进出口总额	亿美元	正向
	协调发展	城乡人均可支配收入比	%	负向
		城镇化率	%	正向
		人口老龄化程度	%	负向
		第三产业产值占第二产业产值比重	%	正向
	绿色发展	建成区绿化覆盖率	%	正向
		人均公园绿地面积	平方米	正向
		地区生产总值电力消耗率	千瓦·时/元	负向
		工业二氧化硫排放量	万吨	负向
		每人生活垃圾清运量	吨/人	正向
		生活垃圾无害化处理率	%	正向
		工业废水排放量	万吨	负向
	共享发展	城镇失业率	%	负向
		高等学校在校学生数	人	正向
		医疗机构床位数	万张	正向
		人均拥有公共图书馆藏量	册	正向
		人均医生数	人	正向
		城镇基本养老保险参保人数	人	正向

（1）创新发展（ID）。建设现代化产业体系，实现创新成为第一动力，用智能化改造、数字化转型来使产业不断优化，拉动经济高质量发展。本章选取科技人员、专利授权量、教育投入强度（政府教育支出占一般预算支出的比重）、技术市场成交额、科技经费占地方财政支出比重等 5 项指标度量创新发展水平。

（2）开放发展（OD）。推进高水平对外开放有利于充分利用国内、国际市场资源，促进高级生产要素流通，加快经济改革进程，提高企业竞争力和经济整体素质，从而促进经济高质量发展。本章选取外商直接投资、接待入境外国游客人数、进出口总额等 3 个指标作为衡量开放发展评价指标。

（3）协调发展（HD）。实现经济高质量发展要让协调成为内生特点，协调发展着眼点之一就是区域协调发展。考虑到城乡居民可支配收入差距、城乡二元结构以及第三产业占比等问题，本章从城乡人均可支配收入比、城镇化率、人口老龄化程度（65 岁以上人口数占总人口比重）和第三产业产值占第二产业产值比重等 4 个角度衡量协调发展水平。

（4）绿色发展（GD）。人类依赖大自然得以生存发展，要坚持绿色发展必须站在人与自然和谐共生高度，打通绿水青山就是金山银山转化通道才能实现经济高质量发展。本章主要考虑将建成区绿化覆盖率、人均公园绿地面积、地区生产总值电力消耗率（电力消耗总量与地区生产总值的比值）、工业二氧化硫排放量、每人生活垃圾清运量（生活垃圾清运量与地区总人口的比值）、生活垃圾无害化处理率和工业废水排放量等7项指标作为衡量绿色发展水平。

（5）共享发展（SD）。共享发展是指全体社会成员享有发展成果或机会，及时满足人民群众物质文化生活需求，从而调动人民发展积极性，做到以共享引领共建，同时又以共建促进共享。本章选择城镇失业率、高等学校在校学生数、医疗机构床位数、人均拥有公共图书馆藏量、人均医生数和城镇基本养老保险参保人数等6项指标来评价共享发展水平。

（二）测度方法选择

采用熵权—变异系数组合权重的TOPSIS方法来测算数字贸易发展水平与经济高质量发展水平，具体步骤如下：

1. 取值。

先设各指标体系的数据集为$\{x_{ij}(t) \mid i=1,2,\cdots,m;j=1,2,\cdots,n;t=1,2,\cdots,T\}$，其中，$x_{ij}(t)$表示在$t$时刻第$i$个省域第$j$个指标的值。

2. 指标测算。

（1）初始数据无量纲化。

采用归一化消除指标间的量纲影响，使数据范围在［0，1］之间，计算公式为：

$$x_{ij}^{*}=\frac{x_{ij}-x_{\min}}{x_{\max}-x_{\min}} \quad （正向指标） \tag{12-3}$$

$$x_{ij}^{*}=\frac{x_{\max}-x_{ij}}{x_{\max}-x_{\min}} \quad （负向指标） \tag{12-4}$$

其中，$x_{\min}=\min\{x_{ij}\}$，$x_{\max}=\max\{x_{ij}\}$，$i=1,2,\cdots,m$；$j=1,2,\cdots,n$。x_{ij}表示第i个省域第j个指标的初始值；x_{ij}^{*}是无量纲化后的数据。

（2）消零及去负数处理。

由于无量纲化处理后数据最小值为0，为使数据处理有意义，需要将数据平移进行消零处理，计算公式为：

$$x=x_{ij}^{*}+\alpha \tag{12-5}$$

$i=1，2，\cdots，m$；$j=1，2，\cdots，n$。α为最接近x_{ij}^{*}的最小值，为保证数据准确性，取$\alpha=0.001$。

（3）标准化处理。

为使评价更加准确，对各指标进行标准化处理。

$$P_{ij}=x\Big/\sum_{i=1}^{m}x \tag{12-6}$$

其中，P_{ij}是第i个省份的第j个指标的标准化值，$i=1，2，\cdots，m$；$j=1，2，\cdots，n$。m为省域数量。

（4）熵值计算。

所测指标熵值越小说明信息量越大，所占权重就越大，对综合评价的影响越显著。熵值计算公式为：

$$e_j=-\sum_{i=1}^{m}P_{ij}\ln P_{ij}/\ln n \tag{12-7}$$

其中，e_j 为第 j 项指标熵值。$i=1, 2, \cdots, m$；$j=1, 2, \cdots, n$。m 为省域数量。

（5）差异系数。

对第 j 项指标来说，指标值差异越大，表明该指标所占权重越大，对综合评价的作用显著，差异系数按式（12-8）计算。

$$d_j = 1 - e_j \tag{12-8}$$

其中，d_j 为第 j 项指标差异系数，$j=1, 2, \cdots, n$。

（6）计算各指标熵权权重。

各指标熵权权重系数按照式（12-9）计算：

$$w_{j1} = d_j \Big/ \sum_{j=1}^{n} d_j \tag{12-9}$$

当且仅当 $\sum_{j=1}^{n} w_{j1} = 1$。

其中，w_{j1} 为第 j 项指标的权重系数，$j=1, 2, \cdots, n$。n 为数字贸易发展水平或经济高质量发展指标体系中指标的个数。

熵权法无法考虑到指标与指标之间横向影响，可能会导致权重失真，最终结果无效（时光新等，2020）。因为熵权法是用样本数据来确定权重，没有考虑到不同数字贸易指标或经济高质量发展指标对本身的影响不同，相应的权重不应该出现均衡化。因此本书提出利用熵权法与变异系数法相结合的综合赋权法（Zadeh，1965）来确定权重，用变异系数法赋的权重来调整熵权法权重的方法。

（7）计算出第 j 个指标的变异系数。

$$\delta_j = S/\bar{a}_j \tag{12-10}$$

其中，$j=1, 2, \cdots, n$。

（8）计算出第 j 个指标的权重。

$$w_{j2} = \delta_j / \sum_{j=1}^{n} \delta_j \tag{12-11}$$

其中，$j=1, 2, \cdots n$，δ_j 为第 j 个指标的变异系数，S 为第 j 个指标的标准差，$\bar{a}_j$ 为第 j 个指标的平均数。

（9）计算熵权—变异系数法耦合权重。

$$w_j = \sqrt{w_{j1} w_{j2}} / \sum_{i=1}^{m} \sqrt{w_{j1} w_{j2}} \tag{12-12}$$

其中，$j=1, 2, \cdots, n$。

（10）TOPSIS 法评价。

将原始数据和耦合权重系数的乘积作为规范化矩阵，构造加权矩阵：

$$Z^* = \begin{bmatrix} z_{11} \cdot w_1 & \cdots & z_{1p} \cdot w_p \\ \vdots & \ddots & \vdots \\ z_{n1} \cdot w_1 & \cdots & z_{np} \cdot w_p \end{bmatrix} \tag{12-13}$$

寻找最优、最劣方案：

$$\begin{aligned} z_{ij}^{*+} &= \max_{n,p}(z_1^{*+}, z_2^{*+}, \cdots, z_p^{*+}) \\ z_{ij}^{*-} &= \min_{n,p}(z_1^{*-}, z_2^{*-}, \cdots, z_p^{*-}) \end{aligned} \tag{12-14}$$

其中，$i=1, 2, \cdots, m$；$j=1, 2, \cdots, n$。

最优、最劣距离：

$$D_i^+ = \sqrt{\sum_j (z_{ij}^* - z_{ij}^{*+})^2} \tag{12-15}$$

$$D_i^- = \sqrt{\sum_j (z_{ij}^* - z_{ij}^{*-})^2} \tag{12-16}$$

其中，$i=1, 2, \cdots, m$，$j=1, 2, \cdots, n$。

构造相对接近度：

$$C_i = D_i^- / (D_i^+ + D_i^-) \tag{12-17}$$

其中，$i=1, 2, \cdots, m$。测算出 C_i 的值即为数字贸易发展水平得分和经济高质量发展水平得分，C_i 越大，表明评价对象越接近最优值。计算的数字贸易发展水平得分和经济高质量发展水平得分并不是绝对数值，而是与不同时间或不同省域对比的相对数值。

（三）数字贸易与经济高质量发展测度

1. 数字贸易测度。

运用熵权—变异系数组合赋权后利用 TOPSIS 法计算得到全国 31 个省域 2010～2023 年数字贸易发展水平得分情况，具体测算结果由于篇幅限制没有列出。

从测算结果看，2010～2023 年全国 31 个省域数字贸易发展水平不是很高，从 2010 年的 0.1243 上升至 2023 年的 0.1506，总体来看呈上升趋势，表明在 2010～2023 年随着基础设施环境（*IE*）的逐渐完善、技术创新环境（*TIE*）的发展、数字贸易能力（*DTC*）等贸易形式升级以及贸易潜力（*TP*）的扩大，我国数字贸易发展水平也不断提高，数字贸易规模得以扩大，经济发展方式也转型升级，赋能经济高质量发展。

2. 经济高质量发展测度。

采用熵权—变异系数组合赋权后通过 TOPSIS 法计算得到我国经济高质量发展水平得分。其中，经济高质量发展各维度权重 h_k（k 指经济高质量发展的创新发展、开放发展、协调发展、绿色发展和共享发展五个维度）等于各维度内所有指标权重加总：

$$h_k = \sum w_j \tag{12-18}$$

其中，$j=1, 2, \cdots, n$，$k=1, 2, 3, 4, 5$。并以式（12-17）计算出的相对贴进度 $C_i(HQD_i)$ 与各维度权重 $h(k=1, 2, 3, 4, 5)$ 的乘积作为我国经济高质量发展的各维度得分：

$$ID_i = HQD_i \times h_1 \tag{12-19}$$

$$OD_i = HQD_i \times h_2 \tag{12-20}$$

$$HD_i = HQD_i \times h_3 \tag{12-21}$$

$$GD_i = HQD_i \times h_4 \tag{12-22}$$

$$SD_i = HQD_i \times h_5 \tag{12-23}$$

其中，$i=1, 2, \cdots, m$。ID_i 为创新发展得分，OD_i 为开放发展得分，HD_i 为协调发展得分，GD_i 为绿色发展得分，SD_i 为共享发展得分，具体测算结果由于篇幅限制没有列出。

通过比较 2010～2023 年我国经济高质量发展得分，不同省域经济高质量发展存在较大差异。

三、数字贸易提升经济发展质量的实证分析

（一）变量选取

1. 被解释变量。经济高质量发展水平（*HQED*）。将创新发展（*ID*）、开放发展（*OD*）、协调发

展（HD）、绿色发展（GD）和共享发展（SD）五大新发展理念作为我国经济高质量发展的测算维度，我国经济高质量发展综合得分以及五个维度的发展得分均通过前面测算得到。

2. 核心解释变量。数字贸易发展水平（DT）。核心解释变量为数字贸易发展水平（DT）数值取自前面测算结果。

3. 控制变量。除数字贸易发展水平之外，影响我国经济高质量发展的因素还有很多，考虑到数据可获得性和完整性，引入了以下一些适当控制变量。

（1）政府规模（Gov）：财政支出占地区生产总值 GDP 的比重，以此来衡量政府对产业结构升级和速度的作用情况，能够反映出地区经济发展的质量。

（2）金融发展水平（Fin）：金融业增加值占地区生产总值 GDP 的比重，经济高质量发展离不开金融业支持。

（3）人口密度（Peo）：年末总人口数占行政区域土地面积的比重，人口密度反映人口分布情况，人口密度高的地区存在人口聚集优势，对经济高质量发展有促进作用。人口密度取对数，不会改变数据的性质和关系，且所得到的数据易消除异方差问题，记为 $\ln(Peo)$。

（4）产业结构（IS）：运用产业结构层次系数法（徐敏等，2015）测算产业结构升级指数，测算公式为：

$$IS = \frac{1}{6}\sum_{i=1}^{3} iq_i = (q_1 + 2q_2 + 3q_3)/6 \tag{12-24}$$

具体变量说明如表 12-8 所示。

表 12-8　　变量含义、符号及具体计算方法

变量类别	变量含义	符号	计算方法
被解释变量	经济高质量发展水平	$HQED$	经济高质量发展水平的指标体系计算所得
	创新发展	ID	
	开放发展	OD	
	协调发展	HD	
	绿色发展	GD	
	共享发展	SD	
解释变量	数字贸易发展水平	DT	数字贸易发展水平的指标体系计算所得
控制变量	政府规模	Gov	财政支出/地区生产总值 GDP
	金融发展水平	Fin	金融业增加值/地区生产总值 GDP
	人口密度	Peo	年末总人口数/行政区域土地面积
	产业结构	IS	用式（12-22）计算所得

（二）数据来源

选择 2010～2023 年我国 31 个省域面板数据，核心解释变量数字贸易发展水平和被解释变量经济高质量发展水平均由前面测算得出，所有变量原始数据来源于 2011～2024 年《中国城市统计年鉴》《中国统计年鉴》、各省域 2011～2024 年国民经济和社会发展统计公报、EPS 数据库、知网统计年鉴数据库、中经网统计数据库、阿里研究院报告，部分变量由计算得来，书中已描述相关公式。缺失数据利用线性插值、移动平均法和指数平滑法进行填补。

（三）模型构建

1. 固定效应模型。

首先，建立固定效应模型。运用固定效应模型去验证数字贸易能否及如何赋能我国经济高质量发展，建立固定效应模型如下：

$$Y_{it} = \alpha + \beta_1 DT_{it} + \sum \beta_j Control_{it} + \gamma_i + \delta_t + \varepsilon_{it} \tag{12-25}$$

其中，下标 i 表示不同省域，t 表示不同时间，$i=1, 2, 3\cdots, 31$，$t=2010, 2011, \cdots, 2023$。$Y$ 表示我国 31 个省域经济高质量发展整体得分或经济高质量发展的五大维度得分，DT_{it}表示数字贸易发展水平，$Control_{it}$表示控制变量包括政府规模（Gov）、金融发展水平（Fin）、人口密度（Peo）、产业结构（IS），α 为常数项，β_1 为数字贸易发展回归系数，β_j 为控制变量回归系数，γ_i 代表个体固定效应，δ_t 代表时间固定效应，ε_{it}为随机误差项。

2. 分位数模型。

为综合考查不同条件水平下数字贸易发展水平对经济高质量发展水平的影响情况，构建分位数模型如下：

$$Q_q(Y_{it} \mid DT_{it}) = \alpha + \beta_{q1} DT_{it} + \sum \beta_q Control_{it} + \varepsilon_{it} \tag{12-26}$$

其中，下标 i 表示不同省域，t 表示不同时间，$i=1, 2, 3\cdots, 31$，$t=2010, 2011, \cdots, 2023$，$q$ 为各分位数，β_{q1}是 q 分位数上数字贸易发展水平的回归系数，β_q 是 q 分位数上控制变量的回归系数。

（四）变量描述性统计分析

由于各指标数据计量单位不同，且数量级相差较大，需要对部分数据进行处理。与其他变量相比，控制变量人口密度数值较大，因此对其进行对数化处理，记为 $\ln(Peo)$，其他变量均取原始数据，各变量经过处理后的描述性统计特征如表 12-9 所示。

表 12-9　变量描述性统计

变量类别	Variable	Obs	Mean	Std	Min	Max
被解释变量	*HQED*	434	0.1876	0.1328	0.0647	0.8635
	ID	434	0.0539	0.0563	0.006	0.3786
	OD	434	0.0375	0.0631	0.003	0.4129
	HD	434	0.0371	0.0273	0.0027	0.1036
	GD	434	0.0528	0.0279	0.0085	0.2176
	SD	434	0.0512	0.0429	0.0048	0.2135
核心解释变量	*DT*	434	0.2539	0.2419	0.0217	0.8523
控制变量	*Gov*	434	17.2306	7.2017	8.0326	37.1209
	Fin	434	6.3128	3.0217	0.7208	19.2307
	ln(*Peo*)	434	7.2109	0.6429	5.1206	8.1037
	IS	434	0.9627	0.0376	0.7725	0.9986

（五）模型检验

1. 面板单位根检验。

由于研究变量数据均具有时间维度，为避免回归分析时出现“伪回归”现象，确保估计结果有效性，必须对各面板序列平稳性进行检验。现有关于面板数据单位根检验方法有很多，主要包括 LLC 检验、HT 检验、Breitung 检验、IPS 检验等，鉴于本书变量数据是平衡短面板数据，且可能存在截面自相关问题，本书选择 LLC 检验法并使用demean 去消除截面自相关。对所有数据进行平稳性检验。检验结果如表 12－10 所示。

表 12－10　　单位根检验结果

变量	统计量	P 值	稳定性
HQED	－2.1634	0.0216	平稳
ID	－2.4167	0.0127	平稳
OD	－6.2458	0.0001	平稳
HD	－14.0127	0.0002	平稳
GD	－6.2407	0.0001	平稳
SD	－2.7328	0.0056	平稳
DT	－21.3458	0.0002	平稳
Gov	－2.8706	0.0037	平稳
Fin	－9.5607	0.0001	平稳
ln(*Peo*)	－2.5409	0.0086	平稳
IS	－3.0269	0.0065	平稳

注：***、** 和 * 分别表示 1%、5%、10% 的显著水平。

原始序列单位根结果表明，所有原始变量均通过了平稳性检验，不存在单位根，可以进一步进行面板协整检验。

2. 面板协整检验。

协整检验目的是判断变量间是否存在长期均衡关系。基于单位根检验结果发现变量之间是同阶单整的，可以进行协整检验。目前，面板协整检验方法有 Kao 检验法、Pedroni 检验法和 Westerlund 检验法等，本书选择更为灵活的 Pedroni 检验，允许不同面板单位有不同协整向量与残差自回归系数，并加上时间趋势项。检验结果如表 12－11 所示。

表 12－11　　协整检验结果

统计量名称	统计量	P 值	协整性
Modified Phillips－Perron t	9.3823***	0.0000	协整
Phillips－Perron t	－11.2368***	0.0000	协整
Augmented Dickey－Fuller t	－13.1027***	0.0000	协整

注：***、** 和 * 分别表示 1%、5%、10% 的显著水平。

结果表明，相关统计量均在 1% 的显著性水平下拒绝原假设，通过了协整检验，证明被解释变量和解释变量之间存在长期稳定均衡关系，其方程回归残差是平稳的。因此，可以在此基础上直接对原方程进行回归，此时回归结果是较精确的。

3. 多重共线性检验。

回归分析中，容易出现两个或两个以上自变量之间存在相关性，这种自变量之间相关性，就称作多重共线性，这一现象会导致回归结果不稳定，出现回归系数符号与实际完全相反情况，或造成解释变量不显著。本书采用 VIF 检验法，一般认为，VIF≥3，有多重共线性；VIF≥6，比较严重多重共线性；VIF≥10，非常严重的多重共线性。检验结果如表 12－12 所示，各解释变量 VIF 值较小，均未超过 3，可认为不存在多重共线性问题。

表 12－12　　多重共线性检验结果

解释变量	VIF	1/VIF
DT	2.26	0.4424
Gov	1.28	0.7812
Fin	1.93	0.5181
ln(*Peo*)	1.41	0.7092
IS	1.36	0.7352

（六）实证结果分析

1. 固定效应模型回归结果分析。

面板数据回归模型有混合效应模型、固定效应模型和随机效应模型，具体选择哪种模型进行参数估计以保证参数估计准确性，需要对总体样本进行相关检验。

首先，利用 Stata 执行总体样本对个体聚类的固定效应，根据输出结果中 *rho* 值判断选择固定效应还是混合回归，*rho* 值越大越应该选用固定效应，输出 *rho* =0.9687，说明符合扰动项方差主要来自个体效应变动。因此，在固定效应和混合回归中，应该选择固定效应。

其次，对总体样本采用个体效应的 LM 检验，原假设是无个体效应，输出检验结果中 P 值为 0.0000，强烈拒绝无个体效应原假设，说明在随机模型和混合回归中，应该选择随机效应。

最后，究竟使用固定效应还是随机效应，需要进行 Hausman 检验，原假设是系数无系统差异，输出检验结果中 P 值为 0.0000，强烈拒绝原假设，说明在固定效应和随机效应中，应该选择固定效应模型。

综上所述，本书应该选择固定效应模型进行后续实证检验。

接下来使用固定效应模型对面板数据进行回归分析，数字贸易发展水平对经济高质量发展水平的回归结果见表 12－13。

表 12－13　　固定效应模型回归结果

	HQED	HQED	HQED	HQED	HQED
DT	0.1235** (1.16)	0.1227*** (1.14)	0.1221** (1.13)	0.1216** (1.15)	0.1213** (1.14)
Gov		0.0003 (1.02)	0.0003 (1.01)	0.0002 (1.01)	0.0001 (1.02)
Fin			－0.0028 (1.08)	－0.0028 (1.08)	－0.0027 (1.06)

续表

	HQED	HQED	HQED	HQED	HQED
ln(*Peo*)				0.0128 (2.03)	0.0126 (2.02)
IS					0.0205 (2.37)
常数 α	0.2183 *** (2.07)	0.2196 *** (2.08)	0.2187 *** (2.07)	0.2156 ** (2.05)	0.1903 ** (2.03)
R^2	0.5426	0.5607	0.2938	0.2897	0.4629
Obs	434	434	434	434	434
年份固定	YES	YES	YES	YES	YES
省份固定	YES	YES	YES	YES	YES

注：括号内为t值，***、**和*分别表示1%、5%、10%的显著水平，下同。

表12-13中第一列为未加入任何控制变量回归结果，数字贸易发展水平的回归系数为0.1235，且在5%的显著性水平下显著。逐一加入控制变量后，数字贸易发展水平对经济高质量发展水平的回归系数虽略微下降，但一直为在5%的置信水平下显著为正，说明数字贸易对我国经济高质量发展有显著促进作用，模型回归结果验证了前面假设。当所有解释变量都放入后，数字贸易发展水平回归系数为0.1213，即数字贸易发展水平每增加1个单位，经济高质量发展水平就相应地增加0.1213个单位。

2. 分位数模型回归结果分析。

为综合考查不同条件水平下数字贸易发展水平对经济高质量发展水平影响情况，使用分位数模型对面板数据进行回归分析。从表12-14分位数回归检验结果看，0.1、0.25、0.5、0.75和0.9分位点上数字贸易发展水平的回归系数均为正，且分位点越高，回归系数越大，在五个分位点上，数字贸易发展水平回归系数均通过1%的显著性检验。这表明数字贸易能够有效赋能我国经济高质量发展，且当经济高质量发展到高水平时，经济高质量发展对数字贸易发展水平依赖性会有所提升，模型回归结果验证了前面假设。究其原因，数字贸易发展水平提升有助于我国技术创新和高级生产要素集聚，技术创新会改变产品种类、企业管理方法等，带动产业上下游发展从而形成新产业链，赋能产业结构优化升级，促进经济高质量发展；高级生产要素集聚，消除掉经济发展时空障碍，淘汰掉有悖于新发展理念产业，激发新兴产业形成，赋予部分落后但要素回报率高地区经济高质量发展新优势。随着经济高质量发展水平提高，各地技术创新能力和高级要素生产集聚密度增大，此时数字贸易发展水平的影响作用会大大增强。

表12-14　　数字贸易发展水平对经济高质量发展水平分位数回归检验结果

	HQED				
	0.1	0.25	0.5	0.75	0.9
DT	0.1208 *** (1.18)	0.3165 *** (3.05)	0.6208 *** (6.17)	0.8413 *** (8.36)	0.8705 *** (8.52)
Gov	-0.0029 *** (1.05)	-0.0027 *** (1.04)	-0.0016 (1.01)	0.0016 (1.03)	-0.0035 ** (1.12)
Fin	0.0026 (1.13)	0.0017 (1.12)	0.0057 * (1.36)	0.0089 *** (1.48)	0.0127 *** (1.76)

续表

	HQED				
	0.1	0.25	0.5	0.75	0.9
ln(*Peo*)	0.0046 (2.13)	0.0031 (2.06)	0.0136 (2.35)	0.0213 * (2.87)	-0.0003 (2.02)
IS	0.0028 (1.12)	0.0015 (1.11)	0.0055 * (1.34)	0.0086 *** (1.39)	0.0125 *** (1.58)
常数 α	0.1032 *** (1.06)	0.1025 *** (1.04)	0.0034 (1.01)	-0.0987 (1.04)	0.1457 (1.34)

从控制变量来看，金融发展水平（*Fin*）分位数模型各分位点上回归系数均为正数，但系数值不大，且分位点越高回归系数也越大，但仅在0.5分位点上通过了10%的显著性检验和在0.75、0.9分位点上通过了1%的显著性检验，这表明金融发展有利于催动储蓄转投资的转化率、资本边际社会生产率、私人储蓄率来促进经济增长率轻微提升。政府规模（*Gov*）在0.1、0.25、0.9分位点上回归系数均为负，绝对值较小，且通过1%或5%的显著性检验，表明政府规模轻微阻碍了经济高质量发展。人口密度（*Peo*）取对数后仅在0.75分位点上回归系数为正值，且通过10%的显著性检验，说明当经济高质量发展水平发展到一定高度时，人口密度能够推动经济高质量发展。产业结构（*IS*）在0.5、0.75、0.9分位点上通过了1%、10%的显著性检验，说明当经济高质量发展水平发展到一定高度时，产业结构能够推动经济高质量发展。

限于篇幅，后面的稳健性检验、异质性检验等不再列出。

第四节　数字贸易发展路径、风险与策略

党的二十大报告指出，“发展数字贸易，加快建设贸易强国。”数字贸易成为各地促进贸易高质量发展的有力抓手。北京全力打造全球数字经济标杆城市，2017～2021年，北京数字贸易占服务贸易的比重提高了15.4%；《上海市提信心扩需求稳增长促发展行动方案》提出，加快发展新型国际贸易，争创首批“丝路电商”合作先行区；广东数字贸易创新加速推进，华为、腾讯、中兴通讯等一批数字贸易龙头企业发展壮大；浙江制定“确保实现数字贸易额4700亿元”的明确目标，加快建设贸易强省。从国际看，全球发达城市正在借助数字技术塑造新竞争力，例如，美国打造“创新纽约”、英国部署“智慧伦敦”、日本建设“智慧东京”，它们都在加速推进数字贸易发展。种种迹象表明，数字贸易正在成为全球数字经济发展的新趋势，成为拉动经济复苏的强劲引擎。

一、数字贸易发展路径

数字贸易发展路径可以从充分发挥政府作用、不断规范数字贸易标准体系、优化数字贸易发展环境、加快构建贸易话语体系、不断创新贸易技术和完善企业数字贸易安全保障体系这6个方面着手。

（一）充分发挥政府作用

政府在数字贸易发展中具有引导、监管和协调的重要作用，为数字贸易提供稳定和可持续发展环境，促进经济增长和国际合作。政府引导作用表现在制定相关政策和法规上，通过建立适应数字贸易

法律框架，政府确保贸易公平性、透明性和可预测性，为企业提供稳定和可持续发展的环境。同时，政府在数字贸易中扮演着监管角色。政府加强对数字贸易监管，包括数据保护和隐私监管、网络安全和信息安全监管，以确保数字贸易安全性和可信度。此外，政府还在数字贸易中起到协调作用。政府通过与其他国家和国际组织合作，协调制定共同规则和标准，解决跨境贸易中的问题，促进数字贸易便利化和互联互通。政府协调作用有助于减少贸易壁垒，扩大市场规模，促进国际合作和互利共赢。

（二）不断规范数字贸易标准体系

数字贸易标准体系规范化是数字贸易发展基础，它确保了贸易顺畅进行，并增强了跨境贸易信任度。通过制定统一标准和规则，不同国家和地区企业可以基于相同基准开展数字贸易活动。这有助于简化交易流程、提高效率，并降低参与者之间交流和协商成本，同时标准体系规范化还可以增强跨境贸易信任度。在标准体系下，数字贸易安全性和合规性都得到了大大提升，还可以促进国际互连互通，扩大市场规模。

（三）优化数字贸易发展环境

建立良好数字贸易发展环境对于发展数字贸易至关重要。良好数字贸易发展环境可以激发创新和促进竞争，为数字经济发展提供支持和推动力。同时，安全可靠发展环境会增强国内外投资者信任，吸引国内外投资和合作机会，带动相关产业链发展，为数字贸易繁荣发展创造有利条件，促进创新、竞争、数字经济发展，推动就业和经济增长。

（四）加快构建贸易话语体系

贸易话语体系是贸易参与者之间进行沟通和交流基础。在数字贸易中，不同国家、企业和利益相关者之间存在不同观念、利益和需求。构建贸易话语体系有助于统一术语和概念理解，促进信息传递和共享。这有助于降低沟通障碍，增进合作与理解，还可以规范数字贸易行为和做法，确保贸易公平、透明和可持续发展，推动数字贸易顺利进行。一个共享的贸易话语体系可以促进各方之间理解和协调，有助于推动贸易谈判进展，并达成互利共赢协议。

（五）不断创新贸易技术

技术创新是数字贸易发展一个重要驱动力。通过引入新技术和工具，可以简化贸易流程、加快交易速度，并提供更便捷服务。这有助于降低交易成本、减少时间延迟，并提升数字贸易效益和用户体验。技术创新还有有助于开拓全新贸易市场，为企业提供更多商业和增长空间，推动数字贸易多样化和创新发展。技术发展还提供更多跨境合作和市场拓展机会，促进了跨境贸易发展。

（六）完善企业数字贸易安全保障体系

数字贸易涉及大量商业数据和敏感信息，包括客户数据、交易记录、商业机密等。数字贸易成功离不开客户信任。企业数字贸易安全保障体系可以防止数据泄露、信息被窃取或滥用，从而保护企业商业利益和竞争优势。企业能够建立安全数字贸易环境，客户和合作伙伴更愿意与其进行交易，增强市场信任度。建立健全企业数字贸易安全体系，企业能够有效应对各类网络威胁，保护自身和客户数据安全，确保数字贸易持续和安全进行。

二、数字贸易发展风险

当前数字贸易发展较为迅速，但由于全球经济发展极不平衡，各地区在应对数字贸易发展问题上还存在较大分歧。

（一）关税壁垒

数字贸易关税壁垒指的是对数字产品征收关税和建立贸易救济措施（如反倾销税、反补贴税和保障措施）的一种贸易障碍。数字产品与传统货物区别在于它们基于不同载体，数字产品基于数据流，而传统货物则可能是基于光盘、磁带等有形物体。由于现行海关估价体系缺少有关数字产品贸易相关规定，这使得海关在认定数字贸易标的物合法性方面存在较大分歧，进而制约了各国和不同地区数字贸易稳定发展。此外，数字贸易也给国际贸易惯例和基本原则带来了巨大挑战和冲击。因此，数字贸易关税壁垒是当前数字贸易发展面临的一个重要问题，需要各国加强合作，制定适应数字贸易发展需要的相关规定和标准。欧洲 DTRI 指数显示，目前只有中国香港、挪威和新加坡对数字产品实行零关税，而且没有建立数字产品贸易保护措施。拉丁美洲和亚洲对信息技术产品及其投入征收的最高关税率和平均最惠国关税率最高，其中阿根廷、中国、巴基斯坦和越南最高关税率达 35%。同时，有 13 个国家对数字产品采取了贸易救济措施，采取的措施主要是征收反倾销税，很少运用保障措施，没有发现征收反补贴税。

（二）非关税壁垒

数字贸易非关税壁垒是指除了关税以外其他政策措施，这些非关税壁垒可以被总结为四类：替代型本地化政策、外商直接投资限制、跨境数据流限制以及商业源代码和加密要求。这些政策措施不仅增加了数据运营企业和数字贸易主体的成本，同时也限制了数字贸易发展和交易成本下降的空间，限制了数据流在国别和地区之间传输速度，对数字贸易产生了不利影响。

首先是替代型本地化政策，这种政策通过禁止外资参与本国信息通信领域经济活动，或者通过特定产业政策，抑或是通过强制性公私合作伙伴关系、特定合资企业运营类型等方式，促进本国数字贸易相关产业和行业发展。这些政策会限制外国企业市场准入，增加运营成本，影响数字贸易的国际化程度。其次是外商直接投资限制，这种政策明确要求相关投资机构必须满足当地进口替代等相关规定，而且对数字基础产业投资也需要满足当地所有权相关要求等，或要求外商投资机构董事会成员国籍满足特定限制条件等。这些政策会使得数字贸易主体国际化程度受到限制，也会增加数字贸易的运营成本。再次是跨境数据流限制，这种政策要求相关企业和公司将其所涉及业务本地数据流、服务器设置在特定框架和空间范围之内，并对所收集数据资源按照相关规定进行保存和使用。这些政策会使得数字贸易数据流动性受到限制，增加数字贸易交易成本和运营成本，也会影响数字贸易跨境合作和创新。最后是商业源代码和加密要求。在一些情况下政府会要求外国投资者在进入本国市场之前提供其商业源代码或者加密密钥作为市场进入的先决必要条件。商业源代码是指软件或应用程序源代码，是构成其核心功能代码。加密密钥是一种密码，用于加密和解密数据。在数字贸易中，商业源代码和加密密钥是企业重要资产，对保护企业商业机密和知识产权具有重要意义。因此，政府要求企业提供这些信息作为市场准入的先决条件，可能会导致企业面临知识产权泄露和商业机密被盗的风险。此外，政府还可能利用这些信息来帮助本国企业发展类似产品，从而对外国企业形成竞争压力。

（三）数据限制壁垒

数据限制壁垒涉及数据政策、平台责任和内容访问3个方面。

数据政策是指国家或地区为管理和保护数据而实施的一系列政策措施。其中包括以下限制措施：数据跨境流动限制，一些国家或地区可能限制个人数据或敏感数据跨境流动，要求在数据跨境流动时满足特定条件或获得许可；数据保留，某些国家或地区可能要求数据处理方在特定时间内保留用户数据，以满足执法机构的要求或其他法律义务；数据隐私主体权利，数据政策通常包含对个人数据隐私保护，确保个人在数据处理过程中拥有一定权利，如知情权、访问权和更正权等；数据隐私管理要求，数据政策可能要求数据处理方采取一定安全和隐私保护措施，以确保数据安全性和机密性，如数据加密、访问控制和数据泄露通知等；违规处罚，数据政策通常规定对违反数据保护规定行为进行处罚，包括罚款、行政处罚和民事赔偿等；其他限制措施，与数据政策相关其他限制措施可能包括数据安全审查、数据报告要求和数据审计等。

平台责任涉及在线平台对用户生成内容管理和监管。以下是一些平台责任限制措施：避风港框架，一些国家或地区可能建立避风港法律框架，为在线平台提供一定法律保护，使其在承担一定责任的同时保持平台中立；通知与删除制度，一些国家或地区要求在线平台建立通知与删除制度，即在接到侵权或违法信息举报后，平台需要及时删除或屏蔽相关内容；其他限制措施，与平台责任相关的其他限制措施可能包括网络监管机构的审查和监管、平台实名等。

内容访问涉及对网络内容审查、过滤和网络中立性等问题。以下是一些内容访问限制措施：网络内容审查和过滤，一些国家或地区可能对互联网上内容进行审查和过滤，以限制或阻止特定类型信息传播，包括政治敏感内容、色情内容或其他违法或有害内容；宽带和网络中立性，宽带和网络中立性是指互联网服务提供商对网络流量平等对待，不对特定内容或服务进行歧视性限制，然而，某些国家或地区可能存在限制宽带和网络中立性措施，允许服务提供商对特定内容或服务进行限制或优先处理；其他限制措施，与内容访问相关其他限制措施可能包括封锁或限制特定网站或应用程序访问、审查用户通信内容以及监控互联网活动等。

（四）多边贸易（谈判）规则对数字贸易制约

多边贸易与多边谈判规则滞后也使全球数字贸易发展面临重要挑战。从现有多边贸易规制看，最具权威性的世界贸易组织出台的相关贸易协定对数字贸易还未形成有效约束体系，相关规则主要散见于世界贸易组织框架下的一些协定文本及其附件，如《服务贸易总协定》《信息技术协定》《与贸易有关的知识产权协议》《全球电子商务宣言》等，而这些规制对于成员方约束力相对较弱，因此对于规范数字贸易东道国行为还不能发挥应有的作用。此外，由于世界主要发展中国家对数字技术发展变革缺乏预见性，且在数字贸易中普遍缺乏竞争优势，加之区域不同贸易协定之间缺乏协调性，进一步加剧了区域和国别之间数字贸易谈判规制和协调机制之间的冲突，最终导致数字贸易不仅在一般性相关文本设计和业务实践层面，而且在国别和地区之间的发展中面临诸多挑战。

三、数字贸易发展策略

（一）政府在加强数字贸易顶层数字贸易设计中充当重要角色

目前对数字贸易概念不统一将对数字贸易研究产生巨大阻碍，导致研究成果与数字贸易实际发展不相统一。政府应当充分担任领导者角色，带领研究部门对数字贸易概念、分类做出统一规定，达成一致共识；政府应当引导企业、高校进行多方合作，不断加大数字技术投入力度。政府应先整合现有资源，引导高校、科研机构和专业人士对我国数字贸易发展现状进行深入分析，再针对性加大数字贸易领域资金投入，鼓励和引导社会资金投入。采取措施鼓励创新型企业参与数字技术创新发展，实现政府、企业和高校多方协作，实现数字贸易可持续发展。我国应当进一步加大对外开放力度，对外开放程度是影响数字贸易发展重要影响因素。现如今世界上大部分国家所采取的数字贸易概念多采用美国或联合国等经济体界定，形成“美式模板”和“欧式模板”可能存在与其他贸易国利益存在冲突的问题。中国应当明确自身诉求，针对冲突诉求率先表明自己的态度，提出符合自己经济主张，针对可谈判的诉求求同存异，积极与贸易各国进行谈判，扩大对外开放程度；推动贸易关联产业融合与协同发展。数字贸易发展与贸易关联产业发展处于协同发展过程中，关联产业快速发展将提高数字贸易在国际贸易的竞争力，数字贸易竞争力提高又反作用于关联产业发展。政府应当在加大数字技术投入力度过程中，也要注意数字技术与关联产业融合，通过关联产业融合发展促进数字贸易竞争力提升。

（二）规范数字贸易标准体系提升数据要素流动效率

首先，应当通过规范数字贸易标准体系来提高数据要素流动效率，建立健全监管机制是数字贸易标准体系规范的基础。这包括积极整合贸易、信息、海关、互联网监管机构的资源，数字贸易战略规划等重塑全球价值链监管体系，完善单一窗口建设是数字贸易便利化的关键。应当完善对数字贸易及跨境邮件单一窗口申报，推广智慧口岸与无人港口单一窗口建设，加快“一带一路”沿线与世界上其他国家和地区单一窗口之间互联互通，实现数字贸易自动转化功能，这将使数字贸易更加便利化、高效化，深化数字贸易标准体系建设是保障数字贸易便利化的重要保障。应建立一套既适应国情又符合国际通用贸易准则的数字贸易标准体系，促进数字贸易便利化。通过制定标准和规范，促进数字贸易互联互通和共享，加强数字贸易安全性和可靠性；数字资源多维度全面防护是保障全球价值链数字资源畅通流动重点。从数据产生、传输存储、采集、运用和共享等环节进行数字资源的多维度全面防护，确保数字资源的安全和可靠性。同时，应当通过打破数字资源底层垄断，促进数字资源的共享和开放，增强数字资源的可持续发展。

（三）数字贸易良好发展环境是关键

数字贸易通过网络进行数据和信息传输、处理，因此网络基础设施安全和可靠性显得尤为重要。应加强数字基础设施的建设，完善监管机制，以“硬基建”和“强制度”打造数字贸易良好环境。一方面，数字贸易发展离不开数字技术设施建设。如5G通信网络、人工智能、物联网等数字化基础设施建设，对传统经济基础设施进行数字化改造。基础设施完善不仅可以支持数字贸易顺利进行，而且能够保障网络基础设施安全和可靠性。只有数字贸易在更加稳定和安全环境下进行，才能实现数字贸易长期发展。另一方面，数字贸易需要制定和执行相关制度和规定，以确保数字贸易的安全性和合法性，防范欺诈、侵权等问题发生。这需要完善立法程序和加强监管机制。只有通过这些制度和规定的建立和执行，数字贸易才能在一个公平、规范、透明的环境下进行，保护数字贸易参与者的合法权益，从而推动数字贸易的健康发展。

（四）推动“中式模板”贸易规制形成与推广

加强中国数字贸易体系建设，包括数字要素知识产权保护、数据分类监管、规则制定和数据流通4个方面。首先，加大数字要素知识产权保护力度。保护数字产品知识产权是确保创作者和内容提供者权益重要措施，加强知识产权保护有助于鼓励创新和创造，并提高数字贸易可持续发展性。确保国外数字产品在中国境内的合法权益，可以促进合作伙伴信任和合作关系。其次，实施分类监管和国民待遇。分类监管是针对不同类型数据要素和数据产品制定差异化管理规定。同时，给予境外贸易主体国民待遇，即平等对待国内和国外贸易主体，有利于推动数字贸易自由化和开放化。这有助于吸引外国投资者和企业参与中国数字经济，推动国际数字贸易平衡和繁荣。再次，设定符合中国利益关键规则。参与全球数字贸易规则制定过程中，积极提出符合中国利益的关键规则，如免关税政策、消费者隐私保护等。这有助于确保中国在数字贸易中的权益和地位，从被动参与者转变为规则设定方。同时，这也要在充分了解国际贸易环境和合作伙伴需求的基础上进行，以促进数字贸易平衡和可持续发展。最后，解决数据壁垒和促进数据流通。解决数据壁垒是推动数字贸易发展关键。通过禁止数据流通限制、避免计算设施本地化、推动源代码的开放获取或转让等开放措施，可以促进数字技术应用和跨境数据流通，减少贸易障碍。这有助于推动数字技术发展和降低贸易成本，促进区域内成员之间的贸易创造和贸易福利。

（五）依托科技创新提升数字贸易产业国际竞争力

首先，创建数字经济生态系统。建立数字经济生态系统是促进数字贸易产业发展的关键。整合数字产业资源，拓宽全球产业数字化、数字产业化和治理数字化等领域运作模式，为全球价值链上资源跨境数据流动创造良好环境。同时，对特定行业采取优惠政策，激励相关产业与数字产业的有机合作，构建科学化数字生态系统。其次，培育标杆型数字化产业平台。地方政府可以基于数字经济和实体经济合作框架，创建内外交流合作示范平台，推动示范园区和示范平台建设。这有助于推动企业上云、上平台、赋智，培育一批数字化转型标杆产业，推动数字贸易发展。再次，深化全球数字产业链融合。通过数字产业“走出去”和“引进来”，加强传统制造业、服务业等行业与先进数字制造业和服务业融合。这有助于扩大中国数字产业在全球价值链数据获得半径，为全球价值链重塑注入动力。最后，建设数字贸易港。通过建设数字贸易港，促进国内国际双循环。优化我国数字贸易在沿线国家布局，充分利用国内跨境离岸集采中心相关职能，形成本土化数字贸易中心，为打造具有国际竞争力数字贸易港创造有利条件。同时，建设“一站式”跨境综合服务载体，利用跨境大数据、物联网等数字基础设施，提供跨境订单全程履行服务，实现国内外数字贸易企业信息匹配和衔接。这些措施有助于促进数字贸易产业创新发展和国际竞争力提升。同时，为了确保可持续发展和公平竞争，需要注重合规、隐私保护和数据安全等方面。此外，推动数字贸易产业国际竞争力还需要加强政策支持、人才培养和国际合作等。

（六）构建企业数字贸易安全保障体系

基于数字风险构建企业数字贸易安全保障体系是确保数字贸易安全、可靠和可持续发展的必要举措。数字贸易安全发展不仅需要在国家层面上建立数字贸易海外投资、利益维护、供应链转型和话语权维护等国际安全体系，还需要从微观企业角度制定安全策略，以提升我国数字贸易在全球价值链中的安全性。这意味着企业需要加强内部安全措施，确保数字贸易过程中的信息安全、数据隐私和网络防护等方面安全性。此外，企业还需要与供应商、合作伙伴和客户建立安全合作关系，共同应对数字风险和安全威胁。具体来说，需要有保护企业数据和信息、防范非法行为、提升数字贸易供应链可信度等路径。首先，为了提升我国数字贸易参与全球价值链安全性，需要对数字企业建立安全评估体系。建立体系应该从国际利益维护、供应链是否能够运作安全、全球话语权维护以及有关数字产业链稳定等方面构建，为参与主体提供持续保障。其次，加强物联网和大数据监测。物联网和大数据技术，全面监测数字货物供应、物资仓储和价值链运作等环节，进一步强化数字企业发展动能，助力全球价值链的安全重构。再次，进行数字企业风险预警，动态管控国际数字技术和产品运输发展情况，并关注其他国家针对我国设置各类数字贸易、科技和环保壁垒。这有助于及时识别和应对潜在风险，并采取相应措施进行风险管控。最后，需要强化行业协会和企业作用。加强行业协会和企业在数字产业链安全预警中的功能，建立地域覆盖面广、门类齐全数字产业链安全数据库。这样可以及时关注和迅速响应各类突发事件，积极调整数字企业供给，保证关键数字物资持续供应，并合理规划各价值链运作流程。通过这些措施，可以全方位构建企业数字贸易安全保障体系，减弱全球价值链重塑风险，确保数字贸易安全性和可持续发展。同时，需要加强国际合作，共同应对跨国数字风险和挑战，推动建立全球范围内数字贸易安全机制和规则，以确保数字贸易的稳定和可信度。

总结与回顾

1. 数字贸易是指信息通信技术发挥重要作用的贸易形式，其不仅包括基于信息通信技术开展的线上宣传、交易、结算等促成的实物商品贸易，还包括通过信息通信网络（语音和数据网络等）传输的数字服务贸易，如数据、数字产品、数字化服务等贸易。

2. 数字贸易在贸易行为本质、内在动因、经济意义上与传统贸易相似；在贸易特点、主体、运输方式和模式等方面已经出现了很大变化。

3. 数字贸易在比较优势来源、国际贸易模式、数字贸易服务、贸易标的物构成、国际贸易主体、国际分工组织形态、贸易监管要求等方面与传统贸易相比产生了新特点。

4. 国际贸易理论是国际经济学的重要组成部分，它主要探讨的是不同国家之间贸易模式、经济效应以及贸易政策等问题。在这个领域中，理论发展历程可以分为古典贸易理论、新古典贸易理论、新贸易理论和新新贸易理论四个阶段。

5. 数字贸易从贸易便利程度、市场范围、产业升级和经济可持续性四个方面提升经济发展质量。

复习思考

一、名词解释

数字贸易；关税壁垒；非关税壁垒

二、简答题

1. 数字贸易与传统贸易异同之处。
2. 数字贸易有哪些特征？
3. 理解数字贸易理论发展演变。
4. 数字贸易有哪些模式？
5. 简述数字贸易测度理论与如何构建数字贸易指标体系？
6. 数字贸易未来发展趋势如何？
7. 简述数字贸易提升经济发展质量理论。
8. 数字贸易发展路径有哪些？
9. 数字贸易发展风险有哪些？
10. 数字贸易发展策略有哪些？

三、论述题

1. 数字贸易对国际贸易理论的发展与挑战有哪些？
2. 联系实际谈谈数字贸易如何提升经济发展质量？

3. 数字贸易发展面临的风险以及如何应对？

能力拓展

关注数字贸易重要价值与作用

随着新一代信息通信技术和数字技术取得重大突破，数字贸易迅速发展。作为新型贸易模式，数字贸易减少了贸易成本和时间，使新的贸易产品不断涌现，正在改变几乎所有行业的贸易方式和贸易规模，成为国际贸易发展新动力。

数字贸易经济效应突出

从消费者视角看，数字贸易可直接或间接增加贸易品种类和数量，提升消费者福利。传统贸易模式下，可贸易产品主要以有形实物产品和生产要素等为主。而数字贸易产生和发展将催生出更多数字消费产品，在原有传统可贸易产品基础上，使原先不可贸易产品变得可贸易，增加了可贸易产品种类。

从生产者视角看，数字贸易能有效提供全球价值链发展新动力。经过几十年发展，有形产品全球生产分工已经非常深入，其全球价值链链条越来越长、协调成本越来越高，有些分工所需成本已大于分工收益，这也是近年来全球生产分工深化放缓重要原因。

从市场效率视角看，数字贸易能降低贸易壁垒和信息不对称。数字贸易发展以及数字技术广泛应用所产生直接效应是：增加市场信息，促进市场主体间互动，改善市场效率。数字贸易集约化、无界化和平台化发展趋势将促使贸易参与主体间联系更加紧密，有效降低信息不对称，实现生产要素在全球范围内高效配置。

从贸易发展新动力视角看，数字贸易能够助推全球服务贸易快速发展。数字贸易本质上是服务交换及其价值实现，这不仅体现在直接数字贸易产品中，也蕴含在电子商务和平台企业服务中。

发展数字贸易的着力点

第一，提高数字贸易战略定位。随着数字技术持续创新，数字贸易有望取得突破性发展，对未来贸易方式、贸易规则、贸易产品、贸易参与者产生深远影响。目前，许多国家已将数字贸易纳入本国发展战略，并出台相应法律法规和政策来促进数字贸易发展，积极参与全球数字贸易规则谈判。

第二，探索形成适宜数字贸易发展理念和监管思路。数字贸易对几乎所有行业都有重要影响，贸易产品融合数据、货物、服务等诸多方面，因此，数字贸易的发展理念和监管思路需强调全局视野、整体思维、综合施策。

第三，加快完善数字基础设施建设。数字贸易发展高度依赖数字基础设施，世界各国正在加快完善数字基础设施建设，力求在未来的数字贸易竞争中占据优势地位。

第四，推动完善数字贸易国际规则。数字贸易不断发展将改变现有国际贸易规则，有效多边国际贸易规则对全球及我国数字贸易健康发展都具有重要意义。因此，要积极参与数字贸易国际规则制定，与世界各国共商共建共享新国际规则体系，使其不仅有助于扩大国际贸易规模，而且有利于缩小发达国家与发展中国家之间的“数字鸿沟”，促进世界各国贸易均衡协调发展。

资料来源：刘洪愧．关注数字贸易重要价值与作用［N］．经济日报，2022－07－12.

第十三章　数字货币

任务分析

1. 了解数字货币内涵。
2. 明确数字货币的类型及特点。
3. 理解私人数字货币定价。
4. 认识央行数字货币运行和传导机制。
5. 了解央行数字货币对宏观经济发展的影响。

案例导入

数字货币如何影响百姓生活

数字货币，因其与人们生活息息相关，所以它的使用方式和安全也备受人们关注。北京大学国家发展研究院副院长黄益平认为，选择数字人民币，法偿性、零成本可能是答案。事实上，人们通常使用的移动支付工具中，一般都会面临一些成本，如提现、跨行转账等，而用央行数字货币交易都是零成本的。

穆长春表示，作为公共产品，数字人民币不计付利息，具有非营利性，追求的是社会效率和福利最大化。中国人民银行建立免费数字人民币价值转移体系和金融基础设施，不向发行层收取流通费用，商业银行也不向客户收取数字人民币兑出和兑回服务费。黄益平看来，央行数字货币另一个突出特点是具有法偿性，只要有密码就可以兑换人民币，不会因为企业或者银行倒闭就影响兑付。

“因为法偿性、可靠、零成本，对很多消费者而言是有吸引力的。如央行数字货币可能会成为一种工资发放的选择。”黄益平认为，央行数字货币推出还可以大大提高支付系统甚至金融运行效率，改善货币政策调节有效性，对货币政策直达性产生正向影响。

市场上更多讨论的是数字人民币与微信、支付宝关系和区别。穆长春表示，两者根本上并不是同一个维度东西。微信、支付宝是“钱包”，而数字人民币是里面装的“钱”。未来微信、支付宝里面用来支付内容增加了数字人民币选项。因此，未来老百姓使用微信、支付宝支付不仅可以选择商业银行存款货币，也可以选择数字人民币。

穆长春表示，数字人民币应坚持中心化管理，维护法定货币地位和货币发行权。其中心化管理能够实现支付即结算，可以提高商户资金周转率和支付体系效率，打破零售支付壁垒和市场分割，改善货币政策传导。同时，有利于抵御加密资产和全球性稳定币侵蚀，防止货币发行权旁落，维护金融稳定。

资料来源：温源．数字货币如何影响百姓生活［N］．人民网．

https：//baijiahao. baidu. com/s？ id = 1683392655917504248&wfr = spider&for = pc.

知识介绍

第一节 数字货币内涵与特征

2020年2月，国际清算银行公布了一项调查结果：许多新兴市场经济体正在发展央行数字货币；66个国家中央银行中，有10%将在未来3年内发行央行数字货币，受众群体将占世界总人口1/5。央行数字货币方面发展进度方面，中国是最快的经济体，而美联储曾经表示没有必要发行数字货币，而到2020年后，美联储开始研究发行数字货币的可行性。

一、数字货币内涵与特征

（一）数字货币内涵

界定数字货币内涵之前，先区分以下几个概念：虚拟货币、电子货币和数字货币（见表13－1）。

表13－1　　虚拟货币、电子货币、数字货币区别

	虚拟货币	电子货币	数字货币
发行主体	网络运营商	金融机构	无（私人数字货币）
适用范围	网络企业内部	一般不限	不限
发行数量	发行主体决定	法币决定	数量一定
存储形式	账号	磁卡或账号	数字化
流通方式	单向流通	双向流通	双向流通
货币价值	与法币不对等	与法币对等	与法币不对等
信用保障	企业信用	政府信用	网民信念
交易安全性	较低	较高	较高
交易成本	较低	较高	较低
运行环境	企业服务器与互联网	内联网、互联网、读写设备	开源软件以及P2P网络
典型代表	Q币、盛大币、各论坛积分等	银行卡、公交卡、支付宝等	比特币、Libra等

资料来源：朱阁．数字货币的概念辨析与问题争议［J］．价值工程，2015，34（31）：163－167.

虚拟货币（Virtual Currency）有广义虚拟货币和狭义虚拟货币之分。广义虚拟货币是一种以数字形式表达价值的货币形式，包括电子货币和数字货币等。它与传统货币不同，不由中央银行或公共权威机构发行，并且不一定与法定货币挂钩。无实体形态虚拟货币可以被自然人或法人接受作为支付手段。狭义虚拟货币是在互联网平台发行并且在网络虚拟空间中使用的货币。与法定货币类似，其在网络中具有支付和交易功能，因此也被称为网络货币。例如，腾讯公司的Q币就是一种典型狭义虚拟货币，作为一种集中发行的虚拟货币，Q币可以在腾讯旗下各种服务中使用，如购买游戏道具、支付在线服务费用等。此外，许多网络游戏中也存在类似虚拟货币，如游戏内的点券，可以用于购买游戏装备、道具或解锁特殊功能。

对于电子货币（Electronic Currency），国际组织和机构对其进行了定义。国际清算银行（BIS）认为，电子货币是指具有多种用途，包括预付款和存储等功能的产品。这一定义将电子货币划分为基于网络（软件）和基于卡片的产品。根据巴塞尔委员会观点，电子货币在零售支付机制中指的是通

过销售终端、不同电子设备以及在公开网络上进行的“储值”和预付支付机制。这意味着物理介质，如信用卡、智能卡等，可以被用作“储值”工具，类似于传统钱包功能。欧洲中央银行则提出了电子货币的两种主要类型，即基于软件的产品和多用途预付卡。所以电子货币是法定货币的一种电子化，一般以磁卡或账号形式存储在金融信息系统内，其主要目的是方便储藏和支付，电子货币价值与法定货币等值。信用卡、储值卡等是常见的电子货币。

数字货币（Digital Currency）包括广义数字货币和狭义数字货币。广义数字货币包括央行发行的法定数字货币（Central Bank Digital Currency，CBDC）和私人发行的私人数字货币。狭义数字货币仅指私人数字货币，通常简称为数字货币。这两者在以下四个方面存在区别：(1) 发行主体。法定数字货币由国家央行发行，而数字货币由私人实体发行，这些私人实体通常不具备公权力。(2) 流通范围：由于数字货币并非法定货币，其流通范围受到限制；而法定数字货币则与传统法定货币的流通范围相似。(3) 业务架构。法定数字货币具有中心化特征，其发行和交易通常由央行或其他中心机构控制；而数字货币则具有去中心化和去信任化的特征，交易可以在分布式网络上进行，无须中央机构参与。(4) 价格稳定。法定数字货币得到国家主权信用支持，价格相对稳定；而私人数字货币大多没有实物或信用担保，其价格取决于人们对其认可程度和预期，价格波动较大。

因此，数字货币是一种不受管制、数字化的货币，通常由开发者发行和管理，其使用对象是特定虚拟社区成员，是电子货币形式的替代货币。数字金币和密码货币都属于数字货币。

（二）数字货币特征

一般来说，数字货币是一种基于节点网络和数字加密算法的虚拟货币。其特征体现在以下几个方面。

1. 区块链技术。数字货币采用区块链技术实现去中心化的交易，并通过不断的计算验证确保交易数据安全性与交易有效性。

2. 匿名交易。数字货币匿名交易让用户更容易表达对隐私关注，同时也增加了交易者与接收者之间建立信任。

3. 交易速度快。数字货币交易速度快于传统金融系统，因为无须中心机构介入和烦琐的交易步骤。

4. 可划分性。数字货币可以划分成更小单位，从而能够满足不同交易要求，更好地适应消费者需求。

5. 开放性和去中心化。数字货币是去中心化的，没有银行、政府或其他中央机构控制。任何人都可以参与数字货币交易，从中获得收益。

6. 安全性高。数字货币密码学技术确保了其交易高度安全性，用户可以在无须担心身份被盗用的情况下完成交易。

二、数字货币类型及特点

数字货币根据发行主体可分为私人数字货币（Private Digital Currency）和央行数字货币（Central Bank Digital Currency，CBDC）。

（一）私人数字货币

私人数字货币的兴起可以追溯到中本聪（Satoshi Nakamoto）在2008年发布的《比特币：一种点对点电子现金系统》报告。这一报告引入了点对点网络技术、加密技术以及区块链技术等概念，为比特币问世奠定了基础。中本聪报告标志着比特币诞生，而比特币问世又引发了一系列私人数字货币涌现。目前，一些比较流行的私人数字货币包括比特币（Bitcoin）、莱特币（Litecoin）、狗狗币（Dogecoin）和以太币（Ethereum）等。这些货币都基于区块链技术，具有去中心化和加密的特点。它们在数字货币领域中扮演着重要角色，并吸引了大量用户和投资者关注。每种私人数字货币都有其独特特点和用途。例如，比特币作为首个加密货币，被广泛应用于支付和价值储存；以太币则主要用于支持智能合约和去中心化应用开发。

私人数字货币最显著特征之一就是去中心化。在一个具有众多节点系统中，每个节点可以自由连接并形成新的连接单元，每个节点都有潜力成为某个阶段中心，但没有强制性中心控制功能，这就是去中心化特点。私人数字货币之所以能够实现去中心化，主要得益于区块链技术和密码学应用。通过区块链技术和密码学，私人数字货币实现了分布式记账，使得每个节点都有能力成为网络中心。区块链技术的不可篡改性、全程留痕、可追溯性、集体维护和公开透明等特点共同为区块链可靠性和透明度奠定了基础。这些特点使得区块链成为一种可信赖技术，为各种领域应用提供了新的解决方案。区块链技术的不可篡改性和全程留痕特点使得数据在网络中无法被篡改，因为每个节点都会保存有数据痕迹。这也使得区块链具备一定安全性，难以被黑客攻击。要破坏区块链数据，需要同时破坏所有节点，这在技术上是非常困难的。

举个例子，传统中心化记账方式中，A 给 B 汇款必须经过银行这个第三方，银行在这个交易中是解决了 A 和 B 双方信任问题；若采用区块链去中心化记账体系，A 和 B 交易信息自动记录在账本里，不存在银行这个中心化记账第三方。在比特币系统中，新生成区块总是包含着之前区块账页信息，不断生成新区块就形成了区块链，其变成了一个便于验证、无法更改的账本记录。这个账本存储在整个区块链中被授信节点里，如果这个账本有 100 个授信节点，那么就说明有 100 个节点同时存储这个账本，这就是所谓分布式记账。每产生一笔交易记录，就需要有人进行记账，现实生活中是会计，但在加密货币世界里，是矿工在做这件事情。首先记账员（挖矿的人、机器或程序）根据用户交易订单生成合法账本或数据块，记账员就会把该账本分享并链入系统各个节点。这种生成数据块、链入区块链过程，就是“挖矿”。作为激励，完成这笔交易记账矿工将会获得一定手续费，如 0. 000001 个比特币。在比特币系统中，有大量矿工，每个人都可以通过解决系统给出的复杂数学问题来获取记账资格和权力并得到奖励。因此，分布式记账与传统记账最大区别在于人数可高达数倍增长，系统中所有参与用户都可看到这个记账过程，且用户间无关联，这就大大保证了数据安全性。

私人数字货币还具有匿名性，这是被广为人知的特点。匿名性是指交易双方使用私人数字货币交易，双方之间互不认识，并且其他人也难以获得他们身份信息。因为在这个交易中不存在第三方机构，不会在第三方机构留下任何基本信息，所以私人数字货币具有很强匿名性。但这种匿名性也存在弊端，一些非法分子就运用私人数字货币进行犯罪活动，如洗钱、非法集资、贩毒等非法活动。这些活动没有地域限制，支付也没有国界概念，想要严格管控这些非法活动就需要进行国际合作。为了限制私人数字货币匿名性不可控性，瑞典央行于 2020 年 2 月 17 日开启了“电子克朗（e－krona）”试点项目计划。该数字货币直接由银行发布，并由瑞典中央银行监督和多个数字货币交易资产所管理，具有有限匿名性质，即设置了一定数量存储金额额度。如果用户超过该存储额度，将采取强制性实名，若低于该额度，则无需实名登记。电子克朗的存在，将数字身份证与数字货币相结合，实现了匿名可控性，实现一定程度的匿名需求，也保证了当局对于洗钱和不正当使用行为的管控能力。

私人数字货币还具有可编程性。当代计算机都是使用“0”和“1”的语言组成的，私人数字货币就是在区块链或分布式记账系统上使用计算机编码表现的。随着智能时代到来，人们的意志、思想、表达等都可以通过代码被转换到虚拟空间中，从早期的 QQ、邮箱，到现在微信，再到智能合约逐步发展。智能合约具有强制自动执行特性，其与私人数字货币可编程性结合实现私人数字货币支付手段。同时，私人数字货币可编程性使得交易更加智能化，给金融机构进行后期结算时带来了巨大便利，甚至可以让结算速度达到实时交易。这对于金融交易具有极大帮助，降低了金融交易成本，提高了资金周转速度和整个行业交易效率。

私人数字货币还具有加密性。在比特币系统中，使用的是非对称加密算法中的椭圆曲线加密算法。该算法涉及一对与数学相关密钥，包括公钥和私钥。公钥是公开的，用于表示一个私人数字货币储存地址，而私钥是不公开的，代表了使用者对该地址中数字货币控制权。使用其中一个密钥加密信息必须使用另一个密钥进行解密。公钥和私钥的使用确保了私人数字货币在去中心化系统中的安全性和隐私性。只有持有正确私钥人才能对数字货币进行操作，而公钥可以公开分享给其他人用于收款。这种加密技术在一定程度上确保了私人数字货币的安全性。尽管加密性提供了一定保障，但并不意味着私人数字货币具有绝对安全性。加密算法有可能被破解，加密系统可能会受到攻击。此外，如果用户丢失了私钥，也将失去对私人数字货币控制权。因此，用户在使用私人数字货币时需要妥善保管私钥，并采取适当安全措施，以防止私钥泄露或丢失。

私人数字货币还具有交易自主性。目前，全球跨境支付主要依赖于 CHIPS 等系统，其中参与者主要是美元银行或在美设有大型分支机构境外银行。这些系统运作涉及第三方中介，可能使得某些金融发展水平较弱国家或新兴经济体容易受到来自金融发达国家经济制裁影响。这意味着这些国家交易可能受到限制或困扰。私人数字货币的出现改变了这种情况。私人数字货币不依赖于任何特定主权国家，由私人发行和管理，使得交易自主性得到增强。私人数字货币使用不受地理位置或国家政策限制，可以在全球范围内进行快速、安全和便捷交易。它们提供了一种替代方案，可以在无须第三方中介情况下进行跨境交易。对于那些受到经济制裁国家或个人来说，私人数字货币可以提供一种保护其利益方式。由于私人数字货币去中心化的特点，它们不受特定国家控制，因此可以为被制裁一方提供一种相对独立支付和价值储存的手段。

（二）加密数字货币和稳定币

私人数字货币可以根据赋值方式不同划分为两类：（1）基于区块链的原生代币被称为加密数字货币或加密币（cryptocurrency）。加密币价值来源于价值共识，即公众认可其具有一定价值，并能够在一定时间跨度内用于交换其他商品、服务或一定数量主权货币。区块链技术应用为加密币提供了安全、可靠和透明交易环境，同时也促进了价值共识形成和加密币市场发展。价值共识主要由加密数字货币挖矿速度和成本以及在暗网中使用加密货币作为支付手段为主要来源。这类货币主要以比特币为代表。加密币以价值共识为基础，就意味着该类币种价格极其不稳定。（2）在区块链上发行运营，但与链外资产或法定货币挂钩，价格不会在短时间内大涨大跌，具有稳定价值加密数字货币，称为稳定型加密币，又称稳定币（stablecoins），如 Facebook 发行的天秤币就属于稳定币。稳定币最早由泰德公司（Tether）发行的稳定币——泰达币（USDT），他们宣称每发行一枚 USDT，都会在官方账户上存入相同数量美元，即 USDT 与美元保持 1∶1 兑换比例。稳定币就是这样通过锚定法币方法去维持自身币价相对稳定，作为一种交换媒介，将数字货币世界和法币世界之间壁垒打通了，解决了数字货币和法币之间可能存在的冲突及流通性问题。除了上述抵押法币发行的稳定币外，还有抵押数字资产铸造的稳定币——如以太币（ETH）、BAI 币等；另外，算法稳定币，纯粹依靠算法来实现在锚定价格周围波动。

（三）央行数字货币

央行数字货币（Central Bank Digital Currency，CBDC）作为一种法定数字货币，是由国家货币机构发行的一项重要创新。它代表着央行向公众发行的债务，并在数字领域为货币体系带来了全新发展。全球范围内许多国家货币当局都在研究 CBDC，并认识到它已成为未来货币体系的主要发展方向。根据国际清算银行（BIS）2021 年调查数据，全球范围内有 86% 的央行正在研究 CBDC 对其国家或地区影响，这些央行代表了覆盖全球 91% 的经济产出。这表明 CBDC 已成为国际货币制度的重要议题，各国央行对其发展和应用进行了广泛研究和探索。中国作为其中重要的参与者，推进了央行数字货币计划，即 DC/EP（Digital Currency/Electronic Payment）。中国人民银行早在 2014 年就成立了专门研究小组，目前已经完成了顶层设计、标准制定、功能研发和联调测试等关键工作。DC/EP 的设计强调数字货币和电子支付特性，旨在提高支付效率、降低交易成本并加强金融监管。中国的 CBDC 试点项目已在多个城市和地区展开，并得到了积极的回应和实际应用。

DC/EP 的推广采用了封闭测试、小范围试点再到全面开放原则。自 2020 年 4 月起，中国在深圳、苏州、雄安新区、成都等地进行了内部封闭点测试，随后于同年 10 月新增了上海、海南、长沙等 6 个试点城市。这些试点城市是为了测试央行数字货币（CBDC）可行性和效果。在试点过程中，首批参与机构包括四大国有银行和三大运营商，这些机构具有重要地位和影响力，为试点推进提供了支持和基础。通过试点进行实际操作和反馈收集经验教训，进一步完善 CBDC 的技术和运营模式，为全面推广和应用奠定基础。截至 2021 年 10 月 22 日，DC/EP 的试点场景已超过 350 个，累计交易金额接近 620 亿元。随着试点场景的增多，人们逐渐意识到 DC/EP 的发行已进入倒计时，并悄然无声地进入寻常百姓家。这表明 DC/EP 的推广已取得了一定的进展，并为数字货币在日常生活中的使用铺平了道路。

首先，央行数字货币具有法偿性，即以国家信用背书发行的信用货币，与法定货币具有同等法律地位和经济价值。CBDC 的发行目的主要是满足公众日常支付需求，提高零售支付系统效能并降低全社会零售支付成本。其次，央行数字货币采用在线交易和离线交易相结合的方式。相比第三方支付系统，央行数字货币克服了对网络依赖性的局限，支持在线和离线两种交易方式，提供更灵活和便捷的支付体验。最后，与现行纸币和硬币相比，央行数字货币具有可追踪性，实现了可控匿名性。其采用“小额匿名、大额依法可溯”的原则，既确保了相关交易遵守反洗钱、反恐怖融资等要求，也保护了个人的交易信息。

根据应用场景的不同，央行数字货币（CBDC）可以划分为批发型 CBDC 和零售型 CBDC。批发型 CBDC 的使用范围限定在中央银行和少数大型金融机构之间，不直接面向公众。而零售型 CBDC 则主要面向公众，也被称为一般目标型 CBDC。批发型 CBDC 主要用于金融机构之间的结算和清算，用于促进资金的高效流转和金融市场的稳定运行。这种类型的 CBDC 通常由中央银行直接发行和管理，其使用范围和交易规模相对较大。国际实践中，一些国家和地区已经进行了批发型 CBDC 的实验和试点项目，如加拿大银行的 Jasper 项目、新加坡金融管理局的 Ubin 项目、日本银行和欧洲央行的 Stella 项目等。相比之下，零售型 CBDC 主要面向公众，旨在提供一种便捷、安全和普及的数字支付工具。这种类型的 CBDC 可以被普通人用于日常交易和消费，具有更广泛的使用场景和更小的交易规模。零售型 CBDC 的推出可以促进金融包容和数字化经济的发展，使得金融服务更加普及和无缝化。对于零售型 CBDC，2020 年欧洲央行公布的“数字欧元”（Digital Euro）的计划、英格兰银行提出的双层运营体系的零售型 CBDC 项目均属于此类。国际清算银行（BIS）调查显示，所调查经济体中的 15% 的央行在研究批发型 CBDC，32% 的央行在研究零售型的 CBDC，剩下近一半的央行在同时研究两种数字货币。

根据发行和流通方式不同，CBDC 可分为单层运营体系（single tier operation system）和多层运营体系（multitier operation system）。在单层运营体系中，央行负责数字货币流通的全过程，不通过商业银行、清算机构等金融中介机构，直接对公众发行数字货币。多层运营体系沿用传统货币发行方式，即先由央行向商业银行等第三方机构发行数字货币，并由第三方机构向公众提供存取服务。在实际发行和流通过程中，多层运营体系可操作性比单层运营体系可操作性高，由央行直接面向大众投发数字货币会对现有的货币流通体系产生影响，所以各国在零售型 CBDC 研发中多采用双层运营模式。

2021 年 7 月，中国人民银行发布了《中国数字人民币的研发进展白皮书》，向社会展示了中国法定数字货币——数字人民币（e - CNY）的设计框架。数字人民币的特点如下。

1. 数字人民币只是法定货币数字形式。数字人民币与法定货币具有相同基本功能。例如，价值尺度、交易媒介、价值贮藏等功能。此外，数字人民币同法定货币一样，是以国家信用为支撑的央行对持有者负债，具有法偿性，它只是法定货币数字形式，目的是充分满足公众日常支付的需要，提高零售支付系统效能，降低全社会零售支付成本。它将与实物人民币长期并存，两者具有同等法律地位和经济价值。

2. 数字人民币采用的是中心化管理模式和“央行—商业银行”的双层运营体系。在数字人民币运营体系中，人民银行处于中心地位，负责向指定机构发行数字人民币，并进行生命周期管理。指定运营机构或者商业银行则负责向公众提供数字人民币兑换以及流通服务，即由央行负责发行，商业银行则与央行合作，维护数字货币发行和流通体系。这就是数字人民币双层运营体系，该体系一方面通过商业银行合作能够分散人民银行风险；另一方面也能够避免对商业存款挤出效应，防止金融脱媒。

3. 可控匿名性。数字人民币高度重视个人信息与隐私保护，遵循“小额匿名、大额依法可溯”的原则，确保相关交易遵守反洗钱、反恐怖融资等要求。同时，数字人民币交易信息能够得到更好保护，人民银行内部对数字人民币相关信息设置“防火墙”，通过严格制度安排，禁止任意查询、使用（见表 13 - 2）。

表 13 - 2　私人数字货币与央行数字货币的比较

特征	法定货币	比特币	Libra	央行数字货币
匿名性	匿名	匿名账号、交易信息公开	匿名或实名	可控匿名
信用背书	国家信用	无	一揽子储备资产	国家信用
潜在的发行量	可变	算法自身容量（2100 万）	可变	可变
价值波动	稳定	极其不稳定	稳定	稳定
发行	央行发行	“挖矿”	Facebook 发行	央行发行
管理模式	中心化	去中心化	中心化发行，去中心化使用	中心化

第二节　私人数字货币定价、风险与监管

目前，市场上私人数字货币种类众多，其价格波动也比较大，如何对这些私人数字货币进行合理估值和定价以及应对其可能面临的金融安全风险，是投资者和各国监管机构最为关心的话题和共同面临的挑战。

一、加密数字货币定价

如本章第一节分析，将私人数字货币分为加密币和稳定币。而稳定币通过与法币、黄金等稳定价值资产挂钩，使其单位价格货币代表着一定的实际购买力，因此稳定币的币值是相对稳定的，可以通过其所挂钩资产价值来对稳定币进行定价。而对于加密币，基于不同视角，可以采用成本定价法、股

票定价法、期权定价法和无套利定价法等不同方法对其进行定价。

（一）成本定价法

成本定价法是一种定价理论，根据该理论，产品或服务价格应该基于生产成本。其核心原理是认为厂商在长期竞争市场中，为了最大化利润，将调整生产规模，直到达到利润为零均衡状态。当其应用于加密币定价时，可以考虑加密币生产成本和市场竞争状况。首先是生产成本。加密币生产成本包括硬件成本、电力成本、人力成本以及其他相关成本。硬件成本涉及采购和维护挖矿设备费用，电力成本与挖矿过程中的电力消耗有关，人力成本涉及管理和维护挖矿设备以及监控网络安全人力资源投入，其他成本可能包括场地租赁、网络带宽等。其次是市场竞争。加密币市场竞争情况对定价也有影响。供应和需求平衡会影响加密币价格。如果市场上存在大量矿工，供应量较大，而需求相对较低，则价格可能会受到竞争压力下降。相反，如果市场上矿工数量较少，供应相对稀缺，而需求较高，则价格可能会受到供需关系影响上涨。根据商品供求关系和长期垄断竞争利润角度，加密币长期均衡价格应等于平均成本。这就是成本定价法原理。根据该原理，加密币价格将在长期内趋向于平均成本水平。

以比特币为例，可以说明成本定价法的实际应用：时间假设在 2018 年 2 月，专业矿工使用矿机进行活动，假设使用的是 Bitmain 的 AntMiner S9 矿机，该产品价格为 2700 美元。矿工每天使用该台机器可以挖得 0.0012 枚比特币。使用该矿机每天需要耗费 33 度电力，根据居民用电计算的价格为每天 2.6 美元。若再考虑矿机的这就情况，假设其折旧年限是 3 年，则每天的折旧费用约为 2.5 美元。根据以上数据，耗电费用和固定资产折旧费用得到一枚比特币生产成本为 $(2.5+2.6)/0.0012=4250$ 美元。因此，根据成本定价法计算得出的比特币均衡价格应为 4250 美元。

（二）股票定价法

首次币发行（initial coin offering，ICO）是一种新型融资方式，指的是初创公司利用区块链技术平台首次向公众发行数字代币以筹集主流虚拟货币。然而，随着时间的推移，监管机构在全球范围内越来越倾向于根据实质而非形式对 ICO 进行监管，并将其视为一种证券行为。在这种情况下，人们开始将加密币类比于股票，并采用现有股票定价方法对其进行定价。其中，市盈率法和现金流贴现法是两种主要定价方法。

市盈率法是一种常用股票定价方法，它基于公司盈利能力估计来确定股票合理价格。其将同行业中其他企业作为可比较标的，通过比较它们的市盈率来确定目标企业定价基准。先选择与目标企业类似同行业企业，后计算同行业企业市盈率平均值（R），再通过估算目标企业每股盈利水平（E），最后将目标企业每股盈利水平（E）乘以同行业平均市盈率（R），即可得到目标企业股票内在价值（e）。

$$e = R \times E \tag{13-1}$$

另一种常用股票定价方法是现金流贴现法，它通过将未来现金流折现到当前时点来确定股票价值。这种方法先需要预测未来时期每股股利 D_t，并结合适当的贴现率 y_t 对这些现金流进行贴现加总，从而计算出股票的价值。现金流贴现法的计算公式如下：

$$e = D_0(1+g)/(y_t - g) \tag{13-2}$$

其中，D_0 代表当期股利；g 代表股利不变增长率；$g=0$ 时为零增长模型。

相较于市盈率估价法，现金流贴现法具备以下优点：

首先，它能够更全面地考虑企业未来发展前景。通过预测未来时期现金流，能够对企业盈利能力和成长性进行更准确评估，从而更准确地反映出股票价值。其次，现金流贴现法还纳入了资本成本因素，即贴现率。贴现率反映了投资风险和机会成本，它会根据投资者期望回报率和风险偏好等因素来确定，因此能够更精确地反映出股票投资价值。

以 Ripple 为例，为简化计算，假设贴现率 y_t 为7%并使用现金流贴现法对 Ripple 进行定价。根据《2017 年全球支付报告》估计，全球非现金批发业务交易量年均复合增长率为6.5%。基于此，假设 Ripple 未来盈利增速也为6.5%。根据前面的假设，每币盈利水平为0.00335 美元，即年化盈利水平为0.00335 美元×4=0.0134 美元。根据现金流贴现法公式，Ripple 每币内在价值可以计算为：

每币内在价值=每年的现金流/（贴现率-增长率）

=0.0134 美元×(1+6.5%)/(7%-6.5%)

=0.0134 美元×1.065/0.005

≈2.8542 美元

与市盈率估价法相比，现金流贴现法得出结果为市盈率估价法20 多倍。据了解，2018 年2 月11 日，Ripple 的价格为0.92 美元。根据现金流贴现法估算结果，Ripple 可能还有增长空间。

（三）期权定价法

期权定价法思路是将加密币经济价值看作以项目未来价值为标的资产看涨期权。假定项目价值以比特币为形式，在未来 T 期，以比特币计价项目价值为 $S(T)$，届时比特币法币价值为 $U(T)$，以法币计价项目价值 $V(T)=S(T)\times U(T)$。

根据加密币收益或有特征，T 期加密币价值 $P(T)=\max\{S(T)-Z,0\}$，Z 为以比特币计价的看涨期权价格。当项目价值低于临界值时，意味着项目失败，加密币价值为零，否则项目价值为 $S(T)-Z$。简单起见，假定 Z 为1 比特币，此时加密币价值可表示为 $P(T)=\max\{S(T),1\}-1$，将 $V(T)=S(T)\times U(T)$ 代入，得到 $P(T)=\max\left\{\frac{V(T)}{U(T)},1\right\}-1$。进一步利用金融学中的布莱克—斯科尔斯期权定价公式（Black-Scholes option pricing formula），可以求解出加密币以比特币计价的现值：

$$P(0)=\frac{V(0)}{U(0)}\cdot e^{-q_vT}\cdot N(d_1)-e^{-q_uT}\cdot N(d_2)-1 \tag{13-3}$$

$$d_1=\frac{\ln\left[\frac{V(0)}{U(0)}\right]+\left(q_u-q_v+\frac{\sigma^2}{2}\right)\cdot T}{\sigma\cdot\sqrt{T}} \tag{13-4}$$

$$d_2=d_1-\sigma\cdot\sqrt{T} \tag{13-5}$$

$$\sigma=\sqrt{\sigma_u^2+\sigma_v^2-2\rho\sigma_u\sigma_v} \tag{13-6}$$

其中，N 为以正态分布变量的累积概率分布函数；q_v 为加密币项目价值的增长率；q_u 为比特币价值的收益率；σ_u 和 σ_v 分别为相应的波动率（标准差）；ρ 为加密币项目价值和比特币价值的瞬时相关系数。

以上估值思路具有以下几个优点：首先，这种思路不以持续经营为假设，而是将加密币项目成功与失败都考虑在内。传统估值方法常常基于企业持续经营前提，但对于加密币这样具有高度不确定性项目来说，这种前提可能不太适用。其次，这种估值公式是独立于无风险利率的。现实中，对加密币来说，很难确定一个无风险利率，因此将无风险利率纳入估值模型会面临技术上的困难。而这种思路避免了这个问题存在，无须对无风险利率进行估计，并且也不需要考虑风险溢价。最后，这种思路考虑了加密币项目价值与其计价加密币发展相关性。通过将项目未来价值与比特币法币价值相乘，将项目成功与加密币市场发展联系在一起。这种方法更符合经济现实，因为加密币价值往往与整个市场发展趋势相关。

利用期权定价法对以太币进行估值的思路如下：

回溯2017年数据，得到以太币项目价值增长率 q_v 为0.07，比特币价值增长率 q_u 为0.049，以及相应波动率 σ_v 为0.012，σ_u 为0.007，此外，假设以太币项目价值是比特币2倍，即 $(V(0))/(U(0)) = 2$，并将期限 T 设为1年。

根据以上参数，可以计算出1个以太币价格为0.075个比特币。然而，2018年2月12日，1个以太币价格实际上为0.1个比特币，略高于估值结果。这种差异可能由于市场复杂性和不确定性所致。期权定价模型是一种理论模型，它基于特定假设和参数，而实际市场中价格受到多种因素影响，包括供需关系、市场情绪、新闻事件等因素。因此，在使用期权定价法进行估值时，需要谨慎考虑各种因素，不能将估计结果作为决定性预测。

（四）无套利定价法

比特币期货率先由美国商品期货交易委员会（CFTC）于2017年12月批准，允许芝加哥商业交易所（CME）集团、芝加哥期权交易所（CBOE）先后上市比特币期货。比特币期货出现为比特币无套利定价提供了可能性。具体无套利定价方法如下：

假设存在两种投资组合：A组合和B组合。

A组合由以下部分构成：第一，一份规定到期时以 F 为交割价格购买一单位比特币期货合约；第二，F 乘以 $\exp(-r)$ 金额的本币存款，其中 r 是本币存款利率，$\exp(-r)$ 是未来现金折现系数。到期时，该存款可以取出 F 金额的现金。

B组合由一单位比特币（等值于 e）组成。

假设在期货合约到期时，A组合价值应该等于B组合价值。如果市场中不存在套利机会，那么当前时刻价值相等投资组合在期货合约到期时价值也必须相等。根据这一条件，可以得到以下公式表示无套利定价关系：

$$v + F \cdot \exp(-r) = e \tag{13-7}$$

其中，v 表示当前时刻期货合约价值。

当市场处于均衡状态时，即不存在套利机会，当前时刻合约价值 v 必然等于零。如果 v 不等于零，则可以通过组合交易获得无风险利润，这与市场均衡相悖。通过将 v 置零，可以得到比特币无套利定价公式：

$$e = F \cdot \exp(-r) \tag{13-8}$$

2018年2月9日，CMF 3个月比特币期货报价为8600美元，而同期美元年利率为1.81%，由此可算出比特币价格 e 等于 $8600 \times \exp(-1.81\% \times 0.25) = 8561.71$ 美元。

不过，无套利定价法成立的前提是期货价格和现货价格之间存在偏离时，无风险套利活动能够迅速展开。然而，在比特币市场中，实际存在一些因素限制了比特币期货和现货之间无风险套利机会的实现。首先，比特币现货市场可能存在流动性不足的情况。这意味着套利者可能无法按照期望价格及时买入或卖出比特币，从而限制了套利机会出现。如果市场中没有足够买卖订单和交易对手，套利者可能无法快速建立头寸或平仓，从而无法充分利用价格差异。其次，比特币现货交易本身可能存在一些性能上的缺陷。这包括清算和确认概率性、高交易费用以及交易确认时滞等。这些问题可能增加套利活动风险和成本，限制了套利机会的利用。特别是在交易确认时间较长或费用较高的情况下，套利者可能无法及时执行交易，从而错失套利机会。此外，比特币现货市场通常无法进行做空交易，即无法借入比特币进行卖出操作。这限制了一些特定套利策略，如“做多期货、做空现货”的套利活动。

在传统金融市场中，做空交易是常见操作，但在比特币市场中，由于相关规定和市场结构的限制，做空比特币可能受到限制，从而影响了一些套利策略的实施。

二、私人数字货币风险和监管

私人数字货币出现为经济发展创造了更多可能性，但同时也带来了一系列风险和挑战。因其依赖于网络而存在各类风险容易通过互联网传播和放大，给监管带来了很多问题。

首先，私人数字货币由于其去中心化和匿名性等特点，给犯罪分子提供了得天独厚的优势，使其更容易从事非法活动。这种特性使得金融机构无法核查交易用户身份信息，监管部门也面临着巨大追踪难题。其中一个典型例子是美国的“丝绸之路”，这个暗网市场只接受比特币交易，隐藏着大量涉及毒品交易、色情、暗杀甚至人体器官交易等犯罪活动。美国 FBI、国安局等多部门联手耗时两年才抓捕到网站创建者。因此，私人数字货币交易世界中，追踪交易买卖方是一项极具挑战性的任务。

其次，私人数字货币加密性并不能完全保证其安全性。因为其操作基于互联网平台，存在着黑客攻击、病毒入侵等安全威胁，一旦这些行为得逞，就可能导致平台崩溃、用户数据丢失甚至货币损失等安全事件，导致巨大经济损失和用户信任丧失。例如，日本比特币交易平台 Mt. Gox 曾是全球最大比特币交易所之一，但在 2014 年 2 月底，该交易平台宣布遭受了大规模黑客攻击并宣告破产。这次攻击导致约 74 亿比特币丢失，相当于价值达 4.6 亿美元。这个事件揭示了数字交易所面临外部黑客攻击风险时不容小觑。除了外部攻击外，内部安全问题也是私人数字货币面临挑战。例如，2019 年韩国一家数字货币交易所遭到私钥盗窃，损失接近 9000 万元人民币。后来发现，这起盗窃案实际上由内部人员所为，进一步凸显了数字交易所内部监守自盗的潜在风险。

最后，私人数字货币由于去中心化的性质，使其不受任何机构控制，并且无需机构背书信用。这也使得私人数字货币能够在全球范围内自由进行跨境网络交易。然而，也正是由于该特点，使得私人数字货币价格波动较大。以比特币为例，自从比特币诞生以来，其价格走势可谓令人瞠目结舌。比特币最初价格约为 0.0025 美元/枚，从 2011 年的 1 美元上涨到 2021 年 11 月的 6.9 万美元，创下历史新高。比特币价格飙升和剧烈波动很容易引发投机心理，并且比特币市场实行 24 小时不间断和 T+0 交易制度，交易平台覆盖世界上大部分国家。这种交易便利性和高收益潜力诱发了投机交易，进一步扩大了风险。私人数字货币市场开放性对投资者来说是一把“双刃剑”。尽管它提供了方便交易环境和潜在高收益，但各国监管体系仍然存在不完善之处，无法保障投资者权益。

基于以上几点，私人数字货币带来的风险和挑战是各国政府和部门需要积极应对的，如何保障各方利益，是亟待需要思考解决的问题。但由于各国金融环境不同，对私人数字货币监管态度也存在差异。

一些国家采取积极监管态度，意味着它们致力于建立完善监管框架来规范私人数字货币市场。例如，欧盟和美国都采取了积极监管措施。欧盟于 2022 年 6 月达成协议，将在其 27 个成员国之间制定监管规则，旨在为虚拟货币资产市场提供法律框架。美国 2022 年 6 月正式发布了加密货币监管法案，这是首次试图为数字资产建立全面监管框架，旨在为加密货币市场带来稳定性和清晰度，以保护客户利益。

另一些国家则采取消极监管态度，表现出相对被动状态。例如，卡塔尔和尼泊尔等国家禁止使用比特币。卡塔尔之所以禁止加密货币活动，是因为其担心价格波动、违法犯罪活动潜在风险以及缺乏中央政府支持。

这些不同监管态度反映了各国在私人数字货币领域法律、金融和安全考量差异。对于国家来说，确保金融稳定、保护投资者利益和打击非法活动是重要目标。然而，制订监管政策时，需要权衡数字货币创新性和潜在风险之间平衡，以促进行业健康发展。

三、数字货币发展潜在风险及对策

（一）数字货币发展潜在风险

数字货币作为一种新型货币形态，距离广泛普及使用还需要进一步探索。以史鉴今，数字货币潜在风险主要体现在数字货币的安全风险、投机风险、法律风险以及世界货币风险。

1. 安全风险。

数字货币去中心化特点使其拥有较大优势之外，也要注重去中心化所引发的风险。一方面数字货币采取密码学相关技术对交易过程进行加密，不易被篡改，为数字货币交易提供安全屏障，但是数字货币真正出现在人们视野中的时间还比较短暂，交易平台不够严谨，各方面发展还不够成熟等原因导致其可能存在许多技术漏洞。如果交易平台在网络上被黑客攻击，则会造成巨大经济损失，交易平台以及网络各个企业都可能存在不同，安全系数自然也不同，因此，不同数字货币潜在风险程度也不一样。

正如日本两个大型数字货币交易所 Mt. Gox 和 Coincheck，曾经就由于平台管控不到位，遭受到黑客攻击，最终损失了将近千亿日元，因此安全风险不容小觑。更为甚者，这些损失财产无法被追回，数字货币去中心化特点弊端由此显现出来。网络平台遭到黑客攻击，盗取交易信息，篡改数据，虽然监管机构可以查询到交易传输方向，但是对于交易用户无法监测到详细信息，因此无法彻底解决问题，网络黑客已经掌握用户私钥，在平台中可以再次入侵用户数字资产，若涉及众多人数，则会造成十分严重后果，对社会造成恶劣影响。

2. 投机风险。

诸如比特币等私人数字货币价值波动较大，十分不稳定，导致其成为投机性工具。数字货币投机风险主要由两个方面产生，一方面，投资者预期，如比特币有着繁杂算法，产生币数量有限，在某个特定阶段投资者认为接下来数字货币价值将会大涨，从而储藏大量数字货币导致市场交易数字货币量减少，该数字货币变得供不应求，价格上涨。若没有一个严格监管举措，这种恶循环会导致通货紧缩，最终消失于市场，造成投资者严重损失。另一方面，由于数字货币价格受到多方面影响上下波动，数字货币平台监管不完善、法律政策落实不到位、参与投资用户素质不高等多种问题使投机分子抓住机会进行恶意炒作，对数字货币进行盲目宣传，从中谋取利益。

3. 法律风险。

数字货币具有匿名性特点，不会强制要求用户公开个人信息，这一点也为犯罪分子提供了可能。数字货币交易过程是点对点交易，不会受到时空限制，数字货币这种便利交易方式也吸引了投机分子注意，正是因为数字货币匿名性，监管机构无法查到用户个人详细信息，犯罪分子通过这个交易平台进行洗钱、偷税、赌博等各种违法活动，游离于法网之外，躲避监管机构监测，这大大增加了执法人员对犯罪活动处理难度。由于法律难以监管到位，数字货币平台成为众多违法犯罪分子藏身之地，要处理好数字货币法律风险，需要创新机制和完善数字货币交易平台，加强监管。

4. 世界货币风险。

数字货币通过点对点交易，提供了极大便利，突破了时空限制，在世界范围内可以进行交易流通。但是数字货币运行需要极大电力消耗以及财力消耗，世界各国发展水平不一致，发达国家可以使用高效电力设备，极大缩短了交易过程，而众多发展中国家经济实力则相对较弱，在数字货币研发与使用上都不如发达国家，发达国家掌握着大部分财富，经济实力不平衡发展使得发达国家在数字货币方面掌控话语权，数字货币价值也会随之变动，造成了众多发展中国家经济损失，也会造成投资者损失惨重。

（二）应对数字货币风险的措施

1. 加快数字技术创新。

数字技术不断创新是应对数字货币风险的重要举措。在数字技术快速发展的背景下，数字货币应该审时度势，不断增强应对风险能力，建立新加密技术以保障交易信息安全。逐步完善数字货币相关底层技术建立，确保基础性技术牢固，打好地基才能有更长远发展。为了提升技术创新能力，应加强基础性研究，如在5G技术上加快研发速度，发展区块链技术应用以及大数据等新兴技术，占据理论与科技实践制高点。

加快互联网、区块链、大数据等技术融合，推动数字技术创新，构造出一个数字货币创新体系。相比私人数字货币不稳定性，更要加快法定数字货币研发，这对于国家货币体系建设有重要意义，有利于国家货币政策的实施效果。在政府推进数字技术创新支持下，科技公司以及企业也应积极探索数字货币应用，为最终数字经济又好又快的发展贡献一份力量。

2. 加强监管体系。

数字货币相较于传统货币有诸多不同，在流通交易环节，数字货币无须第三方权威机构认证，交易过程也更加简洁，不受传统金融机构约束。发挥数字货币优势，还需要相关法律法规加以落实。对于技术领域也需要加强对区块链技术以及相关核心技术约束，更好地引导数字货币发展，时刻关注行业发展动态，寻找发展规律。完善相关法律法规修订，引导数字货币运行在正确轨道上，培养运营者加强行业自律性，落实数字货币交易安全责任，建立起健康稳定数字货币监管体系。

3. 完善数字货币相关法律。

数字货币交易中，各国开始逐步制定规则加以防范数字货币潜在风险。例如，美国国家税务局将数字货币当作一笔独特资金，需要缴纳税款。2013年，美国为了着重打击洗钱等违法行为，将数字货币监管收入《银行保密法》中，完善了数字货币相关法律。2018年法国制定数字货币监管法律条文，对违法犯罪行为加以管制，防止通过数字货币进行洗钱和偷税漏税行为。此外，法国市场监管局也对数字货币衍生品进行管控，全方位完善数字货币相关法律，促进数字货币健康发展。2017年日本颁布《资金结算法》明确了数字货币的法律地位，承认其作为一种支付手段的合法性，但是该数字货币不等同于法定数字货币，属于一种资产。2013年我国央行颁布了《关于防范比特币风险的通知》，2017年颁布了《关于防范代币发行融资风险的公告》以规范数字货币交易，提升广大群众防范数字货币风险意识，数字货币是数字经济时代产生新事物，需要完善相关法律加以规范。

4. 加强各国政府合作与协调。

数字货币发展是大势所趋，数字货币在打造全球货币体系上有着重要意义。传统跨境转账支付一般需要经过支付机构、银行以及国际清算平台才能完成全过程，整个交易过程较为烦琐，需要时间较长，采取区块链技术数字货币解决了交易效率低下问题，通过交易双方点对点交易结算破除时空限制，提高了交易效率，节省交易时间。去中心化特点使交易更加透明，消除了各国交易信息不对称带来的风险，因此加强各国政府合作，促进世界经济繁荣稳定，构建国际间结算网络已达成广泛共识。

全球范围内已经有20多个国家建立分布式账本系统，区块链应用也日趋显著。当今世界占据主导地位支付体系仍是美国SWIFT清算平台，美国支付体系霸权迫使各国在积极探索国际加密数字货币支付体系，让更多国家自由地参与进来，推进各国互惠互利，实现全球经济稳定发展具有积极意义。对于广大发展中国家来说，机遇与危机并存。对于数字货币发展中潜在风险包括黑客攻击网络、洗钱诈骗、偷税漏税等违法行为，世界各国要加强联系与合作，共同打造多边监管网络，协调区域发展，实现全球货币金融体系稳定。

第三节　央行数字货币运行与传导机制

央行数字货币投放模式有“一元体系”和双层运营模式两种思路。“一元体系”是由中央银行直接向公众和企业等私人部门发行央行数字货币。这种发行模式优势可以促进货币政策传导效率提高，同时可以直接促进央行对货币监管，但是该模式完全颠覆了以前模式，会对货币政策供给体系和传导体系带来重大影响，存在较大不确定性。因此为了避免央行数字货币发行带来货币体系出现大的混乱，我国央行数字货币发行和流通体系选择双层运营模式，这个发行模式是沿着现有货币体系进行，加入了一些其他创新。第一层次设计到央行与商业银行，商业银行等运营机构充当服务媒介，央行根据经济运行情况，决定发行央行数字货币数量，再下发到商业银行业务库，央行不直接面向用户。

一、央行数字货币运行

各国央行数字货币投放模式多采用“双层运行体系”。中国采用的亦是这种模式。

中央银行和商业银行双层运营模式在数字货币领域扮演着重要角色，并且在该模式中，数字货币发行层和流通层分别承担不同职责。这种模式设计旨在确保数字货币安全性和稳定性。双层模式中，发行层由中央银行负责。中央银行负责数字货币发行和管理，向符合条件商业银行提供数字货币额度，并承担数字货币管理和安全责任。这意味着中央银行是数字货币最高发行机构，拥有对数字货币供应量和流通环境控制权。而流通层则由央行授权商业银行负责。这些商业银行获得中央银行授权，为公众提供数字账户，并负责数字货币兑换流通和零售管理。商业银行在这一层面发挥着关键角色，它们充当着数字货币交易平台，使得公众能够使用数字货币进行支付、储蓄和其他金融交易。目前，在中国，获得央行授权的商业银行和机构主要包括工商银行、农业银行、中国银行和建设银行四大国有商业银行，蚂蚁金服、腾讯等第三方支付平台，以及移动、联通和电信三大电信运营商。这些机构承担着数字货币流通层角色，为公众提供数字账户和相关服务。

央行数字货币系统框架核心要素是“一币，两库，三中心”，这个概念提出了央行数字货币关键组成部分（见图 13 - 1）。它由央行数字货币研究所前所长姚前提出，并被广泛采纳。

“一币”指的是央行数字货币本身，它是央行以数字形式发行的加密代币。与传统纸币和硬币不同，央行数字货币具有特定金额价值，并由央行进行背书和签名。它是央行信用背书的数字形式法定货币。

“两库”指的是数字货币发行库和数字货币银行库。数字货币发行库是指央行将数字货币发行基金存放在央行数字货币私有云上的数据库。这个库存储着用于发行央行数字货币的基金，并确保其安全可靠。数字货币发行库是央行管理和控制数字货币发行的核心机构。数字货币银行库是商业银行存放央行数字货币的数据库。商业银行可以选择在本地或央行数字货币私有云上存储央行数字货币，以支持其在金融系统中的流通和交易。数字货币银行库为商业银行提供了与央行数字货币进行交互的接口，使其能够在金融市场中提供数字货币相关服务。

“三中心”包括认证中心、登记中心和大数据发行中心。认证中心是央行数字货币系统的核心组件，用于集中管理央行数字货币机构和用户身份信息。它确保系统安全性，并是可控匿名设计的重要环节。认证中心负责认证和验证参与者身份，以确保数字货币交易的安全性和合规性。登记中心用于

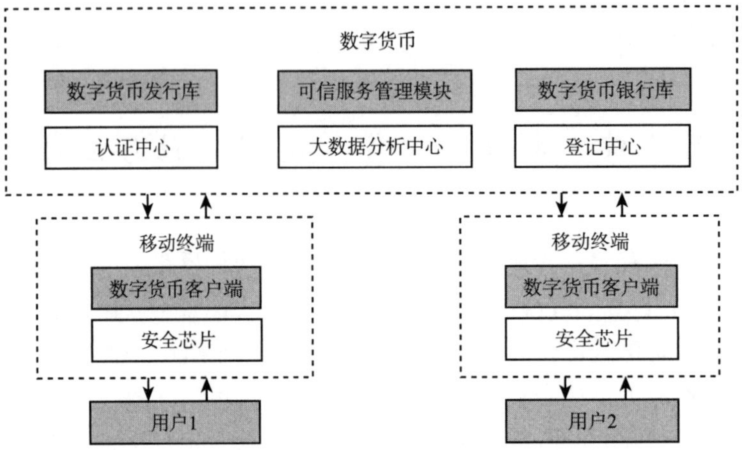

图 13－1　央行数字货币系统框架："一币，两库，三中心"

记录央行数字货币和对应用户身份信息，完成权属登记和全生命周期记录。这样可以确保交易的透明性和可追溯性，并为纠纷解决提供支持。大数据发行中心是央行数字货币系统的关键组成部分，主要用于进行反洗钱、支付行为分析和监管调控指标分析等重要工作。通过分析和处理大量交易数据，大数据发行中心可以帮助央行进行风险监测和管理，确保金融系统稳定运行。

"一币，两库，三中心"的设计理念，为央行数字货币的运作提供了清晰的架构和指导。它保证了数字货币的安全性、可靠性和合规性，为金融体系的稳定运行提供了重要支持。央行数字货币系统的流程基于以下核心思想：央行生成数字货币基金，并将其存放在央行发行库中。商业银行根据需求向央行申请数字货币，并将其存储在商业银行的数字货币库中。用户可以在需要时提取数字货币，使其从银行库进入流通环节，并存储在用户的数字钱包中，如手机内。在数字货币的流通过程中，支付是通过数字货币在用户之间的转移来实现的，支持在线和离线交易等不同形式的支付方式。

二、央行数字货币传导机制

中央银行制定货币政策后，从政策实施到政策发挥作用必须经历一系列传导过程。货币传导机制（Monetary Transmission Mechanism，MTM）是研究货币政策影响经济变量的过程，具体是指中央银行根据货币政策目标，运用货币政策工具，通过金融机构经营活动和金融市场传导至企业、居民，对其生产、投资和消费等行为产生影响的过程。在宏观经济分析中，传统货币政策传导机制主要包括利率传导机制、信贷传导机制、汇率传导机制、财富效应传导机制、资产价格传导机制（托宾 Q 理论）、预期传导机制等，其中传播效力最强的是利率传导机制和信贷传导机制。

央行数字货币引入会如何影响货币政策传导机制，进而影响实体经济？为了论述方便，把央行数字货币传导机制分为三个阶段：第一阶段考虑政策工具（二级市场上央行数字货币的利率及供给量）设置及其对二级市场利率影响；第二阶段关注央行数字货币的利率和价格波动向经济中其他资产（金融市场）传递过程；第三阶段是金融市场波动向实体经济传递过程，这一阶段传导渠道和传统货币政策传导机制一致，如利率传导机制、信贷传导机制、预期传导机制等。

本书分析集中关注和讨论特定政策工具变化的边际影响，例如，央行数字货币政策对经济稳态条件下的均衡利率、信贷息差有何影响。

（一）第一阶段：市场利率变化

货币政策工具一个最重要因素是中央银行控制市场利率能力。这里的市场利率主要指银行间同业拆借利率（interbank rate），它是指一家金融机构利用手头资金向另一家金融机构借出贷款和拆借资金的利率，一家银行拆入（借款）实际上也是另一家银行拆出（贷款）。如果借出贷款只借一夜，第二天就要归还，那这种贷款就叫隔夜贷款，对应银行间同业拆借利率就叫隔夜利率（overnight rate）。因此，隔夜利率是同业拆借利率一种，时间短并且利率相对较低。

2008 年金融危机爆发以前，大多数发达国家中央银行通过向商业银行等金融机构提供存贷款便利机制而形成一个利率操作区间，从而依靠设定利率操作区间来稳定市场拆借利率和银行体系流动性，这就是利率走廊系统（interest rate corridor system）。利率走廊三个基本要素是利率上限、利率下限和目标利率。其中，利率上限一般为中央银行的再贷款（或再贴现）利率，利率下限是商业银行在中央银行存款准备金利率。

就其作用机制而言，中央银行通过调整商业银行存款准备金利率 *DR* 和再贷款（或再贴现）利率 *CR*，控制目标利率 *TR*。同业拆借市场中资金需求方拆入资金的市场拆借利率不会高于 *CR*，因为如果拆入利率高于 *CR*，资金拆入方会更优先选择从中央银行获得再贷款（或再贴现）弥补资金短缺；同理，资金拆出方利率也不会低于 *DR*，如果拆出利率低于 *DR*，那拆出方就会把资金全部储备到中央银行，因为后者提供利息更高。这样同业拆借市场利率 r 将会在中央银行规定的存贷款利率之间波动，即 $DR \leqslant r \leqslant CR$。央行通过各种货币政策工具，将银行间市场利率调节在基准利率目标附近，央行会允许银行间利率在这一基准利率目标上下波动。2008 年金融危机之后，许多发达国家央行大幅扩充存款准备金，大量购买储备资产，导致二级市场上广泛使用存款准备金利率来支付和结算，这称为利率地板系统（interest rate floor system），如图 13－2 所示。与政策立场相关利率实际上已经不再是央行货币二级市场利率，而是存款准备金利率。

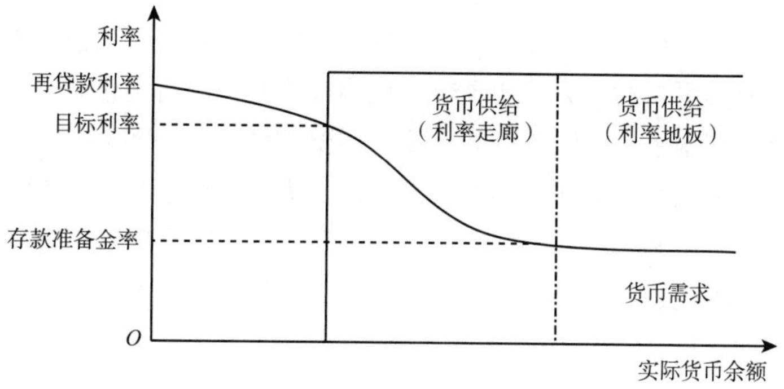

图 13－2　走廊系统和地板系统下的央行货币二级利率

1. CBDC 对央行货币市场利率的影响。

随着央行数字货币（CBDC）的推广和普及，会使央行货币二级市场利率发生如何变化呢？首先考虑央行发行数字货币情形。央行货币需求曲线将向右移，其原因在于那些先前无法被纳入数字货币体系的非银行机构货币需求将增加。需求曲线右移幅度取决于央行数字货币吸引力，而吸引力主要取决于其制度和政策设计，例如，是否有可信存款担保措施，以及电子支付和现金支付之间如何平衡等。

货币需求曲线右移对利率的影响取决于央行反应。如果央行通过充分扩大货币供给来适应需求增长，就能够将现行利率维持在最低水平（下限利率），如图 13－3 的 *A* 点所示。若不能完全适应货币需求增长，二级市场利率将以类似于利率走廊方式上升，如图 13－3 的 *B* 点所示。如果央行保持图 13－3 中初始货币供给曲线，不仅二级市场利率会上升，而且经济内部也会出现央行数字货币再分配。银行将减少其 CBDC 持有量至原始需求曲线拐点，如图 13－3 的 *C* 点所示，但这是它们在当前框架下无法做到的。非银行机构将吸收银行手中这些多余 CBDC，以满足它们增加货币需求。CBDC 任何供给增加都会导致央行资产负债表扩张。

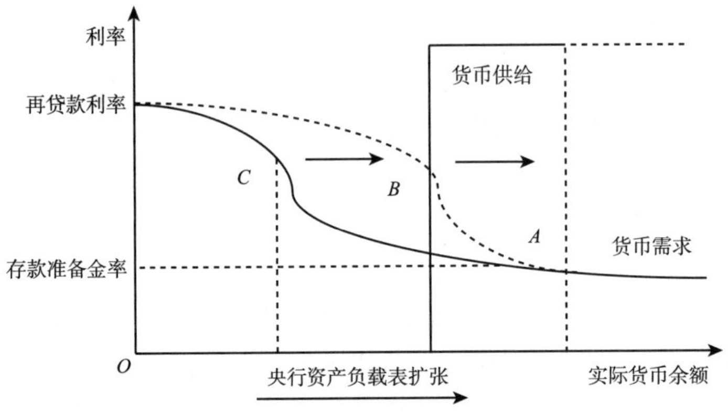

图 13－3　考虑 CBDC 的央行货币二级市场利率

除了需求曲线这种变化外，银行间同业拆借市场性质也将发生根本性变化。目前，同业拆借市场只是一个银行间市场，因为只有少数银行基于同质目的参与该市场交易，其主要目的是缓解银行流动性压力和挤兑冲击。随着 CBDC 的普及，银行间仍可以通过同业拆借方式进行货币交易，但这种方式只是 CBDC 交易市场一个组成部分：如果一家银行需要在某一天结束时拆入资金以满足其流动性需求，它现在可以从一家非银行机构借入这些资金，而不是只能从银行借入；同样，CBDC 过剩的银行也将能够向银行以外更多机构拆出资金，它们可以在银行业之外进行放贷。CBDC 的引入使得更多金融机构被纳入央行货币二级市场中，可能会增加央行货币流动性和市场竞争。

非银行机构可以选择在央行以 CBDC 的形式持有资金，并获得央行提供的 CBDC 利率。这将提高利率地板系统的效果，使其更具约束力。如果任何机构都能获得央行提供政策性利率，那么它们就没有动力以低于央行无风险利率水平将资金存起来或者借给别的机构。

更为重要的是，央行可以控制 CBDC 利率：一方面，央行可以通过扩大 CBDC 供给量，使得在利率地板系统下二级市场在下限利率位置出清（见图 13－3 的 *A* 点），进而指导和影响其他经济领域利率；另一方面，央行还可以通过控制 CBDC 供给量，作为刺激经济独立的货币政策工具。

2. CBDC 利率期限结构。

利率期限结构（term structure of interest rates）是指某个时点不同期限资金利率（或收益率）与到期期限的关系及变化规律。从对应关系上看，任何时刻利率期限结构是利率水平和期限相联系的函数。利率期限结构通常用资金到期收益率与期限函数关系来表示，称为收益率曲线。同业拆借市场收益率曲线有三个特征：（1）随着时间的推移，不同期限利率有同向运动趋势：如果短期利率在今天上升，则在未来将趋于更高；（2）如果短期利率较低，收益率曲线倾向于向上倾斜，如果短期利率较高，收益率曲线通常是翻转的；（3）收益率曲线通常是向上倾斜的，即资金到期期限越长，利率越高。

当前央行准备金定期借贷仅限于相对较短期限。但将 CBDC 纳入考量，除了隔夜贷款和存款外，CBDC 还可进行定期存取和借贷，因此，CBDC 借贷将使得基于同业拆借市场收益率曲线向上倾斜。向上倾斜是由于 CBDC 涵盖了更加广泛市场机构，使用范围更广，交易动机也更加多样化。因此 CBDC 借贷期限比传统准备金更长，意味着 CBDC 借款会在长期索要更高利率。

另外，就像同业拆借利率市场和隔夜利率市场那样，CBDC 普及也可能会出现一个基于 CBDC 利率的二级市场，CBDC 利率成为该市场基准利率和参考点。通过引导市场对 CBDC 利率未来走向预期，各国央行可以改变 CBDC 利率期限结构，进而影响其他资产利率。

3. CBDC 对其他资产利率的影响。

CBDC 利率期限结构可以影响经济中其他资产利率，那么这种影响是通过何种途径来实现的？应该如何量化和评估这种影响？

如果一笔资金借贷没有任何风险，其预期获得利率就是无风险利率，用 r 表示。无风险利率（risk - free rate）是指把资金投资于一个没有任何风险投资对象所能得到的收益率。国际上，一般采用短期国债收益率或短期国库券利率作为市场无风险利率。一般会把这一利率作为基本收益率，再考虑可能出现的各种风险。

CBDC 也被认为是无风险的，但是除了传统央行货币价值储存功能外，CBDC 还作为一种交易手段提供一种额外服务，如降低交易成本。把这种额外服务收益率（非货币性交易效用，或便利收益率）记为 δ^c。δ^c 的激励动机有很多，可以随着时间和 CBDC 存量而变化。假设 CBDC 的预期收益率为 r^c，那么市场中的无风险收益率应该满足：$r = r^c + \delta^c$，如果不满足这个条件，市场上就会存在套利机会。例如，当 $r > r^c + \delta^c$ 时，可以以 r^c 的利率借入 CBDC 资金，然后转手以 $r - \delta^c$ 的利率全部借出，这样可以获得 $r - \delta^c - r^c > 0$ 的无风险收益率。其中，$r - \delta^c$ 是套利资金收入，r^c 是套利资金成本。这里之所以以 $r - \delta^c$ 的利率而不是 r 的利率借出，是因为已经从 CBDC 交易中获得了非货币性效用补偿，因此即使借出利率低于无风险利率，也是可以接受的。这样就得到 CBDC 的预期收益率 r^c 为：

$$r^c = r - \delta^c \tag{13-9}$$

经济中其他资产的利率可以用一般形式表示为：

$$r^x = r^c + \delta^x \tag{13-10}$$

其中，δ^x 是资产 x 的溢价。受多种因素影响，这可能包括该资产相对 CBDC 违约风险，资产提供非货币性交易效用（如资产为流动性管理或监管目的提供的效用）等。例如，国债和国库券几乎没有违约风险，风险溢价因素会很低，但它们也几乎没有提供交易效用，这将导致其相对于 CBDC 利率正息差 δ^c 出现，此时 δ^x 就等于 δ^c。商业银行存款可以提供类似于 CBDC 交易服务，因此会有与 CBDC 相似的交易效用，但其违约风险相对较高，因此会出现正溢价 δ^x。

（二）第二阶段：向金融市场传导

随着 CBDC 的普及，央行将为那些希望持有电子货币余额非银行机构提供一种外部的、有竞争力的借贷选择和支付方式，而这些机构之前只能通过在商业银行存款来实现这一目标。有了这样一种外部选择，如果一家商业银行试图以低于 CBDC 利率吸收存款，非银行存款人将减少他们在商业银行存款而扩大 CBDC 存款，商业银行提供存款利率必须要高于 CBDC 利率。这种调整可能使银行业发生重大结构性变化，对信贷供应和银行融资模式产生深远影响，也会影响央行货币政策利率向金融市场传导的速度和力度。

1. CBDC 普及可能会降低政府对银行体系担保程度。

因为 CBDC 提供了一种真正无风险资产普遍使用权，这种资产可用于支付，而且不依赖于银行体系，也不受到银行体系风险影响，这可能会对商业银行纪律性产生影响，因为它们必须采取一系列措施向存款客户表明自己是安全的，才能与 CBDC 提供的服务进行竞争，否则它们将面临更高的融资成本。

2. CBDC 普及之前商业银行存款往往具有一定黏性。

因为储户通常不会轻易更换银行，所以其存款需求价格弹性较低。而随着 CBDC 的普及，如果商业银行以更高融资成本（以更高利率吸收存款）与 CBDC 竞争，那么人们可能会调整其投资组合，重新分配其在商业银行和 CBDC 投资比例。如果央行提高对 CBDC 支付利率，就会导致人们对银行存款需求下降；反之，如果央行降低 CBDC 利率，那么人们的一部分 CBDC 需求将转化为银行存款需求。CBDC 的普及将会加速这一过程，而以客户关系为中心的银行存款机构比那些在完全市场中进行价格竞争金融机构更容易受到存款外流的影响，因此，商业银行储户可能会更频繁地更换其存款账户。

3. 从央行货币利率变化到银行存款利率变化传递速度和传递力度是否会发生变化，将取决于银行反应。

从传递速度看，一方面，如果假设储户可以更容易、更廉价地在银行存款账户和 CBDC 账户之间进行转换，那么银行必须迅速做出反应，阻止存款外流，央行利率政策向金融市场传导将是十分迅速的；另一方面，银行可能会通过改变其融资模式，更多地依赖定期融资“锁定”存款，以缓解其流动性压力，这意味着上述利率传递速度最终将会放缓。

从传递力度看，一方面，CBDC 的普及可能造成信贷市场上更激烈竞争，因为 CBDC 允许非银行机构更容易发放贷款（例如，点对点贷款机构将不再需要通过银行媒介来结算，从而消除中间交易成本，称为“金融脱媒”），使非银行机构与银行业在信贷市场上处于更加平等的地位，并限制银行根据融资成本变化而改变其利润率程度，这些最终导致金融市场上融资成本和借贷利率对政策利率变化敏感性增加，增强货币传导机制中的信贷机制的效力；另一方面，在 CBDC 体系之下，央行货币利率调整将会对银行融资成本和借贷利率产生更大、更广泛的影响，但如果 CBDC 的普及使商业银行部门出现金融脱媒的现象，除了会导致金融体系不稳定之外，银行系统存贷款规模减小也可能使市场利率和政策利率出现脱节，因此，货币政策执行框架也需要被迫进行调整。这意味着 CBDC 对货币政策传导效率和实施效果可能被削弱。

（三）第三阶段：向实体经济传导

利率变化只是货币传导机制中的一个中介目标，货币政策最终目标是影响实体经济，而要实现最终目标有多种渠道，如利率传导机制、信贷传导机制、汇率传导机制、财富效应传导机制、资产价格传导机制、预期传导机制等。

1. 利率传导机制。

利率传导理论中最古老且占据着重要地位的渠道理论就是利率渠道。该机制最先使用的是传统 IS－LM 模型，其传导机制由凯恩斯提出，在整个传导过程中发挥关键作用变量是利率。用符号可以表示为：$M\uparrow \rightarrow i\downarrow \rightarrow I\uparrow \rightarrow Y\uparrow$。在这个过程中隐含着三个因素：流动性偏好，央行释放政策信号时人们对于货币持有意愿；资本边际成本，指利率降低而投资随之增加的倍数；投资乘数，投资变动时总需求同方向变动倍数变化。CBDC 的出现，会改变这三个条件从而影响到利率传导效果。通过 CBDC 供给 M 的增减影响利率 r（主要是债券利率），利率变化则通过资本边际效益的影响使投资 I 以乘数方式增减，而投资增减进一步影响总支出 E 和总收入 Y。用符号可表示为：$M\uparrow \rightarrow i\downarrow \rightarrow I\uparrow \rightarrow E\uparrow \rightarrow Y\uparrow$。

在这个传导机制中，发挥关键作用的是利率：CBDC 供应量调整首先影响利率升降，然后才使投资乃至总支出发生变化。如果考虑货币市场与商品市场后续相互作用，就可以进行一般均衡分析。

法定数字货币作为国家发行的一种货币形式，其发行并不计息。这并不意味着央行发行数字货币不会影响利率。央行在通过调整法定数字货币供应量和流动性来实施货币政策时会影响到利率水平变化。例如，当央行采取扩张性货币政策时，增加法定数字货币供应，银行可以更容易地获取流动性资金。这导致银行借贷成本降低，进而降低市场利率水平。法定数字货币供需关系也会影响利率水平。当市场上出现较多法定数字货币时，需求增加，可能导致投资者和居民转移资金到法定数字货币中，从而减少其他资产需求，包括银行存款和债券。这种转移可能导致银行存款减少，从而推高利率。法定数字货币引入和运行也会影响市场参与者的预期和信心。如果市场参与者对法定数字货币稳定性和可接受程度有信心，他们就可能更倾向于持有法定数字货币，这可能会减少银行存款和其他利率相关资产供应，进而对利率产生上升压力，还可以在产品市场和货币市场条件下，通过理论分析货币政策利率传导渠道的变化。

第一，货币市场影响。当央行扩大法定数字货币供应量时，货币市场上流动性增加。这导致银行有更多可供放贷资金，从而使借贷成本（利率）降低。因为法定数字货币不计息，几乎没有借贷成本，当市场上法定数字货币供应增加时，利率下降更为明显。这表明货币市场调整对法定数字货币利率传导起到重要作用。

第二，产品市场影响。随着法定数字货币供应的增加，低利率刺激了投资需求。企业借入低成本资金，增加投资项目，从而推动经济活动和产出水平增加。这进一步影响总支出和总需求的增加，从而在产品市场上产生影响。因此，产品市场变化对法定数字货币利率传导也起到关键作用。

第三，货币市场和产品市场的相互作用。低利率刺激了投资需求和经济活动增加，进而提高了总需求。随着总需求的增加，产量增加，导致货币需求增加。这种相互作用形成了货币市场和产品市场之间正反馈循环。货币市场调整影响产品市场，而产品市场变化又影响货币市场，进一步加强了利率传导效果。

第四，达到均衡点。上述过程最终会接近一个均衡点，该点同时满足货币市场和商品市场两方面供求均衡要求。在这个点上，利率可能较原来均衡水平低，而产出量则较原来均衡水平高。

利率传导机制较为间接，传导效果取决于三个参数影响：（1）货币需求对利率敏感性，它决定了货币供给变动能在多大程度上影响利率；（2）私人投资对利率敏感性，它决定了利率变动对私人投资影响；（3）投资乘数，它决定了私人投资变动能够在多大程度上影响国民收入。

综上所述，根据货币市场和产品市场的分析，法定数字货币利率传导机制可以概括为央行通过扩大供应量来调整货币市场，低利率刺激投资需求和经济活动增加，进而影响总需求和产出水平。同时，货币市场调整和产品市场变化相互作用，加强了利率传导效果。这一机制对于理解法定数字货币货币政策和利率调控具有重要意义。

2. 信贷传导机制。

信贷传导机制是除了利率传导机制之外另一种货币政策传导渠道之一。伯南克和布林德（Bernanke and Blinder）认为传统 IS – LM 模型没有从银行资产角度去考虑影响，而对银行负债关注度较高。所以他们将信贷要素加入传统 IS – LM 模型去解释货币政策通过信贷传导机制影响实体经济。信贷传导渠道通过影响贷款可获得性来对实体经济产生影响，涉及银行贷款渠道、企业资产负债表渠道和居民资产负债表渠道。

银行贷款渠道是指央行通过货币政策工具影响银行贷款难易程度和可贷资金数量，进而引起投资需求和总产出变化。在这个渠道中，增加货币供应导致利率下降，进而增加可贷资金数量和资金成本，最终导致银行贷款规模增加，进而刺激投资需求和总产出。用符号表示为：$M\uparrow \rightarrow i\downarrow \rightarrow$ 资金数量 $\uparrow \rightarrow$ 资金成本 $\uparrow \rightarrow$ 贷款规模 $\uparrow \rightarrow I\uparrow \rightarrow Y\uparrow$。

企业资产负债表渠道是从银行贷款渠道派生出来的。它主要通过央行货币政策影响企业资产负债表指标，进而对代理成本大小产生影响。具体来说，当货币供应增加时，利率下降，股票价格上涨，企业的净现金流增加，从而刺激企业投资和总产出。用符号表示为：$M\uparrow \rightarrow i\downarrow \rightarrow$ 股票 $P\uparrow \rightarrow$ 净现金流 $\uparrow \rightarrow I\uparrow \rightarrow Y\uparrow$。

居民资产负债表渠道实质上是通过影响现金流对消费产生影响。在这个渠道中，消费者会根据对未来货币资金需求预期调整当前资产和负债比例，并且信息不对称会导致代理成本产生。例如，当货币供应增加时，利率下降，股票价格上涨，金融资产价值增加，进而刺激居民贷款增加，最终导致耐用品支出增加和总产出变化。用符号表示为：$M\uparrow \rightarrow i\downarrow \rightarrow P\uparrow \rightarrow$ 金融资产价值 $V\uparrow \rightarrow$ 居民贷款 $\uparrow \rightarrow$ 耐用品开支 $\uparrow \rightarrow Y\uparrow$。

信贷传导也存在着假定：银行信贷渠道没有其他更好融资渠道来应对货币政策改变，如果银行可以通过其他方式融资，央行影响银行资金规模货币政策作用就会削弱，即银行信贷渠道无其他融资渠道替代假定；商业银行大部分业务都属于表内业务，央行可以通过存款准备金率控制商业银行业务运行模式，即资产负债表渠道无非银行融资方式替代。法定数字货币出现，影响到了上述两个条件。

首先是假定1，先假设银行信贷渠道比较单一，银行不会选择其他方式融资，这在现实生活中不切实际。法定数字货币的出现更会使得银行融资渠道变得更加多元。当央行紧缩货币供给时，商业银行可以通过其他方式获得需要资金来代替银行贷款，而且法定数字货币出现，使得商业银行获取资金成本和门槛大大下降，央行通过控制银行贷款进而调控资金数量方式有效性降低。其次是假定2，数字化技术成熟和应用催生出众多新型理财产品，储户会减少其在商业银行中存款，这时商业银行表外业务和中间业务比重就会大大提高。央行想要通过存款准备金率控制商业银行业务运行模式办法也在一定程度上被削弱，因为表外业务是不需要被计入商业银行资产负债表，所以商业银行也无须缴纳由于这部分业务而获得资金的商业银行存款准备金。

信贷传导机制核心思想是，货币当局可以通过央行数字货币发行、流通和回收政策来调节银行资金头寸，改变银行提供贷款能力，最终影响总产出，其简单传递过程如下：

央行数字货币政策（发行、流通和回收政策）→银行存款准备金→（贷款者、借款者、储蓄者）信贷可得性变动→投资变动→总产出变动。

信贷传导机制强调信贷传导有其独立性，与利率传导分析不同，该机制主要侧重于分析货币政策紧缩效应，主要通过银行信贷和企业资产负债表渠道发挥作用。

（1）银行信贷传导渠道。

假设中央银行决定实施紧缩性货币政策，回收央行数字货币，商业银行可用准备金 R 相应减少，存款货币 D 的创造相应减少，其他条件不变，银行贷款 L 的供给也不得不同时削减。结果，致使那些依赖银行贷款融资特定借款人必须削减投资和消费，于是总支出下降。其过程可以描述如下：

CBDC 紧缩操作 $M\downarrow \rightarrow R\downarrow \rightarrow D\downarrow \rightarrow L\downarrow \rightarrow I\downarrow \rightarrow Y\downarrow$。

（2）资产负债表渠道。

央行数字货币供给量减少以及利率上升，将影响借款人（主要指从商业银行借款企业）资产状况——利率上升会导致利息等费用支出增加和销售收入减少，进而导致净现金流减少；同时，利率上升将导致企业股价下跌，从而恶化借款人资产状况，使其可用作借款担保品价值降低。在这些情况下，会使借款人逆向选择和道德风险增加，因而银行会减少贷款投放。一部分资产状况恶化和资信状况不佳借款人不仅不易获得银行贷款，也难以从金融市场直接融资，结果就会导致投资与产出下降。其过程可以描述如下：

CBDC 紧缩操作 $M\downarrow \rightarrow r\uparrow \rightarrow PE\downarrow \rightarrow NCF\downarrow \rightarrow H\uparrow \rightarrow L\downarrow \rightarrow I\downarrow \rightarrow Y\downarrow$。

其中，PE 为公司净值；NCF 为净现金流；H 为逆向选择和道德风险；其他符号所代表的含义同前。

需要注意的是，本部分分析都是以 CBDC 利率存在为前提。即，只有当 CBDC 具有生息性时，CBDC 的引入才可能显著影响货币政策的传导机制。目前，中国人民银行发布的数字人民币（e－CNY）坚持 M_0 定位，不计付利息，以降低与银行存款竞争。数字人民币投放方式与实物人民币基本一致，采用双层运营体系且由商业银行承担向公众兑换职能。因此，数字人民币并不会改变流通中货币债权债务关系和现有货币投放体系，不会改变现行货币市场运行机制和货币政策传导机制。同时，人民银行也适当设置制度摩擦，防范银行挤兑快速蔓延。为引导数字人民币应用于零售业务场景，降低对存款挤出效应，避免套利和压力环境下顺周期效应，提出数字人民币钱包分级分类设计，分别设置交易金额和钱包余额上限。

三、法定数字货币对货币政策传导的潜在影响：实证分析

（一）法定数字货币对现有货币体系的影响

这部分先结合货币创造过程参与者（中央银行、商业银行、公众）的资产负债表，分析 CBDC 对货币创造的影响，然后分析 CBDC 对不同货币层次和货币乘数的影响。

1. 法定数字货币对央行基础货币创造的影响。

根据央行资产负债表，基础货币包括货币发行和准备金存款。在发行 CBDC 前，基础货币等于现钞加上准备金存款，记为（$B_b = C_b + R_b$）。在发行 CBDC 后，基础货币还应包括CBDC，记为 $B_a = C_a + DC + R_a$，资产负债变化见表 13－3。随着 CBDC 的推行和流通，流通中现钞会减少，CBDC 会增加。如果仅从货币发行角度看，CBDC 发行会影响基础货币结构，不影响基础货币规模。但是从长期来看，引入 CBDC 或将导致基础货币规模扩大。

表 13－3　　发行 CBDC 前后央行资产负债表变化

发行 CBDC 前		发行 CBDC 后	
资产	负债	资产	负债
国外净资产	基础货币 B_b	国外净资产	基础货币 B_a
对政府债权	货币发行	对政府债权	货币发行
对其他存款性公司债权	现钞 C_b	对其他存款性公司债权	现钞 C_a
对其他金融性公司债权	准备金存款 R_b	对其他金融性公司债权	法定数字货币 DC
	其他负债		准备金存款 R_a
	自有资产		其他负债 自有资产

注：角标字母 b 表示引入 CBDC 之前（before），a 表示引入 CBDC 之后（after），后面的表 13－4 至表 13－8 与此相同。

2. 法定数字货币对商业银行存款货币创造的影响。

在 CBDC 双层投放体系下，央行先将数字货币下发到商业银行，商业银行向央行缴纳 100% 准备金，然后再将 CBDC 兑现给公众。发行 CBDC 前后商业银行的资产负债表见表 13－4，公众（家庭和企业）的资产负债表见表 13－5。

表 13－4　　发行 CBDC 前后商业银行资产负债表变化

发行 CBDC 前		发行 CBDC 后	
资产	负债	资产	负债
准备金和现金	存款	准备金和现金	存款
库存现金 C_{1b}	活期存款 D_b	库存现金 C_{1a}	活期存款 D_a
在央行的准备金存款 R_b	定期存款 T_b	法定数字货币 DC_1	定期存款 T_a
贷款	借款	在央行的准备金存款 R	借款
其他资产	所有者权益	货款	所有者权益
		其他资产	

表 13－5　　发行 CBDC 前后公众资产负债表变化

发行 CBDC 前		发行 CBDC 后	
资产	负债	资产	负债
现金 C_{2b}	贷款	现金 C_{2a}	贷款
存款	其他负债	法定数字货币 DC_2	其他负债
活期存款 D_b	所有者权益	存款	所有者权益
定期存款 T_b		活期存款 D_a	
其他资产		定期存款 T_a	
		其他资产	

假设商业银行和公众手中均持有一部分现钞或法定数字货币，商业银行主要是为了满足日常业务需要，而公众是为了满足交易或者价值贮藏需要，两者之和分别等于央行发行的现钞或数字货币，即 $C_b = C_{1b} + C_{2b}$、$C_a = C_{1a} + C_{2a}$、$DC = DC_1 + DC_2$。当公众通过商业银行兑换 CBDC 时，存款数量会减少，流通中的 CBDC 数量会增加；当公众将CBDC 存入商业银行账户时，存款数量会增加，流通中的 CBDC 数量会减少。

3. 法定数字货币对各货币层次和货币乘数的影响。

中国货币供应量主要分为三个层次：M_0，又称为“现钞”，被称为基础货币，是流动性最强货币；M_1 又称为“狭义货币”，由流通于银行体系以外的现钞（M_0）和银行活期存款构成；M_2，又称为“广义货币”，不仅包括市场上流通的现金、商业银行活期存款，还包括商业银行定期存款。

发行 CBDC 对各货币层次和货币乘数影响，关键在于 CBDC 如何影响公众将资产在现金、CBDC、活期存款、定期存款、货币市场基金、股票债券等资产之间进行分配，而该分配主要是在流动性、交易成本（支付便利性）、风险、资本收益之间的权衡。假设 k 为提现率（C/D），即流通中现金与活期存款的比值；k_{DC}为法定数字货币提现率，即流通中数字货币（DC）与活期存款（D）比值（DC/D）；t 为准货币（T/D），简称定活比，即定期存款（T）与活期存款（D）的比值；r 为法定存款准备金率，e 为超额存款准备金率。如表 13－6 所示，引入 CBDC 前后货币乘数的变化为：

在引入 CBDC 前，货币乘数 m_1 为：

$$m_{1b} = \frac{M_{1b}}{B_b} = \frac{C_b + D_b}{C_b + R_b} = \frac{k_b + 1}{k_b + (r+e)(1+t_b)}$$

$$m_{1a} = \frac{M_{1a}}{B_a} = \frac{C_a + DC + D_a}{C_a + DC + R_a} = \frac{k_a + k_{DC} + 1}{k_a + k_{DC} + (r+e)(1+t_a)}。$$

引入 CBDC 后，货币乘数 m_2 为：

$$m_{2b} = \frac{M_{2b}}{B_b} = \frac{C_b + D_b + T_b}{C_b + R_b} = \frac{k_b + 1 + t_b}{k_b + (r+e)(1+t_b)}$$

$$m_{2a} = \frac{M_{2a}}{B_a} = \frac{C_a + DC + D_a + T_a}{C_a + DC + R_a} = \frac{k_a + k_{DC} + 1 + t_a}{k_a + k_{DC} + (r+e)(1+t_a)}。$$

表 13－6　　引入 CBDC 对货币供应量和货币乘数的影响

货币	引入 CBDC 前	引入 CBDC 后
B（基础货币）	$C_b + R_b$	$C_a + DC + R_a$
M_0（流通中法币）	C_b	$C_a + DC$
M_1（狭义货币）	$C_b + D_b$	$C_a + DC + D_a$

续表

货币	引入 CBDC 前	引入 CBDC 后
M_2（狭义货币）	$C_b + D_b + T_b$	$C_a + DC + D_a + T_a$
m_1（狭义货币乘数）	$\frac{C_b + D_b}{C_b + R_b}$	$\frac{C_a + DC + D_a}{C_a + DC + R_a}$
m_2（广义货币乘数）	$\frac{C_b + D_b + T_b}{C_b + R_b}$	$\frac{C_a + DC + D_a + T_a}{C_a + DC + R_a}$

根据货币乘数公式，假定法定存款准备金率和超额存款准备金率不变，对影响因素求导可知 CBDC 对货币乘数的影响主要取决于提现率 k 与定活比 t，提现率 k 与 m_1、m_2 成反比；定活比 t 与 m_1 成反比，与 m_2 成正比（见表 13－7）。如表 13－8 所示，k 和 t 的大小，即 $k_a + k_{DC}$与 k_b、t_a 与 t_b 的大小关系会影响 m_1 与 m_2。

表 13－7　　货币乘数影响因素

	提现率 k	定活比 t	超额存款准备金率 e	法定存款准备金率 r
m_1	负向	负向	负向	负向
m_2	负向	负向	负向	负向

注：理论上，提现率 k 对 m_1 影响不确定，当 $(r+e)(1+t)<1$，提现率 k 对 m_1 影响为负，根据中国实际数据发现该式一般成立，这里分析主要考虑该情况；存款准备金率之和一般小于 1，即 $r+e<1$。

表 13－8　　引入 CBDC 对货币乘数的影响

	$k_a + k_{DC} > k_b$	$k_a + k_{DC} < k_b$	$k_a + k_{DC} = k_b$
$t_a > t_b$	m_1 下降	m_1 变化不确定	m_1 下降
	m_2 变化不确定	m_2 上升	m_2 上升
$t_a < t_b$	m_1 变化不确定	m_1 上升	m_1 上升
	m_2 下降	m_2 变化不确定	m_2 下降
$t_a = t_b$	m_1 下降	m_1 上升	m_1 不变
	m_2 下降	m_2 上升	m_2 不变

2013 年以来，以余额宝为代表互联网货币市场基金出现，对银行活期存款造成一定冲击。此外，由于近年来数字经济和电子支付的快速发展，公众往往将银行活期存款账户与电子支付绑定在一起，主要用于电子支付，导致现金交易比例下降。CBDC 的出现，使得电子支付既可以用银行活期存款也可以直接用 CBDC 支付（不同于现金），未来在一定程度上会减少依托于银行活期存款电子支付使用，增加对央行法币（CBDC）需求。如果银行活期存款利率依然很低，则其将受到 CBDC 的冲击，即$k_a + k_{DC} > k_b$；如果 CBDC 支付利息，则银行活期存款受到影响会更大。这些将会使得银行加快创新，提供更具有竞争力活期存款利率和更丰富活期存款类产品。

如果 CBDC 不支付利息，对于可随时支取的、支付利息（高于活期存款）货币市场基金（如余额宝），则其风险虽然高于 CBDC 和银行活期存款，但仍然较低，所以仍具有较大吸引力；如果 CBDC 支付利息，则该类货币市场基金产品吸引力可能会减弱，但会促进货币市场基金加快创新以增强其吸引力。

由于银行定期存款利息相对较高、风险较低（仍高于 CBDC），其受到 CBDC 影响相对较小。考虑到在 2018 年，中国央行把以余额宝为代表的货币市场基金纳入 M_2；引入 CBDC 后，货币市场基金和定期存款仍具有一定吸引力，活期存款会受到一定影响，可以推断这会使得定活比上升，即 $t_a > t_b$。

因此，在不同阶段，引入 CBDC 对现有货币体系影响，包括对于不同参与主体（央行、商业银行和公众）、不同货币层次（M_0、M_1、M_2）和货币乘数（m_1、m_2）的影响是不同的、动态变化的。央行对基础货币控制将加强，基础货币投放规模可能扩大，活期存款会受到一定影响，准货币可能上升，可能出现 $k_a + k_{DC} > k_b$，$t_a > t_b$，那么狭义货币乘数 m_1 可能下降，广义货币乘数 m_2 如何变化不确定。此外，考虑到引入 CBDC 后，商业银行会更加注重流动性管理，持有超额准备金比率也可能发生变化，特别是当CBDC 支付利息时，与超额准备金利率相比会形成一定竞争力，当然不同付息情况（正利息、负利息），对货币乘数影响也不同。

（二）法定数字货币对货币政策传导的影响

货币政策传导是指通过货币政策工具作用于操作目标，影响中介目标，进而影响物价、就业、经济增长、国际收支和金融稳定等最终目标。法定数字货币将对货币政策传导产生多方面的影响。

1. 货币政策工具方面。

法定数字货币有利于丰富货币政策工具箱、有利于负利率政策的实施。2008 年金融危机以来，日本、欧元区、瑞士等纷纷采取了负利率政策，但是政策效果受到质疑。其中一个重要因素是存在“零利率下限约束”，即当央行采取负利率政策时，金融资产收益率为负，而持有现金的收益率可以视为零，此时人们会更愿意持有（窖藏）现金而非金融资产，导致名义利率的有效下限为零。如果法定数字货币支付利息，该利率就可以作为一个新的货币政策工具，央行可以将该利率设为负值（而现金不可以），以解决“零利率下限约束”的问题，即在负利率政策下，人们仍然需要将其资产在法定数字货币和其他金融资产之间配置，从而顺畅负利率政策的传导机制。

2. 货币政策操作目标和中介目标方面。

法定数字货币有利于增强央行对货币供应量控制，有利于央行更有效地进行流动性管理并引导基准利率。近些年来，随着电子支付等信息技术发展和金融产品不断创新，货币外延逐渐扩大，货币需求函数变得不稳定，货币流通速度也越来越难以预测，货币政策对货币供应量和总需求难以控制。而法定数字货币推出会提升法币地位，使得央行对基础货币控制加强（规模会增大）。虽然在推出初期货币乘数会存在一定波动，但是随着人们逐渐适应，法定数字货币将成为一种更能适应数字经济发展的金融基础设施，货币流通速度和货币乘数将趋于稳定。根据货币供应量等于基础货币乘以货币乘数，总体上央行货币控制能力会加强。此外，随着法定数字货币的推行，商业银行竞争将加剧（特别是活期存款受到影响），而且央行正在有序打破刚兑、减少隐性担保，银行将更加重视对流动性（超额准备金）的管理，这有利于增强央行流动性供求管理工具的有效性，进而更好地引导货币市场利率（基准利率），完善利率走廊机制，促进货币政策框架转型。

3. 货币政策效应方面。

法定数字货币有利于减少货币政策时滞，提高货币政策效力。货币政策时滞是影响货币政策效应的一个重要因素。由于法定数字货币是可控匿名的，央行将能精准地监测数字货币投放后的流向，如是否进入实体部门，并能掌握大量实时数字货币流通数据。央行据此可以进行大数据分析，构建实时高频观测指标，对宏观经济金融状况进行现时预测（nowcasting），这有利于央行更好地把握实际经济情况、进行宏观审慎评估，及时采取合适政策，进而减少内部时滞。此外，由于法定数字货币是可编程的，央行还可以对法定数字货币设计（内置）一些前瞻的触发条件，如“流向主体条件触发”（姚前，2018）。通过将一些政策目标内嵌到数字货币投放过程中，有利于实现精准调控、智能调控，进而使货币政策能有针对性地对政策目标产生影响，从而减少外部时滞，增强货币政策作用效果。法定数字货币经过良好设计后，将会提升法币地位和金融稳定性，使货币体系更好地适应并促进数字经济发展，进而有利于宏观经济稳定（谭天娇等，2018）。

（三）法定数字货币对货币政策传导的潜在影响：实证分析

结合货币乘数、电子支付数据、贴现率等指标建立实证模型，分析法定数字货币对货币政策传导的影响。以狭义货币乘数 m_1、广义货币乘数 m_2 为被解释变量，电子支付规模占比（ep）、提现率（k）、定活比（t）、超额存款准备金率（e）为解释变量，法定存款准备金率（r）为控制变量构建 VECM 模型。由于篇幅受限，只列出模型如下，具体实证分析内容将不再列出。

$$\Delta Y_t = C + \alpha \times ecm_{t-1} + \sum_{i=1}^{l} \Gamma_i \Delta Y_{t-i} + \varphi \times r_t + \varepsilon_t \qquad (13-11)$$

$\Delta Y_t = (\Delta m_t, \Delta ep_t, \Delta k_t, \Delta t_t, \Delta e_t)'$，对于狭义货币乘数分析，$\Delta m_t = \Delta m_{1t}$；对于广义货币乘数分析，$\Delta m_t = \Delta m_{2t}$。$ecm_{t-1}$ 表示误差修正项，系数 α 是当变量在短期偏离长期均衡时，将其调整到均衡状态时的速度（简称“调整系数”）；Γ_i 为滞后项的系数矩阵，l 为最优滞后阶数；法定存款准备金率 r 为外生变量；C 为常数项向量，ε_t 为残差项向量。

研究结果表明，法定数字货币发行将对货币政策传导产生多方面的影响。货币政策工具方面，法定数字货币利率提供了新货币政策工具，有利于优化并且丰富货币政策工具箱，有利于负利率政策实施；货币政策操作目标和中介目标方面，法定数字货币有利于增强央行对货币供应量控制，有利于增强央行流动性供求管理工具有效性，进而更好地引导货币市场利率（基准利率），促进货币政策框架转型；货币政策效应方面，法定数字货币有利于央行监测数字货币投放后流向，实现精准调控、智能调控，减少货币政策时滞，提高货币政策效力，提升金融稳定性。

第四节　央行数字货币影响宏观经济发展

央行数字货币影响宏观经济发展应是多方面的，以下从对支付体系、货币需求和货币创造、货币政策、金融监管和稳定、社会总产出和国际经济六个方面的影响来阐述央行发行数字货币如何影响宏观经济。

一、央行发行数字货币对宏观经济的影响

（一）对支付体系的影响

对于支付体系的影响从零售型 CBDC 与批发型 CBDC 来说明。

零售型 CBDC 对支付系统的影响主要体现在促进无现金支付、推动支付产业竞争与发展，以及提升国家支付体系稳定性和支付效率。（1）零售型 CBDC 引入促进了无现金支付发展并减少了私人货币使用。作为一种由央行发行和背书的数字货币，CBDC 具备安全、可信的特性，鼓励人们更多地采用无现金支付方式。通过使用 CBDC 进行支付，个人和企业可以减少对现金依赖，推动无现金支付普及。同时，CBDC 引入还减少了私人数字货币使用，使人们更多选择 CBDC 作为支付工具，进一步促进了无现金支付发展。（2）零售型 CBDC 的引入推动了支付产业竞争与发展。作为一种安全性和高效性兼备的支付工具，零售型 CBDC 发行丰富了第三方支付机构数量，防止现有电子支付工具形成垄断。这种竞争加强激发了支付产业创新和改进，提高了金融体系效率和服务质量。此外，CBDC 的引

入还鼓励了支付技术发展和应用，推动了支付产业向更加安全、便捷和智能化方向迈进。（3）零售型 CBDC 引入提升了国家支付体系的稳定性和支付效率。CBDC 交易可实现即时点对点支付，无须中介机构参与，从而加快支付速度和提高支付效率。这种高效支付系统有助于降低交易成本，促进经济发展落后地区移动支付发展，并提高支付系统稳定性和金融包容性。此外，CBDC 系统与政府其他数字系统连接，可以实现信息共享和协同，为发达地区提供更高效、更准确的公共服务。

批发型 CBDC 发行对大额支付结算体系产生影响，主要表现在提升金融机构间工作效率和增强支付体系的拓展性。批发型央行数字货币（CBDC）用户范围相对较为局限，仅限于能够获取央行准备金商业银行、清算公司或其他金融机构。然而，尽管用户范围有限，批发型 CBDC 发行仍对国内和跨境大额支付结算体系产生重要影响，主要表现在以下两个方面。（1）批发型 CBDC 能够提升金融机构间工作效率。通过改善银行间结算系统，批发型 CBDC 使复杂支付流程更加高效。传统大额支付结算往往需要多个中介环节和复杂资金调拨过程，而批发型 CBDC 的引入可以通过直接在央行账户之间进行即时点对点交易，简化支付流程，提高结算效率。这有助于金融机构间资金清算和结算活动更加快速、准确和安全。（2）批发型 CBDC 增强了支付体系的拓展性。CBDC 允许银行在无需央行担保情况下持有其他国家中央银行准备金。这意味着银行可以扩大其支付网络，与其他国家金融机构进行更便捷的大额支付交易。批发型 CBDC 的引入增强了支付体系的拓展性和可操作性，促进了国内和跨境大额支付的便利性和效率。

（二）对货币需求和货币创造的影响

学术界研究主要聚焦于零售型 CBDC 对货币需求和货币创造的影响，其中对零售型 CBDC 的讨论较为集中。

与批发型 CBDC 相比，零售型 CBDC 应用场景更加灵活多样，因此其对各个部门货币需求函数产生更为显著的影响。特别是对商业银行存款吸纳和放贷能力具有重要影响，尤其是在 CBDC 具有利息情况下。例如，不同部门和个人货币需求函数会受到CBDC 的引入而发生变化。特别是对商业银行而言，商业银行需要面对来自 CBDC 竞争，因为持有 CBDC 人们更有可能将资金直接存入 CBDC 账户而非传统商业银行账户。此外，CBDC 利息机制也可能对商业银行存款吸引力产生影响，因为 CBDC 账户可能具有竞争性利率，吸引储户将资金转移到 CBDC 中。在这种情况下，零售型 CBDC 的引入可能改变商业银行存款来源和存款规模，因为持有 CBDC 个人和企业有可能将资金转移到 CBDC 账户中，而不是传统商业银行账户。这可能导致商业银行面临存款减少风险，并需要采取措施吸引和保留存款。此外，CBDC 的引入还可能对商业银行贷款放量产生影响。商业银行贷款活动通常依赖于其存款基础和央行准备金要求。如果持有 CBDC 人们选择将资金存入 CBDC 账户，则商业银行存款基础可能会受到挤出效应影响，从而限制了其放贷能力。

CBDC 货币创造对经济有着重要影响，主要集中在两个方面。（1）学术界通过研究 CBDC 对商业银行系统影响和 CBDC 发放方式，以深入理解 CBDC 货币创造关键机制。这种影响在以下几个方面得到体现：CBDC 发行可能会挤出现金和银行存款，导致商业银行的融资成本上升，存贷款规模和央行准备金规模减小，甚至可能引发金融脱媒风险。即使 CBDC 没有利息，它仍然可能对银行存款产生挤出效应。这些变化反映在货币乘数上，表现为银行超额准备金率下降和现金漏损率上升，从而对货币乘数和货币创造机制产生影响。（2）竞争性 CBDC 的引入降低了商业银行在存款市场垄断程度，因此 CBDC 发行可能不会导致银行脱媒，也不会减少商业银行贷款规模，反而有可能扩大存款规模并增强银行金融中介作用。竞争性 CBDC 使得存款市场更加多样化，为消费者提供更多选择，并促使商业银行改善产品和服务以保持竞争力。这种竞争环境有助于保持银行的稳健性和创新性，同时增强了金融体系的稳定性和韧性。

总的来说，CBDC 发行对货币需求和货币创造产生广泛影响。它的引入可能改变商业银行融资和存贷款行为，进而对货币乘数和货币创造机制产生影响。同时，竞争性 CBDC 发行可以促进金融体系的竞争和创新，增强银行中介作用和金融稳定性。因此，理解 CBDC 对货币需求和货币创造的影响是研究 CBDC 潜在影响的重要一环。

（三）对货币政策的影响

不计息央行数字货币发行对于货币政策及其传导机制影响甚微，计息 CBDC 对货币政策的影响主要表现在扩展政策工具和提高政策精确性两个方面，为央行提供了更多策略选择和优化货币调控机会。

首先，计息 CBDC 通过新的利率工具，丰富了货币政策工具箱。例如，某些情况下甚至可以实现负利率。央行可以通过设定负利率，鼓励市民更多地进行消费和投资，刺激经济增长。这种政策选择在传统货币体系中较为有限，而 CBDC 的引入为央行提供了实施负利率政策的新途径。然而，一些学者对计息 CBDC 与现金共存可能带来挑战有一定担忧，认为其可能会导致利率政策复杂性增加，削弱央行通过 CBDC 调控的经济效果。因此，央行在设计和实施 CBDC 时需要综合考虑现金和 CBDC 的相互关系，以确保货币政策的有效性和一致性。其次，CBDC 的发行对货币政策精确性产生积极影响。CBDC 可以与其他有息资产相互转换，增加各部门对利率变化的敏感性。这意味着当央行通过利率调控来影响经济时，CBDC 持有者和市场参与者更容易感知并响应利率变化，从而加强了货币政策调控的时效性。此外，传统货币体系下，中央银行难以精确地监控和控制信贷流向，导致调控效果不准确，可能引发更大经济波动。然而，通过 CBDC，央行可以实时获取更准确的数据和信息，为实施精确货币政策提供有利环境。这种精确性使央行能够更好地应对金融市场变化和宏观经济需求，促进经济稳定和可持续增长。

（四）对金融稳定与金融监管的影响

数字货币作为新时代下先进科学技术和金融体系产物，发展数字货币必须在可观、可控前提下进行，让人们在生活的方方面面收益。CBDC 发行是否以及如何影响金融体系稳定性，是各国政府十分关心的问题。央行数字货币发行对金融体系稳定性可能具有以下影响。

（1）降低支付信用风险：CBDC 发行可以提高支付系统安全性和效率。由于 CBDC 是央行发行的数字货币，使用 CBDC 进行支付可以减少支付信用风险，因为交易直接在央行账本上进行，不需要通过商业银行或其他中介机构进行清算和结算。

（2）削弱商业银行垄断地位：CBDC 的发行使得私人部门能够在支付系统中使用央行数字货币，从而削弱了大型商业银行在支付领域垄断地位。这种竞争可能有助于促进创新、提高服务质量，并降低支付服务成本，从而改善金融体系的稳定性。

（3）减少金融脱媒风险：CBDC 广泛使用可能降低金融脱媒风险。当居民和企业可以方便地将银行存款转换为央行数字货币时，他们可能更愿意将资金留在银行体系中，而不是将其转移到其他非银行金融机构或资产中。这可以减少金融中介规模缩小，降低金融波动性，并保持金融系统稳定性。

（4）增加挤兑风险：尽管 CBDC 发行可以提供公众将存款转换为央行数字货币渠道，但在金融系统面临挤兑风险时，这也可能加剧挤兑问题。如果大量公众迅速将存款转换为 CBDC，则商业银行可能面临流动性问题，并可能导致金融系统不稳定。

（5）强化监管和防控：CBDC 发行使央行能够更好地监控货币流通，并实施更有效反洗钱、反恐怖融资和反偷税等措施。这种全程管理和监控能力可以降低金融犯罪活动风险，增强金融体系的稳定性。

CBDC 发行对金融体系稳定性影响是一个复杂问题，取决于 CBDC 设计、实施和监管措施有效性。因此，对 CBDC 的引入需要仔细考虑，并采取适当措施来管理潜在风险。

以下是 CBDC 发行可能面临的一些挑战和风险，对金融体系稳定性产生影响：（1）科技风险。CBDC 发行涉及复杂技术基础设施和网络安全要求。如果 CBDC 系统存在漏洞或受到恶意攻击，则可能导致支付系统故障或数据泄露，从而对金融体系的稳定性造成威胁。（2）隐私和安全风险。CBDC 发行可能引发对个人隐私和数据安全担忧。因为央行可以追踪和监控 CBDC 交易，个人支付行为可能会受到更严格监管。这可能引发隐私权和数据安全方面争议，以及对金融体系稳定性影响。（3）金融脱媒风险。虽然 CBDC 可以减少金融脱媒风险，但在实际发行过程中，需要平衡推动 CBDC 使用和维护商业银行稳定性之间关系。如果大量资金从商业银行转移到央行数字货币，则可能导致商业银行资金来源不稳定，进而对金融系统稳定性产生负面影响。（4）监管风险。CBDC 发行需要强化监管和合规措施，确保 CBDC 使用不会导致金融犯罪活动增加。央行需要制定适当监管政策和法规，并确保能够有效监管 CBDC 流通和使用，以维护金融体系稳定性。（5）跨国合作和互操作性。如果多个国家都发行自己的 CBDC，需要确保 CBDC 之间互操作性和跨境支付顺畅性。缺乏跨国合作和互操作性可能导致支付系统碎片化，增加系统复杂性，并对金融体系稳定性造成风险。

金融监管层面，CBDC 发行可以有效降低反洗钱、防恐怖融资、反偷税成本。由于数字货币可控匿名性，CBDC 可以进行全程管理，对货币流通能实现全流程监控，不法活动空间大幅缩小。但与此同时，相较于传统货币而言，CBDC 流通速度更快，流通范围更广，流通规模变化更为迅速，如果央行不能对其进行有效监管，则很有可能导致金融秩序混乱。因此，央行需要加大对金融机构获取和使用数据监管力度。而针对金融风险防控，开展跨国合作以及发展金融科技实现数字化监管也是十分必要的。

在 CBDC 发行的过程中，需要综合考虑技术、隐私、金融稳定性和监管等因素，以确保 CBDC 顺利运行并维护金融体系稳定性。各国央行需要认真评估这些挑战和风险，并采取适当措施来应对和解决。

（五）对社会总产出的影响

CBDC 的发行和普及是否能够提高经济总产出并提高社会福利水平是一个错综复杂问题，有众多学者对于此问题进行了研究，但其研究结果受到多方因素影响，包括经济体特点、CBDC 发行方式、实施政策有效性甚至是模型设定等。

约翰·巴德尔（John Barrdear）和迈克尔·库姆霍夫（Michael Kumhof）（2016）两位学者将 CBDC 纳入宏观经济学动态随机一般均衡模型（dynamic stochastic general equilibrium，DSGE）中进行分析。他们假设中央银行通过购买政府债券来发行 CBDC，这将降低实际利率，从而刺激经济，提高产出。同时，CBDC 对社会总产出及福利水平影响与 CBDC 利率水平及信贷市场竞争程度有关：如果 CBDC 与商业银行存款存在竞争，则 CBDC 普及会将银行一部分利润转移至其他部门。此外，CBDC 也提升了金融包容性，刺激了家庭储蓄和消费，这有利于经济总产出和社会福利提升。

并非所有研究都认为 CBDC 的发行和普及会显著提升经济的产出水平。因为在一定条件下，CBDC 与商业银行存款之间替代效应可能对总产出没有影响，尽管两者在流动性和回报等方面都有所不同（Niepeit，2018）。其他学者研究结果表明，不论是 CBDC 技术方面提升，还是 CBDC 对现金和银行存款替代作用，CBDC 在短期内对产出影响均不显著（姚前，2019；谢星等，2020）。

（六）对国际经济的影响

开放经济条件下，CBDC 跨境发行具有多方面影响和好处。（1）它能够降低国际资本市场交易成本和信息搜索成本，为跨境交易带来更高效便捷体验。传统跨境交易通常需要经过多个中介机构和烦琐流程，而 CBDC 的引入可以简化这些过程，减少中介环节，降低相关费用，并提升交易效率。（2）CBDC 跨境使用能够提高国际资本流动性，推动资金在不同国家之间自由流动。传统跨境资本流动面临着许多限制和障碍，如汇率波动、支付体系不兼容等。而 CBDC 的引入可以为跨境资本提供更快速、便利的支付和结算方式，促进国际资本自由流动，有助于提升全球经济发展和合作。（3）CBDC 跨境发行对改善金融普惠性具有积极影响。特别是对于欠发达国家或中小企业来说，CBDC 的引入可以提供更多金融机会和便利。由于 CBDC 具有低交易成本和广泛可接入性，它可以扩大金融服务的覆盖范围，让更多人和企业能够获得便捷、安全的金融服务，促进金融包容性提升。

二、法定数字货币宏观经济效应：实证研究

姚前（2019）建立了一个涵盖家庭、商业银行、厂商、中央银行四个部门动态随机一般均衡模型（DSGE）。根据前述研究和理论分析，模型假定，CBDC 作为一种支付工具，有助于优化传统法币支付功能；同时作为一种计息资产，它是中央银行新型价格货币政策工具。结合我国经济现实，我们对 DSGE 模型进行参数校准（Calibration），实证模拟和研究了我国 CBDC 宏观经济效应，得到以下重要结论：

（一）CBDC 对金融体系的影响

实证结果显示，一个正向的央行数字货币技术冲击在当期会提高公众对央行数字货币持有额，随后在第二期则会快速下降，总体效应是增加了央行数字货币在经济中的流通额，但央行数字货币技术正向冲击并未导致银行存款断崖式下降，只会平滑地对银行存款产生一定替代。这意味着发行央行数字货币对我国银行系统和金融结构的冲击可控。

（二）CBDC 对经济产出的影响

研究发现，央行数字货币技术提高短期内对产出影响不明显，但长期看有助于提高经济产出。与稳态时经济产出相比，可提升经济增速 0.01 个百分点。这意味着在我国推出央行数字货币总体经济效应是正面的。

（三）CBDC 对货币政策的影响

研究发现，银行存款利率、银行贷款利率与央行数字货币利率变化走势高度一致。这意味着央行数字货币利率可以较好地传导至银行存款利率和贷款利率。同时，实际投资和实际产出在当期即对央行数字货币利率冲击做出了反应，说明央行数字货币利率可以在宏观经济调控上发挥作用，它创造了一种新的货币政策工具。

当然，CBDC 对经济金融体系的真正影响只有在其已经作为货币发行流通后才能测度出来。需要根据实际情况对其进行合理安排和处理，以保证法定数字货币对经济正面影响最大化、负面冲击最小化。

三、央行数字货币发行带来的风险和挑战

央行数字货币跨境发行可能带来一些风险和挑战。

（一）CBDC 跨境使用可能对国内资本市场和外汇市场带来外部风险冲击

随着国际金融联系的加强，CBDC 跨境使用可能对国内资本市场和外汇市场带来外部风险冲击，国际市场金融风险可能传递到国内。因为 CBDC 的引入增加了跨境资本流动的便利性，这也意味着国内市场可能更容易受到来自外部金融冲击和波动影响。

（二）国际货币体系不对称性凸显

零售型 CBDC 跨境发行可能使得国际货币体系不对称性更加突出。率先发售 CBDC 的国家可能具有先发优势，因为它们能够利用 CBDC 先进特性和广泛接受度来促进国际贸易和资本流动。而其他国家则可能面临竞争挑战，可能会出现一些国家因无法跟上 CBDC 发展步伐而逐渐失去国际金融竞争力的情况。

（三）零售型 CBDC 影响本国货币政策独立性

本国零售型 CBDC 在其他国家或地区流通对于本国货币政策独立性具有一定影响。当本国 CBDC 被广泛用于国际交易和投资时，其价值和稳定性将受到其他国家需求和市场影响。这可能使本国货币政策制定变得复杂，因为央行不仅需要考虑本国经济状况，还需要考虑其他国家需求和金融风险。

（四）CBDC 可能挑战别国主权货币地位

跨境发行与 CBDC 结合可能对别国主权货币地位带来挑战。如果某些发达国家 CBDC 流入弱势国家或地区，则可能对其货币主权产生替代效应。这可能导致弱势国家货币地位受到削弱，进而影响其经济和金融稳定。因此，在推动 CBDC 跨境发行时，需要谨慎考虑各国经济实际以及可能产生的影响，以确保跨境发行 CBDC 不会对其他国家货币主权造成不利影响。国际合作和协调是解决这一问题的关键，各国应共同努力制定相关规则和准则，确保 CBDC 跨境发行在尊重各国主权前提下进行。

总结与回顾

1. 广义数字货币既包括某个国家央行发行的法定数字货币，也包括私人发行的私人数字货币。狭义数字货币仅指私人数字货币，简称数字货币。数字货币根据发行主体身份，可分为私人数字货币和央行数字货币。

2. 私人数字货币特点有去中心化、匿名性、可编程性、加密性和交易自主性等。

3. 根据赋值方式不同，私人数字货币可以划分为两类：加密数字货币和稳定币。

4. 根据应用场景不同，CBDC 可区分为批发型 CBDC 和零售型 CBDC。

5. 基于不同视角将加密币估值分为成本定价法、货币定价法、股票定价法、期权定价法、无套利定价法等。

6. 实际中，各国央行数字货币投放模式多采用“双层运行体系”。中国采用的亦是这种模式。

7. 宏观经济分析中，传统货币政策传导机制主要包括利率传导机制、信贷传导机制、汇率传导机制、财富效应传导机制、资产价格传导机制（托宾 Q 理论）、预期传导机制等，其中传播效力最强的是利率传导机制和信贷传导机制。

8. 央行数字货币可能从支付体系、货币需求和货币创造、货币政策、金融监管和稳定、社会总产出和国际经济六个方面影响宏观经济运行。

复习思考

一、名词解释

私人数字货币；央行数字货币；成本定价法；“中央银行—商业银行”双层运营模式；利率传导机制；信贷传导机制。

二、简答题

1. 数字货币特点有哪些？
2. 简述私人数字货币的分类及特点。
3. 简述央行数字货币的分类及特点。
4. 结合实例谈谈私人数字货币定价方法。
5. 简述央行数字货币发行运行框架。
6. 简述央行数字货币传导机制。

三、论述题

1. 虚拟货币、电子货币和数字货币有什么区别？
2. 私人数字货币对于监管有什么风险？
3. 阐释央行数字货币对货币政策利率传导机制和信贷传导机制。
4. 阐述央行数字货币如何影响宏观经济发展？

能力拓展

数字人民币起源、特征与影响

中央银行数字货币起源

数字货币兴起首先与美元作为国际货币饱受诟病这一现实密切相关。20世纪40年代建立布雷顿森林体系力图在严格金本位制和灵活信贷货币之间取得平衡。

1971年，美元与黄金脱钩后，美联储（Federal Reserve Bank）负责决定货币供应量，随着国际经济繁荣，美元需求激增，美元短缺问题也随之出现。

2009年，比特币（Bitcoin）作为一种数字加密货币登上了历史舞台。它总供应量由一套算法决定，最大供应量为2100万枚。

另一种电子加密货币——稳定货币（Stablecoin）开始出现，其中最著名的便是美国脸书公司（Facebook）发行的天秤币（Libra）。

数字人民币特征与影响

中国人民银行无疑是世界主要经济体走在前列中央银行之一。央行设计了一整套数字人民币体系（DC/EP），并业已进行部分试点。

1. 双层运营体系。即中国人民银行不直接对公众发行和兑换央行数字货币，而是先把数字人民币兑换给指定运营机构，包括中农工建四家国有大型商业银行，微信和阿里两家大型支付平台和三家电信运营商，再由这些机构兑换给公众。

2. 以广义账户体系为基础，即在现行数字货币体系下，任何能够形成个人身份唯一标识的东西都可以成为账户。

3. 支持银行账户松耦合，即不需要银行账户就可以开立数字人民币钱包。

4. 双离线支付与多终端选择。即使在网络信号不佳的场所也可进行电子支付，同时除手机外，可选用IC卡、功能机等多种方式进行支付。

5. 多信息强度，数字人民币钱包分为5个层级。如用户进行大额支付或转账，则必须通过信息强度高的实名钱包；小额支付则可通过信息强度较低的匿名钱包。

论文信息：Shiyun Li & Yiping Huang（2021）The genesis，design and implications of China's central bank digital currency，China Economic Journal.

论文链接：https：//www. tandfonline. com/doi/full/10. 1080/17538963. 2020. 1870273.

资料来源：北京大学国家发展研究院。

第十四章　数字经济和经济增长与发展

任务分析

1. 理解数字经济促进经济增长与发展的机理。
2. 掌握数字化对生产率的影响。
3. 掌握数字资本与 R&D 对生产率的影响。
4. 掌握数字化影响企业技术创新效率宏观分析方法。
5. 领会数字经济促进经济高质量发展路径。

案例导入

在 2012 年左右，我国迈入两个重要时间节点交汇点。一是新一轮产业革命在世界范围内迅速发展，数字技术实现了越来越广泛的应用；二是我国经济在这个时期增长速度逐渐下降。且在同一个时期，大数据和云计算等新技术快速发展，随之涌现的还有数量可观的新业态和新商业模式。这种情况下，经济效率实现了大幅提升，可以说，这些新模式的出现为提高提升全要素生产率做出了巨大贡献。从很大程度上来说，数字经济发展极大助力了我国宏观经济增长。

关于数字技术如何推动全要素生产率提升，从数字技术特征入手展开分析。数字技术有三个显著特征。

数字技术的第一个特征是渗透性，过去数年间数字技术已经渗透进经济社会各个领域。可以看到，自工业革命之后出现的数次技术革命，都依赖于技术领域突破性发展。以能源和电力革命为例，其核心技术都具有相当程度渗透性。

数字技术第二个特征是替代性，这个性质是根据摩尔定律而来的。从 1971 年芯片首次出现之后，一直到现在历经数十年，摩尔定律始终存在于世。摩尔定律是一种经济规律，这个规律表明芯片价格会在每近两年时间之后减少一半。正因为如此，在过去数十年时间里数字产品价格保持着迅速降低态势。也正因数字产品价格持续降低，人们在经济活动中越来越多地运用数字技术，这就使数字资本逐渐替代其他资本形式，因此数字资本在经济各个环节中得以不断增加。

数字技术第三个特征是协同性。数字技术和数字产品向经济活动高度渗透，使其可以形成人和机器协同工作，提高多种要素之间配合程度，进而提高经济活动效率；同时，生产效率提升会使企业获得更高利润，从宏观角度看，即为增加了 GDP。生产率得到大幅提升，GDP 实现快速增长，这就代表着数字技术成为经济社会新增长动力。

知识介绍

随着全球数字经济的快速发展，数字经济波及人们生产生活方方面面，各类研究机构、政府部门、专家学者纷纷从不同视角来研究数字经济，研究成果丰硕。其中，很多专家学者研究数字经济经济效应，其视角主要涉及数字经济微观层面、宏观层面、区域层面等。例如，微观层面，主要研究数字技术如何影响企业生产率及影响程度。一般研究均认为企业运用现代数字技术可以有效提高企业生产率，尤其是对特定类型企业其生产率提高得更快。Acemoglu 等（2011）研究发现前几代信息计算（IT）都是偏重技能的，而互联网运用提升企业生产力可能有技能偏向。Bloom 等（2012）研究发现美国企业由于自身组织资本与结构优势，美国企业运用信息通信计算（ICT）可以有效提高其生产率。Akerman 等（2015）研究挪威企业运用数字计算对企业的影响，研究结果发现企业宽带普及有助于提升技术工人工作效率。再如，宏观层面主要研究数字技术如何影响宏观生产率及影响程度。一般研究均认为一个国家或地区运用现代数字技术可以有效提高该国或地区整体生产率。如 Jorgenson 等（2008）、Bloom 等（2010）研究发现 1995 年后美国全要素生产率（TFP）提升关键是美国对数字技术大量投资与运用提升了其 TFP。Freund 等（2004）研究发现由于互联网使用，大大降低了国际交易成本，促进了国际间实物商品交换，数字技术节省了交易成本，助推全球经济一体化。Gomez－Herrera 等（2014）研究发现数字技术更有利于英语国家提升其生产率。

第一节　数字经济促进经济增长与发展的机理分析

经济增长本质上是一个螺旋式的上升过程，经济非线性数量增长积累到一定阶段，必然要转向质的提升，而经济高质量发展就是在经济数量扩张后所实现的经济增长的质变。当中国经济社会从高速发展时期转入高质量发展时期后，亟须新的经济增长动力。实践证明，促进网络、大数据、计算机与实体经济深层次结合，大力发展数据经济，是促进新旧动力转化、构建现代化经济结构、促进国民经济高质量增长的重大措施。数据经济是继传统农业经济和工业经济之后的新兴发展形式，它是以数字化技术和数据资源为基础的产出元素，以现代信息网络技术为基础媒介，并通过合理运用现代信息通信手段以提高经济运行质量和调整经济结构的新型发展形式。数字经济形成与发展在很大范围内促进了生产方式转变、生产力重塑、发展机构改革以及发展模式巨变，为国民经济持续增长提供新动力。数字经济通过拓展生产要素框架，变革社会生产方式和组织模式，带动创新活力提升、需求潜力释放和生产能力增强。在数字经济推动下，生产要素结构重组，市场产品种类增加、市场竞争机制加强，网络经济、规模经济、平台经济带来生产经营组织变革，并驱动产出服务于美好生活需求的能力增强。数字经济促进经济增长实现质量转变基本机理包括促进消费增长与推动结构升级、“服务型”政府建设、要素结构重构效应、供需结构匹配效应、协同创新效应以及成果共享效应等。

一、数字经济影响经济发展的机理

（一）数字经济促进消费增长、推动结构升级实现经济高质量发展

1. 数字经济发展可以扩大消费需求。

导致消费扩大机制主要体现在以下两个方面：（1）从需求角度看，数字经济与传统产业、生活、电子商务等新领域融合，这些新消费模式、流通、端到端消费转向，打破了消费再扩张的时空限制，刺激了消费，同时解决了数字信息技术不对称，降低了交易成本，提高了消费者意愿，改善了消费者体验，从而扩大了消费；消费者在搜索过程中通过较低搜索成本找到有利可图产品，在一定程度上也能促进消费。（2）从供给角度看，传统产业经济趋同、现有产业流程改进、互联网产业贯通，用数字对产品质量控制，以及对产品质量提高或这些创新技术对流量高水平渗透，降低交易成本，提高流量效率。数字经济优化供需匹配路径，实现行业供需精准匹配。供求关系符合数字经济促进消费的现实需求。

2. 居民消费水平提高是拉动内需重要支撑。

以国内循环为主导双循环的新发展格局下，中国未来经济增长在很大程度上取决于内需市场，居民消费水平提高是拉动内需的重要支撑。扩大消费需求成为国家经济增长的压舱石和稳定器，是国家经济高质量发展的动力源泉。消费水平提升能够促进经济高质量发展，消费需求多样化要求商品跨地区流动，为实体经济创造、优化社会经济结构，为高质量发展打造坚固根基。传统消费提质升级，新兴消费兴起，同时促进了关联行业成长，创新、基础设施建立和服务优化，给经济成长带来新动能。而且消费扩容会直接影响进出口需求，从而影响贸易开放度，促使资源行业间、产业间重新分配，企业间优胜劣汰，刺激新企业、新业态和新产品发展，驱动经济高质量发展。

数字经济通过将数字技术产业化、市场化，刺激新型产业蓬勃发展，并且基于互联网平台进行资源配置，对产业结构进行重构，促使产业结构升级。数字经济利用其渗透性和创新性等特点，结合了大数据分析“无边界”，拓宽了原有产业边界，推动了不同产业之间协同发展，并运用了数字技术有效链接产业端上下游，实现了产业数字化和无形化，进而形成了全新服务形态和产品。传统产业部门将数字技术与生产环节相结合，对生产结构进行优化，将产业由价值链低端推向价值链中高端，改变产业发展基础和产业布局，进而推动产业结构升级。产业结构升级促进高质量发展是通过生产要素再配置促进经济高质量发展。生产过程中，由于不同行业生产力水平差异比较大，产业结构提升导致了人力资本、资金、科技等传统产出要素由低效率部门转向高效部门，从而提升了全部要素生产率，进而推动了经济社会高质量发展。

（二）“服务型”政府建设，构建良好制度环境推动经济发展

数字经济是一种低摩擦、高效率、“无距离”的新型经济形态。数字经济时代，数字信息技术与政府管理制度和治理模式也相结合和应用，创造了适应数字经济时代特征的社会制度和管理环境。为了有效解决数字经济新经济形态与传统政府管理下社会经济环境不协调而产生的经济问题和社会矛盾，最终促进社会经济稳定可持续发展。因此，数字经济时代，政府作用不是像凯恩斯主义者主张的那样不同程度地组织社会经济活动，也不是像新古典主义者主张的那样反对国家过度参与，而是及时提供社会经济发展所必需的基本经济环境和制度条件。政府可以有效利用大数据、云计算等数字信息技术，在更合适的时间、地点，向政府机构、市场、企业和市民提供更快捷、更高效、更扁平化的信息传递服务和相关业务处理服务，从而建设一个积极进取的服务型政府。有效和负责任的，为社会经济发展提供必要的基本经济环境和体制条件。数字经济时代，政府必须向“服务型政府”转型，为各方提供更全面、更快速、更高效的政府服务，营造有利于经济发展的制度环境，从而促进社会经济健康、可持续发展。

1. 政府对民众的服务。

政府对民众提供的服务主要指政府通过各类数字信息技术以及网上渠道，为民众提供更有效率、响应更快的优质政务服务，及时向民众普及和宣传最新的法规、制度和文件等资料，同时政府也可以从中了解到民众需求和反馈，更好地制定政策制度并改善自身管理模式。中国互联网络信息中心最新的相关分析报告表明，截至 2020 年 6 月底，中国网络政务信息所涵盖的网民基数已达到 7.73 亿，占全国网民总数比重将达到八成。我国已经初步形成了包含五个层次线上服务体系，即包含“省、市、县、乡、村”。该服务体系既包含城市和农村，又可以让各区域之间形成良好互动，各个层面权责分配十分清晰。全国近 70% 省区市实现了服务五级覆盖，政务服务范围不断扩大，让大部分居民都能享受到统一的政务服务，网上政务服务供给和民众业务办理需求缺口得到一定的补充。

2. 政府对市场的服务。

政府服务市场、政府服务和数字信息技术相结合，为经济发展创造了安全、适宜、高效环境，使社会经济在更健康、更公平的制度环境中充分发展。疫情发生后，数字信息技术与政府服务融合，为疫情后工作和生产恢复提供了极大便利。强调“数字信息技术 + 政务服务”重要性。一方面，为了保障经济发展和预防疫情，各级政府正在积极打造“数字政府”。加快回流进程，特别是推出劳动生产网站、国家政务服务平台等，以更快更有效地提供一系列市场和政府优惠政策。电子政务服务可以帮助企业更早地恢复工作和生产，从而提高效率。为了帮助各类企业快速高效地完成返工任务，很多地区都建立了相应的远程服务栏目，大大减少了空间地理距离对返工任务的负面影响。

3. 政府间服务。

积极推进政府办公自动化系统建设，提高办事效率，完善制度环境和管理模式。2019 年，我国推出了国家政务服务平台，为了能够加强地域间信息沟通和资源共享，上线一年多来该平台已经纳入了超过 30 个部门。该平台提供了一个连接多个地区政府服务系统，可以同时提供不同地区、不同行业和不同类别的多项政府服务。这种跨部门整合促进加强信息交流和部际合作，同时保持市场稳定和资源合理分配，从而创造有利于社会经济发展环境。

数据经济时代下政府管理模式将逐渐转型并提升为服务型政府，政府将借助大数据技术有效运用，整合并促进政府与人民、政府与企业、政府与政府之间大数据交流与共享，为企业与市民创造更快捷、更便利电子化政府公共服务环境，为社会发展创造更平等、更合理经济条件与政策环境，为社会生产要素资源进行更合理分配，进而使大数据经济时代下政府管理体制和模式与大数据经济时代相适应、共交融、共成长，从而促进社会发展高效、平衡与可持续发展。

（三）数字经济重构了经济增长要素基础

传统经济主要以资本、劳动、土地等作为生产要素资源，而数字经济中生产要素范围被拓展、数据（信息）成为生产中不可或缺的生产要素。数据要素具有与传统生产要素不同属性，这些属性使得传统生产、生活方式被改变，经济增长呈现新的方式。

1. 数据要素具有自我增值性。

传统生产要素在生产和消费过程中会伴随着价值损耗，但数据要素在生产和消费过程中不断再生，从而形成源源不断的要素供给。

2. 数据要素具有规模报酬递增性。

技术条件不变的情况下，传统要素投入不断增加会产生规模报酬递减效应，但数据要素基于网络连接而产生的网络效应和规模经济，加上数字世界与实体实践融合重构的生产关系，使得经济产出呈现正向递增效应。

3. 数据要素具有融合性。

数据要素发挥作用的前提是数字信息技术群与传统生产要素及不同产业经济部门融合应用，传统生产要素与数据（信息）要素深度融合的基础上，数据要素潜在生产力释放并驱动经济增长。因此，数字经济引致增长要素基础发生转型，经济高速增长不再单纯依赖传统生产要素大规模投入，而是尽可能减少传统要素投入，最大限度地利用数据（信息）要素从而提高生产效率、组织效率和交易效率，降低经济增长的成本、提高经济增长的质量和效益。

（四）数字经济改变了经济增长供需匹配模式

经济增长动力既有供给侧也有需求侧，两者双轮驱动共同决定了经济增长潜力。供给侧，增长动力主要来源于增长要素结构转变和经济效率提升；需求侧，增长动力主要来源于需求结构转变及新需求产生。需求结构和供给结构匹配是宏观经济稳定运行的基本条件。传统农业经济和工业经济时代，社会供给能力和结构决定了需求结构，同时需求结构不断转化升级会倒逼供给结构转变，但这一反馈逻辑因存在时间滞后性而导致供需不匹配矛盾越来越突出。数字经济产生改变了经济增长中供给和需求匹配模式。

1. 数字经济利用数字信息技术提高了供需匹配有效性。

数字经济以互联网为对接平台，通过互联网收集、存储和传输海量消费需求信息，并通过信息流的过滤与识别将个性化需求信息转换为生产信息，生产者依据生产信息生产出个性化定制产品。数字经济具有显著网络效应，消费者消费体验会实时地与生产者价值增值相关联，并且这种正反馈机制通过网络化信息传播使得消费者和生产者进一步调整对接。数字经济通过数据信息传播可以实现经济活动主体高度连通，消费者需求偏好可以实时地与上游生产者交互，生产过程中利用智能化、模块化以及延时性生产技术可降低个性化定制与柔性生产的成本，从而使经济系统中资源渗透、融合、协同能力空前提高，这种消费与生产直接对接生产组织方式最大限度地提高了需求和供给匹配度。

2. 数字经济带动经济运行中供给和需求物质结构匹配转向价值结构配置。

数字经济带动要素结构从以资本、劳动力、土地为主转向以数据为核心。数据资源具有高速流动性和广泛聚合性，通过数据资源采集、挖掘、聚合、开发、商业化应用就可以创造价值。数字经济背景下，消费者逐渐从工业经济时代以标准化、大众化物质新产品为追求的消费理念转向追求个性化、高品质服务型产品的消费理念。这种消费诉求的变化在升级消费结构的同时也催生出了新的消费模式。消费者首先提出个人消费需求，企业再根据个体差异性需求进行个性化定制生产。相比于以生产者为中心的传统经济仅能满足需求主体的外在客观物质性需求，以消费者为中心的数字经济消费模式和商业模式更加精准地实现了供给方对需求方内在主观价值需求的满足。

（五）数字经济促进企业创新发展

创新活动高投入、高风险、长周期、不可逆性等特点，使企业面临较高投资成本，创新成果和潜在效益也存在不确定性。数字经济通过数据处理和数字处理技术在虚拟空间和真实物理世界进行映射，可以利用虚拟空间中的数值算法来提高全球各个领域创新水平，有效降低创新成本和效益不确定性，同时也鼓励企业研发活动和创新。

1. 发展数字经济有助于加快数字技术应用与创新。

数字经济加速发展已经插入和应用了数字技术和创新活动，如数字和模拟竞赛等技术研发的视觉物理空间，通过建筑环境和限制范围模拟这些极端案例来帮助企业研发，更好设计方案以替代在“虚拟试用”的真实试用；创新流程可以有效降低证明和错误成本。物联网和人工智能也通过提出优化数字技术、信息交换、卷曲合作来实现这些效果，而不是仅仅重复研发，运营商可巧妙地避免不必要的支出，为研发人员高水平、高质量研发提供更多成果。

2. 发展数字经济有助于优化企业创新模式。

数字经济发展提高了企业对消费者需求的认识，有助于优化其创新模式，从而有助于降低创新效益不确定性。（1）数字经济发展极大地扩展了企业获取信息渠道，提高了企业了解消费者需求准确性。企业利用大数据分析消费者需求。还可使用机器学习和数据挖掘等方法来发现潜在消费者需求。这使得企业能够以有效方式开发针对终端消费者需求的创新活动，从而减少因创新方向差异而产生收益不确定性。（2）数字经济时代消费者需求发生了很大变化。产品在时间维度上的价值变得越来越重要。企业不会等到产品完美运行后才将其投放市场。相反，他们在进行进一步改进之前，先发布具有基本功能的产品。企业转向迭代创新模型，在这种模式中，可以更快地交付到不同版本产品开发活动中，减少了由于翻译研发结果延迟而导致创新收益不确定性。

（六）数字经济促进经济协调发展

协调是社会发展的重要手段，同时也是评价发展的重要标准和尺度。数字经济发展协调性主要体现在三个方面：(1) 以信息、通信、软件技术为驱动的数字工业化协调发展。(2) 数字技术对传统经济、社会、政府的赋能和融合发展，主要体现在对传统产业升级、数字化空间拓展及政府服务效能提升。如移动终端摄像头产业，通过电子传感器调整、软件算法优化等，使光学影像向电子数据格式转变，有效降低产品成本。通过对海量数据实时分析，市场参与者加强了对业务流程系统全球监控，利用数据流支持业务流程实施、决策、执行流程和链条协同。数字技术与人类生产生活交叉融合，增强数字空间与物理空间双向互动，提供数字支撑建设、人机协同、数据共享共创、人与自然和谐共生。(3) 数字经济本身具有空间性。这些空间衍生品主要源于数字经济虚拟性，作为数字经济核心的数据输入和数字技术以非物质化形式产生，并刺激经济增长。最重要的是，这种虚拟性质在空间上是非排他性和开放性的，减少了区域间经济联系障碍。虚拟经济和电子产品在互联网上出现反映了新经济出现，数字经济为互联网资源共享和信息整合发展提供了帮助，打破了城市和地区之间分散隔离，不仅可以通过网络交换虚拟产品，通过平台更充分地交换市场信息；它允许不同地区之间实物产品流通和贸易。与此同时，实体经济与虚拟经济深度融合催生了物流业等不受行政区划限制新型产业，打破了区域间经济贸易壁垒。

（七）数字经济推动了经济成果普惠共享

数字化生活方式、工作方式打破了现实社会时间和空间线性特征，使社会生活和工作在线应用成为可能。网上办公、网上医疗、网上教育、网上文化和网上体育等新应用场景推广应用。同时，进一步促进新业态发展，将线下空间与线上空间有效衔接，实现线上线下资源共享。智慧网格化城市各级事务工作和管理，着眼于其转型，以数据、存储、分类形式呈现，数据管理解开城市功能之间壁垒，组成部分相互补充，城市区域管理服务人性化、精细化，满足群众更多社会融合共享新需求。数字平台最初最大限度地利用大众网络个性化喜好，通过供求效应，刺激市场对商品和服务需求，充分发挥经济社会成员经济效应和激发新动能，并在物质层面上满足生产者以外价值需求与价值需求。消费者在个性化产品服务体验中获得了需求最大满足，生产者也在此过程中实现了附加价值。

新的数字技术使数字经济在生产和消费领域得到了极大加强，催生了普惠金融、普惠医疗等新形式，社会不断寻求、分配经济发展红利。此外，数字经济中数据元素结构也发生了巨大变化。传统产业生产要素投入增加数据要素，使得生产要素使用方式和初始配置发生了重大变化，传统供给急剧减少，生态资源得到节约和循环利用，环境质量明显改善。此外，数字化监控媒体使用可以减少要素分配中的扭曲和人工失误，从而实现生产要素使用的帕累托最优。作为数字经济产出的产品服务与数字相结合，具有显著数字增值效率。与传统产品只体现客观物质价值相比，数字产品更能响应消费者价值主观评价，更能切实体现公益需求有效满足。高质量发展核心是颠覆传统增长方式和经济管理思维，而数字经济为转变增长方式、重塑经济思维、提高经济发展质量提供了前所未有的机遇。

二、数据生产要素概念及对经济发展作用

随着新一代信息通信和智能技术的迅猛发展，人类社会数据多样性和规模及其应用飞速发展。数据已经从简单事实或信息载体转变为有价值资源和资产。党的十九届四中全会将数据与土地、劳动

力、技术、资本等一起归类为生产要素，肯定了数据要素作用。数据作为一种新生产要素，会导致生产方式和经济形态变化，进而导致政策变化，甚至制度变化。

2020 年 4 月 9 日，中共中央、国务院印发《关于建立更加完善要素市场化配置体制机制的意见》，表示要加快数据市场化，包括政府推动海量数据资源开放共享、资源开发、社会融合、数据安全保障等。到了 2020 年 5 月 18 日，中共中央、国务院在新时代之初，颁布了《关于新时代加快完善社会主义市场经济体制的意见》，强调把发展市场数据项目纳入数据源清单、数据管理问责机制、确定交易启动、利用社会数据资源价值的标准和措施。

（一）数据生产要素内涵与作用

1. 数据生产要素内涵。

为了更好地理解数据对于国民经济尤其是社会生产活动的作用，需要准确定义数据生产要素，并基于定义给出相应统计核算方法。在已有数据经济研究中，对于数据生产要素理论性探讨居多，统计和实证上尝试较少。这其中部分是因为数据本身具有虚拟性、非竞争性等使之难以度量基本特征，部分是因为当前国民收入核算体系（SNA）中对于信息和数据统计存在较大缺失（Reinsodorf and Ribarsky，2020），对于数据生产要素性重视严重不足。

2016 年 3 月，《麻省理工科技评论》（*MIT Technology Review*）杂志的一篇由甲骨文公司赞助的，介绍数据服务评论文章中预测了经济意义上数据资本崛起。该文章提出，对于当代企业而言，数据已经成为决定企业命运的核心资本，其重要性不亚于得到广泛认可的金融资本。之后一些研究，如莫纳什大学研究员贾森·萨多夫斯基（Jathan Sadowski）于 2019 年发表在《大数据与社会》（*Big Data & Society*）杂志上的论文《当数据成为资本：数据化、积累与提炼》（*When data is capital：datafication，accumulation and extraction*）中，也讨论了资本化数据积累与作用过程。基于此，将数据生产要素界定为：以信息通信技术（ICT）、大数据、云计算、机器学习和人工智能等为应用手段，以现代信息网络和各类型数据库为传输和存储载体，具有生产要素属性的信息、数据和数字化内容。这一界定基于以下几个方面考虑。

首先，ICT 是在生产中使用数据的技术基础。20 世纪末期以来 ICT 迅速发展，使得利用经济主体积累或购得的信息与数据指导企业决策、产业发展、政府政策成为可能。与此同时，大数据、云计算、机器学习、人工智能乃至 3D 打印等技术近些年来迅速发展成熟和全面投入生产是数据在生产中发挥作用愈发重要的技术前提。

其次，现代信息网络和各类型数据库是数据生产要素传输和存储载体。未连入信息网络的数据作为数据资本价值极其有限，未进入数据库、没有得到有效归类和整理的数据不能和其他数据一起发挥改善商业决策的基础性作用。

最后，生产投入性是数据资本的核心属性。只是被简单堆积和储存的数据不能直接成为数据资本，经处理的、可为新生产过程所用的数据才是数据资本。此类数据具有无形资本的各项基本特征，对企业盈利、产业升级和经济增长贡献正在逐渐赶上甚至超越传统生产要素的贡献。

2. 数据生产要素作用。

数字经济时代，数据正在以前所未有速度被生产和传播，整个经济体系非常复杂。供应链系统正变得越来越数字化和智能化。企业家需要数据，而数据需要经过处理才能被用来做出精准生产决策。由于数据的非竞争性和低损失率，大大提高了知识生产效率，促进了经济数量和质量增长。通过数据流通实现真实信息互联，可以减少信息不对称，从而缓解“市场失灵”。同时，数据生产要素特征是基于数字技术进步的客观事实。部分生产仅基于算法、计算等数字技术客观条件，具有利用数据产生价值能力的经济动机。另外，生产要素演进是消费需求的结果，消费需求演进根植于人的价值发展水平。人类价值观的动态变化是数据开发成为生产源泉的主要原因。原始生产要素不能有效响应消费者的需求动态，而数据可以准确地映射消费者价值观。与工业时代仅仅满足人类物质消费需求不同，数字经济时代目标是物质和精神财富的高水平发展。

数据对经济增长的贡献体现在生产和流通直接过程中。在直接生产过程中，数据元素可以减少生产时间。(1) 数据生产要素可以有效地缩短劳动生产时间，使用数据生产要素可以使相同劳动与生产资料相结合，在一段时间内获得更高产量。同样的生产可以用更少工人和生产资料联合劳动时间来实现。(2) 数据生产要素可以缩短准备输入所需时间。通过利用数据信息，生产者可以有效地记录一系列时间信息，缩短生产资料准备时间，从而提高生产过程操作效率。(3) 数据生产要素可以减少工作过程中的中断时间。

此外，数据元素可以降低生产成本，实现同样成本创造更多价值。(1) 它减少了与劳动力相关的生产资料损失；(2) 可以降低原材料库存率，降低企业管理成本；(3) 设备发生故障时，可以减少因工作过程中断而造成的损失。

交通过程中，数据要素提高了整个交通过程运行效率，降低了交通成本。数据生产要素使用减少了买卖消耗时间，缩短了流通时间，从而加速了资本流通，从而创造了更多价值。

数据生产要素可以在买卖阶段有效降低循环成本。购买过程中，数据可以减少搜索和通信成本；销售阶段，可以减少生产商的匹配成本。

（二）数据要素如何进入生产函数

党的十九届四中全会关于生产要素表述中，一共提到七种生产要素，分别是劳动、资本、土地、知识、技术、管理和数据。除数据外其他各项生产要素中，劳动、资本、土地等传统生产要素一般作为直接进入生产过程的物质性投入，知识、技术、管理等新生产要素在大多数情况下被看作能够影响生产组织形式和生产效率的间接投入。从形式上来说，数据和后一类新生产要素更加接近，已有文献也更为强调数据作为一种间接投入通过和其他生产要素联动发挥促进产业升级和经济增长。随着新信息技术尤其是数据处理与应用技术进一步发展和应用于生产，将数据作为类似劳动、资本、土地一样生产要素直接投入生产过程生产模式已经基本形成，采用这一生产模式企业也多处于新兴行业或在传统行业拥有领先地位，如百度、阿里巴巴、腾讯、脸书、苹果、亚马逊、网飞、谷歌等中美互联网头部企业，在数据收集、整合、处理和使用上相对于其他企业就具有较大优势。

实践中，数据直接进入生产过程方式至少有两种。

第一种方式被定义为数据驱动决策（data - driven decision - making，DDD）。在 DDD 方式生产过程中，生产者直接将数据作为一种初始投入，采用相关技术处理与整合数据，再对数据进行分析，基于分析结果给出具有可操作性的经济决策、商业判断或生产用知识，根据这些判断采取、中止商业行动或改善、升级生产过程。数据对于生产活动带来的附加价值就体现在这些行动或过程的经济回报上。已有实证研究表明，采取 DDD 方式的企业盈利能力和生产率要显著高于同一行业中没有使用 DDD 方式的企业。

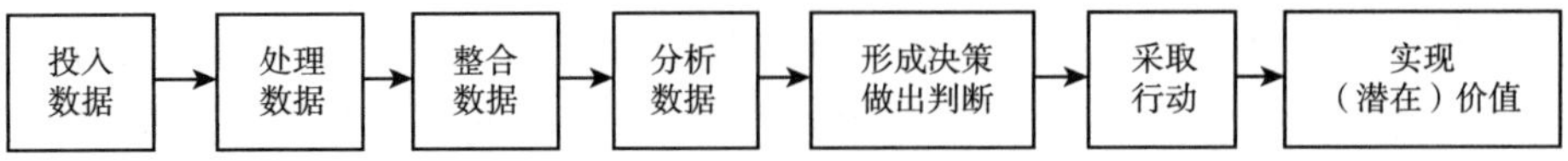

图 14 - 1　投入数据的生产过程

数据进入生产过程第二种方式是同时作为生产的中间产品和最终产品（或最终服务）。这一生产过程主要在信息技术、商业媒体和投资咨询等行业得到应用，其基本流程是：生产者通过投入人力和资本搜集、购买或自身生成大量原始或原生数据，在对这些数据进行清洗、筛选、积累和分析后，形成可以直接被使用的数据产品或数字化服务，之后再将这些产品和服务直接使用（由消费者消费掉或者作为生产性投入进入第一种生产过程）以获得经济价值，或者直接将数据产品进行出售，抑或是与其他产品打包出售给企业、政府和消费者，供这些经济主体用于生产或消费。

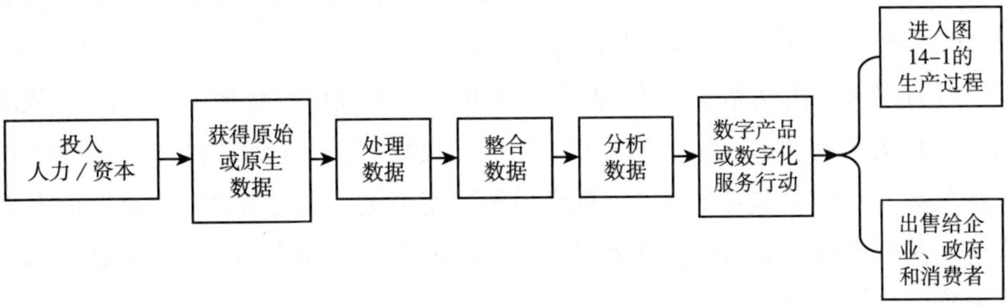

图 14－2　生产数据产品的过程

数据以第一种方式进入生产过程后，经济主体直接用数据以及分析数据后得到的结果改进商业决策和经济行为。在第二种方式中，经济主体将数据作为一种内涵价值的可交易商品或服务，侧重于对于数据本身价值挖掘，是基于信息技术发展对于原始和原生数据的一种再创造。以上两种方式同时存在，随着 ICT 等技术的发展，采取两种生产方式使用数据企业数和占比都在不断增加。

（三）数据对生产过程的溢出效应

除直接进入生产过程外，数据对于社会生产活动还具有十分突出的间接影响，具体表现为数据及相关技术对于其他生产过程和生产部门的溢出效应。根据已有文献，数据对于生产活动溢出效应类似于知识、技术和管理这三类生产要素在生产过程中发挥的作用，同时又与这几类无形生产要素存在一定差异。相似性主要体现在数据对于其他生产要素促进作用，而差异性则体现在数据相关技术所具有的通用目的技术性上。

首先，数据能够优化其他生产要素使用过程，提高要素使用效率和不同要素之间结合效率。例如，基于人力大数据进行人力资源管理能够提高人力资源测评的效率和准确度，帮助企业更快地从就业市场迅速锁定合适求职者，提高人才搜寻效率和就职率。又如，3D 打印和人工智能技术减少了从工业设计到工业品生产之间所需的步骤，提高了知识、技术和资本这几类生产要素之间的结合能力。此外，自动化技术则通过将生产数据和传统物质资本相结合，在一定程度上起到了用机器人和人工智能替代劳动力和人力资本的作用（Martinez，2018）。数据提升其他生产要素使用效率技术基础是大数据、数据技术和数据科学，需要企业在这些方面进行大量人力和资本性投入。

其次，数据、信息和通信相关基础性技术，如大数据、云计算、机器学习、人工智能等，具有显著的通用目的技术特征，具体表现在其通用性（能够广泛运用于各种生产过程）、渗透性（能够迅速扩展到社会生产活动各个方面）、与其他技术互补性和对于创新高度启发性上。历史上公认的通用目的技术包括印刷术、车轮、蒸汽机和电力等，此类技术发展往往能够改变人类社会生产基础组织形式。数据相关基础性技术提供了新智能化、数字化生产工具，以数据资源为主要生产对象推动经济转型升级和社会变革。

为了在一定程度上消除新经济增长理论和创新驱动增长理论在解释现实经济中遇到的困难，有必要基于上述两类理论、充分考虑数字经济特征的经济增长框架用于分析和预测。现有新经济增长理论存在一个明显不足：此类研究核心变量之一ICT资本既被当作技术也被当作资本，将ICT资本同时放入技术方程和资本积累方程，得出ICT资本对于经济增长影响远高于传统生产要素的结论。为此，在生产函数中加入数据资本这一新的无形资本。数据资本描述了经济个体在生产过程中使用和积累的数据和信息，既是生产的一种要素投入，也是生产的一种无形产出。同时，假设存在完全竞争数据交易市场。企业数据投入取决于信息与数据载体和技术设施——CT资本价格水平。根据摩尔定律，这一价格水平持续性下降，推动企业增加对ICT资本和数据资本投资。考虑数据资本生产函数如下：

$$X_t \equiv Y_t + D_t = F\{Z_tG(K_t^{IT},B_t),K_t^{NT},L_t\} \tag{14-1}$$

其中，K_t^{IT} 为ICT资本，B_t 为数据资本，K_t^{NT} 为非ICT资本或传统物质资本，L_t 为劳动力投入，Z_t 为生产技术水平，Y_t 为实物产出，D_t 为数据产出，X_t 为总产出。假设 F 和 G 都为一阶齐次函数。为了简化模型，在基础模型中考虑完全竞争、规模报酬不变情况，同时假设资本重置成本为0。

模型中生产者从资本市场上以相同利率成本 r 租用ICT资本（K_t^{IT}）和传统物质资本（K_t^{NT}），假设这两类资本折旧率相同，则其资本积累公式为：

$$K_t^{JT} = I_t^{JT} + (1-\delta)K_t^{JT},J = I,N \tag{14-2}$$

模型生产者必须在生产过程中投入数据资本，即收集、组织和分析信息和数据来指导生产过程，同时在生产和贸易中获取新数据，增加自己数据资本存量。对于数据资本积累采取与Greenwood（1997）论文中类似假设，认为数据资本提升既来自数据量上升也来自数据处理、储存和分析技术提高：

$$B_t = q_tD_t + B_{t-1} \tag{14-3}$$

其中，q_t 表示数据处理技术。这一框架中，假设 q_t 是外生的，即使在比较复杂模型中 q_t 也可以进行内生化。假设大数据资产计提折旧为零，其重要逻辑是随着云存储等技术快速发展和成熟，现有资料可能从某种意义上被认为是长期存在、能够随时利用的。

为了进一步理解信息产出和生产ICT投入之间联系，借鉴Basu和Femald（2007）的研究，假定 G 满足CES生产函数形式：

$$G = \{\varepsilon(K_{IT})^{\theta-1/\theta} + (1-\varepsilon)\beta^{\theta-1/\theta}\}^{\theta/\theta-1} \tag{14-4}$$

通过对方程（14-1）进行微分，可以写出生产投入和产出增长率形式：

$$\begin{aligned} g_X = Y/X \times g_Y + D/X \times g_D &= F_{K_{IT}} \times K_{IT} \times g_{K_{IT}}/X + F_B \times B \times g_B/X \\ &+ F_{K_{NT}} \times K_{NT} \times g_{K_{NT}}/X + F_L \times L \times g_L/X + F_Z \times Z \times g_Z/X \end{aligned} \tag{14-5}$$

以及实物产出增长率表达形式：

$$\begin{aligned} g_Y = F_B \times B \times g_B/Y &+ P_{K_{IT}} \times K_{IT} \times g_{K_{IT}}/PY + P_{K_{NT}} \times K_{NT} \times g_{K_{NT}}/PY \\ &+ WL \times g_L/PY + F_Z \times Z \times g_Z/Y - D \times g_D/Y \end{aligned} \tag{14-6}$$

根据式（14-6）可以写出可测度的、已有不含数据资本的研究所常用全要素生产率（measured total factor productivity，MTFP）增长表达形式：

$$g_{MTFP} = F_B \times B \times g_B/Y - D \times g_D/Y + F_Z \times Z \times g_Z/Y \tag{14-7}$$

经济进入稳态，q_t 为外生情况下，由资本积累式（14-3）可知 B 和 D 的增速相同。将其代入式（14-7），同时代入实际全要素生产率后可得：

$$g_{MTFP} = (F_B \times B - D)g_B \times /Y + g_{TFP} \tag{14-8}$$

式（14-8）和式（14-9）给出了存在数据资本时可测度全要素生产率表达式。从中可以看出，从索洛剩余中剥离出数据资本后，可测度全要素生产率取决于实际全要素生产率和数据资本增长率。

在经济进入稳态情况下，已知稳态增长率 g 和稳态利率 r^*，g_D 的系数可以重新表示为：

$$\beta_D \equiv (F_B \times B - D)/Y = B((F_B - D/B)/Y = B(r^* - g/(1+g))/Y \qquad (14-9)$$

在一个动态有效长期增长模型下，这一系数恒定为正。这就说明实证研究中常用的、不考虑数据资本全要素生产率测度要高于考虑数据资本实际全要素生产率。

为了替换掉式（14－9）中难以直接测度数据资本增长率，方便这一估计方法在实证研究中运用，考虑生产者对于ICT和数据投入 G 最小化成本的子问题。在投入成本最小合理假设下，通过求解这一子问题可以得到ICT资本和数据资本应满足以下一阶条件：

$$g_B = g_{K_{IT}} + \theta \Delta \ln (P_{K_{IT}}/P_{K_B})_t \qquad (14-10)$$

虽然 B 在现实数据中可得性仍存在一定问题，但注意到，稳态下两类资本租赁价格之比恒定，则将式（14－10）代入式（14－9）可以得到：

$$g_{MTFP} = \beta_D \times g_{K_{IT}} + g_{TFP} \qquad (14-11)$$

通过式（14－10）可以看到，可测度全要素生产率（MTFP）和实际全要素生产率（TFP）之间增速大小关系取决于可用ICT资本增速之间系数正负、大小以及显著性。由式（14－7）和式（14－11）可知，假设人口增长率为0，经济体产出增长率为：

$$g_Y = (\beta_D + P_{K_{IT}} \times K_{IT}/PY) g_{K_{IT}} + P_{K_{NT}} \times K_{NT} \times g_{K_{NT}}/PY + g_{TFP} \qquad (14-12)$$

从式（14－12）能够比较清晰地看出，通过改变要素投入结构，最终实现中国高质量发展的一种可行路径。传统物质资本自然增长率和投资回报率都已不可避免地逐渐降低的大背景下，推动高质量发展关键在于提高ICT投资在整体投资中的比例，通过ICT投资和具有互补性数据资本投资实现有效而高质量的经济增长。通过模型分析还可以看出，仅仅依靠ICT资本自身难以发挥超出传统资本作用；通过与数据资本相结合，提高生产效率，ICT资本能够在很大程度上弥补传统资本和劳动力低效投入。

随着传统物质资本逐步饱和及人口红利逐步消失，“数据红利”可以使得ICT资本发挥高于其自身初始投资回报（$P_{K_{IT}} \times K_{IT} \times g_{K_{IT}}/PY$）的额外作用（$\beta_D > 0$）。因此给出以下判断：大力发展数字经济，尤其是不断促进数据资本和ICT资本积累，能够使中国经济加快实现向高质量发展转变，是破解中国经济当前面临增长速度下行和生产效率降低双重困境的关键。

第二节　数字化与企业生产率

数字化投入通过提高生产率、降低成本来实现制造业经济效益提升，进而实现制造业高质量发展。首先，数字化投入提高了制造业生产效率。Brynjolfsson等通过C－D函数对400家大型企业进行调查，研究发现这些大型企业通过加大信息化投资，企业生产率显著提升，而这种正向作用将会持续4～7年；Shao等对于世界财富500强企业进行调查，得出数字化投入与公司生产率正相关的结论。数字化投入通过将制造业生产流程实现智能化，在很大程度上缩短了制造业从研发、生产到销售周期，加速了现代科技向现实生产力转化，提高了制造业生产效率，进一步优化制造业生产流程，带动制造业提升经济效益。其次，数字化投入降低了制造业发展成本。一方面，数字化投入能够加速制造业企业管理扁平化，提高信息分析与搜集准确度，实现制造业产品市场供需精准匹配，降低制造业管理成本和交易成本；另一方面，数字化投入通过构建网络化与智能化服务平台，实现信息低成本渗透，减少了信息流动障碍，提高信息搜寻效率，确保协作结果实时反馈到制造业内部信息系统中各个环节，达到工艺流程透明化、可视化，真正实时协同产业链上下游，从而降低系统成本和创新成本。

一、基于 CDM 模型的数字化模型框架

(一) CDM 模型

自约瑟夫·熊彼特(Joseph Alois Schumpeter)于 1912 年发表的成名作——《经济发展理论》首次提出“创新”概念及其在经济发展中的作用以来，学者们不断从不同视角来研究创新和企业绩效之间关系。Duguet 和 Mairesse(1998)在 Schumpeter 创新理论与 Pakes 和 Griliches(1984)提出的知识生产函数基础上来研究分析法国制造业创新调查数据时，构建了包含创新投入、创新产出与生产率的计量模型(又叫 CDM 模型)。CDM 模型既可以科学分析创新投入与生产率之间关系，也能揭示两者之间相互作用过程。

CDM 模型分析思路是考察企业研发、投资决策与其创新成果逻辑推演：首先，考察企业是否从事 R&D、投资以及从事 R&D、投资的多少；其次，构建知识生产函数，认为企业创新产出主要来自企业创新投入与其他要素投入，如劳动力、资本等；最后，运用 C－D(Cobb－Douglass)生产函数实证分析企业创新产出与企业劳动生产率之间关系。具体见图 14－3。

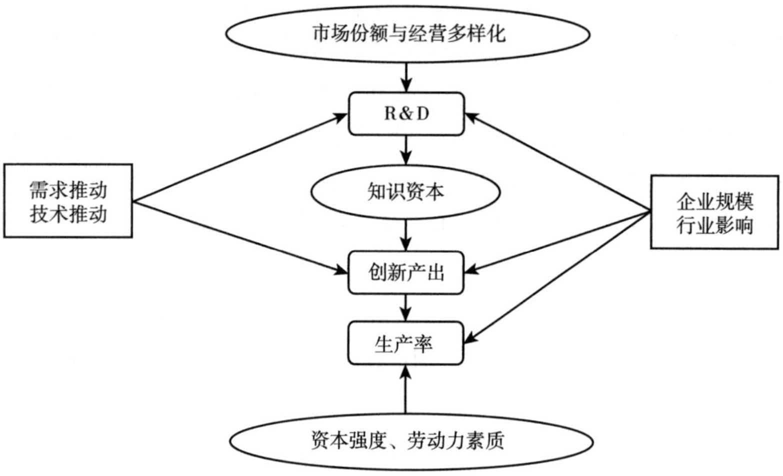

图 14－3　CDM 模型架构

资料来源：高昌林，王小童．CDM 模型及其在测度中国企业创新中的应用研究［J］．科技管理研究，2010(15)：50－54.

CDM 模型提出后，国内外研究机构、政府部门、专家学者从模型构建、指标选取、计量方法拓展等视角对 CDM 模型加以运用。国外运用 CDM 模型主要研究发达国家企业相关情况，如 Galia 等(2004)、Duguet(2006)研究法国制造业。国内专家学者以大中型企业为研究样本，研究 R&D 投入与企业生产率的关系(王小童等，2009；周芳等，2014；王利等，2015)。

西方学者大量研究表明，欧洲在 R&D 投入、信息通信技术(ICT)投资等方面比较低是欧洲创新弱于美国的重要原因之一。而且专家学者分析美国生产率高于欧盟生产率原因时得出结论：美国生产率增长速度快于欧盟，其主要原因在于美国企业 ICT 生产部门就业份额比较大，ICT 投资额比较大(Ark et al.，2003；Hall et al.，2009)。近年来，大量专家学者(Polder et al.，2009；Hall et al.，2013)探讨了 R&D 投入与 ICT 投资是如何影响企业创新和生产率。研究结果表明，R&D 投入对制造业创新影响比较大，ICT 投资对服务业创新有积极影响。

根据已有文献，扩展的 CDM 模型架构如图 14－4 所示。从图 14－4 可以看出，扩展的 CDM 模型架构将 ICT 也纳入了创新投入。R&D 投入和 ICT 投资作为创新投入，创新投入通过知识生产函数过

程转化为创新产出，创新产出影响生产率。

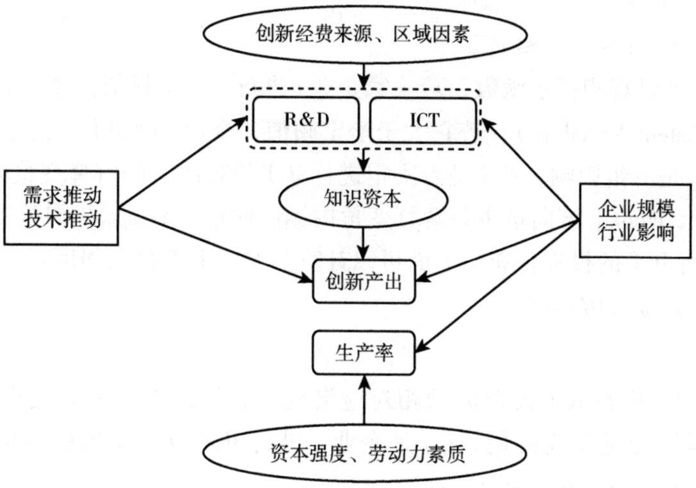

图 14-4　扩展 CDM 模型架构

资料来源：借鉴相关研究构建的扩展 CDM 模型架构。

（二）R&D 和 ICT 投入方程

如标准 CDM 模型那样，首先构建企业进行 R&D 投资模型。现代市场经济下任何企业要根据自身实际决定是否进行 R&D 投资，若进行 R&D 活动，就要考虑投资强度问题。借鉴 Crépon 等（1998）研究成果，并根据以往建模经验选择 Probit 方程，将选择模型定义如下：

$$DR_i = \begin{cases} 1, DR_i^* = w_i\alpha + \varepsilon_i > \bar{c} \\ 0, DR_i^* = w_i\alpha + \varepsilon_i \leqslant \bar{c} \end{cases} \tag{14-13}$$

其中，R 代表企业进行 R&D 投入，DR_i 是一个函数，若一家企业 i 进行了 R&D 投资活动，就取 1；反之，则取 0。DR_i^* 是一个潜变量（Latent Variables），若它大于给定阈值，企业 i 则进行 R&D 投资；反之，企业 i 则不进行 R&D 投资。ε_i 是误差项；w_i 是影响企业 i 是否决定进行 R&D 投资决策解释变量向量，$w_i = (k, size, exp, ft, std, nei, age, edu)$。其中，$k$ 是企业 i 资本密集度（用人均资本对数表示）；$size$ 是企业 i 规模（用从业人员数对数表示）；exp 是企业 i 出口量；ft、std、nei 是企业 i 进行 R&D 投资技术推动因素；ft 是外国技术使用状况，std 是企业 i 标准化情况，nei 是企业 i 进行新设备投资状况；age、edu 分别是企业 i 年龄（存续时间）、劳动力素质状况。

对于那些具备 R&D 投资活动企业，下面可以计算其对应 R&D 投入强度：

$$R_i = \begin{cases} R_i^* = z_i\beta + e_i, DR_i = 1 \\ 0, DR_i = 0 \end{cases} \tag{14-14}$$

其中，R_i^* 是与企业 i 进行 R&D 投资活动相对应潜变量，使用人均 R&D 支出对数作为企业 i 进行 R&D 支出强度，也就是潜变量替代变量；z_i 是企业 i 进行 R&D 投资支出强度一个决定因素向量，$z_i = (size, exp, ft, std, nei, age, edu)$，该向量中各解释变量内涵同向量 w_i，e_i 是误差项。

方程（14-13）、方程（14-14）中误差项均服从均值为零的二元正态分布，协方差矩阵如下：

$$\begin{pmatrix} 1 & \rho\sigma_\varepsilon \\ \rho\sigma_\varepsilon & \sigma_\varepsilon^2 \end{pmatrix} \tag{14-15}$$

与企业 i 进行 R&D 投入决策方程和强度方程类似，下面构建企业 i 进行 ICT 投资决策方程和强度方程。用 I 表示 ICT 投资，构建 Probit 方程如下：

$$DI_i = \begin{cases} 1, DI_I^* = w_{ICTi}\alpha + \varepsilon_{ICTi} > \overline{c_{ICT}} \\ 0, DI_I^* = w_{ICTi}\alpha + \varepsilon_{ICTi} \leqslant \overline{c_{ICT}} \end{cases} \tag{14-16}$$

其中，DI_i 是一个可以观测指示函数，若一家企业 i 进行了 ICT 投资活动，就取 1；反之，则取 0。DI_I^* 是一个潜变量（Latent Variables），若它大于给定阈值，企业 i 则进行 ICT 投资；反之，企业 i 则不进行 ICT 投资。w_{ICTi} 是一组影响企业 i 是否决定进行 ICT 投资决策的解释变量向量，$w_{ICTi}=(k, size, exp, ft, std, nei, age, edu)$，该向量中各解释变量内涵同向量 w_i；ε_{ICTi} 是误差项。

对于那些准备进行 ICT 的投资企业，下面可以计算其对应 ICT 投入强度：

$$I_i = \begin{cases} I_I^* = z_{ICTi}\beta + e_{ICTi}, DI_i = 1 \\ 0, DI_i = 0 \end{cases} \tag{14-17}$$

其中，I_I^* 是与企业 i 进行 ICT 投资活动相对应潜变量，使用人均 ICT 支出对数作为企业 i 进行 ICT 支出强度，也就是潜变量替代变量。z_{ICTi} 是企业 i 进行 ICT 投资支出强度的一个决定因素向量，$z_{ICTi}=(size, exp, ft, std, nei, age, edu)$。

方程（14－16）、方程（14－17）中误差项均服从均值为零的二元正态分布。

（三）创新产出方程

一般而言，企业创新形式可以归纳为两大类：技术创新、非技术创新。本书构建模型选取技术创新形式如下：产品创新（Product Innovation，PI）和工艺创新（Process Innovation，PCI），企业创新产出由两部分组成：产品创新带来销售额与工艺创新带来销售额。产品创新与工艺创新的创新产出方程如方程（14－18）和方程（14－19）所示，且 PI 和 PCI 分别取两种创新产出对数值。

$$PI_i = \delta_1 RDI_i^* + \Phi_1 ICTI_i^* + \prod{}_1 \xi_i + \varepsilon_{1i} \tag{14-18}$$

$$PCI_i = \delta_2 RDI_i^* + \Phi_2 ICTI_i^* + \prod{}_2 \xi_i + \varepsilon_{2i} \tag{14-19}$$

其中，RDI^* 是企业 i 进行 R&D 投资预测值（用人均研发投资对数表示），$ICTI^*$ 是企业 i 进行信息通信技术投资预测值（用人均 ICT 投资对数表示），ξ_i 为解释变量向量，$\xi_i=(size, exp, ft, std, nei, age, edu)$，该向量中各解释变量内涵同前面向量 w_i。

一般来说，研究创新产出通常会选择专利数或科技论文数等指标，而本书选择企业产品创新带来销售额作为企业产品创新产出，选择企业工艺创新带来的销售额作为企业工艺创新产出。而且企业产品创新产出与工艺创新产出不仅受到企业进行研发投资和信息通信技术投资强度影响，而且还受其他发展环境、企业特征等因素影响。

从方程（14－18）和方程（14－19）可以看出，一个企业创新产出是其创新投入、需求拉动与技术推动等方面综合作用结果，也就是说，企业创新产出是多种因素综合作用结果，而不是某个单一因素引发结果。这些因素中，需求因素体现在企业出口方面，当企业商品或劳务出口到国外时，其值为 1；反之，为 0。技术推动因素体现在以下三种情形：企业是否使用外国技术（使用外国技术，取值为 1；反之，取 0）、企业是否具有国际认证质量标准（具有国际认证质量标准，取值为 1；反之，取 0）和是否进行新设备投资（进行新设备投资，取值为 1；反之，取 0），这些因素可以有效体现企业创新能力与创新素质。此外，本书构建的解释变量也考虑了企业年龄与规模。而且在模型中加入了一些控制变量，如企业所在城镇与行业等。

（四）劳动生产率方程

下面构建一个包括全要素生产率（TFP）、劳动、资本和知识投入的 C－D 生产函数：

$$Y_i = AK_i^{\pi_1}L_i^{\pi_2}INNO_i^{\pi_3} \tag{14-20}$$

其中，Y_i 为企业 i 销售额，K_i 为企业 i 资本投入，L_i 为企业 i 劳动人数，$INNO_i$ 为企业 i 创新产出，A 为企业 i 全要素生产率，变换函数（14－20），得到方程（14－21）：

$$Y_i/L_i = (AK_i^{\pi_1}L_i^{\pi_2}INNO_i^{\pi_3}/L_i) \times (L_i^{\pi_1}/L_i^{\pi_1}) \tag{14-21}$$

将方程（14－21）两边取自然数化，得到方程（14－22）：

$$\ln(Y_i/L_i) = \ln A + \pi_1\ln(K_i/L_i) + (\pi_1 + \pi_2 - 1)\ln L_i + \pi_3\ln INNO_i \tag{14-22}$$

最后得到方程（14－23）劳动生产率方程：

$$y_i = a + \pi_1 k_i + \psi Size + INNO_i^* \pi_3 \tag{14-23}$$

其中，y_i 是企业 i 劳动生产率（企业 i 人均销售额自然对数值），k_i 是企业 i 人均资本对数，$Size$ 是企业 i 的企业规模（企业 i 员工人数自然对数），$INNO_i^*$ 是企业 i 创新产出预测值（企业 i 使用产品创新和工艺创新的产出之和）。

二、数据来源与分析

（一）数据来源和变量分析

原始数据来自世界银行（World Bank，WB）企业调查数据库，该数据库样本企业有 3126 家：国有企业 201 家、私营企业 2925 家；样本企业按 WB 企业调查数据行业代码划分的 20 个行业和全球 25 个地区进行分层。

调查问卷中企业研发活动涉及两部分：企业内研发活动和企业外研发活动。前者主要询问搜集该企业内部是否从事 R&D 活动以及研发费用支出情况；后者主要询问搜集该企业是否与其他企业签订了 R&D 活动协议，以及相应研发费用情况。根据该调查问卷，本书将该企业进行了内部研发活动或外部研发活动，就认定该企业进行了研发投入决策，其值为 1，反之则为 0。同时，当该企业进行研发决策变量是 1 时，其研发支出费用是该企业内部研发活动支出与外部研发活动费用支出之和。

调查问卷中企业运用信息通信技术（ICT）涉及的指标：（1）企业使用计算机情况，涉及该企业工作中使用计算机员工比例、企业购买计算机和其他信息处理设备支出；（2）企业运用互联网销售其产品或服务情况，采用该企业互联网销售收入占其全部销售收入占比来表示；（3）企业运用 ICT 情况，主要涉及该企业关键业务活动，如企业生产和经营活动、市场营销等运用 ICT 情况等。根据该调查问卷，本书将该企业进行了计算机和其他信息处理设备投入费用作为 ICT 投资费用，若该企业 ICT 投资费用不为 0 时，就认定该企业进行了 ICT 投资决策，其值为 1，反之则为 0。

调查问卷中涉及的企业创新指标：（1）企业是否引进了新产品或服务以及由此带来企业销售额占企业全部销售收入占比；（2）企业创新带来产量增加额占企业全部生产量比重；（3）企业创新类型；（4）企业产品创新或服务创新实践运用情况。本书界定的产品创新是将产品或服务有新的或有显著提高情形，其值为 1。产品创新是指企业生产出全新或有重大改进产品，服务创新是指新的理念、新的技术转变成新的或改进的服务方式。CDM 模型中，产品创新产出估计值是用产品创新带来年销售额占比乘以企业年销售额来估算。工艺创新体现在企业运用全新或有重大改进生产工艺、工艺设备等提升企业效率。若企业有工艺创新行为时，虚拟值为 1，反之，则为 0。工艺创新产出估计值是用工艺创新带来年销售额占比乘以企业年销售额来估算。

本书构建的 CDM 模型涉及的其他解释变量还有企业出口、技术推动因素、企业特征等。因为每个企业资本密集度、规模、建立年份等各不相同，也就是企业在这些方面存在异质性，所以构建的 CDM 模型中，企业特征选取了以下指标：资本密集度、企业规模、企业年龄、劳动力素质等。本书构建的 CDM 模型涉及变量具体信息见表 14－1。

表 14－1　　构建的变量描述

分类	变量名称	变量描述
创新投入强度	R&D 强度（ln*RD/L*）	人均 R&D 支出（元/人）的对数
	ICT 强度（ln*ICT/L*）	人均 ICT 投资（元/人）的对数
创新形式	产品创新（*PI*）	企业有产品或服务创新时，值为 1，反之，为 0
	工艺创新（*PCI*）	企业有工艺创新时，值为 1，反之，为 0
创新产出	产品创新产出	企业产品或服务创新带来的销售额（元）
	工艺创新产出	企业工艺创新带来的销售额（元）
劳动生产率	人均产出 ln(*Y/L*)	人均产出的自然对数
需求推动因素	企业出口（*exp*）	虚拟变量，企业是否有出口活动
技术推动因素	使用外国技术（*ft*）	虚拟变量，企业是否使用外国企业的技术许可
	质量标准（*std*）	虚拟变量，企业是否具有国际认证的质量标准
	新设备投资（*nei*）	虚拟变量，企业是否在上一年投资了新设备
企业特征	资本密集度（*k*）	资本对劳动的比率（元/人）的对数
	企业规模（*size*）	从业人员的自然对手
	企业年龄（*age*）	企业存在的年限
	劳动力素质（*edu*）	工人受教育年限
	企业类型（*type*）	虚拟变量，私营企业 1、国有企业 2
城市虚拟变量	*City*	企业所在城市的虚拟变量，按调查问卷城市代码赋值
行业虚拟变量	*Industry*	企业所属行业的虚拟变量，按调查问卷行业代码赋值

（二）描述性分析

从表 14－2 可以看出，3126 份样本中，27.82% 企业选择进行 R&D 活动，而有 61.25% 企业选择进行 ICT 投资，很明显，选择 ICT 投资企业要比选择 R&D 活动企业要多，这也验证了前期很多专家学者研究结论。而 ICT 平均投资强度 6785.46 元/人，R&D 平均投资强度为 38912.3 元/人，说明企业在做 R&D 投资决策时要比 ICT 投资决策要慎重。

表 14－2　　R&D、ICT、创新与生产率描述性统计

变量	样本数	均值	中位数	标准差
R&D	3126	0.2782	0	0.4521
ICT	3126	0.6125	1	0.5234
R&D 投资强度（元/人）	803	38912.3	10023	133456.8
ICT 投资强度（元/人）	1869	6785.46	987.36	29563.7
劳动生产率（人均销售额）	3126	897564.7	260046	6785526
产品创新	3126	0.4768	0	0.4976
产品创新产出	3126	38940051	1462023	487002457
工艺创新	3126	0.4853	0	0.4987
工艺创新产出	3126	30124700	0	465003478

此外，从表 14－2 还可以看出，3126 份样本中，引入产品创新企业占了 47.68%，而引入工艺创新企业

占了48.53%，两者发生率大体相当。另外，劳动生产率（人均销售额）达到了人均897564.7元/人，这与国际已有研究结论一致，企业生产率异质性比较大。

表14-3显示，3126份样本中，企业特征描述性统计，指标包括企业出口、外国技术、行业标准和新设备投资。此外，表14-3中还列出了其他企业特征，指标包括资本密集度、企业规模、企业年龄、劳动力素质，描述性统计具体含义见表14-1。

表14-3　企业特征描述性统计

企业特征	样本数	均值	标准差
企业出口	3126	0.2451	0.4583
外国技术	3126	0.1587	0.3867
质量标准	3126	0.6273	0.4782
新设备投资	3126	0.3892	0.4976
资本密集度（元/人）	3126	74658.3	228561.6
企业规模（size）	3126	4.283	1.421
企业年龄	3126	13	11
劳动力素质	3126	11.025	1.476

（三）相关性检验

进行CDM模型实证分析前，需要对模型主要变量进行相关性检验，本书运用Stata 15.0对企业R&D投入强度、ICT投入强度、产品创新产出、工艺创新产出、劳动生产率变量进行相关性检验，检验结果见表14-4。从表14-4可以看出，企业R&D活动、ICT投资、产品创新产出、工艺创新产出、劳动生产率之间存在相关性，也就是说，R&D活动和ICT投资将直接影响企业创新产出，间接影响生产率。

表14-4　主要变量相关性检验结果

变量	R&D投资强度	ICT投资强度	产品创新产出	工艺创新产出	劳动生产率
R&D投资强度	1.0000				
ICT投资强度	0.06678*** （0.0036）	1.0000			
产品创新产出	0.1458*** （0.0000）	0.1303*** （0.0000）	1.0000		
工艺创新产出	0.1346*** （0.0000）	0.1324*** （0.0000）	0.9463*** （0.0000）	1.0000	
劳动生产率	0.0127* （0.5387）	0.0276* （0.3678）	-0.0558** （0.0257）	-0.0569** （0.0324）	1.0000

注：括号内是对应变量估计系数的t值，***、**、*分别表示在1%、5%、10%的显著性水平下显著。

（四）多重共线性检验

在构建模型进行回归估计前，要检验自变量之间是否存在多重共线性，若存在多重共线性，就影响实证分析结果准确性。本书运用Stata 15.0计算各方程VIF（方差膨胀因子），VIF值越大，多重共线性问题就越严重。一般来说，VIF∈[1，10]，认为自变量之间不存在多重共线性。从表14－5可知，本书构建的CDM模型各解释变量之间不存在多重共线性。

表14－5　　主要变量多重共线性检验结果

项目	VIF值			
	投入决策方程	投入强度方程	创新产出方程	劳动生产率方程
资本密集度	1.24			1.27
企业规模	1.58	1.54	1.56	1.39
企业出口	1.38	1.37	1.36	
外国技术	1.45	1.38	1.46	
质量标准	1.51	1.50	1.51	
新设备投资	2.02	2.01	2.27	
企业年龄	1.23	1.23	1.23	
劳动力素质	1.37	1.37	1.38	

下面就用三阶段CDM模型分析企业R&D和ICT投入与企业生产率之间的关系，即实证分析创新投入方程、创新产出方程、劳动生产率方程来分析企业R&D与ICT投资如何影响企业生产率。

三、R&D和ICT的创新投入方程与创新产出方程

（一）创新投入方程

基于前面构建的CDM模型，运用Stata 15.0软件回归分析企业R&D决策和ICT投入决策行为与企业相关特征，企业R&D和ICT投资决策方程分析结果见表14－6。

表14－6　　企业R&D和ICT投资决策方程分析结果

	(1)	(2)
	R&D投入决策	ICT投入决策
人均资本投入 （资本密集度）	0.1342*** (2.7362)	0.0149 (0.1873)
外国技术	0.4137*** (4.5324)	1.0167*** (4.5366)
质量标准	0.2876*** (3.4684)	0.3567** (2.3463)
新设备投资	0.8237*** (10.2361)	0.4681*** (3.5272)
企业规模	0.1879*** (3.2473)	0.0586 (0.6372)
企业出口	0.4356*** (5.4671)	0.2783* (1.7681)
企业年龄	−0.0135* (−1.8701)	−0.0087 (−0.9721)
劳动力素质	0.1876*** (2.986)	0.0347 (0.5782)

续表

	(1)	(2)
	R&D 投入决策	ICT 投入决策
常数项	-3.1703*** (-5.3462)	-1.9126* (-1.9375)
City	YES	YES
Industry	YES	YES
样本数量	2848	2848
R^2	0.3476	0.7523

注：括号内是对应变量估计系数的 t 值，***、**、* 分别表示在 1%、5%、10% 的显著性水平下显著，以下各表同。

从表 14-6 中列（1）可以看出，除了企业年龄外，其他解释变量对 R&D 投入决策影响是正向的。而技术推动因素（企业是否运用国外先进技术、企业是否具有国际认证质量标准、企业是否在上一年度投资了新设备等）是影响企业 R&D 投资决策最显著。企业特征方面，企业出口方面：分析结果可以看出出口影响企业 R&D 投入决策是正向的，这也表明出口企业更愿意进行研发投资，而企业出口可进一步提升企业竞争力并发挥学习效应来促进企业研发与 ICT 投资；企业规模越大，劳动力素质越高，企业越有实力及意愿进行研发投资；而企业年龄影响 R&D 投入决策是负向的，表明企业越年轻越有可能进行研发投资。

从表 14-6 中列（2）可以看出，ICT 投入决策分析结果与 R&D 投入决策分析结果类似。

下面运用人均研发投资对数值作为研发投资强度指标，对企业研发投资强度方程进行回归分析，同样，人均通信信息技术投资对数值作为通信信息技术投资强度指标，对企业通信信息技术投资强度方程进行回归分析，回归结果见表 14-7。从表 14-7 可以看出，企业规模与其研发和信息通信技术投资强度成反比，相比较来说，企业规模越大对其研发投资强度负效益越明显。企业出口与其较高研发投资强度呈正相关，而与信息通信技术投资强度呈负相关。企业采用外国技术有助于提高其信息通信技术投资强度，而对其研发投资强度影响不显著；企业拥有国际认证质量标准和企业在上一年投资了新设备都有助于提升企业 ICT 和 R&D 投资强度。另外，企业年龄和劳动力素质与其研发投资强度和信息通信技术投资强度之间正相关关系并不显著。

表 14-7　　企业 R&D 和 ICT 投资强度方程分析结果

	(1)	(2)
	R&D 投入强度	ICT 投入强度
外国技术	0.0942 (0.7235)	0.3676*** (3.3457)
质量标准	0.4386*** (2.8763)	0.2786** (2.8235)
新设备投资	0.4935*** (3.4671)	0.2034* (1.9203)
企业规模	-0.5273*** (-9.6781)	-0.4973*** (-12.0237)
企业出口	0.3578*** (3.3467)	-0.1934** (-2.2461)
企业年龄	0.0005 (0.0521)	0.007 (0.0571)

续表

	(1)	(2)
	R&D 投入强度	ICT 投入强度
劳动力素质	0.0437 (1.4786)	0.0312 (0.8973)
常数项	12.7853*** (18.6712)	9.4678*** (13.8765)
City	YES	YES
Industry	YES	YES
样本数量	764	1627
R^2	0.3257	0.2938

从表 14-6 与表 14-7 可以看出，需求推动（如企业出口）和技术推动因素（企业是否运用国外先进技术、企业是否具有国际认证的质量标准、企业是否在上一年度投资了新设备等）不但能促进企业加大创新投资力度，而且能促使企业提升其研发和信息通信技术投资强度，也充分证明了需求推动和技术推动因素有助于企业增加 R&D 和 ICT 投资。

（二）创新产出方程

根据国家统计局公布的数据，2020 年我国 GDP 总值实现了 1015986 亿元，总量突破 100 万亿元，实际增长 2.3%。其中，制造业创造的 GDP 为 265944 亿元，占全国经济总量比重为 26.18%，是我国经济第一大产业，也是助推我国经济发展的命脉产业。近年来，为了顺应国内与国际发展实际，政府相继出台了一系列发展智能制造与制造业转型升级政策与战略，加大创新支持力度，积极创新制造工艺，助推产品服务化转型，切实提升中国制造在全球价值链竞争力与经济实力。根据国家统计局公布的数据，2020 年我国主要行业中“信息传输、软件和信息技术服务业”增速最高——同比实际增长 16.9%，完成行业 GDP 约为 37951 亿元，占全国经济总量比重为 3.74%。WB 企业创新调查问卷将创新类型分为三类：产品创新、工艺创新与组织创新，而我国企业相关数据将创新类型主要分为两类：产品创新、工艺创新。

1. 产品创新产出方程。

产品创新（Product Innovation）一般是指经济主体创造某种新产品或对某一新或老产品功能进行创新，创新作为企业生存发展非常重要动力源。根据前面构建的 CDM 模型创新产出方程（14-18）和方程（14-19），运用 Stata 15.0 软件对创新产出进行估计，估计结果见表 14-8。表 14-8 中列（1）是前面构建的 CDM 模型创新产出方程（14-18）的估计结果，从中可以看出企业规模与其产品创新产出呈正相关，即随着企业规模扩大其产品创新产出也逐渐增加。企业出口与其产品创新产出关联性不大。此外，企业年龄与其产品创新产出呈同向变动，企业存续时间越长越有可能进行产品创新，拓展其市场，提升其竞争力；而企业劳动力素质与其产品创新关联性不大。

表 14-8　　企业创新产出分析结果

	(1)	(2)
	产品创新产出	工艺创新产出
R&D 投入强度	0.1765*** (10.7832)	0.1873*** (11.6432)

续表

	(1)	(2)
	产品创新产出	工艺创新产出
ICT 投入强度	0.0972 *** (5.6781)	0.0813 *** (4.6753)
外国技术	0.2531 * (4.5324)	0.3571 ** (2.3245)
质量标准	0.4136 *** (3.5768)	0.2834 ** (2.4563)
新设备投资	1.2165 *** (11.2047)	1.2347 *** (11.7832)
企业规模	0.0821 * (1.8421)	0.2036 *** (3.7128)
企业出口	-0.0237 (-0.1821)	-0.0812 (-0.6702)
企业年龄	0.1736 ** (1.9402)	0.1347 (1.5124)
劳动力素质	0.0376 (1.0823)	-0.0472 (-1.4736)
常数项	-4.1783 *** (-7.3215)	-3.3256 *** (-5.9236)
City	YES	YES
Industry	YES	YES
样本数量	2848	2848
R^2	0.6532	0.6781

在企业技术推动因素中，企业是否运用国外先进技术、企业是否具有国际认证质量标准、企业是否在上一年度投资了新设备等与其产品创新产出呈正相关。其中，企业是否在上一年度投资了新设备对其产品创新产出影响最大。根据主流经济学观点，投资是国内生产总值非常重要的组成部分，而且其对 GDP 乘数效应很大，是拉动国民经济增长的重要支撑，而企业进行新设备投资是国民经济投资中重要组成部分，也是拉动经济发展重要推动力。所以企业使用国外先进技术和拥有具有国际认证质量标准将促进企业进行产品创新。

更为重要的是，企业研发投资强度与信息通信技术投资强度与其产品创新产出呈正相关关系，企业进行研发投资有助于其成功开发、生产创新产品。

2. 工艺创新产出方程。

表 14－8 中列（2）是前面构建的 CDM 模型工艺产出方程（14－19）的估计结果，从中可以看出，企业技术推动因素中，企业是否运用国外先进技术、企业是否具有国际认证质量标准、企业是否在上一年度投资了新设备等与其工艺创新产出呈正相关。而且企业是否在上一年度投资了新设备影响工艺创新产出的效应比较明显，其系数大于估计其他影响因素系数，这也与企业产品创新产出估计结果一致。而企业是否运用国外先进技术对工艺创新产出的贡献大于产品创新产出；企业是否具有国际认证的质量标准对工艺创新产出的贡献小于产品创新产出。拥有国际认证质量标准对制造业企业非常

重要，它有助于企业进行产品创新，按照国际标准来生产满足市场需要的产品或服务；而企业运用国外先进技术有助于提升其工艺水平。这也说明我国引进国外先进技术更多地服务于提升我国工艺创新水平。

企业规模与其工艺创新产出呈正相关，表明企业规模越大越有可能进行工艺创新。而企业年龄、劳动力素质与其工艺创新关联性不强，企业出口引入工艺创新的动机不强。

重要的是，企业研发投资强度、信息通信技术投资强度与其工艺创新产出呈正相关关系，对企业工艺创新效应非常明显，企业信息通信技术投资强度比研发投资强度影响工艺创新的效应要小。

四、劳动生产率方程

（一）实证分析企业创新对其生产率影响

以下利用前面构建的劳动生产率方程（14－23）来实证分析企业创新活动对其生产率的影响。为了有效避免内生性问题，运用 CDM 模型第二阶段估计获得的创新产出预测值，采用 Stata 15.0 软件对企业劳动生产率进行估计，估计结果见表 14－9。表 14－9 中列（1）是企业劳动生产率估计结果，从中可以看出，企业产品创新和工艺创新与其劳动生产率呈正相关关系，且在 1% 水平下显著。企业人均资本投入（资本密集度）与其劳动生产率也呈正相关关系，这说明企业资本深化能有效提高其劳动生产率。而对规模比较大的企业来说，其劳动生产率却不是很高。为了分析企业采用信息通信技术对其劳动生产率影响，下面引入 ICT 投资预测值作为解释变量，以检验信息通信技术是否直接影响生产率，分析结果见表 14－9 列（2）。从表 14－9 中列（2）可以看出，企业产品创新和工艺创新仍与其劳动生产率呈正相关关系，而企业信息通信技术投资影响其生产率并不明显。这说明企业信息通信技术影响其生产率是间接的（ICT 投资通过创新间接影响生产率），而不是直接的。

因此，企业进行研发投资和信息通信技术投资影响其劳动生产率是间接的，而不是直接的。

表 14－9　企业劳动生产率方程回归结果

	（1）	（2）
	$\ln Y/L$	$\ln Y/L$
人均资本投入（资本密集度）	0.6357*** （14.3872）	0.6213*** （14.1247）
企业规模	－0.0465* （－1.9723）	－0.0487* （－1.9865）
产品创新产出	0.0178*** （4.4782）	0.0173*** （4.4612）
工艺创新产出	0.0153*** （2.7365）	0.0151*** （2.6478）
ICT 投入		0.0035 （0.4873）
常数项	6.2568*** （12.4527）	6.3612*** （12.4218）
City	YES	YES
Industry	YES	YES
样本数量	2848	2848
R^2	0.3557	0.3556

（二）企业创新影响其生产率异质性分析

为了使实证分析企业创新对其生产率影响更有说服力，下面从企业性质与企业规模两个视角对数据进行分类，检验企业创新影响其生产率异质性。

1. 不同企业性质异质性分析。

根据 WB 提供企业调查数据，按其企业性质可以分为私营企业与国有企业。下面利用前面构建的劳动生产率方程（14－23）按照所属企业性质来检验实证分析企业创新活动对其生产率异质性，估计结果见表 14－10。

表 14－10　　按企业性质划分企业劳动生产率分析结果

	(1)	(2)
	私营企业	国有企业
人均资本投入 （资本密集度）	0.6187 *** (13.8972)	0.7856 *** (3.4576)
企业规模	－0.0312 (－1.5623)	－0.1387 (－1.4565)
产品创新产出	0.0178 *** (4.4792)	0.0296 (1.3487)
工艺创新产出	0.0149 *** (3.2576)	－0.0196 (－0.7932)
常数项	5.8137 *** (11.8936)	4.8732 *** (2.3781)
City	YES	YES
Industry	YES	YES
样本数量	2700	148
R^2	0.3608	0.3782

从表 14－10 可以看出，私营企业与国有企业人均资本投入与其劳动生产率都呈正相关关系，而且对国有企业效应大于私营企业。企业规模对私营企业与国有企业生产率均不显著；私营企业产品创新、工艺创新与其劳动生产率呈正相关关系，工艺创新产出系数小于产品创新产出系数，而国有企业估计结果可以看出国有企业产品创新、工艺创新与其劳动生产率关联性不强。

2. 不同企业规模异质性分析。

根据 WB 提供的企业调查数据，将样本企业人员数量分为 3 类：5～19 人为小型企业、20～99 人为中型企业、大于 99 人的企业为大型企业。本书将第一类与第二类合并为中小企业，第三类划为大规模企业。下面利用前面构建的劳动生产率方程（14－23）按照所属规模来检验实证分析企业创新活动对其生产率异质性，估计结果见表 14－11。

表 14－11　　按规模划分的企业劳动生产率分析结果

	(1)	(2)
	中小企业	大规模企业
人均资本投入 （资本密集度）	0.6235 *** (11.0235)	0.6387 *** (10.8756)
企业规模	－0.0712 *** (－2.8135)	－0.0187 (－0.4328)

续表

	(1)	(2)
	中小企业	大规模企业
产品创新产出	0.0134*** (3.0127)	0.0279*** (3.5621)
工艺创新产出	0.0087 (1.4235)	0.0273** (2.1476)
常数项	6.4136*** (10.0125)	6.1205*** (8.5367)
City	YES	YES
Industry	YES	YES
样本数量	2030	818
R^2	0.3653	0.3746

从表 14－11 可以看出，中小企业与大规模企业人均资本投入与其劳动生产率都呈正相关关系，这表明从企业规模来看资本密集度对企业劳动生产率影响是很好的。中小企业规模与其劳动生产率都呈负相关关系，表明中小企业规模越大，其生产率就越低，这与中小企业规模和其劳动生产率呈倒“U”形相关研究结论一致；而大规模企业与其劳动生产率之间关联性不强。产品创新产出对中小企业与大规模企业生产率影响都是正向的、积极的，对大规模企业生产率提升效应大于中小企业。工艺创新产出对提升劳动生产率积极效应只有大规模企业比较突出，对中小企业不明显。

第三节　数字资本、电子商务与企业生产率微观分析

数字经济发展如何影响企业生产率是值得深入研究的命题，相关专家学者从不同视角运用不同研究方法，取得了一定研究成果，本书构建以 C－D 生产函数为基础模型并引入知识资本变量的模型来分析数字资本、电子商务与企业生产率之间的关系。

一、模型构建

（一）构建基本模型

为了进一步测度数字资本，尤其是信息通信技术（ICT）、电子商务、R&D 影响企业生产率的程度，下面构建以 C－D 生产函数为基础模型并引入知识资本变量的模型，具体如下：

$$Y_{it} = AL_{it}^{\alpha}P_{it}^{\beta}K_{it}^{\theta}e^{\varepsilon_{it}} \tag{14-24}$$

其中，Y_{it}表示企业增加值，本书运用企业主营业务收入乘以对应行业增加值率计算得到。L_{it}、P_{it}、K_{it}分别是企业劳动投入、物质资本投入和知识资本。知识资本主要涉及企业电子商务交易与研发投入。i 代表企业，t 代表时间（年份），A 为常数，α、β、θ 分别是劳动、物质资本、知识资本产出弹性，ε_{it}是随机误差项。

下面，假设企业电子商务与企业研发投资活动相互独立，式（14－24）可变为：

$$Y_{it} = AL_{it}^{\alpha}P_{it}^{\beta}EC_{it}^{\phi}ICT_{it}^{\gamma}R_{it}^{\psi}e^{\varepsilon_{it}} \tag{14-25}$$

其中，EC_{it}、R_{it}分别是企业电子商务和技术 R&D 资本：EC_{it} 又可分为企业电子商务交易规模

($EC0$)、企业电子商务销售规模($EC1$)和企业电子商务采购规模($EC2$)三种；R_{it}用企业技术 R&D 资本、R&D 试验费、设计制图费三者相加获得。

对式(14－25)两边取自然对数可以得到式(14－26)线性形式，即各自变量与企业生产率计量模型：

$$\ln Y_{it} = \ln A + \alpha \ln L_{it} + \beta \ln P_{it} + \varphi \ln EC_{it} + \gamma \ln ICT_{it} + \psi \ln R_{it} + \varepsilon_{it} \tag{14-26}$$

其中，α、β 分别是劳动、物质资本产出弹性，尤其是 φ、γ 和 ψ 分别是企业电子商务、数字资本和研发投资对企业增加值的产出弹性，后面各参数是本书重点关注参数。

已有研究表明，企业运用互联网可有效提高其产品创新、产品销售以及服务水平提升进程。实际经济运行中企业积极拥抱互联网技术及实施电子商务，这也表明企业投资电子商务与研发活动比较积极，这也与当前全球经济结构转型升级与各级政府推出相关产业政策相关。这些相关研究成果表明企业实施电子商务和进行研发投资决策是相互影响的。因此，后面具体分析时放松之前假设企业电子商务和研发投资相互独立假定，也就是说，企业电子商务与其 R&D 投资可以被替代或者补充。

另外，企业实施电子商务、进行研发投资可能会带来正外部性，溢出的外生效应将影响企业决策。后面本书根据以往研究经验假设企业知识资本来源于以下两个方面：企业内部投入与外部溢出。一般而言，溢出效应有两种模式：产业内溢出效应（同行业其他公司研发活动带来的）和行业间溢出效应（不同行业积累带来的）。为了研究知识资本行业内溢出效应与行业间溢出效应如何影响企业生产率，将模型(14－26)拓展为模型(14－27)：

$$\begin{aligned}\ln Y_{it} = {} & \ln A + \alpha \ln L_{it} + \beta \ln P_{it} + \varphi \ln EC_{it} + \gamma \ln ICT_{it} + \psi \ln R_{it} + \chi \ln Estra_{it} \\ & + \kappa \ln Ester_{it} + \rho \ln Rstra_{it} + \varpi \ln Rster_{it} + \varepsilon_{it}\end{aligned} \tag{14-27}$$

其中，$Estra_{it}$、$Ester_{it}$分别是企业电子商务行业内外部性和行业间外部性；$Rstra_{it}$、$Rster_{it}$分别是企业研发投入行业内和行业间溢出效应。

后面再将企业电子商务和研发投资之间可能存在相互作用加入模型，构建出模型(14－28)：

$$\begin{aligned}\ln Y_{it} = {} & \ln A + \alpha \ln L_{it} + \beta \ln P_{it} + \varphi \ln EC_{it} + \gamma \ln ICT_{it} + \psi \ln R_{it} + \chi \ln Estra_{it} \\ & + \kappa \ln Ester_{it} + \rho \ln Rstra_{it} + \varpi \ln Rster_{it} + \lambda \ln EC_{it} \times \ln R_{it} + \varepsilon_{it}\end{aligned} \tag{14-28}$$

（二）变量计算

1. 研发资本溢出。

一般而言，企业研发的行业内溢出是指该企业所在行业中其他企业对该企业溢出；行业间溢出是指其他行业对该企业所在行业溢出。已有研究主要从地理距离（Geographical Distance，Katz and Shapiro，1985）和经济距离（Economic Distance，Jaffe，1986）两个方面来计算溢出权重，而本书借鉴 Bernstein（1988）方法来计算行业内和行业间研发溢出资本。

$$Rstra_{it} = \sum_{j=1}^{N} w_{it} R_{jt}, j \neq i \tag{14-29}$$

$$Rstrer_{it} = \sum_{k=1}^{M} k_{it} R_{kt}, k \neq i \tag{14-30}$$

其中，w_{it}是该企业行业内溢出权重，即 i 企业研究资本占本类行业研发资本之比；R_{jt}是 i 企业所在行业中其他企业研发资本存量。溢出权重 k_{it}是 i 企业所在行业研发资本占所有行业研发资本之比；R_{kt}是所有类型行业中其他行业研发资本存量。

变量说明与计算方法如表 14－12 所示。

表 14－12　变量说明与计算方法

变量名称	变量代码	变量计算
企业增加值	Y	企业主营业务收入乘以该行业增加值率
劳动力	L	企业从业人员平均人数
物质资本	P	企业物质资本当年折旧
R&D 资本	R	设计制图费、研发试验检验和技术（R&D）费用相加的当年存量
R&D 产业内溢出	$Rstra$	根据方程（14－29）计算
R&D 产业间溢出	$Rster$	根据方程（14－30）计算
电子商务交易规模	$EC0$	企业全年电子商务销售和采购金额存量
电子商务交易规模产业内溢出	$Estra0$	根据方程（14－31）计算
电子商务交易规模产业间溢出	$Ester0$	根据方程（14－32）计算
电子商务销售规模	$EC1$	企业全年电子商务销售金额存量
电子商务销售规模产业内溢出	$Estra1$	根据方程（14－31）计算
电子商务销售规模产业间溢出	$Ester1$	根据方程（14－32）计算
电子商务采购规模	$EC2$	企业全年电子商务采购金额存量
电子商务采购规模产业内溢出	$Estra2$	根据方程（14－31）计算
电子商务采购规模产业间溢出	$Ester2$	根据方程（14－32）计算
数字资本投入	$ICT1$	企业计算机台数
数字资本投入	$ICT2$	企业全年数字资本投入金额

2. 电子商务外部性。

根据已有研究成果，很多研究认为电子商务可能会带来正外部性：电子商务用户增加可引发直接溢出效应，而电子商务应用技术发展可带来间接溢出效应。由此电子商务外部效应——直接溢出效应和间接溢出效应与研发溢出和数字资本溢出的溢出权重计算方式有差异。根据以往研究经验，本书提出电子商务溢出资本两种类型：电子商务行业内溢出和电子商务行业间溢出，界定电子商务行业内溢出资本是该企业所在行业中其他企业对该企业溢出，电子商务行业间溢出资本是其他类型行业对该企业所在行业溢出。

$$Estra_{it} = \sum_{j=1}^{N} n_{it}E_{jt}, n_{it} = de_{it} + ie_{it}, j \neq i \tag{14-31}$$

$$Ester_{it} = \sum_{k=1}^{M} n_{lt}E_{kt}, n_{lt} = de_{lt} + ie_{lt}, k \neq l \tag{14-32}$$

从式（14－31）中可以看出电子商务溢出权重 n_{it} 由两部分构成。直接影响权重 de_{it} 和间接影响权重 ie_{it}。de_{it} 是行业中参与电子商务企业总数与 i 企业所在行业企业总数之比；ie_{it} 是 i 企业电子商务投入资本与 i 企业所在行业总电子商务投入资本之比。E_{jt} 为 i 企业所在行业中其他企业电子商务资本。

从式（14－32）中可以看出 n_{lt} 是行业间电子商务溢出权重。直接影响权重 de_{lt} 是行业中参与电子商务企业总数与 i 企业所在行业所有企业总数之比；间接影响权重 ie_{lt} 是 i 企业所在类型行业电子商务投入资本与 i 所在行业的所有电子商务投入资本之比。

（三）变量描述性统计

本部分运用 Stata 15.0 软件对表 14－12 各个变量进行描述性统计，结构见表 14－13。从连续 4 年（2017～2020 年）研发和电子商务相关指标均值来看，4 年间企业研发投入均值为 589.36 元，电子商务交易总规模均值为 123764.45 元，而电子商务销售规模和采购规模其均值分别为 76345.32 元和 47419.13 元。

由于数字资本只有 2018 年的数据，很明显，其均值要小于研发和电子商务相关指标均值，其他具体指标见表 14－13。

表 14－13　　　　变量描述性统计

变量	样本数	均值	最小值	最大值	标准差
Y	8068	16457821	1347823.21	987451200	23780024
L	8068	12573.61	1.00	612378.36	30278.35
P	8068	5014.87	1.00	487621.52	14783.26
R	8068	589.36	1.00	7376.21	348.21
Rstra	8068	4982.36	0.00	251376.32	8976.32
Rster	8068	623765.21	1.00	2478686.37	567213.28
*EC*0	8068	123764.45	2.00	40783426	678352.87
*Estra*0	8068	87653.27	0.00	12786476.23	320256.37
*Ester*0	8068	36872657	87213.26	87026437.21	25763214.02
*EC*1	8068	76345.32	1.00	36027823.24	567134.26
*Estra*1	8068	5672136.35	0.00	36781265.37	6456712.46
*Ester*1	8068	28456712.57	57843.26	56023476.38	20153678.32
*EC*2	8068	47419.13	1.00	5678214.57	187623.36
*Estra*2	8068	4567324.58	0.00	9236735.28	2764316.25
*Ester*2	8068	8762457.21	27865.31	26743216.26	5127863.27
*ICT*1	2017	842.21	2.00	5127.26	1254.21
*ICT*2	2017	3675.62	1.00	367581.27	11567.34

二、数字资本、R&D 影响企业生产率分析

由于搜集的数据只有 2018 年数字资本数据，因此用 2018 年截面数据来研究电子商务、R&D、数字资本与企业生产率之间关系。由于基础数据来自不同企业，运用 OLS 估计时，可能产生异方差，因此本书选择 WLS（加权最小二乘法）法进行估计以便消除异方差。

（一）电子商务、研发投入、数字资本与企业生产率

根据前面构建的模型与变量说明，方程（14－26）中，建设数字资本和电子商务相互独立。后面用 2018 年截面数据来研究电子商务、R&D、数字资本与企业生产率之间关系，将采用 ICT1、ICT2 指标的方程（14－26）称为模型Ⅰ与模型Ⅱ。

从表 14－14 回归结果可以看出，在 1% 的统计水平下企业的资本投入、劳动投入、研发投入、电子商务、数字资本影响企业生产率均是正向的。这也进一步验证了已有学者的研究结论：企业 R&D、电子商务和数字资本投资确实有助于提升企业生产率。

表 14－14　　企业电子商务、研发投入、数字资本与企业生产率回归结果

解释变量	Ⅰ	Ⅱ
$\ln K$	0.0621*** (7.9125)	0.0618*** (7.8126)
$\ln L$	0.6237*** (12.6721)	0.7786*** (16.2135)
$\ln R$	0.0237*** (4.8721)	0.0347*** (5.7824)
$\ln EC0$	0.0126** (2.3467)	0.0147*** (2.7421)
$\ln ICT1$	0.3673*** (11.9821)	
$\ln ICT2$		0.1246*** (11.6423)
常数项	10.8732*** (40.1257)	10.7623*** (40.0237)
R^2	0.3128	0.2984
Prob > F	0.0000	0.0000
Root MSE	0.7126	0.7362
obs	2017	2017

（二）企业数字资本影响其电子商务和 R&D 作用强度分析

数字资本投入经历了从早期硬件投资到最近信息通信技术系统投资转变，这一转变促进了企业组织结构转变及电子商务迅速发展，这既有利于知识共享和分配从而直接激发企业进行创新，又能补充企业 R&D 投资。下面，在方程（14－26）基础上，加入一个新影响变量：数字资本，分析其是否正向促进了 R&D 和电子商务对企业生产率的作用。

$$\ln Y_{it} = \ln A + \alpha \ln L_{it} + \beta \ln P_{it} + \varphi \ln EC_{it} + \psi \ln R_{it} + \varepsilon_{it} \tag{14-33}$$

$$\ln Y_{it} = \ln A + \alpha \ln L_{it} + \beta \ln P_{it} + \varphi \ln EC_{it} + \gamma \ln ICT_{it} \times R_{it} + \varepsilon_{it} \tag{14-34}$$

$$\ln Y_{it} = \ln A + \alpha \ln L_{it} + \beta \ln P_{it} + \varphi \ln ICT_{it} \times EC_{it} + \psi \ln R_{it} + \varepsilon_{it} \tag{14-35}$$

方程（14－33）中研发和电子商务是影响生产率独立变量。引入数字资本后，得到方程（14－34）和方程（14－35）。方程（14－34）中 $ICT_{it} \times R_{it}$ 可以看作 R&D 投资，数字资本变量为 $ICT1$ 和 $ICT2$ 时的方程（14－34）分别称为模型Ⅲ和模型Ⅳ；方程（14－35）中 $ICT_{it} \times EC_{it}$ 可以看作电子商务投入，数字资本变量为 $ICT1$ 和 $ICT2$ 时的方程（14－35）分别称为模型Ⅴ和模型Ⅵ。

从表 14－15 中可以看出，用 $ICT_{it} \times R_{it}$ 替换研发变量，得到模型Ⅲ、模型Ⅳ，从回归结果可以看出，在 1% 水平下企业投入影响其生产率是正向的且比较显著的，而且引入数字资本有利于提升电子商务和 R&D 提高企业生产率效应。

表 14－15　　企业数字资本影响研发投入、电子商务的生产率回归结果

解释变量	Ⅲ	Ⅳ	解释变量	Ⅴ	Ⅵ
$\ln K$	0.0763*** (8.6724)	0.0741*** (7.9832)	$\ln K$	0.0781*** (8.9831)	0.0836*** (9.8612)
$\ln L$	0.7318*** (17.2316)	0.7125*** (17.0127)	$\ln L$	0.7921*** (17.8613)	0.8024*** (18.0124)
$\ln ICT1\times R$	0.0487*** (11.2375)		$\ln ICT1\times EC0$	0.0127*** (3.0214)	
$\ln ICT2\times R$		0.0513*** (13.2457)	$\ln ICT2\times EC0$		0.0273*** (6.3127)
$\ln EC0$	0.0125*** (2.5613)	0.0126** (2.4671)	$\ln R$	0.0412*** (8.6712)	0.0423*** (7.8216)
常数项	10.7613*** (39.1201)	10.8703*** (39.4312)	常数项	10.3418*** (38.1403)	9.8742*** (36.7621)
R^2	0.2137	0.2463	R^2	0.1976	0.2783
Prob > F	0.0000	0.0000	Prob > F	0.0000	0.0000
Root MSE	0.7316	0.7218	Root MSE	0.7659	0.7821
obs	2017	2017	obs	2017	2017

同样，用 $ICT_{it}\times EC_{it}$ 替换研发变量，得到模型Ⅴ、模型Ⅵ，从回归结果可以看出，在 1% 的水平下企业投入影响其生产率是正向的且比较显著，而且引入数字资本有利于提升电子商务和 R&D 提高企业生产率效应。

（三）电子商务、研发投入影响企业生产率异质性

1. 基于注册类型的电子商务、R&D 影响企业生产率差异。

国内按照企业注册类型把企业分为以下三类：内资企业、港澳台商投资企业与外商投资企业。本书将港澳台商投资和外商投资企业划为非内资企业，下面按照内资企业与非内资企业来分析电子商务、R&D 影响企业生产率差异，通过 Hausman Test，最终选择固定效应模型，回归结果见表 14－16。

从表 14－16 可以看出，就电子商务而言，内资企业各个变量回归结果比较显著，而非内资企业劳动投入影响企业生产率效果不显著。非内资企业资本投入影响企业生产率系数大于内资企业。电子商务有助于提升企业生产率，从回归结果可以看出，电子商务与企业生产率是正向的，而非内资企业电子商务正向效应大于内资企业。这也表明企业投资电子商务有助于为提升企业生产率营造良好环境。

表 14－16　　企业研发投入、电子商务影响其生产率差异

解释变量	总样本	内资企业	非内资企业
$\ln K$	0.0067*** (3.4723)	0.0036** (2.3417)	0.0083** (2.6723)
$\ln L$	0.2107*** (2.7834)	0.2109** (2.6127)	0.1372 (1.5721)
$\ln R$	0.0078*** (5.6321)	0.0075*** (4.3765)	0.0087*** (3.4672)

续表

解释变量	总样本	内资企业	非内资企业
ln*ECO*	0.0237*** (4.6521)	0.0163*** (2.7801)	0.0256*** (3.8703)
常数项	14.8723*** (47.8203)	14.8704*** (40.0127)	14.6427*** (25.8702)
R^2	0.0862	0.0873	0.0416
Prob > F	0.0000	0.0000	0.0000
Hausman Test	468.02	386.07	204.67
Prob > chi2	0	0	0
obs	8068	5032	3036

从 R&D 投入来说，内资企业 R&D 投入增加 1%，企业生产率就提高 0.75%；而非内资企业 R&D 投入增加 1%，企业生产率就提高 0.87%。有研究估计发达国家 R&D 投入弹性范围是 0.008 ~ 0.210 (Hall et al.，1995)。与发达国家相比，我国工业企业 R&D 投入提升企业生产率份额还有很大提升空间，企业应根据各自发展实际，加大研发投入，进一步提高企业生产率。

2. 基于行业电子商务、R&D 影响企业生产率差异。

本书依据国民经济行业分类标准将制造业分为轻工业和重工业两大类，分别对总体数据、内资企业和非内资企业数据来分析其研发投入、电子商务影响其生产率差异，通过 Hausman Test，最终选择固定效应模型，分析结果见表 14 – 17。

表 14 – 17　不同行业企业研发投入、电子商务影响其生产率差异

解释变量	总样本		内资企业		非内资企业	
	轻工业	重工业	轻工业	重工业	轻工业	重工业
ln*K*	0.0037* (1.9832)	0.0039** (2.3712)	0.0042 (1.5721)	0.0034 (1.4103)	0.0038 (1.0127)	0.0073** (2.4761)
ln*L*	0.0987 (1.3403)	0.2174** (2.3472)	0.0521 (0.8713)	0.2104** (2.1306)	0.3472*** (3.9702)	0.0821 (0.8127)
ln*R*	0.0078*** (3.8702)	0.0081*** (3.9802)	0.0076*** (3.7104)	0.0062*** (3.0127)	0.0061*** (1.8201)	0.0087*** (3.0201)
ln*ECO*	0.0167*** (4.1206)	0.0127** (2.7831)	0.0134*** (3.5702)	0.0087 (1.6708)	0.0207*** (2.7803)	0.0174*** (3.0127)
常数项	14.7821*** (30.67)	14.6127*** (33.23)	15.0164*** (32.87)	14.3402*** (25.76)	13.8702*** (32.07)	15.0027*** (26.35)
R^2	0.0731	0.0702	0.0612	0.0925	0.0721	0.0217
Prob > F	0.0000	0.0000	0.0000	0.0001	0.0001	0.0000
Hausman Test	131.26	278.36	124.32	210.38	26.78	83.71
Prob > chi2	0.0000	0.0000	0.0000	0.0000	0.0001	0.0000
obs	2712	4876	2137	3567	2014	6054

从表 14 – 17 可以看出，除轻工行业劳动投入指标没有通过检验外，其他所有指标均通过检验，另外，轻工业和重工业企业电子商务提升企业生产率比较明显。

轻工业和重工业企业 R&D 投入影响企业生产率效应差异不大，而电子商务投入效应差异比较大，轻工行业电子商务提升企业生产率效应要大于重工行业。其他信息见表 14－17。

三、数字资本溢出效应和 R&D 外部性影响生产率分析

根据前面构建的模型，即前述方程（14－27），分析电子商务产业内外部性（Estra）和产业间外部性（Ester），以及研发投入产业内溢出（Rstra）和产业间溢出（Rster）。下面将就总样本、内资企业和非内资企业分别分析数字资本溢出效应和 R&D 外部性影响生产率情况，分析结果见表 14－18；之后对总样本、内资企业和非内资企业按轻工业和重工业进行分类分别分析数字资本溢出效应和 R&D 外部性影响生产率的情况，分析结果见表 14－19。

表 14－18　　不同注册类型溢出效应回归结果

解释变量	总样本	内资企业	非内资企业
ln*K*	0.0047*** (3.5207)	0.0042** (2.7613)	0.0068*** (3.2438)
ln*L*	0.1763*** (2.6712)	0.1776** (2.7612)	0.1537 (1.4512)
ln*R*	0.0178 (0.4673)	0.0037 (0.0712)	0.0671 (0.4217)
ln*ECO*	0.1273** (2.4107)	0.1203** (2.7314)	0.7167 (1.4762)
Rstra	-0.0097 (-0.3107)	0.0035 (0.0612)	-0.0671 (-0.3762)
Rster	0.0087 (0.4207)	0.0213 (0.7126)	-0.0302 (-0.7218)
Estra	-0.1273** (-2.4206)	-01207** (-2.5702)	-0.7612 (-1.4308)
Ester	0.1823*** (9.7802)	0.1804*** (8.3407)	0.1672*** (5.0247)
常数项	11.8702*** (22.7802)	11.4203*** (18.8201)	12.1376*** (12.9802)
R^2	0.0017	0.0002	0.0307
Prob > F	0.0000	0.0000	0.0000
Hausman Test	678.2102	502.3148	324.0273
Prob > chi2	0.0000	0.0000	0.0000
obs	8068	5032	3036

（一）电子商务溢出效应和 R&D 外部性影响企业生产率的综合分析

从表 14－18 第二列可以看到，Hausman Test 值为 678.2102，表明应运用固定效应模型。企业电子商务规模明显提升了企业生产率，产业间外部性（Ester）和产业内外部性（Eastra）分别在 1% 与 5% 显著性水平下显著，而产业内外部性系数是负的；电子商务对企业生产率弹性系数是 0.1273。企

业研发变量及对应产业内溢出与产业间溢出的弹性系数在1%、5%、10%显著性水平下均不显著。

由于企业开展电子商务业务和进行研发之间存在一定程度的共线性，因此分析企业电子商务外部性时可以看到R&D变量及相应溢出效应并不明显。企业开展电子商务业务一方面改变了其交易模式，另一方面有助于提高企业生产率和加快其内生增长进程。随着开展电子商务厂商的增加，电子商务产业内外部性和产业间外部性也愈加明显，这有助于进一步提高电子商务产业生产率。产业间开展电子商务不但可深化上下游产业联系，而且能有效降低交易成本，提高企业生产率；产业内不同企业之间开展电子商务并不能提高企业生产率。

（二）不同注册类型企业电子商务溢出和R&D外部性影响企业生产率分析

从表14-18第三列、第四列可以看到，内资企业电子商务变量对企业生产率产出弹性系数为0.1203，在5%显著性水平下显著，内资企业实施电子商务可显著提升其生产率；产业间外部性（Ester）和产业内外部性（Eastra）分别在1%和5%的显著性水平下显著，而产业内外部性的系数是负的。非内资企业电子商务变量、电子商务的产业内外部性在1%、5%、10%显著性水平下均不显著，而产业间外部性在1%显著性水平下显著，其系数为0.1672。从以上分析可以看出，企业开展电子商务引发产业间外部性有助于提升企业生产率，而内资企业正向作用要大于非内资企业。

从表14-18可以看出，内资企业与非内资企业研发投入变量、产业内溢出和产业间溢出在1%、5%、10%显著性水平下均不显著。

（三）不同行业电子商务溢出和R&D外部性影响企业生产率分析

按照国内行业划分标准，将其分为轻工业与重工业，再将总样本、内资企业、非内资企业按行业进行分类，并进行回归分析，结果见表14-19。从表14-19可以看出，总样本、内资企业、非内资企业按行业分类的回归结果各变量差异比较大，而且很多变量在1%、5%、10%显著性水平下均不显著；而在所有分类回归下电子商务产业间溢出效应在1%显著性水平下都显著。

表14-19　　不同行业溢出效应回归结果

解释变量	总样本		内资企业		非内资企业	
	轻工业	重工业	轻工业	重工业	轻工业	重工业
ln*K*	0.0052** (2.3417)	0.0049** (2.5712)	0.0048 (1.6703)	0.0032 (1.4703)	0.0051 (1.4703)	0.0079*** (2.9204)
ln*L*	0.1472 (1.5407)	0.1825** (2.1702)	0.0813 (0.8704)	0.2403* (2.0315)	0.3462*** (4.5123)	0.0914 (0.8127)
ln*R*	0.0803 (1.2814)	0.0076 (0.2305)	0.1207* (1.9802)	-0.0007 (-0.0204)	-0.0673 (-0.2713)	0.0815 (0.3712)
ln*ECO*	0.0973** (2.5403)	0.1786 (0.9802)	0.0934** (2.6401)	0.0813 (0.6307)	-0.1934 (-0.3206)	0.9804 (1.7605)
Rstra	-0.0782 (-1.270)	-0.0027 (-0.0307)	-0.0967* (-1.860)	0.0056 (0.1207)	0.0672 (0.3207)	-0.0762 (-0.3782)
Rster	0.0217 (0.9107)	0.0073 (0.1673)	0.0403 (1.6207)	0.0068 (0.2018)	-0.0208 (-0.3705)	0.0426 (0.5721)
Estra	-0.0921** (-2.412)	-0.2105 (-0.9802)	-0.0923** (-2.540)	-0.0836 (-0.6503)	0.2103 (0.2807)	-0.9607 (-1.7804)

续表

解释变量	总样本		内资企业		非内资企业	
	轻工业	重工业	轻工业	重工业	轻工业	重工业
Ester	0.1558*** (4.9807)	0.1803*** (7.3608)	0.2106*** (5.3607)	0.2307*** (6.3708)	0.1402*** (2.9403)	0.1763*** (4.1207)
常数项	12.023*** (13.021)	11.643*** (17.034)	11.872*** (13.472)	11.783*** (12.637)	11.672*** (12.973)	11.872*** (13.375)
R^2	0.0572	0.0057	0.0672	0.0068	0.0193	0.0076
Prob > F	0.0000	0.0000	0.0000	0.0000	0.0000	0.0000
Hausman Test	189.34	398.23	154.27	278.21	76.231	147.28
Prob > chi2	0.0000	0.0000	0.0000	0.0000	0.0000	0.0000
obs	2712	4872	2137	3567	2014	6051

从以上不同视角分析可以看出，企业开展电子商务及企业间开展电子商务可以改变企业销售行为，充分利用现代电子技术来改善人们生产生活。同时，与其他知识变量相比，产业间电子商务溢出效应在提高企业生产率方面发挥着越来越重要的作用。因此，企业应充分利用现代电子科技，积极运用电子商务来降低其交易成本并提升其竞争力。

四、数字资本和R&D的交互作用影响生产率分析

目前已有研究成果（Kambil，1995；Madden，et al. 2002）表明，企业开展电子商务和进行研发活动不是独立的，而是相互关联的。下面本书考察企业开展电子商务和进行研发活动两者之间是替代关系或补充关系，来分析两者交互作用是如何影响企业生产率的。利用前面构建模型，即前述方程（14－28），将就总样本、内资企业和非内资企业分别分析电子商务、R&D的交互作用影响企业生产率的情况，分析结果见表14－20；之后对总样本、内资企业和非内资企业按轻工业和重工业进行分类别分析电子商务、R&D的交互作用影响生产率情况，分析结果见表14－21。

表14－20　　电子商务、R&D以及交互作用回归结果

解释变量	总样本	内资企业	非内资企业
ln*K*	0.0045*** (3.1207)	0.0032** (2.1346)	0.0058** (2.6703)
ln*L*	0.1421*** (2.8701)	0.1428** (2.6403)	0.1402 (1.5407)
ln*R*	0.0087*** (4.5123)	0.0081*** (3.4308)	0.0097*** (3.0207)
ln*ECO*	0.0167*** (4.4203)	0.0152*** (2.9103)	0.0213*** (3.8603)
ln*ECO* × ln*R*	−0.0004 (−1.0203)	−0.0002 (−0.5603)	−0.0008 (−1.3127)
常数项	14.6823*** (47.2104)	14.7621*** (40.2317)	14.5738*** (25.8703)
R^2	0.0623	0.0687	0.0462
Prob > F	0.0000	0.0000	0.0000

续表

解释变量	总样本	内资企业	非内资企业
Hausman Test	467.23	367.21	198.36
Prob > chi2	0.0000	0.0000	0.0000
obs	8068	5032	3036

（一）电子商务、R&D以及交互作用影响企业生产率分析

从表14－20可以看出，Hausman Test值分别为467.23、367.21、198.36，都通过了豪斯曼检验，表明应运用固定效应模型。从表14－20第二列可以看出，从总体样本回归结果看，当加入企业开展电子商务和进行R&D时，各投入变量影响企业生产率均在1%的显著性水平下显著，且影响都是正向的。其中，劳动投入影响最大，劳动产出弹性系数为0.1421。

企业开展电子商务投入和进行R&D投入能显著提高企业生产率，而电子商务影响效应要高于R&D投入效应。R&D投入的产出弹性系数为0.0087，而电子商务投入的产出弹性系数为0.0167。企业开展电子商务和R&D存量的交互作用影响企业生产率不明显，在1%、5%、10%的显著性水平下均不显著。这也表明企业开展电子商务和进行R&D投入之间互补关系不强。目前我国电子商务和R&D之间联系比较松散，关联度不高。

（二）不同注册类型企业交互作用影响企业生产率分析

从表14－20第三列、第四列可以看出，从内资企业与非内资企业的交互作用回归结果看，内资企业所有变量在1%和5%的显著性水平下显著。而非内资企业的劳动投入影响企业生产率不明显。就资本投入而言，内资企业的资本投入产出弹性系数为0.0032小于非内资企业的资本投入产出弹性系数（0.0058）。与非内资企业相比，内资企业的电子商务和R&D产出弹性系数分别为0.0152、0.0081低于非内资企业的电子商务和R&D产出弹性（分别为0.0213、0.0097）。内资企业、非内资企业的电子商务和R&D存量的交互作用影响企业生产率不明显，在1%、5%、10%的显著性水平下均不显著。

（三）不同行业交互作用影响企业生产率分析

从表14－21可以看出，Hausman Test值分别为137.26、287.23、113.27、198.32、28.34、82.65，都通过了豪斯曼检验，表明可运用固定效应模型。从表14－21可以看出，除了非内资企业中轻工业企业样本，R&D投入影响企业生产率不明显，在1%、5%、10%的显著性水平下均不显著外，不同行业分类下企业开展电子商务和进行R&D投入影响企业生产率均是正向的，在1%、5%、10%的显著性水平下均显著。而且总体样本、内资企业样本、非内资企业样本下，重工行业企业的R&D投入变量提升企业生产率效应要高于轻工行业企业，这说明重工行业企业更加注重R&D投入，不断提升其科技含量，走内生可持续发展之路，企业投入回报也十分可观。而重工行业企业的电子商务投入变量提升企业生产率效应要低于轻工行业企业，这也表明轻工行业企业比较注重电子商务投入，利用轻工行业本身特点，充分发挥电子商务作用来改变其销售模式，能有效提升其生产经营效率与效益。

表 14-21 不同行业电子商务、R&D 以及交互作用回归结果

解释变量	总样本		内资企业		非内资企业	
	轻工业	重工业	轻工业	重工业	轻工业	重工业
ln$K$	0.0045* (1.8203)	0.0041** (2.3417)	0.0048 (1.6231)	0.003412 (1.4562)	0.003643 (1.0214)	0.0087** (2.7513)
ln$L$	0.1203 (1.4217)	0.1823** (2.3416)	0.0517 (0.7361)	0.2107** (2.1734)	0.2873*** (3.9736)	0.0918 (0.9713)
ln$R$	0.0076*** (2.7813)	0.0096*** (3.6702)	0.0081*** (2.9813)	0.0082** (2.6701)	0.0057 (0.9802)	0.0137*** (3.2407)
lnECO	0.0167*** (0.3476)	0.0147*** (3.0107)	0.0149*** (3.2407)	0.0137* (1.8703)	0.0206** (2.4108)	0.0201*** (3.2407)
lnECO × ln$R$	0.0002 (0.3401)	-0.0007 (-1.451)	-0.0001 (-0.137)	-0.0008 (-0.871)	0.0005 (0.512)	-0.0009 (-1.632)
常数项	14.8702*** (30.671)	14.4812*** (33.562)	15.0237*** (32.871)	14.3206*** (25.124)	13.6702*** (32.872)	14.9834*** (25.672)
R^2	0.0725	0.06123	0.0602	0.0913	0.0703	0.0237
Prob > F	0.0000	0.0000	0.0002	0.0005	0.0002	0.0000
Hausman Test	137.26	287.23	113.27	198.32	28.34	82.65
Prob > chi2	0.0000	0.0000	0.0000	0.0000	0.0003	0.0000
obs	2712	4872	2137	3567	2014	6051

第四节 数字化影响企业技术创新效率宏观分析

创新驱动是我国企业转型升级的主要战略，我国政府也多次强调要加快数字产业化和产业数字化，实现传统产业与数字化深度融合。后疫情时代下传统企业迫切需要转型升级以提高创新能力，而新兴数字技术或将成为促进企业创新能力提升的重要力量。因此，如何从宏观视角科学分析数字化影响企业技术创新效率，研究企业数字化转型对创新绩效产生影响以及相应的影响因素有哪些具有重要现实意义。本节首先构建了数字化水平指标体系，并测算我国数字化水平，然后构建随机前沿模型，从宏观视角分析数字化转型如何影响企业创新绩效。

一、构建数字化水平指标体系

随着现代信息通信技术的发展及其快速渗透和扩散到人们生产生活中，数字产业化与产业数字化加快发展，尤其是产业数字化正快速改变企业生产方式、经营方式和组织结构等，激励企业加大研发投入，掌握核心技术，提升其全要素生产率，抢占全球数字经济制高点。本节从理论上深入分析数字化影响工业技术创新效率机制，构建理论模型，搜集国内数字化方面相关数据，测度我国数字化发展水平。

（一）数字化水平评价指标体系

在借鉴国内外已有研究数字经济综合评价成果基础上，结合我国数字经济发展实际，尤其是数字

产业化、产业数字化及数字经济与实体经济深度融合发展情况，本节构建了我国数字化水平三级综合评价指标体系，其中二级指标4个，分别为数字基础设施、产业融合、数字创新、数字治理，三级指标12个。数字基础设施包括传统数字基础设施、新型数字基础设施、平台企业3个指标；产业融合包括工业数字化、农业数字化、服务业数字化3个指标；数字创新包括数字技术R&D、数据安全保障、电子商务3个指标；数字治理包括公共服务数字化、数字治理体系、数据安全保障3个指标。据此，来测度我国各省区市数字化发展水平，为之后实证分析数字化如何影响工业技术创新效率提供数据。

1. 数字基础设施。

数字基础设施（Digital Infrastructure）是发展数字经济的基础，主要涉及计算机硬件设施、计算机软件设施、相关支撑数字经济发展基础设施等。数字基础设施反映一个国家或地区数字化水平软硬件水平，它是我国数字经济实现高质量发展、可持续发展的基础与支撑。

数字基础设施带动一个国家或地区产业发展：（1）建设数字基础设施可以带动传统制造业智能升级。（2）建设数字基础设施能带动通信网络设备、AI等新兴产业发展，加快产业结构优化，完善延伸产业链条。（3）数字基础设施助推智慧城市建设：首先，建设数字基础设施能全方位挖掘城市地理、气象等自然信息和经济、社会、文化、人口等人文社会信息，强化城市智能化服务；其次，建设数字基础设施能有效监控城市交通状况，加快智慧交通建设，助推智慧医疗、智慧教育等民生建设。（4）数字基础设施促进经济增长：首先，建设新型数字基础设施涉及领域众多，出现很多新就业机会，有助于经济持续稳定增长；其次，加快建设新型数字基础设施可以助推数字经济与实体经济融合发展，加快经济结构转型升级，进一步培育新增长点，推动经济高质量发展。

本书数字基础设施选取了以下3个指标：传统数字基础设施、新型数字基础设施、平台企业。关于新型数字基础设施，2020年3月，中共中央政治局常务委员会召开会议提出，加快5G网络、数据中心等新型基础设施建设进度。新型数字基础设施，以中国系统提出信创云为基础，重点打造数据中台、智能中台、技术中台、业务中台四大中台，面向政府、企业、市民提供安全、专属、创新的云服务。

2. 产业融合。

产业融合包括工业数字化、农业数字化、服务业数字化3个指标。关于工业数字化，随着新一代信息通信技术（ICT）蓬勃兴起及其快速渗透融合经济社会各个领域，传统工业亟待加快转型升级。《“十四五”规划和2035年远景目标纲要》提出要加快推进我国产业数字化转型，深化研发设计、生产制造、经营管理、市场服务等环节数字化应用。工业企业亟待顺应数字经济发展，主动拥抱数字技术，加速数字化转型，全面提升数字化管理能力，加快向数字化和数智化转变。农业数字化，数字农业是创新推动农业农村信息化发展有效手段，要加快农业数字化发展步伐，推动农业高质量发展：物联网技术应用能提升农业生产效率；农业大数据是农业高质量发展助推器；精准农业促进农业资源优化配置；智慧农业是未来新型农业发展趋势。关于服务业数字化，近年来，“云端”互动，“宅经济”火爆；直播带货，助力产品热销……生活服务业加速了数字化步伐，为人们日常生活带来新体验，也为经济发展注入新动能。中国信通院等机构发布的《中国生活服务业数字化发展报告（2020年）》数据表明，2019年，我国服务业数字经济占行业增加值比重已达38%，在三次产业中数字化水平最高、转型速度最快。

3. 数字创新。

大力发展数字经济离不开技术创新支撑，尤其是数字技术创新。例如，未来我国数字产业化发展将进入一个新发展台阶：从新技术视角，要加速突破以5G、大数据、AI等为代表的数字技术与制造、能源、材料等领域融合创新发展；从新设施视角，信息传输网络未来发展趋势是集感知、传输、连接、存储、计算于一体的新型基础设施。为此，我国应鼓励协同创新建设世界级研发机构和创新中心、超前布局6G等前沿技术、突破集成电路等“卡脖子”技术、加强AI等核心技术引领能力、开展数字孪生技术创新、标准制定。本书数字创新选取了数字技术R&D、数据安全保障、电子商务3个指标来反映国内数字技术创新情况。

4. 数字治理。

数字治理是一种建立在有利于数字化发展的基础、制度、标准、规范，运用大数据方法和工具，利用数字化发展所造就的数字财富来推动进行发展。数字治理内涵：治理对象是数据要素；运用数字与智能技术优化治理技术体系；治理场域拓展到数字空间。数字治理是数字化转型驱动力：数字治理为政府赋能，数字治理正在打破政府内部“数据孤岛”、重塑业务流程、革新组织架构，打造出权责明确而又精简、高效、统一的数字政府；数字治理反哺更广阔经济和社会数字化转型，为市场增效，为社会赋权。本书数字治理选取了公共服务数字化、数字治理体系、数据安全保障3个指标来反映国内数字治理情况。

数字化水平测度指标体系如表14－22所示。

表14－22　　数字化水平测度指标体系

一级指标	二级指标	三级指标
数字化水平	数字基础设施	传统数字基础设施
		新型数字基础设施
		平台企业
	产业融合	工业数字化
		农业数字化
		服务业数字化
	数字创新	数字技术R&D
		人才支撑
		电子商务
	数字治理	公共服务数字化
		数字治理体系
		数据安全保障

（二）数据来源与说明

由于西藏自治区数字经济部分数据不全，因此就没有计算西藏自治区数字化发展水平，利用国内2006～2020年30个省域面板数据来测算各省域数字化发展水平。分析数据来自《中国统计年鉴》（2007～2021）《中国科技统计年鉴》（2007～2021）及国家统计局全国科技经费投入统计公报，各省域统计公报等。

为了保证各个指标数据具有可比性，实证分析前，利用最小最大值法对原始数据进行标准化处理以消除量纲影响，标准化数据按照常规保留4位小数。

二、地区数字化水平计算

（一）描述性统计分析

根据前面构建的数字化指标体系，将收集整理的数据用Stata 15.0软件进行描述性统计分析，分析结果见表 14－23。

表 14－23　　数字化水平各指标描述性统计分析

指标	样本数	最小值	最大值	均值	标准差
传统数字基础设施	690	4512.37	24031.28	7621.39	5102.47
新型数字基础设施	690	2307.81	28761.34	6120.25	4103.87
平台企业	690	2	78	23.16	7.35
工业数字化	690	0.0813	0.8725	0.3427	0.1203
农业数字化	690	0.0634	0.6741	0.3104	0.0812
服务业数字化	690	0.1276	0.9631	0.4672	0.2104
数字技术 R&D	690	1207.21	5603.75	3201.47	2107.82
人才支撑	690	3	137	41.26	12.37
电子商务	690	4103.62	136137.51	7106.24	6023.41
公共服务数字化	690	0.1204	0.6712	0.3102	0.2607
数字治理体系	690	0	1	0.3402	0.2407
数据安全保障	690	0	1	0.2701	0.1743

从表 14－23 可以看出，传统数字基础设施的均值为 7621.39，标准差为 5102.47，最小值为 4512.37，最大值为 24031.28，最大值是最小值的 5.32 倍，这说明国内 30 个省域传统数字基础设施差距还是比较大的。其他指标描述性统计分析见表 14－23。

（二）数字化发展水平指数计算方法

1. 指数计算方程。

国内 30 个省域数字化发展水平指数计算采用线性加权法，通过对每个指标标准化后数据进行加权计算，得到数字化水平指数。

计算方程如下：

$$DI_j = \sum_{i=1}^{12} W_i Z_{ij} \tag{14-36}$$

其中，DI_j 表示某地区第 j 年数字化水平指数，W_i 是第 i 个指标权重，Z_{ij}是该地区第 j 年第 i 个指标经过标准化后的值，且有：

$$\sum_{i=1}^{12} W_i = 1, 2006 \leqslant j \leqslant 2020 \tag{14-37}$$

2. 数据标准化。

为了保证各个指标数据具有可比性，在实证分析前，利用最小最大值法对原始数据进行标准化处理以消除量纲影响。即 min－max 法进行标准化，方程如下：

$$Z_{ij} = \frac{X_{ij} - \min(X_{ij})}{\max(X_{ij}) - \min(X_{ij})} \tag{14-38}$$

其中，X_{ij}是某地区第 j 年第 i 个指标值，Z_{ij}是其标准化后值，$\min(X_{ij})$ 表示所有地区在 2006～2020 年第 i 个指标最小值，$\min(X_{ij})$ 表示所有地区在 2006～2020 年第 i 个指标最大值。

3. 确定指标权重。

运用 Stata 15 分析软件中的 PCA 法来计算各单项指数在方面指数中的权重以合成方面指数，并以相同方法合成总指数来科学测度国内 30 个省域 2006～2020 年数字化发展水平指数。

用 PCA 法进行多指标综合评价最终目的是要赋予指标体系中各指标合理的权重。主成分个数选取将直接决定了相应各指标权重大小。主成分个数选取标准是前面几个主成分累计贡献率不低于某一特定值（一般是 85%），而单个主成分以其贡献率来衡量综合原始数据信息。

在用 Stata 15 分析软件中的 PCA 法进行数据分析之前，先对标准化数据进行 KMO 检验，经检验 KMO 值均在 0.8 以上，说明数据可以用主成分分析法进行分析。之后开始主成分分析，根据前面几个主成分累计贡献率大于 85% 来确定主成分个数，指标权重等于以主成分方差贡献率为权重对该指标在各主成分线性组合中的系数加权平均归一化，由此可以算出各方面指数，再以同样方法计算出国内 30 个省域数字化发展水平指数。

运用 Stata 15 分析软件进行 PCA 分析，可计算出各基础指标相应权重（见表 14－24），从而计算出各方面指数值，再用一样方法计算各方面指数权重。从表 14－24 可以看出，数字基础设施方面指数主成分分析中的权重最大，为 0.3102，这意味着 2006～2020 年国内 30 个省域数字化发展水平指数变化更多地体现在数字基础设施这一维度上。而产业融合、数字创新、数字治理 2006～2020 年国内 30 个省域数字化发展水平指数中的权重分别为 0.2173、0.2808、0.1917。

表 14－24　　基础指标、方面指数权重的选取

基础指标	基础指标权重	基础指标	基础指标权重
传统数字基础设施	0.3412	数字技术 R&D	0.2735
新型数字基础设施	0.3873	人才支撑	0.2831
平台企业	0.2715	电子商务	0.4434
工业数字化	0.2437	公共服务数字化	0.3826
农业数字化	0.1706	数字治理体系	0.3707
服务业数字化	0.5857	数据安全保障	0.2467
方面指数	方面指数权重	方面指数	方面指数权重
数字基础设施	0.3102	数字创新	0.2808
产业融合	0.2173	数字治理	0.1917

（三）研究结果及分析

运用 PCA 分析方法，经过对数据分析及处理，可以得到 2006～2020 年国内 30 个省域数字化发展水平指数，具体见附表 1－3。

1. 国内 30 个省域数字化发展指数分析。

从附表 1－3 可以看出，2006～2020 年，国内 30 个省域数字化发展水平整体上呈上升趋势。而北京、上海、广东、浙江、天津、江苏、福建等地区数字化发展水平较高，湖北、湖南、重庆、安徽、河南、山西等地区数字化发展处于中等水平，而甘肃、青海、云南、黑龙江、内蒙古等地区数字化发展水平相对较低。

2. 国内东中西部地区数字化发展指数分析。

为了考察我国区域数字化发展水平差异，下面按照传统东中西部划分方法，东部地区包括辽宁、河北、北京、天津、山东、江苏、上海、浙江、福建、广东、广西、海南，中部地区包括黑龙江、吉林、山西、河南、安徽、湖北、湖南、江西，西部地区包括内蒙古、陕西、甘肃、青海、宁夏、新疆、贵州、重庆、四川、云南。根据前面数据，再按全国总样本、东部地区、中部地区、西部地区进行分析，得到表 14－25 的分析结果。

表 14-25　　2006～2020 年国内东中西部地区数字化发展指数

年份	总体平均	东部平均	中部平均	西部平均
2006	0.1463	0.2037	0.1148	0.1061
2007	0.1683	0.2468	0.1273	0.1232
2008	0.1934	0.3057	0.1408	0.1286
2009	0.2673	0.3842	0.2037	0.1876
2010	0.2936	0.4261	0.2276	0.2103
2011	0.3272	0.4731	0.2508	0.2386
2012	0.3682	0.5237	0.2936	0.2786
2013	0.3972	0.5462	0.3187	0.3068
2014	0.4038	0.5567	0.3286	0.3209
2015	0.4487	0.5967	0.3686	0.3589
2016	0.4873	0.6296	0.4167	0.3972
2017	0.5237	0.6587	0.4572	0.4371
2018	0.5689	0.6903	0.4986	0.4672
2019	0.6103	0.7408	0.5407	0.5128
2020	0.6537	0.7835	0.5872	0.5567
均值	0.3905	0.5177	0.3249	0.3087

从表 14-25 可以看出，2006～2020 年我国东部、中部、西部数字化发展水平差异还是比较大的。总体而言，2006～2020 年全国总体、东部、中部、西部数字化发展水平总体上呈上升趋势，同时期内东部地区数字化发展水平最高，中部次之，西部最低。从 2006～2020 年总体、东部、中部、西部数字化发展水平均值看，全国均值为 0.3905，东部、中部、西部的均值分别为 0.5177、0.3249、0.3087，中部地区和西部地区的数字化发展水平均值均低于全国平均水平。

三、随机前沿模型的实证分析

（一）模型选择

1. 基础模型。

关于如何评价效率问题，目前学界用的比较多的是下面两种方法：（1）参数方法，该方法典型代表是随机前沿分析方法（Stochastic Frontier Analysis，SFA），其分析步骤如下：首先，确定投入产出函数，该投入产出函数误差项由两部分组成：随机误差、技术无效率误差；其次，确定误差项分布假设，运用相关方法估计生产函数中的参数，测算出相关技术效率。（2）非参数方法，该方法典型代表是数据包络分析方法（Data Envelopment Analysis，DEA），该方法基于多项投入指标与多项产出指标，运用线性规划方法，对具有可比性同类型单位进行相对有效性评价的分析方法。该方法不足之处在于其忽略了随机因素（不可控因素、统计误差）如何影响产出，将影响产出随机因素归入技术无效率，该分析方法实质上是将产出分为两大类：生产前沿与技术无效率。而 SFA 法考察了随机因素如何影响产出，将产出分为 3 大类：生产函数、随机因素与技术无效率，其回归方程建立在技术无效率均值上，最终检验技术效率影响因素的显著性。

随机前沿分析方法（SFA）一般把误差项分成两部分：随机误差与技术非效率误差。前者是由不可控因素引起的误差项，后者是由非技术因素引起的误差项。SFA 一般形式如下：

$$y_{it} = f(x_{it})\exp(v_{it} - u_{it}) \tag{14-39}$$

其中，y_{it}是企业产出，x_{it}是企业投入，i 是第 i 个决策单元，t 是时间，$f(x_{it})$ 是前沿产出。$v_{it} - u_{it}$ 是复合误差结构。v_{it} 服从标准正态分布 $N(0, \sigma_v^2)$，表示不可控因素等随机扰动的影响；u_{it}是技术无效率项，且 $u_{it} = u_i\exp[-\eta(t-T)]$，服从非负断尾正态分布 $N(m_{it}, \sigma_u^2)$。η 为技术效率的时间趋势，$\eta>0$、$\eta=0$ 和 $\eta<0$ 分别表示技术效率随时间变化递增、不变和递减。v_{it}与 u_{it} 相互独立。技术效率 TE 为实际产出与前沿面产出的距离，即：

$$TE_{it} = e^{-u_{it}} \tag{14-40}$$

另外，有学者在式（14-40）基础上，构建技术无效率方程，其因变量是技术无效率，自变量是影响效率的因素。技术无效率函数如下：

$$m_{it} = \delta_0 + \delta_{it}z_{it} + \omega_{it} \tag{14-41}$$

其中，m_{it}为技术无效率误差，z_{it}为影响技术效率的因素。δ_{it}为待估计参数，若其为负，说明某因素对技术效率有正向影响；反之，则有负向影响。ω_{it}为随机误差项。

2. 模型选择。

运用 SFA 方法，生产函数选择超越对数生产函数，超越对数生产函数由 Clayton Christensen 和 Dale W. Jorgenson（1973）提出，该超越对数模型是一种易于估计和包容性很强的变弹性生产函数模型，结构上是平方反映面模型，可有效研究生产函数中投入要素交互影响、各种投入技术进步差异。在技术无效率方程中加入数字化水平和影响技术创新效率其他因素。利用 Frontier 4.1 软件对随机前沿生产函数和技术无效方程进行估计，估计出生产函数和技术无效率方程参数，具体模型为：

$$\ln Y_{it} = \beta_0 + \beta_1\ln K_{it} + \beta_2\ln L_{it} + \frac{1}{2}\beta_3(\ln K_{it})^2 + \frac{1}{2}\beta_4(\ln L_{it})^2 + \beta_5\ln K_{it} \times \ln L_{it} + v_{it} - u_{it} \tag{14-42}$$

$$TE_{it} = e^{-u_{it}} \tag{14-43}$$

$$m_{it} = \delta_0 + \delta_1 I_{it} + \delta_k X_{it} \tag{14-44}$$

$$\gamma = \sigma_u^2/(\sigma_v^2 + \sigma_u^2) \tag{14-45}$$

其中，Y_{it}表示企业产出，K_{it}表示企业资本投入，L_{it}表示企业人力投入，i 表示地区，t 表示时期。误差项 ε_{it}由 v_{it}和 u_{it}组成，v_{it}服从 $N(0, \sigma_v^2)$，是随机误差，是影响企业技术创新活动外部因素和统计误差等；u_{it}是非负随机变量，是技术无效率误差，服从$N(m_{it}, \sigma_u^2)$，表示第 t 年作用于地区 i 企业技术创新因素。

TE_{it}表示 i 地区企业在第 t 年技术创新效率水平，用 $e^{-u_{it}}$表示；当 $u_{it}>0$、$0\leq TE_{it}<1$ 时，地区 i 企业处于技术无效率状态；当 $u_{it}=0$、$TE_{it}=1$ 时，地区 i 企业处于技术有效状态。m_{it}是 u_{it}均值，表示技术无效率项，m_{it}越大，说明技术创新效率越低，即技术无效率程度越高。I_{it}表示数字化水平，X_{it}表示控制变量。γ 表示误差项中技术无效率所占比例，当 γ 接近 0 时，说明该地区企业实际产出和前沿面距离主要来源于统计误差；当 γ 接近于 1 时，说明误差主要来自技术无效率。

（二）指标选取及说明

1. 指标选择。

（1）衡量企业创新产出选择各地区规模以上工业企业专利申请数（Y）。衡量企业人力投入选择规模以上工业企业 R&D 人员（L）；衡量技术创新资本投入选择各地区规模以上工业企业 R&D 资本存量（K）。

（2）数字化发展水平（I），采用前面测算的国内30个省域数字化发展水平指数。

（3）借鉴已有研究成果及前期研究经验，控制变量选取以下4个指标：市场化水平、外商直接投资、技术模仿和企业规模。随着我国市场化改革的深入，市场在资源配置中发挥主导作用，提高了资源配置效率，市场化水平（*market*）选择指标是私营企业资产占规模以上工业企业资产比重。国内外很多研究表明，外商直接投资有助于提升企业技术创新效率，衡量外商直接投资（*fdi*）选择外商投资及港澳台投资企业资产占规模以上工业企业资产比重这一指标。很多研究表明，企业积极学习、消化先进技术有助于提升企业技术创新，而一味模仿先进技术对提升企业技术创新效率作用不大，衡量技术模仿（*teti*）选择各地区规模以上工业企业技术改造经费占规模以上工业企业新产品销售收入比例这一指标。目前，关于企业规模与企业技术效率之间关系争议比较大，基本形成两类观点：企业规模大有助于提升其技术效率、企业规模小不利于提升其技术效率。衡量企业规模（*fs*）选择规模以上工业企业销售收入与规模以上工业企业单位数比值这一指标。

2. 无效率方程。

根据选取指标体系，下面分析数字化发展水平如何影响企业技术创新效率，无效率方程与相应超越对数生产函数随机前沿模型如下：

$$m_{it} = \delta_0 + \delta_1 I_{it} + \omega_{it} \tag{14-46}$$

加入数字化发展水平等其他变量无效率方程与超越对数生产函数随机前沿模型如下：

$$m_{it} = \delta_0 + \delta_1 I_{it} + \delta_2 market_{it} + \delta_3 fid_{it} + \delta_4 teti_{it} + \delta_5 fs_{it} + \omega_{it} \tag{14-47}$$

（三）变量计算

1. 数据来源。

后面主要研究工业企业技术创新效率，这里工业企业主要选取的是规模以上工业企业，由于部分年份规模以上工业企业数据缺失用大中型工业企业数据替代。由于西藏自治区缺失数据比较多，因而后面分析时就没有对西藏自治区进行分析，因此，选取2006~2020年国内30个省域面板数据进行实证分析，分析数据来自《中国统计年鉴》（2007~2021）、《中国科技统计年鉴》（2007~2021）及国家统计局全国科技经费投入统计公报，各省域统计公报等。

2. R&D资本存量核算。

考虑企业进行科技创新投入影响其产出是个比较长的过程，而不是短期的，所以研究企业技术创新效率时企业资本投入应选取其存量指标。永续盘存法是计算R&D资本存量常用方法，后面分析也使用永续盘存法来核算R&D资本存量，计算公式如下：

$$K_{it} = (1-\delta) \times K_{it-1} + E_{it} \tag{14-48}$$

其中，K_{it}和K_{it-1}分别是第i个地区规模以上工业企业第t年和第$t-1$年的R&D资本存量；E_{it}表示第i个地区第t年规模以上工业企业实际R&D经费支出；δ表示R&D资本折旧率，根据以往研究经验取$\delta=15\%$折旧率。

基期即2006年R&D资本存量为K_{i0}，计算公式如下：

$$K_{i0} = E_{i0}/(g_i + \delta) \tag{14-49}$$

其中，K_{i0}为地区i规模以上工业企业基期2006年实际R&D经费支出，g_i为地区i规模以上工业企业实际R&D经费支出年均增长率，根据式（14-48）和式（14-49）可计算出相应年份企业R&D的资本存量。

另外，在计算企业R&D资本存量之前，为了分析更科学严谨，需要平减企业R&D经费支出。借鉴已有研究成果及以往研究经验，采用研发价格指数来平减企业R&D经费支出。具体计算公式如下：

$$RPI = 0.75PPI + 0.25CPI \quad (14-50)$$

其中，*PPI* 为工业生产者出厂价格指数；*CPI* 为居民消费价格指数；权重确定是依据研发经费支出中劳动成本、原材料以及仪器设备经费占比。

经过计算，得到2006～2020年国内30个省域规模以上工业企业R&D资本存量，其中部分年份数据见表14－26。

表14－26　　2006～2020年国内30个省域规模以上工业企业R&D资本存量　　单位：亿元

省域	2006年	2010年	2015年	2020年
黑龙江	84.75	205.36	358.72	493.75
吉林	33.23	105.21	279.36	472.28
辽宁	171.23	523.78	1120.37	1332.08
北京	88.51	343.76	935.72	1476.31
天津	126.83	414.87	1258.46	1867.43
河北	126.03	306.78	890.35	1356.07
山东	463.08	1439.72	4065.08	7308.12
江苏	321.27	1591.03	4856.23	8671.09
上海	273.08	787.69	1838.23	3312.76
浙江	47.03	758.32	2687.23	5027.83
内蒙古	48.09	121.35	351.09	627.41
福建	62.18	316.87	1133.35	2308.36
广东	238.31	1569.26	5030.87	8876.38
广西	40.23	105.26	273.86	446.27
海南	2.08	6.82	34.26	66.75
山西	333.78	347.82	497.62	645.32
河南	191.23	433.87	1096.35	1526.16
安徽	156.23	335.67	959.06	1386.09
湖北	89.67	351.08	1179.87	2008.36
湖南	88.12	301.25	985.37	1924.38
江西	50.23	170.29	422.26	633.02
重庆	55.06	182.09	582.69	855.67
四川	202.34	320.67	683.12	1208.09
贵州	36.24	68.09	144.76	327.05
云南	48.06	73.09	188.97	397.12
陕西	92.83	207.86	534.82	980.67
甘肃	45.67	81.29	163.87	376.23
青海	18.23	23.67	36.72	58.62
宁夏	17.28	30.26	65.82	132.09
新疆	55.67	70.65	120.89	276.09

（四）描述性统计分析

根据前面构建的指标体系，将收集整理的数据用 Stata 15.0 软件进行描述性统计分析，分析结果见表 14－27。

表 14－27　变量描述性统计分析

变量	样本数	最小值	最大值	均值	标准差	变异系数
Ln*Y*	690	4.3607	13.8625	9.3672	1.7328	0.2147
Ln*K*	690	0.0873	9.6317	6.2158	1.5672	0.2671
Ln*L*	690	5.1269	14.2376	11.0228	1.4782	0.1673
I	690	0.0873	0.9126	0.3475	0.1873	0.5627
market	690	0.0376	0.4735	0.1874	0.0931	0.5129
fdi	690	0.0218	0.5873	0.1876	0.1465	0.8209
teti	690	0.0085	0.7905	0.1027	0.1372	1.0476
fs	690	0.0379	14.7609	2.8716	1.3476	0.6128

从表 14－27 可以看出，只有技术模仿变异系数为 1.0476，其余变量变异系数都小于 1，这些变量在样本期间变动不剧烈，没有出现异常值，数据分布比较合理。

（五）模型检验

1. 多重共线性检验。

因为无效率方程中有核心解释变量与其他控制变量，如果变量间多重共线性比较严重将直接影响模型参数估计，有可能导致估价失真。

从表 14－28 可以看出，各变量间相关性不是太强，而且各变量方差膨胀因子（VIF）都低于 3（标准值是小于 10），表明各变量间不存在共线性。

表 14－28　技术创新效率影响因素之间相关系数

	I	*market*	*fdi*	*teti*
I				
market	0.1463			
fdi	0.5012	0.0325		
teti	－0.4672	－0.2236	－0.4725	
fs	0.2318	－0.1873	－0.0764	－0.2376

2. 随机前沿模型适用性检验。

运用 Frontier 4.1 软件，用前面收集整理的 2006～2020 年国内 30 个省域的数据进行估计，得到随机前沿模型检验结果（见表 14－29）。

表 14－29　随机前沿模型检验结果

项目	模型Ⅰ	模型Ⅱ
原假设为 H_0：$\gamma=0$		
对数似然函数值 ln$L(H_0)$	－267.3409	－267.3409

续表

项目	模型Ⅰ	模型Ⅱ
对数似然函数值 lnL（H_1）	-203.4657	-158.3429
LR 统计量	127.2315	217.0926
临界值	11.0628	18.0276
检验结果	拒绝原假设	拒绝原假设

注：临界值对应的显著性水平均为 1%。

表 14-29 中模型Ⅰ、模型Ⅱ均是随机前沿模型，模型Ⅰ是无效率方程中只有数字化发展水平，而模型Ⅱ是无效率方程中包括数字化发展水平、时间趋势、市场化水平、外商直接投资、技术模仿、企业规模。从表 14-29 可以看出，模型Ⅰ、模型Ⅱ均拒绝了原假设，即这两个模型都存在技术无效率项 u_{it}，也说明可采用随机前沿模型进行实证分析。

3. 超越对数随机前沿模型适用性检验。

基于模型估计结果，超越对数随机前沿模型检验结果见表 14-30。

表 14-30　　超越对数随机前沿模型检验结果

项目	模型Ⅰ	模型Ⅱ
原假设为 H_0：$\beta_3=\beta_4=\beta_5=0$		
对数似然函数值 $\ln L(H_0)$	-218.6712	-167.2109
对数似然函数值 $\ln L(H_1)$	-201.2165	-153.4763
LR 统计量	29.8703	30.0658
临界值	10.6125	18.0176
检验结果	拒绝原假设	拒绝原假设

注：临界值对应的显著性水平均为 1%。

从表 14-30 可知，模型Ⅰ、模型Ⅱ广义似然率即 LR 统计量均大于 1% 显著水平下混合卡方分布临界值，因此拒绝 C-D 生产函数更适合国内各地区工业技术创新效率原假设，同时，也表明模型Ⅰ、模型Ⅱ更适合采用超越对数生产函数进行实证分析。

（六）估计技术创新效率结果

在前面生产函数和无效率方程估计的基础上，运用 Frontier 4.1 软件给出了 2006~2020 年国内 30 个省域工业技术创新效率。下面基于模型Ⅱ进行参数估计，分析国内 30 个省域工业技术创新效率变化与差异。2006~2020 年国内 30 个省域的工业技术创新效率见附表 7-9，部分年份分析结果见表 14-31。

表 14-31　　2006~2020 年部分年份国内 30 个省域工业技术创新效率

省域	2006 年	2008 年	2010 年	2013 年	2015 年	2018 年	2020 年
黑龙江	0.1237	0.1673	0.1932	0.3968	0.4468	0.5638	0.6638
吉林	0.1386	0.2467	0.2235	0.3658	0.3427	0.5702	0.6341
辽宁	0.1524	0.2936	0.4025	0.7634	0.7582	0.8564	0.8913
北京	0.3367	0.6012	0.7526	0.9203	0.9432	0.9524	0.9687
天津	0.3768	0.5623	0.7064	0.8325	0.7982	0.8702	0.8907
河北	0.1336	0.2235	0.2832	0.5673	0.5928	0.7506	0.7865

续表

省域	2006 年	2008 年	2010 年	2013 年	2015 年	2018 年	2020 年
山东	0.3364	0.4023	0.5623	0.7658	0.8129	0.8723	0.9128
江苏	0.2768	0.5068	0.6428	0.8752	0.9276	0.9536	0.9682
上海	0.5023	0.7526	0.8126	0.9276	0.9128	0.9568	0.9703
浙江	0.5512	0.8316	0.8365	0.9368	0.9367	0.9502	0.9712
内蒙古	0.2134	0.1652	0.1786	0.3012	0.3678	0.4936	0.5936
福建	0.2234	0.2964	0.5021	0.7623	0.8697	0.9428	0.9625
广东	0.5523	0.6374	0.6812	0.8762	0.9014	0.9567	0.9786
广西	0.1924	0.2673	0.2987	0.6017	0.6675	0.7782	0.8235
海南	0.1865	0.2685	0.2783	0.4462	0.3268	0.4127	0.4783
山西	0.0821	0.1562	0.2267	0.5261	0.4834	0.5403	0.5762
河南	0.1876	0.3162	0.3318	0.4682	0.5429	0.6107	0.6572
安徽	0.2281	0.3672	0.6274	0.8925	0.9308	0.9576	0.9659
湖北	0.1357	0.2673	0.4028	0.6537	0.7365	0.7368	0.8206
湖南	0.2035	0.3165	0.5612	0.7869	0.8109	0.8679	0.9218
江西	0.1235	0.1672	0.2361	0.5219	0.7819	0.8972	0.9207
重庆	0.4908	0.5213	0.6458	0.8426	0.9201	0.9307	0.9457
四川	0.1921	0.2379	0.4013	0.7428	0.8829	0.9015	0.9203
贵州	0.1765	0.3065	0.3658	0.5367	0.6327	0.7526	0.8027
云南	0.1328	0.2009	0.2679	0.5673	0.6108	0.7409	0.7827
陕西	0.1235	0.2067	0.3013	0.5128	0.5768	0.7825	0.8236
甘肃	0.1634	0.2067	0.2578	0.4567	0.4637	0.5208	0.5967
青海	0.1457	0.1326	0.1236	0.2987	0.3267	0.5986	0.7023
宁夏	0.1567	0.1687	0.2567	0.5876	0.6679	0.8367	0.8879
新疆	0.1465	0.2036	0.2457	0.7028	0.7268	0.8697	0.8906

从表 14－31 可以看出，2006～2020 年国内 30 个省域工业技术创新效率就整体而言呈上升趋势，但地区间差异比较大。下面就我国整体与东部、中部、西部（划分方法同前）来进一步分析工业技术创新效率变化与差异。表 14－32 描述了我国 2006～2020 年全国总体、东部、中部、西部地区技术创新效率情况。

表 14－32　　2006～2020 年东中西部技术创新效率

年份	总体平均效率	东部平均效率	中部平均效率	西部平均效率	标准差	变异系数
2006	0.2357	0.3297	0.1527	0.1942	0.1462	0.6102
2007	0.2586	0.3786	0.1938	0.1923	0.1537	0.6103
2008	0.3347	0.4872	0.2408	0.2318	0.1972	0.5801
2009	0.4469	0.6273	0.3729	0.3128	0.2203	0.4927
2010	0.4238	0.5871	0.3527	0.3019	0.2107	0.5125
2011	0.5269	0.7034	0.4576	0.3962	0.2361	0.4418
2012	0.5983	0.7568	0.5129	0.4865	0.2218	0.3786
2013	0.6476	0.7893	0.5783	0.5603	0.2013	0.3129

续表

年份	总体平均效率	东部平均效率	中部平均效率	西部平均效率	标准差	变异系数
2014	0.6679	0.7925	0.6012	0.5768	0.2016	0.3108
2015	0.6908	0.7981	0.6375	0.6219	0.2207	0.3012
2016	0.7465	0.8327	0.6871	0.5973	0.2116	0.2517
2017	0.7812	0.8706	0.7213	0.6308	0.1987	0.2673
2018	0.8126	0.8927	0.7637	0.6527	0.1824	0.2932
2019	0.8503	0.9235	0.7829	0.6972	0.2237	0.3672
2020	0.8835	0.9521	0.8306	0.7365	0.2569	0.3915
均值	0.5936	0.7147	0.5257	0.4792	0.2055	0.4081

从表14-32可以看出，2006~2020年全国总体、东部、中部、西部地区技术创新效率呈上升趋势，就全国整体而言，从2006年的0.2357提高到2020年的0.8835，期间均值为0.5936。

从三大区域来看，东部地区技术创新效率最高，增速也最快，2006~2020年东部地区技术创新效率均值为0.7147，不仅高于全国整体均值，而且高于中部、西部地区均值。这也说明国内技术创新效率区域差异比较大，西部地区最低，中部地区次之。

此外，从变异系数来看，2006~2020年变异系数呈下降趋势，从2006年的0.6102降到2018年的0.2932，之后略有反弹，这说明近年来国内各地区间技术创新效率区域差异在逐渐缩小。

（七）实证结果与分析

1. 技术无效率方程估计与分析。

利用前面构建的理论模型及分析得到的数据，以及2006~2020年国内30个省域数据，运用Frontier 4.1分析软件，得到表14-33估计结果。

表14-33　模型估计结果

项目	变量	模型Ⅰ	模型Ⅱ
技术无效率方程	*I*	-4.8219*** (-4.6208)	-4.3672*** (11.4983)
	market	—	-2.2458*** (-4.4729)
	fdi	—	0.5526* (1.7452)
	teti	—	1.5872*** (4.6038)
	fs	—	0.1627* (1.9836)
	常数项	1.9328*** (3.1829)	2.1539*** (11.4983)

续表

项目	变量	模型Ⅰ	模型Ⅱ
其他参数	σ^2	0.5736** (2.5613)	0.2017*** (10.1328)
	γ	0.9356*** (23.0108)	0.7164*** (1.1357)
	对数似然函数	-203.4269	-156.3128
	单边LR检验	115.2348***	214.2657***

从表14-33可以看出，利用超越对数随机前沿模型分析国内数字化水平如何影响技术创新效率是比较合适的。另外，模型Ⅰ与模型Ⅱ的γ值均大于0.7，而且在1%显著性水平下显著，通过了检验，表明技术创新活动实际产出与前沿差距具有包含技术无效率项复合结构，其中的原因在于技术无效率导致，表明运用随机前沿模型进行实证分析是合适的。

2. 技术创新效率影响因素分析。

（1）数字化水平。

从表14-33可以看出，数字化水平有助于提升技术创新效率，在1%显著性水平下显著，通过了检验。此外，数字化水平提升技术创新效率效应大于市场化水平与外商直接投资。

模型Ⅰ只在技术无效率方程加入了数字化水平，其系数为-4.8219，在1%显著性水平下显著，通过了检验，说明各地数字化水平提高显著提升了技术创新效率。模型Ⅱ除了数字化水平外，还加入了影响技术创新效率其他因素：市场化水平、外商直接投资、技术模仿、企业规模，同时在技术无效率方程加入时间趋势与控制变量。模型Ⅱ估计系数为-4.3672，在1%显著性水平下显著，通过了检验，表明企业技术创新无效率水平与地区数字化发展水平呈负相关，即在其他因素不变情况下，当地区数字化发展水平每下降1个单位，企业技术创新无效率就增加4.3672个单位，所以，地区数字化发展水平越高，企业技术创新效率也越高。

（2）其他影响因素。

从表14-33中模型Ⅱ可以看出，市场化水平系数为-2.2458，在1%显著性水平下显著，通过了检验，表明市场化水平有助于提升企业技术创新效率。外商直接投资估计系数为0.5526，表明外商直接投资与企业技术创新无效率水平呈正相关，即技术创新无效率水平越高，企业技术创新效率越低。另外，技术模仿、企业规模均与企业技术创新效率负相关。

第五节　数字经济促进经济高质量发展路径设计

随着中国经济发展进入“新常态”，经济发展需求不再是依赖人口红利和需求增长率的广义经济，而是能够满足人民生活越来越好发展的经济。因此，“十四五”时期的经济发展重点是推动高质量发展。经济高质量发展能够积极应对世界不稳定性及各类风险，但最重要的是，能够提高中国经济实力、综合国力。

一、传统增长理论局限性

工业革命之前由于经济发展相对速度是较为缓慢的，当时古典经济学家提出了很多适合较为缓慢的经济发展情况的经济增长理论框架，即古典增长理论。古典增长理论跨越了古典经济学、新古典经济学两个范式，前者包括亚当·斯密在《国富论》中提到的“分工促进经济增长”理论、托马斯·罗伯特·马尔萨斯在《人口原理》中提出的人口促进经济增长理论以及卡尔·海因里希·马克思（Karl Heinrich Marx）在《资本论》中提出的两部门再生产理论等，后者则包括熊彼特在《经济发展理论》中的创新理论、阿伦·杨格（Allyn Young）在《递增的报酬和经济进步》中提出的斯密定理等。古典经济学是经济增长理论发展的第一个高潮时期，也提出了符合当时经济增长的一系列思想。而随着新古典经济学将研究重点放在静态市场均衡中，关于增长理论的讨论几乎消失了，换言之，新古典经济学是经济增长理论讨论的低潮时期。

现代增长理论起点是哈罗德—多马模型的出现，这个模型是将凯恩斯经济增长理论动态化的尝试，它试图将凯恩斯理论短期分析整合进经济增长长期因素，并强调资本积累在经济增长中的作用。哈罗德在《动态经济学概论》中提出了动态均衡经济增长理论模型，多马也在同一时期发表了类似经济增长模型。后来，这两种模型合并形成了哈罗德—多马模型，该模型通常被认为是经典经济增长理论主要理论模型之一。哈罗德—多马模型使用固定资本/劳动比率的生产函数，因此资本和劳动之间不存在可替代性。经济只能在均衡增长狭窄路径上发展，一旦偏离均衡状态，经济不会收敛到另一个均衡状态，而是会发散。因此，哈罗德—多马模型的经济增长轨迹是不稳定的。

为了寻求稳定增长，新古典增长理论典型代表：索洛—斯旺模型，假设在竞争市场资本之间可以被替换，最终趋向于平衡增长路径。但是索洛—斯旺模型的缺陷在于它不能解释长期经济增长。新古典增长理论将技术作为外生变量引入增长模型。外生技术进步引入使新古典增长模型能够在解释长期增长的同时维持经济趋同。但新古典经济增长理论的一个明显错误是，这些模型用外生技术进步速度来解释长期增长。

而另一种关于现代经济增长理论的看法是1928年英国经济学家弗兰克·普兰顿·拉姆齐（Frank Plumpton Ramsey）在《经济学周刊》上发表的《储蓄的一个数理理论》，标志着现代经济增长理论开始，因为他的理论是第一次在方法论上具备了研究动态问题因素。

现代经济发展理论产生了三次浪潮，其中最具代表性的就是始于20世纪80年代第三次浪潮中关于内生增长理论的发展，即保罗·罗默和罗伯特·卢卡斯（Robert Lucas）关于内生增长理论研究，也是2018年获得诺贝尔经济学奖的研究成果。

在新古典主义背景下引入内生技术进步对完全竞争基本假设提出了质疑。新古典模型假设，给定技术水平不变，投入要素（资本、劳动、土地）是规模报酬不变的，而新思想却具有规模报酬递增特性，这将与完全竞争基本假设相冲突。阿罗模型假设技术进步是资本积累的副产品，新投资会有回报。通过这种方式，制造商可以通过获得生产经验来提高生产率，其他人可以通过学习来提高自己的生产率。这样，阿罗就将技术进步引入作为模型中的一个内生变量，模型中，每个企业（个人）的新发明会迅速溢出到整个经济中，竞争均衡不是帕累托最优的，这样政府将可以采取适当政策来提高经济增长率，阿罗模型是提倡政府干预经济的。罗默（1986）在阿罗（1962）等人模型的基础上，建立了自己的知识溢出模型。罗默假定，知识是追逐利润最大化厂商进行投资决策的产物，而知识具有溢出效应，任何厂商生产知识均可以提高全社会生产率。根据罗默模型，内生技术进步是经济增长的唯一来源。罗默（1986）模型可以部分解释为什么一些国家贫穷而另一些国家富裕。在他的年际技术变化模型中，罗默进一步假设技术变化是寻求利润最大化主体做出投资选择的结果。作为投入的技术是一种非传统意义上私人产品，而不是公共产品，技术是非竞争性和部分排他性的。技术非竞争性使技术具有非凸性，使得价格接受的完全竞争模型框架不再有效，垄断竞争成为模型均衡解。该模型主要结论是，人力资本存量决定增长率，均衡状态下投入研发资本太少，寻求融入世界市场将提高增长率。

传统经济增长理论应用于数字经济领域时都存在一定差距和局限性，主要表现在以下两个方面：（1）传统理论没有系统地将非经济因素纳入经济增长轨迹分析。事实上，非经济因素对整体经济增长具有持续影响，特别是在某一经济增长早期阶段。这就是为什么经济增长根本原因只有放在复杂的经济背景和社会动态中才能得到正确理解。因此，对数字经济研究旨在拓宽经济与非经济要素之间相互作用经济学理论，重点关注概括社会面临的各种经济挑战以及与之相关决策行为内在逻辑。（2）因为宏观经济体系总体框架往往不能或更不能适应设计和传递高效生产函数历史进程。数字经济发展过程中，随着互联网、计算机技术、区块链、物联网等新技术出现，促进生产效率提升的要素越来越多，经济发展要素的结构性变化越来越重要，必然对业务结构拓展有越来越大的需求。有必要继续研究如何在新的生产和使用功能、科学发明和技术创新之间建立复杂联系，以便利用人类文明发展各个阶段在现代经济发展过程中积累丰富经验。影响经济世界的技术变革程度以及在经济和社会世界中发生的“S”形经济趋势不断变化的动态。

二、数字经济发展的经济学内涵

经济增长理论研究一直是世界各国热门研究领域，生产要素随着经济环境不同阶段而发生变化。经济增长理论研究分为三类：古典政治经济学、新古典经济学和现代经济学。古典政治经济学派主要思想是，国家或地区经济增长是由于它们在劳动分配、生产技术进步等方面的推动。新古典经济学派认为，经济增长主要引擎是生产要素及其条件适当组合，其中索洛等提出技术进步可以促进经济增长；现代经济学派认为，经济增长主要因素是技术创新、劳动分工和人力资本。

无论是古典经济时期的亚当·斯密、大卫·李嘉图、马尔萨斯，还是提出基本增长方程的阿尔弗雷德·马歇尔（Alred Marsha）或者是提出技术创新理论的熊彼特和早期的西蒙·史密斯·库兹涅茨（Simon Smith Kuznets），以及到了现代经济学中的哈马德—多马模型以及华尔特·商特曼·罗斯托（Walt Whitman Rostow）的《经济增长的阶段》中所涉及理论，可以看到一个显而易见学术传统，即主流经济增长理论都是建立在一般方程和生产函数的基础之上，也就是找到一系列变量然后探讨这些变量通过函数关系如何影响经济增长总量和效率。通过一个框架和一个理论系统地解释整个经济发展过程，就是一致性增长理论思想框架。这个框架中放入诸如技术、人口、资本积累、贸易、制度和文化等多种因素，来研究这些因素对经济发展内在影响。事实上，现代经济增长理论的一个重要尝试，就是对这些要素中单个要素进行分析，但是关于多个要素分析则处在一个正在研究过程中，这也是数字经济学理论的一个重点，如何将数字经济发展内生增长的多个因素放在一致性增长模型中思考。

数字经济产生和发展是信息和互联网技术、人工智能、物联网、云计算等新科技进步结果，而数字经济对于经济增长首要考虑的是技术进步，对于数字经济主要技术表现是非常广泛的，大多数研究者在经济模型中均考虑技术进步对经济增长的贡献，本节构建了相关指标，最后从数字经济某一技术指标提高中得出对经济增长的贡献。在经济增长理论方面，结合数字经济发展，资源配置优化和生产要素组合，通过技术进步，导致市场结构优化和完善，使市场环境更加多样化，从而促进经济高质量增长。鉴于数字经济对经济增长促进作用日益重要，在国家层面，数字经济已连续四次被纳入政府工作报告，省级政府也在区市级机构层面制定了促进经济发展相关政策。数字经济发展的经济影响可以概括为两个主要方向：技术进步和制度变革。促进经济高质量发展的具体形式可以从经济内涵两个角度进行具体研究。

从数字经济视角讨论数字经济研究中最新技术和方法回答两个基本逻辑问题。（1）研究了数字经济结构范式演化逻辑，认为以互联网为基础经济结构是更普遍范式的基本假设。（2）突出了市场经济发展演进中的异质性问题，即异质性资本市场背后因素在数字市场经济发展理念中的反映，这也与传统市场经济潜在愿景有所不同。只有理解了异质性资本和控制其复杂性要素，才能理解数字经济增长的内在规律。

数字经济关注技术和创新市场。传统市场中没有太多非市场因素。这意味着传统市场经济是一个相对不完整、碎片化的线下市场，而以互联网为代表数字市场是一个相对完整的线上市场。系统理论基本思想是，不仅人类是网络，同时所有经济行为都是网络化的。这可以从三个角度来理解。

首先，经济学被认为是社会学顶端，市场经济系统本身由不同群体组成，数字经济复杂系统是从社会角度上升与人的行为和系统有关的经济现象，比任何经济系统在传统市场有更多的社会景观。其次，网上数字经济逻辑，只看到经济学已经扩展的维度在经济领域的合作，从好的方面，打破合作、互动的两个独立节点，这可以解释数字经济的社区组织二元结构理论。最后，由数字经济形成的互联网经济基本逻辑，是一种更有机、更动态的经济概念，因而也是基于自利原则的市场经济一般理论中另一种能够提供更高效、更有利可图的经济网络概念。由此得出结论并不局限于中国市场经济体制所提供的“自私和精英主义”的社会特征，而是说明了资本主义世界中互惠互利关系所产生的另一个问题。

基于结构理解经济学的增长逻辑，并通过这个逻辑理解数字经济学理论中网络组织增长的思考。工业革命之前人均 GDP 增长速度每年不超过 0.05%。而到了工业革命之后人均 GDP 增长速度变成了每年 1%。20 世纪中期之后，全球人均 GDP 年增长率约为 2%。工业革命带来的增长并不只是人口因素的影响，产业技术创新导致每个劳动者生产效率和生产质量提升，而随着技术和产业升级带来的就是生产规模和市场交换范围扩大，使得不同经济要素资源配置到不同产业中去。由于交易扩大导致更多外国人之间合作，合作过程产生了现代企业制度和相应法律，这一过程伴随着资本创造和金融制度完善。这是现代经济增长理论的内在逻辑，它隐藏着经济基础不断变化和生产率不断提高。为了降低交易费用，制度安排也在不断变化。最重要的变化不是重估要素变化，而是导致交易成本降低的内在结构变化。

关于如何解释高速发展的数字经济，正是因为研究数字经济领域网络化组织，结构更加完整，因此相对于更复杂的企业，交易成本更高；复杂网络化组织，交易成本更低。在传统经济中，企业可能面临的问题本质上是通过分工来提高效率，但同时也增加了企业复杂性，从而增加了企业内部交易成本。而对于网络社区来说，复杂度越高，交易成本越低，回答了分工专业性问题。就像罗纳德·科斯提供的商业机会一样，数字经济从网络角度看待社区组织。而为什么网络可以降低交易成本？答案是可以基于共识的社区网络组织正在用短期、低摩擦、开放式合同取代市场和公司提供的长期合同。社区内在逻辑，在一个长期契约框架下，信息网络对社区资源进行优化配置，从而实现了资源配置效率和市场化；在传统理论中，这种社区网络基于社会组织网络的结构——基于机构和社区双重角色，关注社区双重功能，既具有社区计算机化作用，又具有社区标准化作用，它为社区作为数字经济发展的新研究视角提供了一个很好机遇。

三、数字经济促进经济高质量发展的具体路径

（一）进一步完善数字经济基础设施

比较完善的数字基础设施是发展数字经济的物质保障，为新经济形态创生和发展提供了基本平台支撑。与传统基础设施相比，数字经济基础设施具有演进性、泛在性、动态性和自主性等特征，这些特征保证了数字经济基础设施能够在灵活的自我调整机制中，依据产业需求变化不断升级和大范围普

及拓展。目前，我国数字经济发展如火如荼，但数字经济基础设施供给仍存在不平衡、不充分、技术水平低等问题，因此，推进高质量发展进程中首先需要完善数字经济基础设施。

1. 加大数字经济基础设施投入和建设力度。

加快高速宽带网络建设与延伸覆盖的同时，按照市场需求灵活推进大数据平台、云计算中心、物联网、工业互联网、区块链等新型基础设施建设，并充分利用对传统基础设施改造升级提升新旧基建互补连接能力。应特别聚焦于中小城市与农村的数字经济硬环境建设，充分利用这些数字化用户的规模优势，为数字经济广泛应用提供更广阔的空间。

2. 积极突破数字经济基础设施重点核心领域。

自动控制与感知、芯片、工业软件、嵌入式系统、工业平台、智能装备、工艺流程等是数字经济发展的重要新型基建设施，但我国在这些方面与发达国家存在较大差距，对数字经济发展的支撑能力有限，亟待进一步探索和积累。应鼓励企业开展自主研发和产品升级，掌握关键领域前沿核心技术，同时应针对高端传感器、芯片等薄弱核心技术领域，整合产学研资源优势，加强统筹规划、强化攻关和重点突破。

3. 加强数字经济基础设施建设与数字人才培养协同发展。

数字经济发展与推广既需要物理基础设施，也需要大量高端复合型创新人才作保障。应不断改革教育体系，建立前沿领域激励型和市场需求导向型多元人才培养机制，并通过产学研用的系统化合作培育高质量的技术人才、管理人才和理论创新人才，以及勇于承担风险的创新创业者，为数字经济发展提供充足人才储备与人力资源。

（二）加快推进数字经济区域协调发展

在数字科技加速迭代下，我国数字经济规模不断扩张。但我国数字经济发展存在严重的区域发展不均衡问题，不同地区数字基础设施建设差异及数字人才储备差距导致区域数字经济发展差异显著，表现在城市数字经济发展水平远高于农村地区，东部地区数字经济发展水平远高于中西部地区。数字经济发展区域存在差异障碍，导致数字经济只能在局部范围内产生经济增长效应。因此，只有形成宏观的、均衡的数字经济生态系统，才能有效发挥数字经济的集群效应。

1. 加大农村地区数字基础设施建设力度。

农村要加快建立电子商务、物联网等数字经济平台，落实数字基础设施建设普惠性，尽量缩小城乡之间的数字基础发展差距。

2. 要强化中西部地区数字经济发展基础。

要注重对数字经济基础资源的合理优化配置，增强资金、信息、数字资源的流动性，依托不同地区独特优势，统筹搭建数字基础设施体系，通过数字资源的重新配置解决中西部地区数字基础设施不足，京津冀、长三角地区数字经济服务成本过高的结构失衡问题。

3. 加快推进“数字乡村”和“智慧城市”建设。

通过将数字经济与农业、交通、教育、医疗、金融等传统生产生活场景相结合、使数字经济普惠大众，奠定城乡及区域一体化产业发展基础和生活方式基础。

（三）加快数字经济与实体经济深度融合发展

从发展经济学基本原理可知，生产率提升可以通过高效率生产部门向低效率生产部门生产率溢出效应来实现。利用数字经济广泛渗透带动传统实体经济智能化升级，不仅可以为数字经济纵深发展提供更加深厚的产业基础和市场机遇，而且可以促使其他产业在需求拉动效应下探索新兴数字产业增长点，形成“技术渗透—产业转型—技术创新—产业升级”的良性循环，实现新旧产业协同发展。

1. 强化数字经济向传统产业渗透的理念。

发展传统产业进程中，不断探索融合数字经济技术创新机会，为传统产业与数字经济融合寻求切入点和契机。积极推动数字技术与农业生产、工业制造、交通运输、金融科技、生活服务等深度融合，形成数字经济与实体经济良性、协同发展格局。

2. 加快数字基础设施建设，推动数字经济与实体经济深度融合。

通过数字基础设施建设将技术、人才、数据等各类产业资源广泛连接起来，在扩大新数字经济产业增量的同时，推动实体经济全面深度应用数字智能技术实现优化重组，对已有存量产业数量、质量和效率进行全面提升、增强其与新技术、新产业和新业态对接融合能力。

3. 加快数字产业化与产业数字化发展。

在产业数字化和数字产业化基础上，将数字经济与能源、交通、医疗、教育、娱乐、金融等传统场景广泛结合起来，一方面可以提高数字经济应用便利性和普惠性，另一方面可以在多场景应用中挖掘产业创新潜能和延长产业链。

（四）不断强化数字经济安全保障配套体系建设

与传统产业经济基于实物载体不同，数字经济更多地以信息网络为载体，并以数据要素为基本生产资源，大量涉及个人隐私和商业机密数据信息充斥在网络中。数字经济在带动社会生产组织变革的同时，对保障产业安全提出了新挑战。因此，应从多维度构建数字经济安全保障配套体系。

1. 微观层面，不断改进数字经济相关领域生产和应用软硬件设备，提高安全性能。

数字经济时代，无论是办公、教育、医疗、交通等日常生活场景，还是金融资本、智能制造、产业融合等生产场景，都与大数据、人工智能等前沿信息技术更加紧密结合，一旦金融、交通等掌握国家经济命脉的重要领域遭受攻击，将对我国产业安全甚至国家安全造成巨大威胁。因此，应增强网络数据安全防护和抗风险能力，增强数字经济底层技术支持，及时跟进网络安全配套设施运行状态，为数字经济发展提供安全保障。

2. 中观层面，加快完善有关数据安全及隐私保护的法律法规。

确保数据要素产权明晰和合理使用，提高数据泄露、数据窃取、数据滥用等潜在风险和违法行为的防御与应对能力，以网络安全法律法规为基本准则，保障数字经济在安全监管体系中运行。

3. 宏观层面，推动数字经济生态网络安全。

通过政策引导有关行业加大对网络安全相关产业的投资力度，在安全监测、产业边界控制等领域形成企业带动行业、行业带动产业发展的网络集聚效应，建立良好、安全的数字经济产业生态。

总结与回顾

1. 数字经济促进经济增长实现质量转变基本机理包括促进消费增长与推动结构升级、“服务型”政府建设、要素结构重构效应、供需结构匹配效应、协同创新效应以及成果共享效应等。

2. 数据直接进入生产过程方式至少有两种。第一种方式被定义为数据驱动决策（data - driven decision - making，DDD）。数据进入生产过程第二种方式是同时作为生产的中间产品和最终产品（或最终服务）。

3. 构建基于 CDM 模型的数字化模型框架可以分析数字化与企业生产率。

4. 构建以 C - D 生产函数为基础模型并引入知识资本变量的模型来分析数字资本、电子商务与企业生产率之间的关系。

5. 构建了数字化水平指标体系，并测算我国数字化水平，然后构建随机前沿模型，从宏观视角分析数字化转型如何影响企业创新绩效。

6. 以数字经济重塑经济高质量发展的具体路径在于：完善数字经济基础设施供给体系建设，统筹推进数字经济城乡区域协调发展，引导数字经济与传统产业经济深度融合，强化数字经济的安全保障制度体系。

复习思考

一、名词解释

CDM 模型；企业数字化

二、简答题

1. 简述 CDM 方法。
2. 简述创新产出方程。
3. 简述电子商务与企业技术创新的关系。

三、论述题

1. 联系实际谈谈数字经济如何促进经济增长与发展。
2. 联系实际谈谈数字化如何影响企业生产率。
3. 联系实际谈谈数字资本、电子商务与企业生产率微观效应。
4. 联系实际谈谈数字化影响企业技术创新效率宏观效应。
5. 联系实际谈谈数字经济促进经济高质量发展路径。

能力拓展

自 20 世纪 90 年代中期至今，我国数字经济以较高的增速持续发展。经测算，1993 ~2016 年，数字经济实现了超过 17% 的增长，而需要指出的是，在此段时间内，我国的 GDP 增长速度为 9% 左右。而在其中，十分引人注意的是我国数字经济发展表现出的结构性特征。一方面，数字产业化在数年间以 15% 左右的速度实现增长，而产业数字化的增长速度竟然达到 24% 以上；另一方面，通过数字技术应用实现较高经济增长速度的部门其实屈指可数，对于许多行业而言，数字技术的应用尚未对其做出较大贡献。这在很大程度上意味着，数字技术向经济社会各领域的渗透在未来较长时间仍然会是我国实现快速高质量经济增长的动力源泉。

试想如何充分发挥数字经济的经济增长效应？

第十五章　数字经济与就业

任务分析

1. 深入理解数字经济影响就业总量的替代效应机制。
2. 深入理解数字经济影响就业总量的补偿效应机制。
3. 深入理解数字经济影响就业总量的创造效应机制。
4. 深入理解数字经济影响就业结构与就业质量。
5. 领会数字化与就业：数字技术替代效应与补偿效应。
6. 理解数字经济背景下的内生技术进步。
7. 了解人工智能如何影响就业。
8. 了解数字经济背景下劳动者保护与政府政策选择。

案例导入

数字经济开拓就业新空间　灵活就业群体权益保障持续完善

我国数字经济业态正持续蓬勃发展。近年来，数字化改变了传统的经济就业形态，直播带货、快递员、网约车司机、平台骑手等日渐成为灵活就业的热门选择。

中国财政科学研究院院长刘尚希表示，促就业应顺应数字化大趋势，充分发挥数字经济带动就业的杠杆效应。数字平台经济所形成的新型就业“生态系统”，既是青年人当下就业选择的过渡地带和未来主体形态，也是青年人才自由创业的“孵化地”。当前应鼓励、支持和拓展平台就业，以电商、网约车、物流配送、在线教育、信息服务和数字场景设计等作为吸纳青年人就业主要方式。

随着我国数字经济发展，其创造新就业岗位占比近三成。第三产业中，数字经济带来就业岗位占到六成。《2023 中国数字经济前沿：平台与高质量充分就业》研究报告显示，据不完全统计测算，以抖音、京东、淘宝等为代表的数字平台，2021 年为我国净创造就业约 2.4 亿，为当年约 27% 我国适龄劳动人口提供就业机会。记者了解到，京东体系目前拥有超过 54 万名员工，其中大多数是快递员、仓储分拣员、客服人员等。辛选集团通过开设《直播销售员人才培养方案》《选品员人才培养方案》《直播电商销售技巧》等 47 门直播带货相关课程，聚焦专业人才培养，帮助更多年轻人灵活就业。据悉，公司近期与大连金普新区投资建设一所以数字经济人才培养培训为主的职业学校，计划总投资 7 亿元。

网约车平台在保障灵活就业方面也发挥了重要作用。2021 年 3 月数据显示，滴滴在我国拥有 1300 万年活跃司机。截至目前，滴滴在国内累计服务了 6400 多万名司机，其中 3200 多万是网约车司机。平台通过专项补贴稳定司机订单和收入，多方协同开展司机定向帮扶，确保了就业基本稳定。

中国信息经济学会理事长、中山大学管理学院教授谢康表示，互联网平台为当代中国社会经济发展提供了多种灵活就业社会选择，最大化地提升了个人自由选择度。中国科学院大学经济与管理学院教授吕本富认为，平台经济事实上促进了我国经济高质量增长，主要表现在基础设施赶超、精准匹配和扩大实体经济覆盖范围，从而构成了高质量充分就业基础。各地也围绕灵活就业推出相关支持政策并积极引导。

2021 年滴滴出行平台成立网约车司机生态发展委员会，充分听取司机意见反馈，帮助平台在规则、产品等方面进行改进，同时在收入、保障、职业发展、福利关怀、公益帮扶等方面为司机提供多元福利保障。2022 年起在全国多个城市联合保险机构，投入专项补贴，推出网约车司机专属商业养老保障和医疗保障；开展司机福利站、福利体检等福利关怀活动。滴滴公益还与中国红十字基金会联合发起设立“滴滴关爱基金”为特殊困难司机提供公益帮扶，开展“橙果计划”助力司机子女教育发展。更多平台和企业也在细化保障措施。

资料来源：韦夏怡．数字经济开拓就业新空间 灵活就业群体权益保障持续完善［N］．经济参考报，2023－03－09.

知识介绍

第一节 数字经济与就业总体分析

数字经济引领新一轮科技革命改变了现有生产方式、消费方式和商业模式，同时为就业带来了新机遇和新挑战。一方面，数字经济作为一种新经济形态，催生出大量新就业形态和就业方式；另一方面，数字技术革命在驱动经济转型发展过程中也会产生就业替代效应，以机器替换人工为主要方式，智能化生产技术改造加快了对中低技能劳动力的替代，进而造成结构性失业（Autor et al.，2013）。数字经济对劳动力市场和就业影响具有多维性、复杂性和动态性，国内外学界针对此开展了一系列研究并产生了较为丰富的成果。

一、数字经济影响就业总量

纵观人类社会历次技术革命，从机器刚出现时对手工劳动替代，到复杂机器出现对体力劳动大范围替代，劳动者知识和技能水平的不断提高并向脑力劳动方向转变，每一次技术革命都表现为自动化程度加深和重塑劳动过程。数字经济引领新一轮技术革命在影响生产生活方式的同时，对劳动力市场产生巨大冲击和深远影响。（1）越来越多的工作可能被机器人和人工智能替代（Frey et al.，2017），形成替代效应；（2）数字经济发展显著提高生产效率，降低产品价格并增加有效需求，进而增加对劳动力需求（Autor et al.，2018），产生补偿效应；（3）数字经济快速发展也创造了大量新职业和新岗位（Bessen et al.，2018），产生创造效应。

（一）数字经济影响就业总量机制分析

数字经济影响就业总量的机制主要包括替代效应机制、补偿效应机制和创造效应机制，其中替代效应表现为就业岗位的减少，而补偿效应和创造效应增加了就业岗位，数字经济对就业总量综合影响效应取决于三者的相对大小。

1. 替代效应机制。

技术进步过程中，人们比较关注和讨论的是机器对人的替代效应。自动化进程加速引发专家学者的担忧，认为新技术会使得劳动力过剩（Brynjolfsson et al.，2014）。Acemoglu 等（2019）提出基于任务框架来分析自动化对劳动力需求的影响，认为自动化技术影响了不同生产要素之间的任务分配，使资本在一系列任务中替代劳动力，产生就业替代效应。Frey 等（2017）按照受自动化影响程度，将美国 702 种职业分为高风险、中风险和低风险三类，预测在未来 20 年有 47% 的美国工人存在因自动化快速发展而被替代的风险。Nedelkoska 等（2018）基于国际成人能力评估调查（PIAAC）数据进一步将工作按照涉及任务进行分类后发现，约有 14% 的工作面临自动化高风险，32% 的工作由于受到自动化影响，其执行方式和对技能要求会发生改变。Zhou 等（2020）分析了 AI 对中国劳动力的替代程度，预计到 2049 年中国将有 2. 78 亿劳动力被 AI 替代，占中国当前就业人数的 35. 8%，并且人工智能对女性、老年、低教育和低收入劳动力替代影响更大。数字经济是基于数字技术的新型经济形态，不仅是自动化程度的延续，而且呈现出以 AI 为核心驱动的智能化特征，因此其可替代就业范围呈现不断扩大的趋势，从对中低端、体力劳动替代扩展至对中高端和脑力劳动替代，将进一步减少就业岗位。

2. 补偿效应机制。

补偿效应本质上是一种生产率效应，是指数字经济通过互联网、AI、区块链和云计算等数字技术应用显著提高生产效率（Tranos et al.，2021），使得生产规模扩大和有效需求增加，进而增加对劳动力的需求。Gregory 等（2016）基于欧洲 27 个国家数据研究发现，技术变革对劳动力影响渠道不仅包括资本对劳动力的直接替代效应，还包括通过产品需求和溢出效应引致劳动力补偿效应。Aghion 等（2020）也验证了就业补偿效应机制，发现自动化程度提高有利于企业提高销售额和扩大生产规模，进而增加就业岗位。数字经济就业补偿效应机制可以归纳为以下三个方面：（1）“价格效应”，随着数字技术的广泛应用，自动化和智能化生产降低了生产成本和产品价格，进而增加消费者对相关产品的需求，扩大该行业生产规模，从而增加就业岗位（Autor et al.，2018）；（2）“溢出效应”，生产效率提高使得生产成本和产品价格降低，增加了消费者的实际收入，扩大了对其他行业或部门产品的需求，扩大相关行业或部门的生产规模并增加就业岗位（Herrendorf et al.，2013）；（3）“规模效应”，产业数字化转型本质上提高了生产效率，降低企业生产经营成本从而自发地扩大生产规模，表现为所有行业对劳动力需求的增加（Acemoglu et al.，2020）。

3. 创造效应机制。

数字经济发展在替代劳动力的同时，也创造了大量新职业和新岗位。一方面，数字产业化推进增加了对高端技术人才的需求，创造了 AI 工程技术人员、数据库运行管理员和工业互联网工程技术人员等新职业。另一方面，数字经济发展催生出新业态和新模式，平台经济和共享经济的兴起突破了就业空间和时间限制，使得就业形式更加灵活和多样化（Spreitzer et al.，2017），创造了网约车司机、外卖骑手和网络营销师等新职业，吸纳了大量因数字经济替代效应而失业的劳动力。一项基于美国劳动力市场研究发现，与补偿效应相比，就业创造效应机制发挥作用更强，新职业的出现解释了美国 1980 ~ 2010 年就业增长的 50% 左右（Acemoglu et al.，2018）。数字经济依托数字技术发展和融合应用创造大量的新岗位和新职业，成为新增就业机会的重要来源。

（二）数字经济影响就业总量效应

数字经济影响就业总量存在不确定性，综合影响效应取决于替代效应、补偿效应和创造效应在动态平衡中如何发挥作用。

1. 积极影响。

积极影响表现为数字经济就业补偿效应和创造效应大于替代效应。

数字经济萌芽时期，互联网作为新兴技术在全球迅速普及，早期学者探讨了互联网对就业的影响。研究显示，互联网每摧毁一个工作岗位同时能创造 3. 1 个工作岗位，即就业创造效应大于替代效应（Notteboh et al.，2012）。Avom 等（2021）考察了西非货币联盟国家采用信息通信技术（ICT）对就业的影响，每增加1% ICT应用，就会减少0.03%的中低技能工作岗位，同时创造0.05%的高技能工作岗位，最终产生净就业创造。Balsmeier等（2019）利用瑞士企业层面数据研究发现，基于机器数字技术（3D打印、机器人和物联网）对就业具有正向净效应，而非机器数字技术（ERP、电子商务）对就业影响不显著。Aghion等（2020）利用法国制造业数据检验发现，自动化生产率效应大于替代效应，整体上对就业具有促进作用。Koch等（2021）使用西班牙1990~2016年企业层面数据研究发现，采用机器人企业在机器人使用4年内产生了近20%~25%的产出增长，并使得就业机会以10%的速度增长。Cords等（2022）构建了具有技能异质性劳动力市场搜寻匹配模型，使用奥地利和德国数据对模型进行校准后发现，采用机器人对低技能工作岗位数量替代少于对其所创造高技能工作岗位数量，使用澳大利亚和美国数据则得出了相反结论，但考虑到工人内生技能获得后发现，机器人采用对四个国家净就业效应均为正。

2. 消极影响。

消极影响表现为数字经济对就业替代效应占主导地位。

Acemoglu等（2020）利用1990~2007年美国劳动力市场数据分析了自动化技术影响，发现每千名工人多一台机器人将使当地劳动力市场减少6.2名工人就业。考虑了行业之间溢出效应以及市场之间贸易后发现，每千名工人中增加一个机器人将减少3.3名工人就业，即机器人使用对美国总就业产生负向影响。Aghion等（2019）使用相同方法研究了法国1994~2014年自动化对就业影响，发现每千名工人多一个机器人将导致就业人口比率下降0.686%，多安装一个机器人会减少10.7个就业岗位。考察机器人对不同受教育水平群体就业异质性影响，发现机器人对受教育水平低群体负向影响显著更大。这种异质性影响强调了教育的关键作用和公共政策的必要性，为缓解数字技术进步对就业的不利影响，公共政策应以提高教育水平和促进终身培训为目标。Chiacchio等（2018）考察了六个欧盟国家工业机器人使用对就业的影响，发现就业替代效应占主导地位，每千名工人增加一个机器人会使就业率降低0.16%~0.20%。Giuntella等（2022）使用中国家庭追踪调查数据（CFPS）研究表明，机器人使用每增加一个标准差会导致中国劳动力参与率下降1%，就业率减少7.5%。

3. 中性影响。

中性影响表现为数字经济对就业总量影响不显著。

Daut等（2017）使用1994~2004年德国劳动力就业数据与国际机器人联合会（IFR）数据相结合进行实证检验发现，机器人应用对就业总量负向影响不显著。Graetz等（2018）使用1993~2007年17个国家数据得出了一致结论，使用机器人没有显著减少总就业人数。Arntz等（2016）认为基于职业分类方法会造成对自动化影响的高估，这是由于很多被归为高风险分类职业仍然包含大量难以自动化任务，他们在考虑同一职业内的任务异质性后得出，数字化和自动化不太可能摧毁大量工作岗位。Acemoglu等（2022）在分析AI对美国劳动力市场影响时发现，尽管AI技术使用减少了企业招聘人数，但从整体来看对就业影响有限。以AI为主要代表数字技术在减少一些就业岗位的同时创造了新职业和新岗位，但在未来10~20年，整体上不会造成大范围失业，但短期内对工人再培训和使其向新岗位过渡需要较大的社会成本（Bessen et al.，2018）。

二、数字经济影响就业结构

数字经济影响就业结构是多维度的。一方面，数字技术与不同产业融合将引起产业结构调整，进而影响劳动力在不同产业分布；另一方面，数字技术变革引发了生产系统和工作组织的变化，对不同技能和不同性别的劳动力需求产生异质性影响，进而影响就业结构。

（一）产业结构

产业层面，就业结构表现为在三次产业中的就业人数及其比重。从历次技术革命经验来看，技术变革引起产业结构变革进而影响就业结构。数字技术研发创新和融合应用推动数字产业化和产业数字化发展，在加速产业结构升级过程中造成劳动力在不同产业间进行结构调整。Nedelkoska 等（2018）研究发现，尽管服务业中快递和餐饮服务等容易实现自动化，但整体而言，农业和制造业就业受到自动化影响更大。Wu 等（2022）研究发现，数字经济发展显著减少了第二产业就业人数，使得就业结构向第三产业转移。第二产业中，工业机器人崛起可能会替代一些重复性劳动任务，而数字经济在第三产业快速渗透，尤其是平台经济下一些传统服务业数字化就业创造效应显著。从整体趋势来看，数字经济发展将进一步释放农业部门劳动力，减少制造业就业的同时促进服务业就业增长（Dauth et al.，2017；Mann et al.，2021）。

1. 对农业部门的影响。

前两次工业革命形成机械化和大规模生产，使得第一产业比重持续下降，农业部门就业人数急剧减少并向制造业部门转移，以信息技术广泛应用为标志的第三次工业革命进一步降低了第一产业就业比重。当前，数字技术驱动第四次工业革命进一步推动了农业智能化生产，可能会进一步减少农业就业人数。由于农田布局、土壤条件、气候和产量等方面存在一定可变性，农业生产非常规任务一直以来受到自动化技术影响较小（Bac et al.，2014），而 AI 等数字技术创新和应用可能改变这一现状。例如，计算机视觉技术可以对作物生长进行实时监测，及时了解作物生长环境并进行适当优化和调整，有利于提高生产效率（Choudhury et al.，2017）。AI、机器人可以在复杂地形中导航、识别作物和成熟度并进行准确采摘，进一步降低劳动力成本（Legun et al.，2021）。数字技术运用将推动劳动力由农业就业向非农就业转换，此种劳动力转换趋势也将进一步推动数字技术与农业和非农产业融合格局变化，产业结构发生转型调整。

2. 对工业制造业的影响。

数字技术应用使得制造业生产过程变得越来越自动化和智能化，机器替代简单重复任务，进而对制造业就业产生负向影响（Frey et al.，2017）。Dauth 等（2017）使用德国制造业数据研究表明，每增加一个机器人将平均减少两个制造业岗位，意味着德国在 1994 ~ 2014 年由机器人替代制造业工作岗位约 27.5 万个。Mann 等（2021）利用文本分类算法构建自动化技术指标，发现美国自动化技术进步使得制造业就业下降。也有研究认为，新技术对制造业就业并非一定是负向影响，这与技术对需求影响有关，自动化技术不仅使得机器替代了劳动力，同时将降低价格，提高产品质量、定制或交付速度，进而增加需求，如果需求充分增加，即使单位产出所需劳动力减少，最终也会促进就业增加。事实上，在技术进步和生产率持续增长过程中，发达经济体和发展中经济体制造业就业人数先增长后下降，呈现倒“U”形变化趋势。这是由于技术变革对制造业就业的影响取决于需求价格弹性，如果产品需求弹性足够大，自动化技术将会增加就业（Bessen，2019）。Koch 等（2021）利用 1990 ~ 2016 年西班牙制造业企业数据集研究发现，使用机器人制造业企业就业岗位增加，因为产出增长远远大于劳动力成本份额下降。由于样本数据、行业选择以及实证方法不同，现有研究得出的结论差异较大。

3. 对服务业就业的影响。

服务业高度依赖于从业者灵活人际沟通能力，难以实现高度自动化，而自动化技术对常规任务替代将低技能劳动力重新分配到服务业，促进了服务业就业增长（Autor et al.，2013）。Gaggl 等（2017）研究发现，ICT 往往会增加批发、零售和金融等服务行业就业。然而，随着 AI 技术应用，这种状况也可能会发生改变。Chui 等（2015）研究发现，在专业服务行业，即使是非常规高技能工作，也面临着越来越大的威胁。Huang 等（2018）进一步将 AI 区分为机械智能、分析智能、直觉智能和共情智能四种发展程度，发展初期仅仅是对同质、重复机械性服务工作替代，在分析智能阶段将进一步替代技术分析性服务工作。尽管数字技术创新和应用使得更多人工服务工作智能化，但是否能普及还取决于消费者偏好。Morikawa（2017）对消费者偏好分析表明，儿童保育、医疗保健、教育等人力密集型服务很难被机器人取代。整体而言，数字经济发展促进了服务业就业增长，未来服务业就业趋势将受到数字技术发展程度、应用成本以及消费者偏好等因素共同影响。

（二）技能结构

早期基于发达国家研究表明，技术进步具有技能偏向性，使得劳动力市场技能结构发生变化，增加了高技能工人就业，同时降低了对低技能工人需求（Berman et al.，1998）。这种趋势不是一成不变的。20 世纪 90 年代之后，美国高技能工人和低技能工人就业均呈现增长趋势，这种两极分化现象也同样出现在欧洲（Acemoglu et al.，2011）。在西班牙，中等技能工人就业在 1981～2011 年间仅增长了 5.1%，远低于低技能工人（40.9%）和高技能工人（57.3%）增长，呈现出典型就业两极分化特征（Consoli et al.，2019）。Autor 等（2003）较早提出"程式化任务"假设对这一现象进行解释，认为技术进步替代了执行常规任务工人（从事文员、生产、记账等工作的中等技能工人），同时增加了对执行抽象任务和手工任务工人的相对需求。学界进一步提出了"常规倾向性技术进步"（routine-biased technological change）假设，认为技术变革具有替代常规任务倾向，减少了中等技能职业相对于高技能和低技能职业需求（Goos 等，2014）。新技术对就业技能需求的影响路径大致可归纳为技能偏向型和任务偏向型两类，使得劳动力就业技能结构呈现出不同特征。

Balsmeier 等（2019）认为数字技术是一种通用技术，在各行业广泛使用将对现有生产线产生深远影响。他们利用微观数据检验发现，企业数字化技术投资对不同技能工人就业具有显著异质性，数字化投资每增加 10 万瑞士法郎，高技能工人就业岗位将增加 5.8 个，中等技能工人和低技能工人就业岗位分别减少 4 个和 2.3 个，数字技术使得劳动力就业技能结构呈现向高技能单向极化特征。Acemoglu 等（2022）使用美国 2019 年度商业调查（ABS）数据，评估了 AI、机器人、专用设备、专用软件和云计算五项关键数字技术采用对劳动力市场的影响，结果表明企业采用这些技术增加了对高技能工人的相对需求。也有研究认为，AI 技术造成就业技能结构两极分化，高技能和低技能工作岗位增加，而处于技能分布中间工作岗位减少。Acemoglu 等（2022）建立一个自动化分配模型进一步阐释了就业两极分化的原因，在复杂任务中，熟练工人相对资本和其他劳动力具有比较优势，而低技能工人工资足够低，自动化技术仅将中等复杂性任务分配给成本较低资本，替代了中等技能工人的岗位，从而造成就业两极分化。

数字经济对不同国家劳动力技能结构影响差异可能与数字经济发展阶段有关。数字经济技术发展初期，替代成本较高，通常对低技能劳动力进行替代，随着数字技术深入发展和融合应用，开始对中高技能劳动力产生负面影响（Aghion et al.，2018）。此外，这也与不同国家教育制度有关，例如德国就业两极分化趋势不如其他欧洲国家明显（Goos et al.，2014），这可能与德国双元制职业培训模式有关。

（三）性别结构

数字经济对改善就业性别差距带来机遇和挑战。一方面，数字技术发展使得工作安排更加灵活，例如线上工作、电子商务和零工经济等新模式通过创造新机会有利于缩小劳动力参与方面的性别差距（World Bank，2016）。Gómez 等（2014）研究发现，家庭 ICT 使用显著提升了就业概率，且对女性影响效应更大，这可能是由于工作中使用ICT技术促进了性别中立工作，减少了繁重体力工作，同时促进了远程办公和多任务执行，有助于女性更好地平衡工作和家庭，从而对女性劳动力需求产生积极影响。Aly（2022）利用25个发展中国家数据研究发现，数字化转型指数与经济发展、劳动生产率和就业呈正相关关系，通过数字化转型可能增加就业预计为女性提供了更多工作机会，从而增加女性就业。

另一方面，数字经济发展也产生了“数字鸿沟”现象。“数字鸿沟”是指数字基础设施接入、使用和获益在不同地区和群体之间分布不均衡现象（Wei et al.，2011）。“数字鸿沟”现象可能更多地惠及“优势群体”，而使得弱势群体难以享有数字技术变革带来发展机会，这种机会不平等现象涉及经济社会发展和个人教育、投资等多个方面，同时突出体现在就业领域，使得劳动力市场分割进而对就业结构产生影响。数字性别鸿沟在许多国家存在，使得女性在数字革命中处于天然劣势（Hafkin et al.，2007）。Hilbert（2011）认为，在就业、教育和收入等方面长期存在不平等使得女性无法使用数字技术，从而在“数字鸿沟”、失业和低收入之间形成恶性循环。Zhang等（2023）提出，在制定支持数字经济、促进灵活就业相关政策时，应引入性别视角。

三、数字经济影响就业质量

就业质量是一个综合性概念，国内外学者和国际组织分别从不同角度定义和测度就业质量。国际劳工组织较早提出体面劳动概念，在有工作机会基础上强调在自由、公平、保障和尊严条件下获得体面和收益丰厚工作（Anker et al.，2003）。Nadler等（1983）提出工作生活质量概念，关注工作对个体影响，应充分考虑劳动者工作和生活平衡。也有研究从宏观层面将就业质量定义为劳动力市场运行状况及资源配置效率（Bastelaer，2002）。就业质量指标选取和测度方面，既有研究侧重点不同，宏观视角是对某个国家或地区就业质量进行测评，主要从就业环境、劳动报酬、社会保护、劳动关系和就业能力等方面选取指标，微观视角侧重劳动者个体就业质量衡量和评价，关注劳动者工资收入、工作时间、社会保障、工作满意度和劳动者与工作匹配度等维度（OECD，2015）。探讨数字经济对就业质量的影响时，国外研究更多地探讨了数字经济对就业质量内涵中某一具体维度影响，主要集中在工资收入、工作时间、社会保障和工作匹配度等方面。

（一）工资收入

数字经济对工资收入水平影响存在争议，既有研究分别得出了存在积极影响和消极影响结论。Chiacchio等（2018）研究发现，机器人使用数量增加对工资收入有显著负向影响。Acemoglu等（2020）基于美国劳动力市场研究得出了一致结论，机器人使用对劳动力工资收入具有不利影响，每千名工人多一台机器人将使工资降低0.25%～0.5%。上述研究较为一致认为工业机器人使用对工资收入水平具有负向影响。Lee等（2019）使用2009～2015年英国劳动力市场数据研究发现，高科技产业增长降低了低技能工人平均工资，这主要是由于高科技产业发展创造了非贸易服务就业岗位，新进入劳动力市场工人生产率低于已经就业工人，从而降低了平均工资水平。Braxton等（2023）进一步考察了技术变革在解释失业后收入大幅持续下降中的作用。也有研究认为，数字经济发展促进了生产力水平提高，增加了对高技能劳动力需求，从而显著提高了劳动者整体工资水平（Autor，2015）。Graetz等（2018）使用1993～2007年17个国家数据进行实证检验发现，使用工业机器人显著提高了全要素生产率和劳动力平均时薪。

关于数字经济对工资收入不平等影响方面，现有研究在构建理论模型时主要基于技能偏向性技术进步和任务偏向型技术进步视角。Lankisch等（2019）通过构建包括低技能工人、高技能工人、传统物质资本和自动化资本四种生产要素理论模型分析得出，自动化降低了低技能工人实际工资，提高了技能溢价，应通过投资高等教育提高高技能工人比例，缓解自动化对工资不平等影响。Prettner 等（2020）建立了一个内生教育研发驱动增长模型，该模型中，高技能工人是机器补充，而低技能工人是机器替代品。随着技术进步，生产中使用机器越来越多，高技能工人工资相对低技能工人有所增加，增长技能溢价促使更多人接受高等教育。同时，技能偏向性技术进步使得低技能劳动力无法从自动化中获益，而高技能工人工资会随着技术进步速度而增长，将导致工资收入不平等加剧。Acemoglu 等（2018）将异质性技能引入基于任务模型发现，自动化替代了非熟练工人，同时产生新任务使得熟练工受益，在短期内导致不平等加剧，但长期而言，新任务标准化限制了不平等加剧。实证研究方面，Dauth 等（2017）利用德国机器人数据进行实证检验发现，机器人使用显著提高了高技能工人工资收入，但对低技能工人尤其是中等技能制造业工人产生了较大负面影响，从而加剧了工资不平等。Acemoglu 等（2022）发现，在经历快速自动化行业中，专门从事常规工作工人相对工资下降。但是也有学者得出了较为积极的结论。Domini 等（2022）利用法国企业层面数据检验发现，企业自动化和人工智能产品进口大幅度增加没有导致工资不平等和性别工资不平等加剧，而是相同程度地提高了不同分位数工人工资收入。

（二）工作时间

数字技术有利于突破地理空间限制，促进信息和服务持续提供，使得工作能够在非标准时间进行，这种变化是对传统时间和空间组织颠覆性变革。一方面，工作时间和工作频率方面为工人提供了更大自主权，扩大了工人对工作模式选择（Schor et al.，2019）。但另一方面也可能导致对工人进行更集中控制和监督（Rubery et al.，2001），例如数字平台的兴起扩大了全天候实时监控员工的可能性，增加员工因密切监控产生的精神压力。Green 等（2000）提出了努力偏向性技术变革假设，认为 ICT 使得管理层能够最大限度地利用劳动力以维持正常工作流程，显著增加了工人工作强度和工作压力。Giuntella 等（2022）利用中国家庭微观数据实证检验发现，机器人使用每增加一个标准差，工人月平均工作小时数显著增加了 12.6% ~ 14.2%，在机器人使用更多城市，工人工作时间更长，以弥补时薪降低。Bauernschuster 等（2014）发现互联网平台使用使得随时随地办公成为可能，导致工作和生活界限模糊，进而延长了工人工作时间。Cheng 等（2021）基于全国普通职工调查数据发现，职业自动化概率越大，工人将面临更高工作不安全感，其职业倦怠感发生概率也越高。既有研究普遍认为互联网和 AI 等数字技术普及延长了劳动者工作时间，增加了工作强度。

（三）社会保障

数字经济发展催生了新业态和新就业模式，平台经济作为数字经济一种特殊形态，使得人们工作方式从长期性“标准合约”向“灵活任务型”转变（World Bank，2019）。依托平台新就业形态可能使工人从获得工作机会中受益，增加了兼职可能性，但另外也会使得工人被排除在社会保障体系之外（De Stefano，2016）。按照传统分类，平台就业者通常被归纳为自雇或自由职业者，这种非标准就业意味着风险和责任转移，平台免除了其中大部分责任，而将社会保障义务外部化到工人身上。当前社会保障制度以传统雇佣关系为基础，雇佣关系模糊性也隐含着社会保障不确定性，使得平台工人无法像正式雇员一样参与现行社会保障体系（Eichhorst 等，2017）。由于平台就业者被归为自由职业者，他们必须自己承担所有社会保险费用，但与其他就业群体相比，平台就业者工作具有碎片化和不稳定等特征，导致其收入低和收入不稳定，自己往往难以承担所有社会保障成本，因而无法参加社会保险（Daugareilh，2021）。Chen 等（2020）调查研究发现，平台从业者参加城镇职工基本养老保险、城镇职工基本医疗保险、失业保险和工伤保险的比例很低，这些法律规定保险形式参与率均不到15%。即使平台经济中的劳动者被归类为雇员，临时性工作普遍增加也使得工人难以积累就业和社会保障权利，例如产假、带薪休假和失业救济金等（Konkolewsky，2017）。为了应对数字经济发展给劳动力社会保障带来的冲击，未来需建立公平、包容和可持续社会保障制度。此外，有必要从法律框架上明确数字平台从业者雇佣关系性质，以保障平台工人福利和权益（Behrendt et al.，2019）。数字经济给劳动者社会保障带来冲击的同时也产生了一定积极作用，例如大数据能够帮助确定社会保障覆盖范围，AI通过更加自动化业务流程改善服务质量并降低成本，数字技术发展为扩大社会保障覆盖范围开辟了新政策空间（Konkolewsky，2017）。

（四）工作匹配度

劳动者和工作匹配过程主要取决于信息可获性，工人和雇主都在收集和评估信息，然而信息获取和评估成本往往较高。理论上，数字技术降低了搜索成本，同时扩大了经济主体之间匹配潜在范围（Goldfarb et al.，2019），基于匹配算法识别和判断使得在线招聘可以加快雇主和工人搜寻彼此过程，而匹配效率提高将进一步提高公司和工人之间匹配质量（Gürtzgen et al.，2021）。

从实证研究看，有研究认为互联网对劳动力市场匹配影响有限。Kuhn等（2004）研究发现，在网上找工作失业者比同等非互联网搜索者失业时间更长。Gürtzgen等（2021）利用德国早期高速互联网扩张这一准自然实验分析发现，互联网扩张对新员工工作匹配稳定性和工资没有显著影响，他们发现雇主通过在线招聘收到的申请显著多于其他招聘渠道，增加了申请人数和每个职位不合适人选比例，过多申请在一定程度上增加了筛选成本，抵消了在线招聘对新员工匹配质量的积极影响。随着互联网渗透率和连接性快速增长以及在线招聘网站设计改善，互联网对劳动力工作匹配影响可能会发生变化。Kuhn等（2014）使用2005～2008年美国全国青年纵向调查数据研究发现，互联网求职在减少失业持续时间方面是有效的，同时与工资增长之间存在弱正相关关系，即失业工人在网上找工作有助于更快地找到更好工作。Lederman等（2022）以互联网使用比例和过去一年使用互联网支付成年人比例作为数字经济代理指标，探讨了数字经济发生率与各国摩擦性失业之间的相关性，发现失业率和数字支付发生率之间显著负相关。

第二节 数字化与就业

尽管信息技术与工业革命、机械自动化等古老技术革命具有不同技术特征，但经济学家从过去关于技术进步与劳动力市场的关系研究中收集了大量经验证据和理论结果。本节将重点讲述如何以新古典增长理论（Solow，1956）为基础框架打造一个扩展理论模型（Baumol，1967；Zeira，1998；Aghion，2017；Acemoglu et al.，2018），并以此来分析数字化技术与就业的动态、多维度关系。

一、技术进步与就业

数字技术作为一种新的信息技术，其未来发展和进步存在不确定性，但分析新技术对经济和劳动力市场的影响从来都不是一个新研究命题。从历史经验出发，分析20世纪以来新技术应用与劳动力发展指标（如就业、工资和劳动收入份额等）之间的相关性，总结其中规律及对发展数字经济的启示。

首先，假设社会生产函数为C－D函数形式：

$$Y = (AL)^{1-\alpha}K^{\alpha} \tag{15-1}$$

其中，Y 代表产出；K 代表机器等生产资本；L 代表劳动力，被外生给定且以速度 n 指数增长；A 代表生产技术或效率，在新古典模型中 A 也被简化为外生变量并以速度 g 指数增长；α 为大于 0、小于 1 的指数参数。关于 C－D 生产函数性质，假设不同要素 K 和 L 之间替代弹性为 1。另外，生产技术 A 与劳动力 L 并排出现在指数底数中意味着技术进步形式是劳动增进型（labor－augmenting），而 K 与 AL 指数相加等于 1 表示此函数形式是规模效益不变的。

为了分析经济增长的长期动态，索洛考虑让生产要素发生动态变化，引入资本变动方程：

$$\Delta K = I - \delta K \tag{15-2}$$

其中，Δ 代表时间单位变化，I 为投资，若定义 s 为社会储蓄率，则 $I = sY$。此外，δ 为 0 到 1 之间的参数，代表资本折旧率。

上述模型推导可以得出以下基本结论：经济在长期内会处于稳定状态，在短期内可能会偏离稳定状态，但会逐渐向稳定状态收敛。达到稳态以后，经济体主要变量将出现均衡增长路径。例如，Y 与 K 会同步增长且增长速度等于技术进步和人口增速之和$(n+g)$，生产力（Y/L）增长率则等于技术进步速度 g。

新古典增长模型还预示了技术进步与劳动力市场之间的关系。假设企业长期处于完全竞争产品市场，且市场上没有摩擦，劳动边际产出（作为企业边际收入）应该等于实际工资 W（企业雇用劳动力的边际成本）：

$$MP_L = (1-\alpha)Y/L = W \tag{15-3}$$

当社会生产力（Y/L）按照技术进步 g 速度增长时，工人工资也同样以速度 g 增长，表明技术进步给工人带来收益。另外，将式（15－3）变形，可得到劳动收入份额 α_L 应该保持稳定：

$$\alpha_L = WL/Y = 1 - \alpha \tag{15-4}$$

即技术进步促进了经济发展，劳动力并不会被替代而失去市场份额。

根据美国的统计数据，在 1980 年之前，美国实际工资增长基本上保持与经济发展相一致的平衡增长路径，这可能佐证了新古典增长模型理论。但在 20 世纪 80 年代之后，美国实际工资停滞不前，劳动收入份额也不像新古典理论模型所预测的那样稳定。在 20 世纪 70 年代末期出现下滑，并在 90 年代反弹之后进一步下滑；21 世纪金融危机冲击下，其劳动收入份额一直没有反弹迹象。

劳动收入份额逐年下降（对应资本收入份额增加）表明社会收入分配出现了问题，即资本家可能扩大了与工人阶级收入差距，从而引发贫富差距和社会稳定问题。

卡尔多（Kaldor）和库兹涅茨（Kuznets）经常把 20 世纪 70 年代末以前宏观经济均衡增长特性（如稳定资本产出比、劳动收入份额等）称为大稳健比率（great moderation ratios）。这是否与数字信息技术和智能化、自动化有关？这就需要经济学家修改和扩展现有新古典经济学理论，才能捕捉到这些理论遗漏问题。

二、数字技术替代效应：工作任务模型

新古典经济增长模型能够产生均衡增长路径，这取决于模型关于生产要素边际收益递减以及要素之间替代弹性等于 1 的假设。而且模型假设技术进步本身是一个外生过程，不依赖于先前的技术或生产要素积累。20 世纪 90 年代后，经济学家对新古典经济增长理论的扩展是放松了这些假设条件。内生增长理论就假定技术是内生的，而不是外生的。

由于平台经济、AI 和智能机器人等新技术不仅是独立存在技术，还可以与现有生产要素如资本进行结合，改变原有资本边际报酬递减特性或改变资本和劳动力之间的替代性，引发社会生产改变广延边际（extensive margin）与集约边际（intensive margin）。这可能意味着新生产机会（或环节、任

务）被创造出来而不仅仅是在原有生产模式中加大要素投入。

约瑟夫·泽拉（Joseph Zeira，1998）提出了一个设想，他将生产过程描绘成由一个个工作任务构成而不是生产要素的固定组合拼装，由此开创了信息技术改变经济增长的工作任务法（task - based approach）。泽拉把智能自动化等现代信息技术与传统技术进步 A 区分开来，后者对现有生产要素进行提升，而前者则通过把还没有自动化生产任务变为自动化从而改变要素之间替代弹性和生产广延边际。泽拉模型中，社会生产函数设定为：

$$Y = AX_1^{\alpha_1}X_2^{\alpha_2}\cdots X_n^{\alpha_n} \tag{15-5}$$

其中，$i=1, 2, \cdots, n$ 代表工作任务个数，X_i 代表每个不同的任务中所采用生产要素（可能是资本也可能是劳动力，也可能都有）数量，α_i 代表每一个任务在社会总生产函数权重，为了简便计算，假设 $\sum_{i=1}^{n}\alpha_i = 1$。进一步地，泽拉假设在所有生产任务中，还没有被信息技术完成自动化的任务主要依赖劳动力进行 1∶1 生产，而已经完成自动化任务可以利用资本进行生产，写为：

$$X_i = \begin{cases} L_{i,\text{如果该任务还未被自动化}} \\ K_{i,\text{如果该任务已被自动化}} \end{cases} \tag{15-6}$$

其中，$i=1, 2, \cdots, n$ 代表工作任务个数，当企业在给定要素市场价格下最优化选择 K 和 L 时，全社会加总生产函数可写为：

$$Y = AK^{\alpha}L^{1-\alpha} \tag{15-7}$$

采用工作任务法来模拟社会生产时，类似于将新古典经济增长模型劳动密集型技术进步修改为希克斯中性技术进步形式。该模型中分析长期稳态和对劳动力市场影响可沿用传统方法进行。例如，从社会资本 K 变动规律来分析其增长率是否能够稳定。定义社会资本 K 增长率为 g_k，由式（15－2）并结合式（15－7）可得出：

$$g_k = \frac{\Delta K}{K} = \frac{sY - \delta K}{K} = sA\left(\frac{L}{K}\right)^{1-\alpha} - \delta \tag{15-8}$$

对式（15－8）先求对数再求时间一阶微分并使其取值为零，即可得到经济体稳态时（g_k 不再变化）的条件：

$dg_k = g_A + (1-\alpha)(g_L - g_k) = 0$。

亦可写为：

$$g_y = \frac{g_A}{1-\alpha} \tag{15-9}$$

其中利用了 $g_k = g_k - g_L$ 且 $g_y = g_k$。

从式（15－9）可以看出，新古典增长模型不具备的一个重要特性，即信息技术应用可以提高经济自动化比率 α，产生极强的资本对劳动力替代效应，并在 $\alpha<1$ 时产生信息技术提高生产率的乘数效应（$1/(1-\alpha)>1$）。这有助于说明新一代信息技术可以给经济体带来颠覆性影响。

但泽拉工作任务模型仍然存在缺陷，尤其是无法解释 20 世纪初至 20 世纪 70 年代末全球主要经济体均衡增长过程。泽拉模型对劳动力市场的启示是当自动化水平提高时，资本积累会通过乘数效应无限地扩张下去，从而劳动收入份额会被不断挤压直至消失，这显然与过去几十年经济发展现实不符。

三、数字技术补偿效应 1：创造新任务

关于数字技术和智能机器人等先进技术的分歧是比较大的，有的认为 21 世纪新技术将引领人们

走向更好的未来，分担工作和资本投入（类似新古典理论预示），有的认为新技术将取代人工，甚至成为少数人控制多数资源的统治工具（类似泽拉模型或某些 20 世纪 90 年代增长模型的观点）。通过对新古典经济理论扩展，发现这可能是一种错误的二分法（false dichotomy），即新技术带来的两个方向影响，可能本来就是与生俱来的，需要看在什么条件下哪种力量更强。

达龙·阿西莫格鲁（Daron Acemoglu）将创造新任务引入泽拉模型中，中和了泽拉模型原本过于强烈的、与已有数据趋势（无论是 20 世纪 80 年代以前还是以后）相悖的替代效应与不稳定性。先将阐述一个简化的创造新任务模型（Acemoglu and Restrepo，2016）。

该模型借鉴了新古典经济增长理论的 C－D 社会总生产函数和泽拉的工作任务模型，将社会总生产函数写为一系列工作任务按照单位替代弹性集合在一起：

$$\ln Y = \int_{N-1}^{N} \ln y(x)\,dx \tag{15-10}$$

其中，每一个工作任务依然参考泽拉模型，但扩展细节：

$$X_i = \begin{cases} \gamma_L(x)L(x), & \text{如果该任务还未被自动化} \\ \gamma_L(x)L(x) + \gamma_M(x)M(x), & \text{如果该任务已被自动化} \end{cases} \tag{15-11}$$

阿西莫格鲁扩展了泽拉模型体现在以下几方面：（1）工作任务总数仍然标准化为 1（即从 $N-1$ 到 N 的区间内），新的工作任务却可能被创造出来，即 N 本身可以增加。其重要意义是除了自动化率 I 的改变会影响生产任务广延边际之外，N 的变化同样可以带来广延边际效应。（2）这一模型比泽拉模型更好地考虑了密集边际，包括引入了劳动增进型技术进步 $\gamma_L(x)$（类似于新古典增长模型中的 A）和自动化深化型技术进步 $\gamma_M(x)$，尤其是后者是一种新密集边际，可以提高现有自动化生产效率。

与泽拉模型类似，当企业产品市场和要素市场是完全竞争时，最低成本利用生产要素结果是全社会总生产函数会具有以下类 C－D 形式：

$$Y = B\{K/(I-N+1)\}^{I-N+1}\{L/(N-I)\}^{N-I} \tag{15-12}$$

其中 $B = e^{\left\{\int_{N-I}^{I}\ln\gamma_M(x)dx+\int_{I}^{N}\ln\gamma_L(x)dx\right\}}$代表两种增进型技术进步影响。

为了简化分析，阿西莫格鲁施加了两个约束条件：

$$W/R > \gamma_L(I)/\gamma_M(I) \tag{15-13}$$

$$\gamma_L(N)/\gamma_L(N-1) > W/R \tag{15-14}$$

其中，式（15－12）保证在既定任务区间内，处于［$N-1$，I］自动化区域所有任务一定会通过使用资本完成；式（15－14）则保证如果新任务诞生（如任务数从 $N-1$ 增加到 N），工人会具有比较优势，因为劳动力相对于资本对企业的边际产出大于劳动力相对于资本对企业造成的边际成本，因而总产出也是增加的。

有了这些条件以后，模型分析展现出了多维度传导机制和传导效应：类似泽拉模型具有的替代效应。

根据完全竞争假设，企业雇佣劳动力边际收益等于边际成本，那么必将得到以下劳动力需求函数：

$$W = MP_L = (N-I)Y/L \tag{15-15}$$

而劳动收入份额，可表达为：

$$\alpha_L = WL/Y = N-I \tag{15-16}$$

通过式（15－16）可以看出，阿西莫格鲁模型下，自动化必然具有降低劳动收入份额替代效应：

$$\frac{d\,\frac{WL}{Y}}{dI} = -1 < 0 \tag{15-17}$$

1. 生产力提升效应（一种补偿效应）。

通过分析数字技术对工资（劳动力需求）的影响得出。首先，数字自动化技术对工资影响可表述为：

$$\frac{d\ln W}{dI}=\frac{d\ln(N-I)}{dI}+\frac{d\ln\frac{Y}{L}}{dI} \tag{15-18}$$

然后，分析 $\frac{d\ln\frac{Y}{L}}{dI}$，这需要先得到 $\ln\frac{Y}{L}$ 的表达式。结合劳动力需求函数（15－15）与资本的需求函数 $R=MP_K=(I-N+1)\frac{Y}{K}$ 得到资本劳动比 $\frac{K}{L}=\frac{W}{R}\frac{(I-N+1)}{N-I}$，将其代入生产函数式（15－12），即可得出对数生产力 $\ln Y/L$ 的表达式：

$$\ln Y/L=\left\{\int_{N-I}^{I}\ln\gamma_M(x)dx+\int_{I}^{N}\ln\gamma_L(x)dx+(I-N+1)\ln\left(\frac{W/R}{I_N+1}\right)\right\}。$$

对其求自动化率 I 的导数可得到：

$$\frac{d\ln\frac{Y}{L}}{dI}=\ln[W/\gamma_L(I)]-\ln[R/\gamma_M(I)]>0 \tag{15-19}$$

其中，大于号是利用了假设条件（15－13）。

最后把式（15－19）代入式（15－18），便可得到数字技术对工资总影响：

$$\frac{d\ln W}{dI}=-1/(N-I)+\{\ln W/\gamma_L(I)-\ln R/\gamma_M(I)\} \tag{15-20}$$

其中，$-1/(N-I)$ 部分类似在式（15－17）中已经识别出的替代效应，而 $\{\ln W/\gamma_L(I)-\ln R/\gamma_M(I)\}$ 部分则是新的补偿效应，其被阿西莫格鲁称为生产力效应。

随着不断推进自动化过程、加快资本积累速度，由于劳动力和资本在模型设定中不是替代关系，资本价格（租金 R）就会下降，可能加强生产力效应。

2. 自动化深化效应。

随着数字技术不断迭代升级，以及进一步深化现有自动化生产任务，可能会产生一个补偿效应，即提高已实现自动化任务内的生产效率（属于密集效应）。对此，假设所有属于 $[N-1, I]$ 区间增进效率一样，$\gamma_M(x)=\gamma_M$，可对式（15－18）求对 γ_M 的导数，得到：

$$d\ln W/d\gamma_M=(I-N+1)d\ln\gamma_M>0 \tag{15-21}$$

即，自动化技术深化可以提高生产密集边际，释放出更多补偿效应，增进劳动力需求和就业。

3. 新任务创造广延边际效应。

上述两个补偿效应仅会提升工资 W，对劳动收入份额却没有提升，因为对劳动收入份额来说，式（15－17）意味着自动化推进总是会从广延边际上挤出劳动份额。但阿西莫格鲁注意到，如果是 N 的增加，即不断创造新的工作任务，则劳动份额也可能会增加。通过修改式（15－17）对 N 求导即可看清：

$$\frac{d\frac{WL}{Y}}{dI}=d(N-I)/dN=1>0 \tag{15-22}$$

这表明劳动份额可以像新古典经济增长模型预示的那样，随着经济增长，劳动份额也保持不变，从而共享经济发展成果。数字技术发展背景下，其实现途径不是通过新古典理论依赖的资本边际报酬递减，而是通过数字技术不断创造新工作任务。

对工资进行分析，同样对 N 求导：

$$d\ln W/dN = d\ln(N-I)/dN + \frac{d\ln \frac{Y}{L}}{dN} > 0。$$

通过结合式（15－19），可写为：

$$\frac{d\ln W}{dN} = \frac{1}{N-I} + \left[\ln \frac{R}{\gamma_M(N-I)} - \ln \frac{W}{\gamma_L(N)}\right] > 0 \qquad (15-23)$$

其中，大于号得益于 $\ln \frac{R}{\gamma_M(N-I)} - \ln \frac{W}{\gamma_L(N)} > 0$，其可由假设条件式（15－14）满足，故 $\ln \frac{R}{\gamma_M(N-I)} - \ln \frac{W}{\gamma_L(N)} > 0$ 效应也被称为一种生产力效应，而 $\frac{1}{N-I} > 0$ 被称为恢复效应。因此，创造新任务不仅能提高劳动收入份额，也能提高工人工资。新任务创造效应解释了为什么过去一个多世纪，人类技术总是在进步并替代了相当一部分人力劳作，但是工作岗位并没有减少，特别是劳动收入份额为什么能基本保持稳定：很多旧岗位被新技术替代的同时，新岗位也同步被创造了出来，而劳动份额保持不变可能是两者发生速度恰好相等的结果。

从上述分析可以发现，当数字技术不断应用国民经济生产任务时，泽拉模型可以产生不同于新古典增长理论下的非均衡增长路径，随之劳动收入份额也会不断下降，从而威胁就业。而阿西莫格鲁理论拓展有效地解决了这一问题，只有不停创造出新工作岗位才能保证劳动力不会被替代。

四、数字技术补偿效应2：鲍莫尔成本病机制

威廉·鲍莫尔（William Baumol，1967）就提出，应用于新技术累进尺度的生产力越来越高，但那些无法应用新技术或难以提高新技术效率落后部门，降低了总体经济发展前景。其中的原因是进步部门一方面在扩张从而使它在国民经济比重上升；但另一方面随着它们把新技术加大应用，人们却并不会同比例地一直增加对先进部门产品的购买而是会把节约下来的收入购买更多落后部门产品，从而将社会生产资源导向相对生产成本更高、更难提升效率落后部门，反而使得落后部门比重上升。最终两部门比重高低取决于两种力量相对变化。第一种力量与前面讲过的泽拉模型增强资本比重替代效应机制类似，而第二种力量则取决于不同部门产品间替代性，当替代性不强时，资源将更多地流向生产成本更高落后部门，学界称为鲍莫尔成本病（Baumol's cost disease）机制。

而菲利普·阿吉翁（Philippe Aghion，2017）等将鲍莫尔成本病作为一种补偿效应机制引入泽拉模型中。由于鲍莫尔成本病涉及不同中间产品间替代弹性，模型需要采用不变替代弹性（CES）生产函数：

$$Y_t = A_t\left(\int_0^1 Y_{it}^{\delta} di\right)^{1/\delta} \qquad (15-24)$$

其中，A_t 为以速度 g 增长的外生技术进步，Y_{it} 为分布在［0，1］区间上不同工作任务以生产不同中间产品，$\frac{1}{1-\delta}$ 代表不同中间产品间的替代弹性，当 $\delta<0$ 时，替代弹性 $\frac{1}{1-\delta}<1$，即不同产品间是互补关系而非替代关系，这一点非常重要。反之，当 $\delta>0$ 时，替代弹性 $\frac{1}{1-\delta}>1$，不同产品间是替代关系，当 $\delta \to 0$ 时，替代弹性 $\to 1$，会接近于 C－D 生产函数。

对于不同工作任务 Y_{it} 的过程，沿用泽拉模型的形式：

$$Y_{it} = \begin{cases} L_{it}, \text{如果该任务还未被自动化} \\ K_{it}, \text{如果该任务已被自动化} \end{cases} \tag{15-25}$$

模型其他部分沿用泽拉模型中的条件式（15－2），以及市场出清的条件：

$\int_0^1 K_{it} di = K_t$；

$\int_0^1 L_{it} di = L_t$；

$Y_t = C_t + I_t = (1-s)Y_t + sY_t$。

定义 β_t 为国民经济所有中间生产任务中已经数字自动化了的任务比率，当生产要素被均匀分配到每个生产任务时，社会总生产函数可以写为：

$$Y_t = A_t\left\{\beta_t(K_t/\beta_t)^{\delta} + (1-\beta_t)\left(\frac{L_t}{1-\beta_t}\right)^{\delta}\right\}^{1/\delta} \tag{15-26}$$

从社会总生产函数可以看到数字化率 β_t 对资本和劳动力影响并不是方向一致的，例如，可以把式（15－26）重新写为近 C－D 函数形式：

$$Y_t = A_t\{(B_tK_t)^{\delta} + (C_tL_t)^{\delta}\}^{1/\delta} \tag{15-27}$$

其中，$B_t = (\beta_t)^{\frac{1-\delta}{\delta}}$，其可看作传统资本增进型技术进步；$C_t = (1-\beta_t)^{\frac{1-\delta}{\delta}}$，其可看作传统劳动力增进型技术进步。而 β_t 对资本和劳动力影响则取决于替代弹性 δ。

当 $\delta<0$ 时，替代弹性 $\frac{1}{1-\delta}<1$，即不同产品间是互补关系而非替代关系，此时 $\frac{1-\delta}{\delta}<0$，这意味着数字化率 β_t 提升反而会造成资本减弱效应而非增进效应；同时，它会增进劳动力。这就出现了鲍莫尔成本病机制。

下面考察要素收入份额如何受到数字化率 β_t 影响以及是否可能存在与新古典增长模型类似的均衡增长路径。

利用式（15－4）计算出劳动收入份额：

$$\alpha_{L_t} = \frac{W_tL_t}{Y_t} = \frac{MP_{L_t} \times L_t}{Y_t} = (1-\beta_t)^{1-\delta}\left(\frac{A_tL_t}{Y_t}\right)^{\delta} \tag{15-28}$$

同理，可以算出资本收入份额：

$$\alpha_{K_t} = \frac{W_tK_t}{Y_t} = \frac{MP_{K_t} \times K_t}{Y_t} = (\beta_t)^{1-\delta}\left(\frac{A_tK_t}{Y_t}\right)^{\delta} \tag{15-29}$$

以及两者之间的份额比率：

$$\alpha_{K_t}/\alpha_{L_t} = \left(\frac{\beta_t}{1-\beta_t}\right)^{1-\delta}\left(\frac{K_t}{L_t}\right)^{\delta} \tag{15-30}$$

尽管还不确定数字化率对生产要素收入份额两种方向相反影响孰强孰弱，可以先假定经济体可能到达一种类似新古典模型均衡增长路径，从而要素份额是稳定的：

$$d\ln(\alpha_{K_t}/\alpha_{L_t}) = 0 = (1-\delta)g_{\beta_t} + \delta(1-\beta_t)g_{K_t} \tag{15-31}$$

$$d\ln(\alpha_{K_t}) = 0 = (1-\delta)g_{\beta_t} + \delta(g_{A_t} + g_{K_t} - g_{Y_t}) \tag{15-32}$$

其中，$g_{k_t} = g_{K_t} - g_{L_t} = g_{K_t} - n$。

前面两式结合（同时利用 $g_{y_t} = g_{Y_t} - n$）即可得到此模型可能出现均衡增长稳态的条件：

$$g_{Y_t} = g_{A_t} + \beta_t \times g_{K_t} \tag{15-33}$$

由此可以推论：

若经济除去数字技术以外的技术进步速度为零，$g_{A_t}=0$，则出现均衡增长稳态条件为：

第一种情形：$\beta_t=1$，即经济体完全数字化，此时自然满足稳态条件：$g_{y_t}=g_{k_t}$（在人口增速恒定为 n 时亦可等价写为 $g_{y_t}=g_{k_t}$），即劳动收入份额自然保持不变。

第二种情形：$\beta_t<1$，即经济体未完全数字化，此时必须满足：$g_{y_t}=g_{k_t}=0$，即零增长经济体才会有稳定劳动收入份额。

第二种情形，为了保证收入分配均衡而牺牲了经济发展，因而很难被大家接受。而第一种情形，虽然技术设为外生不变，但经济体在数字化推动下可以同时实现经济增长和要素收入分配稳定。

虽然没有阿西莫格鲁创造新任务机制，阿吉翁模型通过引入鲍莫尔成本病成功给数字化替代效应带来了反向补偿机制。其关键点就在于任务产出的产品之间替代与互补关系。在前面分析中，默认使用了 $\delta<0$ 设定，从而替代弹性 $1/(1-\delta)<1$，即不同产品间是互补关系而非替代关系。从经济学上来解释，当数字化了的产品行业逐渐提高生产效率从而降低产品价格时，人们并不会因为相对价格便宜而一直大量购买数字化产品。例如，一场演奏会在 20 世纪初和 21 世纪初可能都是同样需要 10 个人来完成，显然数字化效率提升没有体现在这类音乐服务产品上，更便宜数字化产品如电子图书或其他物质产品价格降低并不能让喜欢演奏会人们少听演奏会而转去购买大量已经足够多数字化产品，事实上演奏会价值其实是更加重要了，从而使经济体自发形成反向机制。

如果 $\delta>0$，从而替代弹性 $1/(1-\delta)>1$，不同产品间是替代关系，前面所有分析结论都将被改变，其结果是经济体将失去与数字化替代劳动力相抵消力量，从而结局会非常接近泽拉模型中的悲观预示。这也是为什么文献研究中如果想拟合过去实际数据特征，会在使用 CES 生产函数时主要采用 $1/(1-\delta)>1$ 的假定。

第三节　数字经济背景下的内生技术进步

事实上，第一节分析还可以进行扩展，因为假设除数字化以外其他生产技术 A 不变，这未必与现实相符，而且新古典经济增长理论在 20 世纪 90 年代逐步被扩展为内生增长理论，即技术产生过程可以被人类研发投入和生产要素决定。应用 AI、智能机器人等先进数字技术会同样促进其他生产技术进步吗？其相互作用如何？劳动力市场是否会被挤压替代，还是仍然可以保持乐观？

一、数字经济背景下的内生技术进步

为了说明数字技术对其他生产技术创新的影响，借鉴内生增长模型处理方法，即其他生产技术可以被生产要素（人力、物力）内生创造出来。例如，借鉴式（15－24）的形式，考虑技术 A 的变化由以下生产函数生产出来：

$$\Delta A_t=A_t^{\phi}\left(\int_0^1 X_{it}^{\delta}di\right)^{1/\delta} \tag{15-34}$$

与产品生产任务一样，采用了 CES 函数形式。同样，假设生产知识任务 X_{it} 中会有一部分比例 β_t 被数字技术改造，从而可以得到类似式（15－26）社会总技术生产函数。为了与前面外生技术模型区分，把认为用 X 表示，把生产技术的工人（研发人员）用 S 表示：

$$\Delta A_t=A_t^{\phi}\{\beta_t(K_t/\beta_t)^{\delta}+(1-\beta_t)(S_t/(1-\beta_t))^{\delta}\}^{1/\delta} \tag{15-35}$$

同样看到数字化率 β_t 对资本和劳动力影响也是有差异的，例如，可以把式（15－35）重新写为类似式（15－27）的形式：

$$\Delta A_t = A_t^{\phi}\{(B_tK_t)^{\delta} + (C_tS_t)^{\delta}\}^{1/\delta} \tag{15-36}$$

其中，$B_t = \beta_t^{\frac{1-\delta}{\delta}}$，其可看作传统资本增进型技术进步；$C_t = (1-\beta_t)^{\frac{1-\delta}{\delta}}$，其可看作传统劳动力增进型技术进步。而$\beta_t$对资本和劳动力投入影响则取决于替代弹性$\delta$。

为了便于分析，假设产品市场生产任务公式（15－26）简化（若不这样简化，模型均衡需要同时分析产出、资本、数字技术和其他技术的长期稳态，其分析复杂而不便于展示，没有新的见解，因此做了如此简化）为：

$$Y_t = A_tL_t \tag{15-37}$$

用不包含数字技术的内生增长模型分析方法来分析模型长期均衡。可借鉴两部门内生增长模型分析方法（Romer，1990；Grossman and Helpman，1991；Aghion and Howitt，1992）。把式（15－36）写为：

$$\Delta A_t = A_t^{\phi}C_tS_t\left\{1 + \left(\frac{B_tK_t}{C_tS_t}\right)^{\delta}\right\}^{1/\delta} \tag{15-38}$$

考虑数字技术应用率β_t按照一个有规律增长方式进行，例如，假设剩余还未数字化任务按照指数速度减少：

$r_t = 1 - \beta_t = e^{-\theta t}$。

那么，C_t增长率g_{c_t}则为：

$$g_{c_t} = \frac{d\ln(1-\beta_t)^{\frac{1-\delta}{\delta}}}{dt} = \frac{d\ln(e^{-\theta t})^{\frac{1-\delta}{\delta}}}{dt} = -\frac{1-\delta}{\delta}\theta。$$

随着数字技术应用推进，$\beta_t \to 1$，因此在长期$B_t \to 1$。进一步假设研发人员增长速度为外生给定$g_{c_t} = n_s$，且经济体有长期增长（即K_t/S_t会增长），那么$\left(\frac{B_tK_t}{C_tS_t}\right)$在长期会无穷大。因为$\delta < 0$，所以CES的部分$\left\{1 + \left(\frac{B_tK_t}{C_tS_t}\right)^{\delta}\right\}^{1/\delta} \to 1$。式（15－38）可在长期近似为：

$$\Delta A_t \approx A_t^{\phi}C_tS_t \tag{15-39}$$

回到了熟悉的传统内生增长理论模型分析法，即模型均衡增长稳态是否存在就看参数ϕ的取值：

（1）当$\phi < 1$时，数字技术对其他技术提升也要符合边际报酬递减特性，数字化并不会带来爆发式全社会技术进步，最多只能使得短期经济发展水平更高，长期会再次达到稳态，增长率短暂增加后会在长期回到稳态增长率。此时稳态增长率的解可以通过把式（15－39）改写为$\frac{\Delta A_t}{A} = A_t^{\phi-1}C_tS_t$两边取对数微分，再使其等于零即可得到：

$$d\ln\frac{\Delta A_t}{A} = (\phi - 1)g_{A_t} + g_{c_t} + n_s = 0$$

$$g_{A_t} = \frac{(g_{c_t} + n_s)}{1-\phi} = \frac{\left\{n_s - (1-\delta) \times \frac{\theta}{\delta}\right\}}{1-\phi} \tag{15-40}$$

这表明，当稳态存在时，全社会技术进步得益于人口增速和数字化两种源动力。传统内生经济增长模型已证明过前者，而后者属于数字经济赋予的额外增长引擎。更重要的是，当存在均衡路径时，劳动力和资本共享经济发展成果，并不会发生长期失业问题。

（2）当$\phi = 1$时，任何人口增加或数字技术进步对A的影响都不会边际递减，因而会导致社会生产技术A的永久性增加，劳动者被挤压。

（3）当$\phi > 1$时，任何人口增加或数字技术进步对A的影响不仅不会边际递减，还会放大，因而会导致社会生产技术 A 的爆发式增长，劳动者被挤压。

二、数字化与企业创新微观机制

数字技术除了宏观抽象出的参数取值（替代弹性、要素和技术边际递减特性等）外，微观上有必要建立数字化公共服务和促进其生产力进步有效机制。这些微观机制大致涉及以下几个方面。

（一）逃离竞争效应

逃离竞争效应（Escape Competition Effect）是指数字化技术会引发企业创新竞争日益激烈，只有最快速有效创新成果才能让企业生存下来，竞争压力会鼓励企业投入更多资源和精力进行 R&D，从而促进整个社会生产技术进步。

（二）气馁效应

气馁效应（Discourage Effect）与逃离竞争效应对应且方向相反，意指企业也可能因为竞争压力过大、失败的风险过高而放弃研发，转而从事别人遗漏的技术含量低的小领域，这种现象无论在发达国家还是发展中国家都普遍存在。逆向研发和抄袭，这两个效应同样可能相互对冲，数字技术使得很多技术信息可以共享和透明，企业可以通过逆向研发更快地追上前沿科技的步伐，并可能在此过程中发明新技术；但与此同时，企业也可能没有足够的激励去创新而是依赖抄袭和模仿，从而阻碍创新，这在发展中国家较为普遍。

（三）开发新产品

开发新产品（Innovation of New Products），数字经济透明，其开放与共享特点使得企业重复生产产品的受众面会越来越低，加上激烈竞争，企业研发前沿技术越来越难，它们可能转向研发新产品，创造出完全不同产品，促进社会创新。

（四）搭建平台

搭建平台（Buliding Platforms），现实中很多企业通过数字化平台节约了信息沟通成本、代理人成本、搜寻匹配成本等，有利于企业进行创新活动；但也不能忽视其反作用。例如，平台经济可能也会引发垄断（无论是国外谷歌、脸书还是国内 BAT 三巨头都具有垄断性质），依赖这些平台生存的企业或个人经常会被攫取垄断利润，从而抑制创新。另外，平台企业会通过自身战略设计设置进入壁垒，不利于新企业进入和新技术诞生。

（五）专利保护

专利保护（Patent Protection），事实上，专利保护是一把“双刃剑”。一方面，只有充分保护数字技术专利才能保护上述数字技术对企业创新的正面作用；另一方面，专利保护本身也会形成垄断和壁垒，可能不利于市场竞争和企业创新。

（六）逆向研发与抄袭

逆向研发与抄袭（Reverse Engineering and Imitation），这两个效应可能相互对冲，数字技术有助于实现很多技术共享与透明，企业可以通过逆向研发更快地追上前沿科技步伐，并可能在此过程中发明新技术；也有可能企业缺乏足够激励创新而依赖抄袭、模仿，阻碍创新，这种情况在发展中国家比较普遍。

因此，一个经济体数字化需要尽量扬长避短，推动自身部门发展和向其他部门扩张的同时，应当给企业和个人其他创新活动提供足够激励机制，才能不妨碍其他生产技术发展。

第四节　人工智能与就业

随着数字技术的不断迭代升级，尤其是人工智能（artificial intelligence，AI）技术快速发展，实践中，AI 还可能直接取代生产要素（如资本、机器和劳动力），甚至还可以自我进化。阿西莫格鲁称 AI 是一种完全不同技术，其对经济体影响会在广度、深度和速度上比大部分经济学模型强大得多。

这一节将充分考虑 AI 特殊性，以更加开放、大胆假设去分析 AI 技术如何影响经济增长和劳动力市场。考察 AI 发展是否会带来技术进步和经济发展速度的奇点（singularity）。奇点效应是指经济技术发展到达一种临界点会突然加速突破，呈现爆发式增长的现象（Kurzweil，2006；Danaylov，2012），从而引发不可控的爆炸式增长并造成劳动力被完全、永久替代。参考 Aghion 等（2017）分析，分别从 AI 完全替代产品生产过程的劳动力、AI 完全替代内生技术生产的劳动力、不完全自动化下的爆发式增长、超级智能四个方面来分析出现奇点的可能性。从技术瓶颈、鲍莫尔成本病再回顾与熊彼特创造性毁灭等角度审视奇点效应。

一、AI 引发奇点理论分析

第一种情况，考虑 AI 实现技术突破，最终产品生产完全替代了人类。这意味着社会总生产函数简化为 AK 模型：

$$Y = AK \tag{15-41}$$

另外，假设资本变动方程不变：

$$\Delta K = I - \delta K = sY - \delta K \tag{15-42}$$

结合两式可得：

$$g_k = \Delta K/K = (sY - \delta K)/K = sA - \delta \tag{15-43}$$

$$g_y = g_A + g_K = g_A + sA - \delta \tag{15-44}$$

任何技术进步（或储蓄率提高）都会产生资本积累和产出增长速度自我加速效应，经济体呈现爆发式增长。在此情况下，劳动力被永远取代，失业便是未来趋势。

第二种情况，最终产品制造依然需要劳动力 $Y_t = A_tL_t$，但技术生产过程率先摆脱了劳动力束缚，仅仅由 AI 自我进化配合一定资本即可实现，例如，式（15－35）此时变为：

$\Delta A_t = A_t^{\phi}K_t$。

其中，$\phi > 0$。

如何分析技术长期状态呢？需要把资本变动和技术变动联合起来考察：

$\Delta K_t/K_t = s(sY - \delta K)/K = sL_tA_t/K_t - \delta$。

为分析简便，不妨设人口为常数 $sL_t = 1$，且 $\delta = 0$，于是可简化为：

$$\Delta A_t/A_t = A_t^{\phi} \times K_t/A_t \tag{15-45}$$

$$\Delta K_t/K_t = A_t/K_t \tag{15-46}$$

此时，虽然两式依然没有给出直接的关于 A_t 与 K_t 增长率的解，但可以先通过反推来论证两者大小关系。假设 A_t 与 K_t 增长率都相同，则其比值 K_t/A_t 和 A_t/K_t 都应该是稳定常数，例如，可以设定 $A_t/K_t=1/a$，此时式（15－45）意味着 $\Delta A_t/A_t$ 是增长的，而式（15－46）意味着 $\Delta K_t/K_t$ 是固定不变的，必然是 $\Delta A_t/A_t > \Delta K_t/K_t$ 才可能如此。据此，把式（15－46）修改为：

$\Delta K_t/K_t = A_t/K_t < \Delta A_t/A_t$ 或 $K_t/A_t > (\Delta A_t/A_t)^{-1}$。

然后把式（15－45）中的 K_t/A_t 求出代入后得到：

$$\Delta A_t/A_t > (A_t)^{\phi/2} \tag{15-47}$$

这个结果说明，只要 $\phi>0$，技术进步速度就会被任何 A 的提高进行自我加强，从而产生奇点效应。此时，研发部门不需要研发人员，仅仅依靠 AI 便可以实现爆发式增长，因而劳动力需求将仅仅是配合制造最终产品，其增长速度是稳定的而经济体爆发速度极快，因而劳动收入份额会无限降低。

二、不完全自动化下的奇点效应

上述第二种奇点情况依赖生产过程完全自动化。下面假设最终产品和知识生产都只有部分完成了 AI 自动化，其生产函数分别为：

$$Y_t = A_t^{\sigma} K_t^{\alpha} L_t^{1-\alpha} \tag{15-48}$$

$$\Delta A_t = A_t^{\phi} K_t^{\beta} S_t^{\lambda} \tag{15-49}$$

产品生产和知识生产中分别有 $1-\alpha$ 和 $1-\beta$ 比例任务还没有被 AI 自动化。相应地，资本变动方程可写为：

$$\Delta K = sY - \delta K = sA_t^{\sigma} K_t^{\alpha} L_t^{1-\alpha} - \delta K \tag{15-50}$$

不妨再次设定人口为常数 $sL_t=1$ 且 $\delta=0$，然后把式（15－49）、式（15－50）写为增长率形式：

$$\Delta A_t/A_t = A_t^{\phi-1} K_t^{\beta} S_t^{\lambda} \tag{15-51}$$

$$\Delta K_t/K_t = sA_t^{\sigma} K_t^{\alpha-1} \tag{15-52}$$

此时，可以看出资本和知识动态分析又回到了熟悉的新古典内生增长模型分析法。例如，可以假设 $\Delta K_t/K_t = 0$，从而以式（15－52）得到 $K_t = A_t^{\sigma/1-\alpha}$，将其代入式（15－51）可得：

$$\Delta A_t/A_t = S_t^{\lambda} A_t^{\beta\sigma/(1-\alpha)+\phi} \tag{15-53}$$

出现均衡增长稳态条件必然为：

$$\beta\sigma/(1-\alpha) + \phi = 1 \tag{15-54}$$

这是因为只有 $A_t^{\beta\sigma/(1-\alpha)+\phi} = 1$ 才能保证知识增长率不会因为知识水平增加而继续增加，而 S_t^{λ} 是外生给定的，稳定过程不会影响经济体稳定。

总结如下：（1）均衡增长需要满足的条件式（15－54）与传统内生增长模型含义一致。例如，当产品生产符合 $\frac{\sigma}{1-\alpha}=1$ 时，代表产品生产符合规模报酬不变；而此时式（15－54）便剩下 $\beta+\Phi=1$，符合知识生产规模报酬不变，所以式（15－54）是产品和知识生产同时满足规模报酬不变这个新古典经典假设的综合条件。（2）第一条分析也就意味着，当 $\beta\sigma/(1-\alpha)+\phi>1$ 时，经济体便会再次进入奇点，出现爆发式增长。由于这是劳动力稳定时得到的结果，这意味着劳动力份额会随着经济爆发而无限降低。

三、超级智能

超级智能（super intelligence）出现。当前，很多人工智能预言家都提出一个更为极端的技术可能，就是 AI 不仅可以替代人力进行运算，还可以自我产生数据、自我分析、自我纠错，从而完成自我进化并创造出新知识。如果技能发展能够突破计算瓶颈，AI 就可以具有人类一样的认知能力，从而无限接近甚至超越人类智能。因而，将 AI 进化出的认知能力也纳入模型中来分析。把认知能力当作变量 Q_t，其服从 AI 自我进化过程如下：

$$\Delta Q_t = Q_t^{1+\mu} \tag{15-55}$$

从类似前面几种情景分析方法可知，当 $\mu>0$ 时，AI 便会加速自我进化，最终接近超级智能。

而如果允许 AI 发展出的认知能力作为一种生产要素能够用于物质生产中的生产力 A_t，则社会生产力函数可以写为：

$$\Delta A_t = Q_t^{\gamma} F(K,L) \tag{15-56}$$

同理可知，当 $\gamma>0$ 时，物质生产力也会出现奇点效应，引发爆发式增长。而这一切都无须依赖人类体力或者脑力，因而 AI 很有可能取代劳动力。

四、阻挡 AI 统治世界因素

不难看到，当引入 AI 到内生技术进步模型时，除非给定很特殊参数取值约束，否则 AI 都有在理论上发生奇点效应的可能并最终取代人类，从而引致人类暗淡的未来。而能够平衡 AI 强烈替代效应因素有哪些？

（一）AI 不可能实现完全替代

在前面分析中尽管 AI 被设定得非常强大，但人们发现 AI 也总是能创造出一些新工作岗位，近的如 AI 训练师，远的可能会包括人机交互、智能互动等多种工作岗位，这在一定程度上补偿 AI 强烈的替代效应；此外，国民经济部门和人类需求中，总有一些内在需求和精神境界追求是 AI 所无法替代的，这意味着 AI 可能永远也不能完全实现经济数字化和自动化。只要经济体没有完全被 AI 控制，未控制部分就会变得越来越重要，成为整个经济短板和资源分配相互竞争的地方，鲍莫尔成本病会再次发生作用，AI 比重可能无法获得永久提升。

（二）自动化本身具有发展瓶颈

自动化不是万能的，其本身可能就具有发展瓶颈。在分析超级智能时假设了 AI 有可以进行所有认知的能力，这是人类特有高级智慧形式，从而可以替代人类履行知识创造和物质创造的任务。但现实中人类总有一些认知能力是 AI 无法完全替代的。

（三）AI 要面对服从自然法则的知识边界极限

即使 AI 可以实现完全自动化代替人类，它还需要面对服从自然法则的知识边界极限。现实中表现为“涸泽而渔效应”（fishing - out effect）（Jones，2009），很难搜寻到新知识效应（Kortum，1997）以及“黔驴技穷”（running out of ideas）效应（Gordon，2016）。这在模型中体现为式（11 - 56）中的指数 $\gamma<0$ 的情况。

（四）AI 不会取代人类

Aghion 等（2017）研究发现无论是人类做研发还是 AI 做研发，可能是个“两难”选择问题，如果允许 AI 自我创造新生产技术并参与生产，同时假设新技术总是替代旧技术（依据熊彼特创造性毁灭理论），人类可能反而陷入增长困境。其原因在于普通创造性毁灭模型只是考虑了创造新知识会对人类造成成本，这种成本相比新知识正面生产力效应还不够强大，因而不足以导致经济没有创新动力。Aghion 等在把 AI 加入类似模型之后发现，AI 的高效率进一步增加了人类亲自做创新的成本，长期来看，随着AI自动化逐步完成，人类投入研发的资源会趋向于零，生产力不会进步，经济发展陷入停滞，没有出现AI奇点效应和爆发式增长，AI不会取代人类。

第五节 数字经济背景下劳动者保护与政府政策选择

随着数字经济的快速发展，出现了许多新职业，灵活工作者数量在不断增加，企业雇佣模式发生了变化。政府、平台企业、社会等各方应共同努力，从法律法规、社会保障、行业联合治理等多方面切实保障劳动者合法权益。

一、数字经济对劳动者影响

（一）数字经济对劳动者积极影响

数字技术发展促进了企业用工模式的变化，大量线下业务逐渐向线上转移，开辟了就业新渠道。新业态发展使得市场对人才需求扩大，为社会增加了就业及创业机会。一方面，新兴领域工作使人们可以大量运用自己空余时间，以自身知识、经验或技能来辅助完成工作；另一方面，大家可以尽力寻找与自己最适配的工作。数字经济不仅为提高就业率做出了贡献，同时也使更多人爱好、特长有了用武之地。这就为劳动者及时获取薪资提供了更多保障。弱势群体拥有了更多选择机会，更加有利于建立一个普惠公平的社会环境。

（二）数字经济对劳动者消极影响

由于数字经济具有较高资源配置效率，相对于传统从业人员，灵活就业人员拥有较高收入，但与高收入相对应的是高强度工作。因此，近年来频频出现了企业连续加班致使员工猝死、外卖骑手过劳猝死等社会现象。我国现行保险体系是基于正式劳动关系发挥作用的，而新就业形态下最大的问题就是劳动关系难以认定。从业人员与平台之间大多是劳务合作或自我雇佣，且存在多平台就业现象，难以满足我国现行保险参保条件。平台从业人员一般没有学历限制和技术要求，要实现工作水平提升，必然需要专业培训，但平台从业者却很少能有这种机会。

二、数字经济下劳动者陷入权益困境原因

（一）劳动关系难以认定

新企业形式下灵活就业劳动者一般不会与平台签订劳动合同，但其工作仍受到平台严格限制。因此，问题是弹性工作制员工是否与该平台有工作关系。首先是因为新经济下灵活就业模式看似可以获得最大限度自由，但实际上从业者会受到平台严密监控，数据监管代替了人工监管，反而使得劳动者自由进一步被限制。其次在灵活就业新模式下，劳动者的服务对象是需求方，可是劳动者薪资、工作流程等依旧由平台来规定。从业方式变革使得数字经济下从业方式似乎与以往方式截然不同，但其本质还是一个比较规范的、与正规公司相似的模式，但由于目前法律法规还没有对这个新型方式进行规范，造成在司法实践中劳务问题难以确定的案例不断涌现。

（二）劳动者在经济关系中处于劣势地位

劳动者在经济关系中处于劣势地位，劳动者依赖于平台提供的服务，必然受制于平台所建立的规

则。在当前竞争激烈的形势下，平台将根据自身优势，建立严格用工规则。这样，盈利压力就会转移到从业者身上，迫使他们高强度工作。技术进步使得大数据、云计算和数据技术应用趋于常态化，平台能够利用这种技术制定出各种高质量作业计划，并指导工人高质量进行作业。

（三）社会保障体系不健全

据《社会保险法》规定，灵活就业人员可以由个人缴纳基本养老保险和医疗保险，但实际上其缴纳金额、缴纳年限均受到了较大限制，且难以异地转移，这都对新业态下劳动者参保造成了阻力。虽然商业保险可以成为一种补充形式，但其力度依然不够。从民事侵权角度看，企业赔偿力度与其经营状况息息相关，所以平台从业人员在工作过程中受伤后，得不到足够赔偿和保障的现象时有发生。

三、数字经济下政府就业政策目标和工具

（一）政府就业政策目标

就业是财政和货币政策的重要政策目标，其具体分为以下几个维度，每个维度都有自己的目标设定并面临利弊权衡。

第一，长期目标和短期目标关系。主流理论通常将长期目标留给财政政策，而货币政策在长期货币方面通常是中性的。预算就业政策的长期目标是确保充分就业、稳定和公平就业；还应注意可能相互冲突的长期和短期目标：如通过长期赤字预算政策或甚至通过短期反周期货币政策操作来调节劳动力市场。

第二，就业目标可能与其他国民经济调控目标（如潜在产出目标与通胀率目标等）产生冲突，这种冲突主要出现在短期，菲利普斯曲线中有充分体现。

第三，就业总体目标和结构目标冲突。劳动力市场结构出现问题会拉大贫富差距，导致不同群体间工资和就业出现差异甚至形成两极分化。政府政策需要权衡总体目标和结构目标。

第四，效率和公平之间权衡。数字技术作为一种未来极具潜力并可能影响国民经济全局的技术，能够提升生产效率，因此政府政策应该引导其健康发展，在发展过程中对就业负面作用也会显现，甚至会非常激烈，这就需要政府认真做好效率和公平权衡。

（二）政府就业调控工具

下面分析劳动力市场结构和人口老龄化，以确定政府政策应如何倾向于数字经济的良性发展。

第一，产业政策工具，包括对数字经济及相关产业支持和激励。实践中，必须考虑到工业政策可能造成潜在市场扭曲和资源浪费。

第二，政府服务。通过加大对人才和技术匹配领域的金融支持，提高人才技能，使其与人工智能等先进信息技术对接，促进金融业务转型；通过减少对劳动力需求与提供必要服务和财政支助之间摩擦，提供必要的服务和帮助，降低市场供需双方的搜寻成本，提高匹配效率。

第三，效率和公平利弊权衡。理解数字化给就业市场带来的正向和反向作用机制，避免错误二分法和顾此失彼。尽量发挥数字经济对就业新任务创造效应，削弱其在短期内对劳动力替代效应和收入分配效应；认识到发挥数字经济补偿效应的同时可能对效率产生的伤害。

第四，税收及补贴工具。应避免为了发展数字经济而对数字产业或资本收入过度补贴，应当合理调节劳动收入在国民经济中的份额，在生产效率和社会公平之间做好科学决策，提高政策制定和实施合理性。

总结与回顾

1. 数字经济对劳动力市场和就业影响具有多维性、复杂性和动态性。数字经济影响就业总量的机制主要包括替代效应机制、补偿效应机制和创造效应机制。数字经济影响就业总量存在不确定性，综合影响效应取决于替代效应、补偿效应和创造效应在动态平衡中如何发挥作用。

2. 数字经济影响就业结构是多维度的，主要从产业结构、技能结构、性别结构3个方面进行分析。数字经济对就业质量内涵中某一具体维度影响，主要集中在工资收入、工作时间、社会保障和工作匹配度等方面。

3. 数字化技术与就业是动态、多维度关系。应深入领会数字技术替代效应与补偿效应。

4. 理解数字经济背景下的内生技术进步。数字技术除了宏观抽象出的参数取值（替代弹性、要素和技术边际递减特性等）外，微观上有必要建立数字化公共服务和促进其生产力进步有效机制。这些微观机制大致涉及以下几个方面：逃离竞争效应、气馁效应、开发新产品、搭建平台、专利保护、逆向研发与抄袭。

5. 充分考虑AI特殊性，以更加开放、大胆假设去分析AI技术如何影响经济增长和劳动力市场。

6. 随着数字经济的快速发展，出现了许多新职业，灵活工作者数量在不断增加，企业雇佣模式发生了变化。政府、平台企业、社会等各方应共同努力，从法律法规、社会保障、行业联合治理等多方面切实保障劳动者合法权益。

复习思考

一、名词解释

数字就业；逃离竞争效应；气馁效应

二、简答题

1. 联系实际谈谈数字经济影响就业总量的替代效应机制。
2. 联系实际谈谈数字经济影响就业总量的补偿效应机制。
3. 联系实际谈谈数字经济影响就业总量的创造效应机制。
4. 联系实际谈谈数字经济影响就业结构与就业质量。
5. 了解数字经济背景下如何有效保护劳动权益？

三、论述题

1. 联系实际谈谈数字化与就业：数字技术替代效应与补偿效应。
2. 联系实际谈谈数字经济背景下的内生技术进步。
3. 联系实际谈谈人工智能如何影响就业。
4. 联系实际谈谈数字经济背景下政府应如何科学实施相关政策来保护劳动者权益。

能力拓展

全国政协委员刘尚希：让数字经济带动就业

“经济社会深层结构性问题日渐凸显带来就业压力，难以随着人口规模下降而缓解。目前就业面临‘四难’，即青年就业难、稳住劳动参与率难、就业政策创新难和政策协同配合难。”

全国政协委员、中国财政科学研究院院长刘尚希表示，保就业面临新风险，促就业不能走老路，应顺应数字化大趋势，大力发展数字经济，充分发挥数字经济带动就业杠杆效应。“面对数字革命带来就业革命，亟须突破传统就业认知框架，加快就业促进政策创新。”刘尚希说，“各类短期就业促进政策，如政府购买岗位、高校扩招、补贴存量企业稳岗等难以作为长期政策使用，应以加快经济全面数字化转型来促进就业。”对此，刘尚希提出应大力发展数字经济，提升劳动参与率、提升数字素养来促进就业。

一是大力发展数字经济吸纳青年就业。发展数字经济体现为，各种面向企业、消费者数字平台企业对就业带动作用远远超出传统工商企业。应鼓励、支持和拓展平台就业，以电商、网约车、物流配送、在线教育、信息服务和数字场景设计等作为吸纳青年就业主要方式。

二是借助数字经济包容性提升劳动参与率。应充分发挥数字经济对特殊困难群体更为友好特点，利用平台经济提升女性、长期失业者、残疾人等返回劳动力市场比例。依托平台时间灵活、自由选择、无须固定场所各种获取收入机会，赋予劳动者更多就业创业自主权，降低劳动力市场门槛，提高就业创业包容性。

三是提升数字素养，提高数字能力。数字化时代，机器人将会加速替代重复性劳动、非创造性劳动，无人车间、无人商店将会不断增多，但管理维护机器人、以虚控实等新职业也不断增多。人力资本竞争力关键，已经从传统手艺拓展到数字技能。我国互联网覆盖率较高，手机、电脑等智能设备使用越来越广，但专业教育、培训滞后。应加力加快发展数字教育，提高劳动者数字知识、数字技能，降低获得数字知识和技能门槛。特别要注重缩小不同行业、不同代际劳动者数字知识与技能差距，防范“数字鸿沟”带来新就业排斥。

杜肖锦．全国政协委员刘尚希：让数字经济带动就业［N］．中国银行保险报，2023－03－07.

第十六章 数字经济安全

任务分析

1. 理解数字经济安全风险特征。
2. 理解数字经济经济、数据安全风险。
3. 理解数字经济技术安全风险。
4. 了解数字经济安全风险评价指标体系构建。
5. 了解网络安全威胁。
6. 了解数字经济时代消费者侵权行为。
7. 了解数字经济时代消费者保护措施。
8. 了解国外数字经济安全立法研究动态及对我国的启示。

案例导入

全方位构筑数字经济安全体系

1月12日，国务院发布《"十四五"数字经济发展规划》（以下简称《规划》），明确了"十四五"时期推动数字经济健康发展的指导思想、基本原则、发展目标、重点任务和保障措施。特别是，该计划提出加强数字经济安全体系，并围绕三个轴部署具体任务：加强网络安全保护能力，提高数据安全水平，有效防范各类风险。

完善基础设施，增强网络安全防护能力

"十三五"时期，我国深入实施数字经济发展战略，不断完善数字基础设施，互联网协议第六版（IPv6）活跃用户数更是达到4.6亿人。作为"十四五"数字经济的重要指标之一，《规划》提出IPv6的2025年预期性目标：活跃用户达到8亿人。"IPv6加速部署有利于进一步扩大互联网应用，满足互联网资源持续扩大客观要求。"近年来，随着互联网和移动通信技术的快速发展，客观上让互联网地址资源数量限制矛盾一再凸显，同时随着应用场景呈现爆炸式发展，万物皆可互联正成为可能。

完善法治保障，提升数据安全保障水平

提高数据安全水平方面，《规划》提出，建立强有力数据安全治理体系，考虑完善行业数据安全管理政策。同时，《规划》要求依法依规加强政府数据安全保护，做好政府数据公开和社会使用安全管理等工作。制度方面，国务院出台了多项相关政策规定：2015年出台《促进大数据发展行动方案》，2018年出台《科学数据管理办法》，2020年出台《关于构建更加完善市场化要素配置体制机制的意见》等。为应对不断变化新形势，《数据安全法》自2021年9月1日起正式实施。自2021年11月1日起实施《个人信息保护法》不断完善，旨在针对"大数据杀熟"、过度收集个人信息、对人脸信息等敏感个人信息处理予以规制和约束。

资料来源：李海楠．全方位构筑数字经济安全体系［N］．中国经济时报，2022－01－17.

知识介绍

第一节　数字经济安全风险维度识别与评价指标体系构建

随着第四次科技革命席卷全球，以人工智能、区块链、大数据、元宇宙等为代表新技术掀起了一场数字革命、智能革命。这场数字革命带来了生产力大幅提高，解放了人类双手甚至大脑，成为世界经济增长新引擎与新动力。但是数字经济风险传导将更加快速、系统性和不可预测，因此，如何正确认识数字化风险，直面数字化风险在社会经济运行等各个层面所带来的困难与挑战是数字中国建设所必须重视的问题。

一、数字经济安全风险内涵与特征

（一）数字经济安全风险内涵

数字经济完整内涵涉及技术、数据、载体、产业以及市场五大要点，这些要点构成了数字经济核心内容。数字经济安全风险根植于数字经济，数字经济要点本身构成数字经济安全风险源点。数字经济安全风险是指数字经济发展过程中，在数据作为关键要素大规模进入生产、信息基础设施作为载体进行数据储存和传输、数字技术作为核心驱动力推动实体经济发展等环节发生内外部威胁的不确定性以及可能引发的危险后果。数字经济安全风险是一种复杂的后现代性风险。人类面临风险随着人类社会实践扩大与深化，经历了三次历史性扩张，扩张程度与人类实践发展程度一致。乌尔里希·贝克（Ulrich Beck）区分了与现代性有关三种风险，分别是前现代性风险、古典现代性风险和高级现代性风险，对应农业社会、工业社会和后现代社会（刘挺，2020），如表16－1所示。早期农业社会，纯粹自然运动导致风险是人类面临的主要风险类型（如地震、干旱、海啸等），此时风险只是局域性风险，影响范围有限。进入工业社会后人类实践产生巨大拓展，工业社会带来了人类广泛交往和联结，过去民族和区域限制造成隔阂被打破。这种强烈实践扩张和世界性实践交往让人为风险，也就是安东尼·吉登斯（Anthony Giddens）所说的被制造出来的风险（manufactured risk），取代了外部风险（external risk）而成为人类社会面临的主要风险类型。而且风险影响从局域性向全球性发展，全球性风险开始形成。新的技术革命将人类带入后现代社会，社会发展再次进入新阶段。整体而言，社会进步与科技发展增多了风险种类与数量，提高了风险发生频率，风险事故发生所导致损失也越来越大（范道津等，2010）。现代科技突破和改变构成科技风险来源，并且由科技风险转化为其他领域风险（陈宝明，2019）。社会高度技术化也意味着高度风险化，并且是全球性风险社会（庄友刚，2008）。数字经济安全风险不同于海啸这类自然风险，也不同于全球变暖这类由人类活动和自然活动综合形成的工业风险，而是单纯由人类活动引发的后现代社会风险。人类在这一阶段需要应对风险形势已完全不同以往，后现代性风险不可预知性使得风险产生影响更加广泛，也更加难以防范。

表 16－1　社会发展不同阶段的主要风险

社会形态	农业社会	工业社会	后现代社会
主要风险类型	地震、干旱、海啸、飓风等	酸雨、温室效应、城市病等	核泄漏、网络瘫痪、金融危机等
风险成因	自然因素主导	自然因素与人为因素叠加	人为因素主导

（二）数字经济安全风险特征

1. 数字经济安全风险带有显著技术进步依赖特征。

数字经济相关科学技术进步十分迅速，其给社会带来巨大进步有目共睹，但技术、经济进步同时也加剧了而不是减轻了人为风险，经济社会发展面临更多不确定性（陈宝明，2019）。数字技术早已深入人类生产、生活每个角落，人们依靠数字技术来社会生活、生产财富，科技理性成为从日常生活到国家政治实践的前提和遵循（庄友刚，2004）。技术进步本身存在风险放大的可能，只有持续技术创新才能满足技术社会发展需要。数字技术发展在引发风险的同时，又需要依靠进一步技术创新去治理诱发风险，但如此一来又可能诱发更严重风险危机（Scott Lash，2002）。

2. 数字经济安全风险具有高度复合性特征。

科技、经济、社会发展日益交织融合，使得后现代性风险也更加复杂化、复合化。作为一种后现代性风险，数字经济安全风险内部潜在风险要素众多，形成了许多层次和规模不同子系统，如政治风险、经济风险、技术风险等，子系统之间相互协同、相互依赖、共同演化。数字经济安全风险是多种风险要素复合诱发的综合性风险。除了内部风险之外，数字经济安全风险在空间上早已突破地域、国界限制，是一种由国内风险和国际风险复合而成全球化风险，外部不确定性冲击同样会导致数字经济安全风险变化。

3. 数字经济安全风险具有高度关联性特征。

社会高度技术化也意味着高度相关化，表现在风险放大化、复杂化，局部风险转变为整体风险，单一风险转变为多重风险，风险范围由本地蔓延席卷到世界各地（庄友刚，2008）。弗雷德里克·詹姆逊将多维度、复杂全球性风险概括为“技术的、政治的、文化的、经济的、社会的”五种不同的形式（Fredric Jameson，2001）。数字经济安全风险以技术高度发展作为基础，渗透在经济社会各个方面，在经济、社会、技术、政治等不同领域呈现风险多样化特征，且横跨多个行业、多个部门，形成一种风险联动的社会经济网络。风险要素之间存在错综复杂关联关系，这种高度关联性和依赖性让不同风险互为因果，风险交织重叠，加剧了风险连锁反应，往往造成牵一发而动全身的局面。

二、数字经济安全风险维度分析

（一）数字经济技术—经济范式

1983 年卡萝塔·佩蕾丝（Carlota Perez）提出了技术—经济范式理论，该理论被用来形容关键技术突破带动技术革命，通过经济系统变革最终导致整个社会—制度结构变迁现实（Freeman and Perez，1988；Perez，2010；蔡跃洲等，2016；王姝楠等，2019）。关键要素变迁带来技术—经济范式变革。技术革命爆发后，新主导技术体系通常会伴生出新关键要素，关键要素决定了技术—经济范式形成及转型发展，也成为界定新的技术—经济范式依据。同时新主导技术结构及其关键要素强烈地渗透进整个经济系统，从根本上影响生产组织形式、流通和消费方式、生活方式乃至整个经济社会运行组织模式，从而形成相匹配技术—经济范式（蔡跃洲等，2016；胡贝贝等，2019；梁正等，2020）。

卡萝塔·佩蕾丝等学者研究认为，从第一次工业革命开始，工业经济时代已经发生过五次技术革命，并由此产生了五个技术—经济范式。每一次技术革命都带来了一场新关键生产要素、新技术体系、新基础设施和新兴产业爆发，产生了一套相互关联通用技术和组织原则，并逐渐扩散到更广阔经济领域，每隔50～70年就可以全面提升经济效率（王姝楠等，2019）。最新一次技术革命就是信息革命，诞生了数字经济技术—经济范式。数字经济技术—经济范式，其主导技术是信息通信等数字技术，关键要素是数据要素，新基础设施是信息基础设施，新产业则是以电子信息制造业、软件开发业、信息技术服务业、互联网产业等为代表数字经济产业。数字经济本质就是新一轮技术—经济范式转换（中国信息通信研究院，2017；杨青峰等，2021）。数字经济技术—经济范式呈现以下特征。

第一，数据作为关键要素全面渗透进经济系统。相比于传统生产要素，数据所具有的易复制、传播快、不受时空限制等特点，使得数据储存和运输成本极低（梁正等，2020）。信息基础设施发展与普及进一步促进了数据获得与流动，海量数据产生并被采集，再通过信息技术进行数据分析，倍增了数据要素供给，也提升了数据价值（王姝楠等，2019）。数据要素成为独立生产资料被投入的同时，也赋能传统要素开发利用，提升了全要素生产率并全面嵌入经济体系，为经济社会发展提供新动能。

第二，新的数字技术系统形成促使生产制造范式变革。信息技术创新带动了技术全面进步，以5G为代表数字通信技术、以工业互联网为代表数字链接技术和以云计算、区块链为代表数据计算处理技术等新型数字技术孕育形成了新技术系统，全面带动制造业生产能力的提升。

第三，新经济业态与实践涌现并推动经济持续增长。平台经济、分享经济、算法经济等新经济业态不断涌现，改变了传统生产组织与社会分工模式。网络化、平台化、众包化新型生产组织形式以及基于网络平台新型协作分工体系生成，全新产业体系逐步出现，新经济实践推动经济持续增长。

（二）经济安全风险维度

随着数字经济在全球范围内迅速发展，全球和区域范围内生产要素得以进一步充分流动，资源配置效率进一步提高，在促进全球生产力大幅提高的同时，重塑了世界范围内产业结构，也重塑了传统市场概念。既有研究指出，经济增长受产业结构合理化和高级化进程阶段性影响显著，其中产业结构高级化是造成经济波动的重要成因（干春晖，2011）。数字经济带来产业数字化以及数字产业化带动了我国产业结构趋向高级化以及合理化，与此同时也带来了经济安全风险。经济发展是市场变革的重要前提，而市场变革也影响经济发展。数字经济持续渗透下，数字平台大量涌现，平台化发展模式成为驱动经济发展的重要引擎（缪沁男等，2021）。数字经济通过体制机制创新更改了市场结构，买卖双方将在几乎是完全竞争市场上完成交易过程（杨新铭，2017），打破了市场分割的同时也加剧了市场风险。因此，数字化带来产业结构变动和平台市场变革成为经济安全风险维度风险来源，构成产业安全风险和市场安全风险两大具体风险，影响数字经济安全发展。

1. 产业安全风险。

产业安全是国家经济安全的重要组成部分，构成国家经济安全中观考察对象，产业安全在经济安全中有其无可替代作用（张一弓等，2010）。主权国家产业安全通常涉及两个层面风险：（1）引进外资之后受到外资优势支配，进而造成该产业受到外资控制或者形成产业垄断风险；（2）产业在进出口过程中遭到国际市场挑战和冲击从而影响产业利益风险（曾繁华等，2007）。这两种产业风险都对国家产业健康发展以及经济安全造成严重威胁。产业安全实现需要能够同时抵抗来自外部风险和来自内部发展失衡的双重威胁，依托产业发展稳定、均衡与可持续，成为国民经济和社会全面、稳定、协调和可持续发展的保证（肖宇赫，2020）。产业安全风险主体往往是在国民经济安全中占据重要地位的战略产业、支柱产业和先导性幼稚产业（赵惟，2005）。这些产业对国家经济活动及其发展至关重要，是国家发展基础命脉的所在。

数字经济背景下，数字经济核心产业在国民经济地位日益上升，成为国家经济增长的重要源头，而其本身在很大程度上尚属于先导性幼稚产业，因此在内外部环境变化威胁下，稳定持续发展与提升能力受到考验，面临产业安全风险逐渐变大。数字经济产业安全风险主要源于自身产业链是否完备以及是否可控。从产业间结构角度看，产业链关注的是组成产业结构产业之间前后向联系，以及与上下游产业的配套程度（刘贵富，2010）。产业链风险更强调外部风险对国家重要产业及其上下游关联产业影响，也更强调国家在产业链关键环节的国际竞争力（张义博，2021）。虽然现阶段我国是齐全具备联合国产业分类所列工业门类全球的唯一国家，但是总体来看中低端产业链偏多，高端产业链偏少。我国在许多代表性制造业产业领域与国外存在较大或巨大差距，产业链建设核心环节和关键技术上尚存在重大缺陷（杜庆昊，2020）。数字经济核心产业链属于高端产业链，往往涉及关键技术、核心零部件、基础性材料等，当前还存在生产能力不足、生产受制于人等情况，造成数字经济产业链出现非自主可控环节。

维护产业链完整性是实现产业链安全的前提，目前数字经济核心产业链主要面临“脱钩”“断链”两大威胁。其中，“脱钩”是指在中美贸易摩擦以及疫情背景下，各国为实现数字经济产业链安全自主可控，选择大力扶持培育本土产业链而减少与我国产业链往来，造成我国产业链在全球经济体系内逐渐脱离。例如，2020 年英国政府宣布英国将禁止电信运营商购买华为 5G 设备，并承诺在 2027 年前将现有华为 5G 设备从英国网络中移除。英国政府行为有可能引发连带效应，促使欧洲主流国家逐渐停用华为相关技术与产品。华为作为我国通信领域头部企业，其掌握 5G 技术与生产相关产品在世界领先并掌握一定世界行业话语权。华为在英国等发达国家市场一旦失落，将对企业整体发展布局造成严重影响，逐渐与世界市场“脱钩”，从一个国际性企业回缩为本土企业。这也将在很大程度上导致中国在数字经济全球核心产业链中被边缘化，引发“脱钩”危机。

“断链”是指在全球产业体系分工协作条件下，产业链中某些环节停摆造成的“长鞭效应”，我国数字经济产业链基础性需求多，遭受不利冲击影响大，容易出现停摆情况并造成严重的损失，从而形成“断链”问题，严重阻碍了数字经济平稳发展（杜庆昊，2020；余钧等，2020）。例如，近两年被数字经济行业反复提起的“芯片荒”问题，正是由于部分国外半导体工厂因疫情、自然灾害、战争等原因，减少了芯片产量，进一步造成下游企业出现芯片缺供、断供风险，而被迫减产、停产。全球半导体供应链脆弱使得世界范围内出现芯片供给短缺。而国产芯片制造则受限于核心零部件光刻机技术。没有光刻机就无法从事半导体芯片制造，当前荷兰 ASML 公司垄断了世界范围内高端光刻机市场，我国国产光刻机还难以满足当前核心芯片生产补缺、替代需要。同时，芯片和光刻机产业技术壁垒高，需要较长时间技术、经验积累以及财力、人力投入，难以在短时间内形成产能提升。

2. 市场安全风险。

数字经济作为推动国家经济高质量发展的重要支柱和平台，是深化市场经济体制机制全面改革的重要推进力。数字经济竞争已成为国家经济综合实力比拼的主要竞争领域（陈兵，2019）。数字经济孵化各类新商业模式以及市场竞争行为，激发了全球经济活力，但也给市场经济秩序正常运行带来风险与挑战。数字经济引发市场安全风险主要有三个方面：（1）数字经济兴起带来平台垄断。数字经济背景下商业模式发生改变，数字技术让大量市场主体能够在平台集聚，平台经济产生规模效应、引发垄断行为，平台利用自身优势限制市场竞争，不利于数字经济健康发展（余钧等，2020）。（2）市场边界泛化造成市场冲击。企业借助数字技术打破传统市场地域限制，广泛开拓数字经济市场，顺畅地进入世界各地，加剧地区市场竞争，消解了传统的本地企业市场竞争优势。（3）数字金融市场破坏性创新和监管滞后。金融市场数字化进程中，由于监管滞后，部分金融创新导致了破坏性后果，不利于数字金融的发展。

作为一种新兴经济形态，平台经济集全球化、信息化、网络化三大趋势于一体（李允尧等，2013）。数字经济背景下平台行业兴起导致市场竞争模式和要素较传统市场变化显著，动态竞争与跨界竞争、流量竞争与数据竞争等成为竞争主要特征（陈兵，2021）。平台经济天然具有垄断性，随着数字技术水平提升，网络外部性效应显现，新用户不断加入平台、交易成本降低，迅速实现自我增强"虹吸效应"，最后占领成熟市场。平台以排他性准入标准限制市场竞争、巩固自身垄断地位，导致在平台经济中普遍存在"赢者通吃""赢者得多数"现象（傅瑜等，2014）。平台经济可以便利人们消费，但市场头部企业通过平台垄断谋取不正当利益事件时有发生，如限制交易、价格滥用、扼杀式并购等，不仅损害其他市场主体利益，也损害消费者权益（赵君怡，2021；寇韵楳等，2020）。以阿里巴巴"二选一"案为例，阿里巴巴集团滥用市场支配地位，强制要求商家放弃在其他竞争平台经营以及营销活动，借助自身市场垄断地位，拟订不合理平台规则，并且通过算法推荐等技术手段打压部分商家正常经营，保障自身目的实现，攫取不正当竞争优势。阿里巴巴集团平台垄断行为不仅阻碍了正常市场流通，也侵害了商家及消费者利益，不利于平台经济健康发展，最终被市场监管总局判罚182.28 亿元。类似案例充分说明了当前针对平台经济不论是行业规范、行政规制还是法律制度都还很不完善，平台经济风险亟待治理。

数字经济发展持续冲击和影响市场结构，使得市场边界模糊。平台兴起以及数字技术发展带动了更多中小企业蓬勃发展，更多人可以在家中经营业务而无须拥有实体店面，有更多企业有机会进入贸易领域，但这也意味着企业竞争更加激烈，出现了机遇与挑战并存的局面。即使是非数字经济产业传统产业，也受到数字化转型趋势影响，实际竞争增加（Hedvig K. Schmidt et al.，2018；许扬阳，2021）。企业通过数字技术赋能市场贸易，用网络手段打破市场边界限制，将数字经济市场下沉到每一个地方市场，从而实现市场渗透与覆盖，使得本地企业竞争优势消解。随着数字经济领域持续对外开放，引入外资比例增加，2020 年中国吸收外资规模创历史新高，成为全球最大外资流入国。随着在线市场加速发展，数字化跨国公司通过在线形式出售产品及服务，无须建立庞大海外销售体系，仅仅通过设置海外代表处即可实现业务运营，能以轻资产和少量员工开拓国外市场。互联网越渗透进跨国企业生产经营，企业就越能利用轻海外资产赢取高市场份额。这既适用于大型跨国企业，也对中小型跨国企业广泛适用（詹晓宁等，2018）。数字经济背景下外资大规模入局，部分外资企业享受优惠政策，在很大程度上压抑本土企业发展，抢占本地市场份额，消解本土企业优势，加剧市场安全风险。

市场安全风险的另一表现是数字金融风险。随着支付宝、微信支付等移动支付发展与普及，信息不对称导致交易信任问题得到缓解。随着互联网公司进入金融支付领域，市场交易方式迅速改变，传统金融业务过程和商业模式也发生了改变，新兴金融模式如网络微贷、P2P 网络借贷和网络众筹等发展起来，数字金融在中国金融系统内扎根生长，并渗透进金融业各个领域（黄浩，2018）。然而数字金融尤其是部分互联网金融发展速度过快，导致金融监管体系在一定程度上滞后于金融业态多样化发展，规则边界较为模糊，新金融风险不断以各种形态形式涌现滋生（王志强等，2021）。如 P2P 网络借贷，曾经由于门槛低、高利润、操作简便、发放快捷等特点在金融领域高速发展，但是不久后就出现了经营失范、坏账频发、动辄"跑路"等问题，P2P 借贷平台不断出现"爆雷"事件，遭到监管部门强力清退。至 2020 年 12 月，国内 P2P 网贷平台机构已被全面清退，但大量投资人已难以追回投资资金，面临严重经济损失。许多互联网金融存在破坏性金融创新特点，虽然在一定程度上节约资金成本、提高服务效率，但也同时使得金融风险更隐蔽、复杂，具有更严重传染性和破坏性，如对部分客户低偿债能力选择性忽视，以普惠金融之名恶意过度放贷，转嫁风险的同时享有高额收益，容易快速聚集成系统性风险危害社会（王志强等，2021）。P2P 平台业务、比特币等虚拟货币交易等数字金融风险以及破坏性金融创新存在，对整个金融体系和支付系统带来严重影响，造成信用危机，扰乱了市场交易秩序，危害人民群众财产安全。

（三）数据安全风险维度

生产要素是指人类进行物质生产所必需的各种经济资源和环境条件，主要包括土地、劳动、资本、管理、技术等。生产要素在历史上随着人类社会发展不断革新演进，新的生产要素形成与加入，能够极大地促进生产力提高，驱动人类社会迈向新发展阶段。农业社会，土地和劳动要素决定了经济发展；第一次工业革命推动机器取代人力、工厂机器化生产取代家庭作坊手工生产，人类社会迈进工业时代，机器设备等资本成为推动经济发展的关键生产要素；19 世纪下半叶第二次工业革命进一步强化了资本要素，同时管理要素开始成为独立生产要素；20 世纪以来，由于科技对促进经济发展作用日益显著，技术被认为是现代经济增长的主要生产要素。从 20 世纪 90 年代开始，随着数字技术广泛深入人类生产生活，全球数据信息海量增长，数据充分挖掘和有效利用极大地提高了生产效率，优化了资源配置，推动人们生产、生活和消费模式产生重大变革。数据成为重要国家战略资源和新关键生产要素。2020 年 4 月，中共中央、国务院发布《关于构建更加完善的要素市场化配置体制机制的意见》，将数据作为新的生产要素，要求加快培育数据要素市场。

不同经济形态，生产要素所包含内容有很大不同，关键生产要素也不同。相较于传统经济形态，数字经济最大特征就是以数据作为关键生产要素。数字经济时代，政治、经济、社会等各大领域都产生和累积了海量数据（马述忠，2021）。数据作为强势生产要素全面融入经济活动，深刻影响了资源配置效率（于立，2020）。数据作为国家基础战略资源地位决定了未来对数据安全需求愈发凸显，数据安全风险也愈显重要，且关系到个人、企业乃至国家和社会的共同利益。自 2021 年 9 月 1 日起《数据安全法》正式施行，对数据及数据安全进行了明确规定。国家网信办撰文指出，大数据时代数据安全面临挑战层出不穷，如信息基础设施频繁遭受攻击、新型网络威胁泛滥、数据交易黑色产业链活跃、数据监管机制不完善等，数据资源安全正面临严峻风险，进而危害我国数字经济的健康发展。因此，数据安全风险成为数字经济安全风险中不可忽视的重要维度。

数据由人产生，为人所用。本书借助 SHEL 模型，对数据安全风险维度展开进一步探讨。SHEL 模型最早由艾尔温·爱德华兹（Elwyn Edwards）提出，构成模型的四个主要模块分别是软件、硬件、环境以及人（王起全，2010；吴继英等，2021）。该模型将“人”在安全事件中作用作为核心分析安全情况，从航空安全领域逐渐扩展到其他安全领域使用，如吴继英等（2021）将其应用于企业大数据安全评价。以人为核心，其与软件、硬件、环境三个要素之间关系，构成了该模型分析框架。

在数据安全领域，“人—硬件”界面代表人在数据安全工作中依赖硬件设备，如计算机设备、通信网络、电信基站等关键信息基础硬件设施，关键信息基础硬件设施安全对数据安全造成根本性影响。“人—软件”界面代表人在数据传输、利用时各类支持系统，最具代表性就是互联网平台，互联网安全在目前数据安全威胁中尤为重要，遭受攻击也最为频繁。“人—环境”界面代表影响数据安全环境以及人的行为因素，如数据安全文化环境、用户数据安全意识、数据安全管理等。“人—人”界面主要侧重微观组织内部人员配置、人员流动等。后面将“人—硬件”界面存在风险归为硬件安全风险；“人—软件”界面存在风险归为软件安全风险；“人—环境”“人—人”界面存在风险分别侧重于环境管理和人员管理，合并为管理安全风险。也即数据安全风险维度下存在硬件安全风险、软件安全风险和管理安全风险三种具体风险。

1. 硬件安全风险。

硬件安全风险主要指数据存储、运行等所需要关键信息基础设施安全风险。数字经济底层架构核心是连接，关键信息基础设施作为承载经济社会运行的主要载体，牵连着企业、设备、生产商、供应链、客户等主体，构成了经济社会发展信息通路，有力支撑数字经济稳定运行，如果其频繁遭受攻击，将严重危害数字经济健康发展（李阳等，2018）。加强关键信息基础设施保护成为世界各国的共识，各国从战略、法规、标准等方面出台政策，提高关键信息基础设施的防护能力，防范关键信息基础设施的安全风险（陈月华等，2019）。2016 年 4 月 19 日召开的网络安全和信息化工作座谈会上，习近平总书记明确指出国家关键信息基础设施安全防护的重要性。2021 年 9 月 1 日起施行《关键信息基础设施安全保护条例》是我国首部专门面向关键信息基础设施安全保护工作设置的行政法规，是我国开展关键信息基础设施安全保护工作的基本指导，有助于维护数字经济的健康运行发展。

由于我国在信息基础设施建设上起步相较国外较晚，相关硬件设施生产不成熟，且操作中长期存在重建设、轻安全的偏向。因此，在重要信息基础设施建设过程中，往往直接从国外引入大量相关基础设备、技术和服务等，产生了对外依赖性，使得我国关键信息基础设施存在潜在的外部威胁风险，且相关设备、技术供应商可能通过植入产品木马或利用安全漏洞窃取秘密信息、秘密控制系统，不利于国家安全（包莉娜等，2019）。据统计，中国使用高端芯片、操作系统、数据库、核心服务器等软硬件设备 86% 以上由美国企业提供，在金融、通信、能源等关键领域信息化系统装备中国产化率不足一半，基础网络建设中七成以上设备来自美国公司，60% 重要信息系统运行和维护都要依赖国外厂商（牟承晋，2017）。木马、漏洞、后门等严重关键信息基础设施安全风险存在，给国家安全埋下重大隐患。对此，《关键信息基础设施安全保护条例》也做出了相关规定。

2. 软件安全风险。

软件安全风险与硬件安全风险密不可分，软件运行依赖于一定硬件和软件环境。互联网作为数据传输利用最主要平台，正是依托于关键信息基础设施硬件运行，用户通过硬件设备连接入网。网络蓬勃发展一方面促进了经济社会繁荣进步；另一方面滋生了安全风险和挑战，其中软件安全面临最大危险就是网络安全风险。2016 年出台《中华人民共和国网络安全法》已经对网络安全进行了充分说明。保障和促进数字经济繁荣发展重大现实需求要求我们持续营造安全可控网络环境，维护网络正常运行秩序，确保网络安全和信息数据安全，防范化解网络安全风险（崔玉华，2018）。当前网络攻击具有规模大、次数多、无预兆、难溯源等特点，政府、企业和个人都是潜在被攻击对象，造成损失包括公共安全、企业财产、个人隐私等，需要社会各方合力应对。《中国互联网网络安全报告》指出，2020 年国家互联网应急中心协调处置各类网络安全事件多达 10. 3 万起。2021 年国家互联网应急中心捕获恶意程序样本数量约 2307 万个，涉及恶意程序家族约 20. 8 万个；发现新增移动互联网恶意程序 86. 6 万余个；监测发现用于发起 DDoS 攻击活跃控制端 1455 台，其中位于境外占比为 97. 1%（国家互联网应急中心，2021）。不同数据主体在网络空间生产、存储、传输和使用着海量数据信息，而勒索软件等恶意代码肆意传播和主动无差别攻击，对网络环境安全和社会公共安全造成严重危害，需要严加防范和有力打击（张松海，2017）。通过加大网络安全保护力度，控制网络安全风险，可以减少经由网络传输数据出现损失风险，从而维护数据安全，进而维护数字经济安全。

3. 管理安全风险。

除了硬件和软件风险外，数据安全运行离不开人为管理。大数据时代下，网络用户享受了大数据带来的便利，也面临着更大的安全防护压力，涉及生活的方方面面（汤隆，2021）。数据管理是数据安全保护核心环节，存在管理安全风险。由于数据管理横跨硬件、软件，同时分布于现实、虚拟，存在于时间、空间多个维度，因此形成了跨区域、跨组织、跨系统、跨层级复杂管理系统，而当前我国尚未形成统一有效的数据管理协调体系，对于数据运行各环节安全管理权责尚不明确，数据使用运营安全责任模糊，造成数据资源开发和使用者行为出格，游离在法律边缘，构成数据管理安全风险。尤其是对于一些业务量庞大、覆盖面广大型互联网企业，其存储、运行数据量巨大，如果遭遇数据管理安全危机，那么损失将无法估量。数据安全管理主体涉及政府、企业、公民个人等，各类数据活动参与者均需要履行数据安全保护的义务，对此《数据安全法》做出了详细规定。

国家层面数据管理风险主要是相关数据安全法律法规不完善，安全管理、体制机制不健全，各级政府与相关职能部门权责不清，数据服务平台缺失，数据安全风险预警与监管缺位，数据安全事件应急处置能力不足，相关宣传教育力度较弱等（程琳，2018）。企业层面数据管理风险主要集中在互联网企业收集和存储数据过程中，如管理不善造成泄密、员工数据安全素质不到位造成管理缺陷等。个人层面数据管理风险存在于个人数据防护、隐私保护意识薄弱，数据安全自我管理能力不强等。

（四）技术安全风险维度

经济发展离不开技术要素使用，作为学科的技术经济核心关切就是新技术创新与使用如何影响经济发展。同时数据产生、存储、运行、传输、分析等环节也离不开数字技术发展与应用。技术一方面作为数字经济驱动力，另一方面是数据创造者以及增值的工具。数字经济在基础载体设施、核心生产要素、生产服务方式等方面均表现出独特特征和规律，想要掌握数字经济内涵，必须借助数字经济技术特征来理解（孙宝文等，2021）。

1. 技术创新与依存风险。

技术进步能够促进经济增长，已经得到充分论证，并发展成为技术经济学科（雷家骕等，2004；林毅夫等，2006；唐未兵等，2014）。技术经济安全理论认为，一方面技术进步能够持续促进经济增长，保障国家经济自主性，提升国家在全球价值链的地位，强化国家竞争优势；另一方面，技术一直隐含在经济安全中：技术创新正向影响经济安全，而技术引进与技术依赖、技术伦理也会对经济安全产生负面影响（刘志鹏等，2018）。数字技术作为数字经济驱动力，以及数据生产力，存在数字经济技术安全风险，这种风险既有内源性，也有外源性。内源性风险是指数字经济核心技术创新能力不足风险，为了避免核心技术被赶超落伍，需要不断提高技术创新能力。数字经济相关行业产业具有技术含量高、技术更新迭代快等特点，需要不断提高自主创新能力，从而维持技术先进性。而外源性风险是指技术对外依存风险，数字经济核心技术往往具备低替代性特点，因此一旦无法自主掌握则需要依赖国外先进技术，同时面临技术封锁、技术打压的“卡脖子”风险。内源性风险和外源性风险也对应了科技风险不同阶段，科技赶超阶段主要表现为外源性风险，科技发展高级阶段则主要表现为内源性风险。技术安全风险需要兼顾内外源风险，一方面提高技术自主创新能力、提高自身技术竞争力；另一方面降低对国外核心技术的依赖，维护技术安全独立性，从而降低数字经济技术安全风险，保持数字经济稳定发展。

虽然我国在数字经济技术研发与应用方面不断取得突破进展，在5G技术、虚拟现实、人工智能等领域已经走在了世界前列，但数字经济关键核心技术较为薄弱的情况仍然存在，集成电路、操作系统和基础软件等关键设备设施仍然存在明显对外依存现象，大量芯片、核心工业软件、工业机器人依赖进口。企业或者产业在发展数字经济过程中，如果由于对外技术依存度过高，关键核心技术受制于人，便会形成制约一国产业或企业数字经济创新发展“卡脖子”技术。而且引进技术本身就具有时滞性和不确定性，一旦核心技术支持被取消，将很难再恢复数字经济发展强劲势头（盘和林，2022）。中美贸易争端以来，美国政府对华采取“技术歧视”（tech discrimination）政策，对人才进行监控、技术进行封锁、企业予以打压，阻止留学生赴美求学、限制在美华人创新人才开展科研或前往中国，中断中美之间技术交流活动，企图遏制中国技术发展。

2. 数字技术风险。

2019年6月，阿里巴巴发起成立罗汉堂提出最关乎人类未来的十大问题，第一条就是“我们是应该先控制风险，还是先迎接数字技术?”数字技术加速迭代更新，既为社会经济数字化转型提供不竭动力，也在技术领域带来数字经济风险威胁（孙宝文等，2021）。人们在享受数字技术为人类生活带来便捷的同时，也可能受到数字技术困扰（陈龙，2022）。大数据本身源于计算机技术、云存储技术、信息处理技术等数字技术迅速发展，大量数据通过移动网络终端实现即时存储，实现数据自发性和主动性。而当前数据巨大产出量，却使得数字技术无法满足日益增长大数据管理需求，来源不同、呈现形式不同数据由于缺乏统一数据标准，在整合处理过程中遭遇重重困难，产生数字技术安全风险（林志刚等，2013）。

数字技术应用安全性风险存在于数据全生命周期，潜藏在数据生产、采集、存储、加工、使用、传输、分析、共享等诸多环节，缺少相关安全规范技术标准体系，成为数据发展瓶颈。数据生产和采集环节，面临数据非法采集风险，需要对采集大数据开展评估筛选，提高非法数据源辨识能力，确保数据来源可信、使用安全；数据存储环节，当前数据大多采用云存储技术储存在云平台、数据中心，对数据加密技术和磁盘存储技术提出了更高要求，数据集中存储和低要求使用极易造成非法入侵和数据泄露风险；传输和共享环节，存在数据迁移技术、数据分享技术问题，如何在通过网络或者硬件进行数据传输与分享时掌控好数据，避免被窃取。数字技术风险除了贯穿在数据全生命周期外，同时对人们生活、企业生产、行业发展都产生影响，是一种系统性风险，但当前关于数字技术安全措施还较为零散，需要加强数字安全技术创新，健全保障数据安全生态体系。世界各国在防止数据泄露、维护云平台数据安全等关键环节加紧技术研发，数据安防专门技术研发与应用进展飞速（刘多，2015）。我国《“十三五”国家信息化规划》也指出，要加强大数据关键技术及产品研发，突破大数据关键技术瓶颈，加强数据资源全面安全保护。

三、数字经济安全风险评价指标体系构建

数字经济安全风险认识维度很好地反映了数字经济安全风险特征，能够全面地认识和解构数字经济安全风险。所以数字经济安全风险评价指标体系也从经济安全风险、数据安全风险和技术安全风险三个维度构建3个一级指标。同时根据前面分析结合相关文献，进一步将三个维度下具体风险设置为二级指标，并对二级指标指向范围进行收敛避免交叉。经济安全风险二级指标应为产业安全风险和市场安全风险；数据安全风险二级指标应为硬件安全风险、软件安全风险和管理安全风险；技术安全风险三级指标应为关键核心技术风险、技术对外依存风险和数字技术系统风险。根据一级维度划分、二级具体风险类型，进一步拟订相应三级评价指标，从而构成由一系列具备关联、能反映国家数字经济安全风险状况及其运行过程大量单项指标的指标集合。构建的数字经济安全风险评价指标体系如表16-2和表16-3所示。

表16-2　　数字经济安全风险评价指标体系

一级指标	二级指标	三级指标	指标属性
经济安全风险	产业安全风险	产业影响力	正向
		产业外部环境	正向
		产业原料对外依存	正向
	市场安全风险	国内市场控制力	负向
		市场对外依存度	正向
		平台企业垄断度	正向
		金融创新破坏性	正向

续表

一级指标	二级指标	三级指标	指标属性
数据安全风险	硬件安全风险	安全信息基础设施资金投入	负向
		安全信息基础设施国有化	负向
		安全信息基础设施国产化	负向
		关键信息基础设施网络信任体系覆盖	负向
		关键信息基础设施等级保护合规情况	负向
	软件安全风险	计算机恶意程序威胁度	正向
		网站安全威胁度	正向
		移动互联网恶意程序威胁度	正向
		DDoS 攻击威胁度	正向
		信息安全漏洞威胁度	正向
	管理安全风险	数据用户安全意识	负向
		管理机构与责任设置	负向
		应急处置能力	负向
		网络安全建设同步率	负向
		数据监测预警能力	负向
		政策法规完备性	负向
技术安全风险	核心技术创新风险	核心技术创新投入	负向
		核心技术创新环境	负向
		核心技术创新产出	负向
		核心技术转化吸收	负向
	技术对外依存风险	技术人员依存度	正向
		技术专利依存度	正向
		技术开发依存度	正向
	数字技术系统风险	非法采集危害度	正向
		数据泄露危害度	正向
		违规传输危害度	正向
		数据篡改危害度	正向
		数据滥用危害度	正向

表 16－3　三级指标解释与参考测度方式

三级指标	指标解释与参考测度方式
产业影响力	数字经济产业影响其他产业程度。产业影响力系数可根据全国投入产出表计算
产业外部环境	数字经济产业发展遭受外部争端与制裁情况。可通过主要出口产品关税平均水平、数字经济核心企业与机构等遭受制裁（如被纳入美国“实体清单”）比例等测度
产业原料对外依存度	数字经济产业主要原材料、元器件等资源受国外限制情况。通过关键基础材料、核心元器件、重大技术装备等进口率测度
国内市场控制力	数字经济产品国内市场控制力度。通过主要产品国内市场占有率、产品自有品牌价值等测度
市场对外依存度	数字经济产品出口对外依存情况。通过外贸国家集中度、海外融资规模占比等测度
平台企业垄断度	数字经济平台市场垄断情况。通过市场集中度，市场势力指数、行业竞争度等测度
金融创新破坏性	数字金融创新导致金融风险如恶意借贷等。通过互联网金融风险指数、互联网金融不良资产规模等来测度

续表

三级指标	指标解释与参考测度方式
安全信息基础设施资金投入	衡量安全类信息基础设施投入程度。测度安全信息基础设施投入占信息基础设施总投入比重
安全信息基础设施国有化	衡量安全信息基础设施国有控制程度。测度外商以及民营安全信息基础设施投资规模计算国有安全信息基础设施比率
安全信息基础设施国产化	衡量安全信息基础设施国产化自主可控程度。测度主要安全信息基础设施国内市场的国产品牌占有率
关键信息基础设施网络信任体系覆盖	关键信息基础设施网络信任体系覆盖情况。测度具备身份认证、授权管理、责任认定等相关网络信任体系配套建设关键信息基础设施比率
关键信息基础设施等级保护合规情况	关键信息基础设施等级保护的合规情况。通过计算关键信息基础设施等级保护测评通过比率体现
计算机恶意程序威胁度	木马、僵尸网络、蠕虫等计算机恶意程序威胁情况。通过受控主机 IP 地址总数弹性系数测度
网站安全威胁度	网站篡改、网站后门等网站安全威胁情况。通过境内被植入后门网站数量弹性系数测度
移动互联网恶意程序威胁度	恶意传播、信息窃取、远程控制等移动互联网恶意程序威胁情况。通过移动互联网恶意程序样本总量弹性系数测度
DDoS 攻击威胁度	常见网络攻击手段威胁情况。通过肉鸡总数弹性系数测度
信息安全漏洞威胁度	信息系统安全漏洞诱发威胁情况。通过国家信息安全漏洞共享平台收录通用漏洞总数弹性系数测度
数据用户安全意识	网民、企业等数据用户总体安全意识与素养。通过数字诈骗损失规模、数字安全培训与技能提升开展数量等测度
管理机构与责任设置	数据安全管理专门管理机构与责任设置情况。通过是否设立数据管理机构、评价考核制度完备度等测度
应急处置能力	数据安全事件应急处置能力建设情况。通过应急预案设置、应急演练以及应急事件处理情况反映
网络安全建设同步率	网络安全与数据信息化同步建设情况。通过网络安全建设是否与数据信息化保持同步规划、同步建设、同步使用反映
数据监测预警能力	开展数据监测预警能力。通过是否建立并完善数据监测预警制度反映
政策法规完备性	针对数据分类、分级，数据销毁，数据副本备份与灾难恢复，数据安全国家标准制定、专用产品目录形成等制定相关政策法规。通过政策法规数量与完备情况反映
核心技术创新投入	核心技术创新投入力度。通过行业 R&D 经费增速、行业 R&D 人员投入增速、R&D 投入占销售收入比重等测度
核心技术创新环境	核心技术创新人才环境、政府支持、高教支持力度等。通过行业技术人员占员工比重、本科以上学历员工占比、相关学科高等学校 R&D 课题数、行业研发政府支持力度等测度
核心技术创新产出	核心技术创新实际产出情况。通过行业新产品或新工艺比率、专利申请量、发明专利授权占比、行业全要素生产率增速等测度
核心技术转化吸收	核心技术转化吸收情况。通过技术改造支出、技术引进支出、购买国内技术支出、消化吸收支出等测度
技术人员依存度	产业核心技术人员依存情况。通过产业国际人才引进数量及增速，产业关键技术发明人我国人员占比等测度
技术专利依存度	产业核心技术专利依存情况。通过外资核心技术专利控制率、核心技术引进合同数等测度
技术开发依存度	产业核心技术开发依存情况。通过前沿技术文献发表者我国人员占比、国内技术标准在国际上的影响力等测度
非法采集危害度	数据采集技术不当造成的危害情况。通过非法获取计算机信息系统数据造成的经济损失规模测度
数据泄露危害度	数据储存技术不当造成的危害情况。通过数据泄露数量与造成损害规模测度
违规传输危害度	数据传输技术不当造成的危害情况。通过违规传输事件数量测度
数据篡改危害度	数据管理技术不当造成的危害情况。通过故意篡改、删除他人计算机数据造成损失规模测度
数据滥用危害度	数据分析技术不当造成的危害情况。通过黑市数据交易、大数据杀熟等数据滥用事件数量与造成损失规模测度

四、数字经济安全风险防范路径

数字经济安全风险特征以及溢出传导显示出数字经济安全风险管理重要性，数字经济安全问题已成为影响国家安全、社会稳定和人民群众切身利益的重大战略问题，须从制度建设、监测预警、协同治理、国际参与等方面着力构筑可信可控的数字安全屏障。

（一）完善数字经济安全风险治理制度体系

针对网络安全领域特别是数据安全、个人信息保护、新技术新应用领域风险防范等热点重点问题，近年来我国大力加强法律法规和标准体系建设，出台了《中华人民共和国网络安全法》《中华人民共和国数据安全法》《中华人民共和国个人信息保护法》等一系列重要法律、部门规章和规范性文件。鉴于数字经济发展颠覆了传统意义上风险管理理念，使数字技术和实体经济有机融合，因而数字经济安全风险管理是一项全新系统性工程，需要以上述现有法律法规为基础，进一步从数字政府、数字社会、数字产业、数字金融等不同层面，加强和完善数字经济运行制度体系，为数字经济安全风险防控提供制度支撑。

（二）打造数字经济安全智能化、动态化评估预警平台

探求数字经济安全风险和系统性风险防控治理目标框架，通过系统化顶层设计，建立和完善数字经济安全风险和系统性风险监测预警机制。以数字经济安全风险智能化、动态化评估预警平台为基础，打造数字经济安全风险“全链条”闭环式治理机制，强化数字经济“全生命周期”安全风险闭环管理，从顶层设计、智能预警、动态监测、应急处置等方面加强数字经济良性循环、可持续发展和风险防控长效机制建设。通过参考借鉴并结合实际设计预警指标体系，包括网络安全平台、数据安全平台等数字经济安全风险管理类指标，数字经济规模、数字金融发展、数字经济产业结构等数字经济产业发展动能类指标，数字经济就业、数字经济社会公平发展等社会类指标，数字经济金融化、上证和深证指数、金融发展相关率等金融类指标，以及 GDP、CPI 等经济综合类指标，构建数字经济安全风险监测指标体系，开展全流程、全链条风险监测，强化异动关注、跟踪监测和风险处置，形成风险管理全流程闭环，重点关注数字经济运行数据安全风险，因“数字鸿沟”、算法歧视、平台垄断等产生数字经济运行失序风险，以及区域及国际资金运行中洗钱风险等，强化风险预警、信息共享和沟通协作，打造系统性风险防控治理“防火墙”，全面提升数字经济安全治理水平。

（三）构建数字经济安全风险协同治理框架

立足网络安全、数据安全、衍生安全和内外部安全全面视角，全方位深度审视数字经济安全风险与实体经济、金融部门发展和政府治理之间千丝万缕的复杂关联，通过厘清数字经济安全风险与系统性风险溢出传染路径机制，找准数字经济安全风险和系统性风险核心和关键问题所在，并采取切实措施加以治理。(1) 以“数字政府”统领数字安全治理。建设“数字中国”整体战略统领下，以数字政府建设为龙头，全面检视和完善数字基础制度建设，进一步强化区块链、人工智能等数字基础设施建设，以数字技术推进政府业务重组和流程优化，提升政府治理体系和治理能力现代化水平。(2) 以“普惠公平”缩小“数字鸿沟”。推进社会公共基础设施适老化、智能化改造和信息无障碍建设，想方设法缩小不同区域之间、不同群体之间现实存在的“数字鸿沟”，为社会弱势群体提供更加公平的就业机会。(3) 以“标准完善”强化风险防控。加快数据收集、管理与使用等国家标准及相关规范建设，推动各部门各行业实施元数据标准化管理；进一步完善失信惩戒和守信激励等机制，加强数据要素风

险防控。(4) 以“协同治理”构筑安全屏障。充分发挥各类行业协会、大数据专业管理机构在数字数据合规公证、风险监测预警与评估、数据安全风险审计、算法认证与审查等方面作用，共同构筑数字经济安全风险协同治理屏障。

(四) 积极参与全球数字治理规则制定

建立健全我国数字经济发展规则，推动与国际数字经济规则接轨融合，加强我国与贸易伙伴数字技术、标准和规则对接，积极推动全球数字治理规则制定与完善，在数字经济全球治理中发出中国声音，提出中国主张，贡献中国智慧，尽力维护发展中国家数字经济利益，推动全球数字治理规则公平、公正、合理和透明。

第二节　数字经济下网络安全

进入21世纪第二个十年，科技变迁速度越来越快，正处在第四次科技革命转折点上。信息技术成本急剧降低使越来越多行为体接入互联网，前沿数字技术快速发展使“万物互联”与智能交互走进人们生活。人与人、人与物、物与物以一种前所未有方式交互贯通。后疫情时代，数字经济为世界经济注入了新动力，新一轮科技革命与产业革命带来了新机遇与挑战。数字技术赋能社会生活方方面面，网络空间蓬勃发展，网络空间与现实相互依赖日益紧密。数字时代，社会更加深度地与网络空间相交融。深度相互依赖所产生脆弱性空前凸显，使网络空间安全与国家安全紧密结合起来，成为数字时代国家安全中极为重要内容。

数字时代，网络空间成为国家与国际关系研究关注的重要议题。由于网络空间战略意义凸显，各类行为体在网络空间中互动，以及由此产生的安全问题，逐渐成为国际关系研究的重要议题之一。各国也越来越重视网络空间面临的风险并加强了对网络空间安全与治理顶层设计。由于网络空间以及各种前沿数字技术始终处在快速发展变化之中，因此给本就复杂的网络空间安全问题增添了更多不确定性。同时，数字时代也与当今世界大变局相互重合。当今世界正处于力量与矛盾深刻调整变局之中，而网络空间问题将在未来相当长一段时间成为变局中不可忽视的影响因素。自“冷战”结束以来，各类非传统安全问题给国家带来挑战日益突出，应对传统安全思维方式与价值伦理难以应对新安全挑战。快速变化世界中，国家安全面临着极大的风险与挑战。

随着信息技术革命的深入推进，大数据发展业已成为推动经济社会发展的巨大动力，并呈现信息牵引功能日益突出、工业数字化发展不断转型、数字工业化稳步推进的显著特征，世界竞争博弈越来越激烈，国家安全形势也日益复杂化。在此背景下，中国数字经济建设还存在着信息、数字流动和网络空间三大安全危险。

一、网络系统安全体系

随着近年来互联网技术的迅速发展，基于网络技术基础设施上信息化运用也越来越广泛与深刻。大数据处理技术与方法作为计算机技术在数据信息管理领域广泛应用，为数据信息管理与应用带来了便利，提高了网络信息技术实用价值与功效。但安全问题是针对大数据管理积极功能实现来说，拥有安全网络环境必不可少，特别是在当前信息传递范围普遍扩大的情形下，怎样保证数据资料安全成为各方高度关心的问题。为了加大计算机网络安全保护力度，提升其安全性，应从以下几个方面着手，包括建立完善网络系统安全防护设计、建立完善网络系统安全检测设计、建立完善网络系统主动防御设计。

（一）网络系统安全防护设计

网络安全性防护系统通常都是利用计算机安全性防护级别增加来控制计算机用户访问权限，以便于把那些具有威胁性的重要数据隔离起来。开展网络安全防范体系建设时，首先需要思考的课题就是计算机系统安全等级设计。通常情况下，由于计算机系统安全防护级别提高，它能够更加全面地根据计算机系统内关键信息进行最高级别划分，从而能够按照计算应用系统的具体特点设置完全可信虚拟区域，在整个网络区域内就能够对计算机用户的各种高级信息系统通过高级别设置来进行隔离。在此期间，一旦安全防护系统设计目标已经实现，就能够针对重要数据资料进行再次加密和保护，当对系统进行访问后，就可以使用密文访问权限对 APT 攻击进行由外向里反穿透攻击。同时，在针对 APT 攻击安全防护体系实现之后，也能够比较好地保障计算机用户资源移动的安全性，保障虚拟相关资源安全性迁徙。具体实施过程中系统会根据相应技术条件对系统所获得数据进行一个安全性防护级别划分，并给出相应级别资料存取限额，以确保相关数据安全。因此，安全防护设置首要目的便是利用密钥管理和用户使用权限设置方式，来对数据进行差异化管控，从而避免了 APT 出现。

（二）网络系统安全检测设计

网络安全系统关键点检测技术，即利用大数据在时域内进行关联分析和事件分析相关技术，具有广泛应用领域，能够确保系统实时运行并通过对系统安全威胁综合解决。在此过程中，可以利用该系统检测中心、蜂蜜罐等技术手段，建立一个随时适宜和吸引猎人监视系统，捕捉可能发生风险事件潜在危险，确保系统安全网能够及时被检测和下载。网络安全分析体系中，最主要技术性方式就是宽时域分析数据事件关联分析与长应用域事件关联分析，其中长时域分析数据关联分析能够在较长时间跨度内，对 APT 攻击可疑情况进行较为全面描述，并由此实现了对信息层面深入研究，从而能够较为精确掌握了 APT 相关数据，进而对其进行了合理网络分析，以保障了网络系统安全运营。

（三）网络系统主动防御设计

在网络安全体系中仅发现和阻止了 APT 攻击是不够的，当真正攻击行为出现之后，重要系统也需要及时采取了相应管理措施，以提高网络安全稳定性，而这就是网络安全主动防御体系的主要特征。网站遭到攻击或疑似攻击后，信息系统人员对大量网络统计数据信息进行筛选，从中捕捉到 APT 攻击关键数据，并针对攻击行为做出合理评估，进而构建 APT 攻击反情报机制，以实现主动防御目的。进行 APT 攻击应对安全系统与主动防御方案设计工作中，必须从以下多个角度出发：（1）从全局域角度去考虑与 APT 攻击相关问题解决办法，从而使得计算机系统可以在最少时间内建立海量信息筛选功能，在筛查工作中迅速地捕获 APT 攻击信息，在同一时间内建立 APT 攻击反情报机制。（2）电脑使用过程中，一旦发现了 APT 攻击行为，及时地通过信息溯源法和技术手段运用发现威胁来源，并及时将相对应防入侵信息提交到安全对抗系统中，通过主动出击方式中断 APT 攻击实施进程，破坏其入侵进程，借以维护安全系统免受其威胁。

二、网络安全威胁

信息技术崛起使得互联网应用范围更广，现代先进计算机技术已充分渗透到了经济社会各方面，同时也为病毒入侵电脑、破坏有效信息提供了机会。网络现代技术也逐渐向计算机领域渗透，计算机上出现安全问题已屡见不鲜，如 2018 年，Facebook 公司就因程序泄露问题和内部安全系统漏洞问题而发生了黑客攻击，导致大量系统数据泄露。2016 年《互联网创上公司（CTO）企业信息安全调查报告》结果显示，近 90% 中国企业已经完全或高度依靠互联网开展业务，并有超过 45% 中国企业已经发生了各种量级内部安全事故。规模超过 500 人大型企业与电信行业是“重灾区”，分别有超过 57% 和 64% 企业发生过相关事故，事故直指商业机密、用户信息等企业机构核心信息资产。这不仅存在涉及个人及公司数据的安全隐患，而且还存在波及政府和国家安全网络的突击胁迫。目前网络安全威胁主要来自以下五个方面。

（一）恶意软件

恶意软件是多种恶意程序统称，包括病毒、蠕虫、网络注入等。IT 部门通常使用防病毒软件和防火墙进行监控和拦截，但网络攻击者通过不断制造恶意软件变种来逃避安全防御。因此，维护安全软件和防火墙最新更新至关重要。用户还可以部署专业安全厂商安全解决方案来阻止恶意软件。此外，还有一些安全厂商推出硬件解决方案来应对恶意软件。例如，Gryphon 公司推出 Guardian 网状路由器，可以有效防范恶意软件攻击。

（二）恶意勒索

恶意勒索软件虽然只是恶意软件的一个种类，却因为它无处不在而引起了特别注意。最初，勒索程序设计目的在于加密数据并把其锁于操作系统之上，直到其向攻击者提供赎金或恢复使用权限。最新统计资料表明，2022 年，针对公司勒索软件攻击率较 2021 年提高了 33%。而不少受害公司在缴纳赎金之后，仍会继续遭受类似勒索程序其他威胁，包括多重勒索。减少攻击者在目标系统内停留时间是关键。网络安全厂商 Mandiant 一份安全报告显示，外部第三方发现并向受害者披露的入侵事件平均停留时间，从 2020 年的 73 天降至 2021 年的 28 天。

（三）网络钓鱼

网络钓鱼是一种常见攻击技术，它操纵人们进行不安全行为或泄露机密信息。这是对网络罪犯进行网络攻击的最简单方法之一。最典型网络钓鱼攻击是将受害者引诱到一个精心设计网络钓鱼网站，目的是摧毁目标的个人和企业账户。这种攻击过程不会向受害者发出警报。网络钓鱼活动中，攻击者使用欺诈性通信（电子邮件、短信）或网站来冒充受信任个人或组织，如合法公司或政府机构。攻击者利用用户信任，诱使他们点击恶意链接、下载带有恶意软件附件。网络钓鱼依然是对企业的一大威胁，因为毫无戒心的员工很容易打开虚假邮件或包含恶意附件钓鱼链接而中招。通过与社会工程学相结合，网络钓鱼这种“古老”攻击方式依然“屡试不爽”。因此，培训员工如何识别虚假邮件、不明链接等，对企业安全建设极其重要。也有许多安全厂商为此提供了专业安全解决方案。

（四）供应链安全

供应链安全近年来因 SolarWinds 攻击和 Log4j2 漏洞事件而受到广泛关注。另外，企业使用开源软件和组件越来越多，其中涉及不安全来源难以研判，从而造成软件供应链风险。ISACA 发布的《供应链安全差距：2022 年全球研究报告》显示，25% 受访者所在组织机构在过去一年中遭到供应链攻击。受访人员担心五大供应链风险包括：勒索攻击（73%），供应商不良信息安全实践（66%），软件安全漏洞（65%），第三方数据存储（61%），对信息系统、软件代码或 IP 具有物理或虚拟访问权限第三方服务提供商（55%）。企业可以通过审核其供应商使用安全措施即 SBOM（软件物料清单），以确保端到端供应链安全。SBOM 中包含数据字段、自动化支持、实践和流程。因此，应为 SBOM 使用者提供其所需信息，以管理漏洞、清点软件组件，并监管许可证合规性。

（五）信息泄漏

个人信息在大数据时代到来后，表现出了无法估量经济效益与战略意义。作为无可替代的重要战略资源与资产，除行政领导机关必须按照其规定获取信息以外，社会企业对信息收集、利用和传递需要量更是空前增长。同时，我国政府也并没有承担起相关信息安全保护工作，并由此引发了大量个人信息泄露问题，为电子欺诈、电信诈骗等大量个人信息下游犯罪提供了条件，不仅严重侵害了个人隐私权、财产权，同时甚至会对我国当前信息安全市场秩序、金融环境等都形成了诸多负面影响。根据《中国互联网络发展状况统计报告》第四十七号，截至2020年12月，中国网民所面临的网络安全威胁中，信息泄露情况以21.9%较高比例位居中国各种安全事件的首位，而互联网行业由于在信息领域占有优势地位，也导致该行业中构成了信息泄露多发点。例如，美国甲骨文公司旗下BlueKai企业对信息控制不善，导致了近数百亿个人信息数据泄露。2020年7月，由于圆通速递公司员工窃取了企业配套服务信息，导致有400多万数据泄露。而对网民信息泄露途径，则主要包括以下几个方面：（1）内网络信息泄漏。很多网站、论坛等都需要用户注册账号才能正常登录。每位网友在登录后，就必须填报一些信息，常用有用户名、密码、电话等，在某些社交网络上也要求实名验证，要求填报资料比较详尽。一些黑客会通过网络上安全漏洞攻击站点，窃取客户信息，并出现站点内部人员倒卖客户个人信息现象。（2）社交软件泄密。现在很多人都热衷通过社交网络软件来聊天、分享生活，并同时也在上面发布着关于自己详细信息。但一旦权限设定错误，信息就很容易被别有用心的人所盗用。（3）利用心理缺陷窃取用户个人信息。一些骗子会利用被害人本能反应、好奇、信任、贪婪等心理因素窃取个人信息，从而进行作案活动。除此之外，罪犯分子还会利用木马、病毒等盗取用户私密信息，这类犯罪行为通常比较难预防。

三、网络安全标准

国家安全标准化是中国网络安全保障体系建设的战略制高点，是维护国家权益和保障国家安全所必不可少的技术基石，是政府进行国家安全管理的重要切入点。从国外安全标准发展情况来看，目前国际标准化组织（ISO）、国际电工委员会（IEC）和联合技术委员会（JTC1）均设有工作组即ISO/IEC JTC1SC27，专门从事安全方面研究与制定任务，特别以云计算安全、虚拟化安全、隐私保护、生物身份鉴别技术等成为最新研究领域和焦点。标准科学与技术研究院（National Institute of Standards and Technology，NIST）是美国最有影响力的标准机构，目前重点研究工作主要聚焦在以下四大方向：安全技术标准、安全评估、信息安全研究以及新兴信息技术标准应用。上述四大领域中，NIST通过对安全标准的跟踪尤其是对新兴信息技术中存在的问题、缺陷和保护要求了解地不断加深，从而使其标准研究能力、标准研究质量、标准体系水平等始终居于世界领先水平。

中国安全标准化技术委员会（简称信安标委），作为中国国家专门负责安全标准工作组织，主要担负着中国国家安全技术规范、安全管理体系、内部安全管理体系、国际安全评估等方面标准的编制任务。在中国国家标准化管理委员会统一领导下，信安技术中国有限公司标委将以抓紧制定为中国国家安全保障体系构建所需要的、最关键标准为中心，积极开展标准修编工作。这些标准主要内容，涉及政府信息安全基础、安全技术规范与制度、政府信息安全评估与保密、国际信息和通信安全标准等方面内容，对当前政府各项信息安全保障任务，包括政府安全工作、政务网络系统安全等级保护、政务安全的质量检测和认证以及市场准入、安全危害评估、政务网络灾难恢复、安全诚信管理制度建设、《电子签名法》实施、政务涉密网络安全等级防护以及保密审查措施等，均提供了有力的技术保证前提与基础。信安标委组织制定这些技术标准，已经形成了我国网络安全技术规范的框架，为我国网络安全保障体系建设提供了有力的保证，主要体现在网络安全分级保护、网络安全产品认证、重大网络安全危害评估、重要网络灾难恢复等领域。相比于国内安全标准化工作，当前与海外网络安全标准化工作技术差距主要体现在以下几个方面：（1）根据当前中国互联网建设新格局，标准化工作仍面临着组织体系尚未完善、质量管理体系和运行机制仍缺乏健全、技术实施能力和质量水平亟待提高、基础研究能力和技术人才准备工作严重不足等困难问题；（2）鉴于某些领域开发能力和技术成熟度还不高，用户对相应技术标准需求仍不旺盛；（3）根据国家有关法规和政策，技术标准体系制定工作必须具有独立自主知识产权，要熟悉有关技术情况，在研究转化实用性较强的技术标准的同时，也需要进一步研究符合我国实际安全技术规范。不过，目前针对我国发展云计算技术、物联网、工业自动化等新技术、新应用安全规范需求，相对于国外安全技术标准体系，我国安全技术规范研究工作还存在短板，技术标准体系内容也亟待进一步修改、补充、完善等。

四、网络安全治理

网络安全管理已成为新时代国家治理体系现代化和治理能力现代化进程中“大国治理”的重要内容。治理网络空间安全，首先要明确治理领域、治理对象、治理内容和治理方式。网络空间物理载体、在其中流通的信息以及与之相关的行动都是治理对象。这是一把“双刃剑”，既带来进步，也带来前所未有的安全风险。大数据提供了商业机会，促进了通信，提高了防御能力，并推动了社会生活其他领域进步。与此同时，还带来了许多治理问题和挑战。首先，一个国家一旦拥有了网络空间基础设施和数据，就有可能将其转化为霸权工具。基础设施安全性是保证数据安全的关键。技术物质优势起着决定性作用，技术可以决定各国在网络空间的竞争地位。网络薄弱的国家往往缺乏物理知识，因此很难确保其数据安全。其次，由于信息能够创造福祉或加剧暴力，网络空间的“马修效应”可以迅速蔓延到现实生活中，并进一步加强其影响。

因此，如何治理流动信息成为值得人们深思重大问题：第一，数据所有权必须合理界定，以防止盗版或侵权；第二，确保人类发展所必需的技术进步和信息传播。信息革命加剧了发达国家与发展中国家、发达地区与发展中地区之间的“数字鸿沟”，大大增加了不公正和社会不稳定风险。

西方国家关于网络安全治理研究起步较早，已达到国家战略管理水平，在一定程度上领先于我国。从时序上看，中国网络安全治理主要可分成三个时期。第一阶段（1997～2003 年）：初步研究阶段。20 世纪 90 年代末，由于存在大量计算机病毒和网络攻击，中国网络安全问题受到了极大冲击，社会各界已经认识到了互联网对安全问题所产生的危害及其对保护网络安全的重要意义，并逐渐关注到了互联网管理方面。第二阶段（2003～2013 年）：稳步推进时期。这一时期我国信息安全产业和市场开始迅速发展，国家陆续出台了一些网络信息安全基本原则、方针政策、法律条例和规章制度，我国网络信息安全开始逐步走向正轨。并且试图从源头找到影响网络信息安全的风险因素，以此提高网络安全治理效率。第三阶段（2013 年至今）：厚积成势时期。2014 年是中国全面接入国际网络 20 周年，党中央对信息安全重视日益加强，新组建了中共中央网络安全和信息化委员会。2016 年正式通过《中华人民共和国网络安全法》，我国网络安全法律体系逐步健全完善，网络安全治理水平也不断提高，使我国互联网安全管理工作的进行有法可依。安全管理以法律为基石，由政策、监督、管理、安全生产等多方面共同进行，以严格规范约束下有限管理原则，将管理方法和考核要求紧密结合，以运用最先进技术保障安全为基础底线，以适应多样化需求、吸引多样化投资、注重多样化合作为原则，并以此确保安全管理工作在正确轨道上。我国网络安全治理主要包括网络基础设施安全治理、网络空间中流动数据治理、网络文化空间和内容治理以及网络行为治理等议题。

（一）网络基础设施安全治理

网络空间“物理疆界”治理，即网络基础设施管理，网络基础设施安全是网络安全的物质基础，网络基础设的重要性受到全世界高度关注。从某种意义上说，没有网络基础设施安全就没有数据安全。因此，在讨论网络空间治理规则之前，首先应该建立健全这一层面规则，以确保关键基础设施安全。后者主要存在于三个技术层面：CPU、操作系统和网络。实现这三个层次技术自主是确保国家电网物理安全的唯一途径。通过“技术市场”、合资和引进，一些电信公司逐渐在交换机和其他网络设备方面开展了自己的研发活动。

（二）网络空间中流动数据治理

信息泛指流通于网络空间之内各类数据。就数据“流动”而言，主要涉及跨国流动、数据开放、隐私和机密等。所谓信息或数据安全并不会给世人以陌生感，“棱镜门”事件无疑令人警觉。通过监控流动数据，美国对全球各地可谓一览无余。网络信息安全不仅涉及个人隐私，而且关乎国家命运，不能不为各国所高度重视。2016 年，习近平总书记出席第二届世界互联网大会开幕式并发表主旨演讲时就强调，网络空间是人类共同活动空间，网络空间前途命运应由世界各国共同掌握。各国应该加强沟通、扩大共识、深化合作，共同构建网络空间命运共同体。网络空间数据密集散落于各个领域，因此对网络数据治理提出了更高要求。从军事和国防安全角度看，数据疆界并不清晰，难以有效地治理流动于其中的数据。不确定性极高网络战略互动很容易导致互信缺失，战略行为失范，甚至逐步走向网络空间“军事化”，最终令系统陷入战略不稳定而难以自拔。从个人隐私层面看，游走于网络空间的个人，其个体信息安全很难被保证。如 2016 年 2 月，推特密码恢复系统发生故障，导致上万名网民信息泄露。如果没有相应的治理规范和应对措施，与之相类似事件很难得到有效处理，用户信息安全无法得到足够尊重和保障。经济生活中信息安全治理包含颇为丰富的内容，如商业机密（知识产权）、电子商务和信息产业标准化等。这些领域内数据泄露带来的损失往往难以弥补，对其网络安全治理迫在眉睫。

（三）网络文化空间及内容治理

网络文化空间及内容治理，网络文化安全构成也可看作是网络文化安全内容。网络文化通常分为物质文化、精神文化、内容文化、行为文化和制度文化等。

网络精神文化是受众在网络环境中心理意识、心理状态和情感修养的集中表现。网络上一些负面价值观，作为人们在网络上行为的心理产物，影响着人们在现实生活中道德判断和道德选择，对社会主义精神文明建设产生负面影响。维护网络空间的安全精神和安全文化，就是要弘扬社会主义核心价值观，根据网络空间行为活动和现实社会价值体系来完善和建立网络空间道德建设。

网络安全物质文化。控制论认为物质文化是人性化工作结果。它包括网络文化各种物化形式和支撑网络文化系统运行网络信息技术。维护网络物质文化安全，就是要确保各种物化形式网络文化发展权益不受损害。同时，我们高度重视网络文化安全技术、发展网络文化的同时，要保证必要硬件和信息系统安全，加强风险检测和技术更新，对互联网平台服务器、防火墙和网站杀毒软件进行升级。

网络内容文化安全也可以看作是网络信息内容安全。网络内容文化安全有两层含义。首先，话语文本所传达信息内容、善恶规范、思想文化和道德符合社会成员认可规范。其次，信息传输安全性。网络内容文化安全必须保证网络文化传播安全，保证信息内容不被任意操纵和发布。因此，要确保安全网络内容文化，必须及时控制来源和流程，跟踪信息内容过滤，确保其安全传播。

网络行为文化安全。网络行为文化是人们上网行为习惯文化表现。网络用户是网络文化形成和发展的主体。互联网用户的一切行为都会对网络文化安全产生重大影响。为了维护安全网络行为文化，有必要通过教育和强制规范灵活结合，重视网络行为者，促进互联网用户的道德文化和规范意识。

网络制度文化安全。制度规制是保障网络文化安全的主要制约因素，也是网络文化向纵深发展的有效举措。网络制度文化主要包括网络技术标准、网络内容标准、网络传输标准、网络行为标准和网络运营标准。只有建立良好行为标准、技术标准和内容限制，才能充分保证网络文化安全。

（四）网络行为治理

据有关部门统计，当前我国网民数量已达6.68亿人，互联网普及率为48.8%。互联网开启了网络化时代，人们生活越来越依赖网络，网络已成为人们一种新型交往平台。人类社会交往时空领域和方式正在发生巨大变化，时空已不再是人类交流的障碍。但基于传统时空理念法律已经不能规范网络社会这一新型领域，传统法律规范内容、规范形式冲突和方法衔接上脱钩，导致网络社会很多领域出现网络失范行为。

互联网已经彻底改变了人类行为方法，而原来社会规范、行为标准和规章制度也早已不再适合于互联网这种新兴社会，同时由于互联网科技的高速发展，新兴互联网失范行为也层出不穷，而且这些行为还存在着很大社会危害，用现行法律法规也很难对其做出定罪或者惩罚，因此互联网社会失范行为管理法制化工作十分艰难。因此，要想有效管理互联网社会失范行为，就需要严格遵循互联网社会规则，并完善现行法律法规。

人们基于共识而遵守规则。一旦人类无法取得法制共识，所有决定包括立法决策，就无法令人信服。事实上，试图达到法治社会，就必然需要遵循相应法律共识。但是，网络社会失范行为也正是对这种法律共识的损害。网络社会失范行为必然会造成网友们不信任现实真相，不信任自我感情，任何与其感情不符的观点，即便是合理的，也无法得到社会认可。他们只会接受自己喜好的事物。互联网世界失范不但导致互联网世界混乱，也摧毁了一个基本法律共识。以管理学观点分析，互联网世界中失范行为泛滥的最主要问题是，在互联网世界中，互联网参与者间无法互相监督，失范行为对应法律责任成本很低。

人的本质是一切社会关系的总和。在个人价值与社会价值之间，社会价值是第一位的。人类社会强调人的社会性，公民个体是社会的一员，公民个体不能独立于社会而存在，公民个体是处在一定社会关系之中的人，是一个社会人。公民个人价值观和理念都形成于一定社会环境之中，由一定经济基础所决定，而社会法律规范则是一种思想文化，是一种社会文化，同时也是人们评价公民个人行为的依据和标准。当法律这种社会文化走进公民个人心灵之中时，就会产生对人们自身行为的一种引导，共同社会法律文化的引领之下，便形成了一种社会理性。因此，在个人利益与社会利益之间，社会利益是第一位的，也只有这样才能更全面地体现个人利益。网络社会中，我们更需要把握好个人利益与社会利益之间的互相联系。同时，公民个人在追求个体自由权利和个人利益发展过程中，更需要维护社会价值的权威性，从而达到个人与全社会共同理性的和谐发展。只有公民个人自觉遵守互联网发展规律，并保持自身理性，才能形成全社会共同理性，也才能推动我国互联网经济和谐发展。

第三节 数字经济下消费者保护

数字经济飞速发展，带来市场运营和消费结构改变，对消费者权益保护提出更高要求，现行消费者权益保护体系亟待升级。面对数字经济和数字科技高速发展带来的挑战，推动消费者保护理念从倾斜保护到均衡保护，从过度依赖政府行权保护到社会多元主体共建共治，增强现有消费者保护机制实施效度，从单向分立到多管齐下，是有效回应数字时代消费者权益保护所面临诸多挑战的现实之策与可行之举。

一、数字经济时代消费者侵权行为

随着数字经济的快速发展，新业态、新模式层出不穷，对推动经济高质量发展发挥了重要作用。但与此同时，我国互联网发展中存在的垄断现象和严重侵犯用户合法权益的情况还在逐步增多，这显然不利于充分调动全社会创新积极性、促进我国互联网经济健康发展。

（一）侵害消费者个人信息安全

随着移动互联网的广泛应用，手机 App 已经开始作为人类日常生活重要一部分，在促进经济社会发展、方便人们日常生活等各领域都发挥着无法替代的重要作用。大数据经济时代，用户中不断产生大量个人信息对于大数据分析公司和商业机构来说就是金矿，可以挖掘出有价值商业信息。而移动互联网免费运营模式，也增加了用户对个人信息的依赖性。目前很多互联网商业机构均已经开始使用 App 获取个人用户各种数据，借此挖掘商业洞察力，并通过个人信息流转出去，从中获得大量利润。因此，进行个人信息维护的工作迫在眉睫。

（二）垄断性定价

垄断性定价通常包括垄断低价与垄断高价两种，通常经营者短期内牺牲一定利润，先通过制定低于合理水平的价格，将竞争对手排挤出市场，从而实现对整个市场的占有和控制，随后通过垄断地位提高价格获取垄断利润的一种获利手段，从这个意义上看，垄断性定价本质上其实是一种通过牺牲短期利益来换取长期利益的策略性行为。随着平台经济的日益兴起，关于垄断性定价问题讨论又随之激烈起来。数字平台经济时代，人们经常可以享受到很多以往难以享受到低价服务，甚至是免费服务。例如，我们平时用的社交软件、搜索引擎，都是免费的。由于这种免费销售策略现在已经十分常见，因而也就不足为奇了。但一深究，这些企业往往都会存在垄断性定价行为，这是由于数字平台为多边市场，平台依托一个较低价格市场吸引用户并获得平台流量，却又在另一个市场以更加高昂价格弥补回来。需要强调的是，平台经济中垄断性定价特殊性远不止于此，例如，一些平台企业间价格战，按照严格标准，很可能不能被判定为垄断性定价。因此，垄断性定价虽然会损害消费者权益，但按照一定标准如何界定垄断性定价才是目前亟待解决的问题。

（三）价格欺诈

价格欺诈是指数字营销时代对价格侵权的一种典型行为，是指价格生产经营者利用信息网络方法，通过实时变更价格交易情况，或者采取误导或者使消费者产生误会的价格定价方式，诱导消费者与其发生价格买卖经营活动。价格欺诈形式一般可分为下列七种：（1）通过谎称商品和劳务价格手段，为政府定价价格和政府指导价；（2）以低价诱惑消费者和其他价格生产经营者，以高价的价格结算；（3）通过虚假折价、减价或者价格比较的方式，推销产品和介绍产品；（4）推销产品和介绍商品过程中，使用欺骗性、误导性语言、文字、数据、图片和录像等方式，显示价格信息及其他价值内容；（5）无正当理由，拒绝履行或未完全履行价格协议者；（6）未明确或显著地弱化提示了对消费者和其他经营者不利的价格条件，从而诱导消费者和其他经营者与其发生价格交易；（7）采取积分、礼券、兑换券、代金券方式折抵商品价格的，或拒不按规定折抵商品价格者。

（四）利用数据优势“杀熟”

随着大数据时代来临，人们享受到了大数据赋能带来的种种便利，但不法商家对大数据的违规滥用，又让大数据的运用成为一把“双刃剑”，“大数据杀熟”成为这几年数字经济消费者侵权的高频词。其具体是指平台企业通过运用大数据对用户消费习惯和消费理念进行采集，综合分析后运用数据不对等性进行对商品价格调整。简而言之，“大数据杀熟”就是对于同样产品或服务，经营者通过完全掌握用户偏好来定价，使得老用户价格反而高于新用户，最终达到完全价格歧视。显然这严重损害了消费者合法权利，但不可否认的是，数字平台中利用大数据优势的“杀熟”行为依然屡见不鲜。

为解决“大数据杀熟”等问题，更好地维护市场公平和消费者权益，只有制定相关法律法规和加大惩处力度，提高违法成本，才能切实维护好市场秩序，引导企业向着更好满足人民需要的方向发展。

二、数字经济消费者保护措施

加强数字经济下消费者权益保护，是推动我国数字经济高质量发展，让全社会共享数字经济发展成果的应有之义。为进一步培育和释放新型消费潜力，须直面数字消费领域新问题，借鉴国内外先进经验，加快健全我国数字经济下消费者权益保护制度。

（一）加强监管层面安全风险防范机制

完善企业管理方面国家安全危机预警体系。（1）积极推进大数据政府转型，进一步转变企业管理观念，发展以大数据科技、数字要素、大数据人才为基础的先进企业管理方法，进一步增强企业以大数据技术为基础的现代企业管理功能。（2）加大推进数据企业内部协同管理力度，逐步形成符合大数据企业跨行业、跨区域开展活动的统一管理机制，并正确划定职责界限，加强企业社会责任，进一步健全公众监测报告体系，逐步形成政府部门、企业、行业机构和公民之间协同参与、高效合作的新机制。（3）从竞争战略、数据安全、市场监管机制角度开展有效整治，建立对平台不正当竞争有效监测机制，同时也要开展市场反垄断检查，以避免超级模式垄断活动进一步挤占市场，从而改变竞争格局。

（二）加快推动信用激励机制建设

通过经营者和消费者市场信用和社会信用数据合法采集与有序共享，建立合理且可供参考的信用激励机制，借助于网络技术、大数据分析和场景化算法，对经营者和消费者进行信用评级划分，在市场交易过程中充分实现信息对称化，构建和引入守信奖励和失信惩罚系统，由此激励经营者和消费者自觉守法、合法行权，既保证市场公平有序性，又能较好保护消费者权益。与此同时，引导和鼓励经营者做好自我合规审查，提高其自律自治意识和能力。经营者作为商品和服务提供者，是消费者权益保护第一责任人。因此，应督促和支持经营者加强自身合规经营，从源头上避免侵害消费者权益行为的发生，同时也应鼓励和帮助经营者通过正当程序和合法手段维护自身权益，实现经营行为效益最大化，丰富和完善经营者合规经营的内涵和形式。

（三）构建均衡保护消费者和经营者权益平衡体系

数字经济背景下，消费者正在深度参与到生产经营过程中，逐步摆脱弱势地位，日益成为市场发展的主导力量。以社交型、共享型为代表的“新消费”模式快速兴起，由实物消费为主向实物与服务消费并重发展，可以在更高层次上满足消费需求，推动消费品质提升。为此，必须矫正“消费者处于弱势地位的固化思维”，重新审视消费者市场角色基础上，构建均衡保护消费者和经营者两者合法正当权益平衡体系。建议从消费者与经营者利益共同体与命运共同体维度出发，把握好两者均衡保护的“度”与“力”，促进消费者和经营者关系良性互动。

（四）构建多维度系统化消费者权益保护模式

建立多维度一体化消费者利益保护模式数字社会随着消费结构与行为而产生巨大变化，是对消费者利益保障的具体手段方式，也必须加以改进和创新。（1）科学实施事前监控。通过把监控链条前移，实施科学严格的事前监控，出现问题后适时反馈，针对互联网上消费行为中易出现集聚性问题和扩散性危害进行事前防范，从而形成“事前 + 事中事后”全环节互动市场与消费者利益保护模式。（2）形成立体化、多部门、综合性企业利益保障机制。建议从市场主体经营基本面以及主要秩序形成与维持考虑，引入更为多元化市场主体管理规范与控制工具，以实现市场主体多元化利益。（3）促进引导和奖励体系形成。建立消费诚信激励机制，通过对经营者和消费者市场诚信信息和社会诚信数据合理获取与有序共享，并运用大数据分析与场景化计算，对经营者和消费者市场进行社会诚信评价，并设计与引入了守信奖励和失信惩罚制度，以引导和激励经营者和消费者市场主体做出守法、合理行为权。（4）加强对客户交易权益保护。新数字经济下，数据价值以及与之相关权益都将成为消费者权益的新内容与新形态，所以政府对现有保护机制就必须加以拓展，通过逐步完善与数据权益保护有关法律法规体制，进一步明确对数据权益主体、内容以及相关活动等方面立法规范，逐步转变为过去单一静态化私权防控模式，逐步形成动态权属管理体系，在合理促进数据要素有序流动，全面发掘和释放数据价值同时，实现了消费者对数据权益安全和发展。

（五）充分调动和激发社会多元主体共建共治

通过充分调动和激发社会各界多元力量共建共治，社会主义市场经济下各种市场主体自觉性和自主性将越来越突出，个性化、多样化和多元化新兴信息市场体系将得以充分形成并快速完善。企业权益保护不能单纯依靠行政执法，更要充分调动和实现除政府部门之外所有社会参与者积极性、主动性和自主性。（1）必须充分调动企业自身和组织内部自觉性与自主性。它是每一种生产、交换、流通和消费环节终点和生产新一轮开始，这一点在大数据经济下表现得尤为明显，生产与消费活动已牢固地互相融合，它们成为自身权益保护最自然参与者和最积极实现者。（2）必须明确专业机构/协会职责。产业组织和协会作为准公共机构/社会自治机构，在我国市场形成和完善进程中发挥着协调各类经济利益、担当政企联系平台、促进行业自治的重要作用。（3）引导和鼓励企业管理者开展企业合规检查，从而提高企业自律自治能力与水平。企业经营者是商品和服务主要服务提供者，是企业权益保护第一责任人。所以政府部门必须引导和支持经营者逐步健全公司正当经营机制，从源头上避免侵害企业权益情况发生，同时政府部门也必须指导和帮助经营者通过正当程序和科学手段维护企业权益，从而实现公司经营行为效益最优化，逐步丰富和健全企业经营者规范管理体系的内涵和形式。

第四节　国外数字经济安全立法研究

当今世界各国都在积极融入数字经济发展大潮，加快数字经济立法体系建设，完善数字经济法治体系保障，夯实数字经济治理体系基础。这些措施对于促进中国数字经济社会持续健康发展，维护市场经济公平竞争和社会公共秩序稳定，抢占世界科技革命和产业变革先机，都具有十分重要的积极意义。抓住数字经济立法研究中安全这一关键要素，有助于把握整体态势，厘清关键薄弱环节，是有效防范与化解各类重大风险的必然需要，也是促进健康有序发展的必要途径。

一、美国推动数字产业安全发展

美国是全球最早布局数字经济的国家之一，其通过系列政策法案，鼓励发展信息技术产业为数字经济赋能，奠定了自身在数字经济领域的领军地位。美国采取积极包容姿态，深挖行业红利，推进信息基础设施建设，加快信息技术研发，推动互联网普及和改进，保障产业安全发展。

2020 年 10 月，美国众议院司法委员会发布《数字市场竞争状况调查报告》，并在此报告基础上，于 2021 年 6 月通过《通过启用服务交换法案》《平台竞争和机会法案》《美国在线创新与选择法案》《终止平台垄断法案》等五部草案，美国参议院也先后在 2021 年和 2022 年 2 月提出《竞争和反托拉斯执法改革法》《开放应用市场法案》草案，以期全面改革美国反垄断执法框架和理念，消除主导平台滥用优势地位和扼杀创新式收购行为，强化数据可携带性和互操作性。此外，美国国会近年还陆续提出《算法问责法》《人工智能未来法案》《国家人工智能倡议法》《生成人工智能网络安全法案》等一系列法案，大力推动交通、医疗、制造等多个领域技术变革，着力为数字经济技术有序发展、安全应用创造有利环境。

二、欧盟规范数字技术安全应用

数字经济领域，欧盟采取的是“先规范后发展”路径，于 2018 年 5 月正式生效的《通用数据保护条例》，不仅对科技巨头公司数据收集和隐私策略等进行规范，而且开阔了世界各国立法思路，进而在多个维度上推动全球隐私保护治理格局变化。但是由于网络发达和数据科技的提高，对法律规定执行程度不一致，使得欧洲国家数据文化发展快慢不一，也导致欧洲在数据文化方面实力持续减弱。为进一步提升在数字规则方面的话语权，欧盟顺应全球反垄断大趋势，规范数字技术应用，重点针对外来数字企业开展市场调查，打击违规行为。通过制定法律法规，欧盟推动数字技术发展，扶植本土数字企业，落实数字技术安全应用，保护公民数字权益，增强数字经济国际竞争力。欧盟在 2021 年先后发布了《关于制定人工智能统一规则》《欧盟人工智能法》《欧洲芯片法》等法案，促进人工智能应用市场安全有序发展，并依靠顶层设计优越性，带动人工智能投资和创新，通过细化数据利用规则，搭建公平数字环境，促进数据共享和开放，从而驱动数字经济创新安全发展，为《2030 数字指南针：数字十年的欧洲路径》战略计划加速实施提供保障。

三、英国强化信息基础设施安全

为应对信息时代新挑战，促进经济复苏与发展，英国政府加速完善数字基础设施建设，保护公民数字化服务权益。英国政府通过建立数据基础设施安全与保障制度，积极促进数字化发展，并不断推动英国经济、社会和政治领域转型和改革，进而借助数字化发展形成了具有包容性、竞争力和创新力的数字经济。2008 年，英国政府推出了“数字经济英国行动计划”，并在 2009 年 11 月通过了《数字经济法案》，注重建立和完善英国数据基础设施，并积极动员全球各界资源来建设英语国家数据经济体系，采取了大力打击互联网侵权问题、改变版权许可模式、推出电子刊物公众借阅权制度等举措，并由此揭开了打造“数字英国”的帷幕。此后英国政府出台了一系列大数据政策报告，包括 2013 年

《信息经济战略》、2015《英国2015~2018年数字经济战略》和《英国数字战略2022》，内容都聚焦于发展数字基础建设，为企业数字化转型提供保障，强调通过数字产业融合，贯彻将数字经济服务于民理念；2021年12月出台《产品安全和电信基础设施法案》，旨在提高英国公众和基础设施机构处理互联网问题的能力，以推动英国大数据经济稳步发展。

四、日本落实数据资源安全保护

日本数字经济起步较早，但囿于强烈隐私保护意识，导致发展速度和市场规模相对滞后。为了利用数字经济促进整体国民经济发展，日本提出为数字企业征税问题制订统一标准，促进新型信息技术工业化运用。政府方面希望借助大数字战略实施，有效整合地方政府机关、企业业务体系以及各大公司集团资源，将在传统服务数字化基础上，实现企企互通，产学互通，激发新企业价值与文化。大数字平台监管方面，日本将提升地方政府部门服务数字化管理能力，并提高企业安全保护与管理水平。为提高《反垄断法》和《个人信息保护法》的适用性，日本于2022年3月正式实施《数字平台交易透明化法》，要求数字平台保持交易透明度，向卖方和消费者披露某些关键信息，并定期向政府报告业务开展状况，从而打造高度透明营商环境。数字货币监管方面，专项立法加强对虚拟货币监管，督促交易平台履行职责。2017年日本开始制定《资金结算法案》，以确定虚拟货币和电子交易平台法定地位，并维持相对放松金融监管态度，但同时支持继续发展；2018年修改《支付服务法》，强制对所有虚拟商品交易平台备案登记。此外，《犯罪收益转移防止法》将虚拟货币纳入现有反洗钱体系中，防止沦为金融类传销犯罪洗钱工具；通过多方协作混合型监察体制，保障平台健康运营。

五、国外数字经济安全立法要点

（一）完善数字基础安全建设

加强大数据基础安全建设为统筹促进数据经济发展，美国、欧洲、英国等出台了大量顶层设计和措施，鼓励企业引入政府采购和民间融资，围绕数据经济集群发展需求，通过加强大数据平台建设，以提高深度渗透集约融合水平，同时不断提升经济发展格局、框架、能力和增长方式，以此确保大数据经济发展行稳致远。美国于2021年发布的《基础设施投资和就业法案》《两党基础设施法》，明确提出扩大政府购买，增加研发投入，刺激建筑与制造行业就业，通过加大对交通、能源、水和电信等传统行业的基础设施投资，提升美国经济竞争实力，投入650亿美元强化宽带等关键基础设施的建设，投入约20亿美元资金加强美国国家网络安全建设，提升整体网络安全态势，为美国数字经济安全发展奠定了基调。欧盟早在2000年，就针对线上服务制定了《电子商务指引》，完善网络基础建设，为欧盟市场中跨境电商服务消除法律障碍。2022年，欧盟委员会批准《网络连接基础设施法案》，以强调“促进欧洲互联网市场融合，形成一体化互联网商品、服务和融资系统，支持欧洲各国引进光纤和5G技术”。此外，欧盟还效仿韩国《2020年电信商业法案》，明确要求科技巨头为网络基础建设提供资金支持，保障信息服务质量，实现欧盟数字时代平稳有序发展。英国政府于2021年向国会递交的《产品安全和电信基础设施法案》，要求继续扩大5G覆盖范围，并引入新数字设备安全标准，为英国“脱欧”后数字基础建设以及全面推进数字化转型工作做出明确部署。

（二）规范数据资源有序利用

为发挥信息资产在大数据发展中的重要引擎效应，美国、欧洲正日益提升对信息资产使用规范水平，并采取更加严苛监管要求，保护其国民私人信息与隐私安全。2022年美国发布《数据隐私和保护法》，提到要建立强有力的国家框架，保护消费者数据隐私和安全，在整个互联网生态系统中实现平等监管，为儿童和未成年人提供更强数据保护。美国通过《开放政府数据法案》，要求向公众开放非敏感政府数据，方便在智能手机或电脑上阅读。此外，美国还在《数据传播法案》中，建议控制信息技术巨头对公共数据获取与利用；通过统一国家数据保护架构，形成强大的消费者数据隐私权益保障与执行制度。欧盟自 2018 年起，实施《通用数据保护条例》，完善了对个人数据保护的相关要求，包括明确个人数据储存期限、扩大数据保护范围等。2022 年 2 月，欧盟委员会公布《数据法案》，明确要求数据处理服务商在跨境处理数据时，应采取合理技术手段，评估保障数据传输安全最低数据量，验证数据传输合法性及安全性，并对涉及企业间数据访问和使用不公平条款等问题提出了针对性的解决方案。而英国则在 2018 年颁布的《新数据保护法》中，明确要求进一步提升国家数据安全保障体系水准，给政府与公民更多个人信息权利，如“个人可以向数据控制者要求免费公布与其相关个人数据，并同时也有权要求擦除其个人数据信息”“完善了对企业数据保护细则”“并增加了对英国信息专员办事处授权，以更好地保护英国消费者数据权益”。

（三）细化企监督管理条例

充分促进互联网技术和企业管理深度融合，形成大数据经营新优势的今天，中国、欧盟、加拿大都将建立协同整合数字企业治理结构和标准化管理制度，进一步细化对企监督管理条例内容；针对重大高新技术企业实施更严格反垄断控制，建立跨部门跨地区企业协同监督联动机制，进一步强化对企监督能力，以企业安全建筑督脉促进公司健康规范经营。近两年美国相继审议并批准了大量反垄断法案，包括《美国创新与选择在线法案》《开放应用市场法案》等，明确禁止科技公司滥用数据进行竞争、违规操作搜索结果等行为，保护小微企业与消费者合法权益，并且禁止干扰其他商户设定产品定价策略，削减应用商店对应用程序管理权限，增加消费者市场选择范围。2020 年欧盟接连发布了《数字市场法案》《数字服务法案》等两部法律草案，其中更明确提出了将逐步限制科技巨头创新活动，以进一步完善欧洲数字市场秩序。这两部法律草案旨在遏制大型互联网企业恶性竞争行为，禁止利用获得的用户信息来妨碍市场正当竞争，规定合并收购事项应先上报欧盟批准，搜集数据必须与监管机构实现共享，同时警告，如果企业多次严重违反相关法律规则，将被勒令退出欧盟市场。2022 年英国下议院提交的《数据保护和数字信息法案》，提出加速创新成果商业转化，推进知识产权等权益保护体系搭建，进一步允许不同监管机构，对人工智能技术使用，出台有针对性的管理办法，为企业合规发展铺平了道路；通过推动数据在政府、企业和社会应用，刺激生产力发展，创造新创业和就业机会，改善公共服务水平。

（四）加强基础核心技术攻关

美国、欧盟通过政策资金、标准制定等方式，支持数字产业基础研究和关键核心技术攻关，引导企业、高校等瞄准前沿领域，开展合作共享，全面激发业态创新，提升基础软硬件供给水平、优化在线服务和产品质量、构建数据知识产权保护规则，促进数字技术与实体经济融合发展。为了保持竞争优势，美国在《2021财年国防授权法案》中，制定了鼓励发展国内半导体制造的相关条款，《2021美国创新和竞争法案》也确定了将对此进行 520 亿美元紧急补贴资金。2022 年美国发布《芯片和科学法案》，提出夯实国家安全创新基础，重点对知识产权保护、技术研发设计、盟友协调合作、关键技术出口管制等方面加强管理，保障数字产业整体安全。欧盟新制定的《芯片法案》《人工智能法案》将紧紧围绕着建设欧盟信息市场，并计划投入 110 亿欧元做大做强欧洲高端芯片、AI 和数据关键技术产业，并提高欧洲在信息传输、处理、应用和集成等领域先进技术和基础设施建造水平，通过建立全球云端信息服务交易市场，整合云端服务供应体系，并通过整合欧洲不同行业和领域信息空间，逐步形成欧洲单一信息交易。

六、我国数字经济安全立法建议

习近平总书记在《不断做强做优做大我国数字经济》中，深刻提出，“我国数据经济好而不够、大而不优。”为加快推动数字经济安全发展，必须充分发挥立法引领效果，广泛调动各方资源要素，并将此过程中暴露的短板和瓶颈纳入法律保障体系中来。我国信息化、数字化发展呈现不平衡、差异化等特点，各地方应根据自身数字经济发展需求尽快出台相关法律。特别是数字经济发展环境好、数字技术研发能力强、数字产业化和产业数字化取得显著进展地区，应该加快数字经济安全立法步伐，保障数字经济整体安全态势，着力打造数字经济示范效应，带动我国数字经济进入加速发展期，持续提升我国数字经济的国际竞争力。

（一）围绕技术发展适度前瞻布局

数字经济安全立法必须立足数字技术发展前沿，在研判数字技术发展趋势基础上，紧紧围绕数字技术发展方向，牢守安全红线，适度前瞻进行法律规约与制度设计。重点关注新兴技术应用安全，服务好数字产业化发展和产业数字化转型；大力开展基础软硬件攻关，解决一系列“卡脖子”难题，筑牢国家安全防线；持续推进态势感知等防御体系建设，保障数字安全。落实到数字经济安全立法工作中，一方面，针对重要技术发展与应用领域，要了解行业动态、把握行业风向，围绕数字基础设施建设重点难点，通过立法规范推进数字产业化和产业数字化发展，实现治理水平、治理能力和治理效率现代化；另一方面，避免对技术创新不当和过度干预，强化对企监督管理、保障数字基础设施建设、规范数据资源合法利用的同时，激发社会各界创新积极性，发挥法律法规顶层设计驱动效果，引导数字经济全面发展。

（二）推动信息安全保障体系建设

数字经济网络安全立法，必须以完善数字经济网络安全顶层设计和总体布局为基础条件，突出保障大数据基础设施、全面保障安全信息基础设施，进一步推进增强经济网络安全主动感知、危险识别、紧急部署、协调应对和攻击溯源等信息安全功能，进一步建立健全数据安全社会保障制度，进一步健全分级分类监管措施，完善对信息收集、发送、储存、处置、获取、销毁整个信息生命周期管理工作。数字经济发展涉及平台、数据、算法和资本等多个关键要素，覆盖多个行业、多个领域，提高数字经济安全整体保障水平，要从搭建组织协调机制、建设网络安全体系两方面入手。一方面，要立法明确要求建立跨行业、跨部门、跨地区数字经济网络安全协调机制，形成各部门、各地区各司其职、协同配合数字经济网络安全组织管理体系，实现风险响应即时性、部门协作高效性；另一方面，要进一步强化数字经济安全保障能力建设，结合行业实际设定基础要求，加强数字基础设施网络安全保护，优化风险预警监测和应急处置技术手段，实现风险早发现、事件快处置，整体提升数字经济网络安全保障水平。

（三）规范数据资源安全管理要求

数据资源是数字经济的关键要素，合理利用数据资源是助力数字经济发展的出发点和落脚点。一方面，要立法明确要求建立和完善公共数据资源清单，范围覆盖金融、医疗、交通和地理空间等多个公共服务领域，推动数据共享，实现数据和业务系统互联互通，充分发挥数据资源潜在价值；另一方面，要明确数据安全管理要求，建立数据安全监管框架和数据资源保护制度，推进数据分类分级和风险评估，建设监测预警和应急处置手段，强化对违规收集数据行为惩处，切实提升数据安全保护水平。生物数据权利保障领域，政府部门应通过立法确定生物数据所有者权益以及生物数据使用者职责范围，如设立自然人对生物权利信息申诉检举接受处置机构，以强化政府对生物标识数据安全保护、完善维权机制、健全维权流程等。

（四）激发数字产业安全板块活力

数字经济安全立法要在推动产业数字化跨越式安全发展的同时，保障数字产业化平稳升级改造。激活数字产业安全板块活力，需要着重激发创新方面带动功能，着重培养高端人才集聚优势，专注于基础软硬件研发与核心技术突破，积极做大做强高端芯片、新型显示、基础应用软件、产业软件、人工智能、区块链等数字经济核心技术产业集群，筑牢安全板块发展基石。促进数字产业安全板块发展壮大，要通过应用试点项目示范带动，激励大中小企业与社会开发者，构筑开放合作安全创新生态，形成一大批具备全球竞争力数字安全企业；要采取科技、资金、产业等方面支持，形成以头部安全企业为核心产业聚集区，积极引导安防行业上下游公司合作落地与发展，共同促进数字产业在安全板块上做强做优做大。

（五）综合提高数字治理安全水平

数字化管理，能够更高效推动我国城市管理体制和管理能力现代化，主要聚焦在智能城市应用，通过城市体系之间信息共享与服务合作，有效推进数字金融体系构建、实现医疗系统信息互动资源共享，有效提高城市管理与服务能力现代化管理水平，并围绕国家安全标准，逐步实现城市数字管理标准化与规范化。数字经济安全立法要将统筹推进社会治理数字化转型作为主要内容，从上、下两个层面同时建立数字化治理安全模式，切实保障数字化治理安全高效实施和优势价值实现。一方面要着眼于治理体系整体安全规划，夯实数字化治理发展基础，加强共性基础设施统建共用；另一方面要落实治理体系基层安全建设，通过宣传引导各类主体广泛参与数字化治理，提高人民群众满意度、参与度和认同感，保障安全治理工作实效凸显。

总结与回顾

1. 数字经济安全风险是指数字经济发展过程中，在数据作为关键要素大规模进入生产、信息基础设施作为载体进行数据储存和传输、数字技术作为核心驱动力推动实体经济发展等环节发生内外部威胁的不确定性以及可能引发的危险后果。数字经济安全风险具有技术进步依赖、高度复合性、高度关联性等特征。

2. 数字经济安全风险维度包括经济安全风险维度、数据安全风险维度、技术安全风险维度 3 个维度。

3. 数字经济安全风险评价指标体系也从经济安全风险、数据安全风险和技术安全风险 3 个维度构建 3 个一级指标。

4. 网络系统安全体系包括建立完善网络系统安全防护设计、建立完善网络系统安全检测设计、建立完善网络系统主动防御设计等。

5. 网络安全治理主要包括网络基础设施安全治理、网络空间中流动数据治理、网络文化空间及内容治理以及网络行为治理等议题。

6. 数字经济时代消费者侵权行为涉及侵害消费者个人信息安全、垄断性定价、价格欺诈、利用数据优势"杀熟"等。数字经济消费者保护措施包括加强监管层面安全风险防范机制、加快推动信用激励机制建设、构建均衡保护消费者和经营者权益平衡体系、构建多维度系统化消费者权益保护模式、充分调动和激发社会多元主体共建共治等。

7. 当今世界各国都在积极融入数字经济发展大潮，加快数字经济立法体系建设，完善数字经济法治体系保障，夯实数字经济治理体系基础，助推数字经济快速、高质量发展。

复习思考

一、名词解释

数字经济安全风险；数字经济技术—经济范式；数字经济安全；网络安全标准；网络行为治理；价格欺诈行为

二、简答题

1. 联系实际谈谈数字经济经济安全风险。
2. 联系实际谈谈数字经济数据安全风险。
3. 联系实际谈谈数字经济技术安全风险。
4. 简述网络安全治理主要涉及哪些议题？
5. 简述数字经济时代消费者侵权行为。
6. 简述数字经济时代消费者保护措施。
7. 结合国外数字经济安全立法研究动态分析对我国的启示。

三、论述题

1. 结合实际谈谈如何科学构建数字经济安全风险评价指标体系并进行风险识别？
2. 结合实际谈谈面对数字经济安全面临的问题有哪些解决方案？

能力拓展

夯实数字经济安全发展基石

发展网络安全和数据安全产业，不但可以促进互联网强国、数字中国与数字社会建设，而且可以做强做优中国数字经济。

从需求方看，我国网络和数据安全市场需求仍将保持快速增长。随着传统行业数字化转型步伐加快，政府和企业对于网络安全建设需求将不断增加。当前，我国政企客户网络安全建设预算与发达国家相比还有不小差距。例如，2023 年美国非国防联邦机构的网络安全预算占 IT 预算比例达 16.57%，而我国政企机构网络安全投资占比仅 3%。

从供给方看，我国网络和数据安全产业处于蓄势待发起跑阶段。目前，该产业形成了设备、软件和服务三大细分市场和参与者众多竞争格局。未来，网络和数据安全产业布局有两大领域将充满商机：一是在车联网、工业互联网、物联网、智慧城市、数字乡村、智慧医疗、智能家居、元宇宙等新赛道，安全领域的专精特新中小企业将迅速成长。二是在推动中国数字金融与实体经济深入结合进程中，公司信息安全防护领域将不断扩大，"零信任"、云安全、检测和响应等热点科技和数字化迅速发展的网络安全技术将成为公司研究焦点，个人数据安全、企业互联网安全、网络安全技术等将成为公司主要的研发重点，大型技术与软件厂商也将迅速出现。

从政策方看，国家高度重视网络和数据安全，出台了网络安全、个人信息保护、数据安全等相关方面法律法规，颁布了促进网络和数据安全产业发展政策。我国主要将在4个方面发力：一是国家对产业规模设定了预期性指标，地方政府提出了相应的规划；二是全面加强数据安全产业体系和能力，培育若干具有国际竞争力的龙头骨干企业、单项冠军企业和专精特新“小巨人”企业；三是深度分析工业、电信、交通、金融、卫生健康、知识产权等领域数据安全需求，着力核心技术创新突破，攻关一批数据安全重点技术和重点产品；四是促进产业技术、产品、服务和应用标准化。

资料来源：欧阳日辉．夯实数字经济安全发展基石［N］．经济日报，2023-04-04（005）.

第十七章　数字经济应用

任务分析

1. 掌握数字经济如何对企业、公共服务业以及城市治理产生影响。
2. 具体分析各领域数字化运行机制。
3. 了解数字化发展现状，以及预测未来发展趋势。

案例导入

中国数字经济如何引领全球新趋势

一、中国数字化成就突出

现如今，中国所获得的数字化成就远远超过了多数人的预期。目前，在全球范围内，中国已经是数字技术投资与应用领先的国家，孕育和发展了全世界三分之一的“独角兽”公司。我国市场庞大，推动着数字化商业模式很快投入商用，并且在国内拥有着许多热衷于数字技术的年轻消费者。我国互联网公司三大巨头“BAT”包括百度、阿里巴巴、腾讯，经营的业务遍及全球，正在布局多行业、多元化的数字生态系统，试图深入消费者生活的方方面面。政府大力支持数字化创新创业发展，推出相关政策鼓励企业以及新技术的投资者、开发者以及消费者，对其提供支持。

数字化转型升级不仅拉动我国经济的增长，还对全球数字化格局的发展产生深远的影响。

二、中国的数字化发展具有极大潜力

我国数字化发展具有极大的潜力，主要在三个方面上体现：第一，我国国内市场规模庞大，具有很大的优势，而且有着很活跃的数字“原住民”（25 岁或者以下），有利于推进数字技术的应用，逐渐商业化。第二，我国互联网三个巨头“BAT”公司的数字产业生态圈正在持续地深入探索，相互竞争，相互促进。第三，政府监管为我国新兴企业创新创业发展提供了保障与发展的空间，与此同时，政府也为数字技术的发展提供了极大的支持和鼓励，助推我国数字化转型升级。现如今，我国已经成为世界公认的数字化大国。

三、中国的数字全球化有可能对世界经济产生重大影响

近年来，我国数字化发展迅猛，我国逐渐走上国际舞台，对全球经济影响也越来越大。现如今，我国已经成为全球数字信息资源的主要参与国，并且逐渐成为全球数字化投资大国，通过并购、投资以及新的商业模式和数字技术融合的方式，并为国际合作伙伴提供技术支撑，来进一步拓展数字化市场。

知识介绍

第一节 企业数字化

企业数字化是指将传统业务流程、数据和运营转换为数字形式，以实现更高效、更灵活和更创新的运营方式。这种数字化转型通常包括使用数字技术来重新设计和优化业务流程、数字化数据和文档、自动化生产和服务流程、采用云计算、物联网、大数据分析和人工智能等技术来提高企业生产力、效率和创新能力。

一、制造业是数字经济主战场

制造业是国民经济的中心，是实施“互联网＋”运营和发展数字经济的主要战场。制造业是国家发展的基础，是使国家活性化的工具，是强国的基础。制造业也是创新的关键，是决定实体经济质量和收益的关键。

（一）我国制造业规模很大，是世界第一

改革开放40多年以来，我国经济迅速发展，我国制造业整体实力与经济效益提升非常快，取得了举世瞩目的业绩。2020年，我国制造业的附加值达到26.59万亿元，占全球比重近30%，连续11年位于世界第一。根据国际标准分类，在22个主要制造业分类中，我国有7个主要产业排名世界第一。超过指定规模的制造业研究开发费的内部支出占主要事业收入的1.43%，超过了预定计划目标的1.26%。制造业是实质上最促进GDP增长的产业，使得经济增长了1.6%。

（二）制造业提供高质量的就业

制造业是我国第一大产业同时也是我国产业的基础，其快速发展可以吸收大量劳动力，创造出很多的就业机会。2019年年底，我国城市制造业从业人员达832万人，占城市总就业的22%，在所有产业中排名第一。制造业的就业促进效应非常明显，其发展极大地促进了运输、批发、零售、住宿、餐饮等各种产业就业。

（三）制造业是社会财富的主要来源

制造业是国家安全保障和国防力量的重要支持，人民幸福、社会和谐稳定的重要基础，为我国“四化”（工业化、信息化、城镇化和农业现代化）做出了重要贡献。

（四）发达国家抢占制造业竞争制高点

全球金融危机之后，全球制造业正经历着重建时期，处于结构调整和重建竞争优势的关键阶段。随着现代信息通信技术的飞速发展，未来制造业生产方式转型方向将朝着柔性化、网络化、绿色化、智能化、服务化发展。这引发了全球一系列辩论，涉及经济发展原理与理论模型，如下一次工业革命、能源互联网、产业间网络和数字制造。积极应对新技术革命和产业转型挑战，实行“再工业化”，全球均在深入探索。各国正在大力实施“制造业回归”战略以应对全球金融危机的挑战。如美国实施的《先进制造业合作伙伴计划》、德国实施的工业4.0、法国颁布的新兴工业法，这些都有助

于这些国家提升其制造业竞争新优势。

（五）互联网与制造业融合价值可观

我国拥有最大的工业规模和最完善的工业体系，我国是仅次于美国的第二大互联网大国。国内互联网经济规模逐渐扩大，对经济增长的推动作用越来越突出。互联网在消费领域的渗透与应用带动了一系列新技术、产业模式变化，唤起了整个社会无限创新潜力和创造力。但总体而言，互联网与制造业融合发展仍处于起步阶段，工业互联网对于服务业和制造业的转型与发展具有巨大的潜力。制造业与互联网行业深度融合发展将进一步彰显我国制造业强国和互联网强国的双重优势，并带来叠加效应、聚集效应和倍数效应。

互联网与制造业融合推动制造业数字化。国家非常重视制造业的转型与升级。自 2015 年以来，陆续公布了《中国制造 2025》《机器人产业发展规划（2016～2020 年）》《关于深化制造业与互联网融合发展的指导意见》等文件，以加快制造业向数字化的转变。

党的十九大提出，要促进互联网、大数据、人工智能和实体经济深度融合。2017 年 10 月 18 日，在中国共产党第十九次全国代表大会上习近平指出，要加快“制造业强国”建设，加快先进制造业发展，促进互联网、大数据、人工智能与实体经济深度融合。实现中高端消费、创新领先、绿色低碳、共享经济、现代供应链和人力资本服务等领域的新增长，形成新的动能。在国家政策的指导下，未来的制造业数字化转型将成为进一步深化制造业、实施“互联网 +”发展数字经济的主战场。

二、互联网促进制造业数字化转型

（一）工业互联网平台促进制造业数字化转型

工业互联网平台以智能技术为基础，通过设计、生产、分配、消费和服务循环，建立基于云平台的海量数据采集、汇聚和分析服务系统，助推制造业资源相互连接、高效配置，为制造业转型升级提供了新的使能工具，正在成为世界范围内新一轮产业变革的重要方向。工业互联网开放、共享、合作和集中化的特征正在推动制造业创新参与者、创新过程和创新模式的不断转变。工业互联网正在不断激发全社会的创新活力，以优化配置创新资源，是制造业转型升级的新动力，主要表现在以下几个方面。

1. 经济增长新空间。加快新一代传感、传输、存储、计算技术的整合和创新，取得端口、大容量存储、高速互联网、智能处理等技术创新大大刺激动态活力及数据挖掘。智能制造、科技和传统行业交叉融合创新，提供了新经济增长空间。

2. 工业投资新空间。工业云、工业大数据、产业核心软件及硬件、网络系统、物联网、智能机器人等支持制造业发展，是重要设施和设备。它也是当前和未来工业投资的热点。

3. 信息消费新空间。随着互联网的快速发展，逐渐形成了新的消费习惯、消费模式和消费过程。智能服装、智能家居、智能汽车、智能机器人等新产品不断出现，消费者需求新信息产品和服务逐渐增加。互联网为工业、投资和需求创造了许多新的增长点，为制造业发展开辟了新空间。

（二）互联网加快制造业数字化转型

在国际竞争中，互联网将重塑其竞争优势，深化互联网与制造业融合发展。

1. 大数据、云计算和互联网是制造业发展的新基础。工业大数据与工业 App 集成应用促使工业云迅速发展。工业网络宽带、IP 和无线网络正在稳步发展。

2. 制造业基础性作用凸显。工业软件，如计算机辅助设计仿真、制造执行系统和产品生命周期管理，可以解决和重建工业活动。工业产品、企业生产方法、新功能、商业模式和工业生态正在被重新定义。

3. 建立智能制造业生态系统是全国工业竞争重点。互联网等新技术可促进制造过程中人员、机器和产品等元素紧密连接，参与制造、设备、网络、软件、芯片等多个方面联合攻关、标准合作和能力以及解决方案，从而形成一个共享与规则利益共同体。工业互联网联盟、工业4.0平台，是工业生态启动者、推动者和建设者，其地位不断得到加强和增强，孕育着新竞争规则。

三、国际工业巨头引领发展

（一）GE：积极引领数字化转型

1. GE：首提工业互联网。

2012年2月，美国总统奥巴马宣布“再工业化”战略8个月后，通用电气（GE）率先提出了在航空、石油和天然气、交通、医疗和能源行业等领域的“工业互联网”概念，迅速部署了9个工业互联网项目。工业互联网是一个开放全球网络，能有效实现工业生产的网络化、智能化与服务化。

2014年3月，GE、AT&T、CscoBM和Intel四个行业领导者重新定义了制造业未来，并组建了工业互联网联合会。该联合会目的在于为工业互联网快速发展提供良好的发展环境，打破行业与区域技术壁垒，加快实现数字经济与实体经济有效融合。

2016年，工业互联网联合会和工业4.0平台合作之后，“工业互联网”和“工业4.0”概念正式进入人们视野，相比工业4.0来说，工业互联网内涵更为广泛。

2. Predix：打造工业领域的操作系统。

2013年，GE发布了Predix数据分析平台，2015年将其开放给全球制造企业。作为连接设备、数据和人员的重要平台，Predix根据统一标准对每种类型数据进行标准化和组织化，为云计算和大数据技术提供了可以随时采购和分析的平台。

与iOS和Android操作系统相比，Predix目的在于建立工业互联网生态系统。构建App Store，并实施GE工业应用商店。

（二）工业龙头纷纷抢占云平台制高点

除美国GE外，德国西门子推出了自己的工业云平台：MindSphere，国内海尔集团推出了Cosmoplat工业云平台。海尔打造了国内第一个自主研发与创新的工业互联网平台：Cosmoplat。Cosmoplat是一个典型的工业云平台，该工业云平台除了服务于海尔集团外，还为制造公司提供社交化服务。其将所有用户流程都纳入大规模订单之中，并为整个社会提供八项生态服务：大规模定制解决方案、大数据服务、在线协作、智慧知识服务、检查和认证等。

四、我国“互联网+”制造业成功案例

（一）宝山钢铁全面数字化转型

中国制造业数字化转型经历了从企业信息化到全面数字化的发展历程。宝钢自1978年成立以来开始了数字化建设。宝钢经历了自动化、计算机化、数字化等开发过程。1978年，宝钢为了实现“无人值守”，引进了人工生产方式和自动控制技术。自2001年以来，宝山钢铁一直致力于实现商业

过程数字化，先后导入 OA、ERP、CRM、SCM、HR 等应用系统，整合其商业过程和管理过程，逐渐实现了生产自动化、商业数字化、管理信息化。2010 年宝钢再次启动了“宝钢数字化”开发战略，进入了数字化转折点。2014 年在“互联网 + 产业”背景下，宝钢提出了“智能制造”，并启动了数字化转换计划。宝钢已经制定了工业互联网平台解决方案，解决了产业链信息不对称、管理体系繁多等管理难题。通过建立数据通道，实现了与下游汽车公司的数据互连，基于该平台，实现了根据用户需求推进组织生产模式。通过构筑大规模数据平台，可以运用边缘计算等技术，进行完全数据收集、处理，实现数据视觉化。基于模拟系统和数据分析工具，宝山创建模型并开发能源消耗分析、故障分析、异常排放检查、过程优化、生产预测等辅助手段。

（二）青岛海尔数字化转型

1. 组织方式变革。

技术改造使公司组织结构趋于扁平化和集中化，同时改变了公司组织结构。海尔实施的小型组织，就组织结构而言，它颠覆了传统公司的封闭系统，并且具有自我管理能力。从构建“身体”到共生，再到“小”的转变，海尔实现了从传统科层体系组织结构到平台的转变。这种“双赢”模式中，一个人改变了原始部门系统的雇员的角色，成为一个直接面对市场和用户的小型企业。这些小型组织已经改变了海尔冷却器系统，形成了一个网络结构，将冷却器的转移转化为在线组织。

技术改造不仅使公司组织结构高度层次化、科学化，而且还表现出组织的平台化、模块化等特征。在重塑 Internet 的过程中，海尔已转向网络化和平台化。

2. 生产方式与商业模式变革。

技术变革改变了消费者个人需求。为了满足用户个性化需求，在“人单合一双赢”模式下，海尔将“员工”与“用户”相连接，使用户与用户的距离为零，方便公司及时快速了解并响应用户个性化需求，从而实现量身定制生产可能性。

这种“人单合一双赢”模式体现了海尔在技术创新下商业模式转变。消费者信息不对称问题已得到明显改善。消费者需求表现出碎片化和个性化等特征。传统“生产—库存—销售”模型不再能够快速响应不断变化消费者需求。这种业务模型具有两个优点：第一，为客户创造价值。公司员工和业务合作伙伴紧密对接，因此员工可以相对准确把握业务合作伙伴的个性化需求。同时，员工不会受到多层组织结构阻碍，员工可以快速响应零散化和个性化，为业务合作伙伴创造价值，提高他们的满意度，最终为其业务带来利润和良好业绩。第二，“人单合一双赢”模式为员工创造和实现价值。这种模式赋予员工更大自主权，激励他们成为首席执行官，为客户创造价值的同时也为自己创造价值。技术变革时代，公司员工改变了对终身工作的看法。为了提高自己的能力，将员工与公司之间的关系改为合作模式。“人单合一双赢”更好满足了发展自身能力和实现自身价值的需求。

海尔还非常重视建立价值网络。在改变互联网战略过程中，建立以用户为中心的共创共荣生物圈，共享平台，各方将充分共享信息，进行互动融合。生物圈中每个利益相关方都实现“双赢”。

海尔“人单合一双赢”模式不仅实现了生产方式转变，而且着眼于个性化定制来更好地满足消费者的需求，改变价值创造和价值获取方式。建立价值网络使生物圈中每个参与者都能创造和获取价值。海尔的生产模式与商业模式如图 17 - 1 所示。

3. 企业边界变化。

由于技术变化，海尔企业边界逐渐变得模糊并且消失。企业传统组织结构是在公司及其用户之间，不仅包括公司内部科学组织结构，还包括公司外部渠道的供应商和分销商。这些内部和外部中产阶级是企业与消费者之间的距离。海尔在这种“双赢”模式下，企业可以更加紧密地联系员工和业

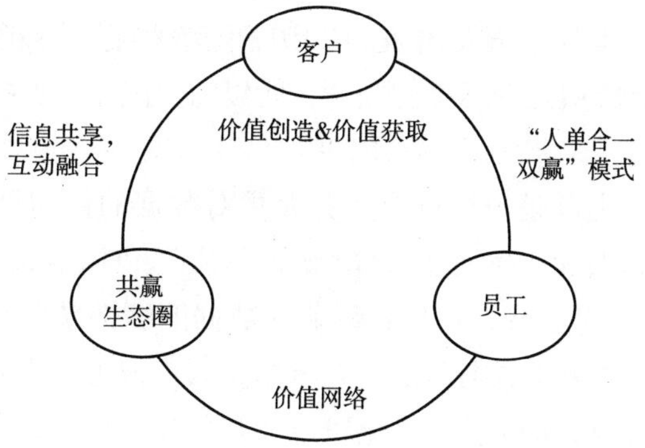

图 17－1 技术变革下海尔互联网转型生产模式和商业模式

务合作伙伴，使企业能够快速满足消费者的个性化需求。此外，海尔还是一个以用户为中心的“双赢”。建立了“双赢”生态区域，将自己置于价值网络中，实现信息共享、交互式融合，与其他利益相关者作为价值网络的节点创造价值。海尔可以无障碍地分配各种资源，企业边界也变得越来越模糊。海尔向“没有公司界限、没有管理领导、没有规模供应链”转型，其边界变得模棱两可甚至消失。它体现了公司为响应技术变化而带来的社会经济变化和不确定性。在此背景下，有助于提升其竞争力，提高整体运营效率。

五、制造业数字化转型成功必备的三驾马车

制造业数字化转型成功落地项目核心的三驾马车分别是：战略、组织和技术。

（一）战略：数字化战略

变革、转型对制造业企业来说，会经历比较长的阵痛期，所以想要转型成功，首先需要企业自上而下的战略支持，也就是说，需要 CEO 层面认识到数字化转型价值，并将数据战略作为企业未来阶段核心战略规划之一。“一把手”抓数字化转型（至少表明鉴订的支持态度），执行团队才能师出有名，拿着 CEO 的“尚方宝剑”，一路披荆斩棘，攻坚克难。

（二）组织：组织基础

企业管理领域有个著名组织杨三角模型，总结下来就是企业成功和组织能力息息相关，是制度、组织、机制等一系列最基础保障（见图 17－2）。

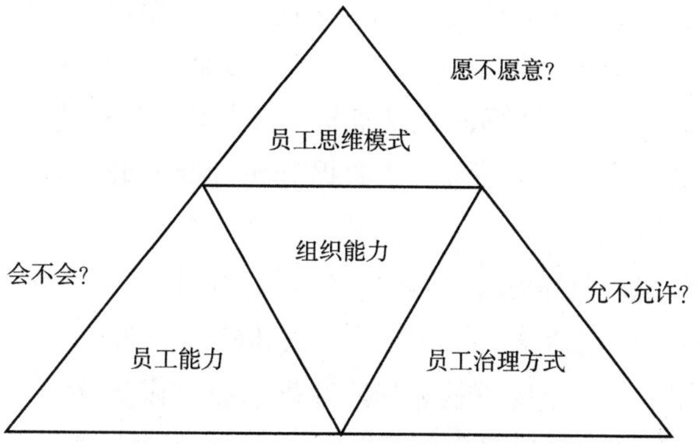

图 17－2 组织能力三角框架

1. 组织架构。企业应有合理组织架构，以支持走完数字化转型从战略到落地的职能部门，如战略分析部门、数据研发部门、IT 软件研发团队等。数字化转型是“一把手”工程，转型必然涉及现有组织或流程变革，自下而上转型几乎不可能成功，所以需要战略层面授权，否则师出无名必然功败垂成。

2. 外交官。术业有专攻，尤其是传统行业业务人员对数据的认知处于比较浅的层次，想要在转型过程中，数据团队不是闭门造车，而是深刻理解业务流程和痛点，就需要具备深厚数据功底的“外交官”角色，去不断深入业务过程，可以告诉业务数据能够带来哪些改变，现有哪些数据，还需要做哪些工作。这一角色最好主要由数据产品经理承担，因为他可以去协调组织不同资源，去把事情做成。同时数据分析师，或者数据仓库负责人也可以参与，作为信息输入和输出。

3. 智囊团。数字化转型最终目的是带来实打实的价值收益，需要能够基于数据，充分挖掘出有用信息，为业务提供决策或智能应用输入，数据分析师主要利用数据分析技术和手段提供最优决策；算法工程师则依赖于 AI 技术，提供更加智能的能力，如基于 AI 智能排班流程、个性化营销或产品推荐服务等。数据产品经理主要是参与其中，提供部分业务知识输入。

4. 奠基者。数据是数字化转型的根据，没有数据或者数据“脏乱差”，转型过程必然坎坷或面临失败。数据汇聚、清洗加工处理，形成可以高复用的数据资产，并对数据进行持续治理，保障数据质量，降低存储和计算成本，主要是数据开发工程师职责。在此过程中，数据产品经理主要是数据需求或数据产品需求输入，提供数据资产建设所需要的业务信息输入。

5. 建筑师。工欲善其事，必先利其器，数字化转型过程中，数据从采集到分析应用过程中，基于数据产品或工具来提升数据应用流转效率，在此过程中，需要相关数据产品经理规划和设计对应数据产品，由前端工程师和后端工程师进行开发变现。

流程机制：项目落地需要有规范项目管理流程，否则必然会遭遇延期、质量问题、成本问题等，一般成熟一些的公司会有标准 PMO 流程，如定期会议机制，可用来督促工作进度、监控实施流程；定期审查机制等，用来审查操作过程、优化操作标准等；此外，相应激励和考核指标（通过对各层级、各方面利益相关者设置激励举措）和 KPI 等硬约束指标，提升各方工作积极性和工作，如 KPI 和 OKR 管理制度。

（三）技术：数据及 IT 技术

数字化转型除了战略层面的思维和组织转型外，想要战略取得实际降本增效的效果，必须有相应的数字化工具或者数字化应用开发技术，辅助战略落地。数字化转型设计主要技术通常包括：

1. 数据获取与采集技术。数据是数据化、数智化的根基，对于线上化产品和工具是数据埋点相关，而一些智能制造等其他行业，数据采集则是传感器数据采集和同步技术。

2. 大数据存储与计算技术。大数据 4V 特点（价值密度低、数据量大等）决定了需要大量服务器资源来进行数据存储，以及相关任务计算，所以需要具备大数据集群建设和运维技术能力。

3. 数据分析与挖掘技术。数据分析一般是指数据分析师商业分析或者业务分析，常用的如 SQL、Python 等技术。

4. 数据科学与 AI 能力。数字化转型高阶阶段是数智化应用，数智化主要是利用机器学习及各种算法模型来产生业务应用价值，包括设计开发统计算法和模型技术。

5. 数据安全技术。数据一旦广泛应用就意味着数据暴露在阳光之下，数据作为核心战略级资产，需要数据脱敏、鉴权管理等一系列数据安全技术。

6. IT 产品研发技术。主要是指数据工具产品化，需要前端开发、服务端开发（Java 等）的资源。

第二节 公共服务数字化

现代信息通信技术不仅有助于促进传统制造业、农业和零售等行业转型升级，而且助推公共服务数字化，提高消费者福利。

一、数字教育

随着互联网的普惠普及，数字技术也逐渐渗透到教育领域，促进了教育资源共享与教育的公平。

（一）数字技术助推数字教育发展

一般而言，一国的教育发展水平取决于其经济发展水平、人口规模、教育传播程度和基础设施发展等。从全球视角看，在互联网等新技术推动下，教育正在朝着数字化和智能化方向发展。

1. 人工智能＋教育：走上智能教育之路。

随着 AI 技术日益成熟，AI 融入教育事业有助于实现教育的智能化。以 AI 为中心的教育科技包括数据收集（语音识别、图像识别、传感器等）、数据处理（含义识别、大数据、认知计算、情感计算等）和人机界面（AR/VR、机器人、3D 打印）三个方面，这些数字技术与教育深度融合以增强教育的智能性和互动性。融合应用程序主要集中于自动工作校正、照片搜索、在线测验、智能评估和独特学习等。目前，结合点分散，但有些产品已开始应用并被市场验证，取得了较为显著的成效。

此外，更多维度、更多数据收集与更有效的数据处理方法以及更多人机交互界面，AI 将成为教育领域中点面耦合的重点。AI 不断创新传统教育学习模式并创造了数字化教育，这是一种新教育模式。AI 可以实现语音评估、学术智能评估和虚拟学习助手等应用程序，有效改善教育反馈并提高教育质量。

2. VR/AR＋教育：实现虚拟教育新模式。

未来教育发展面临以下挑战：学习环境和学习方法。学习环境方面，人们的目光和注意力正在转移到更高水平的学习体验上。学习方法方面，离线课程进度慢、内容更新慢、学习动机和创新活力受到限制，而在线零散学习信息经常无法形成完整学习系统。

成熟的 VR/AR 技术和应用程序可以无缝融合数字环境，构建平衡学习框架，带来更多身临其境的体验，提供更丰富、更生动的在线教育场景和“实践”，它可以提供机会，优化学习者学习方法，培养良好学习习惯，形成科学思维方式。例如，老师在传授星空知识时，学生可以戴上虚拟现实头盔，可以更好地体验场景并直观感受。身临其境的教育可以大大提高学习效率，虚拟现实设备可以用于医疗手术、模拟驾驶、现场救援等，有效降低培训成本和风险。VR/AR 可以 100% 再现 3D 图像，从而提高学习效率。

3. STEAM 教育：探索数字教育真谛。

STEP 教育是一项综合个性化教育，它是跨多个科学、技术过程、艺术和数学发展而成的，提倡“动脑探索模式”的学习过程。STEAM 教育注重实践，切身体验和创新的特点尤为突出。通过将 STAM 人工智能技术、VR/AR 和 3D 打印技术与教育方法相结合，小学、初中和高中学生可以在更智能的场景中训练他们的逻辑思维能力。

（二）国家层面：大力发展数字教育

新技术背景下，教育数字化程度将成为每个国家数字化发展的重要领域。加快教育数字化是一项重要民生工程，它有助于提升每个国民素质，提高国民生活水平，创新教育模式。大力发展数字化基础设施，发展交流技能，促进课程、教师培训以及信息通信技术的发展，优化在线学习环境。

2019 年，根据州教育技术主管协会（SETDA）发布的《州基础教育教学材料领导力趋势概貌》可以看出，美国各州将数字教育放在突出位置。美国 25 个州提供每个学区如何充分利用数字教材中的专门学习优势。21 个州提供了实际应用专业学习数字资料。主流 K 120 基本上是每个州或学区的主管部门推出的在线学习。

数字素养作为一种新兴媒体素养形式，早已引起澳大利亚政府的关注。2007 年，澳大利亚传播与媒体管理局（ACMA）启动了澳大利亚数字素养研究项目。澳大利亚政府高度重视发展数字经济，颁布有关政策，加强建设国家宽带网络，为数字经济发展提供坚实的基础设施。启动了 GODigi 项目、BeConnetted 项目、Deadly Digital Communities 项目、Digital springboard 项目等数字素养教育项目，提升国民数字素养，积极实施数字经济战略。

英国《信息与经济战略》描述了将信息通信技术应用于教育的一系列步骤，以确保人们具有基本的信息通信技术水平，还将供需结合起来，建立一个技术团队来制定战略，包括扩大规模在线公开课程（MOOC），培训工人以消除文盲人数，同时鼓励私营部门和教育机构提高计算机相关专业毕业生的就业率，并缩短电子技术学习时间。

（三）数字技术赋能我国教育高质量发展

1. 政府鼓励数字教育发展。

《教育信息化十年发展规划（2011～2020 年）》《关于积极推进“互联网 +”行动的指导意见》《教育信息化“十三五”规划》《关于组织实施 2020 年新型基础设施建设工程（宽带网络和 5G 领域）的通知》等众多政策文件都表明教育信息化已逐渐成为教育现代化指标体系的重要指标。国务院印发的《“十三五”国家信息化规划》明确提出实施在线教育普惠行动。我国将稳步推进数字教育，加快数字技术与教育的深度融合，积极创新和开发数字教育新形式。国内教育信息化和数字教育建设将继续保持政府主导以学校和企业为中心的发展模式，学校将积极推广“三通两平台”和最新数字教育资源。机构、教育科技公司、互联网公司等都致力于数字教育平台和数字教育应用程序的研发。

2. 探索数字教育发展新模式。

人工智能和大数据等现代信息技术有助于优化学习方法、提升教育效率与教育公平。宽带网络使广大受教育者享受某些知名学校优质资源。目前，“互联网 + 教育”已经在我国快速发展，促进了教育数字化、教育高质量发展，使教育发展成果更加公平，并着眼于全民教育。很多互联网公司纷纷进入教育领域，极大地刺激了市场。2021 年 7 月 13 日，在中国互联网协会主办的 2021 年第二十届中国互联网大会上，发布了《中国互联网发展报告 2021》，报告显示，网络教育领域，2020 年我国在线教育市场规模达到了 4858 亿元，在线教育市场规模显著增长。接下来几年中，在线教育将继续以大约 20% 的速度稳定增长。

3. 教育直播逐渐升温。

直播技术日趋成熟，并逐渐与教育领域相结合，是发展数字教育创新的新模式。每个教育机构、数字教育平台、互联网公司等都相继部署教育直播，积极探寻数字教育新模式。与传统教育相比，数字直播教育在学习方法上更加便捷高效，比较适合零碎学习。一对一直播、一对多直播等方式也满足随时随地学习需求。教育直播广泛传播，同时与知名专业老师共享内容资源。

（四）我国数字教育发展趋势

发展数字教育有助于促进教育公平、实现全国范围的教育和终身教育以及追求独特的教育发展。我国数字教育需要从机构、技术和模式等多方面进一步加强探索和创新，运用数字技术改善公共福利、社会福利。

1. 实现数字教育资源全民覆盖。

加大对边远地区和欠发达地区教育投入、优化配置教育资源、建立优质数字教育资源共同建设共享机制，提高数字教育资源的覆盖面。便利高效、造福群众，逐步实现教育公平。完善学校数字化教学基础设施建设，加强“无线校园”建设。优化网络教育环境，实现校园内无线网络全覆盖，加快建设国家教育资源公共服务平台，覆盖全国，加快数字教育进程，形成互联互通，加快培育公共服务体系。

2. 推动线上线下教育融合发展。

线上教育能打破时空限制，有利于优质教育资源共享，有利于教育公平；而线下教育更有利于师生交流互动，未来教育发展趋势应是线上线下的有机融合。数字教育中，互联网是主要载体，在线和互联网化是手段和工具。而优质教育内容与灵活的教学模式是关键点。整合各类优质教育资源，促进普遍开放和资源共享，加快网上结合型教育服务模式和学习方式转变。

二、数字医疗

身体健康是人类生存的首要条件，医疗是最基本的民生需求，在数字民生领域占据着非常重要的地位。新时代背景下，数字技术渗入医疗行业，重塑着医疗健康新生态。

（一）数字医疗内涵

随着数字技术的快速发展，数字技术也渗透到医疗领域，数字医疗发展非常迅速。所谓数字医疗是指利用现代信息通信技术实现整个医疗过程数字化、信息化，广义上而言，既包括医院诊疗流程的信息化，也涵盖区域医疗协同、公共卫生防疫、医卫监管、医保管理的信息化，涉及电子设备、计算机软件、（移动）互联网等技术的综合应用。数字医疗不仅是一种技术应用，也更应被视为一种革命性医疗方式——数字化将对整个医疗流程、医患关系、健康管理方式等诸多方面产生深远影响，是现代医疗发展方向和管理目标。早期，医疗领域数字化主要体现在部分诊断设备上：如心电图、脑电图等生物信号采集处理仪器以及 CT、彩超、数字 X 光机、超声波等光学、电磁、声学影像设备，帮助医疗行业更好地实现了患者信息可视化，极大提升了医生诊断能力。目前，医疗信息化的内涵则更多地指计算机软硬件技术在医疗行业中的应用，其中既包括传统软件信息化技术，也包括云计算、大数据、人工智能、物联网等新一代 IT 技术。数字医疗主要体现在医疗设备数字化、网络化、医院管理信息化、医疗服务便利化等方面。

医疗设备数字化，数字化医疗的基础，即数据采集、处理、存储与传输等过程均以计算机技术为基础，医疗设备在计算机软件下工作，逐渐取代常规设备成为临床设备的主流。

医疗设备网络化，可实现院内设备资源的共享，支持影像及文档资料的传输，缩短病人挂号、交费、取药、看病的时间以及电子开单、电子处方，减少错误发生率；可实现院内院外资源共享，支持远程教学及电视会议、远程会诊及手术、网上查询及挂号预约。

医院管理的信息化，管理者可以通过信息系统随时了解医院的运营情况及各部门工作情况，业务流程可实现自动化，使医院始终处于最佳运行状态，并且随时为病人提供各种所需信息。

医疗服务的便利化，病患可以通过网络在家中预约挂号、查询检查结果，向医生传送诊断信息，以便及时准确做出诊治；可基于网络更灵活、成本更低地提供私人医疗保障服务以及咨询，个性化程度更高。

（二）数字医疗优势

与传统医疗服务模式相比，数字医疗具备多个优势。

1. 运用现代数字技术，尤其是利用多种传感器设备和适合家庭使用的医疗仪器，自动或自助采集人体生命各类体征数据，既减轻了医务人员负担，又能够获取海量数据。

2. 采集的数据通过无线网络自动传输至医院数据中心，医务人员利用数据提供远程医疗服务，能够提高服务效率，缓解排队问题，并减少交通成本。

3. 数据集中存放管理，可以实现数据广泛共享和深度利用，有助于解决关键病例和疑难杂症，以较低成本为亚健康人群、老年人和慢性病患者提供长期、稳定的健康监控和诊疗服务，降低发病风险，间接减少对稀缺医疗资源如床位和血浆的需求。

数字医疗体系中，实现智慧医疗关键是物联网技术和云计算技术，这两大技术连接点是海量医疗数据。医疗物联网中数据规模庞大，增长速度很快，传统数据库技术难以有效对其进行管理和处理。数字医疗以较低成本实现和可扩展的医疗大数据存储与处理，通过互联网为用户提供方便快捷的医疗服务。

数字医疗强调数据采集和利用，不受时间和地点约束。虽然现有电子病历系统能够以数字化方式保存患者在医院检查与就诊的记录，但这些数据有限。数字医疗利用物联网技术随时随地采集各种人体生命体征数据并自动保存，比人工录入电子病历的数据量高出数个量级。

数据深度利用，即使用数据挖掘和机器学习等技术，可从数据中发现隐藏的知识。如患者的血氧饱和度变化周期、心率异常检测、生命体征关联变化模式等，由于涉及数据种类繁多且规模庞大，这些知识难以凭借医生经验以人工方式获得，而应用大规模数据处理技术，能够分析这些数据，帮助医生诊疗疑难杂症。

数字医疗是以“感、知、行”为核心的智能远程疾病预防与护理平台。“感”的挑战在于如何长期、精确、便捷、及时、无创地采集各种人体关键生命体征数据。“知”挑战在于如何从大数据信息中挖掘关键生理特征，及时发现早期疾病和预测健康风险。“行”挑战在于如何建立有效数据模型，以实现大规模复杂健康查询准确响应。数字医疗需要融合物联网、云计算、大数据处理等多种技术。

（三）我国数字医疗发展现状

国内医疗信息技术行业自20世纪90年代开始兴起，至今发展已经有30余年，以二级/三级医院为主大中型医院已基本完成了基础性信息化建设，当前已开始进入以全院级临床系统和区域协同建设为主的全面信息化建设阶段。

1. HIS阶段（1990~2000年）。

HIS以收费为中心，串联挂号、核价、收费、配药、住院登记等就医环节，整合医疗机构人、财、物等信息，主要作为医疗机构财务和行政管理系统。20世纪90年代，随着信息技术开始在国内应用，为了满足医院财务和基本流程管理需求，HIS开始推广，并涌现出大批HIS公司。

2. 医技/医辅系统阶段（2000～2010年）。

随着城镇化进程逐步加速，中小城市人口大量涌入大城市，大城市医院扩张的同时，采用添加设备手段来提高周转率，带来大量医技/医辅系统建设需求。由于医技/医辅系统点状分布在医院各科室或应用场景，缺少顶层设计规划，各类独立软件便形成“信息孤岛”问题。

3. 临床系统全面建设阶段（2010年至今）。

以EMR为核心的CIS系统以患者为中心，可全程记录诊疗行为，是全院层级信息集成基础，是医院真正生产系统，医技/医辅系统等均是CIS子系统。经过多年建设，国内大中型医疗机构大部分已建成满足基本功能的HIS，并在各科室或场景形成点状医技/医辅系统。消除“信息孤岛”，打通全院数据，形成全院级别临床系统，随之成为医院信息技术建设的主要任务。

4. 区域信息化全面推进阶段（2017年至今）。

区域公共医疗系统（GMIS）对区域内医疗机构、管理机构、医药器械供应商等进行整合，通过信息共享、资源协调等手段实现分级诊疗，提升医疗系统运转效率，满足医联体建设和运转需求。随着大中型医疗机构信息技术水平提升、互联网技术服务普及以及政策推动，GMIS正在成为医疗信息技术领域新增长点。近10年来，其中较为重要的两个变化为，医保制度体系逐步完善使得医保资金在医疗产业中的杠杆导向作用越来越强，以及互联网技术与医疗行业融合度越来越深，两者分别使得医保信息技术与“互联网+”医疗健康在数字医疗产业中的权重明显提升。

反映到企业层面，国内医疗信息技术行业早期成立并兴起的厂商主要为以卫宁、创业、东软、东华等为典型代表的一大批HIS公司，其数量较多，先动优势也使得现今客户数量和收入规模处于业内领先地位；相比而言，以EMR为核心产品的CIS公司则数量相对较少，其成立时间和当前规模也普遍滞后于HIS厂商，典型如嘉和美康、和仁等；而如PACS、RIS等医技系统通常与大型进口设备紧密关联，国内厂商颇为稀缺，典型如麦迪科技等成立时间也较晚。近年来，随着区域医疗开始成为政策发力点，有条件各类大中型厂商也开始以各自方式介入区域医疗信息技术市场中，包括近年开始涌现如微医、平安好医生等互联网医疗初创企业以及智慧城市信息技术供应商。此外，随着医保地位的提升，出现了以医保信息技术为主业的久远银海，传统HIS企业卫宁健康设立主营医保控费业务的卫宁科技，保险巨头平安集团亦通过投资设立平安医保科技参与其中。

（四）数字医疗发展前景

国内数字医疗仍任重道远，但从积极角度来看，也意味着中国数字医疗产业拥有巨大发展空间。就当前国内医疗信息化的总体水平而言，最为基础的数字化尚未完成，尽管以“互联网+”为代表的网络化近年取得不少进展，但由于数字化基础薄弱，实际上存在着诸多的问题，而智能化更是远未成熟，更不用谈新技术驱动产业模式变革。2018年下半年以来密集出台医疗IT相关政策，思路相比以往明显更为清晰。优先以EMR应用水平等级评价为抓手，实质上就是夯实国内医疗行业的数字化基础；而如互联网诊疗、医联体、DRGs等更为高级的应用，则需要建立在扎实数字化基础之上，其优先级相对弱于EMR建设，更多以鼓励及试点为主，未来应会随数字化基础的强化而逐步加强。

借助本轮政策的大力推动，整个医疗信息技术行业加速明显，预计伴随着后续政策持续发力，高景气度将得以延续，或许会成为医疗信息技术产业实现跨越式发展的触发因素。更为广义地看，医疗信息技术本身是大健康产业构成中的重要一环，其效能并不仅仅局限于诊疗环节，对于养老、公共卫生防疫管理、药品器械流通、科研、行业监管、体制改革均具有支撑作用。从这个意义来讲，医疗信息技术可谓是一个庞大的、长期的系统工程，当前以EMR为重点的新一轮信息技术建设仅是全面信息化的起点。

从更为长远的视角考虑，随着数字化基础夯实，网络化、智能化将逐步推开，信息技术也将从单纯的技术支撑角色逐步向运营角色转变，进而推动医疗体制和产业模式变革。相应地，如果政策管制进一步放开，医疗信息技术供应商/互联网医疗健康服务商在产业链中的地位有望显著加强，相应投资价值也会大幅提升。中国人口众多、数据量大，老龄化趋势也决定着医疗保健需求将越来越多，但现状是供给严重不足，若能有效挖掘其中的数据价值和市场机会，大健康产业本身市场规模便会有质的提升。在这个潜在的大市场中，信息技术企业更为深入地切入运营环节（如处方外流、远程医疗、慢性病管理、商保快赔、健康险设计、信息平台运营、PBM 药品福利管理、健康大数据服务等）以及商业模式创新，将使得在产业链中的分配比例扩大。

三、数字交通

（一）数字交通内涵

交通作为城市“血脉”和城市流动性重要体现的交通方式，不仅负责乘客运输和物流，还怀着对人民美好生活的向往。从第一辆人力车到当今汽车和新能源汽车，城市交通效率对于城市经济、政治、文化、教育、社会、生态等发展都变得越来越重要。随着我国城市化进程的发展，汽车数量激增、交通拥堵、停车难、噪声和空气污染、道路违法识别、交通事故处理等因交通导致的问题，将挑战整个城市的承载能力与运行效率，不利于城镇的可持续发展，这不仅在一定程度上折射出城市治理与规划水平，也给整个民生领域带来了切实影响。随着现代信息通信技术的快速发展，如物联网、大数据、云计算、AI、无人驾驶等一系列数字技术蓬勃发展，创新科技对于各大城市交通乃至城市扩张、经济发展转型所扮演的角色越来越重要。与此同时，数字交通或智慧交通与智慧城市革命也随即爆发。随着数字技术向交通运输渗透，数字技术与交通运输深度融合，数字交通成为经济社会发展重要推动力。

数字交通是依托于 ICT，以交通工具、道路以及相关服务信息的收集、处理、分析、运用为重点，以数字化、自动化、智能化为手段，为交通运输参与者提供高效互联、最佳匹配与多样性服务为目的，以人、车、路环境等多个子系统全方位综合智能连接构成的面向交通运输的服务系统。数字交通是发展数字经济的重要领域，其关键要素与核心驱动是数据，促进物理和虚拟空间的交通运输活动不断融合、交互作用的现代交通运输体系。

数字交通最开始主要关注的是智慧交通，从智慧交通几十年发展历程来看，一开始关注单个产品研发与应用、单一系统运行、单一功能应用设计，到主要关注大数据互联互通、破除数据壁垒，再到目前多技术融合、多系统集成、各技术之间、各管理部门之间、各出行方式之间边界都在慢慢消解，交互形成了以万物互联为基础服务导向新型智慧城市。然而，这些都必须借助智慧交通解决安全和效率问题，为人民群众提供更方便、快捷、舒适、安全的环境和交通出行。

（二）数字交通案例

随着人们对交通出行需求日益多样化、个性化，迫切需要将现代数字技术运用到交通运输业，加快交通运输的信息化、智能化，加快城镇数字基础设施建设，为城镇交通装上智慧大脑。深圳就是中国智慧交通先行先试、发展最快的城市，是中国第一个实施路内停车收费的城市，并从交通监控、车流引导、停车管理等维度搭建了完整智慧交通管理体系，交通运行管理效率大为提升。

1. 可视化监控智能疏堵。

深圳智慧交通系统借助数字技术对前端设备传感器获取的路况信息进行大数据实时监测并进行科

学统计分析，以自动化、智能化方式向广大用户提供实时道路路况、公共交通资讯等重要信息，引导驾驶员改变出行路线，进而达到改善交通拥堵的目的。运用数字技术及时收集、整理、分析和利用交通信息实现智慧交通，这不仅提高了城市交通运行效率，更重要的是，极大方便了居民出行。

2. 智慧停车系统。

智慧停车必须解决城市内部数据彼此独立、用户获取信息渠道不畅通、信息不对称、资源不对称等问题，否则停车也就难以真正“智慧”，而技术成为化解这些难题的关键手段。将数字技术运用于城镇交通管理，尤其是运用大数据、云计算、物联网、AI 等数字技术来彻底改变传统停车模式，才能全面打通城镇停车资源大数据，并配合城镇智慧停车管理系统，实现城镇交通管理一体化、智慧化，提升城市交通管理效率。在这方面，深圳举全市之力，以智慧道路停车为切入点，对城市交通软件设施进行智慧化改造，其智慧停车场系统由以下三大模块组成：信息采集前端、运营管理后台、服务综合云平台。这改变了以往停车数据互不联通、停车资源分散、停车管理方式滞后的局面，极大地缓解了城市停车难压力，为中国解决城市交通问题提供了宝贵的先行先试经验，值得其他城市借鉴。

3. 降低事故率、提升事故处理效率。

自汽车发明以来，交通安全事故一直存在，全球每年因道路交通事故死亡人数超过 100 万人。传统经济时代，交通安全管理偏向于事后处理，但是如何降低交通事故发生率却是一个重大社会问题。数字经济时代，可以使用诸如 AI、物联网技术来更有效地降低事故发生率。汽车网络技术中，导航终端、车载视觉系统、检测疲劳、驾驶传感器可以识别驾驶员驾驶状态，防止驾驶员疲劳驾驶和超速行驶效果比较明显。车距监控、正面碰撞和跟进警告以及道路偏斜警告系统等安全系统可以降低事故率，确保行车一路安全。事故出现后，通过人脸识别执法应用模式，可以针对可疑车辆与人员进行甄别，更快识别非法活动和非法员工，准确率达到 99.8%。事故快速处理平台使用 AI 图像识别和视频分析技术，远程承担事故责任并解决事故问题，提早撤离事故现场，将大大提高效率、降低人工成本。

4. 有效应对突发警情。

在突发警告或恶劣天气的情况下，智能交通平台可以远程自动关闭或打开导引站和卡口的制动器，以快速响应。使用遥控信号调整交叉路口车辆通行状况，确保紧急车辆和救援车辆通行。

对于城市管理而言，不仅可以通过全方位智能交通解决方案措施获得准确数据信息，而且可以节省大量管理成本，而且会使管理更加高效、灵活。深圳试点的智慧交通解决方案，从日常道路智能疏导、智慧停车到违法智能识别、事故远程精准定责，再到善后环节智能语音交互，不仅使原来难以解决的交通管理难题有了新解决之道，整个城市交通状况与城市环境风貌也有了明显改观。

（三）《数字交通发展规划纲要》

2019 年 7 月 25 日，交通运输部印发《数字交通发展规划纲要》，提出以“数据链”为主线，构建七大数字交通体系：数字化采集体系、网络化传输体系、智能化应用体系、产业生态体系、网络和数据安全体系、标准体系、支撑保障体系，加快交通运输信息化向数字化、网络化、智能化发展，为交通强国建设提供支撑。

《数字交通发展规划纲要》确定的发展目标为：到 2025 年，我国将基本形成数字化采集体系和网络化传输体系，实现出行信息服务全程覆盖、物流服务平台化和一体化进入新阶段，交通运输成为北斗导航的民用主行业，5G 等公网和新一代卫星通信系统初步实现行业应用。到 2035 年，我国将实现交通基础设施全要素、全周期数字化，基本形成天地一体交通控制网，广泛应用按需获取即时出行服务，成为数字交通领域国际标准主要制订者或参与者，数字交通产业整体竞争力全球领先。

《数字交通发展规划纲要》提出构建七大数字交通体系。

构建数字化采集体系方面，推动交通基础设施规划、设计、建造、养护、运行管理等全要素、全周期数字化，推动铁路、公路、水路领域重点路段、航段以及桥隧、互通枢纽、船闸等重要节点交通感知网络覆盖，推动载运工具、作业装备智能化。

构建网络化传输体系方面，要促进交通专网与“天网”“公网”深度融合，推进车联网、5G、卫星通信信息网络等部署应用，完善全国高速公路通信信息网络，基本形成多网深度融合发展的交通信息通信网络，提供广覆盖、低延时、高可靠、大带宽的网络通信服务。

构建智能化应用体系方面，鼓励平台型企业深化多源数据融合，整合线上和线下资源，鼓励各类交通运输客票系统充分开放接入，打造数字化出行助手，大力发展“互联网＋”高效物流新模式、新业态，加快实现物流活动全过程的数字化，完善国家综合交通运输信息平台，提高决策支持、安全应急、指挥调度、监管执法、政务服务、节能环保等领域的大数据运用水平，实现精确分析、精准管控、精细管理和精心服务。

培育产业生态体系方面，构建强强联合、优势互补、高效适配的协同创新体系，加快北斗导航、卫星通信、高分辨率对地观测等技术行业应用，鼓励建立协同创新产业联盟，积极开展产业化应用示范，促进各类主体合作，打造具有国际竞争力的产业生态体系。

健全网络和数据安全体系方面，贯彻落实《中华人民共和国网络安全法》以及国家关于数据安全的要求，落实各级交通运输管理部门及相关机构的网络安全职责，健全信息通报、监测预警、应急处置、预案管理等工作机制，建立专家库。

完善标准体系方面，加快完善面向数字交通应用的交通基础设施工程建设标准，推动信息基础设施与交通基础设施同步规划、同步设计、同步建设、同步运维。按照交通运输信息化标准体系，持续完善相关标准。

完善支撑保障体系方面，探索有利于数字交通创新发展的行业监管模式，推动完善相关法律法规体系，在规范发展、安全发展前提下，营造有利于创新发展的政策环境，多渠道筹措资金，开展区域性数字交通综合试点，系统开展数字交通发展配套政策研究，建立跨领域、多层次人才培养体系。

第三节　金融业数字化

随着现代数字技术的快速发展，数字技术渗透到我们日常生产生活的方方面面，尤其是其与金融业的融合发展非常迅速，给人们生产生活带来诸多便利。数字金融是金融与科技融合的高级发展阶段，是金融创新和金融科技的发展方向。

一、数字金融内涵与发展

数字金融是互联网技术与金融的渗透与融合。这不是一个简单的“互联网金融”，而是一个新兴领域，将金融业精神与Internet技术相结合，将Internet的“开放、平等、合作与共享”精神注入具有新兴功能、新技术的传统金融业中，是一种新平台、新模式和新格式。《中国数字金融创新发展报告（2021）》认为，数字金融在金融数据和数字技术双轮驱动下，金融业要素资源实现网络化共享、集约化整合、精准化匹配，进入英国经济学家卡萝塔·佩雷丝“技术—经济范式”金融与经济协同发展阶段，实现金融高质量发展，推动数字经济和实体经济融合。

金融天然具有科技属性，我国高度重视金融与科技融合共生。从早年金融电子化、互联网化到近年互联网金融、金融科技，数字金融发展呈现螺旋式的上升态势。2014 年 3 月，《政府工作报告》第一次提出“互联网金融”；2015 年 7 月，中国人民银行等印发《关于促进互联网金融健康发展的指导意见》，加强对六类业态监管。2016 年 4 月，党中央、国务院部署开展互联网金融风险专项整治工作。2019 年 8 月，央行印发《金融科技（FinTech）发展规划（2019～2021 年）》，构建金融科技“四梁八柱”顶层设计，明确金融科技发展方向和任务、路径和边界。2020 年年初，面对突如其来的疫情，“非接触银行”等服务模式兴起，助力疫情防控和经济社会恢复。2020 年 11 月开始，我国加强对金融科技监管，加大反垄断和反不正当竞争力度。

我国数字金融在用户规模、应用场景等方面领先全球。究其原因，我国数字金融之所以快速崛起，其背后决定力量是数字经济的蓬勃发展。1994 年，我国正式接入国际互联网，进入互联网时代。近年来，我国数字经济增长速度十分迅猛，与国民经济和社会发展各领域融合广度和深度不断拓展，一方面不断激发消费、拉动投资、扩大出口、创造就业，在高速发展中发挥重要作用；另一方面，催生与聚合各类创新要素，为传统产业、行业注入新生机和活力，成为高质量发展重要驱动。中国信通院发布报告显示，2020 年我国数字经济规模达到 39.2 万亿元，占 GDP 比重达 38.6%，位居世界第二。数字经济是落实国家重大战略关键力量，对实施创新驱动发展战略、构建“双循环”新发展格局具有重要意义。

经济兴则金融兴，数字经济发展为数字金融发展创造了良好条件，也提出了新要求。金融活则经济活，发展数字金融为数字经济发展提供了强大支持。如果说数字经济已经成为我们这个时代的“飞轮”，那么数字金融则是数字经济这个“飞轮”的飞轮。从 2014 年着手准备到目前全国在“10+1”地区和场景试点测试，我国较早启动法定数字货币即数字人民币（e-CNY）研发，逐步实现法定货币的电子化和数字化，将更好地满足数字经济发展对货币和支付体系更高要求。而互联网和信息科技蓬勃发展，金融基础设施不断完善，为数字金融全面发展奠定了坚实的技术基础。

发展数字金融，关键在金融业。“十四五”规划要求，“稳妥发展金融科技，加快推进金融机构数字化转型。”金融业要破除数字金融发展体制机制障碍，以金融科技子公司、直销银行子公司、理财子公司等设立为契机，探索更加市场化公司治理、薪酬激励等机制，明确数字金融发展方向和重点，加大对数字金融投入和人才培养，全面推进数字化转型，努力成为数字金融发展的主力军。

二、金融业数字化转型面临的挑战

就国内金融企业而言，以后几乎所有客户都将在线上交互。如果说之前部分金融业者仍将数字化转型停留在喊口号阶段，那么经历过疫情后，大家对数字化转型需求更加急迫了。面对巨量数据涌入，金融业将很快直面一个四重新局：重定规则、重组组织、重造产品、重构业务。

中国金融企业已经感觉到数据处理能力严重不足，所以一直试图以数字化转型为契机推进处理能力提升，很多企业也投入了真金白银，但成效甚微。中国 70%～80% 金融企业领导理解数字化转型存在偏差，例如，数字化与数字化转型偏差、数字化转型与企业创新偏差、转型与第二曲线偏差。

目前，金融企业数字化转型操作大致是这样：领导提出数字化转型要求，提出一堆无法拼装成一个整体的数字化转型单列目标；企业成立数字化转型类办公室，下达一堆任务；IT 部门斥巨资购买或自建各类“中台”系统，针对一部分业务实现“新”的敏捷开发；最后就某个业务或产品做一个数字化示范工程案例，作为企业数字化转型重大成果上报。这样，企业数字化转型似乎大功告成了。

对于巨量线上客户而言，这种数字化转型并没有给他们带来更好的、进步性的服务体验，他们与金融企业连接状态没有改变。对企业而言，这种变革也没有创造出新商业模式与运营模式。这是中国金融企业最常见数字化转型中令人失望的样本。其根源不在于员工没有充分投入其中，在于企业核心决策层一开始就对企业数字化转型存在认知偏差。

一般来说，企业数字化转型涉及以下内容：建立企业的数字化基础及升级机制；以企业的核心业务为对象；建立在数字业务流程、数字支持流程之上的模式；对企业业务、组织等重新再定义的系统工程；对企业人员再定义的重组过程；会导致企业实现新的商业模式；将赋予企业赢在明天的能力。

除了整体认知偏差外，国内很多金融企业在战术上、操作层面上，没有从客户体验着手，没有落实真实客户经营理念，严重滞后于数字化网络线上触点第一优先时代要求。数字化转型在企业中的执行，是要由外（客户）而内（组织）的。

三、金融业数字化典型案例

作为全国性股份制商业银行，华夏银行近年来数字化转型加速推进，数字化营收也逐年增长，2020年该行数字化业务实现经济利润48.4亿元。

（一）华夏银行在金融科技应用取得的成果

“十三五”时期，华夏银行顺应以大数据、云平台、移动、互联、智能为特征技术变革趋势，确立实施金融科技发展战略，立足“创新引领、数据驱动、智能转型、安全运行、效率提升”五大发展目标，实施22项重点工程和108项基础性工作，进一步夯实金融科技基础，提升金融科技应用水平。

1. 创新引领。构建起以生物识别技术库、区块链和数字技术研究储备、云原生开发平台、混合云、手机银行5.0、产业数字金融平台为代表的创新体系，配套建立金融科技创新基金、金融科技创新风险准备金等创新保障机制，创新孵化、试错容错和创新奖励机制不断健全。成立龙盈智达科技公司，科技人员数量达到初期的2.5倍，科技人才队伍进一步强化。搭建全行金融科技产品超市，总分联动、内外融合、全员参与的科技创新活力得以激发。规划开放银行广为开放的架构体系和两端部署的技术路线，启动申设具备产业生态特色的直销银行，推进产业数字金融科技平台建设，初步确立了契合华夏银行定位的数字金融发展新路。

2. 数据驱动。建设涵盖内外部数据的大数据基础平台，整合1.6亿内外客户数据，连接工商、征信、税务等22个外部数据源，生成5000余个客户标签，建立覆盖100多万家的企业关联图谱。制定实施大数据治理、管理与应用两年行动方案，推动全行数据标准化和数据质量提升。面向精准营销、智能风控、经营管理和监管合规四大主题，研发应用数十个数据分析模型，不断深化数据应用创新，推动线上贷款自动化授信决策和大数据风险监测预警，开展数字化授信和数字化智能风控核心技术攻关，数据应用效能逐步释放。

3. 智能转型。基于企业级定位的AI平台，构建具备“感知+认知”能力的智能化应用体系，上线智能客服、智能投顾、智能反欺诈等智能化应用：智能客服机器人，外呼业务机器替代率达到80%；智能投顾，实现客户资产智能化配置和个性化推介；智能反欺诈，每年拦截风险交易超过5万笔；机器人流程自动化（RPA）技术应用场景不断延伸，每年为全行节省6.5万工时；智能运维保持领先，故障定位自动化率、投产自动化率达到同业先进水平；网点智能化转型加快推进，离柜率超过90%，超过1500名一线运营人员向营销服务转型，人力成本实现有效削减，人才结构进一步优化。

4. 安全运行。华夏银行建设云数据中心，80%以上应用系统实现云端部署，系统弹性扩充能力进一步增强，信息系统业务连续性水平进一步提高，信息系统可用率水平保持在99.9%以上，其中重要系统可用率保持100%。强化安全运营保障能力，打造统一安全预警、态势分析、风险定位及响应处置智能平台，实现外部威胁自动发现和分钟级快速处置。建立蓝红攻防演练机制，积极参加国家和地区举办的网络安全演习、演练和竞赛，获得2020年公安部“网鼎杯”网络安全攻防大赛金融行业第二名、2020年北京市重大网络安全事件应急演练一等奖。自主建设云原生基础开发平台，全面重写核心系统底层代码，信息系统自主掌控水平不断提升。

5. 效率提升。开展信息科技项目全流程优化，科技产能效能进一步提升，需求投产数量近两年实现连续翻番。确立项目级敏捷和项目群敏捷方法框架，开展敏捷研发试点，全面提升科技研发速度，启动组织级敏捷转型，加快金融科技提速见效。上线员工移动平台，服务全行3万余名员工；推广远程开发、测试、投产和居家客服，对疫情期间远程协作、复工复产发挥重要作用；推行企业预约开户等48项线上服务，让“数据多跑路、客户少跑腿”。

（二）华夏银行金融科技应用带来的成效

1. 业务创新方面，作为国内首家由工业企业发起的商业银行，华夏银行积极推动供应链金融线上化和产业金融数字化，服务核心上下游企业，助力产业链、供应链稳定。截至2021年一季度末，华夏银行在北京、深圳、南京、昆明、沈阳、苏州6家分行落地300余笔无追索权再保理线上化业务，累计放款金额近5亿元；试点产业数字金融项目14个。此外，华夏银行加强与行业系统对接合作，拓展金融服务场景生态，在全国性股份制银行中，首家承办人民银行纪念币预约发行业务，首批实现与交通运输部路网中心ETC系统“总对总”互联；深耕国家战略区域，服务社会民生建设，如积极参与第三代社保卡发卡，与北京市医保局合作建设长期护理保险系统，成为北京地区独家代理行。

2. 产品创新方面，华夏银行扩展账户管理层级，基于核心系统10级虚拟账户体系，上线“企悦财资管家”现金管理平台，服务交通运输、批发、零售、外贸等10余个行业526家企业，协助客户管理资金规模达到326.11亿元。基于敏捷、复用、共享理念，搭建分行特色业务云平台，打造金融科技产品超市，支持便民缴费等10余类业务场景，年交易规模达到千亿量级。

3. 服务创新方面，加快网点智能化转型，建设网点运营转型实验室，加大智能柜台布放力度，推动柜面业务自助化办理。华夏银行引入生物识别、RPA等新技术，重构运营作业流程，缩短客户交易时长，提升业务办理效率。加强线上渠道整合迁移，主要电子渠道交易替代率达到98.21%。全面升级手机银行5.0，丰富153项产品功能，不断提升客户满意度。

（三）华夏银行支持科创企业发展经验

当今世界正处于百年未有之大变局，国内国际形势复杂多变、新一轮科技革命和产业变革加速演进。在此背景下，国家提出构建“双循环”新发展格局，深入实施创新驱动发展和加快推进数字化转型战略，将“科技自立自强”列为战略支撑。科创企业在国家经济体系中具有重要作用，是国家创新能力的载体，是经济转型升级的动力，也是应对外部冲击和风险的“压舱石”。

1. 完善体制机制，构建科技金融服务体系。在总分行改建增设普惠金融服务机构，对科创企业实施相对独立信贷计划、资本计量、业绩核算、风险政策、授信审批和拨备核销等专项机制。成立中关村管理部，构建以机构设置创新、客户定位创新、信贷管理创新、考核机制创新、服务模式创新、金融产品创新为核心“六大创新”体系，全面加强和提升对科创型企业的金融服务。

2. 利用数字技术，创设产业数字金融新模式。充分发挥全国性股份制银行优势，以数字资产为基础，应用数字化技术，充分挖掘数据价值，使用算法模型生成企业数字信用评级，以整个供应链整体价值为依托形成数字担保，为链上所有企业提供不依赖于核心企业“去中心化”金融服务。

3. 量身打造专属产品，精准支持科创企业。聚焦软件和信息服务等高精尖产业领域，根据科创企业不同发展阶段，推出“创业易贷”“高新易贷”“知识产权贷”等特色产品。同时，针对科创制造业客户中长期融资需求，推出实现“无还本续贷”、最长融资期限可达5年年审制贷款产品，助力企业健康成长。为响应国家创新驱动发展战略，支持北京建设全国科技和文化中心，华夏银行投资全国首单知识产权资产证券化产品——“文科租赁一期资产支持专项计划”，助力首都科创、文创产业发展。

4. 多措并举优化流程，提升金融服务能力。华夏银行以中关村管理部为载体，突出专业专营特色，制定中关村科技企业专项信贷额度，设立专属绿色通道，以点带面带动全行科技金融业务发展，提升对科创小微企业服务能力。

（四）华夏银行发展科技金融规划

“十四五”时期，华夏银行将继续推动科技金融服务，加大科创企业融资支持力度，支持科技创新战略具体落地。

1. 推动产业数字金融生态建设。推进产业数字金融落地实施，加强与科创企业共融共建，按照“场景在前、金融在后”模式，拓展结算、融资、财资、现金管理等服务应用场景，延伸交易链和服务链，实现场景与服务融合。同时，强化平台开放，基于产业数字金融科技平台，连通产业客户、政府、科技公司、金融机构等利益方，形成合作共赢的生态圈，支持产业数字化转型升级。

2. 加大科创企业融资支持力度。华夏银行将发挥“商行＋投行”业务优势，围绕科创企业全生命周期金融需求提供“一站式”金融服务；完善统筹协调机制，围绕创新企业、创新人才、创新平台、创新园区、创新项目等提供全方位金融支持；加大资源保障，给予专项贷款额度和风险资产支持，助力科创企业降低融资成本。

3. 打造科技金融服务品牌。聚焦科创企业，持续进行金融产品及模式创新，推出科技信贷新产品，进一步推广信用贷款、知识产权质押贷款、应收账款质押贷款。探索资产管理新模式，发挥银行系理财资金优势，带动社会资本发起设立科创基金，发行主题理财产品。推广科技投行新业务，积极承销碳中和债、双创债等创新型债务融资工具，积极开展知识产权、科技物业资产证券化等创新业务。

四、金融业数字化风险监管

发展数字金融，还要加强和改善金融监管。金融管理部门要强化监管科技运用和金融创新风险评估，探索建立创新产品纠偏和暂停机制，引导数字金融以服务实体经济为本源，确保数字金融行稳致远。

金融机构是经营风险的企业，对风险进行识别、衡量、防范和定价的能力是金融企业核心竞争力。金融企业在发展科创金融、支撑业务转型升级过程中，重点转变风控理念，利用数字技术，解决行业和周期性风险控制问题。

（一）优化风险评价理念，创新融资审批模式

逐步建立财务因素与非财务因素并重的科创企业风险评价理念。在客户准入及信贷审批环节，合理考量企业技术、人才、商业模式等非财务因素，适度支持符合产业政策支持方向、享受特殊进出口退税政策等高新技术企业。审批模式上，由过去审客户、审财务数据向审模型、审算法、定阈值转变；由单一客户审批向数字化客户评级分类基础上的批量客户审批转变。

（二）建立风险分担机制，扩展多元风险缓释方式

针对科创企业轻资产的现实情况，首先，对接政府风险补偿及补贴政策，加大与政策性担保机构的合作力度；其次，综合运用应收账款质押、股权质押、知识产权质押等多种风险缓释方式，缓解缺乏抵质押物带来的融资困难。

（三）基于数据要素和数字技术，提升数字化风控能力

传统信贷关注的担保品通常是看得见、摸得着的有形物件，其价值可以得到精确计量。数字担保能力来源于以数据为基础的算法模型，对担保能力衡量实质上是对数据准确性、算法模型可靠度衡量。通过供应链体系内交易数据和外部多维数据进行交叉验证，对客户进行数字评级，推动实现用算法和模型解决供应链群体授信问题，提升风险管控能力。

第四节　城市治理数字化

已有研究表明，我国城市化仍将快速发展。随着城市化发展，城市高效管理就显得十分重要。伴随着城市化不断发展，相关问题接踵而来，如交通拥挤、环境破坏、住房紧缺、能源不足等。智慧城市建设，智能高效地保持城市运行，并提供便捷有效服务，让人民过上高质量、高水平、高品质生活。城市是人们生产生活非常重要的区域之一，城市治理现代化是国家治理现代化的重要内容。随着现代数字技术的快速发展，加快数字技术向城市治理渗透，有助于推进城市数字化转型，积极构建数字化城市治理体系与治理能力，是未来重塑城市核心竞争力、加快推进城市治理现代化的关键所在。

一、城市治理数字化内涵

20 世纪 90 年代，我国开始城市治理现代化与数字化转型，随着现代数字技术的飞速发展，数字技术逐渐渗透到城市发展与治理的方方面面。在国家统一规划与各地因地制宜发展的相互作用下，我国城市治理正在从量变到质变的数字化转型。

城市治理数字化就是利用现代数字技术实现其与城市治理体系有机融合发展的过程：数字技术体系直接运用于城市治理的相关要素和环节中，全方位赋能城市治理；运用数字技术体系建构新型城市技术生态，优化城市治理体系，提升城市治理效率。运用大数据、云计算、区块链、AI 等数字技术创新城市管理手段、模式、理念，从数字化到智能化再到智慧化，让城市更聪明、更智慧，加快推进城市治理体系和治理能力现代化。现代城市治理不但要为居民提供一般公共产品与服务，而且要与时俱进不断满足居民多样化、个性化需求，不断提升城市居民的获得感、幸福感、安全感。

城市治理数字化基础是公共治理活动数据化。城市治理数字化主要是运用大数据、云计算、区块链、AI 等技术优化重塑传统治理流程、组织结构、运行机制等。城市治理主体可以非常精准掌握不同区域、群体、个体的治理需求与动态变化，优化配置公共资源与服务流程，实现智能化城市治理。

目前，很多地方政府部门也陆续出台了相关数字化改革方案，在城市治理场景中积极运用数字技术，将现代数字技术融入传统治理工具中。积极运用政策工具，通过政府治理数字化转型带动其他部门、其他治理主体治理数字化，实现政府、社会组织、企业和居民等多元主体都参与到城市治理数字化改革进程中，共同提升城市治理质量和水平。

城市治理数字化改革不是仅对已有治理形态进行简单加减法。数据驱动要以数据为要素、技术为载体，运用大数据、AI等数字技术，通过“数据业务化”全面优化组织架构、人员配置、内部沟通方式等。数字化发展过程中，政府需要为多元治理主体共同参与数字化改革提供基础性规则：数据获取范围、数据权属、数据流通等数据治理相关规则，以及数字基础设施和数字治理应用的开发、运营、升级等一系列规则体系。让城市更智慧、让生活更美好、不断提升居民的获得感、幸福感、安全感才是城市治理数字化所追求的目标。

2021年1月，上海市委、市政府公布了《关于全面推进上海城市数字化转型的意见》，率先提出要坚持整体性转变、全方位赋能和革命性重塑，推动经济、生活和治理三个方面全面数字化转型。近年来，从“一网通办”“一网通管”，到率先建成“双千兆第一城”、荣获世界“智慧城市大奖”，再到全面数字化转型，上海充分发挥城市发展数字化、网络化、智能化积极作用，全面构建数字时代城市治理现代化生态。

二、城市治理数字化要预防三种倾向

（一）防止技术中心主义倾向

城市治理数字化一般注重精准化、精细化，另外，数字技术设计本身的高门槛性，城市治理数字化实际操作过程中很容易出现过分依赖技术及依靠技术人员现象。在充分重视和运用数字技术、充分尊重技术人员的前提下，避免数字技术中心主义倾向，积极鼓励相关主体参与数字化城市治理。

（二）防止资本中心主义倾向

市场经济中企业是推动数字技术发展和应用的重要主体之一，也是数字化城市治理的重要参与者。但在本质上企业是要盈利的，企业重要目标之一就是利润最大化，因此，在数字化城市治理中要处理好企业资本逻辑与城市治理公共逻辑两者之间的关系，要切实实现以人民为中心的城市治理理念。

（三）防止国家中心主义倾向

政府科学管理城市只是城市治理的重要组成部分，与此同时，要积极鼓励社会、市场、居民等其他主体参与城市数字化治理。数字化转型背景下，各级政府要不断创新、发展相关法律、法规与规则，坚持以人民为中心的理念来实现城市治理数字化，而不是基于国家行政管理逻辑来实施数字化城市治理。

从20世纪90年代开始，中国城市治理就受到数字技术革命的冲击，而目前国内城市主要处于工业化时期，其城市治理体系体现的是工业化城市治理规律。而进入数字经济时代，城市治理形态将发生整体性变化，工业化条件下如何实现城市治理体系数字化转型，就成为数字城市建设的重要内容。

数字化城市治理转型，其实质上就是如何实现现代数字技术体系与城市治理体系的深度融合，其前提在于科学运用数字技术来为城市治理赋能，而在城市治理中运用数字技术的核心在于构建整体数字治理技术体系。城市治理数字技术体系不但建构了整体城市治理生态，而且也是直接技术要素与手段运用于城市治理不同具体领域，变革城市治理具体流程和模式。

三、城市治理数字化基础设施：智慧城市新型基础设施建设

（一）智慧城市新基建建设背景

1. 城市化进程加速。

随着城市化进程的加速，城市人口不断增加，城市面临着交通拥堵、资源紧缺、环境污染等问

题。为了解决这些问题，需要加强城市基础设施建设，提高城市交通效率、资源利用率和环境保护水平。

2. 信息技术发展。

随着信息技术的快速发展，移动互联网、物联网、云计算等新一代信息技术不断涌现，为智慧城市建设提供了技术保障。这些技术应用可以提高城市管理效率和服务质量，实现可持续发展。

3. 政策支持。

职能部门对智慧城市建设给予了大力支持，出台了一系列政策文件，推动智慧城市建设发展。例如，出台了《关于加快推进新型基础设施建设的指导意见》，明确提出要加快建设新型基础设施，为智慧城市建设提供了政策保障。

4. 市场需求。

随着人们生活水平的提高，对城市管理、公共服务等方面需求也不断提高。智慧城市新基建建设可以满足人们需求，提高城市生活质量和幸福感。

（二）智慧城市新基建需求分析

1. 城市基础设施建设需求。

随着城市化进程的加快，城市基础设施建设需求越来越大。智慧城市新基建建设需要满足城市基础设施建设需求，提高城市基础设施智能化水平，提高城市交通效率、资源利用率和环境保护水平。

2. 公共服务需求。

随着人们生活水平的提高，对公共服务需求不断提高。智慧城市新基建建设需要满足公共服务需求，提高公共服务效率和质量，提高城市居民幸福感和满意度。

3. 城市管理需求。

城市管理是智慧城市新基建的重要应用领域之一。智慧城市新基建建设需要满足城市管理需求，提高城市管理智能化水平，提高城市管理效率和质量。

4. 产业发展需求。

智慧城市新基建建设需要满足产业发展需求，推动产业升级和转型，促进经济发展。

5. 网络安全需求。

随着信息技术的快速发展，网络安全问题也日益突出。智慧城市新基建建设需要满足网络安全需求，保障城市信息系统安全稳定运行。

（三）智慧城市新基建信息基础设施建设

1. 5G 网络设施规模化部署。

5G 网络作为新一代移动通信技术，具有高速率、低时延、大连接等特点，可以为智慧城市提供强大网络支撑。需要大规模部署 5G 网络设施，实现城市各区域、各行业的全面覆盖，满足智慧城市对高速、稳定、安全的网络需求。

2. 千兆光纤网络设施升级。

光纤网络具有传输速度快、传输距离远、抗干扰能力强等优点，是智慧城市信息传输的重要通道。需要对现有光纤网络设施进行升级，推广千兆光纤网络设施，提高网络传输速度和质量。

3. 骨干网互联节点设施扩容建设。

骨干网是城市信息网络核心，承载着大量数据流量。需要对骨干网互联节点设施进行扩容建设，提高网络带宽和数据处理能力，满足智慧城市不断增长数据传输需求。

4. 新型网络设施建设。

包括城市通信网、车联网、位置网、能源网等新型网络设施建设，这些网络设施可为智慧城市提供丰富应用场景和服务。需要根据实际需求，合理规划和建设各种新型网络设施，推动智慧城市与智能网联汽车、智能家居等领域协同发展。

5. 信息安全设施建设。

随着信息技术快速发展和网络应用普及，信息安全问题日益突出。需要加强信息安全设施建设，包括网络安全防护、数据安全保护、身份认证等方面，保障智慧城市信息系统安全稳定运行。

（四）智慧城市新基建融合基础设施建设

1. 智慧社区建设。

智慧社区是智慧城市建设的重要组成部分，包括公共安全、社区治理、环境监测、便民服务等多个方面。需要加强智慧社区建设，通过物联网、大数据等技术手段，提高社区治理智能化水平，为居民提供更加便捷、高效、安全的生活服务。

2. 城市物流信息化。

城市物流信息化是智慧城市建设的重要环节之一，可以提高城市物流效率和便捷性。需要建设城市物流信息化平台，实现物流信息共享和交换，提高物流运输的效率和质量。

3. 智能交通系统建设。

智能交通系统可以提高城市交通效率和安全性，减少交通拥堵和交通事故发生。需要建设智能交通系统，包括智能交通信号灯、智能停车系统、智能车辆监测系统等，实现交通管理智能化和精细化。

4. 公共服务平台建设。

公共服务平台可以为智慧城市提供基础性服务，包括公共安全、环境保护、公共卫生等方面。需要建设公共服务平台，整合各部门的数据和资源，提高服务质量和效率。

5. 城市管网系统建设。

城市管网系统是城市基础设施的重要组成部分，直接关系城市安全和高效运作。需要建设城市管网系统，包括给排水、燃气、电力等管网系统，实现管网系统智能化和远程监控管理。

（五）智慧城市新基建创新基础设施建设

1. 创新型智能管线系统。

传统城市管线系统大多采用人工管理，效率低下且容易出错。创新型智能管线系统通过引入物联网、大数据等技术，实现管线系统全面感知和智能化管理。这种系统可以实时监测管线运行状态，预测和预警潜在问题，提高管线系统的安全性和可靠性。

2. 城市感知系统。

城市感知系统是利用各种传感器和摄像头等设备，实现对城市环境、交通状况、公共安全等方面的实时监测和数据采集。这种系统可以为城市管理提供丰富数据支持，帮助决策者更好地了解城市运行状态，提高城市管理的科学性和精准性。

3. 城市数据平台。

城市数据平台是智慧城市新基建的核心基础设施之一，它可以将各种来源数据进行整合和分析，为城市管理提供决策支持。这种平台需要具备强大数据处理和分析能力，能够处理海量数据，并从中提取有价值信息。

4. 人工智能应用。

人工智能是智慧城市新基建的重要技术之一，它可以为城市管理提供智能化解决方案。例如，可以利用人工智能技术对城市交通数据进行实时分析，预测交通拥堵情况，为交通管理部门提供决策支持。

5. 5G 网络和数据中心。

5G 网络和数据中心是智慧城市新基建的重要基础设施之一，它们可以为智慧城市提供高速、稳定、安全网络连接和数据存储服务。5G 网络可以提供更高传输速度和更低时延，满足智慧城市对高速数据传输需求。数据中心可以提供大规模数据存储和处理能力，为城市管理提供强大的数据支持。

总结与回顾

1. 企业数字化是指将传统业务流程、数据和运营转换为数字形式，以实现更高效、更灵活和更创新的运营方式。

2. 现代信息通信技术不仅有助于促进传统制造业、农业和零售等行业转型升级，而且助推公共服务数字化，提高消费者福利。

3. 数字金融是金融与科技融合的高级发展阶段，是金融创新和金融科技的发展方向。

4. 随着现代数字技术的快速发展，加快数字技术向城市治理渗透，有助于推进城市数字化转型，积极构建数字化城市治理体系与提高治理能力，是未来重塑城市核心竞争力、加快推进城市治理现代化的关键所在。

复习思考

一、名词解释

工业互联网；数字医疗；数字教育；数字交通；数字金融；城市治理数字化

二、简答题

1. 分析数字经济如何助推我国制造业高质量发展？
2. 简述我国数字教育未来发展之路。
3. 简述我国数字医疗创新的发展方向。
4. 谈谈数字交通对我国经济发展的影响。
5. 联系实际谈谈金融业数字化风险如何监管。
6. 联系实际谈谈城市治理数字化的影响。

三、论述题

1. 结合我国制造业发展实际，谈谈我国制造业如何进行数字化转型以便进一步提升其高质量发展水平？
2. 结合我国数字教育、数字医疗、数字交通发展状况，分析三者对我国经济高质量发展的影响。
3. 结合实例谈谈数字教育、数字医疗和数字交通等公共服务数字化对民众生活的影响。

能力拓展

数字经济：为传统企业转型点亮“明灯”

刚刚圆满结束的第十九届中央委员会第五次全体会议提出，要坚定不移地构建制造强国、质量强国、网络强国和数字中国，推进产业基础高级化、产业链现代化，提高经济质量效益和核心竞争力。要改善产业链和供应链的现代化水平，开发战略性新兴产业，加快现代服务产业的发展，统筹推进基础设施建设，加快建设交通强国，推进能源革命，加快数字化发展。

与此相关，证券日报社将于2020年11月20日在北京举办“2020数字经济领航者峰会——数字化转型的红利蓝海”。届时，监管系统、上市公司、拟上市公司、金融机构、中介机构、经济学界的数几百位代表聚集在一起，就数字经济发展的方向性进行协商。

对于传统企业来说，现在可能是最糟糕的时期。2020年疫情突然大暴发，打乱了企业的工作步调以及原有的工作计划，在此期间一些没有及时调转船头的上市公司陷入危机，许多传统产业遭受损失，举步维艰，世界的产业链一度“失序”。

对于传统企业来说，现在可能是数字经济变革的最好的时期，出现了新的生产方法和工作方法。根据著名云通信公司Twilio实施的有关数字传输的对2669名企业干部的调查得知，由于此次疫情流行，全球数字化进程平均推进了5~7年。

在疫情反逼的情况下，企业加速转型的时代里，数字已经不仅仅是一系列冷淡的象征了。数字经济点燃了传统产业的数字变革方针的道路，给中小企业、传统中低端制造业带来了巨大的影响，产生了新的活力。

在现在的环境中，传统的线下行业正在积极地接受变革，在线消费和居家办公的渗透正在加速，生鲜食品的电子商务呈现出盛况，在线教育空前高涨，线上直播接过了线下导购递来的接力棒，旅游行业也搞起了云旅游，电影、博物馆也搬到了线上……

此外，一些传统工厂的工人数量也在悄悄减少，物流行业在大数据的指导下实现了更快的配送，电子商务的销售数据反哺品牌制造商的生产节奏和方向性。

不久的将来，5C时代的无人驾驶和智能医疗将会登场。人工智能和机器人会继承无聊、反复的日常工作。

发生或正在发生的这些故事只不过是数字经济的冰山一角。在5G时代，数字经济会产生更大的波浪，可以打开更大的蓝色海洋。

在这个数字经济领航者峰会上，传统的金融大鳄中国人寿和金融技术企业京东数科聚集在一起。传统能源巨头中石化将与新能源汽车行业的实践者共话未来。Tencent Group、UIDA、QiAnXin等知名企业即将登场，共同期待着数字化转型的红利蓝海。

请根据上述材料回答以下问题：

在数字经济背景下，传统企业应该如何成功转型升级？

第十八章　数字经济治理

任务分析

1. 了解数字经济和社会治理的概念。
2. 掌握数字经济与社会治理之间的关系及治理原则。
3. 掌握政府智慧治理的重要性。
4. 了解政府智慧治理的实现途径和保障措施。
5. 了解企业治理面临的机遇和挑战。
6. 了解社会组织治理的路径选择。

案例导入

“数字经济治理应线上线下一体化。”在首届世界互联网法治论坛上，阿里巴巴集团副总裁、合伙人俞思瑛根据阿里在大数据时代下的治理经验做出了分享，她指出阿里巴巴生态的多元化和复杂性带给治理新的挑战，“数字经济治理应线上线下综合考量系统看待。”如今在阿里巴巴的平台上，每天就有超过3000万件的新发商品，平台的库存商品则有15亿件之多。“数字经济是最好的时代，但同时平台的治理思想与治理能力也面临巨大的挑战。”俞思瑛一开场就向参会的全球多个国家和地区的法官、法学家、企业代表直言不讳。

现场，俞思瑛对数字市场下的“平台”下了一番新定义：在数字经济时代下，平台是一个同时连接生产、消费与服务，线上与线下，信息与实物，供给者与消费者的供应链协作信息枢纽。她介绍了一起阿里联手警方、权利人打击假冒安利商品的案例：“我们对售假网店进行购买鉴定，形成线索向警方报案，警方再根据线上、线下多方线索，对制售假进行线下源头的追踪，最终查到线下营业额1200万元，涉及22个制售假窝点。”“类似案例为我们发现假货和治理假货提供了非常好的经验，当线上线下一体化时，我们是否可以适用统一市场的新规则，而不仅仅是针对线上平台的通知——删除机制。”她表示。

据了解，随着治理体系的升级，以法律契约为纽带，通过技术升级、多方联合治理的数字经济治理，正在成为商业变革和技术创新力量的基石。近些年，先后将刷单组织者、售假者、职业吃货和恶意权利人等诉讼至法院，形成诸多“第一案”，优化网络营商环境，积极推动了我国法治进程。

数字经济时代正在呼唤新的制度结构和治理体系。“任何个案的背后都是复杂的生态和体系，我们需要用生态和系统的视角来看待。”俞思瑛认为，不仅要妥善地、依法依规地处理个案，还要用温度去包容复杂的生态，这也是整个市场创新繁荣的基础。

知识介绍

第一节　社会治理数字化

进入21世纪以来，随着大数据、云计算、AI、区块链、物联网等现代数字技术应用于城市治理、公共事务管理等领域，促进了数字化社会治理进程。但由于多种原因所致，目前国内数字化治理还处于探索阶段，离真正实现数字化治理还有很长的路要走。在社会治理方面，应当依据一定治理原则选择适应我国发展的社会治理方式。

一、数字经济改变社会治理方式

随着现代数字技术与数字经济的飞速发展，社会治理模式也发生了很大变化：从单向治理转为双向互动、从线下变成线上线下融合、从政府监管转向社会协同治理。数字经济发展给社会治理提供了新的机遇，但也面临前所未有的挑战。

现代数字技术的技术属性、社会属性同样具有两面性：一方面，促进生产力快速发展，提高人们的生活品质；另一方面，也会带来风险与挑战。（1）就业风险。现代数字技术对就业的影响比较大，尤其是人工智能的运用，就可能出现机器代替工人的可能。（2）道德伦理风险。如果“算法”被滥用，道德伦理问题就可能很严重。（3）法律风险。如网络暴力风险、个人隐私风险、算法歧视风险、非法移动跟踪风险，及 AI 相关事故原因与追责等法律问题。（4）治理（政府、社会）的风险。数字技术一方面加快了生产力发展，另一方面也可能进一步激化世界不平等、不均衡等结构性矛盾。（5）安全风险。数字经济时代，安全风险最突出的应是数字安全风险，它是数字社会生命线。尤其是大数据、AI 等新技术运用，数据除了是信息记录或传送载体外，更重要的是已成为国家基础性战略资源。

因此，进入数字经济时代，社会治理环境发生了很大变化，给社会治理带来了一系列新问题、新情况，社会治理方式也要与时俱进，与数字经济发展相适应，以便更好地促进数字经济发展。

二、数字经济治理原则

随着数字经济的发展，传统治理模式出现了极大不适应，因此必须探索新的治理模式，新的治理模式应坚持以下原则。

（一）促进创新原则

数字经济是创新经济，反之，数字经济推动创新。线上购物、金融普惠、云存储等都是创新成果，创新是数字经济最显著、最重要的特征。创新带来经济发展和社会进步，也提高了社会总体福利。将来，数字经济要深化发展，必须依靠社会创新。而要培育新模式、新业态，社会治理也要与时俱进，进行创新，探索包容审慎监管：比较熟悉、了解的，要确定监管模式，科学严格管理；一时不太熟悉、有待深入了解的，先观察分析，再确定如何管理；潜在风险很大的，要严格监管，不留隐患；非法经营的，要依法取缔。

（二）主体公平原则

数字经济治理要坚持各主体公平原则，每个群体或者个体都应该享受同样的待遇和福利，不应该有所偏颇。数字经济时代下，越来越多人享受到了公平待遇，为弱势群体提供了更加优质服务。数字经济同样能够充分为小型群体和个人参与经济活动赋予能量。例如，金融普惠为小微企业、年轻人提供同等金融服务；云计算使小微企业和个人拥有同等 IT 基础能力服务；“新制造”能够满足人们个性化定制需求；eWTP 为个人提供了购买各地商品便利。

（三）技术中立原则

平台是数字经济发展的重要载体之一。发展数字经济过程中必须科学划分平台责任，进行平台责任划分不仅有助于平台自身健康发展，也有助于整个数字经济发展。数字经济时代，平台应用十分广泛，其交易可以是正当交易，也可能是非法交易，再加上信息量巨大、交易频繁、信息非对称等大量存在，平台主体无法准确甄别平台上信息和交易是否合法，就无法直接追查平台企业连带责任。因此，为了推动平台企业健康发展，数字经济治理应坚持技术中立原则。

（四）福利最大化原则

数字经济快速发展，使得社会出现了很大变化，带来了新与旧的摩擦和对立，如跨境电商带来传统国际贸易与新型国际贸易的矛盾，大数据带来个人数据保护和共享的矛盾，自动驾驶带来责任划定和传统交通规定等方面的矛盾。在处理这些矛盾、监管困难时，要考虑各方面权益，尽量实现各利益相关方的利益最大化，也就是说，在数字经济时代，社会治理不能单纯考虑某一方的利益，而应从全社会视角实现社会福利最大化。

三、数字经济社会治理面临的挑战

数字经济发展面临着多方面挑战，如信用、数据、自然人的权利、知识产权、反垄断等方面，在这些领域，既有权利冲突，也有监管困境，因此这些也是数字经济社会治理面临的挑战。

（一）信用

从某种意义上说，数字经济是一种信用经济，信用是数字经济的“灵魂”，只有建立科学合理信用体系，数字经济才能健康有序发展。数字经济运行中，相关部门收集大量数据，整理分析这些数据，利用这些数据为相关决策提供依据，其中各方的信用都至关重要，对数字经济发展的重要性不言而喻，尤其是数据提供方。在数字经济社会治理中，信用治理需要注意以下问题：要严格区分硬约束行政处罚与软约束信用惩戒，防止处罚过重或过轻；社会治理与政府治理有效协同，相互监督，推动数字经济健康有序发展。

（二）数据

数据在新时代被作为新的生产资料，是一种新的生产要素。大数据是智能制造、智慧商业、智慧政府、智慧医疗、智慧交通等一切智能数字经济发展基础，大数据为数字经济发展提供动力。数据产生、收集、存储、加工、使用于不同主体，有个人、企业、政府。数据要想发挥最大价值只有被充分利用，最终才能为全社会带来各方面福利。因此，科学治理数据各方面问题是数字经济社会治理的重要组成部分，是数字经济的内在要求。

（三）自然人的权利

数字经济为社会提供了以往所不具备的组织结构和技术手段，如新信用体系、大数据和监管方式变化，为个体参与商业活动提供了便利，降低了商业活动准入门槛，为自然人提供了很多创业、就业机会。首先，线上平台进入门槛低，自然人可以低成本在平台企业申请自己的网店；其次，数字经济时代，自然人可以通过多种途径进行国际贸易。与此同时，工商管理方式和国际贸易准则也要发生相应变化，以便促进其健康发展。

（四）知识产权

数字经济在知识产权领域构建了全国甚至全世界统一大市场，许多知识产品相继在各大平台发布，商品种类极其庞杂，数量巨大，创新产品很多。在这种情况下，著作权、商标权、专利权就很容易遭受到侵害，所以传统管理方式已经不适应数字经济发展，并且在一定地域内特定阶段出现了很多特定历史问题。因此需要制定一系列网络规定，改变以往治理方式，将大数据和协同合作作为主要治理方式，同时呼吁各方各司其职。

（五）反垄断

在反垄断领域，因为数字经济创新速度很快，市场方面也都具有不稳定性和暂时性，数字经济动态变化特征使得现行反垄断规则出现了很大不适应性。同时，数字经济时代出现了不同组织形式——平台，平台具有外部网络性特征，平台规模越大受益越多，也越具有社会价值，因此具有自然垄断趋势，对数字经济反垄断应该区别于传统工业经济。

（六）税收

税收领域，与传统商业形式所创造出来的财富相比，数字经济在网络渗透率、就业人员数、交易数量等方面，并不属于主体地位。现阶段，一方面为了促进数字经济健康快速发展，各级政府在财政上给予很多扶持；另一方面，在税收方面，要避免在税收规则上的一致性。设计数字经济方面的税制与相应税收征收监管时，应做到提高税基、简单透明、促进遵从，税制逐步转向促进数字经济发展的所得税与消费税。

（七）跨国数据流问题

近年来，随着大数据、云计算、物联网等现代数字技术的快速发展，有助于数据跨境转移，也会带来数据跨境流动安全问题。发达国家跨国企业在国际经营中除可获得本企业生产经营产生的数据外，还可能获得相关服务、经济运行及国家安全数据，将大规模数据跨地域存储在全世界各地数据中心，造成安全风险很大。各个国家现在越来越关注跨境数据流动安全性问题，并且有一些国家通过立法方式对跨境数据流动进行管理。

数字经济时代，数据共性、网络整体性以及全球可进入性使得数据主权变得极其重要，让其成为各国对数据、相关技术等进行治理的基础和前提。数据到底是属于谁？数据归属权问题在理论层面上依然存在争议，并没有得到很好解释。

四、治理方式选择

与传统经济相比，数字经济社会治理方式有很大不同，那应该采取怎样的治理方式？数字经济社会中，经济系统相当于一个生态系统，企业、政府、平台、用户等在经济系统中扮演参与者角色，所以应该用协同治理理念治理数字经济，应该形成一种多方共同参与、“去中心化”治理机制，这也可以称为协同治理机制。

（一）多元主体协同治理

现代社会强调多边合作，数字经济是一个生态系统，具有多元参与、“去中心化”的生态化文明，每个经济主体均可以平等地参与数字经济治理中来，其核心是协同治理。随着新经济的发展，传统意义上注重控制、集中单向管理方式逐渐被淘汰，注重协调、多方参与生态式治理方式更加符合时代发展的需要。

协同治理机制就意味着治理主体变得多元化，实现治理主体快速转变，需要调动多元主体积极性。一方面，随着时代发展数字经济发展非常迅速，使得社会需求多样化，同时不断出现新模式、新事物和新问题，实现社会治理多元化，能够有效提高社会效率；另一方面，进入新发展时期后，公众越来越注重个人权利，避免个人权利受到侵害，实现多元主体协同治理可以有效避免社会治理过程中出现的危机，采取这种治理方式有助于社会稳定发展。

（二）依靠数字技术

从技术层面说，无论是政府还是互联网本身，对于数字经济这种新经济形式都没有成功的经验可以借鉴，因此在未来监管和治理过程中应该更加注重利用技术手段，如AI、大数据、云计算、物联网等。以往治理更多的是立法、建立制度，但是技术依然起着十分重要作用，在这方面与传统经济治理存在很大区别。大数据治理是指充分运用大数据、云计算、AI等先进技术，实现治理手段的数字化、智能化。例如，治理城市交通，可利用技术手段获得各地道路交通数据进而分析车流量，为人们实时更新交通情况，可以在很大程度上减少拥堵。购物平台造假等行为，对于平台交易特点，传统商业监管模式存在很大弊端，而利用大数据分析、图片识别技术等方法，可以较好地发现问题并解决问题。

第二节 数字经济下政府智慧治理

据2021年4月25日中国信通院发布的《中国数字经济发展白皮书（2021）》提供的数据，2020年我国数字经济发展迅速，其总规模达到39.2万亿元，占GDP比重达到38.6%，位居世界第二。随着我国数字经济的快速发展，数字经济治理也不断深化，数字化趋势比较明显，政府智慧治理概念被相继提出，政府数字治理日益智慧化、数字化。

一、政府治理走向智慧治理

随着数字经济的发展，大数据存在我们日常生活中的点点滴滴。大数据和相关技术开发利用，给经济社会发展带来巨大影响，也同样给政府治理能力现代化带来新机遇。

（一）数字经济时代对政府治理影响

大数据时代来临对政府自身管理、政府治理方式和职能等方面产生巨大影响。

1. 对政府治理理念影响。

（1）开放意识。“开放”是新时代重要特征之一。新时期，我国不断提出开放政策，将开放作为促进经济发展的重要途径，美国也提出“开放政府”战略，由此看来，世界各国政府都越来越注重开放，注重培养开放意识。（2）包容心态。数字经济时代，国家间包容性也在不断增强，主要体现在国家间数据分界线变得越来越不明确，逐步在世界上实现数据的一体化，数据变得更加开放共享；政府利用多种“社交”平台近距离倾听公众声音，政府与公众之间包容性增强。（3）科学精神。大数据时代，数据越来越多，颗粒度在变小，数据来源变得十分广泛，政府和社会所获得数据更加真实、更加可取，在这种情况下，政府就可以更加高效地进行决策，并且对于决策过程具有可考证依据，大量数据背景下，决策过程不确定性大大降低，带来风险也会减少。在这庞杂数据中，人们更加习惯科学地思考问题。（4）关联的思考。在大数据时代，人们分析或者处理问题都需要具有关联的思维，如人与人的关联、人与物的关联、地理空间的关联等。（5）深度分析。大数据时代人们需要借助数据分析事件，这种分析是深度的、实时的，所分析数据也是极端微小和详细的，这些不同主体信息以不同形式分布在不同平台、不同时间段、不同地理位置，大数据就要不间断地对数据进行分析，找出数据之间的关联性，并总结出规律用于做出各类决策。

2. 对政府治理方式影响。

随着大数据时代的发展，经济发展环境发生变化，政府治理社会环境也在发生变化，那么，政府治理方式也要发生相应变化，以促进数字经济发展。技术进步带来政府治理方式变革，因此，技术变革可以推动政府治理现代化。就政府而言，技术不断变革带来多方面创新，不仅可以创新政府治理手段，也可以创新政府治理机制，最终从根本上改变政府治理方式。(1) 产生政府治理“倍增”效应。信息技术快速发展时代，人们逐渐探索出了数字化治理、网络化治理，政府社会治理核心理念也要转变，要各经济主体协商、合作、达成共同的目标等，以达到对公共事务协同治理，其核心在于权力多元共有以及由此引发结构网络化、主体多元化、过程互动化和方式协调化。因此，把大数据等数字技术运用到政府治理当中可以带来多重好处，如提升政府治理创新水平，带来“倍增”效应。(2) 政府治理模式智能化。智能时代，人们之间合作、任务对接会更加准确，为了适应这种变化，政府必须实现“智能化”，使得整个社会和国家运作成本大幅降低。数字经济时代，获取大量基础数据被相关部门运用技术经过多次分析，最终实现“智能化”政府治理。首先，利用各部门数据技术对政府获取数据进行整合和分析，找出数据之间关联性，发现其中规律，使数据更加智能化；其次，政府在平台公开相关数据，同时利用数据不断更新效绩考核标准，不断提升政府工作人员和 IT 资产效率，从而节省政府行政成本，提高政府竞争力；最后，政府不断将数据应用到舆情监管、网络反腐等公共领域，实现政府管理、政府决策由事后决策转变为事前预警，将海量数据转变为科学决策，提高政府科学决策水平。

3. 对政府社会治理影响。

大数据环境下对政府社会治理影响主要表现在三个方面：(1) 公共决策“社会化”。大数据时代，社交平台飞速发展产生了大量主体社会行为数据，政府利用这些数据进行决策，有助于政府决策的“社会化”，相关部门对获取社会行为数据进行深入分析，也有助于政府决策治理机制社会化创新。(2) 提高政府社会治理社会参与度。大数据背景下政府将以更加开放心态把经济组织、社会组织和居民自治组织等多元治理主体当成“合作伙伴”和解决问题的“决策者”，人人都可以参与到治理队伍当中来，给予多元治理主体广泛参与机会，从而使得多元治理主体参与更加具有实质性，由象征性阶段走向实质性阶段。(3) 应急管理“去危机化”。大数据环境下，政府不断对发生危险小概率事件加大研究力度，能够有效预见危险发生可能性，减少不确定性。

（二）数字经济时代政府治理能力建设面临机遇

随着数字经济快速发展和大数据时代到来，给政府治理提供了不同路径选择，为政府治理能力建设提供了新机遇。

1. 拓展了政府治理主体范围。

从政府治理主体来看，大数据背景下，信息快捷性让社会上更多主体参与到政府治理中来，拓展了政府治理主体范围。政府治理转变为政府机构为主导，并以社会多元治理主体协同治理的公共行政行为。

2. 提升了对政府治理对象科学认知。

大数据背景下，政府很容易获取治理客体真实信息数据，并且数据在不断更新，从而提升了政府对治理对象的科学认知水平。数字经济时代下，快速处理数据能够有效降低政府治理成本和加强对政府治理对象针对性、有序性治理。

3. 提高政府治理透明度。

从政府治理过程看，大数据背景下数据开发与应用促进了政府信息公开，加大了各政府部门之间信息共享和交流合作，为公共领域提供了更加及时有效信息，进一步扩大了公共服务领域范围，让政府工作更加有效率，体现出了便民性，提高了政府治理透明度。政府治理透明化和公开化，构成政府治理能力提升的重要渠道，这也是政府治理能力现代化的一个重要特征。

4. 实现了政府治理智能化。

从政府治理支撑条件看，大数据背景下数据科学性和精确性推动了政府治理智能化。大数据的开发和应用，为政府治理提供了良好技术平台和智慧力量，促进政府治理向智慧化治理转变。

（三）数字经济时代政府治理走向智慧治理

数字经济时代对政府治理影响，以及大数据“智能”化技术手段为提高政府治理能力建设带来了机遇，一种不同以往政府治理模式也应运而生，它彰显了现代科技的理性高度，是将大数据作为政府治理的结果——“智慧治理”。

1. 智慧治理内涵。

智慧治理是指政府在治理过程中，运用大数据、云计算、AI、物联网等数字技术进行感测、分析、整合社会运营核心关键信息，鼓励各经济主体、社会组织与居民广泛参与和协作，并为政府决策和各种社会活动管理做出智能响应，最终建立一个更负责、更可靠、更开放、更透明、更高效的政府。与“信息治理”相比，智能治理显然更为丰富。

“智慧”意味着灵活、迅速、正确地理解和处理事物的能力。数据带来智慧，人在拥有经验和指示的基础上，再不断地吸收社会上产生数据，然后依据这些数据进行判断和选择，这样才产生了智慧。大数据运用是一场“智慧革命”：可以从大量且庞杂数据当中发现知识并创造价值。把大数据技术应用于社会治理实践中，政府就可以构建一个智能化公共事务处理平台，利用这一平台，对社会稀缺资源进行合理配置，以达到最优配置水平，可以最大限度地满足人们关于公共物品和公共服务的需求，也可以对社会秩序进行更加合理治理，使之走向新的和谐局面。

充分吸收大数据之后，有效应用大数据进行，以此来获得知识所必需的工具和技能就是智慧治理的核心。正是由于大数据让政府治理获得了深度挖掘信息和分析事务的能力，因此，它将会推动政府治理精细化转变。

2. 智慧治理特征。

（1）智慧性。智慧治理具有三个方面的智慧性：①政府内部管理智慧性，如政府工作人员通过自我“革命”主动承担起公共责任、得到公民信任，从而为政府工作展开创造了有利条件；②充分发挥居民集体智慧，群众力量是无穷的，他们在社会发展中创造了财富和贡献了力量，智慧治理不是政府反方面治理，而是将社会中公民个体纳入治理当中，让其发挥创造作用；③智能技术提供的自动化和智能化，最典型的就是运用智能技术开发的智能系统，它集合大量智能技术模拟和学习人类思维方式，提高技术自主能力。

（2）参与性。治理并不是某一方单方面参与，它强调的是公私合作，其参与性既包含公众正式参与，也包括非正式参与。事物发展需要公众和平台用户参与，公众可以很容易参与到治理当中来，许多政府部门也充分感受到了公众参与的重要性，因此，在政府网站中都添加了用户参与渠道，十分注重用户参与。

（3）协同性。这个时代，信息和事务繁杂，智慧治理是当代新型治理模式，协调和统筹居于更加重要的地位。智慧治理当中所强调协同对象包括：政府内部各部门、私人企业部门、不同任务小组等。协同目的是调动社会各方力量，不仅包括政府内部力量也包括政府外部力量，一起为了提供更加优质服务而努力，以此提高政府决策效能协同。

（4）责任性。责任是一个政府所必须具备的，任何政府都必须始终将责任挂在肩上，只有负责任的政府才是合格的政府。智慧治理中也要将责任放在首位，必须做到为民众负责。不仅政府要具有责任性，任何主体都应具有责任性，承担自己必须承担的责任，强调公民有义务参与治理，参与过程中应对自己行为负责。

二、政府智慧治理重点任务

大数据、云计算、AI、物联网等数字技术运用与社会治理理念转变要想真正改善政府治理绩效关键在于优化政府治理体制，这样才能使相关技术和理念发挥最大作用。

（一）智慧决策

与以往依靠主观经验决策方式相比，目前决策方式有了很大转变，变成了依靠数据做出决策模式，实现政府治理能力现代化，提高决策科学水平。大数据驱动决策使得政府工作更加高效开放，政府了解到更多事实，并在这个基础上对事件作出判断。目前智慧决策越来越受到各国政府青睐，成为政府治理能力现代化的重要选择。政府智慧治理能力核心要素是决策能力建设。

1. 养成数据决策意识。数字经济时代，决策者要习惯依靠数据做出决策，培养数据决策意识，加强有关部门数据收集、分析和预测。政府决策部门要先对数据进行深入分析和考量，然后再做出决策，只有这样才能充分发挥数据价值。并且在决策过程中，不是主观决策，而是数据决策。如果将主观判断作为主要依据，数据分析结果作为次要辅助，或者只是起到已有决定的支持作用，那么大数据价值就没有体现出来。

2. 建立智慧决策流程。各级政府要按照“科学决策、民主决策、依法决策、优化决策”流程，建立“搜集数据、量化分析、找出数据关联性、做出科学决策”的决策流程，并且通过各政府部门之间信息数据共享，找出各数据之间关联性，通过模型发现事物之间难以观察到的关联性，以便提高决策工作效率，提升政府决策科学性，制订新决策方案，促使政府决策更具科学性和权威性，政府治理过程更加精细化。

3. 建立信息反馈机制。各级政府应用大数据跟踪决策，并建立信息反馈机制，根据决策执行情况、环境变化和公众诉求及时对决策进行调整，充分利用大数据，及时纠偏政策执行误差，提供更切合实际、高效的公共产品与服务。

（二）多元协作

数字经济时代，社会各个主体都可以参与到政府治理当中，并且扮演着重要角色，因为他们是数据产生的重要来源。普通民众可以通过众多社会媒体平台及时了解政府工作安排，并利用这些平台传递自身诉求，政府通过这些平台实时了解公众诉求，以便提升其办事效率。当然，政府治理参与者不仅包括公众也包括市场主体。特别是掌握大量技术大型企业，他们可以利用所掌握技术，帮助政府挖掘、分析和运用有价值信息数据。政府在智慧治理过程中，推动政府数据公开共享，实现政府主导与多元治理主体协同治理格局。

1. 建立多元协作创新模式。构建全社会参与的智慧治理体系，政府起到主导作用，将协会衔接作用充分发挥出来，将连接各方纽带建立起来，促进资源共享。同时，政府运用数据提升居民自治能力。

2. 扩大多元治理主体参与政府决策。政府采取一系列措施吸引社会组织、经济组织和公众参与政府决策，利用多元主体多角度分析和审视，使得发现更多问题、完善更多细节、制订更好方案。同时，政府社会治理充分发挥各类行业协会优势，提升政府决策科学性；与此同时，政府应出台相关行业规范标准，约束行业协会行为，引导其健康发展。

3. 发挥企业大数据开发利用优势。发挥一般企业采集数据和利用大数据优化内部监管程序、精细化管理水平、预测和应对市场的优势，充分利用大数据企业开发和分析、应用数据优势，为政府智慧治理提供技术和数据支撑。

（三）智慧服务

政府智慧治理落脚点是智慧服务。它具有高质量特征，真正做到“以人为本”，有效整合数字技术与政府职能、组织机构、社会治理，提供便捷、优质、高效公共服务，提升公共服务水平。

1. 分析识别居民服务热点需求。政府智慧服务的前提是智慧感知，政府部门应充分利用各大门户网站、搜索引擎、政务微博等信息技术平台，在平台上与社会民众、社会组织和企业双向互动，一方面将政府公共服务内容、程序和范围等公之于众，让公众了解相关信息；另一方面对社会公众反馈回来的信息进行汇集和整理，以了解居民服务热点需求，并通过数据分析，做出科学决策，提供更加高效服务，提高公共服务产品提供效率。各级政府利用大数据技术，可以及时获取不同主体的公共服务需求，不断优化整合资源，提升政府部门工作效率，改进基层政府治理工作，提高公众满意度。

2. 构建智慧服务基础。构建智慧业务平台是智慧服务的基础，向公众提供均等化服务。构建完整、系统和多层次智慧业务平台，整合政府内部与部门之间职能，加强政府部门之间协作，优化政府组织结构与服务流程，在提供服务过程中，整合政府各层级所掌握的数据，并做到依法对外开放，有效简化办事流程，节省双方时间，提高办事效率，对内实现数据共享交换，对外做到参与主体协同服务，提升政府服务效能。

3. 提供智慧评价和智慧监督保障。智慧评价和智慧监督是智慧服务的保障。数字技术发展使公共服务内容容易被公众所获取，人们可以在了解到详细内容后提出反馈意见，提高政府工作效率。为了获得科学评估，政府部门应该实时更新完善政务评价标准和改变监督方式，建立起真正提供高效服务综合监管平台，以提高公共服务质量和水平。

（四）智慧监管

随着大数据、云计算、AI、物联网等数字技术发展有助于创新市场和社会监管方式，为政府智慧监管奠定基础，更好地推动经济社会发展。政府监督市场和社会重要工具是数据监管。

1. 运用现代数字技术提升政府市场监管能力。一般来说，智慧监管平台应该包含以下三个方面因素：（1）建立数据融合中心，将各个部门获得数据进行整理和融合，将这些数据用直观视图的方式展现出来，建立监管目标图像，各个主体可以在平台上获得数据信息，从而逐渐消除监管进程中的信息不对称问题；（2）构建数据分析和应用中心，建立数据分析应用标准、方法和模型体系及技术支撑根据，以业务为导向，围绕分类、分层、定向监管应用构建风险探测模型，实现对区域、行业和类型风险的监测预警，准确找出高风险监管对象，为精准监管提供支撑；（3）要构建业务指挥中心，依据上一步数据分析中心分析出来的结果，将其与不同业务模式和风险类型结合起来，通过科学分析判断，建立指令驱动、半指令驱动和参考驱动的业务指挥体系。

努力打造大数据施政平台，并充分利用此平台加强政府部门治理和监管，帮助工商、质检、专监、税务等政府部门深入挖掘企业数据信息，保证数据真实性，并运用云计算技术对收集到的数据进行研判，获得市场完整信息，将信息完整地录入平台，从而实现对信息的统一管理，及时发现市场监管中出现的问题。同时，利用平台详细划分和整理政府相关部门行政权力，制定行政统一标准，实时监管政府行为每个环节和流程，从而实现网上审批、执法一体化；将政府部门责任清单和负面清单作为公开信息公布在平台上，减少贪腐犯罪事件产生。

2. 运用大数据技术提升政府社会监管能力。将收集人口信息数据进行整合分类，从而实现对基层社会具有针对性的有效管理和动态监控。

（五）智慧应急

各级政府利用大数据技术，应对公共应急事件的应急管理提供更多治理手段。

1. 建设智慧应急管理系统。智慧应急管理系统就是运用具有智慧特征的先进技术与持续创新理念实现智慧型应急管理的一种新复杂系统。智慧应急管理系统关键性技术包括物联网技术、ICT 技术、无线网技术等，这些关键性技术使得智慧应急管理系统相对于其他管理系统具有明显功能性优势。

2. 做好智慧应急情报工作。做好情报工作、强化信息在层级之间传递就十分重要，而应急情报工程化作为应急分析的情报服务新模式，有助于改善复杂应急决策环境。情报工程要重视情报服务自动化、协同化与集成化。智慧应急显著特征就是应急情报工程化。

3. 提升智慧风险预警能力。通过对数据实时监测和深入分析可以发现小概率事件发生的关联，找出其中规律，有效减少社会危机发生的不确定性，在一定程度上规避风险，减少社会危机带来的危害。利用现代信息技术可以对各种风险预警，降低风险发生可能性；将大数据技术应用于食品和药品生产与流通各个环节，以此大幅度降低风险。

4. 加强关联分析。政府利用现代技术对企业相关数据进行深入分析，从而实现对各企业实时监管，以便及时发现问题；利用资源共享和当代提出的开放理念加强风险控制。与此同时，政府在智慧应急中越来越关注公众对于事件的态度，分析公众在微博等社会媒体中关注的热点话题，能够及早发现社会上存在的潜在风险，从而及时寻求解决措施。

第三节　政府智慧治理实现路径和保障措施

政府智慧治理是一个系统工程，需要有正确实现路径和有力保障措施。

一、政府智慧治理实现路径

（一）深化大部制改革

大部制是指大部门体制，它最重要特点是将原本一个部门所管辖权利范围扩大，将原本由几个部门管理相关联事务全部交由一个部门管理，避免工作业务交叉、占用过多行政资源，提高政府工作效率，大幅度降低行政成本。推动大部制改革有利于精简行政程序，更加专注于提供公共服务工作中来，合理地划分政府公共权力。

部门与部门之间信息共享与合作相对于部门内来说存在一定困难，而大部制改革可以促进政府内部协调和整合，一方面关联业务部门可以整合在一个部门内，具有相同层级，将本来各个部门之间事务转变成了一个部门内事务，方便事务处理沟通和协作，大大提高了办事效率；另一方面可以使外部性内在化，将原本部门之间矛盾化解，避免权力冲突，同时简化行政办事手续，节省双方时间，对于部门内沟通和协同起着重要作用。因此，政府目前不断在进行政府组织机构调整和政府流程再造，从而推动智慧治理发展。

（二）完善相关法律法规

随着数字技术发展和资源开放共享，隐私越来越难以得到保护。大数据时代隐私，最主要表现为：数字技术和资源开放程度正在不断扩大，跨越地域和时间，与此同时，隐私地域和时间屏障也在不断被打破。所谓网络虚拟世界也是一个真实世界，每一位用户都拥有自己独立 IP 地址，通过用户 IP 地址就可以获取用户相关信息，这就很容易造成数据窃取。因此，需要对公民信息安全进行立法保护。但是，由于我国在技术发展方面与发达国家存在较大差距，因此信息安全方面工作起步也较晚，目前还在不断探索法律机制。我国现在急需完善相关的法律制度：（1）做好立法工作。立法工作是源头，立法规划部门需要对信息化建设中可能出现或者是已经出现问题进行实时监控并做出预测，并将其纳入法律规定当中。（2）坚持统一立法、单列立法为辅的立法模式，制定一部统一《电子政务法》。（3）解决冲突立法工作。当法律制度不完善时，就很容易看到上下级法律之间、新旧法律之间冲突。修改上级法更新下级法。

（三）完善相关机制

大数据背景下，智慧治理可能还面临一系列问题，相关部门需要进行实时监控，完善相关机制，为进一步提升国家治理能力提供坚实扎实制度基础：（1）专业领导机制。大数据背景下，智慧治理能力得到根本性提高的关键在于领导，要提高领导数字治理能力。要建立健全一支有数字理念又精通数字治理的领导队伍，在国家治理能力建设中起到带头和支撑作用。（2）数据联通和共享机制。充分利用大数据系统与平台实现信息共享互通，了解各部门工作进程，协调推进各部门之间工作，并依照《政府信息公开条例》等相关条例真正做到信息公开，使得各部门之间工作更加透明化，破除部门间沟通障碍，切实提高政府工作效率。（3）“退出”机制。数字经济时代，使得隐私更加难以实现，甚至给国家安全也带来了全新挑战，针对这种情况，一些国际数据巨头如微软、谷歌等都做出了对数据限时销毁承诺，国内相关组织也向外国学习借鉴，采取了相应治理措施，建立相关数据退出机制。

（四）发展信息产业

政府智慧治理实现必须依靠技术发展，有了先进技术，产业才有了稳固根基，智慧治理才能取得进一步发展。要想推动智慧技术产业发展就必须开发新技术，鼓励技术研发，做好知识产权保护工作等。鼓励企业发展也是必不可少，企业一直在引领科技创新步伐，应该创造更好帮助企业研发和创新环境，设置大批奖励基金，奖励在科技创新方面做出重大贡献企业，同时，也要重视产权保护。

（五）鼓励公民参与

相关政府公开数据，做到政务信息公开，才是真正鼓励公民参与。在信息高度发达的互联网时代，政府掌握着社会上大部分信息，在互联网上公开政府公共信息，便于公众更加了解政府，信任政府，培养他们对公共事务参与热情。政府信息中，公共数据作为其中不可忽略一部分，在一定程度上可以推动经济社会发展。（1）政府在媒体平台上公布数据信息，各个主体都可以获取到公共信息，在获取数据之后，主体可以利用这些数据为社会提供一些公共服务；（2）充分利用现代智能技术，以此研发多种服务平台。针对公民不同情况制定不同机制，从而达到鼓励公民参与目的。目前，政府主要在微博、微信等平台上与公众进行政务互动，高效地为公众提供服务。

二、保障措施

（一）加强组织领导

实时政府智慧治理需要领导牵头实施，也就是建立专业领导机制。由省级政府办公厅牵头建立跨地区、跨部门政府智慧治理行动协同推进机制，加大重大问题研究和协调力度，统筹本地政府智慧治理重点任务实施。设立政府智慧治理行动办公室，建立首席信息官（CIO）制度；设立省级政府智慧治理专家委员会，为推进政府智慧治理行动提供决策支持。

（二）增强技术支撑能力

由于大数据迅速发展主要依赖于科学技术，因此技术在智慧治理中居于重要地位。智慧治理模式只有不断发展数字技术才能提高政府治理效能。近些年来，数字技术一直在引领着科技创新，而其自身也在科技创新中取得了极大进步，并且为了社会进步不断推陈出新。其中，最具有代表性的是AI、云计算、物联网和大数据，它们成为政府智慧治理的最重要工具，正是这几项技术的“协作”推动了智慧治理。

推动政府智慧治理行动必要支撑是塑造完整大数据产业链条。当前，政府的工作重点应当为：（1）塑造完整大数据产业链，同时提供大数据平台技术支撑。尤其是要加快推进大数据与物联网、AI、云计算融合发展，加强大数据在政府智慧治理中应用。（2）信息资源共享与融合。例如，贵州省各级政府、各个相关部门打破信息壁垒，实现部门间信息资源共享、业务展开情况互联互通，将数据放在首位，构建了用数据说话、用数据决策、用数据管理、用数据创新的新型管理机制，让相关信息部门将现有数据清理与整合，使得数据信息系统更加全面，利用现有政务信息系统，构建起全面、多层次电子政务平台，从而使得部门间信息交流和业务互联互通更加通畅。

（三）加强业务人员和领导干部培养

智慧治理大环境下，现在掌握的技术对数据分析具有很大局限性，在大数据收集、分析和直观结果呈现方面还存在很大不足，目前还不能广泛地应用数据分析技术，有很多工作人员还不能做到熟悉运用。需要开设一门政府部门专用学习课程，对全体政府工作人员进行集中培训，学习大数据思维和相关技能，使政府人员能够在大数据时代下胜任所安排工作。

政府智慧治理行动是一项涉及多层次、多部门综合工程，在这个过程中需要大量规划、组织、协调、决策、建设、运筹和监管工作贯穿全过程，需要一支多层次、多专业业务人员和领导干部队伍来承担这一系列工作。针对政府智慧治理人才专业跨领域广、复合型强、需求量大的特点探索和推行政府智慧治理业务人员和领导干部培养的模式是业务人员的“政校合作”和“订单式”培养。利用高校、科研院所力量，培养出一批既政治作风过硬，又十分了解大数据的技术复合型人才，并将此类人才调配到政府智慧治理岗位上来，形成一支政府智慧治理大数据分析队伍。各级党校、干部院校在教育培训之中融入政府智慧治理内容，强化领导干部大数据思维，培养大数据战略眼光和领导政府智慧治理能力。

（四）强化政府信息安全保护

以互联网为主要信息交换渠道电子政务，一方面，正是由于大数据不能碎片化存储，必须集中存储和分析，使得数据更加容易被泄露，政府政务中存储的资料很容易被窃取。而政府数据库泄露给政府正常工作带来极大的危害，甚至可能会对社会造成极大冲击。另一方面，由于目前网络安全性较低，政府治理平台很容易受到一些网络黑客攻击，危及政府治理机构信息安全。因此，智慧治理保障措施之一，就是不断加强对政府信息保护，在各个方面保障政府信息安全。为了保障政府智慧治理，需要提供全方位信息安全保护，制定相应的政府信息安全保护策略和完善安全管理机制。（1）实施政府信息安全保护战略。要在当前网络环境下保护政府信息安全，需要从物理安全领域、信息技术、信息安全体系、信息安全意识等方面应用政府信息安全策略，从而全面保护政府信息安全。（2）建立政府信息安全管理机制。利用数字技术，建立起完整的大数据信息安全体系。

第四节　数字经济下企业治理

随着数字经济发展以及市场经济进一步完善，我国企业为了应对种种变化，都相应地采取了一些措施和对策来解决目前企业治理所存在的一些问题。随着数字经济时代到来，我国企业也正在不断转型升级，提高自己信息技术水平，并不断运用数字技术手段，但是在转型过程中也遇到了很多问题，需要企业管理者不断探索解决。为了顺应全球数字经济快速发展趋势，企业管理者就必须建立起适应目前数字经济发展的企业治理新模式。

一、数字经济下企业治理面临的机遇

数字经济时代，企业治理创新主要体现在以下方面：获利渠道、经营范围、发展思路。推动企业不断发展根本动力是企业营业利润，这是企业关注重点；而数字经济发展所带来的信息快速流动，使经营范围和获利渠道产生较大差别，从而提高了企业整体利润。企业所能涉及市场范围扩大，经营现状也发生了极大改变。企业发展思路转变为企业迎接新挑战提供了思路，创造了更多发展机遇，也对企业未来发展起着决定性作用。

（一）获利渠道改变

随着数字技术的快速发展，企业经营发展得到了强有力数据支撑。企业经营发展过程中最为关注的是客户维持度和市场占有率，把握了这两点也就把握了市场主导权。企业运用数字技术分析客户数据，了解客户偏好，精准为客户服务，根据客户需求变化，及时调整其生产经营策略，增强企业市场竞争力，始终在市场竞争中居于有利地位，帮助企业扩大市场占有率。数字经济时代，企业维持客户能力决定了企业客户成交量，企业利润相应发生变化。虽然企业追求的是较高利润，但是在数字经济时代下，科学设立远景目标将会扩大市场占有率，这是企业治理的重点所在。

（二）经营范围改变

传统经济中，企业经营范围受到诸多限制，并且很多企业经营项目比较单一。但是随着数字经济的快速发展，企业经营范围却可以快速拓展，企业经营项目更加多元化，为企业带来前所未有的商机。数字经济发展过程中，可以充分发挥信息通信技术优势，根据市场需求积极探索崭新经营项目，增加企业利润。

（三）发展思路改变

随着现代数字技术的普遍应用，各经济主体不断探索新的发展路径。一方面，出现很多新兴数字产业；另一方面，数字技术与传统产业融合发展，数字产业成为社会经济发展支柱产业。新兴行业的出现推动社会经济发展和社会进步，同时在企业治理方面也引发了大量思考。企业未来发展道路会发生重大变化，逐渐从单一创新模式转变到系统创新模式。相对于传统企业治理创新，数字经济企业治理创新主要是不断创新新技术与新模式等，治理模式发生变化。数字经济时代，企业管理要根据市场需求不断转变发展思路，紧盯市场进行创新。

二、数字经济下企业治理面临的挑战

随着现代数字技术的飞速发展，网络空间无边无际，打破了物理时空限制。物联网、AI、云计算、大数据等技术渗透到人类社会发展的方方面面，具有不断发展进步的趋势，形成了网络空间。网络空间中存在着大量数据信息，信息在网络空间中迅速流动，大大降低了经济社会运行时空成本。网络空间所受到的约束力较小，资源环境限制不是很大，打破了企业间信息边界限制，这就给数字经济下企业治理带来诸多新的挑战。由于网络空间具有全天候运行、跨区域流动、网上网下联动等突出特征，传统各部门分工管理治理模式已经与数字经济发展不相适应，数字经济时代企业治理需要改革和创新。

三、数字经济下企业治理原则

（一）治理主体多元化原则

数字经济治理主体多元化要求治理模式由单向管理向双向互动，由制度约束向协同治理转变，需要建立以企业内部治理为主，中小股东、消费者、社会公众共同参与治理为辅的协同治理格局。企业中小股东治理权利进一步强化，公司外部中消费者成为新兴治理群体，同时加强社会公众对公司治理参与程度。（1）中小股东参与公司治理，完善中小股东保护机制，激励中小股东参与积极性。其主要解决中小股东参与治理能力和动力问题，通过采用信息化技术引入 IT 治理模式，利用视频会议、信息化管理系统保障中小股东对信息知情权，同时利用在线投票、网络意见收集等作为辅助确保中小股东有能力参与到公司治理中。完善公司有关中小股东激励制度，让他们充分发表意见保护自身权益，提高其参与治理积极性。（2）消费者治理力量内部化。数字时代让个性化定制成为企业生产主要方式，关注消费者消费诉求是企业价值创造源头，满足消费者个性化需求是获得企业价值的重要手段。企业需要及时高效地对消费者喜好变化采取措施，因此公司在治理决策时必须能够融入外部消费者意见，这需要提高企业和消费者之间交流沟通能力。建立员工和消费者面对面对接模式，详细了解消费者要求和反馈意见，激励消费者参与到公司内部治理、决策各个阶段。此外，充分利用外界各种社交平台上消费者偏好信息，将市场中碎片化信息转变为公司治理过程中“大数据”，通过数据挖掘、数据分析、用户需求画像等信息化手段深入了解用户需求，以用户需求为目标进行公司治理创新和管理创新，使得传统公司治理更加精准化和效率化。（3）利用社会公众完善治理过程。一方面利用媒体舆论信息作为信息非官方披露渠道，市场并非完全有效，媒体信息尤其是财经媒体关于资本市场信息具有增量效应能够增加公司透明度，作为对公司信息披露一种有效补充。同时，向社会公众树立良好企业形象，公众是公司治理一种强有力外界监督，把公司治理过程曝光于公众视线当中，给予治理者压力。另一方面提高投行、会计事务所等金融机构对公司治理参与程度。相比于企业这些金融机构行为受到监督并且更容易被市场关注，中介机构参与可以为外界投资者提供投资信息，同时能够监督上市公司行为，为公司日常决策、经营活动，投资融资提供判断依据。

（二）比较和竞争优势

经济结构转型过程中转变企业治理模式要综合考虑企业所在地区资源禀赋、地理位置以及企业自身所具有的优势和劣势等指标，运用比较优势理论，让企业在治理过程中找准企业发展定位，帮助企业管理者制订决策，在充分发挥企业比较优势基础上确定企业发展方向和目标，抓住重点进行发展，以此推动产业进一步升级和转型，帮助企业提高自己在市场中的竞争力。

（三）经济效益最大化原则

经济结构转型升级过程中，企业治理要将经济效益作为发展前提，降低成本，企业要充分利用现代数字技术的优势，如大数据、人工智能、云计算、物联网等优势，快速实现企业生产、经营、管理等数字化，提升企业生产、经营、管理效率。数字经济时代，企业治理要追求经济效益最大化，实现低投入、高产出，提高企业生产效率与效益。

（四）社会效益原则

国家和地区发展必须考虑的因素是社会福利最大化，因此不仅仅要提高企业经济效益，也要提高社会效益以提高社会福利。产业转型过程中，企业必须平衡好社会效益和经济效益之间关系，不能为了谋求经济效益而损害社会效益，主要目的是要实现共赢，在平衡状态下才能促进经济和社会可持续发展。

四、数字经济下企业治理路径选择

（一）加快建设数字经济基础设施

为了加快企业数字经济治理，应加快建设数字经济基础设施，为企业数字治理提供基础保障。（1）人工智能所实现的生产自动化和管理现代化工程，充分利用数据技术，使生产基地在“产、供、销”等环节管理实现全面自动化，同时将生产、销售等基地管理各个环节统一起来，构建出统一的网络平台，实现信息共享，打破信息壁垒，全面提高企业生产效率。（2）信息网络基础设施建设。为了保证企业间互联互通，建立企业间数字通信网络，实现企业集团各子公司和母公司之间信息共享和传递。（3）加快建设计算机信息网络。建立企业集团总部和子公司的连接。（4）加快建设管理信息系统。重点建设电子公文传输、经济管理、党企事务公开、企业行政审批、应急数字神经应急系统、统计审计、培训教育等管理信息系统。

（二）充分发挥数字媒体治理水平

首先，确定自己管理重点。第一，加快建设企业财务数字媒体治理。政府部门要充分发挥在接口方面的作用，为了让软件设计更加全面，软件应用和开发企业应该加大沟通力度。当前，财务管理方面企业还存在很多问题，这些问题的存在直接影响企业持续健康发展，甚至容易产生腐败和犯罪。企业在管理过程中应该充分应用数字技术手段消除影响企业发展的人为制约因素，制订出利于企业管理软件程序，将企业治理制度和规程都纳入其中，让企业每个人必须遵守规章制度，通过这种硬性约束，将人为隐患扼杀在摇篮里。第二，做好物资管理工作。第三，做好企业人力资源管理。企业应该根据自身实际情况确定合理定编标准，更加合理确定岗位数和职工人数，实现资源最优配置，避免出现浪费现象。建立激励和竞争机制，干部实行聘任制，通过公开考核方式，对应聘人员进行全面考核，择优上岗，实行合理劳动组合，形成动态管理。其次，将经验升华为技术。世界500强成功的原因有很大差别，但调查发现其中存在共性：将经验升华为技术。

（三）完善知识人才激励和保障机制

知识是数字经济中最宝贵资源，人是知识载体，企业治理过程中需要充分重视人力资本地位，摆正创新型知识人才在治理链条中位置，激发人的创新和创造力，确保创新人才思维价值自由转化和流动，保障知识人才权利。首先是对知识人才激励，给予他们控制权，保证人才利益和公司利益一致性，让他们在公司决策、资源配置、利润分配等方面拥有绝对控制权，才能明确“智力资本”在企业资本运营中的重要地位，体现对“人”的重视程度。引入合伙人制度是目前大多数互联网企业采用的企业治理模式，是在数字经济时代权衡企业治理力量中物质和智力关系的一种创新。通过在股东大会、董事会、监事会以外引入企业合伙人，形成股东大会、董事会、经营层及知识员工分权决策企业治理结构，开放、高效、科学决策体制，既能激励合伙人将自己创新思维和想法积极投入企业运作当中，提高企业竞争力，又不稀释资本投入者股权，资金拥有者依旧享有收益权。此外，人才不能仅仅处于管理层，加大对基层员工物质激励，增加员工工作自主性，激发基层员工创造力，知识不是向上灌输而是从下收集而来的，通过所有员工集思广益，才能实现企业治理格局时代变化中快速成长和转变。

第五节　数字经济下社会组织治理

现代社会，社会组织或第三方是社会治理的重要参与者（政府、市场、社会组织）之一，是共建共治共享社会治理制度的重要力量之一。数字经济时代，社会组织治理需要抓住机遇不断优化治理方式，将面临的挑战看作前行的动力，攻克难关，明确社会组织治理原则，选择社会组织治理路径。

一、数字经济下社会组织治理面临的机遇

（一）数字经济有助于治理主体多元化

随着数字技术与数字经济的快速发展，社会组织治理环境发生了很大变化，社会组织治理方式也要顺应数字经济发展进行相应变革，有助于加快构建共建共治共享的多元社会治理体系。传统社会组织治理主要是依靠政府主导的阶层体系，大部分社会组织没有参与进去，参与率较低。但是随着数字技术的发展，越来越多主体实现了信息共享，为了促进数字经济发展，需要社会组织参与数字经济治理进程，给社会组织治理变革带来了机遇。一方面，数字技术发展激发了多元主体活力。互联网、大数据、云计算、AI、物联网等数字技术具有信息交换与传递成本低、速度快、效率高等特点，各社会主体能够即时获取到所需信息，并且参与其中，有助于多元主体参与到社会治理中来。另一方面，数字技术发展拓展了多元主体参与渠道和平台。互联网平台相对成本比较低、传播速度快、不受时空限制，帮助社会组织建立起交流平台，公众和社会组织可以在平台上参与治理，各主体可以打破时空限

制在线上与政府、企业实现双向、多向联动，实现多元主体协同治理。

（二）为治理方式多样化提供了技术支持

随着数字经济的发展，数字技术推动社会组织治理由单一行政手段向多种手段综合治理转变。互联网、大数据、云计算、AI、物联网等数字技术不断发展引发社会组织治理变革。首先，从政府视角看，数字技术不断发展有助于优化社会组织治理和政府服务，在技术发展中革新治理方式，未来政府治理的必然要求是治理智能化，这也要求社会组织治理要顺应数字经济发展，加快其治理数字化、智能化进程。其次，从社会视角看，公众参与治理能够提高治理效能，在某种程度上可以弥补社会组织治理“失灵”。总而言之，新一轮科技革命带来了社会组织治理的多样化和智能化。

（三）数字经济助推社会组织转变治理理念

科学和工业革命不仅是科学技术变革，而且是意识形态变革。回顾新中国 70 多年来社会组织治理历史，从新中国成立初期的“社会控制”到改革开放时期的“社会管理”，最后是党的十八届三中全会以来的“社会组织治理”，充分体现了社会组织治理向普遍治理理念的飞跃。在此过程中，科学技术发展为社会组织治理理念的转变创造了良好环境，并随着“社会组织治理”理念的提出和实际应用，科学技术也将在推动治理理念发展中发挥重要作用。因此要充分利用数字技术革命和产业变革创造的良好环境，积极推进治理理念变革，构建人人有责、人人尽责、人人受益的社会组织治理共同体。

二、数字经济下社会组织治理面临的挑战

目前数字技术与人们生产生活紧密关联，可以说无所不含，无所不在。数字技术促进了社会生产力发展，是经济社会发展的重要驱动力，但其在快速发展的同时，也给社会组织治理带来新的挑战。

首先，来自传统思想观念挑战。近年来的“最多跑一次”改革推动了传统政府服务观念转变，与此同时，社会组织治理理念也要随之转变，但有效整合信息处理系统仍然面临种种障碍。其次，来自传统评价标准的挑战。传统评价标准重项目、重过程、重演示，忽视准确绩效评估，导致一些地方政府和部门仅仅将数字技术和传统治理方式简单嫁接，变成高科技形式的“面子工程”。再次，来自基础建设不完备的挑战。网络覆盖率不足、硬软件落后不仅会降低数字技术在社会组织治理中的体验感，而且还会损耗政府服务的效率。最后，来自用户体验不成熟的挑战。由于用户对操作方法不熟悉以及在办理业务时生理和心理原因，相较于新技术渠道，人工服务依旧会是绝大部分民众在寻求公共服务时的首要选择。

三、数字经济下社会组织治理路径选择

（一）整合现行社会组织治理体系

整合是整体性治理理论的核心概念，也是整体性治理范式的组织构架原则和首要制度性策略方法，是针对治理碎片化提出的策略路径。按照整体性治理理论，治理整合需要从三个维度加以实现。

（1）整合治理主体。建议将“双重管理”逐步过渡为“直接管理”。整体性治理理论认为，打破现有以专业分工为基本构架组织的界限、实现功能整合与结构重构是各政府组织所应对的重要主题之一。针对我国社会组织治理主体碎片化、组织架构离散化的现状，改变现有社会组织治理主体多、散、乱的问题，整合现有社会组织治理主体，优化治理组织架构显得尤为重要。这就需要从党的全面

领导角度整合社会组织治理体制机制，由党作为我国社会组织治理主体，统筹社会组织发展，推动社会组织管理制度改革与创新，逐步扩大直接注册登记的社会组织范围，通过渐进式的方式逐步减少直至取消业务主管单位，提升登记管理单位业务权限，将业务主管单位相关管理职能并入登记管理单位，由原有登记主管单位与业务主管单位“双重管理”改为登记管理单位“直接管理”。

（2）整合治理层级。推动“分级管理”向“属地管理”逐步转变。针对社会组织分级管理导致我国社会组织治理碎片化，并产生资源及监管分散和缺失问题，可以适当地减少治理层级，实现治理层级整合。由原有国家、省、市、县分别管理的层级管理改为统一属地管理，即由地方行政部门负责所辖地区社会组织管理。

（3）整合治理制度。在逐步完善“依规管理”基础上，积极推进“依法管理”。由于现有社会组织治理制度体系以国务院法规为主，层级不高，不能全面有效地治理现有各类社会组织，必须通过其他一般法、专门法进行规制。针对这种社会组织治理制度碎片化问题，有必要对现有社会组织相关制度进行整合，尽早出台社会组织治理“母法”——社会组织法，对分散于各类、各层级法律法规政策中有关社会组织相关规定进行统一整合，将现有以国务院法规为主的“依规治理”转变为以国家法律层面的社会组织法为主的“依法管理”。

（二）构建社会组织治理协调体系

协调是指为完成计划和任务目标、正确处理组织内部与外部各种关系，通过对各项任务目标和各种资源进行调节，使之形成搭配合理、配合得当、运行同步、互为依托的一种过程。

（1）设立社会组织治理协调机构。设置具有权威性的社会组织治理协调机构，是解决当前我国社会组织治理碎片化问题、实现社会组织整体性治理的重要保障。可以借鉴广东顺德大部制改革方式，通过在各级党组织设置“社会工作部”，作为社会组织治理的主体，同时负责社会组织治理相关协调工作。

（2）注重政策上统筹协调。整体性治理认为治理政策碎片化并不仅仅是由政策调整客体内容复杂化决定的，而通常是由政策制定体制决定的，这种体制通常缺乏必要协调。从我国实际情况来看，在社会组织治理政策制定上，要遵循顶层设计原则，统筹规划社会组织相关政策设计和制定。从国家层面对社会组织治理提出整体思路，协调国家层面各项政策，减少政策冲突和制约。同时，对社会组织各层级、各项治理政策进行结构性优化，尽快对存在矛盾和冲突政策进行调整，对不合时宜的政策及时修订和废止。

（3）强化公私部门协调。随着治理理论和实践的逐步运用，治理主体已经并不仅仅局限于政府，由政府、企业、社会组织和公民共同参与的多元化治理体系逐步得到认可。我国社会组织治理实践中，治理主体正在逐步增加，北京、上海等地采用“枢纽型社会组织”参与社会治理，然而由于缺乏协调，各自为政治理方式已不适应数字经济的发展。可以借鉴英国、澳大利亚等国经验，与社会组织签订合作协议，将部分社会组织治理职能交给“枢纽型社会组织”，通过政府与社会组织协调合作，形成协调可控的社会组织治理体系。

（三）全面推进社会组织治理数字化

整体性治理技术层面是以现代信息技术为支撑，其理论代表人物均认为信息技术发展特别是数字技术在政府部门应用，是整体性治理理论产生的重要背景之一。因此，我国社会组织治理应当从传统管理方式向信息化、数字化管理方式转变。

（1）全面推行电子政务，实现社会组织“一站式”治理服务。构建共建共治共享社会组织治理格局，需要充分依托互联网技术，将电子政务全面融入社会组织治理过程，逐步实现“互联网＋社会组织治理”，不断提升社会组织治理信息化水平，进而促进社会组织事业高质量发展。政府要根据社会组织治理改革要求，协同建设社会组织网上办事大厅，为社会组织提供“互联网+服务”，在线为各类社会组织办理登记、年检等业务，逐步优化网上受理、审批、反馈、监管等流程，缩短办理时限，实现办理流程移动化、无纸化，档案管理电子化，从而提升政府对社会组织的管理效能和服务水平。

（2）建设社会组织大数据中心，总体上实现数据治理。加强社会组织数据管理与使用，对于推动社会组织发展、优化完善社会治理都具有重要意义和作用。因此，目前有必要建立起统一管理、社会共享的社会组织大数据中心，更加全面采集、更加安全存储、更加深入挖掘、更加有效使用、更加广泛分享数据信息。社会组织大数据中心建设使用中，一方面要加强对数据质量管控，对数据收集范围、存储形式、交换共享对象等事项进行明确规范，提升社会组织登记数据精准性、规范性、系统性；另一方面要充分挖掘使用数据，采用数据地图、智能提醒、监控大屏、关系网络、自动预警等信息手段，对实时生成的、海量的、碎片化的数据进行科学分类、排序、关联、分析，提炼有价值信息，及时发现倾向性问题，归纳社会治理规律，从而提升社会组织治理行为的针对性和有效性。

（3）实现信息共享，打造社会组织治理大平台。依法协调各类社会组织治理主体，建立统一覆盖全面、共享联通、动态跟踪社会组织治理信息平台系统。社会组织治理主体可以通过信息系统获取、共享治理信息，并对治理信息进行综合分析、有效利用。畅通社会组织与政府公共部门间信息共享渠道，消除信息壁垒，促进社会组织治理主体更好利用公共信息资源感知社会动态和公众需求、高效参与社会治理。因此可以以目前民政信息系统为依托，开通与发改委、人社、教育、公安、司法等部门连接端口，共享公共数据信息，建立完善社会组织治理信息共享平台。

总结与回顾

1. 目前国内数字化治理还处于探索阶段，离真正实现数字化治理还有很长的路要走。在社会治理方面，应当依据一定治理原则选择适应我国发展的社会治理方式。

2. 政府数字治理日益智慧化、数字化。

3. 政府智慧治理是一个系统工程，需要有正确实现路径和有力保障措施。

4. 为了顺应全球数字经济快速发展趋势，企业管理者就必须建立起适应目前数字经济发展的企业治理新模式。

5. 数字经济时代，社会组织治理需要抓住机遇不断优化治理方式，将面临的挑战看作前行的动力，攻克难关，明确社会组织治理原则，选择社会组织治理路径。

复习思考

一、名词解释

社会治理；多元主体协同治理；智慧治理；企业治理；社会组织治理

二、简答题

1. 简述数字经济治理原则。
2. 简述数字经济时代社会治理方式。
3. 简述数字经济时代对政府治理的影响。
4. 简述政府智慧治理的重点任务。
5. 简述政府智慧治理的实现途径。
6. 简述数字经济背景下社会组织治理面临的机遇与挑战。

三、论述题

1. 联系实际谈谈数字经济背景下我国政府智慧治理现状、面临的问题及实现路径。
2. 联系实际谈谈数字经济时代企业治理如何助推我国数字经济发展?
3. 联系实际谈谈数字经济时代社会组织治理如何助推我国数字经济发展?

能力拓展

淘宝(中国)软件有限公司(以下简称淘宝公司)系淘宝网运营商。淘宝公司开发的“生意参谋”数据产品(以下简称涉案数据产品)能够为淘宝、天猫店铺商家提供大数据分析参考,帮助商家实时掌握相关类目商品的市场行情变化,改善经营水平。涉案数据产品的数据内容是淘宝公司在收集网络用户浏览、搜索、收藏、加购、交易等行为痕迹信息所产生的巨量原始数据基础上,通过特定算法深度分析过滤、提炼整合而成的,以趋势图、排行榜、占比图等图形呈现的指数型、统计型、预测型衍生数据。

安徽美景信息科技有限公司(以下简称美景公司)系“咕咕互助平台”的运营商,其以提供远程登录已订购涉案数据产品用户电脑技术服务的方式,招揽、组织、帮助他人获取涉案数据产品中的数据内容,从中牟利。淘宝公司认为,其对数据产品中的原始数据与衍生数据享有财产权,被诉行为恶意破坏其商业模式,构成不正当竞争。遂诉至法院,请求判令:美景公司立即停止涉案不正当竞争行为,赔偿其经济损失及合理费用500万元。

杭州铁路运输法院经审理认为:

1. 关于淘宝公司收集并使用网络用户信息的行为是否正当。涉案数据产品所涉网络用户信息主要表现为网络用户浏览、搜索、收藏、加购、交易等行为痕迹信息以及由行为痕迹信息推测所得出的行为人的性别、职业、所在区域、个人偏好等标签信息。这些行为痕迹信息与标签信息并不具备能够单独或者与其他信息结合识别自然人个人身份的可能性,故不属于《网络安全法》规定的网络用户个人信息,而属于网络用户非个人信息。但是,由于网络用户行为痕迹信息包含有涉及用户个人偏好或商户经营秘密等敏感信息,因部分网络用户在网络上留有个人身份信息,其敏感信息容易与特定主体发生对应联系,会暴露其个人隐私或经营秘密。

2. 关于淘宝公司对于涉案数据产品是否享有法定权益。单个网上行为痕迹信息的经济价值十分有限,在无法律规定或合同特别约定的情况下,网络用户对此尚无独立的财产权或财产性权益可言。网络原始数据的内容未脱离原网络用户信息范围,故网络运营者对于此类数据应受制于网络用户对其所提供的用户信息的控制,不能享有独立的权利,网络运营者只能依其与网络用户的约定享有对网络原始数据的使用权。但网络数据产品不同于网络原始数据,数据内容经过网络运营者大量的智力劳动成果投入,通过深度开发与系统整合,最终呈现给消费者的是与网络用户信息、网络原始数据无直接对应关系的独立的衍生数据,可以为运营者所实际控制和使用,并带来经济利益。网络运营者对于其开发的数据产品享有独立的财产性权益。

3. 关于被诉行为是否构成不正当竞争。美景公司未经授权亦未付出新的劳动创造,直接将涉案数据产品作为自己获取商业利益的工具,明显有悖公认的商业道德,如不加禁止将挫伤数据产品开发者的创造积极性,阻碍数据产业的发展,进而影响到广大消费者福祉的改善。被诉行为实质性替代了涉案数据产品,破坏了淘宝公司的商业模式与竞争优势,已构成不正当竞争。根据美景公司公布的相关统计数据估算,其在本案中的侵权获利已超过200万元。

从数字经济治理角度回答数据治理是否必要,为什么?

第十九章　数字经济政策

任务分析

1. 了解目前数字经济发展状况。
2. 掌握美国、欧盟、英国、中国、日本、德国和俄罗斯数字经济战略。
3. 掌握美国、欧盟、英国、中国、日本、德国和俄罗斯的数字经济发展所面临的挑战。

案例导入

数字贸易规则的美式、欧式与中式模板

一、数字贸易规则中的“美式模板”

美国作为数字贸易强国，引领着数字贸易规则的制定。其核心优势和利益在于基于服务业的数字经济及相关性产业，美国必将长期关注数字贸易治理问题，其目的在于打造一个具有一定约束能力的全球数字贸易规则体系。在美国所主导的数字区域贸易体系协定中，所制定的规则不仅仅局限于电子商务方面，也包括投资、信息技术、知识产权和跨境服务贸易等各个方面。

其一，在“传统贸易规则”方面，美国模板明确规定了现有相关规则对数字贸易的适用性。美国版本的数字贸易规则的目的在于其规则能够更好地适应数字贸易，规定电子传输免税的延长期限，甚至规定数字产品（包括载体）的永久免税。与此同时，美国也要求对数字产品实行非歧视性待遇。

其二，在“跨境服务贸易规则”方面进行创新，旨在促进数字服务贸易自由化，保证已有数字贸易规则的透明度及其在未来的可操作性。美式数字贸易规则在跨境服务贸易相关规定中删去了烦琐的当地存在要求，采用了否定列表承诺方式，减少甚至直接限制了最惠国待遇豁免，引入了更自由的服务原产地规则。

其三，在ICT方面，推动更普遍和更具有约束力的合作。以TISA协议为例，美国在与数字贸易相关的信息技术领域主张：支持针对数据以及技术服务的互操作性、更合理地保护个人隐私和跨境信息自由流动、对接ICT研究和标准、提倡对知识产权的保护，这些方面都能体现出美国与协议缔约伙伴在数字贸易领域展开更深层次合作的强烈愿望。

其四，在数字贸易新规则的构建方面，美国的重点在于打造新一代数字贸易规则，来解决存在的国内现有规则体系中存在的问题以及国内规则与数字贸易的匹配度过低的问题。美国与各方已经基于美国曾提出的数字贸易规则内容达成了共识。这些较早期的内容相对简单明确，包括贸易透明化、无纸化原则和电子签名、电子认证等。

二、数字贸易规则“欧式模板”

（一）“欧式模板”主要特征

近些年来，欧盟方面的数字贸易出口额显著增加，仅在2014年就占据欧洲整体出口的30%左右。

同时，欧盟和美国都作为数字贸易引领者，两者间贸易关系极为密切，服务和商品的贸易总额达全球贸易总额的13%左右。由此可见，欧盟在全球数字贸易格局中拥有不可或缺的地位。然而，相对于在自由贸易协定（Free Trade Agreement，FTA）中已自成一脉的“美式模板”数字规则，欧盟数字贸易的整体搭建进度比较缓慢。通过对欧盟所制定的数字贸易相关章节的研究发现，欧盟一直提倡的数字贸易规则由于其政治体制、文化价值观念的影响有着极为显著的特征：其一，规则缺乏一个成熟完整而且独立的体系；其二，在保护知识产权和ICT合作中积极推进相关规则的发展；其三，在“视听例外”和“隐私保护”上坚持立场；其四，根据缔约方相对优势的强弱来改变“出价”。

（二）“欧式模板”发展趋向

在全球的数字贸易规则谈判中，欧盟最为关注的内容主要集中在以下三个主题：数据跨境自由流动、保护知识产权、视听例外。但是，数字贸易规则现有的“欧式模板”还处在较初级的阶段，重要的相关条例零散地分散在不同的章节中。欧盟需要不断与各国尤其是比较强大的数字贸易大国博弈的过程中完善自身的数字贸易规则。在数字贸易规则谈判方面，欧盟主张推动“数据跨境自由流动”，完善“知识产权保护”，进一步推动“视听合作”，推动数字贸易持续健康发展。然而，欧盟自身一直有一条不可触及的红线，即坚持“隐私保护”和“视听例外”，这些就导致了欧盟与各国之间的相关谈判一直没有太大的进展。虽然欧盟方面在这些议题上有求同存异的意向，相应的合作规则也增加了一些，条款也进行了一定程度上的细化，但一直没有明确欧盟自身的权益保护和各部门开放之间的平衡点。欧盟方面需要先以“保护隐私”和“视听例外”两个主要问题整理和发布可以适应数字贸易健康发展的相关规则，才能建立起一个可以让缔约各国实现共赢的数字贸易规则。

三、借鉴“欧式模板”，推广“中式模板”，应对与“美式模板”的分歧

（一）中美数字贸易规则的分歧

阻隔措施和网络内容审查是目前中美数字贸易治理中存在的主要分歧。对数据跨境流动实施严格的安全审查和过滤监控对于中方来说是极为重要的，但是美国要求中国政府放松“关键词过滤”等内容审查措施，减少设置强硬阻隔措施和对VPN（virtual private network，虚拟专用网络）访问的严格监管。二是数据存储强制本地化要出于国家安全考虑，中国在相关立法中有数据存储本地化要求，美国要求中国能剔除这些要求。三是开放源代码及对加密技术的限制，美国一直反对中国要求的外国企业进入中国市场的前提条件，即外国企业进入中国市场必须开放源代码。四是知识产权保护不力，如数字侵权问题。中美数字贸易治理的分歧还体现在电子支付许可、技术标准、政府采购等规定以及与数字产业投资相关的措施方面。

（二）中国的应对之策

数字贸易“美式模板”确实会给中国带来挑战。从战术层面，中国有必要借鉴“欧式模板”的良好做法，努力部分对接“美式模板”，包括“提高保护知识产权的水平”“数据分类监管数据”等。从战略层面上来说，中国是世界跨境电子商务大国，中国有底气在跨境电子商务领域提出更加符合中方利益诉求的关键规则。

知识介绍

第一节　美国数字经济战略

美国一直在不断推动数字经济发展，数字经济发展也大大提升了美国设计、生产、销售和运输等

各个环节效能，从而使得库存大幅减少，进一步推动了劳动生产效率快速增长。

一、三大战略开启全球数字经济发展

美国从20世纪90年代就开始着手搭建“信息高速公路”，这一行动也引领全球范围信息通信技术进入了一个蓬勃发展时期。

（一）“信息高速公路”战略开启信息技术发展大幕

1993年9月，美国公布了“信息高速公路”战略，即“国家信息基础设施”工程计划（NI）。随着该计划的广泛传播，给世界其他各国带来了不同程度的影响，美国数字经济日后辉煌也以此为起点。

美国并没有将“信息高速公路”建设单纯看成是某一个行业的事情，而是将NI当成美国未来社会核心发展方向，对“信息高速公路”研究和相关建设成了后来美国科技创新发展战略中最优先的战略目标。

克林顿政府期间一直支持数字经济发展，特别是在互联网改进和普及方面。把原先隐隐有赶超之势的日本、欧洲又抛到了后头。

（二）《浮现中的数字经济》破译新时代发展密码

1998年，《浮现中的数字经济》报告发布。该报告针对数字革命、互联网等新兴产业特点以及信息数字技术对国民经济产生影响进行了深入分析，提供大量且详细数据和案例，重新阐述了美国经济增长新趋势，阐述了世界从工业经济逐步迈入数字经济发展趋势，在全球产生了深远影响。

其后美国相继发布了一系列研究报告：《新兴的数字经济》（1999）、《数字经济2000》以及《数字经济2002》《数字经济2003》等，这些报告主要研究方向在于美国数字经济发展历程和影响，目的在于及时发现问题，并快速做出应对准备。

2016年，美国为了帮助政府和其他部门更好应对数字科技可能带来各种机会和挑战，专门成立了美国数字经济顾问委员会，这个部门设立目的在于更好帮助美国企业和民众充分享受数字经济带来的红利。

2018年3月，美国经济分析局出台了《数字经济的定义和衡量》，让人们进一步了解数字经济。

（三）《数字战略（2020~2024年）》

2020年4月，美国国际开发署（USAID）发布了《数字战略（2020~2024年）》。该战略制定了2020~2024年USAID需要完成的任务共有30项，涉及在服务水平较低市场中增加私营部门数字投资要至少达到20%；在目标国家，平均提高30%互联网普及率，利用数字技术取得重大发展成果。该战略主要有两大目标：充分利用数字技术来加快经济发展并进行必要的人道主义援助；加快构建开放性、包容性、安全性的国家级数字生态系统，并促进一个自由、和平与繁荣的数字世界。

二、逐步完善数字基础设施，缩小“数字鸿沟”

（一）不断完善信息基础设施

继“信息高速公路”战略之后，为完善数字基础设施和发展数字经济，美国政府又发布了一系列政策措施。

1996 年，美国通过了《电信法案》，该法案为实现电信领域公平竞争，鼓励美国电信网络企业之间可以进行交互重构。1996 年，美国出台并实施《下一代网络计划》，该计划是为解决美国原有网络基础设备不全和老化等问题，也是为了促进网络设备更新。

2015 年 10 月，美国国家经济委员会与科技政策办公室发布了新版国家层面创新发展战略。为提升美国创新经济发展新战略，他们提出了三个方面的措施，目的是保障数字世界接入，从而提高国内就业率；鼓励民众创新并为美国新兴相关企业开辟新市场，以大量资金投入来支持信息获取以及新一代网络发展基础设施。

美国政府不仅加大无线网络和宽带网络投资，而且投资力度也有一定程度倾斜，让高速宽带网络更快通往重要的、目前覆盖不足的位置，如优先帮助学校和图书馆宽带网络构建和连接，以及保障生活在美国任何地方人们均可以接入高速宽带网络。

（二）缩小“数字鸿沟”

缩小“数字鸿沟”是美国政府必须解决的事情，政府采取了一系列措施。1998 年，美国政府为了提高全美国教育事业，提供了高达 510 亿美元财政投资，美国政府积极建设信息高速公路，就是希望美国每一个儿童、每一家图书馆、每一间教室都能受益。

2016 年 3 月，“全民联网”宽带网络普及计划正式启动，该项计划的目的是在 2020 年前为全美近两千万人次低收入群体提供高速互联网服务。

三、着力建设数字政府，推进数据开放

（一）建设数字政府

为了保证政府数字信息化变革高效和稳定发展，美国政府部门制定了一揽子政策法规，这些政策对美国政府数字信息化健康发展起到了防护和规范作用。

2012 年美国发布《数字政府：建设出 21 世纪更好服务美国公民的平台》，该项计划宣称将为美国人民提供移动政务服务放在第一要务。为美国每一位用户提供更好公共服务是这项计划设立初衷。

（二）推进政府数据开放

美国政府一直在积极推行“开放政府计划”，倡导包括“参与式民主”在内各项内容，计划鼓励美国民众积极参与到国家公共政策中来。《透明和开放政府备忘录》的签署，意味着美国建立一个开放度更高、参与度更强、合作度更广的政府意愿。为了更好推动美国政府各部门阶段性放开数据计划的进行，2010 年 7 月，发布《开放政府计划》。

四、加强网络信息安全防护

“斯诺登事件”之后，网络信息安全问题提上了美国必须处理的日程，网络信息安全也是一个国家安全重要组成部分，因此美国陆续出台相关法律政策来加强网络信息安全防护工作。

（一）多项政策保障网络信息安全

美国政府一直十分支持科技创新发展，对网络信息安全更是极为关注。2016 年，为了加强保护网络信息，美国政府相继出台了很多相关政策，特别是联邦政府和私有企业信息安全，联邦财政拨款 140 亿美元用于相关项目。

2016年2月，为了全面提高美国在数字信息空间安全性，美国政府推出了《网络安全国家行动计划》，该项计划从5个方面入手来保证美国数字空间各领域安全，包括网络相关专业性人才队伍建设、加强网络基础设施构建等。

2016年12月，美国发布了《关于保护数字经济安全的报告》。该报告主要研究：信息基础设施和数字贸易网络安全性问题保护；网络信息安全、数字信息网络发展和信息数字经济领域投资倾斜和创新，使得国民为步入全新数字时代做好充足准备；网络安全工作能力提高；政府职能如何在新的数字时代安全地行使；确保构建出更加开放、安全、竞争、公平的全球化数字经济模式。

（二）网络战：第五种作战形式

网络信息安全对于国家和个人而言都是极为重要的。1991年美国在中东地区爆发海湾战争给世界上其他国家敲响了网络信息安全警钟。信息战也作为一种新战争模式出现在历史舞台上，而且早在1999年美军就提出制网权这一理论。

2003年2月，美国发布了《确保网络空间安全的国家战略》报告。报告规定，联邦政府确保网络信息安全的核心部门是美国国土安全部，并且充当指挥枢纽作用以确保网络安全方面，保护和协调公共部门、私营部门和研究机构。

2006年，美国又将“网络空间”划入作战范畴，网络战成为一种全新战斗模式，同陆战、海战、空战以及太空战一样可以对国家造成巨大危害战斗模式，因此也被称为第五种作战形式。为了更加有效应对可能出现的网络攻击，提高美国网络信息安全性，自2006年起，美国每两年就会举行一次“网络风暴”演习，以此找出安全方面出现的问题并监测国家网络安全性能。

第二节　欧盟数字经济战略

与美国相比，欧盟数字经济发展就慢一拍，为此，欧盟制定了自己数字经济发展战略来促进其数字经济快速发展。

一、欧盟主要数字经济战略

20世纪90年代欧盟就开始出现数字经济政策，这些数字经济政策可以大致划分为以下几个阶段：第一阶段，1993年，欧盟发布了《成长、竞争力与就业白皮书》，制定了欧盟信息社会具体规划，提出加强网络基础设施建设。第二阶段，2000年，欧盟发布了“里斯本战略”，该战略提出2010年前欧盟将成为世界上最具活力与竞争力的经济体，重点发展以下4个方面：网络零售、电子政务、电子医疗和卫生、电子教育与培训。第三阶段，在“里斯本议程”基础上进一步更新，对新出现问题和情况进行了补充，即2005年，欧盟发布了《i2010欧洲信息社会：促进经济增长和就业》。第四阶段，2010年的“欧洲数字议程”和2015年的“数字单一市场”战略。

（一）i2010战略

2005年，欧盟启动了“i2010战略”，其目的在于推动信息技术与通信融合发展，促进信息社会与传媒产业协调发展，提高就业率。该计划也是欧盟委员会在“里斯本战略”计划更新后发布的第一个相关政策提案。报告指出，应将注意力集中在ICT行业上，要求欧盟信息通信技术产业对其生产率增长贡献率达到2/5，对其GDP增长贡献率达到1/4。ICT产业成为欧盟极为重要的核心支柱产业。

该计划提出了三个宏观政策目标：（1）为欧盟数字信息领域和媒体行业创建一个开放、稳定新兴市场，整合数字服务经济，构建无边界欧洲内部信息共享空间；（2）通过增加 ICT 研发投入和产业应用推广来鼓励创新；（3）2010 年，欧盟建成开放、透明、知识包容的信息社会。

“i2010 战略”为了实现这些设立的目标出台了一揽子政策法规以及年度工作计划。（1）ICT 和媒体融合的单一市场。为实现“以政策融合支持技术融合”目标，从 2005 年开始欧盟陆续出台了以下政策法规：2005 年制定了高效欧盟频谱管理政策；2006 年欧盟推出“安全信息社会”战略；2006～2007 年推出全面数字版权管理办法。（2）增加 ICT 研发投资。（3）建立包容性信息社会，缩小信息社会贫富差距。2006 年推出电子政务行动计划核心在于以欧盟公民为核心；2007 年推出三个重点项目，涉及老年人服务、数字交通工具以及数字图书馆；2008 年又出台相关具体措施，为了消除因地理位置和国家社会等原因而产生的“数字鸿沟”，这些政策措施将欧盟“电子包容”计划推上一个新平台。

（二）欧洲数字议程

2010 年 5 月，欧盟发布了“欧洲数字议程”。该议程详细分析了影响欧盟未来信息技术发展的 7 大不利因素：数字市场间壁垒、投资缺乏、互操作性不强、研发与创新欠缺、数字技术知识普及有待加强、网络犯罪增加与风险、应对社会挑战能力不强。

针对这些问题，欧盟提出了相应的应对措施：建立一个新数字贸易市场，让欧盟各成员国都能享受到数字时代各种优势；优化信息技术标准，加强互操作性；增强网络信任与安全措施；增强欧盟超速互联网的接入；加强信息技术前沿研发与创新；加快建设欧盟可接入在线服务，提高居民学习数字技能；为有效应对欧盟未来可能出现的各种挑战，加大数字技术研发提升其应对各类风险能力。

（三）单一数字市场战略

2015 年 5 月，欧盟发布了“单一数字市场”战略，主要是为了促进欧盟内部数字信息互联互通，打破数字市场壁垒。为此，该发展战略提出了以下三大重点发展领域来助推建设单一数字市场。（1）为个人和企业提供更好数字产品和服务。其包括：出台相关措施促进跨境网络零售行业发展；制定相关政策使网络消费者合法权益得到保障，尽可能提高包裹运送服务水平，做到价格更优惠、速度更快；消除地域界限，尽量实现同种商品不同成员国、同等价格；对版权实现更高层次保护；积极推动跨境电商服务。（2）营造数字经济发展环境。其包括：全面改革欧盟电信法规；重新审视影音媒体组织，更好适应新时代发展需要；多角度重新评价搜索引擎、社交媒体等平台作用；注重数据信息安全，加强数字服务领域相关安全管理。（3）充分利用数字技术大力发展数字经济。其包括：打破地域信息壁垒，实现资源自由流动；关注运输规划和电子保健等对发展单一市场至关重要领域，并建立统一标准和提高互操作性功能；不断提高数字信息包容性，让每个人都能享受互联网发展带来的好处，让更多人抓住机遇提升自己。

该战略还包括 16 项具体措施，包括整合欧盟地区电信法规，加强网络信息安全，促进更高效、更廉价的物流服务。

二、推动产业数字化转型

欧盟产业数字化规划于 2016 年 4 月发布，此计划是单一市场战略部署的重点，目的是帮助欧盟产业和政府部门等充分利用新兴技术。

该规划重点措施如下：（1）欧洲、各国和地区战略层面合作。近年来，有 30 多个欧洲国家部署了产业数字化战略。（2）泛欧数字创新枢纽网络（DIHs）。欧盟中 60% 的大型企业和 90% 的中小型企业均认为自身数字化程度不够，行业“数字鸿沟”逐渐扩大。欧盟为建立泛欧数字创新枢纽网络投资5亿欧元，给欧盟内各企业提供数字创新基础设施、咨询建议和数字创新测试。（3）公私合作伙伴关系（PPP）。（4）行业平台和大规模试点。该计划目的是构建新一代信息数字平台，还要重新搭建欧盟所有部门所依赖的基础性数字供应链。此外，还将建立大规模试点项目，加快物联网和智能城市、先进制造业等相关技术的发展，让欧盟抓住机遇，引领世界数字技术的发展。（5）数字技能与就业岗位。欧委会正积极采取各种有效措施来提升民众和消费者数字技能，进而推进欧盟教育体系现代化。（6）监管框架。随着数字经济的发展，法律主体框架应与其保持协调发展，主要包括为数据自由流动提供合法框架。（7）欧洲云计划。该计划目的是稳固欧洲在数据驱动创新领域地位，给大数据搭建提供支持和帮助，提升欧盟国际竞争力和凝聚力。（8）标准制定。欧盟单一数字市场战略中，为了保证信息联通和互联网通信方面安全和无缝对接，各地域应该加快制订共同标准。（9）电子政务行动计划。最新五年行动计划（2016～2020年）目的是加速推进欧盟数字化公共服务现代化，以帮助欧盟民众加快适应工作、生活和投资各方面出现的变化，主要内容包括：利用关键数据使智能技术实现公共管理进一步现代化；为了实现个人和企业信息自由流动从而提高跨境互操作性；加强行政部门和公众之间的互动，更加了解公众需求，使得公众享受更高水平数字公共服务。

三、欧盟数字经济发展面临的问题

数字经济虽然为欧盟注入了新动力，但是欧盟当前依旧面临着巨大挑战和问题，需要充分利用自身优势，形成欧盟自己发展特色、在世界舞台上争取更大发展空间，提升国际竞争力，真正给欧盟带来经济繁荣和公民幸福。

1. 努力争取才能处于全球数字化发展前列。统计对比结果显示，欧盟数字化程度发展较好的国家在全球数字发展前列，但欧盟各国要想在全球舞台上处于领先地位需要显著提升数字化的发展水平。

2. 宽带连接得到改善，但长期准备不足。2016年年底，宽带网络覆盖更加全面，可以接入30M以上宽带欧盟家庭有将近71%。同时固定宽带网络用户数量增长速度明显提升。2019年，固定宽带用户数量达到了15789.6万人。欧盟还需要在此基础上努力提供更全面网络服务以及提供新一代网络5G通信服务。

3. 数字技能有待提高。虽然欧盟科学、技术和数学相关专业毕业生人数略微增加，但基础数字技能缺乏仍然是45%欧盟人民所需要解决的问题。

4. 小企业错失网络零售良机。使用互联网购物的欧盟民众已经达到65%，但在网络上销售商品中小型企业仅有16%，发展跨境电商方面业务的不到50%。欧盟跨境电子商务网络零售发展速度仍然不尽如人意：大多数欧盟消费者认为从另一欧盟国家购买商品不如从本国购买让人放心。因此，缺少信任、地域限制和价格歧视是欧盟跨境电商网络零售面临最大阻碍。

5. 提供更多数字公共服务，但并未得到充分利用。欧盟数据显示，公共行政部门为普通民众提供了更便捷的在线网络服务，但是，使用政府行政管理部门提供的网络服务互联网用户数据并没有增长的迹象。

6. 欧盟各成员国在数字经济发展上不均衡。部分欧盟成员国数字化程度已跻身世界前列，但有些欧盟成员国数字经济发展相对缓慢，这些国家已经落后于欧盟平均水平，发展增速上也相对乏力，与其他欧盟发达国家差距越来越大。

7. 某些政策未达成共识。个人数据信息方面，欧盟各国一直认为要保护公民数据隐私，但是在如何使广大欧盟公众最大限度地享受到数字经济带来的益处，其具体做法却没有达成共识，主要问题在于信息数据划分上。对于信息数据如何进行区分和获取等方面也存在一定争议，这些也会影响信息数据战略发展。

8. 成员国监管法规一致性问题。由于欧盟结构，不同成员国各自都有独有的监管法规，涉及不同国家和地区，各国无法随意撤销这些独特法规；而这些独有监管法规之间存在较大差异并且其严格程度不同，因此对欧盟各国服务业和贸易都带来了一定影响；数字经济贸易能否健康良性增长与各国监管不一致性相关；各国法律法规不一致性和不协调性直接关系到数字企业进入和扩张决策。

第三节 俄罗斯数字经济战略

一、俄罗斯发展数字经济政策体系

为促进数字经济快速发展，俄罗斯构建了数字经济发展政策体系，涉及数字经济发展目标、完善数字经济方面法律法规、秉持数字经济国家利益、健全发展数字经济机构等。

（一）数字经济发展目标

2016 年 12 月，普京在年度国情咨文中高度评价俄罗斯信息通信产业所取得的成绩，强调推进俄罗斯向数字经济转型。2017 年 5 月，普京签署了第 203 号总统令：2017～2030 年俄罗斯联邦信息社会发展战略。

2017 年 7 月 31 日，梅德韦杰夫签署“俄罗斯联邦数字经济规划”，规划指出俄罗斯将重点开发以下数字技术：大数据技术、神经网络技术、AI、分布式存储系统、量子技术、先进制造技术、工业网络、机器人技术、无线通信技术、虚拟现实与增强现实技术。规划涉及的政策措施有：规范数字经济领域法律法规、培养数字经济人才、加大数字技术研发和技术储备，建设数字基础设施，保障数字信息安全等。该规划指出，到 2024 年俄罗斯将拥有 10 多家具有全球市场竞争力数字公司；建设数字医疗、数字教育和智慧城市等领域 10 多个数字平台；培育 500 多家开发数字技术、数字平台和提供数字服务中小企业；数字经济领域规模大于 1 亿卢布大型项目数量超过 30 个。

（二）建立并完善推进数字经济发展相关法律法规和标准规范

数字经济持续健康发展的前提与基础是信息安全。2016 年 7 月，俄罗斯颁布了《俄联邦关键信息基础设施安全法》。2018 年 1 月 25 日，俄罗斯财政部发布了《俄联邦数字金融资产法》以规范加密货币等数字金融资产，调整金融资产数量在创建、分发、存储过程中的关系，并根据智能合同过程中产生的权利义务行使。

此外，根据俄罗斯经济发展部建议，2018～2019 年制定和修订民法、税法、个人数据法、信息法、通信法等 50 多部与数字经济发展相关法律。从 2020 年起，银行、机场、火车站、机械制造、航空航天制造、冶金等行业的企业将不得不购买黑客保险，保险法也将相应进行修订。

（三）坚守数字经济领域国家利益

2017 年 5 月，俄罗斯公布了《俄联邦信息社会发展战略（2017～2030 年）》，该战略强调国家加快数字基础设施建设，营造良好发展环境来支持信息通信技术大企业发展，维护国家数字经济利益；以俄罗斯大型互联网公司、银行、通信运营商、支付系统运营商、金融市场参与者和国有企业为依托，建立数字经济领域跨行业联盟；数字经济领域运营俄罗斯公司和外国公司都受到反垄断法和同样税收条件约束；保障俄罗斯国家机关、组织参与数字经济国际条约或其他文件编写。

（四）构建数字经济发展管理组织机构

2017 年 8 月，俄罗斯建立联邦数字经济规划实施管理系统。数字经济委员会，这是政府的一部分，委员会使用信息技术来提高生活质量和条件，通过建议和有关规定，协调与会者之间的分歧，审议法律草案中的问题。2017 年 9 月，在国家杜马经济发展、产业、创新发展和创业委员会成立数字经济和区块链技术专家委员会，负责数字经济立法层面问题。同时，在政府分析中心基础上成立数字经济规划实施项目办公室，配合数字经济分委会实施数字经济规划。

二、俄罗斯数字经济发展状况

（一）俄罗斯数字经济取得的进展

近年来，俄罗斯数字经济发展比较迅速，以下几个方面基本上与世界同步：数字基础设施建设、智慧城市建设、数字技术市场化应用等。

1. 数字基础设施不断完善。

在衡量信息技术发展水平的“网络就绪指数”（NRI）排名中，2016 年，俄罗斯排在全球第 41 位，上升比较快。俄罗斯宽带覆盖率达到 75%，第四代移动互联网覆盖率达到 70%。2016 年，俄罗斯平均网速为 12.2Mbps，与法国和意大利相同，高于“金砖国家”平均网速。截至 2017 年 3 月，俄罗斯每天有 0.87 亿人使用互联网，约占总人口的 3/4，网民数量位居欧洲第一。网络安全方面，俄罗斯处于世界领先地位，2017 年联合国国际电信联盟（ITU）发布全球网络安全指数（GCI）中，全球 193 个国家排名中，俄罗斯排名第 1 位。俄罗斯非常重视数字技术自主开发，继自主研发“厄尔布鲁士 Elbrus”微处理器之后，已开发出配套国产操作系统和 130 种国产应用软件。另外，俄罗斯数字经济人力资源比较丰富，有一个比较优秀的从事数字技术研发与应用的人才团队。

2. 智慧城市建设比较迅速。

数字经济发展水平的重要体现之一是智慧城市建设。在瑞典 IT 公司“Easypark”全球 500 智慧城市排名中，莫斯科处于第 77 位。其中，在智慧城市基础设施数字化技术利用方面，莫斯科超过多伦多、东京、香港、巴塞罗那、悉尼，位居世界前列。此外，在运用先进数字技术开发新商业模式规模方面，莫斯科也处于世界前列。从国内看，俄罗斯的莫斯科、圣彼得堡、喀山、叶卡捷琳堡建设智慧城市效果比较明显。

3. 电子政务发展比较迅速。

俄罗斯智慧城市建设一大亮点是其电子政务发展比较快，2016 年联合国 193 个国家电子政务发展指数（EGDI）中，俄罗斯排名第 35 位。2016 年，51.3% 的俄罗斯公民运用电子政务系统获取国家和市政服务（莫斯科为 65%）。为了进一步加快电子政务发展，俄罗斯建立了联邦国家信息系统——一个统一基础设施识别和认证系统，以保证国家和市政电子服务系统交互。

（二）俄罗斯数字经济发展存在的问题

1. 制造和管理数字化。

人们普遍认为，人类工业文明经历了三个革命阶段，分别以机械化、电气化和信息化为标志和驱动。目前发达国家进入第四次工业革命时代，此次工业革命是以下三大技术的深度有机融合：数字技术、物理技术、生物技术。第四次工业革命时代，制造业智能化、信息化、数字化水平是发展数字经济的关键因素。相对来说，目前俄罗斯制造业与数字技术深度融合还有很大发展空间，俄罗斯制造业自动化、数字化、智能化水平不是很高。

2. 硬件设备数字化。

从制造业硬件设备数字化程度来看，从国际机器人联合会（International Federation of Robotics）提供的数据看，世界制造业每万名工人平均拥有机器人数是74台。四个主要国家——韩国、新加坡、德国和日本——分别拥有631、488、309和303台机器人。美国有189台，中国有68台，而俄罗斯每1万名工人中只有不到3台机器人。俄罗斯机器人市场规模相对较小，仅占全球市场0.25%。

3. 企业管理数字化。

工业软件应用程度反映了制造企业管理数字化水平。在某种程度上，俄罗斯经济现代化与IT系统创新密不可分，尤其是数字技术创新对俄罗斯经济现代化、数字经济快速发展至关重要，数字技术与传统制造业融合发展将改变传统制造业生产观念和组织方式。美国、欧盟、日本是全球新技术工业生产领先者，俄罗斯虽然在数学模型、新材料等方面有一定研发实力，但其数字技术与传统制造业深度融合发展方面还有待加强。目前，俄罗斯企业运用客户关系管理系统（Customer Relationship Management，CRM）、企业资源计划（Enterprise Resource Planning，ERP）、供应链管理（Supply Chain Management，SCM）比例不高，仅为15.7%，在整个俄罗斯经济中运用比例达到了22%。而据麦肯锡估计，俄罗斯企业运用产品生命周期管理（Product Lifecycle Management，PLM）的比例更低，仅占2%。

4. 企业数字化。

企业缺乏数字化是俄罗斯劳动生产率低于主要工业国家的重要原因之一。根据世界银行提供的数据，2016年，俄罗斯劳动者人均GDP是4.6万美元，在全世界排名第66位。俄罗斯这一指标处于全球中等水平。虽然比中国、印度等金砖国家水平高，但与美国等发达国家差距仍然比较大，美国和一些欧盟国家劳动者人均GDP是俄罗斯的2~3倍。

第四节　英国数字经济战略

数字信息技术发展方面，英国一直在全球处于领先梯队。依托数字信息技术和其相关产业长期健康发展，加之英国政府对数字经济极为重视和大力扶持，数字经济成为帮助英国渡过金融危机后艰难时期的利器。

一、四大数字经济战略

（一）《数字英国》：打造世界数字之都

2008年全球性金融危机冲击下，英国国民经济遭到了重创，整体经济增长出现近60年来最低，2009年英国GDP较2008年下降4.8%。GDP增长下降使得英国政府意识到大力调整现有经济战略已经到了刻不容缓的地步。随着时代发展，数字科技和宽带网络已大幅改变世界经济，甚至改变了部分社会文化和人们的生活形式。而《数字英国》计划发布使得数字化这个概念第一次以国家级设计形式被大众所知晓。《数字英国》计划为英国数字化进程设定了具体目标，并在资本投资、基础设施建设和建立相关制度等方面制定了一系列措施，《数字英国》发布是英国数字信息经济发展的起点。

（二）《信息经济战略 2013》：设立四大发展目标

《英国信息经济战略 2013》发布展现出英国建立起一个快速发展数字信息经济市场决心，该战略明确了四大发展方向：建立一个全球遥遥领先的创新型信息经济部门；积极引导英国中小企业使用数字信息相关技术；确保英国公民都能享受到数字时代发展红利；从专业性人才储备和数字信息基础设施建设等方面保证数字信息产业的发展。该战略与《数字英国》计划息息相关，但是数字化给英国经济发展带来的影响才是其重点，把数字经济作为一个单独的概念进行了更为细致的分析。

（三）《数字经济战略》：建设数字强国

随着《英国 2015～2018 年数字经济战略》的发布，提倡为了实现经济社会快速发展要以数字化创新进行驱动，做出相关战略部署是为把英国建设成为未来数字强国。该战略认为持续促进英国社会和经济发展一个非常重要因素在于英国能否顺利融入信息数字经济发展潮流。该战略具有极强创新性：它具有更精确的时间框架，目标变得更加具体和明确，可操作性更强；该战略还提出了一些新内容，如关注“数字鸿沟”等。

（四）《英国数字战略》：脱欧后数字经济雄心

2017 年，最新《英国数字战略》发布，此战略目的是帮助英国在“脱欧”后全面推进数字转型，实现数字经济快速发展。此数字战略包括七个子战略，每个战略又包含一揽子倡议和推广方案：互联互通战略，计划建立出领先全球数字基础设施，让宽带接入变成每一个公民的权利，加快网络覆盖、光纤和 5G 网络建设速度；数字技能和包容性战略，将数字技能学习资源提供给每个公民，培养数字技术人才来保证数字经济的持续发展；数字经济战略，财政资金和政策向数字经济方向倾斜，以此实现数字经济领域的不断创新，鼓励数字创业，同时政府需要加强数字监管，并随着技术的发展不断更新监管制度，保证监管制度不落后；数字转型战略，任何企业想进行数字化转型，政府都将提供多种形式上的帮助；网络空间战略，提高对网络安全保护能力；数字政府战略，推动英国政府部门进行数字化变革；数据经济战略，多项措施来释放信息数据在英国经济中潜能，同时增强信息数据保护和数据开放共享。

二、英国数字经济发展情况

（一）基础设施建设和应用水平较高

想要快速发展数字经济离不开高水平信息通信技术，在发展并普及互联网信息技术国家中英国是最早的国家之一，同时也是世界信息基础设施建设水平最高的国家之一。较高互联网普及、有效基础设施构建也为英国数字经济迅速发展打下了良好基础。英国政府对信息通信技术扶持体现在诸多方面，英国启动了多项鼓励性政策来促进英国信息通信技术健康发展。《2016 年全球信息技术报告》指出，仅在“信息通信技术的发展环境”这一指标中，英国就高居全球第三位。

（二）网络和信息通信产业发展良好

网络和信息通信产业一直是英国龙头产业。到 2015 年，英国拥有软件企业就超过 10 万家，这些公司给英国经济所带来的贡献是巨大的。物联网技术和大数据技术迅速发展实际上也加快了英国智慧城市的建立步伐。

（三）打造分享经济全球中心

分享经济在英国发展极为迅速。2014 年，英国政府部门对分享经济给英国带来的风险和收益进行了细致评估以后，决定把英国打造成为分享经济的全球中心。根据 NESTA 报告，2014 年，英国普通民众在分享经济参与度极高，与其他国家相比也是处于一个极高水平，其他国家望尘莫及，并且还可以在很大程度上提高参与度。英国商务部发布报告称，分享经济不仅创造经济价值，而且在一定程度上节约资源，对建设更加高效和可持续社会经济运营体系具有极为重要的促进作用。为此，英国政府部门出台了多项措施，以促进英国分享经济的健康良性发展。

（四）数字金融和数字文化创意领先

英格兰银行发行了数字货币 RSCOIN，通过使用最新记账技术创建数字货币来支持国民经济和国际贸易发展。英国政府公布了一系列措施，以确保在未来金融改革中抢占先机，并稳定英国作为国际金融中心地位。英国是全球第二大文化产业出口国，也是全球人均创意产业最大出口国。英国文化产业数字化转型也走在世界前列。大量数字产品出现逐渐改变了英国市场原有结构，数字内容逐渐成为市场重要组成部分。

（五）数字政府建设居全球第一

2012 年，英国政府将原有 24 个政府部门网站一起撤销，搭建统一政府门户网站，而且逐步把其他 31 个公共机构网站也纳入其中。集中起来电子政务服务更好将所有数据集中并有序分类，为英国民众节省了许多繁杂手续及流程，让所有事务流程更加统一和清晰，提高了政府部门办事效率。

三、加强数字经济法律和安全保障

（一）英国将会成为“世界上最数字化国家”

2010 年，英国通过《数字经济法案》。该法案主要对数字经济多个方面进行了比较明确的法律界定，主要包括对网上著作权保护、网络服务发展环境、个人信息安全保护等。2015 年英国又通过了一项新的《数字经济法案》，补充了上一版《法案》中出现的新问题。英国政府部门宣称该项《法案》可以帮助英国成为“世界上数字化程度最高国家”。

（二）不断加强数字安全保障

2011 年，英国开始了“国家网络安全计划”（NCSP）。“2016～2021 年国家网络安全战略”的发布标志着英国政府提高英国网络安全与能力决心。

四、英国数字经济发展面临的挑战

英国数字经济发展在“脱欧”后会出现极大不确定性。

1. “脱欧”后英国整体政治环境必然变化。当前英国大部分数字经济政策是在欧盟时期各成员国共同制定的，一旦“脱欧”，英国政治环境必然会发生变化，政治环境变化也会导致政策落实和实施发生巨大变化，特别是“脱欧”后英国与其他欧盟成员国合作中必然会出现新障碍。

2. “脱欧”后英国整体经济环境必然变化。原有跨国企业在英国经营成本必然会上升，传统产业也随之发生变化，这些因素都可能对英国数字经济健康发展产生一定影响。

3. 国家重要机构大规模数字化变革需要扫除障碍。英国对国家重要机构数字化变革后，英国需要从根本上对多数政府大型机构进行数字化改造，但这个改造过程必将投入大量人力、物力、财力，这对面临“脱欧”困境的英国是个巨大挑战。

第五节　德国数字经济战略

一、德国数字经济战略

德国数字经济发展处于国际领先水平，2017 年，德国数字经济总规模约为 2.3 万亿美元，数字经济占 GDP 比重达 61.36%，成为拉动德国经济持续增长的核心力量。德国数字经济发展取得巨大成就得益于德国政府的大力支持。自 2010 年以来，德国发布了多项支持数字经济发展战略与政策，如《数字德国 2015》（2010）、《数字议程 2014～2017》（2014）、《数字化战略 2025》（2016）、《联邦政府人工智能战略要点》（2018）及《高技术战略 2025》（2018）等，不断升级高技术战略，积极践行“工业 4.0”，推动中小企业数字化转型。

（一）德国数字化创新增长战略

1. 高科技增长战略。德国从 2006 年开始制定国家高科技增长战略，旨在通过促进对关键技术投资来鼓励创新和经济增长，2018 年德国政府发布了《德国高科技战略 2025》，提出到 2025 年将研发投资成本扩大到 GDP 的 3.5%，并将数字化转型作为科技创新发展战略核心。

2. 工业数字化转型战略。德国工业 4.0 战略一项重点内容就是由联邦教育与研究部（BMBF）和联邦经济与能源部（BMWi）牵头的工业数字化转型，尤其是制造业数字化转型。2013 年，德国联邦政府又提出了“平台工业 4.0”（Platform Industry 4.0），促进网络平台利用来实现德国工业数字化，并试图缩小研究结果与应用、政策与现实之间差距。2015 年发布《平台工业 4.0 发展报告》，提出了未来 20 年发展战略，明确了下一代创新增长、政策重点和发展方向，强调了安全性与自动化。

3. 2025 年数字战略。强力部署实施“工业 4.0”背景下，2014 年 8 月，德国联邦经济与能源部（BMWi）和联邦内政部（BMI）以及联邦运输与数字基础设施部（BMVI）共同宣布并通过了“2014～2017 年数字议程”，提出通过数字价值创造和数字网络实现经济增长和就业增长，并提出实现政策目标 7 个领域。2016 年 3 月，德国经济与能源部公布“2025 年数字战略”旨在有效实现“2014～2017 年数字议程”目标，基于对未来考虑，将数字化应用于社会各个方面，以便德国在未来数字化竞争中保持国家凝聚力和竞争力，努力将德国建设成欧洲甚至全球数字化强国。

4. AI 发展战略。2018 年 7 月，德国联邦经济与能源部（BMWi）、联邦教育与研究部（BMBF）以及联邦劳动与社会事务部（BMAS）联合发起 AI 发展战略。该战略目标是：适应 AI 技术以及 AI 引发的生产和价值链变化；促进 AI 在商业领域中应用、技术和融资与德国基本社会价值以及个人权利相协调。

（二）德国数字化监管战略

1. 信息搜集和个人信息保护。德国实行欧盟于 2018 年 5 月 25 日统一的《通用数据保护条例》（General Data Protection Regulation，GDPR），建立了数字经济发展的基本监管框架。

2. 数据竞争政策。欧盟竞争政策是基于《欧洲联盟运作条约》规定，此外包括各种欧盟行为规则和欧洲法院判决。2018 年 4 月，欧盟委员会、欧洲议会和欧盟国家谈判代表协商通过“平台对企业”业务（platform to business，P2B）管理办法，该项法案通过建立具有约束力的、透明的“平台对企业”业务条例，减少网络平台对商家的不公平行为。

二、德国数字经济发展面临的挑战

近些年来，随着全世界数字经济的发展，德国数字经济也处于持续增长状态。自 2006 年起，数字经济发展已经陆续为德国创造了 20 万余个就业岗位，是德国创造新增就业岗位最多行业之一，极大降低了德国失业率。德国数字经济销售额也得到了较大增长，新增就业人数不断增加。虽然德国数字经济方面取得了一些进展，但是，相较于其他国家，德国数字经济发展仍面临以下挑战。

1. 人才缺失。据德国信息技术、电信和新媒体协会调查结果提供的数据，2019 年德国共有 12.4 万个信息技术专家位置空缺，缺少信息技术方面人才，并且相对于 2018 年的 8.2 万个来说，空缺在不断增加，并且增长幅度较大，这种人才缺失将会在很大程度上制约德国数字经济乃至整体经济发展，因此，需要采取一系列措施从外国引进人才，以弥补人才空缺和促进经济增长。

2. 基础设施滞后。德国在数字经济发展中也面临基础设施滞后的问题，这种问题制约着德国经济的发展。根据 OECD 提供的数据，2017 年年底，德国使用光纤网络的互联网用户只有 2%，不到 OECD 成员均值的 10%，在 OECD 成员中处于落后地位，互联网平均上传速度和下载速度也比较慢。5G 部署上，亚洲和北美地区明显先于欧洲，但其整体处于落后地位，需要不断弥补基础设施不足的问题。

3. 政府层面问题。德国经济数字化发展最大制约因素是德国政府。有专家批评德国政府在数字经济发展中并没有起到较大作用，一直处于力不从心的状态，德国政府在这一方面因循守旧，缺乏创新思路的同时也没有很好适应数字经济发展带来的新工作方式。

首先，决策者在制定和推行数字化战略和决策时扮演极其重要角色，决策者需要对数字化有着全面且清晰的了解，这也需要各政府部门经常沟通协作。但是德国政府数字化领域权限被分散在不同部门，分别是经济、内政、教研和交通，每个部门负责问题各不相同，其中经济部门负责推动数字化发展；教研部负责数字科研和教育；内政部负责网络安全、电子政务、数据保护和开放；交通与数字基础设施部负责宽带基础设施建设和交通数字化。出现沟通不及时、政策观点不同问题，这些严重影响了德国数字化发展和转型。

德国最迫切需要解决的事就是设立一个单独部门，这个部门负责协调所有数字化领域工作，以此加强数字化管理。当局在《数字战略 2025》中就曾提出要设立“数字化局”，推动各部门之间密切协作，使部门间协同效应充分发挥出来，但是德国政府并没有付诸行动，数字化局并没有建立起来。

其次，德国现下实施的行政和法律已经落后于数字化发展进程。虽然近年来德国修订了部分法规、新通过了一批法规，核心目的在于提升数字化转型所需的外部需求，但是这些措施实施速度和所带来的效果相较于数据利用和数字技术开发发展速度是落后很多，数字技术发展过快，德国目前立法有些跟不上，而立法跟不上，会给数字经济发展带来很大风险与不确定性。同时在行政管理上，创业创新仍然需要面对繁重审批工作流程。

最后，德国政界各方对数字化进程在德国发展一直较为保守，多数人士看到了数字化进程中带来的风险，而对数字化带来的机遇置若罔闻。对于部分数字化领域监管过于严苛。即使近几年来德国政府一直在给数字化进行解绑行动，然而，德国互联网仍因监管严格、障碍重重而饱受诟病，这些问题导致了德国共享经济发展一直处于较为缓慢的地步，移动支付跟不上当今时代潮流。即便如此，新内阁协议仍然在 IT 安全问题上投入过多关注。将“联邦信息技术安全局”扩大为“国家网络安全局”，将“扩大法律框架，将更好地抵御新威胁”定为新发展策略。

第六节　日本数字经济战略

近几年来，日本数字经济发展非常快。日本政府启动了“数字新政”，而且把“在数字经济领域建立相关规则”作为其新外交任务之一。除了推动国内经济外，日本希望在帮助实现其“政治大国”战略梦想方面发挥主导作用。

一、日本数字经济战略

日本将数字经济战略分为四个阶段，引领数字经济的发展。

（一）第一阶段：1956～2000 年

致力于建设和完善数字信息产业。

（二）第二阶段：2000～2006 年

在这 5 年间日本政府整合了数字网络信息产业对日本整体国民经济影响力，数字经济发展在日本已经初具规模。2000 年日本设立了“IT 战略总部”，该部门设立目的在于扶持数字信息产业在日本持续稳定发展；2001 年日本政府发布《e 日本战略》，该战略指出为了促进数字经济发展，日本将加大投入来搭建宽带网络基础设施；2003 年日本发布《e 日本战略Ⅱ》，为使数字经济和国民经济形成相互促进的良性循环；2004 年日本出台《U 日本战略》。

（三）第三阶段：2006～2013 年

2006 年日本政府出台了新 IT 改革政策，来深化推动 IT 产业结构改革；2009 年日本发布了《i－日本战略 2015》，该战略指出日本目前要面向新时代下数字经济发展，实现数字信息产业在日本社会普惠性成为日本最优先战略目标；2011 年日本发布《推进 ICT 维新愿景 2.0 版》，在日本经济社会中搭建出一个领先世界的数字信息经济。日本在 2012 年又颁布了《日本复兴战略》，指出了未来振兴日本经济关键在于新兴数字信息及其相关产业。

（四）第四阶段：2013 年至今

2013 年后，日本政府一直试图以数字经济为支点撬动日本经济的复兴。日本原 IT 战略总部在 2013 年被升级为内阁的“信息高速通信网络社会推进战略本部”，作为相关各部门一个核心部门，该部门职责在于整体统筹数字经济相关行业工作，该部门表明将大力推动数字信息产业在区域振兴、资源和现代化农业等行业和领域应用。

二、日本数字经济发展情况

经过数十年发展，日本数字信息产业相关基础设施建设已经初步完善，已经处于全球领先行列，这些措施为日本数字经济迅速发展打下了良好基础。同时这些举措也取得了一定的成果，（1）数字经济成为日本经济的主导性力量。值得一提的是，日本数字信息产业经过这些年发展已成为对日本 GDP 贡献最大的龙头产业。相较于日本整体经济的发展速度，日本数字经济整体发展水平明显超出，数字经济发展给日本整体经济带来了明显促进作用，数字经济也给日本带来了新就业岗位，给日本就业问题提供一个新思路。（2）数字技术、信息化水平高。日本互联网普及率、宽带普及率、移动互联网接入水平、电器数字化水平等均居世界前列。（3）以数字经济为基础进一步推动日本现有经济结构性改革，大力倡导日本现有实体经济数字化转型升级。日本政府一直大力推动数字信息技术在不同领域中应用和渗透，一方面以数字信息技术在各行各业应用为支点，撬动不同行业和领域结构性改革，推动各行业积极适应新兴数字信息技术；另一方面，数字信息技术在不同领域有效链接作为发展重点方向，使用数字技术作为一个平台在数字经济和应用环境及应用程序环境利用，帮助日本国内实体经济成功转型升级以及随着数字经济发展创造新产业和新就业岗位。日本拥有了全球顶尖数字信息产业基础设施，同时依托数字信息产业发展其他产业，进一步提升了其他产业数字化程度，即形成了一个良性循环，全社会数字化发展促进各行业发展，同时各行业数字化发展又反哺整个社会数字化进程。

三、促进新时代中日数字文明合作

（一）中日数字经济合作困境

1. 虽然中日两国均有开展数字经济相关领域合作的坚实基础，例如，都有发展程度相对较高的国民实体经济、较为全面的工业系统和相对完善可以促进经济发展的司法保障等，然而中日两国数字经济领域合作却一直没有取得真正意义上的进步和延续，更不必提后续合作优化与保障建设等相关问题。

2. 中日两国数字经济合作推动工作仍然难有进步，而且合作也缺乏更多案例支持。从数字经济合作相关研究成果在中国和日本之间，中国和日本之间数字经济合作更反映在相关命题提出中国和日本政府在数字经济合作发展，而不是取得了具体合作成果。中日数字经济合作还存在许多有待探索的问题。

3. 中日数字经济合作却依旧有以下几点困境。第一，中日数字经济合作基础是双方拥有良好关系，由于各种原因，中日关系始终没有重大突破，这一点就仍然导致了中日数字经济合作存在较大矛盾和障碍，这些矛盾和障碍也较难解决；第二，“一带一路”建设期间中方和其他国家合作时所存在既有困境也会给中日数字经济合作带来一些影响，这些影响也会导致中日数字经济合作推动停滞不前；第三，中日双方所处世界大环境和各种面临各种机遇也会导致中日数字经济合作存在困境。

上述三个方面矛盾和困境共同导致了近十年以来中日关系在世界范围内难以有重大突破，如何推进中日数字经济领域相关合作首先需要面对的就是解决上述存在的问题。

（二）推动中日数字经济合作路径

1. 中日共同面对时代挑战基础在于合作双方均需要在合理范围内预见中日间数字经济与网络空间治理中存在分歧。

（1）展望未来，日本为了促进基于信任数据流通战略，将体现在大力推行日本国内法律法规修订和国际多边贸易框架下中日协调机制发展两个方面。

2017 年 6 月，日本为了应对新一轮数字经济合作发展，发布了《数据与竞争政策调研报告》，不同以往单个模块分析，该报告从整体层面上深入分析了存在的与数据相关的竞争问题。

2019 年 9 月，日本成立了数字市场竞争本部，进一步对《个人信息保护法》进行整改和修订。日本未来发展大方向不难分辨，以动态网络安全生态系统为基础，综合权衡信息网络空间中人权治理、经济治理、安全治理诉求，同时尽可能在全球交互协调中找寻自身利益最大化，这一思路也将成为日本未来网络空间治理战略中心战略目标。

2017 年至今，日美欧等国曾多次依托 WTO 改革发表联合声明，三方达成的共识包括现有 WTO 部分规则已然无法适应当前时代大数据、电子商务、数字经济、信息技术快速发展新时代大势，美国参与 WTO 多边贸易谈判最优先事项已经转移到电子商务问题上来，日本希望在 G20 和 CPTPP11 等多边框架下发挥帮助全球数据治理。

相较于日美欧这些全球发达国家在 WTO 电商规范内已经初步形成部分共识，中国个人信息保护法无论是立法还是实施与普及都比较滞后，出现了国家政府部门对于个人信息数据管理法律法规无法契合复杂多变新形势要求现象，因此这也给跨国数据传输立法带来了较大困扰。在这大环境下，我国要做的是针对日方提出在中日双方贸易协定中电商条例一贯立场与相对较高标准主张要有充分理解，并且要及时做出相应研究和论证。为了解决上述出现问题，有学者建议，过去美欧之间数据转移和保障方式可以成为我们未来良好借鉴方向，以保证跨境信息数据安全性。部分学者建议我国应尽早加入 CBPR，加入 CBPR 将对我国内企业各方面发展和进步起到良好促进作用，也对我国尽快掌握数字时代商务规则有较好地促进作用。

（2）放眼未来，日本大力扶持构建网络空间安全生态系统背景下，世界各国与日本经济合作与政治互信间关系将会日渐密切起来。

从日本网络空间安全生态治理与国民经济治理相互融合渗透路径来看，日本未来对外经济和信息交往中，与各国之间经济合作与政治互信关系相较以往也会更加紧密。中国和日本双方都应该加强政治互信，才可以更好促进“双赢”，对于避免网络空间安全风险和稳定双方经济效益也有一定程度上的帮助。不能忽略日本网络空间安全生态系统建设上已经存在价值上不确定性。并且要及时去制订风险评估和预测计划，进一步加速构建符合中国国情且能适应全球体系网络空间治理体系。

2. 把握新机遇，中日双方携手共同搭建网络空间命运共同体。

伴随全球网络信息空间发展进入了一个全新时代，中日双方网络空间观有可能会迎来相向而行的发展机遇。就单对于网络空间自身发展来说，中日两国网络空间观有着共同基础，其发展重点从物理层向内容层发展，发展阶段向两层融合发展。目前，国家对基础设施层主权管辖权争议不大。最大区别是内容层，也就是数据。

从中国角度来看，主权治理机制应当更加灵活，应积极寻求政策对接、主权合作，帮助世界各国人民都可以分享和分配到互联网信息空间技术红利。

从日本角度来看，日本学者盐原俊彦认为，即使是美国政策在奥巴马执政期间也发生了重大变化。2009 年 5 月在他的演讲中，他明确表示，数字基础设施如网络和计算机是一个战略属性，保护国家安全是一个优先考虑问题。显然，阻碍中日共建和共享数字文明桎梏不在于各方主权原则在网络信息空间适用。相反，随着网络空间的发展，中日两国正进入一个新时代，两国的网络空间观也将迎来新机遇。

从网络空间外部环境来看，中日关系经过多年回暖，政治互信恢复，为两国共商共建共享数字文明新时代带来了空间机遇。中日沿线合作为新一轮中日合作提供了广阔空间和平台。中日两国共商共建共享数字文明时代新规则，有望成为中日合作新突破、新把握和新机遇。

第七节　中国数字经济战略

一、中国数字经济发展阶段

根据《全球数字经济竞争力发展报告（2017）》及其他研究内容，我国数字经济相关政策发展历程大致分为三个阶段，分别是数字经济萌芽阶段、数字经济快速发展阶段与数字经济成熟阶段，如表19－1所示。

表19－1　中国数字经济发展阶段

阶段	时间	阶段名称	标志
第一阶段	1994～2003年	数字经济萌芽	数字化软硬件基础设施建设
第二阶段	2004～2015年	数字经济快速发展	电子商务及数字企业的兴起
第三阶段	2015年以后	数字经济成熟	数字技术与传统产业的融合

资料来源：根据上海杜科院《全球数字经济竞争力发展报告（2017）》相关内容整理。

（一）数字经济萌芽（1994～2003年）

1994年接入互联网，标志着我国进入发展互联网数字经济萌芽阶段，开启了数字经济发展之路。数字经济发展萌芽期，我国在加大力度鼓励数字基础设施建设与增加数字技术研发投入的同时，为数字平台企业创立提供了良好政治与社会环境。此阶段，从网易、新浪等门户网站到百度、腾讯等搜索引擎再到阿里巴巴、京东等电子商务网站，一大批数字平台型企业纷纷成立并快速崛起，我国数字经济从萌芽开始就经历了快速发展与成长，但到2000年前后随着全球互联网泡沫的破灭，国内互联网产业受到了重创，数字经济发展也经历了短暂低迷的发展期。

从1994年互联网进入中国之初，国内数字经济政策主要集中在加大力度促进信息和数字基础设施建设与数字技术研发方面，包括宽带、移动通信网络、基站以及提供通信服务其他软硬件基础设施建设、促进宽带技术普及与运用等，希望为以后数字经济相关产业发展提供基础支撑。

（二）数字经济快速发展（2004～2015年）

从2004年开始，短暂互联网发展低迷阶段过后，随着不断完善数字基础设施水平，我国数字技术迅速发展，网络用户数量也不断高速增长，电子商务、跨境电商等新模式兴起以及微博自媒体等新业态纷纷涌现，不断推动着数字经济快速成长，我国数字经济也逐渐由萌芽期进入快速发展期。到2012年6月底，中国网络用户总人数约5.38亿人，手机网民总人数规模约3.88亿人，并第一次超过电脑网络用户人数，标志着主要依靠网民数量高速增长中国数字经济发展模式逐渐受到瓶颈约束并将面临日益严峻挑战，中国数字经济发展需要寻找更新发展模式，也需要向更新发展阶段跨越。

2005年，《国务院办公厅关于加快电子商务发展的若干意见》发布，政府鼓励发展电子商务等数字经济新模式与新内容已经上升到国家战略层面，表明随着信息和数字基础设施不断完善与信息化、数字化水平不断提升，国家在数字经济发展方面政策鼓励方向，逐渐从信息与数字基础设施、数字技术研发等基础支撑层向促进电子商务发展、促进信息社会建设、促进政府公共服务数字化以及数字政府建设等内容层过渡。2007年4月，《中华人民共和国政府信息公开条例》发布，强调政务公开与政务服务数字化，标志着我国数字经济相关政策已经由原来强调信息与数字基础设施建设表层逐渐过渡到强调发展电子商务与数字政府等内容层。

（三）数字经济成熟（2015年至今）

随着大数据、云计算、物联网、AI等现代数字技术的广泛使用，宽带、大数据中心、云计算中心等数字基础设施建设大规模推进，我国手机网民数量也在不断增长，我国数字经济发展逐渐由原来快速发展向成熟期过渡。根据艾瑞咨询2017年相关报告，中国数字经济发展逐渐步入成熟期，不仅农业、制造业、服务业等传统行业数字化程度不断提高，也涌现出更多新模式与新业态，与此同时，数字经济发展过程中问题也不断开始显现。（1）数字技术对传统行业改造。随着数字技术不断向传统行业融合、渗透与改造、创新，智能制造、智慧农业、智慧物流等不同行业都开启了数字化发展新模式，然而由于行业特点差异，也并非所有行业都可采用同一模式、在同一时间点进行相同程度数字化改造，因此未能适时改造或过于超前改造企业都有可能被淘汰出局。（2）新模式、新业态持续涌现。随着数字经济的迅猛发展，共享经济、众创、众包、众筹等新模式与新业态层出不穷、持续涌现，不仅使传统经济下商业模式发生彻底变革，也为当今数字经济发展注入了更多新活力与动力。(3) 数字经济发展过程中许多新问题不断涌现。推动数字经济发展过程中也带来了数字技术对就业生态系统结构性冲击、个人隐私数据泄露与保护、数据鸿沟跨越、病毒攻击与网络安全等新问题，这些也都有待在数字经济不断发展与完善过程中逐步解决。

二、中国数字经济政策

2015 年以来，我国从中央到各部委再到省区市层面与数字经济发展相关的政策措施频频出台，大多强调促进数字技术相关产业发展，促进传统产业数字化改造、升级与创新，促进数字经济合作及数字全球化发展。

（一）国家层面政策

1. 政府工作报告。

从 2015 年国务院政府工作报告提出开展“互联网 +”开始，之后中央及地方各级政府有关数字经济政策和指导意见纷纷出台；2016 年政府工作报告，强调“互联网 + 政务服务”，强调通过建立电子政府、“一站式”政府及数字政府等途径，促进政府公共服务向数字化转型；2017 年政府工作报告首次提出数字经济概念，强调在大力促进数字技术相关产业发展基础上，促进农业、制造业、服务业等传统领域各行各业向数字化转型；2018 年政府工作报告，强调在促进大数据、云计算、物联网、区块链、AI、3D 打印等数字技术快速迭代创新基础上，促进人工智能、智能家居、智慧城市建设进一步发展；2019 年政府工作报告，要深化大数据、AI 等研发应用，培育新一代技术产业；2020 年政府工作报告，电商网购、在线服务等新业态在抗疫中发挥了重要作用，要继续出台支持政策，全面推进“互联网 +”，打造数字经济新优势；2021 年政府工作报告，加快数字化发展，打造数字经济新优势，协同推进数字产业化和产业数字化转型，加快数字社会建设步伐，提高数字政府建设水平，营造良好数字生态，建设数字中国。

2. 其他重要讲话及文件。

2015 年 3 月，我国通过了《中国制造 2025》规划方案，该方案提出以加快新一代信息数字技术与我国制造业相融合为主导，以推进智能制造为主攻方向，争取用十年时间使我国成为世界制造业强国中的一员，在此基础上提出了“三步走”战略来保证这一进程稳定发展；2015 年 7 月，《国务院关于积极推进“互联网 +”行动的指导意见》提出，到 2018 年我国将基本形成网络经济与实体经济协同互动基本格局发展目标。2015 年 11 月，“十三五”规划，提出国家大数据战略，推进数据资源开放共享。2015 年 12 月，在第二届世界互联网大会上，习近平总书记指出中国将重点支持依托互联网各类创新，大力扶持“数字中国”建设进程，大力发展分享经济，努力推动数字经济合作与数字经济全球化发展。

2016 年 9 月，通过《G20 数字经济发展与合作倡议》，该倡议创造性提出了数字经济这一概念的明确定义，指出了各国数字经济合作发展的新方向。2016 年 10 月，中共中央政治局进行了第 36 次集体学习，习近平总书记指出我国需加快推进现有网络信息技术自主创新，提升数字经济对整体国民经济发展推动作用，强调要加大相关项目投入，加速完善我国信息基础设施搭建，推进信息技术和实体经济相互渗透和融合，加速推动传统产业数字化、智能化进程，大力发展数字经济，为我国经济发展开拓新空间。

2017 年 10 月，党的十九大报告提出加强应用基础研究，拓展实施国家重大科技项目，突出关键共性技术、前沿引领技术、现代工程技术、颠覆性技术创新，为建设科技强国、质量强国、航天强国、网络强国、交通强国、数字中国、智慧社会提供有力支撑。2017 年 11 月，国务院发布《国务院关于深化“互联网 + 先进制造业”发展工业互联网的指导意见》，互联网产业开始主导新工业革命核心和关键，也成为“互联网 + 先进制造业”不可或缺的基石之一，进一步推动实体经济、AI、工业互联网、互联网、大数据等体系的深度融合。2017 年 12 月，中共中央政治局第二次集体学习，推动实施国家大数据战略，加快完善数字基础设施，推进数字资源整合和开放共享，保障数据安全，加快建设数字中国。2018 年 4 月，国务院办公厅《关于促进“互联网 + 健康”发展的意见》指出，要加快实施我国健康发展战略，提升医疗卫生管理现代化水平，满足人民群众日益增长的健康保健需求。2018 年 12 月中央经济工作会议，提出了要加快 5G 商用步伐，加强 AI、工业互联网、物联网等新型基础设施建设。

2019 年 8 月，国务院办公厅印发《关于促进平台经济规范健康发展的指导意见》，首次从国家层面全面部署发展平台经济，要依法查处互联网领域滥用市场支配地位限制市场交易、不正当竞争等违法行为，重点强调严禁平台单边签订排他性服务合同，针对互联网领域价格违法行为特点制定监管措施等。2019 年 10 月，《国家数字经济创新发展试验区实施方案》，在浙江、雄安新区、福建、广东、重庆、四川 6 个“国家数字经济创新发展试验区”授牌，正式启动试验区创建工作，通过 3 年左右时间探索，数字产业化和产业数字化取得显著成效。明确将数据作为一种新型生产要素写入政策文件。提出加快培育数据要素市场，推进政府数据共享，提升社会数据资源价值，加强数据资源整合与数据保护。2019 年 10 月，中共中央政治局集体学习，主题是区块链技术发展的现状和趋势，强调要加快发展区块链技术。2019 年 11 月，党的十九届四中全会提出推进数字政府建设，加强数据有序共享，依法保护个人信息。

2020 年 3 月 30 日，国务院颁布《关于构建更加完善的要素市场化配置体制机制的意见》，加快培育数据要素市场，推进政府数据开放共享，提升社会数据资源价值，加强数据资源整合和安全保护。

2021 年“十四五”规划及 2035 远景目标建议中提出，要发展数字经济，推动数字产业化和产业数字化，推动数字经济和实体经济深度融合。

（二）部委层面政策

为促进国家层面有关鼓励数字经济发展政策付诸实施与更快落地，商务部、教育部等各部委相继出台了一系列政策和行动计划来促进数字经济及相关产业发展，与中央层面政策相比，商务部、教育部、工业和信息化部等部委出台政策更具针对性、更加细化，也更易落地实施。2015 年 5 月，商务部发布《“互联网 + 流通”行动计划》，该计划指出要以技术创新和商业模式创新驱动，推动传统流通产业转型升级；教育部提出促进信息技术、数字技术与教育融合战略安排，2016 年 6 月发布了《教育信息化“十三五”规划》，实现教育信息化体系促进学生全面发展；工业和信息化部为推动制造业与数字经济相结合，促进制造业数字化、智能化改造。2019 年 9 月，市场监管总局制定出台了《禁止垄断协议暂行规定》《禁止滥用市场支配行为暂行规定》《禁止滥用行政权力排除、限制竞争行为暂行规定》，在技术细节上，首先明确了市场份额认定指标范围，其次规定了认定具有市场支配地位特殊考虑因素，最后规定了以低于成本价格销售商品特殊情形，对涉及互联网等新经济业态中的免费模式，应综合考虑经营者提供免费商品以及相关收费商品等情况。2020 年 4 月 7 日，国家发展改革委、中央网信办印发《关于推进“上云用数赋智”行动，培育新经济发展实施方案意见》，实施国家大数据战略，推进数据资源开放共享。2020 年 7 月 15 日，国家发展改革委等 13 个部门联合发布《关于支持新业态新模式健康发展，激活消费市场带动扩大就业的意见》，积极探索线上服务新模式，激活消费新市场：大力发展融合化在线教育；积极发展互联网医疗；鼓励发展便捷化线上办公；不断提升数字化治理水平。加快推进产业数字化转型，壮大实体经济新动能：培育产业平台化发展生态；加快传统企业数字化转型步伐；打造跨越物理边界的“虚拟”产业园和产业集群；发展基于新技术的“无人经济”。

（三）省（自治区、直辖市）层面政策

为了促进数字经济健康快速发展，各省区市根据国家数字经济发展战略指导意见，围绕数字技术发展、数字基础设施建设、传统产业数字改造、数字政务水平提升及创建良好数字化发展环境等主题发布了相关配套政策。我国 31 个省区市数字经济发展政策具体情况见表 19 - 2。

表 19 - 2　　我国 31 个省区市数字经济发展政策

时间	地区	政策名称	内容
2021 - 01 - 04	上海	《关于全面推进上海城市数字化转型的意见》	加快推动数字产业化、产业数字化，放大数字经济辐射带动作用，助力“五型经济”发展
2020 - 12 - 30	浙江	《浙江省数字经济促进条例》	全国首部促进数字经济发展的地方性法规
2020 - 12 - 22	浙江	《浙江省国家数字经济创新发展试验区建设工作方案》	到 2022 年，数字经济增加值达到 4 万亿元以上，占全省 GDP 比重达到 55%，基本建成全国领先的数字政府先行区、数字经济体制机制创新先导区、数字社会发展样板区、数字产业发展引领区、产业数字化转型标杆区
2020 - 11 - 20	甘肃	《甘肃省“上云用数赋智”行动方案（2020 ~ 2035）》	“上云用数赋智”“1237”重点建设任务，甘肃省数字化转型伙伴行动倡议，启动了“东数西算”产业联盟试点，进行了“上云用数赋智”项目签约
2020 - 11 - 13	江苏	《关于深入推进数字经济发展意见》	要发挥数字经济优势，加快产业数字化、智能化转型，提高产业链供应链稳定性和竞争力，加快构建长三角一体化数字经济产业发展进程，深入推进“强富美高”新江苏建设
2020 - 11 - 28	广东	《广东省建设国家数字经济创新发展试验区工作方案的通知》	经过 3 年探索实践，试验区建设取得了明显成效，粤港澳大湾区成为全球数字经济的发展高地，主要围绕电子信息制造业，软件信息服务业，5G、窄带物联网基站建设与数据中心集群建设，继续发展壮大国家数字经济创新发展试验区
2020 - 10 - 22	辽宁	《辽宁省数字经济发展规划纲要》	围绕培育数据要素市场、建设新型基础设施、推动数字化转型、发展数字化产业、推进数字化公共服务、提升数字化治理能力、构建协同发展格局；进一步完善体制机制；着力打造产业链供应链竞争新优势
2019 - 06 - 04	黑龙江	《黑龙江省人民政府关于印发“数字龙江”发展规划（2019 ~ 2025）的通知》	东北工业智能化转型样板、全国数字农业先导区、全域智慧生态旅游示范省和数字丝路北向开放门户，完善基础支撑体系、加快发展数字经济、着力打造数字政府、创新数字社会治理、提升信息惠民服务和全面深化开放合作，政务数据共享、卫星应用壮大、人工智能培育、智能制造示范、全域智慧旅游、数字农业升级、智慧供暖建设、智慧矿山建设、营商环境优化

续表

时间	地区	政策名称	内容
2020-09-23	北京	《北京市促进数字经济创新发展行动纲要（2020～2022）》	围绕基础设施建设、数字产业化、产业数字化、数据价值化、数字化治理规则、数字贸易发展六条主线展开，推进北京数字经济发展，以建设国际科技创新中心为新引擎，到2025年，北京国际科技创新中心基本形成
2020-08-14	海南	《智慧海南总体方案（2020～2025）》	做优做强互联网、大数据、区块链、AI、信息安全、电子竞技等数字新产业，推动离岸创业创新和数据跨境服务，打造法治化、国际化、便利化营商环境，建成立足南海、辐射21世纪海上丝绸之路沿线国家的开放型数字经济创新高地
2020-06-14	重庆	《重庆建设国家数字经济创新发展试验区工作方案》《重庆市建设国家新一代人工智能创新发展试验区实施方案》	将在集成电路、新型显示、智能终端、软件及信息服务、网络安全、数字文创、智能建造、5G、物联网、大数据、人工智能、区块链等领域，打造千亿级数字经济产业集群
2020-06-17	湖北	《加快发展数字经济，培育新的经济增长点若干措施》	以数字经济为抓手，培育新的经济增长点，促进全省疫后重振。聚焦五个方面：数字网络化；数字产业化；治理智能化；聚焦生活智慧化
2020-05-29	福建	《2020年数字福建建设工作要点》	大力发展5G商用、区块链、大数据、物联网、人工智能、卫星应用等新兴业态，力争信息化发展水平保持全国前列
2020-05-29	宁夏	《2020年江苏宁夏数字经济合作重点工作》	搭建合作平台，设置资源池，发布需求清单，开展线上活动，并推进项目合作，引导江苏省创新能力强的企业到宁夏对重点领域关键共性技术揭榜攻关，推进“江苏云”建设
2020-05-20	青海	《青海省数字经济发展实施意见》《青海省数字经济发展规划》	加快布局建设数字经济相关产业，加速数字产业化和产业数字化进程，助力青海经济转型升级和高质量发展
2020-05-20	西藏	《西藏自治区数字经济发展规划（2020～2025）》	发展电子商务与智慧物流，利好全区快递业发展，引导电子商务平台企业与快递企业开展供应链流程再造，建设电子商务园，为电子商务运营和配套企业提供一站式服务
2020-05-11	陕西	《陕西省数字经济产业发展引导目录（2020）》	明确了数字基础设施建设、数字产业化、产业数字化、数字丝绸之路建设和数字经济人才培养等，面向“一带一路”合作伙伴国际互联网转接点、国际互联网交换中心、国际通信专用通道建设等共122类数字经济产业类别
2020-04-22	江西	《江西省数字经济发展三年行动计划（2020～2022）》	在VR、物联网、第五代移动通信（5G）、人工智能、区块链、智能制造、网络数据安全的细分领域突破一批关键核心技术，形成一批重大科技成果
2020-04-19	河北	《河北省数字经济发展规划（2020～2025）》	实施雄安新区数字经济创新发展试验区建设、大数据产业创新发展、核心技术突破、汽车制造业数字化转型、石化工业数字化转型、县域特色产业集群数字化转型、智慧交通、智慧港口、智慧物流、智慧旅游、智慧医疗、智慧教育、智慧农业、数字乡村建设等
2020-04-18	山东	《山东省省级数字经济园区管理办法（试行）》	这是全国首个省级数字经济园区管理办法和建设指标，聚焦数字产业化、产业数字化，按规定程序完成认定的数字经济发展集聚区
2020-03-10	内蒙古	《内蒙古自治区人民政府关于推进数字经济发展的意见》	完善信息基础设施，积极打造算力中心，建设新型智慧城市，加快农牧业农村牧区数字化进程，发展工业互联网，推动智能制造，发展智慧旅游

续表

时间	地区	政策名称	内容
2020－01－18	湖南	《湖南省数字经济发展规划（2020～2025）》	发展壮大电子信息制造业，做强做优软件服务与互联网产业，培育发展新一代信息技术产业，加快推进一二三产业转型升级
2020－10－22	云南	《关于加快构建现代化产业体系的决定》	重点培育先进制造业、旅游文化业、高原特色现代农业、现代物流业、健康服务业等为重点的万亿级支柱产业和绿色能源、数字经济、生物医药、新材料、环保、金融服务业、房地产业、烟草等为重点的千亿级优势产业
2019－11－16	吉林	《中共吉林省委吉林省人民政府关于以数字吉林建设为引领，加快新旧动能转换，推动高质量发展的意见》	要推进“数字吉林”建设，着力推进“五大任务”、实施“十大工程”、落实“十大工作举措”，既要做到“有中生新”，又要做到“无中生有”，并在数字经济发展的“融合”“改革”“人才”“安全”“落实”等方面上下工夫
2019－10－04	河南	《河南省数字经济发展重大工程》	以重大工程带动整体提升，加快构建数字经济发展新生态，加快构建以郑东新区智慧岛为引领，云湖智慧城、白沙大数据产业园、科学谷为支撑的数字经济发展核心区，辐射联动郑州高新区、金水科教园区、开封运粮湖数字港发展
2019－09－12	山西	《山西省加快推进数字经济发展的实施意见》	推动工业云服务平台建设、打造“两化”融合升级版、全面推动智能制造、打造新型智慧城市、推行智慧政务、发展数字商务、建立智能化市场监管体系等
2019－08－16	四川	《加快推进数字经济发展的指导意见》	数字产业化、产业数字化、数字化治理，以数字经济核心产业，产业数字化转型，数字化治理，智慧社会建设等
2019－06－03	天津	《天津市促进数字经济发展行动方案（2019～2023）》	推动智能化基础设施达到国内先进水平；提升智能型先导和支柱产业规模达到国内先进水平；促成产业数字化转型成为全国示范；实现数字化公共服务供给能力显著增强；促进数字经济开放发展优势基本形成；推进数字经济现代市场体系初步建成
2018－11－23	安徽	《支持数字经济发展若干政策》	支持数字技术创新；加强市场主体培育；大力培育数字经济平台；打造数字经济产业生态；大力发展“数字＋”服务；加快发展“互联网＋政务服务”；完善信息基础设施；加强人才智力保障；加强财税要素保障；统筹组织实施
2018－09－17	广西	《广西数字经济规划（2018～2025）》	构建“一核一轴三区多点”的发展格局，推动数字产业化加快发展，推动互联网、大数据、人工智能和工业深度融合，推动互联网、大数据、人工智能和农业深度融合
2018－05－15	新疆	《“疆企上云”行动计划（2018～2020）》	稳步推进乌鲁木齐－昌吉、克拉玛依云计算数据中心建设，包括采矿、电力、农业、油气开采等多个传统行业纷纷搭上“5G＋工业互联网”快车，加速数字化转型
2018－02－11	贵州	《贵州省实施“万企融合”大行动打好“数字经济”攻坚战方案的通知》	深化云计算、量子通信、AI等新一代信息技术在实体经济中创新融合，运用大数据手段推进全产业链、全生命周期以及企业研发、生产、销售、服务各环节优化重组，持续改造提升传统产业，不断培育壮大新业态，促进实体经济向数字化、网络化、智能化转型，推动大数据与一二三产业深度融合

资料来源：根据31个省区市公布的数字经济发展政策整理。

三、中国数字经济发展主要商业模式演变

根据前面分析，我国数字经济发展已经从萌芽、快速发展逐步走向成熟阶段，对照数字经济白皮书分类，事实上我国已从信息传播信息数字化阶段，历经电子商务和社交网络服务为主业务数字化阶段，逐步过渡到以智能决策为主数字转型阶段，如表19－3所示，在数字经济发展不同阶段，其商业模式也存在较大程度的不同。同时，在我国数字经济发展进程中，不同传统行业数字转型步伐也不一

致，新零售与工业4.0相关行业仍处于萌芽期，而互联网金融、在线短视频、网络购物已处于成熟期，而在整个数字化转型过程中，互联网行业特别是BAT等国内数字平台巨头对传统产业转型升级推动力持续展现，未来仍将在继续推动我国乃至全球数字经济发展方面发挥更大作用。

表19－3　数字经济不同阶段的主要商业模式

阶段	类型	内在逻辑	商业模式	时代特征
信息数字化	信息传播	信息发布与传播不被中断与干扰	门户网站、邮箱、社交媒体	争夺流量和积累用户规模
业务数字化	电子商务	商业行为与大量信息产生额外需求	电商平台、搜索引擎、网络安全等	流量和用户是企业有价值资源，“免费+增值服务”商业逻辑形成
	网络服务	电子技术化伴随企业全环节	第三方支付、社交网络服务	技术成为行业核心的驱动力，商业模式向用户倾斜
数字转型	智能决策	数字化、智能化助推企业效率再提高	大数据、云计算、AI等数字技术	注重科技能力开发，商业模式以企业数据为基础，向外提供云服务

资料来源：根据艾瑞咨询2016年互联网全行业洞察及趋势报告整理。

总结与回顾

为了促进各国、各地区数字经济科学、快速发展，都纷纷制定了各具特色的数字经济发展战略。本章系统介绍了美国、欧盟、英国、中国、日本、德国和俄罗斯数字经济战略，从中可以发现其异同，吸取其长，补己之短。

复习思考

一、名词解释

数字化基础设施；数字政府；单一数字市场战略；数字转型；电子政务

二、简答题

1. 简述美国数字经济战略。
2. 简述欧盟数字经济战略。
3. 简述俄罗斯数字经济政策体系。
4. 简述英国数字经济战略。
5. 简述中国数字经济发展阶段。
6. 简述德国数字经济战略。
7. 简述日本数字经济战略。

三、论述题

1. 联系实际谈谈中国数字经济战略对发展社会主义市场经济积极作用。
2. 联系其他国家数字经济政策谈谈其对我国发展数字经济的借鉴意义。

能力拓展

货拉拉的商业模式是搭建平台，把卡车司机和卡车司机的用户联系起来。它不是中国第一个提出这个想法的企业，但到目前为止它至少是最成功的。他们真的在进行技术开发，真的在做企业文化。

初创企业的发展绝不应以烧钱为基础，要注意发展的概念。战略对于企业的重要性不言而喻，否则就算有好机会，也不会发展。

就汽车工业而言，从汽车到零部件，中国是世界上最大的汽车生产国和消费国。但遗憾的是，我国本土企业的竞争优势还比较弱。在某种程度上，跨国公司主导着中国汽车工业的发展，导致零部件企业还没有真正发展起来。

通过合资模式来发展中国的汽车工业，为跨国公司的发展提供了良好的机遇，但本土企业并没有得到发展，因为这违反了管理原则。本土企业的水平、技术能力和管理能力不足时，将市场开放的结果只能是技术能力和管理能力强于我国的跨国公司引领行业发展。

此案例对于数字经济有什么启示？

参考文献

一、中文文献

（一）中文期刊

[1] 张志武．关于按生产要素分配的思考［J］．经济评论，2000（2）：7-9.

[2] 时光新，王其昌，刘建强．变异系数法在小流域治理效益评价中的应用［J］．水土保持通报，2000，20（6）：47.

[3] Fredric Jameson，王逢振译．论全球化的影响［J］．马克思主义与现实，2001（5）：71-78.

[4] Scott Lash，王武龙译．风险社会与风险文化［J］．马克思主义与现实，2002（4）：52-63.

[5] 吴声功．劳动价值论与生产要素论的难题解述［J］．学海，2002（3）：36-38.

[6] 张嫚．论数字产业对传统反垄断理论与实践的启示［J］．经济评论，2002（4）：103-106，2-5.

[7] 雷家骕，程源．技术经济学科发展述评与展望［J］．数量经济技术经济研究，2004（8）：151-159.

[8] 张军，吴桂英，张吉鹏．中国省际物质资本存量估算：1952～2000［J］．经济研究，2004（10）：35-44.

[9] 郭庆旺，贾俊雪．中国全要素生产率的估算：1979～2004［J］．经济研究，2005，40（6）：51-60.

[10] 李俊江，何枭吟．美国数字经济探析［J］．经济与管理研究，2005（7）：13-19.

[11] 徐晋，张祥建．平台经济学初探［J］．中国工业经济，2006（5）：40-47.

[12] 雷家骕．关于国家经济安全研究的基本问题［J］．管理评论，2006（7）：3-7，63.

[13] 林毅夫，张鹏飞．适宜技术、技术选择和发展中国家的经济增长［J］．经济学（季刊），2006（3）：985-1006.

[14] 顾海兵，刘玮，周智高，刘陈杰．中国经济安全预警的指标系统［J］．国家行政学院学报，2007（1）：49-52，81.

[15] 顾海兵，沈继楼，周智高，唐帅．中国经济安全分析：内涵与特征［J］．中国人民大学学报，2007（2）：79-85.

[16] 曾繁华，曹诗雄．国家经济安全的维度、实质及对策研究［J］．财贸经济，2007（11）：118-122.

[17] 韩耀，刘宁，庄尚文．网络经济背景下的市场均衡［J］．产业经济研究，2007（4）：53-56.

[18] 康铁祥．中国数字经济规模测算研究［J］．当代财经，2008（3）：118-121.

[19] 单豪杰．中国资本存量K的再估算：1952～2006年［J］．数量经济技术经济研究，2008（10）：17-31.

[20] 年志远，李丹．国家经济安全预警指标体系的构建［J］．东北亚论坛，2008（6）：75-76.

［21］徐现祥，舒元．基于对偶法的中国全要素生产率核算［J］．统计研究，2009，26（7）：78－86.

［22］孙玉甫，程琳．简论生产要素及其构成［J］．会计之友，2009（6）：106－108.

［23］邱林川．新型网络社会的劳工问题［J］．开放时代，2009（12）：128－139.

［24］孙其博，刘杰，黎彝，等．物联网：概念、架构与关键技术研究综述［J］．北京邮电大学学报，2010，33（3）：1－9.

［25］刘贵富．产业链与供应链、产业集群的区别与联系［J］．学术交流，2010（12）：78－80.

［26］叶卫平．国家经济安全定义与评价指标体系再研究［J］．中国人民大学学报，2010，24（4）：93－98.

［27］张一弓，高昊，崔俊富．中国国家经济安全战略的演进及内涵［J］．财经问题研究，2010（3）：10－16.

［28］干春晖，郑若谷，余典范．中国产业结构变迁对经济增长和波动的影响［J］．经济研究，2011，46（5）：4－16，31.

［29］蔡昉．人口转变、人口红利与刘易斯转折点［J］．经济研究，2011，45（4）：4－13.

［30］刘志彪．科技银行功能构建：商业银行支持战略性新兴产业发展的关键问题研究［J］．南京社会科学，2011（4）：1－7.

［31］宋冬林，王林辉，董直庆．资本体现式技术进步及其对经济增长的贡献率（1981～2007）［J］．中国社会科学，2011（2）：91－106，222.

［32］盛斌，毛其淋．贸易开放、国内市场一体化与中国省际经济增长：1985～2008［J］．世界经济，2011（11）：44－66.

［33］樊纲，王小鲁，马光荣．中国市场化进程对经济增长的贡献［J］．经济研究，2011，46（9）：4－16.

［34］李静静，乐菲菲．中国城镇化进程与经济增长关系的实证研究［J］．统计研究，2011，28（9）：80－87.

［35］魏炜，朱武祥，林桂平．基于利益相关者交易结构的商业模式理论［J］．管理世界，2012（12）：125－131.

［36］宗芳宇，路江涌，武常岐．双边投资协定、制度环境和企业对外直接投资区位选择［J］．经济研究，2012（5）：71－82.

［37］谢康，等．中国工业化与信息化融合质量：理论与实证［J］．经济研究，2012，47（1）：4－16.

［38］陈云松．逻辑、想象和诠释：工具变量在社会科学因果推断中的应用［J］．社会学研究，2012，27（6）：192－216，245－246.

［39］张建华，吴恒，张文博．云计算核心技术研究综述［J］．小型微型计算机系统，2013，34（11）：2417－2424.

［40］刘天楚．企业数字化成本管理研究［J］．经济纵横，2013（5）：61－63.

［41］随洪光．外资进入，贸易扩张与中国经济质量提升——基于省际动态面板模型的经验分析［J］．财贸经济，2013（9）：85－94.

［42］逄健，朱欣民．国外数字经济发展趋势与数字经济国家发展战略［J］．科技进步与对策，2013，30（8）：124－128.

［43］李允尧，刘海运，黄少坚．平台经济理论研究动态［J］．经济学动态，2013（7）：

123 - 129.

［44］林志刚，彭波．大数据管理的现实匹配、多重挑战及趋势判断［J］．改革，2013（8）：15 - 23.

［45］唐未兵，傅元海，王展祥．技术创新、技术引进与经济增长方式转变［J］．经济研究，2014，49（7）：31 - 43.

［46］傅瑜，隋广军，赵子乐．单寡头竞争性垄断：新型市场结构理论构建——基于互联网平台企业的考察［J］．中国工业经济，2014（1）：140 - 152.

［47］相丽玲，刘红丽．云时代数字资源开放存取的法律关系与问责机制［J］．情报理论与实践，2014，37（7）：28 - 32.

［48］杜丹青．大数据时代电商多元化与零售市场变革［J］．经济学家，2014（11）：102 - 104.

［49］方巍，郑玉，徐江．大数据：概念、技术及应用研究综述［J］．南京信息工程大学学报（自然科学版），2014，6（5）：405 - 419.

［50］冯登国，张敏，李昊．大数据安全与隐私保护［J］．计算机学报，2014，37（1）：246 - 258.

［51］李忠民，周维颖，田仲他．数字贸易：发展态势、影响及对策［J］．国际经济评论，2014（6）：131 - 144，8.

［52］徐敏，姜勇．中国产业结构升级能缩小城乡消费差距吗？［J］．数量经济技术经济研究，2015（3）：3 - 21.

［53］方福前，邢炜．居民消费与电商市场规模的 U 型关系研究［J］．财贸经济，2015（11）：131 - 147.

［54］陈靓．数字贸易自由化的国际谈判进展及其对中国的启示［J］．上海对外经贸大学学报，2015（3）：28 - 35.

［55］朱阁．数字货币的概念辨析与问题争议［J］．价值工程，2015，34（31）：163 - 167.

［56］姜茸，钱泓澎．一种度量国家经济安全风险的方法［J］．生态经济，2015，31（4）：14 - 19.

［57］赵振．“互联网 +”跨界经营：创造性破坏视角［J］．中国工业经济，2015（10）：146 - 160.

［58］李凌．平台经济发展与政府管制模式变革［J］．经济学家，2015（7）：27 - 34.

［59］余泳泽．改革开放以来中国经济增长动力转换的时空特征［J］．数量经济技术经济研究，2015，32（2）：19 - 34.

［60］杨先明，秦开强．资本积累对中国经济增长的重要性改变了吗？［J］．经济与管理研究，2015，36（10）：3 - 9.

［61］梁婧，张庆华，龚六堂．城市规模与劳动生产率：中国城市规模是否过小——基于中国城市数据的研究［J］．经济学（季刊），2015，14（3）：1053 - 1072.

［62］郭家堂，骆品亮．互联网对中国全要素生产率有促进作用吗？［J］．管理世界，2016（10）.

［63］叶秀敏．平台经济的特点分析［J］．河北师范大学学报（哲学社会科学版），2016（2）：114 - 120.

［64］蔡曙山，薛小迪．人工智能与人类智能：从认知科学五个层级的理论看人机大战［J］．北京大学学报（哲学社会科学版），2016（4）：145 - 154.

［65］刘琦，童洋，魏永长．市场法评估大数据资产的应用［J］．中国资产评估，2016（11）：33 - 37.

［66］许宪春．论中国国民经济核算体系 2015 年的修订［J］．中国社会科学，2016（1）：38 -

59, 204.

[67] 曹明，陈荣，孙济庆，等．基于专利分析的技术竞争力比较研究［J］．科学学研究，2016，34（3）：380－385，470.

[68] 李斌，白树强，冯路互联网环境下跨境数字化产品的海关估价征税问题研究［J］．国际贸易，2016（4）：14－17，20.

[69] 李杨，陈寰琦，周念利．数字贸易规则“美式模板”对中国的挑战及应对［J］．国际贸易，2016（10）：24－27，37.

[70] 彭卓义．谈经济结构转型发展下企业治理模式的对策［J］．科技与企业，2016（1）：44－45.

[71] 郭家堂，骆品亮．互联网对中国全要素生产率有促进作用吗？［J］．管理世界，2016（10）：34－49.

[72] 盛松成，蒋一乐．货币当局为何要发行央行数字货币［J］．清华金融评论，2016（12）：61－64.

[73] 徐忠，汤莹玮，林雪．央行数字货币理论探讨［J］．中国金融，2016（17）：33－34.

[74] 姚前．理解央行数字货币：一个系统性框架［J］．中国科学，2017（11）：1592－1600.

[75] 李兵，李柔．互联网与企业出口：来自中国工业企业的微观经验证据［J］．世界经济，2017，40（7）：102－125.

[76] 岳云嵩，李兵，李柔．互联网对企业进口的影响：来自中国制造业企业的经验分析［J］．国际经贸探索，2017（3）.

[77] 李墨丝．超大型自由贸易协定中数字贸易规则及谈判的新趋势［J］．上海师范大学学报（哲学社会科学版），2017，46（1）：100－107.

[78] 沈玉良，金晓梅．数字产品、全球价值链与国际贸易规则［J］．上海师范大学学报（哲学社会科学版），2017，46（1）：90－99.

[79] 王慧敏张黎．电子商务国际规则新发展及中国的应对策略［J］．国际贸易，2017（4）：51－56.

[80] 周念利，陈寰琦，黄建伟．全球数字贸易规制体系构建的中美博弈分析［J］．亚太经济，2017（4）：37－45，173－174.

[81] 颜拥，赵俊华，文福拴，等．能源系统中的区块链：概念、应用与展望［J］．电力建设，2017，38（2）：12－20.

[82] 余泳泽．异质性视角下中国省际全要素生产率再估算：1978～2012［J］．经济学（季刊），2017，16（3）：1051－1072.

[83] 田萍，张鹤．资本红利对中国经济增长的贡献估算与节点预测［J］．学术月刊，2017，49（1）：57－65.

[84] 朱子云．中国经济增长的动力转换与政策选择［J］．数量经济技术经济研究，2017，34（3）：3－20.

[85] 郭峰，孔涛，王靖一．互联网金融空间集聚效应分析——来自互联网金融发展指数的证据［J］．国际金融研究，2017（8）：75－85.

[86] 渠慎宁．ICT与中国经济增长：资本深化、技术外溢及其贡献［J］．财经问题研究，2017（10）：26－3313.

[87] 张美慧．国际新经济测度研究进展及对中国的借鉴［J］．经济学家，2017（11）：47－55.

[88] 张雪玲，焦月霞．中国数字经济发展指数及其应用初探［J］．浙江社会科学，2017（4）：32－40.

[89] 马修U·谢勒，曹建峰，李金磊．监管人工智能系统：风险、挑战、能力和策略［J］．信息安全与通信保密，2017（3）：45－71.

[90] 赵星，董晓松．数字化革新战略实施路径与管理框架［J］．软科学，2017（1）：20－23.

[91] 万兴，杨晶．互联网平台选择、纵向一体化与企业绩效［J］．2017（7）：156－174.

[92] 郭广珍，张玉兰，胡可嘉．封闭与开放平台的选择策略：基于需求与成本优势的下游厂商博弈分析［J］．中国工业经济，2017（3）：64－82.

[93] 周德良．电商平台企业价值获取研究［J］．宏观经济研究，2017（4）：65－71.

[94] 肖峰．作为哲学范畴的延展实践［J］．中国社会科学，2017（12）：31－51.

[95] 顾海兵，朱凯．国家经济安全指标确定和修正的文献检索法：方法论与案例［J］．南京社会科学，2017（3）：20－27.

[96] 牟承晋．加快构建我国自主可控的网络安全系统［J］．世界社会主义研究，2017，2（4）：26－28，94.

[97] 崔玉华．网络安全风险来源及其防范化解对策［J］．改革，2018（1）：37－40.

[98] 刘志鹏，代涛，李怡洁，等．技术经济安全评估的“三力”模型构建研究［J］．科研管理，2018，39（5）：77－85.

[99] 詹晓宁，欧阳永福．数字经济下全球投资的新趋势与中国利用外资的新战略［J］．管理世界，2018，34（3）：78－86.

[100] 孟凡生，赵刚．传统制造向智能制造发展影响因素研究［J］．科技进步与对策，2018（1）：66－72.

[101] 张春雨，郭韬，刘洪德．网络嵌入对技术创新企业商业模式创新的影响［J］．科学学研究，2018（1）：167－175.

[102] 高际香．俄罗斯数字经济战略选择与政策方向［J］．欧亚经济，2018（4）：79－91，126，128.

[103] 蓝庆新，马蕊，刘昭洁．日本数字经济发展经验借鉴及启示［J］．东北亚学刊，2018（6）：56－60.

[104] 费方域，闫自信，陈永伟，等．数字经济时代数据性质、产权和竞争［J］．财经问题研究，2018（2）：3－21.

[105] 詹晓宁，欧阳永福．数字经济下全球投资的新趋势与中国利用外资的新战略［J］．管理世界，2018（3）：78－86.

[106] 傅秋子，黄益平．数字金融对农村金融需求的异质性影响——来自中国家庭金融调查与北京大学数字普惠金融指数的证据［J］．金融研究，2018（11）：68－84.

[107] 黄浩．数字金融生态系统的形成与挑战——来自中国的经验［J］．经济学家，2018（4）：80－85.

[108] 向书坚，吴文君．OECD数字经济核算研究最新动态及其启示［J］．统计研究，2018（12）：3－15.

[109] 裴长洪，倪江飞，李越．数字经济的政治经济学分析［J］．财贸经济，2018（9）：5－22.

[110] 王靖一，黄益平．金融科技媒体情绪的刻画与对网贷市场的影响［J］．经济学（季刊），2018，17（4）：1623－1650.

[111] 黄益平，黄卓．中国的数字金融发展：现在与未来［J］．经济学（季刊），2018，17（4）：1489－1502.

［112］谢绚丽，沈艳，张皓星，等．数字金融能促进创业吗？——来自中国的证据［J］．经济学（季刊），2018，17（4）：1557－1580.

［113］吕本富．从平台经济到平台经济学［J］．财经问题研究，2018（5）：12－16.

［114］费方域，闫自信，陈永伟，等．数字经济时代数据性质、产权和竞争［J］．财经问题研究，2018（2）：3－21.

［115］阳镇．平台型企业社会责任：边界、治理与评价［J］．经济学家，2018（5）：79－88.

［116］何大安．互联网应用扩张与微观经济学基础：基于未来“数据与数据对话”的理论解说［J］．经济研究，2018（8）：177－192.

［117］王如玉，梁琦，李广乾．虚拟集聚：新一代信息技术与实体经济深度融合的空间组织新形态［J］．管理世界，2018，34（2）：13－21.

［118］李永红，张淑雯．数据资产价值评估模型构建［J］．财会月刊，2018（9）：30－35.

［119］苏治，荆文君，孙宝文．分层式垄断竞争：互联网行业市场结构特征研究——基于互联网平台类企业的分析［J］．管理世界，2018，34（4）：80－100.

［120］李晓华．“新经济”与产业的颠覆性变革［J］．财经问题研究，2018（3）：3－13.

［121］黄益平，黄卓．中国的数字金融发展：现在与未来［J］．经济学（季刊），2018，17（4）：1489－1502.

［122］邱晗，黄益平，纪洋．金融科技对传统商业银行行为的影响——基于互联网理财的视角［J］．金融研究，2018（11）：17－29.

［123］张璇，李子健，李春涛．银行业竞争、融资约束与企业创新——中国工业企业的经验证据［J］．金融研究，2018（10）：98－116.

［124］谢绚丽，沈艳，张皓星，郭峰．数字金融能促进创业吗？——来自中国的证据［J］．经济学（季刊），2018，17（4）：1557－1580.

［125］易行健，周利．数字普惠金融发展是否显著影响了居民消费——来自中国家庭的微观证据［J］．金融研究，2018（11）：47－67.

［126］薛涧坡，张网．积极财政政策：理论发展、政策实践与基本经验［J］．财贸经济，2018，39（10）：30－41.

［127］郭峰，熊瑞祥．地方金融机构与地区经济增长——来自城商行设立的准自然实验［J］．经济学（季刊），2018，17（1）：221－246.

［128］张勋，王旭，万广华，孙芳城．交通基础设施促进经济增长的一个综合框架［J］．经济研究，2018，53（1）：50－64.

［129］江艇，孙鲲鹏，聂辉华．城市级别、全要素生产率和资源错配［J］．管理世界，2018，34（3）：38－50，77，183.

［130］黄浩．数字金融生态系统的形成与挑战——来自中国的经验［J］．经济学家，2018（4）：80－85.

［131］魏敏，李书昊．新时代中国经济高质量发展水平的测度研究［J］．数量经济技术经济研究，2018，35（11）：3－20.

［132］伊万·沙拉法诺夫，白树强．WTO 视角下数字产品贸易合作机制研究——基于数字贸易发展现状及壁垒研究［J］．国际贸易问题，2018（2）：149－163.

［133］黄晶晶．数字贸易发展面临的问题及我国的应对之策［J］．对外经贸实务，2018（8）：29－32.

［134］贾怀勤．建议开展数字贸易尝试性测度［N］．第一财经，2018－02－25.

［135］马述忠，房超，梁银锋．数字贸易及其时代价值与研究展望［J］．国际贸易问题，2018（10）：16－30.

［136］姚前．法定数字货币对现行货币体制的优化及其发行设计［J］．国际金融研究，2018（4）：3－11.

［137］周光友，张逸佳．持币动机，电子货币替代与货币供给［J］．金融研究，2018（11）：172－187.

［138］谭天娇，李亘．货币政策透明度与宏观经济稳定——基于国际面板数据的经验分析［J］．金融论坛，2018（7）：8－24.

［139］姚前．数字货币经济分析［J］．新金融评论，2018（4）：68－89.

［140］谢星，封思贤．法定数字货币对我国货币政策影响的理论研究［J］．经济学家，2019（9）：54－63.

［141］林春．法定数字货币发行与中国货币政策的有效性［J］．深圳大学学报（人文社会科学版），2019（5）：77－86.

［142］姚前．法定数字货币的经济效应分析：理论与实证［J］．国际金融研究，2019（1）：16－27.

［143］蓝庆新，窦凯．基于"钻石模型"的中国数字贸易国际竞争力实证研究［J］．社会科学，2019（3）：44－54.

［144］蓝庆新，窦凯．美欧日数字贸易的内涵演变、发展趋势及中国策略［J］．国际贸易，2019（6）：48－54.

［145］蓝庆新，窦凯．中国数字文化产业国际竞争力影响因素研究［J］．广东社会科学，2019（4）：12－22，254

［146］盖庆恩，方聪龙，程名望，等．贸易成本、劳动力市场扭曲与中国的劳动生产率［J］．管理世界，2019，35（3）：64－80，206－207.

［147］刘淑春．中国数字经济高质量发展的靶向路径与政策供给［J］．经济学家，2019（6）：52－61.

［148］何小钢，梁权熙，王善骝．信息技术、劳动力结构与企业生产率——破解"信息技术生产率悖论"之谜［J］．管理世界，2019，35（9）：65－79.

［149］张勋，万广华，张佳佳，等．数字经济、普惠金融与包容性增长［J］．经济研究，2019，54（8）：71－86.

［150］李晓华．数字经济新特征与数字经济新动能的形成机制［J］．改革，2019.（11）：40－51.

［151］张鹏．数字经济的本质及其发展逻辑［J］．经济学家，2019（2）：25－33.

［152］黄群慧，余泳泽，张松林．互联网发展与制造业生产率提升：内在机制与中国经验［J］．中国工业经济，2019（8）：5－23.

［153］陈维涛，朱柿颖．数字贸易理论与规则研究进展［J］．经济学动态，2019（9）：114－126.

［154］韩剑，蔡继伟，许亚云．数字贸易谈判与规则竞争——基于区域贸易协定文本量化的研究［J］．中国工业经济，2019（11）：117－135.

［155］易宪容，陈颖颖，位玉双．数字经济中的几个重大理论问题研究——基于现代经济学的一般性分析［J］．经济学家，2019（7）：23－31.

［156］何婧，李庆海．数字金融使用与农户创业行为［J］．中国农村经济，2019（1）：112－126.

［157］刘淑春．中国数字经济高质量发展的靶向路径与政策供给［J］．经济学家，2019（6）.

［158］郭美晨，杜传中．ICT提升中国经济增长质量的机理与效应分析［J］．统计研究，2019，36（3）：4－16.

［159］林宏伟，邵培基．区块链对数字经济高质量发展的影响因素研究［J］．贵州社会科学，2019（12）.

［160］张昕蔚．数字经济条件下的创新模式演化研究［J］．经济学家，2019（7）：32－39.

［161］曲创，刘重阳．平台竞争一定能提高信息匹配效率吗？——基于中国搜索引擎市场的分析［J］．经济研究，2019，54（8）：120－135.

［162］韩先锋，宋文飞，李勃昕．互联网能成为中国区域创新效率提升的新动能吗？［J］．中国工业经济，2019（7）.

［163］向书坚，吴文君．中国数字经济卫星账户框架设计研究［J］．统计研究，2019，36（10）：3－16.

［164］许丽丽，高大伟．澳大利亚面向公众的数字素养教育及其启示［J］．情报探索，2019（12）：46－50.

［165］黄益平，陶坤玉．中国的数字金融革命：发展、影响与监管启示［J］．国际经济评论，2019（6）：24－35，5.

［166］梅宏．大数据发展现状与未来趋势［J］．交通运输研究，2019，5（5）：1－11.

［167］周岳峰．美国各州大力发展数字教学［J］．世界教育信息，2019，32（10）：77.

［168］李世鹏．人工智能的发展现状和趋势［J］．视听界，2019（5）：5－9.

［169］林琳，吕文栋．数字化转型对制造业企业管理变革的影响——基于酷特智能与海尔的案例研究［J］．科学决策，2019（1）：85－98.

［170］李彬，陈雪莲，胡玲．大二层技术在电力数据中心网络的研究与应用探析［J］．信息系统工程，2019（2）：78，81.

［171］代颖．云计算技术现状与发展趋势分析［J］．科技风，2019（18）：99.

［172］方兴东，陈帅．中国互联网25年［J］．现代传播（中国传媒大学学报），2019，41（4）：1－10.

［173］伍旭川，刘学．国家数字化战略的国际比较及启示［J］．当代金融研究，2019（2）：80－86.

［174］王树柏，张勇．外贸企业数字化转型的机制/路径与政策建议［J］．国际贸易，2019（9）：40－47.

［175］李君，邱君降，成雨．工业企业数字化转型过程中的业务综合集成现状及发展对策［J］．中国科技论坛，2019（7）：113－1118.

［176］李海舰，李燕．企业组织形态演进——从工业经济时代到智能经济时代［J］．经济管理，2019（10）：22－36.

［177］何帆，刘红霞．数字经济视角下实体企业数字化变革的业绩提升效应评估［J］．改革，2019（4）：137－148.

［178］陈春花，朱丽，钟皓．中国企业数字化生存管理实践视角的创新研究［J］．管理科学学报，2019（10）：1－8.

［179］戚聿东，蔡呈伟．数字化企业的性质：经济学解释［J］．财经问题研究，2019（5）：121－129.

［180］谢福胜，吴越，王生升．平台经济全球化的政治经济学分析［J］．中国社会科学，2019（12）：62－81，200.

［181］周毅．全球平台经济的发展、问题与建议［J］．发展研究，2019（10）：4－9.

［182］程名望，贾晓佳，仇焕广．中国经济增长（1978～2015）：灵感还是汗水？［J］．经济研究，2019，54（7）：30－46.

［183］黄宪，刘岩，童韵洁．金融发展对经济增长的促进作用及其持续性研究——基于英美、德国、法国法系的比较视角［J］．金融研究，2019（12）：147－168.

［184］何婧，李庆海．数字金融使用与农户创业行为［J］．中国农村经济，2019（1）：112－126.

［185］唐松，赖晓冰，黄锐．金融科技创新如何影响全要素生产率：促进还是抑制？——理论分析框架与区域实践［J］．中国软科学，2019（7）：134－144.

［186］张勋，万广华，张佳佳，等．数字经济、普惠金融与包容性增长［J］．经济研究，2019，54（8）：71－86.

［187］李建军，韩珣．普惠金融、收入分配和贫困减缓——推进效率和公平的政策框架选择［J］．金融研究，2019（3）：129－148.

［188］黄益平，陶坤玉．中国的数字金融革命：发展、影响与监管启示［J］．国际经济评论，2019（6）：24－35，5.

［189］黄益平，曹裕静，陶坤玉，等．货币政策与宏观审慎政策共同支持宏观经济稳定［J］．金融研究，2019（12）：70－91.

［190］吴善东．数字普惠金融的风险问题、监管挑战及发展建议［J］．技术经济与管理研究，2019（1）：66－69.

［191］黄群慧，余泳泽，张松林．互联网发展与制造业生产率提升：内在机制与中国经验［J］．中国工业经济，2019（8）：5－23.

［192］荆文君，孙宝文．数字经济促进经济高质量发展：一个理论分析框架［J］．经济学家，2019（2）：66－73.

［193］陈宝明．高度警惕并有效防范化解科技领域重大风险［J］．中国党政干部论坛，2019（3）：30－33.

［194］陈兵．数字经济发展对市场监管的挑战与应对——以“与数据相关行为”为核心的讨论［J］．东北大学学报（社会科学版），2019（4）：1－10.

［195］李苍舒，沈艳．数字经济时代下新金融业态风险的识别、测度及防控［J］．管理世界，2019，35（12）：53－69.

［196］王姝楠，陈江生．数字经济的技术－经济范式［J］．上海经济研究，2019（12）：80－94.

［197］丁志帆．数字经济驱动经济高质量发展的机制研究：一个理论分析框架［J］．现代经济探讨，2020（1）：85－92.

［198］吴朝晖．四元社会交互运行，亟须深化数字治理战略布局［J］．浙江大学学报（人文社会科学版），2020，50（2）：5－9.

［199］肖宇赫．中国开放型经济体制下国家经济风险管控研究［J］．河南社会科学，2020，28（6）：46－54.

［200］于立，王建林．生产要素理论新论——兼论数据要素的共性和特性［J］．经济与管理研究，2020，41（4）：62－73.

［201］周全，韩贺洋．数字经济时代下金融科技发展、风险及监管［J］．科学管理研究，2020，38（5）：148－153.

［202］周蓉蓉．我国数字经济发展战略与路径研究——基于国际经验的考察［J］．西南金融，2020（4）：90－96.

［203］杨虎涛．数字经济的增长效能与中国经济高质量发展研究［J］．中国特色社会主义研究，2020（3）：21－32.

［204］安同良，杨晨．互联网重塑中国经济地理格局：微观机制与宏观效应［J］．经济研究，2020，55（2）：4－19.

［205］安同良，魏婕，舒欣．中国制造业企业创新测度——基于微观创新调查的跨期比较［J］．中国社会科学，2020（3）：99－122，206.

［206］魏婕，安同良．面向高质量发展的中国创新驱动［J］．中国科技论坛，2020（1）：33－40.

［207］郭峰，王靖一，王芳，等．测度中国数字普惠金融发展：指数编制与空间特征［J］．经济学（季刊），2020，19（4）：1401－1418.

［208］汪亚楠，谭卓鸿，郑乐凯．数字普惠对社会保障的影响研究［J］．数量经济技术经济研究，2020，37（7）：92－112.

［209］龚强，张一林，郁芸君．支付革命、金融深化与包容性发展［C］．数字开放平台第四次学术论坛，2020.

［210］唐松，伍旭川，祝佳．数字金融与企业技术创新——结构特征、机制识别与金融监管下的效应差异［J］．管理世界，2020，36（5）：52－66，9.

［211］许宪春，张钟文，常子豪，等．中国分行业全要素生产率估计与经济增长动能分析［J］．世界经济，2020（2）：25－48.

［212］钱海章，陶云清，曹松威，等．中国数字金融发展与经济增长的理论与实证［J］．数量经济技术经济研究，2020，37（6）：26－46.

［213］李建军，彭俞超，马思超．普惠金融与中经济发展：多维度内涵与实证分析［J］．经济研究，2020，55（4）：37－52.

［214］王永仓，温涛．数字金融的经济增长效应及异质性研究［J］．现代经济探讨，2020（11）：56－69.

［215］严成樑．现代经济增长理论的发展脉络与未来展望［J］．经济研究，2020，55（7）：191－208.

［216］滕磊，马德功．数字金融能够促进高质量发展吗？［J］．统计研究，2020，37（11）：80－92.

［217］张勋，杨桐，汪晨，等．数字金融发展与居民消费增长：理论与中国实践［J］．管理世界，2020，36（11）：48－63.

［218］于立，王建林．生产要素理论新论：兼论数据要素的共性和特性［J］．经济与管理研究，2020，41（4）.

［219］戚聿东，肖旭．数字经济时代的企业管理变革［J］．管理世界，2020（6）：135－152.

［220］吴星泽．完善和深化要素认识，健全按要素贡献分配机制［J］．审计与经济研究，2020（1）.

［221］王颂吉，李怡璇，高伊凡．数据要素的产权界定与收入分配机制［J］．福建论坛（人文社会科学版），2020（12）.

［222］蒋永穆．数据作为生产要素参与分配的现实路径［J］．国家治理，2020（31）.

［223］戚聿东，刘欢欢．数字经济下数据的生产要素属性及其市场化配置机制研究［J］．经济纵横，2020（11）.

［224］戴双兴．数据要素：主要特征、推动效应及发展路径［J］．马克思主义与现实，2020（6）.

［225］王胜利，樊悦．论数据生产要素对经济增长的贡献［J］．上海经济研究，2020（7）.

［226］沈丁心，李永强．中日数字经济合作的困境与前景分析［J］．现代日本经济，2020，39（2）：58－71．

［227］丁曼．数字经济与日本网络空间治理战略［J］．现代日本经济，2020（1）：1－12．

［228］邬小霞．数字经济驱动下的公司治理模式研究［J］．太原城市职业技术学院学报，2020（7）：46－49．

［229］焦宗双，张雪滢．工业互联网与制造业数字化转型［J］．信息通信技术与政策，2020（3）：49－52．

［230］王德辉，吴子昂．数字经济促进我国制造业转型升级的机制与对策研究［J］．长白学刊，2020（6）：92－99．

［231］余文科，程媛．我国云计算发展现状及建议研究［J］．互联网天地，2020（7）：10－13．

［232］郭峰，王靖一，王芳，等．测度中国数字普惠金融发展：指数编制与空间特征［J］．经济学（季刊），2020，19（4）：1401－1418．

［233］肖静华．企业跨体系数字化转型与管理适应性变革［J］．改革，2020．（4）：37－49．

［234］肖静华，李文韬．智能制造对企业战略变革与创新的影响——资源基础变革视角的探析［J］．财经问题研究，2020（2）：38－46．

［235］杨路明，刘纪宏．“一带一路”背景下中东欧国家数字经济发展研究［J］．学术探索，2020（9）：95－102．

［236］樊轶侠，徐昊．财政助力数字经济高质量发展：核心机理与经验启示［J］．改革，2020（8）：83－91．

［237］潘道远．从技术变革到创意驱动：数字时代经济创新范式转换的文创机理［J］．深圳大学学报（人文社会科学版），2020，37（4）：74－81．

［238］齐俊妍，任奕达．东道国数字经济发展水平与中国对外直接投资——基于“一带一路”沿线43国的考察［J］．国际经贸探索，2020，36（9）：55－71．

［239］林浩，陈春晓，秦永彬．工业互联网：我国实体经济与数字经济融合发展的路径选择［J］．贵州大学学报（社会科学版），2020，38（5）：85－94．

［240］邝劲松，彭文斌．区块链技术驱动数字经济发展：理论逻辑与战略取向［J］．社会科学，2020（9）：64－72．

［241］许宪春，张美慧．中国数字经济规模测算研究——基于国际比较的视角［J］．中国工业经济，2020（5）．

［242］李佳佳．区块链重构数字经济在金融领域的应用研究［J］．国际金融，2020（9）：20－23．

［243］王洋，于君．区域数字经济竞争力评价体系研究［J］．竞争情报，2020，16（5）：38－46．

［244］谢康，吴瑶，肖静华．数据驱动的组织结构适应性创新——数字经济的创新逻辑（三）［J］．北京交通大学学报（社会科学版），2020，19（3）：6－17．

［245］刘业政，孙见山，姜元春，等．大数据的价值发现：4C 模型［J］．管理世界，2020，36（2）：129－138．

［246］刘意，谢康，邓弘林．数据驱动的产品研发转型：组织惯例适应性变革视角的案例研究［J］．管理世界，2020，36（3）：164－183．

［247］贾建民，耿维，徐戈，等．大数据行为研究趋势：一个“时空关”的视角［J］．管理世界，2020，36（2）：106－116，211－212．

［248］陈国青，曾大军，卫强，等．大数据环境下的决策范式转变与使能创新［J］．管理世界，

2020，36（2）：95－105，211.

［249］肖静华，胡杨颂，吴瑶．成长品：数据驱动的企业与用户互动创新案例研究［J］．管理世界，2020，36（3）：183－205.

［250］赵涛，张智，梁上坤．数字经济、创业活跃度与高质量发展——来自中国城市的经验证据［J］．管理世界，2020（10）：65－76.

［251］安同良，杨晨．互联网重塑中国经济地理格局：微观机制与宏观效应［J］．经济研究，2020（2）.

［252］郭峰，王靖一，王芳，等．测度中国数字普惠金融发展：指数编制与空间特征［J］．经济学（季刊），2020（4）.

［253］李勇坚，夏杰长．数字经济背景下超级平台双轮垄断的潜在风险与防范策略［J］．改革，2020（8）：58－67.

［254］肖静华，谢康，吴瑶．数据驱动的产品适应性创新——数字经济的创新逻辑（一）［J］．北京交通大学学报（社会科学版），2020，19（1）：7－18.

［255］谢康，吴瑶，肖静华．基于大数据合作资产的适应性创新——数字经济的创新逻辑（二）［J］．北京交通大学学报（社会科学版），2020，19（2）：26－38.

［256］谢康，夏正豪，肖静华．大数据成为现实生产要素的企业实现机制：产品创新视角［J］．中国工业经济，2020（5）：42－60.

［257］祁怀锦，曹修琴，刘艳霞．数字经济对公司治理的影响——基于信息不对称和管理者非理性行为视角［J］．改革，2020（4）：50－64.

［258］宇超逸，王雪标，孙光林．数字金融与中国经济增长质量：内在机制与经验证据［J］．经济问题探索，2020（7）：1－14.

［259］武常岐，施浪，张昆贤．数字经济背景下众筹平台国际化研究——基于价值共创的视角［J］．经济与管理研究，2020，41（6）：3－18.

［260］戴龙．数字经济产业与数字贸易壁垒规制——现状、挑战及中国因应［J］．财经问题研究，2020（8）：40－47.

［261］陈梦根，张鑫．数字经济的统计挑战与核算思路探讨［J］．改革，2020（9）：52－67.

［262］杨虎涛．数字经济的增长效能与中国经济高质量发展研究［J］．中国特色社会主义研究，2020（3）：21－32.

［263］王开科，吴国兵，章贵军．数字经济发展改善了生产效率吗［J］．经济学家，2020（10）：24－34.

［264］张永恒，王家庭．数字经济发展是否降低了中国要素错配水平？［J］．统计与信息论坛，2020，35（9）：62－71.

［265］金星晔，伏霖，李涛．数字经济规模核算的框架、方法与特点［J］．经济社会体制比较，2020（4）：69－78.

［266］段博，邵传林．数字经济加剧了地区差距吗？——来自中国284个地级市的经验证据［J］．世界地理研究，2020，29（4）：728－737.

［267］李晓钟，吴甲戌．数字经济驱动产业结构转型升级的区域差异［J］．国际经济合作，2020（4）：81－91.

［268］郑小碧，庞春，刘俊哲．数字经济时代的外包转型与经济高质量发展——分工演进的超边际分析［J］．中国工业经济，2020（7）：117－135.

[269] 祝合良，王春娟．数字经济引领产业高质量发展：理论、机理与路径［J］．财经理论与实践，2020，41（5）：2－10.

[270] 温涛，陈一明．数字经济与农业农村经济融合发展：实践模式、现实障碍与突破路径［J］．农业经济问题，2020（7）：118－129.

[271] 薛洁，胡苏婷．中国数字经济内部耦合协调机制及其水平研究［J］．调研世界，2020（9）：11－18.

[272] 陈国青，曾大军，卫强，等．大数据环境下的决策范式转变与使能创新［J］．管理世界，2020（2）：95－105.

[273] 胡青．企业数字化转型的机制与绩效［J］．浙江学刊，2020（2）：146－154.

[274] 周青，王燕灵，杨伟．数字化水平对创新绩效影响的实证研究——基于浙江省 73 个县（区、市）的面板数据［J］．科研管理，2020（7）：120－129.

[275] 肖静华．企业跨体系数字化转型与管理适应性变革［J］．改革，2020（4）：37－49.

[276] 董祥千，郭兵，沈艳，等．基于利润最大化的数据资产价值评估模型［J］．大数据，2020，6（3）：13－20.

[277] 赵丽，李杰．大数据资产定价研究——基于讨价还价模型的分析［J］．价格理论与实践，2020（8）：124－127，178.

[278] 戴炳荣，闭珊珊，杨琳，等．数据资产标准研究进展与建议［J］．大数据，2020，6（3）：36－44.

[279] 刘洋，董久钰，魏江．数字创新管理：理论框架与未来研究［J］．管理世界，2020，36（7）：198－217，219.

[280] 阮俊虎，刘天军，冯晓春，等．数字农业运营管理：关键问题、理论方法与示范工程［J］．管理世界，2020，36（8）：222－233.

[281] 王勇，刘航，冯骅．平台市场的公共监管、私人监管与协同监管：一个对比研究［J］．经济研究，2020，55（3）：148－162.

[282] 徐翔，赵墨非．数据资本与经济增长路径［J］．经济研究，2020，55（10）：38－54.

[283] 许宪春．中国国民经济核算核心指标的变迁——从 MPS 的国民收入向 SNA 的国内生产总值的转变［J］．中国社会科学，2020（10）：48－70，205.

[284] 许宪春，张美慧．中国数字经济规模测算研究——基于国际比较的视角［J］．中国工业经济，2020（5）：23－41.

[285] 刘征驰，陈文武，马滔．社交机制、关系结构与社群网络知识协作［J］．管理学报，2020，17（9）：1373－1382.

[286] 刘征驰，邹智力，马滔．技术赋能、用户规模与共享经济社会福利［J］．中国管理科学，2020，28（1）：222－230.

[287] 陈强，敦帅．分享经济企业发展战略演进路径研究——基于滴滴出行的案例分析［J］．科学决策，2020（11）：42－69.

[288] 周恺，和琳怡，张一雯．共享短租平台的概念发展、市场影响和空间交互关系研究综述［J］．地理科学进展，2020，39（11）：1934－1943.

[289] 孟韬，赵非非，张冰超．企业数字化转型/动态能力与商业模式调适［J］．经济与管理，2021（4）：24－31.

[290] 易宪容，陈颖颖，于伟．平台经济的实质及运作机制研究［J］．江苏社会科学，2020

(6): 70 - 78, 242.

[291] 郭晗，廉玉妍. 数字经济与中国未来经济新动能培育 [J]. 西北大学学报 (哲学社会科学版), 2020, 50 (1): 65 - 72.

[292] 焦勇. 数字经济赋能制造业转型: 从价值重塑到价值创造 [J]. 经济学家, 2020 (6): 87 - 94.

[293] 刘洪愧. 数字贸易发展的经济效应与推进方略 [J]. 改革, 2020 (3): 40 - 52.

[294] 贾怀勤. 数字贸易测度研究综述和路径方法分析 [J]. 海关与经贸研究, 2020 (6): 29 - 42.

[295] 孙杰. 从数字经济到数字贸易: 内涵、特征、规则与影响 [J]. 国际经贸探索, 2020, 36 (5): 87 - 98.

[296] 穆明辉. 电子商务对国民经济发展的影响作用探讨 [J]. 电子商务, 2020 (10): 23 - 24.

[297] 包则庆，林继扬. 技术创新、工资增长与产业结构升级——基于 PVAR 模型的动态分析 [J]. 东南学术, 2020 (3): 172 - 180.

[298] 张夏恒，李豆豆. 数字经济、跨境电商与数字贸易耦合发展研究——兼论区块链技术在三者中的应用 [J]. 理论探讨, 2020 (1): 115 - 121.

[299] 何冬梅，刘鹏. 人口老龄化、制造业转型升级与经济高质量发展——基于中介效应模型 [J]. 经济与管理研究, 2020 (1): 3 - 20.

[300] 魏巍，符洋，杨彩凤. 科技创新与经济高质量发展测度研究——基于耦合协调度模型 [J]. 中国科技论坛, 2020 (10): 76 - 83.

[301] 王智新. "一带一路" 沿线国家数字贸易营商环境的统计测度 [J]. 统计与决策, 2020, 36 (19): 47 - 51.

[302] 赵涛，张智，梁上坤. 数字经济、创业活跃度与高质量发展——来自中国城市的经验证据 [J]. 管理世界, 2020, 36 (10): 65 - 76.

[303] 盛斌，高疆. 超越传统贸易: 数字贸易的内涵、特征与影响 [J]. 国外社会科学, 2020 (4): 18 - 32.

[304] 姜婷凤，陈昕蕊，李秀坤. 法定数字货币对货币政策的潜在影响研究——理论与实证 [J]. 金融论坛, 2020, 25 (12): 15 - 26.

[305] 杨东，陈哲立. 法定数字货币的定位与性质研究 [J]. 中国人民大学学报, 2020 (3): 108 - 121.

[306] 巴曙松，王珂，朱元倩. Libra 的监管挑战——基于金融创新视角的研究 [J]. 金融论坛, 2020 (5): 7 - 14.

[307] 方显仓，黄思宇. 数字货币与中国货币政策转型 [J]. 学术论坛, 2020 (2): 91 - 101.

[308] 谢星，张勇，封思贤. 法定数字货币的宏观经济效应研究 [J]. 财贸经济, 2020, 41 (10): 147 - 161.

[309] 谢星，封思贤. 法定数字货币对宏观经济的影响机理分析——基于中国不同试点阶段的研究 [J]. 现代经济探讨, 2020 (11): 82 - 88.

[310] 方昊炜，徐晔，袁琦璟. 数字贸易、产业结构升级与经济高质量发展——基于中介效应模型 [J]. 价格月刊, 2021 (6): 65 - 71.

[311] 秦铸清，朱玉琴，王德平. 数字经济与制造业高质量发展的耦合协调分析: 基于成都与北京的比较 [J]. 西部经济管理论坛, 2021 (3): 31 - 42.

[312] 姚战琪. 数字贸易、产业结构升级与出口技术复杂度——基于结构方程模型的多重中介

效应［J］. 改革，2021（1）：50－64.

［313］刘媛媛，陶长琪. 中国31省份数字贸易发展水平测算分析——基于RAGA投影寻踪模型［J］. 价格月刊，2021（4）：69－76.

［314］李轩，李珮萍. "一带一路"主要国家数字贸易发展水平的测度及其对中国外贸成本的影响［J］. 工业技术经济，2021，40（3）：92－101.

［315］曹琳剑，周詹杭，王凯丽. 公共卫生基础设施与经济高质量发展耦合协调演化——以长江经济带为例［J］. 统计与决策，2021（17）：140－144.

［316］肖德，于凡. 中国城市群经济高质量发展测算及差异比较分析［J］. 宏观质量研究，2021，9（3）：86－98.

［317］熊鸿儒，马源，陈红娜，等. 数字贸易规则：关键议题、现实挑战与构建策略［J］. 改革，2021（1）：65－73.

［318］黄鹏，陈靓. 数字经济全球化下的世界经济运行机制与规则构建：基于要素流动理论的视角［J］. 世界经济研究，2021（3）：3－13，134.

［319］岳云嵩，张春飞. 数字贸易统计测度分析［J］. 国际贸易，2021（8）：70－77.

［320］贾怀勤，高晓雨，许晓娟，等. 数字贸易测度的概念架构、指标体系和测度方法初探［J］. 统计研究，2021（12）：30－41.

［321］刘典. 全球数字贸易的格局演进、发展趋势与中国应对——基于跨境数据流动规制的视角［J］. 学术论坛，2021，44（1）：95－104.

［322］张宇，蒋殿春. 数字经济下的国际贸易：理论反思与展望［J］. 天津社会科学，2021（3）：84－92.

［323］刘斌，甄洋，李小帆. 规制融合对数字贸易的影响：基于WIOD数字内容行业的检验［J］. 世界经济，2021，44（7）：3－28.

［324］吴中庆，戴明辉. RCEP成员国数字技术对贸易成本的影响研究——基于双边贸易流量历史数据的考察与分析［J］. 上海对外经贸大学学报，2021，28（3）：18－35.

［325］周念利，李玉昊. RTAs框架下数字知识产权规则的数字贸易效应测度及异质性分析［J］. 国际经贸探索，2021，37（5）：35－50.

［326］周念利，姚亭亭. 数字服务贸易限制性措施贸易抑制效应的经验研究［J］. 中国软科学，2021（2）：11－21.

［327］许宪春，张美慧，张钟文. "免费"内容产品核算问题研究［J］. 统计研究，2021，38（9）：3－18.

［328］许宪春. 中国国内生产总值核算历史数据的重大补充和修订［J］. 经济研究，2021，56（4）：180－197.

［329］许宪春，张美慧，张钟文. 数字化转型与经济社会统计的挑战和创新［J］. 统计研究，2021，38（1）：15－26.

［330］许宪春，王洋. 大数据在企业生产经营中的应用［J］. 改革，2021（1）：18－35.

［331］柏培文，张云. 数字经济、人口红利下降与中低技能劳动者权益［J］. 经济研究，2021，56（5）：91－108.

［332］范如国. 平台技术赋能、公共博弈与复杂适应性治理［J］. 中国社会科学，2021（12）：131－152，202.

［333］焦豪，杨季枫，王培暖，李倩. 数据驱动的企业动态能力作用机制研究——基于数据全

生命周期管理的数字化转型过程分析［J］. 中国工业经济，2021（11）：174－192.

［334］焦豪，孙洁，孟涛. 数字期权与数字债务：打造数字平台的持续竞争力［J］. 清华管理评论，2021（11）：32－40.

［335］焦豪，王林栋，杨季枫. 打造数字化升级COIN模型［J］. 企业管理，2021（5）：118－121.

［336］周烁，张文韬. 互联网使用的主观福利效应分析［J］. 经济研究，2021，56（9）：158－174.

［337］陆岷峰，欧阳文杰. 数据要素市场化与数据资产估值与定价的体制机制研究［J］. 新疆社会科学，2021（1）：43－53.

［338］尹西明，林镇阳，陈劲，等. 数据要素价值化动态过程机制研究［J］. 科学学研究，2021，40（2）：220－229.

［339］郭峰. 数字经济在抗击新冠肺炎疫情中的作用与问题：一个文献综述［J］. 产业经济评论，2021（1）：34－49.

［340］韦影，宗小云. 企业适应数字化转型研究框架：一个文献综述［J］. 科技进步与对策，2021（11）：152－160.

［341］陈庆江，王彦萌，王茂丰. 企业数字化转型的同群效应及其影响因素研究［J］. 管理学报，2021（5）：653－663.

［342］刘淑春，闫津臣，张思雪，等. 企业数字化变革能提升投入产出效率吗?［J］. 管理世界，2021（5）：170－190.

［343］刘涛，张夏恒. 我国中小企业数字化转型现状/问题及对策［J］. 贵州社会科学，2021（2）：148－155.

［344］翟云，蒋敏娟，王伟玲. 中国数字化转型的理论阐释与运行机制［J］. 电子政务，2021（6）：67－84.

［345］陆洋，王超贤. 数字化转型量化评估研究的比较分析与最新进展［J］. 科技进步与对策，2021（9）：152－160.

［346］刘蕾. 平台经济模式及监管难点与创新监管对策［J］. 技术经济与管理研究，2021（4）：28－31.

［347］孙晋. 数字平台的反垄断监管［J］. 中国社会科学，2021（5）：101－127.

［348］刘杰. 数据时代的企业算法治理思维［J］. 清华管理评论，2021（4）.

［349］熊巧琴，汤珂. 数据要素的界权、交易和定价研究进展［J］. 经济学动态，2021（2）：143－158.

［350］许宪春，王洋. 大数据在企业生产经营中的应用［J］. 改革，2021（1）：18－35.

［351］王俊豪，周晟佳. 中国数字产业发展的现状、特征及其溢出效应［J］. 数量经济技术经济研究，2021，38（3）：103－119.

［352］祝合良，王春娟. “双循环”新发展格局战略背景下产业数字化转型：理论与对策［J］. 财贸经济，2021（3）：14－27.

［353］肖威. 数字普惠金融能否改善不平衡不充分的发展局面?［J］. 经济评论，2021（5）：50－64.

［354］郑万腾，赵红岩，范宏. 数字金融发展对区域创新的激励效应研究［J］. 科研管理，2021，42（4）：138－146.

［355］张呈磊，郭忠金，李文秀. 数字普惠金融的创业效应与收入不平等：数字红利还是数字鸿沟［J］. 南方经济，2021（5）：110－126.

［356］封思贤，徐卓. 数字金融、金融中介与资源配置效率［J］. 改革，2021（3）：40－55.

[357] 宋敏，周鹏，司海涛．金融科技与企业全要素生产率——“赋能”和信贷配给的视角 [J]．中国工业经济，2021 (4)：138 -155.

[358] 廖凯诚，张玉臣，彭耿．数字普惠金融对城市金融业全要素生产率的影响机制研究 [J]．当代财经，2021 (12)：65 -76.

[359] 聂秀华，江萍，郑晓佳，等．数字金融与区域技术创新水平研究 [J]．金融研究，2021 (3)：132 -150.

[360] 张勋，万广华，吴海涛．缩小数字鸿沟：中国特色数字金融发展 [J]．中国社会科学，2021 (8)：35 -51，204 -205.

[361] 金环，于立宏．数字经济、城市创新与区域收敛 [J]．南方经济，2021 (12)：21 -36.

[362] 黄锐，赖晓冰，赵丹妮，等．数字金融能否缓解企业融资困境——效用识别、特征机制与监管评估 [J]．中国经济问题，2021 (1)：52 -66.

[363] 涂强楠，何宜庆．数字普惠金融、科技创新与制造业产业结构升级 [J]．统计与决策，2021，37 (5)：95 -99.

[364] 刘凯，李育，郭明旭．主要经济体央行数字货币的研发进展及其对经济系统的影响研究：一个文献综述 [J]．国际金融研究，2021 (6)：13 -22.

[365] 刘凯，郭明旭．央行数字货币的发行动机、设计方案及其对中国的启示 [J]．国际经济评论，2021 (3)：137 -154，7.

[366] 陈明明，张文铺．数字经济对经济增长的作用机制研究 [J]．社会科学，2021 (1)：44 -51.

[367] 李拯，唐剑宇．比特币、Libra 和央行数字货币的比较研究 [J]．中国市场，2021 (7)：13 -17.

[368] 李礼辉．数字经济社会的安全挑战 [J]．经济导刊，2021 (1)：32 -35.

[369] 马述忠，郭雪瑶．数字经济时代中国推动全球经济治理机制变革的机遇与挑战 [J]．东南大学学报（哲学社会科学版），2021，23 (1)：77 -89，147.

[370] 王驰，曹劲松．数字新型基础设施建设下的安全风险及其治理 [J]．江苏社会科学，2021 (5)：88 -99，242 -243.

[371] 吴继英，张一凡，熊书明．基于 SHEL 模型的企业大数据安全评价指标体系构建 [J]．科技管理研究，2021，41 (17)：144 -151.

[372] 杨慧梅，江璐．数字经济、空间效应与全要素生产率 [J]．统计研究，2021，38 (4)：3 -15.

[373] 杨青峰，李晓华．数字经济的技术经济范式结构、制约因素及发展策略 [J]．湖北大学学报（哲学社会科学版），2021，48 (1)：126 -136.

[374] 应晓妮，吴有红，徐文舸，何淑华．政策评估方法选择和指标体系构建 [J]．宏观经济管理，2021 (4)：40 -47.

[375] 陈晓红，李杨扬，宋丽洁，等．数字经济理论体系与研究展望 [J]．管理世界，2022，38 (2)：208 -224.

[376] 任保平，张陈璇．中国数字经济发展的安全风险预警与防范机制构建 [J]．贵州财经大学学报，2022 (2)：1 -13.

[377] 段军山，邵骄阳．数字金融发展影响家庭资产配置结构了吗？[J]．南方经济，2022 (4)：32 -49.

[378] 李佳，段舒榕．数字金融减轻了企业对银行信贷的依赖吗？[J]．国际金融研究，2022 (4)：88 -96.

［379］余进韬，张蕊，龚星宇．数字金融如何影响绿色全要素生产率？——动态特征、机制识别与空间效应［J］．当代经济科学，2022，44（6）：42－56.

［380］龚星宇，姜凌，余进韬．不止于减碳：低碳城市建设与绿色经济增长［J］．财经科学，2022（5）：90－104.

［381］刘潭，徐璋勇，张凯莉．数字金融对经济发展与生态环境协同性的影响［J］．现代财经，2022，42（1）：21－36.

［382］涂强楠，何宜庆，谢江林．国内大循环与经济韧性关系研究——基于九大城市群数字经济发展背景［J］．江西社会科学，2022，42（10）：74－85.

［383］许宪春，唐雅，张钟文．个人数据的统计与核算问题研究［J］．统计研究，2022，39（2）：18－32.

［384］许宪春，张钟文，胡亚茹．数据资产统计与核算问题研究［J］．管理世界，2022，38（2）：16－30，2.

［385］戎珂，刘涛雄，周迪，郝飞．数据要素市场的分级授权机制研究［J］．管理工程学报，2022（6）.

［386］尹振涛，陈媛先，徐建军．平台经济的典型特征、垄断分析与反垄断监管［J］．南开管理评论论，2022，25（3）：213－226.

［387］陈晓红，李杨扬，宋丽洁，等．数字经济理论体系与研究展望［J］．管理世界，2022，38（2）：208－224，13－16.

［388］许宪春，张钟文，胡亚茹．数据资产统计与核算问题研究［J］．管理世界，2022，38（2）：16－30，2.

［389］许宪春，唐雅，张钟文．个人数据的统计与核算问题研究［J］．统计研究，2022，39（2）：18－32.

［390］许宪春，胡亚茹，张美慧．数字经济增长测算与数据生产要素统计核算问题研究［J］．中国科学院院刊，2022，37（10）：1410－1417.

［391］张文魁．数字经济的内生特性与产业组织［J］．管理世界，2022，38（7）：79－90.

［392］余淼杰，郭兰滨．数字贸易推动中国贸易高质量发展［J］．华南师范大学学报（社会科学版），2022（1）：93－103，206.

［393］冯宗宪，段丁允．数字贸易发展指数评价及影响因素分析——基于49个国家的面板数据［J］．北京工业大学学报（社会科学版），2022，22（4）：100－117.

［394］克彪，韩延玲，蔡青青．中国数字贸易发展水平测算与动态演进分析［J］．统计与决策，2022，38（20）：88－92.

［395］俞伯阳．数字经济、要素市场化配置与区域创新能力［J］．经济与管理，2022，36（2）：36－42.

［396］沈玉良，彭羽，高疆，等．是数字贸易规则，还是数字经济规则？——新一代贸易规则的中国取向［J］．管理世界，2022，38（8）：67－83.

［397］高晓雨，王梦梓，贾怀勤．数字贸易测度研究——从聚焦数字实际交付服务到数字贸易全覆盖［J］．统计研究，2023，40（11）：17－28.

［398］王亚飞，刘静，靳超．中国区域数字贸易发展水平的系统测度、演进态势及空间关联［J/OL］．调研世界：1－10.

［399］刘伟，未良莉．数字贸易、产业结构升级与制造业高质量发展——基于长三角样本的分

析 [J]. 南都学坛 (人文社会科学学报), 2024, 44 (1): 118 - 124.

[400] 夏杰长, 杨昊雯. 平台经济: 我国经济行稳致远的重要力量 [J]. 改革, 2023 (2): 14 - 27.

[401] 徐翔, 赵墨非, 李涛, 等. 数据要素与企业创新: 基于研发竞争的视角 [J]. 经济研究, 2023, 58 (2): 39 - 56.

[402] 王春超, 聂雅丰. 数字经济对就业影响研究进展 [J]. 经济学动态, 2023 (4): 134 - 149.

[403] 陈建宇. 数字经济安全风险的特征、溢出及治理路径 [J]. 青海金融, 2023 (10): 44 - 47.

[404] 刘艳红. 数据要素全生命周期安全风险的刑事保障制度研究——以数字经济安全法益观为视角 [J]. 法学论坛, 2024, 39 (1): 39 - 50.

[405] 范柏乃, 盛中华. 数字经济安全的维度识别、特征提取及分层模型——基于 LDA 主题分析与扎根理论编码的混合研究 [J]. 浙江大学学报 (人文社会科学版), 2024, 54 (2): 5 - 29.

[406] 李晓楠. 数字经济背景下公共数据开放安全治理 [J]. 济南大学学报 (社会科学版), 2024, 34 (2): 75 - 85.

(二) 中文书籍

[1] 孙尚清. 经济与管理大辞典 [M]. 北京: 中国社会科学出版社, 1985.

[2] 马克思, 恩格斯. 马克思恩格斯全集 (第 19 卷) [M]. 北京: 人民出版社, 1963.

[3] 马克思, 恩格斯. 马克思恩格斯文集 (第 9 卷) [M]. 北京: 人民出版社, 2009.

[4] 马克思, 恩格斯. 马克思恩格斯文集 (第 1 卷) [M]. 北京: 人民出版社, 2009.

[5] 马克思, 恩格斯. 马克思恩格斯全集 (第 43 卷) [M]. 北京: 人民出版社, 2016.

[6] 马克思, 恩格斯. 马克思恩格斯全集 (第 46 卷) (上册) [M]. 北京: 人民出版社, 1979.

[7] 威廉·配第. 赋税论 [M]. 北京: 商务印书馆, 1978.

[8] 简明不列颠百科全书 [M]. 北京: 中国大百科全书出版社, 1986.

[9] 理查德·坎蒂隆. 商业性质概论 [M]. 北京: 商务印书馆, 1986.

[10] 罗斯托, 陈春良等, 译. 经济增长理论史 [M]. 杭州: 浙江大学出版社, 1992.

[11] 王小鲁, 樊纲. 中国经济增长的可持续性——跨世纪的回顾与展望 [M]. 北京: 经济科学出版社, 2000.

[12] 迈克尔·波特. 国家竞争优势 [M]. 北京: 华夏出版社, 2002.

[13] 聂富强. 中国国家经济安全预警系统研究 [M]. 北京: 中国统计出版社, 2005.

[14] 庄友刚. 跨越社会风险——风险社会的历史唯物主义研究 [M]. 北京: 人民出版社, 2008.

[15] 范道津, 陈伟珂. 风险管理理论与工具 [M]. 天津: 天津大学出版社, 2010.

[16] 萨伊. 政治经济学概论 [M]. 北京: 商务印书馆, 2009.

[17] 里夫金 J. 第三次工业革命: 新经济模式如何改变世界 [M]. 张体伟, 孙豫宁, 译. 北京: 中信出版社, 2012.

[18] 臧国全. 数字保存经济要素与经济评价研究 [M]. 武昌: 武汉大学出版社, 2014.

[19] 里夫金 J. 零边际成本社会: 一个物联网、合作共赢的新经济时代 [M]. 赛迪研究院专家组, 译. 北京: 中信出版社, 2014.

[20] 布莱恩约弗森 E, 麦卡菲 A. 第二次机器革命: 数字化技术将如何改变我们的经济与社会 [M]. 蒋永军, 译. 北京: 中信出版社, 2014.

[21] 经济合作与发展组织, 张晓. 衡量数字经济: 一个新的视角 [M]. 上海: 上海远东出版社, 2015.

［22］雷鸣．和谐社会评价指标体系构建与预警预测［M］．天津：天津社会科学院出版社，2015.

［23］曾永泉．转型期中国社会风险预警指标体系研究［M］．湖北：华中师范大学出版社，2015.

［24］马歇尔．产业经济学［M］．北京：商务印书馆，2015.

［25］安东尼·汤森．智慧城市：大数据、互联网时代的城市未来［M］．北京：中信出版社，2015.

［26］阿莱克斯·彭特兰．智慧社会：大数据与社会物理学［M］．杭州：浙江人民出版社，2015.

［27］胡春，吴洪．网络经济学（第2版）［M］．北京：清华大学出版社，2015.

［28］埃文斯 D S. 平台经济学：多边平台产业论文集［M］．周勤，赵驰，侯赟慧，译．北京：经济科学出版社，2016.

［29］曼昆．宏观经济学（第9版）［M］．北京：中国人民大学出版社，2016.

［30］施瓦布 K. 第四次工业革命：转型的力量［M］．李菁，译．北京：中信出版集团，2016.

［31］经济合作与发展组织．数据驱动创新：经济增长和社会福利中的大数据［M］．北京：中国工信出版集团，2017.

［32］亚当·斯密．国民财富的性质和原因的研究（上卷）［M］．北京：商务印书馆，2017.

［33］杰里米·里夫金．零边际成本社会［M］．北京：中信出版社，2017.

［34］上海社会科学院经济研究所．全球数字经济竞争力发展报告［M］．上海：社会科学文献出版社，2017.

［35］朱建良，王廷才，李成，等．数字经济：中国经济创新增长“新蓝图”［M］．北京：人民邮电出版社，2017.

［36］朱建民，高胜，段美姣．区块链技术与运用［M］．北京：机械工业出版社，2017.

［37］帕克 G G，埃尔斯泰恩 M W，邱达利 S P. 平台革命：改变世界的商业模式［M］．志鹏，译．北京：机械工业出版社，2017.

［38］徐晨，吴大华，唐兴伦．数字经济：新经济新治理新发展［M］．北京：经济日报出版社，2017.

［39］中华人民共和国商务部．中国电子商务报告2016［R］．北京：中国商务出版社，2017.

［40］李艺铭，安晖．数字经济：新时代再起航［M］．北京：人民邮电出版社，2017.

［41］薛燕．指标与测度：数字解读中国经济［M］．北京：经济管理出版社，2017.

［42］鲍舟波．未来已来：数字化时代的商业模式创新［M］．北京：中信出版集团，2018.

［43］沈玉良．全球数字贸易规则研究［J］．上海：复旦大学出版社，2018.

［44］中国信息化百人会课题组．数字经济：迈向从量变到质变的新阶段［M］．北京：电子工业出版社，2018.

［45］埃文斯 DS，施马兰奇 R. 连接：多边平台经济学［M］．张昕，译．北京：中信出版集团，2018.

［46］莫塞德 A，约翰逊 NL. 平台垄断：主导21世纪经济的力量［M］．杨菲，译．北京：机械工业出版社，2018.

［47］北京大学数字金融研究中心课题组，黄卓．数字金融的力量：为实体经济赋能［M］．北京：中国人民大学出版社，2018.

［48］蒋剑豪，文丹枫，刘湘云，等．数字经济时代：区块链产业案例与分析［M］．北京：经济管理出版社，2018.

［49］北京大学数字金融研究中心，黄卓．数字金融的力量：为实体经济赋能［M］．北京：中国人民大学出版社，2018.

［50］莫塞德 A·约翰逊 N L. 平台垄断：主导21世纪经济的力量［M］．杨菲，译．北京：机械工业出版社，2018.

［51］埃文斯 D S，施马兰奇 R. 连接：多边平台经济学［M］．张昕，译．北京：中信出版集团，2018.

［52］尼夫 D. 数字经济2.0：引爆大数据生态红利［M］．大数据文摘翻译组，译．北京：中国人民大学出版社，2018.

［53］马化腾，孟昭莉，闫德利，等．数字经济：中国创新增长新动能［M］．北京：中信出版社集团，2019.

［54］张莉．数据治理与数据安全［M］．北京：人民邮电出版社，2019.

［55］汤潇．数字经济：影响未来的新技术、新模式、新产业［M］．北京：人民邮电出版社，2019.

［56］朱发仓．数字经济统计测度研究：理论与应用［M］．北京：经济科学出版社，2019.

［57］［美］约翰·贝斯特（John Best）．数字化金融：人工智能、区块链、云计算、大数据与数字文化［M］．王勇，黄红华等，译．北京：人民邮电出版社，2019.

［58］刘权．区块链与人工智能：构建数字化数字经济世界［M］．北京：人民邮电出版社，2019.

［59］范渊．数字经济时代的智慧城市与信息安全［M］．北京：电子工业出版社，2019.

［60］王中美．互联网反垄断的难题及其解决［M］．上海：上海社会科学院出版社，2019.

［61］张铭洪，王晔．网络经济学（第3版）［M］．北京：高等教育出版社，2019.

［62］徐远，陈靖．数字金融的底层逻辑［M］．北京：人民大学出版社，2019.

［63］京东数字科技研究院．数字金融［M］．北京：中信出版集团，2019.

［64］陈钰芬．进口B2C跨境电商产品质量风险评估与预警体系研究［M］．北京：经济科学出版社，2019.

［65］刘挺．现代性与风险：风险视域中的现代性研究［M］．北京：中国书籍出版社，2020.

［66］金融城金融科技创新案例编写小组．科技赋能金融Ⅲ——中国数字金融的最佳实践［M］．北京：中国金融出版社，2020.

［67］中国信息通信研究院．中国数字经济发展白皮书（2020年）［M］．北京：中国信息通信研究院，2020.

［68］清华大学经济管理学院，数字金融资产研究中心．数字金融：未来已来［M］．北京：人民日报出版社，2020.

［69］中国信息通信研究院．中国数字经济发展与就业白皮书（2017年）［R］．中国信息通信研究院研究报告，2017.

［70］中国信息通信研究院．中国数字经济发展与就业白皮书（2019年）［R］．中国信息通信研究院研究报告，2019.

［71］马述忠．世界与中国数字贸易发展蓝皮书［R］．2018.

［72］中国信息化百人会课题组．数字经济：迈向从量变到质变的新阶段［M］．北京：中国工信

出版，2018.

［73］金江军．数字经济引领高质量发展［M］．北京：中信出版集团，2019.

［74］中国信息通信研究院．数字贸易发展与影响白皮书（2019 年）［R］．2019.

［75］岳云嵩．数字贸易发展与影响白皮书［R］．2019.

［76］中商产业研究院．2020 年中国跨境电商行业市场前景及投资研究报告［R］．2020.

［77］中国信息通信研究院．数字贸易发展白皮书［EB/OL］．http：//www. caict. ac. cn/kxyj/qwfb/bps/202012/t20201216_366251. htm，2020 -12.

［78］中国信息通信研究院．中国数字经济发展与就业白皮书（2020 年）［R］．中国信息通信研究院研究报告，2020.

［79］杜庆昊．数字经济协同治理［M］．长沙：湖南人民出版社，2020.

［80］浙江大学数字长三角战略研究小组．数字长三角战略 2020：数字治理［M］．杭州：浙江大学出版社，2020.

［81］王文，刘玉书．数字中国：区块链、智能革命与国家治理的未来［M］．北京：中信出版集团，2020.

［82］李静．数字经济理论［M］．合肥：合肥工业大学出版社，2020.

［83］王琦，张静．数字政府［M］．北京：北京邮电大学出版社，2020.

［84］赵立斌，张莉莉．数字经济概论［M］．北京：科学出版社，2020.

［85］赵立斌，张莉莉．数字经济下价值链重构与产能利用效率提升——基于异质性企业的理论于实证［M］．北京：科学出版社，2020.

［86］张晓慧．多重约束下的货币政策传导机制［M］．北京：中国金融出版社，2020.

［87］利维 S. Facebook：一个商业帝国的崛起与逆转［M］．江苑薇，桂曙光，译．北京：中信出版集团，2021.

［88］杨新臣．数字经济：重塑经济新动力［M］．北京：中国工信出版集团，2021.

［89］西贝尔 T. 认识数字化转型［M］．毕崇毅，译．北京：机械工业出版社，2021.

［90］欧阳日辉．数字金融蓝皮书：中国数字金融创新发展报告（2021）［M］．北京：社会科学文献出版社，2021.

［91］张勋，万广华，郭峰．数字金融：中国经济发展的新引擎［M］．北京：社会科学文献出版社，2021.

［92］柏亮．数字金融（科技赋能与创新监管）［M］．北京：中译出版社，2021.

［93］中国互联网金融协会金融消费权益保护与教育培训委员会．数字金融消费者权益保护实践与探索（2020）［M］．北京：中国金融出版社，2021.

［94］张先锋，等．数字贸易［M］．合肥：合肥工业大学出版社，2021.

［95］林吉双，孙波，陈和，等．我国数字贸易发展现状及对策研究［J］．北京：人民出版社，2021.

［96］李海舰，蔡跃洲．中国数字经济前沿：数字经济测度及“十四五”发展［M］．北京：社会科学文献出版社，2021.

［97］谢伏瞻，等．经济蓝皮书：2022 年中国经济形势分析与预测［M］．北京：社会科学文献出版社，2021.

［98］曾燕．数字经济发展趋势与社会效应研究［M］．北京：中国社会科学出版社，2021.

［99］翟尤．数字时代：构建安全共赢新生态［M］．北京：电子工业出版社，2021.

［100］中国网络空间研究院．世界互联网发展报告2021［M］．北京：电子工业出版社，2021.
［101］刘越．数字经济学导论［M］．长春：吉林大学出版社，2021.
［102］绍宏华．贸易数字化：打造贸易新动能新业态新模式［J］．北京：机械工业出版社，2022.
［103］马述忠，濮方清，等．数字贸易学［M］．北京：高等教育出版社，2022.
［104］任保平．数字经济学导论［M］．北京：科学出版社，2022.
［105］清华大学社会科学学院经济学研究所．数字经济前沿八讲［M］．北京：人民出版社，2022.
［106］卢福财．数字经济学［M］．北京：高等教育出版社，2022.
［107］戚聿东，肖旭．数字经济概论［M］．北京：中国人民大学出版社，2022.
［108］刘志毅．数字经济学：智能时代的创新理论［M］．北京：清华大学出版社，2022.
［109］李涛，刘航．数字经济学导论［M］．北京：高等教育出版社，2022.
［110］左鹏飞，姜奇平．数字经济学（宏观经济卷）M］．北京：中国财富出版社，2022.
［111］孙毅．数字经济学［M］．北京：机械工业出版社，2023.

二、外文文献

（一）外文期刊

［1］Solow. A contribution to the theory of economic growth［J］. The Quarterly Journal of Economics, 1956, 70（1）: 65 –94.
［2］Stigler, G, J. The economics of information［J］. Journal of political Economy, 1961（69）.
［3］L. A. Zadeh. Fuzzy Sets［J］. Information and Control, 1965, 8（1）: 338 –353.
［4］Black, Scholes. The pricing of options and corporate liabilities［J］. The Journal of Political Economy, 1973, 81（3）: 637 –654.
［5］Krugman P. Increasing Returns, Monopolistic Competition, and International Trade［J］. Journal of International Economics, 1979（4）: 469 –479.
［6］Romer P M. Increasing Returns and Long – Run Growth［J］. Journal of Political Economy, 1986, 94: 1002 –1037.
［7］Romer P M. Growth Based on Increasing Returns Due to Specialization［J］. American Economic Review, 1987, 77: 56 –62.
［8］Solow R. We'd Better Watch Out［J］. New York Times Book Review, 1987（7）: 36.
［9］Lucas R E. On the Mechanics of Economic Development［J］. Journal of Monetary Economics, 1988, 22（1）: 3 –42.
［10］Vijay, Eitan, Frack. New Product Diffusion Models in Marketing: A Review and Directions for Research［J］. Journal of Marketing, 1990, 54（1）: 1 –26.
［11］Romer P M. Endogenous Technological Change［J］. Journal of Political Economy, 1990, 98: 71 –102.
［12］Woudenberg F. An evaluation of Delphi［J］. Technological Forecasting and Social Change, 1991, 40（2）: 131 –150.
［13］Evans W N, Oates W E, Schwab R M. Measuring Peer Group Effects: A Study of Teenage Behavior［J］. Journal of Political Economics, 1992, 100（5）: 966 –991.

[14] McCallum J. National Borders Matter: Canada – US Regional Trade Patterns [J]. The American Economic Review, 1995, 85 (3): 615 –623.

[15] Card D, Krueger A. School Resources and Student Outcomes: An Overview of the Literature and New Evidence from North and South Carolina [Z]. Working Papers, 1996, No. 745.

[16] Kortum. Research, Patenting, and Technological Change [J]. Econometrica, 1997, 65 (6): 1389 –1419.

[17] Baumol W J. Macroeconomics of Unbalanced Growth: The Anatomy of Urban Crisis [J]. American Economic Review, 1997, 57 (3): 415 –426.

[18] Henson S. Estimating the Incidence of Food – borne Salmonella and the Effectiveness of Alternative Control Measures Using the Delphi method [J]. International journal of food microbiology, 1997, 35 (3): 195 –204.

[19] Zeira. Workers, Machines, and Economic Growth [J]. The Quarterly Journal of Economics, 1998, 113 (4): 1091 –1117.

[20] Brynjolfsson, Hitt. Beyond the Productivity Paradox: Computers Are the Catalyst for Bigger Changes [J]. Communications of the ACM, 1998, 41: 49 –55.

[21] Bernanke B S, Gertler M, Gilchrist S. The Financial Accelerator in a Quantitative Business Cycle Framework [J]. Handbook of Macroeconomics, 1999 (1): 1341 –1393.

[22] Kling, R. and Lamb, R. IT and organizational change in digital economies [J]. AcmSigcas Computers and Society, 1999 (29).

[23] Rauch JE. Networks versus Markets in International Trade [J]. Journal of International Economics, 1999, 48 (1): 7 –35.

[24] Zimmermann, H. Understanding the digital economy: Challenges for new business models [J]. Ssrn Electronic, 2000 (2).

[25] Oliner S D, Sichel D E. The Resurgence of Growth in the Late 1990s: Is Information Technology the Story? [J]. Journal of Economic Perspectives, 2000, 14 (4): 3 –22.

[26] Suan, Nikolaos. New Product Launch "Mix" in Growth and Mature Product Markets [J]. Benckmarking, 2000, 7 (5): 389 –406.

[27] Delong J B, Froonkin A M. Speculative microcconomics for tomorrow's Economy [J]. First Monday, 2000, 5 (2): 6 –44.

[28] Dewan, Sanjeev, Kraemer et al. Information Technology and Productivity: Evidence from Country – Level Data [J]. Management Science, 2000, 46 (4): 548 –562.

[29] Subirana B. Zero Entry Barriers in a Computationally Complex World: Transaction Streams and the Complexity of the Digital Trade of Intangible Goods [J]. Journal of End User Computing, 2000 (2): 13 – 17.

[30] Thompson S. H. Teo. Understanding the Digital Economy: Data, Tools, and Research [J]. Asia Pacific Journal of Management, 2001 (4).

[31] Mesenbourg T L. Measuring the Digital Economy [J]. United States Bureau of the Census, 2001: 1 –9.

[32] Porter, M. E. Strategy and the Internet [J]. Harvard Business Review, 2001, 79 (3): 63 –78.

[33] Bloom D E, et al. Economic Growth and the Demographic Transition [Z]. the NBER Working

Paper, 2001.

[34] Taskin F, Zaim O. The Role of International Trade on Environmental Efficiency: A DEA Approach [J]. Economic Modelling, 2001, 18 (1): 1 - 17.

[35] Stiglitz, J. E. Information and the Change in the Paradigm in Economics [J]. American Economic Association, 2002, 92 (3): 460 - 501.

[36] Rigby, D. and Zook, C. Open - Market Innovation [J]. Harvard Busi - ness Review, 2002, 80 (10): 80 - 89.

[37] Timothy Bresnahan, Erik Brynjolfsson, Lorin Hitt. Information Technology, Workplace Organization, and the Demand for Skilled Labor: Firm - level Evidence [J]. Quarterly Journal of Economics, 2002, 117 (1): 339 - 376.

[38] Freund C, Weinhold D. The Internet and International Trade in Services [J]. American Economic Review, 2002, 92 (2): 236 - 240.

[39] Cramer C K, Epstein J B, Sheps S B, et al. Modified Delphi survey for decision analysis for prophylaxis of post - radiation osteonecrosis [J]. Oral oncology, 2002, 38 (6): 574 - 583.

[40] Thomas, Emmanuel. Income inequality in the United States, 1913 ~ 1998 [J]. Quarterly Journal of Economics, 2003 (118): 1 - 41.

[41] Brynjolfsson E, Hitt L M. Computing Productivity: Firm - Level Evidence [J]. Review of Economics and Statistics, 2003, 85 (4): 793 - 808.

[42] Quah D. Digital Goods and the New Economy [J]. Lse Research Online Documents on Economics, 2003, 167 (3): 401 - 401.

[43] Rochet J C, Tirole J. Platform competition in two - sided markets [J]. Journal of European Economic Association, 2003, 1 (4): 990 - 1029.

[44] Anderson J E, van Wincoop E. Gravity with Gravitas: A Solution to the Border Puzzle [J]. American Economic Review, 2003, 93 (1): 170 - 192.

[45] Freund C, Weinhold D. The Effect of the Internet on International Trade [J]. Journal of International Economics, 2004, 62 (1): 171 - 189.

[46] Chakravori S, Roson R. Platforn compelition in two - sided markels: the case of payment networks [J]. Working Paper Series, 2004, 5 (1): 118 - 143.

[47] Burtr. Structural Holes and Good Ideas [J]. American Journal of Sociology, 2004, 110 (2): 349 - 399.

[48] Jorgenson D W, Vu, KM. Information Technology and the World Economy [J]. The Journal of Scandinavian Journal of Economics, 2005, 107 (4): 631 - 650.

[49] Levine R. Financial and Growth: Theory and Evidence [J]. Handbook of Economic Growth, 2005 (1): 865 - 934.

[50] Armstrong M. Competition in two - sided markets [J]. The RAND Journal of Economics, 2006 (3): 668 - 691.

[51] Campbell J Y. Household Finance [J]. Journal of Finance, 2006, 61: 1553 - 1604.

[52] Aghion P, Fally T, Scarpetta. Credit Constraints as a Barrier to the Entry and Post - Entry Growth of Firms [J]. Economic Policy, 2007, 22 (52): 731 - 779.

[53] Hsieh C, Klenow P J. Misallocation and Manufacturing TFP in China and India [J]. Quarterly

Journal of Economics, 2007, 124 (4): 1406 - 1448.

[54] Neil, Jack. Paid Content Strategies for News Websites: An Empirical Study of British Newspapers' Online Business Models [J]. Journalism Practice, 2007, 208 (1).

[55] Evans, Noel. Defining Markets that Involve Multi - Sided Platform Businesses: An Empirical Framework with an Application to Google's Purchase of DoubleClick [R]. Regulation & Markets Center Working Paper No. 07 - 18, 2007.

[56] Nardo M, Saisana M, Saltelli A, et al. Handbook on Constructing Composite Indicators: Methodology and User Guide: (Complete Edition - ISBN 9264043454) [J]. Oecd Statistics Working Papers, 2008, 73 (2): 1111.

[57] Noel, Evans. Analyzing Market Definition and Power in Multi - sided Platform Markets [J]. Journal of Competition Law & Economics, 2008, 4 (3): 663 - 695.

[58] Brousseau E, Curien N. Internet and digital economics: Multi - level governance of the digital space: does a "second rank" institutional framework exist? [J]. Social Science Electronic Publishing, 2008, 10 (22): 617 - 648.

[59] SidakJ G, David Teece. Dynamic Competition in Inti - trust Law [J]. Journal of Competition Law & Economics, 2009, 5 (4): 581 - 631.

[60] Choi C, Yi M H. The Effect of the Internet on Economic Growth: Evidence from Cross - country Panel Data [J]. Economics Letters, 2009, 105 (1): 0 - 41.

[61] Jones. The Burden of Knowledge and the Death of the Renaissance Man: Is Innovation Getting Harder? [J]. The Review of Economic Studies, 2009, 76 (1).

[62] Wallsten S, Clarke G. Has the Internet Increased Trade? Evidence from Industrial and Developing Countries [J]. Working Paper, 2010, 44 (3): 465 - 484.

[63] Jones C I, Romer P M. The New Kaldor Facts: Ideas, Institutions, Population and Human Capital [J]. American Economic Journal: Macroeconomics, 2010, 2 (1): 224 - 245.

[64] Ahlstrom D, Bruton G D. Rapid Institution Shifts and the Co - Evolution of Entrepreneurial Firms in Transition Economies [J]. Entrepreneurship Theory & Practice, 2010, 34 (3): 531 - 554.

[65] Carlota Perez. Technological revolutions and techno - economic paradigms [J]. Cambridge Journal of Economics, 2010, 34 (1): 185 - 202.

[66] Vu K. ICT as a Source of Economic Growth in the Information Age Empirical Evidence From the 1996 ~ 2005 Period [J]. Telecommunications Policy, 2011, 35 (4): 357 - 372.

[67] Bernard A B, Redding S J, Schott P K. Multiproduct Firms and Trade Liberalization [J]. The Quarterly Journal of Economics, 2011, 126 (3),: 1271 - 1318.

[68] Zhang Q. The research on influence of industrial clusters on regional economic development [J]. IeriProcc - dia, 2012 (5): 206 - 212.

[69] Lirong Liu, Hiranya K. Nath. Information and communication technology (ICT) and trade in emerging market economies [J]. Emerging Markets Finance and Trade, 2013 (49): 67 - 87.

[70] Chung K C, Fleming P, Fleming E. The Impact of Information and Communication Technology on International Trade in Fruit and Vegetables in APEC [J]. Asian - Pacific Economic Literature, 2013, 27 (2): 117 - 130.

[71] Eisinga R, Te Grotenhuis M, Pelzer B. The reliability of a two - item scale: Pearson, Cronbach,

or Spearman – Brown? [J]. International Journal of Public Health, 2013, 58 (4): 637 –642.

[72] Porter, M. E. and Heppelmann, J. E. How Smart, Connected Products Are Transforming Competition [J]. Harvard Business Review, 2014, 92 (11): 64 –88.

[73] Nunn N, Qian N. U. S. Food Aid and Civil Conflict [J]. American Economic Review, 2014, 104 (6): 1630 –1666.

[74] Gomez – Herrera E, Martens B, Turlea G. The Drivers and Impediments for Cross – Border E – Commerce in the EU [J]. Information Economics and Policy, 2014, 28: 83 –96.

[75] UNCTAD. International Trade in ICT Services and ICT – enabled Services. UNTCAD Technical Notes on ICT for Development No. 3, Geneva [EB/OL]. http: //untcad. org/en/Pages/DTL/STI_and _ICTs/ICT4D – Technical – Notes. aspx, 2015.

[76] Hofheinz P, Mandel M. Uncovering the hidden value of digital trade [J]. The Lisb on Council – Progressive Policy Institute, 2015 (19): 1 –12.

[77] Commission E. DESI 2015. Digital Economy and Society Index. Methodological Note [J]. European Commission, 2015.

[78] Wang F, Zhang X P. The role of the Internet in changing industry competition [J]. Information & Management, 2015, 52 (1): 71 –81.

[79] Laeven L, Levine R, Michalopoulos S. Financial Innovation and Endogenous Growth [Z]. Economics Working Papers, 2015 (24): 1 –24.

[80] Cameron C A, Miller D L. A Practitioner's Guide to Cluster – Robust Inference [J]. Journal of Human Resources, 2015, 50 (2): 317 –372.

[81] Halik P. Patterns of structural change in the new EU member states [J]. Law and Economics Review, 2015 (3): 133 –157.

[82] Brandt L, Thun E. Constructing a ladder for growth: policy, markets, and industrial upgrading in China [J]. World development, 2016 (80): 78 –95.

[83] Beck T, Chen T, Lin C, Song F M. Financial Innovation: The Bright and The Dark Sides [J]. Journal of Banking & Finance, 2016, 72 (4): 28 –51.

[84] The World Bank. World Development Report 2016: Digital Dividends [R]. The World Bank, Washington, DC, 2016: 1 –5.

[85] Osnago A, Tan S W. Disaggregating the Impact of the Internet on International Trade [R]. The World Bank, 2016.

[86] Hagiu, Wight. Multi – sided platforms [J]. International Journal of Industrial Organization, 2015 (43): 162 –174.

[87] Hodrab R, Maitah M, Smutka Lubo. The Effect of Information and Communication Technology on Economic Growth: Arab World Case [J]. International Journal of Economics & Financial Issues, 2016 (6): 765 –775.

[88] Tripathi M, Inani S K. Does Internet Affect Economic Growth in Sub – Saharan Africa? [J]. Economics Bulletin, 2016, 36 (4): 1993 –2002.

[89] Lyytinen K, Yoo Y, Boland R J. Digital product innovation within four classes of innovation networks [J]. Information Systems Journal, 2016 (26): 47 –75.

[90] Schut, Marc, Klerkx, et al. Innovation platforms: experiences with their institutional embedding

in agricultural research for development [J]. Experimental Agriculture, 2016, 52 (4): 537 -561.

[91] Acemoglu, Restrepo. The Race between Machine and Man: Implications of Technology for Growth, Factor Shares and Employment [J]. NBER Working Paper, 2016.

[92] Philippe, Benjamin, Charles. Artificial Intelligence and Economic Growth [J]. NBER Working Paper, 2017.

[93] Brynjolfsson, Erik and Andrew McAfee. What's Driving the Machine Learning Explosion? [J]. Harvard Business Review, 2017, July 18: 3 - 11.

[94] Gomber P, Koch J A, Siering M. Digital Finance and FinTech: Current Research and Future Research Directions [J]. Journal of Business Economics, 2017, 87 (5): 537 -580.

[95] Mark W. Digital Trade - related Provisions in Regional Trade Agreements: Existing Models and Lessons for the Multilateral Trade System [J]. RTA Exchange, 2017.

[96] Bukht R, Heeks R. Defining, conceptualising and measuring the digital economy [J]. Development Informatics working paper, 2017 (68).

[97] Acosta A S, Crespo Á H, Agudo J C. Effect of Market Orientation, Network Capability and Entrepreneurial Orientation on International Performance of Small and Medium Enterprises (SMEs) [J]. Intemnational Business Review, 2018, 27 (6): 1128 - 1140.

[98] Henry S. Gao. Regulation of Digital Trade in US Free Trade Agree ments: From Trade Regulation to Digital Regulation [J]. Legal Issues of Economic Integration, 2018, 45 (1): 47 -70.

[99] M. Dorofeyev, M. Kosov, V. Ponkratov and A. Masterov. Trends and Prospects Ior the Development of Blockchain and Cryptocurrencies in the Digital Economy [J]. European Research Studies Journal, 2018, 21 (3): 429 -445.

[100] Botolf M P. The Effect of the Internet on Economic Growth: Counter - evidence from Cross - country Panel Data [J]. Economics Letters, 2018 (172): 74 -77.

[101] UNCTAD. Implementing a Survey on Exports of ICT - enabled Services. UNTCAD Technical Notes on ICT for Development No. 11 [EB/OL]. https: //unctad. org/system/files/official - document /tn_unctad_ict4d11_en. pdf, 2018 -06.

[102] Alexandra M A, Rigoberto T M. Costa Rica: Exports of Services Over Information and Communication Technology Networks (ICT) [EB/OL]. http: //unctad. org/meetings/en/Presentation/dtl_eWeek2018p03_RigobertoTorresMora_en. pdf, 2018 -04 - 16.

[103] Acemoglu, Restrepo. Artificial Intelligence, Automation, and Work [J]. NBER Working Paper, 2018.

[104] Acemoglu, Restrepo. Demographics and Automation [J]. NBER Working Paper, 2018.

[105] Aguerre C. Digital Trade in Latin America: Mapping Issues and Approaches [J]. Digital Policy, Regulation and Governance, 2019, 21 (1): 2 - 18.

[106] Meltzer J. P. Governing Digital Trade [J]. World Trade Review, 2019, 18 (1): 1 -26.

[107] Goldfarb A, Tucker C. Digital economics [J]. Journal of Economic Literature, 2019, 57 (1): 3 -43.

[108] Aaron. A Short Guide to Competition Law for Digital Rights Litigators [R]. Digital Freedon Fund, 2019.

[109] Federico, Morton, Shapiro. Antitrust and Innovation: Welcoming and Protecting Disruption

[J]. NBER Chapters, 2019.

[110] Brynjolfsson, Collis, Eggers. Using massive online choice experiments to measure changes in well - being [J]. Proceedings of the National Academy of Sciences, 2019, 116 (15): 7250 - 7255.

[111] Coyle. Do - it - yourself digital: the production boundry, the productivity puzzle and economic welfare [J]. Economica, 2019, 86 (344): 750 - 744.

[112] Goldfarb A, Tucker G. Digital Economics [J]. Journal of Economic Literature, 2019, 57 (1): 3 - 43.

[113] Jerrold, Cicilline. Investigation of Competition in Digital Markets [R]. UNITED STATES, 2020.

[114] Li, Hall. Depreciation of business R&D capital [J]. Review of Income and Wealth, 2020.

[115] Hagiu, A. and Wright, J. When Data Creates Competitive Advantage [J]. Harvard Business Review, 2020 (1 - 2): 94 - 101.

[116] Reeves M, Levin S, Fink T and Levina A. Taming Com - plexity [J]. Harvard Business Review, 2020 (1 - 2): 112 - 121.

[117] Lee C C, Li X, Yu C H. Does fintech innovation improve bank efficiency? Evidence from China's banking industry [J]. International Review of Economics & Finance, 2021, 74: 468 - 483.

[118] Antonella L. OECD - WTO - IMF Handbook on Measuring Digital Trade [EB/OL]. https://unstats.un.org/unsd/trade/events/2021/Beijing_workshop/default.asp, 2021 - 11 - 24.

[119] Barrdear, Kumhof. The macroeconomics of central bank digital currencies [J]. Journal of Economic Dynamics and Control, 2021: 104 - 148.

（二）外文书籍

[1] Martinol J P. Technological forecasting for decision making [M]. New York: North - Holland, 1983.

[2] Grossman, Helpman. Innovation and growth in the global economy [M]. Cambridge, MA: MIT Press, 1993.

[3] Chandler, A. D. Scale and Scope: The Dynamics of Industrial Capitalism [M]. London: The Belknap Press of Harvard University Press, 1994.

[4] Tapscott D. The Digital Economy: Promise and Peril in the Age of Networked Intelligence [M]. York: Mc Graw - Hill, 1996.

[5] Carl, Hal. Information Rules: A Strategic Guide to Network Economics [M]. Massachusetts: Harvard Business School Press, 1998.

[6] Henry D K, Buckley P, Gill G, et al. The emerging digital economy Ⅱ [M]. Washington, DC: US Department of Commerce, 1999.

[7] Hanson R. Economic growth given machine intelligence, Technical Report [R]. University of Califfornia, Berkeley, 2001.

[8] Brynjolfsson, Erik, and Brian Kahin, eds. Understanding the digital economy: data, tools, and research [M]. MIT press, 2002.

[9] Gup, Benton E. The Future of Banking [M]. Westport, CT: Quorum Books, 2003.

[10] Kurzweil. The Singularity is Near [M]. New York: Penguin Books, 2006.

[11] Gernard, Martin. Industrial Organization and the Digital Economy [M]. Cambridge (U. S. A): MITPress, 2006.

[12] David, Richard. Catalyst Code: The Strategies Behind the World's Most Dynamic Companies

[M]. Massachusetts: Harvard Business School Press, 2007.

[13] Brousseau, Nicolas. Internet and digital economics: principles, methods, and application [M]. Cambridge: Cambridge University Press, 2007.

[14] Surhone L M, Tennoe M T, Henssonow S F. Networked Readiness Index [M]. Beascript Publishing, 2010.

[15] OECD. OECD Information Technology Outlook [M]. Paris: OECD Publishing, 2010.

[16] Hagiu, A. Oxford Handbook of the Digital Economy, Chapter Software Platforms [M]. Oxford University Press, 2012: 59 - 82.

[17] Jullien, B. Oxford Handbook of the Digital Economy, Chapter Two - Sided B to B Platforms [M]. Oxford University Press, 2012: 161 - 185.

[18] Brynjoifson, Erik and Andrew McAfee. The Second Machine Age: Work, Progress, and Prosperity in a Time of Brilliant Technoiogies [M]. WW Norton & Company, 2014.

[19] Piketty. Capital in the twenty - first century [M]. Cambridge, NA: Belknap Press, 2014.

[20] Kotler P, KartajayaH, Hooi D H. Think New ASEAN!: Rethinking Marketing Towards ASEAN Economic Community [M]. Mc Graw - Hill, New York, 2015.

[21] Horodyski. 2013 OECD guidelines on the protection of privacy and transborder flows of personal data as an example of recent trends in personal data protection [M]. OECD, 2015.

[22] William Mougayar and Vitalik Buterin. The Business Blockchain Promise, Practice and Application, of the Next Internet Techrznlngy [M]. Berlin: Wiley - VCH, 2016.

[23] Bessen. Learning by Doing: The Real Connection betweenInnovation, Wages and Wealth [M]. New Haven: Yale University Press, 2016.

[24] Gordon. The Rise and Fall of American Growth: The US Standard of Living since the Civil War [M]. Princeton: Princeton University Press, 2016.

[25] Rani, Berg. Furrer. Digital labour platforms and the future of work: Towards decent work in the online world [M]. Geneva: International Labour Organisation, 2018.

[26] Iansiti, M. and Lakhani, K. R. Competing in the Age of AI [M]. Boston: Harvard Business Review Press, 2020.

[27] OECD. Measuring digital trade: results of OECD/IMF Stocking Survey [R]. 2020.

[28] OECD, WTO, IMF. 2020. Handbook on Measuring Digital Trade, Version I [EB/OL]. https: //www. oecd. org/ sdd/its/Handbook - on - Measuring - Digital - Trade - Version - I. pdr.

附　　录

附表 1　**2006～2020 年黑龙江等数字化发展水平指数**

年份	黑龙江	吉林	辽宁	北京	天津	河北	山东	江苏	上海	浙江
2006	0. 0712	0. 0912	0. 1328	0. 3467	0. 2318	0. 0912	0. 1673	0. 1972	0. 3972	0. 2413
2007	0. 0923	0. 1024	0. 1876	0. 4012	0. 2624	0. 0987	0. 1764	0. 2408	0. 4698	0. 2612
2008	0. 1204	0. 1327	0. 2306	0. 4476	0. 3427	0. 1346	0. 2286	0. 3072	0. 5872	0. 3571
2009	0. 1982	0. 2034	0. 3026	0. 5527	0. 4328	0. 1982	0. 3027	0. 3876	0. 6673	0. 4628
2010	0. 2237	0. 2317	0. 3471	0. 5934	0. 4765	0. 2324	0. 3567	0. 4128	0. 6972	0. 4813
2011	0. 2571	0. 2572	0. 3802	0. 6736	0. 5128	0. 2517	0. 3923	0. 4872	0. 7346	0. 5337
2012	0. 2763	0. 2873	0. 4127	0. 6928	0. 5539	0. 3014	0. 4327	0. 5327	0. 8267	0. 6012
2013	0. 3027	0. 3028	0. 4576	0. 7026	0. 5786	0. 3413	0. 4676	0. 5671	0. 7903	0. 6417
2014	0. 3346	0. 3326	0. 4732	0. 6847	0. 5527	0. 3672	0. 4828	0. 6028	0. 7986	0. 6573
2015	0. 2584	0. 3562	0. 4983	0. 7617	0. 5913	0. 3943	0. 5261	0. 6437	0. 8467	0. 7342
2016	0. 4135	0. 4172	0. 5671	0. 7812	0. 6438	0. 4472	0. 5674	0. 6874	0. 8376	0. 7516
2017	0. 4438	0. 4523	0. 5824	0. 7926	0. 6782	0. 4673	0. 5834	0. 7028	0. 8572	0. 7724
2018	0. 4721	0. 4972	0. 6012	0. 8024	0. 6973	04872	0. 6107	0. 7264	0. 8702	0. 7816
2019	0. 4972	0. 5021	0. 6317	0. 8127	0. 7126	0. 5127	0. 6328	0. 7457	0. 8867	0. 8034
2020	0. 5126	0. 5308	0. 6428	0. 8362	0. 7531	0. 5368	0. 6738	0. 7762	0. 8976	0. 8347

附表 2　**2006～2020 年内蒙古等数字化发展水平指数**

年份	内蒙古	福建	广东	广西	海南	山西	河南	安徽	湖北	湖南
2006	0. 0912	0. 1671	0. 2676	0. 1023	0. 1013	0. 2014	0. 1021	0. 1621	0. 1271	0. 1376
2007	0. 1034	0. 1976	0. 3272	0. 1273	0. 11368	0. 2108	0. 1167	0. 1976	0. 1367	0. 1362
2008	0. 1225	0. 2671	0. 3876	0. 1472	0. 1427	0. 1786	0. 1286	0. 2671	0. 1782	0. 1676
2009	0. 2007	0. 3472	0. 4872	0. 2037	0. 2064	0. 2465	0. 1808	0. 3476	0. 2267	0. 2308
2010	0. 2347	0. 3786	0. 5273	0. 2308	0. 2573	0. 2673	0. 2137	0. 3782	0. 2571	0. 2467
2011	0. 2686	0. 4328	0. 5768	0. 2467	0. 2876	0. 2908	0. 2467	0. 4321	0. 2874	0. 2908
2012	0. 3127	0. 4973	0. 6372	0. 2762	0. 3108	0. 3317	0. 2672	0. 4976	0. 3127	0. 3213
2013	0. 3468	0. 5127	0. 6682	0. 3162	0. 3417	0. 3782	0. 3017	0. 5104	0. 3476	0. 3576
2014	0. 3761	0. 5028	0. 6376	0. 2908	0. 3476	0. 3813	0. 3128	0. 5027	0. 3657	0. 3782
2015	0. 4012	0. 5538	0. 6782	0. 3207	0. 4013	0. 4218	0. 3578	0. 5562	0. 4013	0. 3971
2016	0. 4218	0. 5687	0. 7164	0. 3467	0. 4178	0. 4467	0. 3972	0. 5678	0. 4467	0. 4328
2017	0. 4367	0. 5873	0. 7362	0. 3671	0. 4376	0. 4628	0. 4128	0. 5882	0. 4676	0. 4571
2018	0. 4536	0. 6127	0. 7782	0. 3825	0. 4526	0. 4819	0. 4372	0. 6021	0. 4872	0. 4782
2019	0. 4812	0. 6374	0. 7963	0. 4032	0. 4812	04917	0. 4583	0. 6374	0. 5026	0. 4973
2020	0. 4937	0. 6875	0. 8105	0. 4318	0. 5013	0. 5217	0. 4831	0. 6526	0. 5317	0. 5127

附表 3　　2006～2020 年江西等数字化发展水平指数

年份	江西	重庆	四川	贵州	云南	陕西	甘肃	青海	宁夏	新疆
2006	0. 0824	0. 1383	0. 1321	0. 1103	0. 1101	0. 1472	0. 1037	0. 1089	0. 1375	0. 0883
2007	01027	0. 1492	0. 1302	0. 1387	0. 1127	0. 1508	0. 1376	0. 1127	0. 1576	0. 1106
2008	0. 1368	0. 1782	0. 1398	0. 1467	0. 1156	0. 1672	0. 1108	0. 1025	0. 1534	0. 1279
2009	0. 1873	0. 2473	0. 2082	0. 1976	0. 1768	0. 2231	0. 1678	0. 1537	0. 2223	0. 1873
2010	0. 1972	0. 2737	0. 2137	0. 2278	0. 2108	0. 2571	0. 1836	0. 1896	0. 2478	0. 2037
2011	0. 2137	0. 2918	0. 2276	0. 2572	0. 2283	0. 2872	0. 2037	0. 2038	0. 2765	0. 2368
2012	0. 2416	0. 3347	0. 2671	0. 2903	0. 2673	0. 3128	0. 2476	0. 2465	0. 3268	0. 2789
2013	0. 2689	0. 3786	0. 2982	0. 2972	0. 2786	0. 3472	0. 2679	0. 2786	0. 3576	0. 3265
2014	0. 2781	0. 3973	0. 3107	0. 3017	0. 2975	0. 3687	0. 2872	0. 2976	0. 3682	0. 3458
2015	0. 3328	0. 4472	0. 3671	0. 3348	0. 3262	0. 4027	0. 3307	0. 3608	0. 3857	0. 3913
2016	0. 3876	0. 4789	0. 4028	0. 3782	0. 3628	0. 4378	0. 3789	0. 3697	0. 4673	0. 4128
2017	0. 4027	0. 4972	0. 4237	0. 3972	0. 3873	0. 4572	0. 3972	0. 3865	0. 4838	0. 4307
2018	0. 4219	0. 5203	0. 4472	0. 4126	0. 4012	0. 4786	0. 4108	0. 4103	0. 5021	0. 4576
2019	0. 4572	0. 5476	0. 4703	0. 4368	0. 4268	0. 4973	0. 4379	0. 4328	0. 5138	0. 4782
2020	0. 4973	05713	0. 4976	0. 4703	0. 4572	0. 5275	0. 4672	0. 4576	0. 5367	0. 4973

附表 4　　2006～2020 年黑龙江等规模以上工业企业 R&D 资本存量　　单位：亿元

年份	黑龙江	吉林	辽宁	北京	天津	河北	山东	江苏	上海	浙江
2006	84. 75	33. 23	171. 23	88. 51	126. 83	126. 03	463. 08	321. 27	273. 08	47. 03
2007	101. 38	46. 79	231. 45	116. 72	169. 08	160. 24	596. 37	495. 36	350. 78	80. 67
2008	129. 61	63. 28	317. 82	196. 03	245. 31	199. 34	843. 72	867. 82	489. 07	325. 62
2009	169. 23	85. 76	421. 03	281. 35	331. 09	254. 32	1145. 87	1286. 72	652. 34	597. 86
2010	205. 36	105. 21	523. 78	343. 76	414. 87	306. 78	1439. 72	1591. 03	787. 69	758. 32
2011	238. 69	132. 75	668. 31	449. 23	545. 03	384. 67	1844. 71	2120. 37	993. 62	1064. 08
2012	270. 12	165. 78	801. 72	570. 28	670. 28	487. 12	2330. 28	2738. 09	1195. 36	1427. 86
2013	303. 78	202. 31	952. 72	691. 36	878. 29	606. 57	2872. 09	3410. 87	1402. 78	1825. 37
2014	330. 74	238. 65	1075. 26	813. 72	1056. 73	738. 64	3443. 27	4108. 72	1619. 67	2241. 09
2015	358. 72	279. 36	1120. 37	935. 72	1258. 46	890. 35	4065. 08	4856. 23	1838. 23	2687. 23
2016	385. 67	320. 71	1161. 37	1046. 74	1429. 37	1041. 27	4709. 62	5638. 69	2038. 09	3149. 28
2017	413. 71	367. 13	1204. 38	1152. 07	1630. 02	1095. 37	5307. 63	6403. 09	2241. 08	3627. 03
2018	432. 16	412. 37	1243. 07	1276. 08	1742. 25	1167. 08	5931. 28	7126. 73	2538. 09	4028. 09
2019	462. 73	440. 37	1289. 37	1367. 23	1789. 32	1252. 03	6608. 43	7928. 04	2987. 03	4538. 06
2020	493. 75	472. 28	1332. 08	1476. 31	1867. 43	1356. 07	7308. 12	8671. 09	3312. 76	5027. 83

附表 5　　**2006～2020 年内蒙古等规模以上工业企业 R&D 资本存量**　　单位：亿元

年份	内蒙古	福建	广东	广西	海南	山西	河南	安徽	湖北	湖南
2006	48.09	62.18	238.31	40.23	2.08	333.78	191.23	156.23	89.67	88.12
2007	55.67	84.26	338.79	56.34	3.28	363.72	238.67	206.78	113.03	110.23
2008	72.08	151.67	706.32	68.09	4.65	347.89	286.08	237.82	175.68	164.78
2009	96.32	241.35	1143.08	88.67	6.07	346.78	363.67	287.09	262.64	240.67
2010	121.35	316.87	1569.26	105.26	6.82	347.82	433.87	335.67	351.08	301.25
2011	157.82	448.97	2156.09	136.72	11.08	360.23	535.62	418.92	476.23	401.76
2012	200.09	600.23	2815.32	171.28	16.25	388.09	650.76	527.63	625.08	524.73
2013	249.68	769.87	3522.87	211.08	21.87	430.56	785.13	654.08	791.27	663.72
2014	297.86	947.82	4251.08	247.36	28.09	473.36	934.67	795.86	977.36	814.67
2015	351.09	1133.35	5030.87	273.86	34.26	497.62	1096.35	959.06	1179.87	985.37
2016	405.67	1330.67	5863.96	300.38	36.87	516.78	1268.97	1142.37	1385.63	1163.82
2017	456.08	1567.35	6676.09	332.09	40.25	536.87	1351.03	1204.7	1586.37	1364.03
2018	516.23	1628.06	7306.32	368.67	51.27	576.39	1434.02	1251.37	1796.08	1576.38
2019	566.87	1726.08	8026.78	406.09	58.73	612.08	1487.27	1307.28	1902.03	1781.06
2020	627.41	2308.36	8876.38	446.27	66.75	645.32	1526.16	1386.09	2008.36	1924.38

附表 6　　**2006～2020 年江西等规模以上工业企业 R&D 资本存量**　　单位：亿元

年份	江西	重庆	四川	贵州	云南	陕西	甘肃	青海	宁夏	新疆
2006	50.23	55.06	202.34	36.24	48.06	92.83	45.67	18.23	17.28	55.67
2007	68.76	72.89	233.67	43.38	59.68	117.86	59.62	21.36	22.56	62.87
2008	102.34	103.64	259.03	49.13	62.38	138.09	66.37	20.18	25.68	63.68
2009	141.28	141.38	294.67	58.36	67.89	171.34	74.89	21.36	28.97	67.09
2010	170.29	182.09	320.67	68.09	73.09	207.86	81.29	23.67	30.26	70.65
2011	203.64	238.97	357.96	80.37	88.76	253.62	89.37	26.85	35.67	75.82
2012	245.68	305.62	420.36	93.64	107.82	310.58	103.65	29.87	41.12	82.36
2013	295.87	382.68	495.87	107.82	131.31	376.89	120.35	32.08	48.65	92.64
2014	353.08	473.61	582.63	125.63	156.72	451.08	140.61	35.69	56.87	105.67
2015	422.26	582.69	683.12	144.76	188.97	534.82	163.87	36.72	65.82	120.89
2016	508.97	711.86	798.06	170.83	228.93	617.86	187.03	37.85	76.85	136.67
2017	529.67	749.36	806.37	203.67	271.09	702.63	218.06	40.26	88.09	152.38
2018	561.27	786.36	912.08	241.08	306.87	798.32	257.62	46.73	102.37	186.39
2019	593.65	823.02	1006.76	286.12	348.03	876.23	298.26	53.09	116.08	227.08
2020	633.02	855.67	1208.09	327.05	397.12	980.67	376.23	58.62	132.09	276.09

附表 7　　2006～2020 年黑龙江等工业技术创新效率

年份	黑龙江	吉林	辽宁	北京	天津	河北	山东	江苏	上海	浙江
2006	0. 1237	0. 1386	0. 1524	0. 3367	0. 3768	0. 1336	0. 3364	0. 2768	0. 5023	0. 5512
2007	0. 1276	0. 1782	0. 1628	0. 3812	0. 3512	0. 1567	0. 3678	0. 3206	0. 5876	0. 6578
2008	0. 1673	0. 2467	0. 2936	0. 6012	0. 5623	0. 2235	0. 4023	0. 5068	0. 7526	0. 8316
2009	0. 2186	0. 3026	0. 4762	0. 6873	0. 7325	0. 2987	0. 5361	0. 6672	0. 8673	0. 9013
2010	0. 1932	0. 2235	0. 4025	0. 7526	0. 7064	0. 2832	0. 5623	0. 6428	0. 8126	0. 8365
2011	0. 2578	0. 3561	0. 6375	0. 8634	0. 8012	0. 3971	0. 6274	0. 8372	0. 8973	0. 8976
2012	0. 3427	0. 3271	0. 7168	0. 9301	0. 7813	0. 5128	0. 7028	0. 8673	0. 9356	0. 9316
2013	0. 3968	0. 3658	0. 7634	0. 9203	0. 8325	0. 5673	0. 7658	0. 8752	0. 9276	0. 9368
2014	0. 4079	0. 3509	0. 7628	0. 9245	0. 7918	0. 5712	0. 8125	0. 9125	0. 9367	0. 9205
2015	0. 4468	0. 3427	0. 7582	0. 9432	0. 7982	0. 5928	0. 8129	0. 9276	0. 9128	0. 9367
2016	0. 4876	0. 4468	0. 8026	0. 9468	0. 8526	0. 7025	0. 8527	0. 9365	0. 9264	0. 9345
2017	0. 5213	0. 4913	0. 8237	0. 9506	0. 8637	0. 7328	0. 8697	0. 9412	0. 9467	0. 9468
2018	0. 5638	0. 5702	0. 8564	0. 9524	0. 8702	0. 7506	0. 8723	0. 9536	0. 9568	0. 9502
2019	0. 6127	0. 5936	0. 8635	0. 9603	0. 8623	0. 7329	0. 8863	0. 9607	0. 9672	0. 9678
2020	0. 6638	0. 6341	0. 8913	0. 9687	0. 8907	0. 7865	0. 9128	0. 9682	0. 9703	0. 9712

附表 8　　2006～2020 年内蒙古等工业技术创新效率

年份	内蒙古	福建	广东	广西	海南	山西	河南	安徽	湖北	湖南
2006	0. 2134	0. 2234	0. 5523	0. 1924	0. 1865	0. 0821	0. 1876	0. 2281	0. 1357	0. 2035
2007	0. 1235	0. 2167	0. 5872	0. 2245	0. 2671	0. 1247	0. 2365	0. 3562	0. 1768	0. 2167
2008	0. 1652	0. 2964	0. 6374	0. 2673	0. 2685	0. 1562	0. 3162	0. 3672	0. 2673	0. 3165
2009	0. 2345	0. 5781	0. 7906	0. 2982	0. 3452	0. 2135	0. 3672	0. 5967	0. 4378	0. 6027
2010	0. 1786	0. 5021	0. 6812	0. 2987	0. 2783	0. 2267	0. 3318	0. 6274	0. 4028	0. 5612
2011	0. 2453	0. 5912	0. 8024	0. 3215	0. 3657	0. 3128	0. 4025	0. 8029	0. 4627	0. 6872
2012	0. 2873	0. 6874	0. 8203	0. 4325	0. 4025	0. 4127	0. 4576	0. 8671	0. 5429	0. 7456
2013	0. 3012	0. 7623	0. 8762	0. 6017	0. 4462	0. 5261	0. 4682	0. 8925	0. 6537	0. 7869
2014	0. 3365	0. 7768	0. 8912	0. 5962	0. 4068	0. 4876	0. 5026	0. 9127	0. 6618	0. 7902
2015	0. 3678	0. 8697	0. 9014	0. 6675	0. 3268	0. 4834	0. 5429	0. 9308	0. 7365	0. 8109
2016	0. 4125	0. 8923	0. 9425	0. 7521	0. 3876	0. 5238	0. 5763	0. 9487	0. 7698	0. 8365
2017	0. 4528	0. 9214	0. 9502	0. 7562	0. 2958	0. 5317	0. 5872	0. 8503	0. 7816	0. 8502
2018	0. 4936	0. 9428	0. 9567	0. 7782	0. 4127	0. 5403	0. 6107	0. 9576	0. 7368	0. 8679
2019	0. 5421	0. 9517	0. 9635	0. 7952	0. 4326	0. 5526	0. 6309	0. 9605	0. 7903	0. 8903
2020	0. 5936	0. 9625	0. 9786	0. 8235	0. 4783	0. 5762	0. 6572	0. 9659	0. 8206	0. 9218

附表 9　　2006～2020 年江西等工业技术创新效率

年份	江西	重庆	四川	贵州	云南	陕西	甘肃	青海	宁夏	新疆
2006	0. 1235	0. 4908	0. 1921	0. 1765	0. 1328	0. 1235	0. 1634	0. 1457	0. 1567	0. 1465
2007	0. 1452	0. 4412	0. 2108	0. 2108	0. 2256	0. 1567	0. 1325	0. 1528	0. 0786	0. 1463
2008	0. 1672	0. 5213	0. 2379	0. 3065	0. 2009	0. 2067	0. 2067	0. 1326	0. 1687	0. 2036
2009	0. 2463	0. 6409	0. 3621	0. 3621	0. 3516	0. 3029	0. 1875	0. 1458	0. 2368	0. 3578
2010	0. 2361	0. 6458	0. 4013	0. 3658	0. 2679	0. 3013	0. 2578	0. 1236	0. 2567	0. 2457
2011	0. 3218	0. 7512	0. 4786	0. 4785	0. 3978	0. 4268	0. 2746	0. 1568	0. 3356	0. 4428
2012	04028	0. 8016	0. 7012	0. 5203	0. 4826	0. 4679	0. 3629	0. 2136	0. 5128	0. 5879
2013	0. 5219	0. 8426	0. 7428	0. 5367	0. 5673	0. 5128	0. 4567	0. 2987	0. 5876	0. 7028
2014	0. 6713	0. 8421	0. 8129	0. 6128	0. 5928	0. 5021	0. 4486	0. 3065	0. 4979	0. 7429
2015	0. 7819	0. 9201	0. 8829	0. 6327	0. 6108	0. 5768	0. 4637	0. 3267	0. 6679	0. 7268
2016	0. 8872	0. 9105	0. 8865	0. 7327	0. 7397	0. 6785	0. 4786	0. 4468	0. 7925	0. 7968
2017	0. 8702	0. 9213	0. 8927	0. 7408	0. 7328	0. 7621	0. 4903	0. 5126	0. 8213	0. 8267
2018	0. 8972	0. 9307	0. 9015	0. 7526	0. 7409	0. 7825	0. 5208	0. 5986	0. 8367	0. 8697
2019	0. 9023	0. 9346	0. 9128	0. 7806	0. 7625	0. 7956	0. 5619	0. 6731	0. 8675	0. 8703
2020	0. 9207	0. 9457	0. 9203	0. 8027	0. 7827	0. 8236	0. 5967	0. 7023	0. 8879	0. 8906